撬动学校发展的十大和悦密码（下）

杨世臣　著

中国石油大学出版社
CHINA UNIVERSITY OF PETROLEUM PRESS
山东·青岛

目录

CONTENTS

第六章
和悦智慧——学校发展的翅膀

第一节 和悦智慧的内涵与意义

做教育36年来，我一直在试图寻找一种新的教育方式，既能够减轻教师的压力，让教师精准地教，又能够减轻学生的负担，让学生高效地学，从而大幅度提高教学质量，和悦智慧教育便应运而生。

——2023年8月1日，我在山东省基础教育会议上的发言

一、和悦智慧的内涵

和悦智慧是对和悦教育的智慧化建构、数字化解析和个性化设计，是在大数据、云计算、物联网、人工智能、虚拟现实等技术支持下的现代化教育体系设计，是利用智慧教育技术对和悦教育各模块的个性化技术实现，是对学生发展的精准数据分析与个性成长指导。

二、和悦智慧的意义

（一）创新快乐学习方式，激发学生学习兴趣

和悦智慧教育是幸福、快乐、智能化的教育，是采用多元化手段激发学生的好奇心和探究欲，从而让师生体验学习的快乐和幸福的教育。和悦智慧教育促进了学生的全面发展和个性成长，让每一个学生都能遇见最好的自己，成为德智体美劳全面发展的社会主义建设者和接班人。

（二）实现管理随时在线，提高教育管理效益

和悦智慧教育采用手机App、微信小程序等在线办公方式，构建了学校智慧管理体系，包括智慧餐厅、智慧评价、智慧安全、智慧考勤等，实现了随时化校园管理，提高了管理效益。

（三）打造精准高效课堂，焕发师生生命活力

和悦智慧教育倡导全方位、智能化的教学方式，包括智慧备课、智慧上课、智慧作业、智慧评价、同步课堂、资源共建、智慧教研和课堂大数据分析等，通过多样化数据分析，生成学生成长画像，为教师对学生进行个性化学习指导与生涯规划指导提供数据支持，从而实现教师精准地教、学生高效地学。

（四）开发智慧特色课程，助力学生个性发展

和悦智慧教育以编程、人工智能和职业体验为载体，关注每个学生的个性发展。通过多样化社团，为每个学生的个性成长提供适合的舞台和机会。学校开设了智慧浇水、智慧消防、3D 创意、编程设计、开源硬件、STEM 教育、无人机巡防、VR 设计等社团，通过自主申报、智能测评和大数据排序等进行优化筛选，既关注学生的兴趣爱好，又注重学生的特质与专长。

（五）促进家校无缝衔接，提升合力育人效能

和悦智慧教育使家校共育成为最便捷、最知心、最幸福的交流互动方式。学校通过“和悦智慧”微信服务号，开发了家校“随时通”，制定了“零延时三对接”交流反馈机制，即家长有任何问题都可以立即通过该服务号反馈，实现问题第一时间对接学校，学校第一时间对接专人，专人第一时间对接家长。如果家长对处理结果满意，问题便自动归档，进入家长满意问题库；如果家长不满意，问题会进入上级专人处理流程，由上一级负责人进行跟进处理；若家长仍然不满意，此问题会进入“校长平台”，通过与校长直接沟通的方式，使问题得以解决，助力学生的健康成长。

（六）促进五育融合并举，助力学生全面发展

学校构建了“六爱三雅”智慧德育、五步智学课堂、智慧操场、数字美育、智慧劳育，实现了德智体美劳五育智慧化设计与大数据分析，为每个学生提供了精准的全面发展方案，实现了精准诊断与“一生一案”。

（七）多角度立体式评价，帮助学生成为最好的自己

和悦智慧教育采用多终端、多样态、五维度、立体式评价，通过手机 App、移动平板、智能采集终端等多种工具，对学生的品格、学习、运动、艺术素养、劳动素养等进行智能化评价。评价数据来自过程数据条件筛选、系统小组互评、语音智评、智能终端自动采集等渠道，从德智体美劳五个方面，借助智能测评手段，分析每个学生的综合发展情况，帮助每一个孩子成为最好的自己。

第二节　和悦智慧的设计与推进

和悦智慧校园究竟应该包括哪些模块？每个模块的作用是什么？智慧校园应该成立哪些机构？每个机构的权利和义务是什么？智慧教育应该如何设计和推进？为寻求这些问题的答案，我们和高校教授、省级专家积极合作，走出了一条自己的和悦智慧特色建设之路。

——2023 年 3 月 3 日，我在青岛市“国家智慧教育示范区”创建现场会上的发言

一、模块设计

和悦智慧是以智慧教育平台为载体，以因特网、移动互联网、物联网为联通方式，以智能采集、智能分析、智能诊断、智能推送、智能构建为手段，以云计算、大数据分析、区块链、云存储为支持而构建的学校智慧化模块群。和悦智慧以办公、课堂、活动、家校、外联为主要应用场所，根据各个应用场所的不同需要，构建不同的技术结构，采用不同的技术手段，实现各场所的智能化设计与学生培养。

和悦智慧包括和悦智慧管理、和悦智慧课堂、和悦智慧课程、和悦智慧体育、和悦智慧心育、和悦智慧劳动、和悦智慧视野、和悦智慧科学院、和悦智慧家校、和悦智慧评价、和悦智慧数据分析 11 大模块，如下图所示。

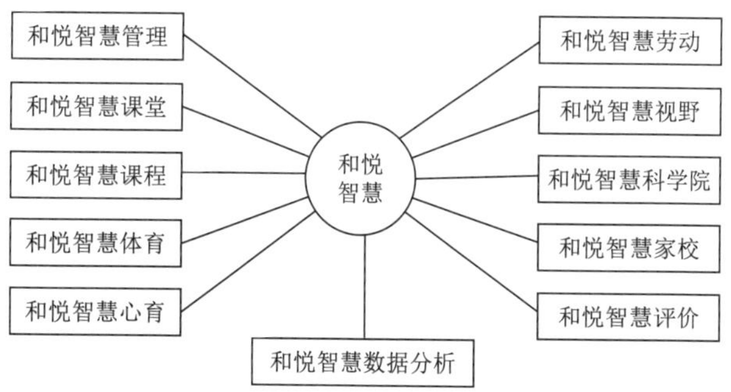

和悦智慧管理通过手机 App 实现移动办公、协作办公、即时交流、随时沟通与反馈，通过一键教育管理，使每一分钟都能建立教育联结。学校还根据教育管理需求对人人通平台进行了二次重组，自主开发了智慧餐厅、智慧安全、智慧家校、智慧评价等智能模块，形成了和悦智慧管理体系。

和悦智慧课堂是和悦智慧教育的核心部分，是学生成长的主阵地。和悦智慧课堂

采用科大讯飞智慧平台，通过五步智学法进行翻转式学习引导，实现五步智学与智慧平台的有效对接，从而构建高效、和谐的课堂生态。

和悦智慧课程是学校独立开发的特色课程体系，包括STEM创意课程、开源硬件设计课程、创意编程课程、机器人编队课程、无人机巡防课程、VR体验课程、3D建模课程、物联网实验课程、智慧科技课程（智慧农业、智慧消防、智慧交通、智慧家居、智慧城市）等。

和悦智慧体育是以智慧操场为载体建设的体育运动全智能数据采集与数据分析诊断系统。学校建设了全智能运动数据采集和数据分析系统，对学生的运动情况进行专项数据分析，发现运动中的问题，为每个学生提供详细的数据分析报告和一对一运动锻炼计划。

和悦智慧心育以大数据为支撑，在遵循学生的心理和认知发展规律的基础上，坚持以育人为本，尊重学生的个性发展。学校结合学生在成长过程中的需要及可能出现的各种心理困扰，在教育教学的过程中积极为学生提供心理方面的帮助，全面提高学生的心理素质，开发其心理潜能，在培养学生积极乐观、健康向上的心理品质的同时，促进学生身心和谐可持续发展，为他们的健康成长和幸福生活奠定基础。

和悦智慧劳动以我校楼顶种植基地为载体，为学生提供智慧劳动的实践体验场，旨在培养学生的创新意识，提升学生的学科核心素养以及面向未来的创新能力和实践能力。学生在劳动实践中通过发现问题、合作探究、知识整合、智能设计等环节进行综合性学习，体验和感悟真实的“智慧劳动”。

和悦智慧视野是引领学生了解世界、走向国际的窗口。学校提出了三大核心概念：一是国际步道，让学生在校园内可以身临其境地享受全球教育资源与学习机会；二是全域学习，给学生学习提供全行业导师、全学科知识指导，实现学生学习与全球资源的对接；三是和悦海港，让学生进行海洋知识的学习体验，包括学习做船长、水手等，学习海难逃生、旗语、海上自救等知识。

和悦智慧科学院是基于学生兴趣和特长成立的深度学习研究团体，包括小院士团队、专家指导团队、家长志愿团队，致力于智慧生活、航空航天、海洋生物、地球物理四个方面的学习与研究。和悦智慧科学院专家团队由中国科学院博士、鲁东大学泰山学者、山东省人工智能培训专家组成，他们根据学生的年龄特点，确立了四个固定研究项目，指导学生进行分层化、递进式项目探索。每个项目团队都有一名高校教授做指导，并配备一名专业导师进行具体管理和活动组织。学校每学期组织和悦智慧科学院成果展评会，表彰取得优秀成果的学生。和悦智慧科学院还开设了十大人工智能课程，成立了十大人工智能社团，包括智慧消防、智慧农业、智慧交通、无人机巡防、3D创意、STEAM教育、编程设计、开源硬件等。社团采用小班引领、大班普适学习两种培养方式，为每个学生提供个性化学习服务，满足每个学生的成长需要。

和悦智慧家校是学校自主研发的家校随时沟通、及时反馈、共享学习的平台。和悦智慧家校包括三大板块：一是家校“随时通”，是学校自主开发的家长用于反馈问题，与学校进行对话和沟通的平台；二是家长学校，是专门对家长进行教育方法培训的平台，通过直播课堂等形式对家长进行教育方法指导；三是心灵热线，是通过热线电话等方式，解决家长和学生在学习过程中出现的困惑和问题的平台。

和悦智慧评价是智能化评价系统，采用了多终端、多样态、五维度、立体式评价。学校采用了五育评价体系，包括“六爱三雅”德育评价、智慧学习评价、“六环二建”体育评价、数字美育评价与智慧劳动评价。评价工具采用了手机App、移动平板、智能采集终端等多种工具。评价方式采用了过程数据条件筛选评价、系统小组互评、语音智评、智能终端自动评价等方式。评价主体包括学生、教师、家长、社区。从德智体美劳五个方面，借助智能测评手段，分析每个学生的综合发展情况，帮助每一个孩子成为最好的自己。

和悦智慧数据分析是指学校运用教育教学数据分析系统，对教师教学行为和学生学习行为进行精准分析，对不同教师课堂教学模式进行对比分析，助力教师精准地教、学生高效地学。

二、推进机构

（一）领导中心

双语小学教育集团成立了和悦智慧教育领导中心，全国名校长、齐鲁名校长、特级教师杨世臣校长担任中心主任，党总支书记邵学忠、执行校长吕焕龙、智慧教育负责人王立新担任副主任，集团教学副校长、信息科技副校长、五大中心主任担任中心委员，形成了校长统领、核心团队策划、中层分工推进实施的三级分层领导机制。

（二）研究中心

双语小学教育集团成立了和悦智慧教育研究中心。该中心由教师代表、家长代表、学生代表和专家代表组成，其中学校智慧教育负责人、特级教师王立新担任组长，全国名校长、齐鲁名校长杨世臣校长担任副组长，由集团3位执行校长、3位校长助理、15位骨干教师、10位家长代表、11位学生代表、5位全国知名专家担任小组成员。中心下设六大部门：一是和悦智慧课堂部，负责智慧课堂模式建构、评价标准制定等，由特级教师、齐鲁名师林宏负责；二是和悦教师成长部，负责教师培训与专业发展规划设计，实现对教师的梯队化、精准化、智慧化培训，由特级教师苗文芝负责；三是和悦家校共育部，负责家校智慧沟通、合作共建、协作发展与精准育人设计，实现全领域育人、个性化培养、精准化设计与智慧化监管，由吕焕龙校长负责；四是和悦资源整合部，负责学校智慧教育资源的整体设计、集中开发、培训使用、效果评价，由孙雷校长负责；五是和悦智慧评价部，负责和悦智慧教育的有关标准制定、日常督查反馈、结果科学使用，由特级教师石春霞负责；六是和悦专家指导部，由鲁东大学教授魏雪峰、齐鲁师范学院教授毕诗文、山东省教育科学研究院教研员赵亮、中国石油大学（华东）教授李昕等20位知名专家组成专家顾问委员会，负责学校智慧教育各个模块的专业指导、框架设计与学生成长培育，由党总支书记邵学忠负责。

（三）指导中心

为保障和悦智慧研究中心六大部门工作的整体推进和全面落地，实现智慧教育全面育人，和悦智慧教育研究中心成立了三大指导中心。

一是和悦智慧教师指导中心，由邵学忠书记总体负责。该中心的主要职责如下：

（1）全面监管教师培训与教师专业发展的工作落实与评价，督导和悦教师成长部工作设计与实施落地。

（2）指导和悦教师成长部制定多类型教师发展策略。

（3）对教师进行个性化发展数据分析与指导。

（4）帮助构建教师个性化教学风格、教学特质、成长规划，形成月度反馈数据表，通报工作推进情况。

二是和悦智慧学生指导中心，由德育副校长薛鹏总体负责。该中心的主要职责如下：

（1）全面监管学生发展与育人目标实现，指导学生实现个性化学习，从而实现德智体美劳全面发展。

（2）指导学生进行情绪梳理与心理问题分析疏导，帮助学生提高心理素质，实现身心健康成长。

（3）发现与培养学生的兴趣爱好与特长，指导学生进行职业规划设计。

（4）对学生进行个性化发展指导，形成月度反馈数据表，通报工作推进情况。

三是和悦智慧家长指导中心，由教学副校长庄沛政总体负责。该中心的主要职责如下：

（1）负责与家校共育部进行家长培训，指导家长进行育儿策略分析。

（2）帮助家长学会科学育儿与高质量陪伴，学会分析孩子的情绪与状态。

（3）组织家长参与亲子共建活动，解答家长的育儿困惑。

（4）负责和悦电视台《家长有约》节目编排指导，全面监督家长学校课程设计与培训安排、心理疏导公益课堂建设、亲子活动设计与组织、“和悦之家”专家热线等的实施情况。

三、大数据分析中心

学校建设了大数据分析中心，这是学校智慧教育的神经中枢，负责对学校各智慧教育模块进行大数据分析。该中心具有六大数据分析模块区、四大数据分析模型、两个特色数据空间。

大数据分析中心包括五步智学分步解析区、七大智慧教学模块区、四大教学数据分析区、五育大数据分析区、大数据“双减”提质区、智慧教育成果赋能区等六大数据分析模块区（如下图所示），配置了教学行为数据分析舱和数据分析室，形成了集算法设计、模型构建、案例解析、环境配置、成效论证于一体的数据分析线。

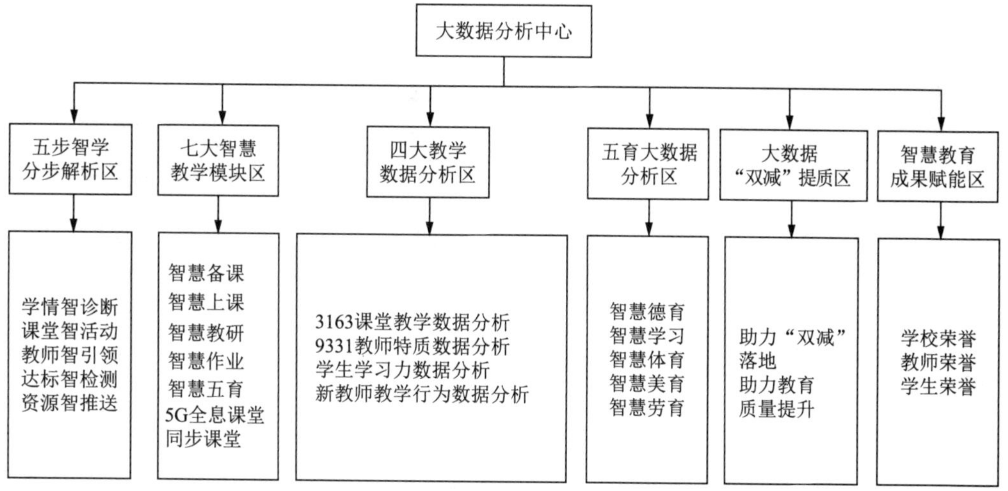

五步智学分步解析区构建了对学情智诊断、课堂智活动、教师智引领、达标智检测、资源智推送五个环节进行技术融入与数据分析的方法与策略，实现了技术与教学环节的深度融合与大数据学情诊断分析。

七大智慧教学模块区设计了智慧备课、智慧上课、智慧教研、智慧作业、智慧评价、5G 全息课堂、同步课堂等智慧教学运营框架，实现了全时空、多模式、同平台、多样态教学一体化建设。

四大教学数据分析区包括 3163 课堂教学数据分析、9331 教师特质数据分析、学生学习力数据分析、新教师教学行为数据分析四个大数据分析系统，从课堂教学策略、教师特质、学生学习、教学行为等方面为教与学提供精准的指导方案。

五育大数据分析区构建了德智体美劳五个方面的大数据分析方法。智慧德育数据分析采用“六爱三雅”德育评价进行全空间、全链条、全角度德育行为评价；智慧学习数据分析采用 3163 课堂教学数据分析、9331 教师特质数据分析、学生学习力数据分析等大数据分析系统进行数据分析；智慧体育数据分析采用基于智慧操场所构建的“六环二建”数据分析方案，对学生各运动项目进行全智能数据采集与数据分析，为每个学生提供详细的数据分析报告和一对一运动锻炼计划；智慧美育数据分析实现了在线美术馆的数据分析报告，在美术馆中对作品进行在线点评、修改，形成“一生一案”美育数据报告；智慧劳育数据分析构建了由劳动基地、人工智能整合设计的智能劳动体系，通过劳动活动评价形成每个学生的劳育素养报告。

大数据“双减”提质区构建了基于独立算法的大数据分析论证框架。该框架能够助力“双减”落地，助力教育教学质量提升。

智慧教育成果赋能区展示了学校、教师、学生等方面的优质教育成果。

第三节　和悦智慧管理

在26年的校长生涯中，管理一直是我的“主业”，我一直苦苦寻找一个“巧办法”，让我的安全管理、餐厅管理、德育管理、评价管理事半功倍，高效率，高质量。这个“巧办法”就是我的“和悦智慧管理”。

——2023年8月1日，我在山东省基础领域重大改革项目会上的发言

和悦智慧管理是以和悦教育思想为指导，以移动办公、智能联通、大数据分析为载体的智能管理平台，旨在实现校园一站式智慧管理，提高管理效率，降低管理成本，促进和悦教育健康发展。

一、智慧安全

智慧安全是基于学安App和人脸识别系统搭建的校园智能安全管理平台，为学校提供标准化、专业化、信息化、科学化的校园安防解决方案，建立面向学校全员、全过程、全覆盖的360°安全防护网，实现安全预警、安全监控、安全处置、一键报警、日常巡检、云眼和晨午检等功能。

（一）危险分子智能报警

学校把公安部门通告的危险分子照片导入数据库，只要其进入学校，学校监控平台就会自动报警，并显示其在学校的位置和行动轨迹，警卫室会第一时间对其进行控制，保障学生安全。

截至2023年2月，学校实现了19 828小时安全预警，平台录入疑似危险人员17人，真正实现了对学生安全的时刻守护。

（二）搜脸智能轨迹追踪

和悦智慧安全实现了校园轨迹智能查询。学校把相关人员照片上传到平台后，平台会立即显示出相关人员在一段时间内的校园行动轨迹，包括行动路线、行动事件等。截至2021年6月，学校实现了23人次轨迹查询，保障了学生的在校安全。

案例

2021年4月13日，四年级（3）班学生张小朋午餐后在学校自由活动，午休铃打响后，

小朋一直没有进教室。班主任去很多地方找都没有找到，于是联系信息服务中心。信息服务中心把小朋的照片输入查询平台，通过搜脸追踪，发现了小朋午餐后的所有行动轨迹，追踪到四楼图书角，发现他正在那里津津有味地看书。

（三）日常巡检与隐患一键报警

值班教师每天会对校园各个角落进行安全巡视，当发现安全隐患时，便可利用手机扫描场所二维码，按照提示步骤进行上报，精准定位，迅速排查，及时处置，确保学校平安无忧。

值班领导、值班教师或其他教师发现校园安全危机或校园危害时，都可利用手机App进行一键报警，一种是直接拨打报警电话，另一种是音视频报警，可以上传报警视频、图片和语音。为了确保警情得到迅速响应，学校采取“谁发现谁跟进”机制，确保每一个警情都得到及时解决。

（四）云眼无死角

五台山西路小学现在共有安全监控点128个。手机云眼实现了校园、教室全覆盖，校领导和管理员可通过手机App随时查看校园实时状况，将互联网与学校安全管理真正整合在一起，充分发挥互联网的优势，不断提升学校安全管理水平。

（五）呵护安全的智能和悦安全提醒

智能和悦安全提醒是学生通过编程设计的智能化安全提醒系统。为了保障学生的校园安全，学生社团通过开源硬件和编程设计开发了智能化安全提醒系统。本系统实现了智能化行为识别，当有人靠近危险位置时，“和和”“悦悦”会自动进行安全提醒，从而保障学生安全。

二、智慧餐厅

做教育这三十几年来，我遇到过无数难题，其中学校供餐管理是十分棘手的难题之一。我们集团现在拥有两个学校三个校区，有3 826名学生在校就餐。以前我常常要在四个问题上费尽心思：

一是由于就餐人数不固定，因此只能按经验备餐，容易造成浪费。如何让有限的资金发挥最大效能，让学生吃得好，有营养，让学生喜欢？

二是采购管理难规范，财务数据、食品制作过程等难以公开透明，家长疑虑多，抱怨多。如何让家长全程参与监管，放心满意？

三是供餐工作环节多，程序复杂，难免存在利益问题。应该如何杜绝腐败现象发生？

四是餐厅如何落实立德树人根本任务，实现以食育人，助力学生科学饮食，健康生活？

为破解这些难题，我们融合智慧教育，用和悦智慧赋能供餐管理，创意实施和悦智慧供餐管理七部曲，取得了显著成效。

和悦智慧供餐管理是以和悦教育思想为指导，运用大数据分析等智慧教育手段，对学校供餐实施智慧化管理的新样态。和悦智慧供餐管理七部曲，由智慧食育、智慧食谱、智慧验货、智慧后厨、智慧评价、智慧结算、智慧监督等七部分组成，奏响了学校餐厅的美味乐章。

（一）成立三大中心，保障供餐管理工作优质高效

我们成立了三大中心，保障供餐管理七部曲顺利实施。

1. 和悦智慧供餐领导中心

该中心由校长任组长，校委会成员、班主任、学生代表、家长代表任组员。

2. 和悦智慧供餐研究中心

该中心由有关教师、学生、家长、营养方面的专家共同组成。

3. 和悦智慧供餐数据分析中心

依托学校大数据分析中心，我们建立了供餐数据分析中心，利用中国疾控中心营养分析系统，每周对学生食谱进行营养分析，提供智慧食谱方案，以保障学生的营养均衡和健康成长。

（二）和悦智慧赋能供餐管理七部曲

1. 智慧食育

（1）开发食育课程。

食育是学生健康成长的重要教育内容。和悦食育以培养健康生活方式和健全人格为基本理念，设定了认知目标、能力目标、情感目标和文化目标等不同层级的目标，开发了 26 门相关课程，如“舌尖上的美食”“美食小达人”等。

校本食育课程内容主要分为六大模块：健康＋认知食育、自然＋生命食育、品味＋情感食育、劳动＋体验食育、礼仪＋文化食育、社会＋生活食育。

（2）智慧悦读食育图书。

我们在智慧悦读中设置了关于健康饮食的读本推荐和悦读心得展评。

（3）加强食育文化建设。

食堂廊柱上悬挂有关于饮食知识的食育标语和标牌，每张餐桌上都有提醒学生合理膳食、珍惜粮食的标牌。餐厅出口处的标牌上张贴有 26 门食育校本课程的二维码，学生扫描后可以自主学习，回家后可以动手实践，其中“红烧肉制作”深受孩子们的喜爱，得到了家长的广泛好评。

（4）创造性开展食育活动。

我们针对不同年级、不同进餐阶段的学生，智慧化实施音视频提醒教育、示范教育。此外，我们对学生就餐行为的有序、安静、文明等进行评价，每周评选推送“光盘小明星”“文明用餐小模范”，引导和督促学生吃得健康、吃得文明。

2. 智慧食谱

（1）智慧点餐。

学校建立了包含大荤类、中荤类、素菜类、面食类、粥汤类，以及下午加餐的点心类、水果类等 7 大类 366 个菜品的食谱库，每周五通过人人通发布下周推荐食谱，供家长与学生进行选餐。

（2）智慧决策。

每周 3 800 多次选餐量，保证餐食既营养丰富又深受学生喜爱。学校根据选餐大数据，由营养师进行二次配餐，敲定食谱。

（3）智慧推送。

食谱确定后，由后台发布一周实际食谱。

3. 智慧验货

（1）五方验货。

每天早上 6:50，家长代表、教师代表、学校管理人员、厨师长、餐厅管理人员五方组成验货小组，一同验货，严格落实进货查验记录制度。验货单据五方签字，并承担相应责任。

对当天所有果、蔬、肉、蛋等生鲜，以及一周内查验入库、当日出库的米、面、油、调料等，进行来源、安全、卫生、新鲜度、重量、价格等项目的查验，严格把控好食材进入厨房的第一关。

（2）实时传送。

验货过程全程录像，相关数据和录像实时上传平台，接受所有学生和家长的网上监督。

（3）验货评价。

通过 App 进行验货在线评价，每周 20 组验货评价、5 次数据分析，保障师生吃到最新鲜、最健康的食材。

4. 智慧后厨

实施“明厨亮灶”工程，对食材准备、食品制作、加工器具卫生、餐具清洁消毒等进行严格把控，通过多点位摄像机无死角全程监控，并链接平台，时时接受全体教师和家长的监督。管理人员可随时查看，及时对餐厅提出整改要求。

5. 智慧评价

学校实行集中用餐陪餐制度。餐后，学校干部、教师、家长、学生代表在智慧管理平台对工作人员、饭菜品质等 10 项指标进行评价，并提交现场照片等评价证据，提出建设性意见。

根据评价结果，餐厅及时精准查漏补缺，学校对供货商进行考核。

6. 智慧结算

供餐每月结算一次。师生月度餐费由个人直接打入银行校园板块个人账户。五方验货实景与货物单据数据每日即时上传，接受全体师生和家长的监督评价；平台每周自动汇总开支数据，接受多方网络监督。月底，餐厅经理、总务主任、分管校长、执行校长和总校长，对一个月以来五方代表验货的单据进行审核签字，与每月平台汇总的开支数据一同上报区教体局财管中心，经中心核实后，通过银行进行电子结算。所有流程中，餐厅、学校和财管中心都不接触现金，一切公开透明，杜绝腐败。

7. 智慧监督

（1）自查自省。

学校每周五对供餐实行自查自省，查漏补缺，并生成电子报告，上传至智慧管理平台，供全体学生、家长、教师监督。

（2）上级主管部门检查。

学校每半个月定期邀请市场监督管理局相关工作人员，对学校供餐进行全面检查。

（3）第三方协查。

学校每月定期邀请中国饭店协会等第三方监督管理机构对餐具洗洁精残留、蔬菜农药残留、地面油污残留、肉类溯源等工作进行全方位、专业化的监督和检查，以确保供餐相关数据的准确可靠。

（三）和悦智慧供餐的成效

实施和悦智慧供餐管理七部曲，解决了供餐管理的棘手问题，取得了显著成效。一是学生吃得好，营养足，心情舒畅；二是家长全程参与监管，放心满意；三是公开透明，杜绝了腐败现象；四是食育促进了五育发展。

由于供餐和学生营养健康工作成效显著，我们先后获得了全国学生营养与健康示范校、全国先进后勤学校、山东省五星级食堂、山东省营养与健康学校、青岛市标准化食堂等多个荣誉称号。学校供餐的智慧化管理形成了品牌式管理效应，得到了各级管理部门的高度关注，各级各类培训会、现场会在我校举办。2023 年 12 月，我在学校供餐与学生健康国际研讨会上做了典型发言。

三、智慧巡课

智慧巡课是学校智慧教育管理的重要方式，实现了人人巡课、时时巡课、处处巡课、随时评课。不管是在办公室、机场、火车站，还是在教室，都可以进行一键巡课，对巡课班级进行拍摄、打分、点评，给出评价、反馈与建议。

（一）研发系统求精准

教育教学改革持续深入，日新月异，但是不论怎样改革，课堂是教学的主阵地，这一点是毋庸置疑的。学校在短短的时间内迅速崛起，学生数量呈爆炸式增长，每年入职教师数十人，教师整体年轻化的态势明显。

正因如此，高效的课堂、教师的专业成长就成为学校必须高度关注的问题。只有课堂这个主阵地站稳站好，学生的核心素养提升才能得以实现，教师的教育教学水平和专业素养才能不断提升，我们“培养厚德乐学、自主合作、具有国际视野的卓越少年”的育人目标才能达成。

为了精准分析课堂，实现对全校课堂的全面观察，提升教育教学质量，促进教育均衡，赋能教育信息化发展，学校精心打造了智慧巡课系统（如右图所示）。该系统从年级、班级、学科、节次、上课教师、巡课教师、课堂评价、学生发展、教师授课、课堂常规、综合评分、当堂达标等 12 个维度进行巡课，其每日巡课反馈、每周工作简报、每月数据分析报告、“回头看”巡课制度四大举措相辅相成，为教育教学工作提供了精准的数据支持和机制保障。

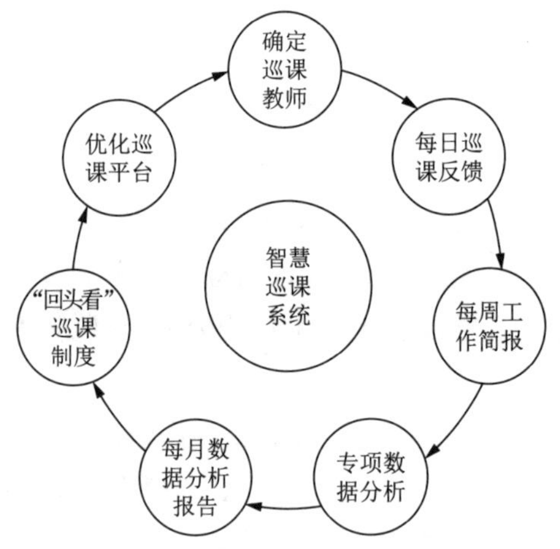

（二）组建团队抓落实

1. 建设智慧巡课团队，以巡促改

由执行校长、业务校长、级部主任、学科主任、备课组长、教师代表组建“$5+x$”智慧巡课团队，其中业务校长为组长，其他成员为组员，教师服务中心为主要执行部门，开展日常巡课。

同时，学校创建以业务校长为项目组负责人，以 4 位研究能力强的骨干教师为项目组成员的“$1+4$”智慧巡课项目组，进行深层的主题式研究和大数据分析。

2. 织密智慧巡课网络，多线并行

“$5+x$”智慧巡课团队、“$1+4$”智慧巡课项目组，多线并行提质赋能，不断更新和优化巡课指标，精准、高效巡视课堂。

智慧巡课系统多角度、多层次地对全校所有课堂进行智能化评价。每日向全体教师反馈当日智慧巡课情况，各级部、各班级、各教师针对问题精准整改；每周根据巡课数据进行分析，形成每周工作简报，指导下周教育教学工作的有效实施；每月整体分析各级部、各学科组的课堂实施情况，及时总结亮点与不足，运用“回头看”巡课制度，重点跟踪，持续评价，直至提升。这种闭环式智慧巡课模式有助于课堂教学提质增效。

3. **严控四条发展曲线，精准评价**

智慧巡课系统实现了横向以及纵向的对比分析，精准、及时剖析每节课的教学亮点、不足之处并给出改进措施，形成了学生发展、教师授课、班级常规、教师综合评分四条发展变化曲线，便于相关教师及时调整教育教学策略，为精准教研提供方向和依据，从而提高课堂效率，提升教育教学质量。

4. **深挖细研大数据价值，全面分析**

我校智慧巡课每周巡课总数均值为90～200，范围覆盖全校所有班级、全体教师、各个学科、各个节次的课堂教学，关注全校学生的班级常规和素养表现。依据智慧巡课专项数据，实现学科内横向及纵向分析、班级内各学科横向分析、班级整体纵向分析、级部与学科交叉分析、教师综合评分与学科交叉分析、学生发展与各级部交叉分析、教师个人成长纵向分析等专项数据分析。

这些专项数据分析通过周工作简报、月数据分析报告的形式呈现，并形成长效机制，规范班级常规，提升教师能力，赋能课堂，提质增效。

综上，智慧巡课的一般流程如下图所示。

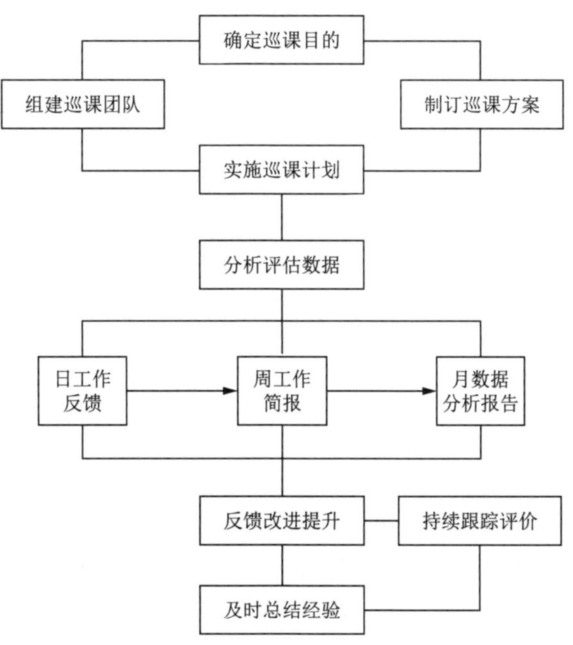

（三）改革突破与实践

在日常实践中，我们结合生成的数据分析报告，不断更新、优化智慧巡课机制，不断反思智慧巡课工作模式，最终总结并制定出以下五大原则和四大制度，用于保障智慧巡课的高效实施。

1. 五大原则保驾护航

（1）科学分工重过程。

两大巡课团队注重科学分工，注重巡课过程的严谨性、科学性、全面性，日巡课、周巡课计划提前制订，走进全校所有教师、所有学科的课堂，同时保持巡课机制的个性化，做到既全面均衡又重点突出。

（2）立即解决重结果。

本着小问题马上办、大问题重点办的原则，对巡课过程中发现的问题及时进行解决，或与相关教师进行座谈，就教师遇到的困难进行交流；或召开备课组会议进行小范围研讨；或进行级部层面座谈，及时梳理问题，实现重点突破；或进行学科大教研，以点带面，促进教师成长，实现课堂优质高效。

（3）周周分析重教研。

每周进行数据分析，形成周工作简报，总结本周巡课亮点、课堂不足以及改进措施，与每周级部例会、学科小教研、备课组微教研紧密结合，将课堂问题摆到桌面上，重分析、明策略、求实效。

（4）优化平台重实效。

为将智慧巡课工作落到实处，充分体现每日生成的巡课数据的实效性，真正为教育教学服务，我们五次更新和优化巡课指标，升级巡课平台，多角度、多层次对全校课堂进行智能化评价。

（5）加强评价重考核。

将每日巡课数据计入班级常规管理、任课教师个人考核中，使教学评价融入日常管理中，形成长效机制。

2. 四大制度提质增效

（1）坚持全面覆盖制度。

每日巡课涵盖巡课教师、巡课级部、巡课班级、巡课节次、上课教师、任教学科、课堂评价、课堂精彩瞬间、教师综合评分等内容，多角度、多层次对全校所有课堂进行智能化评价。

（2）坚持通报反馈制度。

每日通报反馈智慧巡课情况，各级部、各班级、各教师针对问题精准整改，提高教育教学质量。

（3）坚持跟踪式、菜单式精准分析制度。

发现问题后进行跟踪式、菜单式重点关注，向教师个人推送课堂实录以及大数据分析报告，鼓励教师进行自我反思、自我剖析、自我提升；在教师个人无法解决相关问题时，备课组、学科组、级部主任以及教师服务中心及时介入，发挥团队的力量，在集体教研中谋策略、促提升。

（4）坚持“回头看”智慧巡课制度。

对于综合评分较低的教师进行一对一帮扶，跟进指导，精准教研，全面督促。“回头看”智慧巡课制度将日常巡课落地并落细落实，将巡课发现的问题全面解决，提高了巡课的质量，助推学校高质量、超常规发展。

这样，智慧巡课实现了全面覆盖、精细分析、精准诊断、督促跟进、匡正纠偏，提高了管理的科学性、精准性、高效性。

案例　五台山西路小学智慧巡课（2023 年 9 月第四周）

一、巡课教师

本周共巡课 120 次，平均每天巡课 24 次。各教师巡课次数占比如下图所示。本周丁华老师巡课次数最多，共 16 次，占比为 13.33%；其次是张晓校长，巡课次数为 14 次，占比为 11.67%。①

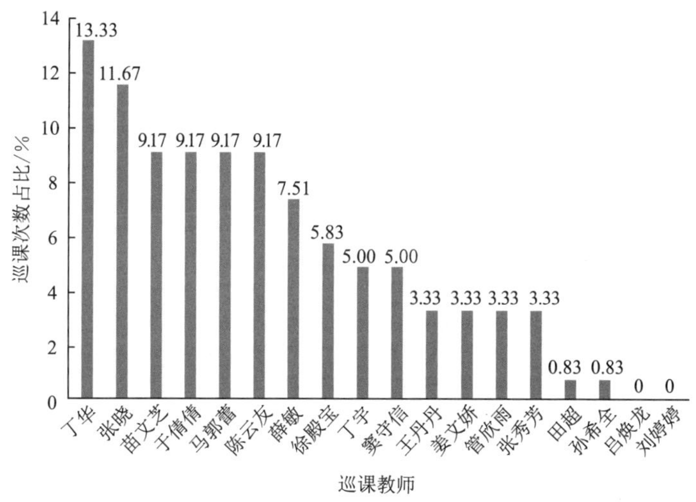

注：①书中百分数经过四舍五入处理。

二、巡课节次

各节次巡课次数占比如下图所示。

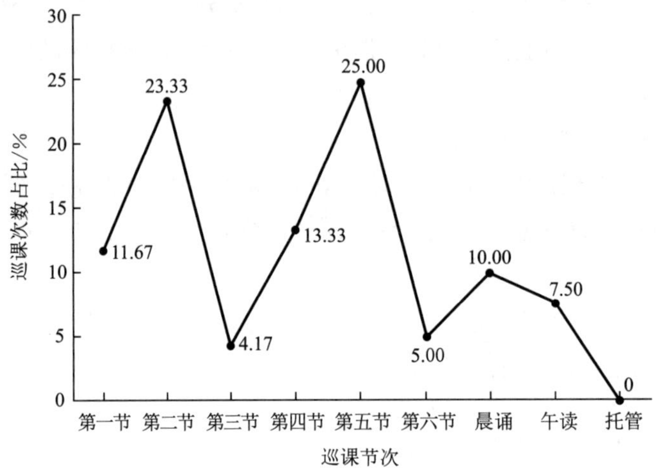

本周第五节巡课次数最多，共30次，占比为25.00%；其次是第二节，巡课次数为28次，占比为23.33%。除了第二节和第五节巡课次数相对较高之外，第一节、第四节和晨诵的巡课次数均在12次及以上，但是托管巡课次数为0次，后期应增加对托管的巡课次数。

三、巡课年级

各年级巡课次数占比如下图所示。

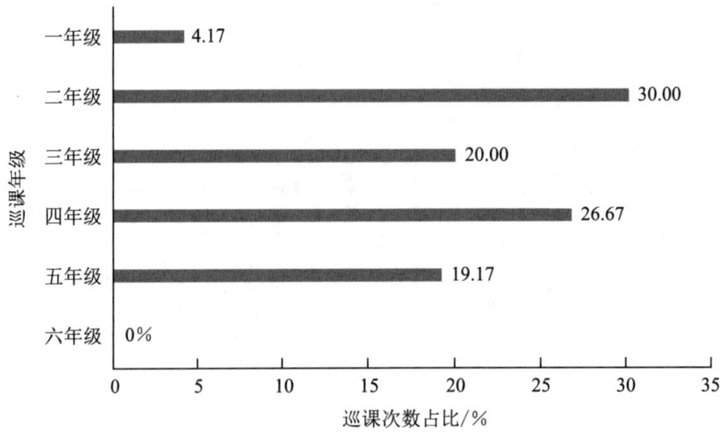

本周二年级巡课次数最多，共36次，占比为30.00%。其次是四年级，共巡课32次，占比为26.67%。三年级巡课24次，占比为20.00%。五年级巡课23次，占比为19.17%。一年级巡课5次，占比仅为4.17%。六年级未巡课。

四、巡课班级

一年级巡课5次，本级部共12个班级，其中对5个班级进行过巡课，分别是101、102、103、104、108班，巡课次数均为1次，占比均为20%，其余班级未巡课。（如下图所示）

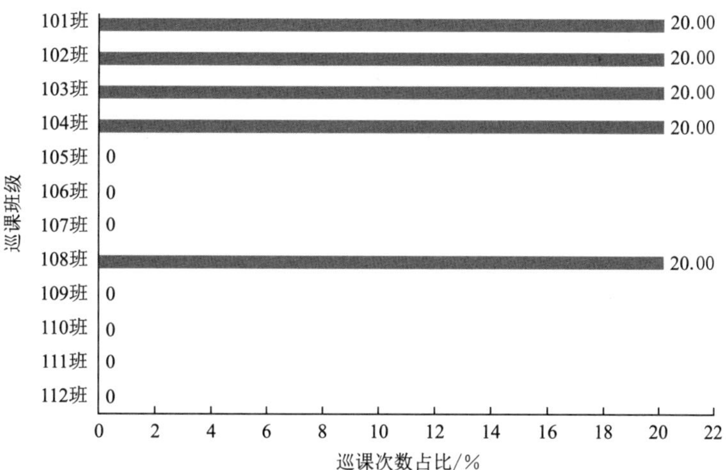

二年级巡课36次，本级部共12个班级，对所有班级都进行过巡课。203班巡课次数为7次，占比为19.44%；201、204班巡课次数均为5次，占比均为13.89%；205、206班巡课次数均为3次，占比均为8.33%；202、207、208、209、211、212班巡课次数均为2次，占比均为5.56%；210班巡课次数为1次，占比为2.78%，巡课次数最少。（如下图所示）

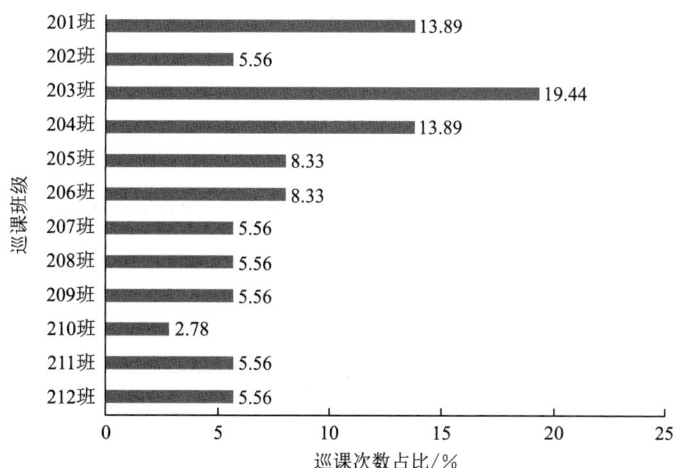

三年级巡课24次，本级部共12个班级，其中对10个班级进行过巡课。305、311班巡课次数均为4次，占比均为16.67%；303、306、307班巡课次数均为3次，占比均为12.50%；304、308班巡课次数均为2次，占比均为8.33%；301、302、310班巡课次数均为1次，占比均为4.17%；309、312班未巡课。（如下图所示）

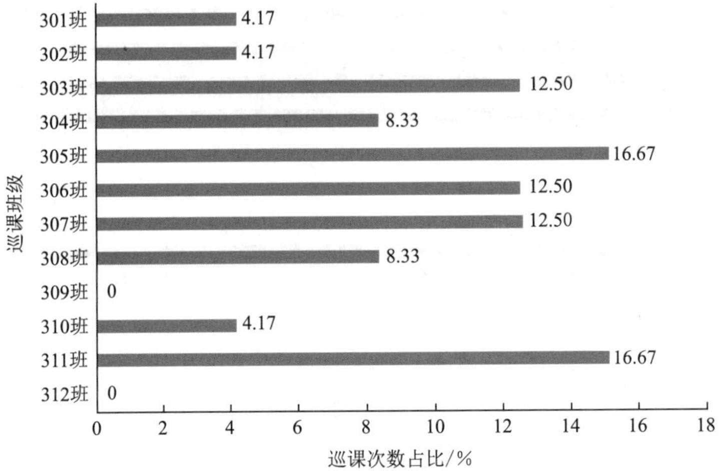

四年级巡课32次，本级部共11个班级，对所有班级都进行过巡课。406班巡课次数为5次，占比为15.63%；403、409班巡课次数均为4次，占比均为12.50%；404、407、410、411班巡课次数均为3次，占比均为9.38%；401、402、405班巡课次数均为2次，占比均为6.25%；408班巡课次数为1次，占比为3.13%，巡课次数最少。（如下图所示）

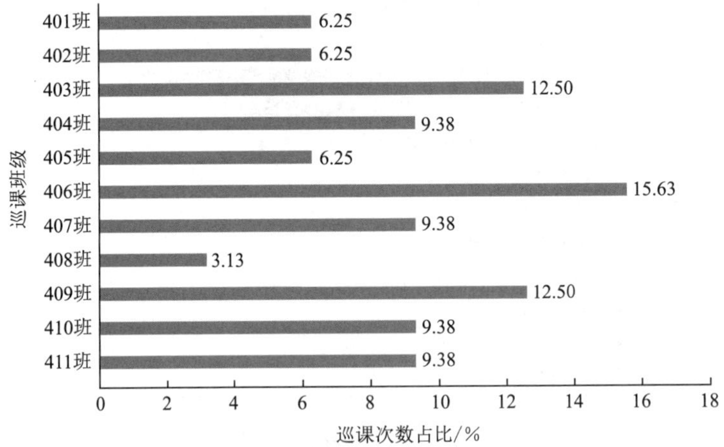

五年级巡课23次，本级部共9个班级，对所有班级都进行过巡课。503、504、506班巡课次数均为4次，占比均为17.39%；502、505、507、508、509班巡课次数均为2次，占

比均为 8.70%；501 班巡课次数为 1 次，占比为 4.35%，巡课次数最少。（如下图所示）

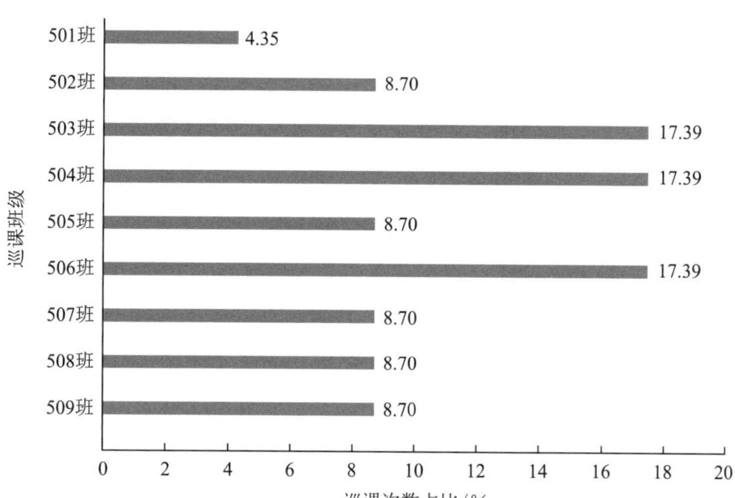

五、巡课学科

各学科巡课次数占比如下图所示。语文、数学、英语三大学科中，语文学科巡课次数最多，共计 47 次，占比为 39.17%；其次是数学学科，巡课次数共计 26 次，占比为 21.67%；英语学科巡课次数占比仅为 5.00%，巡课次数太少，甚至不及音乐、体育、美术、科学等学科的巡课次数多。音乐、体育、美术、科学、信息技术五大学科中，体育巡课次数最多，共计 12 次，占比为 10.00%；科学巡课次数共计 9 次，占比为 7.50%；音乐、美术巡课次数均为 7 次，占比均为 5.83%；信息技术巡课次数为 1 次，占比为 0.83%，巡课次数最少。

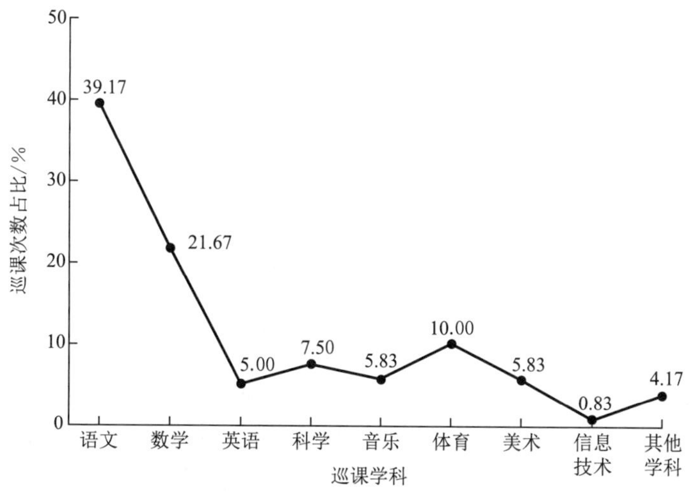

六、巡课得分情况

1. 教师综合得分情况（如下图所示）

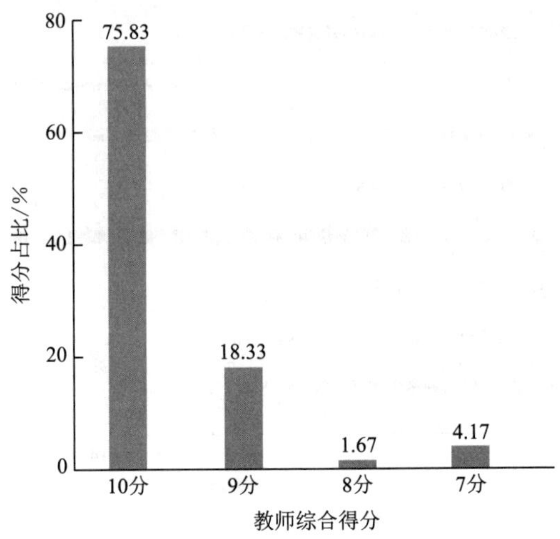

本周共巡课 120 节，其中教师综合得分 10 分的共计 91 节，占比为 75.83%；教师综合得分 9 分的共计 22 节，占比为 18.33%。大部分教师整体得分在 9 分以上。得分 8 分的共计 2 节，占比为 1.67%；得分 7 分的共计 5 节，占比为 4.17%。

2. 教师授课得分情况（如下图所示）

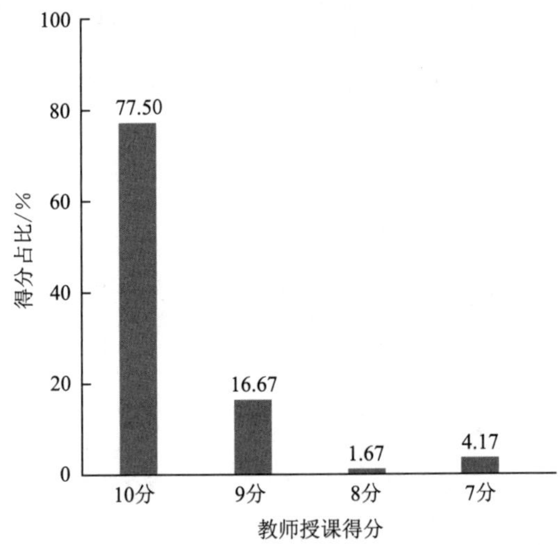

教师授课得分 10 分的共计 93 节，占比为 77.50%；得分 9 分的共计 20 节，占比为 16.67%；得分 8 分的共计 2 节，占比为 1.67%；得分 7 分的共计 5 节，占比为 4.17%。

3. 学生发展得分情况(如下图所示)

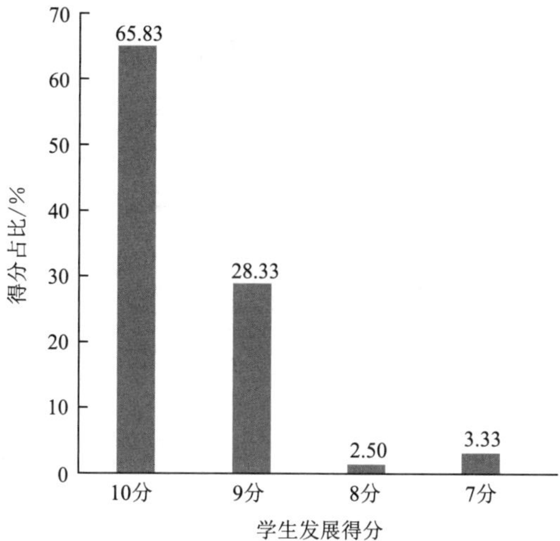

学生发展得分 10 分的共计 79 节,占比为 65.83%;得分 9 分的共计 34 节,占比为 28.33%;得分 8 分的共计 3 节,占比为 2.50%;得分 7 分的共计 4 节,占比为 3.33%。

4. 班级常规得分情况(如下图所示)

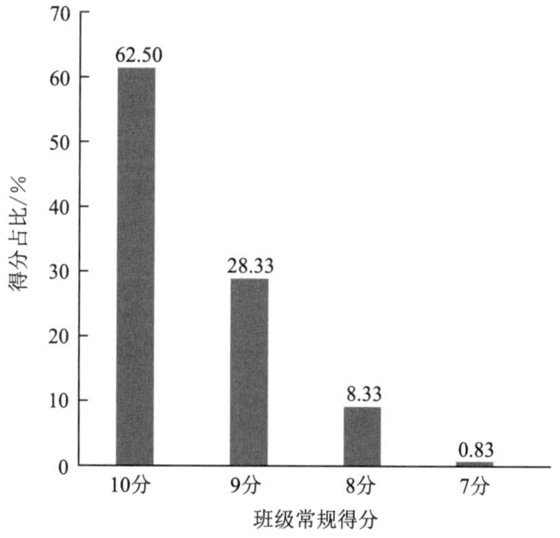

班级常规得分 10 分的共计 75 节,占比为 62.50%;得分 9 分的共计 34 节,占比为 28.33%;得分 8 分的共计 10 节,占比为 8.33%;得分 7 分的共计 1 节,占比为 0.83%。

七、本周亮点

1. 从各年级巡课次数来看,本周二年级巡课次数最多,其次是四年级,再次是五年级。

2. 二、四、五年级各个班级都进行过巡课，有效反馈了课堂教学情况。语文、数学学科巡课次数保持稳定，均在20.00%以上，科学和音体美学科也提高了巡课次数占比。

3. 相较于前两周，教师授课得分、学生发展得分、班级常规得分三项得分评价中，9分课堂占比提高，7分课堂占比下降，且7分以下课堂占比为0%。

八、本周不足

1. 本周一年级巡课次数创历史新低，仅5次；六年级未进行过巡课，需要进行巡课安排调整。

2. 英语作为主学科，本周巡课次数占比太低，仅巡课6次。

3. 本周托管巡课次数恢复到第一周的0次，后面应加强托管巡课力度。

九、改进措施

1. 加强一年级巡课力度，增加巡课次数，有效反馈课堂教学情况；协调好六年级的巡课安排，及时关注六年级的课堂教学状态。

2. 增加英语的巡课次数，语文、数学、英语应保持一定的巡课次数占比。

3. 在不耽误其他学科巡课次数的前提下，加强托管巡课力度，集中关注托管的学生能否安静有序地完成托管任务。

4. 重点关注二年级音乐、三年级数学教师综合得分7分的课堂，专人专项提出高效改进措施，及时进行二次评价与反馈。

第四节　和悦智慧教学

教学是学校的中心工作。如何智慧备课，实现资源共享？如何创新五步智学法，提高课堂效率？如何创新 5G 全息课堂，实现一个集团多个学校多个班级的名师共享？如何创新智慧作业，减轻学生负担？……为解决以上种种问题，我们创造性地建立了和悦智慧教学体系。

——2020 年 8 月 28 日，我在双语小学教育集团教师读书会上的讲话

一、智慧备课

（一）智慧资源共享

智慧教学平台整合了交互式电子白板、电脑和投影仪等教学设备的诸多功能，能够进行智能导学、错题推送和个性化分析。智慧教学平台的资源中心有着丰富的教学资源可以共享共用，不仅覆盖了校本资源，还有区级资源、国家中小学智慧教育资源等。丰富的备课资源为教师提供了诸多便利，大大减轻了教师的备课负担。教师可以在此查找和筛选有用的资源，如各种优秀示范课课件、精品教案、检测试卷等。教师还可以分享优秀资源到校本资源库，互相借鉴使用。

（二）智慧协作备课

协作备课是信息化教学下的多终端在线备课方式。备课组利用协作平台进行线上集体备课，让老师们在同一个平台上共同完成一份教学设计，既集思广益又分工明确，确保教学设计优质高效。

协作备课有三种方式：一是利用“畅言晓学”中的备课系统，一人担任主要备课教师，然后根据分工让各小组成员进行共建讨论并修改，备课完成后每位教师可根据批注式说明进行二次设计；二是利用金山文档协作备课，可以一边讨论一边设计，确保每个环节和步骤均科学有效；三是利用飞书进行协作编辑，即通过飞书协作创建教学设计模板，进行统一在线共建备课。

例如，在上《要下雨了》这堂课之前，语文备课组的各位老师进行了明确的分工，每个人打开本堂课的教学设计进行线上备课，只需要完成带有自己名字的那部分内容即可。

二、智慧上课

借助大数据分析平台和智慧教育技术，创新五步智学法，通过学情智诊断、课堂智活动、教师智引领、达标智检测、资源智推送，实现智慧化上课。

三、同步课堂

同步课堂是多校互联(目前我们集团为三校互联)、同步上课、共享互动、智能追踪、无缝交互的跨区域课堂教学方式。

双语小学教育集团自2014年成立到2019年，在短短五年时间内就拥有了双语小学、星光岛小学、五台山西路小学三所公办学校，学生数量呈爆炸式增长，目前共有4 000多名学生。每一个学生都渴望得到名师的指导，让自己成长得更好更快。

双语小学教育集团师资力量雄厚，有3名正高级教师，5名特级教师，3名齐鲁名师，23名市级以上教学能手。但是，这些优质教师资源因集团各校之间的空间距离而无法覆盖到每一个学生，无法实现对所有学生随时随地的教育和影响。如何才能最大限度地发挥这些名师、能手的教学辐射作用呢？我们探索出一个解决方案——同步课堂。通过同步课堂，实现优质教师资源的集团共享，打破学校之间的界限，使集团所有学生都能享受到优质教育。

同步课堂设计涵盖以下要点：

1. 成立同步教学项目组

同步教学项目组统一协调制定三校同步课程表，确定同步教学主题与进度，制定三校同步备课与教研细则。

2. 构建同步课堂教学环境

利用专递课堂和直播会议系统搭建三校同步互动、随时应答、一键连线的同步课堂教学环境。借助网络互联技术，主课堂教师执教时，其课堂教学实况可传送至其他两所学校的课堂上，其他两校学生可与主课堂的学生同步听课。主课堂教师提出问题后，三校学生可以同步参与讨论，学生发言和教师走下讲台时，摄像机会自动跟踪拍摄。

3. 组建同步教学团队

三个校区组建了语文、数学、英语三个学科的同步教学团队，设计了同步课堂实施方案。智慧教学研究中心对同步教学团队进行技术培训，同步教学团队根据实施方案组织了16周的同步教学，使集团的正高级教师，特级教师，齐鲁名师，市级以上名师、学科带头人、教学能手等优质资源发挥最大作用，使所有学生都能享受到优质教育。

4. 创新课堂教学形式

同步课堂有三种教学形式：一是线下主教，线上助教；二是线上主教，线下助教；三是线上主教，线上助教。以第二种教学形式为例，首先我们精心挑选名师作为主课堂教师，带领一个班的学生进行现场学习。同时，通过网络互联技术把课堂直播推送到另外两所学校，另外两所学校的学生可以同步学习，可以和主讲端的学生一起提问、回答、展示作业，而其他教师可根据名师直播课堂进行线下助教——组织学生认真听讲，发现问题及时督促；关注学生小组讨论，汇总疑点难点；现场指导，帮助学生解决直播学习过程中遇到的困难……

案例

2021 年 4 月 28 日，山东省特级教师苗文芝在双语小学悦动馆执教语文课文《十六年前的回忆》。借助同步课堂智能追踪互动技术，其课堂内容不仅被推送到集团的另外两所学校，还被推送到其他地市的学校，完美实现了一个名师主讲、多所学校众多学生受益的美好局面。

课中有一个环节是合作探究——“我们看到了一个怎样的李大钊？”

在展示学习成果时，按照苗老师的要求，参与同步课堂的学生利用直播互动技术进行在线抢答，结合小组研究的文中的具体描写，纷纷发言，你来我往，形成了良好的竞相发言、相互补充的学习状态。最后，不同地域、不同学校的学生一起在思维碰撞中走向了文本的深处，读懂了人物的灵魂，激起了对革命先烈由衷的敬佩之情。

同步课堂促进了集团三校的同步教研。一位教师不论是主教，还是助教，都必须与其他教师的教学研究保持同步，否则就会陷入面对学生的提问无从回答的尴尬局面。

同步课堂实现了集团三校教师竞相发展的良好氛围。每个人都有自尊心和上进心，都想做红花，而同步课堂的主教在大家心目中就是红花。所以，大家都在为下一次成为同步课堂的主教而不断努力。

同步课堂助力了集团三校学生的快速成长。无疑，同步课堂让集团三校的学生享受到了集团最优质的教师资源，学生的思维能力、知识贯通能力得到了很好的提升。在近几年的学科素养检测中，我们集团三所学校在全区都名列前茅就是最好的证明。

四、5G 全息课堂

随着 5G 技术、云计算、大数据、区块链、物联网的深入发展，教育正在进入全时空联通时代。为了给学生提供跨域立体学习场景，学校建立了 5G 全息课堂，真正实现了集团优质名师资源的均衡配置。

5G 全息课堂通过虚拟现实、增强现实技术，以全息投影的方式，将名校名师的真人影像以及课件内容通过裸眼 3D 方式呈现在远端听课学生面前，营造出名师在场的生动互动感，解决了同步课堂教学的无交互的痛点，促进了优质资源的多区域共享。

5G 全息课堂以 5G 全息远程互动系统为基础，构建了由沉浸式通信系统、元宇宙授课系统、元宇宙教学管理平台、全息教学云平台、全息影像系统五个子系统组成的导学系统。学校成立了5G全息课堂项目组，制订了一系列课堂运营方案。

1. 建立5G全息教学研究团队

学校组建了由智慧教育研究中心、教师服务中心组成的全息教学研究团队，齐鲁名师王立新担任团队负责人，教育技术研究生刘宏负责技术运营维护，青岛名师郭良晓、青岛市骨干教师陈艳等组成了5人核心团队，专门研究5G全息课堂的学科教学模式与流程，探索基于学科教学的方法与策略。

2. 建立全息课件开发中心

5G全息课堂的核心是跨域立体化呈现，打破时空限制，使不同地方的名师近在咫尺，使学生能及时体验到具有现场感、互动感的教学场景。5G全息课堂的另一强大支撑是全息课件，用立体课件展示知识的内涵、本质、演变过程，使以往需要通过想象才能捕捉到的画面真正立体化地呈现在学生眼前。所以，全息课件设计是非常重要的工作。

学校成立了课件制作中心，由各学科主任、信息服务中心教师组成。信息服务中心负责技术培训，学科主任带领学科团队进行资源开发与课件设计。

3. 制定常态化全息课堂名师送教机制

为了把名师资源推送到集团所有学生面前，使所有学生享受到优质公平的教育资源，学校设立了“双级”名师引导课，即每周一节市级名师引导课，每月一节省级名师引导课，给集团全体教师做示范引领，使集团所有学生享受到优质教育。

4. 组建全国5G全息教学联盟

为了聚合全国名师资源，学校正在探索建设全国5G全息教学联盟。通过5G全息课堂，不出校门，就可以把名师精品课投放到全国学生面前，真正实现“教育零距离”。

五、智慧作业

（一）作文智批

作文智批是语文教学中非常实用的一个功能。教师在智慧教学平台发布习作练习任务，学生完成习作后拍照上传，系统会呈现AI智批报告，对文章的基础表达、行文规范、内容充实与否、是否符合题意、思想是否健康等做出智能打分和评价，有效指导学生审题、立意，并提供写作范例。学生不仅可以即时查看自己习作中的优秀之处及需要修改的地方，还可以赏读其他同学的优秀作品并进行点赞。以往老师批阅作文是一个较慢的过程，这让写作指导的时效性大为降低，有了作文智批便提高了批阅的时效性。作文智批使写作成为一件快乐的事情。

案例

三年级(4)班齐诗涵同学的作文一开始是合格水平,经过智慧教学平台的多次作文智批后,水平稳步提升,现在每次都能达到优秀水平。

(二)AI 错题推送

智慧教学平台中有着海量练习题,学生每完成一套练习题,系统就会自动记录做错的题目,并推送同类型的题目供学生反复练习,直到知识点完全掌握为止。系统还会生成学生个体的阶段性学习分析报告及错题集,并根据学生的薄弱环节,利用智能技术向学生推送个性化的教学资源,做到精准助学。比如数学中有学生做错了这样一道判断题——一条直径等于两条半径的长度之和,系统会自动识别这道题目涉及的知识点,根据知识点自动推送相应的练习题——在同一个圆内,所有的半径都是直径的一半,所有的直径都是半径的 2 倍。学生从此不再局限于自己做错过的题目,而是能在自己不会或者不熟悉的知识点上获得更多的练习机会,加深对该知识点的理解,省去了自己搜集题目的时间,大大提高了练习效率。学生之所以会在某些题目上出错,往往是因为对于某个知识点的理解和掌握出现了问题,这是非常重要的学习情况反馈。在改正错题的过程中,学生能够加深对于错题背后知识点的记忆和理解,养成总结错题原因和规律的习惯。同时,系统还会根据学生的知识点掌握情况,生成教师的阶段性教学报告,帮助教师通过数据开展精准教学。

(三)语音纠错

语音纠错能够及时纠正学生英语发音中出现的问题。首先,教师向学生推送朗读和背诵任务,学生完成后平台会进行自动评分,纠正发音问题。在传统教学中,因班级学生数量庞大,单靠教师一个个去纠正读音需要花费大量的时间。而利用这个功能学生便可以一边读一边纠正自己的发音问题。一些英语口语不好的学生,坚持使用这一功能一段时间后,就会获得比较标准的发音。

(四)智能听写

报听写功能可以使教师及时检测学生对知识的掌握程度。学生根据导读完成听写后平台会自动批改,并反馈每一个词语的正确率。学生只要每天坚持报听写,其语文基础知识便会越来越扎实。

(五)速算本智批

教师布置口算练习,生成速算本,学生完成后拍照上传,平台便能自动识别共有几页、多少道题,其中有多少道错题,方便学生及时改正。此功能极大提高了学生做题的效率和正确率。

第五节　和悦课堂大数据分析

我对数据分析并不专业，但我深深知道，只有通过精准的数据分析才能发现学生学习中出现的具体问题，然后对问题进行科学归因，找到科学、有效、具体的解决策略，给学生提供精准的个性指导，实现学生的高效学习和均衡发展。为此，我查阅了很多文献，与我的智慧教学团队进行了无数次线上线下研讨，终于构建了我们自己的和悦课堂3163课堂教学数据分析模型。

——2023年10月8日，我在国家教育行政学院的汇报

我们借助大数据分析平台，围绕课堂中的核心问题，以大数据分析为支撑，助力教师精准教学和学生个性化学习，促进课堂教学的优化与变革，提升教学质量。

一、精准分析教师的教

通过大数据分析平台，教师能够在授课结束后立即查看有关课堂教学的分析数据，从而做到“三个改变”，即及时改变、自我改变、同伴间互助改变。

（一）课堂类型分析

大数据分析平台通过智能技术建立数据分析模型，从教师的讲授、板书、巡视和师生互动四个方面对课堂教学行为进行抓取与分析。

大数据分析平台可以精准分析出一堂课的课堂类型，如讲授型、混合型、对话型、练习型。课堂类型由平台借助S-T师生活动转化率和RT-CH师生行为转化率进行分析认定。

教师行为分析主要体现在S-T图和RT-CH图中。S代表学生行为，T代表教师行为，RT表示教学过程中的教师行为占有率，CH表示教学过程中的师生行为转化率。综合利用S-T图和RT-CH图，能够得出教师一堂课的授课类型、教学风格及特点。

如果RT $\geqslant$ 0.7，那么表明本堂课以教师活动为主，是师生活动交互程度较低的讲授型课堂。在这种类型的课堂教学中，教师的讲授、提问占主导地位，学生会在教师提问后进行回答。

如果RT $\leqslant$ 0.3，那么表明本堂课以学生活动为主，是师生活动交互程度较低的练习型课堂。在这种类型的课堂教学中，教师以小组合作或提问的方式开展教学活动，教学形式主要以学生的讨论、对话或练习为主，学生参与程度很高，能够实现在生生交流、互动之中学习。

如果 CH ≥ 0.4，那么表明本堂课是师生活动比例相当，且师生活动交互程度较高的对话型课堂。

如果 0.3 < RT < 0.7，CH < 0.4，那么表明本堂课是师生活动比例相当，且师生活动交互程度较低的混合型课堂。

S-T、RT-CH 行为分析能客观反映出课堂中学生活动是否丰富以及师生互动是否充分，可以帮助教师对存在的问题进行反思，从而改进课堂教学。

以我校二年级(2)班语文教师袁晓丽的一堂课为例，她该堂课的 RT 值为 0.4，CH 值为 0.32，在 0.3 < RT < 0.7，CH < 0.4 范围内，表明该堂课是师生活动比例相当，且师生活动交互程度较低的混合型课堂。

（二）课堂对比分析

我校通过大数据分析平台对不同授课风格的教师进行同课异构对比分析，为每位教师打造更适合自己的课堂。焦淑慧老师是我校优秀语文教师，已有 10 年教龄；韩丽老师是 2021 年加入我校的青年语文教师。下面，我们以韩丽老师和焦淑慧老师在 2024 年 3 月 4 日执教的《天窗》一课为例，进行同课异构数据分析。

1. 课堂数据分析

（1）韩丽老师的课堂观察分析报告。

通过教学行为分布图（如下图所示）可以发现，在韩丽老师的课堂上，学生行为占比最高的是听讲，为 25.98 分钟；其次是读写和应答，均为 5.68 分钟；举手占比最低，为 0.62 分钟。教师行为占比最高的是讲授，为 19.70 分钟；其次是板书，为 7.20 分钟；师生互动和巡视占比最低，均为 6.53 分钟。

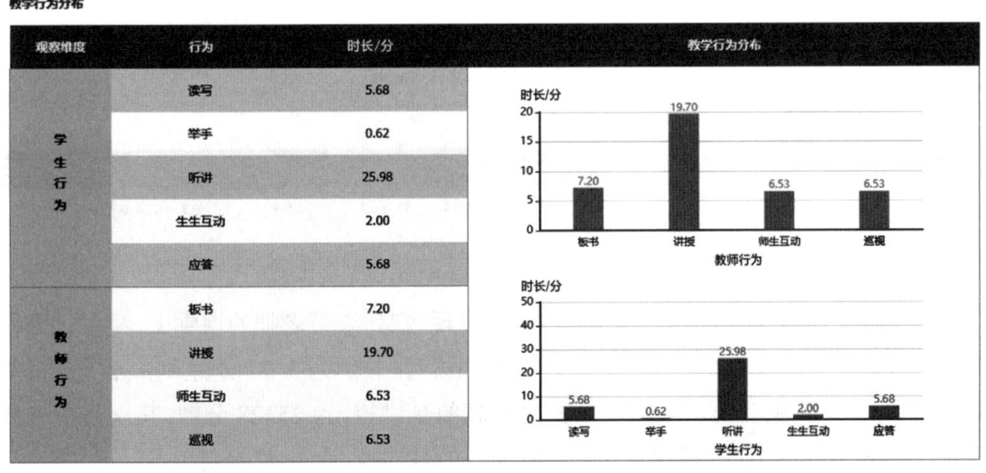

教学行为分布

观察维度	行为	时长/分
学生行为	读写	5.68
	举手	0.62
	听讲	25.98
	生生互动	2.00
	应答	5.68
教师行为	板书	7.20
	讲授	19.70
	师生互动	6.53
	巡视	6.53

通过“三度”曲线图（如下图所示）可以发现，韩丽老师这堂课表现度曲线波动较大，在第 2 分钟达到了 90% 的峰值，但是在第 8、第 36 分钟表现度较低。参与度曲线在第 2 分钟达到了 90% 的峰值，在第 4 至第 32 分钟变化较小，趋向平稳，在第 36 分钟达到最低点。关注度曲线波动较大，在第 14、第 22、第 28 分钟关注度较高，为 65% ～ 70%；在第 34 分钟关注度最低，为 22%。

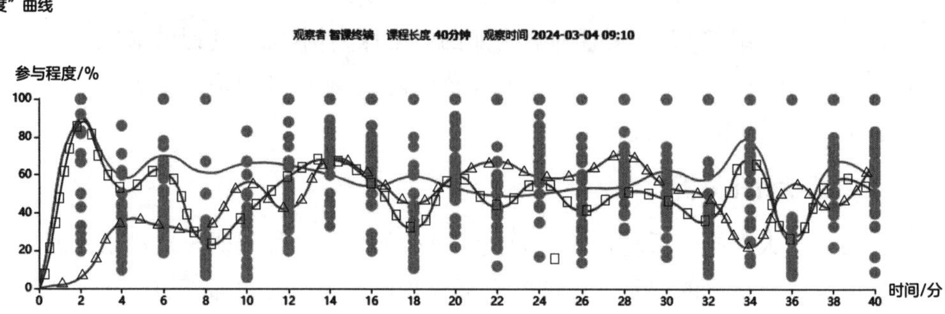

通过 S-T 图和 RT-CH 图（如下图所示）可以发现，韩丽老师这堂课师生活动频率较高，且学生活动时间多于教师活动时间，S-T 曲线拟合度小于 45°。教师行为占有率 RT 值为 0.71，师生行为转化率 CH 值为 0.3，综合分析教师、学生行为占有率以及师生行为转化率得出本堂课为接近混合型的讲授型课堂。

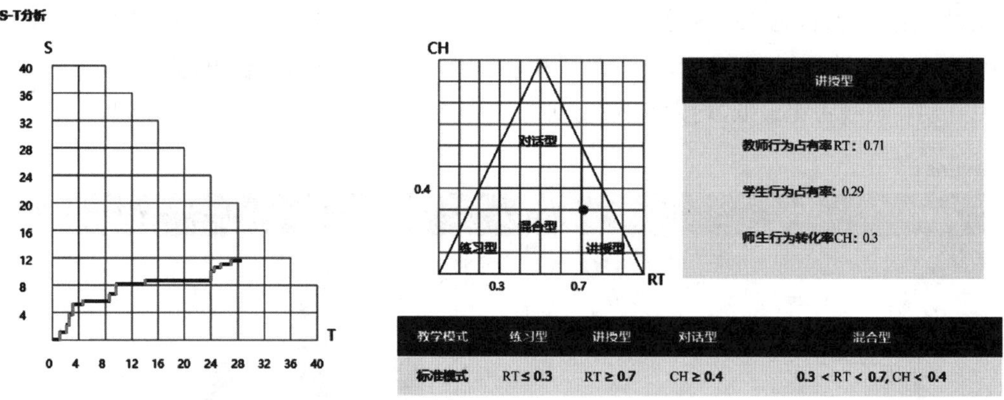

教学模式	练习型	讲授型	对话型	混合型
标准模式	RT≤0.3	RT≥0.7	CH≥0.4	0.3 < RT < 0.7, CH < 0.4

（2）焦淑慧老师的课堂观察分析报告。

通过教学行为分布图（如下图所示）可以发现，在焦淑慧老师的课堂上，学生行为占比最高的是听讲，为 32.65 分钟；其次是应答和读写，分别为 3.77 分钟和 3.47 分钟；举手占比较低，无生生互动。教师行为占比最高的是讲授，为 25.28 分钟；其次是板书和师生互动，分别为 8.67 分钟和 4.53 分钟；最低的是巡视，为 1.47 分钟。

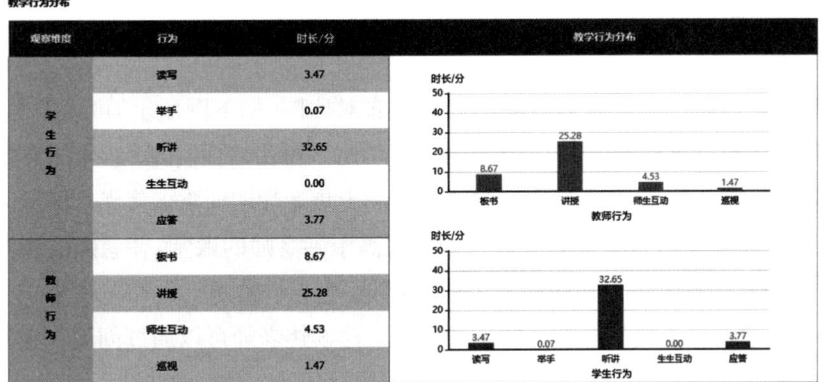
教学行为分布

观察维度	行为	时长/分
学生行为	读写	3.47
	举手	0.07
	听讲	32.65
	生生互动	0.00
	应答	3.77
教师行为	板书	8.67
	讲授	25.28
	师生互动	4.53
	巡视	1.47

通过“三度”曲线图(如下图所示)可以发现,焦淑慧老师这堂课表现度曲线波动较小,在第34、第38分钟达到75%左右,在第18分钟出现低点。参与度曲线波动较小,在第38分钟达到高点,为85%。关注度曲线波动大且总体偏低,在第4分钟关注度最高,为56%;从第20分钟开始,关注度一直较低,在30%左右。

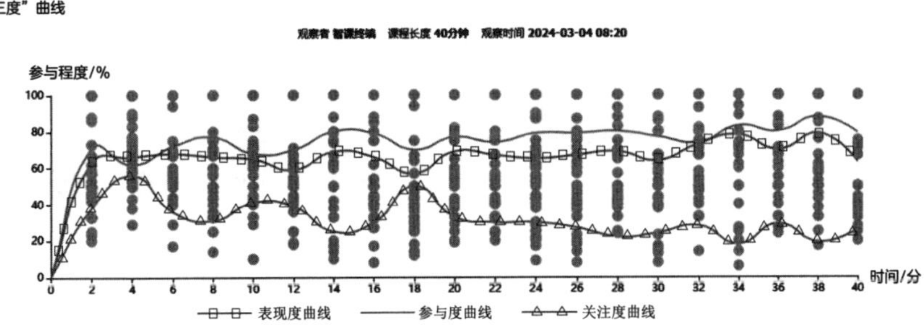

通过S-T图和RT-CH图(如下图所示)可以发现,焦淑慧老师这堂课师生活动频率低,教师行为占比远高于学生行为占比,S-T曲线拟合度小于45°,且接近T轴。教师行为占有率RT值为0.93,师生行为转化率CH值为0.15,综合分析教师、学生行为占有率以及师生行为转化率得出本堂课为讲授型课堂。

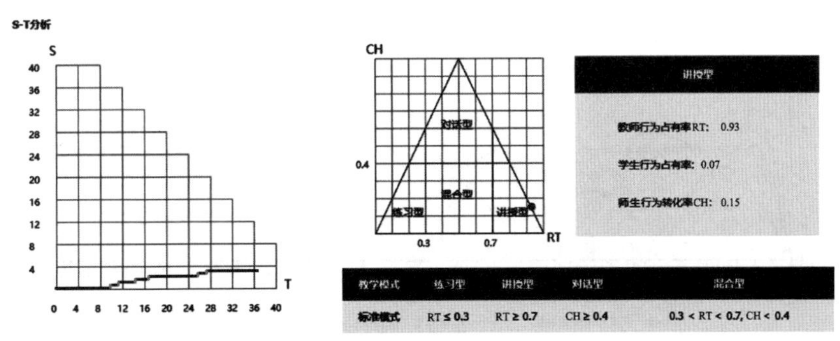

教学模式	练习型	讲授型	对话型	混合型
标准模式	RT ≤ 0.3	RT ≥ 0.7	CH ≥ 0.4	0.3 < RT < 0.7, CH < 0.4

2. 课堂对比分析

（1）教学行为占比分析。

由韩丽老师和焦淑慧老师的教学行为分布对比图（如下图所示）可以看出，两位老师在课堂中都通过讲授的方式积极关注全体学生。相比较而言，韩老师的课堂中师生互动和巡视更多一些，学生读写和应答的占比高于焦老师的课堂。焦老师的课堂中教师的讲授行为、板书行为和学生的听讲行为占比高于韩老师的课堂，韩老师的课堂师生互动、生生互动占比高于焦老师的课堂。由此可见，韩老师的课堂更加关注学生的主体地位，而焦老师的课堂更加凸显教师的主导作用。建议焦老师可以通过创设积极互动的学习环境、提供多样化的学习资源、设计开放性问题和任务、鼓励学生表达和分享、给予学生自主学习的机会、给予学生正向反馈等方式，更好地发挥学生的主体地位，提高学生的参与度和积极性。总之，在两位老师的课堂上，学生均能积极参与，均能按照老师的教学指令完成学习任务。

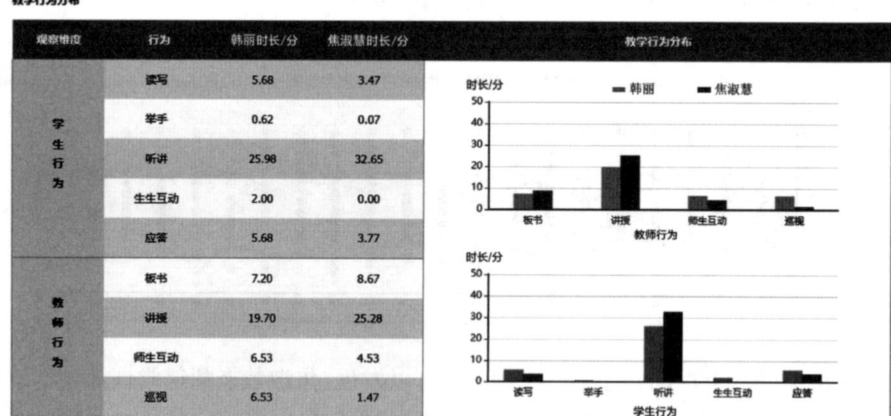
教学行为分布

观察维度	行为	韩丽时长/分	焦淑慧时长/分
学生行为	读写	5.68	3.47
	举手	0.62	0.07
	听讲	25.98	32.65
	生生互动	2.00	0.00
	应答	5.68	3.77
教师行为	板书	7.20	8.67
	讲授	19.70	25.28
	师生互动	6.53	4.53
	巡视	6.53	1.47

（2）学生参与程度分析。

韩丽老师和焦淑慧老师课堂的学生参与程度对比图如下图所示。

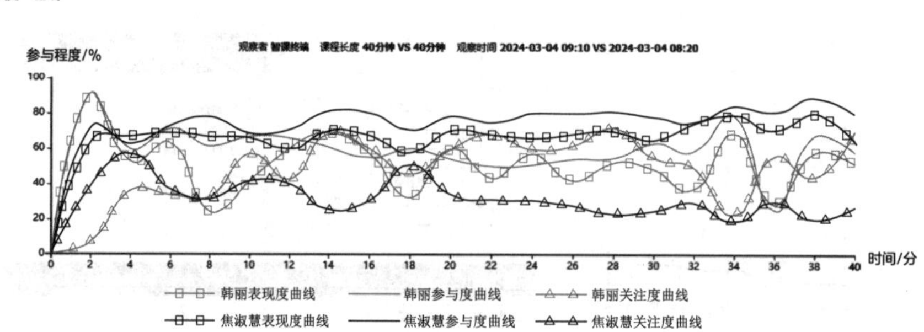

从表现度曲线来看，整体而言，韩老师的表现度曲线波动较大，焦老师的表现度曲线波动较小，且焦老师的整体表现度数值高于韩老师，说明在焦老师的课堂上学生行为的一致性较高，焦老师的课堂组织管理水平高于韩老师。具体来看，韩老师的课堂在第2分钟表现度最高，达到90%，且远高于焦老师的课堂，但是在第8、第36分钟表现度较低，且远低于焦老师的课堂。通过回看视频发现，在第2分钟韩老师在听写字词，每个学生听到要写的字词之后都立马开始书写，因此学生行为的一致性较高，表现度数值也较高；在第8、第36分钟，韩老师在进行提问并点名让个别学生起来回答，因此出现了学生行为的不一致，表现度数值较低。

从参与度曲线来看，整体而言，在两位老师的课堂上学生的整体参与度都比较高，但焦老师的参与度曲线波动小，韩老师的参与度曲线在第34分钟后波动较大，且焦老师的整体参与度数值高于韩老师，说明焦老师的课堂上学生参与课堂的积极性更高。通过回看视频发现，焦老师会时不时地通过提高音量或者运用幽默的语言等方式吸引学生的注意力，使学生能够积极地参与到课堂教学活动中。韩老师的课堂在第34分钟让学生进行讨论，此时部分学生游离于课堂活动之外，未积极地参与课堂教学活动。这也提醒教师在布置课堂讨论任务时应注意关注全体学生，并及时巡视，让学生在讨论时进行分工合作，保证每个学生都有事可做，积极参与其中。

从关注度曲线来看，整体而言，两位老师的课堂关注度曲线波动都比较大。韩老师的课堂在第28分钟关注度最高，达到70%；在第34分钟关注度最低，为22%。焦老师的课堂在第4分钟关注度最高，为56%；在第34分钟最低，为18%。建议两位老师在教学中合理设计教学活动，有效吸引学生的注意力，提前制定课堂小组监督规则，发挥小组相互监督的作用，对学生游离于课堂活动之外的行为及时进行制止，通过同伴提醒、小组评价等方式给予学生及时的纠正，使学生全程参与到教学活动中来。

（3）S-T师生活动分析。

由韩丽老师和焦淑慧老师的S-T师生活动对比图（如下图所示）可以看出，两位老师的课堂S-T曲线拟合度均小于45°，但是焦老师的课堂S-T曲线拟合度明显小于45°，且接近T轴，说明焦老师的课堂上教师行为偏多，学生的主体地位凸显得不够。相比较而言，韩老师的课堂上学生行为占比就较高。建议焦老师调整教学策略，创设积极互动的学习环境，鼓励学生多进行交流讨论，给予学生更多思考的时间与空间，以便更好地发挥学生的主体地位，帮助学生实现在做中学、在用中学、在创中学。

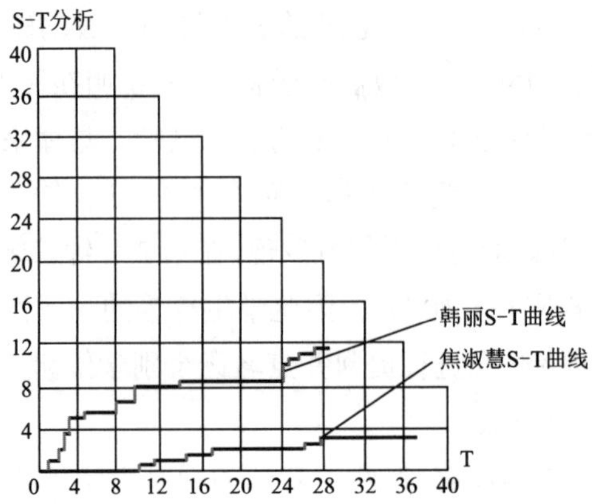

（4）RT-CH 师生行为分析。

由韩丽老师和焦淑慧老师的 RT-CH 师生行为对比图（如下图所示）可以看出，韩老师的教师行为占有率 RT 值为 0.71，焦老师的教师行为占有率 RT 值为 0.93，两位老师的教师行为占有率均高于 0.7，说明在两位老师的课堂上均为教师主导课堂教学。韩老师的师生行为转化率 CH 值为 0.3，焦老师的师生行为转化率 CH 值为 0.15，焦老师的师生行为转化率 CH 值较低，说明焦老师的课堂上教师的连续活动时间和学生的连续活动时间过长，师生行为转化率低，课堂上可能出现了教学内容不吸引学生或者教学方法不适合学生的情况。综上所述，韩老师的课堂为接近混合型的讲授型课堂，而焦老师的课堂是讲授型课堂。建议焦老师改进教学内容和教学方法，改善学习环境，激发学生的学习动机，加强师生之间的沟通与互动，多设计有趣的教学活动来调节课堂气氛，调动学生的积极性，让学生成为课堂的主体。在引导活动中，焦老师要注意语言精练、要求准确、规则明晰，不断地与学生进行纠错式互动，及时分析与调整学生的学习行为，使学生活动不断在自己的引领和纠正下丰富和发展。

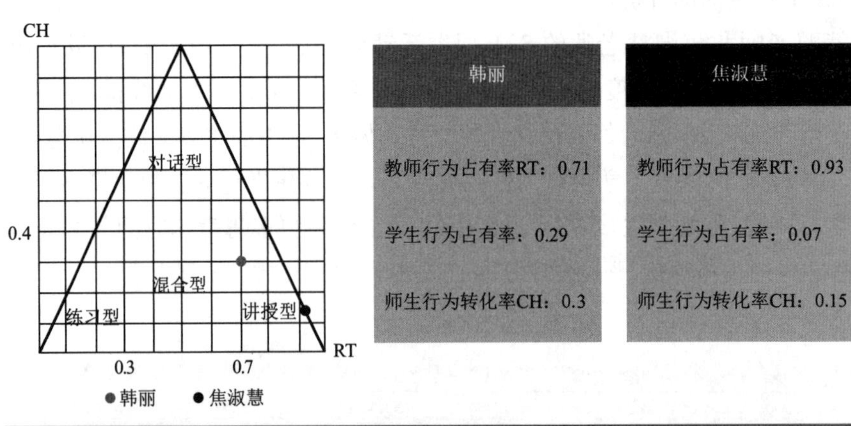

教学模式	练习型	讲授型	对话型	混合型
标准模式	RT≤0.3	RT≥0.7	CH≥0.4	0.3<RT<0.7，CH<0.4

（三）课堂发展分析

我们通过大数据分析平台长期追踪教师教学行为的发展变化，为每位教师建立了详细的发展分析模型。姜莉杰老师是我校优秀语文教师，目前任教一年级，已有两年的教学经验。本文通过大数据分析平台，对姜莉杰老师的三次课堂教学进行了数据分析。

1. 2023 年 11 月 1 日课堂分析

姜莉杰老师 2023 年 11 月 1 日课堂观察分析报告如下图所示。

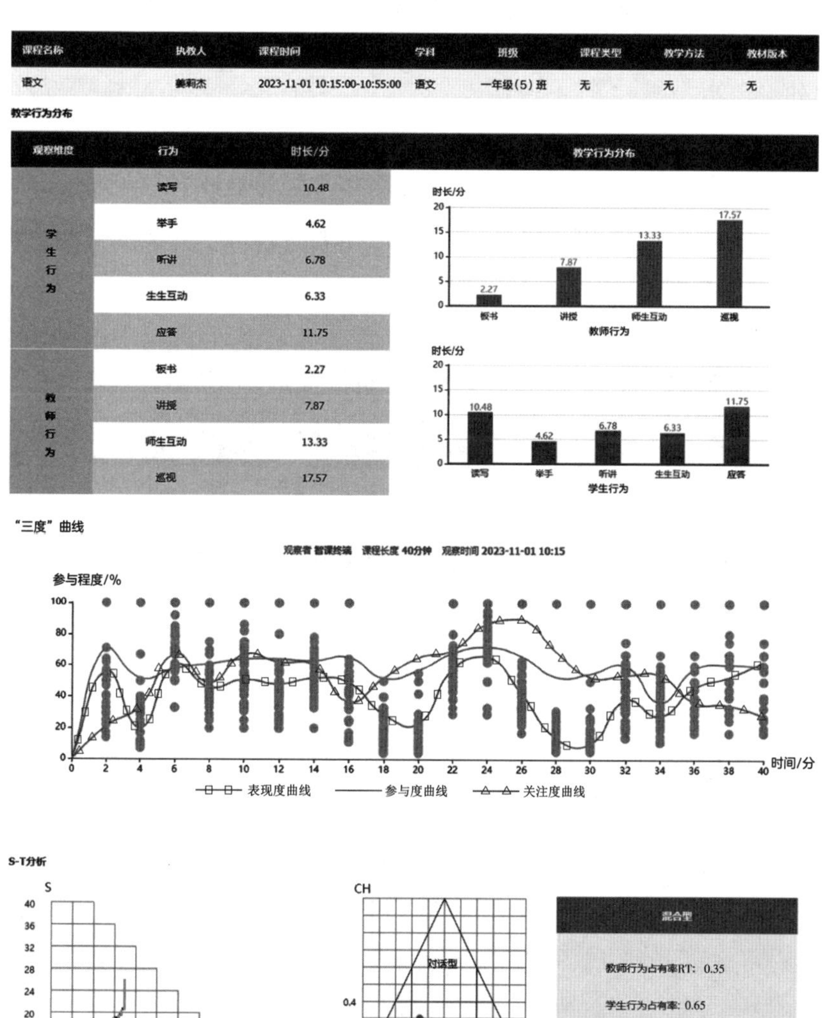

（1）课堂亮点分析。

本节课是一节拼音的新授课，从课堂观察分析报告中可以看出，本节课师生互动占比较高，说明教师组织了良好的师生对话；学生的应答占比较高，说明学生在课堂中的参与度较高；教师巡视占比较高，说明教师能走到学生中间去，及时关注学生的情况。

（2）课堂问题分析。

从表现度曲线来看，学生的学习状态有一定的起伏，与教师的教学指令有偏差，尤其是在第 20、第 30 分钟出现较低点。这反映出在教师授课时有个别学生没有完全投入学习中，尤其是教师将注意力集中在某个学生身上或者学生集体研讨时，有的学生游离于课堂之外。

（3）解决策略。

① 通过督促和评价来提高学生学习的积极性，加强与全班学生的整体互动。

② 在教学设计中，应充分考虑到一年级学生保持专注的时长有限，多增添一些充满趣味的环节，充分调动学生的学习积极性。

2. 2024 年 3 月 12 日课堂分析

姜莉杰老师 2024 年 3 月 12 日课堂观察分析报告如下图所示。

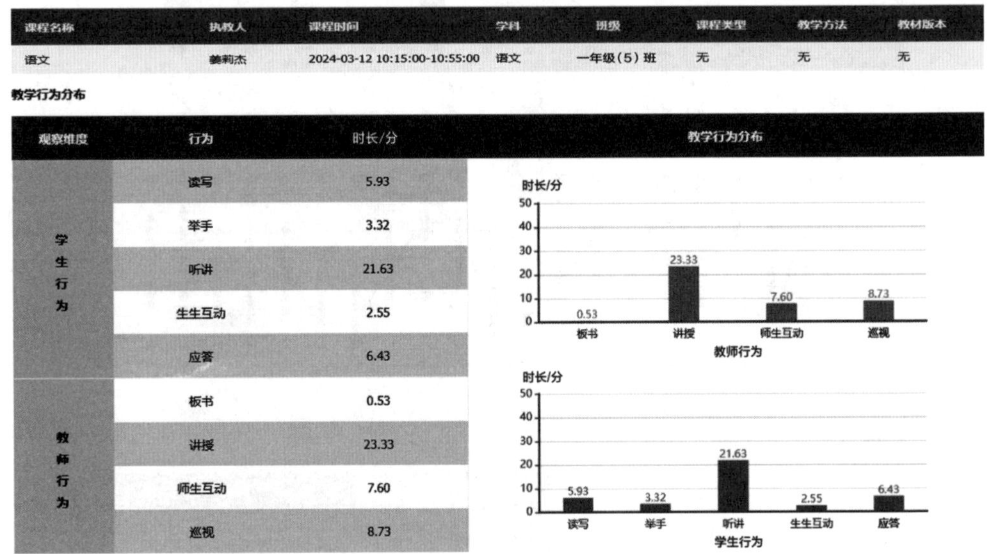

课程名称	执教人	课程时间	学科	班级	课程类型	教学方法	教材版本
语文	姜莉杰	2024-03-12 10:15:00-10:55:00	语文	一年级（5）班	无	无	无

教学行为分布

观察维度	行为	时长/分
学生行为	读写	5.93
	举手	3.32
	听讲	21.63
	生生互动	2.55
	应答	6.43
教师行为	板书	0.53
	讲授	23.33
	师生互动	7.60
	巡视	8.73

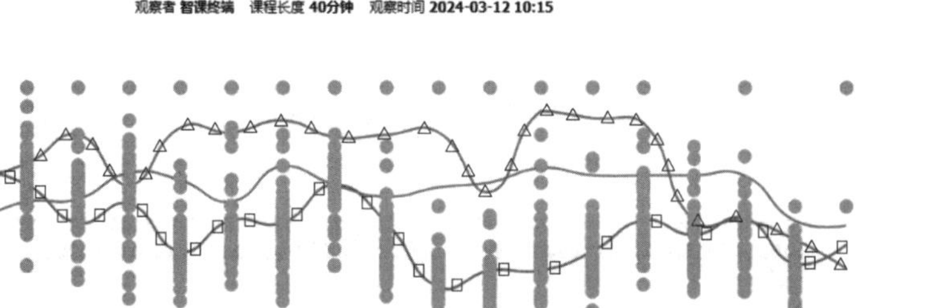

S-T分析

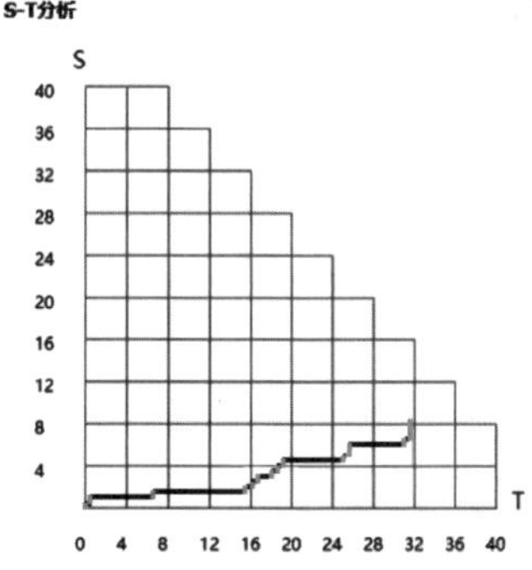

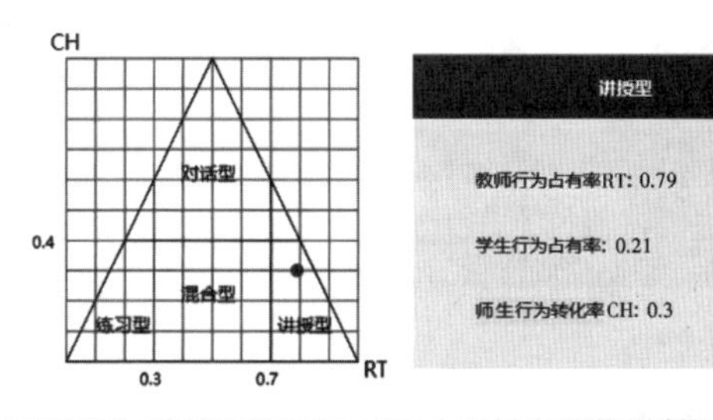

教学模式	练习型	讲授型	对话型	混合型
标准模式	RT ≤ 0.3	RT ≥ 0.7	CH ≥ 0.4	0.3 < RT < 0.7, CH < 0.4

（1）课堂亮点分析。

本节课的授课内容是《我多想去看看》，从表现度曲线来看，在课堂刚开始的时候，教师能够借助多媒体手段在最短的时间内将学生的注意力激活，使学生迅速进入学习状态。从教师行为占比来看，师生互动和巡视两项行为占比相当。经过一段时间的打磨，姜莉杰老师在组织学生活动时已经能够很好地关注到全班学生的整体互动，对于那些经常游离于课堂教学之外的学生能够给予充分关注和引导。

（2）课堂问题分析。

从学生行为占比来看，生生互动占比较低，再结合表现度曲线来看，学生的状态有一定起伏，与教师的教学指令有偏差，尤其是在第 24 分钟出现了较为明显的低点。回看视频发现，这一时段是学生根据教师指令找生字，反映出个别学生不能完全跟上教师指令，游离于课堂之外。

（3）解决策略。

① 教师应深入了解班级学生的学习状态，设计的提问环节要注重引导和启发，让学生在学习过程中有序地去探究，而不是在探究过程中开小差、自由活动。

② 建议教师在组织活动时加强巡视，注重学生的整体课堂表现，体现学生在学习过程中的主体地位。

3. 2024年4月1日课堂分析

姜莉杰老师2024年4月1日课堂观察分析报告如下图所示。

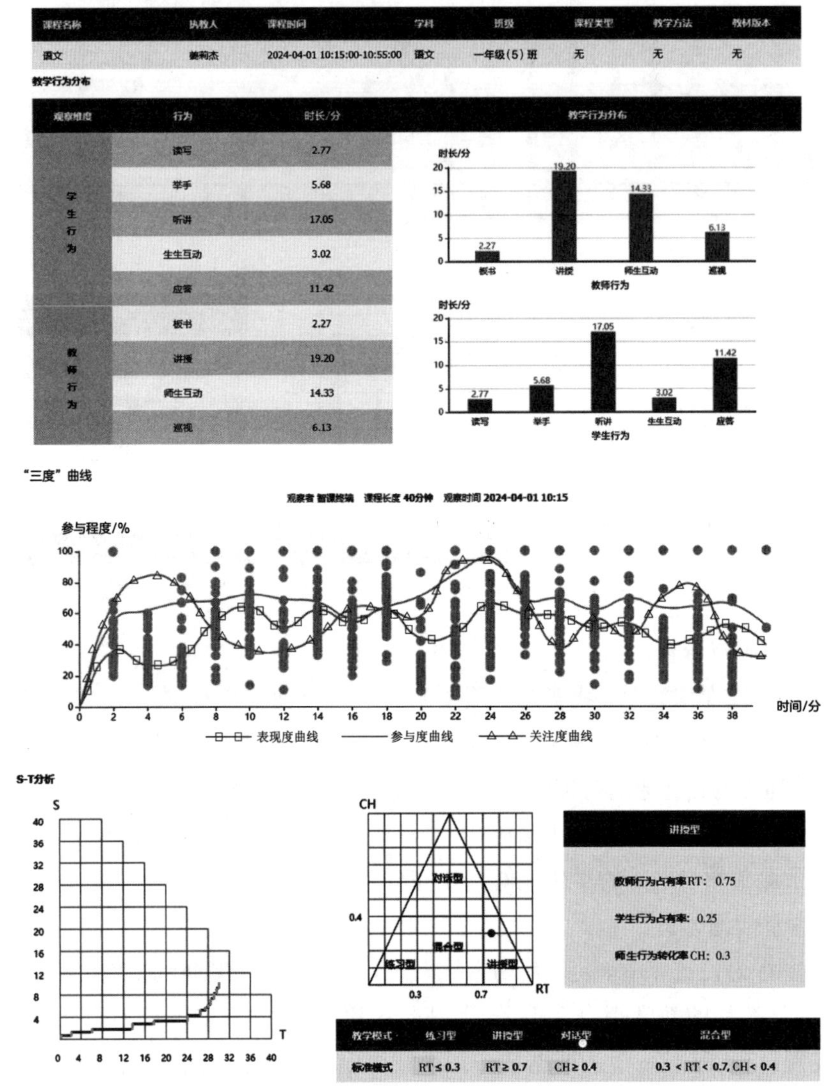

课程名称	执教人	课程时间	学科	班级	课程类型	教学方法	教材版本
语文	姜莉杰	2024-04-01 10:15:00-10:55:00	语文	一年级(5)班	无	无	无

教学行为分布

观察维度	行为	时长/分
学生行为	读写	2.77
	举手	5.68
	听讲	17.05
	生生互动	3.02
	应答	11.42
教师行为	板书	2.27
	讲授	19.20
	师生互动	14.33
	巡视	6.13

教学模式	练习型	讲授型	对话型	混合型
标准模式	RT ≤ 0.3	RT ≥ 0.7	CH ≥ 0.4	0.3 < RT < 0.7, CH < 0.4

（1）课堂亮点分析。

本节课的授课内容是《端午粽》。上课伊始，教师通过设计互动环节，引导学生谈自己在端午节的活动，学生的积极性在短时间内被迅速调动，关注度曲线达到80%，表明姜莉杰老师采用的课堂导入方法既契合学生特点，又与课文相关联，能激发学生的学习兴趣。

（2）课堂问题分析。

从学生课堂行为来看，生生互动占比较低，为3.02%，表明在教师教学过程中学生之间的讨论较少。一般，课堂中教师和学生一次性的一问一答不能够算作师生互动，教师提出一连串的具有启发性的问题，启发学生不断地进行思考之后再回答，才可以称为良好的师生互动。

（3）解决策略。

① 建议教师在授课过程中多设计一些主题鲜明、结构紧凑的对话类型的问题，多进行师生对话，多创造一些生生之间交流讨论的机会。

② 在提高学生沟通交流能力的同时，加强师生对话，让教师站在更高的起点上进行教学。

4. 课堂效果分析

通过分析姜莉杰老师现在的上课数据，发现与一年前的上课数据有了较大的变化，主要体现在：姜莉杰老师能够比较自如地采用自主探究方式让学生发现问题，师生对话频繁且交互程度很高，课堂气氛融洽。在课堂的后半段，学生的参与积极性也能维持在较高水平，姜莉杰老师能够通过多种有效手段吸引学生的注意力，引导学生积极参与课堂学习。

借助大数据分析进行一段时间的教学反思后，姜莉杰老师颇有感触。她认为，通过对数据进行分析能更加清晰地了解自己在课堂教学中的有效教学与无效教学，可以精准了解自己每一分钟教学的有效性。教师可以通过视频观察了解吸引学生的有效策略是什么，学生不喜欢这一教学活动的原因是什么，有针对性地提高自身对课堂教学情况的把握程度，掌握更多学生喜欢的策略和技巧，提升自己的教学组织与设计能力。

二、精准分析学生的学

借助大数据平台对学生学业进行分析，可以关注到每一位学生的学习情况，分析学生在学习中的综合表现和分项数据，明确学生在重要时间节点的有效学习策略和所遇到的问题，帮助教师及时调整教学策略，给学生提供一对一的个性化指导，实现以自主学习和合作学习为主要学习方式的课堂教学转变，促进学生的个性化发展。

（一）学习动机分析

学习动机是指引发与维持学生的学习行为，并使之指向一定学业目标的动力倾向。学习动机分析主要包括学习动机指数、学习参与指数、困难解决指数等方面的分析。学习动机指数是根据学生的学习行为数据加权计算得出的数据结果。学习参与指数是对学生参与课堂互动、提交作业等进行关系建模所得出的统计数据。困难解决指数是通过对消错题次数进行权重建模所得出的统计数据。通过学习动机分析，教师能够直观地了解每个学生在一段时间内对于学习的动力倾向，及时发现并干预学习动机较弱的学生。

（二）学习行为分析

学习行为分析主要包括学习投入分析、学习习惯分析、作业完成情况分析、自主学习分析四个方面。

学习投入分析主要是从任务学习、资源学习、互动学习、作业练习等方面给出学生的学习投入数据，教师可以从学生学习投入情况和学习结果两个方面，分析学生学习投入程度是否需要提升。学习习惯分析主要是从学生学习行为规律层面进行分析，教师通过将优等生与其他学生的学习习惯进行对比来探索学生学习习惯的改进空间。作业完成情况分析主要是指通过分析学生作业完成情况来了解学生的学习行为，为教师进行教学干预提供数据支持。自主学习分析主要是对学生课下自主学习行为的过程及结果的分析，帮助教师及时了解学生自主学习的学情及习惯，辅助教师对学生进行个性化辅导。

（三）学习结果分析

学习结果分析主要反映学生对于知识点的掌握情况，知识点掌握情况主要是指学生在一段时间内所掌握的知识点占总知识点数量的百分比，同时后台还会计算该百分比超过班级内学生的比例。针对知识点掌握情况低于班级平均水平的学生，教师可以及时进行课后辅导。

（四）学生课堂回顾

学生课堂回顾数据主要是为学生留存图片、声音、影像等作业和课堂表现材料，形成贯穿课前、课中、课后的成长记录，记录学生学习过程中珍贵的点点滴滴，便于教师和家长掌握学生近期的学习情况。该功能通过记录学生典型、真实、准确的课堂学习表现和精彩瞬间，形成长期的学生综合素养成长档案，支撑对学生的评价。日历模式既可以快速浏览学生一个月的总体表现，又可以浏览学生一天的课堂表现。

（五）阶段性学业分析

智慧学习平台能以不同时间段为单位对全班学生或某个学生的学业情况进行分析，包括学习动机指数、学习投入指数、知识点掌握程度等。该平台可根据对不同要素的数据分析，深度解析学生在不同方面存在的问题及原因，并提出相应的解决策略。

下面，我们以六年级(2)班的丁子诺同学为分析对象，对她 2021 年 3 月至 5 月的数据进行追踪分析。

1. 学习动机指数稳步提升

丁子诺同学 3 月的学习动机指数为 30. 50，处于较低水平。任课老师在掌握了该生的数据之后对其进行个性化指导，通过课上多提问、课后多鼓励的方式，帮助丁子诺同学增强内在学习驱动力。丁子诺同学4月的学习动机指数上升为33.90,5月的学习动机指数上升为39.00,学习积极性稳步提高。

2. 学习投入指数逐步增高

丁子诺同学3月的学习投入指数为59.00,处于较低水平。任课老师在掌握了该生的数据之后,通过与其交流,了解了她的学习方法和时间安排,帮助她制订了更适合当前学习阶段的学习计划,增加在学习上的投入。丁子诺同学4月的学习投入指数上升为67.00,5月的学习投入指数上升为77.00。

3. 知识点掌握日趋牢固

丁子诺同学在3月份对英语的相关知识点掌握程度较低,且低于班级平均水平。任课老师在掌握了该生的数据之后,对其进行专项习题推送,还安排“小老师”以以兵带兵的方式及时对她进行辅导。4月份,丁子诺同学对于该部分知识点的掌握程度达到70%,5月份则达到100%。

通过对学生发展效果进行分析不难发现,平台上的数据能够让教师更有针对性地调动学生学习的积极性,激发学生的内在驱动力,根据学生的投入程度帮助学生找到更加合理高效的学习策略,让学生尽力掌握每一个知识点,最终实现提升学习质量的目标。

三、3163课堂教学数据分析模型

基于智课大数据分析系统,结合新课改要求,学校研制了3163课堂教学数据分析模型。“3163”中第一个“3”是指数据的分析诊断,主要从学生、教师、课堂三个维度进行;“16”是指从以上三个维度细化出的16个诊断视角,主要包括学生的听讲、应答、生生互动、读写、举手,教师的板书、讲授、巡视、师生互动、机智解疑,课堂的目标、内容、活动、创新、关爱、评价;第二个“3”是指亮点、问题和建议。

3163课堂教学数据分析模型不仅能呈现师生活动数据,还能对过程数据进行抓取和分析。比如,课堂目标可以从课件中的“学习目标”中抓取,课堂内容可以从“教学设计”和“教学内容”中抓取,课堂活动可以从课件中的“学习活动”中抓取,课堂创新可以从“教学设计”与“课堂活动”的对比中抓取,课堂关爱可以从“教师巡视”和“师生互动”中抓取,课堂评价可以从“畅言评价”中抓取。

为了实现对课堂的精准诊断,给课堂提供精确的改进策略与建议,我们在3163课堂教学数据分析模型下建立了“优点亮点”“课堂问题”“改进策略”三个核心要件,使教师不仅了解课堂出现了什么问题,更要明白问题是如何产生的,应该如何改进,从而让课堂更精彩高效。

3163课堂教学数据分析模型与智课大数据系统相比最大的特点有两个:一是在系

统分析要素方面增加了6个诊断视角，二是增加了学科专家对课堂亮点、问题和建议的分析与阐述。这在一定程度上弥补了大数据分析系统只能提供数据而无法根据学科特点、课型等因素对课堂进行精准诊断并修正的不足。

借助3163课堂教学数据分析模型，我们对贺非非老师《富饶的西沙群岛》一课进行了深入剖析，并提出了相应的优化与改进建议。

本节课的亮点主要体现在教师真正做到了教方法重于教内容。结合文体特点和单元语文要素，教师在上课之初就让学生明确了寓言故事的特点和学习方向。教师将教学目标概括为“读写思悟”，在教学中引导孩子逐一解决问题。教学中既有整体设计，又不放过细小的知识点，在学习课文的过程中渗透学习寓言故事的方法。从预习方法、学习目标到学习寓言的方法（解题目、听写检查、查阅资料、感悟道理、检测），学生非常清楚接下来要做什么，这说明贺非非老师平时就非常注重方法指导。

本节课的问题主要体现在：首先，教师在某些环节的设计上过于重复，报听写语速偏快，学生校对答案时缺少督促评价，可能会让学生存在侥幸心理。其次，小组活动没有组织好，没有实现真正的合作学习和探究学习，学习评价停留在表面，没有充分挖掘学生学习背后存在的问题及原因。

学科专家与其他教师共同讨论后，给出了本节课的相关改进建议：教师应多关注待优生的课堂表现，注意细节，对于一些基础知识要让学生落实到笔上，这样学生会掌握得更扎实。教师要对教学资源加以充分利用，比如，对于本节课中的朗读视频，可以分层次进行多遍练习，第一遍解决节奏问题，第二遍进行模仿，第三遍闭眼想象画面。每一遍的练习都要有明确的目标，并且要放手让学生去做，从而提高课堂效率。同时，建议教师设计一套有效的小组管理模式和评价方式，用有效的评价引导小组合作学习。

案例

◆ 授课内容：《春夏秋冬》

◆ 分析对象：郭良晓

◆ 分析时间：2023年2月7日

◆ 分析结果：3163课堂教学数据分析报告

一、课堂教学数据分析

（一）教学行为占比分析

本节课教学行为占比情况见下表。

教学行为占比表

教学行为		时长/分
学生行为	读写	2.93
	举手	2.60
学生行为	听讲	20.80
	生生互动	4.53
	应答	9.07
教师行为	板书	6.00
	讲授	16.33
	师生互动	11.60
	巡视	6.00

1. 学生行为分析

从上表可以发现，本节课中学生行为占比最高的是听讲，为20.80分钟，应答为9.07分钟，说明本节课教师授课占比较高，教师的问题式引领较好，能提高学生的思维能力；举手为2.60分钟，说明本节课设计的学生能主动参与的活动较少，对学生的学习积极性缺少有效激发，需要教师改进引导策略，设计更符合学生特点的情境和活动，激发学生的主动探究意识；生生互动为4.53分钟，说明本节课有一定的小组活动，但互动性不够。

2. 教师行为分析

在教师行为中，讲授为16.33分钟，师生互动为11.60分钟，说明本节课教师进行了充分的活动引领和互动设计，能够引领学生进行思考，但是缺少学生自主性活动设计，且生生互动交流较少。建议教师给学生提供更多的时间进行自主学习与小组合作学习。

（二）学生参与程度分析

本节课的“三度”曲线图如下图所示。

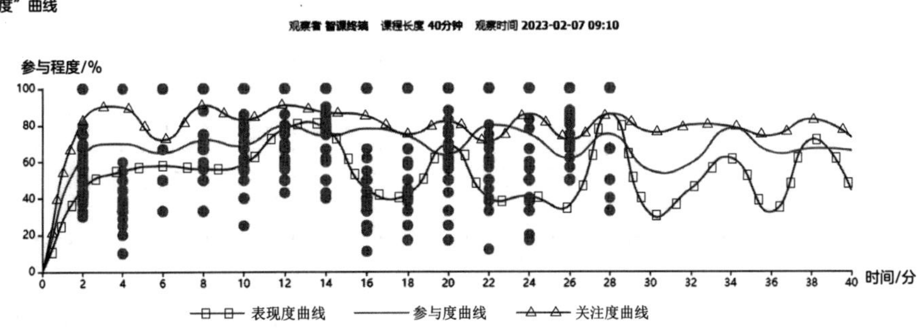

1.“三度”数据分析

从表现度曲线来看，授课前2分钟表现度曲线未达到50%，说明在课堂导入方面，教师没有设计并组织较好的课堂活动。本节课表现度曲线波动较大，在第17、第26、第30、第36分钟出现低点，通过回看视频发现，这几个时间点教师在讲解活动规则，分析相关问题，安排个别学生讲解相关问题，这就使学生分散了注意力。

从参与度曲线来看，学生整体参与度较高，整节课保持在75%左右，说明学生对本节课有很强的参与性与积极性，同时说明郭老师在授课和活动组织时能够用学生喜欢的方式提高学生的参与度。

从关注度曲线来看，授课前2分钟关注度曲线达到约90%，说明教师的导入活动非常有效，能够引发学生全体性参与，教师教学策略有效，教学活动组织有效。整节课的关注度普遍较高，说明教师组织有序，引导有方，能够不断激发学生的兴趣，教师的教学设计对学生有很强的吸引力，且适合不同学生，确保了学生的全体参与。

2. 反思分析

本节课中，学生有一定时间的注意力不集中，学习过程没有得到有效监督，表现为在第17、第26、第30、第36分钟，学生表现度下降。这说明部分学生在教学活动期间做其他事情，开始游离于学习活动之外。

3. 教学优化

在教学中，教师要提前制定课堂小组监督规则，发挥小组相互督促的作用，对学生的游离行为进行及时制止，通过同伴提醒、小组评价、听课黄牌等方式给予学生及时的纠正，使学生全部参与到学习活动中来。

（三）教学行为时序分析

1. 数据分析

本节课的教学行为比较丰富，特别是讲授、师生互动、听讲、应答等行为贯穿课堂全过程，说明教师能够利用问题引领学生学习和思考。而读写、生生互动行为占比相对较低，特别是生生互动占比太低，说明学生之间缺少交流与合作。在第14至第20分钟有一段以师生互动为主的时间，回看视频发现，这个时段设计了学生活动和展示交流环节，出现了自由学习。

2. 反思分析

本节课注重问题引领，关注学生的兴趣，通过多样化活动不断引导学生思考，但缺少学生自主学习、自我内化与小组碰撞的时间，使学生一直处在高强度思维中，很难实现深度思考后的内化。

3. 教学优化

针对以上问题，建议教师在进行问题引领时先让学生进行几分钟的自主思考和小组碰撞，再进行头脑风暴式交流，这样有利于学生对问题形成深度认识。

（四）S-T 师生活动分析

本节课的 S-T 图如下图所示。

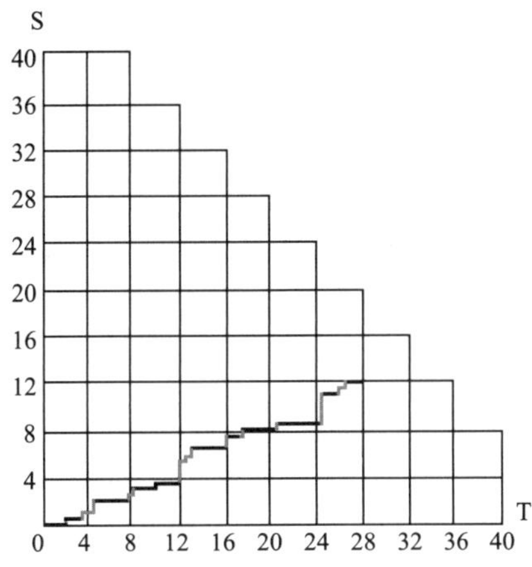

1. 数据分析

通过 S-T 图可以看出，本节课师生活动频率较高，但教师活动时间多于学生活动时间，教师行为与学生行为的比例大约为 2∶1，学生行为占比较低。结合师生行为数据来看，尽管教师能调动学生参与课堂的积极性，能鼓励学生进行互动，但从整体来看，教师行为占比依然高于学生行为占比，学生的课堂主体地位凸显得不够。

2. 教学优化

建议教师将教学活动设计得精练一些，给学生更多思考的时间与空间，这样不仅能引领学生高阶思维能力的发展，还能帮助学生实现在做中学、在用中学、在创中学。

（五）RT-CH 师生行为分析

本节课的 RT-CH 图如下图所示。

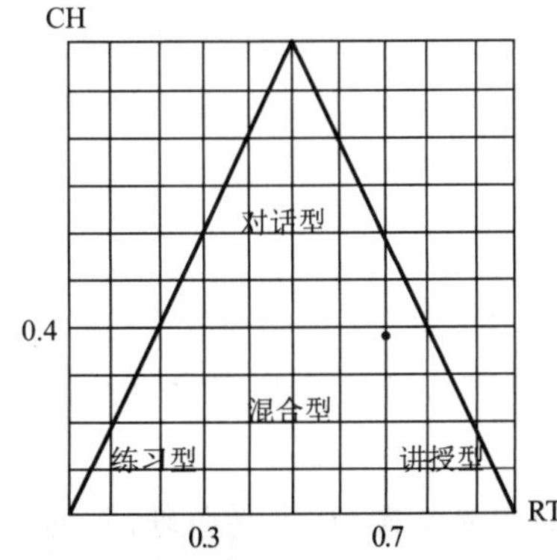

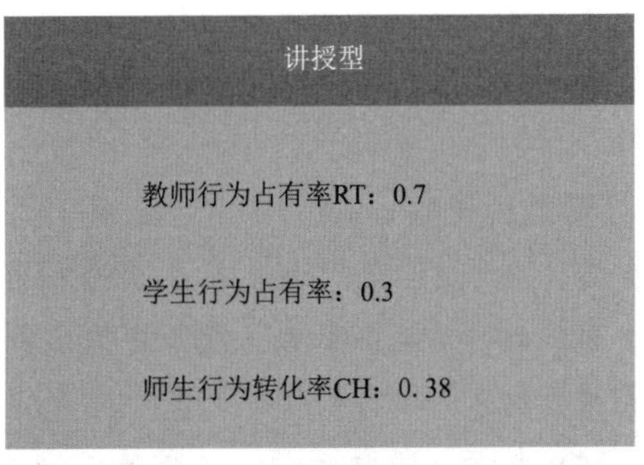

教学模式	练习型	讲授型	对话型	混合型
标准模式	RT≤0.3	RT≥0.7	CH≥0.4	0.3<RT<0.7，CH<0.4

1. 数据分析

通过 RT-CH 图可以看出，教师行为占有率 RT 值为 0.7，说明教师主导课堂教学；师生行为转化率 CH 值为 0.38，说明教师的连续活动时间和学生的连续活动时间过长，师生行为转化率低，知识内化率低，课堂出现活动时间长、效能低现象。总的来说，本节课属于讲授型课堂。

本节课中，教师通过合理的引导使学生在课堂上与教师积极互动。本节课虽然还未达到混合型课堂的师生互动率，但 CH 值 0.38 已非常接近对话型课堂 CH 值的边界条件 0.4。在整个教学过程中，学生和教师的双向交流还是比较和谐的。

2. 教学优化

建议教师在引导活动中语言要精练，要求要准确，规则要明晰，不断地与学生进行纠错式互动，及时分析与调整学生的学习行为，使学生活动不断在教师的引领下丰富和发展。

二、3163 课堂教学靶向分析

1. 课堂亮点分析

（1）教师全程关注学生的学习，能够利用活动一直使学生保持较高的参与度，活动设计符合学生特点，能激发学生兴趣，提高学生对课堂的关注度，使学生时刻处于注意力集中状态。

（2）活动设计丰富，利用问题一步步引导学生思考、参与活动，教学引入设计得较好，能够激发学生的积极性，将学生快速带入学习状态中。

（3）教师的教学策略有效，能够不断激发学生的探索欲，使学生保持必要的注意力。

2. 课堂问题分析

（1）本节课是以教师为主的讲授型课堂，教师授课时间较长，虽然设计了诸多活动，但缺少学生的自主思考。

（2）生生互动较少，缺少小组活动，无法激发学生思维上的碰撞与交流。

（3）本节课师生活动频率高，但教师活动时间长于学生活动时间，教师行为与学生行为的比例大约为 2∶1，学生行为占比较低，学生活动不够充分，学生的课堂主体地位凸显得不够。

3. 问题解决策略

（1）建议教师适当组织小组活动，开展探究性学习，增加生生互动时间。

（2）建议教师适当降低课上教师行为比例，增加学生活动时间，促使学生在课堂上与教师积极互动。

（3）建议教师将教学活动设计得精练一些，要求要准确，规则要明晰，不断地与学生进行纠错式互动，给学生更多思考的时间与空间，使学生在教师的引领下不断成长与进步。

四、9331 教师特质数据分析

教师特质是教师在教学工作中所具备的一些特殊的品质和能力，是教师稳定、科学、规范、有效的教育行为状态。稳定、科学的教师特质对学生学习、思维发展与健康成长具有十分重要的意义。

为促进每位教师形成稳定、科学的教师特质，学校建立了基于多模型的课堂教师特质分析模型。我们利用弗兰德斯分析理论、问答评(IRE)理论和知行风格理论，借助课堂教学智慧评价系统，构建了9331教师特质数据分析模型，从目标定位、课堂艺术、课堂调控、思维激发、评价反馈、整体发展、合作交流、学习体验、目标达成九个方面进行智能化数据采集，从教学风格、课堂结构、师生互动三个方面对课堂进行深度数据分析，发现教师的课堂教学亮点，指出其教学问题，为其提供精准的问题解决策略，最后形成一个长期的课堂改进方案与坚持力对比修正量表。

案例

◆ 授课主题:《不规则图形的面积》

◆ 分析对象:陈艳

◆ 分析时间:2022 年 12 月 17 日

◆ 分析结果:9331 教师特质数据分析图(如右图)

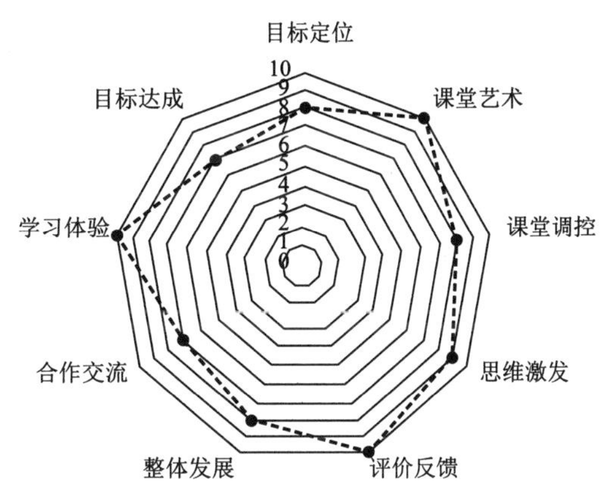

本节课，教师对教学重难点把握精准，在授课过程中关注学生思维品质的培养，在问题情境中通过问题的不断重构引导学生观察、推理、对比、判断，促进学生思维能力的螺旋上升。整节课立足核心素养，始终以学生为中心，最大限度发挥各类学生的主观能动性。“外方内圆”和“外圆内方”蕴含着我国古人的博大智慧，数学教学中渗透着中华优秀传统文化，有助于学生树立文化自信。

在课堂艺术方面，本节课教师大约讲授 3 648 个字，平均语速是每分钟 230 个字。教师语调温和，步步引导，层层设问。教学语言准确，引导性的提问层层递进，直击学生心灵。但是个别词语，比如口头禅“这个”使用频繁，出现无用语言，影响课堂的连贯性。总体来说，本节课课堂氛围积极乐观，语言精练，语速适宜，富于想象力。在关注学生全体方面，本节课比较偏向激发感悟型学习风格的学生。

在课堂调控方面，本节课教师积极话语次数为 26 次，大于参考值 16 次，教师情感饱满度为 0. 19，接近参考值 0. 20，说明本节课能较好地激励学生，吸引学生投入学习当中。正是由于课堂互动质量和学生投入程度较高，因此本节课负性值较低，这也反映出本节课课堂比较活跃。

1. 教学风格分析

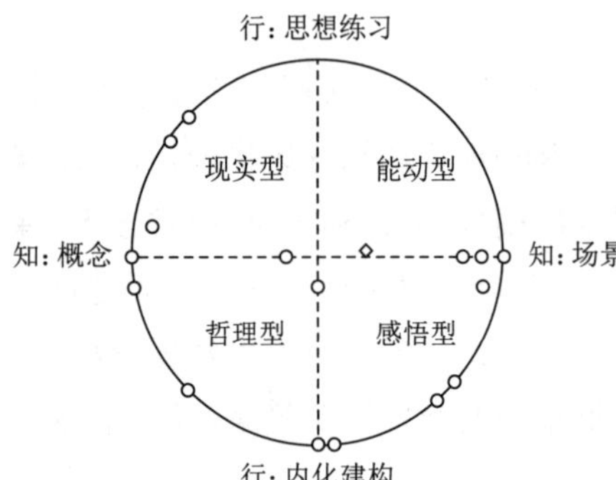

知行风格理论：

知行风格理论通过分析处理信息的方式（横轴从左到右代表从概念到场景）以及处理完信息之后的响应方式（纵轴从下到上代表从内化建构到思想练习），凝练而深刻地刻画教师的教学风格和学习者的学习风格。教学风格分布越均匀，表示对各类学生兼顾得越好。

教学风格强烈程度：

教学风格强烈程度为：0.27。（数值越大表示越强烈）

各象限分布：

教学风格	百分比/%
感悟型（场景—内化建构）	28.57
哲理型（概念—内化建构）	10.72
现实型（概念—思想练习）	60.71
能动型（场景—思想练习）	0

在知行教学风格方面，感悟型所占比例为28.57%，哲理型所占比例为10.72%，现实型所占比例为60.71%，能动型所占比例为0%。从数据分析来看，本节课的教学风格为现实型风格，也就是教师会从概念讲解直接引入活动探究。通过回看视频发现，教师会先进行讲授，让学生认识并掌握“外方内圆”和“外圆内方”这两种方圆图形的概念和特征，然后引导学生进行探究实践，归纳总结，从而得出相关图形面积的计算方法。

2. 课堂结构分析

本节课的课堂结构基本特征见下表。

课堂结构基本特征表

指标	数值	参考范围	指标说明
课堂结构四维均衡情况	若何：38% 为何：5% 是何：17% 如何：8%	根据课程类型和学生情况，由教师设定	课堂知识传递方式，用若何(what if)、为何(why)、是何(what)、如何(how)来代表。这四种课堂知识传递方式的分布情况反映了教师在教学设计上对场景设置、原因探究、概念抽象概括、知识练习和知识迁移方面的总体规划。教师可以据此检查、优化教学设计。教师在进行教学设计时要尽可能全面涵盖“四何”方式，以取得更好的授课效果
授课深入浅出程度	0.12	大于0.14	数值越大表示深入浅出程度越高，一般越深奥的知识越需要浅显的解释。通常此数值会体现出小学浅入浅出(数值较小)，中学、职业学校深入浅出(数值较大)、大学深入深出(数值较小)的特点
语言可理解程度	0.92	大于0.70	数值越大表示话语越容易被学生理解，当数值较小时，教师可以使用更多通俗易懂的语言或运用更多的常见事物进行举例，来加深学生对授课内容的理解
想象力	0.19	大于0.18	数值越大表示课堂想象力越丰富，想象力丰富的场景更容易给学生留下深刻的印象，强化学生对知识的记忆和迁移。通常将两个关联度越低的事物联系起来，想象力指标就越高

续表

指标	数值	参考范围	指标说明
思维激发（开放性）	1次	大于2次	教师在授课时激励学生从不同角度思考，如"还有没有不同的想法？"，以有意义的次数来衡量
强化知识记忆倾向		知识重温、学习目标设定、课堂总结	课堂教学常包含知识重温、学习目标设定和课堂总结。研究表明，这些与强化知识记忆倾向正相关，如果与"思维激发（开放性）"相配合会取得更好的效果
学生左右脑激发	0.87	根据课堂类型控制	授课对学生左右脑的激发（非生物学意义上的，更多是思维特征上的）反映了课堂中教师对学生用脑特征的激发，左脑主要负责逻辑理解、记忆、时间、语言、抑制等，思维具有连续性、延续性和分析性。右脑主要负责空间形象记忆、直觉、情感、想象、灵感、顿悟等，思维具有无序性、跳跃性、直觉性。通常语文、音乐、美术类课程对右脑的激发比例较高，数学、物理、化学类课程对左脑的激发比例较高
课堂类型		由教师设定和控制	课堂类型分为练习型、对话型、讲授型、混合型四种类型，体现为不同的课堂组织方式，可由教师根据课程内容和目标进行调整
教师推动有效学习程度	0.07	0.56～1.00	根据学习发生的知行风格理论，"为何""如何"方式是促使学生进行内化建构、思想练习的重要方法，适当采用这些方法会提高该项的数值，但过多使用也会产生钝化，提升速度会下降

从课堂结构四维均衡情况来看，本节课中"若何"占比为38%，"为何"占比为5%，"是何"占比为17%，"如何"占比为8%，说明本节课情境创设比较好，能给学生很好的浸沉式体验，引发学生的深入思考。而"为何"（原因分析和追因）仅占5%，是比较欠缺的，说明本节课缺少对问题原因的分析，教师在后面的教学中需要引导学生进行归因分析，培养学生的高阶思维能力。"如何"（操作练习、解决问题）仅占8%，说明本节课大部分时间都用在了概念理解和公式推导上，基础练习比较少，教师在后面的教学中应把握好时间，留出一部分时间进行基础练习和拓展练习。由于"为何"和"如何"占比较低，因此本节课教师推动有效学习程度的数值就比较低，仅有0.07，后期可以针对这两方面进行改善。

从授课深入浅出程度来看，本节课数值为0.12，略低于参考值0.14。数值较小可能反映出学生学习的挑战性不足，可以适当增加难度以吸引学生的课堂注意力。也可能由于小学课堂教学浅入浅出的特点，导致该数值较小，需要教师结合课堂内容进行具体分析。

从语言可理解程度来看，本节课数值为0.92，大于参考值0.70，说明本节课教师的教学语言容易被学生理解。

从想象力来看，本节课数值为0.19，略大于参考值0.18。本节课利用之前所讲的圆的面积的计算方法来进一步讲解不规则图形的面积求解方法，教学过程注重举一反三，激发学生的想象力，能够给学生留下深刻的印象，强化学生对知识的记忆和迁移。

从思维激发（开放性）来看，本节课数值仅为1，建议教师后期在授课时激励学生从不同角度进行思考，如可以设置“还有没有不同的想法？”“谁有不同意见？”等问题。

从课堂类型来看，根据本节课的RT–CH图可以判断本节课是比较好的混合型课堂。

3. 互动行为分析

本节课的师生互动行为通过弗兰德斯矩阵分析得出，结果见下表。

弗兰德斯矩阵分析结果

类别	T1	T2	T3	T4	T5	T6	T7	S1	S2	X	坐标数总和
T1	0	0	0	0	0	0	0	0	0	0	0
T2	0	31	0	0	11	1	1	3	6	2	55
T3	0	0	13	0	2	0	0	1	2	0	18
T4	0	0	0	41	0	0	0	33	1	6	81
T5	0	0	1	17	191	12	0	27	33	13	294
T6	0	0	0	2	7	3	1	3	5	1	22
T7	0	0	0	0	3	0	1	0	1	0	5
S1	0	13	1	6	30	3	1	261	5	42	362
S2	0	10	3	8	28	2	0	3	27	0	81
X	0	1	0	7	23	1	1	30	1	118	182

从上表可以看出，(T5，T5)（前一个编码代表行数，后一个编码代表列数，下同）的行为次数为191次，说明在本节课中教师的讲授占了很大比例。通过回看视频发现，教师的讲授很大程度是在用问题引导学生思考探究方、圆两种图形的面积计算方法。

(T2，T2)的行为次数为31次，说明教师持续采用表扬与鼓励的方法唤起学生积极的情绪响应。

(T4，T4)的行为次数为41次，说明教师积极进行问题引领，通过提出问题，引导学生积极思考，培养学生的问题意识和问题解决能力。

在T1～T3行与T1～T3列相交的区域（积极格）中，(T1，T1)是0次，(T2，T2)是31次，(T3，T3)是13次，说明教师缺少对学生的情感接纳，应该增加以学生为主体的情感认同。但教师积极接受了学生观点的表达，对学生观点也进行了积极的肯定，使学生能够大胆地表达自己的想法，积极地思考问题，这一点做得很好。

4. 课堂改进方案与坚持力对比修正量表

（1）课堂亮点。

① 教师课前通过畅言智慧平台给学生推送了自主学习单，并在课前对学生的作答进行了分析，精准把握住了学情。

② 教学过程中利用畅言智慧平台里的抢答、全班作答、名单表扬、拍照讲解等互动方式让学生一步步推导出圆内接正方形和圆外切正方形的面积公式，环节紧凑，技术应用合理恰当。

③ 教师语调温和，启发性数值（I/D）为 0.48，教师正面回应率（TRR）为 0.73，远超过参考值，说明本节课中教师步步引导，层层设问，直击学生心灵深处，能快速回应学生的观点和问题，学生接受老师的启发很多，对知识掌握得比较好，教师是启智型教师并且注重对学生学法的指导。

④ 教师话题交流稳定比率（SSR）为 0.62，学生表达稳定比率（PSSR）为 0.65，说明教师能正确地把握教学重难点，语言表达着重于重难点知识讲解，师生互动和谐稳定。

⑤ S-T 图能更好地说明本节课以学生为主体，学生活动占多数。教师用自己的专业引领学生高效质疑，通过问题不断引导学生思考，教学活动多样化，放手让孩子去探索，去发现，去解决问题。

⑥ 生生评价效果显著，“小老师”发挥了极大作用。聚焦学生核心素养，结合生活实际，帮助学生解决生活中的问题；传播中华优秀传统文化，帮助学生树立文化自信。

（2）课堂待改进之处。

① 重复或者无用的语言较多，如“这个”口头禅使用 47 次，影响教学程序的流畅、连贯和教学效率。

本节课侧重于概念（what 是何）—思想练习（how 如何）这种方式，偏向于激发现实型学习风格的学生，对能动型学习风格的学生缺乏关注。

② 本节课计算量较大，讲授内容新颖，由于时间原因导致最后达标检测未完成，是本节课的一个遗憾。

③ 学生发问率（PIR）为 0.18，相比参考值 0.34 有一定差距，说明本节课学生不敢主动表达自己的意见，只是在老师提问的基础上进行回答，不利于学生发散思维的培养。

（3）改进方案。

① 减少口头禅的使用，确保课堂说的每一句话都是对学生有用的信息，保证语言精练。

② 全面关注课堂的每一个孩子，各类学生都要兼顾，特别是加强对能动型学习风格学生的关注，多设置“如果—怎样”类的场景，激发这类学生的学习热情，让每个孩子都能获得自己的进步和成长。

③ 充分利用五步智学法上课，设置情境导入、新授讲解、巩固练习、达标检测、拓展

延伸等环节，各环节的时间分配要合理。

④ 教师要积极调动学生发言的积极性，增加多种问答模式，运用多种方式鼓励学生发散思维，畅所欲言，猜想质疑，合作讨论，并给予学生指导点拨。

（4）坚持力对比修正量表。

坚持力项目	第 1 周	第 2 周	第 3 周	第 4 周	第 5 周
能动型问题设计					
哲理型风格设计					
问答模式设计					
学生主动表达设计					
口头禅关注					
鼓励性评价					

五、新教师教学行为数据分析

新教师教学行为数据分析是对参加工作不满五年的新教师进行课堂教学四大行为十六个要点的全智能数据采集与分析。该分析利用十分钟微格教学，对教师肢体语言、板书技能、语言表达、表情应用进行数据分析，结合常模标准提出教学中的问题与具体改进建议。

肢体语言主要分析左右肩平稳度、腿部抖动、姿态变化次数与频率、姿态语音同步变化次数与配合度等，以形成教师稳定的课堂行为状态，使肢体语言与语音相契合。

板书技能主要分析板书的规范字占比、平均规范度、书写规整度，指出板书中每个字的规范程度，对不规范字进行提醒与修改。

语言表达主要分析音量、语速、口头语、情感极性值、提问次数，以保持学生能够接受的声音频率，减少口头语对教学的干扰，提高正性情感值，激发学生的学习兴趣。

表情应用主要分析六类表情的占比、主要表情标签、正向表情标签，对教师教学表情提出建议，使教师表情对课堂教学起到烘托与渲染作用。

我们在一学期内对 16 位新教师 621 节课进行了数据分析，为新教师教学行为提出了 19 个关键问题，提供了 983 条课堂教学行为改进建议，与其他学校同期参加教学工作的新教师相比，我校新教师课堂教学优秀率高 23%。

案例

◆ 授课主题：信息科技《计算阶梯电费》

◆ 授课地点：大数据分析中心新教师教学行为数据分析舱

◆ 授课时长:10 分钟

◆ 分析对象:刘宏

◆ 分析时间:2023 年 6 月 15 日

一、教学行为数据分析

1. 肢体语言

该教师的肢体语言主要根据其教学姿态时长分布图(如下图所示)来分析。

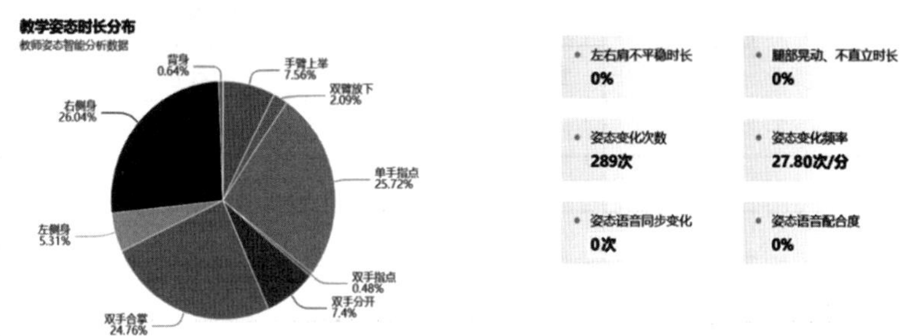

该教师左右肩比较平稳,腿部较直立且比较平稳,教学姿态变化次数为 289 次,姿态变化频率为 27.80 次/分,姿态语音同步变化次数为 0 次,姿态语音配合度为 0%,主要教学行为为右侧身、单手指点和双手合掌,分别占 26.04%、25.72%、24.76%。

诊断建议:本次教学中教学姿态变化次数较少,建议根据教学内容与活动,适当调整相应教学姿态,以保证通过教学姿态传达合适的教学信息。

2. 板书技能

该教师板书字体规范度为 100%,字体非常规范标准;板书的整体规范度为 76.33%,较为标准。书写规整度是 0 倍行间距,行倾斜度为 −0.29°,在合理范围内。

诊断建议:本次板书颜色只有 1 种,建议以三四种板书颜色为宜,可从白色、红色、黄色、绿色四个颜色中进行选取。

3. 语言表达

授课音量偏高,语速偏快,不利于引导学生深入思考。语句情感极值为中性,缺少对学生的鼓励与表扬。口头语偏多,“那”说了 31 次,“呢”说了 26 次,“这个”说了 6 次,较多的口头语会干扰学生的思维。

诊断建议:上课时注意控制语速,学会用短句讲解,中间要有思维停顿,音量小一点儿,尽量控制口头语的使用,建议使用“授课手卡”,把握课堂衔接度和连贯性。

4. 表情应用

本次教学呈现了六种表情中的三种,出现最多的是“无表情”,共 6.50 分钟,占比为 91.55%;其次是快乐表情,共 0.37 分钟,占比为 5.21%;再次是惊讶表情,共 0.23 分钟,占比为 3.24%。

诊断建议：教学中无表情出现总时间较长，请及时调整。学会丰富表情，调动学生的学习热情，创造良好的课堂氛围。

二、修正反馈量表

针对以上出现的问题，如音量高、语速快、无表情多、板书时个别字体不规范等，现对刘宏老师的课堂教学行为进行分模块专题训练，详见下表。

课堂教学行为模块训练表

周次	时间	授课主题	训练模块			
			音量训练	语速训练	表情训练	板书训练
第 1 周						
第 2 周						
第 3 周						
第 4 周						

第六节　和悦智慧体育

“无体育不双语”“无运动不健康”是我一直坚守的教育信仰，只有让学生有一个强健的体魄，才能把学生培养成为有理想、有道德、有文化、有纪律的“四有”新人。为给学生提供精准化的运动方案，对学生进行精准的个性化指导，我们创造性地提出了和悦智慧体育。

——2019 年 9 月 12 日，我在五台山西路小学全国文化参观现场会上的解说

《教育部等五部门关于全面加强和改进新时代学校卫生与健康教育工作的意见》（以下简称《意见》）指出：“2035 年，学校卫生条件、体育设施、健康教育和健康素养水平基本实现现代化，达到建成教育强国和健康中国要求，形成高质量的新时代学校卫生与健康教育体系。”

为了全面落实《意见》精神，学校构建了智慧操场，实现了全项目智能采集与大数据分析，给学生提供了精准的个性化指导方案与锻炼计划。

一、智慧操场

五台山西路小学智慧操场始建于 2020 年初，2020 年底正式投入使用，是山东省第一个实现智慧体育全覆盖的操场。该智慧操场由仰卧起坐、立定跳远、50 米跑、100 米跑、一分钟跳绳、引体向上以及原地前抛实心球七大测试区域组成，整个操场安装了 14 个摄像头，用来实现对以上项目的智能化测试，并且可以对学生的成绩进行云端大数据分析，自动生成详细的个人测试报告，是一个完全人工智能化的操场。

我们的智能体育测评与教学系统是基于人工智能运动视觉算法建立的，可以对学生的体育运动成绩、运动负荷、运动指标进行实时的分析、评价、指导，实现体育课趣味化、智能化教学，让孩子爱上体育课。无感化的数据记录也确保了体育测试能够拥有更精准、更公平、更便捷的测试环境。学校力图通过人工智能数据测评，推进体育教育智能化变革，助力提高学生运动与健康素质。

在整个教学过程中，学生无须穿戴任何监测设备，只要进入智慧操场，就可以进行测试。测试完成后，系统会对学生的运动过程进行智能分析和多维度评价，教师可据此准确诊断每个学生的不规范动作，精准指导学生存在的问题，提高学生的运动成绩和身体素质。学生课后也可以自主进行体育锻炼和练习，确保体育锻炼时间充足。学生在

校的运动数据会完整保存在学生个人信息档案中，帮助学校立体化了解学生的综合素质水平。

智慧操场一般由教师建立测试项目，学生进行有序检测，后台进行视频回放与数据分析，最后由教师根据学生的运动数据为学生制订一对一运动锻炼计划。

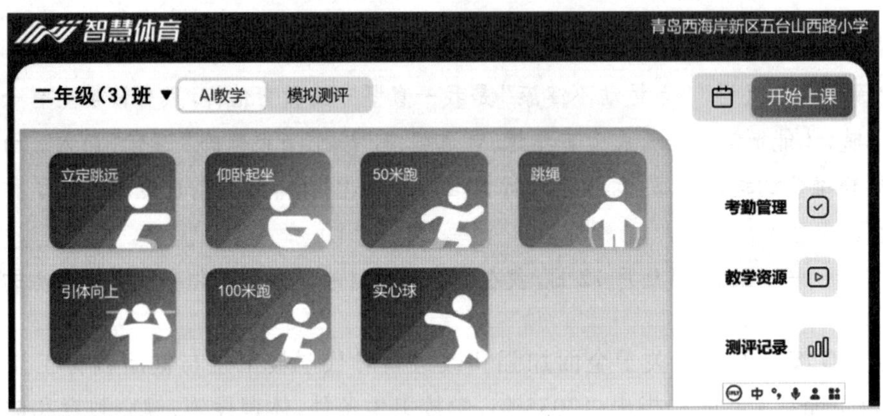

二、“六环二建”体育健康诊断指导模型

通过智慧体育项目测试和学生运动数据分析，学校艺体服务中心结合学生整体健康情况，开发了独具特色的“六环二建”体育健康诊断指导模型。

“六环二建”体育健康诊断指导模型（如下图所示）主要包括六步指导环节和两个数据报告。

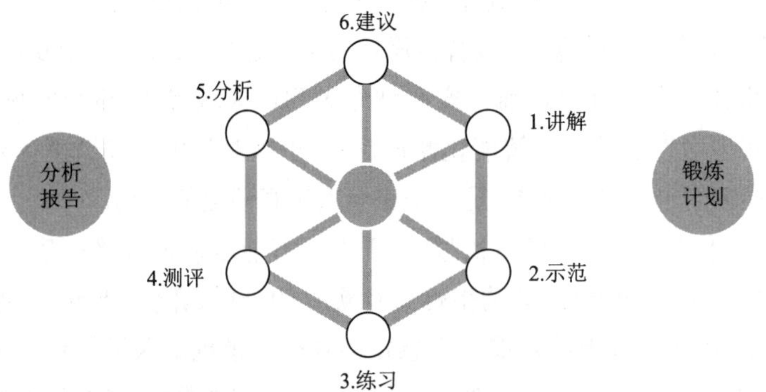

六步指导环节是指讲解、示范、练习、测评、分析、建议。教师在上课时先进行动作要领讲解，让学生明白各种操作要求，同时把课前制作的微课推送到智慧教育平台，方便学生随时学习观看；讲解要领的同时，教师进行动作示范，给学生提供范例；然后学生进行分组练习，在练习中揣摩和理解动作要领，形成科学规范的技术操作；练习完成后，教师对学生进行分组测评，利用智能测评系统，实现对每个学生的全智能测试，当堂形

成个体化测试报告；教师当堂调阅分析数据，及时了解学生操作中的误区，针对重点问题，借助视频回放，分析问题出现的原因，并给出科学规范的纠错方法；最后，针对本节课学生的练习情况和出现的问题，给学生提供分层化运动建议和个性化调整意见。

两个数据报告是指学校每个学期会综合学生所有的运动项目数据，给学生推送两个个性化报告，一是学生综合运动数据分析报告，二是学生个性化运动锻炼计划。

三、个性化体育运动数据分析

我们的智慧操场实现了室外七大运动项目（仰卧起坐、立定跳远、50 米跑、100 米跑、一分钟跳绳、引体向上、原地前抛实心球）以及室内跳绳项目的智能化采集和大数据分析。

（一）体育运动数据分析

1. 室外体育测试项目

◆ 分析对象：苏林茂。

◆ 分析项目：50 米跑、立定跳远、一分钟跳绳、仰卧起坐。

◆ 各项目数据分析：

（1）50 米跑数据分析。

① 智能数据点评。

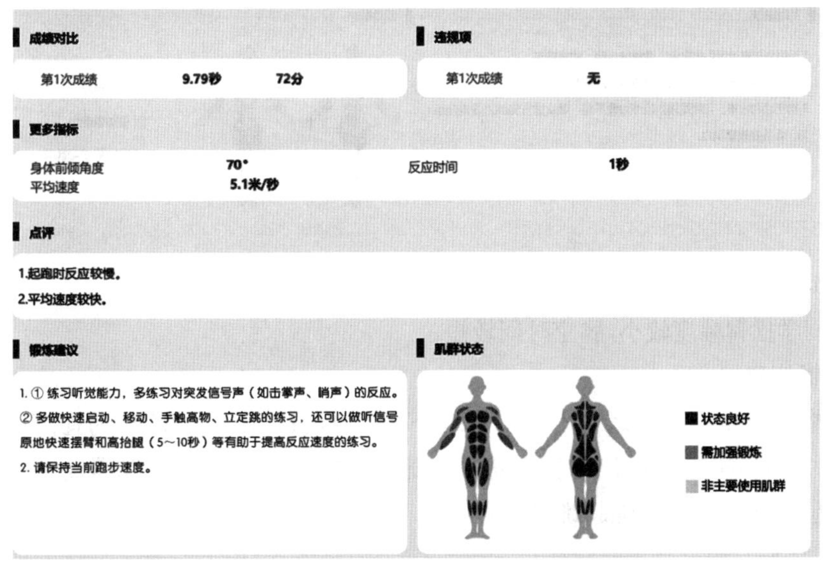

② 运动问题。

该同学起跑时反应速度较慢，身体前倾角度过大。

③ 锻炼建议。

练习听觉能力，多练习对突发信号声（如击掌声、哨声）的反应；多做快速启动、移动、手触高物、立定跳的练习，还可以做听信号原地快速摆臂和高抬腿（5～10 秒）等有助于提高反应速度的练习。

（2）立定跳远数据分析。

① 智能数据点评。

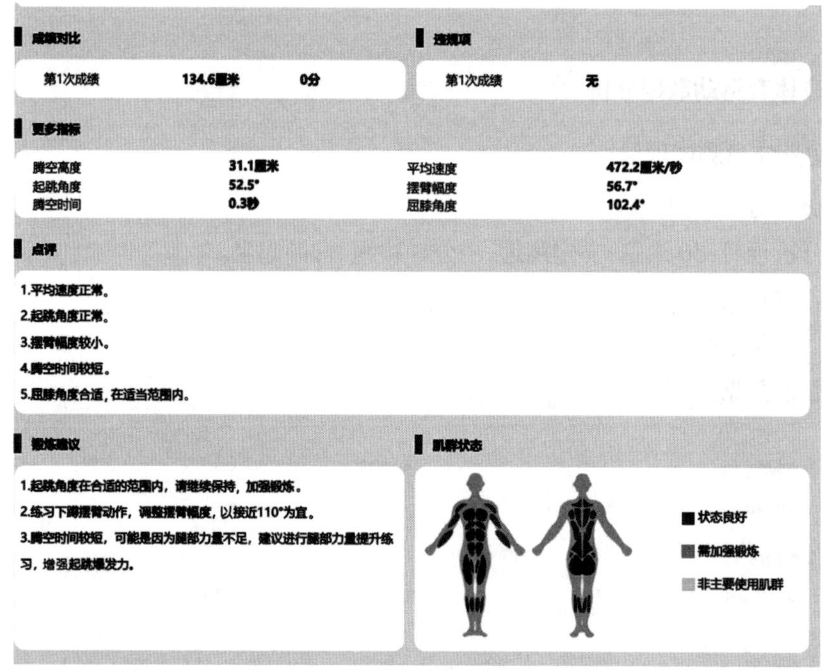

② 运动问题。

该同学摆臂幅度较小，腾空时间较短。

③ 锻炼建议。

调整起跳角度，以接近 45° 为宜；练习下蹲摆臂动作，以接近 110° 为宜；腾空时间较短，可能是因为腿部力量不足，建议进行腿部力量提升练习，增强起跳爆发力；适当减小屈膝角度至 90° 左右，增强起跳爆发力。

（3）一分钟跳绳数据分析。

① 智能数据点评。

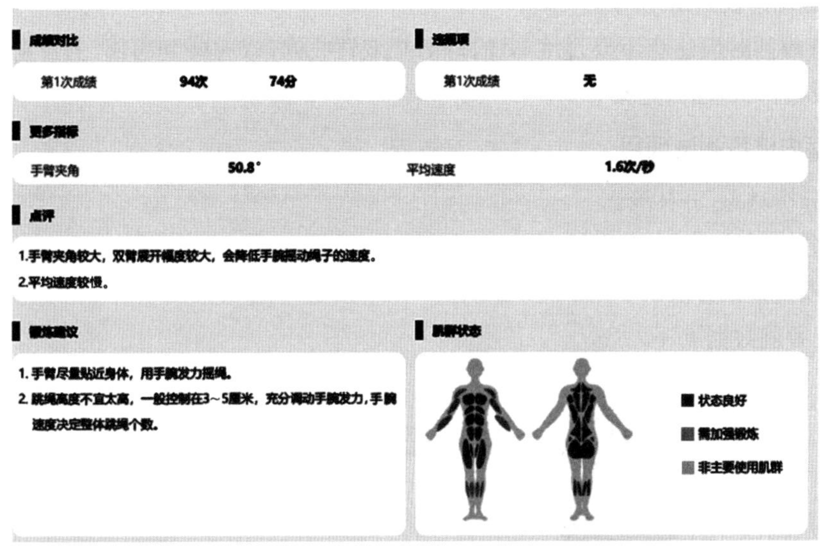

② 运动问题。

该同学手臂夹角较大，双臂展开幅度较大，会降低手腕摇动绳子的速度。

③ 锻炼建议。

手臂尽量贴近身体，用手腕发力摇绳；跳绳高度不宜太高，一般控制在 3～5 厘米，充分调动手腕发力，手腕速度决定整体跳绳个数。

（4）仰卧起坐数据分析。

① 智能数据点评。

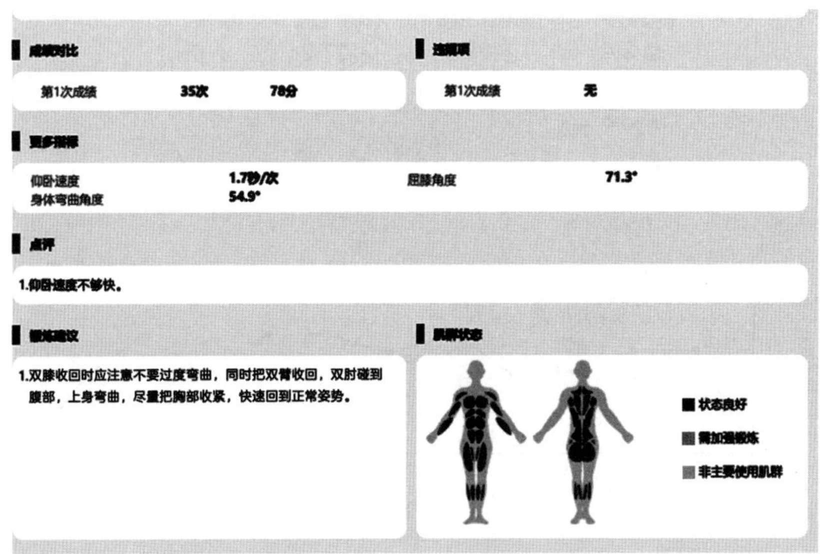

② 运动问题。

该同学腰腹力量较为薄弱，仰卧速度不够快。

③ 锻炼建议。

双膝收回时应注意不要过度弯曲，同时把双臂收回，双肘碰到腹部，上身弯曲，尽量把胸部收紧，快速回到正常姿势。

2. 室内体育测试项目

◆ 分析对象：苏林茂。

◆ 分析项目：室内跳绳。

◆ 项目数据分析。

（1）智能数据点评。

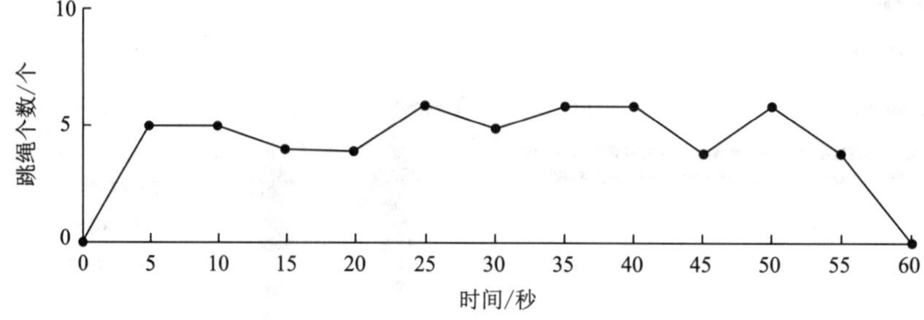

（2）运动问题。

① 手腕距身体太远，影响跳绳速度。

② 手臂运动幅度过大，摇绳时大臂三角肌过于紧张，带动大臂提起过度。

③ 起跳高度较高，摇绳速度较慢。

（3）锻炼建议。

① 缩短手腕与身体的距离，约肩宽的一半为最佳。

② 放松大臂三角肌，减小大臂的运动幅度，手腕协助发力。

③ 减小起跳时前脚掌蹬地的力度，降低起跳高度。

（二）智能运动手环实时数据分析

智能运动手环是对学生体育运动情况进行实时监测与分析指导的工具。智能运动手环可实时显示学生在运动中的各项数据，平台会根据运动数据及时给予干预和报警，当数据达到峰值时，手环和教师平台会进行报警，提醒学生减少运动量，提醒教师及时对学生的运动进行调整和指导。

智能运动手环测评的运动数据包括平均心率、最高心率、运动密度、运动负荷、靶心率运动时间、运动强度、预警心率最大时长、心率指数、步数/距离、热量消耗、课堂心率分析、课堂各阶段平均心率、学生个人心率曲线、运动时间占比情况等。

智能运动手环可用于课前、课中、课后三个阶段，进行不同方面的检测。课前，通过测量学生个人静息心率，测算每个学生的靶心率，针对性分析每堂课每个学生的运动在靶心率范围内的时长，识别学生个体差异，辅助教师进行个性化教学。课中，教师通过实时心率监测、了解学生实时运动数据，实现练习过程数据化、科学化，提高课堂效率；同时，实时心率预警机制可提醒体育教师进行主动干预，预防出现体育教学安全问题。课后，实时生成班级课堂报告和学生个人报告，分析班级平均心率、最高心率、靶心率运动时间、预警心率最大时长、心率曲线，科学评估运动强度和运动密度，为体育教学提供科学的数据支持，助力体育信息化教研。

案例

◆ 分析对象：孙振尧

◆ 运动数据：平均心率 156（正常）、最高心率 214（偏高）、运动密度 71%（偏高）、运动负荷 61%、靶心率运动时间 14 分 30 秒、运动强度 75%、心率指数 2.2（偏高）、步数/距离 1 505 步/1.0 千米、热量消耗 29.8 大卡。（详见下图）

孙振尧

性别	静息心率	靶心率
男	-	154～182次/分

平均心率(次/分) 130～160次/分	最高心率(次/分) 200次/分	运动密度 40%～50%	运动负荷
156 正常	214 偏高	71% 偏高	61%
靶心率运动时间	心率≥120运动时间	运动强度	预警心率最大时长
14'30"	28'35"	75%	-
心率指数 1.6 1.8	步数(步)/距离(千米)	热量消耗(大卡)	
2.2 偏高	1505/1.0	29.8	

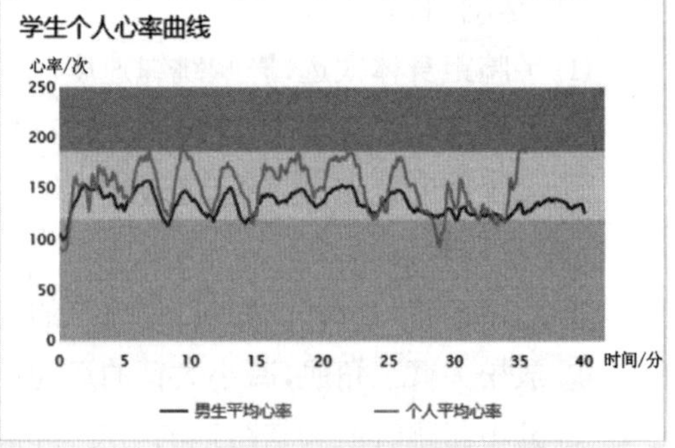

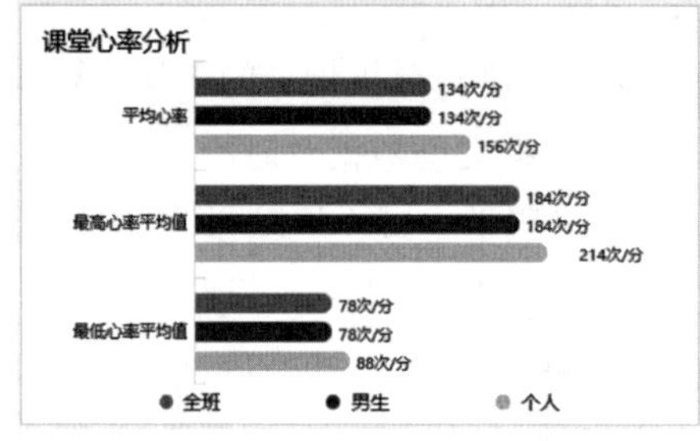

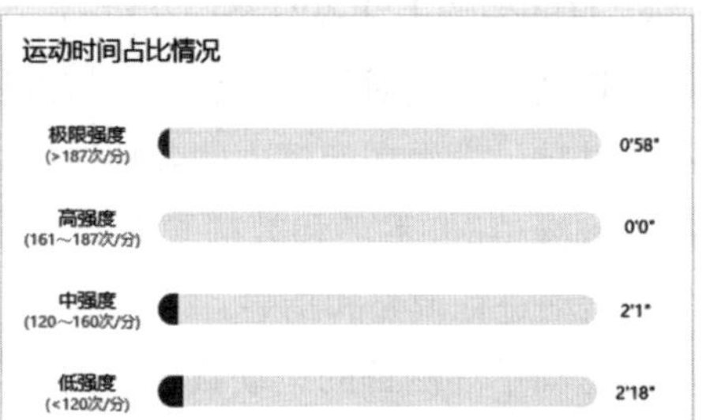

◆ 数据分析：上图数据显示班级平均心率为 134 次 / 分，而孙振尧同学的平均心率为 156 次 / 分，超过班级平均心率 22 次 / 分，但还在正常范围内，不需要过多干预。该生运动密度为 71%，偏高，教师应及时让其减慢运动速度，减少运动负荷，使其心率回归正常数值。

◆ 指导建议：根据学生实时数据变化，教师应及时调整学生运动量，降低学生的运动负荷，保障学生身体健康。在日常生活中，孙振尧需要进行慢步小跑训练，慢慢增加运动量，不要出现快速大幅度运动。

（1）每天进行跑步训练，从慢跑开始，时间慢慢增加。第一周每天跑 5 分钟，用走跑方式；第二周每天跑 10 分钟，用慢跑方式；第三周后每天坚持跑 20 分钟以上。

（2）不要冲刺跑，不要让运动负荷迅速增加。

（3）在跑步前要进行简单的热身运动，比如扩胸运动、拉伸运动等。

（4）每天坚持训练，没有特殊情况尽量不要中断。

四、一对一学生运动锻炼计划

教师根据学生锻炼数据，为每个学生构建了个人项目数据库，实现了智慧体育室内外八大项目的数据纵横分析，然后根据每个学生各项目的运动数据，结合学生的生活状态和生活习惯，为每个学生制订了个性化的健康锻炼计划，帮助每个学生实现健康达优目标。

附 苏林茂运动锻炼计划

根据苏林茂同学本学期的跳绳大数据综合分析，教师提出了该生在健康运动中出现的基本问题，并给出了相应的纠正建议。为了提高身体素质，强身健体，结合大数据分析中的问题和弱项，特制订本个性化健康运动锻炼计划。

（一）上午

1. 第一节课课前 10 分钟。

（1）运动内容：前后跳 50 次×2 组、左右跳 50 次×2 组、一分钟小腿拉伸。

（2）运动目的：增强该生下肢力量，提高该生的耐力以及对身体的控制能力，以确保该生跳绳时身体的稳定与协调，为提高该生跳绳成绩打好基础。

2. 第二节课后大课间。

（1）运动内容：深蹲 30 次×2 组、开合跳 50 次×2 组、跪姿俯卧撑 30 次×2 组、提膝击掌 50 次×2 组、简易波比跳 40 次×2 组、一分钟站姿拉伸、一分钟上肢拉伸。

（2）运动目的：通过跪姿俯卧撑练习增强该生上肢力量，为提高摇绳速度做好准备；通过深蹲等练习进一步增强该生大腿、小腿的肌肉力量及耐力。

（二）下午

1. 第五节课后大课间。

（1）运动内容：原地小跑 1 分钟×2 组、提膝击掌 30 次×2 组、一分钟快速跳绳×2 组、一分钟站姿拉伸、一分钟小腿拉伸。

（2）运动目的：提升该生脚下频率，增强其腰腹力量；通过一分钟跳绳练习，巩固提升该生目前跳绳成绩。

2. 课后服务第一时段之前大运动时间。

（1）运动内容：半蹲跳 40 次×2 组、移动深蹲 10 次×2 组、深蹲跳 20 次×2 组、一分钟站姿拉伸、一分钟小腿拉伸。

（2）运动目的：增强该生下肢肌肉爆发力，提高其肌肉协调能力；通过拉伸，提升肌肉弹性，消除肌肉疲劳。

（三）家庭作业

晚饭后一小时。（尽量在户外进行锻炼，以免在家锻炼引起邻里纠纷）

（1）运动内容：开合跳 40 次×3 组、一分钟快速跳绳×3 组、提膝击掌 30 次×3 组、原地小跑 10 分钟×3 组、立卧撑 30 次×3 组、一分钟小腿拉伸×2 组。

（2）运动目的：增强该生下肢力量、上肢力量、腰腹力量，提升其脚下频率，全面提升该生身体素质。同时增强该生呼吸系统和循环系统的功能，改善该生心肺供血功能。

第七节　和悦智慧心育

孩子的快乐成长离不开健康的心理状态。我们特别重视每一个孩子的心理健康发展，于是创造性地提出了和悦智慧心育，借大数据之力精准分析学生的心理问题，让每个孩子都能以积极的心态拥抱更好的自己。

——2023 年 11 月 22 日，我在国家教育行政学院“国培计划”2022 管理者研修班上的发言

一、智慧心育护航四部曲

教育部颁布的《中小学心理健康教育指导纲要(2012 年修订)》指出，良好的心理素质是人的全面素质的重要组成部分。心理健康教育是提高中小学生心理素质的教育，是实施素质教育的重要内容。中小学生正处在身心发展的重要时期，随着生理、心理的发育和发展，社会阅历的不断丰富及思维方式的不断变化，特别是面对社会竞争的压力，他们在学习、生活、人际交往、升学就业和自我意识等方面会遇到各种各样的心理困惑。因此，在中小学开展心理健康教育是学生健康成长的需要，也是推进素质教育的必然要求。

和悦智慧心育能及时关注学生的心理发展状况，精准化分析学生的心理健康问题，预防学生各类心理危机事件的发生。基于前期实践经验，结合预防、预警和干预的“三预”工作机制，我们形成了以前期筛查、心理干预、家校共育和追踪关注四部分为主线的智慧心育护航四部曲。

(一)前期筛查

对学生的前期筛查能够帮助我们更好地找出在心理发展过程中存在困扰的学生，从而实现对不同学生的精准心理辅导。和悦智慧心育主要结合学校教学观察、各班级心理委员日常观察、“树洞听我说”心语信箱以及学生定期心理普测，对学生心理健康问题进行前期筛查。

首先，学校教学观察主要指学校教师尤其是班主任在日常教学活动中通过观察学生的日常行为表现及作文等纸质材料来关注学生的心理发展变化，同时教师也可以通过与学生家长沟通，及时了解学生在日常生活中遇到的重要事件及家庭相关情况。其次，学校每个班级都设立了心理委员，心理委员会关注同学们的日常情绪表现，若发现

可能存在情绪困扰的同学则及时向心理老师进行反馈。对于小学生来说，同伴关系是他们日常生活中的重要支持性心理资源，因此设立班级心理委员对及时把握学生的心理动态具有重要意义。再次，学校为学生设立了“树洞听我说”心语信箱，面向全体学生开放，学生可通过写信的方式与心理老师进行交流，从而获得心理疏导。最后，学校每学期会运用智慧心育平台对学生进行专业化的心理测评，从而更加精准地了解学生的心理健康状况。其中，1～3年级施测小学生心理健康评定量表(MHRSP)。该量表由我国学者陈永胜编制，共80道题，包括学习障碍、情绪障碍、性格缺陷、社会适应障碍、品德障碍、不良习惯、行为障碍、特种障碍等八个分量表。该量表采用他评方式(由家长填写)，并且经过信度与效度的分析验证，具有较高的稳定性，是一个适合家长和教师对小学生进行心理健康评定的工具。4～6年级施测中小学生心理健康诊断测验(MHT)，它是由华东师范大学心理学教授周步成及其他心理学科研究人员，对日本铃木清等人编制的“不安倾向诊断测验”进行修订，进而形成的适合我国学生的标准化的心理健康诊断测验。该量表从学习焦虑、对人焦虑、孤独倾向、自责倾向、过敏倾向、身体症状、恐怖倾向、冲动倾向八个方面评估学生的心理状态。

在学生完成心理测评之后，和悦智慧心育将迅速对学生的测评结果进行大数据分析，即时化呈现预警学生名单、预警因子以及每个学生的心理测评报告，然后由心理教师结合学生的测评报告形成心理干预方案，以便接下来针对预警学生开展心理干预。

“一生一案”示例

一、基础信息

学生姓名：小雪(化名)

性别：女

班级：五年级(4)班

年龄：10岁

二、测评结果与建议

经中小学生心理健康诊断测验(MHT)测评，小雪的总分为84.22分。

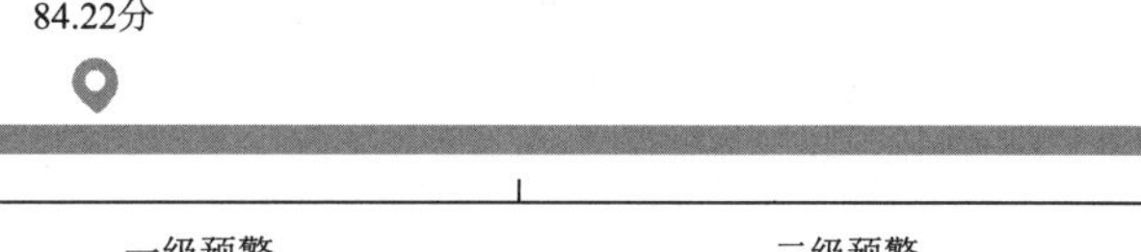

结果解释与建议：

整体来讲，该生处于一级预警状态，说明该生可能遇到了一些心理困扰，但尚未达到非常严重的程度，此时需要老师及身边的重要他人(父母、同学、朋友等)对其给予理解与支持。对于出现这种情况的学生，在此提供以下建议，仅供参考。

1. 建立团体互助小组

团体辅导具备个体辅导所不具备的优势，在团体互动过程中，学生往往能够感受到人际互动的良好影响，而这种团体互动也更接近于学生平时的生活状态，而且在团体互动中感受或习得的良好互动经验可以更容易地迁移到日常生活中。因此，在学生的心理状态改善过程中，利用团体辅导的力量是比较好的一种方式。建议心理教师可以以不同主题建立成员较为稳定的团体互助小组，招募或邀请有同类问题或有这种需求的学生加入团体互助小组中，就大家关心的问题进行探索与活动体验，以期改善学生的心理状态。

2. 提供自助资源

“授人以鱼不如授人以渔”，处于一级预警的学生可能只是当下遇到了心理困扰，且缺乏相应的应对策略，建议心理教师在平时的心理健康教育工作中给学生介绍一些心理学小技巧，比如调节情绪的情绪“红绿灯”法、与呼吸放松训练相关的蜂鸣式呼吸法、手指放松法、渐进式呼吸法等，以及能够提升学生心理素质、传播心理学科普知识的图书和影视资源等，让学生在遇到困扰时能够想到合适的应对方式，具备一定的应对能力。

3. 增强学生求助意识，提供求助途径

在日常教学过程中，建议心理教师引导学生正视自己的心理困扰，并为其提供多种求助途径。首先，心理教师需要向学生澄清：个体在成长过程中遇到困惑是一件非常正常的事情。其次，心理教师需要让学生明白：当自己遇到心理困扰时，其实是有很多方法可以解决的，除了依靠自己，还可以寻求其他人的帮助和支持，比如向家长求助，到学校心理咨询室进行个体咨询等。教师要确保学生在遇到困难，自己无法应对时，能够想到其他的方式来帮助自己。

4. 紧密联系班主任及任课教师

班主任及任课教师作为对学生来说比较重要的接触群体，能够提供更多关于学生状态的信息，这些信息可以帮助心理教师进一步评估学生的心理状态。同时，班主任与任课教师的配合能够为学生提供更为安全、舒适的学习环境。这对学生的心理状态改善非常有帮助。

三、各维度测评结果与建议

（一）维度一：冲动倾向

得分：94.00 分。

94.00分

良好	一级预警	二级预警

维度解释：

冲动倾向是指学生出现行为和情绪冲动、自制力较差的倾向。冲动倾向得分越高，说明个体越容易冲动且自我控制能力越差，很难控制自己的行为。

结果解释与建议：

整体来讲，该生的冲动倾向得分处于一级预警状态，说明该生有时可能会出现过于冲动的情况，但尚未达到非常严重的程度，需要老师及身边的重要他人（父母、同学、朋友等）对其给予理解与支持。

针对这种情况的学生，心理教师可从以下几点入手，对其给予帮助。

1. 充分考虑学生的年龄特点与发展阶段特点

面对学生的冲动倾向，首先需要考虑学生的年龄特点与发展阶段特点。研究显示，人类大脑控制情绪的神经中枢（杏仁核、下丘脑等）的发展成熟要远早于大脑中负责思维、控制、决策、计划、推理等功能的区域（额叶、顶叶、枕叶、颞叶等大脑皮层）。因此，青少年群体容易冲动是受到大脑发育还不够成熟的影响，有一定的生理原因，我们需要理解学生的冲动行为。

2. 帮助学生提高情绪控制能力，合理宣泄情绪

在理解的基础上，帮助学生了解自己的冲动倾向，带领学生学习一些控制冲动情绪及宣泄情绪的方法，提高自己觉察情绪、控制情绪的能力，将自己内心的烦闷通过更加合适、安全的方式发泄出去，既不会伤害到自己，也不会伤害到别人，平稳地度过青春期。

3. 与班主任密切联系，共同帮助学生

心理教师需要与学生的班主任沟通学生的相关情况，叮嘱班主任平时应多尊重学生的想法，尽量采用理智沟通的方式，避免情绪沟通，同时需要关注学生是否出现了异常行为，情绪是否平稳，如有异常，需要及时向心理教师反馈，确保学生自己及其他学生的安全。

（二）维度二：自责倾向

得分：90.00分。

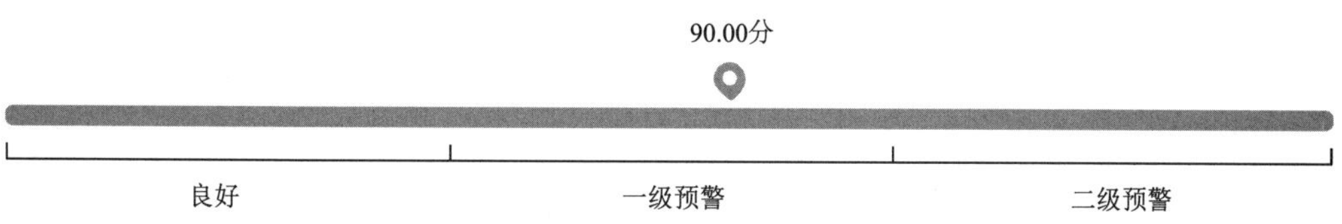

维度解释：

自责倾向是指学生在遭遇不顺或失败时，总是将原因归咎于自己的倾向。自责倾向得分高，说明学生可能比较自卑，自我评价较低，常怀疑自己的能力或苛责自己，甚至可能已经达到了影响自己正常学习和生活的程度。

结果解释与建议：

整体来讲，该生的自责倾向程度处于一级预警状态，表明该生可能对自己的评价不高，失败时会认为自己不够好，但尚未达到十分严重的程度，此时需要老师及身边的重要他人（父母、同学、朋友等）对其给予理解与支持。

针对这种情况的学生，心理教师可从以下几点入手，对其给予帮助。

1. 了解并改善学生的归因方式

自责倾向程度较高的学生往往缺乏自信，自我评价较为负面，且存在归因偏差。当遭遇失败时，他们总是倾向于向内归因，认为是自己不好。在面对这样的学生时，帮助学生改善归因方式是非常重要的，可通过情景模拟的方式，了解学生在归因时的想法，了解他们向内归因的原因以及在什么情况下最容易向内归因，然后从认知层面提出新的角度，与学生一起探讨，尝试改善学生的归因方式。

2. 建立“夸夸”小组，提升学生的自我认可程度

对于自责倾向程度较高的学生来说，他们对自己往往是不认可的，总体对自己是不接纳的否定的态度，因此才会产生遇到不好的事情会认为是自己的原因，而好事情发生时又会觉得自己不配这种情况。这种发自内心深处的对自己的不认可，需要身边的人给予持续的鼓励与肯定。心理教师可尝试在团体中建立“夸夸”小组，开展“夸夸夸”活动，引导学生发现彼此的闪光点，帮助学生感受到来自他人的肯定，让他们认识到以往的自我认知可能是不客观的，从而提升学生对自己的接纳和认可程度，树立自信，改善自责倾向。

3. 紧密联系班主任，共同配合帮助学生

自责倾向会导致学生常被焦虑、抑郁等负面情绪困扰，且具有自责倾向的学生的表达一般是向内的，他们常常是安静而痛苦的，因此如果没有人及时关注他们的状态，任由其发展，再加之外界不良因素（总是充满争吵的家庭、父母过高的要求等）的影响，学生容易产生伤害自己的想法和行为，因此需要与该生班主任加强沟通，多给予学生一些温暖与关怀，并在学生需要帮助时及时提供帮助，必要时可以建议学生到学校心理咨询室进行个体咨询。

（三）维度三：学习焦虑

得分：93.33 分。

93.33分

良好　　一级预警　　二级预警

维度解释：

学习焦虑是指个体在与学习相关的活动中产生的不安、紧张或持续担忧的一种情绪状态。学习焦虑得分越高，说明学生在与学习相关的活动中的焦虑程度越高（不能集中注意力、担心考试成绩等），极可能影响学生的学习状态，导致其学习效率不高，精神持续紧张，甚至可能产生一些睡眠问题，影响其身心健康。

结果解释与建议：

整体来讲，该生的学习焦虑水平处于一级预警状态，说明该生在学习上可能遇到了一些心理困扰，但尚未达到非常严重的程度，此时需要老师及身边的重要他人（父母、同学、朋友等）对其给予理解与支持。

针对这种情况的学生，心理教师可从以下几点入手，对其给予帮助。

1. 建立学习焦虑互助小组

教师可以采取招募或邀请的方式，将有学习焦虑困扰的学生组成成员固定的互助团体，定期开展应对学习焦虑的团体辅导活动，包括但不限于与学习相关的烦恼倾诉、考试焦虑情绪疏导等。在安全、包容的团体氛围下，学生更容易说出自己的困扰，大家可以共同探讨焦虑的原因，同时可以引导学生树立正确的学习心态。

2. 推荐缓解焦虑情绪的心理训练

有时面对情绪焦虑的学生，心理教师可能无法一下子就找到学生焦虑的原因，但可以通过一些方法先缓解学生的焦虑情绪。下面讲解几种帮助学生放松的心理训练，仅供参考。

（1）接地技术。

接地技术可以帮助学生将注意力从令其感到焦虑、紧张的事物中转移出来，聚焦于当下的场景，从而缓解焦虑、紧张情绪。建议教师在使用此方法时先查阅相关资料，深入了解并熟练运用后再分享给学生。以下步骤仅为简单概述，仅供参考。

第一步，找一把椅子，用舒服的姿势坐在椅子上，脱掉鞋子，最好是光脚踩在地面上，开始练习呼吸，一呼一吸，使呼吸逐渐加深。

第二步，当平稳呼吸几分钟，感觉到呼吸加深并均匀后，在呼吸的基础上感受身体的其他感觉，可以从双脚开始，比如感受地板的温度、材质、自己身体的内部感觉等。

第三步，关注自己的双脚和呼吸，将注意力逐渐全部集中在自己的双脚上，感觉自己的双脚在坚实承载自己的身体，体会此时此刻的感受。

注意：第二步可以有更多感官的感受，可以采用多种形式表达自己的感受，比如用笔写下自己的感受等。注重学生的个性化差异，使用学生认为更舒适的方式。

（2）吹气球技术。

如果学生感到学习压力很大，非常焦虑，可以尝试用吹气球技术帮助学生放松下来。吹气球技术非常简单，主要是帮助学生将情绪具象化。学生一边想象令自己产生压力的情境，一边将因这个情境产生的焦虑、烦躁等负面情绪吹进气球中，情绪有多强烈，就把气球吹多大。学生将自己所有的负面情绪都吹进气球里，之后放开气球，将这些负面情绪排解出去。这样可以有效缓解学生的负面情绪。此法可用于个体辅导，也可用在团体活动中，能够有效帮助情绪表达受阻的学生。

(3) 呼吸放松冥想训练。

呼吸训练可以有效缓解学生的焦虑、紧张情绪，尤其是在焦虑情绪发展到令学生无法正常地学习与生活时，可以尝试使用呼吸放松冥想训练帮助学生放松、平静下来。只有缓解了焦虑、紧张的情绪，才能进行后续的沟通或认知转变等操作。在学生感到非常焦虑时，心理教师可以带领学生进行呼吸放松冥想训练，让学生跟随自己的指导语逐步练习如何呼吸，如何放松身体。这样的训练也可以在日常生活中运用，如学生考试前一晚睡不着时，就可以运用呼吸放松冥想训练来帮助自己入眠。

3. 与班主任及任课教师保持沟通

尽管该生并不属于非常严重的情况，但心理教师应与该生班主任及任课教师进行沟通，请他们一起配合帮助该生改善学习状态，尤其是在该生感到焦虑不安的学习内容或事情上，一定要给予更多的包容和关怀，因为稳定、安全、积极的外界环境支持非常有利于学生的心理状态改善。

（四）维度四：身体症状

得分：73. 33 分。

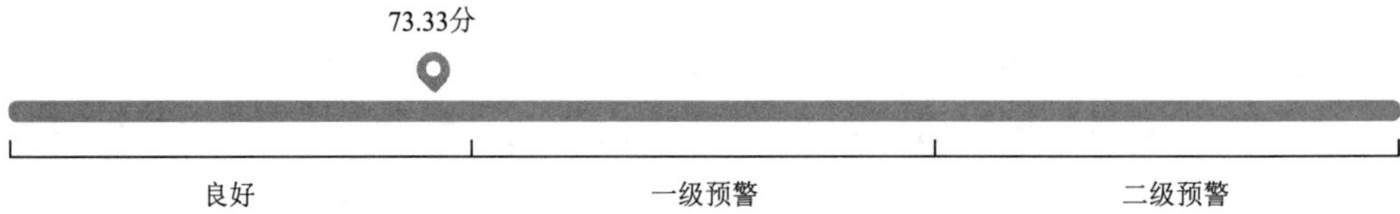

维度解释：

身体症状是指学生在极度焦虑不安时常常以一种异常的生理现象表现出来，如出汗、心跳加速、身体不舒服等。身体症状得分越高，说明学生越容易出现此类情况。

结果解释与建议：

整体来讲，该生的身体症状得分较低，说明该生的身体症状处于良好状态，无须对其进行格外关注，只需做好日常的心理健康教育即可。

（五）维度五：过敏倾向

得分：90. 00 分。

90.00分

良好 一级预警 二级预警

维度解释：

过敏倾向是指学生对周围环境或人过分敏感，从而产生焦虑不安等情绪的倾向。过敏倾向得分越高，说明学生可能越敏感，会对周围环境的变化表现出明显的不安与担忧，严重的可能会影响学生正常的学习和生活。

结果解释与建议：

整体来讲，该生的过敏倾向程度处于一级预警状态，说明该生可能自身比较敏感，适应能力较差，有时会感到焦虑与担忧，但这种情况尚未达到十分严重的程度，此时需要老师及身边的重要他人（父母、同学、朋友等）对其给予理解与支持。

针对这种情况的学生，心理教师可从以下几点入手，对其给予帮助。

1. 理解与接纳学生的过敏特质

过敏倾向得分较高的学生，可能天生感觉系统比较发达，感觉阈限较低，而父母的养育方式可能偏向于过度保护，导致学生在成长的过程中没有经历过不断脱敏的过程。对于这类学生，教师需要理解与接纳他们这种天生的特质，并引导周围的人对其给予更多的包容，避免因为环境的不接纳而使其焦虑程度加重。学生本身已经因为过于敏感而感觉痛苦了，如果外界再给予更多的压力，可能会导致学生更加不适应和焦虑。

2. 向学生澄清其担忧的内容，缓解其负面情绪

教师可以尝试了解学生过于敏感的内容，了解其担忧的来源。比如有的学生担心父母生病或去世，那么教师就可以去跟其父母确认体检报告，用事实来澄清他们的这种担忧是没有必要的。不断地进行这样的事实澄清，能够很好地缓解他们因为敏感而产生的焦虑。

3. 鼓励学生加入团体小组，进行适应练习，逐步脱敏

对于过敏倾向得分较高的学生，可以鼓励其参与团体小组，从他们能够接受的程度开始，慢慢适应团体氛围。可以先从观察者的角色开始，逐步到参与者，帮助学生体验到他们的担忧或敏感是不会发生的，是没有必要的，逐步放松他们的神经，降低他们的痛苦感与不适感。但在实施过程中要关注学生自身的感受，当学生觉得自己无法承受时，可以适当暂停，给他们更多的时间和耐心。

4. 与班主任保持沟通，共同配合帮助学生

过敏倾向得分较高的学生，大部分天生敏感，因此心理教师需要与班主任沟通学生的情况，请班主任给予学生更多的理解和包容，避免强制性或严苛的态度，给予学生更多的时间和耐心。也需要请班主任关注学生的动态，在学生需要帮助时及时提供帮助，

必要时可以建议学生到心理教师处接受个体辅导。

（六）维度六：恐怖倾向

得分：86.00 分。

86.00分

良好　一级预警　二级预警

维度解释：

恐怖倾向是指学生对某个事物或场景感到害怕的倾向，如恐高、害怕绳子或害怕别人会对自己造成伤害等。恐怖倾向得分越高，说明学生这种畏惧情绪存在泛化的情况越严重，越趋向于异常状态。

结果解释与建议：

整体来讲，该生的恐怖倾向得分处于一级预警状态，说明该生可能对个别事物或事情有一定的恐惧情绪，但这种情况尚未达到十分严重或泛化的程度，需要老师及身边的重要他人（父母、同学、朋友等）对其给予理解与支持。

针对这种情况的学生，心理教师可从以下几点入手，对其给予帮助。

1. 帮助学生接纳自己的恐惧情绪，缓解焦虑

人人都有害怕的东西，但是如果恐惧情绪出现了泛化或影响了正常的学习与生活，就需要进行干预。教师需要引导学生接纳自己的恐惧情绪，不要因为自己害怕某事就给自己打上“胆小鬼”“没出息”的标签。帮助学生接纳自己的恐惧情绪可以在一定程度上减少因恐惧产生的焦虑情绪。

2. 带领学生进行放松训练

当恐惧情绪加重时，精神和身体都会进入紧张状态，而这种紧张状态反过来又会加剧恐惧情绪，因此学生需要掌握一些能够让自己放松的方法，比如渐进式呼吸法、肌肉放松法等。教师可以带领学生进行放松训练，使学生在感到恐惧时能够放松下来。

3. 使用系统脱敏法帮助学生消除恐惧

系统脱敏法是一种很好的克服恐惧的方法，教师可以与学生一起将对某个事物的恐惧划分等级，如从能够接受到完全不能够接受。然后让学生不断暴露在不同等级的恐惧情景下，不断地克服恐惧，最终实现完全克服恐惧的目标。系统脱敏法有非常详细的操作步骤，教师可以进行查阅与学习，帮助学生克服恐惧。

4. 与班主任保持沟通，共同配合帮助学生

心理教师需要与学生班主任沟通学生的情况，告知其害怕的东西，请班主任配合，尽量避免让学生一下子暴露在自己恐惧的事物面前，形成较大的冲击。同时在学生需要

帮助时及时提供帮助,如有任何异常情况均可向心理教师进行反馈,必要时建议学生到心理教师处接受个体辅导。

（七）维度七:对人焦虑

得分:84.00分。

维度解释:

对人焦虑是指学生在人际交往中产生的不安、紧张或持续担忧的一种情绪状态,主要表现为担心他人议论自己、过分关注自己的形象、回避交往、与人交往过程中过于敏感等。对人焦虑得分高,说明学生在人际交往中处于高度焦虑状态,甚至可能会达到影响正常社交的程度。

结果解释与建议:

整体来讲,该生的对人焦虑水平处于一级预警状态,说明该生在人际交往中可能遇到了一些心理困扰,但尚未达到非常严重的程度,此时需要老师及身边的重要他人(父母、同学、朋友等)对其给予理解与支持。

针对这种情况的学生,心理教师可从以下几点入手,对其给予帮助。

1. 改善学生的负面自我评价

对人焦虑水平较高的学生会过分在意别人的评价,自我评价不高,不够自信,总是担心别人会给予自己负面的评价,这样的想法会加剧学生与他人沟通时的担忧和焦虑,进而开始回避社交,避免让自己进入这种非常不安与焦虑的场景。因此,改善学生对自己的负面评价非常重要。教师要引导学生找到自己身上的闪光点,给予学生更多的肯定和鼓励,提高其自我价值感,调整对自己的负面评价,降低对他人评价的关注,从而更多地关注自我概念的完善和自我成长。

2. 进行人际交往练习,解决交往困惑

对人焦虑水平较高的学生通常担心他人会对自己有负面评价,而这种担心可能往往是自己想象出来的,并不是他人真的认为他不好,这是一种有偏差的社交认知。除了改善学生的自我评价外,还可以通过团体中的人际交往练习,帮助学生不断从他人那里获得正向评价,比如"原来他没有觉得我不好""原来我在他们眼里好像还不错",认识到自己原来的社交认知是有偏差的。通过不断练习这种交往模式,改变学生在人际交往中产生的社交认知偏差,从而降低学生的对人焦虑水平。

3. 紧密联系班主任，共同配合帮助学生

心理教师可以与学生班主任进行沟通，请班主任配合持续关注学生的状态，在与学生沟通的过程中多对学生表达鼓励和认可，给予学生更多的耐心，不要苛责学生，同时在学生需要帮助时及时提供帮助，必要时也可以建议学生到心理教师处接受个体辅导。

（八）维度八：孤独倾向

得分：64.00 分。

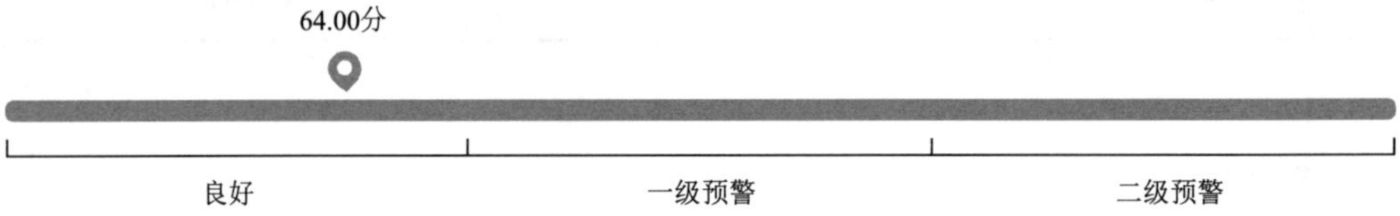

64.00分

良好　一级预警　二级预警

维度解释：

孤独倾向是指学生有孤僻、不善与人交往、自我封闭的倾向，主要表现为喜欢独处、不愿参与团体活动、缺乏交往意愿甚至害怕人群等。孤独倾向得分越高，表明学生自闭倾向越明显，回避人群，逃离社交，甚至可能已经影响学生正常的学习与生活。

结果解释与建议：

整体来讲，该生的孤独倾向水平较低，社交适应性良好，没有出现孤僻、不愿融入集体等情况。教师无须对该生格外关注，只需做好日常的心理健康教育即可。

四、心理干预方案

（一）个体心理咨询

心理健康测评结果显示该生整体心理健康状况达到一级预警，在“冲动倾向”“自责倾向”“学习焦虑”“过敏倾向”“恐怖倾向”“对人焦虑”等方面存在预警，说明该生在行为和情绪表现方面存在一定困扰，较为冲动，且在多个方面存在敏感和焦虑。同时，结果显示该生存在一定的自责倾向，这可能是由于该生在面对问题时更倾向于向内归因，因此会表现出更多的焦虑和自责。针对这一预警情况，心理教师应结合测评结果与该生进行沟通，分析该生产生以上心理问题的原因，在明确产生原因的基础上帮助该生提升心理健康水平。

（二）家校沟通协作

与家长进行沟通，一方面，了解学生家长在对学生进行家庭教育时的方法以及学生家庭的日常氛围，分析造成学生心理问题的家庭方面的原因；另一方面，协同家长，在日常生活中关注学生与他人的交往情况和学习情况，帮助学生更好地改善自身的心理健康状况。

（三）后期效果追踪

与学生约定每周参加一次心理咨询，单次咨询时间为 50 分钟。在完成心理咨询后的一个月内对学生进行二次心理测评，了解学生心理状况改善情况并评估学生心理健康发展情况。

（二）心理干预

针对学生的心理干预主要包括心理咨询干预和心理课程干预两个方面。

1. 心理咨询干预

心理咨询是一项科学性、专业性很强的工作，心理健康教育教师应遵循学生心理发展规律和教育规律，向学生提供发展性心理辅导和帮助。我们结合智慧心育对学生进行前期心理问题筛查，针对筛查结果中二级预警以上的学生进行一对一心理咨询。

个体心理咨询案例

2023 年青岛西海岸新区双语小学心理干预中心接收了一个二年级的来访者，该生名叫皮皮（化名），经智慧心育测评确定处于二级预警状态。班主任反馈该生来自单亲家庭，上课状态懒懒散散的，不太注重个人卫生。皮皮的父亲不太关心他，在家常以打骂等作为管教的手段，导致该生在心理、行为等方面存在一定的问题。

心理教师在与皮皮的沟通过程中了解到，皮皮沉迷于手机游戏，父亲由于工作较忙对其电子产品的使用不加控制，因此皮皮常常在半夜偷偷玩游戏，做网络游戏主播，存在一定的手机成瘾倾向。同时，由于皮皮年纪尚小，对游戏内容没有正确的价值判断，其中的暴力情节有所内化，导致其在校表现出一定的问题行为。

该生的心理问题不仅在于其对电子游戏的不当认知，更在于其不良的家庭教养方式。因此，心理教师运用焦点解决短程疗法及认知行为疗法，帮助该生改变不当的认知与行为方式，同时结合家庭教育指导，帮助家长改变不当的家庭教养方式，通过家校合力，助力学生心理健康发展。

1. 问题及分析

（1）学生房树人绘画（如下图所示）分析。

画面表明该生自我意识较强，在生活中常表现为以自我为中心及过分自信的倾向，内心充满紧张和躁动，攻击性较强。该生在左右两侧画了两棵不同的苹果树，并反馈左边的苹果树的果子将要掉下来，这类树形画法往往表示该生非常渴望他人的关爱和肯定，也代表了该生内心的不安全感。画中房子缺少窗户，表明该生与家庭成员之间缺乏精神上的交流，情感淡漠。此外，画中的人物形象充满负面情绪，该生反馈说是因为快要下雨了，小孩想出去玩却不能出去，所以非常不高兴。通过该生的表述可知，该生内心细腻，对情感的关注较多。

综上，该生的主要问题在于与家庭成员缺乏情感上的交流，希望获得他人的认可却没有得到充分的满足。

（2）心理咨询分析。

① 家庭教养问题。

前期，皮皮表示父亲脾气比较急躁，在他犯错误的时候常采用打骂等方式来管教他，他对父亲是心怀恐惧的。

经过班主任与其父亲的前期沟通，该生表示父亲已不再经常打骂他。但通过观察该生的日常行为表现我们发现，家长的这种不当教养方式已经内化到孩子的日常行为之中。在遇到问题时，皮皮经常表现出情绪不稳定，甚至出现极端行为。

② 手机使用问题。

皮皮向心理教师表示，自己非常喜欢玩电子游戏，几乎每天都会玩手机。由于父亲工作忙，常常不在家，也不太管他，因此他经常在家玩电子游戏，做网络游戏主播，甚至有时会通宵玩游戏导致第二天上课精力不足。

该生表现出一定的手机成瘾倾向和戒断反应，无法控制自己对电子产品的使用，因此严重影响了学习和睡眠质量。

③ 在校行为问题。

该生表示自己在学校朋友不多，很多时候自己只是跟同学开玩笑，但在开玩笑的过程中常常控制不住自己，导致进一步发展成为与同学之间的肢体冲突。

之所以会有这一表现，究其原因是不当的家庭教养方式和过多攻击性信息的接触导致该生将这种错误的问题解决方式内化为正常行为，从而在遇到问题时更多地采用这种错误的方式来解决。

2. 思路方法

（1）发现例外，寻求突破。

焦点解决短程疗法强调“寻找例外，解决问题”，对于手机成瘾倾向问题，该生表示自己不能够较好地控制自己。在咨询中，心理教师与该生一起寻找手机成瘾的例外事件。该生表示，曾经有一天晚上父亲回家比较高兴，陪他一起玩，那次他没有沉迷于手机游戏之中。由此可见，缺乏家庭的陪伴是该生沉迷于手机游戏的重要原因之一。因此，心理教师与家长进行沟通，要求家长增加对孩子的陪伴，以改善其手机成瘾倾向。

（2）家校协作，共促成长。

前期咨询发现，该生的心理问题主要是由不良的家庭环境和父亲粗暴的教养方式造成的。因此，心理教师、班主任与该生家长进行沟通，帮助家长学习科学的家庭教养方式，增进与孩子之间的交流，改善亲子关系。

（3）精准施策，规范行为。

该生在校表现出一定的问题行为，针对这一情况，心理教师与班主任进行了深入沟通，以严格管理加鼓励式行为引导的方式，帮助该生矫正不良行为。同时，家长与该生就手机使用问题进行约定，逐步改善该生过度使用手机的状况。

（4）培养兴趣，丰富资源。

该生的手机成瘾倾向一方面是由于家长对其缺乏关心和陪伴，另一方面是由于该生缺乏其他的兴趣爱好，导致该生仅关注手机游戏而没有其他的情感宣泄口。因此，心理教师与该生共同探索其他的兴趣爱好，帮助该生丰富自身兴趣资源。

3. 辅导干预效果

（1）手机使用时间得到有效控制。

通过家校合力，家长与学生就手机使用问题达成共识，学生的手机使用时间得到有效控制，通宵打游戏问题未再出现。

（2）行为规范性提升。

通过心理教师的咨询疏导与班主任的日常关注，该生在校问题行为有所改善，能够认识到自身行为的问题并有意识地加以改正。

4. 经验与启示

（1）家校合力，共促成长。

小学阶段的孩子对家庭的依赖性较强，很多心理问题的成因都是不良的家庭教养方式。因此，针对小学生的心理咨询，应结合家庭教育指导的相关理念，开展家庭团体心理辅导，为学生创造良好的成长环境，以家校合力共同促进学生心理健康发展。

（2）培育资源，助人自助。

通过本案例，我们发现学生心理问题与其内在心理资源紧密相关。学生在无丰富的社会支持、同伴支持或兴趣支持的情况下往往更容易表现出一定的心理问题。小学生自身具有丰富的心理资源和积极发展的潜能，因此，心理教师应注重培育其内在心理资源，提高其心理弹性水平，促进其健康成长。

2. 心理课程干预

我校心理健康教育工作以教育部颁布的《中小学心理健康教育指导纲要（2012年修订）》等文件精神为指导，遵循小学教育的特点和小学生心理发展的规律，坚持以人为本，尊重学生的人格，同时，结合学生在成长过程中的需要及可能出现的各种心理困扰，为学生提供心理方面的帮助，试图通过心理健康教育帮助每一位同学更加充分地认识自我、悦纳自我、发展自我，从而超越自我。一方面，我们试图提高学生的心理健康水平，使得学生的个性和社会性得到积极发展；另一方面，我们致力于培养学生良好的素质，促进学生身心全面发展。

智慧心育会结合从心理健康测评中所分析出的高危预警因子及学生普遍存在的心理困扰，开设定制化心理健康课程。

心理健康教育课程案例

2023 年春季学期，我们借助智慧心育平台对全校学生进行了心理健康测评。通过对测评结果进行分析，我们发现针对本校学生而言，“学习焦虑”是影响学生心理健康发展的高危预警因子。

基于心理健康测评结果，我们随机挑选了 176 名学生进行进一步的心理探究。探究结果（如下图所示）同样表明，在目前学生普遍存在的心理困扰中“学会学习”占比最高，达 32.1%。由此可见，尽管小学阶段的学生无中考、高考压力，但学习焦虑仍是影响学生心理健康发展的重要因素。

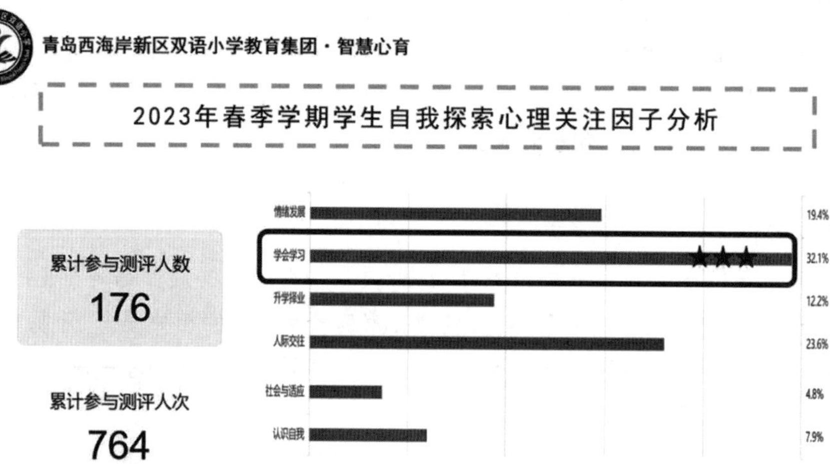

因此，结合前期有关学生心理问题的大数据分析结果，双语小学针对学习压力较大的学生开展了“放飞焦虑纸飞机”这一团体心理辅导活动，让学生在活动中疏导情绪，放飞焦虑。

1. 心理学指导下的活动方案设计

活动名称	活动规则	设计意图
吹气球，谈压力	为参加团体心理辅导活动的每位同学发一个气球，进行吹气球比赛。 规则要求：一分钟之内看谁的气球吹得最大，若气球吹爆，则算失败。 感受分享：让同学们分享刚刚吹气球的感受	让学生在吹气球的过程中感受对吹气的控制，进而引入对于学习压力的感受。要让学生明白适度的压力对学习有一定的益处，但如果压力太大将会产生较大的消极影响
案例故事分享	小雪（化名）从小成绩优异，可自从读了五年级后，名次一降再降，由于一心想考到班里的前几名，因此她一直都在高度紧绷的情绪下紧张地学习。总复习开始后，她因为太紧张，每次拿到试卷，脑子里就一片空白，以前会做的题现在也不会做了。她说："我现在一拿到试卷就紧张得不能思考，我觉得自己无颜面对父母。"	引导学生分析小雪出现学习焦虑的原因，了解缓解学习焦虑的方法
我诉我压力	为每位同学发放一张彩色A4纸，将自己的学习焦虑写在纸上，如果有多个问题可以将其一一列举出来，写完后将彩纸叠成一个纸飞机	让学生结合自身实际情况将压力写在纸飞机上。在写的过程中，学生会分析自身压力产生的原因，从而思考相应的解决方法
放飞压力纸飞机	让学生放飞写着自己压力的纸飞机，放飞后不要去拿自己的飞机，随机挑选一个其他人的纸飞机，看其他人在学习方面遇到的问题。 尝试运用自己的想法帮助纸飞机的主人寻找缓解学习压力的方法，并将方法写在纸飞机上，让同学能够通过纸飞机上写下的"好主意"缓解自身的学习焦虑	学生能够以自身相似的处境给出面对学习焦虑时可能的解决方法，并在给别人出主意的过程中懂得自己在面对焦虑时应如何正确处理
减压再出发	让学生分享自己的学习焦虑和同伴给出的缓解学习焦虑的方法，并让学生尝试在之后的生活中将这些方法加以实践	通过放飞压力纸飞机，让学生在掌握一定压力调节方法的基础上缓解自身学习压力

2. 组织架构

本次活动由双语小学智慧心育团队全体成员共同策划开展，具体分工如下：

郭良晓：负责活动总体协调安排；

李晓玫：负责活动设计与方案策划，以及活动过程的跟拍与公众宣传；

李华：负责前期活动材料的采购；

李晓玫、邱慧、孙浩淼、刘飞飞：负责活动的具体实施。

3. 实施情况

（1）成员筛选。经前期智慧心育心理健康测评，我们共筛查出94名具有学习焦虑倾向的学生，在与班主任确认后，94人全部参与本次智慧心育活动。以10～12人为一组，共分为8组，依次开展智慧心育活动。

（2）学习焦虑评价。

在活动开展前，让学生评价自己目前的学习焦虑程度，用0～10分进行赋分，获得前期焦虑评价。

（3）活动实施。

① 组织严密，开展有序。

利用每天的托管时间分小组开展本次活动，在活动中按年龄及学生认知发展情况进行分组，保证活动开展的有序性与有效性。

② 分享交流，注重体验。

注重学生在活动中的感受，鼓励学生分享交流。通过体验式活动让学生探索和感受自己的压力来源，并为别人出主意，在帮助别人的同时提升自己解决问题的能力。

③ 升华感受，有所收获。

在学生分享感受之后，教师要引导学生对自身感悟进行总结升华，让学生真正能够通过活动学有所获。

4. 启示与指导

（1）大数据指导下的精准化心理教育活动。

当前学校心理教育活动普遍存在问题指向性不足、活动目的宽泛的问题，进而导致心理教育活动的实际效用不明显。因此，我们结合智慧心育，对学生心理预警因子进行大数据分析，真正结合学生目前存在的心理问题开展定制化活动，以提升心理教育活动的有效性。

（2）比体验更重要的是分享与升华。

心理教育活动注重通过体验让学生获得心灵上的感悟，通过创设多种情境来提高学生的心理健康水平。但在本次活动中我们发现，对于活动而言，分享比体验更重要，学生总结分享的时刻才是真正能够获得成长的时刻。

（三）家校共育

家庭是学生成长的第一所学校，对于小学阶段的学生来说，学生的心理健康与家庭教育密不可分。因此，智慧心育致力于发挥家校合力，通过家庭心理辅导、家校共育促进学生心理健康发展。

家庭心理辅导案例

青岛西海岸新区双语小学心理辅导及家庭教育指导记录表

来访者姓名	皮皮（化名）	咨询师	
出席人员	心理教师、班主任、任课教师（1名）、学生家长		

续表

<table>
<tr><td>班级</td><td></td><td>班主任</td><td></td></tr>
<tr><td>面谈日期</td><td></td><td>面谈次数</td><td></td></tr>
<tr><td colspan="4">1. 本次咨询目标
针对该生在校行为表现与其家长进行沟通。心理测试结果表明，该生心理健康状况处于二级预警状态，说明该生存在一定的心理困扰。同时，班主任反馈该生在校表现出一定的行为问题，包括攻击行为及违纪行为等。小学生的心理发展受到家庭因素的重要影响，因此本次咨询主要是针对该生所表现出来的这些问题与家长进行沟通，分析该生心理问题成因</td></tr>
<tr><td colspan="4">2. 前期心理咨询内容
(1) 家庭教养问题。
前期，皮皮表示父亲脾气比较急躁，在他犯错误的时候常采用打骂等方式来管教他，他对父亲是心怀恐惧的。
经过班主任与其父亲的前期沟通，该生表示父亲已不再经常打骂他。但通过该生的日常行为表现我们发现，家长的这种不当教养方式已经内化到孩子的日常行为之中。在遇到问题时，皮皮经常表现为情绪不稳定，甚至出现极端行为。
(2) 手机使用问题。
皮皮向心理教师表示，自己非常喜欢玩电子游戏，几乎每天都会玩手机。由于父亲工作忙，常常不在家，也不太管他，因此他经常在家玩电子游戏，做网络游戏主播，甚至有时会通宵玩游戏导致第二天上课精力不足。
该生表现出一定的手机成瘾倾向和戒断反应，无法控制自己对电子产品的使用，因此严重影响了学习和睡眠质量。
(3) 在校行为问题。
该生表示自己在学校朋友不多，很多时候自己只是跟同学开玩笑，但在开玩笑的过程中常常控制不住自己，导致进一步发展成为与同学之间的肢体冲突。
之所以会有这一表现，究其原因是不当的家庭教养方式和过多攻击性信息的接触导致该生将这种错误的问题解决方式内化为止常行为，从而在遇到问题时更多地采用这种错误的方式来解决</td></tr>
<tr><td colspan="4">3. 家长反馈情况及诉求
皮皮的父亲反馈该生在家里沉迷于电子游戏，自己工作较忙，为了保障该生的居家安全，因此经常在离家时将手机等电子产品交给该生。该生由于年纪较小，自控能力较差，因此沉迷于手机游戏，有时候皮皮的父亲晚上下班回来发现该生还在床上玩手机。皮皮的父亲表示自己不太会管教孩子，再加上该生比较调皮，因此在家里常采用比较粗暴的方式管教该生，但效果不好，该生还是会继续出现问题行为。
家长诉求：希望不断改善该生在校的问题行为，与同班同学友好相处。此外，希望该生不断提高自我控制能力，改善学习习惯</td></tr>
<tr><td colspan="4">4. 班主任及任课教师协同
(1) 制定班级公约，规范该生在校行为。
明确班级纪律并加强对该生的日常关注，不断规范该生的在校行为。
(2) 对该生问题行为改善情况及时给予鼓励。
该生之所以将注意力投入手机等电子设备之中，主要是因为该生从日常学习中获得的成就感较少，因此教师在日常教学中要多关注该生的进步并及时给予表扬。
(3) 通过建立小组等增进该生与同学之间的交流，帮助该生建立良好的人际关系。
增加该生与同学之间的互动，帮助该生学习如何更好地与同学进行交往，不断提高该生的人际交往能力，改善该生的人际关系</td></tr>
</table>

续表

5. 心理干预措施 (1) 发现例外，寻求突破。 焦点解决短程疗法强调“寻找例外，解决问题”，对于手机成瘾倾向问题，该生表示自己不能够较好地控制自己。在咨询中，心理教师与该生一起寻找手机成瘾的例外事件。该生表示，曾经有一天晚上父亲回家比较高兴，陪他一起玩，那次他没有沉迷于手机游戏之中。由此可见，缺乏家庭的陪伴是该生沉迷于手机游戏的重要原因之一。因此，心理教师与家长进行沟通，要求家长增加对孩子的陪伴，以改善其手机成瘾倾向。 (2) 家校协作，共促成长。 前期咨询发现，该生的心理问题主要是由不良的家庭环境和父亲粗暴的教养方式造成的。因此，心理教师、班主任与该生家长进行沟通，帮助家长学习科学的家庭教养方式，增进与孩子之间的交流，改善亲子关系。 (3) 精准施策，规范行为。 该生在校表现出一定的问题行为，针对这一情况，心理教师与班主任进行了深入沟通，以严格管理加鼓励式行为引导的方式，帮助该生矫正不良行为。同时，家长与该生就手机使用问题进行约定，逐步改善该生过度使用手机的状况。 (4) 培养兴趣，丰富资源。 该生的手机成瘾倾向一方面是由于家长对其缺乏关心和陪伴，另一方面是由于该生缺乏其他的兴趣爱好，导致该生仅关注手机游戏而没有其他的情感宣泄口。因此，心理教师与该生共同探索其他的兴趣爱好，帮助该生丰富自身兴趣资源
6. 辅导干预效果 (1) 手机使用时间得到有效控制。 通过家校合力，家长与学生就手机使用问题达成共识，学生的手机使用时间得到有效控制，通宵打游戏问题未再出现。 (2) 行为规范性提升。 通过心理教师的咨询疏导与班主任的日常关注，该生在校问题行为有所改善，能够认识到自身行为的问题并有意识地加以改正

（四）追踪关注

心理干预的效果具有隐蔽性与长期性特征，因此，为更好地评估学生心理干预效果，我们将通过学生心理测评、个体咨询等方式对学生的心理健康状况进行长期追踪，建立学生心理健康档案，实现对学生心理的发展性评估。

二、学生心理测评各学段分析

（一）1～3 年级学生心理测评

2023 年度 1～3 年级学生心理健康普查工作主要根据小学生心理健康评定量表（MHRSP）对学生进行测评。测评结果显示，达到良好的学生占完成测评人数的 99.93%，达到一级预警的学生占完成测评人数的 0.07%。需要进一步了解各个年级和班级的情况，针对具体情况开展后续学生心理健康教育工作。

1. 心理测评工作整体完成情况

本次测评共有 1 437 人参与，其中一年级 636 人，二年级 416 人，三年级 385 人。其中共有 1 407 名学生完成所有测评题目，总完成率为 97.91%。

在本次测评过程中，为保障测评结果真实可靠，系统对学生的作答过程进行了数据真实性检测。根据作答时间和检测结果，本次测评共有 0 名学生在回答问题过程中可能存在掩盖自己真实想法或作答不认真的情况。本次测评有效数据共 1 407 份，以下统计结果基于有效数据进行分析。

2. 心理测评整体预警情况

测评结果（如下图所示）显示，共有 1 名学生达到预警（一级预警），占总人数的 0.07%。

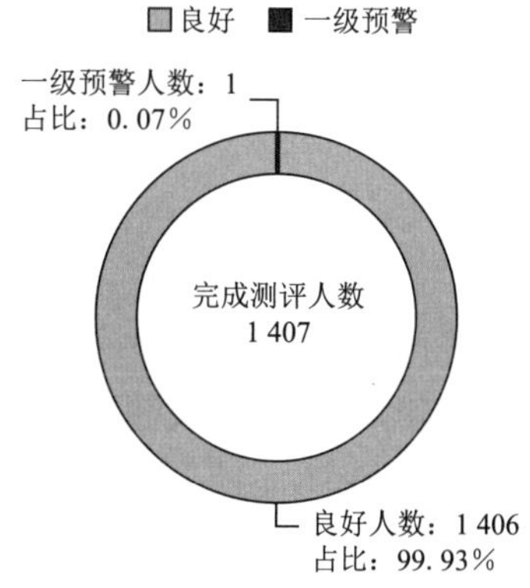

3. 结果分析

在此次学生心理状态普查中，根据小学生心理健康评定量表（MHRSP）他评的测评结果，我们分析得出在各维度上均为良好的学生占比达到 99.93%，达到一级预警的学生有 1 人，占比为 0.07%。

总分达到预警级别说明学生存在一定的心理困扰，建议心理教师对其加强关注和辅导。总分达到良好级别说明学生目前的心理状态较为稳定，心理教师继续进行日常的心理健康教育即可。

小学生心理健康评定量表（MHRSP）的八个维度分别是：A. 学习障碍；B. 情绪障碍；C. 性格缺陷；D. 社会适应障碍；E. 品德障碍；F. 不良习惯；G. 行为障碍；H. 特种障碍。本次测评各维度不同水平占比情况见下表。

小学生心理健康评定量表（MHRSP）各维度不同水平占比表

测评结果	A. 学习障碍	B. 情绪障碍	C. 性格缺陷	D. 社会适应障碍	E. 品德障碍	F. 不良习惯	G. 行为障碍	H. 特种障碍
良好	95.10%	98.72%	94.39%	99.29%	99.93%	99.64%	99.00%	99.79%
一级预警	4.90%	1.28%	5.61%	0.71%	0.07%	0.36%	1.00%	0.21%

注：良好占比排名前三的维度分别是E. 品德障碍，H. 特种障碍，F. 不良习惯。一级预警占比排名前三的维度分别是C. 性格缺陷，A. 学习障碍，B. 情绪障碍。

从上表可以看出，一级预警占比最高的维度为“C. 性格缺陷”，占比为5.61%；其次为“A. 学习障碍”，占比为4.90%；再次为“B. 情绪障碍”，占比为1.28%。

（二）4～6年级学生心理测评

2023年度4～6年级学生心理健康普查工作，主要根据抑郁自评量表（PHQ-9）和中小学生心理健康诊断测验（MHT）对学生进行测评。其中抑郁自评量表（PHQ-9）的测评结果显示，达到良好的学生占完成测评人数的93.21%，达到一级预警的学生占完成测评人数的4.12%，达到二级预警的学生占完成测评人数的1.34%，达到三级预警的学生占完成测评人数的1.34%；中小学生心理健康诊断测验（MHT）的测评结果显示，达到良好的学生占有效测评人数的98.10%，达到一级预警的学生占有效测评人数的1.90%，没有二级、三级预警学生出现。六年级在抑郁自评量表（PHQ-9）的测评中预警学生占比较高，在中小学生心理健康诊断测验（MHT）的测评中预警学生占比也较高。需要进一步了解各个年级和班级的情况，针对具体情况开展后续学生心理健康教育工作。

1. 心理测评工作整体完成情况

2023年度4～6年级学生心理测评工作整体完成情况见下表。

2023年度4～6年级学生心理测评工作整体完成情况表

年级	实际测评人数	完成测评人数	有效测评人数
四年级	406	400	397
五年级	334	319	319
六年级	400	253	230

本次测评共有1 140人参加，其中四年级406人，五年级334人，六年级400人。1140人中共有972人完成所有的测评题目，其中四年级400人，五年级319人，六年级

253 人。本次测评总完成率为 85.26%，未完成率为 14.74%。（如下图所示）

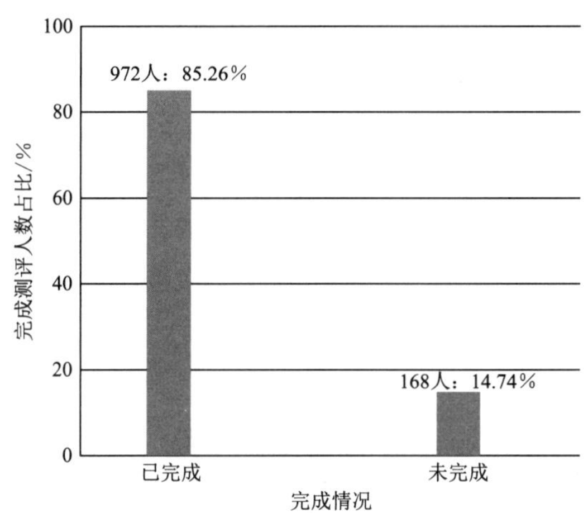

在本次测评过程中，为保障测评结果真实可靠，系统对学生的作答过程进行了数据真实性检测。根据作答时间和检测结果，本次测评共有 26 名学生在回答问题过程中可能存在掩盖自己真实想法或作答不认真的情况，占完成测评人数的 2.67%。

2. 心理测评整体预警情况

系统综合抑郁自评量表（PHQ-9）和中小学生心理健康诊断测验（MHT）的测评结果，显示共有 62 名学生出现预警，占有效测评人数的 6.55%。其中一级预警 45 人，占有效测评人数的 4.76%；二级预警 12 人，占有效测评人数的 1.27%；三级预警 5 人，占有效测评人数的 0.53%。各年级整体预警情况详见下表。

各年级整体预警情况表

年级	有效测评人数	预警人数	预警人数占比	一级预警		二级预警		三级预警	
				人数	占比	人数	占比	人数	占比
四年级	397	18	4.53%	14	3.53%	2	0.50%	2	0.50%
五年级	319	25	7.84%	18	5.64%	6	1.88%	1	0.31%
六年级	230	19	8.26%	13	5.65%	4	1.74%	2	0.87%

3. 结果分析

（1）抑郁自评量表(PHQ-9)。

在此次学生心理状态普查中，根据抑郁自评量表(PHQ-9)的测评结果(如下图所示)，本次测评完成人数为972人，在总分维度上均为良好的学生占完成测评人数的93.21%，而在总分维度上被预警的学生占完成测评人数的6.79%。其中一级预警40人，占完成测评人数的4.12%；二级预警13人，占完成测评人数的1.34%；三级预警13人，占完成测评人数的1.34%。

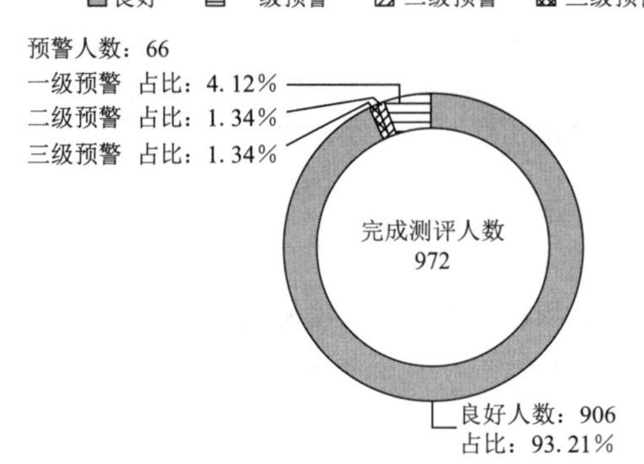

抑郁自评量表(PHQ-9)各年级测评结果详见下表。

抑郁自评量表(PHQ-9)各年级测评结果

年级	完成测评人数	良好		一级预警		二级预警		三级预警	
		人数	占比	人数	占比	人数	占比	人数	占比
四年级	400	381	95.25%	14	3.50%	2	0.50%	3	0.75%
五年级	319	294	92.16%	18	5.64%	6	1.88%	1	0.31%
六年级	253	231	91.30%	8	3.16%	5	1.98%	9	3.56%

总分达到预警级别说明学生存在一定的心理困扰，建议心理教师对其加强关注和辅导。总分达到良好级别说明学生目前的心理状态较为稳定，心理教师继续进行日常的心理健康教育即可。

（2）中小学生心理健康诊断测验(MHT)。

在此次学生心理状态普查中，根据中小学生心理健康诊断测验(MHT)的测评结果(如下图所示)，本次有效测评人数为946人，在总分维度上均为良好的学生占有效测评人数的98.10%，而在总分维度上被预警的学生占有效测评人数的1.90%，且全部为一级预警。

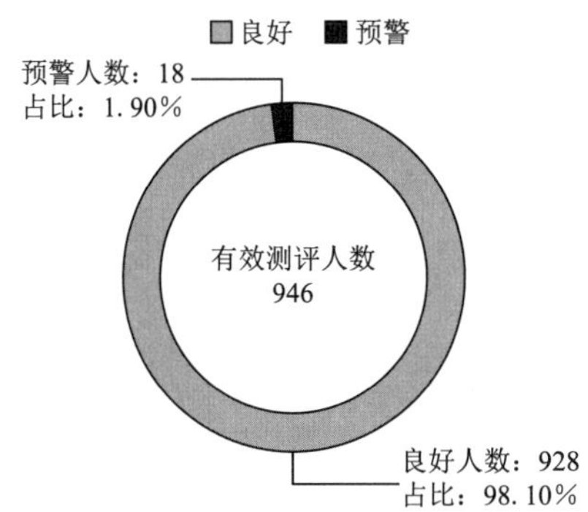

中小学生心理健康诊断测验（MHT）各年级测评结果详见下表。

中小学生心理健康诊断测验（MHT）各年级测评结果

年级	有效测评人数	良好		一级预警	
		人数	占比	人数	占比
四年级	397	394	99.24%	3	0.76%
五年级	319	315	98.75%	4	1.25%
六年级	230	219	95.22%	11	4.78%

总分达到预警级别说明学生存在一定的心理困扰，建议心理教师对其加强关注和辅导。总分达到良好级别说明学生目前的心理状态较为稳定，心理教师继续进行日常的心理健康教育即可。

中小学生心理健康诊断测验(MHT)的八个维度分别是：冲动倾向、自责倾向、学习焦虑、身体症状、过敏倾向、恐怖倾向、对人焦虑、孤独倾向。本次测评各维度不同水平占比情况见下表。

中小学生心理健康诊断测验（MHT）各维度不同水平占比表

测评结果		冲动倾向	自责倾向	学习焦虑	身体症状	过敏倾向	恐怖倾向	对人焦虑	孤独倾向
良好		97.57%	95.56%	90.91%	98.63%	94.29%	97.25%	96.51%	98.94%
预警	一级预警	2.32%	3.91%	8.35%	1.16%	5.39%	2.54%	2.96%	0.95%
	二级预警	0.11%	0.53%	0.74%	0.21%	0.32%	0.21%	0.53%	0.11%
	合计	2.43%	4.44%	9.09%	1.37%	5.71%	2.75%	3.49%	1.06%

注：良好占比排名前三的维度分别是孤独倾向、身体症状、冲动倾向。预警占比排名前三的维度分别是学习焦虑、过敏倾向、自责倾向。

从上表可以看出，预警占比最高的维度为学习焦虑，占比为9.09%；其次为过敏倾向，占比为5.71%；再次为自责倾向，占比为4.44%。

三、心灵热线

心灵热线是学校心理教师针对学生出现的心理困惑及时进行分析并与学生和家长进行沟通、交流的定时活动平台，主要包括阳光心灵、心理直播间等板块。

在阳光心灵板块，心理教师会给学生推送一些有关心理健康教育的视频，比如，针对学习压力大的问题，心理教师会推送“如何正确对待自己的学习生活？”“如何让学生爱上学习？”等视频，这些视频能够很好地对学生的学习情绪类问题进行解惑。

在心理直播间板块，心理教师会针对学生和家长比较关注的问题，与学生和家长通过直播的方式进行线上沟通与交流，解决学生在成长过程中遇到的心理问题。直播前，心理教师可以在平台上给学生发送课件和心理检测题；直播过程中，心理教师可以利用白板功能进行现场演示，还可以通过共享桌面进行演示授课，引导学生积极地参与心理互动，纠正生活中、学习中产生的一些心理问题。家长也可以根据孩子在家的表现，对孩子进行心理疏导，让孩子以更阳光的心态面对学习和生活。

心灵热线是学校开设的心理问题交流平台。为此，学校成立了心理小组，小组里有2位心理学研究生、2位国家二级心理咨询师、7位校园心理咨询师。每天放学后一个小时和周末上午，会有心理老师在线值班，通过热线电话，随时解决学生在学习和生活中遇到的问题。截至2023年11月13日，学校心灵热线共收到568个热线电话，帮助412名学生解决了心理困扰，使其拥有了阳光快乐的学习生活。

案例

2021年10月14日，学校心灵热线收到四年级晓彤（化名）同学的来电。该生说自己最近一段时间特别怕黑，晚上睡不好觉，经常做噩梦，脑海中经常浮现出“鬼”的画面，一边说还一边哭了起来。牛庆艳老师全程耐心地倾听，接纳了学生的情绪，使该生最大限度地宣泄了情绪，待该生的情绪稍微平复后，牛老师让该生来学校心理辅导室接受进一步辅导。

一、基本情况

晓彤三年级的时候听同学讲了一些鬼故事，后来又看了一些关于“鬼”的漫画。前一段时间，晓彤与表妹在小姨家看了一部鬼片，电影中的僵尸形象让她毛骨悚然。从那之后，晓彤就开始怕“鬼”，脑海中不时浮现出“鬼”的形象，害怕天黑，偶然会做噩梦，有时梦到“鬼”向她扑来，有时梦到“鬼”突然从桌子底下钻出来，睡眠质量严重下降。

通过与晓彤及其父母沟通，牛老师了解到晓彤的父母工作繁忙，不容易发现孩子的异常，对孩子的倾诉缺乏耐心，造成了晓彤情感交流的空白，使晓彤怕“鬼”的心理问题愈发严重。

二、辅导过程

1. 发挥家校合力

牛老师与晓彤父母进行了沟通，让她的父母意识到，孩子之所以出现这样的问题，他们负有不可推卸的责任。父母无论多忙，都要关注孩子心理和行为的变化，耐心倾听孩子内心的恐惧，接纳孩子的情绪，给孩子多一些陪伴。晓彤的父母均为知识分子，意识到问题的严重性后做到了积极配合，密切关注。

2. 进行放松训练——渐进性肌肉松弛法

牛老师让晓彤躺在柔软的放松椅上，一边听音乐，一边根据指令要求，按顺序做全身肌肉的先紧张后放松的训练。放松时，牛老师让晓彤不断对自己暗示说："放松。"

每当晓彤害怕时，牛老师就让晓彤边对自己说"放松"，边放松肌肉。暗示语作为一种条件反应，发展成为一个引起放松的条件刺激。

3. 运用腹式呼吸法

牛老师引导晓彤以一种慢节奏的方式深呼吸，达到极致放松状态。

4. 运用系统脱敏法

让晓彤学会放松后，牛老师和晓彤一起建立恐惧刺激的等级。

① 一个人在家独处。想象一个人在家写作业，边自我暗示，边进行腹式呼吸放松。

② 晚上一个人睡觉。想象晚上一个人在房间睡觉，边自我暗示，边放松。

③ 听"鬼"故事。边听"鬼"故事，边自我暗示，同时进行腹式呼吸放松。

④ 看有关"鬼"的漫画。边看有关"鬼"的漫画，边自我暗示，同时进行腹式呼吸放松。

⑤ 想象关于"鬼"的动画镜头。想象最可怕的有关"鬼"的镜头，一边想象，一边自我暗示，同时进行腹式呼吸放松。

三、辅导效果

晓彤学会了渐进性肌肉松弛法，进行自我暗示放松，也学会了深呼吸放松法。通过建立恐惧等级，晓彤逐步脱敏。晓彤将学到的方法应用在真实的生活情境中，逐步在生活中不再幻想"鬼"的形象。晓彤也承诺并做到了不再听"鬼"故事、看有关"鬼"的漫画和电影。父母对晓彤多了很多耐心和陪伴，晓彤不再害怕一个人睡觉，不再做有关"鬼"的噩梦，睡眠质量得以恢复，性格也开朗了许多。

第八节 和悦智慧劳动

劳动创造幸福生活，劳动是幸福的源泉。劳动教育是学校教育的重要内容，是提升学生核心素养的重要途径。在信息化时代，如何让智慧教育赋能劳动教育，走出一条劳动教育智慧化之路？为回答这个问题，我们创造性地开发了和悦智慧劳动课程。

——2020 年 9 月 2 日，我在“国培计划”石家庄卓越校长培训班上的讲话

以学校楼顶的种植养殖基地为载体，我们开发了由智慧种植区、智慧养殖区、智慧花卉区、数字管理区四大区所构成的和悦智慧劳动课程。智慧种植区以种植农作物为主，包括小麦、玉米、大豆、高粱等，让学生学会基础的农业劳动；智慧养殖区以养殖兔子、孔雀、猫为主，让学生了解动物的生活习性，学会在喂养中观察和探索动物的生长特性；智慧花卉区以培育菊花等 13 类花卉为主，让学生在劳动中学会花卉的智慧管理、习性区分；数字管理区主要建设了数字气象站，随时为劳动基地提供光照强度、紫外线、温度、湿度等数据信息，方便学生探究动植物生存生长的环境条件，及时进行分类调整。劳动基地全面进行了智能化设计，由学生利用开源硬件进行人工智能创建，实现智慧浇水、智慧测温、智慧照明、物联遮盖等，通过问题发现、合作探究、知识整合，让学生进行综合学习，体验和感悟真实的智慧劳动。

一、数字气象站

为了实现劳动基地的气象数字监控，学校与 Mixly 团队合作建设了校园数字气象站。在教师指导下，学生运用企业级开源硬件，利用人工智能编程、物联网技术完成了室外环境检测与搭建。它集成了温度、湿度、气压、风速、风向、光照强度、雨量等多个传感器，实时收集校园内的气象数据，并通过物联网把这些数据传输到创客空间的电脑上，从而完成对校园气象数据的收集与分析，为劳动基地提供及时的气象数据服务。

活动一：数字气象站的硬件组建

学生利用温度、湿度、气压、风速、风向等传感器进行环境搭建，通过 Mixly 物联网设计平台进行数据物联配置，及时形成可视化数字图像，方便进行宏观观测和微观数据分析。

活动二:物联气象采集编程设计

校园数字气象站社团利用 Mixly 物联网设计平台进行程序编写。首先进行物联控制平台搭建,把相关模块进行组合;其次进行编程设计,把各传感器(温度、湿度、气压、风速、风向、光照强度、雨量等)数据的模拟信号转变为数字信号,传送到监控页面,从而获取直观的气象图谱和分类数据。

活动三:登录校园数字气象站,查询分析数据

登录校园数字气象站,对气象数据进行分析,通过查看折线图和计算温度、湿度、气压、风速等的均值来评估气象情况,分析校园气温和降雨量数据的变化规律,初步预测校园天气,对学生进行天气温馨提示。

二、智慧农场

现在,对大多数城里的孩子来说,蔬菜只是餐桌上的菜肴,他们既不知道蔬菜的生长过程,也不了解如何种植蔬菜。孩子们"五谷不分,四体不勤"成了普遍现象。

为了提高学生的劳动素养和劳动技能,学校在楼顶建设了由智慧种植区、智慧养殖区、智慧花卉区组成的智慧农场,并根据学段和学生年龄特点,开发了劳动育人课程,引导和组织学生进行劳动实践,通过农作物种植、蔬菜种植、花卉种植活动,引导学生树立正确的劳动观念,掌握一定的劳动技能,懂得尊重他人的劳动成果,养成良好的劳动习惯。

在智慧种植区,学生在教师指导下种植了小麦、玉米、大豆、菠菜、小葱、豆芽等作物。在种植管理过程中,学生通过网络了解每种作物的生长习性,掌握其管理方法,熟悉其每个阶段的管理技巧。学生因此加深了对各种作物的认识,了解了各种作物的生长周期,知道了影响作物生长的各种因素,学会了从外观、食用口感等方面区分不同的作物。同时学生利用学会的编程与人工智能技术,设计开发了智慧浇水、智慧测温、物联施肥等智能模块。

在智慧养殖区,学生在教师指导下养殖了兔子、孔雀、猫等小动物。在这个过程中,学生学会了如何为不同的小动物准备喜欢的食物,了解了不同动物的生长规律和习性,学会了如何给它们建造合适的"家",懂得了如何与它们成为好朋友,从而培养了爱护动物、爱护大自然的优秀品格。

学生在智慧农场搭建了智慧浇水系统、风向仪和数字气象站,通过智能化方式进行劳动过程记录与管理。学生可以利用日记、摄影、手抄报、PPT 等方式进行劳动实践活动成果展示,还可以通过教室的直播系统实时观察作物的生长过程。

智慧农场让学生的劳动实践与教材内容实现了有效链接,使劳动基地成为学习的检验场。

附

【跨学科知识链接篇章目录】

语文：二年级上册《植物妈妈有办法》，三年级上册《胡萝卜先生的长胡子》，四年级上册《一个豆荚里的五粒豆》，四年级下册《乡下人家》。

数学：除数是两位数的除法。

英语：四年级上册 *Dinner's ready*。

美术：四年级下册《植物写生》。

科学：四年级上册《植物的身体》《植物的根》《植物的叶（一）》《植物的叶（二）》《植物的茎》，四年级下册《土壤里有什么》《土壤的种类》《土壤与植物》。

【种植实践活动】

1. 准备阶段：收集资料，储备种植知识

（1）确定蔬菜种植种类。

学生上网查询蔬菜种植的相关信息，了解当地哪种蔬菜容易种植、哪种蔬菜生长期短、时令蔬菜有哪些；或与家人交流，向家人学习种菜的经验或知识。选择自己要种植的蔬菜（根据时令特点和设施条件，选择易种、短期可收获的品种，主要考虑选择时令蔬菜），交流讨论该蔬菜的种植工具、种植条件、种植方法和步骤。

（2）学习蔬菜种植知识。

通过微课学习蔬菜种植知识，做好种植前的知识储备工作，比如如何购买优良的种子，如何整地施肥，如何进行生长管理，如何进行病虫害防治，等等。

（3）认领智慧菜园。

为了便于管理，各个班级认领一块智慧菜园，由学生自己打理，家委会协助管理，让孩子们充分体会到种植和收获的乐趣。

2. 实施阶段

（1）实行班级负责制。

每个班级对自己所属的智慧菜园实行“四包”——包种植、包培育、包管理、包收获，并设计好蔬菜标牌，标牌上写明蔬菜的名称、生长习性，负责学生，指导教师。

（2）进行田间管理。

每个班级成立一支“护绿小队”。“护绿小队”由学生和家委会组成，负责菜地的播种、浇水、施肥、除草和收获等。

（3）记录活动过程。

设计观察记录表，坚持记录。

3. 成果汇报阶段

（1）举办成果交流展示会。以“我们的蔬菜”“我们的观察日记”“我们的精彩劳动瞬间”为主题的观察日记、手抄报、摄影作品等都可以作为交流内容。

（2）通过班级推荐、民主投票表决，评选出“最强小菜农”和“最佳菜地”。

（3）根据种植活动的过程和结果，制作 PPT 进行活动总结。

4. 总结反思阶段

学生总结蔬菜生长的过程与种植蔬菜的经验，了解蔬菜的营养价值和对人体健康的意义，改变挑食、偏食的坏习惯，真正体会“谁知盘中餐，粒粒皆辛苦”的含义。

三、智慧浇水

给作物浇水是农场管理的重要内容。为了实现智能化设计、自动化管理，智慧浇水社团利用开源硬件和人工智能编程搭建了区域式智慧浇水系统，可以实现每种作物的自动浇水，还能根据作物种类进行不同参数的编程设计，实现不同湿度需求下的智能化浇水。

活动一：调查研究

通过实地调查和网上调查研究，了解不同植物对湿度的不同需求，并根据不同作物的湿度需求，设置湿度传感器参数值。

活动二：确定方案

学生分小组进行方案设计，从物联网技术、跨学科设计、工程原理等角度进行多样化方案论证，实现土壤干湿度智能检测、智能判断和智能浇水，搭建“三智一体”智能浇水系统。利用远程监控技术，对作物的生长状况进行监控，确保作物茁壮成长。

活动三：项目实施

根据方案，本系统共分四部分：一是硬件搭建，二是软件编程，三是系统调试与完善，四是劳动基地全区域覆盖。小组成员分工推进项目实施。

精彩讲解

各位叔叔阿姨：

大家好！

我是五年级(4)班的石若彤。

在劳动实践基地管理期间，我们发现每到假期就有一部分植物因没有及时浇水而枯萎。于是，我们社团就研究了这样一套智慧浇水系统，它能够根据土壤的湿度实现智能浇水，这样就再也不用担心植物因缺水而枯萎啦！我们是利用物联板、湿度传感器、水泵等元器件自己编程、测试、建立了整个物联过程。下面我来给大家演示一下吧！

叔叔阿姨们，看，当土壤湿度不够，达到预警状态时，水泵就开始浇水了；当湿度达到一定程度时，它就会自动停止浇水。自从使用了这样的智能浇水系统，我们顶楼的花卉、蔬菜等的浇水管理就做得非常好了，像小麦啊，草莓啊，长势都非常喜人。看我们的花儿，开得多好！等草莓结果的时候，欢迎各位叔叔阿姨来品尝呀！谢谢大家！

第九节　和悦智慧体验课程

“课程是送给孩子最好的礼物”，结合智慧校园的构建，我们创新了一大批特色体验课程，如海洋博物馆体验课程、人工智能虎鲸体验课程、和悦海港体验课程、国际视野体验课程等，让孩子们从智慧体验课程中汲取营养，体验生活，开阔眼界，健康成长！

——2023 年 3 月 3 日，我在青岛市智慧校园启动会上的发言

国务院印发的《新一代人工智能发展规划》指出，到 2030 年我国人工智能理论、技术与应用总体达到世界领先水平，成为世界主要人工智能创新中心；实施全民智能教育项目，在中小学阶段设置人工智能相关课程，逐步推广编程教育。《中小学综合实践活动课程指导纲要》提出的四大主要活动方式之一是“职业体验”，目的是让学生在实际工作岗位上或模拟情境中见习、实习，体验职业角色，获得对职业生活的真切理解。

为了培养学生的人工智能创意能力和生活化学习能力，学校组建了十大人工智能社团，开发了四大特色体验课程，给学生提供适合自己的体验学习内容，助力每个学生的个性发展。

一、海洋博物馆体验课程

和悦智慧体验课程小导游

亲爱的叔叔、阿姨们：

大家好！

我们就要抵达神奇的海洋博物馆啦！这是我们最喜欢的地方之一，看起来很像海底世界，但这里可不是玩的地方，而是我们探索知识的地方。

这是海洋四个层系的分布示意模型，四个层系分别是海洋上层、海洋中层、半深海层和深海层。除了压力达不到，示意模型每层都是按照这一海洋层的真实场景来设计的。这可以让生活在大海边的我们更好地了解海洋。

叔叔阿姨们，你们看，老师非常尊重我们的意见，让我们通过智慧网络投票的形式选取了太平洋、印度洋和大西洋呈现在这里，帮助我们更好地了解世界上的大洋。

这些是我们平时不容易见到的海洋生物标本，可以丰富我们的海洋知识。但是老师只给我们介绍了它们的名字，剩下的就需要我们自己主动去探索了……

随着科学技术的迅猛发展，以及人口膨胀、自然资源短缺、自然环境恶化等世界性问题的凸显，人们对于海洋的认识逐步深入，海洋正在成为人类未来赖以生存和发展的新空间。中国是发展中的海洋大国，青岛更是著名的沿海城市，为了引领学生了解海洋知识，认识海洋资源，进行海洋创新研究，五台山西路小学建设了和悦海洋博物馆。

和悦海洋博物馆从学科知识、拓展活动、创新设计等方面构建了丰富的教育资源，分为海洋贝壳墙、海洋标本墙、海洋深度学习区等海洋学习区，通过模块化学习让学生认识海洋生物，探究海洋知识，提升编程能力，增强保护海洋的意识。

（一）探寻贝壳的秘密

每个学生认领海洋贝壳墙上的一个贝壳，通过查阅文献等多样化探索途径，深入了解贝壳的种类、来源、成分，进而了解贝壳生物的生活习性、族群和发展历史，去探究生物进化的规律。贝壳墙上也有很多学生在海边游玩时发现和捡拾的贝壳，经过艺术化处理后形成学生自己的作品。

（二）追溯标本“生活”

海洋标本墙上展示着不同深度海域的生物标本，还附有视频介绍和相关的探究实验。学生通过扫描标本二维码可以了解标本的名称、种类、生活环境，通过视频介绍可以了解标本生物原本的生活和从生到死的历史过程。每个标本下面都有对应的实验器材、探究问题以及探究实验步骤，学生可以进行现场探究实验，去发现标本更多的秘密。通过探究生物标本，我们能够从另一个角度了解地球上海洋的历史变迁，认识生活在不同深度的海洋生物的种类及其特点，感受海洋的神秘。

（三）从课本走向“海洋”

海洋深度学习区是基于科学探究与实验研究而构建的创新操作类学习区域。海洋深度学习区构建了基于1～6年级语文、数学、英语、科学、道德与法治、信息技术等各学科的海洋知识点的深度探究实验框架，每个知识点都有对应的深度探究问题和实验步骤，并且现场模拟了当时的海洋风貌。学生在课堂上学习完与海洋有关的知识后，可以带着问题来到海洋深度学习区进行现场探究实验，比如现场观察生物体、现场解剖海洋植物、现场制作海洋生物模型等。

案例 激发创意的海洋博物馆探究活动

海洋博物馆构建了学科知识、拓展探究与创意设计三者的互联学习通道。学生在海洋博物馆不仅可以学习学科知识，还可以通过各种探究活动对知识进行深度挖掘，真正实现在做中学。海洋博物馆探究活动主要分为以下三步。

第一步，学生在课堂上进行知识学习。海洋博物馆的意义在于联通课堂与实践，而学生在课堂上的知识学习活动是至关重要的一步。海洋知识渗透在小学的各个学科中，例如相关的英语单词、语文课文、科学知识等。以科学这一学科为例，学生在三年级的课堂上学习了“动物的皮肤”，其中提及了鱼的皮肤的相关知识。

第二步，学生在海洋博物馆进行知识拓展。学生在课堂上了解了一定的海洋知识之后，可以进入海洋博物馆进行沉浸式体验与学习探究。海洋博物馆中有丰富的知识卡片、直观的贝壳标本、动态的海洋生物等，这些都是学生拓展课内所学知识的重要载体。学生在海洋博物馆可以进行诸多拓展活动，真正做到自主探究，极大地激发了学生探索海洋的兴趣，从而实现课堂知识学习效果的最优化。

以科学这一学科为例，学生在课堂上学习了鱼的皮肤的相关知识后，可以来到海洋博物馆继续进行探究。学生可以通过知识卡片继续了解鱼的皮肤还具备哪些特点以及为什么会具备这样的特点，也可以借助视频深入了解不同种类的鱼的皮肤是否存在差异等。

第三步，学生在海洋博物馆探索区进行基于问题与需求的创意设计活动。学生通过课堂活动和拓展活动已经实现了课内外知识的融合，但是掌握知识最快捷的方法就是创造性地运用知识。创意设计活动便是让学生运用前两步中学到的知识自主设计与海洋相关的活动。活动类型可以是综合实践类，也可以是环境保护类，还可以是科技发明类、科学探索类，等等。

以科学这一学科为例，学生在了解了鱼的皮肤的相关知识后，可以自己动手，利用气球、洗洁精等物品模拟鱼的皮肤。通过这种直观实验，学生可以更加深刻地感受到鱼的皮肤表面的黏液对于它们生存的重要意义。

二、人工智能虎鲸体验课程

和悦智慧体验课程小导游

亲爱的叔叔、阿姨们：

大家好！

我是人工智能虎鲸社团的组长潘保江。

我们生活在一个美丽的海滨城市，为了更好地探索海洋资源，我们萌生了设计智能探测器的想法，后来我们与中国科学院、青岛亚投控股有限公司合作，开发了人工智能虎鲸。

人工智能虎鲸有手控游动、智能避障、探索采集三大功能。移动方式包括前进、转弯、上浮、下潜，是由我们通过编程设计完成的。各种传感器、电池、机械部件、防水材料由中国科学院研发组装。控制方式分为两种：一种是自动智能游，就是这个黑色的虎鲸，通过编程智能控制，模仿真正的虎鲸在深海中的移动方式；另一种是半自动智能游，就是这个蓝色的虎鲸，通过编好的程序，借助手柄实现游动，方便人工控制。

小黑，快来跟各位叔叔阿姨打声招呼吧！（动作：摇尾巴）

看，小黑下潜啦！（动作：下潜）

小黑完成下潜，开始在广阔的海洋里左右转弯。（动作：左右转弯）

大家看，它多么欢乐呀！

海洋是我们赖以生存的第二家园，海洋中有丰富多样的矿产资源，有种类繁多的海洋生物。为了探索海洋更深层的奥秘，我们需要一种能够在深海进行智能探测的工具。基于这种需求，我校学生萌生了研发仿生机器人的想法。通过查阅各种资料，学生了解到虎鲸是一种性情凶猛且善于进攻的海洋鱼类，有极强的探索欲和冒险精神，敢于挑战和尝试。最终，学生提出了开发人工智能虎鲸的想法，通过对虎鲸实行智能控制实现深海探索、海洋资源收集、海洋生态拍照等目的。

（一）外形设计——搭建虎鲸结构

为了设计好虎鲸的外部结构，学生查阅了大量有关虎鲸的资料，对虎鲸每个部位的功能进行了详细研究，仿照虎鲸形态进行了图纸设计和模型设计。

（二）功能设计——赋予虎鲸行动

根据对人工智能虎鲸的需求分析，学生设计了四大基本功能。一是运动功能，通过背鳍、尾鳍等不同方式的摆动，实现前进、转弯、上浮、下潜等动作。二是避障功能，人工智能虎鲸能够利用眼睛中的传感器进行自动避障，能避开水中不同的物体。三是拍摄功能，通过人工智能虎鲸自带的水下摄像机实现自动拍照和网络回传。四是样品提取功能，通过人工智能虎鲸的嘴提取各种海洋资源样本，样本带回后供人们进行科学研究。

（三）编程设计——编辑虎鲸思维

当各种功能设计完毕之后，学生通过编程软件对人工智能虎鲸进行了编程，使人工智能虎鲸具有自己的“思维”，实现自动避障、自动下潜、智能喷水、智能采集样本等功能。

（四）智能体验——让虎鲸自由游动

人工智能虎鲸的移动方式包括前进、转弯、上浮、下潜。人工智能虎鲸被放入水中后会漂浮在水上，通电并开启智能游动功能后便可以在水中自由游动。另外，通过操作手柄，人工智能虎鲸还能实现手控游动。

三、和悦海港体验课程

和悦智慧体验课程小导游

亲爱的叔叔、阿姨们：

大家好！

欢迎来到和悦海港。瞧，我们和悦海港社团的同学们正在这里体验水手生活呢！我们是在海边长大的孩子，很多同学都有一个“船长梦”，而这里就是我们梦想启航的地方！我们利用 VR 学习了有关中国乃至世界的海洋知识，学习了很多国际礼仪，还学习了如何做船长和水手。最令我骄傲的是，在这里，我学会了旗语和如何进行海难逃生，这可是以前我只在电影里见过的呢！欢迎大家来体验一下。

我们学校位于沿海城市青岛，有着得天独厚的海洋教育优势。结合自身实际，充分利用本土资源，我们在学校建设了和悦海港，建造了和悦舰，开设了和悦海港体验课程，让学生通过体验方式学习海洋知识、海难逃生知识、海上自救技能，学习做船长、水手、旗手。我们试图通过形式多样的学习和实践活动，拓宽学生的学习渠道，培养学生热爱海洋的情感，激发学生探索海洋奥秘的积极性。

（一）海港职业体验

职业体验是学生学习的重要途径。为了让学生了解海洋、走近海洋，根据舰艇岗位分配，我们进行了不同职业角色的课程设计，成立了和悦海港社团，引领学生进行模拟演练，让学生明确各个岗位的分工、职责，做好各自岗位的本职工作。

和悦海港社团设置了船长组、水手组、救援组、旗语组、礼仪组等五个小组。船长组学习有关船长的各种知识，明确船长是船上的最高指挥者，学会组织活动，培养学生的合作意识、组织能力和大局意识。比如，开航前，船长需要召开集体会议，通知各部门做好准备工作（餐饮服务、医疗救助等）；定期组织船上的消防演习，防御海盗；出现紧急情况，第一时间联系救援人员并组织船上人员自救。水手组学习有关水手的知识，先通过视频进行学习，然后由指导老师进行现场模拟操作指导，真正掌握水手的职责与技能。比如，做好船舶的维修、保养工作，到港前严格按照指示做好首尾缆、系锚链的准备工作。救援组负责学习海难逃生和海难急救的技能和方法。旗语组负责学习海洋旗语，以便能够进行航行对话。礼仪组负责学习海洋国际礼仪，以便与外国人员进行交流。

和悦海港社团的活动有固定的流程，首先由船长下达航行指令，然后水手进行各方面的准备，救援组进行积极的救援演练和海难逃生演练，旗语组在船舶之间互送信息，守护航海安全，船舱里的中外游客由礼仪组带领进行英语交流和海洋知识学习以及 VR 体验。

（二）体验海军礼仪

中国是礼仪之邦，学生通过了解和学习国际礼仪，可以提升待人接物能力，提高语言行为素养。海军礼仪是海军舰艇之间表示对对方舰艇的尊重，用于庆祝、哀悼的礼节和仪式。

学生在和悦舰上进行旗语对话、国际礼仪交流，通过模拟演练，了解中外海军各种礼仪知识。比如，我们会让学生进行挂满旗（从舰艏到舰艉悬挂旗帜）、满灯（降旗后开满灯，至24时关闭）、升挂国旗或职级标示旗、奏国歌或者迎宾曲等演练，会让学生组织仪仗队和军乐队，训练学生的站姿、列队，让学生体会军队的庄重和威严。当和悦舰鸣笛一长声时，和悦舰上的官兵会马上立正或敬礼，鸣两短声时马上稍息或礼毕。从鸣笛到站军姿，一整套流程下来能让学生体会到国际礼仪的重要性。

（三）学会海难逃生

海洋的风景固然美丽无比，但我们在欣赏美景的时候也要掌握必要的海上生存技能，学会沉着冷静地应对不同的突发事件，遇到危险从容应对。

和悦舰上配置了海难风暴声光系统，通过模拟风暴，让学生进行海难逃生演练，如如何使用船上的救生设备、信号工具等。当海难过后，救援组马上进行遇险人员的抢救演练，由此可以让学生学习海上求生的相关知识和技能。

（四）探究海洋秘密

海洋奥秘无限，海洋也是人类未来发展的重要领域。带领学生进行海洋探秘，帮助学生树立保护海洋的意识，是培养海洋科技人才的重要内容。

和悦舰内配置了VR眼镜，让学生通过VR体验并学习丰富的海洋知识，走进海洋，与海洋对话，在神奇的海洋世界遨游。和悦舰内配置了电脑，供学生查阅资料，探索海洋知识，还有丰富的影片资源可供学生学习。

学生对海洋知识的学习是通过问题进行引领的。教师会首先给学生设置问题，让学生带着问题去思考，并通过合作探究自主找出问题的答案。常见的问题有："海水从哪里来？""海水会越来越咸吗？""海洋生物的食物链是什么样的？"教师会让学生充分查阅资料，进行分享交流，最后完成汇报，以此增强学生保护海洋、关爱海洋动物、共建和谐家园的意识。

（五）解密旗语密码

和悦舰上挂有信号旗，也就是国际信号旗，主要用于舰船之间或舰船与海港（岸）之间的联络。学生通过不同的旗语演练活动，学习和了解各种信号旗的知识，以便能够快速清晰地表明自船的意图。比如，我国海军信号旗共46面，包括26面字母旗、10面数字旗、3面代旗、6面特种旗（4面方向旗、1面执行旗、1面答应旗）、1面国际答应旗。每面信号旗都有自己特殊的含义。

在旗语活动中，学生首先会学习旗语，然后利用编队排演旗语操。学生不仅学会了通过旗语传递信息，还锻炼了身体。教师在组织旗语训练时，要特别注意学生发送旗语时的站立姿势、握旗姿势、发旗姿势，让学生学会掌握规律，勤加练习，多多实践，真正让学生学会利用旗语进行沟通，激发学生对海洋的探索欲。

四、国际视野体验课程

和悦智慧体验课程小导游

亲爱的叔叔、阿姨们：

大家好！

这是我们的全球视野系统，我们全球视野社团在老师指导下构建了涵盖五大洲 26 个国家 65 个地区的全球视野平台，目的就是让我们不出校园就能了解全世界的情况，学习各地文化，分析世界发展态势，助力实现国家民族复兴。

这里可不是玩的地方，老师让我们选出一个最感兴趣的国家或地区，根据平台上的全球探索导学，去研究这个地方的风土人情、建筑特色、气候特征、政治体制等与中国的不同，再与我们生活的青岛做对比，形成对这个地方的特有认识，分析这个地方在未来可能对中国发展产生的影响，比如可能提供的帮助、形成的阻碍，思考我们的应对策略，使我们从小能为实现中华民族伟大复兴做好准备。

国际视野课程是双语小学教育集团的标志性课程，能让学生不出校园就可以了解世界大事，洞观全球发展，审视时代变幻。

学校为此开发了全球视野系统，通过智能化手段连通了亚洲、欧洲、美洲、非洲、大洋洲等五大洲 26 个国家 65 个地区，采用兴趣化项目学习法，引导学生进行全球探索。

第一步：兴趣选择。

学生根据自己的兴趣选择一个自己喜欢的地区，阐述喜欢该地区的理由。

第二步：观察发现。

通过全球视野系统打开该地区，了解该地区的风土人情、历史文化、建筑特色、气候特征、经济发展水平等，发现该地区与中国的不同，与青岛的不同，去探索造成这些不同的原因。

第三步：问题提出。

根据对该地区与青岛在各个方面的不同的探索结果，以及造成这些不同的原因的分析，提出该地区在“一带一路”倡议中可能会给我们带来的影响，提出一个最关心的问题，进行研究与探索。

第四步：项目探索。

小组制订项目学习方案，形成项目任务链，分工协作，完成对每个任务的探索、设计与实施，形成丰富的研究成果和科学的研究结论。

第五步：深化思考。

学生通过对问题的研究与探索，思考自己作为中国未来的建设者如何与该地区进行接触，用什么样的方式与该地区建立联系，以便更好地推动中华民族伟大复兴的中国梦的实现。

第十节　和悦智慧科学院

科技是第一生产力，兴趣是最好的老师。有共同爱好和科学志趣的孩子们成立了自己的社团，有共同约定的章程，他们一起探究，一起合作，一起分享，共享“欢乐的成果”，和悦智慧科学院便应运而生。

——2024 年 1 月 6 日，我在北京首届数字教育与数字共同体建设研讨会上的发言

和悦智慧科学院是为培养学生的科技兴趣和科技素养而成立的科技联盟。和悦智慧科学院引导学生探索航空航天、智慧生活、未来科技、海洋生物、地球物理、生物工程等科技知识，帮助学生掌握前沿的科学技术和人工智能编程方法，培养学生的创意思维、设计能力和创新能力，构建面向 21 世纪的人工智能和科技素养体系，为适应未来智慧生活和科技生活的需要奠定基础。

一、和悦智慧科学院组织架构

（一）和悦小院士

1. 遴选条件

（1）有强烈的科技兴趣和探索欲望。

（2）喜欢动手设计和创意制作，有很强的动手能力。

（3）能够全程参与科技培训，全程参加学校组织的各类比赛。

（4）有志于服务国家未来科技发展的需要。

（5）家长积极支持学生学习，能为学生科技探索提供资源支持。

2. 遴选数量

全校第一期和悦小院士遴选数量为 30～50 人，不分年级，择优录取。

（二）和悦智慧科学院小院士执委会

和悦智慧科学院小院士执委会是和悦智慧科学院学生活动的设计、组织、管理与执行机构。执委会通过多样化活动提升和悦小院士的组织管理能力，实现以和悦小院士为主、教师为辅的学生自治管理模式。和悦小院士在教师的引导下组织活动，管理团队，参加比赛，分享科学探索经验。

1. 遴选条件

（1）有强烈的科技兴趣和探索欲望。

（2）有较强的合作意识和执行能力，有一定的组织管理能力。

（3）能够全程参与科技培训，全程参加学校组织的相关比赛。

（4）有志于服务国家未来科技发展的需要。

2. 职责

（1）领导和悦智慧科学院小院士各部门开展工作，加强各部门之间的联系。

（2）定期召开和悦智慧科学院小院士工作联系会议，协助教师处理科学院日常管理事务。

（3）协助教师维护活动场所的卫生。

（4）协助教师组织竞赛及训练工作。

3. 组织结构（如下图所示）

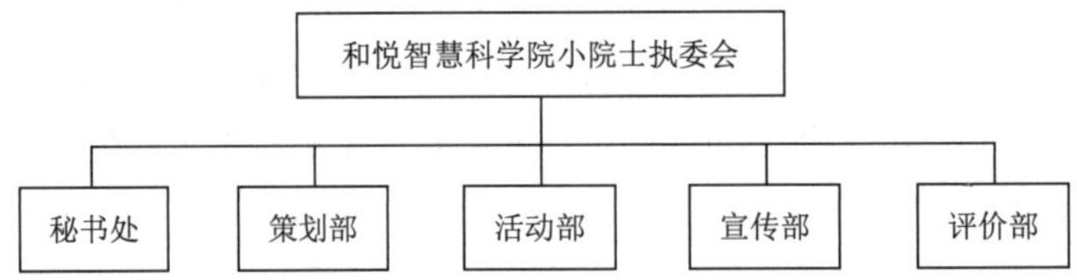

（三）和悦智慧科学院专家委员会

我校组建了由泰山学者魏雪峰教授、齐鲁师范学院毕诗文教授、省教科院信息技术教研员赵亮主任领衔，由泰山学者、中国科学院博士、省级专家等20人组成的和悦智慧科学院专家委员会。专家委员会旨在对学生的科技探索进行高端引领和深度指导，拓宽学生的科技视野，提高学生的综合素质，为学生的科技创新提供专业、前沿的指导建议。

和悦智慧科学院专家委员会职责如下：

（1）协助研讨和制订规划。

（2）对教师进行指导培训。

（3）对学生进行科技知识宣讲。

（4）指导项目化学习与研究。

（四）和悦智慧科学院家长志愿科技联盟

和悦智慧科学院家长志愿科技联盟是家长参与设计、组织、管理、协调和服务和悦智慧科学院重大活动的家校共育机构。和悦智慧科学院家长志愿科技联盟发挥家长科技资源优势，助力学生科技素养提升，形成全社会支持教育、家长支持学校、家校融合共育的良好科技发展生态，让孩子受到最好的科技教育，帮助孩子实现科技成才梦想，用自己的努力和付出让更多的孩子快乐学习，科技筑梦，幸福成长。

1. 遴选条件

（1）家长对科技强国有较深的理解，有强烈的科技兴趣和探索欲望。

（2）家长愿意让自己的孩子在科技方面进行深度学习与探索，能为孩子提供资源支持。

（3）家长有一定的科技指导能力，能支持孩子开展科技活动。

（4）家长愿意为国家科技人才培养做出贡献。

2. 职责

（1）构建家长陪伴孩子成长的良好环境，陪伴孩子进行科技学习，支持孩子进行科技探索与创新，给学生的科技梦想提供支持服务。

（2）协助教师组织各类活动，如科技育人研讨会、科技训练、科技比赛、科技训练营活动设计、科学家联谊会等。

（3）协助教师做好和悦智慧科学院研学的后勤保障工作。

3. 组织结构（如下图所示）

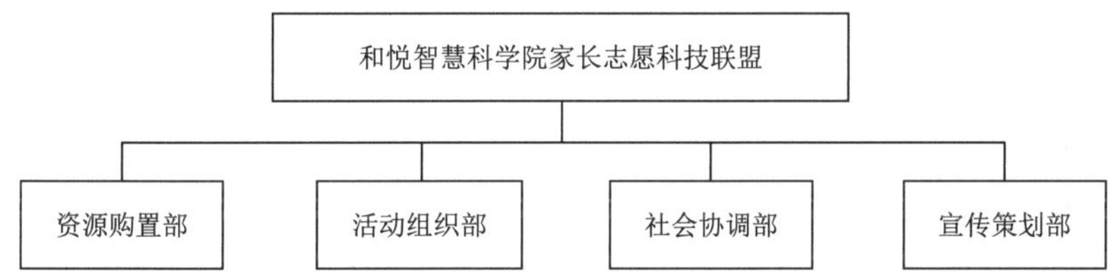

二、和悦智慧科学院社团课程

在和悦智慧教育理念的指导下，我们开展了多姿多彩的社团建设活动，不但让学生的课外活动更加丰富，而且促进了学科的拓展与融合。

我们与时俱进，组建了数字气象站、和悦智慧广场、3D创意设计、无人机编程巡防、山林火灾智能预警、智慧农业、STEM创意生活等具有高科技含量的智慧社团。智慧社团的活动培养了学生的高阶思维能力、创新能力，提升了学生的信息素养，开阔了学生的视野。更重要的是，这些素养和能力的提升起到了很好的激励和导向作用，激发了学生课堂学习的热情，促进了学习质量的提升。

社团活动时间为每天的托管时间，由学生自愿报名组建社团队伍。

（一）STEM创意社团课程

STEM是培养学生创新能力、动手能力、探索能力和跨学科融合能力的一门课程。它主要通过科学原理、技术手段、工程设计思维和数学知识来创造一种产品或某种可见性成果，解决生活中的问题，帮助学生综合运用各学科知识，通过发明创造和科学探索来解决生活中的问题。

STEM 社团主要通过社会观察、采访调查、文献研究、工程设计、研讨碰撞、创作制造、编程学习、报告撰写、社会效果调查等方式进行活动探索，培养学生的观察能力、社会调查能力、文献研究与信息搜集甄别能力、发明创造能力、编程设计能力、人际交往能力、协作共建能力等。

STEM 社团活动共分为以下九个部分：

1. 社会生活观察

学生分小组在校园内进行观察，也可以在家庭生活和社区生活中进行观察，发现一个最需要解决的实际问题，写成“问题提案书”，提交到小组进行讨论。提案书包括发现的问题是什么、为什么要解决这个问题以及这个问题解决后对生活或学习有什么重要意义。

2. 问题分析与课题立项

学生分小组对发现的问题进行讨论，根据学生的兴趣、问题的重要性、问题的研究价值、问题研究的可行性进行小组讨论。每个小组提出一个要研究的问题，然后对问题进行集体分析，根据课题转化方法生成研究课题。

3. 文献研究

研究课题确定后，教师讲解文献研究方法，让学生学会如何进行文献研究，如何进行信息搜集与甄别。学生进行分工，对所研究的课题和所要解决的问题进行分析，通过文献研究了解目前最好的解决方法，对这些方法进行模仿学习，同时要创新使用。

4. 方案设计

根据问题研讨和文献研究结果，引导学生设计活动方案。方案包括活动任务、活动内容、评价标准、负责人和完成时间。教师给学生提供详细的方案设计思路和方案列表，对每一部分进行方法指导。在方案中，教师要引导学生设计一个发明环节，通过发明产品来解决生活中的问题，培养学生的创新能力和问题解决能力。

5. 活动实施

根据活动方案，组织学生进行每项任务的有效实施，确保各项任务全面落地。各小组要成立评价督查委员会，班级要成立评价部，督导每个小组任务的完成。

6. 工程设计与产品发明

根据活动方案中的创新发明设计，引导学生针对所要解决的问题创造性地设计一个产品。要引导学生分析解决问题的关键点，针对关键点设计必要的功能，对功能进行科学组合，从而形成一个完整的发明作品。

7. 功能设计与图纸绘制

小组讨论产品功能的实现方式，以及每个功能的外在形式和结构，画出产品图纸，对图纸进行外观美化和科学造型设计。绘制图纸时，给学生提供多样化的支持，包括图纸绘制方法、测量方法和对接呈现方法等。

8. 材料准备与发明制作

通过对产品功能的分析和文献研究，讨论产品所需要的材料类型和数量，进行市场调查，选择适合的材料，根据设计步骤与制作方法进行产品的发明创造。

9. 产品演示与功能说明

产品制作完成后，引导学生写出产品说明书，写出活动报告，在班级进行产品模拟演示，组织小组辩论，一起分析产品的亮点，指出产品的问题并提出改进建议，培养学生的总结能力、表达能力和思辨能力。

案例　STEM作品——自动存取书柜

一、生活观察

同学们，请用一周时间观察生活，发现在校园生活、家庭生活、社会生活中出现的最急需解决的问题，思考这个问题的重要性以及这个问题的解决对生活或学习有怎样的影响。

二、问题分析与课题立项

学生分小组讨论后提出了一系列问题，经过对问题研究价值的论证，确定了学生最感兴趣的五个问题，现在以第三小组的问题为例进行分析。

（1）问题来源。

第三小组平时主要负责学校阅读角的图书管理工作，每天都需要花大量时间去整理图书。阅读角里的图书被翻得很乱，有的被撕烂了，还有个别图书一直未归还。第三小组的同学不禁想：能不能发明一个智能化的书柜，自动检测图书的借阅情况？

（2）问题提出。

如何对图书进行智能借阅检测与追踪？

三、文献研究与资料检索

第三小组在微机室查找了大量资料，用了一周时间，检索分析了26篇有关智能书柜技术实现方法的文章，最终确定了研发自动存取书柜这一课题。

四、方案设计

学生根据文献研究结果，设计了详细的研发方案，包括书柜图纸、功能列表（见下表）、制作材料、经费来源、任务分工与时间表等。

自动存取书柜功能列表

书柜功能	技术实现方法	产品要求
智能定位借阅人	指纹开关	模拟部件，写出原理
到时归还提醒	自动信息发送器	画出部件结构，写出原理
图书位置定位	北斗定位芯片	画出部件结构，写出原理
图书完整性检测	射频电子检测防盗技术	画出部件结构，写出原理

五、活动实施与分工

1. 图纸设计。负责人：五年级(2)班刘丽、五年级(3)班张明明。

2. 材料收集。负责人：五年级(2)班李小萱、五年级(6)班张一一。

3. 书柜制作。负责人：五年级(2)班王子涵、五年级(4)班张新欣、五年级(4)班王妙花。

4. 技术设计。负责人：五年级(5)班张紫、五年级(5)班向阳、五年级(6)班李鹏。

六、产品演示与功能说明

略。

（二）山林火灾智能预警社团课程

五台山西路小学位于小珠山东侧，2020 年 4 月 23 日的小珠山大火让我们近距离感受到了山火的可怕。小珠山火灾给地区经济带来了严重影响，给自然环境带来了一定的破坏，对当地绿色健康的自然生态造成了一定的危害。而全球气候变暖和极端天气的增加，加剧了森林火灾发生的风险，增大了生态环境压力。高温、干旱、大风等气候的频繁出现，大大提高了森林火灾的发生概率，给森林资源、生态安全带来了极大的危害。

在此背景下，我们怀着对西海岸新区的热爱和强烈的社会责任意识，结合发生在身边的这场火灾事件成立了山林火灾智能预警社团，对学生进行热爱家乡的情感教育和生态文明教育，激励学生学科学、用科学，动手实践，造福社会。

在本社团中，学生利用人工智能课程进行智能探测、智能报警、智能定位、智能灭火等主题研究，把无人机课程、机器人课程和人工智能课程有机融合，进行“山林火灾智能预警”项目设计。

成立山林火灾智能预警社团旨在通过现场调查使学生了解森林火灾的危害，体验消防员的生活，创造性地设计出无人机和人工智能相结合的智能灭火方法，学习基本的消防知识和人工智能知识，掌握开源硬件设计方法，培养学生的问题解决能力、创新设计能力和人工智能构建能力，以及爱护自然、保护环境的意识。

山林火灾智能预警社团主要通过观察、调查、工程设计、研讨碰撞、创作制造、编程学习等方式进行探索与创建活动，以培养学生的观察能力、动手能力、审美能力、环保意识、消防意识、发明创造能力、编程设计能力、人际交往能力和协作共建能力等。

山林火灾智能预警社团活动共分为以下六个部分：

1. 小珠山火灾主题讨论会

引导学生对发生在身边的小珠山火灾进行讨论，激发学生用人工智能知识解决生活中的问题的意识。

头脑风暴：

（1）小珠山火灾的危害是什么？

（2）小珠山火灾的主要特征、预防办法是什么？

（3）我们采取的消防措施有哪些？

（4）在灭火中存在哪些困难？

（5）如何用无人机、开源硬件等设计山林火灾智能预警系统？

学生通过学习和查阅资料，了解了小珠山火灾发生的原因，知道了山林火灾的危害，通过讨论在扑灭山火过程中遇到的困难，增强了环保意识和消防观念，学会了从实际生活中发现问题并试着去设计山林火灾智能预警系统。

2. 参观消防站

通过参观消防站，学习消防常识，掌握火灾逃生的方法。通过参观认识消防器械，学习人工智能技术在消防中的应用。通过与消防战士交流，学习消防战士严于律己、吃苦耐劳的精神，并在平时的学习生活中努力向他们看齐。通过参加消防演练，增强防火意识，并在日常生活中做好对家长的防火知识宣传工作。

学生将自己在参观活动中的所见所闻、所思所想，通过调查访问、收集资料、观察记录等多种方式表达了出来，锻炼了自己的语言表达能力、调查能力和信息处理能力。

3. 开源硬件编程实现山林火灾智能预警

在活动中利用开源硬件设计山林火灾智能预警系统，通过编程实现智能探测、智能报警和智能探索定位。

根据前期几节课的讨论和构思，利用物联板、红黄绿指示灯、火焰传感器、烟雾传感器、有源蜂鸣器、按钮、导线、电池、语言模块、编程软件实现智慧消防功能。在编程过程中，小组间交流评价，教师点评提升。

本活动通过动手制作，将想法进行物化，锻炼了学生的动手能力。通过编写开源硬件程序，学习编程软件的使用，培养了学生的高阶思维能力和逻辑分析能力。

4. 山林沙盘、消防站设计方案

教师引导各小组进行思维碰撞，完成以下两项任务。

（1）小组内头脑风暴，讨论山林沙盘模型和消防站的设计方案。

（2）绘制山林沙盘和消防站设计图。

教师要在学生绘制设计图前给学生设置问题框架，引导学生利用设计图展示自己的思路，并对设计图的绘制提出要求，即要图文结合——标注构造与原理、注明使用的材料、简要写出制作方法以及存在的问题等。这些引导与要求可以帮助学生整理思路，让学生思考后再下笔绘制。小组绘制完成后，利用投屏功能向全班同学分享设计图纸。

本活动通过小组头脑风暴，培养了学生听取他人意见的能力；通过绘制设计图，培养了学生的工程设计思维；通过动手制作模型，将图纸转化成沙盘模型，锻炼了学生的动手能力。

5. 操控无人机模拟灭火

各小组利用先前制作的模型，操控无人机飞行进行灭火演练。

（1）无人机监测：操控无人机进行航拍，拍摄起火处照片。

（2）无人机灭火：操控无人机从停机坪起飞，到达池塘取水，然后飞到起火点灭火。多架无人机交替执行任务。

（3）无人机巡查：成功灭火后，无人机对过火区域进行巡查，防止复燃，并进行航拍，计算过火面积。

在操控无人机飞行，进行灭火演练的过程中，各小组要拍摄演练视频，后期要进行剪辑。

6. 山林火灾智能预警分享会

各小组进行汇报展示，组员分工合作，以不同的形式展示给大家。通过分享会，每位同学都会为彼此的创意所惊叹。本项目研究的开展不仅使学生掌握了科学研究的基本知识和思维方法，丰富了自己的知识，提高了科研能力，还提高了人际交往能力和团结协作能力。同时因为这是源自生活的问题，该活动还引发了学生对生活的关心和热爱，使他们产生了强烈的好奇心和主动探究意识，这必将对他们今后的学习和生活产生积极的影响。

精彩讲解

【宋彦樟】我是山林火灾智能预警社团的宋彦樟，这是我们的智慧消防作品。2020年的小珠山火灾，过火面积大，救援困难，不仅烧死了很多树木，还让不少小动物无家可归。我们社团利用所学的编程知识，设计了一个山林火灾智能预警系统。当火灾发生后，它能智能探测，智能报警，智能灭火。下面我来给大家演示一下。

我用这个打火机模拟山林起火的场景，这时消防站会接到警报，无人机起飞。

【柳博文、马怡晨】无人机编队收到火情，出发！

【宋彦樟】无人机就会到发生火灾的山头进行灭火。

【柳博文、马怡晨】火灾已扑灭，归队！

【宋彦樟】有了我们这个山林火灾智能预警系统，相信小珠山不会再发生山林火灾，危害自然环境和我们的生活。

（三）和悦智慧广场社团课程

为塑造学校智慧教育特色形象，培养学生的自主合作能力，彰显我校“追求卓越”的校风，基于“让每一面墙都说话”的教育理念，我们根据专家的指导，成立了学生和悦智慧广场社团，完成对和悦智慧广场的设计，打造学校特色标志物。

该社团的项目设计可加深学生对和悦教育内涵的理解，让学生在创新设计和动手实践中爱上科技，培养学生对科技尤其是人工智能技术的探索欲和求知欲。

和悦智慧广场是由学生独立设计、参与论证、共同施工完成的和悦智慧地标性项目。

1. 理解和悦智慧广场理念

和悦智慧广场位于学校教学楼与操场、食堂的汇合处，是学生课间活动的场所。和悦智慧广场必须代表智慧生活的未来方向，必须能够引领学生树立科技梦想，激发学生对科技的兴趣，还必须与和悦教育理念相吻合，使学生在快乐、幸福的学习氛围中探索科技，携手创建智慧未来。

2. 独立设计图纸

项目团队分组进行图纸设计，每组通过图纸描绘出自己对未来科技的理解，并口头表达出项目各部分所代表的含义。

3. 组织召开论证会

图纸设计完成后，项目组组织召开由校领导、专家、家长三方参与的论证会，针对所有图纸进行深度交流与研讨，筛选出更加有意义，更加符合学校理念与学生年龄特点的作品，与施工人员再次论证与确认。

4. 跟进实施

项目组分成了图纸组、材料组、监工组、协调组，参与到整个项目流程中。项目由学生家长赞助建设，学生全部参与施工监管。

5. 成果展示

项目完成后，学校举行了隆重的揭牌仪式。和悦智慧广场上方是“和和”“悦悦”乘着宇宙飞船在太空遨游，彩虹代表着五彩缤纷的童年生活，激励着学生不断追逐梦想，实现多彩人生。地上穿着宇航服的“和和”和“悦悦”时刻提醒着学生要爱护地球，珍爱我们美丽的家园。

精彩讲解

各位叔叔阿姨：

大家好！

我是和悦智慧广场项目组的刘艺格。

和悦智慧广场是我们学校的地标性建筑之一，我和王家鹤等七人全程参与了和悦智慧广场的策划、设计、施工、监工工作。我们还策划了隆重的落成典礼，广场建设的费用是由很多家长赞助的。

和悦智慧广场上方是“和和”“悦悦”乘着宇宙飞船在太空遨游，彩虹象征着我们五彩缤纷的童年，寓意着我们多姿多彩的生活，激励着我们不断追逐梦想，追求卓越。地面上穿着宇航服的“和和”“悦悦”则时刻提醒我们要爱护地球，珍爱我们美丽的家园。和悦智慧广场也是我们无人机、智能交互等九大社团的训练、实践场地。

您再看地面上的春兰、夏荷、秋菊、冬梅，它们与我们的“走过四季，幸福花开”课程有关，寓意着我们走过四季，和悦成长。欢迎大家扫描广场一旁的二维码，欣赏与每个季节相关的诗词佳句。

（四）创意编程社团课程

国务院印发的《新一代人工智能发展规划》中指出，在中小学阶段设置人工智能相关课程，建设全国人才梯队，逐步推广编程教育。十九大报告中则进一步强调我国要建设网络强国，突出关键共性技术、前沿引领技术、现代工程技术、颠覆性技术创新，突破核心技术这个难题，争取在某些领域、某些方面实现“弯道超车”。

创意编程社团旨在通过游戏化的积木式编程设计，让学生动手操作积木式编程软件，进行相关程序设计，解决生活中的问题，培养学生的探究精神和高阶思维能力，使学生学会运用创意思维认识生活、改变生活和美化生活，让学生在玩中学、在学中玩。

创意编程社团主要通过教师讲授、小组讨论、自主探究、头脑风暴、资料检索、编程设计、创意物化等方式开展创意活动。

1. 编程主题知识讲解

由于社团成员均为小学三年级学生，编程基础相对较弱，因此教师需要提前设计学生感兴趣的编程主题，拆分出主题中涉及的基础知识，对基础知识进行讲解，让学生掌握该主题需要用到的编程知识。

社团授课编程主题见下表。

社团授课编程主题表

主题	主题立意	知识点
初识积木式编程	让学生掌握最基础的知识，为后期的教学打下坚实的基础	软件界面、代码使用方法
换装游戏	激发学生的学习兴趣，让他们意识到原来自己也能做出有趣的小游戏	学习“当小绿旗被点击”“移动到 x,y”“下一个造型”“当按下 ××× 键时”等脚本
独一无二的迷宫	借助逻辑性强且学生十分感兴趣的迷宫小游戏，培养学生的理性思维	学习“条件侦测”“数学上的同时发生语句”等脚本
病毒传播	通过编写模拟病毒传播的程序，了解病毒传播速度之快，增强学生的防护意识	学习“广播消息”“接收消息”“克隆自己”“当作为克隆体启动时”等脚本
AI 垃圾分类小助手	紧密结合全国推进垃圾分类的社会背景，让学生在学会编程的同时掌握垃圾分类的相关知识	学会“增加模块(文字朗读、语音识别)”“定义函数”“合并”等脚本
爱党爱国	在中华人民共和国成立 75 周年之际，用编程的方式表达出自己的爱党爱国之情	学习“画笔”相关功能和“在一秒内移动到 ×××”等脚本

2. 自主探究

知识讲解完成后，教师提出生活中的问题和探索任务以及探索方法，让学生自主进行任务探索，遇到问题时通过以下五种问题解决策略进行解决：一是同伴互助解决，二是请技术组长解决，三是请“小老师”解决，四是网络搜索解决，五是请教师解决。在自主探究过程中，学生会充分利用现有的检索工具，搜集角色、背景、故事线等信息。

3. 主题拓展

教师设置的主题只是学生进行创意编程的基础，创意编程社团的重点是“创意”二字。教师需要在学生创作编程作品的过程中向学生提出具有挑战性的问题，引导学生树立问题意识，学会发现问题、分析问题和解决问题。

4. 头脑风暴

在社团活动中，按照学生的情况划分小组，以小组互助合作的方式明确责任分工，由“小老师”来指导其他学生，加强学生之间的交流与合作。

5. 编程演示

学生自主编程结束后，各成员依次上台展示自己的编程作品，主要围绕代码讲解、功能阐述、创意点、生活应用价值、情感表达几个方面进行。其他同学对编程作品进行点评，形成积极的学习共同体。

（五）国防巡航社团课程

本社团主要通过查阅资料、研讨碰撞、编程学习、编队飞行、实操演练等方式进行学习探索活动，培养学生的无人机操控能力和编程能力。

学生通过观看无人机发展史视频，了解无人机发展史，了解无人机飞行原理；通过无人机的基本飞行操作训练，提高动手操作能力；通过无人机编队飞行，培养团队合作精神；通过在我国地图上空进行领空巡航训练，培养捍卫祖国领空主权的使命感。

1. 走近无人机

教师带领学生初步认识无人机，学习无人机的开机、关机、自检操作，认识无人机各个部位及按键的作用。教师带领学生认识无人机的结构，了解无人机上升、下降、旋转的基本原理，同时为学生进行无人机飞行演示，为学生接下来的学习打下基础。

教师带领学生实现 App 与无人机的连接与操控，了解 App 的主要界面以及各部分的功能。教师向学生介绍、演示无人机的高级功能，如一键环绕、360° 旋转、翻滚、弹跳等，让学生自主练习操作，熟练地操控无人机完成复杂的飞行任务。

2. 讲解编程知识

教师向学生讲解无人机编程软件的基本界面——菜单区、仿真飞行区、程序指令区、程序编辑区、控制区，使学生了解编程窗口与操作区域，能够找到相应的操作区域。

教师为学生讲解基本的编程知识，包括各个积木模块语句的用法以及作用，学生根据教师的讲解自己进行编程设计。学生要熟悉各个编程模块的用法，能进行基本的无人机编程。

3. 无人机编队飞行

教师带领学生进行几何形状飞行编程的学习。学生根据给出的几何图形进行测量设计，讨论编程的基本思路，然后进行程序的编写、调试、修改，最终完成正确的几何形状编程。根据形状进行编程设计，可以极大地提高学生的小组合作能力和高阶思维能力。

此外，教师可以带领学生学习灯光编程，与无人机编队飞行程序编写相结合，实现无人机飞行中创意灯光的程序编写。

教师还可以带领学生学习二维码识别及巡线。通过模拟演示，教师向学生讲解什么是二维码识别，怎么使用二维码识别技术完成巡线。教师在讲解中要注意让学生动手操作。学生根据教师讲解逐一熟悉编程积木的使用方法，并根据任务要求完成实践操作。

4. 国家领空巡航

教师首先对学生进行无人机障碍飞行实训，然后根据场地规划设计无人机航线，带领学生完成自主障碍穿越飞行。学生进行编队飞行练习，分别以直线编队、三角形编队、正方形编队等多种编队队形在我国地图上空进行巡航，加强学生之间的配合，提高学生的无人机操控能力，培养学生对祖国领土、领空主权的捍卫意识，使学生深入理解守护国家主权与领土安全的重大意义，激发学生的学习积极性。

教师要带领学生了解什么是图像识别，了解坐标与相对坐标，熟悉编程积木的使用方法，使学生自主完成实践操作，并能创造性解决出现的问题。小组之间相互配合，模拟敌人入侵我国领空，尝试在我国地图上空进行图像识别并追踪。

5. 维护世界和平

学生进行综合练习，在整张世界地图上空进行编队飞行、图像识别、追逐驱赶，进一步提高学生的无人机操控以及无人机编程的熟练度，培养学生的国际安全观和全球意识。

第十一节　和悦智慧家校

在三十多年的教育生活中，我一直坚信，没有家长参与的教育是不完整的。特别是《中华人民共和国家庭教育促进法》颁布以后，我们更新并完善了学校、级部、班级三级家委会，成立了家长志愿科技联盟，组织了一系列家校共育活动，以期让家长成为我们志同道合的合作伙伴。随着智慧教育的发展，我们必须跟上时代步伐，用智慧化方式搭建学校与家长共同育人的“无缝平台”，这是趋势，也是必然。

——2020 年 9 月 2 日，我在“国培计划”石家庄卓越校长培训班上的讲话

和悦智慧家校是利用信息化手段构建的家校多样化沟通交流、问题反馈、信息传递与育人共建的平台。和悦智慧家校有四大功能设计：一是家长问题及时反馈交流，解决家长在辅导孩子学习过程中遇到的困惑和问题，这项工作通过学校自主研发的家校“随时通”来实现；二是向家长及时传达学校的教育工作，使家长了解学校的工作安排，和学校进行密切配合，这项工作通过“人人通”的“家校互动”来实现；三是学校向家长传播科学的教育方法，使家长学习科学的育子方法，这项工作通过“网上家长学校”来实现；四是学校针对学生出现的心理困惑和家长出现的育子困惑进行科学分析与指导，这项工作通过学校开设的“心灵热线”来实现。

一、家校“随时通”让家长百分百满意

家校“随时通”是通过使家长参与学校管理，建设让家长百分百满意的校园的反馈交流平台。通过学校微信公众号，家长的任何问题都可以进行点对点发送，把问题直接反馈到学校相关部门。平台根据部门分工对问题进行智能分配，由专人对问题进行回复，回复直接反馈给家长，家长对处理结果进行满意度评价，评价指标分为非常满意、满意、不满意。如果评价结果为非常满意和满意，问题自动归入家长满意问题库；如果评价结果为不满意，问题自动转入上级部门进行二次处理反馈，最后一级为校长在线处理，直到处理结果令家长满意为止。

这项工作共分为以下六步：

第一步，登录家校“随时通”服务号。家长通过学校微信公众号，从“家长入口”进入平台，开始问题反馈。

第二步，提出问题。家长在问题提问区提出自己的问题，并选择问题对应的部门，

比如“学生放学问题”，就选择“学生服务中心”。

第三步，问题智能分配。平台会根据家长问题所属部门，把问题推送到相关部门负责人的后台，并推送消息提醒，方便相关人员第一时间看到问题并及时处理。

第四步，问题处理结果反馈。相关人员收到平台推送的消息后马上进行问题解决，把问题处理结果反馈给家长。

第五步，满意度反馈。家长收到问题处理结果后可以进行满意度评价，如果不满意就点击“不满意”，问题会自动转入上级部门问题反馈后台。

第六步，圆满解决。上级部门收到问题后会通过电话方式与家长进行沟通，采用多样化策略进行问题解决，如果家长仍然不满意，问题会直接进入“校长平台”，由校长与家长进行面谈，直到家长满意为止。

家校“随时通”案例

◆ 时间：2021 年 11 月 5 日

◆ 问题：家长反馈二年级放学时间太晚

◆ 对象：五台山西路小学二年级(3)班小梦(化名)家长

◆ 问题反馈流程：

(1) 11 月 5 日下午 16:33，家校“随时通”接到家长反馈学生放学晚问题，系统自动将问题推送到学生服务中心，学生服务中心负责人赵广红手机上不断出现黄色消息预警，提示有家长反馈问题。

(2) 赵广红马上进入问题中心，发现是二年级(3)班小梦家长向学校反映二年级放学太晚，咨询能不能再早一点儿。

(3) 赵广红马上针对问题与家长进行沟通，向家长说明了特殊时期学校错时放学的具体安排，并请家长理解。

(4) 家长在 10 分钟内就得到了回复，并对学校回复进行了反馈，表示“不满意”，问题自动转入上级部门。

(5) 分管学生工作的副校长庄校长收到带红色加急标志的“问题消息”，系统不断提示他这是加急问题。庄校长马上与家长进行了电话联系，通过电话了解了家长的具体情况，得知该家长在工厂上班，工厂离学校较远，不能来接孩子，只能让孩子爷爷负责接孩子，但二年级放学后已经天黑，孩子爷爷年龄太大无法走夜路，所以希望二年级早一些放学。

得知具体情况后，庄校长耐心地和家长进行了交流，并提议由该家长下班后来接孩子，学校安排值班老师单独看护家长无法准时来接的孩子。这样不仅保证了孩子爷爷的安全，还看护了孩子，家长也能放心来接。

（6）家长在与学校进行详细沟通后，对处理结果表示“非常满意”，并在二次反馈区进行了“非常满意”的评价。问题进入“满意库”归档，得到圆满解决。

二、智慧家校赋能合力育人

家长学校是宣传普及家庭教育知识、提升家长素质的重要场所，是指导推进家庭教育的主阵地和主渠道。线上家长学校是在信息社会和网络环境下，为学校、家庭和社区搭建的一个方便、快捷的互动平台，是构建学校教育、家庭教育、社会教育三位一体教育合力的重要载体。为满足家长的个性化教育需求，让家长随时随地都能找到自己需要的“锦囊”，我们依托智慧教育平台搭建了线上家长学校，与线下家长学校互为补充，为和悦家长的成长插上智慧的双翼。

线上家长学校是家长及时了解常见问题，与线上导师团进行及时沟通的重要家校共建通道，分为三个主题区域，分别是家教动态区、家长课堂区、主题活动区。

1. 家教动态区

（1）主题内容：本区域主要推送学校、地市、省及国家家庭教育方面的动态新闻，帮助家长更好地了解相关教育信息。

（2）负责人：李晓蓉。

（3）管理频次：每天登录教育部网站、山东省教育厅网站、家庭教育公共服务平台、家庭教育网等网站和平台，获取最新家庭教育信息，推送到本区域，供家长进行了解。

2. 家长课堂区

（1）主题内容：本区域主要讲解家长育子方法，通过视频课堂、直播课堂、移动课堂，传播育子方法与经验，解决家长在育子方面的困惑和问题，对家长进行育子能力培训。本区域又细分为讲座区、咨询区和交流区。讲座区为家长提供了家庭教育专家、家长学校讲师等录制的家庭教育知识讲座，家长可以在这里找到自己想要学习的内容；咨询区为家长和家庭教育专家搭建了沟通桥梁，帮助家长扫清在家庭教育中遇到的疑惑；交流区为家长搭建了分享家庭教育心得体会，进行经验交流的平台。

（2）负责人：赵广红。

（3）管理频次：每周对家委会“家长育子信箱”收到的问题进行排序，前 10 个重点问题会由学校组织家庭教育专家、心理咨询师等专门进行解决，录制成微视频，推送到本区域，让所有家长学习了解。

案例 2021 年第 16 周家委会“家长育子信箱”问题集

2021 年第 16 周家委会“家长育子信箱”共收到关于孩子的问题 36 个，经过分类排序，共有 6 个问题为重点问题，具体如下：

① 孩子早上不起床，容易上学迟到的问题。

② 孩子吃饭太慢太磨蹭的问题。

③ 孩子在家做作业容易分神，精力不集中的问题。

④ 孩子特别爱玩手机，不让玩就哭闹的问题。

⑤ 孩子上学放学路上车流量太大，不安全的问题。

⑥ 孩子做作业太马虎，不细心的问题。

根据对问题的梳理与排序，学生服务中心组织家庭教育专家李华，心理咨询师牛庆艳、李晓玫进行了问题解决方案研讨与视频录制（具体分工见下表），形成了一批优质课程资源。

第16周家委会“家长育子信箱”重点问题录制分工表

问题	负责人	录制要求
① 孩子早上不起床，容易上学迟到的问题	李晓玫	① 时长3～5分钟； ② 格式为MP4； ③ 形式为PPT＋视频双屏模式
② 孩子吃饭太慢太磨蹭的问题	李华	
③ 孩子在家做作业容易分神，精力不集中的问题	李华	
④ 孩子特别爱玩手机，不让玩就哭闹的问题	牛庆艳	
⑤ 孩子上学放学路上车流量太大，不安全的问题	李晓玫	
⑥ 孩子做作业太马虎，不细心的问题	牛庆艳	

3. 主题活动区

（1）主题内容：本区域主要推送学校举办的各项家校主题活动，如“故事妈妈进课堂”等。同时，学校即将举办的相关活动的通知也在本区域进行推送。

（2）负责人：姜萍。

（3）管理频次：本区域根据学校活动计划与具体实施情况进行及时更新，展示学校组织的丰富多彩的家校共育活动。

通过线上家长学校与线下家长学校的相互补充，我校的家校合力育人工作不断开创新局面，先后获得青岛市示范家长学校、青岛市家庭教育示范小学、青岛市优秀家庭教育服务站等多项荣誉称号。

第十二节　和悦智慧评价

评价是教育的杠杆。在我当校长的几十年里，我一直把评价放在教学的重要位置，并一直在探索新课程理念下适合中国教育国情、真正为孩子发展服务与助力的评价方式。当智慧教育到来，智慧评价便成为我们撬动教育发展的重要支点，以此来保障学生德智体美劳的全面发展，使每一个孩子都成为有理想、有本领、有担当的时代新人。

——2023 年 12 月 12 日，我在海口市学校供餐与学生健康国际研讨会上的发言

和悦智慧评价是智能化评价系统，是对德智体美劳的综合评价，是基于 App 的移动化数据评价模式，包括课堂教学评价、学生德育评价、智慧体育评价、智慧劳动评价、数字美育评价等。

一、亮一亮

学校在智慧校园建设中构建了智慧管理、智慧心育、智慧巡课、智慧阅读、3163 课堂教学数据分析、9331 教师特质数据分析、五步智学课堂设计、智慧备课、智慧教研、智慧作业、5G 全息课堂、教师教学行为数据分析、语文 AI 分析、英语 AI 分析、智慧评价、全球视野、智慧餐厅、大数据分析中心、智慧体育、人工智能长廊等 20 个智慧模块，成立了 20 个项目小组。各智慧模板采取项目管理制，引领每个智慧模块实现常态研究、随时研究和深度研究，以保障学校智慧教育时刻处于教育前沿。每个项目组由一名组长和三名或三名以上的组员构成，团队建设遵循“精致、高效、能干、敢拼”原则，采取“小团队带动，大步子前进”策略，全面推进学校智慧教育快速高效发展。智慧教育项目组相关情况见下表。

智慧教育项目组

项目组	分管校长	组长	每周研究内容与提交标准
智慧管理	吕焕龙	代美芹	每周智慧办公数据下载与 3 点分析
智慧心育	王立新	李晓玫	每周 2 个以上个性案例或 1 个团体分析报告
智慧巡课	林宏 张晓	张晓 王丹丹	每周智慧巡课数据下载与 3 点分析

续表

项目组	分管校长	组长	每周研究内容与提交标准
智慧阅读	林宏	张旭	每周智慧阅读数据下载与素养提升分析
3163 课堂教学数据分析	林宏 张晓	褚珍珍 杨琨 薛敏	每周语文、数学、英语、科学各 1 节课例分析
9331 教师特质数据分析	林宏	褚珍珍	每周针对报告分析 1 个数据模块
五步智学课堂设计	林宏 张晓	郭良晓 陈艳 刘婷婷	每周语文、数学、英语、科学各 1 节经典教学设计及数据分析
智慧备课	林宏 张晓	马素霞 马郭蕾	每周语文、数学、英语各 1 次在线智慧备课案例分析
智慧教研	林宏 张晓	张俊慧 李如燕	每周语文、数学、英语各 1 次智慧教研及数据分析
智慧作业	庄沛政	陈艳 马国禹	每周语文、数学、英语各 1 次精准智慧作业数据分析
5G 全息课堂	林宏 张晓	郭良晓 刘宏 刘婷婷	每周 1 次集团课程资源与课堂结构分析，提交排课表
教师教学行为数据分析	林宏	曹正	每周 2 个新教师微格教学行为分析
语文 AI 分析	林宏	赵立宁	每周 1 个智慧 AI 数据分析案例
英语 AI 分析	林宏	祝学谦	
智慧评价	薛鹏 吕焕龙	焦淑慧 赵广红	每周 1 个年级智慧评价分析案例
全球视野	王立新	刘宏	每周 1 次学生全球探索案例分享
智慧餐厅	滕召春	王亚奇	每周智慧餐厅评价数据分析
大数据分析中心	王立新	褚珍珍 王立新	迎接参观，保持整洁
智慧体育	薛鹏	侯立旺 李健	每周 1 个项目至少 1 个班的运动数据分析
	田超	窦守信	
人工智能长廊	吕焕龙	葛赟赟	每周 1 个人工智能长廊项目分享

注：1. 各项任务安排务必准时上报，评价中心会及时评价记录。

2. 每项工作准时上报且合格计 2 分，延迟半天上报且合格计 1 分，延迟半天以上一天以内上报且合格计 0 分，一天后仍未上报计 −2 分。组长加分时多加 1 分，扣分时也多扣 1 分。

3. 项目任务分周报、参观、个性活动等，都要准时完成。

信息服务中心每周协调各项目组提供自己项目的相关信息，编辑成《智慧教育周报》，在青岛西海岸新区全区范围内展示。（感兴趣的同学可扫描右侧二维码查看具体内容）

智慧教育周报

《智慧教育周报》每周提交时间为周一 12:00 前，发布整理时间为周一 17:00 前。《智慧教育周报》编辑部人员构成情况见下表。

《智慧教育周报》编辑部人员构成表

组长	副组长	执行组长	成员
王立新	李健	褚珍珍 葛赟赟	杨琨 刘宏 李晓玫

二、评一评

（一）评价方式

（1）智慧教育考核分独立考核与项目考核两部分。

（2）智慧教育项目组中的“专职非考试科目教师”参照艺体考核方案，由智慧教育研究中心根据《智慧教育项目组考核标准》单独考核。

（3）智慧教育项目组中的“考试、抽测学科教师”参加全校考核或艺体考核，最后按项目组考核办法在最终成绩中加入智慧教育项目考核分。

（4）智慧教育项目组中的“考试、抽测学科教师”，在年度考核中按 1、0.8、0.5、0.3 分四个档次在年度考核最终分中进行加分，根据考核标准按 3∶4∶2∶1 的比例划档加分。

（5）智慧教育项目组中的独立考核人员优秀比例参考艺体组比例进行分配。

（6）智慧教育项目组组长基础管理分为 0.1 分，智慧教育项目分为考核分＋基础管理分。

（7）全校教师积极参与智慧教育项目组工作，服务学校和悦智慧教育研究。

（二）评价内容

下面，我们分别以课堂教学评价、学生德育评价、智慧体育评价、智慧劳动评价为例进行评价内容介绍。

1. 课堂教学评价

学校对教师课堂教学评价采用五步智学课堂评价方法，通过智慧平台对课程内容和教学过程进行多元化、随时化、精准化、科学化评价。该评价主要包括课程内容评价和技术融合评价两部分，其中前者占 70 分，后者占 30 分，具体标准见下表。

青岛西海岸新区双语小学教育集团课堂教学评价标准

时间：__________ 执教教师：__________ 执教课题：__________ 听课教师：__________

阶段	课程内容评价(70分)		技术融合评价(30分)	得分
	一级目标	二级目标		
课前(25分)	任务前置，目标导学(15分)	1. 确定合适的学习目标，符合课程标准要求，符合学生需求，符合教学实际。(3分) 2. 导学要求具体，用学生能够读懂的语言来阐述。(3分) 3. 设计的问题有思维含量，并能促使学生积极地投入学习。(3分) 4. 学生借助悦学单独立预习，能批注、尝试朗读、书写、搜集整理资料等。基础知识基本学会，难点问题能标注。(3分) 5. 能促使学生有自己独立的思考与发现。(3分)	1. 能熟练运用智慧平台上传功能，上传悦学单，然后推送给学生进行自主学习。(3分) 2. 能熟练运用全班作答或分组作答功能进行课前智慧检测，并能进行大数据分析，把握学情，实现分层指导与个性化指导。(5分) 3. 能引导学生利用智慧平台完成朗读、书写、速算、小组共建、问题解决等任务。(2分)	
课中(60分)	小组合作，展示交流(15分)	1. 小组合作：机制健全、分工合理、组织有序。(2分) 2. 参与状态：积极、主动、投入，参与度高。(3分) 3. 交流展示：内容具体、精准，形式多样，学生敢于互动，互相补充、纠错、质疑、解疑、挑战。(5分) 4. 多媒体运用：能恰当突破重点，化解难点，充分发挥多媒体、实物展台等的作用。(2分) 5. 学习效果：学生会学、乐学，收获多。(3分)	1. 能熟练运用思维风暴、连连看、翻翻卡功能引领思维碰撞。(1分) 2. 能运用PK板、随机选人等功能激发学生学习积极性，提高学生参与度。(1分) 3. 能熟练运用学生讲解、拍照讲解、分类、讨论、画廊等功能进行交流展示。(2分) 4. 能利用全班作答、分组作答数据分析学生的学习效果。(1分)	
	教师点拨，总结提升(16分)	1. 教师语言精练、准确，有深度，有层次，有方法引领。(8分) 2. 重难点能突破，总结提升到位。(4分) 3. 精神面貌好，有激情。(4分)	1. 能利用AI微课、动画功能进行重难点讲解。(2分) 2. 能利用随写板、拍照讲解、随堂测验功能进行精准分析与难点解析。(2分)	
	变式练习，创新达标(16分)	1. 教学评一致，针对学习目标进行达标检测，形式可以是口头、书面、实践操作等。(8分) 2. 能及时地纠正错误，做到堂堂清。(8分)	1. 能利用随堂测验功能进行掌握度分析，并能精准分层指导。(2分) 2. 能根据测验数据精准分析并解决全班的共性问题和个性问题，实现全面达标。(2分)	

续表

阶段	课程内容评价(70 分)		技术融合评价(30 分)	得分
	一级目标	二级目标		
课后（15分）	拓展延伸，开放学习（8分）	1. 能设计开拓学生思路或开阔学生视野的内容继续学习。(3 分) 2. 为下节课的学习设计具有启发性的新问题。(2 分) 3. 学以致用。(3 分)	1. 能科学运用资源中心的市区级资源、校本资源、学科网资源等拓展类学习资源，并分层推送给学生。(4 分) 2. 能利用智慧平台的小组学习功能进行拓展学习、合作学习和问题解决。(3 分)	

2. 学生德育评价

和悦智慧学生评价就是对学生进行全方位、全过程、发展性、及时性评价。以大数据为背景，利用现代信息技术，探索学生核心素养评价的“六爱三雅”德育评价，实现了我校德育品牌和学生评价的有效结合。该评价方式利用大数据技术，运用多样化、开放性的评价方法，对学生的成长过程进行记录与分析，让评价过程可视、可信、可比、可用。

“六爱三雅”德育评价方式主要利用校信通 App 对学生进行爱自己、爱父母、爱老师、爱同学、爱学校、爱家乡评价，以使学生达到语言文雅、行为儒雅、情趣高雅。

（1）评价主体。

德育评价包括学生、教师、家长、社区四个方面的评价。学生评价包括自评、互评、组评和班级总评，教师评价可以随时进行，家长评价一般是在家庭生活中家长针对学生的表现进行随时评价，社区评价是在学生参与社区活动有重大表现时社区管理人员给予学生的评价。

（2）评价方式。

学生通过班级综合评价系统进行自评和小组评价；教师针对每个学生的表现通过手机微信进行扫码评价、语音评价；家长通过智能系统对学生的“六爱三雅”行为进行拍照评价、语音评价；社区管理人员可以根据学生在社区中的公益活动进行扫码评价，即用微信扫描学生校徽上的二维码对学生进行个体评价或团体评价。

（3）评价结果。

我们每周对学生的综合评价结果进行数据统计与分析，发现学生的活动规律、亮点和优势，分析学生的不足，并提出帮助策略。根据评价结果，评选出班级进步小明星、爱劳动小明星、孝敬父母小明星、家务担当小明星、热爱校园小明星、卫生小明星、礼仪小明星等，发现每个学生身上的闪光点，用闪光点照亮每个学生的成长之路。

（4）结果运用。

学生可在综合评价中获得一定的积分，积满 10 分可以获得一枚奖章。学生可以利用积分通过智能兑换平台到学校的诚信和悦超市兑换等价的奖品，也可以兑换等价的和悦币进行理财。一枚奖章兑换一元和悦币，以此类推。这种奖励方式提高了孩子的自我管理能力，会让孩子每天都争做最好的自己。

3. 智慧体育评价

学校建设了智慧操场，实现了50米跑、100米跑、立定跳远、仰卧起坐等八大体育运动项目的全智能数据采集与数据分析。通过智能数据平台，学校研发了三段式教师体育评价模型和“1+3”学生体育运动评价模型。

（1）对教师的评价。

学校采用三段式教师体育评价模型进行教师评价。三段式教师体育评价模型主要包含课堂教学完成度、学生体育测评成绩、教师个性化指导方案三个评价模块，主要从以下七个维度进行设计：一是课堂完成度，二是智能运动项目测评数，三是教学微课制作数，四是学生体育运动分析报告，五是学生一对一运动锻炼计划，六是学生体育测试成绩，七是“六环二建”体育诊断案例分析数。

课堂完成度是指本学期教师每节课的完成情况，由教师服务中心和体育组联合进行抽查和评价；智能运动项目测评数是指教师对所任教班级在50米跑、100米跑、立定跳远等常规项目的智能化有效测评次数，每学期每个班每个项目至少测试两次，完成两次数据对比分析；教学微课制作数是指每节课针对学生出现的问题和教学重难点制作的演示动作视频与微课数量，由教师提供给教师服务中心进行计算；学生体育运动分析报告是指每学期分两次根据每位学生的运动数据做出分析，并提供运动分析报告；学生一对一运动锻炼计划是指每学期根据每位学生一学期的运动数据以及出现的问题，为学生提供一对一运动锻炼计划；“六环二建”体育诊断案例分析数是指利用诊断模型分析出来的学生案例数，由教师提交到教师服务中心进行加权计算。

（2）对学生的评价。

学校采用“1+3”学生体育运动评价模型进行学生评价，即从三个维度进行评价设计，最后形成一份学生评价报告。这三个维度分别是学生的体育测试成绩、每个项目的运动诊断报告、教师为学生提供的学期体育运动数据分析报告。三个维度的评价权重分别为40%、40%、20%。

4. 智慧劳动评价

学校建立了智慧化劳动实践基地，对学生进行劳动教育。劳动教育包括学校劳动、农业劳动、家务劳动、社区公益劳动。学校劳动和农业劳动通过劳动实践基地来实施并进行评价，家务劳动通过德育评价系统进行评价，社区公益劳动通过学校志愿服务活动进行评价。这里的智慧劳动评价主要指劳动实践基地的评价。评价内容包括以下三个方面：一是劳动项目的参与，二是劳动技能的掌握，三是智慧化劳动设计的实现。

学校建立了智慧苗圃区、智慧花卉区、智慧种植区、智慧养殖区等劳动区域，每个区域都进行了智慧化物联设计。学生参与智慧设计和劳动实践全过程，获得对不同劳动项目的亲身体验，提高自身劳动技能，养成爱劳动的好习惯。智慧劳动实践项目具体评价标准见下表。

智慧劳动实践项目评价标准

劳动项目：________　　班级：________　　劳动人：________

一级目标	二级目标	得分
劳动理解（15分）	能理解本项目劳动的意义和价值（5分）	
	能理解劳动过程（5分）	
	能理解操作技术（5分）	
劳动操作（50分）	能根据操作要点完成每一步的实践操作（10分）	
	能在操作中发现失误，并及时改正（10分）	
	能在操作中创新操作方法，并证明其有效（10分）	
	操作完成度较高，能较好地完成任务（10分）	
	能熟练讲解自己的操作过程与要领，并能现场展示（10分）	
劳动结果（15分）	劳动任务完成度高，达到了劳动目的（5分）	
	掌握了相应的劳动技能，提高了劳动能力（5分）	
	对劳动有了更深的认识，增强了劳动意识（5分）	
智能物联实现（20分）	能利用编程知识和工程思维设计智能化物联实现方式（4分）	
	能科学选择恰当的开源硬件（4分）	
	能在教师帮助下进行合作式编程设计，实现智能效果（4分）	
	能对智能设计进行纠错（4分）	
	真正达到了智能化管理目的（4分）	

三、考一考

激励与评价是促进项目有序推进的重要措施，更是凝心聚力、团结一致、并肩战斗的法宝。为了使每个项目成为“智慧标杆”，引领教育前沿，我们采取了“独立核算、积分排序、双年不重”的策略，对智慧教育研究中心进行专项独立考核。

智慧教育研究中心独立核算、单独考核，不参与全校教师考评。我们会根据每个人在智慧教育推进中的贡献与任务完成情况、创新研究情况、成果萃取情况、宣传影响情况等进行考核。考核对象包括信息服务中心全体成员和智慧教育项目核心团队成员中的非语文、数学、英语教师。各项目组其他成员参与全校考核，但在全校考核中增加“智慧特色贡献分”（2～3分）。

学校根据参与考核人数为智慧教育项目团队核定优秀比例与名额。为了打造智慧教育全国全省影响力，激励项目团队积极进取、深度研究，学校适当增加考核小组的优秀比例，使其高于全校平均比例，以凸显对智慧教育的重视与支持。

智慧教育研究中心成立专项考核组，由专人负责，根据考核细则制定包含每个人的团队考核积分透明表，通过协作文档，随时记录并公示每个人的工作任务和工作积分。

附　青岛西海岸新区双语小学智慧教育项目组考核细则

为促进学校智慧教育发展，提升学校品牌影响力，激励全体教师干事创业，深入研究智慧教育服务教学的方法与策略，构建科学优质的智慧教育生态，促进学生全面发展，打造优质、立体、精准的智慧课堂，实现处处研究、时时研究、人人研究，特制定本细则。

一、考核对象

智慧教育考核对象为智慧教育研究中心核心团队，包括信息服务中心成员、智慧教育项目组成员。

二、考核办法

本考核由智慧教育研究中心根据评价量表进行独立考核。学校为中心制定的优秀比例高于学校平均比例，中心根据评价量表对考核对象进行积分排序，按照两年不重复原则进行评价。

二、考核内容

智慧教育考核内容主要有智慧项目研究、阶段创新设计、成果萃取物化、学生发展成果、全校智慧推进、参观活动支持、特色活动参与、各级奖项申报、论文课题研究、智慧获奖等十项内容，每一项单独核算，累计加分，最后进行折合统计。

智慧教育项目评价赋分量表

一级指标	二级指标	评价标准	总分
项目设计（20分）	智慧项目研究（15分）	有科学的实施方案，方案具体可操作（2分）	
		有完备的研究模型、分析方式、流程图（3分）	
		有一整套项目体系，包括方案、模型、成果、案例集、数据报表、过程图（6分）	
		有项目实施学期、学年计划表、分工表、时间表（4分）	
	阶段创新设计（5分）	每月至少有1项项目创新设计（每项1分，最高5分）	

续表

一级指标	二级指标	评价标准	总分
成果成效（40分）	成果萃取物化（22分）	有丰富的项目成果，成果有电子版与纸质版（每项2分，最高10分）	
		每月都有新的电子版成果设计，至少10个主题（每月2分，最高6分）	
		每学期都有新的创新成果研究与设计（每项2分，最高6分）	
	学生发展成果（10分）	项目成果能推动学生某方面的发展，有学生案例数据支持，有学生个体大数据分析（每项2分，最高10分）	
	全校智慧推进（8分）	每个月的学生班级覆盖数都有所增加，每增加一个班加2分，最高8分	
学校服务（30分）	参观活动支持（20分）	全面积极参加学校参观活动的各项准备，包括内容设计、设备调试、解说训练、环境布置等（每次1分，最高7分）	
		在参观活动中参与解说服务（每次1分，最高7分）	
		活动结束后，设备快速归位、关闭（每次1分，最高6分）	
	特色活动参与（10分）	根据学校智慧教育发展要求与任务安排，每参与一次特色活动加2分，最高10分	
品牌影响（10分）	各级奖项申报（4分）	每申报一次优秀智慧教育案例且成功批复，根据国家、省、市、区不同级别分别加2、1.5、1、0.5分，最高4分	
	论文课题研究（3分）	每发表一篇智慧教育论文加1分，每立项或结题一项智慧教育相关课题加1分，最高3分	
	智慧获奖（3分）	在智慧教育与人工智能等各项比赛中每获一次奖，根据国家、省、市、区不同级别分别加1、0.5、0.3、0.2分，最高3分	

第十三节　和悦智慧硕果累累

为什么我们的学生在信息科技比赛中频频获奖，有的还成了省市级的“小院士”？为什么我们老师的课例冲进了国家级省级名单，示范课登上了国家教育行政学院的讲堂？为什么我们的教学质量大幅度提升，名列前茅？因为我们开辟了和悦智慧这个师生成长发展的新赛道，这是数字化赋能和悦教育的结果！希望大家继续深度探索，收获更多的幸福！

——2023 年 8 月 23 日，我在双语小学教育集团教师读书会上的讲话

一、学生成长令人欣喜

全校学生在国家级、省级、市级科技类比赛中获奖 718 人次，其中 1 名同学被评为山东省少年科学院小院士，3 名同学被评为青岛市少年科学院小院士，11 名同学被评为青岛市少年科学院研究员。

山东省少年科学院
SHANDONG YOUTH ACADEMY OF SCIENCES

魏珂儿 同学：

在2023年度山东省少年科学院“小院士”评选活动中，被评为 山东省少年科学院小院士。

特颁此证，以资鼓励。

2023年2月

魏珂儿被评为山东省少年科学院小院士

荣誉证书

魏珂儿 同学：

鉴于你在青少年科技教育活动中的突出成绩，授予你青岛市少年科学院第七届“小院士”称号。

特此发证，以资鼓励。

青岛市教育局

荣誉证书

潘保江 同学：

鉴于你在青少年科技教育活动中的突出成绩，授予你青岛市少年科学院第七届“小院士”称号。

特此发证，以资鼓励。

青岛市教育局

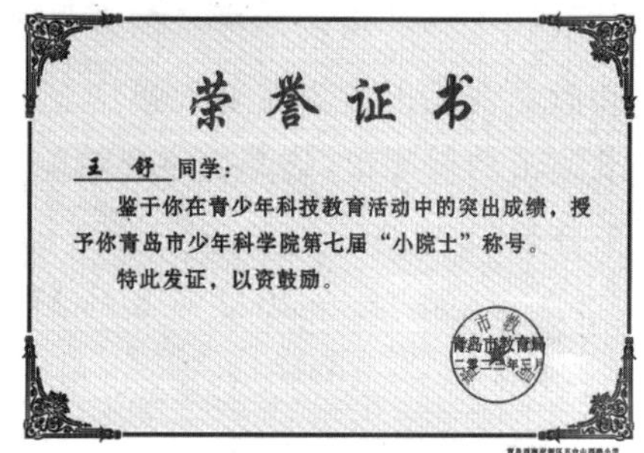

荣誉证书

王 舒 同学：

鉴于你在青少年科技教育活动中的突出成绩，授予你青岛市少年科学院第七届“小院士”称号。

特此发证，以资鼓励。

青岛市教育局

魏珂儿、潘保江、王舒被评为青岛市少年科学院第七届“小院士”

二、教师发展突飞猛进

学校目前拥有3名正高级教师，5名特级教师，3名齐鲁名师，4名青岛市名师，23名市级以上教学能手。

我校115名教师获得省、市、区各级科技比赛一等奖、优秀辅导奖，《智造智能垃圾箱》获得“山东省在线教育项目式学习优秀案例”等荣誉。2021年，在青岛西海岸新区智慧教育素养考试中，我校有35名教师获得满分，满分率为34%，优秀率为100%。

我校青年教师葛赟赟入职双语小学以来，在学校提供的各级平台上快速成长，从一名教学新手快速成长为教学骨干，用短短七年的时间就被评为青岛市教学能手，获山东省中小学实验精品课一等奖、青岛市融合优质课一等奖，在青岛市人工智能教学交流会上进行示范课展示，在青岛市人工智能教育课题教学及应用研究实践共同体结题汇报会上进行示范课展示，在国家教育行政学院举办的“计划单列市‘5+3’深化教育教学改革线上研修班”上进行示范课展示，在《中国互联网学习发展报告》全国交流研讨会上进行说课展示，被评为全国、省、市、区优秀辅导教师，获山东省、青岛市科技辅导员科技教育创新成果一等奖，被评为青岛西海岸新区优秀教师、最美科技工作者。

部分教师的教学成果如下图所示。

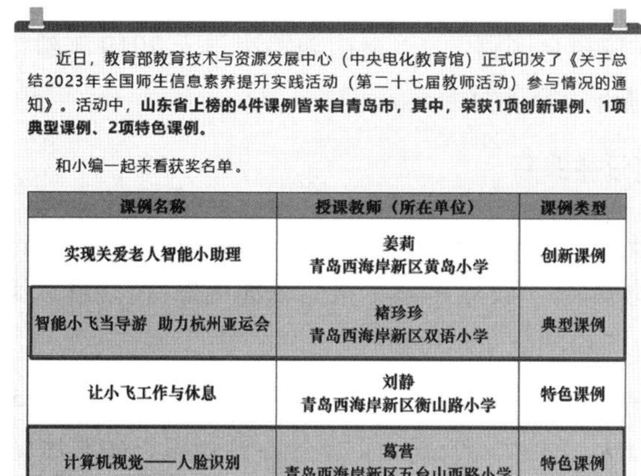

赞！4项课例入选！

青岛市教育局 2024-01-20 14:31 山东

近日，教育部教育技术与资源发展中心（中央电化教育馆）正式印发了《关于总结2023年全国师生信息素养提升实践活动（第二十七届教师活动）参与情况的通知》。活动中，**山东省上榜的4件课例皆来自青岛市，其中，荣获1项创新课例、1项典型课例、2项特色课例。**

和小编一起来看获奖名单。

课例名称	授课教师（所在单位）	课例类型
实现关爱老人智能小助理	姜莉 青岛西海岸新区黄岛小学	创新课例
智能小飞当导游　助力杭州亚运会	褚珍珍 青岛西海岸新区双语小学	典型课例
让小飞工作与休息	刘静 青岛西海岸新区衡山路小学	特色课例
计算机视觉——人脸识别	葛营 青岛西海岸新区五台山西路小学	特色课例

我校两项案例被教育部教育技术与资源发展中心评为 2023 年全国师生信息素养提升实践活动典型课例和特色课例（山东仅四项，我校两项）

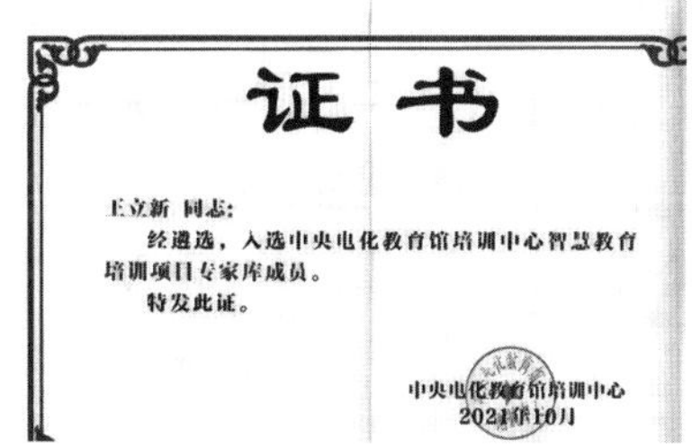

证　书

王立新　同志：

经遴选，入选中央电化教育馆培训中心智慧教育培训项目专家库成员。

特发此证。

中央电化教育馆培训中心

2021年10月

王立新老师入选中央电化教育馆培训中心智慧教育培训项目专家库成员

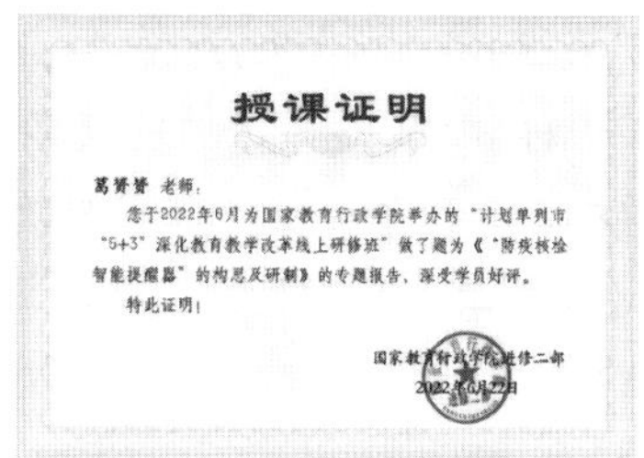

授课证明

葛赟赟 老师：

您于2022年6月为国家教育行政学院举办的"计划单列市"5+3"深化教育教学改革线上研修班"做了题为《"防疫核检智能提醒器"的构思及研制》的专题报告，深受学员好评。

特此证明！

国家教育行政学院进修二部

2022年6月22日

葛赟赟在国家教育行政学院做专题报告

中国教育科学研究院

中国 STEM 教育 2029 行动计划

课题结题证书

课题名称：基于学生全面发展的 STEM 课程资源开发

课题负责人：王立新

课题编号：2019STEM128

核心成员：王海凤、陈慧、李少华、冯海英、吕焕龙、李健、庄沛政、葛赟赟、李如燕

此课题已完成，经专家组评审准予结题，鉴定等级（优秀）。

中国教育科学研究院STEM教育研究中心

（国际与比较教育研究所代章）

二〇二二年七月一日

王立新老师主持的中国 STEM 教育课题顺利结题

三、教学质量一路攀升

星光岛小学于2018年建校，经过短短三年的发展，于2021年获得教学成绩评价全区第1名。双语小学位居全区第2。五台山西路小学于2019年建校，经过四年发展，于2023年获得教学成绩评价全区第7名。

四、群众满意度日益提高

青岛西海岸新区双语小学教育集团各校区均位于城乡接合部，生源一般，但是老百姓看到了我们优异的成绩，不仅年年新生报名场面火爆，而且群众满意度高。我们用行动建设出了老百姓家门口的优质学校。

五台山西路小学一年级学生报名人数连续三年超600人，2023年双语小学一年级学生报名人数超700人，表明学校受到了社会各界和家长的高度认可。一个个感动的故事，一次次家校携手同行的活动，一幅幅家校彼此关爱的温馨画面，镌刻在一面面锦旗上，向人们讲述着那一个个美丽的故事。每一面锦旗，既是信赖、感恩、祝福，也是肯定、鼓励、鞭策，既是对教师辛勤付出的感谢，也是对学校教育满意的见证。

五年级(3)班刘梓轩妈妈说："感谢学校给孩子创设的智慧学习环境，智慧教育的应用使孩子对学习产生了浓厚的兴趣，由要'我'学习转变为'我'要学习，从此爱上学习。智慧教育为孩子提供了丰富的教育资源，老师经常给孩子推送微课、短视频、图片等，孩子都非常喜欢。家长每天都能收到老师推送的孩子在学校的表现，从而使家长清楚地了解了孩子的在校情况。"

五、学校品牌叫响全国

学校在智慧教育方面取得了优异的成绩，先后获得教育部"全国网络学习空间应用普及活动"优秀学校、教育部中小学人工智能教育基地、全国中小学教师信息技术应用能力提升工程2.0优秀案例学校、山东省中小学教师信息技术应用能力提升工程2.0项目学校、青岛市智慧校园建设应用特色学校(引领型)、青岛市人工智能示范校、青岛西海岸新区科普教育示范校、山东省青少年航空航天科普活动优秀组织单位、青岛市模型竞赛优秀组织单位、青岛西海岸新区青少年科技创新优秀组织单位等52项荣誉称号。《人民日报》、央视网、新华网、人民网、大众网、山东卫视、山东教育电视台、青岛电视台、科大讯飞融媒体、校长会等媒体对学校进行过多次新闻报道。截至目前，学校已迎接97次省内外参观活动。

第七章
和悦校长——学校发展的旗手

“杨世臣，青岛西海岸新区双语小学校长。3 年前，带着对理想的追求，他来到了这片充满希望的热土……不到 3 年，他将自己的理念落了地，将自己孕育已久的教育主张——‘和悦教育’丰富成课程，引入课堂，变成体系。”2018 年 6 月 10 日，《中国教育报》第一版报道了青岛教育大步迈向现代化，用两个自然段举了我的例子，是对我作为领军人物的肯定，也是激励和鞭策。

领军人物，就要高举旗帜走到行列前面。作为和悦教育的创建者、引领者，和悦校长就应该是和悦教育当之无愧的旗手。

第一节　一个好校长就是一所好学校——和悦校长的担当

校长是一个学校的灵魂，要想评论一个学校，先要评论他的校长。

——陶行知

中国教育学会名誉会长顾明远说：“一所学校因为有一位好的校长而迅速崛起，也因一位庸庸之辈而日落千丈。”因此，我们说，一个好校长就是一所好学校。作为和悦校长，就要有建设好学校的责任和担当。

一、校长的办学思想是学校发展的灵魂

苏霍姆林斯基说：“校长对学校的领导，首先是教育思想的领导，其次才是行政领导。”

校长的办学思想，广泛、深刻地影响着学校文化，决定着学校发展的方向和高度。正确、切合学校实际的教育思想，是汇聚师生力量、实现学校发展的灵魂。我提出了“以美术教育为立足点，以艺术教育为突破点，以教育教学质量的全面提高为增长点”的三点办学方针，继而提出“以美立校，以美施教，以美益德，以美促智，以美健体”的“以美

育人”办学思想，让偏僻的高阳中学在短短4年间由临淄区教体局头疼的薄弱学校发展为山东省规范化学校、山东省艺术教育示范学校，中考总成绩也由全区倒数跃居全区第一名。在我的“优化资源配置，优化办学体制，优化人才培养模式”办学思想的引领下，朱台镇中心学校以中学为龙头，中小幼相对集中，创建了三大教育园区，早在20年前就实施了学区化管理。在我的领导下，1997年到2000年的4年间，2所中学成为省规范化学校，3所小学成为市级规范化学校，1所幼儿园成为省级示范园，2所幼儿园成为淄博市农村十佳幼儿园。从童心悦读到悦读立人，再到和悦教育，在我先进的教育思想的引领下，金茵小学先后获得“全国中小学思想道德建设活动先进单位”“全国百所德育科研名校”“中国特色教育理念与实践项目学校”“全国优秀校园文化建设先进单位”“国家级语言文字规范化示范学校”“全国深化实施素质教育典型学校”“全国学校艺术教育先进单位”“山东省教学示范学校”等80余项荣誉，并发展成为三校三园的教育集团。

先进的办学思想不会自发产生，一定是校长在创新办学实践中萌生的，一定是校长深入持久地学习、实践和总结出来的。

来到青岛西海岸新区，思考和总结多年办学实践经验，我提出了和悦教育的核心理念。

（1）教育的价值在于促进人的全面可持续发展，促进人不断成长为身心和融、人伦和善、与社会和谐、与自然和美的新人。

（2）快乐、幸福是人的内在追求。学校的一切教育教学都必须与学生当前成长和终身幸福的需求相呼应。

（3）学会读书和做人是学生成长发展的两件大事。阅读可以获得知识，明白事理，启迪智慧，丰盈思想，立起人的精神气象，从而做好人。做好人，不仅需要文明精神，还需要强健体魄。美好人生路，阅读和运动总有一个在路上。

（4）个性发展为全面发展开辟道路，助力人的全面发展。特色创新、特色带动，为全面提高教育教学质量开辟道路，是学校发展的必由之路。

（5）每个人都是独一无二的，每个人的成长发展都无可替代。做最好的自己，是个体成长发展最大的内驱力。学校要创造条件，帮助每一位师生成长为最好的自己。

（6）所有的学习和成长本质上都是个性化的。所有教育教学的全过程都要充分发挥学生的能动性，尊重差异，因材施教，让每一个学生收获到努力学习、茁壮成长的快乐与幸福。

在这样的教育理念的引领下，双语小学迅速发展为拥有双语小学、五台山西路小学、星光岛小学三所公办学校的融合型教育集团。集团办学实施“2-3-12-1-1”工程，各学校教学质量均名列新区前茅，广受家长、社会赞扬；特色办学效果显著，备受专家、领导称赞，国内诸多同行纷纷前来参观学习。

在和悦教育思想的引领下，集团学校大力融合智慧教育，创建和悦智慧校园，赋能教育教学，加快了发展的步伐。2020年，五台山西路小学被教育部办公厅表彰为“优秀学校”；2023年，双语小学被评为“教育部人工智能教育基地”，我受邀到教育部数字教育与数字教研共同体研讨会上发言，又受邀到2023年学校供餐与学生健康国际研讨会上做典型发言（全国唯一学校代表发言）。

二、校长的文化引领是师生成长的导航

校长的办学思想是通过文化的方式引领师生成长的。对校长来说，“文”就是办学思想、办学追求等，“化”就是将这些“文”，“化”到师生的心灵深处，“化”到师生乃至学生家长的日常言行中。

作为设计者、塑造者、传播者和引领者，校长对学校文化建设的引领作用非常重要。这个引领，要着眼师生长远发展、人生幸福，既要高瞻远瞩，又要务实创新，即汇聚师生和家长的聪明才智，让和悦教育思想和理念转化为具体的现实场景，让文化潜移默化地浸润师生的心田，以文化人，以文育人。

双语小学校门口最醒目的地方用金色大字呈现了学校的育人目标：“培养厚德乐学、自主合作、具有国际视野的卓越少年。”在和悦楼与悦动馆顶部，用醒目的大字分别展示了学校的办学宗旨“帮助每一个孩子拥有幸福人生”和办学方向“让学校成为师生共同成长的乐园”。这样让师生进校时就能看到学校的办学宗旨和办学方向，心中有明确的成长目标、奋斗方向，进而内化为自我成长和发展的精神力量。

校园显著位置坐落着厚重又浑然一体的“以爱育爱石”。走进校园，一只大鸟正在哺育小鸟的生动情景就会映入眼帘，激发出学生心底的爱，化为成长发展的不竭动力。

校训石位于学校的中央大道，寓意着把学生放在学校正中央。一本展开的书，朴实厚重，上刻六个鲜红的大字“读好书，做好人”。学生一进校门就可以看到它，耳濡目染，就能生成巨大的成长力量。

为了联通实物与文化，打通物质文化与精神文化，引领师生和悦成长，我这样阐释校训：

1.“读好书”

（1）好好读书。在读书学习上，下足力气，用足心思，竭尽才智。

（2）读经典的书。时光宝贵，书海无涯，要选择经典好书，在有限的时间内获得最大的效益。

（3）把书读好。向读书要知识，要素养，要智慧，要成长。读有字之书，读社会人生无字之书。践行所读所学，付诸做人做事实践，丰盈灵魂，沉淀思想。

（4）养成勤奋读书学习、勇于反思践行的好习惯。

2.“做好人”

（1）做个好人，把自己这个大写的“人”做好。主动读书学习，努力提升自己的品位，使德智体美劳全面和谐发展，不断进步，成长为最好的自己。

（2）做个优秀的人。自爱、自尊、自强，不断学习，力争上游，努力做堪当重任、有益于众人、有益于社会文明进步的人。

（3）养成不断提升自我、与人为善、追求卓越的人生态度和行为习惯。

3.“读好书”与“做好人”的关系

（1）“读好书”是“做好人”的必经之路。人的成长，核心是思想和灵魂的成长。“读好书”是增长人的学识、充实思想、洗涤灵魂的重要路径。通过“读好书”，可以提升“做好人”的能力和水平。

（2）“做好人”是“读好书”的根本动因和价值追求。“做好人”为“读好书”提供了方向指引和内在动力。读书学习若不能转化为“做好人”的行为实践或内化为德智体美劳品位的提升，则“读好书”的目标追求就没有达成。“做好人”是一个不断提升的过程，因而它能给“读好书”提供源源不断的指引与动力。

（3）“读好书”与“做好人”相辅相成，密不可分。“读好书”本身就是在“做好人”，就是在历练“做好人”；而“做好人”本身蕴含着“读好书”的成分。离开了“做好人”的追求，“读好书”就难以开花结果；离开了“读好书”的加油助力，“做好人”就难以为继。只有“读好书”与“做好人”紧密结合，才能让幸福人生行稳致远，一路美景。

给每一栋楼都起一个和悦的名字，如和悦楼、童悦楼、童趣楼、福悦楼、悦动馆、悦艺馆、悦味厅，让校园里的每一级台阶都有爱，每一株花草都有情，每一块石头都能说话，每一面墙壁都能育人，营造出浓厚的育人环境和氛围。

音乐喷泉，每个课间都随着音乐有节奏地此起彼伏，应和着孩子们的欢声笑语；悦趣园，亭台飞檐，小桥流水，鱼儿嬉戏；明德园，山楂树、桃树、杏树、梨树、柿子树……树木种类繁多，春天芳香满园，秋天硕果累累……

诗意的园区文化，特色的楼道文化，亮丽的大厅文化，多彩的班级文化，这些文化融进了孩子们的生命。

与精神文化、物质文化同步，校长追求卓越的行为文化也深深地影响着师生的成长。即使上级说校长不必参加暑期计算机考试，我也会主动参加，还会挤时间刻苦学习，争取荣获第一名；即使是年复一年的假期课程，我也要年年三审，召集有关教师和家长开专题会，反复研讨最佳课程设计与实施方案，商讨开学后的终结性验收评优与相关奖励措施。至于迎接省市在本集团举行的现场会、验收会，更是会力求各个环节设计一流、过程一流、成效一流，绝不留有遗憾。全力以赴、执着专注、一丝不苟地对待学习和工作，坚持最高标准、最严要求，精心设计，精心琢磨，不断精进，带领师生乃至家长努力拼搏，奋力上进，不断创造令人惊叹的奇迹，从而赢得优势，赢得主动，赢得未来，将双语小学建设为青岛市名校，发展成拥有三所公办小学的教育集团，以及被教育部表彰的优秀学校。

三、校长的人格魅力是凝聚团队的磁石

校长的人格魅力是校长教育情怀、道德风范、知识修养、心理素质、言行仪表等方面的综合体现，是权力之外的对他人的影响力。

著名教育家乌申斯基说过："在教育工作中，一切都应以教育者的人格为依据。"由此可见，校长如果不给师生以崇高人格的影响，校长本身的教育作用就会大打折扣。从一定意义上说，具有人格魅力的校长是师生人生道路上的导师和楷模，是师生身边鲜活的现实教科书。

校长是对师生影响深刻的人，是师生心目中的偶像。可以说，具有人格魅力的校长，是师生人生道路上的典范和标杆。

校长要把祖国繁荣、人民富裕、社会进步的人生追求落实到"帮助每一个孩子成长为最好的自己"的具体工作中，倾情于教育事业，关爱每一位师生。校长要努力学习，敢为人先，改革创新，创办卓越学校，为师生的幸福人生奠基。校长要正直诚实、公正无私、实事求是、唯才是举，堂堂正正做人，认认真真做事。校长要发挥师生和家长的聪明才智，紧紧依靠师生，引领师生，发展师生，成就师生。贴近实际，才能最大限度地激发师生成长发展的潜能，帮助师生更好地成长和发展。这是校长人格魅力的根本。

校长的人格魅力主要体现在教育情怀、道德、才能和精神四个方面，既包括为人楷模以及对工作高度负责的责任感和使命感，也包括个人素养和决策风格，还包括对事业的孜孜以求以及豁达大度的个性品质。

双语小学教育集团名师荟萃，一个很重要的原因就是和悦校长的人格魅力。校长钟情教育、坦诚正直、干事创业的激情和卓有成效的创新实践，吸引着热爱教育的优秀教师，成就着师生的人生追求。双语小学建校仅 9 年，已经拥有正高级教师 3 位、齐鲁名师 3 位、特级教师 5 位、青岛市名师 4 位、市级以上教学能手 23 位，达到不足 200 名学生就有 1 位市级以上名师的配比。

齐鲁名师、特级教师、正高级教师林宏校长说："虽然我是 2019 年 8 月经人才引进来到双语小学的，但是实际上是杨校长的人格魅力、学识魅力打动了我，是杨校长干事创业的一片赤诚打动了我。所以说，我来双语小学算是一种追随。"

星光岛小学学生服务中心主任兼英语教师薛景说："我是从黄岛小学调过来的。走过三个学校，见识过多位校长，真的是被杨校长的魅力吸引了。我非常敬畏杨校长。他安排什么事，大家都很乐意干。学校里有活动，一呼百应。昨天我在家委会群里说了句'杨校长要来座谈'，就有家长要打稿子。我说不要那个，有时间就来随便聊聊，有什么说什么就行。杨校长常在家长会上讲话，真的是用魅力征服了家长。"

第二节　做最好的自己——和悦校长的特质

我和大家说，昨天在中国石油大学（华东）举行全区中小学运动会，田超主任兴奋地告诉我昨天的成绩。家长们，猜一猜我们是第几名？哎呀，你们怎么知道是第一名呢？还真是第一名！我就很感慨：我们这个建校不到两年的小学校，从入场式到啦啦操，再到竞赛成绩，为什么这么出色呢？我们的孩子就是追求卓越，誓争第一！这就是我们的特质！

——2016 年 5 月 15 日，我在双语小学家长会上的讲话

一、和悦校长的界定

和悦校长，是坚定贯彻党的教育方针，模范落实立德树人根本任务的校长；是拥有家国情怀，怀揣教育强国梦想的校长；是自觉践行和悦教育，引领师生和家长走向和谐幸福的校长；是勤于学习，不断创新，奋力进取，追求卓越的校长；是直面困难，勇于担当，为人师表，敢于说“向我看齐”的校长；是关爱师生，民主协商，具有强大亲和力的校长；是善于总结提升，不断丰富教育思想的校长；是挚爱教育事业，热心教育公益，拥有丰富成果和广泛影响的校长。

二、和悦校长的特质

2015 年，青岛西海岸新区教体局领导面对全区校长称赞我们：“双语小学创造了青岛西海岸新区的奇迹，用一年时间走过了其他学校三年甚至四年才能走过的路程。”

2017 年，东方影都项目组在星光岛创建了公办小学，协调青岛西海岸新区教体局在全区挑选校长，最终选定了我。同年，区政府开始建设五台山西路小学，2019 年 6 月基建收尾前，教体局领导几经权衡，决定还是由我任校长。领导为什么这样选择？是因为和悦校长的特质，即成就师生、追求卓越、“向我看齐”、热气腾腾。

（一）成就师生——和悦校长的教育情怀

教育是一项通过培养人奠基民族复兴的伟大工程。我全心爱教育，倾情去经营，真心爱师生，用毕生去创造优质教育，促进学生成长成才，满足教师成长发展的需求，使学校成为师生共同成长的乐园。我改革以往学校的组织结构，实施扁平化管理，创设四大服务中心——学生服务中心、教师服务中心、行政服务中心、后勤服务中心，设置一至六

年级服务中心、信息服务中心、艺体服务中心，把服务和教研的指挥部放在离学生、离课堂最近的地方，强化管理的服务、赋能作用，将权力下移，这样反应快捷、权责明晰。

作为和悦校长，我把“帮助每一个孩子成长为最好的自己”作为价值追求，带领师生建设和悦文化，实施和悦管理，强化和悦德育，开发和悦课程，打造和悦课堂，促进学生全面而有个性地成长。

作为和悦校长，我努力让学校成为师生共同成长的乐园，通过逼、导、诱，帮助教师走专业阅读＋专业写作＋专业发展的“三专”之路。依法治校，以情治校，引领教师学习研究，健康工作，追求终身和悦发展。

（二）追求卓越——和悦校长的行为品质

2016年7月2日，我在六年级学生毕业典礼上这样启发、教导学生：“作为和悦校长，我追求卓越，要做就做最好。通过打造一流的教师队伍，建设一流的文化、一流的课程、一流的德育、一流的课堂、一流的特色，实现一流的教育教学，实现师生的卓越成长。”

我追求卓越，给团队的影响就是高标准、严要求，誓争一流。我要求活动每一分钟都有价值，每个环节都精彩，每一次展示都出彩。哪怕是一次级部家长会，也要反复讨论方案，不完美不定稿。级部主任讲话经过集体讨论、校长审核；学生、教师、家长讲话稿和课件由级部分管领导审核；音乐团队排练的开场节目要经过选拔；从开场节目到级部教师亮相，再到发言人讲话，必须彩排；所有发言必须脱稿；用拉绳定位的方式摆放座位，700多把椅子像仪仗队列，横看、竖看、斜看都在一条线上……教职工把这种工作要求自豪地称为“和悦标准”。

（三）“向我看齐”——和悦校长的人生本色

2014年8月26日，我在教师见面会上这样表态：“第一，给每一位教师提供适合成长的平台；第二，公平公正地对待每一位教师；第三，让教师有尊严地、体面地生活和工作；第四，带领干部团队敢于说‘向我看齐’。”

作为和悦校长，我坚持率先垂范，以身作则：要求师生做到的，自己首先做到；要求教师在全区信息化技术考试中得高分，自己就力争考满分。这样让自己在师生和家长面前真正有说“德才识学，向我看齐！”的底气。

为让民主协商确定的公约“说话”，我把和悦公约当成学校“法律”，严格遵守，带头实施，公平公正地对待每一位教师，用公约考评的数据说话，绝不人为干预评先树优和职称评定。

我引领干部工作生活化，在工作和研究中享受成长的乐趣。引领师生把读书和研究当成生命的组成部分，向外学习、融通，向内吸收、生长，无论是做教师还是做校长，要做就做最好！

怀揣教育强国梦想，心系师生幸福成长，我引领团队凝练并践行了和悦教育思想。

不畏艰难，勇于担责，我开创了集团化办学模式，让更多的孩子享受到优质教育。

（四）热气腾腾——和悦校长的生命状态

2020 年 7 月 7 日，在双语小学六年级学生毕业典礼上，我这样激励毕业生："什么叫热气腾腾？是热情、自信、坚定地走向'诗和远方'，是有滋有味，是敢爱敢恨、蓬勃向上、风风火火地闯九州。"

作为和悦校长，我每年正月初一下午开始上班，节假日都在学校学习和做研究。日常早上七点上班，晚上七点下班，整日朝气蓬勃、斗志昂扬。

我热爱读书，每日健身，要求教师跟我读书，跟我健身。

我满怀激情，干事创业有使不完的劲儿，谈起教育、学校、教师和学生，眉飞色舞，有说不完的话。

我努力做有温度的校长，每学期都以各种方式为教师送上关心和祝福，把学校营造成大家一心干事、相互成就，师生和家长都喜欢的幸福大家庭！

用拼搏的姿态工作，用优雅的姿态生活，热气腾腾地活着，这就是我作为和悦校长的生命状态。

第三节　向下扎根——勃勃生机的源泉

毛主席说:“我们队伍里边有一种恐慌,不是经济恐慌,也不是政治恐慌,而是本领恐慌……学习本领,这是我们许多干部所迫切需要的。”校长要战胜本领恐慌,提高自己领导学校的本领,再也没有比学习更便捷划算的了!学习本身就是一种幸福!

——2006 年 8 月 17 日,我的个人日记

一、享受学习

校长首先应该是一位优秀的教师,是德才兼备的教育教学的行家里手。校长还要能带领教师团队开展文化、业务学习,用最新的教育教学理论武装教师,用先进的科学文化知识充实教育教学内容,使学校的教育教学服务于师生成长发展的需要,服务于社会发展对未来劳动者的需要。这就要求校长先行一步,做师生成长的示范者。“问渠那得清如许,为有源头活水来。”学习就是校长成长的源头活水,源头活水不足,校长的成长之花就会枯萎。学习能力是一个人的最大发展力、核心竞争力。校长要带领师生以学习求成长、求发展,并在不断的学习中成长为师生的精神领袖。

(一)以学为乐,率先垂范

学校,学即学习,校是场所,学校就是专门用来学习的场所。离开了学习,学校就会失去存在的价值。学习是连通理论与实践的关键,是进步的先导。学校教育的中心工作,是帮助学生学会学习、勤奋学习,使其养成独立自主学习的习惯和能力。校长努力学习,做好表率,校园才能绽放文化的芳香,滋润师生的幸福人生。

读书时间很宝贵,我大块时间的读书学习在一早一晚。读苏霍姆林斯基的著作,我从刚开始沉醉于阅读《帕夫雷什中学》,到后来研读《给教师的建议》《和青年校长的谈话》《学生的精神世界》《怎样培养真正的人》《把整个心灵献给孩子》《把心献给孩子》,再到对多种版本《苏霍姆林斯基选集》的购买、珍藏与批注式阅读。学思结合、与工作结合让我的教育教学工作和管理工作不断呈现新景象,让我在工作生活中脱口而出的名言警句能给师生以激励和启迪,让我在做各种报告时能很快走进听众的心灵深处,激起共鸣。

读书让我感到无穷的乐趣。学生和教师在默默地向我学习的过程中也收获了很多的成长和幸福。

学生谢丽早已是临淄区教学研究室教研员、科研室主任，那天读到她发在公众号上的下述文字，我才意识到：只是静心读书，就能深远地影响一名学生！校长做好自己，塑造努力学习的形象，对师生的教育影响力简直大到难以想象！

读初三时，一个周一的早上，天刚蒙蒙亮，我推开门一看，白雪皑皑……决定按时到学校参加训练。从村南头的家到村北头的学校大约有一公里的路程，路上一个人也没有，很害怕。

终于到学校了，放眼望去，操场上一个人都没有，只有凛冽的寒风。整个学校黑灯瞎火的，只有教我语文的杨老师的宿舍里亮着一盏灯。看到灯的那一瞬间，一股暖流漾满我的心田，我悄悄地走到窗边，踮起脚往屋里看：杨老师正在读书，握着我们熟悉的那支红笔勾勾画画。那一刻我全身充满了力气，怀着战士走向战场一样的豪迈情怀，迈开步子在偌大的操场上跑起来。那天早上，高阳中学的跑道上印满我一个人的脚印。

也许杨老师并不知道他晨读的灯光与身影鼓舞着一个晨练的学生，更不知道在以后的岁月里，灯光、身影和脚印成为她克服一切困难、汲取前进动力的源泉。

执行校长邵学忠自豪地向来校参观的领导和校长们介绍："去年局里组织智慧教育技术应用考试，我们杨校长呢，虽然全校年龄最大，又担任三个学校的校长，还兼任国家、省、市多个级别的名校长工作室的主持人或培训基地的导师，工作特别忙，完全可以免考，但他还是坚持学习。暑假期间，我们来校园就能看见杨校长在学，在练。考试那天，几个外校老师见杨校长也去考试都很惊讶。让我们更惊讶的是，杨校长的理论和实操都是以满分通过的。"

（二）问计于书，问计于民

"问计于书，问计于民"，前半句指的是读书学习，向书本请教；后半句指的是向他人请教。读书是学习，向他人请教是更直接的学习。

读书实在是天下第一好事。花不多的钱，就能见识人类至今最宝贵的精神和思想；走最短的路，就能学到他人多年求索甚至几代人艰辛努力才能得到的成功经验。读书是多么有价值的精神成长和学识攀升，是多么幸福的一件事情！苏霍姆林斯基在《给教师的建议》中倡导教师"要把读书当作第一精神需要，当作饥饿者的食物"。教师当如此，校长更当如此。

除非是招待客人，我对吃饭不讲究，但对于买书和读书却舍得跑腿、花钱、出力气。有时会跑很远去选书、买书，然后见缝插针地读。

我学历较低，中等师范学校毕业即参加教育工作，边工作边学习成了习惯。我利用业余时间自学，通过了高等教育法律专业自学考试，攻读了教育管理本科（函授）。同时，我读魏书生、于漪的书，也读皮亚杰、苏霍姆林斯基、夸美纽斯的书，读书燃起我富有创意的思想火花、奋斗火焰。即使是外出开会、做报告，我也会随身带几本书，有空就要阅读。因刻苦自学，我被山东省教育厅、人事厅、科学技术委员会等五个部门联合表彰为“山东省职工自学成才者”。读书照亮了我的成长之路。

困难和问题逼我问计于民，即问计于师生，问计于家长、同事和领导。诸如如何凝聚人心、改革图存使基础薄弱的学校迅速崛起，如何破解两个乡镇合并引发的教师相互猜忌的难题，如何让师生多读书，如何破解大班额难题，如何创办一所卓越的学校，都不得不问计于民。

校长问计于民最便捷的方式就是与师生聊，与家长聊，发现真实的问题，获得解决问题最现实的方法。问计能统一大家的思想认识，融合众人智慧。问卷调查、征求意见、“我的一个金点子”、集体讨论、个别谈话、座谈交流等都是问计于民的好方法。问计于民，就是虚心请教，向师生、家长学习。双语小学创建之初的问计于民，无心插柳般地传播、丰富了和悦教育思想。

实地考察也是学习和请教的一种方式。1999 年，临淄区教体局安排我到上海挂职，在此期间，我挤时间考察了上海十几所名校，审视了自己的工作，写成了《淄博日报》上连载的《上海挂职随笔》。我曾率队到西柏坡参观党的七届二中全会旧址，参观毛泽东等老一辈革命家当年生活和工作的地方，重温入党誓词，深入学习“两个务必”，激发了教育强国情怀，焕发了艰苦奋斗精神。我受邀到云南新时代学校文化建设高峰论坛上做专家报告，傍晚挤时间参观了西南联合大学旧址，感受到在民族危亡关头，在简陋的环境中，先贤的教育救国情怀和卓越贡献，心底涌动起阵阵教育强国的激情。

“读万卷书，行万里路”之外，还需广交朋友，向各界精英学习。我结交了山东高阳建设公司董事长、山东兴武集团公司董事长，他们分别投资数百万兴建教学楼，支持朱台教育园区建设。近 20 年来，这两座教学楼一直是朱台镇中心小学和高阳小学的主体建筑。和企业家做朋友，几家企业成了学校教师的培训基地。和全国名校长崔其升交朋友，请他到校指导课堂教学改革，显著提升了学校课堂教学的活力。在与崔其升的交往中，我用心探究他成长为全国名校长的密码，结合自己的成长阅历写成了 6 000 多字的《厚德载物，自强不息》，并发表在《中小学校长》上。

向自己的实践学习，探究自身办学实践成功的内在规律，让我形成了独特的教育思想理念。

（三）学思结合，学以致用

向书本学习，完善知识结构，提高综合素质；向众人学习，汲取智慧，提高修养；向实践学习，增强本领，提高能力。这些都离不开思考。

思考当前学校最需要改革什么，如何改革。思考如何在传承中改革创新。思考如何更好地营造民主、平等、和谐的环境氛围，帮助学生主动学习和特色发展。思考学校领导干部和教师都有哪些优点和不足，从自身思考产生这些不足的原因。思考如何帮学校领导干部和教师长善救失、个性成长。只有这样不断深入地思考追问，才能在帮助师生成长和发展的过程中实现自身更好的发展。

学以致用，就是将所学知识用于解决现实问题。

“吾生也有涯，而知也无涯。”学习要坚持聚焦工作、问题导向，聚力破解教育教学中存在的现实问题。

根据本校实际，我化用杜郎口中学课堂教学评价量表，催生了我们自己的课堂教学方法——五步教学法，提高了教学质量。我利用《弟子规》丰富了我们的《六爱三雅》校本教材，提高了教学质量。这是直接化用他人的经验成果。魏书生校长有一个让学生回家做家务，培养学生家庭责任意识的好做法，我学来指导家长重视孩子这方面的家庭教育，提高了众多家庭的教育水平。苏霍姆林斯基在《给教师的建议》中说：“我坚定地相信，少年的自我教育是从读一本好书开始的。”我深入领会，用其指导童心悦读，帮助学生养成良好的读书习惯。参观海尔工业园区，我想到了整合朱台镇的教育资源，创建了三大教育园区，显著提高了全镇教育教学质量。这是运用他人的做法或思想观念指导本校工作的学以致用。通过研究任正非，我的思想和追求跃升到一个新的境界，这是个人精神方面的学以致用。

在新学期开学典礼上，我面对全校师生背诵了袁枚的诗《苔》：

杨校长新学期开学典礼致辞

苔

白日不到处，青春恰自来。
苔花如米小，也学牡丹开。

背诵后，我一句一句地解读，引导学生进入诗的情景：在和煦的春光里，在人们看不到的潮湿阴冷的地方，苔在拼命地萌动，即使在阴暗潮湿的环境中，也要绽放自己的精彩。苔花很小，很小。多么小？像米粒那样小。但是，它不看轻自己，它要像牡丹花那样，绽放自己生命的精彩，成为最好的自己！在引导学生加上动作和表情背诵这首诗后，我要求每个同学当晚回家背诵给家长，并录一个视频分享给老师和同学。我这样学以致用，将不惧困难、积极向上的人生观教育具体化、形象化，显著地激发了学生的积极性、创造性。我在为全体学生创造学习展示、收获幸福和成长机会的同时，也为教师做了榜样示范，起到了教育引领作用。

“纸上得来终觉浅，绝知此事要躬行。”善于学习者，必是躬身实践者。实践是检验学习和认识的最终标准，是提高学习能力的根本动力。用教会别人作为自己学习的过程，学习的主动性和成就感会更高，探究也会更广更深。所以，创造更多的机会让师生参与研究项目，分享自己的知识、经验，可以让他们获得更多的成长和幸福。

实践不是学习和认识的终结，而是新认识的来源。反思学以致用的实践过程，获得经验教训，是形成新思想、创建新理论的源泉。反思实践—收获新知—付诸实践—反思实践，如此循环往复，螺旋上升，就可以在改变客观世界和自身的过程中不断地成长和发展。和悦校长的成长和发展也是如此。

（四）学习生活化，生活学习化

学以致用的全面深化，就是学习的生活化，生活的学习化。

只争朝夕的读书学习之外，校长更多的学习是一种带着对现实问题的思考的调研学习，是片段化、网络化、感悟式的学习。这种学习包括随手翻阅和与人交谈，是一种生活化的学习。校长即便任务繁重，也能保持精神饱满、观念领先和精准高效地领导，更多地依靠的是生活化的学习。要做好校长，就必须让学习成为一种生活习惯。

让学习成为生活习惯，我的主要经验，一是结合工作思考生活中的一切，二是每日“三省吾身”和写工作日记。

我讲话、做报告无论时间多长，绝不看稿子，却依然能够做到激情洋溢，引人入胜，这得益于我坚持学习的习惯。早在参加工作时，我就开始写日记，从未间断过。日记的主体内容，往往先回顾、反思当天或近期学习或工作上的得失，总结经验教训，然后谋划近期的工作。通过雷打不动地写日记，我渐渐地养成了每日反思的习惯，具备了反省自我、超前谋划的本领。平日吃足苦头学习思考，丰盈学识思想，讲话、做报告时自然就有话可说了。

我有一个观念：让黄瓜成为最好的黄瓜，让茄子成为最好的茄子，让每一个孩子成为最好的自己。这个观念，就是在家看妻子打理小菜园时，将种菜与育人相联系而萌生的。事实告诉我们：你种下黄瓜，它长不成茄子，你种的茄子也绝不会长成西红柿，你只能让它长成最好的自己。学校教育也是这样，我们只能在提供给学生成长所需的阳光雨露的基础上，顺着每个学生的天性和他个人的实际，给予必要的个别指导，使他成长为最好的自己。

教育可以改变生活，但教育更多的是源自生活需求。“人法地，地法天，天法道，道法自然”，生活中随时可学的东西很多，因而向生活学习，思考生活中遇到的一切，是学习生活化的内在要求。同时，学会做人、学会生活也是人终身成长的必修课。生活学习化对于师生的成长发展尤为重要。

二、深耕课堂

（一）立足课堂，筑牢成长基石

首届国家最高科学技术奖得主、世界级专家袁隆平，他的成功在于稻田。袁隆平也是一位教师，他说：“我带研究生有一个要求——你下不下田？你不下田我就不带。”

那么，校长的成功在哪里？在校园，在课堂。课堂是教育思想、教学理念落实到位的前沿阵地。

课堂是学校教育教学的主阵地，是师生生命发展最具活力和智慧的地带，是教育的理想与实践相互融合、共生共长的摇篮，是滋养和悦校长的源头活水和肥沃土壤。离开课堂教学，校长的教育理想就是空中楼阁，难以真正转化为教育教学实践；离开课堂教学，学校的特色建设就难以真正开花结果；离开课堂教学，校长促进学生成长、教师发展就缺少了现实针对性，课程课堂领导力就会大打折扣，创新能力的提升就会成为无源之水、无本之木。深耕课堂，是校长与学生和悦的必由之路，是校长与教师和悦的必由之路，是校长与教育教学和悦的必由之路，是校长走向和悦的切实可行之路。况且，校长是教师的教师，只有深入课堂，深耕课堂，才能深切理解课程，理解教师和学生，为教师的教育教学提供及时的、切合实际的指导，才能真正领导好一所学校。

（二）探索研究，做课堂教学的行家里手

校长首先应该是一位优秀的教师，否则就难带领全校教师搞好教学，建设优质学校也就无从谈起。

做校长前，我潜心研究与探索中学语文教学近 10 年。我的教学绝不照本宣科、循规蹈矩、亦步亦趋，而是贴近生活、上挂下联、旁征博引，帮助学生张扬个性。教授《俭以养德》，我会以党和国家领导人的简朴导入；教授《谁是最可爱的人》，课堂上会响起《中国人民志愿军战歌》的歌声。我的语文课上，学生会随时感受到挑战和展示的乐趣。我教授的语文课，课堂效率很高，教学质量常常名列前茅。担任政教主任后，我仍努力改进自己的课堂教学。担任校长后，我仍牢牢坚守教学业务这一原阵地，不断筑牢专业领导力的根基。任城区小学校长后，面对全区教学能手，我一边学习，一边下大力气探索小学语文教学。2010 年暑假，我躲进青州深山近一个月，结合平日教学实践，深入研究小学语文的教法学法和全套语文教材所有课文的多种名家教学案例，探究课堂教学的内在规律。汗水和智慧让我成长为山东省小学语文特级教师，成长为山东省小学语文教学研究会理事。

根据强化德育工作的现实需要，我又从国家相关课程设置的思想入手，深入研究国家课程标准和国家中小学思政课一体化新思想，系统研读小学思想品德课教材。教材改为《道德与法治》后，我又反复研读小学段全套的《道德与法治》。此外，我还结合自己的教学实际，与有关教师研究教学方法，研究导入、板书、提问与互动的方法，研究优秀教学案例，带领教师不断提高教学质量。对课堂的深耕，又让我成长为道德与法治科目的正高级教师。

（三）深化改革，激发课堂生命力量

深耕课堂，就是要相信课堂这片沃土能够承载参天大树，能够滋养芬芳的鲜花，就是相信师生有无穷的力量。深耕课堂，就是要沉下去，发挥校长的特有作用，充分激发课堂深层次改革的力量。深耕课堂，还要用课堂教学的视角审视、探究并破解学校工作中制约教学的诸多现实问题，不断优化行政、后勤等各个服务中心的工作，把全校的力量汇聚到强化教学一线上来，“让听到隆隆炮声的人有指挥权”。

建设和悦课堂，我和教师一起听课评课，反复探索研讨，用课堂教学评价量表推进改革，从设计到实践，从实践到理论，不断用先进的理念武装教师，不断用新的共识推进课堂教学改革。和悦课堂“和”于师生发展需要，与时俱进，由五步教学到五步智学，再到线上线下混合教学、5G 全息课堂，让名师资源发挥最大效益。3163 课堂教学数据分析系统，9331 教师特质数据分析系统，新教师四维 1463 教师行为数据分析系统，学生学习力数据分析系统，语文、英语 AI 智能听读数据分析系统的运用，使精准的因材施教和个性学习成为现实，使集团学校的教学质量持续提高。

三、经营团队

（一）做好学校教育的首席执行官

校长，是学校教育的首席执行官。作为校长，我始终把教育学生、培养教师、引导家长摆在重要位置，这是校长专业成长的根基。

每个学校都会有令教师和家长头疼的学生，需要校长“特别关照”。

2017 年的一天，我接到一金姓家长的电话。他儿子近期不好好学习，那天还在学校连廊上撒尿。他将孩子带回家狠狠地揍了一顿，可孩子一脸不服气。他没招了，打电话向我求助。我把孩子请进了校长室。

我：我只和你谈三点。第一，你这个孩子吧，很聪明，很活泼。

生：为什么呀？（他抬起头来）

我：你为什么能这么调皮呀，就是因为你很聪明啊，你精力过剩啊，你乐于表现啊！凭我 30 年做教师、20 年做校长的经验，我认定你这样的孩子将来是很有出息的。

生：真的吗？

我：真的！第二，你不是不想做好，可惜呀，偶尔管不住自己，精力没用到对的地方。（这时他的眼里有了亮光）第三，你未来一定是学校优秀的学生干部，还是学习成绩优异的学生。校长相信你。

说完，我把早已准备好的学校吉祥物“和和”送给他。

我：我相信你一定会做好！我记住你了。校长期待着你，每天都会关注你。

一周后，金姓家长的电话再次打来：“那天回家，他先是把自己关在卧室里，坐在那里一动不动，不说一句话，出神了许久。从下午起，自己就在那里读书学习，从来没那么认真过，学了两个半小时。我们担心他太累了，就让他先不要学了，他说不用我们管。这几天，他对弟弟也好了，我们说话也听了，晚上也打扫卫生了。真是变了。您是怎么教育的呢？”

因为对教师充满期待，所以对他们的教育培养就更加责无旁贷。

侯老师是体育教师，全国著名大学的研究生，主教足球。应家长请求，寒假我安排他带孩子练球。他不情愿，早晨到了学校也不辅导。操场上有孩子没老师，我打电话问他在哪儿，他说在学校操场。到了校长室他慌了，怎么也没想到都腊月二十四了校长还来学校，就搪塞说刚才在办公室忙。我怒不可遏，连珠炮砸了过去。

看侯老师懊悔透了，我缓和了语气：“你从聊城来，我从淄博来，我们都是来创业的。有作为才会有地位。你放心，我每天和你来学校，你什么时候下班，我什么时候下班，一直到腊月二十七。”

侯老师感动了，训练状态大变。

腊月二十七，他要回老家了，我把他叫到办公室：“你辅导孩子很用心，孩子们练得也很好，很快乐，家长很满意。”说着把一套陶瓷餐具递给他。

他的眼睛湿润了：“校长，这……真是送给我的？”

我说：“是送给你爸妈的。回家后一定要代我向你父母问好。并且，你结婚的时候我会去。”

学校里有100多位未婚年轻教师，校长能挤出时间到结婚现场参加婚礼格外难得，他大喜过望。他结婚时，我参加了他的婚礼并讲了话，他全家都非常感激我。现在他工作很努力，成了年轻教师的榜样。

我引导家长一道前行，更好地发挥他们的教育潜能。

我的母亲养育了六个孩子，我是最小的。父亲去世早，母亲把我们拉扯大。家里虽然很穷，但是再难母亲还是节衣缩食地支持我们读书，教育我们都做好人。母亲88岁时患上了癌症。为了照顾母亲，我推掉了到北京师范大学国培的机会，这就等于推掉了全国首批领航名校长的荣誉，但我不后悔。母亲是在老家的炕上去世的，她的六个儿女都在。那天是腊月二十三，是北方小年，我靠在母亲旁边，攥着她的手，她走得静静的，面含微笑，非常安详。她去世后，我安心地离开故乡，来青岛西海岸新区创业。一位普通的农家妇女，辛劳一生，用爱和智慧养育了她的儿女。我永远爱我的母亲！我想大家都比我家当时的条件好。想让孩子有出息、永远感恩，你们会怎么做，你们要用心去想。

（二）带好和悦团队

校长不是光杆司令，一定是在带出一支德才兼备、作风优良的队伍的过程中成长起来的。

一百个人同心同德，可以生成超过一百人的力量；一万个人离心离德，恐怕连一个人的力量也比不上！一个人走得快，一群人走得远，前提是这群人同心同德，各尽其能，优势互补。这，就是团队，就是教育需要的团队！

带出卓越的教师、家长和学生队伍，校长也就实现了自身的卓越成长！

1. 做就做好，不要打折执行

我有一个观点，就是校长带团队一定要一开始就坚持高标准、严要求。

“和悦”的“和”，不是和稀泥，做老好人。校长如同父母，父母对孩子放纵、放弃容易，严格管理则难。严管，当场受煎熬的是父母，成长的是孩子；放纵，当时轻松的是父母，长远受害的是孩子。校长用自身的高标准、严要求为师生树立榜样，让他们跟随鲜亮的旗帜，不断地同落后、腐朽的享乐主义和自甘平庸做斗争，在正确的道路上奋力前行，卓越成长。

双语小学开学没几周，从崇明岛路小学调来的薛老师就找到我：“你不是名校长吗？怎么天天加班？有没有一个不用加班的方法？”

挑战来了，挑战你的往往就是你最亲近的人。

开学以来确实忙，那么多事情需要处理，我没白天黑夜地加班，教师也在加班。

“能找到一个不加班的办法很好啊，我也这么想呢，这真是一个非常好的研究课题。你就做这个课题组的组长吧，我全力配合你！”我说。

几周后我问他研究出好方法了没有，他笑了。当然，现在他已经是双语小学的副校长了，是学校加班最多、走得最晚的人。

更大规模的公开挑战发生在建校后的第二年。2015 年暑假，数名中层干部联合要辞职。他们碰到我这样高标准的校长不适应了，再也忍受不了这么高强度的工作了。

长征有没有战士脱逃？我想，是有的，甚至还有分裂者，但长征部队还是要奔向陕北。我心里跟明镜似的，他们就是想要我降低标准，降低要求。怎么办？

滚石上山爬坡过坎，好局面刚打开，正是吃劲的时候。我很难受，他们都是真的能干、能付出的人，是要放到更重要的岗位上去的人。我不忍心，也不能放弃他们，等一等，他们会回过神，赶上来。

挑战升级，他们进一步施压。我当然不能让步，坚决不同意他们辞职！但天要下雨，我也没有办法，只有风雨兼程，率领团队继续前进。

后来有人醒悟，奋力赶上，我照样给职位，给机会，盼望其发展。赶上来的都是好钢，好钢就是这么锻炼出来的，打不垮，压不弯，跌倒了，勇敢爬起来，迎头赶上，困难和挫折增加的只是韧劲。就是离开的，也成了新单位的佼佼者。

不只是教师，我对家长也绝不降低标准。

天冷了，一天一个大爷打电话向我抱怨：“孩子又感冒了！为什么感冒？跑操喊口号肚子凉，不就感冒了吗？你们就不要让学生喊口号啦！”我严肃地说：“感冒得另找原因。喊口号是为了养孩子的精气神！孩子斗志昂扬，任何困难都不在话下。感冒了就治感冒，提高免疫力。一人感冒，全校都不再喊口号，是真正关心孩子吗？”

各位家长，读万卷书不如行万里路，得让孩子出去转一转！能不吃一点苦受一点累吗？我们都是成年人，我们的幸福不都是吃苦受累换来的吗？温室里能长出参天大树吗？家长不能随便降低标准，不能随意迁就孩子！

2. 教师第一

学校是培养学生的，但首先是培养教师的。

教师是培养学生的人才支撑，离开教师的具体实施，校长的教育理想只能是空中楼阁；没有教师素质的提升，对学生的培养就难有高质量。所以，教师处于整个学校教育过程中最关键、最基础的地位，无可替代。一流的学校未必拥有一流的校舍，但是肯定拥有一流的教师。校长办教育首先就要帮助教师成长。

第一，以身作则，用校长自身的卓越发展、不懈进取，激发教师强烈的自我发展意识。强调教师一进入本校就要踏上普通—优秀—卓越的专业发展快车道，学校就要按照卓越教师的目标培养教师，激励教师争做卓越教师。

第二，以热切的期待、高度的信任与真诚的尊重，唤醒每位教师力争上游的意识，激发其潜能。

第三，建立专业阅读＋专业写作＋专业发展共同体平台，帮助教师脚踏实地地成长和发展。

第四，利用新区优势，引进高端教育人才，发挥鲇鱼效应，激活全体教师，使其加快成长步伐。

第五，借助教育教学的不断改革创新，用大型活动，尤其是用班级管理和课堂教学改革实践，提高教师的实战本领。我们举办了全市名校长工作室开放日活动，为全国教育技术装备展和信息化大会、2019 年第四届基础教育美丽学校建设国际研讨会和山东省基础教育信息化现场观摩推进会等提供了场地，敞开胸怀，迎接来自西藏、云南、新疆、台湾等地的参观学习者。这些都让教师得到了锻炼，显著提升了教师的素质和水平。

第六，发挥激励效能。公平、公正、公开地运用公约机制，激励先进者和优秀者；发挥学生、家长、多种媒体、社会机构等多元主体的激励作用，激发每一位教师的潜能。

3. 人人都是和悦校长

领导的意义，在于充分发挥每个人的潜能，成就每个人的伟大之处。高明的校长，在于让每个人成为自己的首席执行官，成为走向伟大的舵手和发动机。

领导干部，是学校教育的关键。“人人都是和悦校长”是我对学校中层领导干部的热切期望，也是和悦教育发展壮大的现实需求。

（1）没有不可能。

2014 年创办双语小学后，每学期我都要精心筹划领导干部读书会，时间在教师读书会之前，用时一般为两天，学科主任、级部主任及以上干部全部参会。

我要求大家在会上发言都必须制作课件、全程脱稿。早已习惯于照稿子读的领导干部认为不可能，有人希望我能够放宽要求。“干部都做不到，怎么要求教师做到？”在我的“逼迫”之下，大家精心准备，结果收获了前所未有的幸福。几经锻炼，每一位干部都能当众流畅自如地汇报交流了。

从登台脱稿演讲开始，剔除了领导干部思维习惯里的“不可能”，追求卓越的工作作风终于形成了。

（2）钢铁是这样炼成的。

2018 年，双语小学招生火爆，导致校舍远远容纳不下，一年级 16 个班需要借校就读。几经讨论，我们确定到十几里外的辛安的一处废弃校舍创建新校区。由谁去创建我们的新校区？经过长期的观察，我发现吕焕龙做事细致、敢于担当，应该能挑起这一重任。

新校区内既有职业高中，又有成人教育，人员混杂，每天还有 16 辆校车接送学生，面临的安全压力非常大。吕焕龙十分谨慎，开始时事事征求我的意见。我结合入学课程、家长会等活动给予其具体的指导，鼓励他站在校长的角度思考，放开手脚大胆干，解决不了的再找我。谁难受谁成长，历经一年磨炼，吕焕龙已经能够站在校长的高度统筹考虑问题，独当一面的能力明显提升。现在，他是五台山西路小学的执行校长，管理 153 位教师和 2 715 名学生。

2023 年春节前，青岛西海岸新区教体局安排五台山西路小学提前准备材料，节后到全区教育干部会议上做典型发言，主题是介绍学校智慧教育特色发展经验。我要求发言材料必须精彩呈现我们的智慧教育特色，必须再次在全区引起震撼。吕焕龙接到任务后组建团队，从正月初二就开始汇聚群体智慧，反复研讨。作为组长，吕焕龙凌晨 1 点仍在修改文稿。形成 3 994 字的初稿后，我参与了讨论和修改，历经 17 稿，形成 1 306 字的终稿上报。教体局审核科室对文稿只字未动，并给予了高度评价，我们在会上的发言也引起了震撼。

经过这样一次次的锤炼，以吕焕龙为代表的领导干部的治校能力和总结反思水平已经相当高了。

（3）关键时刻冲在前。

2018 年的一个夏日，雨点猝不及防地落下来，后来雨越下越大，学校排水系统经受着严峻的考验。“屋漏偏逢连阴雨”，倾盆暴雨中，学校的消防中控系统突发故障，消防主管爆管，大量的水一下子涌入地下车库。地下车库有换热站、车辆、供电系统，如果不及时断水，更大的安全事故随时会发生。眼看着水越积越深，孙雷校长当机立断，只身冲进地下车库，借着手电筒的微光，蹚着过膝的积水，试探着奔过去，终于摸到并关闭了总阀门，避免了事故的发生。

集团的每一位干部都是这样在勇于冲锋中成长起来的。

在集团发展的同时，我们的领导干部也在加速成长。吕焕龙、庄沛政、薛鹏成长为副校长。邵学忠由副校长升任海王路小学书记，又改任双语小学书记兼执行校长。程梅被提拔到外校任校长。

（4）扶上马送一程。

干部成长了，就要承担更重的担子。2020 年 8 月，双语小学执行校长程梅接到调令，赴青岛市经济技术开发区实验小学教育集团任总校长。我由衷地高兴，临行前，程校长找到我，向我讨要做校长的秘籍。“五六年摸爬滚打在一起，我哪有什么秘籍能瞒你？”我鼓励她，“双语小学和星光岛小学执行校长的历练，足以让你应对新学校、新岗位的挑战了。要满怀信心！到了新学校，要凝聚人心，人心齐了，才能走得稳、走得远。双语小学教育集团永远都是你的‘娘家’，有什么需要，双语小学教育集团一定全力以赴！”此后，我和多位学校领导干部多次应邀前往她的学校做报告、开讲座，助力她开展工作。我们培养出来的干部，就是要扶上马送一程，负责到底！

4. 你就是钱学森，你就是袁隆平

学生是教育的主体，是校园最具发展活力的教育群体。学生的发展不可限量，今天不起眼的学生，将来有可能就是著名的科学家、思想家或卓越的领导人。带好学生团队，是校长教育强国的根本担当。

去年初冬，我应邀到云南做报告，专门参观了国立西南联合大学旧址。这所大学培养了 3 882 名学生，其中有 2 位诺贝尔奖获得者，8 位两弹一星功勋获得者，4 位国家最高科学技术奖获得者，172 位院士……他们是我们一生学习的榜样！我们要珍惜时光，努力学习，立志成才，做堪当民族大任的新人。

我就是这样高期待、高标准地教育、引导、激励每一名学生，激活学生成长发展的内驱力，激发他们自我成长、自我教育的巨大潜能的。

学生崇拜钱学森、袁隆平，拥有远大的理想和抱负。但是大好前程要从当前现实开始，一步步迈进。仰望星空明方向，但奔向明亮那方需要看清当下，走好当下每一步。

2020 年 7 月，在六年级学生毕业典礼上，面对即将毕业的孩子，我这样嘱咐：“希望你们成为钱学森，希望你们成为袁隆平！希望你们成为你们所崇拜的人。但，在那之前，我首先希望你们成为你们自己！”

5. 身体是 1，其他都是 0

回首多年的教育生涯，面对校内教师、学生、教学、后勤、行政、安全等各口紧张繁难事务的车轮战，面对教育部“国培计划”中小学名师名校长领航工程基地导师、省创新教育理事长等社会兼职的高标准挑战，我之所以能够始终充满激情地工作，能够“日日新，又日新”地创造，一是得益于持之以恒地读书学习、反思总结，二是得益于坚持不懈地运动。前者让我提高认知，拥有智慧；后者让我身体健康、精力旺盛，能承受各种艰难困苦。随着年龄增长，我越来越感到身体健康的重要性，感到运动健身的重要性。

早起的散步，让我朝气蓬勃，使一天工作的轻重缓急非常清晰，并保证了上午工作时专注、高效；中午的散步，让我适当放松，全盘思考下午的事务；傍晚的乒乓球运动，让我缓解一天的疲劳；晚间的散步，让我充分放松，头脑格外清醒，得以静心反思一天工作的优劣得失，安排接下来的工作。事实告诉我，较强的身体和充沛的精力，是支撑快节奏、高强度工作的最重要的基础。

由此，我想到师生，没有足够的运动锻炼，他们的身体也会难以支撑持续、高效的精神劳动，因此我做了如下工作：

（1）抓实学生的阳光大课间。

确保每天上午都有30分钟的大课间体育活动。采用同年级同时展开比赛的形式，以赛促练，增加体育运动的强度，增强学生体质，培养学生的锻炼习惯。其余两课间的10分钟，活动内容多样化。倡导班主任、任课教师深入各班与学生共同跳绳、投沙包、踢毽子、做健美操，开展小学生喜爱的运动和游戏活动。学生自由选择，缓解学习疲劳，收获锻炼趣味，助力身心健康。

（2）上好体育课。

开齐开足体育课，加强体育教学研究，提升体育课育人质量，让学生在课堂体育锻炼中成长。创建智慧体育课堂，借助无感化运动采集系统构建和悦体育诊断指导模型，形成学生课堂运动数据分析报告，生成个性化运动锻炼推荐方案，一对一地推送给每个学生，使体育锻炼扎实高效。

（3）体育课和课外锻炼相结合。

充分发挥操场、悦动馆、篮球场、网球场、教室、走廊、室外场地及相关器材的作用，为师生添置跳绳、呼啦圈、篮球、足球、乒乓球及相关器具，组织教师引导学生开展多种运动健身操和课间体育游戏，进行丰富多彩的比赛和竞赛活动，让学生在体育锻炼中享受乐趣、增强体质、健全人格、锤炼意志。

（4）开好师生家长趣味运动会。

在体育教师指导下，各班选拔运动员组建代表队，各个年级组建教师、学生运动代表队，加强赛前指导与训练。除田径项目外，还设立拔河等大家喜欢的趣味项目。鼓励各代表队发挥自己的特长，增强入场式的娱乐性、竞技性和观赏性，展示群体意识、拼搏进取精神和体育强国追求。入场式异彩纷呈，各班的方队展示创意无限，家长队亮相方式精彩，跆拳道社团、团体操队的表演更是振奋人心。赛场上，运动员更高更快更强，拼搏进取，激发起团队协作、奋勇拼搏、永争第一的热情，达到了增强体质、锻炼顽强毅力、增强集体意识、弘扬团结协作精神的效果，家校社合力育人成效显著。

（5）创设多种体育运动社团活动。

组建羽毛球、乒乓球、足球、篮球、排球、太极拳、跆拳道、轮滑、击剑、武术、围棋等社团，通过持续运动和锻炼，确保每位师生都能拥有一两项运动技能，拥有一两种终身喜爱的运动。

（6）校内运动与家庭体育作业相结合。

顺应少年儿童爱动的天性，我们借助家庭力量与社区条件，有针对性地布置了体育家庭作业，拓展了户外运动的空间，延长了户外运动的时间，推动学生走向户外，亲近自然。学生每天结合家庭与社会生活，校外体育锻炼时间不少于 1 小时，自我锻炼成习惯。

四、汇聚智慧

教育不仅需要爱，还需要智慧。什么是智慧？对校长来说，智慧就是有创意地决策，保证师生和家长的最大利益。校长不仅要用先进的思想引领全校，还要有落实思想的策略和方法，更多的是用智慧启迪师生和家长的智慧，切实提高各项工作的成效。

教育是一个灵魂唤醒另一个灵魂，是一件非常不容易的事情，仅凭爱心、热情是远远不够的，还需要足够的智慧，需要校长抓住契机去唤醒师生和家长的灵魂，用智慧激发大家的潜能。

每一位教师、每一名学生、每一位家长都有独特的个性，都有其闪光点，校长要拥有一双慧眼，发现他们的闪光点，激发他们的潜能。只有充分发挥每个人的聪明才智，才能达成和悦教育的“和悦”，才能达到大家和谐、幸福的境界。

（一）招才引智，提高教育教学品质

在双语小学迅速发展、壮大，双语小学教育集团大发展的过程中，年轻教师成为教师队伍的主力军。他们虽然素质较高、干劲很足，但教育经验、教育智慧不足。结合青岛市招才引智的有关政策，我“造血”“输血”同时抓，在强化校内培训的同时，大力引进名师。名师的到来，让年轻教师的身边有了高水平的导师，“小富即安”观念被打破。特级教师苗文芝的到来，为集团教学质量的整体提升提供了最重要的支撑。特级教师石春霞的到来，使集团特色课程建设进入新天地。

薛晶老师说：“风筝课程、绿植课程、菊花课程等，原先都是一个个片段式的活动。杨校长要求我们将这些活动课程化，当时感到无从下手。石春霞校长来了。工作十来年，第一次见到特级教师。她给我们一个框架，分级部的，分层次的，很有条理，领着我们干。零碎的活动课程化之后，教育教学成效一下子提高了。我们进步很快，孩子们也受益啊！”

引进名师并非易事。第一，要慧眼识才，需要根据自己学校实际，“众里寻他千百度”。第二，名师都是有情怀、有事业追求的，需要校长栽好“梧桐树”，搭建好他们实现梦想的平台，帮他们实现更大的发展。第三，名师是稀缺资源，到处都在抢，需要校长“周公吐哺”，“精诚所至”才能赢得“金石为开”。

林宏，散步谈话引进的“金凤凰”，山东省特级教师，齐鲁名师，山东省首届十大科研

名师，山东省年度教育创新人物，山东省十佳基础教育名师，山东省2018年教书育人楷模。这样一位杰出人才走进双语小学，缘于我有一次参加会议与她的偶遇。匆忙中好不容易搭上话，想在会议安排的午饭时间与她谈谈，却忽然发现她已很快吃完走出餐厅。我放下碗筷，抓起手机就追出去，邀她一起散步，借机攀谈起来。

林宏老师的到来，带动了一大批年轻教师的专业成长，让双语小学教育集团的课堂教学和教育科研水平提升到全市乃至全省领先水平。

王立新，柔性引进的信息化专家，全国模范教师，齐鲁名师，山东省教育科学研究院优秀访问学者，国家教育行政学院教育信息化2.0指导专家，教育部-中国移动中西部中小学校长培训项目专家，山东省教育厅信息技术教材审查委员会专家，山东省教科院人工智能培训部组长。这样一位专家的引进也并非易事，我就曲线招智，连续两年每月请他来校提供服务，终于达到引进目的。2021年5月6日，他深情地对大家说："去年的现在，我还在我们老家。我的同学经常问我为什么去青岛，我说我'怀孕'10年了，一定要生一个'果'出来。从2010年成为省专家一直到现在，我储备了10年。但是储备再多，'果'出不来，一点儿用都没有。我来到双语小学，就想做最好的智慧教育，让我的理想能够真正给孩子一些东西。我和杨校长是2016年认识的，2018年'谈恋爱'，2020年我'嫁'到这里来。特别感谢杨校长这么多年对我的不离不弃，帮助我圆了自己的人生梦想。在我到来之前，吃的，住的，杨校长都为我准备好了，我感到特别温暖。我过来半年后，我家里所有的事情包括妻子的调动等，基本给解决了。杨校长一定在各个层面做了很多的工作，他没说，但我能想到。我的妻子、孩子，我们全家，都特别感谢杨校长。"

名师王立新的到来，让我们双语小学教育集团的和悦智慧实现了质的突破，受到了教育部的高度认可，教师的智慧教育能力迅速提高，学生受益匪浅。他所带集团智慧教育团队誓争第一的精神，给整个集团以强有力的示范和带动作用，整个教师团队的素质和能力在加速提高。

（二）碰撞、砥砺，丰盈教育智慧

"让思想碰撞思想，用智慧砥砺智慧"，这是双语小学会议室的主题。用这样的主题，就是要提醒我们的师生和家长：思想要保持先进，智慧要不断丰富。

书籍作为知识的载体，凝结着人类的思想和智慧，包含着人类获得的认识和经验。为了促进大家学习和思考，我们持之以恒地督促教师、学生和家长广泛阅读，多场合、多形式地展示和分享读书心得，在读书、思考中，在交流、碰撞、砥砺中，提高所有师生和家长的聪明才智。

智慧像水一样，蓄积在民间。教育的智慧就蕴藏在广大师生和家长的教育教学成长中。面对重大教育问题，我们常常会连续召集相关师生和家长代表开会，征询意见，反复研讨协商，以达到最佳效果。

我们的制度都叫公约，都是大家共同的约定，是碰撞、砥砺的结果。公约的制定、修订过程，就是一个从群众中来到群众中去的过程，就是汇聚智慧、达成共识、民主决策的过程。而公约的执行，则是一个信守承诺，民主监督，培养人、成就人的过程。制定、修订、执行，就是以和促悦、和而达悦的过程。职称评聘按公约来，谁得了多少分，大家都能算出来。这个公约管理机制就是“人人都是校长”，人人既是被管理者，又是管理者，大家都参与管理，都为学校管理贡献力量。就这样，我把大家的聪明才智汇聚到干事创业中。

（三）“和悦”，聚集每个人成长的力量

在我们和悦集团大家庭中，日常各项具体工作，大家既各自为战，又相互促进、相互激励、相互补台，真正发挥自主创新的潜能。每个人都有舞台。哪项工作谁是主角，角色定位是明确的。校长要做校长的事，他人的工作，我不插手。同样，教师要做教师的事，家长要做家长的事，学生要做学生的事。每个人都最大限度地发挥自己自主创新的潜能，做好自己的事。借力学校大家庭各方面的资源和优势，全体师生和家长自主、自发、自动、自强，自我超越，和而不同地获得更多的成长。这，就是“和悦”的真谛。

六年级(1)班张珈铭同学说起2019年那次自主统筹学期结业课程滔滔不绝，满是幸福和自豪。

之前的结业课程都是我们学生报节目，教师和家长策划组织。为什么都要教师和家长做呢？学生不也可以做吗？五年级下学期的那个结业课程，教师就放开了手，于是我和一个同学成功申请当总负责人。当然我俩也做了分工。他主要负责现场的安排，如挂气球、挂吊花等氛围的创设，以及电脑的调试。我就负责音乐、协调、写主持词。同学每报一个节目，我就写出主持词。那两天格外的忙碌、格外的充实，每天都会打许多电话，沟通讨论，终于理解“推敲”一词的意思了。

从统计节目到写主持词，再到统筹整个结业课程，全都是我们自己安排的。亲自体验后才知道这个过程很累人。想到老师、家长以往的辛苦，我们都非常感动，特别感谢老师和家长多年来为我们的付出。同时我也知道了做事情一定要提前做好统筹安排，要不然做起来就会手忙脚乱，还会出意外。有同学很晚了又报新节目，这就锻炼了我们应对意外事件的能力。还有的同学给的音乐，我那个电脑打不开，我就去找那个音乐，重新下载并替换到PPT上。每个报上来的节目，我都是先在电脑上预放一下，确保在班级电脑上可以正常播放。我们就这样做了很多准备工作。

那次我们的结业课程受到了大家的一致好评。我们很享受自己安排结业课程这个过程，觉得收获很大，成长了很多。

结业课程是每学期结束前各班都要实施的，以班为单位，教师、学生、家长都要参加，至少两个半小时。你看，教师智慧地放手，学生成为主人。这样，学生的创造力就被激发出来了。学生自主策划，安排全程，将来上了高一级学校，到了社会上，他有这个历练跟没有这个历练是大不相同的。所以，我要求各班每个学期都要给每一个孩子至少一次登台组织班级活动的机会，把主体地位还给每一个学生。

就这样，“和悦”让每一位教师、学生和家长更有尊严，更有价值，各展其才，各显神通，将各自的聪明才智最大限度地发挥出来，实现智慧涌流，在各自成长为最好的自己的同时，推动和悦大家庭不断地走向新的辉煌。

第四节　向上生长——和悦的旗帜高高飘扬

你爱生如子，让学生站在学校正中央；你打造名师团队，推动教师专业化快速成长；你追求卓越，用炽热的教育情怀引领和悦教育在新区起航；你阔别家乡，在这片沃土上再次开启教育发展新篇章。

——青岛西海岸新区《岗位建功人物事迹展播》中对我的评语

一、怀揣梦想

（一）心中有梦想，脚下有力量

梦想，是对未来的一种期望，是对美好事物的一种憧憬和渴望，是心灵深处努力想要实现的目标，是天真美丽的愿望。

有梦想，生活才会变得有意义。梦想给予人们一张美好未来的蓝图，召唤人们积极主动地去克服困难，改善现实生活。就算目前还没有抵达，持久顽强的追求也可能使人脱胎换骨、浴火重生、凤凰涅槃。俞敏洪说，一块砖没有什么用，一堆砖也没有什么用，如果你心中没有一个造房子的梦想，天下所有的砖头也只是一堆废物。梦想使人变得伟大，人的伟大就在于百折不挠地追求梦想，让社会变得更加美好。

多年的教育实践让我坚信梦想的力量是伟大的。学生，尤其是中小学生，天生就是梦想家，对未来充满美好的憧憬。校长办学校做教育，最重要的是唤醒师生自己成长发展的人生梦想。校长要运用校园和自身特有的资源和优势，帮助师生不断提升境界，打开格局，引导师生打通个人梦想与国家民族的未来、自己当下的学习和工作三者间的联系，引导师生形成远大的理想。点燃师生人生梦想的"心灯"，激发他们为理想奋斗的潜能，引导他们攀登理想的阶梯，这很早就是我对师生实施的最为重要的影响。

从教育救国、教育兴国到教育强国，近代以来，我国无数教育家始终将自己的梦想与国家命运紧密相连，带领广大教师除旧布新，奠基中华振兴。

"建设教育强国是中华民族伟大复兴的基础工程，必须把教育事业放在优先位置，深化教育改革，加快教育现代化，办好人民满意的教育。"党的十九大报告的论述深刻地揭示了教育在全面建成社会主义现代化强国、实现中华民族伟大复兴中国梦中的重要地位。

校长要真正有所作为，就要把教育强国作为自己的梦想，立足于现实工作，深入持久地贯彻党的教育方针，不怕困难，不懈奋斗。只有这样，才会有所成就，才会不负新时代校长的光荣使命。

对于校长来说，有梦想就是要有改变现实、超越现实的办学追求。校长绝不能止步于制度管理，而应该把培养学生的核心素养、成就学生的幸福人生作为办学的根本目标，认真规划学校未来和近期的发展，使之成为全体师生的发展愿景。

校长要适时提出发展愿景，这个发展愿景要切合师生和学校的实际发展需求，充分唤醒和激发师生的积极性和创造性。校长正如战场上的指挥员，必须抓住有利瞬间，确定前进方向和一个个由近及远的目标，争取一个又一个的胜利。指挥员如果不能正确指明前进方向和战斗目标，部队就不可能取得重大胜利。

帮助学生树立远大目标，是一个长期的系统工程，需要多个阶段锲而不舍地持续努力。这正如苏霍姆林斯基所说："道德教育的核心问题，是使每个人确立崇高的生活目的……人每日好似向着未来阔步前进，时时刻刻想着未来，关注着未来。由理解社会理想到形成个人崇高的生活目的，这是教育，首先是情感教育的一条漫长的道路。"

因为要实现的目标关乎众多生命的持续发展与幸福，所以校长任重道远，要有足够的力量，还要有一个坚定的信仰。

（二）教育有信仰，发展有方向

信仰，是对某种理论、思想、学说极其信服，并以此作为自己行动的指南。教育信仰，是对教育的意义、价值的认知和追求的高度凝结，是教育者教育梦想的集中反映。

和悦教育是以和谐愉悦、润泽心灵、幸福人生为价值取向的教育。"和"，"相应也"，融和、和谐，就是教育要与学生的实际需求相适应、同频共振，让每个学生接受当下最适合他的教育；"悦"，高兴、愉悦、幸福，就是一切为学生的当下和终生幸福服务；"和悦"，因和而悦，和而达悦，助力师生逐渐实现身心和融、人伦和善、与社会和谐、与自然和美、各美其美、美美与共，从优秀走向卓越，成长为最好的自己。

《中庸》有言："和也者，天下之达道也。"意思是说，和是天下共同遵循的法度。"达道，天下古今必由之路，也指普遍规律。"

和悦教育思想中"和"的思想，传承了中华民族传统文化的精髓，揭示了教育遵循的根本法则，要求一切教育教学都要与学生的实际需求相适应，促进学生全面协调、充满个性地发展；"和"的本质是"和而不同"，包容、尊重每个人的个性，帮助他们自主、自立、合作、互助，做自己的主人，成长为最好的自己。"悦"的思想，顺应了人们追求快乐和幸福的天然本性，揭示了教育的根本价值追求，与党的十九大报告中的"为中国人民谋幸福，为中华民族谋复兴"不谋而合，要求校长汇聚师生和家长谋幸福的强大力量，治理一校，造福一方；要求校长坚持以师生为中心，增强"师生是学校的主人，学生是未来社会的主人"意识，全心全意做好校长的本职工作。

教育应该造福于人，使人幸福。幸福不仅是教育的最终目的，还应该贯穿于整个教育过程，让师生当下就充分享受到幸福。因此，教育还要“和”于“悦”，“以和达悦”，“和”于师生的喜乐、幸福。和悦教育思想，指明了教育的终极目标，以及实现这一目标所必须遵循的根本法则与根本路径。学校的一切工作都应自觉遵循这一教学思想。

可见，和悦教育思想是传承优秀文化而又非常先进的思想，是非常贴近教育本质的思想。将其作为教育信仰，可以让师生、校长乃至家长的教育生活更具价值和意义。

在和悦教育思想的指导下，我们不断地建设、优化和悦文化，用和悦管理、和悦课程落实和悦文化，用和悦校园、和悦德育、和悦课堂实施和悦课程，培养和悦学生，成就和悦教师，引领和悦家长，带动一方文明。

那天三姐打电话要我给她孙子起名字，要好听、好记且有意义的，还要求吃喜面的时候，一说名字，亲戚朋友就知道是在青岛的小姥爷给起的，小姥爷学问最高嘛。我老家淄博起名字很讲究，很麻烦。叫什么呢？我沉吟片刻：

叫——和悦！

老二叫什么？

童悦。

那老三呢？

福悦。

这些都是我创办教育思考良久的词，魂牵梦萦，一经问起，脱口而出。

从30岁任高阳中学校长起，无论是在高阳中学、朱台镇中心学校还是在金茵小学，为了自己和师生的成长发展，我都有过一系列的梦想，而现在的教育梦想，正是我的教育信仰——和悦教育。

和悦教育成为我的教育信仰，是在多年追逐教育梦想的艰难探索实践和不断反思建构中逐渐形成的。成长为和悦校长，就要学习、研究并践行和悦教育。

二、善于创新

（一）唯创新者拥有未来

创新，是发展的永恒主题，是发展的不竭动力。

创新，就是不循规蹈矩，不生搬硬套，不步人后尘。没有创新，就只能跟在他人后面。只有敢于独辟蹊径，勇于超越他人，才有可能领略别人没有见过的美景。

世界每天都是新的，在社会加速发展的今天，唯创新者存，唯创新者胜。感光界当之无愧的霸主——百年柯达的没落说明，在这个日新月异的时代，唯有创新才是生存的根本。

不仅社会和科技发展使我们不得不创新以求生存，就是校园内外的师生和家长，包括校长在内，也是在发展变化的，刻舟求剑只会贻笑大方。要获得好的教育教学成效，校长必须不断地改革和创新，用创新培养创新的师生，帮助他们开辟美好未来，获得幸福人生。

创新，不是老虎吃天，是要更符合长远发展规律，更贴近现实发展需求，更能激发相关元素的生机和活力。改革，瞄准制约发展的因素；创新，瞄准发展的增长点，激活更多成长与发展的活力。

（二）调研开路，引领师生创新

怎么创新？创新离不开调查研究，调查学生、教师和家长的所思、所想、所难、所盼，研究教育教学发展的方向、教育教学自身的规律、学生身心发展的规律、教师专业发展的规律、家庭教育存在的问题、学校当前最大的困难和最大的瓶颈、如何调动所有能调动的力量破解这些困难和瓶颈、学校该走的独特发展之路、学校的长远发展规划及可能存在的困难、克服困难的策略和方法……

这些就是我们和悦教育强调的“和”，不断与大趋势、现有环境、美好愿景相应，同频共振，与时俱进。

只有用心研究，研究透了，“和”于发展规律和现实实际，创新的品质才会更高，创新的举措才会更接地气，引领师生创新的成效才会更好。

1. 调研问题症结，创新思想观念

当许多领导干部和教师抱怨家长对学校、对教师横挑鼻子竖挑眼的时候，我想的是我们的相关工作存在什么问题，想的是离开家长的支持和参与，学校工作一定会事倍功半。我深入调查研究发现，那些对教育不满的家长往往并不了解学校，于是我提出了“让家长成为我们志同道合的教育伙伴”的观点。我们集思广益组建学校、级部、班级三级家委会，成立各有 9 个小组的三级家长理事会，通过多种举措与活动把所有家长吸引进来，让其参与学校相关工作，强化家校合作。不久，家长自觉地把自己摆进了学校教育，家校合力育人出现新景象，家长满意度大幅提升，我们的教育教学质量显著提高。

2. 研究学生需求，创新和悦课程

双语小学开办之初，我设计开发的课程之一就是“找朋友”，课间让学生通过游戏找朋友，通过呼啦圈找朋友，通过讲故事找朋友，通过写信找朋友，通过展示特长找朋友，等等。我通过课程，让他们使出浑身解数，展示自我，寻找班级内、级部内、跨年级的朋友，建立自己的朋友圈。

来到青岛西海岸新区，我最头疼的是缺朋友，不像在淄博，领导、同事、家长都熟悉。由此，我想到了学生。我调研发现，他们是从附近小学分流来的或新升入小学的，来到崭新的环境，最缺的也是朋友。

“找朋友”需要自己做主，主动作为，需要放开自己去选择。要成为朋友，至少需两个人的“合作”。人家同意不同意，要听你言语，看你表现。所以，“找朋友”学习的是“学而时习之，不亦说乎？有朋自远方来，不亦乐乎？人不知而不愠，不亦君子乎”，提升的是孩子自主、选择、合作的综合素质。我们的宗旨是要为学生的终生幸福奠基，找朋友、选朋友关乎人生幸福。他们未来的幸福需要志趣相投的朋友，当前的切磋学习、健康成长也急需朋友，并且“找朋友”也为组建社团、开设选修课程做了准备。

就这样，我带领老师设身处地地为学生着想，千方百计地动用一切可用资源，创设了学生需要的课程，于是就有了入学课程、开学课程、结业课程、毕业课程等仪式课程，有了阳光体育、魅力魔方、创意国画、动漫设计、剪纸、古筝等 58 门选修课程，有了春节、清明节、劳动节、端午节、中秋节、国庆节、重阳节等节日课程，有了电影课程、电视台课程，有了无人机编程课程、智慧消防课程、智慧海港课程，有了“六一”教育大集、诚信和悦超市……我们要让学生在当下就能充分享受到生命被激发的体验，享受到成长的乐趣与幸福。

3. 研究教师成长，创新幸福科研

学校要发展，必须抓科研。教育科研具有探索规律、破解难题、引领创新的重要作用。早在任高阳中学校长时，我就提出了“以学生自身发展为主体，以特色带动和科研兴校为两翼”的“一体两翼”发展战略，第一个在乡村学校创立教科室，并带头开展教育科研工作，研究用“特色带动”振兴薄弱学校，研究崛起后的高阳中学用“以美育人”促进跨越发展。任朱台镇中心学校校长后，我研究了现代化教育强镇策略，整合全镇教育资源创建三大教育园区。任金茵小学校长后，我研究了悦读立人。在收获丰硕的研究成果时，我也收获了众多的荣誉，如荣获淄博市首届优秀科研成果一等奖、山东省中小学教育科研优秀成果一等奖，被评为山东省“十佳科研创新校长”等。

山东省中小学教育科研优秀成果

获奖证书

成果名称：童心悦读的研究与实践

作者姓名：杨世臣

获奖等级：一等奖

编号：0908043

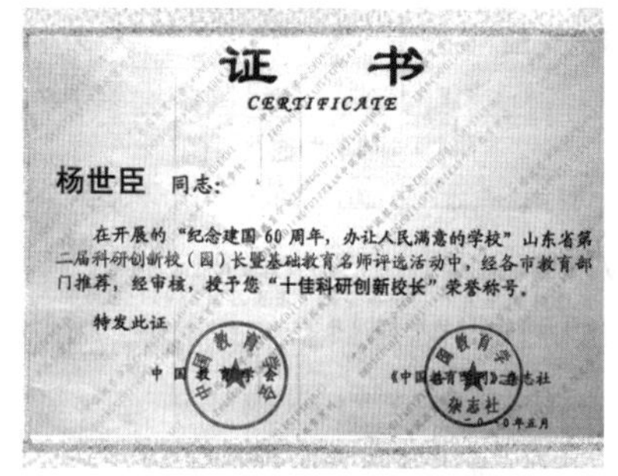
证书

CERTIFICATE

杨世臣 同志：

在开展的“纪念建国 60 周年，办让人民满意的学校”山东省第二届科研创新校（园）长暨基础教育名师评选活动中，经各市教育部门推荐，经审核，授予您“十佳科研创新校长”荣誉称号。

特发此证

中国教育学会

《中国教育[illegible]》杂志社

二〇一〇年五月

自身成长的经验使我认识到：研究是教师专业发展的幸福之路。带出众多名师的实践告诉我：走过新手教师、合格教师，进入骨干教师及之后阶段的教师，离开教育科研就会进入高原期，陷入发展瓶颈。引领教师投入教育科研极为重要。促进教师的成长发展，是校长引领教师不断提高创新品质、收获更多幸福的关键。正如苏霍姆林斯基在《和青年校长的谈话》中所说："如果你想使教育工作给教师带来乐趣，使每天上课不致变成单调乏味的义务，那就请你把每个教师引上进行研究的幸福之路吧。"

在破解当前困难——零打碎敲式研究的同时，开展持续、深入、系统的课题研究成为我的一大中心工作。面向教育教学，我开展某项课题研究时，往往会组建一个团队，带领有关教师一起探索、实践与反思，以期同时进行更多层面的研究，使更多的教师收获成长的幸福。比如，从任金茵小学校长就开始的"悦读立人"研究，既有对童心悦读课程的研究，也有对"童心悦读教学"课题及其子课题"师生共写随笔，营造书香校园"的研究，还有"信息技术与校本(童心悦读)的课程的资源开发与应用研究"。来到青岛后，该研究又升级为"'互联网＋悦读立人'的研究与实践"，拓展为"基于和悦教育体系下的童心悦读研究"。我就是这样持续、系统、深入地带领教师开展课题研究的。

证　书

杨世臣 于炳信 崔方强 崔文真 于兰 王峰同志：

您的《童心悦读课程》在山东省首届特色课程评选中获得一等奖，特发此证。

二〇一四年十月

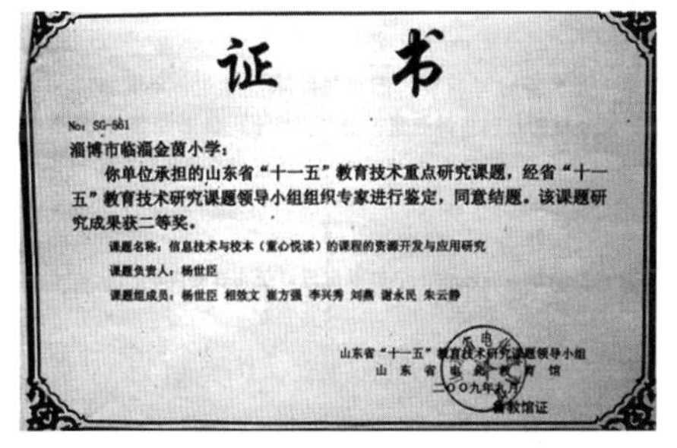

证　书

No：SG-561

淄博市临淄金茵小学：

你单位承担的山东省"十一五"教育技术重点研究课题，经省"十一五"教育技术研究课题领导小组组织专家进行鉴定，同意结题。该课题研究成果获二等奖。

课题名称：信息技术与校本（童心悦读）的课程的资源开发与应用研究

课题负责人：杨世臣

课题组成员：杨世臣 相致文 崔方强 李兴秀 刘燕 谢永民 朱云静

山东省"十一五"教育技术研究课题领导小组

山东省电化教育馆

二〇〇九年九月

电教馆证

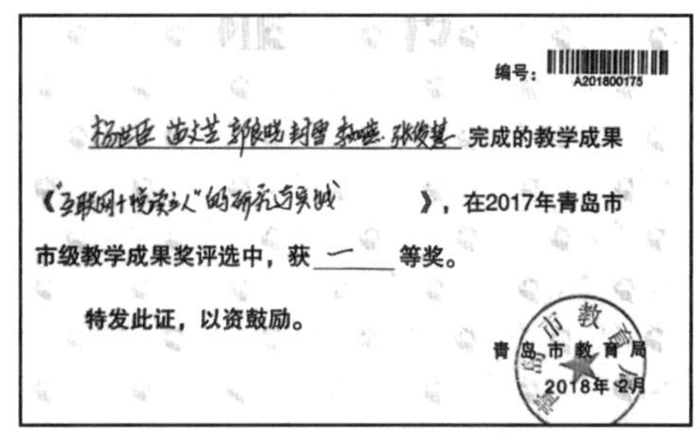

编号：A201800175

杨世臣 [illegible] 完成的教学成果《互联网＋悦读立人"的研究与实践》，在2017年青岛市市级教学成果奖评选中，获 一 等奖。

特发此证，以资鼓励。

青岛市教育局

2018年2月

我负责的课题"小学 STEM 教育课程实施与推进策略研究"，2022 年 7 月 1 日获中国教育科学研究院中国 STEM 教育 2029 行动计划课题结题证书。

在带领教师深入持久地进行教科研实践的过程中，我们还形成了双语小学教育集团特有的"1*N*54""大课题引领，小课题普及"教科研新局面，将集团所有教师都引导到教科研的幸福大道上，加快了教师全员创新发展的步伐。

中国教育科学研究院

中国 STEM 教育 2029 行动计划

课题结题证书

课题名称：小学 STEM 教育课程实施与推进策略研究

课题负责人：杨世臣

课题编号：2019STEM094

核心成员：邵学忠、吕焕龙、王立新、林宏、陈云友、郭良晓、葛赟赟、陈艳、段丽

此课题已完成，经专家组评审准予结题。

中国教育科学研究院 STEM 教育研究中心

（国际与比较教育研究所代章）

二〇二[illegible]年七月[illegible]日

（三）创新，永远在路上

事业蓬勃发展，创新永无止境。观念创新，管理创新，课程创新，课堂创新，融合创新，校长的创新舞台无限宽广，探究的广度、深度、长度没有止境。

“和悦”要求我们，一切的教育教学都要不断适应新形势、新变化，都要不断适应发展着的师生的成长需求。创新，永远在路上。

1. 课堂教学创新，不断提高教育教学质量

教育教学质量是学校的生命线。为了提高课堂教学质量，我带领教师创建了五步教学法，随着智慧教育的融合实施，又创新为五步智学法，引入大数据分析、智课分析，强化智慧教研，推进教师的精准教与学生的精准学，在勇立时代潮头和不断的创新发展中，切实提高教师的智慧化教学水平，提高课堂教学效益，让学生接受更优质的教育。

随着现代信息技术的发展和广泛应用，课堂已经不再仅仅是指学校里的教室。利用空中课堂，一位教师授课，几十名、几百名学生可以同时听课。空中课堂联通了学校、教师和家庭，足不出户照样可以实现师生互动、生生互动，时段和场地超出了经典课堂的时空限制。我在空中课堂开学典礼上的致辞，学生反复看、反复学，家长普遍反映效果很好。智慧教育建设，实现了学生同步跨校参与名师课堂教学活动，真正实现了优质教学资源共享。

2. 引进企业技术，实现与教育教学的融合

2014年，我和教师反复研讨，广泛征求家长意见，借助微信这一大众平台设计、建构了双语小学智慧校园，极大地便利了学生安全管理、教育教学管理和家校即时沟通。

2016年10月14日，青岛新闻网用《“智慧校长”杨世臣和他的“智慧校园”》一文进行了相关报道：“2015年微信年度优秀企业号颁奖，双语小学从全国60多万个微信企业号中脱颖而出，成为基础教育类单位中唯一的获奖者，双语小学智慧校园被誉为‘中国基础教育微企号No. 1’。年度优秀企业号，没有颁给互联网发达的京广深的学校，反而花落新一线城市青岛开发区的一所新校。双语小学智慧校园由此成为中国基础教育微企号No. 1。”

2016年，教育部全国校长信息化领导力研修班在青岛举行，300多所中小学的校长来双语小学实地考察智慧校园；同年，国家、省、市教育部门领导来此视察，并高度评价了微企校园建设。

随着新区智慧教育的大发展，我们以智慧课堂建设为突破点，根据师生需要创意吸纳企业技术，全面加强智慧校园建设，如：建设智慧餐厅、智能消防，强化智慧安防，通过智慧考勤、公文流转、一键会议、智慧选课，全面提升智慧办公、智慧服务水平；利用大数据分析，教研、备课、上课、作业筛选推送，实现智慧化教学，助力师生成长与发展。即时、动态的数据累加、反馈，公开、公正、公平地实现了对师生、班级、后勤等的全方位智慧评价、智慧管理，提升了教育治理水平。

3. 利用社会资源，服务学生健康成长

当地的著名高校、博物馆、旅游景点等都可以用来服务学生的成长。

青岛本地有一些全国著名高校，神圣的大学殿堂是家长和学生心中的向往。让学生走进著名高校，感受大学深厚的文化底蕴和学术氛围，播下梦想的种子，立大志立长志，对其成长发展具有重要意义。2021年5月，我们分批次组织集团三个学校六年级的师生和部分家长开展了“走进名校，梦想启航”研学活动。坐落于青岛的中国海洋大学是教育部直属的综合性重点大学，在该校，学生观看了百年校史宣传片，聆听了专家讲座，学到了很多海洋知识，了解了这所大学对国家和世界海洋研究的成果与贡献，激发了爱祖国、爱科学的情感。教师趁机教导学生心怀梦想，坚定人生方向，立足当下，勤奋学习；家长代表对孩子们殷殷嘱托，激励孩子们从小树立远大理想，并为之努力奋斗；我叮咛全体学生树立人生目标，全力以赴，追求卓越，创造辉煌的人生。这样的研学活动，让学生收获了课本外的美好与成长。

2019年3月，利用国家“科学号”科学考察船向公众开放的时机，我们的师生和家长登船参观，听取介绍，接受了相关教育。

4. 组建高端人才库，支撑学生探索创新

不求所有，但求所用。我们创建了和悦智慧科学院，成立了由泰山学者魏雪峰教授、山东省师资培训中心毕诗文主任、山东省教科院信息技术教研员赵亮主任领衔，由22位高校教授、省级教研员、省级专家、中国科学院博士组成的和悦智慧科学院专家委员会，给学生提供专业指导和智力支持，高标准打造集团学生探索科技、探究原理、实验验证、模仿创造的科技训练营，让学生从小爱上科技、爱上科研，立定为科技强国做贡献的志向。首期遴选的24位小院士培养人，开展了青少年科技比赛、海洋探索、航天航空、地球物理、智慧未来、科学发现、编程设计七大板块的探索活动，其中已有3名同学被评选为“青岛市少年科学院小院士”，11名同学被评选为“青岛市少年科学院研究员”。

5. 创建和悦智慧，赋能学校腾飞

和悦智慧是对和悦教育的智慧化建构、数据化支撑和个性化设计。

充分吸纳北京大学汪琼教授团队、鲁东大学泰山学者魏雪峰教授团队等的意见，我们建构起包括全智能校园文化、校长数据驾驶舱等十个方面的和悦智慧校园体系。

（1）创新和悦智慧管理，赋能高效运行。

我们成立了智慧教育的领导中心、研究中心、大数据分析中心，三大中心赋能集团和悦智慧高效运行。

学校智慧管理包括智慧服务、智慧安全、智慧巡课、智慧评价等十个板块，每一个板块自成体系，各板块共同保证各项工作正常运行。

现在以智慧巡课为例进行具体阐述。一是研发智慧巡课系统，实现堂堂巡课、人人巡课，及时发现课堂亮点，抓取教学问题，提出改进建议。二是每日巡课涵盖巡课教师、上课教师、课堂精彩瞬间，多角度、多层次地对全校所有课堂进行智能评价。三是通过智慧巡课平台，每周通报反馈智慧巡课情况，各级部各班级全体教师精准整改。四是每月由大数据生成学科、班级、教师个人综合评价发展变化曲线，促使相关人员及时调整教育教学活动。这样促进了课堂教学效率的全面提升。

（2）创新和悦智慧德育，赋能培根铸魂。

① 创建平台，实现评价育人。创建集团五育智慧评价平台，汇聚教师、家长和学生，让他们对校园、家庭和社区中的学生优秀表现进行点赞，实现全员、全程、全场域评价育人。

② 数据支撑，促进持续发展。通过数据分析，生成学生个人成长画像，帮助班主任和任课教师进行全员育人，帮助学生认识自己。依据积分，平台对学生进行精神激励，学生还可用积分兑换和悦币，用和悦币兑换学校诚信和悦超市里的学习用品。

（3）创新和悦智慧教学，赋能提质增效。

① 五步智学，适应个体学习。五步智学包括学情智诊断、课堂智活动、教师智引领、

达标智检测、资源智推送。教师将悦学单推送给学生，引导学生自学，再根据反馈情况调整重难点，展开分层教学、一对一指导和个性化学习。

② 数据分析，助力优化教学。3163 课堂教学数据分析系统，从教师、学生、课堂 3 个维度，从举手、应答等 16 个观察点，分析课堂的亮点、问题，形成改进建议。9331 教师特质数据分析系统，从目标定位、课堂调控等 9 个方面进行数据采集，从教学风格等 3 个方面生成分析报告，给出亮点、问题、改进策略 3 种提示，生成改进方案与对比修正量表，助力优化教学。

③ 全息课堂，发挥名师效能。5G 全息课堂，可全息投放到集团其他校区，实现跨校区多班级同步教学，充分发挥名师效能。

（4）创新和悦智慧体育，赋能强健体魄。

我们建立"六环二建"体育诊断指导模型，借助运动采集系统无感化记录，生成学生运动数据分析报告和个性化锻炼推荐方案，一对一地推送给学生，实现体育教学的因材施教。

（5）创新和悦智慧课程，赋能特色成长。

为满足学生特色发展的需求，我们开设了山林火灾智能预警、和悦智慧海洋、STEM 创意生活等智慧教育社团课程，锻炼学生跨学科整合、创新的实践能力，提升学生的综合素养。

（6）创新和悦智慧心育，赋能心理健康。

对学生心理发展状态实施科学监测，我们建立了智慧平台心理健康档案，通过数据分析，即时呈现预警学生名单及预警因子，提醒教师跟进心理辅导，联合家庭加强追踪关注，呵护学生稚嫩的心灵。

创建和悦智慧校园，有力地撬动了学校跨越发展。2023 年 8 月 1 日，山东省基础教育重点领域改革推进会在东营市举行，会上全省中小学典型发言单位仅有两个，我作为全省小学唯一代表在会上做了经验分享，并受到广泛好评。

6. 创新集团化办学，让更多孩子享受优质教育

如今双语小学发展成为拥有三所小学的教育集团，如何管理和发展好教育集团，成了新的创新点。

关于集团化办学，我有三点创新。第一是理念创新，就是把三个学校当成一个学校来经营。第二是机制创新，就是集团建设目标化、目标项目化、项目节点化、节点责任化、责任评价化、评价结果化、结果价值化。第三是推进举措创新，就是实施"2-3-12-1-1"工程。创新，收获了集团化办学的高质量。《中国教育报》对我们的集团化办学创新做了整版深度报道。

三、勇于担当

（一）责任重大，使命光荣

铁肩膀是压出来的，要有一副铁肩膀，就要勇挑重担。

陶行知先生说，中小学的校长关系着学生的学业与前途，关系到国家的兴衰。校长带领教师为国家育人才，为师生谋幸福，可谓责任重大。勇于承担责任，是校长这一特殊角色所决定的。国家设立校长这一职务，赋予了校长许多责任。既然当了校长，受到国家的重视，受到师生、家长乃至社区人民的信任和尊敬，就要好好承担起相应的责任。职责所在，就是光荣所在，就是人生意义所在。

校长的职责，主要是规划学校发展，领导、管理和发展好学校，创造性地落实党的教育方针，促进学生健康活泼地成长，等等。校长勇于担责还表现在：对上担责，能扛事儿；对下担责，为教师分忧。沧海横流，方显英雄本色；关键时刻，更见责任担当。

（二）勇挑重担，再苦再难也向前

创建一所学校要蜕一层皮。

2019 年，是我来青岛西海岸新区奋斗的第五个年头，经历了创建双语小学、星光岛小学、新区儿童启蒙中心、双语小学辛安校区，一次又一次殚精竭虑，但都全力以赴。我体检时发现肺部有问题，教体局领导非常关心我，帮忙联系了解放军北京总医院。我也想趁此静一静，思考如何将现有学校打造得更卓越一些。但是，6 月 10 日，离新生入学也就两个月，教体局领导忽然将创办五台山西路小学的任务交给了我。创办这所小学确实艰难，片区环境和生源不算好，原先安排的两任校长在基建过程中就先后知难而退了。领导没打招呼就直接在全区校长会议上宣布了对我的任命。其他校长起身走了，我在会场上静坐了一会儿：领导知道我的身体状况，这样安排，一定是没有更好的办法了。该如何推迟医院安排的手术，如何迅速展开新校创建工作，如何安慰亲人，如何调整现有学校的期末工作……我匆匆想过，静静地离开会场，迎难而上，投身于新学校创建工作。

勇于担责，就要再苦再难也向前。

催促工程建设、设计校园文化、调整学校领导干部和教师、消除室内污染、招生和筹划开学……忙碌中接到电话说有家长上访反映新校有刺鼻的气味，我顿感压力骤增：劝解上访家长回学校；大力改善室内环境；邀请所有家长进校感受环境实情；挨个与进校家长对话，苦口婆心地劝说。那一周几乎天天忙到深夜一两点。8 月 22 日傍晚 6 点起，就用哪家环评公司测评与家长代表展开艰难的谈判。家长想自己去找，我们和教体局专班领导坚持从政府数据库中的公司里选。双方都不让步，谈判多次陷入僵局。多亏专班领导打破僵局，我们提名几家公司，家长提名几家公司，抓阄确定。就这样一直忙到 23

日凌晨4点半，不到6点又空着肚子投入工作。除教体局专班领导之外，主要领导也深夜赶来问询和指导。

我很清楚：一方面，该校基建工程交工较晚，开学前怎么开窗通风也是时间太短，室内环境状况实在堪忧；另一方面，一旦我校不能如期开学，其余多所新建学校的家长就会仿照发难。如果像家长要求的那样不再按区局划定的片区入学，势必会造成新的师生调配问题，严重冲击更多学校的如期开学，引发大范围的家长不满，形成民生事件。真是走到了风口浪尖上，但是无论多难，我作为校长也必须扛住。

一些家长围堵校门呼喊口号，干扰环境质量监测，甚至冲击校门，下班时间仍聚集不散、情绪激动。我担心教师的安危，于是安排女教师和老弱教师提前从西北角的小门悄悄撤离，并与几位骨干教师就地留守。就这样，我四天三夜坚守校园，让来看望我的80多岁的岳父岳母牵挂，他们一再要妻子到校实地看望。

勇于向前，不仅需要忠诚和坚韧，还需要胆识和智慧。

破解群体事件，重在以心换心、争取民心、孤立挑事闹事者。8月24日一大早，校门前已聚集了四五十人，他们群情激愤。虽然前天曾收到"我是黑社会的，想跟你谈谈"的电话恫吓，我还是抛却疲惫前去"对话"，我相信大多数家长。吕焕龙、庄沛政等领导干部担心我的安全，紧随身后。我一挥手制止了他们，大踏步微笑着只身走过去："我是这所学校的校长杨世臣。"

现场一下安静下来，人们聚拢来，有人鼓掌，有人拍照，有人直播。

我说："我和大家一样，也非常担心孩子的安全。我就在这里办公，我更担心室内空气质量。我们许多教师的孩子也在这里读书，还有怀着孕的教师也在这里工作。师生的安全，我是坚决要负责任的！请各位放心，室内空气质量不达标，我们绝不会开学！"

人们的情绪缓和下来。

"我们要全体家长进校监督。"个别呼喊声格外刺耳。

"那不行！环评有一定的程序和规范，有些数据需要在密闭教室持续采样较长时间。"我说。

上千的家长涌进校园，分散到各处，我们难以确保环测不受影响。不过，我决定，在原有家长监督代表的基础上，临时增加代表："你们现在就可以报名和推荐。"

"不行！我们都要进去！我不能代表别人，哪一个能代表我？"还是那几个声音。

"让你当代表亲自去监督，你不去；推选代表，你又不让选。那怎么办？"我问。

"对话"难以进行，但是许多家长已不再愤激，变成了观望。

我想，他们无论怎么闹，毕竟还是我们学生的家长，越早引领他们，学校就会越主动。根据发现的苗头，我多次与专班领导、局领导沟通，适时调整工作方案：让更多的家长代表全程参与监督；抽签决定家长代表名单，特邀带头挑刺的家长；由代表抽签确定环评取样房间；全体代表见证和记录环测全过程；提倡家长代表在家长群视频直播全过程，接受全体家长全程监督。即将激化的矛盾得以化解，家长由怀疑、抵制到理解、信任、尊重，奠定了良好的家校关系基础。

新建校在艰难砥砺中如期开学，1 397 个孩子，因为我们的努力，没有耽搁学习和成长，那么多的家庭悬着的心落了地。

（三）关爱老师，遮风挡雨为尊严

对下负责和对上担责一样，都是校长的职责所在。

一大早接到家长电话："杨校长，我要投诉你们学校的王老师，二年级的。昨晚我 9 点 45 给他发信息，他不回应，打电话也不接。我要投诉他！"

"晚上？你上一周来开家长会了吗？"我问。

"上一周我刚开过二年级家长会，家长签到率百分之百啊！有不来的，会给班级扣分的。"

"你来了没有？"我问。

"我，我去了。"

"我们要求晚上 9 点以后不要再打扰老师，因为老师还要备课，还要休息，还要照顾家人。一个班四五十个学生，那么晚了还打电话，他能受得了吗？你晚上 9 点以前打还可以，9 点半多了还打实在是不行！上周家长会上我讲了，你不知道？你有没有参加家长会？"我问。

老师被别人挑毛病，我很自责。

他还在支支吾吾。

"这样，你现在立即来学校。"我说。

"哎呀！我很抱歉，我……我没去。家里钟点工去开的。"

"你为什么没来？"我问。

"我……我有一个 800 多人的厂子。"他说。

"海尔、海信都是上万人的大厂，老板也要来开家长会的。你想让孩子有多大发展，你就要有多大的格局。我建议你现在立即来学校；否则，我可能没时间随时恭候你。"我说。

不这样"要挟"一下，他会来得很慢。

他来了，我和他谈，谈为什么要尊重老师，谈家长要给孩子做表率，问他教育孩子遇到了什么难题，说到了我的专著《悦读立人》里的故事。

"那你给我一本。"他说。

"这个书要买的。这是我们花心思、花钱出版的。你想要，得拿钱买。"炫耀有钱有势，还要占人便宜，坚决顶住！

他很感恩，结果很好。严格是最大的关爱，对家长也是如此。教师有失误，我作为校长一定严肃批评甚至处罚，但你轻视教师，动辄举报教师，要给孩子做什么榜样？不坚持对家长做高标准引导，长远看来，受害最大的人是学生。

压力不仅来自家长，还来自领导。学校年轻教师多，职称晋升名额相对宽裕。有位领导要调他临近退休的亲戚来双语小学，好评职称。

“确实对不起，这不行。我们教代会通过的公约有规定，在本校工作不满三年不得推荐。一切都是公开的，我也不能改变这一公约。恐怕到时候他晋升不了职称，让您更没面子。”我回绝。

我们高标准严格要求教师，宁可背后苦自己，绝不让人瞧不起。丢掉了尊严，就丢掉了教书育人的真正资本。作为校长，我必须坚决维护学校和教师的尊严。

四、向和悦管理要质量

（一）改革机构，服务师生

聚力服务师生，我改革管理机构设置与职能定位，创设学生服务中心、教师服务中心、行政服务中心、后勤服务中心以及一至六年级服务中心、信息服务中心、艺体服务中心。“4＋8”服务中心的组织架构，强化了管理的服务、赋能效力。

学生服务中心负责班主任、学生管理，少先队工作，以及家长学校建设，聚焦学生成长，为学生和悦成长服务。教师服务中心负责教务管理、课堂评价、学科教学、教学资源库建设，为教师专业成长服务，为教研开路，关注课堂。行政服务中心负责日常行政、人事管理、办公室管理等，为学校管理服务，注重细节，强化执行。后勤服务中心负责后勤管理、资产管理和安全管理，勤在师先，乐于生后，为教育教学高效运行服务。各年级服务中心统筹兼顾，自主高效，督促教师业务提升，结合本年级学生的特点组织教师处理学生问题，组织开展丰富多彩的校内外教育教学活动。信息服务中心提供信息化保障，探索智慧教育，为师生提供教学、科研、管理等全方位的信息化服务。艺体服务中心负责全校艺体方面的工作，组织开展艺体社团训练和成果展示活动，以艺润德，以体育人。

（二）共同约定，民主协商

低端管理靠制度，高端管理靠文化。在多年的办学实践中，我逐渐探索出一条公约管理、民主协商的路径，用和悦的公约文化推动学校规范化发展，为教育教学的高质量发展保驾护航。

（三）放管结合，赋能发展

我给予执行校长充分的信任，让他们放心大胆地工作。我多次强调：“执行校长就代表校长，大家必须配合执行校长的工作！”

我放手让各学校各口自主开展工作。比如，年度考核是行政服务中心的工作，执行校长和行政服务中心照章办事，我不干预。职称评定是评审小组的工作，评审小组依据公约对评职人员进行排序，我不干预。招标采购是后勤服务中心的职责，分管领导依法依规组织实施，我不插手。涉及集团所有学校的重要工作，我多用项目管理，比如设集团德育、课堂、智慧教育等项目组，放手让他们去指导与考评各学校的相关工作，不插手，不干预。

我着重把握方向，出思想，集智慧，订规划，促落实。鉴于各校区渐渐忽视体育运动比赛等活动的开展，我就帮助领导干部破除畏首畏尾的思想，让他们认识到体育运动对提高免疫力的现实意义，引导他们开动脑筋，用丰富多彩的小型化运动比赛促进师生增强体质。

（四）公正公平，优劣得所

我深知“公生明，廉生威”的道理，严格恪守公平公正地对待每一位教师。每年职称评定，考评小组核算完量化积分后，都会报给我看一下，我对他们说：“你们的结果能经得住老师们的质疑就好，不用给我看，就按规定公示好了。”前年，有位调入双语小学不足两年的教师找到我：“校长，我晋升职称分数低，能不能给我个考核优秀呀！”我对他说：“你应该知道双语小学的文化。在这里，‘优秀’不是要来的，是自己干出来的！要想积分高，我支持你去当班主任，取得成绩了，量化积分高了，考核优秀就有了，晋升职称就没问题了！”

2022 年，青岛西海岸新区发放教学考核奖，人均 3.2 万元。对于这类奖金，许多学校的做法是调整平时考核等次，优秀等次分批次轮换，让大家所得基本持平，以减少攀比与矛盾冲突。我们有些领导干部怕担责也建议照做。我旗帜鲜明地顶住压力，坚持严格按平日考核等次累积结果发放，我对教师说：“我们有严格的考核制度，付出了多少，有多少成绩，就有多少个考核‘好’的等次，这都是大家公认的。那最公平的办法就应该是‘好’的等次多的多拿奖金，‘好’的等次少的就相应地少拿或不拿奖金。这就是公平公正，这就是优劣得所！”

双语小学教育集团三校风清气正，就源自这样的公正公平、优劣得所的学校文化。

（五）唯旗是夺，誓争一流

我常对教师说：“自尊和幸福是对奋斗的回馈。我们要么不做，要做就做第一。这是校风‘追求卓越’形成的推动力之一。”

2022 年暑假，青岛西海岸新区教体局继续组织中小学干部、教师信息素养考试，我的要求依然是：每位领导干部、教师都争取得满分。

结合平常教学实践成立项目组，由信息服务中心负责考试标准研究，将需要展示的智慧教学手段做具体分解，对教学目标出示、教材分析、新课讲授、达标检测、作业布置等环节需要展示的智慧教育手段、取得的效果等均拟定精准答案；由教师服务中心组织备课组分年级、分学科备课，拿出最新的技术支撑教学模板，并组织各年级不同学科组教师分组练习，反复讲，反复练。在此基础上，每天一场集中过关，分学科展示，同学科所有教师统一提改进建议。考试结果为，全区200多所中小学，我们夺得第三名，教师们再次收获了自信与幸福！

在随后的专项总结分享会上，集团最高分获得者闫凤景主任做了《宝剑锋从磨砺出，梅花香自苦寒来》的分享：

信息素养大赛成了每个暑假都要经历的一道坎，事关学校荣誉，不容半点闪失。身为后勤服务中心主任，后勤工作忙得我真是不亦乐乎。闻听杨校长给定的目标，我深感底气不足。作为双语小学教育集团选择的科学学科唯一的教师，孤军奋战的我更是压力巨大。但我深知绝不能拖团队后腿，绝不能让自己留有遗憾，唯有全力以赴，迅速投入准备。

备课件，备考试标准，备流程……全册22课的课件，至少前后完整调整了两遍，有的课可能三到四遍，从背景到内容版式，至少让自己觉得好用。我专门请教了科学教研员陈剑老师、科学学科带头人香江路第一小学的薛校长。凡是我能要到的考试模板都认真学习，把能用的都为我所用，如杨校长、滕校长的道法版，薛阳的数学版，周婧的语文版，倩茹的英语版。导入新课和作业设计困扰了我相当长时间，我便逢人就问，反复尝试。

课件可以花功夫反复调整，但缺乏实战让我心中没底。

杨校长睿智决策，让我们分组练习，我有了研究团队。陈艳主任的示范讲解，让我看到了方向。学科不同，但方法是可以借鉴的。每天一次的集中模拟练习是我最好的学习机会。良晓淡定自如，技术运用得恰当；滕校长认真，全程脱稿；张旭条理清晰……我压力倍增。不行，我要练，只有实战才能找出自身的差距。陈艳主任、薛阳主任、陈绪东主任成了我的点评顾问，他们总能提出精准的改进建议，不断地鼓励我，让我逐渐有了底气。研中练，练中研，使我不再忐忑不安。

“千淘万漉虽辛苦，吹尽狂沙始到金。”经过不懈的努力，我最终取得了全区名列前茅的佳绩。今天的丰收，是对我们努力的奖赏。在这里，我想说，奋进的姿态是最美丽的！致敬每位努力过的领导、教师，致敬每个奋斗的和悦人，愿我们都成为最好的自己！

受益于这样的和悦管理，历年来，在教师基本功比赛、演讲比赛、优质课评选等活动中，双语小学教育集团的教师每一次都名列前茅。教师们更加自信，更加自尊，更加幸福。

五、“管理”上级领导

管理者往往习惯于向下管理，但校长要经营好学校，也离不开“管理”上级领导。

（一）管理不等于领导

管理，重在资源的利用和增值。一般认为管理是上级对下级的，但这还不是管理的本质。管理在本质上是管理者主动发起的，整合和利用资源达成既定目标的活动。

电视剧《乔家大院》中有这样一个情节：东家乔致庸设局将粮草全部高价卖给了达盛昌，已死死掐住了达盛昌的命门。跑街伙计马荀拿来一株生了虫的高粱，预言当年高粱收成不好，价格会大涨。此后乔致庸登门向达盛昌邱老东家致歉，愿回购部分高粱，解除了邱家面临的众商家挤兑现银即将崩盘的危机。乔致庸由誓将达盛昌置于死地，变为主动化干戈为玉帛。这一转变，马荀起了关键作用。这个转变给乔家带来了莫大的利益，成就了乔致庸。后来乔致庸拜马荀为大掌柜跟这个是有关系的。

这个故事说明，领导者并不一定是管理者。事实上，在单位的某些活动中，下级在某些时候是可以成为其上级的管理者的。

校长对学校来说，兼有领导者与管理者的身份，但许多时候也是被管理者。比如，在参加学校运动会、入学课程、毕业课程等时，必须按照实际管理者的组织安排参与相关活动。

由此，我想到了双语小学教育集团的项目式管理，比如集团几个学校的德育项目，双语小学的德育校长就是项目组的组长，各学校的德育管理人员都是项目组成员。在德育校长发起组织实施的集团德育工作中，德育校长实际上就是整个集团德育方面的管理者。如果集团校长什么都抓，就是累死恐怕也抓不好。实行项目式管理以后，集团项目组的组长就要主动开展集团的相关工作，就要组织和整合自己乃至集团校长的资源。当然，这种管理更大的意义在于，它能最大限度地激活与发挥师生的积极性和创造性，绝不仅仅在于克服校长的越俎代庖。

校长一般会认为，自己对于教体局来说只是一个被管理者，是受教体局委任管理学校教职工的人员。但是一个真正有作为的校长，在必要时就要打破只有上级管理下级的思维定式，"管理"上级领导。这个所谓的"管理"，绝不是对上级领导发号施令，而是在尊重上级领导的前提下，通过自己的努力去影响上级领导，获得支持和帮助，从而使自己的工作优质、高效。

如果说校长指导和培养师生是与校内的"和悦"，引领家长和社区是与校外的"和悦"，主动提升能力水平是与自身的"和悦"，那么校长对教体局领导的"管理"就是主动地与上级领导的"和悦"。

"管理"上级与管理下级的核心要义相通，最终靠的还是管理好自己。

（二）站在领导的角度思考

一方面，按照"局部服从全局，个别服从整体"的一般要求，校长在自己学校的工作中，设身处地地从教体局的整体利益出发，在涉及全局、关乎更多师生利益的时候，用局领导的思维自觉地去维护教体局的声誉和利益。

另一方面，严格地讲，无论你怎么站在上级领导的角度去思考问题，你都不可能和上级领导的观点完全一致,因为你毕竟不是上级领导。这就使得有意识地站在上级领导的角度思考显得很有必要。

校长在工作遇到困难或碰到棘手问题的时候,要问问自己:“假如我是上级领导,我会怎样决策?”换个角度思考,不仅有利于克服困难,还有利于更好地向上级领导学习。

现实工作中,人们往往更愿意崇拜那些在历史上有相当影响力的伟人或者名声显赫的人物,而忽视向上级领导学习。事实上,上级领导才是校长最应当也最便于学习的人,因为他们可能是最洞悉我们优势、短板与最佳突围路径的人。聪明的校长应该欣赏自己的领导,仔细观察体悟,用心学习,在参悟上级领导工作成功的原因的过程中,较快地提升自身的能力,取得更快的进步。

(三)与领导共克时艰

要获得上级领导的深度理解和发自内心的主动支持,就要与上级领导一同攻坚克难并取得胜利。

很多校长得意于独自解决问题,但校长应该想到,借助上级领导的资源和力量也许会有更好的效果。因为,每一个教体局领导都希望自己能为学校的工作发挥更大的作用。

2019 年暑假,新建的五台山西路小学的环境测评工作进行得很不顺利,家长上访,上百人围堵校门并呼喊口号,接连几天形势都很严峻。我校和其他多所新建学校能否顺利开学,成了当时对教体局的重大考验。我带领领导干部和教师两次到区信访办接访,深入、细致地开展相关工作,千方百计地确保学校按时开学。艰难时刻,教体局专班领导守在学校,最关键的时候,通过专班领导得知困难的教体局主要领导深夜到学校看望我们,问询情况,指导我们克服困难。教体局主要领导 24 日深夜来学校办公,直到凌晨 2 点半,事无巨细,分秒必争,没有片刻休息,给了我们信心,让我们备受鼓舞。教体局主要领导协调了公安部门、社区和办事处的领导帮助我们。网警定位并约谈发布误导言论、煽动闹事的人,解决了我们自己难以解决的难题。耳听为虚,眼见为实,教体局领导体验到我们冲锋陷阵、团结奋斗的干事创业激情。通过这件事,教体局领导对我们学校领导干部和教师高度认可,全力支持,跟我们结下了深厚的情谊。

第五节　特色带动——辟出一片新天地

学校要办出特色。没有特色就没有个性，就没有生命力，在市场经济条件下尤为如此。

——我的治校名言(发表于 2000 年 3 月 6 日《山东教育报》第 3 版)

1993 年颁布的《中国教育改革和发展纲要》首次提出“中小学要办出各自的特色”,《国家中长期教育改革和发展规划纲要(2010—2020 年)》再次提出要“鼓励学校办出特色”。办学特色持续被中央政府重视，表明中小学特色建设对提高教育教学质量的重要性和迫切性。毫无疑问，办出学校特色，是校长的一项光荣职责，也是校长办学能力提高的一条非常重要的路径。

一、特色带动，促进学校全面发展

特色，就是学校发展中形成的个性和独特之处。《中国教育改革和发展纲要》强调“各自的”,就是要学校从自己的校本实情出发，从不同方面切入，形成自身的特色。我做过几个学校的校长，每接手一所学校，都特别注意深入调研，根据学校的实际，确定建设何种特色，一旦认准了目标，便全力以赴。实践证明，创办学校特色，不仅能促进师生成长，促进学校发展，还能提高校长自身的创新能力和管理水平。

(一)特色，就是人无我有，人有我优

特色，通俗一点儿讲，就是“人无我有，人有我优，自成体系，供人借鉴”。

“人无我有”,就是区域内其他学校还没有这个特色，而只有我拥有，就是敢为人先，就是勇作“第一个吃螃蟹的人”。当时朱台教育园区建设就是如此。

“人有我优”,就是其他学校也有这种特色，而我做得更好、更突出。像童心悦读特色，我们就做出了当时全国的最高水平。

“自成体系，供人借鉴”,就是深入推进特色建设，就是挖掘、梳理、总结规律性的东西，拿出可供他人学习和借鉴的经验，从而对教育事业有更大的贡献。

(二)特色带动，学校全面发展的战略决策

学校发展是全面发展与个性发展的统一体，全面发展离不开个性的孕育和发展。一所学校不可能一开始就全面优质，必然是有的方面强一些，有的方面弱一些。找准形

成特色的突破口，通过创建特色，以特色带动全局，激活整个学校发展的潜能，进而实现学校整体优化。这是学校发展的一个规律，我将其称为“特色带动发展战略”。

特色带动可以作为学校最优先的生存、发展战略。无论多么薄弱的学校，都可以扬长避短，“集中优势兵力”重点攻关，出奇制胜，开辟蹊径创建特色，成为某领域的领先者，从而提振师生信心，促成全面发展。对于优秀学校，则可以通过特色创建，不断地实现新的特色带动，不断地实现新的突破发展。特色带动，是学校创新发展的一大法宝。

（三）找准优势，办出特色

1. 让优势项目成为特色课程

要办出特色，就要遵从教育规律，发挥本校优势，充分利用当地优质资源，选准可以打造为特色项目的现实优势项目。在这个过程中，要瞄准教育发展的方向和趋势，对各种办学因素进行全面分析，尤其是全面、深入分析学校的文化优势、地域优势、师资优势、学生优势、家长优势，找出最长的那块“板”。一旦选定，就要相对集中力量，将其当作校本课程来研究、探索、推进，在破解教育关键问题的过程中，努力让优势项目发展成为学校的特色课程。

2. 从特色课程到学校特色

一旦形成特色课程，就要进行综合规划，并在全校宣传发动，进行全校师生参与的实践探索，汇集全校力量推动改革创新，促进教育教学质量的提升；一旦形成特色，就要充分发挥特色课程凝聚智慧和全面提升学生素质的应有作用，使其发展成为学校的一个特色，带动学校其他方面的发展。

3. 从学校特色到特色学校

学校特色，是指学校在较长时间的办学实践中，形成的自己独特的，稳定、优质、带有整体性的个性风貌。而特色学校就是个性化鲜明的学校，是优化了个性的学校。经过持续的、较长时间的实践与探索，学校特色会越来越鲜明，并带动学校全面优质地发展。在此基础上进行提炼与总结，丰厚学校的文化与精神，就可能将学校创建为特色学校。

4. 从特色学校到品牌学校

特色学校要进一步发展，仍然需要特色带动。就是在特色学校的基础上，重新审视自己的条件，认清自己的优势和短板，明确自己的发展定位、发展目标、发展路径，将强烈的规划意识和教育设计能力凝结为清晰鲜明的办学理念，将制度管理上升到文化管理，增强教职员工的凝聚力、能动性、创造性。就是通过强化教科研，丰富学生成长课程，创新优质高效课堂，进一步提高教育教学质量，不断地促进学生德智体美劳全面发展，不断地打造学校的校长品牌、教师品牌、课程品牌、学生品牌等，从而形成品牌学校。

创办特色和品牌离不开研究。学校特色创建与学校团队建设是共生的关系。上述四个发展过程中，教科研发挥着相当重要的作用，如：研究特色项目对破解教育难题的意义，对学校全面发展的作用；研究学校特色进一步完善和创新的路径；研究扩大特色的校内校外影响的方法；等等。特色形成的过程，也是贴近学校实际，提高教科研能力，打造高水平领导干部和教师队伍的过程。

二、美术特色，让高阳中学迅速崛起

高阳中学是一所靠近三区县交界处的偏僻乡村学校。1997 年之前，它是淄博市临淄区有名的薄弱学校，教学质量连年在全区倒数，好学生、好教师流失严重，当地群众很不满意。区教委和镇党委政府痛下决心，调整了学校领导班子，我临危受命走上了校长岗位。虽有领导的鼓励与支持，但更多的却是质疑与观望。如果不能尽快改变局面，我就只能紧步前任后尘。困境逼迫我反复思考如何让学校快速崛起。

高阳素称书画之乡，是北魏高阳太守贾思勰生活过的地方，有着浓厚的美术文化底蕴，高阳农民书画协会每年组织书画大赛。学校有一位民办教师许连荣热心美术教学，已经小有名气。我想，论师资水平、学生基础，在很多学科上，我们一时难跟其他学校，尤其是城区学校比拼。但是全区美术教师奇缺，美术教学普遍薄弱，如果狠抓美术教育闯出名堂，就有可能尽快找回师生的自信，奠定高阳中学翻身的基础。

我们采取了四项措施狠抓美术教育。一是加大宣传力度，宣传美术教育对提高学生素质，对个人成才的作用，使师生、家长、社会理解学校的办学思路，营造创建美术特色的环境氛围。二是建设高素质的美术教师队伍，请进来，走出去，多次邀请有关院校专业教师到学校指导，组织美术教师到美术学院学习，鼓励青年教师拜师学艺。三是加大投入，优先充实美术教育急需的器材和设备。四是改革课程和教材教法，举行公开课、观摩课，相互交流，取长补短。同时，成立美术兴趣小组，创办美术特长班，开展多种形式的课外美术活动，千方百计地提高美术教学质量。

狠抓美术教育的第二年，高阳中学的 21 名美术特长生全部考入中专和重点高中，学生看到了自己特长与潜能发展的广阔天地，教师看到了振兴学校的希望。美术特色的形成，带动了学校教育教学质量的全面提升，教师的教学水平和整体素质也显著提高，领导干部、教师找到了感觉，一个团结、拼搏、求发展的新局面终于在高阳中学形成了。

我们推进一步，系统开发了校本美术课程，初一、初二抓普及，全面加强美术教育，初三、初四抓提高，切实提高教学质量。在此基础上，我们又启动了“以美立校，以美施教，以美益德，以美启智，以美健体”的“以美育人”探索研究。

高阳中学的“以美育人”教育很快鲜亮起来，特色带动了学校工作的全面开展。1999 年中考，在全部 10 个科目中，高阳中学在 5 个科目中夺得全区初中学校的第一名。师生精神面貌大为改观。几年间，高阳中学有 1 位教师被评为“淄博市十佳师德标兵”“山东省优秀教师”，1 位教师被评为“淄博市优秀实验教师”，6 位教师成长为临淄区学科带头人。由高阳中学升入高中的美术特长生孙伟伟考入中央美术学院。1999年全国初中数学竞赛中，学生常云成以满分成绩夺得山东省第一名；全国初中物理知识竞赛中，学生杨文刚获得全国二等奖。

特色建设使高阳中学创造了办学史上的奇迹——一年甩掉落后的帽子，两年成为临淄区规范+特色学校、淄博市规范+特色学校，三年成为山东省艺术教育示范校。2000年10月27日，《中国教育报》以《人人爱美术，人人会美术——山东省淄博市高阳中学美育教育纪实》为题，对高阳中学的美育教育进行了深度报道。

三、教育园区，农村教育发展新模式

2001年，我成为高阳镇中心学校校长。不久，高阳、朱台两镇合并，我又成了新的朱台镇中心学校校长。当时的主要困难和问题：一是原朱台镇学校领导和教师以及部分镇领导对我不了解、不信任；二是原来两镇的教师互相猜忌；三是全镇3所中学、12所小学，18所幼儿园各自为政，发展很不均衡。这样导致优质资源难以共享，学生的特长在不同学段得不到持续培养。子女教育关系到民众的根本利益，老百姓对教育质量的需求越来越高。适度集中、规模发展成为必然选择。

为化解矛盾，破解困难，我优化办学体制、资源配置、人才培养模式，积极争取政府和社会的支持，出台方案，深入动员，以中学为中心，适度集中附近小学和幼儿园，创建高阳教育园区、朱台教育园区、西单教育园区三大教育园区。随着改革思路深入人心，原先的怀疑、猜忌烟消云散。抢占先机，谋求发展，成为全镇学校领导和教师的自觉行动。

利用暑假，我们大刀阔斧地调整了学校领导57人、教师117人，均衡了人员配置，组建了三大教育集团，形成了三大教育园区。园区内以中学为龙头，实施幼儿园、小学、初中一体化管理，实现资源共享，让孩子接受一贯制教育。改革激发了教职工的创新能量，各园区都充满了竞争活力，教育一时成为全镇关注的热点。两家企业投资近五百万元兴建了两座教学楼，无偿交由教育园区使用，为小学向中学集中铺平了道路。淄博市两位副市长出席朱台镇三大教育园区启动暨兴武小学奠基仪式，全镇大办教育蔚然成风。

短短三年，朱台镇中心学校连年以乡镇第一名被评为“全区教育工作示范单位”，2所中学建设为省规范化学校，3所小学建设为市规范化学校，2所幼儿园建设为省示范园。淄博市农村教育工作会议在朱台镇设主现场。《中国教育》杂志盛赞我们“为整合农村的教育资源蹚出了一条新路，创造了一个新的模式”。2005年1月25日，《中国教育报》以《教育园区助农村教育脱困》为题进行了相关报道，称赞我们说：“创建‘教育园区’，探索了一条农村教育教学改革的新路。”

四、童心悦读，让金茵小学成为标杆

2005年暑假，我被调入临淄区金茵小学任书记、校长。该校开办刚满五年，离区政

府最近，师资条件优越，是全区窗口学校，不少政府工作人员的子弟在此就读。这样一所各方面都属一流的学校，如何使它更上一层楼？如何实现全面可持续发展？我由自身成长的历程想到读书对人的成长发展、对学生幸福人生的重要性，决定开展童心悦读活动，在创建书香校园上实现突破。

我们采取了四项措施强化童心悦读。一是营造浓郁的读书氛围；二是成立童心悦读研究院；三是抓实晨诵、午读、暮省和阅读课；四是通过展示交流促进学生读书。

金茵小学的童心悦读特色逐渐鲜明。2007 年 5 月，全国儿童阶梯性阅读研讨会在金茵小学召开，该校"开展童心悦读，师生共写随笔"课题被中央教科所列入全国"十一五"重点课题。11 月，金茵小学被评为"中国特色教育理念和实践项目学校"，作为山东省小学的唯一代表，我在第三届全国教育科学论坛上介绍了开展童心悦读的经验。2012 年 7 月，CCTV 读书达人评选，学生王文翰、许泽昊分别被评为"全国读书达人"和"全国读书明星"。2013 年 7 月，金茵小学童心悦读课程被评为"全国十大卓越课程"。

童心悦读特色的创建，带动了学校的全面发展。2011 年至 2014 年，学校德育工作经验登上《德育报》头版头条，学校被评为"全国百所德育示范学校""全国中小学思想道德建设先进单位"。学校足球队女队夺得淄博市"市长杯"足球联赛三连冠，三次代表淄博市参加全省比赛，分别荣获山东省中小学生体育联赛足球比赛小学组的第三名、第四名、第一名；男队队员谢炆希、史进被鲁能泰山足球学校招入 U12 一队，不久后谢炆希晋升为 U13 队长。特色创建促进了教师的专业发展，学校涌现出国家级骨干教师 1 人、山东省十大教育创新人物 2 人、省级优秀教育工作者 1 人、省级骨干教师 7 人、省级教学能手 2 人、齐鲁名校长建设工程人选 1 人、齐鲁名师建设工程人选 2 人。

五、特色办学，集团化发展的新引擎

作为青岛西海岸新区引进的教育领军人物，短短 5 年间，我先后负责了三所公办小学，即双语小学、星光岛小学、五台山西路小学，创建了双语小学教育集团。最大限度地激发各个学校的创新发展潜能，还是需要特色带动。

对于双语小学教育集团来说，推进特色学校建设，就是要"扬长"，就是要追求"和而不同""一校一品"，校校有特色，满足学生的个性发展需求，服务于学生的长远发展和终生幸福。

（一）学校特色因校而异

和悦教育，对学生和教师来说，就是促进其个性化成长发展；对学校来说，就是鼓励其特色创新。

双语小学因童心悦读、智慧校园迅速成名。社会对优质教育的迫切需求就是办学的最大动力。新生爆满，我们不得不建设新校区。

建新校实施共性＋特色，就是原有学校的优势＋新校特色，实现高标准建设和快速发展。我把多所学校当作一所学校来管理，指导各学校结合自身实际，努力打造本校特色，带动全面发展。

双语小学的童心悦读是山东省十大特色课程，与“六爱三雅”课程深度融合，大力探索落实校训“读好书，做好人”的最佳路径。同时，该校建校时间较长，文化积淀深厚，师资培养经验丰富，正在成为集团文化建设和教师专业发展的孵化器、加油站。所以，我们在校园文化建设、童心悦读、教育科研上创建品牌。

星光岛小学依托东方影都资源优势，强化电影教育特色，利用电影多学科融合的特点，发挥审美与教化作用，让学生在感知、理解和创造美的过程中陶冶高尚的情操，带动全面发展。该校在集团的协调下，与山东省教科院课程研究中心合作，使特色创建工作有声有色地开展起来。

五台山西路小学借力全区发展智慧教育的大好时机，加强顶层设计，引进高端人才，集中整个集团的财力、物力、人力持续攻关，创建智慧校园，使智慧教育服务师生和整个集团的能力迅速提高。

同时，集团鼓励并支持各学校挖掘师生和家长的优质教育资源，开展各种特色项目，助力这些项目发展成为学校特色、集团特色。创新发展、特色发展汇聚成集团发展的强劲引擎。

（二）特色带动，跨越攀升

我们出台了《双语小学教育集团推进学校特色建设方案》，决定选定双语小学的童心悦读、星光岛小学的电影教育、五台山西路小学的智慧教育，汇聚集团力量集中攻关，形成鲜明特色，并带动集团各校全面发展，实现集团所有学校整体办学的优化。

双语小学的童心悦读、“六爱三雅”助力学生“读好书，做好人”，汇聚起校园和家庭共同育人的强大力量。短短几年，双语小学荣获青岛市教学成果一等奖以及“青岛市示范家长学校”“五星级阳光校园”等称号，发展成为第十届全国创新名校、中国青少年创客奥林匹克系列活动实验基地、全国中小学舞蹈教育传统校、全国青少年校园网球特色学校、“中国 STEM 教育 2019—2029 行动计划”种子学校。

星光岛小学的电影课程使学校电影赏析、电影探究和电影研学特色鲜明，被山东教育电视台深度报道。该校全面发展，教育教学质量跃居全区前列，成为新区儿童启蒙中心、全国校长（教师）发展学院培训基地，承办了青岛市名校长工作室开放日活动，协办了青岛国际水大会专家与青少年面对面科普交流活动。

五台山西路小学建校仅仅四年，智慧科技课程已经跃居全省甚至全国领先地位，所开发的和悦智慧几乎涵盖了教育的方方面面，服务于集团安全、教育教学、资源共享。该校的特色课程、后勤保障、家校合作等的智能化水平很高，获中央电教馆专家好评。该校被教育部评选为“2020 年度全国网络学习空间应用普及活动优秀学校”，被山东省教育厅评定为“中小学教师信息技术应用能力提升工程 2.0 省级项目学校”，被国家社科基金“人工智能促进未来教育发展研究”总课题选定为实验学校。2021 年 7 月，第三届 ICode 国际青少年编程竞赛，该校 9 名学生全部获奖，荣获 3 金 2 银 4 铜！其中，孙浩然获全国第一名。该校共享拉动的双语小学教育集团智慧教育特色走在了全省乃至全国的前列，仅 2023 年度就获得了 8 个显著成果：

（1）学校被评为“教育部人工智能教育基地”（山东省仅 6 个，青岛市唯一一个）。

（2）学校两项案例被教育部教育技术与资源发展中心评为“2023 年全国师生信息素养提升实践活动典型课例和特色课例”（山东省仅 4 项，集团学校有 2 项）。

（3）我在教育部数字教育与数字教研共同体研讨会上做了《和悦智慧赋能学校腾飞》专题发言（全国 6 个学校代表之一）。

（4）我在 2023 年学校供餐与学生健康国际研讨会上做了《信息化手段管理学校供餐》典型发言（会上唯一学校代表）。

（5）我在国家教育行政学院全国中小学校长管理培训班上做了《和悦智慧赋能学校腾飞》专题报告。

（6）王立新在全球中文学习联盟 2023 年会上做了《数字教育赋能精准教学的实现逻辑》专题报告。

（7）王立新在教育部中小学校领导人员师德师风研修示范班上做了《数字教育赋能精准教学的实现逻辑》专题报告。

（8）我在全省基础教育重大领域改革交流会上做了《和悦智慧赋能学校腾飞》专题报告。

2024 年 1 月，王立新作为山东省唯一的一线教师代表到上海参加 2024 世界数字教育大会。

双语小学教育集团的三所学校各具特色，竞相发展，各美其美，美美与共，正在创建自己的品牌，拉动集团的跨越攀升。

（三）打造集团和悦特色

我们出台了方案，在各校创建特色的基础上，打造双语小学教育集团“6＋*N*”和悦校园特色。

以“6＋*N*”和悦校园建设为切入点，全方位提升集团学校的教育质量、办学品位。其中，“6”指的是明德和悦、智慧和悦、阅读和悦、国际和悦、悦动和悦、劳技和悦这 6 大校园建设，是为了每个学生的健康全面发展；“*N*”指的是成员校不局限于这 6 大校园建设，根据发展实际，可以先行探索另外一种或几种校园建设，待经验成熟后，升级为所有集团成员学校的共性建设。

建设成员学校和悦校园特色的灵魂，是和悦思想、和悦精神。

2020年1月，我们成立了10个项目组，从和悦文化、和悦管理、和悦课程、和悦德育、和悦课堂、和悦校长、和悦教师、和悦家长、和悦学生等方面，启动了和悦教育的系统总结梳理工程，展开新的探索研究。

2020年暑假，以出版和悦教育系列丛书为抓手，我们邀请专家进行指导，汇聚整个集团的力量，深度梳理和总结了多年的探索实践，再次系统研究和悦教育，旨在实现现有三校新跨越，为拓展对外联合办学、指导薄弱学校崛起拿出一套既是操作流程，又是质量标准，也是推荐媒介的系统性、指导性、实用性新资料。2020年7月8日、7月15日至16日、7月29日至30日、8月10日、8月20日……2021年4月30日、5月25日、7月10日、7月28日至30日……一轮又一轮地持续推进，摸爬滚打在教学一线的学校领导、教师转战教育科研，反思、交流、碰撞，贴近发展实际，在研究和写作中超越，实现学校领导每天都是全新自我的艰难蜕变。拔节式成长的和悦人，成长为对内能推进学校发展，外出则能治理学校、指导相关工作的行家里手，成为集团发展壮大的中坚力量。同时，集团的“和悦”思想更加深入人心，“和悦”特色的打造进入新阶段。集团“和悦”品牌更加富有生机，更加靓丽。

第六节　凝练提升——建构和悦教育思想

“实事”就是客观存在着的一切事物，“是”就是客观事物的内部联系，即规律性，“求”就是我们去研究。我们要从……实际情况出发，从其中引出固有的而不是臆造的规律性，即找出周围事变的内部联系，作为我们行动的向导。

——毛泽东《改造我们的学习》

毛泽东曾说：“我是靠总结经验吃饭的”“历史的经验值得注意”。校长成长到一定阶段，学习的一个重要内容就是自己的教育教学实践，就是向内，注重对自己实践的总结。离开了这个环节，校长就不可能形成自己独特的工作经验、教育观念和教育思想。

回顾并反思一次活动、一个项目、一段时间的学习工作生活，将纷繁复杂的实践条分缕析地形成文字材料，这就是总结。总结就是对实践和再实践进行认识和再认识，是不断地把感性认识上升到理性认识，实现认识升华和发展的过程，是揭示规律、把握规律的过程，是正确运用规律开拓创新的前提和基础。总结是人快速成长和发展的阶梯，能让我们在去粗取精、去伪存真、由此及彼、由表及里的求索中，不断地提升自己的能力和水平。

我由普通教师到特级教师、正高级教师，由一般校长到齐鲁名校长、全国好校长，工作和生活越来越“和”于客观现实，主要得益于这种坚持不懈地实践—总结—再实践—再总结。

一、深入总结，探究三大成功实践

教育思想不是孤零零的一两个观点，而是一个相对稳定的体系。理念和思想源于实践，任何思想理论都是在实践探索和反思总结中产生的。高阳中学崛起、朱台教育园区创建、金茵小学品牌建设，是我任校长以来办学的三大成功实践。反复梳理和探究这些办学实践到底有什么成功经验，是形成新认识、新思想的必由之路。我的和悦教育思想就来自对这三大成功实践的深入探究，因而它们是和悦教育的三大实践来源。相应地，和悦教育思想有一个萌芽、初创、生成、发展的历程，是从不自觉到自觉，从感性到理性，从低级到高级发展着的。

（一）高阳中学迅速崛起：和悦教育思想萌芽

乡村薄弱学校高阳中学的崛起备受瞩目，被有关领导称为“高阳现象”，当时的省教育厅纪处长到校检查时指导我们"要好好总结，拿出材料来"。总结和反思高阳中学的振兴发展，我更深刻地认识到：满足师生现实迫切需要，响应社会发展需求（比如当时大力推行市场经济对美术人才的迫切需求），找准突破点，和悦教育思想也随之萌生。这一思想刚萌芽就激发了师生求自尊、求发展、求愉悦的内在潜能，将其汇聚成学校发展的力量，以特色创新提振师生信心，以特色发展带动学生德智体美劳全面发展，推动学校工作的全面开展。也就是说，和悦教育思想初露萌芽，就显出了推动学校发展的巨大能量。

2000 年 3 月 6 日，《山东教育报》第 3 版以《杨世臣：办出特色，以点带面》为题，对我的特色带动发展战略做了报道。

（二）朱台教育园区的集团发展：和悦教育思想初创

在创建教育园区，促进朱台教育优质均衡发展的过程中，我在与辖区中小学、幼儿园打交道的同时，还要与区、镇政府等多个部门打交道。工作让我跳出教育看教育，思考教育问题，谋划教育发展。教育要与社会大环境相适应，要适度超前发展，要主动引领社区教育环境建设。这些初步的思想认识融入了和悦教育思想的创生：学校是社会的一个有机组成部分，要适应当地社会发展对优质教育的需求，顺应广大师生自我发展的需要；创新发展模式要满足这些需求和需要；通过人事管理机制改革，激发全镇中小学、幼儿园内部发展活力，推进优化组合和内部融合，促进镇域教育全面发展。

2003 年 10 月，《山东教育》（中学版）以《杨世臣：乡镇教育新模式的创建者》为题宣传报道了我的先进理念、创新举措与镇域改革探索。

（三）金茵教育集团引领区域教育：和悦教育思想生成

名校金茵小学的进一步发展需要打造个性教育品牌，我就想为这一品牌起一个名字。当时，我们的童心悦读早已叫响全国，我首先想到了"童心悦读"的"悦"字。"悦"是什么？是喜悦、高兴、幸福。我想，快乐，幸福，真善美，这些是每个人一生都在追求的，更是天真烂漫、活泼可爱的孩子们所喜爱与追求的。我想到的第二个字是"和"。"和"是中华文明生生不息的传统基因之一，"和"就是相应，就是融合、和谐。我多年办教育最深刻的体会，就是教育要"和"于党的教育方针，努力让学生德智体美劳全面发展，并且一切工作都要“和”于教师、学生和家长的实际情况，整合各种资源，因地制宜、因人而异地实施教育。所以，最终就确定为“和悦教育”。经过对文化、德育、课程、课堂等的相关建构，和悦教育日趋完善。2013 年 1 月，现代学校教育发展联合会第二届年会在临淄金茵小学召开，我在会上做了《创建和悦教育，塑造幸福人生》的主题报告。当年，教育部主管、国家教育行政学院主办的《中小学校长》几乎全文刊发了这一报告，和悦教育的核心理念逐渐清晰。

核心理念的清晰界定，标志着和悦教育思想的生成。

和悦教育思想的生成，使我的教育教学实践发生了质的突破。用和悦教育思想指导金茵小学、现代双语学校和康平小学等三校三园的建设，极大地提升了区域教育教学质量，有力地引领了当地的教育教学。

二、挖掘规律，形成三大主要理念

任正非说:“过去的成功经验是我们的宝贵财富，但是经验如果不能上升为理论，不能抓住成功经验的本质，就有可能使我们陷入故步自封的窘境。”

除常梳理和总结之外，有时还要对某个问题做系统深入的探究，发现事物之间内在的联系，探寻其中某种成功实践背后的规律，形成理论思想，用以指导自己今后或者他人更大范围的实践，这是教育事业发展的需要，也是校长自身发展的需要。

（一）特色带动

总结振兴薄弱学校高阳中学的成功实践，我形成了一个很有意思的思想：特色带动，以点带面。就是根据学校实际，先不要全面出击，而是确定并瞄准一个目标，集中主要力量持续进攻，直至获得出乎师生意料的成绩。这更容易取得成功，从而提振师生信心，带动其他工作。这一思想成为我 2000 年 3 月在《音体美报》头版上发表的《让艺术教育撑起素质教育的蓝天》的主旨思想，我将其称为“特色带动发展战略”，当时我被当地称为“有思想的校长”主要就是因为这一思想。

反思和总结自己创建高阳中学以美育人的特色，创建朱台教育园区的特色和创建金茵小学童心悦读的特色，探究创建学校特色的规律，形成了我在《中国科教创新导刊》上发表的《学校特色建设的实践和思索》和在《中小学校长》上发表的《建设学校特色要特别注意因校制宜》。我的特色带动全面发展强校方略日臻完善，用其指导办学也日趋得心应手了。

（二）悦读立人

总结自身成长的经验和开展童心悦读的成功探索实践，我更加相信阅读的育人力量，形成了系统的悦读立人理念。

党的十八大报告要求“把立德树人作为教育的根本任务”，指明了教育改革发展的方向。“立德树人”中的“树人”，就是“立人”，就是使人由懵懂无知成长为有道德、有理想、有文化、有知识、有能力的人。张海迪身体残疾仍不愧为一个大写的人。一个人从小到大立于世，健康的身体是基础，丰富的精神才是其成为人的支撑。而读书可以获取知识、丰盈思想、点燃智慧、提升道德、充实人生，从而“立人”。阅读对于人的成长和发展具有其他方法无法替代的重要作用，“为学之道，莫先于穷理；穷理之要，必在于读书”。茫茫书海，有阅读方能滋润心根；浩浩文化，有阅读方能继承文明。所以，阅读应该是让人收获愉悦、幸福和成长的重要路径。

持续反思和总结悦读立人特色工作，我发表了《在“童心悦读”中凝聚育人合力》（《中国教育报》）、《有一个孩子每天向前走去》（《山东教育》）、《开展童心悦读，塑造孩子幸福人生》（《中国教育学刊》）、《“童心悦读”：唤醒生命的美好》（《中小学管理》）等文章，撰写了《童心悦读的研究与实践》《悦读立人》两部著作。践行悦读立人理念，我们把“读好书，做好人”作为校训，把童心悦读作为最主要的办学特色来打造，产生了很好的教育效果。

（三）做最好的自己

中华文明博大精深源于其包容性，社会充满生机在于千人千脾气，万人万模样。学习历史，观察社会，思考人生，加上对自身多年教育生涯的反思和总结，我认识到：每个学生都是独一无二的；每个人的成长发展都是他个人的成长发展，无人可以替代，并且无论他怎么成长发展，都不会成长发展为别人，只能成长发展为他自己。这正如森林中的一株树，无论多么优越的环境条件，无论整个森林多么充满生机，任何其他树木的成长都替代不了这一株树自身的成长；即使是同时长出的同一种树，这一株树再怎么生长，也不能长得与另一株树完全一样；一株杨树最好的成长就是成长为最好的杨树，一个人最好的成长就是成长为最好的自己。教育学生就像培育幼苗，要想让他茁壮成长，就要顺应他的天性，依照他自身生长的规律去培育他；教育的作用，就是为学生的成长发展提供更好的环境和条件，促进他们都成长为最好的自己。

做最好的自己，就是《大学》所说的“止于至善”，就是不断地修养，成就更好的自己；做最好的自己，就是说每个人都有做得更好的成长空间，仍需在现有基础上不断学习，不断努力，不断进步；做最好的自己，就是承认由于先天禀赋、后天生存环境和自身主动性发挥程度的不同，自己现在与别人都不同；做最好的自己，就是认同每个人都有不同的优质智能及其组合，都有与众不同的特点，都有过人的地方，要自立于世界，就要在不断地适应社会的同时，保有自己独特的个性，自尊自强，把成长发展的责任背负在肩上；做最好的自己，就是说每个人都要与他人“和而不同”地相处，包容他人的缺点和不足，学习他人的优点和长处。

做最好的自己，要求校长善于发现每一位教师的长处，安排他到最合适的岗位上，最大限度地唤醒和激发他的教育教学才能，帮助每一位教师成长为最好的自己。校长办学，就是要搭建这样一个平台，在这个平台上，全体学生、教师、家长，每一个人都能找到自己作为学校某些方面的主人的尊严和价值，以主人翁的姿态参与学校这个大家庭的建设和发展，并在这个过程中成就最好的自己。

在做最好的自己的理念的指导下，我们创造性地开发了丰富多彩的课程，努力满足师生和家长个性发展的需要，双语小学教育集团各学校都焕发出无限的生机与活力，学校间也是既合作共享，又各具特色地竞相发展，都走在了新区教育的前列。

特色带动，是关于创办优质学校的理念；悦读立人，是关于丰盈人的思想灵魂的理念；做最好的自己，是关于尊重每一个人，成就和发展每一个人的理念。这三个理念是当前和悦教育思想的三大主要理念。

三、筑牢根基，确立三大理论基础

在不断的实践和探索中，我们逐步确立了和悦教育思想的三大理论基础：一是中国传统文化“和乃生”理论，二是马克思主义“人的全面发展”理论，三是中国共产党人的奋斗幸福观。

（一）中国传统文化“和乃生”理论

西周末期的太史官史伯说：“夫和实生物，同则不继。”（《国语·郑语》）意思是，不同事物相“和”，能生成新事物，而只有同一种事物的“同”，就不能生成新事物，只能止步不前。春秋时期的管子说：“凡人之生也，天出其精，地出其形，合此以为人。和乃生，不和不生。”（《管子·内业》）战国时期的荀子说：“万物各得其和以生。”（《荀子·天论》）西汉戴圣《礼记·郊特牲》中云：“阴阳和而万物得。”《论衡·宣汉篇》中云：“阴阳和则万物育。”可见，“和”有利于万物生成，能推动万物生成。对教育而言，只有在教育教学过程中“和”众多不同的学生，“和”众多不同的教育教学力量，“和”众多教育教学过程，才能完成立德树人的根本任务。

《论语·子路》有言：“君子和而不同，小人同而不和。”这里的“和而不同”讲的是要追求“和”，但要防止无原则的苟同；这里的“同”特指小人那种不辨是非曲直的附和苟同。后来，和而不同逐渐成为中华传统文化关于认识和处理事物之间异同关系的思想智慧。“和而不同”揭示了“和”的本质，不同的、有差异的事物共存且各自保持着自身的差异性，这就是“和”。对教育而言，“不同”就是民主，就是创新，就是个性化成长发展，“不同”既是教育的前提和起点，又是教育的成果或价值体现。

中华文明源远流长，与“和”思想、“和”文化密切相关，人类文明向前发展仍然需要“和”文化。和悦教育就是以中国传统文化“和乃生”理论为基础的教育。和悦教育要求催生新认识、新思想、新成长，要“和”于党的教育方针，“和”于教育教学规律，“和”

于儿童认知规律，“和”于儿童家庭教育，“和”于儿童个体差异，“和”于变化着的新形势，努力营造有利于全体学生多样化发展的和悦教育生态。

（二）马克思主义“人的全面发展”理论

马克思主义“人的全面发展”，是指人的体力和智力的全面发展、和谐发展、自由发展、充分发展。中国共产党始终把推动人的全面发展作为奋斗目标，并通过制定教育方针，实现教育促进“人的全面发展”的中国化、法治化。1957 年，毛泽东提出：“我们的教育方针，应该使受教育者在德育、智育、体育几方面都得到发展，成为有社会主义觉悟的有文化的劳动者。”1982 年，《中华人民共和国宪法》规定：“国家培养青年、少年、儿童在品德、智力、体质等方面全面发展。”2015 年修订的《中华人民共和国教育法》规定：“教育必须为社会主义现代化建设服务、为人民服务，必须与生产劳动和社会实践相结合，培养德、智、体、美等方面全面发展的社会主义建设者和接班人。”2019 年，中共中央、国务院《关于深化教育教学改革　全面提高义务教育质量的意见》提出，坚持“五育”并举，着力解决素质教育落实不到位的问题，构建德智体美劳全面培养的教育体系。

教育方针规定了教育的长远方向和目标。落实教育方针，中小学要开足、开全所有国家和地方课程，为全体学生全面发展打好坚实的基础，更要进一步落实到培养当下一个个具体学生的教育教学中。而每个学生都是具有不同特征、具有能动性的，“人的全面发展”是远景追求与理想状态，现实中人的各方面的发展必然是有的方面快一些、强一些，有的方面慢一些、弱一些的。全面发展，是以个性特色发展为立足点、突破点的，某方面的崭露头角往往会激发起不甘人后的心志，然后使其收获多方面的发展。每个人的全面发展都建立在自身个性发展的基础之上。所以，教育教学必须“和”于学生实际，因材施教，长善救失，充分激发他们自身发展的潜能，帮助每一个学生实现最好的发展。各级各类学校这样接续努力，教育方针才会真正得到落实。

基于这样的认识，和悦教育把“帮助每一个孩子成长为最好的自己”作为现实追求，通过建设和悦教育体系，深度促进学生全面而有个性地发展。

（三）中国共产党人的奋斗幸福观

中国共产党经过 30 年的浴血奋战，领导人民取得了新民主主义革命的伟大胜利，此后又领导人民艰苦奋斗，确立了新中国的国际地位，改善了人民生活，增强了综合国力，同时自己也在不懈的奋斗中发展壮大起来。中国共产党用艰苦卓绝的奋斗，形成了特色鲜明的幸福观，即习近平主席的奋斗幸福观。

习近平总书记认为幸福都是奋斗出来的，他说：“奋斗本身就是一种幸福。只有奋斗的人生才称得上是幸福的人生……奋斗者是精神最为富足的人，也是最懂得幸福、最享受幸福的人”。习近平主席的奋斗幸福观继承了党的优良传统，丰富和发展了马克思主义幸福观。奋斗、艰苦奋斗、继续奋斗，是党带领人民改变命运、创造幸福生活的必由之路。习近平总书记在十九大报告中指出“培养担当民族复兴大任的时代新人”。带领师生一起奋斗，是培养堪当民族复兴大任的时代新人的最好方法和根本路径。

和悦教育所谓的幸福，就是以为人民谋幸福为宗旨，以培养担当民族复兴大任的时代新人为目标，引领全体师生树立远大理想，锐意进取，戒骄戒躁，在干事创业、接续奋斗中收获和体验更多成长发展带来的幸福，从而拥有幸福人生。

四、系统建构，不断推进创新发展

（一）系统建构和悦教育体系

在和悦教育思想获得丰硕实践成效，得到国家级学术刊物认可后，我更加系统地梳理、总结了做校长以来的办学经验，结合对中国传统文化、马克思主义和党史的学习研究，逐渐形成了较为系统的和悦教育思想。在和悦教育思想的指导下，我创建了三校三园幼小衔接的金茵教育集团，并逐渐建构了以和悦文化、和悦课程、和悦德育、和悦课堂为主要内容的和悦教育体系。

（二）和悦教育思想的创新发展

2014 年，我来青岛西海岸新区创业的最大底气就是和悦教育思想及其在淄博的成功实践。“十分重要的问题，不在于懂得了客观世界的规律性，因而能够解释世界，而在于拿了这种对于客观规律性的认识去能动地改造世界。”“认识从实践始，经过实践得到了理论的认识，还须再回到实践去。”就是说，通过理性认识形成了某种理论还远远不够，更重要的是拿理论去解决实际问题，去改造世界。所以，我来新区的目的之一就是在一个全新的环境中，全新检验、丰富和发展我的和悦教育思想，创办更优质的教育。

1. 提升学校价值追求

育人目标提高到“培养厚德乐学、自主合作、具有国际视野的卓越少年”。“厚德”，就是将德育摆在首位，育人先育德，引导学生自觉提升思想道德修养，做一个德行良好的人。“乐学”，就是以学为乐，把读书学习，把丰富、改造和提升自己作为最大的乐趣，学习求知，学习做事，学习做人，学习发展，收获成长的幸福。“自主”，就是时刻不忘自己是未来社会的主人，学习做自己的主人，以主人的姿态积极参与校园和社会生活，自尊、自重、自立、自强、自我管理、自我选择、自主成长。“合作”，就是正确认识自己和他人，理解他人，自觉培养与他人实现共同目标的能力。“具有国际视野”，就是志存高远，放眼世界，做有世界眼光的中国人。“卓越”，就是人小志气大，自强不息，不断超越自我，活出最好的自己。

与育人目标相适应，以卓越作为和悦的基本条件，定义和悦学校、和悦校长、和悦教师、和悦家长、和悦学生。办学目标定位到卓越学校，领导干部发展锚定卓越校长，教师发展锚定卓越教师，教育教学工作标准定位到卓越工作，校园一切工作都不再满足于优秀，而要把平凡的工作做到不平凡，自我创新，勇做典范。教师一入职，学校就按卓越教师的标准来培养。学生一进校，学校、教师和家长就挖掘和发挥他们的卓越潜能，助力他们自觉地同低俗、怠惰、享乐、自甘落后、心胸狭窄做斗争，帮助他们立下绝不平庸的目标。

2. 强化学生主体地位

明确每个学生都很重要，强调学校教育应当“和”于每个学生的特别之处，“和”于每个学生独特发展的需要，相信学生都能够学会所有的基础知识，最能发现学习的乐趣，最会改善自己的学习，给他们个性成长充分的包容与期待。校长要信任教师，相信教师是充满创造活力，最能给每个学生引导的人。教师和家长都不再越俎代庖地替代学生学习和成长，而是充分尊重学生的主体地位，指导学生走到学校正中央。

办学宗旨由“让每一个孩子拥有幸福人生”到“帮助每一个孩子拥有幸福人生”，不仅仅是几个字的改动，而是教育理念的创新发展。

“让每一个孩子拥有幸福人生”，汇聚了教师和家长的追求、智慧和力量，却难以充分显示孩子是自己人生的主人，而孩子自身才真正拥有追求幸福人生的内在决定力量。这就难免会给人一种感觉：学校、教师和家长就能赋予、决定孩子的幸福人生。这不利于教育教学实践中教师和家长准确定位自己的角色，不利于唤醒孩子学习和成长的主人意识。同时，个性化成长发展中的孩子，在集体生活中不可能同时、同等强度地感受到成长的幸福，分化是必然的、正常的。学生越早明白这一点，就越有强大的内心，越有利于自主调适和应对各种临时性的不如意，实现自主成长。

将其中的“让”字改换为“帮助”，“帮助每一个孩子拥有幸福人生”，把拥有幸福人生的主体地位和主动权还给了学生，把幸福人生的责任担当交给了学生，有利于他们从小养成自觉、自主、对自己负责的意识，养成自主选择、自主决策与自我矫正的习惯，更好地奠基了学生的幸福人生。

3. 从自发到自觉

如果说来青岛之前我对和悦教育的探索与实践主要是我不自觉地切合了和悦的理念，促进了师生的成长和发展，那么来青岛之后，我对和悦教育思想的实践探索就进入了主动按照和悦理念去做的自觉阶段。

做高阳中学校长第二年，普通考生中有 7 名学生考上了中专，美术生中有 8 名学生考上中专（当时我们那里更看重中专，因为考上中专就跳出了农门，而考上重点高中则仍然是前途未卜）。按当初商定的办法，每考上 1 名中专生奖励 100 元，12 个文化课教师平分 700 元，而美术教师许连荣独得 720 元（另外 80 元由美术班的文化课教师分得；那时一个正式教师，如我，月工资也不过 64 元）。这样大家就不干了：凭什么我们 12 个挑大梁的还不如他一个人领的多？这也太不公平了！这对我来说是一个很大的挑战：

要么平均分，要么坚持按原定的办法分。我不赞成平均分。首先，原办法的本意重在鼓励个人创新，为振兴学校找突破点。一个教师辅导 8 名美术生考上了中专，让我看到了美术突破的希望，一旦重来，就会严重打击许老师的创新积极性，美术特色创建就会受挫，这条振兴学校的路就难走了。其次，对于当初全体教师商定的奖励办法，作为校长，我理应坚决带头实施。第三，我任校长刚一年，众多教师还在观望，如果我不坚持全体教师通过的办法，放任其推倒重来，好不容易聚拢起来的人心就可能重归于涣散，再难聚拢起来。因此，我决定迎难而上。

第一，有三位举足轻重的人物，课间公开带头要求平均分奖金，教师们都知道他们是我的亲老师、亲班主任。我晚上骑着自行车带上啤酒，一个个上门拜访。

我说："老师，您看，当时您是签过字的。大家共同的约定，就是为了让学校早日振兴，让更多的孩子有出息。人家许老师帮那么多孩子升入中专，为什么就不能多拿一些？要是平均分，那谁还愿意多出力？学校又怎么振兴呢？大家都知道您是我的老师，我要按您说的把大家的约定改了，我这校长就没法干了。咱们学校还能乱下去吗？您得支持我吧？我是您培养的，心连心哪！"

老师说："那，我也不问，我也不管了。"

这三位老师按住了，我心中有底了。

第二，关系不错的几位教师已是毕业年级文化课骨干，我把他们请到家中，倾心交流。喝了酒以后，有点儿控制不住："当初，你们都同意了，都是签过字的，现在又不同意了，叫我怎么办？咱们学校烂成这个样子，人家许老师好不容易培养了 8 个中专生，为学校挣了些脸面。你们只想着跟人家分那几百块钱，就不想想也像他那样千方百计地振兴学校？在全区同行面前，你们还要不要自尊？你们就甘愿被人瞧不起？"

喝了酒，骂也骂了。他们呢，也表示理解。这几位教师问题也不大了。

第三，就是参加工作不久的年轻教师，我把他们叫到办公室，问他们："你们举过手签过字的，为什么要兑现了又变卦？"他们也说不出什么理由。

按原定办法发了奖金，教师们看到校长是一个言必信、行必果的人。在全体教师会上，我由学生大量考取美术中专生谈到国家素质教育改革的大方向，分析当地美术教育优势，阐述美术特色突破战略，全体教师群情振奋。当然，过后我们也做了调整，每考上 1 名中专生，文化课教师增发奖金 50 元，专业课教师的奖金则由 100 元降为 80 元。

当时我这样做是不自觉的，不是有意识地在追求"和悦"。虽然也收得了较好的工作效果，但这与在青岛西海岸新区自觉主动地实施和悦教育是有很大不同的。比如，我在 2017 级新生家长会上的讲话中对家长说："大家注意我们的赵广红主任，你们看她开的这个会，是全部采用了项目穿插的方式，把自己、团队、家长、孩子、校长全都调动起来了，这就是教育的智慧。我想正是因为我们老师的这种努力和智慧，才有了我们大家的和悦。他们每个人管了多少个孩子？四五十个孩子，那么点儿的小孩儿呀，管理起来是很麻烦的。因此，我建议用热烈的掌声再一次感谢我们的老师。”这就是在有意识地引导师生和家长走向“和悦”。在这里，我和赵广红主任就是按照客观规律去行动，是能够预见到较长远的结果的一种自觉行为。

和悦教育思想是历史的，又是与破解现实教育问题紧密结合的，它是理论与实践的统一，是不断发展着的，还将在今后的办学实践中再铸辉煌。

第七节　创办集团——让更多学生享受优质教育

我们的近期发展目标：一是创办双语小学教育集团并将其打造成高质量、现代化、有特色、省内一流、全国知名的教育集团，为新区教育做出更大贡献；二是让每一位教师都做最好的自己，都有尊严地工作；三是让各学校都能内涵发展、特色发展、创新发展、科学发展！

——2016 年 10 月 21 日，我在双语小学周前会上的讲话

2017 年 3 月，在全国两会部长通道接受记者采访时，时任教育部部长陈宝生提到了促进教育均衡发展的三项措施：第一项是集团化办学，让优质学校集团化办学；第二项是学区化管理，中学、小学连片进行；第三项也是最重要的一项，是均衡配置资源。

双语小学教育集团，又叫和悦教育集团，就是在这样的背景下应运而生的。

其实，在淄博时我就对集团化办学进行了 10 年的探索。朱台镇中心学校教育园区的创建，就是上面提到的第二项，其实质是幼小中十二年一贯制、集团化持续培养。金茵小学三校三园的集团化办学探索，又给了我许多集团化办学的宝贵经验。作为新区教育系统政协委员，早在 2015 年，我就提交了《关于实施集团化办学，迅速扩大优质教育面的提案》，这一提案被评为“优秀提案”。

如何办好教育集团，并使之高效运营？“2-3-12-1-1”工程（如下图所示），是我们对全国基础教育集团化办学的最新贡献。

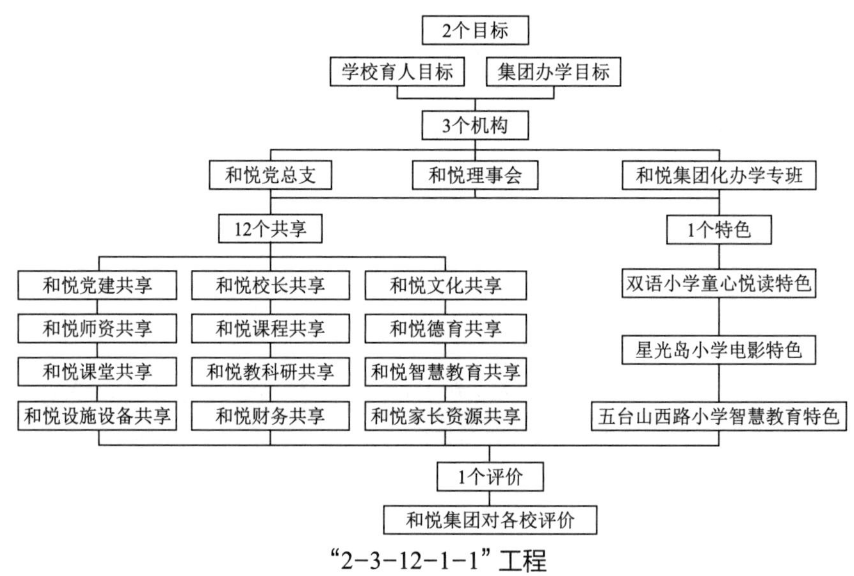

“2-3-12-1-1”工程

一、目标引领

2 个目标，即学校育人目标和集团办学目标。

集团现有三校创办时间、地理环境、规模布局、生源家庭等各不相同，实现优质均衡发展，首要的是拥有共同的价值取向，即共同的学校育人目标和集团办学目标。

学校育人目标，就是要把学生培养成“厚德乐学、自主合作和具有国际视野的卓越少年”；集团办学目标，就是要创办“高质量、现代化、有特色、省内一流、全国知名的和悦教育集团”。

有了高远的育人目标和办学目标作为愿景，才会激发和汇聚持续奋进的力量，才有集团的大发展，才能让师生不断走向新的“诗和远方”。

二、行政推动

3 个机构，即和悦党总支、和悦理事会、和悦集团化办学专班，用以保障集团行稳致远。

和悦党总支是集团前行的指挥所。党总支书记牢牢地把握办学方向，带领着党总支成员，引领学校稳健又优质地发展。

和悦理事会是一个决策机构，由各校执行校长、副校长、社区代表、教师代表、专家代表、家长代表、学生代表组成，既密切了学校、家庭和社会的关系，又充分调动了学校内外有关各方的积极性。

和悦集团化办学专班由副校长和校长助理等组成，专门负责集团各项政策尤其是重大决策的推进与落实。和悦集团化办学专班每周开一次会，研究每项工作由哪些人负责、做到什么程度、如何评价和总结汇报等，保障集团各项决策落地有声。

三、优质共享

12 个共享，即文化、校长、师资、课程、课堂等 12 个共享。

融合型集团化办学，各个方面的优质资源，每所学校都可以享用。同时，集团鼓励各学校改革创新，某学校有了成功的探索实践，这些资源很快就会升华成集团的共有资源，以不断实现新的优质均衡，让集团充满发展活力。

（一）党建共享

以党总支部书记抓党建为统领，各党支部协同建设，共同管理，共享发展。集团学校党建实行“六统一”：统一三会一课、主题党日时间；统一党员评价；统一党员每月政治笔记内容，以及检查、抽查、公示；统一党建考核标准；统一各小组评价；统一建立党员评价量化积分，每月定期公示全体党员各项积分。以日常党员先锋模范作用评价以及定期党员的述职和评价为抓手，提升党建实效。

（二）校长共享

我是和悦集团的总校长，是多所学校的法人代表。我一直用自己的实际行动鼓励和悦集团的所有人，同时将宝贵的经验与智慧共享给集团所有领导干部、教师、学生和家长，让他们也持续发展，不断超越自己，从而取得更大的成就。

（三）文化共享

使命、愿景、价值观、“一训三风”等，这些精神文化都是共享的。同时，我们又鼓励各学校像星光岛小学“帮助每一颗星星闪出最亮的光”那样，保有自己的个性。

物质文化建设经验共享，统一构建“$6+N$”和悦校园，又倡导创建特色并相互借鉴和学习。

和悦管理理念和公约的共享，为不断优化各学校的治理开辟了道路。

（四）师资共享

有参观领导问：“杨校长，这个学校哪来的干部？”我说：“无论是星光岛小学，还是五台山西路小学，都是从双语小学派出的干部，三校的执行校长全都是双语小学培养起来的。当初的星光岛小学，教体局按师生比调派的老师根本开不全课，集团将双语小学编制的6名干部调入，才保证了正常教学。五台山西路小学首次开班，我们又从双语小学借调了54位教师去任教。”这就是师资共享，这也是集团化办学的优势。

除师资学年调整共享之外，更多的是短期乃至临时共享。苗文芝老师的优质作文课三校共享，杜娟老师的优质阅读课教学共享，段丽老师的跨学校优质数学课教学共享，等等，都对提高集团各学校教育教学质量发挥了重要作用。

（五）课程共享

童心悦读以及优秀的选修课程是每个校区都要实施的，各校区的特色课程（如星光岛小学的电影课程、五台山西路小学的智慧教育课程）的实施方案、教育成果等在集团内都是共享的。

各校区新的课程开发、课程实施、课程评价、课程资源建设，由集团课程资源共享中心进行综合评估，择优分享。

（六）德育共享

德育共享主要体现在“六爱三雅”德育课程的共享上，包括和悦德育的思想理念、教材、评价方法、德育队伍的工作经验等的共享。

共享让三所学校的德育真正实现了四个统一：教学育人的统一，学科课程整合育人的统一，课内、课外育人的统一，学校、家庭、社会育人的统一。

（七）课堂共享

和悦课堂理念、五步教学法、五步智学法，集团所有学校都是共享的，加上智慧教研、同步课堂、大数据平台和集团数据库的广泛应用，显著提高了集团课堂联动的效率和教育教学的质量。

（八）教科研共享

和悦集团有一支很强的教科研队伍，3 位正高级教师和 5 位特级教师都具有较强的教科研能力，具有指导、引领全省乃至全国相关教育教学工作的能力。为了更好地发挥他们的作用，我们组建了集团教科研团队，名师带骨干，老带新，传帮带，共享教科研优质资源和研究成果，取得了非常可喜的成果。

（九）智慧教育共享

集团成立智慧教育研究中心，以及教师、学生、家长三大指导中心。智慧教育共享实现了集团三校同步上课、互动交流、智慧追踪，大大提升了教师教育教学的能力和水平，又极大地拓展了学生的学习时空。从课堂学习、校园学习、家庭学习到全域学习，从人工智能场到和悦电视台，从国际频道到智慧评价，都成了学生全面成长的场域。

（十）设施设备共享

星光岛小学有一个和悦电视台。这个电视台是一个正规电视台的缩小版，录播室、演播厅里的设备很先进。学生不仅会写会播，还会导演、拍摄、录制、剪辑，让这个电视台成了整个集团展示学生风采、传递教育声音的阵地。我们有两部直播和导播系统，组建了小记者团队、小主持人团队、编导团队，让学校精彩的活动和学生优秀的表现通过电视台传递给家长和社会，促进了集团师生的进步和成长。

其他大型活动场馆等也是集团共建共享的，这为各学校优质均衡发展提供了有力支持。

（十一）财务共享

五台山西路小学的很多设施是借用星光岛小学的资金购置的，因为新建学校资金太紧张，需要通过集团来调配。每年寒暑假，我们都会对教师和干部进行培训，所有资金都来自星光岛小学，所有集团人都受益。

星光岛小学教师偶尔会说“我们的钱是那两个学校花的”，我说：“你们的老师是从双语小学借来的，如果双语小学把教师调回去，星光岛小学的教学就难看了。”说的是玩笑话，但是只有互通有无、合作共享，各校才会更好地发展。

（十二）家长资源共享

和悦集团的家长中藏龙卧虎，人才济济。他们又特别愿意参与学校的管理与教育教学。每所学校都组建了班级、级部、学校三级家委会，集团遴选了 26 位家长，组建了集团家长志愿导师团。

在教师还不够专业的科学教学中，如解剖生物并进行分析，对此深有研究的家长就可以通过手机连线，通过微信视频给孩子讲解。家长中还有多位中国书法家协会、山东书法家协会的会员，他们发起成立了和悦集团家长书法协会，并定期到校举办有学生参与的沙龙，让热爱书法的学生接受书法大家的指导与培养。

家长不仅是某个学校的家长，还可以通过线上或线下对集团所有学校的学生进行指导，真正实现集团共享。

四、特色强校

1 个特色，即三所学校各有一个特色，如：双语小学打造童心悦读特色，星光岛小学开发和强化电影教育特色，五台山西路小学创建智慧教育特色。

优质均衡发展仍要学校拥有自身特色，我们大力支持各校创建自己的特色和品牌。

五、评价撬动

1 个评价，即集团用 1 个评价公约对所有学校统一评价。

（一）出台评价公约

我们出台了集团评价公约，采取项目组管理与集团考核领导小组结合的方式，从党建、执行校长等 15 个方面（见下表）对成员学校进行评价，务求集团化建设各项工作落地实施。

双语小学教育集团对成员学校的考核评价体系

考核指标	分值	考核内容	项目负责人
科学发展综合考核(60%赋分)	1 000	重点工作、常规工作、综合测评、创新创优、底线管理	教体局考核工作领导小组
党建工作(40%赋分)	120	党组织建设质量(55 分)、意识形态工作(45 分)、精神文明建设(20 分)	项目组负责人
执行校长(40%赋分)	100	教育管理：规范管理(10 分)，德育工作(10 分)，特色创建(10 分)，督导评估(20 分)，创新创优(20 分)，底线管理、信访工作(10 分)，社会满意度(20 分)	项目组负责人
德育(40%赋分)	100	德育一体化(20 分)、辅导员队伍建设(20 分)、少先队自主管理(20 分)、生命生态和劳动教育(20 分)、研学旅行(10 分)、其他创意性活动(10 分)	项目组负责人
智慧教育(40%赋分)	100	融合应用(40 分)、资源建设(30 分)、素养提升(30 分)	项目组负责人

续表

考核指标	分值	考核内容	项目负责人
干部、教师管理（40%赋分）	100	教学管理（10分）、教学质量（30分）、教师专业发展（20分）、工作创新（10分）、教师队伍建设（20分）、民主评议（10分）	项目组负责人
教师专业成长（40%赋分）	100	教师成长情况（20分）、结对带徒情况（20分）、资源共享情况（20分）、校本培训活动（20分）、教师参与培训的成效（10分）、校本培训经验推广情况（10分）	项目组负责人
课堂教学（40%赋分）	100	探索课堂教学模式（20分）、教学方法提炼和总结（20分）、公开课展示（20分）、常规检查（20分）、教学工作例会（20分）	项目组负责人
课程建设（40%赋分）	50	严格执行国家课程方案（10分）；重视艺体、心理、劳动教育等课程，开展丰富多彩的活动（20分）；突出创新性课程特色（10分）；为学生提供个性化的课程（10分）	项目组负责人
教育科研（40%赋分）	50	有立项课题（10分），开展集体备课（10分），各级大教研、区承办教科研现场会（10分），教科研经验介绍或典型发言（10分），教科研获奖（10分）	项目组负责人
文化建设（40%赋分）	50	项目责任化（20分）、责任制度化（20分）、信息宣传（10分）	项目组负责人
家　长（40%赋分）	50	社会满意度（20分）、家长学校开展活动情况（20分）、家长资源开发利用情况（10分）	项目组负责人
财　务（40%赋分）	50	预、决算管理（25分），常规工作管理（15分），统计工作（10分）	项目组负责人
创新创优	30	综合性表彰（10分）、承办区级以上重大活动（10分）、先进经验推广（10分）	集团考核工作领导小组
底线管理		集团成员在遵纪守法、廉政建设、师德师风、安全稳定、保密工作等方面出现问题，实行一票否决	项目组负责人

（二）考核结果的使用

（1）按照各校区年度综合考核结果进行排名。以此排名作为集团内干部提拔使用、评先树优名额分配、职称评聘名额分配、专项经费或奖补经费拨付的依据。

（2）各校区在区局科学发展综合考核中被评为“优秀”等次的执行校长，个人考核直接定为“优秀”等次。对年度考核属于“优秀”等次的教师，执行校长在提拔使用干部时应优先推荐。

（3）对年度考核排名末尾的校区执行校长，集团实施诫勉谈话，连续三年考核排名末尾的执行校长调离岗位。

集团化建设有力地促进了三所学校的发展。双语小学、星光岛小学都在建校不足三年时被评为“青岛市文明校园”，五台山西路小学建校两年就成为区文明校园。

各学校教育教学质量持续提高。2019 年，双语小学语文、数学、英语三科均获全区学科素养大赛团体一等奖；2020 年，全区学科素养比赛，星光岛小学获得语文、英语团体第一名，双语小学获得数学团体第一名，双语小学教育集团包揽了全区语文、数学、英语三学科所有一等奖的第一名。2021 年暑假前，全区六年级各学科教学质量检测，星光岛小学稳居全区第一，双语小学位列前三，五台山西路小学位列第 14 名，集团教学质量位列全区所有小学教育集团第一名。

2020 年，集团学生参加全国青少年信息学奥林匹克比赛、青岛市智慧编程与创意大赛等科技比赛，获奖 19 项，获奖 66 人次，其中纸桥承重比赛在全市前五名中竟占四席！2021 年 7 月，教育部办公厅公布 2020 年度网络学习空间应用普及活动优秀学校名单，五台山西路小学成为青岛市唯一入选的小学，这所建校刚满三年的学校跨入全国优秀行列。在同月举行的第三届 ICode 国际青少年编程竞赛中，该校孙浩然同学荣获全国第一名。

体育赛事捷报频传。健美操连续三年获青岛市特等奖，足球获得了“区长杯”冠军。五台山西路小学女篮在 2023 年青岛市中小学生阳光体育联赛中分获三人制、五人制篮球联赛小学女子组冠军，实现市级联赛大满贯。

2020 年度全区对家长的调查中，集团的满意度高达 100%，学生喜欢、家长满意和领导放心的教育梦想已经成真。

2020 年 9 月，《山东教育报》在显著位置刊登了我的《集团化办学，让更多学生享受优质教育》一文，对全省教育优质均衡发展产生了积极的引领作用。

首页 版面导航 过往期刊 日期查询：2020年09月07日

下一篇 教育科学 07

【决策与思考】

集团化办学，让更多学生享受优质教育

□青岛西海岸新区双语小学校长 杨世臣

2017年，中共中央办公厅、国务院办公厅印发《关于深化教育体制机制改革的意见》，明确提出"探索集团化办学"改革任务，青岛西海岸新区和悦教育集团应运而生。我们以双语小学为龙头和核心，2017年接连创办峨眉山校区、辛安校区，2018年创办星光岛小学，2019年创办五台山西路小学，形成新区第一个全公办小学教育集团。围绕扩大优质教育资源、迅速提升教育教学质量的目标，我们进行了集团化探索，成效明显，社会美誉度很高。今年，五台山西路小学计划招生270人，报名的却超过了510人。

一、实施资源共享，鼓励特色创新

青岛西海岸新区和悦教育集团现有3所学校，都是我一手创办的。3年前，我受命来新区创办双语小学。3年时间里，学校先后获得青岛市精神

2021 年 9 月，《中国教育报》用整版报道了《把 N 个学校当作一个学校来办——青岛西海岸新区双语小学教育集团实施优质均衡集团化办学巡礼》，在全国引起了强烈的反响。

04教改风采　　　2021年9月4日 星期六　中国教育报

把 N 个学校当作一个学校来办

——青岛西海岸新区双语小学教育集团实施优质均衡集团化办学巡礼

早在2000多年前，孔子就提出了“有教无类”的教育思想，让学在官府移至学在民间，让不少以前根本不能入学者圆了入学的梦想。

目前，孩子入学难的问题早已解决，可希望接受优质教育的呼声也随之而来，且呈现出愈演愈烈之势。于是，集团化办学应运而生，即通过优质学校携手一般甚至薄弱学校，走向共同“致富”之路。

青岛市西海岸新区双语小学教育集团所实施的“2—3—12—1—1”工程（2个目标、3个机构、12个共享、1个特色、1个评价），为优质均衡实施集团化办学提供了有价值的经验。

2个目标

1个评价

第八节　辐射带动——贡献更多教育强国力量

近期有一大批外地参观团来学习。其中有一位资深老领导深情地对我说："你们双语小学教育集团将会出一大批名师和名校长，成为全国的高端教育人才。"我对他的话深信不疑。我培养出包括"中国的雷夫"常丽华等在内的一批名师名校长。今后我将加大力度，支持大家向着名师名校长的目标奋进！期盼更多的教师青出于蓝而胜于蓝！我们要勇于担当，要努力为国家的教育事业做出自己更大的贡献！

——2019 年 12 月 14 日，我在双语小学部分领导干部教师座谈会上的讲话

和悦校长，绝不仅仅关注自己任职的学校，满足于本集团内学校的创新发展，怀揣教育强国梦想，必然应有更多的贡献。

一、引领校长同发展

（一）带出身边的校长

到青岛西海岸新区 8 年间，我言传身教，仅在双语小学就带出了 4 位执行校长，其中一位已调任青岛西海岸新区实验小学集团总校长。另有一批原先的普通教师、主任成长为学校中层领导和副校长，校长梯队正在稳健成长。

（二）引领全市校长

为发挥首批领军人才的作用，我连续应聘青岛市名校长工作室主持人，和工作室成员一起努力研究，访名家名校，拓宽视野，走进成员校，现场分析，实地诊断，从文化到课程再到课堂，提出更高的建设标准。工作室成员得到了预期的发展，也带动了相关学校整体工作效益的提升。

2014 年，杨世臣和悦名校长工作室挂牌，着手培养青岛市名校长培养人选，首批 6 名成员实现快速成长。2018 年 7 月，杨世臣和悦名校长工作室第二期开班，8 名成员遍及青岛西海岸新区、胶州和莱西，辐射全市，为推动薄弱学校振兴与促进教育均衡优质发展发挥了积极作用。

2019 年 3 月，青岛市教育局在星光岛小学组织杨世臣和悦名校长工作室开放日活动，推广我们的经验，推进全市名校长工作室建设。第二批青岛市名校长工作室主持人，小学名校长工作室全体学员，幼儿园、初中、九年一贯制学校各个工作室部分成员，市教

育局、区教体局相关负责人等共300余人齐聚星光岛小学，参加开放日活动。我做了题为《我的教育信仰——过一种幸福完整的和悦教育生活》的报告，介绍了和悦教育思想的形成过程，总结了和悦名校长工作室建设的经验。

1. 制订科学发展规划

工作室成立之初，我就带领全体成员从学校和个人两方面着手制订科学的发展规划。

我集合工作室人员进行讨论，并聘请专家进行指导，帮助他们全面诊断各自的情况，制订了学校的三年发展规划。同时要求工作室的校长制订个人的三年发展规划，认真分析自身优势，找到缺点和不足，明确发展方向，制定具体措施。我逐字逐句地修改他们的规划，适度提升他们的目标和措施，使规划更加科学可行。在三年发展规划的基础上，他们再认真思考近期工作，制订自己本年度工作计划，让中长期发展目标落地，切实做好每一项具体工作。

2. 借力“微信企业号＋”促发展

我们充分发挥互联网的作用，利用微信企业号记录每个成员的成长，上传教育教学反思、优秀教学设计，及时汇总，借助大数据分析探索个人成长趋势，探究校长成长规律，为名校长培养提供有益借鉴。

（1）建立档案。工作室的每个校长都要建立个人成长档案，记录自己的主要工作，取名为“成长的足迹”，利用微信企业号及时共享，共同提升。

（2）共同阅读。工作室成员保证每月共读一本书，汲取营养，写出读书感悟和反思，成员之间利用微信平台及时交流研讨，“用思想碰撞思想，用智慧砥砺智慧”。

（3）坚持写作。工作室成员要坚持写作，并随时整理自己写过的优秀的管理文章，在微信平台亮出反思，成员之间互相点评。每个成员保证每年至少写两篇高质量管理论文，争取有一篇在核心报刊发表。

（4）荣誉激励。我们利用微信企业号，专门设计一个栏目，晒出个人以及所带团队获得的荣誉、成绩，互相“攀比”，互相促进，不断催促自己成长和进步。

3. 外出取经，开阔视野

我带领工作室成员积极参加较高规格的会议，借机参观学习会议现场学校，开阔视野、更新观念。我先后参加了小学全国语文教师培训、第四届全国中小学课程建设大会、山东省第三届创新大会、山东省创新教育研究院组织的校本课程建设现场会和全国校长大会等会议。

4. 专门培训，主题研讨

2016 年 7 月和 8 月，我让工作室成员加入山东省教育厅和台湾合作的“明德项目校长培训”，在项目中主动承担任务，不断实践反思，发展自我，超越自我。

工作室每两个月举办一次和悦论坛，每次都有专门的论坛主题，有针对性地进行研究。论坛通过聘请专家做专题报告或同伴之间互相研讨两种形式进行。工作室先后邀请了齐鲁名校长李升勇、课程专家张斌等专家到场做报告并指导工作。

通过自我学习研究和从外部借力，工作室的各位校长都有了很大的提升，获得了显著的发展。第二期成员孙传香成长为青岛西海岸新区兰亭教育集团的校长。兰亭教育集团托管了兰亭小学、朝阳小学、凭海临风小学、兰亭小学南校区（翰文小学）和灵山岛学校。五校区推进集团化办学，在教育理念、教育科研、信息技术、教育评价、校产管理等方面统一管理，做到了目标同向、师资同酬、教研同步，实现了管理、师资、设备等优质教育资源的共享，形成了一校五址的集团化办学模式。工作室成员王闰生校长用了短短一年的时间将自己管理的莱西市洙河小学从一个生源流失严重、常规管理混乱的学校转变成家长满意、社会认可的学校。

（三）领航全省校长

1. 为齐鲁名校长工程人选做报告

2019 年 8 月 23 日，在处理五台山西路小学环评难题的紧张工作间隙，我应山东省中小学师训干训中心有关领导邀请，早晨 5 点多起床，驱车 300 多公里，赶赴荣成石岛湾为全省第四期齐鲁名师、第三期齐鲁名校长建设工程人选做报告。我的《走近教育家》的报告受到了广泛好评。后来，这场报告的主体文字稿发表在国家教育行政学院主办的《中小学校长》杂志上。

我多次参与“齐鲁名校长直播讲堂”在线直播活动，让和悦教育理念影响更多的人。仅 2022 年，我就参与了两次这类活动：2 月 22 日的《做一个和悦的班主任》和 4 月 15 日的《做一个和悦家长》，由于精心准备，贴近学校教育实际，理论和实践深度结合，都深受好评。

2. 做齐鲁名校长领航工作室主持人

2019 年，山东省教育厅成立了“首批齐鲁名校长领航工作室”，经过层层评选，我被选为齐鲁名校长领航工作室主持人。担任主持人以来，我带领工作室成员共同学习，共同发展。

此外，作为导师，我积极参与对全省齐鲁名校长的研修课题评审，出具评审专家意见，并在答辩现场给予点评。

以下是我2022年4月17日参加全省齐鲁名校长研修课题在线评审会议时，对两位校长的点评，激励、指导中饱含着满腔热情，我发自内心地热切期盼全省更多的名校长快速成长，更多的学校办得更好。

对初校长的答辩，我有四个点赞，三个建议。

四个点赞：一是点赞初校长对这一次答辩精益求精、追求卓越的精神，二是点赞她用心、用情、用力地汇报，三是点赞她对课题研究的严谨科学态度，四是点赞她所在学校让学生得到了较好的发展。

三个建议：一是初校长的汇报里都是珍珠，最好用一根主线把这些珍珠串起来。这根主线是什么？值得思考。二是初校长的教育理念、教育主张要提升。三是初校长的学校有浓厚的研究氛围，苏霍姆林斯基说过，要想让教师克服单调乏味的教学生活，就要引领教师走到研究这条幸福的道路上来。初校长的学校有省级的道德与法治重点课题，有五个教师研究课题，初校长自己也主持了两个研究课题，人人都是课题研究者，研究氛围很好，要把这个作为学校的特色加以重点建设，以撬动学校跨越发展。

校长的追求高度和情怀决定学校发展的高度，初校长是可以走向教育家的。建议初校长对课题在理论上进一步升华，在实践上进一步深耕，让这个课题研究结出更加丰硕的成果，达到能向全省推广的水平，助力其他学校"家校共育"德育的发展。

我用心研究了刘校长上传的所有资料，感觉他是一位有教育思想、教育智慧、教育担当、教育激情，也会有美好结果的乡村优秀校长。

刘校长所在的学校我去过，地理位置偏僻，乡镇经济比较薄弱，教育环境一般，留守儿童比较多，家长素质也不算高。在这样的条件下，刘校长带领一班人，以课程实践实现了学校文化突围，走出了一条特色之路，值得钦佩。这是第一点。

第二点是刘校长对创建乡土文化课程的研究值得肯定。首先，研究目标就是建设一所有文化、有温度、有灵魂、有信仰、有乡土气息的高质量乡村学校，目标非常清晰。目标是什么？是方向，是灯塔。其次，这些课程无论是从理论上、内容上，还是从方法上，都具有独特的创新点，并因此取得了累累硕果。

第三，刘校长的这种课程既仰望星空，又脚踏大地。去年我参加了他们学校两天的活动，看到他们学校学生的素养比较高，教师精气神很好，家长全方位育人，真是感到耳目一新并为之一振。刘校长和他的团队虎气生生、誓争一流、唯旗是夺，值得肯定。

我这里有几个建议，供刘校长思考：

一是这个选题比较大，能否专门组织研究，把它分解成许多子课题，让下面的各校申请子课题研究，形成一个课题的研究系统，让研究走向系统和深入，让每个人都有自己的课题。

二是刘校长课程汇报的题目、用词可以再精准些，比如：将汇报题目做一些限定，以更加适应刘校长的实际研究条件；汇报中的“建议特色”不如“创建特色”。

三是城乡融合正在成为趋势，刘校长的研究探索应该走向城乡融合，可以考虑在融合中突破和创新。

四是现代学校应该充分利用现代信息技术，给乡土教育发展插上翅膀。刘校长可以考虑增加这方面的内容。

五是整合各种资源为我所用。刘校长是人大代表，也提了很多提案。我认为，乡村学校实际工作中，融合社会各种资源尤为重要。

祝愿刘校长走在希望的田野上，早日成长为教育家。

二、热心校外教育公益

（一）身兼政协委员，积极履职尽责

作为新区引进的教育领军人物，我很早就成了青岛西海岸新区的政协委员，这是社会给我的荣誉。我在接连创办当地名校的同时，通过调查研究、撰写提案、参与协商调解，创新性地履职尽责，切实推进了新区教育工作，仅2020年做过的相关工作就包括：

（1）提交二届四次会议提案30件，平时提案15件。比如：优质均衡教育，加快推进集团化办学；加大人才引进力度，搞活一座城得靠关键的人；尊重人才，本地人才和引进人才同等对待。

（2）提交反映社情民意的信息30条。

（3）参加专题协商30次，主要协商教育教学；提出建议19条，主要内容为新时代教育。参加对口协商30次，主要协商为人才引进；提出建议15条，主要内容为人才引进需要加大力度。参加界别协商15次，主要协商对教育加大支持；提出建议17条，主要内容为各界要加大对教育的支持。参加提案办理协商10次，主要协商加大对教育的兼容并包，不急于求成；提出建议10条，主要内容为百年教育需要长期准备，不能为了一朝一夕的得失改变长期的计划。

（4）做教育扶贫报告6次，在基层活动组开展调研视察30次。

（二）牵头全省小学联盟，服务校长工作创新

作为全省小学发展联盟的理事长，我借助“发展联盟”这个平台，与同事们一起为全省有关小学的众多校长和教师提供了学习交流和相互激励的机会。以下是我在山东省小学发展联盟成立大会上的部分讲话内容：

今天我们群贤毕至，欢聚一堂，隆重集会，共同出席山东省小学联盟成立大会。首先请允许我代表小学联盟理事会对大家的到来表示热烈的欢迎和衷心的感谢！

山东小学联盟是在山东省创新教育研究院的领导下，由小学的学校自愿成立的自治组织，是一群有教育梦想、有教育情怀、志同道合的人们，为了我们的孩子，为了我们的老师，为了我们的学校，为了让每一个人都成为最好的自己，携手走向更美好的远方而成立的。

我们的目标是：

(1) 平台。通过创新教育研究院，搭建一个平台，在这个基础上探索小学教育发展变革之路。

(2) 共享。理念共享，经验共享，智慧共享，发展成果共享。

(3) 推介。通过全省现场会等方式，推介好校长、好学校、好教师创造的基层成果。

(4) 共建。用大家的智慧，用集体的智慧，共同服务于每个学校的发展。

(5) 创新。创新文化，创新课程，创新课堂，创新校长成长方式，创新教师发展方式，创新家校合作研究。

(三) 教育部-中国移动中西部中小学校长培训项目

教育部-中国移动中西部中小学校长培训项目是由国家教育行政学院中国教育干部网络学院为推动中西部学校校长发展，与各省项目承办单位共同组织实施的网络研修。2018 年 12 月，我作为项目培训专家参加了“核心素养下的学校发展与课程改革”专题座谈。座谈从基于未来教育的学校发展规划设计和基于核心素养与德育融合的新课程改革路径两方面展开，结合现场答疑为参加研修的校长们提供了一场文化盛宴。

此外，我到德州、菏泽、泰安等地深入参加项目的学校，现场诊断，肯定优点，找出问题，给出改进策略，收到了很好的效果。

(四) 外出报告讲学

2019 年 11 月 21 日，我应邀到昆明世博园，在云南新时代学校文化建设高峰论坛上做报告，下面是我报告的一部分。

校长们、老师们：

坐在下面我就想——

(1) 你们学校的文化能不能提升我们的教育教学质量？

(2) 你们学校的文化能不能提高我们孩子的核心素养？

(3) 你们学校的文化能不能提升我们教师的专业化水平？

(4) 你们学校的文化能不能提升我们的家长，使其成为我们学校志同道合的合作伙伴？

如果能，那就是好的学校文化；如果不能，那就是比较虚的学校文化。不知道你们是否同意我的说法。

好！谢谢你们的掌声。

学校文化是学校的生命之魂。我们的学校文化，是在核心价值观的主导下，所有成员（教师、学生、家长）的行为和物质形态的总和，主要包括精神文化、物质文化、管理文化、课程文化、行为文化。

我们这些当校长的，当老师的，希望学校的文化随风潜入夜、润物细无声地引领我们的孩子从优秀走向卓越。

校长们，我们来交流你们如何建设自己接地气的学校文化。接地气，就是我这个学校怎么建才能既贴近实际，又能走向“诗和远方”。你们应该怎么办？我是这样办的。我想，任何专家都给你们设计不出适合你们自己的主题思想来。我们每个校长都有自己的思想，都有自己的校情、自己的教师、自己的学生、自己的家长，首先要读懂他们。这样，专家和你们合作才有可能设计出真正接地气、有生命活力的学校文化来。

谢谢，谢谢这么热烈的掌声！

报告赢得阵阵掌声，会后不少校长找我交流，对我们学校的文化建设赞不绝口。

类似地，我还应邀到广西、四川、新疆等地，到山东大学、中国石油大学（华东）、国家教育行政学院、首都师范大学等高校分享办学经验，用思想碰撞思想，用智慧砥砺智慧，受到了广泛的好评。

全国各地的教育同仁邀请我前去做报告。在外出讲学的过程中，我不仅传播了和悦教育思想，扩大了和悦教育的影响力，也学习了一些各地同行的创意，萌生出许多新思想、新举措，促进了双语小学教育集团创新发展。

附录：

做最好的自己
——杨世臣校长的人生史略与教育智慧

陶继新

杨世臣，现为青岛西海岸新区双语小学教育集团总校长。出生于偏僻乡村，20岁中师毕业即回母校临淄区高阳中学这所乡村中学任教。30岁任高阳中学校长，34岁任朱台镇中心学校校长，38岁任临淄区金茵小学书记、校长。从区优秀教师、市优秀教师，到特级教师、正高级教师；从区优秀校长、市优秀校长、省十大创新校长，到首届齐鲁名校长、全国第十届创新名校长、全国第三届好校长，最后成长为山东省省定贫困村小学校长和骨干教师培训项目首席专家、山东省首批齐鲁名校长领航工作室主持人、教育部-中国移动中西部中小学校长培训项目专家、教育部"国培计划"中小学名师名校长领航工程基地导师。

孟子所说的"人皆可以为尧舜"尽管有夸张的成分，却昭示出一个哲理，即人人都可以成就一番很大的事业。现任青岛西海岸新区双语小学教育集团总校长的杨世臣常说的一句话"做最好的自己"，与孟子之言有着异曲同工之妙。他通过30多年的努力，踏上了全国名校长的殿堂。不管在哪个方面，他都让人感叹一个人还可以活得如此鲜活灿烂。有人称其为基础教育领域最精彩的校长绝非虚妄之誉，而是实至名归。

探寻杨世臣的人生轨迹，感到他之所以能够在任何境况甚至极其困难的情况下都能实现生命的突围，取得骄人的成绩，凭借的不只是坚持不懈的奋争精神，还有超常的胆识和智慧。

他的人生堪称一个宏大的世界，笔者不可能将其一一诉诸笔端，只好大致纵向分五个阶段，粗略地勾勒其基本的人生历程。尽管如此，大家依然可以触摸到其人生的主体史略，并从中得到重要的生命启示。

一、就任校长之前的壮志难酬

现在，如果有谁说名气日隆的杨世臣校长不爱教育，一定被人们嗤之以鼻，甚至会被认为是恶意攻击。可是，我却要说，在他刚刚走上教育工作岗位的时候，确实对教育没有多少感情。

1987年中师毕业后，杨世臣被分配到淄博市临淄区最偏远的乡村中学——高阳中学当教师。考师范而不上重点高中是他父亲的选择，主要是为了让儿子尽快跳出农门，好找一个媳妇。遗憾的是，老人家没能看到儿子的媳妇，在儿子中师毕业那一年就与世长辞了。

他母亲哭得死去活来，不但因为老伴的去世，而且担心还没成家的杨世臣，因为如果再找一个乡村媳妇，真正生存下去都是问题，因为当时乡村教师的生存状况也确实堪忧。尽管工资从58元、64元、72元、84元到106元逐渐提高，可要想娶了媳妇后拖儿带女，亦教亦农，还能全家丰衣足食，谈何容易！也难怪当时乡村女教师宁嫁工人也不嫁教师。杨世臣体谅母亲的苦衷，一边教书，一边想着改行，能有一个较高的收入。

杨世臣骨子里有一种不服输的精神，即使不喜欢的工作，也会尽心尽力，所以他所教的语文，考试成绩每次都在全乡名列第一，他还荣获了"临淄区优秀班主任"的称号。三年之后，他顺理成章地被提拔为学校政教主任，也被称为学生管理中心主任。

杨世臣继续努力工作，四年之后，各个方面都有出类拔萃的表现。领导认为这个年轻人有培养前途，便推荐他到烟台教育管理学院继续深造。可他却一心想着跳出教育"苦海"，到可以施展才华的地方干一番大的事业。他想，尽管此前并不喜欢教育，可在高阳中学却绽放出了奇异的光彩，如果到另一个更有发展前景的平台上工作，一定会大展宏图，收入也会大大增加。

因此，报志愿的时候，杨世臣擅自改成了山东教育学院的人口教育，希望学成归来后能到临淄计生委法规科工作，据说那里正好需要一个这方面的人才。可是，毕业之后，他两手空空又无关系，愿望很快变成了泡影。

无奈，杨世臣只好又回到高阳中学，政教主任的职位在他走后就另有他人接任，杨世臣只好担任了他并不喜欢的团委书记。

杨世臣一边认真工作，一边自学起了法律，想着学业有成后一定会在中国这个越来越法治化的社会大展宏图。所以，早在1996年，他就通过自学考试获得了山东大学法律专业的大专学位，后来参加律师资格考试，取得了236分的成绩，如果再多考4分，他就可以名正言顺地具备做律师的资格了。正是这4分之差，让他与律师行业作了一个永久性的告别。不过，无心插柳柳成荫，自学法律为他之后的依法治校奠定了坚实的基础；坚持不懈的学习，也为其积蓄了相当的生命能量。2010年，他获得了省人事厅、省教育厅、省劳动与社会保障厅等五个部门联合颁发的自学成才奖。

让他始料不及的是，再次回归教育之后，一个极其精彩的人生便悄然拉开了帷幕。

二、高阳中学校长的崛起之路

到了1997年，高阳中学教育教学质量日趋低下，学生纷纷外流，尤其是学优生，想方设法转学而去，优秀教师也想方设法调往条件较好的学校，离开这个待遇过低又十分偏僻的乡村学校。为此，上级主管部门决定起用新校长，期望让高阳中学走出低谷。

1. 竞聘校长取得成功

壮志未酬的杨世臣突然有一种重任在身、舍我其谁的感觉，决定竞聘校长。

前面不是说过他不爱教育吗？

是的，他曾不止一次地要跳出教育，到更广阔的天地驰骋。可是，那些希望一个又一个地像肥皂泡一样破灭了。成功迎娶分配到学校的首位师专毕业女教师以及女儿的出生加深了他对教育的感情，见过自己所带毕业班学生升学给农家带来的幸福，读到毛泽东对当小学教员倍感自豪的故事，他逐渐认识到教育的巨大意义。“我杨世臣不能成为一个好的律师，便做一个优秀的校长造福一方，让乡村里的孩子接受家门口的优质教育。”这是他自己当时的雄心壮志，也是使命担当。

是年，而立之年的杨世臣竞聘成功，上级主管部门任命他为副校长，主持全校工作，一年之后如果不能胜任，便另选他人；如果成绩突出，就转正为校长。

杨世臣是何许人也？只要给他一个平台，他就一定能够让它发生“天翻地覆慨而慷”的变化。

不过，要想在高阳中学校长这个位置上立稳脚跟，绝非轻而易举之事。有人就断定，他当上高阳中学校长之后，休说让这所学校起死回生，他自己也未必能够“活”下来。

因为高阳中学是杨世臣的母校，许多教师都是当年他的老师或班主任，要想让他们放下往日教导者的身段，反过来听从他这个毛头小伙子的指挥，虽不能说如“蜀道难，难于上青天”，也一定是非常困难的。

2. 抓住“三机合一”的机遇突围

尽管前进的路上困难重重，可杨世臣的心里却有一个极其坚定的信念：“不但要活下来，而且要活得精彩！”

为此，他想方设法寻找突破点，让精彩变为现实。

行走在路上，吃着饭的时候他都在思考这个问题。深夜寂静无声，而他却辗转反侧，难以入眠。

一天晚上，他依然很难入睡，于是披衣而起，打开窗户，看到一轮皓洁的月亮正悬挂在天空，灵感的女神突然降临。

“有了！”他惊叫起来。于是，一个以艺术为突破口的谋划应运而生，而且被他命名为“三机合一”，即三个机遇汇合为一，正所谓“机不可失”啊！

其一，古往今来，不但诗人们望月“情动而辞发”，艺术家也常挥毫而作画。而高阳正是一个书画之乡，贾思勰就曾做过高阳郡太守，早在那个时代，高阳的书画便已走进了寻常百姓家。这个传统绵延至今，春节之前，大街小巷都是卖对联和字画的。孩子们从小在书画的耳濡目染中，自然生成热爱之情，而且有的已经对学习书画心向往之，有的还对此略有所通，期待能有名师指点，走上书画艺术之路。

其二，高阳中学有一个民办教师许连荣小有名气，他书画水平很高又特别喜欢学生，由他来教喜欢美术的学生，定能取得理想的效果。

其三，以前中专学校只收文化专业学生，随着社会经济发展对广告装潢人才的大量需求，当时正开始扩大招收美术专业考生。成立美术特长班，培养在这方面有一定发展潜力的学生，帮他们考取中专学校的美术专业，既可以让孔子的“因材施教”落地生根，又可以圆某些学生升入中专的梦想。随着素质教育的大力推行，中小学美术教师的缺口也猛然加大。当时考上中师的美术专业，不但可以农转非，毕业之后还可以同普通中师毕业生一样直接分配工作，成为正式教师。所以，农家孩子初中成绩特别优异的，一般首选报考中专，而非重点高中。一旦录取时榜上有名，不但全家皆大欢喜，而且会在全村甚至远近村庄传为佳话。

他想着“三机合一”如此之妙，当夜激动得合不上眼。一个“以美术教学为立足点，以艺术教育为突破点，以教育教学质量提高为增长点”的“三点战略指针”应运而生。一大早，他就赶到学校召开班子会议，宣布成立美术班的重大决定。在美术方面有爱好且有天赋的孩子可以进入美术班，接受许连荣老师的指导。如果有学生考上中专美术专业，像考上文化专业一样，学校奖励指导教师 100 元。现在看来区区 100 元何足道哉？可当时对于农村教师来说，那却是一笔令人震撼的巨款！

第一年中专考试，高阳中学 7 位学生被录取，其中就有 1 名学生被录取为美术专业。许连荣老师理所当然地获得了 100 元奖金。

虽然只有一个学生考取了美术专业，但是在这个乡村初中掀起了不小的波澜，因为它让那些文化课成绩一般甚至较差而有艺术爱好的学生看到了美好灿烂的前程。

第二年，全校实现了一个前所未有的突破，有 15 名学生被中专学校录取，一下子跻身全区前六强的位次。学校的知名度猛然攀升，转到外校的学生开始纷纷转回高阳中学，就连淄博师范学校的一位教师也专程把其侄子送到偏远的高阳中学来学美术。高阳中学走出了低谷，杨世臣的校长之位也坐稳了。

3. 三路出兵，各个击破

就在大家为此兴奋不已的时候，一个相对尴尬的事情出现了——15 个考生中，文化科 7 人，美术科 8 人。按照规定，12 位文化科教师共领 700 元奖金，而美术科教师许连荣一人就得 720 元（另 80 元由任教美术班文化课的教师分得）。这一天平的巨大倾斜，让众多文化科教师难以接受，有人声言要平均分奖金，还有的人甚至骂起了脏话，成了众矢之的的许连荣都扛不住了，公开说自己可以少拿点儿。

可这是既有规定又有言在先的，如果将这 1 500 元奖金不分学科地平均分配的话，尽管绝大多数教师会心平气和感到满意，却将具有制度特质的规定与内含诚信品质的有言在先给否定了。更重要的是，通过强化美术特色实现学校突围、崛起的战略就难以实现了。而学校要想发展，就要有相应的制度，并坚定地执行，进而升华成制度文化。校长应当维护制度的严肃性，一诺千金；否则，以后就会因为言而无信而难以取信于众人。

所以，杨世臣下定决心站在少数人的一边，不改初衷。当然，再艰难的工作也是必须要做而且一定要做好的。

为此，他采取了“分兵出击”的方略——

“分兵出击”的第一路是杨世臣的三位班主任老师。他带上啤酒，骑着自行车前去“送礼”。每到一个教师的家里，他都笑容满面地送上啤酒，然后便像小学生一样坐在他们身旁，低声细语地汇报：“这个奖金规定是全校教师共同的约定，老师您和所有教师都是举手赞成并签了字的，现在就要兑现了，又要改，让我把牵头定的制度否掉，那我这个校长就没法再干了！如果您认为这个规定不合适，也要重新开会，明年按新的规定分配奖金，今年却使不得。其实，就是按人平均分，文化科老师多领的奖金也就50多块，可我们重奖突出贡献者的初衷，是为了促成人人争做突出贡献的局面，从而尽快振兴学校。如果平均分，咱们的打算就落空了！老师啊，我可是您一手培养起来的，咱可是心连心啊！”

一席话让班主任老师感到亲学生说的就是亲近话，而且句句在理，况且还有学生送来的啤酒在旁。班主任老师便说绝对不会跟着其他老师闹事，坚定不移地支持杨世臣的工作。

杨世臣心里轻松了不少，因为他们可是这所学校元老级的人物，举足轻重，有了他们的支持，他心中也就有了底。

“分兵出击”的第二路是杨世臣的几个好朋友，当时他们已是学校的骨干教师。杨世臣拿出家中存放的最好的酒，再让爱人精心准备了几样下酒菜，请他们到家里做客。几杯酒下肚，他们便控制不住感情，因奖金“分配不公”，有的竟然骂了起来。杨世臣则笑脸相陪，好话说来：“想想咱刚来的时候，这所学校烂成什么样子！真是不堪回首啊！要不是你们这些骨干教师努力工作，哪有今天兴盛的景象？”这一席话夸得他们不由得有些飘飘然起来。于是，杨世臣趁势说道：“当初考上中专发放奖金的规定，都是你们举双手赞成的，大丈夫一言既出，驷马难追啊！况且，也正是因为有了这么好的中考成绩，我们学校才得到了各部门的认可。咱可不能前面说了，后面又否了啊！为自己，为学校，像你们这样优秀的教师，都会坚定地支持按原规定发放奖金的吧！”杨世臣的这一席话，他们听得句句在理，于是一个个拍拍胸脯说：“支持你的工作，就按原先说的发奖金！”于是，杨世臣与他们击掌而笑，继续畅饮。

“分兵出击”的第三路从严格意义上说并没有“出击”，因为他们是新来的年轻教师，即使有些不同的意见，也不会在大庭广众之下乱发议论，更不可能掀起风波。所以，杨世臣将他们叫到办公室，一番话后，他们便表示理解并支持校长的工作。

于是，暗流涌动即将惊涛拍岸的奖金发放事件，就这样风平浪静地按原定方案执行了。更重要的是，教师们由此感到杨世臣是一个言必信、行必果之人，感到只要努力工作并取得成绩，就能得到他的认可，以及得到相应的奖励，于是干劲倍增，整个学校呈现出一种蒸蒸日上的气象。

4. 适当调整奖金分配指数

即便如此，杨世臣还是进一步调查了解并广泛征求意见，对第二年的奖金发放政策做了新的调整。文化科教师教的学生考入中专者，奖金提高50元，即每考入一名中专生，教师获150元奖金；美术科教师的奖金则由原来的100元下调至80元。同时，成立音体美班，在音乐与体育学科考上中专者，其教师与辅导美术考上者获得同等的奖励。

在今天看来，80元、100元和150元真的是不足道哉，可当时对于一般教师来说却是一个不小的数目，因为那年杨世臣的月工资也只有64元。许连荣的700元奖金，就近乎是校长杨世臣一年的工资总收入。而且，获得奖金者还会得到校长、教师、家长和社会的高度赞赏。所以，每个学科的教师都“不令而行”地投入工作之中，学生的成绩也随之提高。杨世臣任高阳中学校长第三年，即1999年时，全区14个科目的考试成绩，高阳中学竟然有7科位居第一名，中考综评时高阳中学为全区第一名，在当地引起了一场不小的“地震”。高阳中学的知名度、美誉度不但越来越高，而且成了山东省规范化学校、山东省艺术教育示范校。更让杨世臣感到欣慰的是，不少在一般人看来根本不可能考上中专的音体美学生，昂首挺胸地步入中专学校，并对农村的孩子产生了积极的影响。即使其他学科成绩平平者，也从中看到了未来的希望，渐渐进入积极向上的精神状态，成绩大大提升了。

5. 破解了临淄美术教师不足的问题

当时临淄区美术教师奇缺，所以很多学校的美术课形同虚设。可是，当时的美术本科生，即使美术大专生，毕业之后多已高枝别依，对乡村学校不屑一顾。不过，有美术特长的学生从高阳中学考取淄博师范学校，毕业之后多回到了本区，而且占到了当时全区公办美术教师的1/3，极大地缓解了美术教师不足的问题，不仅让很多学校开全、开齐了课程，也让从小就在乡村摸爬滚打的孩子们较好地接受了美的教育，这对全区教育真是一个很大的贡献。

杨世臣说，美育的意义之大远远超出人们的想象，因为它多会向外延伸，不仅可以让有美术爱好和特长的学生实现了梦想，还起到以美育人的作用。

其实，现在所说的以美育人，那个时代杨世臣已经开始了探索并付诸实践，且结出丰硕之果了。

三、朱台镇教委主任的两大举措

高阳中学迅速崛起，杨世臣声名鹊起，机遇一再向他挥手致意。

2001年3月，他升任高阳镇中心学校校长；10月，高阳镇与朱台镇合并为新的朱台镇，杨世臣又在新的朱台镇中心学校校长公开竞聘中，走向了朱台镇中心学校校长的岗位。

当时，朱台镇成了全区最大的乡镇，多达54 000人，下辖3所中学、2所中心小学、13所其他小学、25所幼儿园和2所成人教育中心。教师667人，学生8 843人。

随着两处中心学校的合并，杨世臣也感受到了前所未有的考验：一是原朱台镇党政领导的质疑和不信任；二是原朱台镇中心学校领导及其下属的抵触与猜忌；三是原两镇学校领导干部、教师间的相互排斥与提防；四是全镇中小学、幼儿园各自为战，而且每一处变动都会牵动全镇其他单位的神经，放大不稳定情绪。

如何破解困局，尽快提高全镇教育教学质量？杨世臣心内虽然焦急，但是要求各单位一切照常运行，严禁冲击正常教学。在广泛调研和深入走访中，他于 2002 年春节后的全镇教师大会前拿出了《朱台教委建立教育创新体系方案》，崭新的发展愿景和充满智慧的一系列举措，把全体领导干部和教师的心思凝聚到了干事创业上，也赢得了镇领导的理解与支持。全镇教育步入发展快车道。

1. “三优化”原则下的人事调整

人不但是第一生产力，也是教育教学更好更快发展的关键。有的校长和教师虽年龄大、资格老，但水平一般，有的甚至在一所学校工作很久，形成了相应的关系网，如果不在人事上做一个较大的“手术”，不管杨世臣如何拼命工作，整个镇的教育教学工作也不可能实现较大的突破。

可是，一旦牵扯到动人的问题，就会产生矛盾，甚至有的人还会惹是生非，所以就任朱台镇中心学校校长一年的时间里，杨世臣更多的是进行调查研究，思考哪些人需要调动，而且又不至于搞得人心惶惶。

第二年暑假，对所有情况已经了然于胸的杨世臣认为时机已到，本着优化办学机制、优化人才培养模式、优化资源整合的“三优化”原则，一次性调整了 51 个干部，调动了 117 位教师。一大批积极创业、勇于担当的年轻干部得到了重用，镇教学研究室、中学、中心小学、幼儿园骨干力量显著增强，全镇中小幼教师配置更加均衡，各学校迸发出前所未有的竞相发展的活力。

“三优化”让绝大多数领导干部与教师振奋不已，同时也让有的人心生怨气甚至大为恼火。为此，杨世臣受过冷嘲热讽，看过一些人的白眼，甚至被“登门拜访”。原高阳中心小学校长被调任成教中心普通教师后，认为自己从一所重点小学校长到一所不为人关注的学校任普通教师，说明杨世臣非但不照顾自己，甚至对自己有点儿羞辱的味道，况且他就是杨世臣的邻居，于是就和妻子一起到杨世臣家里找杨世臣兴师问罪，说杨世臣做得太绝，连起码的人情面子都没给留。难听的话说了一大堆，杨世臣起初只是笑着静静地听，最后才向其详细说明调动的理由。可不管理由多么充分，都没能打动这位校长和他妻子的心，他们气呼呼地甩门而去。杨世臣对妻子说，他们心里不痛快，动这么大的肝火，咱要理解，更要做好工作。他让妻子到市场上买了几斤新鲜瓜果到这位校长家里“送礼”和“拉近乎”，才没有产生更大的矛盾。

今天谈及此事，杨世臣依然觉得有点儿后怕：当时是什么勇气让他具有了如此之大的胆量与胸怀？

听当年和他共事的教师讲：“当时杨世臣为了使镇里教育教学水平有一个快速的提升，已经豁出去了。同时，他又很有智慧，具备‘化干戈为玉帛’的能力。”

斯言诚哉！

正是这种较大规模的调整，让一批德才兼备的干部走上了重要的领导岗位，随之而来的是全镇教育面貌的焕然一新。

2. 调整教育布局，实现资源整合

同时，杨世臣又调整了全镇的教育布局，以中学为核心，把全镇中小学、幼儿园适度集中，组建了高阳教育园区、朱台教育园区和西单教育园区三个教育园区。朱台镇中心学校对各园区的中小幼适度捆绑评价。其实，这就是现在学区一体化建设的雏形，只不过具有前瞻性眼光的杨世臣捷足先登罢了。2002 年第 12 期《教育现代化》几乎全文刊登了他的三大教育园区建设规划。

这不仅有合并的形式之变，更有内容上的整合与优化之妙，尤其是某些奇缺的学科教师、微机教室等优质教育资源，不再局限于服务本校，而是走向全镇。比如某个学校优秀的乒乓球教师，在本校不上课时，则可以到其他学校甚至幼儿园做指导，打破了中小幼的壁垒，实现了优质资源共享。诸如今天所说的中小幼衔接问题等，也因为这一整合，很快得到了解决。况且，三个园区既互相学习，又在无形中形成了一种竞争机制。于是，在既和谐又竞争的态势下，教育教学的质量越来越好。

人事调整和布局调整的两大举措，让朱台镇教育教学水平发生了重大变化。在杨世臣做朱台镇中心学校校长四年期间，朱台镇的教育教学质量以及各项考评均稳居全区第一名。

“三优化”开启的全镇教育内涵发展，还极大地激发了全镇大办教育的热情。当地两家最著名的企业山东兴武集团和山东高阳建设公司，当时投资近五百万元先后建起两座高标准综合教学楼，无偿交由教育园区使用，极大地缓解了小学幼儿园适度向中学集中的校舍问题。这两座楼至今仍是当地最好的学校建筑。

四、金茵小学校长的三大创新之举

杨世臣四年来在朱台镇的诸多成绩在全区教育界传颂的时候，上级主管部门对他新的任命也已开始酝酿。

2005 年 9 月，上级主管部门调他任临淄区金茵小学校长、书记。这所学校离区委区政府最近，是全区投资兴建的最新的窗口学校。这让不少人感到理应如此，但也让有的人感到不可思议：这个满口方言土语、连西服都不穿的“土”校长，真能担起这个重任吗？

其实，杨世臣并不“土”，可在朱台镇中心学校当校长的时候，还非“土”不可。因为学校地处农村，他不但要向镇政府请示与汇报，还要经常与 57 个村的书记以及老百姓打交道。所以，其衣着装束等也要与他们融为一体。若西装革履，一口城里腔，便会在无形中让他们产生距离感。有的时候在田间地头遇到一个劳作的老农民，他还会递上一支香烟，就地坐下，十分亲热地与之交谈起来。他认为，不管干什么工作，都要入乡随俗，都要与当地百姓心连心。

来到“播撒如金的美德，培育如茵的希望”的小学，杨世臣的装束也在变，而且他也在说普通话。很快，他又成了地地道道的城里人，又和区里不同的人交上了朋友。

如果说外在表现形态是杨世臣因地制宜而变的话，那么他有一点却是固定不变、一以贯之的，那就是一定要把教育做到最好，也一定要做最好的自己。

1. 童心悦读丰盈精神世界

杨世臣发现，金茵小学大多数学生家长文化程度较高，对孩子的教育有着很高的期望。杨世臣认为，学校不仅要让孩子的学习成绩不断提升，更要为他们的终身发展与幸福考虑。所以，他到金茵小学不久就提出了童心悦读的主张。读书，为什么还要“童心”，还要“悦”呢？他认为，儿童阅读，不但要眼看口读，还要走进心里，只有在心里播撒下阅读的种子，才能生根、发芽、开花、结果。同时，开始阅读的时候，也许未必感到快乐，可是，如果为他们选取适合他们阅读的好书的话，他们便会越来越喜欢读书。孔子说自己读书的生命样态是“发愤忘食，乐以忘忧，不知老之将至”，当升华到孔子说的“知之者不如好之者，好之者不好乐之者”的审美境界的时候，不但会在最美好的年华喜欢上读书，还会向其未来的生命延伸，乃至终生爱上读书。而好书不但有着丰富的知识以及智慧，而且流淌着真善美，好书读得多了，自然会大大提升自己的文化品位，并在无形中提升自己的精神境界。此外，由于是“悦”读而非“苦”读，还在阅读中感到快乐，生成幸福感。所以，在金茵小学开展童心悦读之后，整个学校因书香弥漫和孩子快乐而呈现出不同一般的文化气象。

家长们看在眼里，喜在心里，有的也开始和孩子一起读起书来。杨世臣看火候已到，便召开家长会，谈童心悦读的重大意义，讲亲子共读对孩子乃至家长生命发展的作用。于是，越来越多的家庭，少了闲聊语，多了读书声。家长在“与孩子同悦读，和孩子共成长”的时空里，精神面貌开始发生变化，有的还有了“文质彬彬，然后君子”的精神样态。

另一个重大的收获是教师在引领孩子们童心悦读的时候，教师读的书也多了起来，心灵逐渐安顿下来，有了淡泊明志、宁静致远的精神气象。而这种生命样态又在无形中提升了教育教学的质量。正如苏霍姆林斯基所说:“每天不间断地读书，跟书籍结下终生的友谊，就是一种真正的备课。”况且，他们不但与书结下了友谊，还有快乐在心里荡漾，所以这种“诗外功夫”的“备课”大大提升了教师的教育教学水平，得到了家长的高度认可，有的教师还在一些课堂比赛中获了奖。这让教师们感到自豪，他们也有了自我价值实现的幸福感。马斯洛将人的需求分为五个层次，而自我实现需求是最高的层次。事实确实如此，一个人的生命如果没有自我价值的实现，就少了生命的意义；相反，有了自我价值的实现，则会闪耀出精神的光芒。

杨世臣在金茵小学做了九年校长和书记，童心悦读不但滋养了师生与家长的心田，也成为学校的一个品牌，并获得了山东省教学成果一等奖。

2. 和悦足球强健体魄

在丰盈学生精神世界的同时，杨世臣也非常重视师生的身体健康。他发挥全体师生和家长的智慧，开发了筷子舞、竹竿舞、呼啦圈等丰富多彩的师生课间体育活动，让师生和家长更加热爱学校。

临淄是“世界足球起源地”，杨世臣以“和悦足球，幸福人生”为理念，坚持“三大联合，五大依靠”，积极开展校园足球活动，弘扬当地蹴鞠文化，创建了金茵小学和悦足球特色。

杨世臣以“三大联合”引领足球教育。与足球博物馆联合，组织学生参观临淄足球博物馆，请足球产业办公室负责人为学生举办古代蹴鞠和现代足球的专题讲座，开展足球文化征文活动，让学生感知足球文化。与体校和足球团体联合，聘请区体校和正岳足球俱乐部的足球教练，利用足球选修课、社团活动、课外活动对学校足球队进行授课和战术指导。与广州医药足球俱乐部联合，每年组织一届中药足球文化节活动。

对外联合的同时，杨世臣在校内以“五大依靠”促进足球教育。“七色光”广播站和电视台开设足球栏目，介绍近期足球比赛活动情况。宣传橱窗展示学生的足球文化作品，办公楼、教学楼楼道和体艺馆内设置了足球教育专题文化展览，在学校文化建设中加入足球文化。积极参与和承办全区小学校园足球联赛，营造浓厚的足球文化氛围。利用周五早晨开设足球教育信息课程，向全体学生普及足球知识，让学生感受古代蹴鞠和现代足球文化，培养学生对足球的兴趣。由专职足球教师负责，每班每周开设一节足球课，增强足球教育的针对性和实效性。全校每周开设两节各50分钟的足球选修课，让学生体验足球活动的乐趣。利用“2＋1”阳光体育大课间活动模式，在上午的“快乐15分”和下午的“快乐20分”时间段安排足球颠球、运球、游戏等练习内容，提高师生的足球兴趣和技术。学校和悦足球热持续升温，九个班以足球命名，如“蹴鞠馆”“足球苑”等，并得到了家长的广泛支持。

杨世臣发动师生积极开展班级足球联赛，每学期以班级为单位，按不同年级组织比赛。例如：在一、二年级举行足球射门、颠球等活动，以培养学生对足球的兴趣为主；在三、四年级举行绕杆运球比赛等活动；在五年级举行小甲A足球联赛等活动。

每年一届的足球节更是得到了社会和家长的大力支持，开幕式上，200人的足球操、50人的足球宝贝啦啦操和60人的足球基本功展示，受到了与会领导和家长的高度评价。足球节期间，学校组织了班级足球对抗赛和各级部的颠球、运球、射门等足球基本功比赛，还组织了以足球文化为内容的征文、书法、绘画、摄影、手抄报比赛，教师、学生和家长从中体验到了足球运动的乐趣。

在狠抓普及的同时，杨世臣也注重对足球人才的培养。他身居临淄，放眼世界，在接待英国多塞特郡伯恩茅斯市教育考察团时，面对来访者中有人对中国足球表现出的不屑，杨校长回应说：“相信到我们的学生长大后，英国足球队就要到中国来学习了！”

他教育师生要努力奋斗，为国家争光，为临淄添彩！他多方协调，征得家长同意和支持，组建教练团队和学生爱好团队，利用周六上午开设和悦足球活动项目，促进学生足球技能的提高。

和悦足球教育大见成效，2011 年至 2013 年，金茵小学女子足球队荣获淄博市“市长杯”足球联赛三连冠，三次代表淄博市参加全省比赛，分别荣获山东省中小学生体育联赛足球比赛的第三名、第四名、第一名和体育道德风尚奖。谢炆希、史进两名同学在“亚洲展望中国少年冠军杯”中荣获“最有价值球员”称号，被鲁能泰山足球学校招入 U12 一队并代表鲁能足球学校赴韩国参加国际交流比赛。2013 年 1 月，谢炆希晋升为 U13 队队长，9 月代表鲁能足球学校赴西班牙、巴西参加国际赛事。

因足球特色，金茵小学被表彰为“亚洲足球联合会中国展望淄博项目示范学校”“全国青少年校园足球特色学校”“全国学校体育工作示范学校”“山东省体育传统项目学校”。金茵小学的足球特色也受到了媒体的关注，学校足球队参与的“清明蹴鞠热”主题活动，先后被新华社、光明日报等几十家新闻媒体、网站报道。

3. 和悦教育充满生命张力

今天在教育界提起和悦教育，不少人旋即会想到在青岛西海岸新区双语小学教育集团的杨世臣校长，却鲜有人知道，如此之大的教育品牌却起源于淄博市临淄区金茵小学。当时，尽管对于什么是和悦教育，和悦教育的内涵与外延以及实施的具体路径等没有像今天这样清晰，可是和悦教育的核心理念已经在杨世臣的心里初步形成，大体架构也现出雏形。

至于什么是和悦教育，不少媒体做过专门报道，杨世臣在有关媒休上发表过充满理性光芒与实践价值的论文，笔者也曾于 2021 年 9 月 4 日《中国教育报》第 4 版发表过一篇题为《把 N 个学校当作一个学校来办——青岛西海岸新区双语小学教育集团实施优质均衡集团化办学巡礼》的文章，其中不少内容也谈到和悦教育，所以在此便不再赘述。不过，还需要补充说明的，一是“和悦”既驶向师生的内心，让他们的生命有了和谐之美与发展之力，拥有一个幸福的生命样态，又指向未来的意义，从而让他们有一个幸福的人生；二是构建了一个科学的系统，进入其中，即可自行运转，实现生命的突围，甚至让薄弱学校起死回生，而且，它既适合于一般城区的学校，又对乡村中小学的发展产生了巨大的影响，同时还可以在现代化都市中形成蓬勃的生命张力。

正是有了这种基础与底气，才让金茵小学有了迅速起飞，成为当地甚至更大范围内的名校。

其实，杨世臣在金茵小学的创新之举不只是童心悦读、和悦足球与和悦教育，他在习惯养成、自主教育、课程建设等很多方面都有别出心裁之妙，只是囿于篇幅，这里不得不忍痛割爱不再叙述。

九年，在整个历史长河中只是短暂的一瞬，可对于金茵小学来说却有着无法用时间长度来衡量的意义。学校的教育教学质量不断提高，知名度与美誉度与日攀升，办学规模也在不断扩大，由一所小学创建成了拥有3所小学、3所幼儿园的金茵教育集团，成为规模效益双优而又远近闻名的教育集团。

五、青岛任校长后的突围与发展

早在2012年，时任青岛黄岛区教体局主管领导就在数次带队参观金茵小学时，一再以高薪诚邀杨世臣到青岛工作。站上更高的平台，做出更大的贡献，正合他的本心。可是，他却迟迟没有答应，一是临淄是生他养他的地方，也是他奋斗了25年而取得成就之地，年已45岁的他，总有一种故土难离之情。二是他自幼信奉“孝弟也者，其为仁之本与”，深信《论语》之言“父母在，不远游”，更何况是离开家乡，移居青岛呢？既然老母亲在，杨世臣就不可能离开故土。两年后，母亲去世，他才于2014年6月30日告别临淄，来到青岛工作。

1. 双语小学的艰难创业与迅速起飞

尽管杨世臣在金茵小学操起了普通话，毕竟是乡音难改，所以虽然衣着西装、足穿皮鞋，可一口浓浓的临淄普通话，依然让人感到他是一个外来的乡村人。因此，当他初到青岛西海岸新区双语小学就任校长的时候，不少人向他投来了质疑的目光。可杨世臣的自信是从骨子里透出来的，他昂首挺胸地走着，甚至有点儿旁若无人的气势。尽管如此，就这么一个校长究竟能搞出什么名堂，在很多人的心里依然是一个谜。

双语小学位于滨海学院的西面，举目张望，空旷辽远，除了西北孤零零的青岛大学附属医院，周围其他地方全是清一色的渔民村。近处的村子叫“扒山”，再远点儿的叫“荒里”。这种情景令杨世臣心中不由得一惊，这难道就是名扬天下的现代化都市青岛吗？

更令他吃惊的是，学校还只是个“番号”，还是个正在紧张施工中的建筑工地！

区教体局主要领导也感受到了杨世臣触景生情的心理动向，于是便坦言相告：“当地有很多成熟的学校，不可能安排你到那里担任校长，没办法，只好委屈你来城乡接合部这里建新学校。”接着，区教体局主要领导又笑着宽慰他说：“三年之内，你能把这所学校招满学生，就算完成任务了！”

尽管这位领导真心安慰，可杨世臣的眼泪还是差一点儿就要流出来。他想：当时不但在淄博，在整个山东省，自己也已经是一位公认的名校长了，如果三年连招生任务都无法完成，又何“名”之有？我杨世臣来青岛是干什么的？

杨世臣很清楚，如果没有相当的实力和极大的自信，如果没有百折不挠、一往无前的勇气，只身闯青岛，无异于死路一条。此前外地来的名校长，由于“水土不服”和其他原因，无法胜任者有之，打道回府者亦有之。如果重蹈他们的覆辙，此前奋斗的“功名”将从此付之一炬，甚至落一个身败名裂的下场。

不过，他也有一个意外的收获。此前在淄博的时候，请教请吃者应接不暇，即使再三推脱，一周至少也要有三四天游走于各个学校和饭店之中。可来青岛初期，没有人来请这个有些土气又前途未卜的校长吃饭，甚至多说几句热情的话者都寥寥无几。于是，他和妻子的感情骤然升温，不但每天可以陪妻子吃饭，而且说话的时间与频率也大大增加。

杨世臣尽管对妻子爱之弥深，可那种“士不可以不弘毅”的精神并没有就此而泯灭，尽管困难重重，他却一直昂扬着积极向上的斗志。

但现实实在是熬人！没有在中学任校长前的“十年磨一剑”，没有任朱台镇中心学校校长前的高阳镇根基，没有执掌金茵小学前的朱台镇中心学校基础，远离故土，只身携妻踏入这举目无亲又没有一名老战友、老部下的荒陌之地，一切都要从零艰难起步！

9月1日正式开学，可6月30日时学校还到处都在施工。当杨世臣心事重重地环视这忙乱不堪的现状时，虽有不小的担忧在心中徘徊，可很快又被坚定的信心主宰。想想领导所说的话是不是一句潜台词：如果好办的学校，还要你这个名校长来干什么？于是，他对领导又多了几分感激之情，奋斗的精神又得到了升华。

上任第三天，孤军奋战的杨世臣迎来了教体局为其配备的孙雷和程梅两个助手。杨世臣高兴不已地对他们说：“我们是原始的合伙人，而不是一般意义上的我是校长，你们是教师的上下级关系，咱们只有互相帮助、互相支持、互相欣赏，才能真正地和悦发展，最终受益的既是学生，也是你们。”当时杨世臣的预言后来果然变成了现实，甚至可以毫不夸张地说，他们因为有了杨世臣这个合伙人，由此有了不一样的人生。

不过，当时其中的困难与苦处自是一言难尽的。杨世臣这个校长连个办公室都没有，更不要说有可以吃饭的食堂了。好在时任青岛经济技术开发区初级中学校长的李素香“拔刀相助”，为其安排了两间办公室，并让这三位“不速之客”堂而皇之地走进了学校食堂就餐。

除了这两个合伙人，教体局陆续为学校配备了57位教师，除初出茅庐的新教师之外，都是从其他学校抽调来的。于是，杨世臣才有了点儿校长的样子。

仅有教师当然不行，更需要学生，不然何谈办学校？然而，在这个地方办学，又是这么一个让青岛人看不起的“土”校长，加上这些匆忙拼凑起来的教师，能教好孩子吗？所以，招生之难可想而知。像姜太公钓鱼一样，“愿者上钩”？绝无可能！必须主动出击，加大宣传力度，才有可能让家长心动与行动。

为此，杨世臣精心制订了办学方案，一切从招生开始对教师进行重新创业的思想动员，做了如何招生的专项培训。随后，将57位教师分成7组，拿着招生宣传页到附近各个家庭发放，做动员工作。有的家长为之感动，可有的家长却认为他们是虚假宣传，置之不理，甚至将其作为笑料四处宣扬。

同时，杨世臣带领团队制作了招生宣传的看板，将新学校的办学理念、制度文化、课程设置和未来的美好蓝图等图文并茂地展现出来。教师把看板放到更多人能看到的地方，希望吸引家长们的关注。杨世臣嘱咐他们不能放在相邻的小学附近，那样会引起他们的反感，认为是在与之争生源。尽管如此，宣传看板还是多次被砸。可杨世臣不气馁，照样给教师鼓劲，说他们之所以砸我们的宣传看板，是因为我们的宣传在某种程度上打动了不少家长的心。因此，宣传看板第一天晚上被砸了，第二天早上又放上了。管用吗？对有些人不起作用，对有的人却产生了作用，甚至让有的学校的教师为之心动。因为那些看板上有杨世臣走马上任双语小学校长之后不久出台的《创建和悦教育，塑造幸福人生》的办学方案，不但有相应的教育理念，而且描绘出了成为和悦教师、和悦学生与和悦家长的具体路径，真懂教育的人看后会不由自主地眼前一亮，相信这所即将诞生的学校一定会成为一个真正意义上的名校。

况且，杨世臣还让教师在学校西面奋进路边上拉了一个极其醒目的条幅——“西海岸升起了一颗冉冉的新星”。有的人认为这一定是一种夸大其词的虚假宣传，可真正懂教育者却从中看到了一种蓬勃向上的精神气象。

看到有这么一位有思想、有奋斗精神的校长，有这么一批具有坚韧不拔精神的教师，外校马素霞等一批优秀教师主动“投奔”双语小学，且在以后学校的教育教学中成了骨干力量。

如此努力复努力的结果，终于招到了 1 037 个学生，当年就几乎完成了局长给定的三年任务。

尽管生源不尽如人意，可总算是有了学生。杨世臣认为他们都是可造之才，一定可以把他们培养成品学兼优的好少年。

如果说和悦教育在金茵小学是破土而出的嫩芽，那么来到青岛之后不久，它已经茁壮成长，生出了绿枝，绽放出沁人心脾的花香，进而结出丰硕之果。和悦教育，成为杨世臣教育思想的一个品牌，进而产生了越来越大的力量。

第二年招生时，他没有再像第一年那样串街走巷地宣传，可有些家长已经不请自来，所以报名人数已是计划招生人数的 2 倍以上，那些晚报名者只好遗憾地把孩子送到别的学校。

第三年，双语小学的美誉度进一步提升，报名现场呈现出极其火爆的场面。这个时候的杨世臣和教师们，不再是去做宣传让家长们前来报名，而是忙着劝说他们把孩子送到邻近学校，并满脸赔笑地向他们致以歉意。杨世臣更是感到无法招架，有时只好关闭手机，闭门谢客。

即便如此，“神通广大”的家长依然穷追不舍，非要把孩子送到双语小学不可。迫不得已，他只好创办了双语小学辛安校区，才勉强缓解了校舍不足的压力。

2. 创办教育集团，让更多的孩子享受优质教育

面对广大家长对优质教育的强烈需求，杨世臣想到了创办教育集团。

“一枝独秀不是春，百花齐放春满园。”集团化办学是实现教育优质均衡的有力措施，能迅速扩大优质教育面，办出更多老百姓家门口的好学校，缓解择校压力，让更多的孩子尽早享受到优质教育。作为教育系统的政协委员，杨世臣履职尽责，落实党中央“让每个孩子都能享有公平而有质量的教育”，早在2015年就提交了办教育集团破解教育均衡发展难题的提案。

一流的企业与一流的学校打交道。2017年，万达集团感动于杨校长的教育情怀与集团设想，把投资上亿元建设的星光岛小学交给他创办。

杨校长反复交涉，将一楼进门就是教室的原设计布局改造为宽敞大气的阅读空间，将“把学校建在图书馆上”的理念变为现实。他从双语小学选派骨干团队和优秀教师，实施理念、师资、设施和发展成果共享，让星光岛小学一下子就站到了双语小学的肩膀上，快速成长起来。这样，双语小学、星光岛小学、双语小学辛安校区三校区联动的局面就形成了。

创建集团实施“共性＋特色”，对星光岛小学来说，就是双语小学的优势＋星光岛小学的特色（即电影课程），帮助每一个孩子都闪出最亮的光。

星光岛小学建校一年便创建了新区儿童启蒙中心，承办了青岛市名校长工作室开放日活动，协办了青岛国际水大会专家与青少年面对面科普交流活动，被授予“全国校长（教师）发展学院培训基地”称号。2019年暑假，杨世臣又受命创办了五台山西路小学。5年创办3所公办学校，形成教育集团并快速发展，这就是杨校长奋进的节奏。

五台山西路小学启用不足两个月时，第四届基础教育美丽学校建设国际研讨会和全国第77届教育技术装备展和信息化大会召开，会议面向全区严格挑选4个小学现场，其中就有星光岛小学和五台山西路小学。领导专家观看后，大为赞赏。此后，四川、云南、台湾等多地教育专家和团体前来参观学习，纷纷给予好评。云南省新时代学校文化建设高峰论坛特邀杨校长到会做专家报告。五台山西路小学投入使用不满一学期，首次参加全国头脑奥林匹克竞赛山东赛区选拔赛，就荣获一等奖第三名，顺利夺得进军世界头脑奥林匹克中国区决赛资格。

双语小学教育集团是青岛西海岸新区第一个全公办小学教育集团，3所小学都是杨世臣一手创办的。从零起步的双语小学已经“膨胀”到54个班，成为一个很有影响力的教育集团。

他主持制定了《双语小学教育集团化发展推进方案》，创建了集团发展研究中心，打造了集团核心竞争力的“发动机”，下设集团课程研发中心、集团教师专业成长中心、集团课堂与学生成长中心等项目组，切实推进了成员学校的发展。同时，集团学校与山东省教科院深度合作，以智慧校园建设为突破点，以“6＋*N*”和悦校园建设为切入点，全方位提升集团学校办学水平、办学品位。其中，“6”指的是6大校园建设，即明德和悦、智慧和悦、阅读和悦、国际和悦、悦动和悦、劳技和悦；“*N*”指的是不局限于这6大校园建设，根据实际，成员学校可以先行探索另外一种或几种校园建设，经验成熟后，可升级为所有集团成员学校的共性建设。

如何进一步办好教育集团，并使之高效运行？杨世臣打造了“2-3-12-1-1”工程，这是他对全国基础教育集团化办学的新贡献。

“2”，即学校育人目标和集团办学目标。

集团现有三校的创办时间、地理环境、规模布局、生源家庭等各不相同。实现优质均衡发展，首要的是拥有共同的价值取向，即共同的育人目标和办学目标。

“3”，即和悦党总支、和悦理事会、和悦集团化办学专班，用它们保障集团行稳致远。

“12”，即集团内12个共享——党建共享、校长共享、文化共享、师资共享、课程共享、德育共享、课堂共享、教科研共享、智慧教育共享、设施设备共享、财务共享、家长资源共享。

“1”，即三所学校各有一个突出的特色。

均衡优质发展仍需要各学校拥有自身的特色。杨世臣大力鼓励成员学校创建各自的特色和品牌。

双语小学的童心悦读课程是山东省十大特色课程，与“六爱三雅”课程深度融合，探索落实校训“读好书，做好人”的最佳路径。同时，该校建校时间较长，文化积淀深厚，师资培养经验丰富，他就在校园文化建设、童心悦读、教育科研上创建品牌。

星光岛小学依托东方影都资源优势，开发和强化电影教育特色，利用电影多学科融合的特点，发挥审美与教化作用，让学生在感知、理解和创造美的过程中，陶冶高尚情操，带动全面发展。该校在集团协调下，与山东省教科院课程研究中心合作，使得特色创建工作有声有色地开展起来。

五台山西路小学借力全区发展智慧教育的大好时机，加强顶层设计，引进高端人才，集中整个集团的财力、物力、人力持续攻关，创建智慧校园，智慧教育服务师生和整个集团的能力迅速提高。

同时，集团鼓励并支持各学校挖掘教师和家长的优质教育资源，开展各种特色项目，助力这些项目发展成为学校特色、集团特色。创新发展、特色发展汇成集团发展的强劲引擎。

最后的“1”，即集团用1个评价公约对所有学校统一评价。

集团评价公约，采取项目组管理与集团考核领导小组结合的方式，从党建、执行校长等15个方面对成员学校进行评价，务求各项集团化建设工作落地实施。

杨世臣的“2-3-12-1-1”工程，有力地促进了三所学校的发展。双语小学、星光岛小学都在建校不足三年时被评为“青岛市文明校园”，五台山西路小学建校两年就成为区文明校园。

各学校教育教学质量持续提高。2019年，双语小学语文、数学、英语三科均获全区学科素养大赛团体一等奖。2020年，在全区学科素养比赛中，星光岛小学获得语文、英语团体第一名，双语小学获得数学团体第一名，双语小学教育集团包揽全区语文、数学、英语三学科一等奖的第一名。2021年暑假前，全区六年级各学科教学质量检测，星光岛小学稳居全区第一名，双语小学位列前三，五台山西路小学位列第14名，集团教学质量评价位于全区所有小学教育集团第一名。

2020年，集团学生参加全国青少年信息学奥林匹克比赛、青岛市智慧编程与创意大赛等科技比赛，获奖19项，获奖66人次，其中纸桥承重比赛在全市前5名中竟占4席！2021年7月，教育部办公厅公布了2020年度网络学习空间应用普及活动优秀学校名单，五台山西路小学成为青岛市唯一入选的小学，这所建校刚满3年的学校跨入全国优秀行列。同月，第三届ICode国际青少年编程竞赛，该校孙浩然同学荣获全国第一名。

体育赛事捷报频传。健美操连续三年获青岛市特等奖，足球获得了“区长杯”冠军。

2020年度，全区对家长的调查中，集团的满意度高达100%，学生喜欢、家长满意和领导放心的教育已经梦想成真。

2020年9月，《山东教育报》在显著位置以《集团化办学，让更多学生享受优质教育》为题刊登了杨世臣创办教育集团的经验，对全省教育优质均衡发展产生了积极的引领作用。

2021年9月，《中国教育报》用一整版刊发了笔者的深度报道，在全国引起了强烈的反响。

3. 杨世臣突围与发展的内在密码

双语小学从无到有，从弱到强，从名不见经传到声名远播，引起了教育界广泛的关注。于是，就有人叩问：杨世臣如此突围与发展的密码究竟在哪里？

原因是多方面的，可至少有三点应当引起人们的关注。

第一，是杨世臣这个有思想的校长用和悦教育的思想引领了教师快速发展。而教师的发展自然带动了学生的成长，于是就形成了一个良性循环，让双语小学有了源源不断的发展动力。

第二，杨世臣在双语小学开学之后就开展了征求教师金点子、学生金点子和家长金点子的活动。在他看来，教师、学生和家长是学校的主体力量，也是学校的主人。每一个人把学校当成自己的家，都为之献计献策的时候，就会凝聚成一种巨大的生命能量，不但可以破解一个又一个难题，而且可以创造一个又一个奇迹。

第三，和悦教育不但有理念、策略和实施途径，而且逐渐走进了教师、学生乃至家长的心里，形成了一种无处不在的和悦教育文化。即使来到这所学校不久的教师和学生，身处这种文化之中，也会被文而“化”之，慢慢地拥有和悦文化的气质。同时，杨世臣和教师、学生及家长，也在这片和悦教育的土壤中不断发展，从而为和悦教育注入新的能量，让它更加具有生命的张力。优质的学校文化，不但是校长生命飞跃的核心元素，而且是教师走向优秀的必备条件。一些原来名不见经传的年轻教师，正是在和悦文化的滋养下陆续脱颖而出的，有的已经成为当地甚至更大范围的名师，有的走上了校长的岗位，把新的学校办得风生水起，这让杨世臣欣喜不已，因为他认为，每一个人只有一次生命，是庸庸碌碌、无所作为，还是让生命焕发出光彩，这绝对是两种截然不同的生命样态。他说要“做最好的自己”，而且言必信，行必果，真正地做到了最好的自己。所以，他也希望学校里所有的教师都要做最好的自己，让生命不再平庸，而是精彩纷呈。教师有了精彩人生，会在有形与无形中照亮学生的生命，让他们从小也有做最好的自己的志向，拥有一个光辉灿烂的前程。所以，谈及学生的未来，杨世臣总是充满自信与自豪感，他坚信，对于孩子们未来前景的期待，绝对会给他一个美丽的回应。

8 年过去了，双语小学教育集团的知名度、美誉度随着时光的流逝而越来越高，家长尤其希望把孩子送到这里，让其来接受优质的教育。

学校之所以如此深受欢迎，固然与其教育教学质量之优与学生考试成绩之高有关，而以德育人同样起着举足轻重的作用。比如杨世臣提出来的“六爱三雅”教育就令所有家长欣喜不已。

所谓“六爱三雅”，就是爱自己、爱父母、爱老师、爱同学、爱学校、爱家乡，以及语言文雅、行为儒雅、情趣高雅。而且，不只是嘴上说，更要落实到行动中。这并非一日之功，因为不少孩子在家里并没有养成好的习惯。习惯的养成是一个较长的过程，而且是在持续不断的实践过程中形成的。为此，学校采取了一系列措施，并收到了很好的效果。学生刘栩铭坐公交车时，卡里余额不足借司机 1 元，过后主动还款并捐赠 100 元卡，以便利其他临时受限乘客，平凡的社会大爱两次登上央视，引领社会新风尚；受到省团委、省教育厅、省少工委联合表彰的山东省“红领巾奖章”四星章获得者宋彦樟，获评“青岛市少年科学院第七届小院士”的魏珂儿、潘保江，连续三年获青岛市特等奖的学校健美操团队的同学，就是“六爱三雅”开出的鲜艳花朵。

在采访家长的时候，提起杨世臣校长，他们都是崇拜有加。因为是这位校长的到来，让学校从无到有并且持续蓬勃地发展，让孩子一步步成长为最好的自己。

家长对杨世臣如此信任，还有一个重要原因，就是他深知家长对学校发展的重要性，不但充分发挥了丰富的家长资源的作用，而且每年春节过后还要给每个校区的家长开设两个小时的题为《帮助每一个孩子成为最好的自己》的讲座。为此，杨世臣进行了精心准备，所讲的话可谓声声入耳、字字入心，让家长们佩服得五体投地。会后，有的家长惊叹道:“这个名校长果然名不虚传！”

一天，当地政府一位领导突然光临学校，对杨世臣大加赞扬。因为他的孩子以前并没有形成尊敬老人的习惯，可入校不长时间，回到家里后，见到老人包括客人就鞠躬问好，不是流于形式，而是非常真诚，让他这个做家长的极其感动。因为这位领导知道，让孩子从小养成尊敬父母、友善待人的品质，一定会受益终身。

车家岭社区的校车司机说，他接送孩子已经有 12 年之久了，有的学生对他这个司机很少理睬，更遑论尊重了。可是，在接送双语小学孩子 2 周之后，他发现每逢上车和下车的时候，孩子们都彬彬有礼地向他问好、道别，这让他生成了自豪感。

不管是家长，还是司机，以及相关社会人士，在对杨世臣钦佩不已的同时，也由衷地生起了敬仰感。

有人说，双语小学已经成为学生喜欢、家长满意、领导认可、社会欣赏的一个品牌学校，杨世臣的办学思想与经验也引起了越来越多的人的关注。于是，前来学习者有之，请其前往做报告者亦有之。双语小学与杨世臣，不但成了青岛市教育的一个品牌，也成了山东省的一个典型，甚至全国其他省、自治区、直辖市教育界的不少人士也开始学习杨世臣和双语小学的教育思想与办学经验。

杨世臣不但实现了他所说的“做最好的自己”的愿望，而且会有一个更加灿烂的前景。

第八章
和悦教师——学校发展的根本

百年大计，教育为本；教育大计，教师为本。

习近平总书记高度重视教师队伍建设，继2014年提出“四有”好老师、2016年提出“四个引路人”、2021年提出“大先生”后，2023年又提出了“中国特有的教育家精神”。这是对新时代教师的殷切期望，是嘱托，是责任，更是使命。

落实总书记要求，双语小学自2014年建校以来闯出了一条培养和悦教师的特色发展之路。在双语小学教育集团现有的301位教师中，已有1位齐鲁名校长、3位齐鲁名师、3位正高级教师、5位山东省特级教师、1位教育部中小学名校长领航工程导师、1位青岛市名师工作室主持人、3位青岛名师、23位市级教学能手，还有一大批区级名师、学科带头人、教学能手。双语小学教育集团已经成为名师辈出的教育人才高地。

第一节　和悦教师的内涵和特征

一、和悦教师的内涵

和悦教师是笃信和悦教育思想，自觉践行和悦教育理念，追求幸福快乐和卓越发展的教师；是帮助学生成为最好的自己，引导家长成为志同道合的教育伙伴的教师。和悦教师是实施和悦教育、实现学校发展的根本。

二、和悦教师的特征

（一）幸福快乐

法国作家纪德说：“获得幸福的秘诀，并不是为了追求幸福而全力以赴，而是在全力以赴中寻找快乐。”和悦教师幸福快乐，他们热爱学生、热爱教育、热爱生活。

和悦教师能够悦己、悦人、悦世界。其中，悦己尤为重要。悦纳自己，指能够正确评价自己，既能找到自己的优点，也能发现自己的不足，能用长远的眼光评价自己，而不是随意给自己贴上“不能”“做不了”等标签。和悦教师关心自我成长，能自我激发主动意识；能发现自己的特点，扬长避短、厚积薄发；能不断超越自我，追求完美，做最好的自己。和悦教师深知教育教学对学生成长发展、对学生家庭未来、对国家民族的意义，深知自己肩上负有的教书育人责任，努力学习、精心工作，在教书育人的过程中，在帮助学生成长的过程中，收获学生的敬爱，得到家长的支持，从而获得职业幸福、事业成就和社会尊重，自身的价值得以实现，成为一个幸福快乐的人。

（二）爱生如子

孟子提出：“老吾老，以及人之老；幼吾幼，以及人之幼。”

和悦教师爱生如子，这种爱超越了孟子所言的普通博爱，不是简单地将学生当成自己的孩子来爱护，而是从教育者的责任担当和教育使命出发，对每个学生的现在和未来负责的大爱。“随风潜入夜，润物细无声”，和悦教师用爱点燃学生的心灵之火，一个甜甜的微笑、一声温柔的问候、一个赞赏的目光，都能让学生备受鼓舞，获得无穷的信心和力量。和悦教师以爱育人，培育厚德乐学、自主合作、具有国际视野的卓越少年，帮助每一个学生成为最好的自己。

（三）敬业乐业

和悦教师爱岗敬业，精心履职。他们不断认识自我、活出自我、超越自我，爱我所选终不悔，不仅把教育当成事业，还将之视为一种享受生命的过程。在这个过程中，他们执着于自己的选择，全力提高专业水平，在教书育人中实现人生价值。

和悦教师乐业敬业，乐于与同事合作，把自己与团队成长、与学校发展紧密联系在一起。在和悦教育思想的引领下，和悦教师团结协作、相互补台、共同进步，成就学生，创造幸福。

（四）博、专、精

和悦教师博学善教，积极学习，广泛学习。他们以学生的发展为自己工作的出发点和落脚点，既有扎实的基本功，又积极钻研课改理论和新课程标准，主动学习先进的教学方法，努力提升教学水平。他们不但深入研究任教学科的专业知识，而且广泛学习其他学科的教育教学方法；不但注重调动学生主体的学习成长潜能，而且善于指导学生家长发挥教育力量。

和悦教师专业专长，素质优良。“掌上千秋史，胸中百万兵”，他们博览群书、善于研究、勤于反思、勇于实践、终身学习、专业精湛，具有完善的通识性、本体性、实践性知识结构。在专业水准不断提升的基础上，和悦教师还专注于自己的专长，如绘画、书法、摄影、朗诵等，不断提高自己的教育艺术。和悦教师学问博大精深、风格鲜明。他们对工作高标准、严要求、强执行、重落实，精益求精向卓越。和悦教师乐于做研究，有更新教育教学方法的热情和意识，以及深挖自身专业发展的内驱力；有问题意识和解决问题的习惯，能在不断的思考中克服教学障碍；有科学的研究方法，能培养学生掌握高效的学习方法；有终身学习的能力，不断提升自身博、专、精的水平。

（五）追求卓越

美国著名橄榄球教练文斯·隆巴迪说："一个人生命的质量与他追求卓越的努力成正比，不管他们选择努力的领域是什么！"

和悦教师追求卓越，臻于至善。卓越，是一种标准，更是一种境界，是优秀中的最优。和悦教师的卓越通过专注地执行以及创意地落实而形成。和悦教师力求在思想上卓越，把教师职业当成天底下最光辉的事业，修好内功，练好外功，把自己的成长与学生个人发展、社会进步、国家繁荣昌盛结合在一起；和悦教师力求在行动上卓越，在教学中创新教育方法，在工作中增强执行力，和悦标准就是卓越标准。和悦教师以结果为导向，做事情要么不干，要干就干到最好。

第二节　逼、导、诱，激活发展动力

教师是“立教之本，兴教之源”。培养有品格、有品行、有品位的和悦教师的方法，根据我多年的实践经验可以概括为三个字——逼、导、诱：通过逼激发教师自我发展的潜能，通过导坚定教师专业发展志向，通过诱引发教师幸福成长的心力。实践证明，逼、导、诱是培养和悦教师行之有效的策略。

逼、导、诱不是截然分开、各自为政、彼此孤立的，而是紧密相连、彼此交融、相互支撑的有机整体，三者成体系地支持教师由入职教师到教学新秀，到骨干教师，到首席教师，到全国名师，不断从优秀走向卓越，达成最好的成长发展。

说逼、导、诱是一个有机整体，首先是因为这三者本身是难以截然分开的。比如，教师会议上我的讲话往往离不开对教师思想观念的导，而这种导中就含有逼和诱的成分。安排优秀教师会上介绍经验，就明显具有逼其反思和总结自身成功经验的意味，也暗含导与诱的意味；而对于参会的其他教师来说，也同时具有逼、导、诱的意味。所以，要截然分开逼、导、诱是不妥当的。本节下面的文字，逼、导、诱是分开来讲的。但是如此行文也只是为了突出和讲清楚某一个方面的需要，事实上也是暗含另外两方面意思的。

说逼、导、诱是一个有机整体，还因为逼、导、诱是伴随教师个体与教师群体成长的全过程的。教师就个体而言，从普通教师到骨干教师再到名师，逼、导、诱都会发挥促进成长的作用，不管这逼、导、诱是来自领导的、同伴的、群体的，还是来自个体教师自身的；就教师群体而言也是如此，不管这逼、导、诱是来自群体外部的，还是源自群体内部的。

正因为逼、导、诱是融合在教师成长的全过程之中的，所以我们将逼、导、诱放到前面来集中讲。本章后面各节行文虽然不再出现逼、导、诱字样，也是含有许多逼、导、诱意味的。希望读者能够注意到这一点。

一、逼

逼，就是通过谈话、展示、奖惩等，促使教师在立德树人实践中发挥出自身最大的潜能。

之所以要逼，是因为人难免有惰性，难免有得过且过的念头，难免有“不求有功，但求无过”的心理，而这些因素会严重制约教师的卓越成长发展。

教师的成长需要逼，教育教学高质量发展需要逼，学校创新发展需要逼。学生成长发展的新需求，国家教育改革创新发展的新需要，民族振兴对高素质时代新人的新需求，数字浪潮对教育教学变革的冲击，等等，都对教师素养有了更高的要求，逼迫教师不断成长，这是逼的内在逻辑。

逼什么？逼师德师风，逼师学师能，逼教育教学的高质量、高水平。

用什么逼？用职业红线逼，用规范逼，用卓越标准逼，用情感逼，用经验分享逼，用其自身求上进、求自尊、求自身价值实现的追求逼，用以身立教逼，用举办、承办活动和会议逼……

（一）逼师德——师德必须是满分

做人德为先，师德是一位教师立身从教的根本，是一所学校重要的精神标杆。2018年5月2日，在与北京大学师生座谈时，习近平总书记指出，“评价教师队伍素质的第一标准应该是师德师风”。和悦教师师德高尚，严守底线，和悦师德必须百分之百是满分。

1. 严守师德，风清气正

为加强师德建设，学校出台了《青岛西海岸新区双语小学教育集团师德考核公约》。每位教师签订《师德承诺书》《教师职业行为十项准则承诺书》和《师德负面清单承诺书》等。学校成立师德师风监督专班，坚决杜绝有偿辅导、变相体罚、弄虚作假等。一旦发现教师有失德失范行为，取消其一切评奖评优资格，并依据公约进行相应的惩罚。学校逐渐形成了严守师德、爱岗敬业、关爱学生的和悦师风。

2. 多元评教，全面进阶

何为多元评教？学校建立以教师、学生、家长、领导干部为评价主体的多元评价体系，通过教师自评、教师互评、备课组评、级部评、教职工代表评、学生评、家长评等方式，形成了一个立体的网格，实现了评价主体、评价方式、评价内容的多元化，促使教师在任何时候、任何地方的教育教学行为都合乎规范，坚决不能出现违背师德的行为。多元评价有利于教师从多种渠道获得反馈信息，从而改进和完善教育教学行为，不断提高教学水平，实现全面进阶。

（二）逼师能——越高标越彻底

教师工作关乎学生成长，关乎家庭幸福，关乎国家昌盛，教师更应该严格要求自己，把自己看成是一位杰出的艺术家，而不是一个平庸的教书匠，应该永远带着热情和自信去工作，而不是满足于尚可的工作表现。学校给教师提出了多种行为规范，提供了多种锻炼机会，促使教师高标准做事，要做就要做到最好！只有力争做最好的自己，才能最大限度地实现自身价值。

1. 履行公约，不折不扣

为了让大家行动有方向、目标更坚定、结果更明确，在征求了全体教师的意见后，学校制订了一系列公约，既有个体考核公约，如备课公约、听评课公约、推门听课公约、巡课公约，也有团体考核公约，如年级服务中心考核公约、处室考核公约、艺体考核公约、班主任考核公约、师徒结队考核公约等。期末的考核与绩效工资的发放与平时的教育教学行为密切相关，每一位考核人和被考核人都要不折不扣地履行公约，都要接受全体教师、学生和家长的监督。

2. 课堂阵地，神采飞扬

教师的魅力在于其对教育的执着追求。教师是学生的一面镜子，其穿衣打扮、言行举止，都是学生谈论和效仿的对象。“其身正，不令而行；其身不正，虽令不从。”教师进入教室必须衣着得体、落落大方，没有特殊情况坚决不能坐着上课。

没有激情的课堂如一潭死水，教师讲课时必须声音洪亮，保证后排同学也能听清楚；教师站在讲台上要神采飞扬，用自己的激情调动学生的学习热情，使整个课堂活起来。

3. 舞台展示，侃侃而谈

每次会议，学校都会为教师提供舞台，让教师分享工作心得、叙说身边的故事、交流工作经验等。每一位上台分享的教师必须制作精美的 PPT，反复演练，全程脱稿，驱使自己不断提高演讲水平。

学校还十分重视教师即兴表达能力的培养。开会时，教师随时都可能“中奖”——突然被领导提问，谈一谈自己的心得体会或工作计划。这不仅是对教师听会认真程度的检查，还是对教师即兴发言能力的提升。学校栾老师初入双语小学时，教学成绩优秀，班级管理细致，是一位教学经验丰富的老教师，但是她却十分惧怕上台发言。学校就特别安排她多次上台分享自己的经验，她从刚开始手拿稿子哆哆嗦嗦到现在完全脱稿还能侃侃而谈，给大家留下了深刻的印象。栾老师曾经说：“作为一位有着将近 20 年教龄的老教师，我的主动性不强，也不想当众发言。杨校长的话就像刀子一样，不断刺痛我的心，让我明白自己沉甸甸的责任。我终于战胜了自己，走出了困境。”

（三）逼结果——要做就做到最好

任何人在工作中都会遇到这样或那样的困难，如果我们只是畏惧于这些困难，就会止步不前。所以，不论遇到什么样的困难，我们都要先执行再纠正，先启航再扬帆。种庄稼是要打粮食的，教师分管的工作与临时项目一定要精益求精，要做就做到最好，要做就做成标杆，要形成这样的工作态度、工作习惯。

1. 校内校外，追求卓越

和悦教师，必须注意自己的言行举止，坚决不做有损教师形象的事情；和悦教师代表了双语小学的形象，人人都是学校良好形象的维护者和传播者。我校贺非非老师参加由教育局组织的赴上海学习的活动中，主动承担起拍照、宣传、记录的工作。为了一张图片、一段文字、一个视频，她常常一忙就到深夜一两点钟。她的多篇文章被青岛市教育局公众号采用。教育局领导专门给学校打电话，表扬贺非非老师追求卓越的工作作风。

2. 自信满满，结果第一

双语人拥有满满的自信。双语人出去开会，就要坐第一排，有第一不要第二。在双语小学教育集团，当你投入了大量的精力、物力、财力、时间、情感的时候，就要力争有一个好结果。和悦教师拥有强烈的结果第一意识，做任何事情都要追求最好的结果，用最好的结果成就最好的自己。

二、导

导，就是指示发展目标、发展方向，就是引导价值观念、思想情感，就是指点路径、方法，就是给样板、给模范，帮助教师更好地成长，更好地教书育人，实现更好的专业发展。

之所以要导，是因为人成长发展的过程中难免会遇到歧路，有迷茫，有懵懂，有坎坷。这些因素都可能阻滞教师的成长和发展，我们需要及时、正确地引导他们，帮助他们过坎爬山、顺利成长。

导什么？导思想，导追求，导路径，导方法。

用什么导？用党建导，用会议导，用榜样导……

（一）走进心灵的“三大会”

雷打不动的和悦周前会、砥砺智慧的和悦读书会、营养丰富的和悦专题会，是走进教师心灵深处的“三大会”。“三大会”，板块众多，内容丰富，但无一不是对和悦教师的引领和指导：“校长嘱托”导思想，“工作部署”导行动，“经验分享”导标准，“手把手教”导方法，“边走边议”导结果……

1. 雷打不动的和悦周前会

（1）统一思想达共识。

和悦教育思想是学校发展的灵魂，对和悦教师起着重要的凝聚作用，也对学校的教育教学工作起着重要的导向作用。为提高和悦教师思想政治素质和职业道德发展水平，统一思想，增强对和悦文化的认同感和归属感，召开雷打不动的周前会就成了学校的传统。

第一，在会议开始之前，参会教师要明确会议的目的和议程，清楚了解会议的主题和讨论的重点，确保在会议前有所准备，避免偏离主题。

第二，在会议中，鼓励参会教师充分发表自己的观点和意见，同时倾听他人的观点，通过交流和讨论达成共识。

第三，每一次会议都有一个明确的领导者，领导者通过自己的影响力来引导会议的进程，使参会者达成一致意见。

第四，通过会议制订明确的行动计划，明确各级部和各处室教师的职责和任务，这样可以促使参会教师统一行动，朝着共同的目标前进。

第五，强调合作和共赢的重要性，让参会教师意识到只有通过合作才能实现共同的目标，从而促使大家在思想上、行动上达成一致，推动教育教学工作的顺利进行。

（2）未雨绸缪先规划。

每周五下午学生离校后，学校召开和悦周前会，全体教师参会，无一例外。之所以选择周五下午放学后召开，一方面是趁热打铁总结本周的工作，另一方面是提前规划布局下周的工作。这样的设计非常精心，给每一个部门和每一位教师留出足够的时间，利用周六周日消化吸收，并根据学校整体部署，具体详细地制订工作方案和教育教学策略，精心做好相关准备，为下一周顺利开展工作打下坚实的基础。每一次开会，学校都有详细的规划和方案，精确到会议板块、发言人、发言时间、发言内容、审核人、主持人、拍照宣传负责人等，可谓是未雨绸缪、事无巨细。

（3）板块和谐求实效。

和悦周前会，板块众多，内容丰富，如："工作部署"主要为五大处室的工作总结与布置，"边走边议"主要为六大级部的工作梳理与反思，"精彩展示"主要为六大学科团队的精彩展示与提升，"经验分享"主要为和悦教师的个人成长与感悟，"校长嘱托"主要为校长的深谋远虑与嘱托，"专家引领"主要为全国知名校长的远程连线与培训等。每一次周前会板块略有不同，每个部门、每个人的发言角度不同，内容和形式不一，但都能带给全体教师提供满满的知识，是绝对的精神大餐。

（4）精彩纷呈重行动。

和悦周前会召开的方式也是丰富多样的，有全体教师和悦会、核心部门专题会、级部服务中心总结会、艺体团队展示会、学科教研探讨会、专业提升培训会、花样团建快乐会等。会议形式多样，绝不重复，教师们都感觉很新鲜，很愉快，很幸福。

（5）高标高效促飞跃。

和悦周前会是统一思想的会议，是明确目标的会议，是相互学习的会议，更是重视行动的会议。在实践中，我们也形成了严谨高效的会风。

① 严格请假制度，保证全员出勤。周前会上，各中心无权准假，教师如果实在有特殊情况，必须亲自向校长当面请假。

② 手机静音，保证专心倾听。周前会上，教师养成了良好的习惯，在会议开始之前自觉将手机静音，放到一边，专心参会。

③ 扫码签到，保证会议效率。学校将智慧化办公融进周前会，全体教师在会议前 5

分钟之内完成扫码签到，便捷、高效。

④ 创意主持，提升教师素质。周前会的主持人不是固定的，学校会精选主持人做引领，也会现场抽签决定下一次的主持人，从而提升教师临场发挥能力。学校各部门也会推荐主持人，让每一位教师都有展示的机会。

⑤ 随机点评，促进深度思考。为保证教师的参会效果，主持人会在会中随机抽取教师，对发言人的发言内容进行点评，让教师从听到了什么、想到了什么、学到了什么、打算怎么做等方面进行分享交流。我也会对教师的发言进行再度点评，从更加专业的角度进行指导。

⑥ 等级评价，为会议效果助力。会议结束后，行政服务中心会检查教师的会议笔记，并给予优秀或良好的等级评价，在全体教师群公布。教师撰写的会议反思会如期发到指定位置，由评审团做出评价，评选出一、二、三等奖，以资鼓励。

2. 砥砺智慧的和悦读书会

（1）干部读书会，阅读赋能管理。

干部团队是学校组织的中坚力量，是学校的中流砥柱。学校每个假期都会为干部精心挑选共读书籍，组织干部在假期中进行线上研讨，开学后进行读书会交流。召开干部读书会就是让干部碰撞思想、交流心得、取长补短，从而不断提升自己的专业水平和业务水平，理解、吃透、贯彻和悦教育思想。通过抓好关键的少数人，让他们去影响和带动自己的团队、自己的级部、自己的学科，从而带动全体教师投入成长发展中。

干部读书会的设计既有集团规定的常规板块，如中层干部成长经验分享、专家报告指导、学期规划指南、学校发展建议金点子征集、校长引领嘱托，也有各个校区创新的个性板块，如学校五年发展规划交流、级部服务中心学期目标规划、服务中心工作落实方案等。下表是2023年干部读书会议程安排：

2023年8月干部读书会议程

时间	序号	板块	内容	具体时间	时长	发言人	主持人
8月19日上午	1	开场		8:00—8:05	5分钟	杨校长	
	2	成长引领	校长的成长策略	8:05—10:05	120分钟	苗文芝《成长不设限》；林宏《成长是终生的事业》；王立新《找一条让生命闪光的路》；滕召春《情系双语，长思长进——我和我的双语》；庄沛政《行得春风，方得秋雨》；薛鹏《借双语之风，亮青春利剑》	庄沛政

续表

时间	序号	板块	内容	具体时间	时长	发言人	主持人
8月19日上午	3	中场休息		10:05—10:20	15分钟		
	4	见证成长	谈个人成长的规划性	10:20—10:40	20分钟	陈艳《阅己，越己，悦己》；于倩倩《努力成就美好》	庄沛政
			谈工作中的执行力	10:40—11:00	20分钟	李健《执行力是顶级的自律》；刘婷婷《赢在责任心，胜在执行力》	
	5	智慧奉献	集团（学校）发展的金点子	11:00—11:40	40分钟	代美芹《打造最强执行力》；张晓《无题》；杜娟《共同携手，守望花开》；张俊慧《“以终为始”，谈对教育教学现状的几点思考》	
8月19日下午	1	管理有方	团队管理经验分享	13:35—14:15	40分钟	薛敏《用制度保驾护航，以关爱凝心聚力》；贺非非《坚守本职，用心经营》；焦淑慧《学生服务中心的钢琴协奏曲》；韩超《团队管理和领导力修炼》	薛鹏
	2			14:15—14:35	20分钟	韩坤《宝剑锋从磨砺出，梅花香自苦寒来》	
	3	公约大家谈	修订建议	14:35—14:45	10分钟	陈绪东《双语小学教育集团季度考核公约修订建议》	滕召春
				14:45—14:55	10分钟	张晓《双语小学教育集团教学人员考评公约修订建议》；田超《双语小学教育集团艺体人员考评公约修订建议》	
				14:55—15:05	10分钟	李健《双语小学教育集团职称评定方案修订建议》	
				15:05—15:15	10分钟	葛赟赟《双语小学教育集团备课组捆绑考核公约修订建议》	
			管理汇报	15:15—15:25	10分钟	闫凤景《全程监管，阳光食堂——双语小学餐厅管理汇报》	
	4	中场休息		15:25—15:40	15分钟		
	5	校长心声	展望未来，对干部成长提出希望	15:40—16:00	20分钟	吕焕龙《虑事精心，过程精细，结果精品》	滕召春
				16:00—16:30	20分钟	邵学忠《乘势而为加油干，勇立潮头唱大歌》	
				16:20—17:10	50分钟	杨校长《最贵的人，是努力改变的自己》	

以下是部分领导的精彩发言节选：

要永存感恩之心，永远感恩生命中的贵人，感恩领导，感恩同事；要修德砥行，厚德载物，谨言慎行，老老实实做人，扎扎实实做事；要不计较，不惜力，农村的生活经历使我觉得每一个当下都美好，父母的影响造就我不惜力；要勇对挑战和磨难，经历挑战和磨难是能力进阶的必经之路；要在工作中寻找心流的体验，这是一种将个体注意力完全投注在某个活动上的感觉，心流产生时会有高度的兴奋及充实感；要坚持学习和读书，成长是一辈子的事情，40 岁的我有沧桑的面容和年轻的心；要给孩子打个样，教育不在于你说什么，而在于你做什么，家庭教育质量的关键是父母呈现在孩子面前的态度。

——庄沛政

我一直相信，逼迫就是成长。很多时候机会源于偶然，如果有人助力，就顺势而为，逼自己一把，这样才会知道自己的潜力有多大。加入林校长工作室，因为要完成每年的任务，一年半的时间接近 7 万字的教学随笔记录着我和孩子们的教育故事；近 5 万字的读书笔记促进了我专业成长。有时看看自己曾经写的一些文章，都不敢相信是出自自己的手笔。今天的这个发言稿，有很多文字摘抄于自己的随笔。

——陈艳

桂花节可持续几天，我们设置不同的文化展区，童诗区、画展区、美食区、吟诵区、手工区，全校参与，甚至可以与我们的教育大集相联系，让学生在活动中感知，在活动中体验，在活动中养性，在活动中修身，在活动中锻炼思维、积累知识、提高综合素质、培养良好的习惯。

——杜娟

放假了把教室卫生收拾干净，该收的东西收进橱子，易发霉长毛的东西处理好，垃圾桶清理干净，纸张、废品等清理妥当，办公区域整理好，防止个人物品丢失、落灰，关好门窗……我能想到的都在放假前带领孩子做好。可是，原来每个人的标准是不一样的。只守着自己的一亩三分地，是感觉不到差距的。那既然选择了我来做级部主任，那我自身的标准就应该是最高的！用我的高标准来要求老师，带动老师向自己看齐，整个团队的标准一定会有所提高。

——韩超

（2）教师读书会，书香浸润成长。

学校特别注重增强教师的读书意识，每学期为教师购买大量的书籍，每个假期都为教师购买共读图书。2023 年寒假，学校还搭建了线上教师读书会平台，为教师提供读书交流的机会，通过专家导读引领教师高效阅读，将阅读所得内化成自己的精神财富。学期初，学校举行全体教师读书会，由教师代表进行读书分享，用思想碰撞思想，用智慧砥砺智慧。双语小学教育集团在 2023 年 2 月 25 日举办了“优质均衡，和悦共进”教师读书会，会议内容丰富，不仅仅局限于教师读书交流，更有“借脑引智”“教师专业化成长”

“家校合作”“教育教学质量分析”“智慧教育”“领导嘱托”等板块，具体议程见下表。

2023 年 2 月教师读书会议程

板块	内容	时间
(一)“借脑引智”板块，8:30—10:00。主持人：苗文芝	边春霞(山东省特级教师、齐鲁名师、齐鲁最美教师提名奖)做《让生命不断增值》的报告	90 分钟
(二)“教师专业化成长”板块，10:10—11:00。主持人：陈艳	林宏做《教师专业发展六部曲》的报告	20 分钟
	杨菲菲做《三十而骊，乘风破浪》的报告	10 分钟
	刘婷婷做《铁肩担道义，怎敢不争先》的报告	10 分钟
	王志红做《勤快一点，成长一点》的报告	10 分钟
(三)“家校合作”板块，11:00—11:28。主持人：焦淑慧	管超做《满满的，全是爱》的报告	7 分钟
	韩超做《精准把脉，有效沟通》的报告	7 分钟
	赵广红做《家校合作工作汇报》的报告	7 分钟
	星光岛小学家长代表做《家校共育，携手同行》的报告	7 分钟
(四)“教育教学质量分析”板块，13:30—14:30。主持人：石春霞	集团三校区宣读各校成绩； 郭良晓做《砥砺奋进，舍我其谁》的报告； 李如燕做《细数成绩振人心，不待扬鞭自奋蹄》的报告； 任超做《星光熠熠和悦路》的报告	
	邵学忠书记对六年级期末教学质量进行分析	
	孙雷校长宣读表彰决定	
	表彰环节。主持人：郭良晓。 马素霞做《潜心耕耘，砥砺前行》的报告(10 分钟)； 孙雅倩做《心若面朝大海，爱则春暖花开》的报告(7 分钟)； 薛景做《追求卓越，英姿飒爽》的报告(7 分钟)； 赵静做《一开始便是美好》的报告(7 分钟)	31 分钟
(五)“智慧教育”板块，14:30—15:10。主持人：王立新	王立新做《点亮“和悦之光”——智慧和悦教育育人体系解读》的报告	10 分钟
	段丽做《拨动“和悦课堂”——智慧课堂与技术融合应用经验分享》的报告	8 分钟
	葛赟赟做《追寻“和悦内因”——智课大数据分析与课堂价值》的报告	8 分钟
	刘燕做《探秘“和悦密码”——智学网考试数据分析应用与价值意义解析》的报告	5 分钟
	学生代表做《走近“和悦成长”——学生谈智慧课堂下的自我成长》的报告	5 分钟

续表

板块	内容	时间
（六）“领导嘱托”板块，15:10—16:10。主持人：吕焕龙	杨校长讲话	60分钟

以下是几位教师们的精彩发言片段：

凡事预则立，不预则废。作为教师的我们要在时代发展的热潮中站稳脚跟，必须通过学习，不断地更新知识，提高教育教学能力。只有经常学习、研究、反思、实践，才能在平凡的工作岗位上发现新事物，进行创造性教学，才能不断地满足当前孩子们的需求和教育发展的需求，也才能在工作中找到自身的满足感和成就感。

——杨菲菲

爱在真，出情更浓。每天早晨我会去看看家长们是否都已到位，如有没到的，及时与级部主任联系补位。我深感家长不易，执勤结束后他们还要匆忙赶去上班。每天执勤结束，我们都会拍一张与家长志愿者的合影，留下他们温暖的印记。

——赵广红

今年六年级团队的老师，从开学初就把提升教学质量放在第一位，全心全力研究教学，这期间有的老师克服了许多困难。我们的想法很简单，对每一个孩子负责。学校总是为我们六年级老师考虑在先，事事为我们考虑得很周到，有温暖、有鼓励、有指引。我们唯有一起努力再努力，踏踏实实地做好每一件事，才不辜负所有领导对我们的信任和关心。

——马素霞

我要做这样的老师：不仅是教学科知识、教文学常识、给孩子们讲故事的老师，还要做能让孩子们习得语文思维、掌握适合自己的学习方法、在生活中学语文和在语文中学生活的老师，做眼界大、胸怀大、本领大的老师。

——赵静

3. 营养丰富的和悦专题会

根据学校发展的需求，结合教师成长的困惑，学校根据实际情况适时召开了营养丰富的和悦专题会，进行专项研究、特色突破。

（1）党建引领为教育强基固本。

为加强基层党组织建设，充分发挥党组织的核心作用和引领作用，学校建立了完整的党组织体系，通过健全的组织机构和工作机制，为党建引领教师成长提供了有力的组织保障。

集团党总支注重对教师的思想政治引领，通过开展各种形式的理论学习和思想教育活动，提高了教师的政治素质和道德水平。2021 年 2 月 25 日，党支部召开以“明确目标，再创佳绩”为主题的党员大会。会上，全体党员集中学习了《关于认真学习和贯彻习近平总书记在党史学习教育动员大会上的重要讲话》。学校党支部书记强调，党建工作要紧密围绕学校中心工作开展，定期组织党员进行交流学习，坚持做到“四有”，即有学习资料、有学习笔记、有体会文章、有检查考核，提升每位党员的政治素养和工作能力，发挥党员的模范带头作用。

党组织还定期召开民主生活会和组织生活会。在民主生活会中，党员干部交流思想、总结经验教训，针对查找出来的问题，明确整改方向，列出整改清单，制定整改措施，即行即改，进一步深化了思想认识，强化了政治担当，凝聚了精神力量。2021 年 8 月 26 日下午，党支部开展了中国共产党党史学习教育专题组织生活会。紧紧围绕“学党史、悟思想、办实事、开新局”主题，认真贯彻“学史明理、学史增信、学史崇德、学史力行”要求，深入学习贯彻习近平总书记在庆祝中国共产党成立 100 周年大会上的重要讲话精神，引导支部党员增强“四个意识”，坚定“四个自信”，做到“两个维护”，不断提高政治判断力、政治领悟力、政治执行力，把党史学习教育成果切实转化为创新实践，推动党支部工作再上新水平。

2022 年 5 月，党支部开展“牢记嘱托，建功有我”系列党建活动。党支部书记带领大家学习了习近平总书记有关重要讲话，全体党员进行了教学基本功大比武、党员教师示范课、先进党员事迹报告会、红色文化讲座、主题党日、民主评议党员、党员群众面对面及相关活动，切实加强了优秀干部的先锋队教育和岗位先锋锻造，对全体教师起到了很好的引领示范作用。

（2）专家进校引导卓越成长。

专业化学习是一线教师的必需品。教育专家的专业指导、思想引领对教师的成长有非常重要的作用，能够让教师登高望远，坚定理想信念，确定专业方向，收获更多前行的力量。我们多次把名师引进来，让其指导和悦教师进行专业化学习，让教师有机会走近名家、名师、名校，在交流中反思，在学习中超越自己。

全国十佳创新校长崔其升，在《践行课堂教学改革，提升学校办学质量》的专题报告中提出了“教学的根本首先是教育关系”“一事不优，不做二事”“教师明辨是非，学生通情达理”“成绩让别人说，不足自己找”等观点，激发了教师对教育问题的思考。

全人教育提名奖获得者常丽华老师给大家做了题为《一间教室，可以走多远》的报告，不仅让教师看到了一种不一样的语文教学，还让教师感受到她在教学上勇于创新、敢于实践的精神，以及在科研上善于研究、乐于探索的勇气。

山东省教育科学研究所研究员张斌博士为教师做了《中小学课程教学与教师发展规划》的报告。张斌博士从宏观层面阐述了新课改下教师面临的机遇和挑战，也从微观层面对教师进行课程研究给予了指导。

国家教育行政学院专家于维涛主任给教师带来了《中小学教育教学发展全球展望》专题报告，让教师真切地感受到理念是行动的灵魂，有什么样的理念，就有什么样的行动，要树立与专业化要求一致的和悦教师形象。

2021 年 8 月 21 日，山东省中小学师训干训中心毕诗文主任为和悦教师做了题为《好老师的标准与成长路径》专题讲座。毕主任从习近平总书记提出的“四有”好老师、人工智能时代的好老师标准、好老师的专业标准与好老师的成长路径四个方面为教师进行了深度解读。毕主任丰富的经验与阅历增加了他的教育智慧，他的解读对教师的课堂教学、学生评价、信息技术、课堂融合、专业发展规划等方面都有巨大的启发作用。

2021 年 12 月 10 日，双语小学教育集团语文学科教学能力提升研讨活动如期举行。本次活动特别邀请了山东省首届齐鲁名师、山东省特级教师、青岛市李沧区小学语文教研员宋道晔老师做专题报告。宋老师以《新课改背景下的小学语文质量检测与命题思考》为题，围绕课标导向、核心素养培养、课程内容教学、任务群驱动学习、学业水平质量检测等详细阐述了语文学科教学应该把握的方向。

自建校以来，学校先后邀请了齐鲁名校长张星、阎志清，山东省特级教师边春霞、王晶华、殷惠、李凤君，山东省优秀教师崔志刚，山东省十大教育创新人物魏清泉等 50 多位专家与教师面对面交流，开阔了和悦教师的眼界，提升了和悦教师的格局，促进其专业成长。

（3）沉浸式培训助力身心健康。

人生，是工作与生活的结合，两者相互促进，相互依赖，缺一不可。学校不仅在专业化方面聘请专家对教师进行指导，也十分关注教师的生活需求和精神健康。

2020 年 8 月，学校邀请心理专家李秀艳教授到校做了题为《教师的压力与管理》的报告。李教授详细地解释了什么是压力以及压力的致病机制，并通过几个与教师息息相关的案例，帮助教师正确认识和应对压力。会上，她还为全体教师做了一次心理舒压治疗。丢掉压力的和悦教师的脸上流露出了幸福的笑容。

2021 年 12 月，为增强学校全体教职工的安全意识，提升其消防技能，学校邀请了山东都市消防服务有限公司的宣讲员齐辉老师以《关注消防，生命至上》为题，为全校教师做了消防知识宣传。齐辉老师结合近年来各地发生的溺水、食物阻塞、火灾等典型案例，深入分析了日常生活中用火、用电、用气等事故发生的原因以及带来的危害，警示大家要高度重视消防安全。同时齐辉老师还为大家讲解了海姆利希急救法（又称“海姆立克急救法”），以及如何预防火灾、如何疏散逃生自救等方面的知识。整个讲座内容丰富、形式多样，进一步增强了学校教职工的消防安全意识和自救能力。

（4）星辰大海为假期成长导航。

假期，对于学生来说是休息，是查缺补漏，也是蓄能充电；对于教师来说，同样如此。通过看罗振宇在2023年的跨年演讲，我知道了“快餐店南城香”的故事。前三年，众多餐饮店纷纷倒闭，南城香却创造了餐饮业的奇迹：只在北京，门店就增加了一倍；单店平均日流水3万元，是全国快餐店平均日流水的5倍。南城香是如何做到的？就是门店选址去中心，专注做社区餐饮，服务“附近”。根据社区老年人、年轻人、孩童等不同人群的需求，全天提供餐食，一天卖五顿饭。南城香总裁汪国玉说：“附近的老百姓需要什么，我就尽可能地满足他们什么。”

我由此得到一个启发：附近就是星辰大海。

我有多个社会兼职，要经常外出做报告，但我的星辰大海仍然是我们的双语小学教育集团，是集团内所有的干部、教师的发展。如何创造条件，满足大家成长发展的需求，这才是我思考的重点。

在2023年寒假前的集团教师放假大会上，我转述了南城香的故事，还引用了清华大学新雅书院院长梅赐琪的故事，引发了教师思考：什么是我们自己的星辰大海？如何经营自己的星辰大海？

梅赐琪院长经常用各种方式跟学生“搞关系”——周一傍晚带着学生去跑步，周三上午开放办公室接待所有有需求的学生，周四下午主持“惊鸿”系列讲座，周五中午跟两个宿舍的学生共进午餐，周五下午跟学生一对一交谈，平时带领学院的40位英语教师给3 700名学生面批作文。梅院长就这样花了大量的时间跟学生在一起，用各种方式跟学生“搞关系”，走向了他的星辰大海。为什么这样做？梅院长说这是全过程深度浸润。全过程就是所有可以与学生交流的时机一个也不能少，深度浸润就是要有人和人之间的真实关系，多角度地润物无声。

反思我们自己：作为小学教师，是不是更应该跟学生“搞关系”呢？如何利用各种时机跟学生“搞关系”？如何在春节期间密切与学生的关系呢？又如何把这种关系转变为育人的质量呢？不仅是教育家，所有要经营星辰大海的人，其实入手点都不在远方，而在眼前的具体的人。我们的学生，我们的同事，我们的学校，我们的家长，就是我们的星辰大海。我希望每一位教师抓好春节这个大好时机，经营好学生、家长。

我们开设了学生假期成长课程，同时集团集体研究开设了和悦教师假期发展课程，也叫“成长清单”，目标是让教师带着责任、带着成长、带着奋进、带着希望回家，带着动力、带着美好、带着创新、带着硕果回来，让大家过一个有价值、有意义、有收获的春节。“3＋2”课程，其中3项必修，2项选修，每项都有评价、展示和奖励。希望大家用心、用情、用力、创造性地完成这些课程。这里我特别强调一下小课题研究。研究课题，要好好调查研究如何经营好自己的星辰大海，收获更大的喜悦和幸福。

（二）毫无保留的“三把手”

学校除了用会议引导教师成长，还用领导手把手、师父手把手、同事手把手引导教师成长和进步。

1. 领导手把手

（1）工作落实手把手。

学校领导在工作指示和落实时有三个步骤。首先，领导必须思考在先、研究在先，明确工作怎么执行、标准是什么、采用什么措施、交给谁完成最合适；其次，批示完之后，领导要求具体负责落实的干部或教师带着方案来汇报，详细说明自己的工作思路；最后，领导会对方案进行修改和完善，并指导和监督工作落实到位。通过校长手把手教副校长、副校长手把手教中层干部、中层干部手把手教教师等方式，大家一边讨论一边落实，最大限度地保证了工作的效果。

（2）教学提升手把手。

领导要进课堂，进教研室。学校规定，领导每学期听课不少于 40 节，通过听课为上课教师把脉，指出教师讲课的优点和缺点，并对不足和改进措施进行具体的指导。空中课堂期间，每一位领导每天都要进行课堂巡视，发现问题单线联系相关教师，引导教师即使在“隔空”的情况下，也要把最好的形象和最优的课堂带给学生。备课组、学科组的教研活动，领导也会积极参加，带领教师一起讨论本次教研的目标、内容、急需解决的问题，最后进行总结发言。

（3）管理工作手把手。

领导教教师如何管理学生，树立标准，培养学生良好的习惯；教教师如何管理家长，让家长尊重教师、信服教师、愿意跟教师沟通，成为学校志同道合的伙伴；教教师如何管理情绪，让其在一天忙碌的工作中，学会调节自我，感受幸福常在；教教师如何管理身体，让健康一路同行。

2. 师父手把手

新教师是学校教学工作的新生力量，是确保学校持续发展的动力和希望。为了尽快建立一支高素质的教师队伍，加强学科梯队建设，做好新、老教师的交替工作，提高新教师实施素质教育的能力和水平，努力使新教师早日进入角色，尽快成长为学校教育教学骨干，学校特别实施了新教师培养工程，由师父手把手地对徒弟进行指导和帮扶。新教师培养加强管理制，设立导师制，实行过关制，完善激励制。学校邀请师德高尚、经验丰富的骨干教师担任新教师和教龄不足三年的青年教师的师父，帮助青年教师准确理解学科课程标准和教材教法，引导青年教师培养良好的师德和严谨的治学态度，并指导他们积极参与教科研活动。具体指导内容为：

（1）认真贯彻师德规范，自觉执行师德标准，教书育人，为人师表。

（2）学期初，新教师在与师父充分交流的基础上，结合师父的建议和帮带计划，制订一份切实可行的个人计划。

（3）开学一周内，新教师在师父的帮助下，初步掌握备课、上课、作业、辅导、考试等常规教学工作，加强钢笔字、粉笔字、普通话、多媒体运用等教学基本功的训练，尽快掌握教育教学工作所必备的各项技能，养成自觉钻研业务的良好习惯。

（4）青年教师每周至少听两节课，一节为师父的课，一节为其他骨干教师的课，师父每周至少听一节新教师的课并给予指导，做好课堂“问诊”记录。

（5）青年教师每月主动上两节预约课，主动预约师父观课、评课，查找不足，撰写反思。

（6）每学期骨干教师与师父分别进行同课异构活动，教师服务中心组织同学科教师共同听课、评课，人人参与、多维互动，促进新教师和青年教师上课、听课、现场评课能力的提高。

（7）青年教师培养考核的主要内容为思想政治素质与职业道德、教育管理能力、教学能力与水平、科研能力与水平。具体考核项目为“七个一”：一份优秀教学设计、一节公开课讲课或说课、一个教学案例、一个教学课件、一次教学基本功比赛、一篇教学论文、一份成长档案。青年教师要在师父的指导下完成以上内容，师父捆绑考核。

3. 同事手把手

（1）一个备课组就是一个人。

我们树立了“一个备课组就是一个人”的理念，进行备课组捆绑考核。备课组长是本级部本学科教学质量的第一把关人，是青年教师的引路人。备课组长是最小的“长”，但作用非常大，除担负自己的学科教学任务外，还要组织好教研活动，充分发挥教研的示范和引领作用。一人参加公开课，全备课组都要跟着一起教研、磨课、上课、评价，直至打造出一节比较成熟且精彩的课。

（2）课堂永开放。

无论是年轻教师的课堂还是骨干教师、特级教师的课堂，都是全天候无条件开放的，任何一位教师随时都可以走入其他教师的课堂，学习高涨的教学热情、灵活的课堂教学策略和循循善诱的表扬艺术。开放课堂、随堂听课、推门听课、现场“问诊”……都是学校教师成长的法宝。

（3）先听课，后讲课。

我们主张并且坚持要求年轻教师在进度上可以慢两节课，一定要做到先备课，再听课，后讲课。新教师先备课，然后听老教师讲课，再修改自己的教案进行二次备课，带着思考和学习经验进教室，这是对学生负责，也是对自己负责。

（三）榜样导行的“三最美”

法国著名雕塑家罗丹说：“生活中不是缺少美，而是缺少发现美的眼睛。”在工作中，我们也应该善于发现教师群体中的潜力股。我认为，用榜样教师引领和带动身边的教师胜过泛泛而谈的说教。

“榜样”:《说文解字》中，“榜”为“所以辅弓弩”，即一种矫正弓弩的工具，所谓“榜者，所以矫不正也”;“样”即样式、范式。现代意义中的榜样多指楷模或典范。

1. 榜样的力量是无穷的

榜样是一种力量，彰显进步。学校教育教学和管理工作在不断的创新中发展，涌现出的先进人物层出不穷，每一位先进人物都有一段生动鲜活、富有说服力的感人故事，都见证着学校的发展，证明着“伟大出自平凡，平凡造就伟大”。

榜样是一面旗帜，鼓舞斗志。榜样是可以看得见的旗帜，是能够摸得着的标杆，是身边最真实的存在，把抽象的、无形的价值变得具体且有形，催人坚定理想信念和奋斗意志。

榜样的力量是无穷的。榜样有一种无形的感染力，在人们内心深处激发起向善向上的情怀，萌发出见贤思齐的自觉，汇成众人积极向上向善的蓬勃力量。榜样让人发现自己发展的可能性，唤醒内心重塑自我，不断突破自我、创新工作、创造无限可能的勇气。

2. 树立榜样，引导发展

为了立师德、正师风，推进各项工作，为教师树立学习标杆，我们经常举办各种榜样评选活动，如读书榜样、育人榜样、教研榜样、家长指导榜样等。每次读书会、教师节庆祝会等重大活动，我们都会结合工作实际，请前期工作中涌现的榜样人物登台受奖、介绍经验，切实有效地引导了我们整个教师队伍的卓越发展。

3. 寻找“三最美”，引导综合发展

我们树立的榜样不胜枚举。树立榜样的活动中，我感觉影响最广泛的是寻找“三最美”——最美教师、最美班主任和最美干部的活动。

（1）定义“三最美”。

最美教师是和悦教师队伍中的优秀代表，他们美在才华，美在倾情，美在有法，美在创意，美在幸福，美在坚守，美在奉献，美在心境，美在追求。班主任队伍中的优秀代表，他们眼中有爱，心里有光；他们愿做一束光，把每个孩子都照亮；他们心守一抹暖阳，静待一树花香。最美干部是和悦干部队伍中的优秀代表，他们坚定理想信念，竭诚为民服务；他们加强学习锻炼，提升干事能力；他们不畏艰难困苦，勇于担当实干。

（2）确立基本条件。

能够获得“三最美”称号的教师需要具备以下基本条件：

第一，理想信念坚定。忠诚践行习近平新时代中国特色社会主义思想和关于教育的重要论述，忠诚于党和人民的教育事业，自觉地把党的教育方针贯彻到教学管理工作

全过程，以实际行动坚定拥护“两个确立”，坚决做到“两个维护”；大力弘扬社会主义核心价值观，积极引导学生热爱祖国、热爱人民、热爱中国共产党；争做和悦教育思想的积极传播者，帮助学生成为最好的自己。

第二，道德情操高尚。为人师表，具备良好的社会公德、职业道德、家庭美德、个人品德，注重以德施教、以德立身，人格品质高尚，带头弘扬社会主义道德和中华传统美德，践行新时代美德健康生活方式，自觉坚守精神家园；执着于教书育人，有热爱教育的定力、淡泊名利的态度；以自己的模范行为影响和带动学生，积极引导和帮助学生把握好人生方向，扣好人生的第一粒扣子。

第三，教学能力突出。既有胜任教学的专业知识，又有广博的知识、广阔的视野和宽阔的胸怀；教学能力过硬，工作勤勉，方法科学，教学效果和人才培养成绩显著；具备学习、处事、生活、育人的智慧，能够在各个方面给学生以帮助和指导。

第四，育人成效显著。爱岗敬业，善待学生，善于在教书育人和教学管理中用爱培育爱、激发爱、传播爱，把爱心和情感倾注到每一个学生身上；尊重学生，用欣赏增强学生的信心，用信任树立学生的自尊，让每一个学生健康成长，让每一个学生享受成功的喜悦。

（3）六阶段推进，引领发展。

最美教师评选是和悦教师每年最期待的活动之一，共分为六个阶段。

① 宣传发动阶段。制订并下发“三最美”评选活动方案，通过校园宣传渠道发布信息，公布推荐和评选办法，启动评选活动，大力宣传开展“三最美”评选活动的目的、意义，广泛发动全校广大教职工积极参与，营造良好的舆论氛围。

② 提名推荐阶段。提名由个人申报、年级组推荐两部分组成。各年级按人数比例推荐人选，推荐教师需提供2 000字左右的事迹简介，突出主要事迹和成绩，有事例佐证，并附生活照片，以年级组为单位统一发给行政服务中心。

③ 审核初评阶段。校评审工作领导小组对申报材料和个人事迹进行初步审查和评审。

④ 宣传评选阶段。在双语小学教育集团微信平台对“三最美”候选人进行事迹展示和微信投票，同时评审工作领导小组对候选人进行综合评审。

⑤ 公示阶段。评审工作领导小组核算所有人员的总分，其中微信公众号投票占50%，综合评审占50%，评选出3位最美教师、5位最美班主任、2位最美干部，共10人。

⑥ 宣传表彰阶段。对获得者进行表彰，事迹特别突出的推荐参加上一级典型人物的评选，并在推荐或评选市区级优秀教师时优先考虑。

通过“三最美”教师评选，教师找到了学习目标，大家学习榜样，汲取前进的力量，探索和创造更大的可能，以更加强烈的使命担当，把个人的奋斗融入学生成长、学校发展、教育强国的伟大事业中，为实现中华民族伟大复兴贡献智慧和力量。

三、诱

诱，就是给前景，给发展激励，给价值实现和精神满足，诱发教师自身的积极性和创造性，以实现更好的发展。

之所以要诱，是因为人脑好比土地，不种庄稼就会长草，不用先进思想武装就会滋生落后观念和不良情绪，就会心有旁骛、旁逸斜出，影响正常发展。因为教育是面向美好未来的事业，教师本身需要有足够超脱现实的境界与追求，所以教师只有足够的优秀，才能给儿童少年优于现实生活的成长环境和示范引领，才能在课堂上造就明天国家富强美好的根基。

诱什么？诱爱生、爱校、爱同事、爱教育的情感，诱干事创业的激情，诱成长发展的动力，诱教师自身发展的潜能。

用什么诱？用发展愿景诱，用发展目标诱，用成功成就诱，用学生爱戴诱，用社会尊重诱，用发展平台诱，用表彰奖励（绩效奖）诱……

（一）追逐未来，向着明亮那方

每位教师都有很强的自尊心，都有着对未来美好的憧憬之情。做校长的就应该抓住时机，充分发掘教师的内在潜能，描绘并引导他们看到自己的美好，向着最适合自己的美好目标进发，实现最好的成长。

2023 年教师表彰大会结束后，我就用激情澎湃的演讲为教师带去了无限的希望，引领着教师从优秀走向卓越："任何人、任何事都是在变化的，世界上唯一不变的就是变化。任何人的思想都要与时俱进。我们学校的干部成长得特别快！表彰大会上，局长、社区书记、家长看到我们是最棒的、最灵动的。我想，这是激励，是规划，是成就。我想我们的团队成员中，几年以后一定会有巨人产生。我一直倡导要让教师有尊严地活着，我们要办教育集团，物质只是一方面，重要的是让每位教师都有成长的感觉。作为校长，我一定要给教师提供成长的平台、展示的平台，有责任把教师推向更大的平台。社会是在发展的，人是在成长的，老师们，我们一刻也不能放松！"

（二）名师栈道，引领卓越成长

和悦教师立名师之志。名师是学生最喜爱、家长最放心、同行最佩服、社会最尊重的教师，名师往往具有强大的成长内动力，具有令人佩服的人格和力求完美的品质。你想成为谁，关键看与谁同行。学校开辟了"名师栈道"，为齐鲁名师、特级教师设立名师展牌，让更多的人了解学校，了解名师，让全体教师拥有自己的名师偶像，确立自己的名师志向，坚定追逐名师和奔跑在成为名师的道路上。

部分名师展牌

名师杨世臣

正高级教师，山东省特级教师，齐鲁名校长。现任青岛西海岸新区双语小学校长、青岛西海岸新区五台山西路小学校长。先后荣获“全国创新名校长”“全国优秀校长”“全国十佳科研创新校长”“全国百名德育专家”“齐鲁名校长”“齐鲁名校长领航工作室主持人”“山东省2011年度十大教育创新人物”“山东省优秀教育工作者”“青岛市优秀教育工作者”“青岛西海岸新区首批领军人才”等荣誉称号。被聘为教育部－中国移动中西部中小学校长培训项目指导专家、教育部“国培计划”中小学名师名校长领航工程基地导师、山东省省定贫困村小学校长和骨干教师培训项目首席专家，被山东大学、齐鲁师范大学聘为兼职教授。

主持开发的童心悦读课程被表彰为全国十大卓越课程、山东省教育科研优秀成果一等奖、山东省教学成果一等奖。教育专著《童心悦读的研究与实践》《悦读立人》分别于2008年7月和2015年7月出版。多年来潜心研究教育教学，有50余篇文章在多家报纸杂志发表，创建办学特色的典型经验被《山东教育》《山东教育报》多次报道。

名师林宏

正高级教师，获“全国小学数学教改先进个人”“齐鲁名师”“山东省特级教师”“山东省2018年教书育人楷模”“山东省年度十大教育创新人物”“山东省首届十大科研名师”“青岛市拔尖人才”等荣誉称号，聊城大学小学教育领域兼职硕士生导师、齐鲁师范学院特聘教授，第四期青岛名师导师。

主张真趣教学，做真教育，真做教育，打造真趣课堂，培养学生的学习力。曾在省级以上刊物发表文章13篇，撰写三部著作《平凡教师的幸福之路》《走向“真趣”：小学数学教学新形态》《播下思维的种子：小学数学真趣教学再研究》，主持、参与国家级、省市级课题15项，1项获山东省基础教育教学成果奖，2项获山东省优秀教科研成果奖，4项获市优秀教学成果奖，2项获市社会科学联合会优秀成果奖，在全省各地市做报告100余场。

名师苗文芝

正高级教师，全国百佳语文教师，山东省特级教师、优秀教师，青岛西海岸新区第二批领军人才、名师工作室主持人，市级优秀教师、教学能手、骨干教师，区级优秀教师、学科带头人、教学能手、十佳青年教师、师德标兵、名教师、有突出贡献的中青年专家。曾获全国“语文报”杯课堂教学大赛一等奖，省、区、市语文优质课评选一等奖；多次执教全国、省、市、区级公开课；著有《苗文芝初中语文课堂教学实录精选》。

名师王立新

全国模范教师、齐鲁名师、山东省特级教师、齐鲁名师领航工作室主持人，获齐鲁最美教师提名奖，曲阜师范大学兼职教授、鲁东大学硕士研究生导师、教育部-中国移动中西部中小学校长培训项目指导专家、国家教育行政学院智慧教育专家、中央电教馆智慧教育专家、山东省中小学教师信息技术应用能力提升工程2.0专家组组长、山东省教科院兼职教研员、青岛西海岸新区双语小学智慧教育负责人。研究特长有智慧教育、大数据分析、暂后生转化、25138班级管理、教师专业发展、人工智能与创新设计、项目学习与STEM教育、幸福感动教育等。

名师石春霞

中小学高级教师，山东省特级教师，市、区级学科带头人、名教师、优秀教师、教学能手、骨干教师。多次展示市、区语文示范课、名师公开课，多次荣获市、区优质课评选一等奖。

从教32年，将语文教学实践和课堂改革方面的成果与学校课堂模式进行整合，创新实施自主合作、五步教学法，培养学生小组合作技巧与礼仪，提高小组合作效率，激发学生的学习兴趣。

名师李如燕

高级教师，齐鲁名师人选，青岛市名师、教学能手、优秀教师、教科研工作先进个人、教坛新星、人民满意的教师，国家级课题研究先进个人，荣获政府园丁奖，多次执教优质课、公开课、名师开放课，获得青岛市教学成果一等奖，主编的校本教材获得省课程评选一等奖，发表论文多篇，主持多项国家级和省部级课题并顺利结题，著有《教师专业成长的理性反思和实践研究》一书。主张教师就是一个成人领着一群孩子过日子，向着美好的方向，向着“诗和远方”。她的职业格言是：勤勤恳恳教书，踏踏实实育人。

名师孙雷

中学高级教师，青岛市名师、教学能手、青年优秀专业人才、德育先进工作者，青岛西海岸新区优秀教育先进工作者、青年优秀专业人才、优秀教师、文明市民。曾多次展示过省、市级公开课，名师开放课，研讨课。先后撰写教育专著2部，在国家级核心期刊发表教育管理类文章10余篇。

自参加工作以来，他在教育的天空下辛勤耕耘25年，始终奋战在教育第一线，爱岗敬业、任劳任怨，用自身行动实践了青岛西海岸新区“办老百姓家门口优质学校”的教育思想。他把学校视为家庭用心经营，为每一名学生提供自由施展才华的舞台，细心呵护每一个孩子的成长。

名师郭良晓

青岛市教学能手，西海岸新区拔尖人才、优秀教师、十佳少先队辅导员、青年岗位能手。2010年荣获山东省小学语文优质课比赛一等奖，2021年入选青岛第四期名师培养工程。自任职以来，她认真学习，钻研创新，努力提升自己的素质与工作能力，凭着一股锐意进取的精神，在岗位上留下了闪光的足迹。她用执着和真诚感悟教育，温暖童心，形成了知、情、趣和谐统一的课堂教学风格。

（三）表彰奖励，让人人都闪光

美国著名心理学家詹姆斯指出：“一般人在正常的情况下，只发挥了工作能力的20%～30%，通过激励，调动了积极性，其能力可发挥到80%～90%。”为建立一支高素质的教师队伍，加强学科梯队建设，确保学校具有持续发展的动力，学校还特别注重对和悦教师进行精神奖励、物质奖励和活动奖励。

1. 精神奖励

学校每学年都会举行教师表彰大会，设最美党员、和悦教师、优秀班主任、优秀干部、读书明星、教学新秀、教学质量先进个人等十多个奖项，获奖的教师将在读书会或放假大会上得到表彰。学校还不定期地根据实际情况进行各种评比，请优秀教师在全体教师例会上登台展示或在升旗仪式上登台领奖，在期末总结会上隆重表彰获奖教师，并在公众号上宣传，让更多的学生和家长了解学校发展和教师成绩。

2. 物质奖励

生活需要仪式感，学校每学期都会以不同的方式为教师送上关心和祝福。

教师节是教师的专属节日，每年教师节时，教师都会收到学校精心准备的礼物；三八妇女节时，一个办公室可以领取一个精美的果篮；每年新生入学时，我会为每一位教师送上一束鲜花，并深鞠一躬，这既是对家长许下的承诺，更是对教师的嘱托和尊重；教师生日当天，学校会为他送上一件小礼物，让他感受到学校的温暖和关怀。一面建校纪念牌、一份喜报、一本书、一个奖杯、一张书卡、一张电影票、一张体检卡，是教师工作中的小惊喜、小奖励，是对教师工作的肯定和鼓舞。

近年来，双语小学教育集团实行绩效工资改革，确立了多劳多得的原则，打破了平均分配的模式。学校绩效考核方案特别对一线教师、班主任教师以及有突出教育教学成果的教师、在教学岗位上有突出贡献的教师等实施倾斜，真正让工资分配更显人性化，激发了教师的成长动力。

3. 活动奖励

活动奖励分为集团内活动奖励和集团外活动奖励。

集团内活动奖励包括培训奖励和展示奖励。培训奖励包括个性化培训奖励、套餐式培训奖励和集中外出式培训奖励。学校选派语文、数学、英语三科教师及艺体骨干教师参与各级教研和集体备课活动，让他们开阔眼界，增加专业知识和技能，这是个性化培训奖励。2023 年 12 月，学校邀请国家教育行政学院于维涛主任、山东省教育科学研究院张斌院长，为智慧教育骨干教师进行套餐式培训，为教师在智慧教育方面的突破指明了方向。学校还组织优秀班主任到潍坊等地进行集中式外出培训，让班主任在理论引领、同伴互助、自我建设和实践反思中不断成长。同时，我们给优秀教师提供充分的展示机会，如给优秀教师在集团或学校的教师会议、师生集会、有家长参与的大型集会上登台发言的机会，让他们有机会展示自己的形象，获得同事的认可、学生的喜爱、家长的支持；在接待外来参观学习团、各类活动进校园和安排外校干部挂职等活动中，给优秀教师参与接待、陪同介绍、指导学习的机会，让更多骨干教师得到更多的锻炼和成长。

集团外活动奖励就是让干部代表或优秀教师在省、市乃至国家级平台上介绍学校经验，展示学校风采，从而在更高更大的平台上成长进步。2023 年，王立新校长在全球中文学习联盟 2023 年会上做了《数字教育赋能精准教学的实现逻辑》的专题报告，这就是集团外活动奖励。2024 年 1 月，我应邀到山东泰安做报告，由于工作安排冲突，考虑到我们的年轻干部也已经非常成熟，于是让张晓校长代替我到现场做了主题演讲，这是给他们的活动奖励，更是对他们的锤炼。

第三节　目标、研究、创新，夯实发展之基

和悦教师从普通教师到优秀教师离不开三大法宝，即目标引领、研究推动、实践创新。明确的目标给教师个人成长提供了不竭的动力，研究推动让教师收获专业成长和幸福，实践创新是教师走向卓越的必由之路。

一、目标

目标是教师成长的指南针，能明确方向、引导行动。学校引导教师分析自己的发展实际，制定自我成长目标，促进教师根据自己的特长和特点快速又全面地提升和发展。和悦教师在目标的指引下，唤醒自我成长的潜意识，深耕自身专业，不断挑战自我、突破自我。

（一）长期规划明方向

了解自我是教师自主发展的前提。学校每年会对教师进行个人发展规划指导，引导教师利用 SWOT 分析法系统地认识自我，完成未来三年发展规划。和悦教师主动进行个人 SWOT 分析及职业生涯规划，将个人的优势和待提升方面，以及个人的成长目标和措施进行系统梳理，全面认识自己，形成个人成长和职业发展规划。

案例　青岛西海岸新区双语小学教育集团和悦教师三年发展规划书

第一部分　个人档案

姓　名	袁晓丽	性　别	女	出生年月	1995.2	教龄	1年
毕业学校	华中师范大学		所学专业	政治学理论		学位	硕士
现任教学校		五台山西路小学		现任教年级、学科		一年级语文	

第二部分　个人 SWOT 分析

	对达成目标有帮助的	对达成目标有阻碍的
个人	S 优势： ① 事业心强； ② 工作认真； ③ 乐于请教； ④ 善于学习； ⑤ 受教育基础良好	W 劣势： ① 专业与任教科目不一致； ② 表达能力不强； ③ 缺乏工作经验； ④ 心理素质不高； ⑤ 做事不太有耐心，容易急躁

续表

环境	O 机遇： ① 优秀师父的引领； ② 志同道合的同事的协助； ③ 从事教师工作的亲属的指导； ④ 学校领导重视新教师成长，给予很多锻炼机会	T 威胁： ① 新教师的学历普遍较高，竞争压力大； ② 学生家长对新教师的能力有一些质疑； ③ 社会对教师存在部分偏见

第三部分　未来三年的发展目标

专业项目	职业目标
专业成长	努力提高自己的教育理论水平和专业知识水平，做到对教学重难点和知识点了如指掌
课堂教学	在课堂实践中，加强课堂教学管理，结合自身特点，发挥所长，形成自己的教学和管理风格
课程开发	学习课程开发理论，根据学校的拓展类课程开设要求开设一门比较成熟的选修课
教育科研	主动加入学校的科研小组，从小课题研究开始，保持研究热情，做研究型教师
个人发展	树立终身学习的观念，坚持写教育教学感悟，写一篇有质量的论文
其他	加强师德修养，努力培养自己的爱心、耐心，做到爱生如子，提高职业幸福感

第四部分　未来三年的行动方案

专业项目	行动方案
专业成长	认真研读新课标，通读小学阶段语文学科全部教材，从学生的角度研究教材；每学期阅读一本教育学、心理学和学科图书；练好粉笔字、钢笔字、普通话、简笔画等专业技能，打好专业发展基石
课堂教学	学习五步教学法，备好每节课，上好每节课，对每节课进行课后反思；积极参加各类教学研讨活动，参加观课、评课活动；注重实践、反思和总结，不断积累经验，拓宽教学思路
课程开发	树立课程资源开发意识，以开设选修课为突破口，解读课程教学目标，根据目标寻找资源和线索，依据线索多途径开发资源，实现课程资源与课程内容的结合
教育科研	积极参与课题研究，根据自己的实际教学问题确定研究课题，从小课题研究开始；学习课题研究理论和方法，请教相关教师；坚持写教学反思，为教育科研助力
个人发展	坚持每周阅读1～2小时，除教育教学类图书外，增加案例、课例的阅读学习，寻求在理论研究上有所建树，不断提高自身理论研究能力，并获得实践成果
其他	多参与各级各类教育部门组织的活动，多参加与教育教学相关的社会实践活动，全面提升自我

第五部分　承诺书

本人已经认真进行个人SWOT分析，承诺在未来三年的职业发展中，以学校作为自己专业成长的平台，牢记个人发展目标，积极参与各项教育教学活动，在实践中思考，在思考中实践，提高职业幸福感！

承诺人：袁晓丽

2020年9月5日

（二）短期目标抓落实

和悦教师从长期和短期两方面进行职业生涯思考，完成职业生涯规划，既有三年长期规划，也有短期个人目标。学期初，同级部教师在级部主任的组织和协调下，结合上一学期的教育教学效果，从班级管理、教学质量、家校合作以及个人成长等方面制定新学期的目标。学期末，级部主任组织教师进行目标达成情况反馈。这种短期目标的制定，是对长期规划的分解，也是对教师现阶段工作的具体指导。

案例　五台山西路小学2020—2021学年第二学期个人发展目标

世界上最公平的事情就是拿努力换结果。实现梦想的最佳方法是：认清自己，找准目标，做好手边事。真正的自律，就是自己不断地变好，和优秀的人同行，和靠谱的人共事，和懂你的人相处，做一个温暖且有力量的人。本学期，我将不负韶华，不负自己，努力实现以下目标：

（1）班级管理目标：① 守住安全底线，不出安全事故。② 培养小班干部，班级管理细化到个人，做到人人有事做。③ 严抓常规，避免大队部扣分，尽量加分，争取获得5次以上流动红旗。

（2）班级教学目标：一年级（10）班语文科目本学期目标，优秀率90%，及格率100%；一年级（10）班语文科目本学期目标，优秀率93%，及格率100%。

（3）家校合作目标：① 家长满意度100%，不出现投诉事件。② 组织两次家长会，指导家长教育方法，密切家校合作。③ 与家委会合作，至少组织一次班级社会实践活动。

（4）个人成长目标：① 加强师德师风建设，杜绝体罚和变相体罚，杜绝有偿家教和收受礼金，公平、公正地对待每一个孩子。② 精心备课，上好每一节课，利用信息技术提高自己的授课能力。③ 阅读3本专业书籍，书写6篇教学案例、教后反思或教育随笔。

一年级服务中心　赵静

二、研究

教科研是助推教师发展的一大法宝。学校努力为教师创造研究的环境，提供研究的平台，帮助教师在科研中成长，在研究中发展。学校秉承教科研一体化的思想，双线并行，探索总结了“1*N*54”型教科研模式，并利用大课题引领、小课题普及，以及成立项目组等方式，促进教师在研究中提升。

（一）五级教研，以研促教

在当前的教育环境下，教师以研促教已经成为提高教育质量、培养创新人才的重要途径。由林宏校长带领，各学科骨干教师组成的团队积极探索总结出了“1*N*54”立体教研模式，如下图所示。

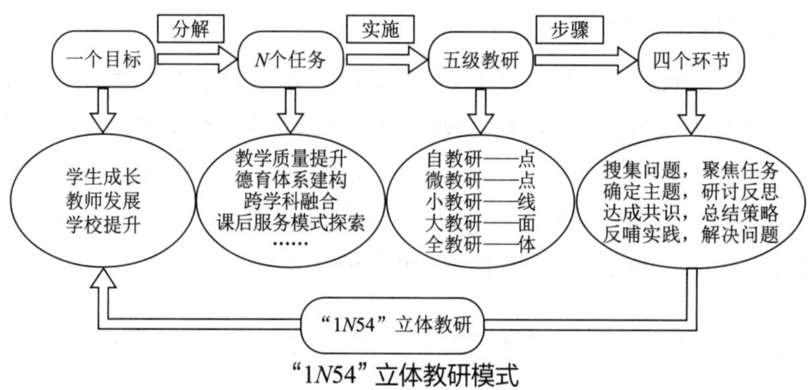

“1N54”立体教研模式

具体来说，学校围绕学生成长、教师发展和学校提升制定一个目标，这个目标可以分解成 N 个具体的任务，如教学质量提升、德育体系建构、跨学科融合、课后服务模式探索等。每一种任务都可以用五级教研的形式承载，形成点、线、面、体全方位研究。在教研中，我们采取四个环节：搜集问题，聚焦任务；确定主题，研讨反思；达成共识，总结策略；反哺实践，解决问题。问题解决了，目标也就实现了。下面以学校数学组进行空中课堂教学模式研究为例，具体说说“1N54”立体教研模式是如何实施的。

空中课堂“1N54”教研模式的目标是提升空中课堂教学质量和探索空中课堂教学模式，结合实际情况确定了以小教研与大教研相结合的方式进行研究。

在小教研过程中，我们又确定了四个环节，具体来说是：

第一，搜集问题，聚焦任务。空中课堂线上时间为 20 分钟，时间短，任务重，如何提高课堂效率呢？

第二，确定主题，研讨反思。课前如何引领学生自主预习？课上如何与学生互动，如何点拨？课后如何分层布置作业？

第三，达成共识，总结策略。在自己思考的基础上共商共议，形成策略。

第四，反哺实践，解决问题。应用已经形成的策略，提高空中课堂效率。

小教研的研究成果要在大教研上发布，大教研与小教研是一脉相承的，是小教研的成果分享。学校为此专门进行了三次数学组大教研，分别讨论并梳理了三大问题：课前如何引导学生自主预习？课上如何引领学生互动，如何点拨才能提高课堂效率？课后作业如何布置才能让学生学有所获？

第一次数学组大教研，教师针对课前环节提出了“教研先行，学为中心”“任务前置，自主先学”两项内容，并达成共识，前置任务设计要“三重”：重质量，针对教学重难点，设计富有趣味性、针对性的前置作业；重形式，前置作业引入的形式可以是小调查、小实验、小游戏，激发学生学习的兴趣和积极性；重参与，针对教学重难点，设计一些可以动手操作的任务，让学生参与其中，易学、乐学。

第二次数学组大教研，教师针对课上环节提出了“问题引领，深度学习”“分解目标，达标促学”两项内容，精心设置大问题，在关键问题处互动交流，并适当分解目标，让学生在达成一个个小目标的同时，攻克大目标。

第三次数学组大教研，教师针对课后环节提出了“作业多样，助力趣学”“评价多元，保障悦学”两项内容，让学生在做数学、说数学、问数学、读数学、写数学、画数学、变数学、联数学、演数学、思数学的过程中，学会知识，拓展思维。教师还设计了数学空中课堂量化表（见下表），通过多元评价，保障学生乐学。

数学空中课堂量化表

周次		课前准备	课堂听讲（听、写）	课堂互动（读、说）	作业完成（态度、时长、书写）	优秀作业	改错	晨诵、午读、午写	作息	阅读	家务劳动与锻炼	其他	积分
第七周	周一												
	周二												
	周三												
	周四												
	周五												
第八周	周一												
	周二												
	周三												
	周四												
	周五												
说明： ① 课前备课：今天我准备好相关物品，提前安静地等候老师。（+1分） ② 课堂听讲：今天我坐姿端正，倾听时专注，积极完成课堂练习。（+1分） ③ 课堂互动：今天我大声自信地朗读，积极发言，与老师互动。（+1分） ④ 作业完成：今天我独立自主地完成并检查了数学作业，按时上交，书写认真。（+1分） ⑤ 优秀作业：今天我的数学作业被评为“优秀作业”。（+2分） ⑥ 改错：今天的数学作业我及时改错，订正后再上传，老师进行二次批改。（+1分） ⑦ 晨诵、午读、午写：我都提前到位，大声自信地朗读，认真书写。（+1分） ⑧ 作息：早上我7点之前起床，起床后会看书或者运动，晚上9点之前入睡。（+1分） ⑨ 阅读：今天我坚持阅读30分钟以上并分享了读书感悟。（+1分） ⑩ 家务劳动与锻炼：今天我帮父母分担了家务并进行了适当的锻炼。（+1分） ⑪ 其他：如课堂被表扬加分，口算打卡加分													

注：① 积分是开学后兑换尚学币的重要依据。
② 每晚孩子结合爸爸妈妈的意见对自己一天的表现进行评价，认真诚恳的评价是对自己负责。

这种系列化、主题化的教研提升了课堂教学效率，得到了区数学教研员高度认可，我们被要求在全区做了经验分享。

和悦教师积极进行教学研究，更深入地理解了教学内容，了解了学科前沿动态，从而能够更好地传授知识。同时，教师会在研究中发现教学过程中的问题，不断改进教学方法，不断提高自身专业水平。

教学研究是推动教学方法更新的重要力量。通过对教学实践的研究，教师探索出了更符合学生需求的教学方法，从而提高了学生的学习效果。此外，教师还借助现代信息技术手段，创新了教学模式，为学生提供了更加丰富多样的学习体验。

进行教学研究也提高了和悦教师的学术素养。通过参与学术交流和研究活动，教师了解了学科发展动态，提升了自身学术水平。

（二）大课题引领，小课题普及

教研提升，科研也随之提升。学校坚持教科研一体化思路，双线并行，把科研与教研融为一体，避免了“两张皮”现象，如下图所示。科研是聚焦问题产生的，与教研中的问题是有内在联系的。根据问题的大小和质量的高低，我们将科研分为大课题引领和小课题普及。

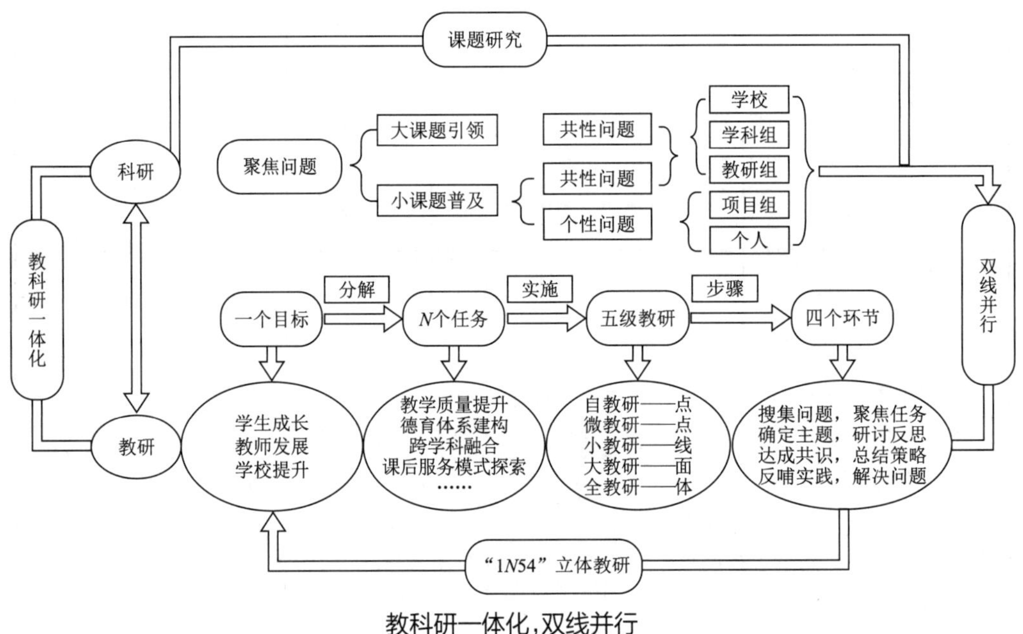

教科研一体化，双线并行

大课题主要研究学校发展、教育教学的共性问题，近年来，学校的大课题研究取得了突出成就。

2023 年 12 月，由我主持的“小学智慧校园建设视域下的大数据分析与应用研究”课题被推到省里参加了省规划课题评选。智慧校园建设作为学校推进教育信息化发展的载体，开始成为未来教育发展的趋势，也是我们学校的特色发展之路。大数据分析作为智慧校园核心环节，是助力教育数字化转型的重要手段，是促进教育高质量发展的重要工具。双语小学大数据分析研究深度应用于教学管理、科学研究、学科建设、学生成长和管理服务等多个方面，为学校管理和决策提供了数据支撑。本课题研究的主要目的是：通过智慧模块特征分析与算法设计，形成一套学生、教师、家长三方发展的大数据分析方法体系，实现教师精准地教、学生高效地学、家长有效地育；探索构建德智体美劳五育并举的智慧学习下的大数据分析模式，实现大数据支持下的精准育人和全面育人；通过大数据分析团队培育，培养一批愿干事、能干事、干成事的优秀教师，真正服务于学校教育高质量发展。

2023 年 6 月，双语小学褚珍珍老师主持的课题“班级优化大师：智慧教育环境下多元化评价的研究”顺利结题。该课题研究致力于更好地激发学生的学习兴趣，极大地调动了学生求知的自觉性和积极性，将课堂和生活中的每一次进步，将个人与团队的每一次合作，将家长与班级的每一次互动，以大数据共享的形式记录下来，提供了高效管理班级的策略，创建了积极活跃的课堂氛围，构建了合理的学生评价体系，有效地实施了学生评价，促进了学生全面发展。课题研究让褚珍珍等老师从经验型教师向研究型教师转变，迅速成长起来。

教师国家级、省级、市级等课题硕果累累。

2018 年，我主持的课题“‘互联网＋阅读立人’的研究与实践”荣获得青岛市教学成果一等奖。

2021 年 3 月，经教育部西南基础教育课程研究中心专家评定，双语小学被推选为第九批数学文化实验学校。林宏校长主持的省级课题“生本理念小学真趣课堂教学模式探索研究”“小学数学课堂教学有效性研究”“小学数学课程资源开发与学生能力提升研究”均已结题。

2021 年 5 月，我主持的“基于和悦教育体系下的童心悦读研究”课题，通过了青岛市教育科学研究工作领导小组办公室组织的结题审查。

2022 年 5 月，我主持的国家级课题“小学 STEM 教育课程实施与推进策略研究”与王立新老师主持的国家级课题“基于学生全面发展的 STEM 课程资源开发”也顺利结题，为我校 STEM 课程和智慧教育再添新翼。

2022 年 7 月 18 日，青岛西海岸新区教育科学“十四五”规划课题“‘三全育人’视角下小学心理健康教育校本课程开发的研究”开题论证会在线上和线下同步顺利举行。

和悦教师立足学生实际、关注课程开发、聚焦课堂教学，善于在日常教育教学中发现问题、研究问题、解决问题，形成一个个小课题。

学校开设劳技课程，抓住这一契机，教师深入开展了小课题研究。牛庆艳、夏正凤老师研究的“花语田园里的诗情画意——菊花课程研究”荣获 2020 年青岛市普通中小学生研究性学习优秀成果一等奖。贺非非老师带领她的团队进行了“探秘兔世界——兔子养殖小课题研究”，获得青岛市普通中小学生研究性学习优秀成果二等奖。

陈绪东老师的“小学数学衔接数学思想的研究”、韩丽老师的“语文核心素养视域下小学古诗文教学模式的实践研究”、葛赟赟老师的“智慧教育支持下的人工智能项目化教学策略研究”等课题均已立项，孙霞老师的“基于教师专业发展的学校学习共同体的构建研究”、杨姗姗老师的“基于智慧教育的小学英语分层教学模式的实践研究”、代美芹老师的“运用智慧教育手段助推中小学古诗文教学的衔接研究”等课题均已结题。

仅2022—2023学年第一学期，各学科教师就确立了18个小课题研究项目（见下表），人人参与研究，人人获得成长。教师科研素养大大提升！

2022—2023学年第一学期校级小课题情况统计

学科	个数	年级	负责人	课题题目	课题组其他人员
语文	6	一年级	赵静	小学语文阅读教学有效性研究	刘婷婷、王赵玥、张梦、马永康、袁晓丽
		二年级	丁宇	小学语文阅读习惯培养的研究	陈菲、王雪虹、杨帆、臧艳秋
		三年级	马郭蕾	对小学生日记习惯培养的探索与实践	李晓蓉、贺非非、代美芹、韩易晓、莫楠 薛琳、张雯雯
		四年级	刘凯华	语文课外阅读能力培养的研究	高樱、田鑫、王莹、苗文芝、孙阳阳
		五年级	孙霞	五年级小初衔接古诗学习研究	孙霞、徐桂蕊、李如燕、张敏、韦良梅、白雪
		六年级	刘璐	打破界限，激发学生写作积极性研究	韩翠英、栾召梅、薛敏
数学	4	一年级	姜文娇	小学低年级数学课堂小组合作研究	丁海宁、纪晓璇、管琳琳、杨梦丽、张贞贞
		二年级	马国禹	有效提高学生计算正确率研究	杨楠、封芸、王伟、赵晨旭、薛雨静
		三、四年级	殷魏	课堂中教师“追问”的策略研究	刘婷婷、李倩倩、韩春丽、韩召侠
		五、六年级	韩翠花	数学课堂有趣教学研究	刘利娜、张晓、薛晶、张嘉琪
英语	3	一、二年级	熊玮	小学英语低段词汇教学方法研究	熊玮、赵全红、张秀芳、朱悦
		三、四年级	杨姗姗	小学英语高效课堂教学模式研究	夏正凤、孙娇、刘晓琳
		五、六年级	冯荣荣	小学英语阅读课的研究	熊玮、王娜
音乐	1		李俊豪	培养小学生良好的倾听习惯研究	李俊豪、赵广红、孙浩
体育	1		贾立龙	小学体育跳绳教学中学生兴趣培养、能力提高的研究与实践	田超、贾立龙、刘德华、武彦君、苏平、窦守信、徐殿宝、高乐轩

续表

学科	个数	年级	负责人	课题题目	课题组其他人员
美术	1		曹玲玉	论微视频在美术教学中的有效性研究	张丽、孙辉、李玥瑶
科学	1		牛庆艳	花语田园里的诗情画意——菊花课程研究	张蔓、贺非非、牛庆艳、夏正凤
信息	1		葛赟赟	游戏化学习在信息技术课堂中的应用研究	葛赟赟、潘文凤、陈磊

（三）开辟赛道，放飞梦想

2019 年 2 月 21 日，双语小学 STEAM 核心团队项目组正式成立并召开专题会议。和悦教师开辟新的赛道，主动抓住机遇，积极加入项目组。项目组成员学习热情高涨，在短短 6 天时间里就分享了 90 多篇 STEAM 学习体会。2019 年 7 月 18 日，学校 STEAM 骨干团队 4 名成员赴济南三中参加了山东省“互联网＋教师专业发展”工程 STEAM 教育培育项目启动会，张晓老师做的分享获得了与会专家的一致好评。

2023 年 4 月，为让学校智慧教育特色工作更好、更快地发展，全面推进智慧校园建设，根据工作需要，学校校委会研究决定成立智慧服务、智慧餐厅、智慧巡课、大数据分析、智慧德育、智慧课程、智慧评价、智慧阅读 8 个智慧教育项目小组，涵盖了智慧管理、智慧心育、智慧巡课、智慧阅读、3163 课堂教学数据分析、9331 教师特质数据分析、五步智学教学设计、智慧备课、智慧教研、智慧作业、5G 全息课堂、教师行为分析、语文 AI 分析、英语 AI 分析、人工智能长廊、智慧评价、全球视野、智慧餐厅、大数据分析中心、智慧体育 20 个小项目。

项目组实行组长负责制，各项目组成员无特殊情况不得更换，不断增强凝聚力，打造真正的研究团队；各项目组每学期制订一次项目实施方案，每学期至少期中和期末进行两次项目总结汇报或成果展示，日常展示以每周一次的工作简报形式呈现，各项目组可自行决定和实施日常其他展示形式；各项目组研究的内容必须来源于学校实际，充分挖掘学校现有资源，积极主动地开发家长、校外、社会等方面的资源，并对学校发展和学生成长具有积极作用，所研究的成果具有较强的可借鉴性；各项目组以项目内容为依托，积极开展各种活动，结合学校实际深入研究，使各项目研究的成果对学校发展有较明显的推动作用；对于项目组提出的创意想法和合理诉求，学校各处室、全体教师积极支持和配合。

学校对智慧教育项目组进行过程性评价和结果性评价。每周智慧项目小组会上传《智慧教育周报》，并分析教育管理中的优势和出现的问题。

三、创新

习近平总书记强调，教育家要有勤学笃行、求是创新的躬耕态度。这为广大教师提高自身教育教学水平、培养具有创新思维的优秀人才、践行培根铸魂的光荣使命提出了方向指引和根本遵循。要培养具有创新思维的优秀人才，教师首先要做具有创新精神的引领者、开拓者、示范者。

（一）做创新精神的引领者

1. 共进午餐聊成长

我要求教师具有创新精神，首先我自己要做有创新精神的引领者。

学校教师多，平时我与他们的沟通机会少，所以我就想到了利用午餐时间，随机选择老师共进午餐，走进教师心里，与他们共话成长。

在用餐过程中，教师可以放松心情，畅所欲言，分享自己的教学心得和困惑，提出对学校管理和发展的建议和意见。我通过这种方式更好地了解了教师的发展需求和心理状态，从而更加精准地制定出适合教师发展的政策和措施。

和教师一起就餐，增强了我们彼此之间的信任和友谊。在用餐过程中，我和教师自然地交流和互动，建立起亲密的关系。这种信任和友谊促使教师更加积极地投入教学工作中，提高教学质量和效果，同时也增强了学校同事之间的凝聚力和向心力。

有的教师从一开始惧怕与我一起就餐，到最后主动要求和我一起就餐，是因为与校长一起就餐也为教师提供了一个展示自己创造力和才能的平台。在用餐过程中，教师可以分享自己的教学经验和教学方法，展示自己的教学成果，获得了更多的展示机会。这种展示不仅可以激发教师的创造力和教学热情，也可以促进教师之间的学习和交流，提高教师的教学水平。

2. 放假大会促成长

放假大会是一种有效促进教师成长的方式，通过对教师休息调整、培训提升、生活教育、社交活动和身心健康等方面的关注和实践，可以更好地提高教师的专业能力和个人素养，从而提高教学质量和教育效果。

每年放假大会都是我带领各校区领导班子成员精心策划、创意实施的。2022 年 7 月 5 日，集团全体教师齐聚线上，召开本学期放假大会。我们设置了四个板块，即专家引领、教师课程、学生课程、领导嘱托，促进了教师的专业提升和职业发展，也提高了他们的职业幸福感和归属感。下表是会议议程安排：

2022年7月放假大会议程安排

模块	内容		
第一板块：专家引领	曹晶（山东省优秀教师、泰山功勋教师）《学最好的他人，做最好的自己》		
第二板块：教师课程	让读书像呼吸一样自然	杜娟	《总有人间一两风，填我十万八千梦》
	让写作成为我们的生活方式	魏恒斐	《"悦"读不止，笔耕不辍》
	让多彩生活丰盈诗意人生	褚珍珍	《人生喜忧参半，快乐只有干饭》
		周婧	《洗手做羹消暑气，偷得浮生半日闲》
		牛秀秀	《愿你多吃不胖》
第三板块：学生课程	课程是送给孩子最好的礼物	林宏	《坚持学习，时刻向上》
	安全是送给孩子最大的保障	滕召春	《暑期安全无小事，事无巨细保平安》
第四板块：领导嘱托	杨世臣《暑假——我和成长有个约定》		

（二）做自我创新的开拓者

1. 新教师行为分析数据舱

为了快速实现新教师成长，集团建成了新教师行为分析数据舱，整个空间有5 m^2，材料为聚酯纤维棉，这种材料可以保证教师录课环境的隔音效果。整个数据舱的主要设备有三个：一是主机，负责整个数据舱的总开关，主机上设有USB和HDMI接口，能够满足U盘或者电脑连线的需要；二是录课摄像头，可以对准录课的新教师及板书的黑板；三是主屏幕，登录实训平台可以录课。一旦开始录课，教师所有的言行及板书设计都会成为数据分析对象。

教师在行为分析数据舱上课，就会被系统记录肢体语言、语言表达、表情应用和板书技能等方面的数据。肢体语言是指新教师的左右肩平稳、腿部晃动、姿态变化等各细节。语言表达是指教师讲课的音量、语速、语句情感以及常用口头语。表情应用是指教师讲课时的表情变化及正向表情、负向表情和无表情的表情的占比。板书技能是指教师板书设计的规范度。教师可以根据这些数据报告不断调整、优化自己的教育教学行为，提高教育教学水平，在更短的时间内成为更优秀的自己。

2. 9331 教师特质数据分析

9331 教师特质数据分析主要是为了帮助教师形成自己的教学风格，让教师在课堂中可以兼顾四种不同风格的学生。CSMS（Classroom Structure-based Multimodal-supported Scoring System）是基于教学结构的多模型联合的课堂教学评价系统，通过将教师的上课视频导入系统，生成大数据分析报告，从而有意识地帮助教师发现、分析、优化自身教学方式。学校大数据分析中心利用弗兰德斯分析理论和知行理论，借助 CSMS 分析框架，构建了 9331 教师特质数据分析模型，如下图所示。

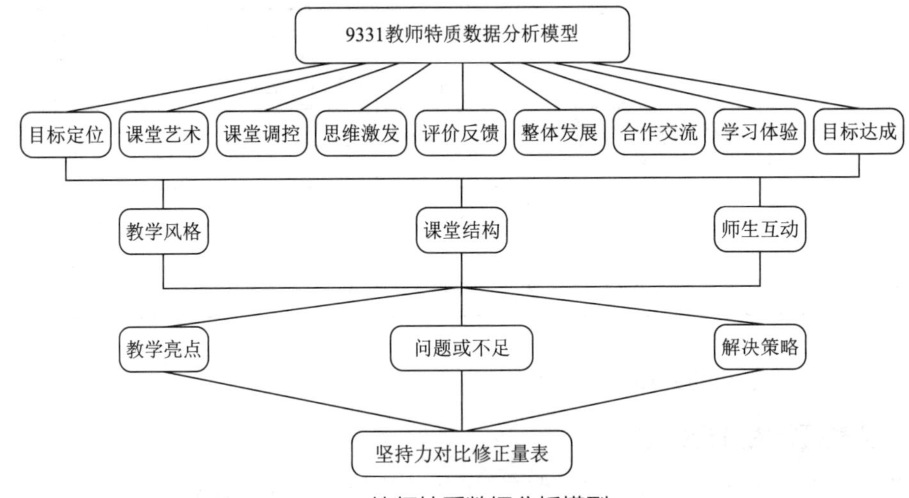

9331 教师特质数据分析模型

9331 教师特质数据分析模型是从目标定位、课堂艺术、课堂调控、思维激发、评价反馈、整体发展、合作交流、学习体验、目标达成九个方面进行智能化数据采集，对教师教学风格、课堂结构、师生互动三个方面进行深度分析，提出这节课教学的亮点、问题和解决策略，形成一个长期的课堂改进方案与坚持力对比修正量表。

教师通过搜集和分析教、学、管、研等层面的数据，可以更全面地了解学生的学习背景和过程，从而发现以往教学中的盲目性和主观性，主动提升教学水平和综合素质，进而提高教学质量。通过模型，教师可以实现个性化教学，精准地分析学生的学习特点、学习动机和目的，找到学生的学习兴趣点，针对每个学生的需求提供个性化的指导和帮助，从而更有效地激发学生的学习兴趣和积极性。大数据分析还可以帮助教师从海量资源中挖掘出有价值的教学内容，优化教学资源配置，这不仅可以提高教师的教学效率，还可以为学生提供更丰富、更高质量的学习资源。在应用这些数字技术的过程中，和悦教师提高了数据分析和处理能力，包括数据搜集、处理、分析和解读等方面的能力，迸发出了新的教学思路和方法，增强了创新意识，逐渐形成更具特色的教学模式和风格，从而提升自身的教学魅力。

（三）做学生创新的示范者

1. 创新升旗仪式

学校每周一举行升旗仪式，全校师生均要参加。为了改变一成不变的升旗仪式，教师创新性地将升旗仪式交给学生筹划、展示。

对升旗仪式的主持和演讲环节进行了创新，打破了由少数好学生演讲的局限，从高年级开始，各班轮流主持升旗仪式。为充分发挥学生的自主性，班级民主选举主持人、演讲人、升旗手和护旗手。各班班主任为主要负责人，对学生的主持稿、演讲稿进行初审，然后交给学生服务中心进行终审和彩排。

对升旗仪式的形式和主题进行创新，除结合时事及局文件要求，适时对学生进行安全和思想品德教育，邀请相关人员进校对学生进行防欺凌教育、防溺水教育、心理健康教育等，还会请优秀学生上台展示晨诵、分享故事，对在各级各类比赛和活动中获奖的同学进行表彰。

2. 创新班级管理

创新是班级管理中的关键，班级优化大师是班级管理中最好的现代化助手。单晓洁老师的班级管理工作一直很扎实，她一直创新性地利用班级优化大师激发学生的内驱力。经过与学生商讨，单老师将学生常规表现，如课间纪律、集会两操、礼仪修养、卫生值日、作业等各方面列入班级优化大师，细化加分和扣分制度，以加分为主，扣分为辅，把规矩立在前面，让学生通过自己的努力去获得加分。利用班级优化大师，建起家校互动沟通的桥梁，家长可以随时关注孩子方方面面的行为动态，真正实现家校联合共育。学生根据所获加分进行积分兑换，按照得分从高到低进行每周班会课抽奖，30 分可以随机抽红包，50 分以上可以获抽一次盲盒或刮刮乐。积分越高，抽奖形式也会越有趣。通过激励，告诉学生每周都是一个全新的开始，每个孩子都要力争成为更好的自己。

随着班级优化大师效力的发挥，班内掀起了一股阅读潮。有了班级优化大师加分的激励，在整个阅读过程中，学生爱上了阅读，同时培养了读书的好习惯。很多班主任学习单老师的班级管理方法，班级管理效果大大提升。

3. 创新结业课程

结业课程是双语小学的特色课程，如何让结业课程更有意义，更有吸引力，是摆在每一位教师面前的问题。双语小学宋远芳老师创新了结业课程，让学生和家长担任结业课程的策划，共同确定活动开展的地点、负责人、形式、内容等。同学们的积极性大增，结业课程前夕，班干部讨论到晚上十点多，最终制订了一份详尽的计划，确保了活动的顺利开展、井然有序和精彩纷呈。

活动前，教师引导学生从多方面考虑，从细节出发，将活动的各项准备工作一一罗列，并通知到个人，以便大家更加明确自己的任务，确保活动的顺利开展。活动中，学生的参与性强、主体性突出。班里的每个学生都参与了结业课程，有的负责主持，有的负责表演，有的负责场务，真正做到了学生“当家做主”。由于安排妥当，活动中没有出现任何视频错放、快放、漏放等问题。家长的积极性也很高，很多家长提前来班级主动为学生穿服装，梳头发，很多家长为孩子摄像、摄影留念，确保了结业课程的效果。

4. 创新社团训练

我们的羽毛球、篮球、健美操等社团都培养过许多特别优秀的学生。他们的成长过程倾注了社团辅导老师的无私奉献和创意训练。五台山西路小学的刘德华老师就是社团教练之一。他多次带队获得区、市级篮球联赛冠军，2023 年度，他带的球队更是获得青岛市中小学篮球联赛大满贯。这些成绩的取得离不开刘老师的创新。

在篮球比赛中，学生们需要相互配合、互相帮助，才能取得最后的胜利，这对于学生社交能力的提高具有重要作用。在竞技项目中，学生需要通过不断的努力和提高才能获得成功，这种竞争意识可以让学生更好地面对挫折和失败，提高自我管理和自我激励的能力。刘老师深知体育训练可以培养学生的团队合作精神和竞争意识，注重学生的体验和互动，采用丰富多彩的教学方法和手段激发他们的学习兴趣和参与热情。他还结合学生的个性和特点，以及身体素质和兴趣爱好，有针对性地实施教学和指导，从而让他们更快地掌握技能，提高竞技水平和个人素质，提高团队综合竞争力。

第四节　专业阅读、专业写作、专业发展共同体，创新发展之路

教师专业化是教师个体通过学习或培训，成长为具备专业知识、专业技能和专业态度的成熟教师的可持续发展过程。和悦教师坚定不移地走专业阅读＋专业写作＋专业发展共同体的“三专”之路。

一、专业阅读

教师职业的特殊性决定了教师需要不断地学习，不断地阅读。教师作为学生阅读的引领者，更需要爱读书、会读书，读好有字之书和无字之书。为了实现人人是读书之人，处处是读书之地，时时是读书之时，学校制定了详细的教师悦读评价内容与评价标准，对教师个人读书开展情况、参与上级有关部门组织的读书交流情况等进行评价，主要采用考评加分、评选年度悦读优秀人物等方式，促使领导干部读书行政化和教师读书常态化。

（一）读好有字之书

学校的校训石上镌刻着校训“读好书，做好人”，提醒教师和学生永远把阅读牢记在心。“随风潜入夜，润物细无声”，为让阅读成为兴趣，让阅读成为习惯，学校非常重视书刊的购买和读书环境的营造。

学校图书馆现有各类图书 10 万余册，教师可以选择自己喜欢的图书借阅。为丰富师生的阅读方式，学校还配备了电子阅读机、墨水屏阅读器、朗读亭，开设了线上阅读栏目《一起悦读》。纸质书籍与电子阅读机等全面全时段开放，让教师在书籍的海洋中自由遨游。

学校根据朱永新教授毛毛虫到蝴蝶的阶梯阅读思想，设立了毛毛虫阅读空间、茧宝宝阅读空间和彩蝶飞阅读空间。各阅读空间落实了“将学校建在图书馆上”的教育理念，让教师和学生都能随手拿到适合自己年龄和身心特点的好书，让读书像呼吸一样自然。

双语小学教育集团为教师量身打造了阅读地图，其中包括学科类（50％）、教育类（20％）、童书类（20％）、其他类（10％）。在这样书香味十足的环境中，大家徜徉书海，开展互学互促的教师共读、教学相长的师生共读、交流分享的家校共读、独具一格的个性化阅读，如饥似渴地汲取着知识与智慧。

1. 教师共读，并启同行

教师只有具有丰厚的学科知识，才能拿到走进课堂的入场券。教育类书籍，是教育充满智慧的源泉。教师拥有专业的能力、技巧，才能让教育更具艺术性。教师不仅要读经典名著，还应该读权威教育报刊，掌握最前沿的教育教学信息，这样才能把和悦课堂引向深入。

每年寒暑假，学校都会精心为教师挑选、购买共读图书，既有《高效课堂的101个细节》《把整个心灵献给孩子》《读书成就名师》《教育向美而生》等教育教学类专业书籍，也有《请给我结果》《任正非传》《工作赢在心态》《拆掉思维里的墙》等提高教师行动力的图书，还有《平凡的世界》等为教师增添厚重的人生底色的文学类书籍。共读，在提升教师专业素养的同时，拓展了教师的视野，丰盈了教师的心灵，形成了和悦教师共同的精神密码。

2. 师生共读，教学相长

童书类书籍，是走向童年的邮票。苏霍姆林斯基说过："时刻都不要忘记自己曾经也是个孩子。"这提醒我们教师只有蹲下来，站在儿童的视角，走进孩子的内心，才能真正做好教育。而阅读童书能让教师永葆一颗童心，与儿童有共同的话题，从而更好地理解儿童，走近儿童，教育儿童。教师和学生共读童书，才能拥有共同的语言密码。

要学生读书，教师必须先读书。因而，学校要求学生读的书目，教师必须先读，和学生一起做批注、分享。午读时间，所有教师走进教室，和孩子一起静静地阅读20分钟，6年累积阅读70本以上的经典童书，达到18 000分钟的阅读时长。每学期，语文教师都会通过导读课、推进课和主题探讨课三种课型引导学生由表及里、由浅入深地走进书中。学校《一百条裙子》的三类课型获得了全国整本书阅读优秀案例。

3. 个性化阅读，自主发展

读好综合类书籍，为教师提供成长的营养。教师要进行广泛的阅读，不局限于任何一个狭小的领域，像蜜蜂一样，博采众家之芬芳，方能酿出甘甜之蜜。

"阅读是一种探索自我的方式"，学校定期向教师推荐阅读书目，让教师找到最适合自己阅读的书，鼓励教师个性化阅读。学校对优秀教师或者在教育教学、辅导比赛等方面获奖的教师进行表彰时，也会将图书或购书券作为奖品，以此鼓励教师读书。教师进行专业化阅读的最终目的是育人，育人效果的最大化离不开家校共育。因此，我们的教师还会想方设法地指导家长阅读育儿书籍，提高家长教育孩子的能力。学校杜娟老师创办了微信公众号"涓涓书坊"，定期在公众号上分享亲子绘本阅读的方法，邀请家长共读教育书籍。刘德华老师在自己带领的篮球社团微信群中，每日与家长分享《正面管教》的读书体会。这些个性化的阅读不仅丰富了教师的内心世界，还提高了家长的育儿能力。

为了能够激发教师读书的内驱力，我们采取了以下几条措施：

首先，领导读书行政化。

我率先垂范，带领教师们读书，让读书成为个人的生活方式。我的专著《童心悦读的研究与实践》《悦读立人》就是专门研究阅读的书籍，我还有多篇文章发表在《中国教育报》《中小学校长》《山东教育》等报纸刊物上。我还带领领导干部读书，每学期举办干部读书会。

其次，教师读书常态化。

全天候开放图书馆，让师生随处都能拿到书，都能读到书。学校建立了“思想之室”“心灵之约”，为教师提供了专门的阅读空间。教师在闲暇时品一杯好茶，读一本好书，真正让读书成为一种生活习惯。

学校开辟《好文推荐》栏目。教师服务中心人员与各学科主任把在报纸杂志或者公众号上读到的好文章通过微信群推荐给各位教师，同时组织教师在周前会阅读沙龙进行交流，分享读书感受。

不动笔墨不开卷，不动笔墨不读书。所以，我还要求教师进行批注式的阅读，每月批注一本杂志；做剪报集，把读到的好文章剪下来，分类整理，很多教师都养成了做剪报集的习惯。

无反思不读书，只有从文章中读出自我来，才是真正意义上的阅读。学校还积极举办碰撞思想的教师读书会、共享共研的读书沙龙、砥砺智慧的空中论坛等活动。

（二）读活无字之书

读万卷书，行万里路，阅历无数。有字之书为教师成为“三专”教师涂上了厚重的底色，无字之书则在这底色上勾勒出绚丽的风景。

1. 最美的风景在远方，读好“旅行”这本书

旅行，是一种充满乐趣的生活方式。每年放假大会上，学校都会请教师中的旅行达人分享他们的旅行经历。

在2019年暑假放假大会上，王丽君老师做了《说走就走，一起去旅行》的旅行分享，带大家游览了丹东、长白山、哈尔滨、金帐汗蒙古部落、额尔古纳湿地、呼伦湖、满洲里、阿尔山市等。

在2020年暑假放假大会上，丁宇老师做了《我们与假期，只差一张车票》的旅行分享。美景，美照，美文，美乐，在丁宇老师诙谐幽默的讲解中，青海的一尘不染给闷热的天气带来了一丝清凉。

下面是丁宇老师的部分分享：“作为一个地地道道的北方人，我们对于变化莫测的西北总是充满了无数的幻想。青海，处处皆风景，处处是壁纸。这里的天空和湖泊是一尘不染的蓝色，你说不清是湖面无限接近天空，还是天空和云朵向地面俯冲下来的缘故。”

学校有很多教师分享旅游经历，更热衷于和伙伴旅游、和家人旅游，以度过美好的周末和假期生活，丰富自己的经历。王丹丹老师在旅行日记中写道："当你见过高山的巍峨、沙漠的广阔，体会到天地的无垠，你就会变得谦逊；当你见识过不同的风土人情，你就会发现这世上有无数种生活。人只有阅过山河，见过湖海，才能拓宽视野，增长智慧，看到人生更多的可能性。"

2. 最好的自己在路上，读好"人生"这本书

《人民日报》上说："读过的书沉淀了我们思维的深度，走过的路拓展了我们眼界的广度，遇过的人教会了我们做人的宽度。"要从遇到的人身上获得自身做人的"宽度"，成长为最好的自己，就需要认真读好所遇到的教师、领导和有关专家的"人生之书"。

在我们学校，无论是初出茅庐的新教师，还是有一定工作经验的骨干教师、德高望重的老教师，都有机会被邀请上舞台讲述自己的成长经历。登台者可以对自己的职业生涯进行梳理、研读，其他教师也可以从登台者身上读出教育智慧。

我们还聘请了名师、名校长、专家、学者前来做报告，这些名师、名校长、专家、学者的教育人生让教师读出了自己的"教育人生高度"。2024 年 1 月 28 日，双语小学教育集团邀请东营市实验小学正高二级教师、国务院政府特殊津贴获得者、山东省先进工作者（省劳模）、山东省特级教师、齐鲁名师魏瑞霞主任给全体教师带来了题为《我的教育我的爱》的成长故事。魏主任以她从教 37 年以来，从起步、成长、修炼到提升四个阶段取得的各级各项成就，让全体教师看到一名成功的教师要做到：辛勤耕耘，贵在有心；扬帆起航，贵在潜心；面对瓶颈，贵在恒心；突破瓶颈，贵在静心。魏主任谦虚勤勉、认真执着、不忘初心的工作态度深深地感染了每一位教师。集团领导和教师代表也纷纷表达了自己的听会感受。

二、专业写作

佐藤学在《静悄悄的革命》中写道："要以文字的形式进行反思，浮躁中保持心灵的宁静。记录课堂，反思言行，多一份理性，不随波逐流。用文字的形式研究自己的工作，对自己的实践进行反思和重建，以实现持续的'静悄悄的革命'。"一个教师的专业写作史，就是他的教育史。学校要求教师进行专业写作，将所思所想落实到笔尖，仅苗文芝、郭良晓、张俊慧等几位教师在省级及以上刊物发表的文章就有 10 多万字。

（一）聚焦教育，写好"业务"这本书

教师共写包括读书感悟写作、教学案例写作、教育叙事写作和教学反思写作。

1. 读书感悟写作

每个寒暑假，学校都会给教师推荐共读书目。阅读时，大家借助网上平台，提出疑问，答疑解惑，浅谈感悟，交流思想；阅读后，写成收获，与全校教师分享。在读书交流中，

在思想碰撞中，教师的思想得到了明显提升。在读书会上，我们还创意地进行了评选和颁奖，极大地调动了教师书写读书感悟的激情。姜文娇老师在读后感中这样写道："首先，这是一本有'术'的、接地气的书，适合一线老师读，书中很多关于小组合作学习的策略和方法都可以直接拿来用，让我眼前一亮。其次，书中不论是引导学生自主学习，还是促进学生合作学习，以及管理分组主动学习过程，都始终以学生的需求为中心，让学习在课堂上真正发生。反观我自己的教学活动，经常以书本为中心，以自己的教学设计为中心，忽视学生的接受能力和心理活动，导致课堂就是一场自编自演的独角戏。"

2. 教学案例写作

教学案例写作是对教学实施过程进行点评和思考，包括实录与反思两部分。反思既可以是对教学设计进行反思，也可以是对教学过程进行反思；既可以对一堂课中的某一个环节、某个教学方法进行反思，也可以对某个教学素材进行反思。教学案例写作非常有必要，它可以促进教师深度反思，对教师改进教学、提升教学效果具有重要作用。以下是教师教学案例写作的一个片段：

我是这样设计的：发给每个小组拼插的学具，即 12 根小棒（相同长度的红色、蓝色、绿色小棒各 4 根或 12 根同等长度、同样颜色的小棒）和 8 个接头，让学生通过操作，拼插出一个长方体或一个正方体框架，目的是让学生在拼插过程中探究长方体和正方体的特征。经过反思，我觉得这样的设计，形式上是让学生自主探索，但实际上还是按老师的意图操练。这样学生会很顺利地得出老师想要的结果，却不能真正体验自主学习的乐趣和过程。因此，我把这个环节做了以下改动：给学生提供充足的材料，即足够的插棒和接头，让学生以小组为单位，先商量需要多少根什么样的小棒和几个接头能拼插出长方体和正方体，然后选代表去领学具，最后进行实际拼插。另外我还准备了一些橡皮泥和土豆，让学生自由选择切或捏，构造出长方体或正方体，或让学生自己设计并用卡纸做长方体或正方体。这样把权利还给学生，让学生选择自己喜欢的方式、喜欢的材料"做"出长方体或正方体，在"做数学"的过程中体验长方体和正方体的特征，有充足的探究空间，激发了学生强烈的探究欲望。由此可见，教师在设计课中探索环节时，一定要想学生所想，为学生提供自由的探索空间，发挥学生的主动性，这样的探究才更具有价值。

3. 教育叙事写作

学校倡导教师记录教育教学过程中的小案例、小镜头，以及自己对教育教学工作的思考。要求教师在写教育叙述的时候，一定要写真事，抒真情。直言自己的见解，可能不那么完整，但是因为是来自实际，发自肺腑，所以就有生命力。为了激励教师写作，学校相继举行了"我和双语共成长""给学校的金点子""发生在双语有温度的故事"等征文比赛。教师把在学校发生的点滴记录下来，结集成册，成为校史馆的保存材料。薛敏老师在参加学校“发生在双语有温度的故事”征文比赛中获得了一等奖。在学校的推荐下，她又参加了青岛西海岸新区举行的“‘四有’好老师”征文比赛，同样获得了一等奖。她的故事读来让人心生温暖，我们来看一下：

我喜欢叫学生们宝贝，他们是我的大宝贝，家里的俩儿子是我的小宝贝。一日为师，终身为父，从这个意义上来看，学校的学生和家里的俩儿子是一样重要的，我对他们有同样的责任——教育好他们。当然也有力不从心的时候：因为开家长会，睡在床上的二宝醒来摔到床下，我只能若无其事地继续开会；前一天大儿子刚磕青了脸，后一天小儿子又擦伤了眼。不心疼是假的，对于每个家庭来说，孩子都是父母的全部世界，但工作之时我只能先顾及学生。班里有几个孩子上课不积极，几次谈话不成，我就用晚上20分钟左右的时间给他们补一补基础知识。晚上二宝总哭闹，要找我，有时我就一边喂奶一边给这些孩子听写、讲解，不让一个学生掉队才能让自己安心。这样做虽然辛苦，但是看到他们在一次次闯关中慢慢进步，我也就觉得值了。

敏而好学，忠而尽责。作为一名忠党爱国的共产党员，作为一名教书育人的人民教师，我把这八个字刻在生命中，鞭策自己保持先进性和赤子心，让自己在班主任工作、语文教学工作上都怀着谦虚的心，事事勤事事善，日日学日日新。

4. 教学反思写作

所谓“反思”，就是事后思考，也有“反省”之意。反思的过程就是内省的过程，也是自我醒悟的过程，简而言之，反思就是唤醒自我，其本质是向自己的现实实践求索成功与经验。波斯纳说：“没有反思的经验是狭隘的经验，至多只能成为肤浅的知识。”为此，他提出了一个公式：经验 + 反思 = 成长。

一节完整的课结束后，教师通过自我回顾审视、审查本节课的优点和缺点，进行深入分析和记录，并与课前预设的教学效果和学生学习情况进行对比，总结经验教训，以便改进今后的教学。这样每上完一堂课，都要进行教学反思。和悦教师不断尝试新的教学方法，提高教学艺术水平，在反思中全面提高自身素质，成为研究型教师。张晓老师在执教《搭配中的学问》一课后，深刻反思了自己对于课堂没有沉下心去深入研究，导致学生课堂上理解不透彻的问题。她的教学反思是这样写的：

今天在三年级(9)班执教了《搭配中的学问》一课，反思如下，以此记录、提醒并鞭策自己！

首先反思的是自己的态度。态度真的是极其不端正，没有好好抓住这次机会，没有认真研究课，研究学生，没有把自己最好的一面展示出来。

其次是没有深入备课。所有的备课和研究都浮于表面，好比蜻蜓点水，导致后面部分学生理解得不透彻，思维模糊。一开始处理3件上衣4条裤子有几种搭配的方法时及时总结，每件上衣有 4 种搭配方法，我应该在第 1 件上衣那里写下来 4 种，并追问孩子为什么，第 2 件上衣有几种，为什么，第 3 件上衣有几种及为什么，同理，4 条裤子和 3 件上衣也是一样，不能光点出方法，还要追问其究竟……

让听课的老师白白浪费了一节课的时间，我很抱歉。对于自己我更抱歉，我没有抓住这次机会，这是对自己、对学生的不负责任。我反思，我保证以后不会出现这样的问题！以后准备每一节课时都要沉下心，静下心，好好研究。给自己一个小任务，明天开始的第一课赛课活动，我要报名，我要参加，我要证明自己是行的！

和悦教师在观摩学习中善于反思，通过学习他人在工作中的优秀经验和做法，对自己的工作进行深入思考，形成改进设想，变革自身实践，这对和悦教师个人成长无疑是非常有益的。五年级张雯雯老师在观摩了六年级的晨诵后，分享了她的一些收获和今后的打算：

我的收获：

（1）六年级老师对时间进行了分割，节点明确，任务清晰，避免了晨诵的散漫和随意。

（2）过关加分，每完成一项任务可加一分，让学生更有动力。

（3）利用倒计时，让学生具有紧迫感，能够专注地完成一件事。

我的打算：

（1）晨诵任务必须明确。

① 任务不是简单的罗列，要做到具体，循序渐进，满足不同层次学生的学习需求。晨诵应将复习和预习相结合，任务设定的难度也应适中，在适应大部分学生的同时，也要增强部分进度比较慢的学生对学习的信心。

② 在晨诵过程中，教师应该不断地观察，适时指导，走到学生身边，让学生感受到紧迫感，这样晨诵任务的完成会更高效。

（2）注重检查，及时评价。

如果只安排任务而不检查效果，部分自觉性不强的学生就会产生侥幸偷懒的心理。

① 晨诵任务的检查有很多方法，可以采用小组制，也可以采用小老师互帮互助的形式，在每一个任务完成后，小组长和小老师会对自己所负责的同学进行抽查。在他们这种一对一的监督和帮助下，绝大部分学生都可以落实好晨诵的任务。也不能将任务全部交给组长和小老师，我们有时间也要去检查，挤时间也要去抽查。

② 评价激励。没有竞争就没有活力，所以，我要在晨诵课上引入竞争机制（班级优化大师），有背诵任务，那么背诵过关可以加 1 分，有默写任务也是如此，采取这种方法之后，那些平时拖拉的学生为了本组集体的荣誉也会发生改变。

这样的教学反思写作，正是教师专业成长路上强有力的发动机和助推器，有了这种反思写作习惯，教师就能快速奔跑在走近名师、走近教育家的大道上，发展不可限量。

（二）个性发展，写好“特色”这本书

在学校鼓励专业写作的大环境下，教师创作热情高涨，自觉开展了形式多样的个性写作，不断提升专业写作本领。

1. 博雅小报，享受教育乐趣

《青岛市促进中小学生全面发展“十个一”项目行动计划》要求学生“记好一篇日记(周记)”，学生从进入一年级开始就要坚持写日记。学校六年级的韩翠英老师别出心裁，要求学生写日记的同时，自己也加入日记书写中，时常给学生分享自己写的日记。韩老师还带领学生将师生优秀日记整理排版，办成了自己班级的日记周报——博雅小报，与学生一起享受写作的乐趣。韩翠英老师班里的学生在作文中这样写道：

在网课期间我的日记被读过好几次，我觉得那时的我充满信心。可没想到的是，开学后我写日记的水平飞速下降。老师每天都在下面给我点评，是多么希望我能够端正态度，可我每天就好像看不见一样，连着四天都在应付。老师忍无可忍，便训了我一番。我也好好反思了一下，当天的日记就有所改变，已经不是每个字之间空那么大的格、书写不认真、内容不细致的日记了，满满的一面，足足有600字。当时正好是周末，有三篇日记，这样的三篇日记交上去，老师一一认真批阅，当一个个A^+映入眼帘的时候，我仿佛看到了韩老师开心的笑容。老师在班里表扬了我，我也重拾了信心。

——吕贤依

韩老师是我现在的语文老师，如果用两个字概括一下她，“佛祖”最合适了。因此，她在我们口中就有了“佛祖老师”的外号。韩老师一出手就把我们班的泼猴们镇压在了五指山下，让我好不佩服。她整个人似乎都散发着淡淡的佛光，非常和蔼，好像没有一点儿事可以让她发火。就算发火，她从不向我们大喊大叫，但是杀伤力十足。我很喜欢她，也是因为她很会给我们讲故事。

——郑凯迪

老师肯定了我的作文，每一句评价都像春雨洒在久旱的禾苗上一样珍贵，让我的心一下温暖了。韩老师好比我的知音，她能看到我想要表达的真实情感，老师对我的好在我心中生了根，发了芽，永远忘不掉！那天之后，我学习语文的劲头更足了，我觉得学习语文已经从必须学变成了喜欢学、快乐学。现在的我太过渺小，不知道如何去回报老师对我的关心，只能好好努力学习，用好成绩去感谢老师，用笔书写对老师的感激之情。

——朱柏睿

那天晚上九点多钟，韩老师给妈妈打来了电话，我们还在纳闷：老师这么晚打电话会是什么事呢？接起电话，韩老师生气地问我：“孔佳睿，今天晚上有单元测试，你干什么去了？怎么没有参加？”天哪，我上课时竟然没听到老师说今晚要测试！我顿时呆若木鸡，不知道如何是好。听着韩老师电话里的训斥，我仿佛看到老师在课堂生气时，眉毛

拧成了一股绳，嘴角向上微翘，眼睛瞪得浑圆。我非常后悔，赶紧认真地向老师承认了错误，并保证以后听课时绝对全神贯注。

——孔佳睿

要去比赛了，韩老师把比赛前的注意事项、比赛中的情感运用及比赛后的礼仪规范都一一地为我细心讲解了。感觉韩老师像我的妈妈，又觉得把韩老师比作妈妈太年轻；感觉韩老师像我的姥姥，但又觉得把韩老师比作姥姥有点儿老……

——鞠子一

韩老师在当天的日记中是这样回复的：

周五的工作量是一周内看起来最小的。之所以说它小，是因为只有一节正课、一节晨诵、一节午读。当然，下午的周前会是必不可少的。这就给了我足够的时间来修改学生为庆祝教师节而写的以“我和老师的故事”为主题的作文。我耐心地帮每一个学生调整习作中的页面布局、字体字号并一一修改作文的内容。学生的作文勾起了我教学中的一幕幕回忆。贤依写的《别样的鼓励》，让我想起了自己读贤依日记时那份由衷的开心和贤依微微上翘的嘴角。凯迪的《“佛祖”老师》，真的受之有愧，那应该成为我追求的最终目标吧！小凯迪太聪明了，用这样的方式来激励我前行。柏睿在听到老师的夸赞后，那份爱上语文的态度，让我明白：“教育不是灌输，而是唤醒！”我相信我也可以做到！佳睿因没及时参加网课检测，在晚上九点多接到老师电话时，由茫然、愧疚到坚定的变化，让我“噗嗤”一声笑出声来。佳睿的描写太生动了，当时的场景仿佛就定格在阅读的那一刻。子一说把老师比作妈妈又显得太年轻，比作姥姥又显得有点儿老。看把子一给难为的。不过我感受到了子一对老师的认可。

我知道，每一朵花都有自己的花期。孩子们的成长过程又何尝不是一个个不同的花期？李霖、李俊熙、孙煜博，他们三人因为作文一事被“约谈”。这是三个有思想、高智商的学生，可是因为没有积极进取的态度和自我管控的能力，开学两周来都没有找到方向和自信。这样的状态让老师看不到他们眼中明亮的光芒和洋溢在脸上的笑容。他们可知道，这才是老师最着急的。还好，在交流之后，他们的心中好像有了目标。我会在周末及时提醒他们，努力争取不让一个学生掉队。

水美则鱼肥，土沃则稻香。我愿做美水与沃土！

2. 电子传书，架起沟通桥梁

古有寄雁传书，今有电子传书。为架起家校沟通的桥梁，更好地形成育人合力，助力孩子成长，学校孙浩淼、孟晓等老师，四年来坚持每周给家长、学生写信，通过电子邮箱、QQ、微信、人人通等现代化网络渠道传递给家长、学生，让家校沟通充满温情。

双语小学孟晓老师经常与家长进行互动：

因为事情需要沉淀，心情也需要平复，所以这封信比以前的要晚一些。这个星期上了6天课，所以这个星期似乎就显得格外长，孩子好像更难熬。现在开始有越来越多的家长给我回信了，感动于这些家长对我的支持，也感动于他们对孩子教育的重视。感谢家长对我的理解，虽然我需要照顾自己的两个孩子，但是这并不妨碍我们的沟通与交流，有什么问题请及时留言。

——孟晓

孟老师您好！从开学至今，收到了您针对孩子的情况写给家长的第五封信，我才提笔给您回信，不好意思，虽然有点儿晚了，但愿还来得及。之前屡次想要提笔跟您交流一下，但是因为开学时间短，跟您只有数面之缘，再加上一年级到二年级的过渡，我和孩子都还在适应中，因此给您的回信一拖再拖。感谢孩子遇到了您这样的好老师，您对每一个孩子细致入微的观察，对每一个孩子如母亲般的体贴和照顾，让我们感动的同时也倍感惭愧。我们能够做的，就是快速帮助孩子适应，全力支持学校决定并配合老师完成各项事宜。

——欣欣家长

3.“我行我秀”，搭乘成长快车

新学期，学校信息服务中心和行政服务中心掀起了一场主办工作简报的热潮。通过简报，秀出自己，秀出团队，校内反响热烈。信息服务中心的工作简报做得很扎实，很有特色。团队中的每一位教师都要发言，内容不仅包括本周工作完成列表，还包括本周工作心得及内心触动。此举展现了和悦教师的工作面貌和教育热情，促进了教师的快速成长。以下是陈磊老师在部门工作简报中写的工作反思：

金叶遮目偶见果，半如春风半如冬

本周配合王校长进行了监控系统的升级收尾工作。一个是对监控教室名称的更新，保证教师能够快捷便利地进行监控查找工作。另一个是对缺少监控和喇叭的教室进行查漏补缺，保证监控的有效可用。本周对智慧体育的线路进行了检修，确保智慧体育的渠道通畅，同时进行了网络检修，包括网络、电子白板等，工作方式从技术支持逐渐向联络过渡，少数情况下仍然需要自己动手。随着第三方公司的介入和工作方式的转换，解决问题的范围更广，效率更高。本周信息技术方面，还有五年级(8)班和一年级服务中心办公室的网络没有修改完成。

对于一年级服务中心办公室的网络处理，应该予以检讨。之前，薛敏主任已经提出网络不通的问题。当时跟她商讨的解决方案是她自行购买一个电源转换器。但是徐殿

宝老师到一年级服务中心办公室办公后，又提出了网络问题。我才发现一年级服务中心办公室的网络仍然不通。同样的电压电流，变压器无法使用。初步考虑是接口不匹配的缘故。现在已安排专人购买电源转换器，同时从四年级服务中心办公室借用一个暂未使用的电源转换头，虽然硬件能通电，但是网络仍然不通，说明还有交换机线路问题，这将是我急需解决的问题。

4. “如斯燕语”，享受工作美好

受和悦教育思想的影响，坚持写幸福日记的教师不在少数。和悦教师自发参与了读书活动，充实自己的内心，反思后记录教育生活。学校李如燕老师养成了每天写日记的习惯，她把与学生的点滴故事记录下来，写了《小冰变了》《小魏及格了》《小宁哭了》等一系列教育故事，还在朋友圈开设了“如斯燕语”栏目，联系生活实际，将每天的心得体会记录下来，用自己的言行和思考去影响更多的人。该栏目目前已经累计40万字，下面是摘抄的一部分：

如斯燕语之起点

2020年5月6日

一个阳光明媚的日子，如斯燕语在这一天启程，请多指点。

伴随着清晨的曙光，在闹铃的问候中，轻轻起床，捧起《文化自信与民族复兴》。

最近一次的埋头苦学是五年前参加骨干教师招聘考试的时候了，整整奋战了100天，终于如愿以偿。可是从那之后，那个劲头就没了，晨起苦学也被看手机代替。

今天重温老子的“天之道，利而不害；人之道，为而不争”、孔子的“知者不惑，仁者不忧，勇者不惧”、孟子的“诚者，天之道也；思诚者，人之道也”等文化精髓，内心很是激动。中国五千年灿烂文化源远流长，生生不息，成为世界优秀文化，在伟大的新时代中绽放无穷的魅力，推动着构建人类命运共同体的崇高事业。

今天找到了上学、招考时的感觉，很充实，很踏实，很幸福。不负时光，继续努力。

如斯燕语之二十——坚持

2020年5月25日

伴随着开学第一天大幕的徐徐拉开，我和姐妹们共修的时间已经达到了20天。在这期间，我们每天诵读一遍《朱子治家格言》，阅读三遍《文化自信与民族复兴》，开启了《正面管教》的第一遍阅读。从今天开始，又加入了28分钟的线下学习，同时每日上传学习笔记。

这20天内，每天轮流写家书，分享交流读书感悟。姐妹们深刻反省自己的不足，兴奋地分享着自己的变化和喜悦，也感受到因为自己的变化带给孩子和家庭的可喜变

化。——我们正享受着学习带给我们的幸福滋味。

就我个人而言，通过这段时间的学习，每天都可以保持良好的精神状态，内心更加沉静安然，积累了近万字的文字。面临开学和学习两件事情，两手抓两手都要硬。——我们正享受着坚持带来的美好状态。

没有谁会阻挡你前进的步伐，除非是自己为自己找借口。就像种子破土而出，就像小溪奔流入海，相信坚持的力量。

如斯燕语之一百三十二——我深爱着双语

2020 年 10 月 8 日

今天因为开会的原因回了本部。虽然是假期，这个校园却是一片忙碌的景象。有来训练的孩子，有来加班的同事。

五年前，我千里迢迢、风尘仆仆而来，只为一份憧憬和一个梦想；五年来，我多少次迎着朝阳走进校园，又有多少次伴着星星晚归，只为一份责任和一份担当。

这里有多少幸福的回忆，有多少值得牵挂的人，又有多少值得留恋的一草一木？我没有办法一一细数，只能在心底一遍遍回想。

一定要回浪花班看看，那里倾注了自己的汗水和心血、真心和真情。一切也还是熟悉的样子，明亮、洁净。眼前仿佛跳出一个个身影，露出一张张笑脸，耳畔仿佛响起一串串银铃般的笑声。多想再抚摸你们，拥抱你们，甚至是让你们再惹我生一次气。我知道，你们现在很好，这就够了。你们永远是我的软肋，想到这些，不能自已……

一切还是这么熟悉，一切还是温暖的样子。双语，我深深地爱着你，深深地祝福你！

5. 著书立说，凝练教育思想

学校为教师搭建平台，鼓励大家投稿著书。

学校与多家杂志社取得联系，邀请《山东教育报》主编宋洪昌做讲座，为教师架起了书籍出版和论文发表的桥梁。学校成立了专家小组，专门设立书籍出版专项资金，每人 1～2 万元。林宏的《平凡教师的幸福之路》、孙雷的《打造“自主、合作、探究”的体育课堂》、陈绪东的《一盏心灯》、李如燕的《教师专业成长的理性反思与实践》、张晓的《小学数学学习兴趣及思维拓展》等图书，一经出版，受到了广泛好评；程梅、吕焕龙、韩翠英、陈绪东、田超、代美芹等多位教师在《山东教育报》《山东教育》等期刊上发表了多篇文章；贺非非、刘德华、杜娟老师在青岛市教育局、青岛西海岸新区教体局组织的征文比赛中荣获一等奖；2020 年，刘婷婷老师的《反复打磨，磨亮空中课堂》获得山东省优秀论文一等奖。教师通过投稿著书，以书为伴、以写为乐、以文会友，记录了教育故事，凝练了教育思想。

（三）行为示范，写好"大爱"这本书

想要让学生成为什么样的人，自己先要成为什么样的人。在教育学生心怀大爱的同时，和悦教师也身体力行，演绎着一个个传递爱的故事。

1. 捐送图书，赠人玫瑰，手留余香

2016年11月，正值第一届"最是书香能致远"读书节，学校教师带头，与一年级600余名学生向西部边远山区捐赠图书共计2 000余册。这样的图书捐赠活动，学校每年都会举行，为的是将爱心的种子撒播出去。

2. 志愿服务，传递爱心，温暖他人

在一个普通的周末，在寒暑假的某一个午后，在特殊的节日，都有可能看到教师带领学生开展志愿服务活动。他们或走进敬老院献上一段精心准备的舞蹈，或为聋哑儿童学校送上一个爱意满满的果篮，或走上大街小巷捡起城市角落里的垃圾。爱，在传递，在蔓延。

3. 公益课堂，让更多家庭学子受益

和悦教师在做好本职工作的同时，还会走出校门，公益送教。代美芹老师到结对帮扶校送教，讲授公益课《荷叶圆圆》；陈艳老师、尹杰老师走进社区，进行党史宣讲；苗文芝老师、杨菲菲老师参加区里组织的青青课堂，义务送教。

三、专业发展共同体

专业发展共同体就是通过交流对话、资源共享、共同发展的方式，来打造具有相同教育使命、教育愿景和共同价值观的教育团队。经营专业发展共同体就是经营每一个人的灵魂，经营每一个人的生命认知，经营每一个人生命价值的建构，经营每一个人成长的过程，经营每一个人的未来。

我们的专业发展共同体有两种类型，紧密型发展共同体和松散型发展共同体。紧密型发展共同体即校内组建的发展共同体，包括党员共同体、服务中心共同体、教研组共同体、班主任共同体、青蓝结对共同体等；松散型发展共同体即"走出去"的共同体，包括与国外学校组成的共同体、与高校及科研机构组成的共同体，以及与同级学校组成的共同体。

（一）紧密型发展共同体

1. 党员共同体，我是模范先锋队

教师是一个大群体，在全校教师中党员所占的比例不小，要想把教师党员的作用发挥出来，打造党员共同体必不可少。为提高教学质量，学校党支部书记躬身示范，凝心聚力抓重点问题，除了和教师服务中心签订目标责任书外，还深入了解教师的授课情况、

教案撰写情况、课程进度以及在授课中存在的问题，及时与教师交流，督促其改进，同时要求教师服务中心制定教学事故处理制度，加大平时上课期间的查课力度。

学校充分发挥党员干部数量多、能力强的优势，借助党员示范岗、党支部会议、主题党日、党建文化宣传、党员与社区联合活动等，发挥党员的先锋带头作用。在中国共产党成立100周年之际，学校党支部实施了“党员名师工程”，旨在通过发挥党组织的核心作用，以党员名师影响、带动党员团队，提升党员行动力，不断推动教师队伍的整体发展。

2. 服务中心共同体，一个中心就是一所学校

学校设立了“6＋6”服务中心，即六个年级组服务中心和六个部门服务中心。部门服务中心包括教师服务中心、学生服务中心、行政服务中心、后勤服务中心、信息服务中心、艺体服务中心。

“一个级部就是一所学校。”年级服务中心由级部主任总负责，级部内成员平等参与、协商，形成共同体，以增强教师之间的凝聚力，提高教育教学水平。在学校的规章制度下，级部享有自主管理的权利。学期初，级部主任在征集级部所有教师意见的前提下，拟订级部工作计划，为新学期工作指明方向；学期中，在学校的总体规划下，各级部根据实际情况创新性地开展工作，如组织级部家委会竞聘，进行阶段总结表彰，开设级部特色课程，等等；学期末，学校采用个人考核与级部考核相结合的方法，对优秀级部进行表彰和奖励。

各服务中心共同体是学校的重要组成部分。信息服务中心是我们学校最具有特色的一个团队，他们创建了“智行讲坛”来经营他们的团队和共同体发展。每周一放学后的一个小时，信息服务中心的教师会坐下来，一起规划工作，一起研讨课题，一起读书，共同成长。教师一起读书，学习《课程与教学的基本原理》，听华东师范大学李冲锋博士讲《学记》，听著名教育专家陶继新讲《论语》；跟随北京教育学院副院长李镗教授的《课堂观察——教学变革的工具》学课堂观察；通过《课题研究设计和实施》学课题研究，每个人确定一个教学小课题进行研究；一起写学习反思、论文著作、做特色社团……

3. 教研组共同体，独行快，众行远

教而不研则浅，研而不教则空。学校以教研组为单位，级部以备课组为单位，跨学科以项目组为共同体，以课堂为中心，以教研为抓手，突出同伴互助，促进教师专业化成长。

学科主任在学期初带领组内教师进行《业务明白纸》的学习和学期工作的梳理，让所有教师明确本学期的工作重点，明确学校要求，统一思想认识。各学科组每周除集体备课的大教研活动外，还与“三随教研、五级教研”相结合。备课组内还经常开展同课异构等活动。学科主任、备课组长以及骨干教师分别到各备课组，指导其开展活动，真正实现“备课前有研讨，备课后有交流，上课后有反思”。

新教师赵立宁每想起自己参加公开课的经历，都充满感激之情："作为一名刚踏入工作岗位三年的青年教师，今年我鼓起勇气参加了区里的公开课比赛。我想，这是对我三年教学的检验，也是一次自我提升的机会。然而，从拿到课题的那一刻，太多的难题让我陷入了泥潭，使我惆怅不已。关键时刻，郭主任来到了我的身边，带领着备课组的老师们，帮助我备课、磨课。第一遍磕磕巴巴，她和我一起厘清思路；第二遍没有亮点，她和我一起寻找点亮课堂的方法；第三遍语言琐碎，她教我精简语言；第四遍……她一遍遍帮我打磨修改，帮我找回自己。在他们的陪伴下，我经历了初赛、复赛、决赛的角逐，最终取得全区一等奖的好成绩。是他们的责任担当，影响着我这棵小树苗心怀感恩，不忘自己的初心，向下扎根，向上生长。我希望自己多年以后也成为郭主任那样的优秀教师。"

4. 班主任共同体，打造班级管理高效团队

班主任是班集体的组织者和指导者，是学校实施素质教育、促进学生全面发展的骨干力量。学校正在努力建设一支德才兼备、乐于奉献的班主任队伍。学期初，在学生服务中心的引领下，班主任确立学期目标，制订本学期工作计划。学校通过班主任工作室、班主任沙龙、班主任例会、班主任青蓝结对、班主任外出培训学习、周前会优秀班主任经验分享等，来促进和悦班主任队伍迅速成长。杜娟老师 2017 年 8 月参加了由魏书生老师主办的第一届"书生杯"演讲大赛，获得了一等奖，并被聘为讲师。这次比赛之后，很多培训机构在假期里邀请她到学校交流，她也很愿意去分享和学生发生的温暖故事，并在一路的分享中结识了很多优秀教师。站得高，看得远，我们和悦班主任的眼界在逐渐提升。

5. 青蓝结对共同体，术业专攻，薪火相传

教育的希望在青年教师身上，青年教师的迅速成长是学校发展的需要，也是学校领导和骨干教师的责任。学校充分利用了校内山东省特级教师、青岛市名师、青岛市教学能手、学科带头人等资源优势，采取师徒结对帮扶的措施，促进了青年教师的发展，实现了全校教师的和悦共进。

学校每年入职的新教师都比较多，为了更好地促进新教师的专业化成长，使其尽快熟悉业务，有效提高教育教学质量，学校制订了新教师培养方案，新教师根据自愿选择和学校调配相结合的原则，与优秀教师结成师徒关系，签订青蓝工程师徒结对承诺书。

学校每年都会举行"向着教育更深处漫溯"新教师专项培训会。每周两次，每次两小时，新教师会主动留下来聆听学校有丰富教学和管理经验的老教师传授经验。2021 年新教师专项培训内容涵盖了班级管理、教学妙招分享、家校共育、智慧教育等多个领域：

袁晓丽老师以《"次"语文老师的反思和感悟》为题，别开生面地从备课、上课、作业、复习四个方面系统地阐述了她的教学理念和教学小妙招，并对新教师提出两点建

议：多学习，整合利用各种优质资源，认真研究教育教学工作；向优秀教师学习，不断提高自己的业务能力。

五年级优秀班主任刘凯华老师以《班级常规在生长》为题向新教师分享了他的班级管理经验。刘老师提出了“人尽其才，按需用人”“帮助孩子经营自己的人设”等与时俱进的教育理念。最后，刘老师以《毛竹向上生长》的故事激励新教师扎根小学教育这片肥沃的土壤，努力向上生长。

王赵玥老师做了题为《凭风借力，用心去做》的班级管理分享。作为一位有着多年丰富的班级管理经验的教师，王老师从常规管理、家校共育和班级管理三个方面给大家做了详细的分享，让在座的每一位教师都受益匪浅。

张雯雯老师给大家做了《语文教学的“隐形的翅膀”》的分享。张老师从四个方面分享了如何做好语文教学工作：利用好小老师，利用好加分制，利用好奖励，利用好“畅言晓学”。张老师在“畅言晓学”提到的分层作业，强调对不同层次的孩子有针对性地布置作业，值得各位教师借鉴。

刘婷婷老师以《有效每日反馈》为题，从自己的教学经历出发，结合具体案例，别开生面地为新教师讲述了与家长反馈的重要性，并向大家提出了两点建议：用真心和爱心来经营班集体；与家长的反馈贵在坚持。

薛敏老师以《如何打造高效有趣的课堂》为题，分享了她的教学金点子。她从为什么要打造高效有趣课堂、如何打造高效有趣课堂等方面系统阐述了自己的教学理念和教学经验。她指出，高效有趣的课堂要让学生喜欢学、能学会和学得好。尤其是对低学段的学生，要做到吸引其注意力，多用游戏带动、评价激励，让课堂变得更加高效有趣。

特级教师苗文芝以“做好教学那些事”为切入点，结合自身丰富的教学经验，以新教师课堂教学视频实录为例，对新教师如何打造高效课堂这一问题提出了独到的见解。她要求，新入职教师要明确目标、提高要求，严格要求自己，学会主动发展、全面发展，对标先进榜样，为学校高质量发展增添一份力量。

每次培训会后，都有一个智慧分享交流环节，各位新教师纷纷主动和大家分享入职以来自己的班级管理经验和教学心得。通过系列培训，新教师学习了经验，汲取了智慧，以良好的心态迎接工作，为培养更多优秀的和悦少年增砖添瓦，为创造双语小学教育集团的美好未来贡献力量。

6. 教师假期学习共同体，创意套餐，量身定做

寒暑假既是一个学期结束后的休整期，也是教师学习成长的主要时期。为进一步提高学校教师的业务能力，促进教师专业素养的持续提升，提升学校教育品牌影响力，每学期结束后，学校都会结合实际工作开设教师假期发展课程，见下表，打造教师学习共同体，形成教师读书、研究、学习的浓厚氛围。

教师假期发展课程

假期课程项目名称	课程内容	项目负责人	活动方式	评价方式
班主任智慧团队	学习优秀班级管理理念，讲教育故事，分享教育金点子	焦淑慧	共读班级管理的书籍和听取相关报告，共同体成员一起打卡学习，写读书感悟	完成1篇读书感悟、2篇班级教育故事
青年教师成长团队(2017年入职以来的青年教师)	利用假期时间按照市区对青年教师的要求夯实基本功	马素霞	① 负责人带领大家学习新课标，共读一本新课标理念解读的书； ② 研读下学期教材，选择下学期的一课模拟讲课和说课； ③ 至少看5节本学科的名师课	提交模拟讲课、说课文字稿和视频
“一师一优课”打磨团队	利用假期精心打磨一节下学期所教学科的课	陈绪东	① 负责人带领大家学习新课标，共读一本新课标理念解读的书； ② 至少看5节本学科的名师课； ③ 在共同体内交流自己的教学设计思路，分享自己的理念	提交一节打磨成熟的教学设计、课件和模拟讲课稿
智慧教育学习团队	利用假期研究信息技术与课堂教学的融合以及相关专业知识	郭良晓	① 负责人带领老师共读一本书，在共同体内打卡分享读书体会； ② 每个人选择下学期的一课设计一个信息融合课例	① 提交学习体会； ② 提交一节认真打磨的信息融合课课例和一个课件
干部读书团队	假期内共读一本书，时刻学习，实现迭代成长	李健	发起人带领领导干部共读一本书	提交共读书读书感悟
骨干教师提升团队(工作10年以上的教师可选择)	假期内读一本教育书籍，静下心梳理自己多年的教育教学经验、教育教学主张，重新规划自己努力的方向	张俊慧	发起人带领教师深度思考，分享教育智慧，形成教育教学主张	完成一个教育案例或者一篇论文，初步形成自己的教育主张

2023年寒假，对于教师发展课程，学校创意地实行了套餐制，为不同需求和不同发展期的老师量身定做课程套餐。教师可以根据自己的需求，选择课程套餐，找到适合自己的学习共同体，深入开展学习研究活动。以下是必修课与选修课的具体内容：

(1) 必修课程(3项)。

① 读好一本书。每天坚持读书，提升教育理论水平，共读陶继新的《好家教成就好未来》，开学后上交一篇600字以上的读后感，交教师服务中心评价。

② 研读《义务教育课程标准(2022年版)》。精读新课标内容，逐字逐句认真阅读，想明白如何去做，在教学中如何实施。观看各学科主任推荐的有关新课标内容的视频或者名师课例，让新课程如《葵花宝典》一样，牢记于心，随时可以指导自己的教学。学习

内容记录在听课记录本上，开学后与常规项目一并检查。

③ 做一个小课题。从自己的教育教学实际出发，从问题出发，确立自己的研究小课题，根据青岛西海岸新区教科院课题申报的有关要求，拟写一份课题申报书。

（2）选修课程（自选 2 项）。

学校提供菜单式、个性化学习课程，教师根据自己的年龄、专业发展需求等选择 2 个适合自己的学习团队，参与课程学习与开学后的评价。

（二）松散型发展共同体

1. 与同级学校组成的共同体

双语小学教育集团还特别注重与同级学校组成共同体。为全面提高课程教学水平，双语小学教育集团特聘请山东省教育科学研究院课程中心主任张斌博士领衔的专家团队，科学地指导集团项目组成员开展有效教学、设计课程，综合提升集团教育质量。2020 年 11 月 28 日，在西海岸新区双语小学悦动馆举办了“课程教学改进计划”启动仪式暨第四联合体专题报告会。

2022 年 7 月 15 日上午，青岛西海岸新区教育科学“十四五”规划 2022 年度小学数学课题开题论证会在线上顺利举行。青岛西海岸新区教育和体育科学研究院教研员薛建香、郑玲玲、郑克凤老师作为论证专家莅临指导，青岛西海岸新区双语小学、凤凰岛小学、寨里小学、红军小学、兰亭小学的课题主持人及成员参加了本次会议。此次开题论证会为课题研究指明了方向，使课题组成员明晰了课题研究的思路，对于即将开展的课题研究充满了信心。

2. 与高校及科研机构组成的共同体

共建“体育美育教学基地”是深入贯彻落实习近平总书记提出的全面加强和改进学校体育美育，坚持以文化人、以体强人、以美育人，提高学生的审美能力和人文素养的要求，是弘扬中华体育美育精神、不断增强文化自信的实践，是新时代加强学校体育美育建设，努力培养德智体美劳全面发展的社会主义建设者和接班人的一次探索。2021 年 12 月 21 日下午，在双语小学悦动馆举行了山东科技大学艺术学院与青岛西海岸新区双语小学共建“美育教学实践基地”揭牌仪式。在到场领导的共同见证下，两校正式签署了共建“美育教学实践基地”合约，这标志着两校正式开启互助发展、共育共建、优质资源共享等方面的合作与交流。

健康的心灵是幸福的源泉。为了更好地培训全省的心理健康教育兼职教师，实现学校之间资源共享、思维碰撞，山东省教育厅主办、聊城大学教育科学学院承办的“山东省小学心理健康教育兼职教师培训项目”启动了。我校心理团队承接了学校经验交流的任务，并于 2022 年 1 月 16 日上午进行了线上经验分享，受到了好评，也加强了与有关机构的联系与合作。

学校还与北京师范大学、华东师范大学、中国石油大学（华东）、青岛滨海学院、青岛黄海学院等多所高校建立了合作，共同推动学校各项工作向更高层次发展。

3. 与国外学校组成的共同体

双语小学与芬兰勒耶耳文学校签订了友好学校合作意向书，为培养学生的国际视野架起了桥梁。2023 年 11 月 4 日，世界知名经济学家、生态活动家、“蓝色经济”模式创始人、零排放研究创新基金会（ZERI）发起人、“典赞•2019 科普中国”十大科学传播人物冈特•鲍利到双语小学给学生上了生态环境教育示范课，不但开阔了学生的国际视野，而且为中外教师交流提供了新的平台。

第五节 研训、展示、晋级，班主任从优秀走向卓越

教育部颁布的《关于进一步加强中小学班主任工作的意见》明确指出："班主任岗位是具有较高素质和人格要求的重要专业性岗位""做班主任和授课一样都是中小学的主业，班主任队伍建设与任课教师队伍建设同等重要"。

班主任是班级的大家长和第一责任人。学校精心选拔具有教育教学情怀，能力、责任心强的教师担任班主任，为学校教育教学质量的提高及学生的幸福成长提供了强有力的保障。根据各个学段学生的实际情况，在分配班主任时，学校倾向于将年轻班主任分配到低年级，将教学经验较为丰富的班主任分配到高年级。各个年级实施"青蓝结对"工程，学校为每名新班主任一对一配上师父，以老带新，以新促老，新老共进，形成合力，共同走向卓越。

一、研训

每个学期初，学校统一规划本学期班主任培训课程，有班主任例会等常规培训，有班主任沙龙等主题培训，也有为新班主任量身打造的三级培训。学校还建立了名班主任工作室，依托"六爱三雅"特色德育课程，依据学情分学段组建课题团队，促进班主任专业化成长。

（一）常规培训抓底线

作为班主任，要有一双善于发现安全隐患的眼睛，有危机意识，还要有化解矛盾的能力，要懂得如何正确解决学生之间发生的问题，引导学生提高自我管理能力以及养成良好习惯。为此，开学初，学校会举行学期初班主任培训会，主要培训全体班主任注重学生行为习惯和学习习惯的养成，抓班干部管理，抓监督员职责，抓学生课间管理，抓班级卫生管理，特别要紧绷安全之弦，强化防溺水安全、防欺凌安全、心理健康安全、交通安全、社会主义核心价值观、劳动技能等教育，从"十个好习惯"入手，做好家校沟通和家庭教育指导，与任课教师互相配合，筑牢安全防线，将学生的养成教育落到实处。学校每隔一周召开班主任例会，主要是针对班级学生的安全意识、习惯养成、文明礼仪、常规管理等问题进行细致入微的培训。特别是安全培训，是所有培训工作的重中之重。

对于新参加工作的班主任来说，最头痛的当数开家长会了。学校每学期都会组织至少两次家长会，如何在全班家长面前做到自信、从容，如何科学、严谨地对学生进行点评，

让全班家长信服你、支持你、帮助你，这些也是家校沟通常规培训的重中之重。首先，学校会给班主任进行整体培训，包括要讲什么内容，注意哪些问题，用怎样的语气、方式，创设哪些问题与家长进行沟通。随后，老班主任示范，新班主任逐个过关。班主任在级部主任的带领下，在有经验的班主任的示范下，认真学习优秀班主任的语调、神态，甚至手势及眼神，逐字逐句地进行学习。校领导也会到场对他们进行指导。

在多方的培训、陪练、指导下，新班主任成长特别迅速，他们在家长会上能够自信地与家长进行交谈，用专业的教育理论与家长进行沟通，从而赢得家长的支持。

（二）主题培训强技能

学校经常举办班主任系列主题培训活动，邀请专家、学者、律师以及优秀班主任等在班级常规管理、班级安全事故处置、问题学生转化等方面进行现场指导和经验传授。

2021 年 12 月，刘敏律师为班主任进行了学生安全管理与安全事故处置专题培训。她以真实案例引出安全话题，对完全民事行为能力人、学生侵权责任规定、学校责任认定等概念进行解释，详细解读了《青岛市中小学幼儿园安全风险管理工作指南（试行）》和《教育部等五部门关于完善安全事故处理机制　维护学校教育教学秩序的意见》。各位班主任认真聆听，潜心学习，记录下自己的收获和反思，满载而归。主题式培训的方式帮助班主任快速成长，年轻班主任李晓蓉老师在培训反思中写道：

> 刘律师的培训就像一场及时雨，让我明白了，我们不仅要做好班级常规管理，遇到问题还要理性对待，在安全的环境中进行处理，有温度地管理，有尺度地沟通。感谢学校的良苦用心，这样的班主任共同体真是我们这些年轻班主任的智囊团啊！

除了“引进来”，学校还特别重视给班主任创造“走出去”的机会。2021 年 11 月 19 日，双语小学教育集团三个校区的班主任代表在党总支部学忠书记的带领下，前往胶州市北京路小学交流学习，开启了为期一天半的“以培训交流促发展，争做智慧型班主任”主题培训活动。家校合作专家管相忠从懂孩子、懂家长、懂家庭、懂教育、懂自己开始，引导班主任学会家校沟通的科学与艺术，提高协同育人能力。心理专家高睿老师对班主任进行了心理沟通技巧的培训，引导班主任会休息、会工作、会生活，感受生命的美好。济南市历城区礼轩小学孙宁老师就如何建设有凝聚力的班集体，介绍了自己打造“英雄联盟”班级管理模式的探索实践，为班级管理提供了新思路。针对一天所学和心中疑惑，教师们在晚上分小组、分专题进行了座谈讨论。11 月 20 日，小组长将本组交流的成果进行了汇报，大家思想碰撞思想，收获颇丰。

（三）三级培训助成长

学校建校短，年轻教师多（班主任队伍中有三分之二是年轻班主任），在处理班级学生问题、家长问题中缺乏经验，落实学校布置的工作任务时无从下手。鉴于此，我们采取了以下三级培训方式，帮助班主任迅速步入正轨，帮助他们快速成长。

1. 直击问题精教研——级部培训出实效

级部主任每天早晨会到各个教室进行巡视，发现问题及时在群里进行叮嘱，让新班主任学习老班主任工作亮点。每周，级部主任会定时召开级部班主任会议，针对一些重点问题，例如学生安全、学生常规、学生管理及家校沟通等方面进行集体教研，及时解决问题。会上，老班主任会无私地分享自己的带班经验，手把手地教新班主任如何进行班级管理。

2. 应该这样做班主任——校级培训增实效

每个学期，学校都会针对新班主任进行“应该这样做班主任”培训，开展班主任沙龙活动。一个班主任一定会遇到无数的管理困惑，有来自学生的，有来自家长的，也有来自学校的。那如何正确处理这些困惑呢？我们在新班主任培训中设计了“你的困惑我来说”这一环节。新班主任提前写好困惑，在会议中说出困惑，由学生服务中心主任和级部主任及骨干班主任给予解答，也可以新班主任之间交流自己的看法。在新班主任培训中，最值得一提的是“头脑风暴现场办公”这一环节。如果有的新班主任对班级座位划分、班级卫生保持、班干部选拔任用等方面有疑惑，学生服务中心主任就会领着新班主任到优秀班主任的班级里现场观摩，让新班主任在实操中得到锻炼。被观摩的班主任既解决了别人的困惑，也可以使自己在帮助别人的过程中教学相长，在班级管理中做得更好。

3. 提升理念再出发——全国大讲堂赋新知

班主任的专业成长和发展是班级管理水平提升的关键和必要条件。作为一名班主任，不能闭门造车，要向全国大师学习，学习新的管理理念，进行新的实践探索，要研学不止、蓄力提升。

比如，2023 年 7 月 20 日，全国名班主任大讲堂在济南市高新区海川中学正式开班。五台山西路小学的骨干班主任们在学生服务中心赵广红主任的带领下一行 12 人与来自全国各地的 500 多名教师相聚会场，为班主任和德育工作再赋新能。

在为期三天的会议上，班主任们收获了来自江苏、陕西、广东、浙江、上海等全国各地的 10 余位全国模范教师、名班主任等的经验分享和理论碰撞，聆听了《特别的爱给特别的你》《好学实用的班级积极教育 12 招》《理解与践行的班级美育》《以心育心，用爱培育生命之花》《教育的底线是深不可测的》专家报告，观摩了“努力现在，收获未来”“打造魅力微班会”“发现道歉语言”等多场班会课。每位班主任都认真观摩思考，做了学习笔记，并在会议间隙集中研讨、反思交流自己的创新工作。

回校后，骨干班主任们精心准备，向全体班主任分享了外出学习的收获，对全校班主任的工作创新做了引领。

二、展示

班主任是班级组织的教育者、管理者和引导者。班主任工作对班级的组织状况和教育质量起决定性作用。我们的班主任获得成长的途径，不仅包括各种培训，也包括大量的比赛和活动。学校每年都会举办班主任节、一班一品展示以及其他多种形式的班级活动，以此来促进班主任在实战中成长。

（一）传经送宝大讲坛

为进一步加强班主任队伍建设，解除班主任工作中的困惑，整体提升班主任专业化管理水平与技巧，学校定期举办优秀班主任论坛。每位教师以班主任日常工作中体会最深的事例，围绕学生，展开事情，论述观点。要求切入点小，事例具体，观点鲜明，可操作性强。各年级内先进行评比选拔，然后每个年级推荐两名优秀班主任代表，参加学校层面的展示活动。2023 年 9 月 9 日，学校推选六年级马国禹、孟晓老师以《有这么一支和悦队伍》为题，在双语小学教育集团教师节庆祝大会暨集团表彰大会上发言，向大家介绍了稳扎稳打、拼搏忘我的六年级班主任团队，让集团所有班主任和教师都深受启发。

（二）家访连起同心桥

为做好家校共育，沟通必不可少。沟通是构建良好人际关系的桥梁和纽带，沟通讲究技巧，也是一种能力的体现，良好的家校沟通能力能够优化家校关系。

很多家校矛盾源于老师与家长的沟通太少和沟通方式不当，这对孩子的教育很不利。家访就是老师和家长沟通学生在校、在家的学习、生活表现，达成教育共识，提高家校育人合力，促进学生健康成长的活动。

下面是牛庆艳老师的一篇家访日记。

小昊身上有很多优点，比如热爱劳动、善良，可是，让家长和老师头疼的是，他学习消极被动、拖拖拉拉、粗心大意、浅尝辄止，学习习惯非常差，遇到一点困难就抓耳挠腮要退缩，情绪不稳定，和同学之间时不时闹点矛盾。

我在和学生家长以及学生本人坐在一起沟通的过程中，发现了这个孩子内心深处的自卑。他的爸爸年龄比较大，平时对孩子不闻不问，妈妈比较严格，经常批评他，孩子觉得自己一无是处，严重自卑的心理状态让他无论是在学习方面还是在人际交往方面，都是消极被动的。因此，我就如何提高孩子的自信给出了一些建议。首先，作为家长，在生活中要放大孩子的优点，不要光盯着孩子的学习成绩看，孩子在其他方面有了成就感，这种自信心会迁移到学习上。其次，建立积分奖惩制度，我会把孩子每天的表现尤其是进步的地方与家长沟通，孩子也可以自己跟家长汇报在学校被表扬的情况，家长根据老师和孩子的反馈给孩子进行积分，累积到一定分数，可以满足孩子的一个心愿。这个积分奖惩制度，家长和孩子都很认可，也表示会积极执行。

家访之后，我重点观察了小昊的表现，小昊学习的积极性有所提高。有一次小昊跟我说："老师，被表扬加分的感觉太爽了。"还有一次，小昊说："老师，我用积分赚了一个大榴莲。"小昊的脸上洋溢着快乐与自豪。虽然小昊的表现不太稳定，但是，他的进步是显而易见的。作为老师，我会继续创造条件，让小昊多一些被肯定的机会，重建他的自信。他的成绩也许不会特别棒，但内在的自信会让他在以后的成长路上多一些快乐的体验，多一些阳光的色彩。

家访如同搭建起了家校沟通的彩虹桥，一颗满载师爱与热诚的心与另一颗充满期待的心相遇、碰撞、相融，从此携手共筑孩子美好的明天。

（三）夸夸我们的班主任

为了更好地彰显班主任工作嘴勤、手勤、腿勤的"三勤"特点，肯定班主任的工作，展示班主任的耀人风采，增强学生尊重班主任、理解班主任、热爱班主任的情感，建立和谐、融洽的师生关系，全校举行了"夸夸我们的班主任"主题活动。一、二、三年级学生采取绘画形式，四、五年级学生采取征文形式，通过夸自己的班主任，体会做班主任的辛劳，珍惜班主任的劳动，知道感恩，学会做人。各班评选出两篇优秀作品，上报学生服务中心。学校成立专门的评审小组对报送的作品进行量化评定，设一、二、三等奖若干名，获奖作品在公众号上统一推送。

学生王首涵在征文中写道：

除了父母，您可能是每天陪我最多的人。您教我知识，教我做人，带我展翅翱翔。我取得了成绩，台下鼓掌最多的那个人一定是您。感谢您，我的班主任！我的脑海中浮现出很多温情的画面，也有很多想对您说的话。一次下雨我碰到了您，您便顺路把我送回了家。那时正是我语文成绩最差的一段时间，您和我聊了许多，打开了我的心结。让我印象最深刻的一句话是，您说我是一匹千里马，只是缺少伯乐，以后您就当我的伯乐。您离开时我发现您的肩膀湿了……

（四）一班一品展个性

一个班级要想团结向上、风清气正，一定要有班级文化的引领。开学初，学校会要求班主任进行班级文化的设计，班主任带领家委会代表、学生代表积极思考，创意建设班级文化。这些活动提高了班主任们与家长打交道的能力，也让班主任们明确了自己本学期要打造一个怎样的班集体。班级建设的目标是让教室的每个角落、每面墙壁都能说话，让整个教室充满和悦成长的气息。经过建设，不同班级独具特色的班级文化百花齐放，形成了一班一品的局面。

（五）常规管理显身手

班主任在探索中总结出一套学生自主管理模式——“人人有事做，事事有人管”。学期初，学生自主竞选班级管理岗位。所有岗位认领完成后，学生通过亲自参与制定班规、班训及日常岗位工作，加强自我约束力，增强集体荣誉感，逐渐形成良好的班风，全校展现出健康向上、秩序井然、和谐愉悦的喜人景象。

学校举行“人人有事做，事事有人管”班级常规管理比赛，每个级部准备一个样板班级，由校委会、学生服务中心、级部主任组成评委团进行评选，选两个样板班级进行全校展示，供全体班主任进行学习。级部样板班级在当月考核中加 2 分，校级样板班级在当月考核中加 3 分。

全校性班级常规管理比赛按照各级部班级 3∶4∶3 的比例，评选一、二、三等奖，获得一等奖的班级在月考核中加 1 分。

让我们一起欣赏来自孩子们的自我管理解说词吧！

下面您将看到的是一个努力向上、朝气蓬勃的集体。我们踏实努力，向阳生长。

我们的班级口号是：争分夺秒，勤奋学习，点滴积累，阳光向上。

我们的班训是：学会做人，学会求知。

下面是我们的班干部：

古者世称大手笔，此事不系于职司。我们是班长，为同学们服务是我们的职责。协助老师做好班级一切事务是我们的心愿。

察纪律之行，观运机之动。我们是纪律班长，我们负责维持班级纪律。课间眼保健操时，我们都会和班长一起维持纪律。

矫健身躯突空腾，犹如晨阳天边升。我们是体育班长，体育课和课间操前，我们都会组织同学们站好队，提醒大家轻声慢步靠右行，安静有序并快速地来到操场上。

茅檐长扫净无苔，花木成畦手自栽。我们是卫生班长，我们负责管理班级的卫生，每天早上或中午，我们都会督促值日生打扫好卫生区。

学而不思则罔，思而不学则殆。我们是学习班长，每天早上来到教室后，提醒同学们根据课程表把上课用到的课本、练习本摆放到桌洞的左边，把书包拉上拉链放到规定的位置，准备开始一天的学习。

字如行云流水，人如雪山晶莹。我们是语文课代表，每天我们早早来到学校，为了大家大声诵读；我们是数学课代表……；我们是英语课代表……；我们是综合课代表……。

业精于勤荒于嬉，行成于思毁于随。我们是小组长，负责带领我们小组同学学习，我们会督促书写、检查作业，进行一对一的帮扶，维持小组秩序。

巧者劳，智者忧。我们是小排长，负责我们这一排作业的收发，我们最喜欢说的是：“老师，我们这一排全部完成任务。”

我们的班级文化体现在以下方面。

“六爱三雅”小明星:优胜个人可以把照片贴在这里,向大家展示。此时无声胜有声,这可是对我们的最高褒奖,加油吧,少年!

读好书,做好人:这里展示的是同学们的读书靓影,爱读书的孩子最漂亮,因为腹有诗书气自华。

风采展示:这里展示的是同学们多彩的课外活动。我们要学会学习,还要发展自己多样的兴趣,为自己的梦想点亮一盏明灯。

班级约定:这是我们的班级约定,它提醒我们要养成良好的行为习惯,楼内不跑,见面问好,书本放正,听讲坐好。

绿植养护区:每天陪伴我们快乐成长的还有植物娃娃们,我们像照顾小宝宝一样照顾它们,每天观察它们的变化。看它们茁壮成长,我们也很开心。

合作学习是我们的特色,我们班划分成不同的合作小组,每个组员都牢记合作学习,共同成长。

学习方面我们互相帮助,小组内有成员听写出错或遇到不会的题,我们都会耐心帮助,直到他学会,人人争当自主好少年。

纪律方面我们互相监督,若发现有一名同学不遵守纪律,我们就用眼神或手势提醒他,人人争当行为自尊好少年。

卫生习惯很重要。我们要搞好个人卫生,做到教室里垃圾不落地,人人争当安全自护好少年。

读书不觉已春深,一寸光阴一寸金。每天我们按照老师的要求读书打卡,人人争当做事自信好少年。

铁不冶炼不成钢,人不运动不健康。我们坚持体育锻炼打卡,人人争当健康自强好少年。

我们的班级合作小组评价表包括的内容可多了,比如学习、纪律、卫生、作业、日常表现等方面都在进行量化。

我们上课回答问题加一分。

我们午休安静加一分。

我们小组织认真加一分。

我们学习组队加一分。

……

我们的故事还有很多。

比赛活动很好地规范了学生的行为习惯,锻炼了学生的意志,增强了学生的集体荣誉感,提高了学生的自觉性和意志力,有效地推进了班级德育常规工作,班主任的专业能力也显著提升。张蔓老师和薛琳老师的班级获得区“优秀班集体”的称号,李亚楠老师的班级获得青岛市“三星章”班级。

三、晋级

为加强班主任队伍建设，调动班主任工作的积极性，促进班主任的专业化发展，我们通过班主任职级管理，推进班主任梯队建设，有力促进班主任团队整体建设。具体做法如下：

（一）创新职级管理，搭建晋升阶梯

我们根据班主任实际，将班主任定为五级：见习班主任、初级班主任、中级班主任、高级班主任、首席班主任。

我们强调，做班主任的基本条件是：热爱教育事业，爱岗敬业，有高度的责任感；热爱班主任工作，关爱学生，既教书又育人，受到学生欢迎；有较强的沟通能力和组织管理能力；学习教育法律法规，不断提高依法执教的水平；学习班级管理理论，不断提高组织管理能力和水平。

以上五级，每一级首先要满足基本条件，然后根据专业条件认定班主任的职级档次。基本条件注重班主任的师德和教育观念，专业条件注重班主任班级管理实绩和德育科研成果。

我们制定了各个职级班主任的申报和评选标准，由低至高依次如下：

（1）见习班主任。

在本校担任班主任工作不足一年。

（2）初级班主任。

① 在本校担任班主任工作满一年及以上。

② 评价得分 N 达到 75 分。

（3）中级班主任。

① 在本校担任班主任工作连续三年或累计五年及以上。

② 评价得分 N 达到 80 分。

③ 能团结本班任课教师共同管理班级，上学年班主任考核在级部前四名。

④ 近一年内有区级及以上德育文章发表或获奖。

⑤ 注重自身的专业化成长。

（4）高级班主任。

① 在本校担任班主任工作连续五年或累计七年及以上。

② 评价得分 N 达到 85 分。

③ 上学年班级考核和班主任考核均在级部前两名。

④ 近一年内有市级及以上德育文章发表或获奖。

⑤ 注重自身的专业化成长。有丰富的管理经验，形成了自己的班级管理特色。

（5）首席班主任。

① 在本校担任班主任工作连续七年或累计九年及以上。

② 评价得分 N 达到 90 分。

③ 三年内班级考核总评都是优秀，上学年班级考核和班主任考核均在级部前两名。

④ 近一年内有省级及以上德育文章发表。

⑤ 注重自身的专业化成长，形成了自己的教育思想。有优秀的管理经验，形成了自己的班级管理特色。

⑥ 在青蓝结对工程中所带的徒弟专业素质明显提升。

这让全体班主任看到了自己持续发展攀升的阶段性目标，激发了他们成长的内在潜能。

（二）成立评聘机构，制订评聘方案

学校成立了以执行校长为组长的班主任职级评审委员会，由学生服务中心具体负责，学校工会协助，负责班主任的学期和年度考核、绩效核算，职级评审结果由班主任职级评审委员会复核，认定后公示。

学校制订班主任职级管理方案，经过向全体教师征求意见和半年的模拟核算等验证，不断修订完善，最终正式形成班主任职级的申报、评审与认定方案。

（三）完善评聘程序，申报认定公示

评审工作包括个人申报、学校认定和公示。每年九月份，班主任上岗后个人自主申报，申报材料包括《班主任职级申报表》、发表文章原件、班主任任职等其他评价证件。职级评审委员会根据申报材料和评定条件进行综合评估认定，认定结果在全校公示三天。班主任职级任期从当年班主任职级聘任开始，到本学年第二学期结束。

（四）量化评价分值，侧重工作实绩

班主任职级评价公式：$N=A+B+C+D+E+F$。

其中 A、B 为基本分，A 是 班主任工作年限分值（10 分），在本校担任班主任工作的年限每年加 1 分。B 是上一学年班主任考核成绩分值（70 分），根据《双语小学班主任考核公约》考核成绩，对两学期考核成绩之和进行折算。评教分值包括 C（学生家长评价 2 分）、D（教职工评价 8 分）、E（领导干部评价 10 分），分别以 1∶4∶5 的比例加入总评，各项核算公式是：个人认可度 / 最高认可度。F 是受到上级主管行政部门班主任系列表彰分值，分全国（10 分）、省级（5 分）、市级（2 分）三个级别。

（五）完善分值计算，处理现实问题

在认定过程中出现的特殊情况，比如对学校做出突出贡献的，或者接手别人的班级

后班风有明显好转，得到家长和学校高度认可的，经校委会研究决定可酌情加分。对出现严重失误的，降低一个等级发放职级津贴。对有乱收费等违规办学行为的，根据校委会查实认定情况，做出相关处理。

（六）权利义务捆绑，促进团队发展

学校实施教师自助餐式培训工程，把培训当作教师的福利。特别是高端培训努力向优秀的班主任倾斜。此外，大力落实青蓝结对工程，充分利用优秀班主任资源，发挥传、帮、带作用，促进班主任队伍整体发展。比如首席班主任的权利和义务是：优先推荐参加省级以上班主任培训和外出学习；优先推荐参加区级以上评优活动；有义务担任校级班主任培训工作，有义务带 1 或 2 名年轻班主任；积极推动本校德育课题的研究。

（七）津贴分配发放，激励主动成长

班主任费包括两部分，一部分是基础费用，另一部分是绩效费用。首席班主任、高级班主任、中级班主任、初级班主任和见习班主任的绩效费用分配系数为 2.5∶2.0∶1.6∶1.3∶1。

几年来，班主任职级制管理大大促进了班主任专业化成长，提高了班级管理效能。杜娟、蔡萍两名班主任进入区名班主任工作室，积极发挥自己的辐射带动作用；邱慧、李月凤、张晓雯等展示区班队会优质课，并取得一等奖的好成绩；焦淑慧、杜娟、李华等展示区家庭教育指导优质课，并取得一等奖的好成绩；李晓蓉获得区师德演讲比赛一等奖、区青年教师基本功大赛二等奖；朱悦获得区青年教师基本功大赛一等奖、青岛市青年教师基本功大赛一等奖；贺非非获得区师德征文比赛一等奖；薛琳获得道德与法治区级优课；2023 年，孙冯冯荣获青岛市班主任基本功大比武一等奖，是新区唯一一个一等奖。

第六节 压担子、搭台子、闯路子，锻造中层干部

学校中层干部是在学校组织结构中处于中层管理岗位的领导干部，是学校的中坚力量，在学校管理中扮演着重要角色。他们能够深刻理解和执行学校的工作部署，负责学校日常管理和组织运作的具体实施工作。作为学校领导层与基层教职员工之间的桥梁和纽带，他们需要具备良好的沟通能力、组织能力和创新能力，能够有效地协调各方利益，为学校的发展提供支撑。

打造一支高素质、专业化的中层干部队伍，是我的重要工作之一。中层干部大多是教师中的骨干，他们不仅是我们集团的人才，更是青岛西海岸新区乃至党和国家教育事业发展的宝贵人才。为党育人、为国育才，我们采用压担子、搭台子、闯路子的方式锻造他们，努力督促他们成长。

一、压担子

干部成长没有捷径，铁肩膀是重担子压出来的，只有经风雨、见世面，才能壮筋骨、长才智。

2014 年刚来到双语小学时，吕焕龙只是一名普通教师。我发现他踏实能干，有一定的领导能力，就根据他的特点，给他压担子，不断地给他提供更具挑战性又能发挥其特长的工作机会，为他搭建更高的成长平台，一路将他从普通教师培养成中层干部，又提拔他为副校长。

2018 年，因学校教学质量突出，特色显著，一年级新生报名人数剧增，现有校舍已远远不能满足学生入学需求，新一年级只能外出借校就读。因为要到较远的地方创办独立性较强的新校区，所以得安排一名有能力、有闯劲的中层干部过去，是压担子，也是锻造学校干部。当时任学校行政服务中心主任不满两年的吕焕龙还很年轻，但我们非常看好他，就安排他着手建设新校区。可是，大部分新生家长不愿意让孩子远离心仪的双语小学到新校区就读（上下学都要乘车，耽误不少时间），众多新生家长便联合起来，连续几个昼夜上访。吕焕龙带领 42 名教师与家长线上斗智、线下斗勇，全程用心关爱、用情共鸣、用理沟通，终于成功实现到外借校就读的方案，让家长放心地把孩子送入新校区。入学后面对新校园里面社会企业过多、人员混杂、校车安全等诸多问题，习惯了听命干事的他倍感艰难，很不适应。好在他责任心强，又善于团结同事，发挥大家的智慧，逐渐由开始的“每事问”，到后来独立支撑那个校区的日常管理，克服了重重困难，顺利地完成

了整个级部的学年借校就读任务。吕焕龙的肩膀也日渐硬了起来。

2019 年，双语小学教育集团又接手创建五台山西路小学，在外借读的一年级也可以到这所自己的新校就读。鉴于吕焕龙率队在外借校就读期间的优秀表现，我就又给他压担子，让他协助我处理该校区的日常工作，着手开展新学校文化规划设计。临近开学，部分家长对新学校空气质量有质疑，对分流到新学校的抵触情绪非常大，又是上访，又是恫吓。吕焕龙不负众望，在化解危机中发挥了重要作用。此后在创建新学校中他成绩显著，被任命为五台山西路小学执行校长，具体主持五台山西路小学的日常工作。经过四年的发展，该校教学质量已名列新区前茅，智慧教育特色更是走在全省前列，全国知名，吕焕龙也成长为能独当一面的校长了。

学校通过以下方法给领导干部压担子，让更多干部在长期的实践中磨炼自己。

（一）竞争上岗

学校采用公开竞聘、竞争上岗的方式，确保把最适合的管理岗位留给愿意干又最适合干的人。学校在竞聘前先明确中层干部的岗位职责、竞聘条件和具体要求，包括学历、工作经历、专业技能、特点特长等，确保竞聘者具备必要的素质和能力。个人报名之后，再经过资格审查、民主评议、个人述职答辩，由学校党组织进行考察、集体讨论研究后最终确定拟任人选。资格审查注重干部能力，关注干部德行，个人述职时要求干部脱稿，层层选拔，目的就是挑选出最适宜的优秀干部。

2023 年 12 月，学校组织中层干部岗位竞聘，集团共有 16 人报名。韩易晓老师工作积极有爱心，主动作为有创新，深受学生、家长的喜爱和认可。在竞聘学生服务中心副主任一职时，她从“德育工作基础化”“共情能力艺术化”“宣传文字常态化”“踏实耕耘求真化”四个方面，谈到了她对德育工作的设想：

工作 8 年来，我有 4 年的班主任工作经历，4 个多月的级部主任工作经历。我想用 4 个字来概括对现在工作的认识：心、学、带、拓。一个“心”字心系学生，一个“学”字提升素质，一个“带”字抓好队伍，一个“拓”字创新工作。在了解、接触、熟悉了学生服务中心的工作体系、基础业务、中心工作之后，大致将其总结如下：“德育是宏观概念，多样思想教育是关键；安全、卫生、纪律三点一线，抓班级常规管理常态不变；违纪学生屡触红线，聚焦制度严格纪检，真情引导家长助力是成长关键；班主任、导师培训定期上线，完善制度管理方便；计划、总结、成长记录常态多面，材料上报、资料整理加班加点。”“我坚持用八大沟通原则——真诚自然、换位思考、尊重理解、真实反馈、适时沟通、耐心灵活、好话直说、难听话巧说。”“希望未来的自己，不是去后悔三十而立的年纪一事无成，而是去欣慰自己在该奋斗的年纪做了能做的、该做的所有事。学校的发展或许不会因为缺了你、缺了我而无法运转，但是，却可能因为有了你、有了我而更好。”

（二）明确岗位职责

学校每学年都会给领导干部明确并细化职责范围，帮助中层干部更好地履行职责，推动各项工作有条不紊地开展。各处室在年度计划中为自己设定工作目标和绩效指标，学校根据各处室设定的目标建立绩效评估机制，并提供培训和支持，实施过程中落实问责制度。

对学校中层干部的职责范围进行明确界定，可以通过制定明确的职责说明书或工作清单来实现，确保每位干部知道自己在学校中的具体职责和权限。

（三）签订目标责任状，压实阶段责任

为了明确责任，学校中层干部每学年、每学期都会设定清晰的工作目标和绩效指标。这些目标和指标与学校的整体目标与发展规划相一致，可量化、可实施、可实现，确保了各项工作符合实际又具有一定的挑战性。学校每学期与执行校长、副校长签订目标责任状，执行校长与各处室、各年级服务中心签订目标责任状，层层细化、层层落实，为的就是将学校发展目标落到实处。

2022—2023 学年第二学期教师服务中心就设定了这样的目标：在校内质量检测中，班级数较多的年级服务中心，班级平均分差距不超过 4 分。班级数在 6 个以内的年级服务中心，班级平均分差距不超过 3 分。利用好骨干教师、党员教师的带动作用，带动年轻教师快速成长，提升教师的教育教学素养，推出市级一师一优课 5 节以上，市级公开课 3 节以上，区级及以上优秀案例 3 个以上。

（四）提供培训和支持

为了用心培养干部成长，学校为中层干部提供菜单式培训和支持，包括领导力培训、管理技能培训、沟通技巧培训等。通过培训和支持，提高他们的能力和素质，也帮助他们更好地履职尽责。

2021 年 11 月，双语小学教育集团举行干部素养提升活动，集团内全体干部齐聚青岛市崂山区。本次活动共分为“参观交流”“诗意生活”“专家引领”“教学质量”“管理经验分享”“重点工作及问题解答”和“领导嘱托”七个板块，旨在提高学校干部的政治觉悟和政治素养，提高干部的管理能力和协调沟通能力，致力于集团化办学。

会上，双语小学教育集团的干部们主要针对两个问题进行了研讨：

（1）发自内心地进行评价：你对自己的工作满意吗？打多少分？为什么？

（2）结合自己分管的工作，梳理一下你遇到的根本性困惑，让大家来帮你。

学校共收到了领导干部的 90 多个问题和困惑，分为四大类：德育和家校沟通问题、学生综合素养及艺体发展问题、教学质量与特色发展问题、智慧教育问题。经过一个晚上两个多小时的交流，大家出谋划策，集思广益，为集团的发展和干部的成长解决实际

困难。各项目组负责人对汇总的问题进行逐一解答，同时对重点工作进行了部署。

（五）严格绩效考核

学校建立了有效的绩效评估机制，分为管理绩效模块和学术绩效模块，用于评估学校领导干部的工作表现和个人成长表现。学校定期召开月度、季度和学期干部评估会议，通过绩效考核、述职、360 度反馈等方式对所有领导干部进行绩效评估。通过评估，及时了解每位领导干部在实现目标和履行职责方面的具体表现，为他们提供明确的反馈意见和改进方向，指导干部履职尽责，不断从优秀走向卓越。

（六）严肃问责追责

学校建立了明确的问责制度，确保领导干部对自己的职责和行为承担责任。设立奖惩机制，对履职优秀的领导干部进行表彰和激励，同时也明确了干部违规行为的处理措施，促使中层干部更加认真地履行责任，推动学校的发展。目前学校有《处室考核公约》《年级服务中心考核公约》《学科组、备课组考核公约》《艺体专项考核公约》等多项领导干部考核公约。其中《年级服务中心考核公约》中明确规定："各年级服务中心的考核成绩每月 5 日前公示；每学期根据月考核平均成绩，确定前三名为先进年级服务中心；在季度考核和年度考核中，将年级服务中心月考核成绩作为重要依据，优秀名额向先进年级服务中心倾斜。将本年级服务中心三个月考核成绩的平均分的 50%，个人教学业务考核成绩的 50%，作为年级服务中心主任的季度考核成绩；年度考核成绩则由年级服务中心考核成绩的 45%，年级服务中心主任个人教学业务考核成绩的 50%，校委会评议的 5%组成。"在《处室考核公约》中明确规定："各分管领导（校级）考核成绩为分管处室平均分。"通过一系列的公约制度将年级服务中心主任、中层领导干部、校级分管领导连成一线，结为一体，充分发挥各自的优势，互相督促，实现学校管理的高效化和最优化。

二、搭台子

学校领导干部成长是需要一定的舞台的。我就想方设法为他们搭台子，让他们在"石上磨"，在"刀上练"。

（一）赋权，让其做主角

搭台子的办法之一，就是赋予学校领导干部一定的特殊职权，把他们推向舞台中央，让他们在充分发挥潜能、尽情展示实力中锻炼成长。

2023 年 3 月 3 日，五台山西路小学要承办青岛市智慧教育现场会，我找到特级教师王立新，让他担任这次重大活动的项目组组长，赋予他统筹协调整个集团各个校区、各个部门的人、财、物等资源的权力，代行集团总校长的职权，筹备所有现场会工作，我则任副组长，从旁边辅助他。他不负众望，带领团队提前深入调研，集思广益，制订方案，明确职责，保证各个项目、各个环节都责任到人。在整个筹备过程中，他积极主动协调，定期召开各部门调度会，对于出现的问题敢于担当，不推诿、不逃避，与各项目组的负责人共同面对，最终呈现了令人震撼的效果，得到了与会的教育部、山东省教育厅和青岛市教育局领导的高度认可，来参观的兄弟学校同仁更是惊叹不已、赞不绝口。

学校中层干部是学校管理层的核心力量，对学校的发展和进步起着重要作用，赋权意味着给予学校领导干部更多的权力和责任，让他们成为学校管理的主角。随着双语小学教育集团规模的不断扩大，我赋权给各校区执行校长，让执行校长大胆处理学校各项事务。各年级服务中心师生人数急剧增加，通过对年级服务中心主任的进一步赋权，使管理重心真正下移到一线，让在一线的年级服务中心主任成为真正的“指战员”，做学校管理的主角，彻底激发他们的工作动力和创造力，让他们能够更加主动、灵活地响应变化，及时采取行动。假期课程、六一大集、结业课程、表彰大会、运动会、家长会等活动，都是由学校制订总体方案后，再由各年级服务中心根据学生年龄特点、师资配备等级部实际情况再次策划设计，确保活动更符合本年级服务中心学生的特点。

（二）协调，营造互助合作生态

在学校管理中，领导干部的协调与合作至关重要，他们互帮互助是促进团队合作和整体发展的关键要素。通过建立良好的互助生态，学校领导干部共同成长、相互支持，为学校的发展注入了强大的动力。

秉持只有团队作战，学校和个人才能走得更远，才能更好地为学生的成长和发展服务的理念，通过周前会、干部读书会、线上碰撞会等方式创建各种交流平台，共享资源和经验，使领导干部之间了解彼此的需求、困难和想法，互通有无，相互启发，形成相互支持的意识和行动。通过重大活动、重要工作、重要时期的目标引领，分工合作，互相支持，培养合作精神。日常工作强调共同价值观和团队目标，也注重表彰和激励机制，引导领导干部形成密切合作、互相支持的生态，让智慧碰撞和涌流，为学校的发展和进步注入源源不断的活力。

（三）拓展，提升领导力素养

拓展领导干部的成长平台，提升他们的管理能力是学校发展的必然要求。由于学校快速发展成为名校，因此被教育行政主管部门安排的外来学习活动（国培计划、地方名校长名师培养安排等）逐渐增多。我们就借此机会搭建领导干部成长的平台，有计划、有侧重点地安排我们的领导干部给参观学习、挂职学习的人员做报告、搞讲座、做“导师”，让我们的领导干部“教而后知困”，促使他们经受锻造，增长才干，提高能力水平。

腾召春校长就担任过挂职干部的“导师”，他根据前来我们集团挂职干部的个人特点和组织需求，为其制订合理的参观和学习规划，定期与挂职干部进行交流，了解其工作进展和遇到的问题，及时调整规划，确保其挂职工作顺利进行。同时，他根据挂职干部的需要，为其安排有针对性的培训课程和学习计划，提升其专业能力和综合素质。苗文芝、薛敏、刘婷婷、李如燕、代美芹等多位中层干部都曾与挂职干部分享学校的特色发展和个人成长收获，并从中提升了自己的领导力素养。

学校餐厅管理存在就餐人数不固定、采购管理难规范、工作环节程序烦琐等问题，是学校的棘手难题之一。

为破解这些问题，后勤服务中心闫凤景主任带领她的团队，自主开拓，盯上了集团智慧教育大平台，多次求助学校信息服务中心，多次与家长代表协商，多次与餐厅研讨，并请有关专家帮忙，融合智慧教育，用和悦智慧赋能餐厅管理，创建了智慧食育、智慧食谱、智慧验货、智慧后厨、智慧评价、智慧结算、智慧监督的和悦智慧餐厅管理七部曲，创新性解决了餐厅管理的棘手问题，提升了餐饮水平，家长满意度得到很大的提升。闫主任自身的开拓与领导力也大有提升。

2023 年 3 月 10 日，带着对智慧教育的高远设计及寻标、对标、超标的无限期望，我带领双语小学教育集团的部分领导干部来到上海，开启了“智慧逐梦”之行，以期使我们的和悦智慧教育既符合国家标准，又对标高端设计，最终超标走在全国前列。教师服务中心张晓主任在还未返程时就进行了深刻的反思并制订出了自己下一步的相关工作计划：

1. 对智慧巡课工作进行一定的调整，增加过程性监督管理步骤，创新设计各环节教师得分，让数据真正发生，让数据真正说话，让数据真正服务于课堂，让数据真正促进师生成长。

2. 各学科组组建集备团队，进行一次深入的集体备课，将单元集备推广到各备课组，把单元集备作为日常教研的常态。调整教师备课内容，增加新课标分析，并进行定期检查和反馈。

3. 加强各学科教研活动，通过学科教研活动，研读新课标，研读《山东省教育厅关于印发山东省中小学课堂教学基本要求（试行）》的通知，学习区教科院下发的教学手册，用规范指导教师常规，用常规撬动教学质量。

4. 抓好教师培训工作，发挥骨干教师的带动作用，促进教师专业化发展，建立教师梯队发展的长效机制。

我们的领导干部就是这样，抓住每一次机会，在集团搭建的平台上主动提高领导力水平。

三、闯路子

闯路子，就是学校领导干部充分利用一切有利条件，积极主动地为自己成长发展创造条件、开辟道路。

（一）校内奋力开创

从普通教师到科室主任，从教学小白到青岛市教学能手，葛赟赟主任的成长最具代表性。

2016 年，带着梦想，她坚定地选择了双语小学。头三年，她在教师服务中心工作，负责全校教师的排课调课、全校学生的学籍管理、全校教学成绩分析、教师考核统计和十个班的信息科技教学工作和科技辅导工作。她主动学习，对领导安排的任何工作都努力干好，超出领导的预期。她设计制作的全校教学成绩分析系统一直沿用到现在。

2019 年，她被调到五台山西路小学，负责信息服务中心工作、科技辅导和十二个班的信息科技教学。建校初期，好多紧急的事情凑到了一起，学校智慧校园平台的调试和教师使用培训，信息教室的设备配置和环境美化，学生学籍的迁移，无人机社团的训练，等等。她上完课就带训练，晚上才得空在群里向家长进行训练反馈，批改学生的编程作业，对晚上 10 点多、11 点多回家习以为常。她的敢于担当感染并带动了整个智慧化管理部门的同事，促使他们提高工作效率和工作质量。

我校特色为智慧科技，主要由信息服务中心负责，她作为处室主任，担负着学校特色发展的重任。她勤恳踏实，创造性地开展工作。她从研究智慧教育的理念入手，深入了解信息技术在教学中的应用。她参与构建了我校和悦智慧教育体系，实现了教育全方位智能化设计与学生全面发展引领。

在她的努力下，学校的信息科技社团课程从无到有，从单一到多元。她亲自设计并开设了多门富有创意和实践性的课程，如编程、机器人、编程无人机等，这些课程不仅激发了学生的学习兴趣，也极大地丰富了校园文化生活。她主持创建的十大人工智能社团，培养了学生的探索精神、创造性思维和创新能力。她指导的“智慧消防”社团教学案例获青岛市中小学创新创业优秀教学案例。她助力学生在社团活动中练就核心素养，在人工智能创意中体验未来的美好。她组织并培训信息科技比赛，为学校获得多项荣誉。初次组队的无人机编程团队、机器人团队、头脑奥林匹克团队都在比赛中取得了省、市一等奖的好成绩。五台山西路小学 5 年来有 879 人次在全国省、市、区各级比赛中获一、二、三等奖，她功不可没。

机会是留给努力奋斗的人的，只有足够努力，才会足够幸运。这世界不会辜负每一分努力和坚持，时光不会怠慢执着而勇敢的每一个人。她的努力和付出，为她赢得了更多成长的机会。

她有机会参加《中国互联网发展报告》全国交流研讨会并发言，她有机会到山东省教育科学研究院参加山东省基础教育教学改革项目论证研讨会，她有机会在教育部教育信息化教学应用实践共同体项目验收中代表青岛西海岸新区出示人工智能展示课，她有机会在青岛市人工智能教育推进现场会现场发言，她有机会在计划单列市“5 + 3”

城市群深化教育教学改革线上研修班中出示展示课，她有机会在山东省市、县级教师培训管理者高级研修班中进行我校“五线三级三达标”整校推进策略的汇报，她有机会参与两项国家级课题和一项省级课题的研究……所有看似偶然的机会，都是她一直努力的必然结果。

带着一股不服输的精神，她用 8 年完成了专业成长与华丽转身。2022 年，她的课被评为山东省中小学精品课一等奖第一名，她参与建设的智慧校园荣获青岛市智慧校园建设应用特色学校（引领型），她带领创建的和悦 AI + 创客空间获评青岛市第二批中小学科技创新实验室，她带领的学校信息科技教研组获区数字化工作先进教研组第一名。2023 年，她被评为青岛市教学能手、青岛西海岸新区优秀教师；她的案例入选全国中小学教师信息技术应用能力提升工程 2.0 典型案例。2024 年 1 月，她的课例获评中央电教馆“中小学人工智能教育教学‘特色案例’”，她被评为区教育数字化工作优秀教师。入职以来，她获得各类赛课证书 31 项，如青岛市一师一优课一等奖、青岛市融合优质课一等奖、区优质课一等奖等；参与国家级课题研究 2 项，山东省重点规划课题 2 项，市课题 2 项，主持区课题 1 项；辅导的学生有 879 人次在全国省、市、区各级比赛中获奖，致力于学生信息科技素养的提升，是新区的“最美科技工作者”。

（二）校外不断开拓

2014 年 6 月 30 日，我和程梅、孙雷三人组建双语小学筹建小组，开启了双语小学的发展之路。程梅是双语小学教育集团的元老，也是双语小学的功臣之一。经过在双语小学 4 年的磨砺，她由办公室主任快速成长为副校长。2018 年，双语小学虽然才建校 4 年，但是各项工作已经走在新区教育前列，万达集团邀请我创办在星光岛建设的学校，也正式开启了双语小学集团化办学的大门。

因为程梅干练、自律，特别是管理方面，她要求细、标准高、格局大，所以我委派她任星光岛小学执行校长。她在星光岛小学尽职尽责，创新担当，为这所新校的文化建设、质量提升、特色发展都打下了坚实的基础，闯出了一条高效、高质的新校发展之路。

2020 年，鉴于程梅在个人品德、管理能力、家校沟通等方面的优秀表现，青岛西海岸新区教育和体育局任命她为一所百年老校——青岛经济技术开发区实验小学的校长，又因为她在双语小学有集团化办学的履历和丰富经验，任校长不到一年，又被分配了一所农村小学，实施集团化办学。她任校长以后借鉴双语小学教育集团的管理模式，坚持双语小学教育集团的工作作风，抓牢教学质量这一主线，坚定特色兴校这一理念，两年的时间就让这所百年老校焕发了新的活力，教学质量走在全区前列，篮球特色更是走向了全国。

她在重回双语小学时，讲述了她和悦的日子。

旅程
——和悦的日子

尊敬的杨校长，尊敬的邵书记，亲爱的双语小学、星光岛小学和五台山西路小学的小伙伴们：

大家下午好！

按杨校长要求，我以《旅程——和悦的日子》为题来汇报2014—2020年这6年的成长经历，不当之处，请杨校长批评指正！

这里阳光普照，生机勃勃，这是双语小学，我全力以赴奋斗过的地方，有我的贵人、我的战友、我的印记，这里是我永远的软肋。在这里，有我生命中一段精彩的旅程，2 213个闪亮的日子，记满了我21本工作日志的经历。下面我将从偶遇、风雨、改变、上岛、回归和暂别6个部分一一来分享。

第一部分　偶遇

2014年6月30日，是我和双语小学结缘的日子。在教育和体育局的办公地点，我第一次见到杨校长，感觉个子高、调门高、素质高、热情。那天我睡得很晚，在微信上我写下了"改变，突如其来；接受，别无选择。做更好的自己，加油！"那天我的工作日志上记下了双语小学最初的师资、配备和第一项工作——招生。

认真告别，认真开始！7月3日早上巡视工地时，才真正与过去告别。8月7日完全融入新环境。每当坦然开启新的旅程，都印证了"人生没有白走的路，每一步都算数""风起于青萍之末，厚积而薄发；浪成于微澜之间，久伏而高飞"。

2014年8月16日，双语小学首届教师读书会上，杨校长、孙校长和我，我们三位核心组成员拍了一张合影。2020年8月13日，我带着实验小学的干部到星光岛学习时又拍了核心三人组的合影。对比两张合影，前后6年，感觉每个人都变成了大长腿，印证了教育人永葆青春的事实。这6年用过的笔记本，大大小小21个，2 213页。笔记本的最后是2020年7月22日，我以双语小学执行校长身份工作的最后一天截至早8:00的新生报名人数、下步证件审核规划、对群众满意度的关注、对"学习强国"学习情况的掌握等。最后一行，是李主任的灵魂拷问。从56名到161名教职工，从1校到3校组团，我亲眼见证了双语小学的发展壮大！在双语小学，最受用的是被尊重，尊重正气、尊重有为、尊重公正、尊重简单、尊重创造、尊重积累。百花齐放、百家争鸣，越努力，获得的平台越大！于是我和小伙伴们创造了一个又一个的双语小学第一次。第一次安排和悦选修课，1 000多名学生、58门课程、师资配备、教室规划，我们创造了加班至凌晨2点多的纪录。第一次教职工表彰会"开往春天的和悦号"上，我们制定的目标戳中杨校长泪穴，我撰写颁奖词，薛鹏、良晓主持，教师代表美芹和学生代表韩硕颁发领头雁奖牌，我们合作达成目标。在第一次招生时，难忘李月凤面试到说不出话，难忘孟晓、张晓、宋春我们夜以继日，难忘孙校长路远迢迢买回的辛安鸡肉串的味道，难忘陈云友主任在车家岭一个单元一个单元地发招生简章，难忘薛鹏校长孤零零地站在路边守招生摊，这些坚守的“原始股”，现在成了副校长、中心主任、年级主任、毕业班骨干教师，都拥有了更高的平台。世上没有白费的努力，也没有碰巧的成功。只问耕耘，莫问收获，走着走着花就开了！

第二部分　风雨

曾有小伙伴好奇地问我:“杨校长批评过你吗？”嗯！六年来，我一共被严厉地批评了两次，也是仅有的两次，这两次都是在担任行政服务中心主任期间：第一次因为设岗，后来证明是误会；第二次因为在杨校长召集的干部会上有干部多次迟到。第一次批评给了我较大打击，我产生了离开的想法，直到局里一位领导来双语小学做我的工作，让我安心跟着名校长学习，好好提升自己，才顿感以自己为中心、给领导添麻烦的歉意。这件事让我学会换位思考、低调做人。第二次批评让我学会尊重，尊重个性差异，把工作做得更细致。俗话说人生不如意事十有八九，挫折是一笔财富，在成长中不可或缺，受不了一时苦，忍不了一时辱，怎能有今后人生的精彩？关键是想出解决问题的办法，在解决问题中越挫越勇！

第三部分　改变

“改变”是2014年之后与我最匹配的词语！尤其是2018年之后……

改变发生在2017年7月25日，产假后返岗的我没有感觉到任何征兆，杨校长宣布我的分管工作从行政、德育调整为德育和艺体。理由是一个好的干部得熟悉学校全部工作，也就是老人常说的“围着锅沿转一圈儿”。当时感觉挺突然的，也挺难以接受和一直相处融洽的焕龙、美芹、成慧分开的现实。但后来的经历无情地告诉我，这点改变才哪儿到哪儿。

我从两人办公室搬到八人的学生服务中心。说实在的，无论是前一年还是这一年，我真的是“身在曹营心在汉”，只是挂了分管的虚名，感受到了学生服务中心的“最温馨、最团结、最高效”的工作氛围，感谢薛鹏校长、焦淑慧主任的理解和支持，德育工作尽量不打扰我，让我把全部精力都投入并不熟悉的艺体工作中，并且在艺体工作需要时拔刀相助。在一个团队里，先有共性，后有个性。学生服务中心有个姑娘，家境优越，个性突出，在学校布置楼梯文化时，我临时授命她为组长，她所显现出来的责任感和组织领导能力，让我刮目相看。这个看似难相处的姑娘，把自己分管的活干得利利落落，她专业发展目标清晰，还特别热心助人。这就是团队的力量，它能改变一个人，它能因为每个人的小改变凝聚起大能量！

第四部分　上岛

付出：

2017年1月24日(腊月二十七)，我来到星光岛，参与星光岛小学创建。

2018年12月,新区儿童启蒙中心建设施工。

收获:

孙峰主任领导下的家委会团队“主外”,给孩子们争取了机会、资源。家校合作获得家长的一致认可。

承办杨世臣名校长工作室开放日活动,迎接来自青岛市的300名校长参观。

迎接世界水大会外籍专家参观。

和石校长一起第一次登上山东广播电视台《启路未来》节目,分享我们的和悦教育和影视特色。

中国教师报与星光岛小学共建的全国校长(教师)发展学院落户星光岛小学,作为讲师给来自全国的校长们分享星光岛小学的文化,第一次挣到劳务费。

获得一师一优课省课、区优质课一等奖。

第五部分　回归

2019年又是一变!做梦也没想到的是我还能再回到双语小学,双语小学教师和学生的零头都比星光岛小学多,在双语小学做执行校长不能和在星光岛小学一样。这一年感谢杨校长树立威信,他多次在开会的时候说我就代表他,我的决定就是他的决定,这给了我很大的底气。感谢幽默风趣的滕校长帮我长着眼神儿,感谢“肚子是委屈撑大的”鹏哥,感谢“在家上耳子导致手疼的”李健,感谢双语小学的所有干部们。老马,抽测那段时间晚上梦中是否有我?俊慧,我要求那么细你适应不?传真,我那么温柔的独裁你怀念吗?是你们的支持让我一路走来感触颇多,受益也颇多。其实一群人简简单单地开始,简简单单地工作,你的活儿你干好,我的事儿我理清楚,大家简简单单挺好!

回来之后从停车文化到新教师三课,从教师节给小伙伴准备礼物,再到看台、楼道、校门口的维修和文化建设,处处是细节,处处是创意,处处体现节俭。滕校长、凤景每天来了转保安、校园绿化、安全隐患。薛校长带着学生服务中心,7:00组织家长志愿者上岗,查班主任到岗,组织孩子们进校,分工不分家,从容忙碌着。林校长、良晓团队每天转课堂,犹如昨日。遇到产假导致的缺人危机,让刚刚经历了生死还处于吃流食阶段的淑慧回来,改上高年级的英语课,我也是下了好大的决心……这一年让我深刻地领悟了“理”的力量、团队的力量和简单的力量!充分地把权力放给中心主任、年级主任,让离炮声最近的人去指挥,而不是在办公室里凭空想象。我送给实验小学干部的第一本共读书中强调“现场、现物、现实”,我的工作更是如此,刚到新单位,摸清现实,身临现场,获得第一手资料再做决策,在继承中创新和发展!

这一年,在全体双语人的共同努力下,我们取得了骄人的成绩,局属小学综合考核第四,我们代表新区迎接青岛市的开学抽验。我本人对老师是很严格的,对于管理也是容不得沙子,但是2019—2020学年的两次师德考核,我都是第一。这让我很是欣慰,证明咱们老师是很正气的,咱们干部是努力的、得人心的,我们干的老师看得到,领导看得到，家长也看得到。

我走前学校最后一个荣誉是教育部颁发的中外国际交流特色学校，这一年学校获得了青岛市示范家长学校、青岛市精神文明校园、四星级阳光校园、全国网球特色学校等。这些都是团队的力量、百花齐放的结果。

然而遗憾，不能与最强团队一起努力，只能默默祝福。

第六部分　暂别

2020 年 7 月 23 日暂别。

2020 年 8 月 13 日“回门”的温馨、温情、温暖。杨校长召开专题会，他带领星光岛小学的班子在校门口接送，吕环海的“催泪弹”、孙峰的“彩弹”，杨校长的“远程导弹”，三弹合一，让我的眼泪一直不停。

暂时离开，且行且珍重。

因为我，大家知道了，在北城区有个学校叫青岛经济技术开发区实验小学，我在那里，你在这里，我们一起为梦想全力以赴！

欢迎杨校长带领我们三个学校的小伙伴到青岛经济技术开发区实验小学走一走，看一看！

第七节　民主、多元、激励，评价赋能成长

教师的主观能动性和专业成长力直接影响着学校的办学质量和发展速度。和悦教师评价制度是教师共同约定而成的考核标准和细则，对教师的教育教学工作具有很强的导向作用和约束力。和悦教师的评价是以唤醒教师内在发展需求，激发教师工作热情，促进教师专业成长，激励教师主动展示才华、追求卓越、完善自我、和悦发展为根本目的的。

一、民主

（一）民主制定公约

学校对教师的评价是一种依据目标、重视过程、及时反馈、促进发展的公约性评价。

学校基于个人教学考核，共同协商制定出台《双语小学教育集团课堂常规及评价标准》《双语小学教育集团备课公约》《双语小学教育集团听评课公约》《双语小学教育集团推门听课公约》《双语小学教育集团巡课公约》等考评细则，由教师服务中心组织全程监督指导，对教师日常工作的每个环节进行细致的考核与反馈，公平公正，民主和谐。

（二）民主实施公约

在实施过程中，学校严格按照“过程与结果并重”的管理思想，注重过程和阶段考核，不以一次考核结果定终身。

和悦教师评价体系坚持用发展变化的眼光来看待教师备课、上课、批改作业、课后辅导等静态工作，又能结合教师的动态发展变化情况进行评价考核，赋予和悦教师源源不断的工作动力。学校与教师共同分析、认识现有的实际情况并做出横向比较，既清楚教师现在的实际水平，又兼顾教师在一段时期的发展变化，肯定教师所取得的成绩。教师通过对发展前景的展望，看到美好的未来，认清前进的困难与差距，从而明确努力的方向。

和悦公约体现了奖优与罚劣相结合的原则，如在师德考核中，师德考核结果作为岗位聘任、专业技术职务评聘、评先树优的重要依据：师德考核优秀者，有资格被推荐成为各级师德标兵；师德考核不合格者，年度考核定为“不合格”等次，实行师德一票否决，取消一切评先树优资格，不能晋升职务。在对教师的考勤中，学校每月设全勤奖，并与当月绩效工资一并核算发放。在对教师能、绩等方面的考核中，除了常规工作外，还有11

个加分项和6个扣分项，考评总成绩作为评先树优、教学质量奖发放依据，与教师的考核绩效直接挂钩。

（三）实施民主监督

学校实行党组织领导下的校长负责制。学校党支部全面领导学校工作，充分发挥党组织的政治核心作用、战斗堡垒作用、监督保障作用。凡属重大问题的均按照集体领导、民主集中、个别酝酿、会议决定的原则，由学校党组织会议集体讨论做出决定。

在各项公约实施过程中，鼓励教职工代表大会、学生会、家委会等组织定期对学校制度的执行情况进行监督检查，并不断完善学校制度体系；利用信息技术手段，建立学校管理信息化平台，提高管理效率，从而提高民主监督的质量和效果。

二、多元

（一）评价内容多元

学校评价是为了检查和鉴定教师是否履行了工作职责，其工作表现和工作绩效是否与学校的期望相当，以便对教师做出奖励和惩罚。教职工平时考核主要参考和依据教职工德、勤、能、绩四个方面的日常表现，每月一结，每季度一考核，并进行鉴定。学校将所有教职工分成一年级、二年级、三年级、四年级、五年级、六年级、艺体、信息、校级干部、处室干部、级部主任、处室人员12个组，根据三方面的考核成绩，确定每个组前40%的教职工为“好”等次。

1. 德

学校每季度的师德成绩严格按照《双语小学教育集团师德考核方案》进行考核计算，每月一结，每季度一汇总并公示。

师德考核分为日常考核和学期末评议两部分，采取百分制，日常考核占50分，参照《双语小学教育集团师德考核量化积分标准》，对违反师德规范的行为量化扣分；学期末评议占50分，分为3个层面，教职工互评占15分，学生（家长）评教占15分，师德考核小组评议占20分。

2. 勤

为规范学校常规管理，严肃工作纪律，保障正常的教育教学工作秩序，学校对上下班，上下课，全员育人值勤，教职工例会，升旗仪式，假期值班及学校通知参加的各种教研、培训和活动等均进行考勤。全体教职工必须自觉遵守考勤公约，不迟到不早退，不旷工不误课，有事先请假，准假后安排好相关替岗人员后方可离校。无公务联系不串岗、不闲谈，不做与教学无关的其他事情。

每季度的出勤成绩严格按照《双语小学教育集团教职工考勤公约》进行考核计算。

每周一公示，每月一结，每季度一汇总。学校每月设全勤奖，与当月绩效工资一并核算发放。

病、事假（时间以一周为限）按《双语小学教育集团请假流程》执行，由本人事先提出书面申请，经相关人员同意后，安排好教学、全员育人值勤、班主任等相关工作后方可离校。请假时间在 2 天以内（包括 2 天）的由教师自行调课，2 天以上且自行调整不开的由教师服务中心统一调整。教职工请病、事假一年内累计不得超过 15 天，超过上述期限的，年度考核不得评为优秀。当月累计请假 4 节以内（含 4 节），不扣分，不算全勤，没有全勤奖；超过 4 节，事假每节扣 0. 25 分，病假每节扣 0. 15 分，一天按 8 节计，如请假时间在 2 天以内且未能自行安排好教学、全员育人值勤、班主任等相关工作，事假每节扣 0. 5 分，病假每节扣 0. 3 分；请假一节以 20 分钟为界，20 分钟以内（含 20 分钟）为半节课，20～40 分钟为一节课。

有下列情形之一不扣发全勤奖，并依据国家相关规定执行：

（1）特假：婚假为 3 天（连续 3 天，包括婚礼当天）；直系亲属（父母、配偶、子女）去世，丧假为 3 天；公婆或岳父母去世，丧假为 1 天；产假为 158 天（男职工享受 7 天陪产假）。

（2）流产：女职工怀孕未满 4 个月流产的，享受 15 天产假；怀孕满 4 个月流产的，享受 42 天产假。

（3）哺乳：1 年时间（从孩子出生到孩子满一周岁），每天享有两个 0. 5 小时的哺乳时间，也可以将两个 0. 5 小时合为 1 小时，具体时间段教师根据个人实际情况安排。

（4）接送孩子：仅限于接送幼儿园段的孩子，早晨可在晨诵之前到校，下午可比下班时间提前 10 分钟离校（上述时间不包括学校各种会议、重大活动，学校会议、重大活动以学校下发的通知为准）。

（5）子女结婚：教职工子女结婚准假 1 天。

3. 能、绩

每季度的能、绩严格按照《双语小学教育集团教学人员考评公约》中的相关规定进行考核，由基础性工作、发展性工作、教学质量和选修课工作组成。学校每季度将《双语小学教学人员考评公约》中已经在本季度完整实施的项目得分汇总并公示，作为各位教师本季度能、绩的考核成绩。除此之外，为了激发教师的工作热情，学校还特别设立了以下加分项：

（1）担任学科主任的，根据学期工作完成情况加 3、2、1 分。

（2）参加学校组织的社团教学的，根据工作开展情况加 3、2、1 分。

（3）在学校组织的各类论坛交流中作为代表发言的，根据质量从高到低依次加 1、0. 8、0. 5 分；在国家、省、市、区级各类论坛会议交流中发言的分别加 5、4、3、2 分。

（4）参与区级以上课题研究取得成效的，经校委会研究加 3、2、1 分。

（5）在学校自编书评选中获奖的，根据获奖等次从高到低分别加 2、1、0.5 分。

（6）担任区督导评估 B 级和 C 级指标的教师所分管的指标获得全区前三名及其他位次的分别加 6、5、4、3 分。在督导评估各项指标中被抽测到的教师获得全区前三名的分别加 3、2、1 分。

（7）在各级组织的其他各项工作中表现突出的，经校委会研究决定酌情加 1～6 分。

（8）在继续教育过程中被评为优秀指导教师或者优秀学员的，按国家、省、市、区级分别加 3、2、1、0.5 分。

（9）新接班的，在同级部中综合分每上升 1 个名次加 2 分，10 分封顶。

（10）获得市、区级拔尖人才的分别加 4、3 分。

（11）获得非教学方面荣誉表彰的，经校委会研究酌情加分。

（二）评价主体多元

评价主体多元是指在评价过程中，由多个主体共同参与评价，以提供更全面、客观的评价结果。这些主体主要是指教师、学生、家长。根据不同的评价内容和目的，选择合适的评价主体。

1. 教师评价

教师评价分为教师自评、教师互评和教职工代表评。

教师自评即教师依据学校设定的评价指标，结合自身工作情况开展的评价。学期末，每位教师都会填写个人师德（信用）考核鉴定表，对个人师德诚信、经济诚信、学术诚信进行评价，找出亮点和不足，制定下一步改进措施。

教师互评主要包括师德互评和教学互评两方面。教师互评是指教师以师德、教学等各方面的考核细则为评分标准，利用信息科技手段，通过线上评价系统对其他教师各方面的工作进行打分评价。

我校教职工代表是经过非常严格的民主程序推举出来的。每一位教职工代表都师德好、业务强、威信高，除了在关系到教师切身利益的重大事项上进行监督审议外，还对学校的领导班子及老师的评优树先进行监督评议。每学期，学校都会召开教职工代表大会，对学校领导班子所有成员进行评议，并为每一位领导班子成员生成详细的分析报告，便于领导干部自查自省，更好地提升干部的管理力和执行力。

2. 学生评价

学校会组织学生先学习评教标准、评教流程后，再规范、引导学生客观评教。学校不定期地通过学生座谈、随机访问、下发调查问卷等不记名的方式调查学生对于某一门课程的喜爱程度、对某一门课程学习的困难，尤其是对于任课教师的满意度。对学生评教结果低于监控目标限值的，要求学生在评分的同时列出教师存在的问题并给出改进建议。

3. 家长评价

家长评价主要是通过召开家长会、与学生家长座谈、发放征求意见信、发放线上线下调查问卷等方式，从师德师风、课堂教学、辅导作业、关爱学生等方面对教师的教育教学工作进行测评。

三、激励

激励就是激发、鼓励每一位教师的内驱力，推动每一位教师从优秀走向卓越。

教师评价事关学校的整体发展，更与每一位教师的个人职业生涯息息相关。教师评价结果对教师的评优树先、绩效工资发放、职称评定和干部提拔等起重要作用。

（一）评优树先

学校坚持“注重实绩，参考评议”的原则。校级所有评优树先奖项必须要有具体的参评标准，其中最重要的依据是教师学期考评量化成绩，原则上使用评奖前两个学期的成绩。部分业务奖项主要参考业务表现和成绩。推荐参加上级评优树先奖项，还要参考民主评议结果，要让优秀经得起群众考验，经得起时间考验。

评优树先工作坚持“组织把关，一票否决”的原则。所有评优树先工作都要由校长办公会研究开展，由校长任组长的领导小组和分管校长任组长的工作小组负责资格审查，参评时间段内存在有悖师德情况的，出现安全问题的，考核排名落后、有弄虚作假现象的，不得推荐参评。

（二）榜上有名

1. 夸夸我们的老师

好教师是夸出来的，好成绩就要亮出来。学校设立了“夸夸我们的老师”照片墙，上面详细记录了教师的获奖情况、教育格言和优点。学校还设立了“榜样老师”荣誉墙，介绍优秀教师取得的荣誉，这对教师是一种鼓励，也让更多人了解学校优质的师资。

和悦教师特别善于抓住机遇，磨炼自己。每当有各级各类比赛或活动时，教师们都会踊跃报名，报名人数通常会远超推荐名额。报名教师随即建立自己的研磨团队，反复演练，精益求精，争取最好的成绩。教师服务中心组织人员对教师进行层层评选，选择最优教师参加更高层次的比赛。所有参赛教师的最终得分由专业项目得分、日常教学质量得分和对学校的贡献度得分三部分组成。评委现场打分，当场公布结果。通过层层选拔，教师“以赛促练”，提升了自己的理论与实践水平。

2016 年，区新教师优质课比赛设一等奖 4 名，我校教师薛敏、薛超占据两席。2019 年，在信息技术与学科融合优质课比赛中，学校推荐的 5 位教师均获区优质课一等奖，葛赟赟老师的课例获青岛市一等奖，马国禹老师的课例被推上省优质课平台。2020 年，在教育发展研究中心组织的“停课不停学优秀网课案例征集活动”中，全区共有 39 个课例突围，参加上一级评选，我校葛赟赟、刘婷婷、牛庆艳、熊玮、张蔓5位教师的课例脱颖而出，约占全区突围人数的1/8。

2021年，在青岛西海岸新区优质课比赛中，我校韩丽、杨琨、王林林、段丽、侯立旺、杨珂、王姝、张晓雯、杜娟、徐殿宝、熊玮、张晓老师均获得区优质课比赛一等奖。其中韩丽、杨琨、王林林、段丽、张晓雯、张晓老师被新区推荐参加青岛市优质课比赛，张晓老师的课获青岛市一等奖。

2. 媒体宣传树形象

学校开展了“爱与责任”“师爱是阳光”“温暖你我，情满双语”等征文、绘画活动，还组织了“和悦师德标兵”“和悦优秀党员”“和悦优秀教师”“和悦优秀德育工作者”“和悦师德先进个人”“和悦十佳师德教师”等评选活动，在微信公众号开辟“树师德·铸师魂”“夸夸我们的老师”“党员勇担当，名师率先行”“和悦巾帼”“优秀班主任”等一系列专栏，评选身边的师德榜样和工作先锋，在学校内掀起了争做先锋的热潮。学校还特别把校内榜样推荐到各大媒体中，利用社会媒体的宣传力量，树立教师榜样，激发教师工作热情，也产生了良好的社会效应。

（三）绩效工资发放

教师绩效工资由基础性绩效工资和奖励性绩效工资两部分构成。基础性绩效工资主要体现当地经济发展水平、物价水平和岗位职责等因素。学校对遵守工作纪律，履行了岗位职责，完成了学校规定的教育教学任务的教师，按月全额发放基础性绩效工资。反之，视教师考核具体情况相应扣减基础性绩效工资。扣减基础性绩效工资工作由学校研究确定，报区教育局审核后，在发放下一个学期的基础性绩效工资时实施。扣除基础性绩效工资的部分核入本校奖励性绩效工资总额。学校奖励性绩效工资主要体现工作量，班主任津贴主要体现班主任工作情况，政府奖励性绩效工资及其他奖励性绩效工资主要体现教职工工作业绩和实际贡献。学校根据实际情况设立工作量津贴、班主任津贴、中层及以上干部津贴、考核奖及其他奖励，根据教职工的职责、业绩、贡献进行分配。

（四）职称评定

教师职称评定工作屡被推上风口浪尖，其主要原因是教师职称评审过程被认为人为干预严重，没能完全做到公平公正。在双语小学教育集团，我从来没有插手过任何一位教师的职称评定，一切按照公约和职称评定办法进行。学校教师也从来没有因为职称评定红过脸，因为大家感受到的是公平公正。每年到职称评定时，学校高度重视，严格按照上级有关职称评定工作的政策文件和会议要求，结合实际情况，召开全体教师大会，及时、准确、到位地传达文件精神，并成立以校长为组长，书记为副组长，学校其他行政领导和部分教研组长以及负责党、团、队工作的教师组成的职称评定推荐工作委员会，将上级指示精神及时传递给每一位教师，让职称评定工作既能激发教师的工作热情，又能为教师的全面发展提供引导、支持。会上，学校分管人事工作的领导会详细解读教师职称评定工作方案，从指导思想、推荐程序及方法、职称评定条件、公开公示、严格责任追究等方面进行详细说明。学校严格落实“六公开”制度，公开专业技术岗位数量、任职条件、推荐办法、申报人述职、申报人评审材料和被推荐申报人员名单。按规定在单位显著位置张榜公示申报人员信息和举报、投诉受理方式，并将申报人员材料放置在单位公共场所，或发送至学校全体教职工微信群供教职工查验。教师职称评定推荐过程中，学校领导还对教师提出的问题一一进行解答与指导，积极做好摸底、推荐工作，为参评教师做好全方位的服务。

（五）干部提拔

学校中层干部管理实行有限任期制度，教师考核成绩是干部提拔任命的重要参考标准。学校加强对任职干部的考评，所有的中层干部考核工作将在党总支的领导下，从德、勤、能、绩等方面进行考核。每年学校组织对现有中层干部进行民主测评。对于测评结果较好的干部，予以继续任命或提升职位；对于测评过程中出现的问题，及时与相关同志进行沟通，予以提醒或诫勉谈话；对不满意率超过三分之一的，经组织认定确为不合格的，将按规定流程免去现职不再续聘，同时不再享受中层干部待遇。

第八节　领先、领跑、领航，辐射和悦能量

由于和悦教师持续不断地追求卓越，不断地创新发展，快速成长，一方面他们逐渐走向全区、全市乃至全国的前列，具备了做领先、领跑和领航者的资格，另一方面他们在和悦教育思想的引导下，拥有了为教育奉献的大爱精神。因此，和悦教师甘心奉献自己的教学经验、教育心得、教育智慧，为教育事业的繁荣发展勇做领先、领跑、领航者，不断辐射和悦能量，为推动区、市、省，乃至全国的教育发展做出了较大贡献，产生了广泛影响。

一、领先

教师是学校品牌建设的主体，和悦教师在和悦教育思想的浸润与引领下，拔节式成长。和悦教师将和悦教育思想外化于行，使和悦教育思想影响更多人，引领他们和悦共进，同时又进一步内化于心，让自己对和悦教育思想有了更深的理解，更坚定了对和悦教育思想的认同。我在山东省小学联盟理事会上深情地说：

> 我们的和悦教育就是想帮助每一个孩子快乐成长成为卓越少年，帮助每一位教师幸福工作成为和悦教师，帮助每一个家庭温暖有爱成为美满家庭，为教育事业发展、和谐社会建设贡献一份力量。

双语小学建校不到十年的时间，已经在青岛西海岸新区扎下了根，创办成了教育集团，在课程创新、教师素质、教学质量、学生发展、评估反馈、技术整合、校园文化以及家校合作等多个方面，均进入全区一流行列。我们的许多教师都发挥了全区领先的作用：

2018 年，贺非非老师在参加上海交通大学德育校长学习活动时，主动承担起信息宣传的任务，每天晚上工作到 12 点，字斟句酌，反复修改，最终呈现出了非常有文采、有信息含量的宣传信息。活动结束后，带队的区领导张书记亲自给我发短信，表扬贺非非老师勇于担当、精益求精、追求卓越的精神。

2020 年 10 月 29 日，山东省特级教师、区名师工作室主持人苗文芝老师为全区 90 名区级名师培养人选和区级名师工作室成员暨部分乡镇骨干教师，出示示范课“搭船的鸟”后，又面向全区骨干教师做了《从生成出发，扬生命之帆》报告，产生了良好的效果。

2022 年 5 月 6 日，由王立新老师担任主持人的青岛西海岸新区王立新名师工作室启动仪式暨发展规划研讨解析会在线上胜利召开。山东省教育科学研究院信息科技教

研员赵亮主任、青岛市教育科学研究院信息科技教研员陆德旭老师全程参与。启动仪式以“划出一道光”为主题，解析了工作室宗旨、目标和追求，详细解读了工作室三年发展规划，明确了每个成员的职责和分工。

2023 年 12 月 5 日，作为青岛名师建设工程人选、新区小学数学学科教学名师的张晓老师，受区教科院组织安排，赴胶河小学为孩子们呈现了一堂趣味丛生的数学课，她的课深受广大师生喜爱，获得区教科院好评。

2024 年，李如燕老师作为山东省第五批齐鲁名师建设工程人选、青岛名师、青岛市教学能手，成立了区级名师工作室，引领教师发展。

学校教师积极发挥区内领先作用，迄今为止共有 28 位教师参与了外出送教活动，他们用自己的言传身教展现了和悦人的责任与担当。

二、领跑

学校在多个关键领域表现出色，不仅体现在硬件设施、校园环境等方面，而且教育教学、管理服务、文化传承等方面的软实力，都已经达到市级一流的水平。

2019 年 3 月 22 日，青岛市教育局在双语小学教育集团星光岛小学召开全市名校长工作室现场会，重点向与会的全市各地教育局局长、校长推广“杨世臣名校长工作室”的先进经验，我在会上做了《走近教育家的路径》主题报告。

2021 年 3 月，我校林宏名师工作室正式成立，领跑了青岛市很多骨干教师、青年教师的发展。

2022 年 1 月 24 日，受青岛电视台邀请，我做客《校长说》栏目，再次领跑全市名校长的发展。

2023 年，《青岛晚报》发表了题为《给 18 个班级孩子上体育课，他是那个“孩子王”》的报道，讲述的是双语小学副校长孙雷的故事，他支教菏泽，为两地教育搭建了沟通桥梁。他的事迹对全市有关学校领导干部和教师具有引领作用。

2024 年 1 月 4 日，青岛市名师工作室成果汇报现场会在双语小学隆重举行。此次活动由青岛市教育科学研究院主办，青岛西海岸新区双语小学和林宏名师工作室承办。我校教师林宏面向全体参会者介绍了工作室经验，林宏名师工作室成员代表陈艳、张曼、刘利娜、方安娜等作为工作室代表，分别从成长感悟、课题研究、读书、写作、课例打磨、辐射带动等方面做分享发言和汇报。我们的教师情真意切，字字句句饱含深情，领跑了全市教师的成长。

三、领航

和悦教师的综合能力不断提高，名师效应凸显，在全省乃至全国基础教育方面具有了一定的影响力。

我被聘为山东省齐鲁名师名校长领航工作室主持人、山东省省定贫困村小学校长教师培训项目首席专家、山东省首批齐鲁名校长领航工作室主持人、教育部-中国移动中西部中小学校长培训项目专家、“国培计划”中小学名师名校长领航工程基地导师。近年来我先后去过贵州、重庆、云南等多地进行宣讲，介绍学校的办学特色和理念，推广学校的先进经验。

2019 年 7 月 21 日至 25 日，卓越教师成长力特训营在星光岛小学举办，来自 18 个省份的近 300 位校长、教师齐聚星光岛小学。本次活动云集了中国教育报刊社雷振海副社长等十几名教育大咖。我以《走着走着花就开了》为题做了报告，让参会者对教育事业有了新的认识。时任星光岛小学执行校长的程梅，向与会的教师详细解读了星光岛小学 6 + *N* 校园文化的设计理念和实施过程，引领了众多学校的改革。

2019 年 10 月 13 日，第四届基础教育美丽学校建设国际研讨会和第 77 届全国教育装备大会两批参观团，包括来自多个国家和地区的基础教育专家及全国各地代表 200 余人，参观了双语小学教育集团五台山西路小学的校园文化和智慧教育特色课程。学校教师苗文芝做了题为《智慧科技校园，助力学校跨越式发展》的报告，给全国有关教育专家和同行以启发。

2019 年 11 月 12 日，山东省互联网 + 教师专业发展工程 STEAM 教育培训项目暨 STEAM 主题工作坊线下活动现场会在双语小学教育集团召开，我校郭良晓老师展示了她与学生一起研究的 STEAM 教育培育项目，彰显了 STEAM 教育魅力，给全省相关工作的教师以引领。

2021 年 4 月 21 日，中央电教馆教育信息化教学应用实践共同体验收现场会在五台山西路小学召开。葛赟赟老师执教了“探秘‘刷脸’时代”人工智能课，与会的中央电教馆领导及北京师范大学的专家点评认为，这节课是一堂从生活问题到项目学习，从自主导学到小组合作，从智能编程到生活应用的，指向核心素养的信息化课堂，是一堂以学生为中心、基于解决实际问题的人工智能课。

2021 年 7 月 9 日，五台山西路小学迎接了来自重庆的 58 位教育同仁。智慧教育专家王立新为参观团介绍了学校智慧教育开展情况。学生服务中心赵广红主任为参观团介绍了智慧评价工作。教师服务中心主任李如燕为参观团介绍了集团独创的“五步智学法”。王立新为参观团讲解了智课分析系统，参观学习者大开眼界，受益匪浅。

2021 年 9 月 4 日，《中国教育报》第 4 版刊登了我“把 *N* 个学校当作一个学校来办”的集团化办学经验，为全国小学的集团化办学树立了标杆。

2021 年 12 月 5 日，第三期齐鲁名校长和第四期齐鲁名师在线论坛举办。我校王立新老师做了《“双减”背景下的精准教学与大数据分析》典型发言，获得教育部中小学教师信息技术应用能力提升工程 2.0 专家组组长、华东师范大学开放教育学院院长闫寒冰教授的高度评价。

2022 年 6 月，校长智库教育研究院启动了第六届中小学校长、教师云端公益研修，聚焦“好教师、好课堂、好管理、好校园”，探讨新时代教育改革发展趋势与学校教学质量提升和未来学校创建模态，打造“学校行为力量”活动。我应邀担任分享嘉宾，携手集团优秀教师代表向全国的校长和教师们做了题为《培养“和悦教师”，撬动学校跨越式发展》的案例分享，随后苗文芝校长、郭良晓主任、林宏校长、王立新校长依次分享。本次座谈截至目前已经有近 4 万人参与、观看，在社会层面引起轰动。双语小学教育集团的和悦教育理念和创新的教师培养办法以及走在时代前列的和悦智慧教育都得到了广大家长和教育工作者的极大认可。

2022 年 7 月 1 日，全国“5 + 3”深化教育教学改革线上研修班青岛专场在我校召开。本次会议由国家教育行政学院主办，市教育局承办，五台山西路小学在我校智慧教育专家王立新的带领下，作为代表学校进行了专场汇报，向全国校长介绍了和悦智慧教育的技术路线和实现逻辑。

2023 年是不平凡的一年，作为全国 6 所发言学校之一的校长，我在教育部数字教育与数字教研共同体研讨会上做了《和悦智慧赋能学校腾飞》专题发言。2023 年 12 月，学校供餐与学生健康国际研讨会在海南海口举行，会上，我作为全国唯一发言学校的校长，以《信息化手段管理学校供餐》为题做了典型发言。在这一年，我还先后在国家教育行政学院全国中小学校长管理培训班、全省基础教育重大领域改革交流会等国家、省、市级会议上，介绍了我们集团的智慧教育建设的先进经验，引领了有关工作。

2023 年，我校王立新校长在全球中文学习联盟 2023 年会上做了《数字教育赋能精准教学的实现逻辑》专题报告，在教育部中小学校领导人员师德师风研修示范班上做了《数字教育赋能精准教学的实现逻辑》专题报告，领航了全国智慧教育的发展。

和悦教师在和悦教育思想的引领下，永远与时俱进，保持创新能力。近年来，苗文芝、林宏、王立新、石春霞、杜娟等十几位教师被北京、上海、深圳等全国各地的教育主管部门和兄弟学校邀请讲学近百场。

随着双语小学教育集团的迅猛发展以及和悦教师的茁壮成长，和悦教师对集团外校长、教师的成长发展正在发挥越来越强大的领先、领跑、领航作用，对集团外中小学教育事业的发展辐射越来越大的和悦力量。

第九章
和悦家长——学校发展的伙伴

重视家庭教育是中华民族的优良传统。习近平总书记高度重视家庭文明建设，强调“家庭是人生的第一所学校，家长是孩子的第一任老师，要给孩子讲好‘人生第一课’，帮助扣好人生第一粒扣子”。2021 年 10 月，国家颁布《家庭教育促进法》，旨在引导全社会注重家庭、家教、家风，增进家庭幸福与社会和谐，培养德智体美劳全面发展的社会主义建设者和接班人。

家庭教育是人生教育的根基和整个人生教育的起点，是学校教育和社会教育的基础和延伸。家长的世界观、人生观、价值观、教育观，对孩子的成长发展具有直接、深刻和长远的影响。因此，我们在教育实践中，注重引领学生家长成为学校志同道合的教育伙伴。

第一节　践行和悦，携手成长——和悦家长的内涵

教育家苏霍姆林斯基说：“两个教育者——学校和家庭，不仅要一致行动，要向孩子提出同样的要求，而且要志同道合，抱着一致的信念，始终从同一原则出发，无论在教育的目的上、过程上，还是手段上，都不要发生分歧。”家校和悦是实现优质教育、孩子健康成长的保障。因此，我们坚持用和悦教育理念引领学生家长，帮助家长与孩子一起和悦成长，致力于让家长成为和悦家长。

一、和悦家长的内涵

和悦家长是认同和悦教育理念并积极践行和悦教育的学生家长。他们是学生和悦成长的示范者，是学生幸福发展的引领者，是学生一路走来的陪伴者，是学校教育志同道合的合作者，是家庭教育的创新实践者，是社会文明的建设者。

和悦家长不同于普通社会角色中的家长，他们是在和悦教育理念引领下不断成长的家长。他们主动承担家庭教育责任，积极承担、正确看待孩子成长中的问题，知晓家校合力育人的重要性，能以积极阳光的心态引导孩子和悦成长。他们尊重教师，善于沟通，能够正确分析和解决问题，积极自发地参与学校的教育教学和管理工作。

二、和悦家长的特征

双语小学教育集团的学生家长，在参与孩子成长的同时，深受和悦教育思想的浸润和引领，因此，我们的和悦家长便具有了以身作则、亲子相长、志同道合、和悦共生的特征。

（一）以身作则

在孩子的成长过程中，和悦家长起到了重要的示范作用。他们作为孩子成长路上的引路人，拥有正确的价值观念，不断学习，不断进步，努力追求言而有爱、言而有界、言而有据、言而有信，以身示范正确的言谈举止和素养涵养，是孩子终身成长的榜样和人生导师。

（二）亲子相长

《礼记•学记》中的“教学相长”是指教和学是相辅相成、互相促进的，通过教学，师生双方都可以进步和提高。在家庭教育中，父母和子女之间也应该互相影响，互相促进，共同成长。和悦家长在创新实施家庭教育的同时也会从孩子身上学习，实现自己的成长，并反过来因自己的成长使孩子终身受益。

和悦家长注重家庭建设，培育积极健康的家庭文化，树立和传承优良家风，注重构建文明、和睦的家庭关系与和悦的亲子关系，为孩子健康成长营造良好的家庭环境。他们在与孩子相处的过程中，以孩子为镜子，理性分析、思考自己与孩子间所发生的事情，从中发现原因，摸索规律，反思自己和孩子的优点与不足，并从我做起，加以改善，达到自我提升和孩子成长的双重实效。

（三）志同道合

实施和悦教育，引领孩子和悦成长，需要校长的高屋建瓴，需要教师的辛勤耕耘，更需要家长的密切合作。

志趣投，道则合，道合则万事成。和悦家长是一个认同学校和悦教育理念、密切配合落实学校发展规划的优秀群体。他们在与教师、学校的紧密联系中，与学校共创学生健康成长的契机，参与学校管理，与学校风雨同舟，是学校发展志同道合的教育伙伴。家校合作，资源整合，家长获得成长的平台，学校教育教学质量也得到不断提升。

（四）和悦共生

和悦教育从中国优秀传统文化中汲取营养，在融洽家校关系中倡导“和悦共生，互融共育”的价值观，倾情倾力构建学校与家庭教育的和谐。和悦家长在参与和悦教育的探索实践中，树立了“和你同行，悦以致远”的发展理念。“和悦共生”成为家长与学校齐心筑梦、同享共赢的文化胸襟。和悦家长在陪伴和参与孩子成长的历程中，和谐友爱，阳光乐观。他们平和地走进孩子的内心世界，成为孩子的良师益友，注重用和悦的思想、方法和行为教育引领孩子养成良好的品行和习惯，帮助孩子成为最好的自己的同时，自己也成为最好的自己。

第二节　自我管理，走进和悦——和悦家长的组织

为优化育人环境，实现和悦共育，我们搭建了一个家长平台，组织起所有的家长，让每位家长找准自己的角色定位；我们创建了一个机制，帮助每位家长在践行和悦教育思想中成长为和悦家长，从而促进学校教育、家庭教育与社会教育相得益彰。

一、自我管理的组织

和悦家委会是在学生服务中心指导下成立的群众自治性组织，是学生家长直接参与学校教育的一种组织形式，是学校教育有益的补充和发展，是争取更多社会力量办好学校的有效途径。同时，它是学校及家长学校的参谋和咨询机构，是家长会议的常设机构，也是民主办学的重要形式之一。

和悦家委会的宗旨是，促进学校与家庭之间的紧密联系，健全和完善互相沟通的渠道，汇聚家长的智慧，帮助全体家长不断优化家庭教育，与学校教育、社会教育形成良好的育人合力，助力孩子和悦成长。

和悦家委会成员代表全体家长参与学校的民主管理，充分发挥对学校教育教学工作的参谋、监督作用，积极推动家长参与学校建设和管理，发挥自己的资源优势，为孩子提供更好的成长环境。他们是学校教育的合作者和推进者，促进学校各项教育工作不断完善和创新发展。

（一）三级家委会

我校的家委会在班级家委会的基础上成立级部家委会、校级家委会。三级家委会层层竞聘上岗，上下协同，相互配合，形成了自主管理、和悦共育的家长组织团队。

1. 班级家委会

班级是孩子在学校的家，也是众多家庭在学校汇聚成的大“家”。为了经营好这个“家”，我们着力建设班级家委会。

在每年的新生入学仪式期间，班主任在家长会上告诉家长什么是班级家委会，为什么要成立班级家委会，家委会的工作职责有哪些，家委会成员选聘有哪些条件。家长可以根据自己的职业特点、个人特长等条件自愿报名，进而选择适合自己的家委会岗位进行竞聘。

班级家委会竞聘有六个要点：

（1）人人都是家委会工作者，所有家长都是家委会一分子，全员育人。

（2）家委会设九个职能小组，各个小组长采用竞聘制，家长个人自荐与班主任、任课教师提名相结合产生候选人，竞争演讲，投票选定。

（3）受聘后召开家长委员会会议，制定章程，确定人员分工。

（4）家委会参照学校工作计划，制订切实可行的工作计划并认真实施。

（5）家委会会长向家委会公布责任分工，便于日后开展各项工作。

（6）家长在家委会组织的领导下，自主开展活动，参与学校管理和建设，做学校志同道合的教育伙伴。

成立班级家委会的同时，组建班级九个职能小组，并且进行明确的分工。每个班级的所有家长全部参与到班级家委会中。

2. 级部家委会

级部家委会由各班级家委会成员和级部内家长通过竞聘择优组建。

级部家委会竞聘的六个要点：

（1）学校学生服务中心组织各年级级部主任，共同制订竞选活动方案。

（2）根据不同年级、不同班级数目，每个班级家委会推选 3～5 人参加级部家委会的竞聘。

（3）评委由其他年级的家委会成员和学校领导组成。

（4）参与竞聘者自主填报竞聘岗位，当众阐述自己的优势，并对竞聘岗位详细的工作计划做出说明。

（5）评委现场打分，择优录取。

（6）级部家委会成员参与级部教育教学工作的管理和监督，是级部大型活动的策划者、组织者。

级部家委会是学校三级家委会的中坚力量，是班级家委会和校级家委会的桥梁与纽带，是落实和执行校级家委会工作的重要保障。

3. 校级家委会

校级家委会由级部家委会成员本着自愿的原则报名，竞聘产生，组建方式同级部家委会。

参与校级家委会竞聘的人员必须符合以下标准：

（1）了解和关心教育，懂得一定的教育规律，具有认真负责的工作态度，关心学校，有大局观念，愿意为学校、学生和家长服务。

（2）关注学校发展，热心为学校提供支持和帮助，为家校合作尽心尽责。

（3）有较强的组织协调能力和社会活动能力。

（4）有比较丰富的家庭教育经验和良好的教育效果。

（5）能热心听取并向学校积极反映家长们所关注的问题。

（6）热心学校的教育教学管理，处事公平公正。

校级家委会竞聘也有六个要点：

（1）校级家委会是学校家委会的最高组织机构，对级部和班级家委会有评价、指导职责。

（2）校级家委会成员可申请参与相关的学校工作会议，代表家长参与学校有关建设与管理。

（3）根据毕业和新入学年级的实际，校级家委会成员的组成每学年调整一次。

（4）学校为校级家委会设立独立办公室，对于家委会征询、汇集家长意见和建议，组织家长相关活动和对外协调，等等，给予大力支持。

（5）学校对涉及家长和学生重大利益的改革，注重征询各级家委会的意见建议，与校级家委会达成一致意见后再实行。

（6）校级家委会征求所有家长的意见，与学校讨论形成共识以后，共同推动学校的发展。

校级家委会成立后在会长的组织下同学校一起积极开展工作，快速推进学校的各项工作。

由于学生毕业、家长工作变动或者其他原因，我们的家委会每年都会进行换届选举，吸纳新的骨干力量。竞聘采取公平、公正、公开的形式进行，评委由家长代表、教师代表、校领导代表组成，竞聘者根据抽签结果依次发表演讲，展示自己的优势及资源，赢得更多信任。

最后根据竞聘结果，选出家委会会长一名，副会长五名，秘书长一名，其中副会长和秘书长分别担任九个职能小组的组长。参与竞聘的家委会成员根据自己的职业特点加入各个职能小组中。

校级家委会的主要工作职责：

（1）关心和扶持学校教育事业发展，支持学校教育教学工作。

（2）积极参与学校管理，为学校发展出谋划策。

（3）组织家长对全体教师以及学校工作进行监督，并通过有效渠道提出合理化建议。

（4）促进学校与社区、家庭建立更加密切的联系。

（5）反映广大家长的要求，让学校及时了解家长的心声。

（6）做好学校宣传工作，扩大学校的影响力和知名度。

（7）协助学校办好家长学校，不断提高家长素质。

（8）积极带领广大家长参加学校组织的各种活动以及家长学校的活动。

（9）对学校的各项工作进行有效的评价和反馈。

校级家委会会长职责：

（1）负责委员会全盘工作。

（2）协调各委员之间的关系，配合学校协调家长与学校上级教育部门及社会有关部门的关系。

（3）积极参与学校管理，参与学校有关重大决策，为学校发展出谋划策。

（4）积极调动家长关心和扶持学校教育事业发展，支持学校教育教学工作，并提出合理化建议。

（5）促进学校与社区、家庭建立更加密切的联系。

（6）反映广大家长的要求，让学校及时了解家长的心声。

（7）做好学校宣传工作，扩大学校的影响力和知名度。

（8）协助学校办好家长学校，不断提高家长素质。

（9）积极带领广大家长参加学校组织的各种活动以及家长学校的活动。

（10）对学校的各项工作进行有效的评价和反馈。

校级家委会副会长职责：

（1）协助会长开展工作。

（2）协调班级家委会之间的关系，配合学校协调家长与学校上级教育部门及社会有关部门的关系。

（3）参与学校和班级管理，为学校和班级发展出谋划策。

（4）积极调动家长资源，支持学校教育事业发展，支持学校教育教学工作，并提出合理化建议。

（5）积极促进学校、班级与社区、家庭建立更加密切的联系。

（6）反映广大家长的要求，让学校及时了解家长的心声。

（7）协同班级家长做好学校宣传工作，扩大学校的影响力和知名度。

（8）协助学校办好家长学校，不断提高家长素质。

（9）积极带领广大家长参加学校组织的各种活动以及家长学校的活动。

（10）对学校、班级的各项工作进行有效的评价和反馈。

家长们在各级家委会组织的领导下，自主开展活动，参与学校管理和建设，为学校发展出谋划策，成为学校志同道合的教育伙伴。

新上任的校级家委会会长要做履职表态发言，以下是于伟超竞聘会长后的发言。

尊敬的各位老师、家长朋友们：

大家好！我是二年级(7)班于新淳同学的爸爸。

首先感谢学校、老师给予我这么好的一个机会，感谢大家的信任与厚爱。成为双语小学的家委会会长我感到非常荣幸，也很高兴能够站在这里和大家共同探讨家委会的一些工作。在此，我代表在座的各位家长对各位老师的辛勤教育表示衷心的感谢！作为家委会的成员，我们的宗旨就是：为孩子服务，为家长服务，为学校服务，努力帮助孩子去做最好的自己。我会做到：

（1）主动参与、积极配合学校、老师开展工作。

① 各班家委会成员充分认识家委会的职责，在班级微信群里积极交流，各位家长充分参与，为家委会的工作出谋划策，同时通过交流促进家校互动，提供教育孩子的交流平台，并在学期初制订本学期家委会的工作计划。

② 各班家委会成员定期给教室消毒、擦玻璃等，让孩子有个更好的学习环境。

③ 家委会积极参与学校组织的活动，如六一儿童节活动、结业课程，配合老师组织学生，维持秩序，拍照摄像。

（2）开展有益的教育活动，拓展孩子们的学习和成长空间。

① 负责组织学生参加一些社会活动，开阔学生的眼界，拓展课外知识，积极带领广大家长参加学校组织的各种活动以及家长学校的活动。

② 通过各种渠道了解社会、家长对学校教育的建议与需求，协调家长、社会部门与学校的关系，负责向学校传递教育信息，促进社会逐步形成尊师重教的良好风气。

作为双语小学家委会的会长，我会努力配合学校、配合班级、配合各位委员和老师把工作做好，充分发挥联系学校和家长的桥梁作用，紧密联系学校与学生家长，及时搜集并反映学生家长对学校的意见和建议，共同为实现学校的办学目标而服务。

他对双语小学教师们的付出表达了充分的认可和感谢，并表示新一届家委会将全力以赴开展工作，家校携手，共同助力每一个孩子成长为厚德乐学、自主合作、具有国际视野的卓越少年。

每次换届，我都会被家委会成员深深地感动，他们为帮助学校发展、学生成长而不遗余力地奉献自己。我能做的就是尽我所能去引领他们的教育观念，告诉他们科学的教育方法，帮助他们更好地教育自己的孩子。

我感谢家委会的每一位朋友，因为他们是家校之间坚实的纽带。有了他们，家校双方的沟通才会更加高效，学校与家长之间相互理解、相互配合、相互支持，才会形成强大的合力，才能为孩子寻找更多的教育资源，更好地服务于孩子。同时，我也告诉他们，教育好孩子是大家最重要的事业。希望家委会的所有成员都能根据各自职能，为孩子成为更好的自己而做出自己的贡献。

（二）九个职能小组

全员参与的九个职能小组，是各级家委会中的九个工作小组，分别是：家教指导小组、办学协政小组、办学监督小组、法律顾问小组、学校理财小组、课堂教学指导小组、活动指导小组、安全防护小组、家长志愿团。各小组职能见下表。

双语小学教育集团家委会九个职能小组分工及职能

小组组别	各小组职能
家教指导小组	组织家长培训会，协助家长学校工作；组织家长学习；对家庭教育开展得好的家庭进行宣传、奖励；参与校本教材的编写
办学协政小组	参与学校民主管理，参与学校的教育教学改革，督促学校全面贯彻教育方针
办学监督小组	及时向学校反映家长、社会对学校或老师的意见、建议。参与学校大政方针和学校发展规划的制订，参加学校重大活动和大型检查，参与协调社会实践活动基地建设。积极为家长搭建参与学校管理的桥梁，为学校工作出谋划策
法律顾问小组	为学校各种活动和办学行为提供法律支持，协助学校处理教育教学中出现的与法律法规相关联的问题
学校理财小组	监督学校资金运作情况，开展募捐等活动，为学校发展、家庭教育等活动提供资金支持
课堂教学指导小组	负责组织熟悉学科教育的家长和专家对教师的课堂教学进行监督、指导
活动指导小组	负责活动的策划、组织、实施、反馈。对学校或学生组织的各种活动提供指导和具体的帮助
安全防护小组	配合学校对学生进行安全知识教育，增强孩子的自我保护意识
家长志愿团	保障学生上下学安全，对班级、学校中的活动、困难等提供援助和服务。策划、组织学校“七彩”志愿团的各项活动

二、自主参与学校教育

（一）自我管理

1. 制定管理公约

各级家委会组建完成后，在校级家长理事会成员的带领下与家委会的各级代表共同制定《青岛西海岸新区双语小学教育集团家委会公约（二十条）》。家委会所有成员自觉遵守公约，并根据学校工作安排，自主规划、策划活动，参与学校的教育教学管理及监督。

青岛西海岸新区双语小学教育集团家委会公约

（二十条）

1. 我们致力于“培养厚德乐学、自主合作、具有国际视野的卓越少年”育人目标的研究和落实，和学校一起培养合格的现代公民。

2. 我们达成了“人人都是学校管理的参与者”“家长是学校志同道合的教育伙伴”的家校合作理念。

3. 我们成立学校、级部、班级三级家长委员会，下设九个小组——家教指导小组、办学协政小组、办学监督小组、法律顾问小组、学校理财小组、课堂教学指导小组、活动指导小组、安全防护小组、家长志愿团，分工合作，全力配合学校的教育，积极参加学校组织的各种家长学习活动及公益活动，主动建言献策，积极参与学校管理。

4. 我们认同学校开展课程整合，并积极参与学校课程的开发与实施，开发拓展类、创新类课程（“童心悦读”课程、“六爱三雅”课程、阳光体育课程等），根据孩子个性特色开展社团活动等相关课程，配合学校进行基础类课程的整合和开发。

5. 我们肯定学校“让孩子站在学校中央”的教育理念。孩子犯错时，我们会保护孩子的自尊心，先处理心情，再处理事情；我们犯错时，勇于在孩子面前承认自己的错误。

6. 我们制定家长参与学校管理的章程和各种制度，明确权利和义务，了解育人工作的复杂性，不以孩子的考试成绩作为评价教师工作绩效的唯一标准，有的放矢地开展各项工作。

7. 我们信任学校，密切家校沟通，选择恰当途径，真诚、理智地沟通，形成宽松、民主、和谐的家校关系，增强家校教育合力。我们愿意维护各种家校交流平台的纯洁与善意，共同分享孩子成长的故事。

8. 我们参与校本教材的编写，让每一个进入和悦教育大家庭的家长能了解和悦文化，迅速融入学校育人的大环境。

9. 我们重视自我完善，积极参加家长学校学习，通过专家讲座、校长讲座、家长面对面、微信分享、QQ 群提高家长素质，与孩子共成长。

10. 我们有责任和义务与学校一起维护周边交通安全，成立家长志愿团和安全防护小组，做到有序、文明，保证孩子上学、回家安全通畅。

11. 我们支持学校实施“童心悦读”课程，将和教师、孩子共同读书，让读书成为我们共同的习惯，让读书成为我们共同的生活方式，让读书像呼吸一样自然。

12. 我们尊重每一位教师，引导孩子尊重教师的劳动，上好每一节课；不亵渎教师的职业尊严，不向教师送礼。

13. 我们经营家庭生活中的每一个细节，向孩子传递父母之爱，关注孩子的人格健康。我们相信良好的亲子关系是养育子女的关键，所以与孩子相处时，学习有耳无嘴，多听少说。

14. 我们信任孩子，积极引导孩子参加学校拓展类、创新类课程，鼓励孩子积极参与学校的综合课程和实践活动，尝试体验，独立面对困难和冲突，引导孩子从尝试错误中成长。

15. 家长言行堪为子女表率。我们认同学校“六爱三雅”德育体系对家长提的要求，愿意在家庭中倡导积极健康的生活方式，学习公共场合礼仪，形象大方得体，积极督促孩子养成良好的生活习惯。

16. 我们尊重孩子的独特性，鼓励孩子做最好的自己，不将他人的成长模式和标准强加给孩子。我们善于发现孩子身上的闪光点，肯定孩子的认真与努力，及时表扬每一个小进步、小成长。

17. 我们支持学校采取外教进课堂的举措，接受外教带给我们的理念；我们引导但不过度干涉、包办孩子的生活，让孩子培养独立生活的能力，建立自己的友谊世界。

18. 我们深知孩子需要陪伴，我们乐意每天抽点时间全心陪伴孩子，珍惜美好的亲子时光，并不吝惜每天说上一句“孩子，妈妈/爸爸爱你”。

19. 我们认同孩子的行为会折射家长的教育理念，当家人之间教育观念和要求不一致时，我们避免向孩子传达互相矛盾的教育信息，避免让孩子无所适从。

20. 我们认同学校的阳光体育课程，积极给孩子提供锻炼身体需要的器材；我们会以身作则带领孩子加强身体锻炼，一起投身大自然，在运动中学会团队合作，在劳动中培养爱心、孝心。

家委会公约的制定，使家委会成员的工作更加有章可循，各项活动开展得更加规范高效。

2. 建立议事制度

为充分发挥各级家委会的作用，确保家委会日常工作的顺利开展，保障学校活动配合工作的顺利进行，保证家委会有效且有序运转，学校家委会在校级理事会的指导下制定家委会议事制度。

青岛西海岸新区双语小学教育集团家委会议事制度

家委会是为促进学校、家庭、社会的联系，加强三位一体教育的组织形式。为了提高学校对重大事项的管理效益，保证议事决策的民主化、规范化，逐步形成科学合理的议事决策机制，结合集团实际，特制定本制度。

一、议事范围

学校工作计划；事关学生和家长切身利益的事项；如何对学校教育教学和管理工作予以支持、配合；如何对学校开展的教育教学活动进行监督，帮助学校改进工作；如何发挥家长专业优势，为学生开展校本课程及校外活动服务；如何宣传正确的教育理念和科学教育方法；如何对家长意见进行处理，促进家校理解。

二、非议事范畴

一切有关法律、法规、政策赋予学校的权利和工作职能的问题；有关学校必须贯彻的党的教育方针，国家课程方案、标准的问题；有关可能造成干扰学校正常教育教学秩序的问题。

三、注意事项

1. 家委会议事事项的议题可以由学校提交，也可以由家委会提交。议事形式实行一事一议，一旦一个提议被提出来后，它就是当前唯一可讨论的议题，必须先解决本次提出的问题或经表决同意将议题先搁置。

2. 会议主持人(原则上由会议联络人担任)专门负责宣布开会制度、分配发言权、提请表决、维持秩序、执行程序。但主持人在主持期间不得发表意见,也不能总结别人的发言。

3. 会议讨论的内容应当是一个明确的动议,动议必须是具体的、明确的、可操作的行动建议,而不是简单的抱怨和指责。

4. 发言前要举手,谁先举手谁优先发言,但要得到主持人的允许后才可以发言。别人发言时,不能打断。

5. 每人每次发言时间不超过两分钟。对同一问题每人发言不得超过两次,或者大家现场规定。尽可能对着主持人说话,避免不同意见者面对面发言。

6. 发言人言论不得与议题无关,若其他成员已表现出反感,主持人可以打断跑题发言,被打断的人应当中止发言。

7. 主持人应尽可能让意见相反的双方得到轮流发言的机会,以保持公平。

8. 发言人应首先表明赞成还是反对,然后说明理由,并提出解决办法。

9. 会议议事期间不得进行人身攻击,只能就事论事,禁止辱骂或讥讽。出现以上情况,主持人有权提出警告。如当事人不能及时纠正,主持人有权将其劝离会场。

10. 表决实行少数服从多数原则,可以采取口头表决、举手表决或者无记名投票的方式。出席会议的家长委员半数以上赞成表决事项方可通过,当反对方多于赞成方或双方人数相等时,议事不通过。

11. 召开联席会议之前,应将会议的议题或有关文字材料提前 1 或 2 天送至参加会议的成员,以便做好议事准备。

12. 会议必须有三分之二以上委员参加方可举行,必要时可以邀请家委会顾问列席。

13. 与会人员在会上发表的各种意见以及议决事项的具体过程,除会议主持人授权传达外,其他与会人员应严守会议纪律,不得随意泄露会议议决等情况。

14. 会议应做好会议记录,由会议前事先约定好的家委会成员做好记录,记录完毕后交由家委会秘书长整理,必要时以文件或纪要的形式公布。

(二)自主参与

在集团的每一所学校,每个家庭都是孩子一人入学,家长都入学,全家人自主参与学校的教育活动,形成家校共育局面,自主为学校发展和孩子的幸福成长奉献自己的力量。

学校的发展离不开家长的智慧与汗水,离不开家长的主动思考与积极参与。他们站在孩子成长和学校长远发展的立场上,提出许多创造性、合理化的建议,对教育创新与学校未来发展有着极大的参考价值。

1. 寻找金点子

为使学校各项工作更利于学生成长，集团家委会创造性地组织家长们自主参与“我为学校发展建言献策”金点子征集活动。在活动中，家长们积极参与，为学校更好地发展贡献自己的智慧。

“我为学校发展建言献策”金点子征集活动实施方案

为充分发挥广大家长的聪明才智，鼓励家长积极参与学校管理，推进学校更好更快发展，促进学生和悦成长。经与学校协商，决定开展“我为学校发展建言献策”金点子征集活动。

一、指导思想

落实“家长是学校志同道合的教育伙伴”教育理念，通过开展金点子征集活动，进一步激发、凝聚家长的智慧，形成群策群力、共谋发展的浓厚氛围，致力于创建高质量、现代化、有特色、全国一流、具有国际视野的卓越学校，引领学生成长为最好的自己。

二、活动主题

我为学校发展建言献策。

三、参加对象

全体家长。

四、征集内容

针对学校管理、教育教学、教科研、师德师风、教师专业发展、班级管理、学生管理、后勤服务、校园文化建设、家长学校建设等方面提出建设性意见。

1. 您的建议是什么？

2. 您为什么提出这样的建议？

3. 针对您的建议，您有没有更具体的要求？

双语小学教育集团家委会

2021 年 11 月 12 日

家长们根据方案要求，纷纷建言献策，提出了许多宝贵的建议和意见。学校和家委会组织学校领导干部代表、教师代表、专家代表、家长代表和学生代表成立评委会，根据建议质量评选出一、二、三等奖进行表彰。这里选录部分一等奖的建议：

1. 根据孩子们个体自身特长，开展特色课程，专项研究、专项发展。

2. 同学之间、老师和学生之间互相找优点，让孩子们夸夸自己美丽的校园，夸夸自己的父母和强大的祖国。培养孩子们爱祖国、爱学校、爱老师、爱父母的情怀。

3. 在学校里多播放一些名人名言或者励志故事。

4. 增强大家的环保意识，多让孩子们进行社会实践与公益活动。

5. 建立学校大数据，支持校园建设，服务教育管理。

6. 继续发扬“读好书，做好人”的优良传统，让孩子们将学校的书借回家读。

7. 每周组织读一本课外书，并和同学分享。

8. 让每个孩子轮流做一次老师，给同学讲一道题或教写几个字，加深孩子们对知识的印象，同时提高孩子们的自信心。

9. 开展“我是小助教”活动，孩子们每周轮流做助教，协助班主任管理班级。

10. 每年的植树节，带领孩子们去植树，并给小树苗命名，增强孩子们保护地球的意识。

11. 多组织一些参观活动，比如参观科技馆、参观博物馆等。

12. 实行班干部轮流做。

13. 多组织志愿者活动，从小培养孩子们大爱的精神。

学校创造性地采纳家长的合理化建议，在学校管理、教育教学中及时改进，家校合作共同托起孩子幸福的明天。

2. 征集“六爱三雅”名言

“六爱三雅”是我校的德育特色课程。课程实施以来被各大媒体争相报道，《德育报》曾头版头条大篇幅报道。为了让家长与孩子更加深刻地认识到“六爱三雅”和悦德育的意义，校级家委会积极组织了“‘六爱三雅’我的感悟我来说”优秀名言征集活动，内容如下。

一、名言要求

1. 紧扣“六爱三雅”德育课程给您带来的入脑入心的收获。

2. 从细微处入手，名言字数不要太多，要言简意赅。

3. 真情实感，体现老师、孩子、家长在“六爱三雅”德育教育下的蜕变。

4. 杜绝从网上进行复制，凡是从网上复制超过20%的记0分。

二、活动参与方式

通过人人通平台拍照上传。

三、评选方式

1. 班级评选：各班主任整理好家长、学生名言后进行班级评比，各班级选出优秀名言10条。

2. 级部评选：各级部选出优秀名言15条进入校级评选。

3. 校级评选：学校组织领导、骨干教师、家委会进行评选。

深入人心的教育才是好的教育，才是走心的教育，才会真正起到教育作用。和悦家长对学校给予了无限的关爱，在他们心中，“六爱三雅”德育课程是孩子良好品行养成路上的启明灯。

下面是"'六爱三雅'我的感悟我来说"优秀名言征集活动中部分家长的获奖作品。

端品处事，为善做人。——二年级(1)班程果家长

君怀大爱，奉行雅道。以身当责，心地光明。——二年级(5)班杨鲁豫家长

爱在心中，做有爱少年。——二年级(5)班姚行展家长

读文雅之书，做有爱之人。——二年级(8)班葛肖宁家长

树"六爱三雅"，育文明少年。——一年级(3)班刘钊宇家长

立身以"六爱"为先，处世以"三雅"为本，学子沐"六爱三雅"之光，少年显中华儿女之姿！——一年级(6)班刘亦宸家长

家校共创"六爱三雅"美环境，齐心培养德才兼备好少年！——一年级(5)班韩书萱家长

因爱相和，因雅而悦，和悦共进！——一年级(5)班宋佳漫家长

筑"六爱"之魂，心中有情；行"三雅"之魂，砥砺前行。——六年级(1)班孙子瑜家长

正行为、润心灵，家校携手，共育"六爱三雅"美少年！——一年级(6)班张雨昕家长

在本次名言征集活动中，各班级家委会组织家长积极参与，很多班级表现突出，被评为优秀组织班级。在升旗仪式上，我们组织专题表彰会，表彰了优秀班级、优秀学生和优秀家长，充分调动了家长积极参与学校各项活动的积极性。

3. 安全护航

我校每天都有家长志愿者自愿到校协助执勤，成为一支为学生安全保驾护航的重要力量。

上学，他们比学生更早一步进入校园；放学，他们早已等待在各自的志愿者岗位。他们定位精确，任务明确，及时沟通，互相协作，规范认真，行动迅速。无论是在酷暑难耐的盛夏，还是在天寒地冻的冬日，这些可亲可敬的家长志愿者们全然不顾个人的冷暖，准时准点出现在孩子们上学和归家的路上，为孩子们的生命安全保驾护航。

（三）自觉创意

"家校合作，共育成长"已成为我校家委会的思维习惯。他们优化教室育人环境、开设家长课堂，开发成长课程，等等，自觉创意，积极作为。

1. 投身班级文化建设

每学年开学初，各班级家委会在会长的带领下积极参与班级文化建设。诸多家长与班主任和学生一同谋划，共同商定班级发展理念，根据自己的职业性质及特长，群策群力，合力打造属于孩子班级的特色文化。他们秉承让每一面墙壁都说话、让每一株花草都育人、让每一个空间都有爱的理念，从外墙、内墙、地面以及空余地角处入手建设，

让孩子可以在幸福、温馨的环境中快乐学习。

下面是五台山西路小学二年级(1)班魏彦杰爸爸分享的班级文化建设过程。

童心筑梦，扬帆远航

去年由于校舍紧张，孩子们在辛安借校就读一年。今年搬进敞亮的新家，我想这是他们梦想真正开始的地方，所以我跟家委会成员们商讨决定我们的班级叫作筑梦班。“童心筑梦，扬帆起航”是我们的口号。我们将班级的风格定义为四个词——书香、绿色、整洁、绽放。“童心悦读”课程是学校的特色课程，晨诵、午读、暮省伴随着孩子们的每一天成长。在班内设立阅读区，让孩子们的读书像呼吸一样自然。

主题商定之后，我带领部分家长当天就带好了测量工具，把内外墙的尺寸等都做了详细记录。第二天，初步的文化建设方案就已成形。

利用中秋放假，我们开始联系广告公司，网上购买物品，与有文化建设经验的家长进行沟通。家长们为了孩子，不惜时间，不问付出，只希望能尽自己的微薄之力，帮孩子们打造一个温馨和悦的学习环境。

班级文化建成之后，学校组织校级家委会成员、教师代表对各班的班级文化进行打分、评奖。在升旗仪式上，学校对获得一等奖的班级进行表彰，并通过学校企业号进行宣传，大大增强了家长们的集体荣誉感，激发了他们参与班级、学校各项工作的积极性、自觉性。

2. 变身家长课堂“专家”

“推倒四面墙，迎来八面风。”为突破课堂局限，开发创新课程，家委会自觉从班级和学校两个层面组建家长志愿者团队，建设家长课堂。家长志愿者根据自己的工作特点，自愿到学校为学生服务。各行各业的家长走上讲台，变身课堂的“专家”，小课堂大社会，开阔学生的视野，丰富学生的知识背景。

新学期初，家委会向所有家长发出倡议，由家长自愿报名成为志愿者。讲课的内容根据家长的职业和兴趣而定。班主任根据家长的报名情况和职业安排讲课的周次，每周一位家长。内容深入浅出，通俗易懂，包罗万象。比如：心理健康培训、急救常识、牙齿保健、生活中的垃圾食品、用火常识、交通安全知识等。“教然后知困”，这项活动加强了家长与学校、教师和学生之间的沟通交流，丰富了学生的课堂生活，也在体验为师不易中获得成长，增进了家长与教师间的感情。

3. 开展爱心云义卖

为培养孩子从小关爱他人的意识和社会责任感，养成乐于助人、乐于奉献的精神品质，级部家委会创意组织了爱心云义卖活动，筹集学校“爱心基金”，帮助学校困难学生。下面是家委会开展爱心云义卖活动的部分内容。

“汇集爱心，情暖学校”爱心云义卖活动方案

一、活动目的

开展爱心云义卖活动，培养孩子关爱他人的意识和社会责任感，养成乐于助人、乐于奉献的良好品质。筹集“爱心基金”，帮助学校困难学子。

……

六、活动准备

1. 各班级准备义卖物品，所义卖的物品由孩子自己提供，可以是书籍、学习用品、玩具等，为保证安全，禁止夹带零食等食品，每件物品定价一元。

2. 义卖活动前，班级家委会负责义卖活动组织分工，遴选活动主持人、记录员、收银员，并进行分工培训（培训形式为线上交流）。

3. 义卖活动前，班主任要对学生进行一次以“爱心义卖”为主题的教育班会，让学生深刻体会小爱汇大爱、真情暖人心的人间真情。

七、活动过程

1. 7:00—7:10，开场仪式，各班主任进行主题教育班会。

2. 7:10—7:50，义卖时间，孩子按照顺序对自己所义卖的物品进行讲解，家委会指定收款码，每件物品第一个付款的即为购买所得者。

3. 7:50—8:00，家委会财务小组对义卖进行统计汇总，并现场公布义卖所得。

一年级家委会

在家委会的精心组织下，义卖活动文明有序，激发了孩子的爱心，培养了孩子们的社会责任感。

由家委会自发组织的类似的义卖活动还有很多，如为救助患白血病的同学，家长们自发组织到街头、社区进行义卖等。通过爱心活动，孩子们感受到人间的温情，懂得只要人人都献出一点爱，这个社会将是爱满人间。

4. 组织亲子研学

随着教育的发展，学校越来越重视培养学生的社会实践能力。我校各级家委会经常自发组织各类研学活动，助力学校特色研学课程建设。一方面增强班级的凝聚力，另一方面让孩子们在研学中学到书本以外的知识，拓宽视野，同时也增进了亲子关系。

六年级学生面临毕业，学习压力大，家长们经常说起孩子们的消极心理。为了帮助孩子们激发内驱力，在最后的冲刺阶段摆正心态，积极上进，我校六年级家委会组织了六年级孩子的研学活动。下面是“走进名校，梦想启航”研学活动的主要内容。

双语小学六年级“走进名校，梦想启航”研学活动方案

一、活动主题

走进名校，梦想启航。

二、活动目的

让孩子走进中国海洋大学，感受大学丰厚的文化底蕴和学术氛围，开阔视野，激发每个孩子的学习动力，从小播下梦想的种子，坚定信念为之拼搏。

三、活动时间

2021年7月19日。

四、参与人员

（一）组织领导

家委会负责人：王一帆爸爸、刘文雅妈妈、王雅如妈妈。

校领导负责人：杨校长、邵书记、吕校长、林宏助理。

（二）六年级师生

六年级所有学生及班主任、一个配班老师、两个家长志愿者及学校相关处室主任。

（三）保障人员

……

五、活动过程

（一）上午

1. 保障人员7点前准时到达学校指定位置，并检查着装，带队教练着海军迷彩服，戴迷彩帽，穿作战靴，扎外腰带，统一臂章、胸标等标识。

2. 保障人员做好出发前的各种准备工作。

注：所有车辆全部停在学校门口，按顺序从西到东排列，编号分别为1～8号，1号车在最前面。

……

（二）下午

开展“走进名校，梦想启航”立志宣誓活动。

主持人：郭良晓。

1. 教师代表（赵静）发言。

2. 家长嘱托（负责人：王雅如妈妈）。

3. 杨校长讲话。

4. 学生代表发言并带领全体同学宣誓（负责人：薛欣萌）。各班学生在“以梦为马，不负韶华”横幅上签名，坚定自己的信念。

5. 以建党一百周年为主题，各班开展爱国歌曲拉歌比赛（各班家委会宣传部部长负责）。

六年级家委会

家委会精心制订翔实可行的活动方案。从安全保障到班级家长的具体分工，都做了详细部署。研学过程中有校长激情澎湃的演讲，有教师代表“把握现在，创造未来”的讲话，有优秀学生代表的分享，也有家长代表精彩的发言。在家委会严密的组织带领下，研学活动取得了圆满成功。

学生代表刘文雅是一个非常用心的学生，研学之前就对中国海洋大学做了详细的调研。她的发言鼓舞、激励着身边的每一位同学。她说人生有无数个坎，现在翻越的坎都是为战胜更大的困难做准备的。只要脚踏实地，砥砺前行，便能海纳百川。

优秀家长的发言最能引起家长们的共鸣。在每一次的学习分享中，总有优秀的家长代表为各位家长介绍自己的所想所做，让大家相互学习，相互借鉴，共同提高认知及育人水平。下面是六年级(5)班王舒妈妈的精彩分享。

中国海洋大学，我们来了!

亲爱的老师们、家长们、孩子们：

大家好！很荣幸能站在中国海洋大学的校园给我们的家长们、孩子们做分享。在孩子小学阶段中最关键的时期，作为家长与老师互相配合，做好对孩子的教育，是一件非常重要的事，作为家长，要配合好学校和老师，就要做好以下工作：

1. 我们要引导孩子多向优秀的孩子学习，学习优秀孩子的方法、经验，改掉自身的不足，养成自主学习的好习惯。

2. 对于孩子的教育我们要克服单纯依赖学校的思想，要从思想上、行动上主动负起管教孩子的责任。我们要积极配合，与老师多沟通，及时了解孩子在学校的表现情况，实事求是地向老师反映孩子在家里的表现，在教育孩子的问题上家长与老师达成共识，从而取得教育孩子的协调性、一致性，真正合力育人。这样对于促进孩子的身心健康发展至关重要。

3. 我们要加强自身学习，特别是做一名好家长方面的学习，提高自身素质。我们的成长和孩子一样，是没有止境的。父母的不断进步、不断学习，其影响是无形而深刻的。

4. 加强对孩子有关吃苦耐劳精神的教育。由于学习任务的增加，孩子会觉得比平时更辛苦。及时进行心理疏导，让孩子懂得学习从来不是一件轻松的事情，不努力、不吃苦是不会取得进步的。

5. 用实际行动关心、帮助孩子的学习。

(1) 平时多了解孩子的作业和测验情况，重要的是要把作业和测验打开亲自看一看，不能一问了之。

(2) 平时有时间多陪陪孩子，在旁边看一看孩子是如何做作业的。特别是一些做作业速度比较慢的孩子，更应该多观察，帮助孩子找到根本原因，引导孩子走出困境。

（3）参与学习过程，进行有效帮助。英语背诵时，可以帮助孩子进行抽背，语文也是一样，还可以对一些基础知识进行抽背，以及监督一些默写作业。

（4）多鼓励，少批评。多正面引导，少横向比较打击。鼓励伴随着孩子，他信心倍增；赞美伴随着孩子，他鉴赏有方；认可伴随着孩子，他爱心常存；分享伴随着孩子，他慷慨大方。

（5）多谈心，减轻学习的精神压力。

教育好孩子是家长和老师共同的心愿，我希望所有的孩子都能健康成长，快乐地度过小学生活，为下一个阶段的学习生活打下坚实的基础。

最后借用习近平总书记在中国共产党与世界政党领导人峰会上说过的一句话，与大家共勉：道阻且长，行则将至；行而不辍，未来可期。即道路险阻而又漫长，但一路前行终能到达目的地；只要坚持不懈，那么美好的未来就值得期待。

在本次研学中，我受家委会的邀请，为即将毕业的孩子们鼓舞士气。我从梦想说起，因为我要告诉孩子们，美好的人生来自明确的目标，有了目标才有动力，才会实现梦想，改变自己的命运。我的题目是《奋战三十天，成就最好的自己》。

奋战三十天，成就最好的自己

亲爱的孩子们，什么是梦想？梦想是方向，梦想也是灵魂，因为我们只有有了梦想，有了希望，才能敢于圆梦，去奋力拼搏，去成就最好的自己。

一、美好的人生来自明确的目标

我们要思考一些问题：未来我的人生目标是什么？小学毕业，我要上什么样的初中、大学？我要成为一个怎样的人？目标有大有小，现在我想问孩子们，三十天以后，你们要选择初中，进了初中就会分班，你们会在班级里有一个怎样的位次？这些都很重要。

给你们三十秒时间，思考三十天内你们的目标是什么。

……

再给你们十五秒思考你们的目标是什么。

二、知识改变命运

有的同学问我："校长，你上过小学吗？"我当然上过。我那时不像现在的你们条件优越，我的姊妹很多，条件很差，我最爱吃的是我母亲的擀面条。我什么时候才能吃到面条呢？我二姨来我家走亲戚的时候。我二姨是我们那里一个小学的民办老师，每次她来的时候我母亲都在面条里放很多的萝卜丝，为什么呢？因为我母亲想让孩子们都吃到面条，所以就多放萝卜丝。我问二姨什么时候吃面条不用吃萝卜丝，我二姨告诉我，等你好好学习考上"公家人"的时候，就可以吃没有萝卜丝的面条了。二姨的话我牢记于心，我步步努力，考上师范，做了教师，成了山东省特级教师、齐鲁名校长、全国名校长，这都是因为我在心里定下了目标。

在五年级的时候，我特别想买一本习题集。我趁母亲很开心的时候，小心翼翼地走到母亲面前，小声地说："婶子（我们那里称呼母亲为婶子），我想要五毛钱，我要买一本数学习题集，那上面的题很诱人。"我母亲没有说话，从我姥姥给她陪嫁的箱子里找出了五毛四分钱，给了我。那是我收到的最大的一笔钱，我一辈子都忘不了。我用了一个多小时的时间，去供销社买了习题集，我做题到了晚上的一点。这本习题集提高了我的数学基础，每一道题，只要一说题目，我就能马上说出答案，并且我要全力以赴提升自己的数学成绩，改变自己的命运！同学们，你们能不能像校长一样，用努力读书改变自己的命运呢？

（"能！""能！""能！"孩子们的呐喊声在整个会场响起，我听得很激动，感受到了孩子们的那份信心。接下来我给孩子们讲了我用"深度恐惧解决法"朗诵《沁园春•雪》的故事和我考到全乡重点班的故事。我讲得激情澎湃，孩子们听得热血沸腾。我告诉孩子们唯有学习才能改变命运，并告诉他们学习的方法和技巧。）

三、小学阶段最后三十天，如何用学习改变命运？

1. 认真上好每一节课，认真做好每一次作业，认真答好每一张试卷，等等。

2. 健康身心。

3. 珍惜时间。"盛年不再来，一日难再晨。及时当勉励，岁月不待人。"

4. 养成好习惯。

5. 创意学习。

（1）互相出试卷，附上标准答案。

（2）互帮学习：一帮一，一对红。

6. 坚持！坚持！再坚持！

四、追求卓越，誓争一流

要么不做，要做就必须一流！——这是校长的本性。

我们的双语小学就是一流。

你们的校长是一流的！

你们的老师是一流的！

你们能做到一流吗？

有人说，你们是老百姓的孩子，是一般工人的孩子，是打工者的孩子，比不上某些大学教授的孩子、公务员的孩子，你们承认吗？校长不承认，因为校长就是农民家的孩子。

不承认怎么办呢？——全力以赴！！！

五、向身边的榜样学习

1. 向老师学习。

2. 向身边优秀的同学学习。

3. 向我们亲爱的爸爸妈妈学习。

六、我们宣誓，我们从中国海洋大学——出发！

中国海洋大学的校训——海纳百川，取则行远。

1. 奋战三十天，成就最好的自己。

2. 我骄傲，我是双语人！

数风流人物，还看今朝。

“我骄傲，我是双语人！”“我骄傲，我是双语人！”“我骄傲，我是双语人！”孩子们的呐喊声回荡在整个会场，久久不散，整个会场都弥漫着努力的气息。孩子们的呐喊声孕育着无穷的力量，同时也让我更加觉得我要拼尽全力教育好我们的孩子，这是我的责任，也是我的教育使命！

第三节　“五个告诉”促进成长——和悦家长的提升

社会发展日新月异，家庭教育也需要与时俱进。家长的成长需要“告诉”。《家庭教育促进法》赋予了学校“告诉”的职责：“中小学校、幼儿园可以采取建立家长学校等方式，针对不同年龄段未成年人的特点，定期组织公益性家庭教育指导服务和实践活动，并及时联系、督促未成年人的父母或者其他监护人参加。”

为满足家长的成长需求，提升教育理念，提高家长引领孩子和悦成长的能力水平，我们不断创新“告诉”的形式：与家长学校建设同步，采取家长会、家长座谈、家访、电话、微信交流、学校公众号推送等方式，帮助家长成长为和悦家长。

根据学生不同学段、不同认知发展阶段的特点，我校的每场家长会分低、中、高学段召开，分析当下学情，进行精准家教指导。每一场家长会都采用先“总”后“分”的形式。“总”是所有班级的家长集合到悦动馆，每次我都会为全体家长做培训，有时我们也会邀请家庭教育专家做专题讲座。“总”的板块里还包括优秀教师介绍做法、成功家长交流经验、优秀学生分享成长、对家长的建议及要求等。我们把以上培训称为“五步培训法”，即校长告诉家长、教师告诉家长、家长告诉家长、孩子告诉家长、专家告诉家长。“分”则是家长分别聚集到孩子所在班级，与班主任和各学科教师开展交流、学习、研讨活动。这里主要介绍“总”的部分。

一、校长告诉家长

校长在学生家长心目中具有特殊地位，有着十分强大的影响力和感染力。校长是学校教育的“首席”，是学校发展的领头雁，在教师引导、家长指导和学生疏导等方面都发挥着不可替代的作用。

孩子的成长环境是全方位的，指导家长成长的渠道也是多方面的。我用我的真、诚、信、实影响着教师和家长们，用我质朴有爱的教育思想感染着每一位和悦人。我站在台上，看到台下志同道合的家长们，感觉浑身充满了激情与力量。我享受着分享和悦教育的喜悦，也感受到来自家长的信赖。

（一）解读校训：引领和悦思想

要“让家长成为学校志同道合的教育伙伴”，形成育人合力，首先应该让所有的学生家长认同学校的办学思想、办学宗旨、校训等，强化和悦教育理念的引领，汇聚起所有家长的个人成长和教育力量。

我充分利用学生家长集会的时间，向家长解读办学宗旨等学校文化，阐释校训“读好书，做好人”。力求通过和家长互相理解，互相支持，形成共同的教育信仰，这种教育信仰是我们教育行动的准则和指南。

我告诉各位家长：我们的和悦教育立足“培养什么人，怎样培养人，为谁培养人”等根本问题，致力于“帮助每一个孩子拥有幸福人生”（办学宗旨），用“读好书，做好人”的校训，“培养厚德乐学、自主合作、具有国际视野的卓越少年”（育人目标）。

在学校中，良好家校关系的前提是相互信任和相互帮助。我真心希望，尽我所能帮助家长更好地陪伴孩子们成长，我也希望家长朋友能信任我，理解我质朴的教育思想，明白我对孩子们成长的殷切希望，我会全力以赴，不遗余力去教育好孩子们。

（二）六条建议：告诉重点难点

教育的本质在于唤醒。教育的本质意味着：一棵树摇动另一棵树，一朵云推动另一朵云，一个灵魂唤醒另一个灵魂，一个生命影响另一个生命。教育的真正价值是一种启蒙、一种唤醒、一种点燃、一种打开、一种得道。在与家长的沟通交流中，心连心、心同心，用心经营心，共同为孩子的幸福人生奠基。

一个人走得快，一群人走得远。家校只有携手前行、凝心聚力才会更有教育力量。我重视每一次家长会分享的机会，希望能带给家长们不同的教育视角和相同的教育热情，唤醒家长更好地成长，成为孩子的榜样，让孩子拥有幸福的人生，成长为最好的自己。在每年的新生家长会上，我都会给家长提出许多建议，其中以下几条是必讲的。

1. 爱心教育

冷漠无情，不懂得爱，连父母都不会爱；不知道感恩，一味地向父母索取；一旦出国留学就基本不联系父母了；割伤自己的，跳楼的，还有的在家不出门，不上学，“破罐子破摔”……一个爱自己的孩子怎会这样？

我们开设“六爱三雅”特色德育课程，“六爱”就是要培养孩子“爱自己，爱父母，爱老师，爱同学、爱学校、爱家乡”。

孩子的不懂爱、不会爱源于父母，因为父母不懂得培养孩子的爱心，认为孩子的爱心是自然而然就形成的，这是一种错误认识。

爱，在健全人格中处于核心地位，在人的健康成长中具有最高的地位。不是你爱孩子，孩子就会有爱心的。许多父母一味地给孩子爱，却从不关心孩子身上有没有爱，从不重视和培养孩子的爱心。糖吃多了就感受不到甜，多余的东西不值钱。过多的爱，孩子就不再珍惜，更谈不上回馈父母。

爱，是一种能力，是人所有能力中最高级的能力。爱的能力分为三类：一是感受爱的能力；二是记住和感念爱的能力；三是表达爱的能力，包括语言表达爱的能力、行为表达爱的能力。我们在新生入学仪式上让孩子向父母鞠躬、拥抱父母表达自己的感恩之情，我们让孩子为家长洗一次脚、做一些家务，我们发起亲子书信活动，这些就是要培养学生感受爱、感念爱、表达爱、回馈爱。家长要认识这些看似小事的意义，配合好我们的相关教育，形成教育合力。

爱的能力是在实践中提升的。智慧的父母要在孩子面前适当表现得弱一点儿，要让孩子从小就做一些力所能及的家务，分担家长的辛劳，给孩子付出爱心的机会，练就孩子的爱心和实施爱的能力，孩子就能顶天立地。

一个有爱心的孩子，知道应该怎么做人做事，不必你事事处处指点他。你把孩子培养得有爱心、有爱的能力了，家庭教育基本也就成功了。

2. 赏识教育

天生我材必有用，家长一定要相信自己的孩子是最优秀的。我们要善于发现孩子身上的长处和闪光点，用欣赏和发展的眼光看待孩子，一定要让孩子知道自己优秀的地方在哪里，让孩子懂得如何让自己更优秀，如何让自己的闪光点不断放大。为孩子成长路上的进步和努力点赞。

家长往往容易把注意力只放在学习成绩上，忽视孩子的成长过程，我们要用多把尺子去衡量孩子。有的孩子自理能力特别强，每天穿戴特别整齐，一看就是很自律的孩子。有的孩子在学校见了老师就鞠躬问好，一看就是很有家庭教养的孩子，非常有礼貌。还有的孩子把书包、桌洞整理得很整齐，里面没有一张废纸，连笔都是整整齐齐地摆放在桌面上，这样的孩子特别注重细节，你能说他不优秀吗？

四年级有一个孩子，上课睡觉，不听讲，经常和同学打架。有一天，他又和同学打架，班主任调查清楚后，发现是他的问题，让他跟同学道歉。他非但不道歉，还辱骂班主任。班主任找到了学生服务中心的赵广红主任。赵主任先让孩子详细说明事情的经过，然后让他自己分析事件中谁对谁错。在交谈过程中，赵主任发现这个孩子不是真的想辱骂班主任，而是因为不满班主任对他的漠视，想引起班主任对他的关注。班主任为什么会对他失去耐心呢？因为这个班主任从一年级就开始教他，他总是在班里闹事，所以对他失去了信心。在与孩子沟通以后，赵主任先从他的优点说起，表扬他对自己分析得特别准确，是个诚实的、表达能力特别好的孩子，而且还是个有礼貌的孩子，因为刚才他一直立正站直跟老师说话，语气、表情都很诚恳。得到肯定后，孩子眼中露出了友好的眼神。赵主任告诉他："人都会犯错，不只是你，连老师都会犯错，但是犯错后要知错就改，才会变得越来越优秀，班主任、同学们才会更加喜欢你。"后来，班主任说这个孩子真的发生了改变，课堂上坐得板板正正，积极回答问题，老远看到老师就跑到跟前鞠躬问好。我想这就是孩子，他们天真烂漫，他们纯真可爱，他们纯洁无邪。

我们要允许孩子们不完美，允许孩子们不出类拔萃，但是要不断地教育、鼓励他们，并相信他们会成为最好的自己。

3. 感恩教育

感恩教育是爱心教育的延伸。感恩，是孩子感受到父母和其他人的爱，珍惜这种爱，并尽力回馈的心理和行为实践。双语小学设立的那座“以爱育爱”石，是一只大鸟正在哺育小鸟的造型，像极了两代人的爱与感恩，也像极了师生间以爱相连的美好情感。乌鸦有反哺之义，羔羊有跪乳之恩。感恩之情，是一个人成之为人、努力上进的重要力量。

我年幼的时候，父母总教育我要珍重师长和他人给的好处，要懂得感恩，要多考虑别人、关心别人。父亲在我考上师范学校不久就因病去世了，短文《终生难忘的送别》，追忆他骑车送我上学的教诲，表达了我对父亲倾力养育我的无尽感恩；母亲病了，我推掉去北京参加国家级培训的宝贵机会，悉心照料。感恩父母，让我不敢懈怠、奋力拼搏，决不给父母丢脸，一定要让他们因我光荣！这种情感给了我无穷的力量和智慧，陪我一路走来，使我终身受益。

现在许多家庭都是以孩子为核心。孩子衣来伸手饭来张口久了，不仅不感恩，不心疼父母的辛勤付出，还会冷漠无情地故意让家长难堪。吴谢宇弑母案告诉我们，感恩教育比智商教育更重要。

感恩，催人奋进；抱怨，令人消极。我们要教育孩子认识感恩的重要性。通过讲故事、举实例等方式，向孩子解释感恩的心态带来的积极影响。我们还可以通过让孩子参与公益活动、志愿者服务或观看父母工作或打工者辛勤劳作的场景等，引导孩子去理解并关心他人，增强孩子的同理心。

一个懂得感恩的孩子，大概率是会有出息的。

4. 挫折教育

现在孩子的一大缺点就是脆弱。稍有不顺心，自己就先败下阵来，还批评不得，怎么能成气候？

“万事如意”只是一种愿望。一个人从小到大要经受无数的挫折，第一次断奶，第一次学走路跌倒，第一次用筷子自己吃饭，等等，随着长大，要做成一些事，要取得成功，总会遇到坎坷乃至逆境，总要经历一个个跨越坎坷、战胜困境的过程，甚至需要在绝望处求生存、谋发展。

孟子说：“天将降大任于是人也，必先苦其心志，劳其筋骨，饿其体肤，空乏其身，行拂乱其所为，所以动心忍性，增益其所不能。”这句话揭示了一个道理：那些能承担重大责任和使命的人，一定要承受得住上天严酷的磨难考验。不断的失败和挫折，内心痛苦，身体疲惫，饥寒困苦煎熬，要做的事情颠倒错乱总不如意，只有经受得住这些挫折，才能练就钢铁般的意志，增长一般人所不具备的定力和能力。当孩子有了这样的思想认识，还有什么坎坷困境能难倒他？

“自古英雄多磨难，从来纨绔少伟男。”这是杰出人才成长的规律，是成就事业的必经之路。

5. 示范教育

榜样示范教育的力量是无穷的。雷锋、王进喜、陈永贵等家喻户晓，形成了一种社会风尚，影响了一代代人，雷锋甚至走向了世界。这，就是榜样的力量。

如何给孩子做好榜样示范呢？第一，要做到热爱生活。我们应该对生活充满热爱，要微笑面对周围的一切，特别是对一些困难，更应该勇敢面对，不要被困难吓倒。第二，要善于学习思考。我们应该在孩子面前表现出爱学习的一面，带着孩子一起学习和探索新知识，并且积极思考新问题。第三，要孝敬父母。我们一定要孝敬父母，这是给孩子最好的示范，将来孩子才能够孝顺我们，言传身教的力量会让孩子心理更健康。第四，要努力提升自我。在任何时候，我们都不要忘记学习和提高自己，不要让自己处于一种停滞不前的状况，只有持续不断地学习才有前途。第五，要培养良好的性格。在性格方面，家长也应该给孩子做好示范，不要乱发脾气，要心平气和地说话，只要讲道理就能够得到尊重。

6. 尊师教育

“国将兴，必贵师而重傅；贵师而重傅，则法度存。”这句话出自《荀子》，也曾被习近平总书记多次引用。尊师重教是中华民族自古以来的优良传统，关乎一个国家是否兴盛。我们的孩子天然具有向师性，老师可以在教书的过程中通过自己的言传身教为孩子做榜样，对孩子进行潜移默化的影响。在这个过程中，只有老师得到应有的尊敬，老师传授的知识和道理才能得到应有的重视，孩子们才会热爱学习、尊重知识、崇尚科学。因此，作为家长，要理解、尊重、信任老师，多与老师沟通，更要让自己的孩子相信老师，尊重老师。我们和悦家长要维护和提高老师在孩子心目中的形象，遇事应选择及时与老师交流沟通，让老师更加了解自己的孩子，因材施教。如果总在孩子面前贬低老师，会降低老师在孩子心目中的地位，从而影响老师的教导在自己孩子身上的教育效力，对孩子的健康成长很不利。一个孩子如果连他的老师都不尊重、不信任，他又怎么看待老师传授的知识和道理呢？聪明的家长会积极理性地引导孩子，维护老师的威信。

得到家长和孩子尊重的老师必定会更加尊重家长和孩子，从而实现双向共赢、相互成就。

（三）和悦共进：与孩子一起和悦

开家长会，对我而言，一定是幸福而意义深远的。我希望给家长们指引方向，让他们既能脚踏实地，蹲下身来教育孩子，又能仰望星空，陪孩子看到更远的未来。

育儿先育己。父母不是天生合格的教育者，但可以做努力向上的父母。家长需要保持终身学习的心态，在孩子的成长路上扮演好引路人的角色，用正确的世界观、人生观、价值观去引导孩子，鼓励孩子积极实现自我价值。

1. 与孩子一起目标和悦

谈起育人理念，我常常说："让黄瓜成为最好的黄瓜，让茄子长成最好的茄子。"每个孩子都有自己独特的个性，我们应该按照教育的规律和孩子身心发展的规律，让孩子成为最好的自己。

我们应该树立明确的人生目标、工作目标、家庭目标等。目标是方向，是灯塔，是明亮那方。有目标才能确定正确的成长之路。

我们应该以终为始，从结果着眼，倒逼下来，研究当下的立足点、出发点。要十分明确：我们现在应该干什么？缺什么？补什么？正所谓：心中有梦想，发展有方向，脚下有力量。

2. 与孩子一起心态和悦

我经常跟家长讲："物随心转，境由心生，懊恼皆由心生。"家长应该明白：我们的孩子是最棒的！每一个孩子都是一朵鲜花，虽然花期不同，但各有芬芳。因此，我们的每一个家长应该心态和悦。

真正的好校长是能走到孩子们的身边，与孩子们一同游戏、一同成长。

3. 与孩子一起悦读和悦

黄庭坚曾说过："士大夫三日不读书，则义理不交于胸中，对镜觉面目可憎，问人亦语言无味。"一个人的心灵结构很大程度上取决于他所读的书的结构，一个人的思想境界从根本上说就是他的读书境界。

2022 年 4 月 23 日世界读书日当天，首届全民阅读大会在北京开幕，习近平总书记指出，阅读是人类获取知识、启智增慧、培养道德的重要途径，可以让人得到思想启发，树立崇高理想，涵养浩然之气。中华民族自古提倡阅读，讲究格物致知、诚意正心，传承中华民族生生不息的精神，塑造中国人民自信自强的品格。他"希望广大党员、干部带头读书学习，修身养志，增长才干；希望孩子们养成阅读习惯，快乐阅读，健康成长；希望全社会都参与到阅读中来，形成爱读书、读好书、善读书的浓厚氛围"。

读书的根本目的只有一个，就是让自己的精神生命更强大。阅读是让人找回自我、感受自我存在的最佳方式。正所谓"一字一世界，一书一天堂，无意证菩提，随性见慧光"。

我跟家长说，如果家中没有图书室，至少应该有一个书柜，如果连书柜都没有，那就尽量布置一个角落，总要有几本书。家里至少有一名家长是要经常读书的，只有做到亲子共读书，才能跟孩子交流读书的内容，与孩子有更多的话题，做到陪伴成长，一同成长。

秉承"读好书，做好人"的校训，我非常关注孩子们的阅读情况。

4. 与孩子一起运动和悦

达•芬奇说："运动是一切生命的源泉。"坚持运动，不仅可以锻炼我们的身体，也能锻炼我们的心智。坚持不懈运动的人，生活比一般人要规律，心态比一般人要平和。运动，才是治愈一切的良药。

习近平总书记是一位不折不扣的“体育迷”。2014 年 2 月 7 日，在接受俄罗斯电视台专访时，他说：“我喜欢游泳、爬山等运动，游泳我四五岁就学会了。我还喜欢足球、排球、篮球、网球、武术等运动。”

80 多岁的钟南山是一个喜爱运动的人，从来都没有停止锻炼。他说：锻炼对身体健康有很关键的作用，能让人保持年轻的心态。几十年如一日的锻炼，让钟南山看上去比同龄人年轻很多。运动让他的身体素质一直很好。他说，年龄对他的影响不大，现在还可以正常工作，这和锻炼身体息息相关。

我经常对老师们说：“唯有运动和读书不可辜负。”运动的能量，决定了人生的质量，我深有体会。我每天早上跑步 30 分钟，3 天打一次乒乓球，让浑身出透汗。运动使我每天精神焕发，斗志昂扬。

生命在于运动，让我们一起运动吧！用健康的身体、豁达的心情，去更好地享受未来的每一天。

5. 与孩子一起激情和悦

我想：一个人，就应该有激情，就应该创意地、诗意地生活。

激情，是工作的灵魂，是成就人生的基石。

激情是一种心灵的磨砺，一种承认现实的生活态度，一种理性的人生选择，是无论在任何情况下，对一切充满希望的心理状态，表现为生命的活力、执着的精神、昂扬的锐气、冲天的干劲、高度的责任感。

爱默生曾经说过：“有史以来，没有任何一项伟大的事业不是因为热忱而成功的。”激情是一种精神，是一种气质，是一种态度，是一种追求，是一种奉献。激情不是一时的冲动，而是一种长期的坚持和努力。生活需要追求支撑，更需要激情相伴。

纵观古今中外，那些极富魅力的成功人士都有一个明显的特点，那就是无论是对人还是对工作都充满了激情。

实践证明，激情能激发出一个人自身的智慧和潜能，产生巨大的内在动力。

6. 和孩子一起书写和悦

和孩子一起书写自己平凡生命的传奇，就和孩子一起学习，和孩子一起阅读，和孩子一起交朋友，和孩子一起分享爱，和孩子一起创造快乐，培养共同的兴趣爱好。这样，你就会和孩子拥有共同的语言密码，成为他的好朋友，营造一个积极向上的家庭氛围，形成一个良性循环。

培训会后，家长们有很多的收获，他们会及时进行反思，以更好地自我成长。下面是吕嘉鹏妈妈的分享。

少年若天成，习惯成自然

听了杨校长的谆谆教诲，我感觉自己需要做的还有很多：

一、多一点赏识，多一点鼓励

只要孩子有一点进步，有一点成绩就需要给予及时表扬，让他慢慢找到成就感，促使他再接再厉，培养他不断进步、继续努力的兴趣。当孩子表现不好或者有逆反心理时，我们不能只是单纯、片面地批评，其实很多时候孩子不知道他的行为的错误之处，更不能清楚地知道由此导致的危害和后果。孩子都是小大人，不能当面数落，要尊重孩子的自尊心，了解孩子在想什么，不拿他和其他的孩子比，他只是他自己。

二、内心自觉，行为才能自发

习惯决定命运。小学阶段是孩子自觉性、好习惯形成的重要阶段。作为家长，应该让孩子明白什么是对的，什么是错的，什么时间该做什么事，哪些事是着急且重要的，什么时间可以玩。在他的房间贴上课程表、作息表、周末计划表，每次都提醒孩子自觉遵守时间。“读好书，做好人”的理念已经慢慢地在我们家生根。我们正在营造良好的家庭读书氛围，试着培养孩子良好的读书习惯。

三、独立、自律——高级的自觉

以前，孩子在家的时候，我是事无巨细，可以说是“保姆”一样的存在。慢慢地，孩子形成了强烈的依赖心理，什么事都依赖我，等着我，靠着我。今天听了杨校长的讲话，我充分认识到了自己的问题。现在，我只是提醒他，提醒他自己检查作业，自己整理书包，自己挑选衣服。哪怕忘记了，我也不去操心，更不会责备。每当孩子受到批评，我的内心是平静的，不是漠不关心，而是我认为这样反而会加速他的成长。他就会明白，应该为自己的行为负责。

二、教师告诉家长

在家长会上，如果说我带给家长的是思想上的引领，那么教师带给家长的便是心灵上的碰撞。

面对来自不同家庭环境的孩子，教师需要与家长沟通孩子在校的表现，分享孩子的成长瞬间。面对孩子的不足，教师要与家长一起分析问题，精准地给予家长解决问题的方法及建议。

（一）中层干部告诉家长

中层干部首先是教师，其次是优秀教师中的代表。这些优秀教师中的“关键少数”以自己较高的教师素养，对家长们提出了以下几点要求：

（1）言传身教，做孩子的榜样。

（2）挫折教育，亲子直面竞争。

（3）培养习惯，好习惯好未来。

（4）端正态度，勤学好学乐学。

（5）明确意义，经营人生事业。

以下是三年级级部主任孟晓在家长会上的分享。

一路走来

学生进入三年级，家长和学生如何迈过这道“坎”呢？我想针对我校的实际情况谈几点建议。

1. 躬身示范，做好孩子的榜样。正如上次家长会中我说的：你想让孩子成为这样的人，很简单，首先，你先成为这样的人。

2. 孩子的竞争，其实就是家长的竞争。美国著名的阅读研究专家吉姆•崔利斯说：所有孩子出生时都是平等的，但是在他们进入幼儿园，进入小学以后，就变得不平等了。差异的原因在于，有些父母是在尽力培养他们，而有些父母只是在看着他们长大而已。

3. 好习惯都是养出来的。

（1）阅读的习惯。苏联教育学家苏霍姆林斯基说：“让孩子变聪明的办法，不是补课，不是增加作业量，而是阅读、阅读，再阅读。”做父母的要多给孩子买些课外书，引导孩子认真阅读。广泛阅读的习惯，将是孩子一辈子的财富。

（2）书写习惯。从终身学习的角度来看，书写习惯是人生必备习惯之一。

（3）思考习惯。思考是人生进步的阶梯。孩子爱问为什么是好事，说明孩子在思考，在主动地动脑筋。对爱提问的孩子，家长应鼓励并积极解答疑问。如果孩子不爱提问，家长就要多问孩子，由此，慢慢地转为孩子自己主动开口提问。

（4）制订计划的习惯。凡事预则立，不预则废。待优生的毛病都出在计划性不强，让人家推着走，而优秀的学生就明白自己想要干什么。所以，我们要培养孩子制订计划的习惯。

（5）适应老师的习惯。一个学生要同时面对各学科老师，老师们的授课方式各不相同。老师适应学生，学生也要适应老师。

（6）总结的习惯。根据自己的实际，通过考试和讲评不断总结经验教训，吃一回亏，长一回智。

4. 勤于学习不落伍。向周围优秀的家长学习，从书中学习。

5. 教育好孩子，是家长人生中重要的事业。不要在孩子需要陪伴的年龄选择放手。终有一天你会知道，公交车5分钟一班，地铁9分钟一班，教育好孩子，一辈子只有一班。陪伴，像5元停车费，总想省掉。当交200元罚款时，真后悔，早知道就交5元停车费了。

（二）班主任告诉家长

班主任，这个被戏称天底下最小的主任，学校中的“代理家长”，是学生感觉最亲切、最了解的教师，同时，班主任也是最关心、最了解学生成长状况的教师。对家长而言，班主任是他们沟通最多、交往最密切的教师。班主任的反馈和沟通是家长最在意、最重视的。那么，班主任有哪些心里话要对家长们说？有哪些规则需要家长来遵守？有哪些要求请家长来完成？让我们读读来自班主任孙阳阳老师的建议：

荡起家校双桨，助力孩子扬帆远航

船要远航，单桨用力是不够的，我们需要在座的您的完美配合。在这里我呼吁所有家长，希望您能够做到以下几点：

一、亲其师，信其道

正确看待孩子对老师的评价，不要在孩子面前议论老师或与老师争吵，要传播正能量。

二、配合

管是为了不管，教是为了不教。在孩子最需要培养习惯、品质、性格的关键时期，要积极配合学校，帮助孩子养成良好的行为习惯，比如时间管理习惯、任务管理习惯。家长朋友们，下班回家后，问一问孩子在学校的表现，翻一翻孩子的作业本吧！

三、榜样

每个孩子都是看着家长的背影长大的。孩子生活在批评中学会谴责，生活在敌视中学会好斗，生活在恐惧中变得忧心忡忡，生活在鼓励中学会自信，生活在安全中学会理解相信。你想让孩子成为什么样的人，你首先要去做这样的人。家长朋友们，在孩子做作业时，您不妨也拿起一本书吧！

四、沟通

我们和孩子之间要互相信任、理解，有什么事情及时沟通协商。不要只关心孩子的学习成绩，还应该关注他的学习习惯、品德修养和心理健康。家长朋友们，多多了解孩子在学校里各方面的表现吧！

五、环境

为孩子创造一个良好的学习环境，孩子才能全神贯注地学习和思考。家长朋友们，为孩子准备一个专门的学习场所，提供一个安静、不受干扰的学习环境吧！

简短的五条建议，让家长明确在孩子面前应注意自己的言行。为了更多地了解孩子，家长应该主动与教师沟通。为了孩子更好地成长，家长应该提供有力的学习保障。

（三）学科教师告诉家长

聪明的家长一定会与孩子的教师多沟通交流，因为教师会从专业的角度帮助家长解决孩子成长中出现的问题，也会给出最中肯、最有效的建议。听取优秀教师的建议，是家长教育孩子路上快速成长的一条捷径。

教师和家长沟通对话，一是为了在育人观念上达成共识，二是为了明确育人目标，沟通育人的具体措施。下面是孙浩淼老师对家长的几点建议：

家长朋友们，我们要相信孩子，相信每个孩子都会好的。但这份相信不是盲目的，是建立在良好学习习惯基础上的。

一、独立学习课文的习惯

在学习每一篇新课文前，孩子们要根据十一条预习要求，独立预习课文，包括在课文中勾画、批注、归纳等。而目前大部分孩子只限于组词、圈画，还不会勾画、批注、归纳，但勾画、批注、归纳是深入理解课文的方式。久而久之，深入理解课文的学习习惯就会变成他们自身特有的能力。只有高标准、严要求，坚持不懈，才能把习惯变成能力。

二、认真书写的习惯

认真书写绝不只是为了表明“啊，我做作业多认真啊！”这个态度。当孩子又快又好地练完字，自己心满意足地拿出来展示的时候，似乎纸上的文字都能跳起欢乐的舞蹈。

久而久之，孩子只有学会了一边思考一边写字，才能进行自动化书写。当自动化书写变成习惯的时候，思考就不会受到写字的影响，孩子就会更专一，思考的效果也会更好。认真书写的妙处在这里啊——会变得善思考、更聪明。

三、倾听的习惯

倾听是重要的学习能力。不会倾听，就不会学习；不会倾听，也无法学习。想想，无法获得新知就意味着无法运用，久而久之，学习就会越来越困难。

怎样才能把倾听到的知识变成自己的呢？绝不是简单地对孩子吼两句“上课要认真听”、让孩子改变态度就能解决的事。我们现在用的办法就是边听边思考，边听边归纳——记录课堂笔记。通过这样的思维活动，把知识融入大脑中，进而转化成可运用的能力。

三、家长告诉家长

我校致力于打造师生之间、生生之间、家长之间的学习共同体。学习共同体是指由学习者及其助学者共同构成的团体，他们彼此之间经常在学习过程中进行沟通、交流，分享各种学习资源，共同完成一定的学习任务，因而在成员之间形成了相互影响、相互促进的人际关系。在这里，我主要与大家分享家长学习共同体。在家长学习共同体内，家长们互通有无，取长补短，是同学，是盟友，更是教育孩子的知音。除此之外，家长们在每次家长会上进行教育经验分享，班级内家长、级部内家长、校内家长学习共同体进行交流分享，相互促进、激励、扶持，共同成长。

下面是叶景前妈妈家庭教育优秀经验分享。

我的教育观

如何正确看待孩子的成绩？如何正确理解父母对孩子的影响？如何科学对待孩子的兴趣爱好与特长？今天我粗浅地谈下面三点：

一、如何正确看待孩子的成绩？

做作业是必要的复习环节。我认为提高孩子学习成绩最直接的办法就是认真完成老师布置的作业。老师布置的作业都是很科学的，每天的作业都是教学进度中的复习重点，完成不好就会影响当天所学课程的学习效果。作为家长，我在孩子写作业之前都会结合课本理解作业的目的，不能机械地让孩子写完作业了事。

二、如何正确理解父母对孩子的影响？

教育是潜移默化的影响，父母的一言一行都会对孩子的成长产生影响。父母如何对待长辈或是怎样跟朋友相处，父母房间的物品摆放得是否整齐，甚至父母平时的穿衣打扮，等等，孩子从会走路、会说话开始，就在向父母学习了。所以，今天孩子的表现，大部分是受父母潜移默化的影响。

树立权威，让孩子打心底佩服你。父母在孩子面前的权威并不仅仅是靠辈分树立起来的，也并不是对孩子吼一句“我是你爸”“我是你妈”就有权威了，更不是靠棍棒和巴掌打出来的。

我觉得要让孩子先服你，然后他才会听你的。我们要尽可能多地与孩子一起读书，一起学习，一起成长。要培养孩子爱读书的习惯，父母就要先做到多读书。

在这一年陪伴孩子学习的过程中，我也跟着学到了很多知识，纠正了写错的字的笔顺和发音错误的英语单词。也认识到作为父母，在孩子教育中有着不可替代的位置和不可推卸的责任。

三、如何科学对待孩子的兴趣爱好与特长？

尊重孩子的兴趣，让孩子选择至少一门真正感兴趣的特长课。不管是弹琴、画画还是下棋等，每天坚持练习都可以锻炼孩子的专注力。我们不要求孩子将来成为什么家，只希望孩子学习累了，或将来工作疲倦了，可以有一种积极的发泄途径，而不是沉溺于打游戏之类的事情。

通过家长会，大家增加了了解，加强了沟通，增进了友谊。慢慢地，和悦家长这个群体就变成了学习共同体，家长们之间互通教育资源，互相切磋，一同成长。

优秀的经验对于有需要的家庭来说，无疑是可复制、可借鉴的法宝。我们来听听王子梦妈妈的心声。

温暖的叮咛

在这次与家长的交流中，我学到了教育孩子的一些方法，而且开始认真反思自己过去对孩子的教育方式，深入思考今后应该如何教育孩子。

一、多沟通，多交流

全心去爱我们的孩子，和孩子交朋友，在教育孩子的同时与孩子共同成长。今后，我每天都会抽出一些时间与孩子聊聊天，哪怕只是短短的十分钟。我会问问她今天在学校的情况，有没有不开心，和同学有没有闹别扭，等等。总之，关心孩子，理解孩子，尊重孩子，解决观念不同步的问题。

二、关心学习，营造氛围

营造适合孩子成长的家庭环境，而不是让家比娱乐室还热闹。不是打麻将就是搞朋友聚会，不是电视声音开得极大，就是家庭成员三天两头吵架。在这样的家庭中，孩子没有心情，也没有心思学习。为人父母，要为孩子营造一个良好的环境，在孩子做作业的时候，家庭要保证绝对安静，让孩子能安心、静心。总之，如老师们所说，创造一切条件给孩子营造良好的氛围。

三、不做唠叨的“保姆”家长

让孩子形成自己的事情自己做的独立意识。

四、培养孩子的良好习惯

（一）孩子的生活习惯

1. 早睡早起，生活有规律。孩子晚上睡觉晚了，在课堂上就会精神不好，甚至出现打瞌睡的情况。我和孩子约定，晚上 8 点之前，完成一切学习任务，再读 30 分钟书，最晚 8 点 30 分睡觉。

2. 生活自理能力的培养。一年级孩子的自理能力还是比较弱的，引导孩子自己整理书包，准备明天要带的学习用具，上美术课前要带老师布置的美术用品，上体育课前要穿运动鞋、运动裤。习惯需要一个由扶到放的过程，需要我们家长耐心指导、配合。

3. 吃饭习惯的培养。学校要求孩子的上学时间是 7:30—7:50，我们有足够的时间让孩子在家里吃好早点，保证美味的同时兼顾食品安全，这样也更利于孩子的身体健康。晚饭时，我们会让孩子养成不挑食、不浪费粮食的好习惯。

（二）孩子的学习习惯

1. 写的习惯。我们家长要注意孩子的写字姿势，写作业时监督孩子用正确的执笔姿势和坐姿写字，严格按照“一寸、一尺、一拳”的标准要求孩子。

2. 听说的习惯。对孩子来说，怎样把话听明白、说清楚是十分重要的。在家时，我就发现让孩子说话可以，让她听你讲话很难。这就需要我们在与孩子交谈时，注意自己说话与听话的方式，给孩子树立一个好榜样。

3. 读的习惯。在读书以前，我家孩子没有具体接触拼音，半个多月时间学好拼音，对于刚刚接触拼音的孩子来说是比较难的，所以一定要多多读，多多练。其实就是熟能生巧，只要坚持每天读，孩子的拼音就不怕学不好了。

最好的成长是自我反思，最好的行动是身心自觉，和悦家长就这样在一次次聆听中反思、成长。把“家长”这一身份当成职业，更把它当作一辈子的事业来经营，不断汲取来自老师们的经验之谈，时时精进，不断提高自己的家庭教育水平。

四、孩子告诉家长

好的亲子关系一定是双向的、教学相长的。有时候，家长也应该蹲下身来，听听孩子们的心声。其实，在我们不经意间，孩子已经悄然长大，他们对学习、生活和人生的理解，可能超出了我们的预期，可以成为我们的良师益友。

孩子最渴求家长的是什么？家长最让孩子感到骄傲的是什么？孩子最感恩家长的是什么？来自孩子的心声最容易触及家长的心灵深处。下面是六年级(5)班王浩宇的分享。

爸爸妈妈，我想对您说

大家好，我是六年级(5)班的王浩宇，很荣幸作为六年级全体学生代表在这里分享我内心的声音。

升入六年级，我明显感觉比五年级时的学习压力更大了，自己肩膀上的负担更重了，但我好像没有那么紧张，因为我相信在老师的引导下，只要我努力，就一定可以很快地适应。在这里，我要感谢我的老师们，他们身有所正、言有所规、行有所止，让我心怀敬畏。我只有好好学习，才能回报爸爸妈妈和老师们给我的关心和爱护。

今天的家长培训会，我想对我的爸爸妈妈说些心里话。

我希望我的爸爸妈妈在生活中不乱发脾气。希望爸爸妈妈每次能把我说的话耐心听完，很多时候很多事不是我的错，但是依然被训斥。希望你们可以理解我一下，在生气之前想一想该不该，或者平静地告诉我为什么不该做，这件事应该怎么做。同时，说到的事情一定要做到，就像你们让我做的我都会做到，因为我也会有我的想法，所以请理解我。

在学习上，不要只关心成绩，还要关心我每次学习时遇到的难题。不要在我学习的时候，嘴上说着陪我学习，其实拿着手机在那里刷网页、看视频……

在家里，我希望爸爸妈妈相互体谅，相互理解，不要争吵。也希望爸爸少出去，多陪陪我，别总说“爸爸有应酬”了。我希望您能多陪陪我，不要因为您的客户破坏了我们之间的情感。以后能不能少加班，早点回家吃我做的饭？我还希望爸爸，您把烟戒了吧……

孩子们天真无邪、童稚可爱的语言，充满了对爸爸妈妈无限的期待。孩子们的期待就是爸爸妈妈努力的方向。我们正是利用不同形式的家长会、各种课程、亲子活动等形式，来改善学生和家长的亲子关系，培养和谐亲密的亲子情感。

每个孩子都是一颗蓄势待发的种子。这颗种子，因为老师和家长的相遇而生在沃土之中，汲取爱，汲取光，汲取暖，茁壮成长为一棵参天大树。

五、专家告诉家长

《家庭教育促进法》规定：“中小学校、幼儿园应当根据家长的需求，邀请有关人员传授家庭教育理念、知识和方法，组织开展家庭教育指导服务和实践活动，促进家庭与学校共同教育。”

教书育人是一种对专业技能要求较高的职业，教师教育学生，家长教育孩子，都需要一定的专业能力和技巧。教师能看清学生面临的具体问题，能给家长提供正确的解决方法。而教育专家能够预判教育的走势，对目前面临的问题进行客观理性的价值判断，给家长以教育长远发展的方向引领，对家长当下面临的许多难题给出专家级指导。

2019 年 3 月 16 日，我校邀请家庭教育专家康健老师为家长做了主题为“家庭教育新理念”的培训。康健老师告诉大家：家长是镜子，孩子是影子，你的孩子就是你的显示器，家长在孩子成长过程中起着至关重要的作用。下面是培训的主要内容。

一、家庭教育的重要性

家长对孩子的教育是传统意义上的家庭教育。现代的家庭教育是指家庭成员之间互相影响，相互学习，共同成长，一起进步。

孩子的教育由三位一体的家庭教育、学校教育、社会教育组成。家庭教育和学校教育是孩子腾飞的双翼，社会教育则给孩子提供一片广袤的天空。

不是孩子不优秀，而是父母太落后。2010 年 2 月 26 日推出的《全国家庭教育指导大纲》中明确规定：家庭教育是从新婚期开始的。《全国家庭教育指导大纲》有三大原则：1. 儿童为本；2. 家长主体；3. 多项互动。儿童，你认为几岁以下叫儿童？我们国家已经加入了《联合国儿童公约》，公约中明确规定：儿童是指 18 岁以下的所有的人。

我们一起思考一下：家庭教育是教育谁的，孩子还是家长？

二、学习家庭教育“七字诀”——学会、说对、做到位

家庭教育是一门包含教育学、教育心理学、儿童发展心理学、犯罪心理学、演讲与口才、语言艺术、人际关系学、沟通学等多门学科的综合性学科。一听就懂，一学就会，一用就好使。

（一）学会

学前儿童的发展规律：3岁之前是亲情和安全感的关键期。3岁之后是社会化的关键期。小学生的学习规律：一至三年级是学生成长的基础期，是孩子养成良好生活习惯、学习习惯的阶段；四年级是转折期；五年级是儿童成长的上升期；六年级是关键期。

（二）说对

说对就是说孩子愿意听的，而不是说自己喜欢说的。

（三）做到位

家长是孩子的镜子，孩子是家长的影子；家长是原件，孩子是复印件；家长是主机，孩子是显示器。家长的一举一动、一言一行都会对孩子产生深远的影响。

三、孩子需要什么样的爱？

请问：我们爱孩子吗？我们会爱孩子吗？砺智良言说：家长无知的爱就是对孩子最大的伤害。

（一）爱我你就——陪陪我

陪伴是父母的第一天职，不可或缺，不可弥补，不可代替。

（二）爱我你就——抱抱我

教育孩子的前提是了解孩子，了解孩子的前提是尊重孩子。

（三）爱我你就——夸夸我

好孩子是夸出来的，发现孩子的优点，一定不要吝啬你的夸赞。

通过专家的培训，家长们了解了现代家庭教育的重要性，更新了教育理念，掌握了教育孩子的正确方法，并深刻认识到作为家长在孩子成长过程中的重要性和不可替代性。

六、“五个告诉”引发的怦然心动和收获分享

教育需要家长紧随专家和教师的脚步，不是机械地亦步亦趋，而是家长与专家、与教师同频共振。面对专家先进教育思想和金点子的分享，家长的吸收能力如何，直接关系到学生成长的效果。反思是成长的捷径，每一位和悦家长在培训中再学习，通过反思不断成长。下面是丁明瑞的爸爸在聆听了专家报告后的“怦然心动”。

与爱同行

参加了专家培训会，聆听了专家的家庭教育讲座，感触良多。有一些感想与大家分享。

一、父母的表率作用

家长的教育、家庭的氛围对孩子的性格、习惯、兴趣爱好的影响几乎是决定性的。我常思考：我能带给孩子什么？我能带给孩子什么教育？从孩子今天放学到明天早晨

上学,父母做了些什么?在谈孩子的所有问题之前,不妨问问自己这些问题,父母是很多教育问题的根源!父母是孩子的第一任老师,身为父母的我们在以各种方式探讨孩子教育的同时,多想想该做什么样的改变。

二、让孩子做一个幸福的人

想起问过孩子多次的一个问题。我问孩子:“什么是幸福?”“幸福就是做我喜欢做的事情”,孩子的回答直接简单。我小心翼翼地说服她,幸福是不是能做喜欢且有意义的事情?孩子瞪着我问:“爸爸,什么是有意义的事情?”

康老师举骆家辉辞去驻华大使职务的例子,深刻、直接地说明了“什么是幸福”这个问题。从孩子出生到一年级的时间,我们总共拍摄了两万六千多张照片,每张照片的背后或是一个心情,或是一段故事,或是一段旅程,还收集了她自己完成的二百多张图画。父母该为孩子留下点值得回忆的东西,很多的东西需要不断地积累和沉淀,历久弥香。每个孩子成长的轨迹不尽相同,有的是鲜花,有的是大树,有的有果实,也有的如毛竹,作为家长需要用心陪伴,静待花开。

三、懂得感恩,敢于承担

人字的结构就是互相支撑,任何人都必须依赖他人的帮助才能生活。离开了他人,离开社会,绝难生存。无论是父母还是孩子都该存有一颗感激之心,时时对自己的现状心存感激,同时也要对别人为你所做的一切怀有敬意和感激之情。父母对孩子的感恩教育,明理之下才会有回报,才会有传承。看着班级里很多优秀的父母还有热心助人的孩子,由衷地为孩子的成长喝彩,希望每个孩子都能做一个对自己负责任、对集体和他人有用的人。

四、学习与分享

听了康老师的报告,看到别人的优秀,也意识到自己在孩子教育中的诸多不当之处。相比之下,我们课后的习题布置、预习跟复习都做得比较差。多跟老师、家长交流,能够认识自己存在的不足,分享亦是改变的开始。孩子跨入小学的第一天,作为家长,一种新的教育也随之开始。

任何人的成长都有赖于所生长的环境。我们抓住一切有利契机,通过不同层次、不同方面的指导和不同视角的启发,让家长在倾听中学习,在反思中成长,在自己的成长中体验,在孩子的成长中收获。

第四节 “八大铁律”助力成长——和悦家长的经营

在培育孩子的路上，家长是教师天然的合作者。家庭教育是学校教育的基础，也是学校教育最重要的合作力量。离开家长的合作，缺乏家庭教育的支撑与配合，学校教育的成效就会大打折扣，就很难有真正高质量的学校教育。处理好家校关系，引领家长成长为学校志同道合的教育伙伴，是提高学校教育教学质量的必然要求。

在办好和悦家长学校，引领家长与学校、与孩子走向和悦的路上，必然要与家长打交道。为了提高这种打交道的和悦力量，我总结了“八大铁律”。

一、让家长认同校长的教育理念

学生在学校的各种行为，家长有的认同，有的不认同。举个例子：2015 年，我们进行课堂教学改革。我跟老师们说：“孩子能讲的，老师不要讲；孩子会的，老师不要讲。让孩子成为课堂的主人。”一天，滨海学院的张教授给我打电话。他说：“杨校长，你们让我的孙子讲，那你们老师干什么呢？”面对这样的质疑，我从两个方面与他进行了交流：

一是让学生成为课堂的主人，站在课堂中央。我们的目的就是让课堂成为学生的天堂，让学生成为课堂的主人，让学生站在学校的正中央。因为我们和悦教育的理念是：教是为了不教，管是为了不管。

二是授人以鱼，还是授之以渔？如果你想给孩子很多的鱼，是给他现成的鱼呢，还是教给他捕鱼的方法？孩子学会了捕鱼的方法，才容易吃到他最想吃的最新鲜的鱼。

这些教育理念一经沟通，他十分认可。他说：“您说得对，不愧是名校长，正确，我赞成。”

2020 年春节前，青岛电视台有个《校长说》访谈栏目，对我进行了半个小时的现场采访。在节目直播的时候，我跟教育集团三个学校的家长讲，周六晚上必须看电视台对校长的采访。因为这样，校长和家长之间就会形成共同的教育理念。家长也有一种自豪感：“你看我们的校长接受采访啦！”我说：“第一，我要检查观看情况；第二，我要每个班选取五名家长谈体会。”到周六晚上，家长们很认真地看了电视直播。

一旦家长认同校长的教育理念、教育价值观以及学校的教育服务，就会主动为学校进行口碑传播，提升学校的形象。当学校被其他家长误解的时候，他们也会主动站出来澄清，维护学校的形象。

二、树立榜样家长

法国著名雕塑家罗丹说:“生活中不是缺少美,而是缺少发现美的眼睛。”在教育教学中,我们也应该善于发现家长群体中的美好事物。我认为,用榜样家长引领,胜过学校的要求和安排。榜样的力量是无穷的,雷锋、董存瑞、黄继光等就是当时那个时代家喻户晓的榜样。毛泽东说的“向雷锋同志学习”,形成了社会风尚,影响了一代又一代人的成长。

我们要树立家长身边的榜样,形成成长导向。我们隆重表彰了捐建和悦智慧广场的王家鹤妈妈,和悦“七彩”志愿团团长孟庆辰妈妈、副团长王泓壹妈妈。并重点表彰了支持孩子即使作为候补队员也要继续参与团队训练的家长王清帅妈妈等。此外,表彰优秀执勤家长、优秀悦读家长、优秀健身家长、优秀“金点子”家长等,用微信公众号及时推送宣扬他们的事迹,让更多的家长看到他们的闪光点,向他们学习,使先进更先进,后进变先进,形成比学赶帮超、竞相成长的局面。

孟庆辰妈妈是五台山西路小学校级家委会副会长、“七彩”志愿团团长,每次志愿活动都是她在积极地策划、组织、参与。在青岛市争创文明典范城期间,她组织我校家委会成员及孩子多次参加志愿服务活动,有时在社区,有时在街道,有时在金沙滩,等等。以下是她组织的“小手拉大手,共创文明典范城”的活动方案。

“小手拉大手,共创文明典范城”
五台山西路小学“七彩”志愿服务活动方案

为响应青岛市文明典范城市创建,加强家校沟通,培养孩子们对环境的保护意识,鼓励小学生从身边小事做起,从点滴做起,践行道德规范,增强道德意识,养成良好习惯,培养高尚品质,做一个有道德的人,并通过“小手拉大手”带动家庭成员的参与,提高家长和广大市民的文明素养,特制订本次活动方案。

【活动主题】

小手拉大手,共创文明典范城

【活动时间】

2022 年 9 月 24 日下午 2:00

【活动地点】

学校周边社区、街道

【活动成员】

组织兼信息宣传者:五年级(6)班孟庆宸妈妈

协调者:五年级(1)班魏彦杰爸爸、四年级(6)班孟令轩爸爸、三年级(1)班王泓壹妈妈、一年级(1)班王景言爸爸

摄影者：一年级(10)班叶谦益爸爸

参与者：青岛西海岸新区五台山西路小学“七彩”志愿团

活动悉知：

1. 本次活动以自愿参与为原则。出行前请家长给孩子普及活动内容及安全常识，活动中大家要有团队意识，不能擅自离队。

2. 出行时请学生统一穿校服长裤和校服短袖(可加外套)，穿休闲平底鞋。

3. 出发前保持心情愉悦，活动中有些情况实难预料，难以做到完美，如有问题请及时跟领队沟通，不要抱怨，不要影响大家的美好心情。能一起做一件有意义的事情，是一种缘分。望大家互相帮助、互相理解、互相支持。

4. 全程需大家好好配合摄影师拍照，方便采集信息，进行公益活动的宣传。

“七彩”志愿团

2022 年 9 月 18 日

孩子们在活动中一路走一路捡垃圾，从他们身上，我们看到了孩子们拥有的社会责任感与担当意识。活动结束后，学校家委会及时对参与活动的家庭进行宣传与表彰，评选他们为“绿色环保”家庭，是家长们、孩子们学习的榜样。

对家长们进行表彰既是一种肯定，又是一份激励，也是正能量的宣传，让所有的家庭以他们为榜样，为孩子们品德和习惯的养成贡献自己的力量。

在我们学校，只要有活动，就会有家委会、志愿者的身影，他们学榜样、树榜样，带动身边的家长积极参与到学校、班级的活动中，使我校的整个氛围显得非常温馨且有力量。

在 2023 年春季运动会上，有一个展示方队一出场就赢得了全场的欢呼与掌声，他们就是家长代表方队。40 位家长身穿整齐飒爽的迷彩服，迈出了军人的步伐。运动会结束后，我专门为他们进行了颁奖并对教练员表示了感谢。教练员说家长们每天下午下班后 7 点准时到学校操场进行训练，一切以军人的标准严格要求自己。

榜样家长的树立，让广大家长关心学校教育，关注孩子成长，改进亲子教育，使家校合力育人焕发了无限的生机与活力。

三、“黄金分割点”的家校沟通

有人会问，什么是“黄金分割点”的家校沟通？顾名思义，“黄金分割点”的家校沟通是指合适的时间、恰当的事件、恰到好处的家校沟通。我们要抓住这些关键点进行高效的沟通。

（一）什么时候进行家校沟通？

（1）开学初：沟通内容包括学校的理念、班级的目标、家委会的作用、老师的自我介绍等。

（2）平日：沟通内容包括教学情况、班级管理要求、临时性工作。

（3）定期：可以每隔一年、一学期、半学期、一个月通过家长会的形式沟通，也可以按计划的阶段，如习惯养成初、中、后期。

（4）有问题的时候：沟通内容包括突发状况、老师发现的问题。

（5）家长主动联系的时候：沟通内容包括孩子出现的问题、家长之间的问题、家长的建议。

（6）遇到家长的时候：如偶遇、上下学、活动中等。

（7）每日反馈的时候：沟通内容包括学科反馈（如学习重难点、课堂表现），班级管理反馈（如学生进步之处、不足）等。

（8）期末：在结业典礼上，通过学校成绩、班级成绩、学生家长表彰的形式沟通，也可以采用成长卡、师生家长寄语等形式。

家校之间时时可沟通，事事可沟通，只是“黄金”时刻的沟通会更加高效。现在的教师一般是24小时在线，特别是班主任，上班有点，下班无时。节假日只是不跟学生面对面上课，其他工作拖延不得，拒绝不得，也正是我们工作的广泛性和时空的延展性，让我们得到家长们的无限尊重。

（二）家校沟通要达到什么效果？

1. 沟通及时有效

出现问题及时跟家长沟通是必要的。比如孩子在学校受伤了、不舒服了，我们简单处理的同时应该第一时间联系家长，带着孩子去医院或回家休息。

2. 沟通延时深入

及时沟通也并不是所有问题都要事发后第一时间告诉家长。比如孩子们之间的冲突矛盾，班主任或在场的教师要先弄清楚来龙去脉，能够对孩子们进行现场教育并解决问题的，我们就要等到孩子们和好了再跟家长沟通，告诉家长事情原委的同时，也要让家长知道学校是怎样对孩子们进行教育的，孩子们在事件中有了怎样的感悟和成长。

（三）智慧教育赋能家校沟通

双语小学教育集团的特色教育就是智慧教育，我曾被各大教育网站、知名学校邀约进行智慧教育的分享。在家校沟通方面，我们也运用了智慧教育的手段，在西海岸教育公共服务平台上创建了《和悦智慧家长学校》栏目。该栏目是为了提高家长的育子水平，解答育子过程中出现的疑惑，让家长更轻松地帮助孩子更好地成长。它分为家长学校、家长心声、心灵对话、幸福展示四个板块。

家长学校板块包括“五个告诉”，通过校长告诉家长、教师告诉家长、专家告诉家长、家长告诉家长、学生告诉家长，对家长进行科学育子方法的培训，主要通过推送文章和视频两种形式。推送的内容包括家长应该如何与孩子进行沟通，如何帮助孩子形成好的生活及学习习惯，等等，使我们学校的家长成为育子达人。

家长心声板块有两个内容：一是优秀家长将自己成功的育子经验分享给其他家长，让家长们在育子过程中可以事半功倍；二是家长将自己在育子过程中出现的疑惑在此与他人探讨，提高自己的育子能力。

心灵对话板块由我们学校的心理教师和校聘心理专家负责，里面有心理辅导的视频和心理疏通的一些技巧。家长和孩子一起在平台观看视频，帮助孩子保持积极、阳光、健康的身心状态。

幸福展示板块是教师与家长一同展示孩子幸福成长的空间。教师与家长将孩子们日常的表现和成长的瞬间上传至平台，大家纷纷点赞、留言，鼓励孩子们继续努力，更好地成长。

该栏目中有一个留言板，家长们可以在这里随时发表自己对班级、学校的意见和建议，分享孩子们在学校里发生的故事。教师也会及时回复家长们的留言，帮助他们解决问题。

《和悦智慧家长学校》让家长们在此相互学习，相互分享，真情沟通，共同成长。

四、帮助“挑剔”的家长成为学校的宣传员

一所学校的管理，需要领导的智慧、教师的付出，也需要家长全方位的参与。将监督权交给家长，让家长能深入地了解学校，了解教育教学及管理，为家校联系开辟有效的路径，也是家校共建亲密关系的内在需求。

客观地讲，家长对学校和教师“挑剔”是件好事，说明家长在关注孩子的教育。只要我们摆正心态，理性分析来自家长的意见，对于融洽家校关系、提高教育质量是有好处的。

（一）永不满意的学生餐厅

我们大部分学校都有餐厅，有学生就餐。餐厅不满意是永远的话题。我们就有这么七八个家长，对餐厅不满意。如何解决“挑剔”家长的问题呢？

（二）有创意的规范程序

我们成立学校餐厅管理小组，让“挑剔”的家长到学校参与餐厅管理。由“挑剔”的46位家长来组织，干部、教师和家长参加。早上6:30—7:00小组到学校验货，对于买了多少黄瓜、多少茄子、多少肉、多少鱼等，品质如何，共同把关，并在货单上签字，上传至网络平台，接受大家的监督。中午，让家长和值班的教师一块对午餐进行管理和评价，小组每个月签字后结账付款。同时，请家长每周与学校一起提前推出下周的食谱，让

他们经历管理的全过程。

（三）“挑剔”的家长成了宣传员

通过有创意的规范程序，让家长参与进来，让“挑剔”的家长成了餐厅的主人，他们替我们做了很好的宣传。尝到甜头的我们，从此以后不管做什么事情，只要家长有意见，就邀请他们参与到学校管理中来，让他们体验体会，让“挑剔”的他们帮学校把项目发展得更好，他们也收获了许多荣耀。

让“挑剔”的家长参与到学校管理中，认同学校的教育理念，看到学校和教师为孩子成长的付出，主动与学校和教师交流沟通对教育的想法和看法，从而达成对孩子教育的共识。同时，让他们参与学校管理，成为学校的主人，使他们认识到，教育孩子不仅仅是学校的事情，家长也有不可推卸的责任，只有家校联手，才能取得良好的教育效果。

五、与家长打交道要有“三度”

苏霍姆林斯基曾说：“最完备的教育模式是‘学校 - 家庭’教育，学校和家庭是一对教育者。”要想孩子健康成长，一定要加强家长和学校之间的联系。而在家校沟通的过程中，一定要有度。

我跟我们的班主任说：“与学生家长交往要把握好尺度。一是注意态度，要亲切，要不急不躁；二是要有温度，要与之共情，善良有爱；三是注意适度，交往上亲疏相宜。掌握了家校沟通的度，也就掌握了家校合作的密码。”

态度是我们对事情的看法以及行为倾向。对待家长反馈的问题，在心理上，我们要保持积极平和的心态，并且想方设法站在教育原则和学生的角度去解决问题。

记得有一年夏天的一个下午，放学时突然下起了雨，雨虽不大，但乌云满天，好像在酝酿一场大雨的到来，家长们在门口焦急地等待着孩子放学。有些上了年纪的爷爷奶奶不断往校门里边挪移，保安师傅多次劝说无果，爷爷奶奶们的情绪越发急躁，并且开始指责学校不让家长进去接孩子，是不顾学生淋雨感冒却死守陈规。先放学的一年级(1)班班主任陈老师打开麦克风，安抚家长说：“各位家长好，我们一年级的孩子小，最早放学。但是学校领导为了不让孩子们淋雨，已经提醒我们在教室就帮助每个孩子穿上了一次性雨衣，所以，大家不用急躁，咱们的孩子不会淋雨。同时，为了确保有序放学、让全部家长尽快接到孩子，请大家在原来划分的接送区有序等待孩子们，谢谢大家的配合。请让出校门，让孩子们赶紧放学。”就在这时，一年级(1)班的家委会会长带着家长来维持秩序了，于是，人群中很快闪出一条通道，渐渐地，班主任和家委会成员们把家长召回到自己班级的接送区，排好队，有序接到了孩子。

我为我们态度亲切的班主任点赞，他们处理问题有平和的态度，有稳妥的行动，这样的沟通才能打动和引导家长配合学校工作。

“温度”一词在这里是指家长在和教师沟通中感受到的良善态度和积极行动。

2021 年一个周一的早上，几位家长手捧鲜花和锦旗走进我的办公室。一位女家长说："杨校长，我们这次来，主要是感谢您带出了温暖有爱的好老师，感谢学校培养出有一流师德、一流教学水准的好老师。"我纳闷地说："我还真不知道，您说的是哪位老师？"她说："就是二年级(3)班的赵晨旭老师啊。杨校长，我们家今年真是很不顺利的一年，一直帮我们照顾孩子的爷爷去世了，奶奶查出了癌症。我们两口子就在老家和医院之间来回跑。跟孩子基本上也就周末能沟通一下学习。眼看着孩子对学习心不在焉，错误百出，每天也是一副闷闷不乐的样子，我们打心眼儿里发愁，但也是有心无力。有一天，孩子忽然回家开心地抱住了我和爸爸，说赵老师和全班同学都很喜欢、关心他，同学们每个人都上台给他念了一封信，安慰他，鼓励他，他很喜欢他的班级。从那以后，即使在医院，我们也能听到孩子跟我们分享在学校发生的有趣的事情。我们一家特别感谢赵老师对孩子的关爱，让孩子在困境中找到温暖的怀抱。"

像赵晨旭一样热诚的教师，我们学校还有很多很多。正是这样有温度的教师，才能做有温度的教育，才会温暖、照亮孩子的童年。

适度是一种距离感的把握。我时刻提醒我们的教师和家长沟通的时候，要注意方式方法，同时也要注意教师的立场，做到进退有矩。

每年六一儿童节，我们都会为孩子们准备精彩纷呈的特色课程。其中，一定要感谢各班级家长志愿者们的精心策划和鼎力支持。有些家长很热心，把自己家工厂、商店的遮阳伞棚运到各自班级区域内，还有些做保险和售楼工作的家长会准备一些带有公司广告的赠品给孩子们。我们细心的教师注意到了这点，第一时间联系了这部分热心家长，首先表达了感谢之情，接下来告诉家长上级部门禁止各种广告进校园的规定。这就进一步展现了我们家校适度的距离，家长出人出力，我们感恩，但是原则性错误我们不能犯，绝不能踩着红线去办活动。

我想，我们既要尊重家长，又不能容其私利之心膨胀。正确处理好家校关系，把握好度很关键。

六、用书信便条"唤醒"

随着生活压力的加大，二胎、三胎时代的到来，为了给孩子创造更好的生活条件，让孩子得到更好的教育，家长们会把更多的时间用在工作上，使劲挣钱，但往往忽视了最重要的一点，那就是对孩子的陪伴。

开家长会之前，我们学校班主任都会让孩子给自己的父母写一封信，可以是感恩的话，也可以是对父母的建议和要求。我会选择部分代表孩子们心声的书信在家长会上读给家长们听，引起他们的共鸣，唤醒他们内心的那份责任。

让我们一起来听听孩子们的心声。

亲爱的爸爸妈妈，虽然每天都能看到你们，但你们好像永远都有忙不完的事情。每次我跟你们说话，你们总是不耐烦，让我自己去看书，我感觉自己好孤独。

爸爸妈妈，你们总是回家就吵，我也不敢插话，怕惹火上身。有时我就想，为什么邻居家的叔叔阿姨就安安静静的，你们怎么就做不到？我想有一个温暖的家，有一个爱我的爸爸妈妈。

爸爸妈妈，我真的努力了，可是你们永远看不到我的优点，你们总是拿我和别人家的孩子比，让我觉得自己好差劲，越来越不自信，我多希望你们能夸夸我。

听着孩子们发自内心而又稚嫩的话语，不少家长流下了热泪，这泪水中有内疚，有幸福。他们从内心感受到孩子们对他们的爱，以及对他们的不满。我问他们："对你们来说，什么才是最重要的事情？"会场上响起了同一个声音："陪伴孩子！"

孩子们的心声告诉家长，陪伴孩子、教育孩子才是家长最重要的事业。

七、坚持底线，决不让步

国家实施依法治国，学校也要依法治校。我们按照国家赋予的责任办学，有教育的规律，有学校的规章制度。经营和悦家长就是要让家长遵循学校教育规律，遵从学校规则。为了孩子的和悦成长与学校的健康发展，坚持教育底线，决不让步。

前段时间，在"校长接访日"的时候来了一位家长，要求我给她的女儿调班或者换到集团的另一个学校。我便问她为什么这样做。她说她的女儿在班里被其他同学孤立、起外号，没有朋友，生活得不开心。我说等我调查清楚后再回复你。

家长走后，我深入调查，得知这个女孩子经常在同学们面前炫富，因此大家都不太喜欢她。我与班主任、级部主任研究如何改善她所在的班级环境后，再次和这位家长沟通。我告诉这位家长，孩子感到大家不够友好，是由于她因自己家中富裕而瞧不起同学。作为家长，我们要注意正确引导孩子，家庭富裕是好事但不是孩子的功劳，炫耀容易让同学难堪，导致自己被孤立。转班、转校不是根本办法，反而会引发班级同学的更多议论。根本办法是提升和改变自己。自己不改变，不管调到哪里，同学关系也难以改变。况且，在哪里跌倒就该在哪里爬起来。如果真给孩子调了班，那么这个班在她心里留下的心理阴影就再难被消除了。作为学校，我们会帮助孩子在班级里被同学接纳，与同学建立友谊，但随便一个理由就转班、转学只能让孩子承受不了挫折，一不顺心就找别人的原因，这很不利于孩子的健康成长。

八、警惕网络背景下的"校闹"

在现代科技、信息化社会飞速发展的当下，学校办学要注意舆情监控，及时用正能量的信息宣传引领和影响家长的认知。

前段时间，学校出现了这样一个案例。在课堂上，有个学生上课期间离开自己的座位，跟后面的同学说话，影响了课堂教学秩序。老师上前一拉一推要他坐回自己的座位上，并告诉他不能说话。事后，学生家长就到处张扬说老师体罚了他的孩子，要求学校开除这位老师。见学校不为所动，家长到派出所报案，要求鉴定。派出所调取了音像资料进行鉴定，结论是：老师没有体罚学生。我们几次与家长进行沟通，但是这位家长就是不依不饶，借助网络的力量炒作，制造网络舆论逼我们就范。于是我们针对网络和媒体的特点，采取了行动：一是成立网络信息小组，关注媒体动态，及时处理负能量信息；二是与派出所商定，约谈家长；三是成立调解中心，大家面对面坐下来进行沟通。通过以上举措，这件事情得到完美解决。在网络背景下，我们要关注正能量的大力传播，远离负能量。只有这样，我们的学校教育才会走向明亮那方。

第五节　携手共育，示范成长——和悦家长与校合作

一、携手共育

我们的和悦家长已形成共识：携手学校教育，和孩子共同成长。他们积极参与孩子的各种仪式、典礼等活动，见证孩子的黄金时刻。

（一）入学仪式，和悦启航

孩子们从幼儿园升入小学，意味着他们将适应一种全新的学习生活。入学仪式代表着小朋友们将正式成为一名小学生，在他们的生命中有着重要的意义。每一届新生的入学仪式都倾注了老师们的智慧与心血，承载着学校的文化和祝福，更是家长们的期望与孩子们的梦想的启航。为了让每一位孩子都能幸福地开启小学生活，学校和家委会组织为孩子举行“入学礼”，让孩子懂感恩、知礼仪、立志向，邀请每一位家长参与和见证孩子的成长时刻。

下面一起来看五台山西路小学一年级的入学仪式活动：

首先是正衣冠。家长面对孩子，为孩子整理衣冠。“冠必正，纽必结，袜与履，俱紧切。”然后孩子自己整理衣冠。

接下来是校长嘱托。一年级全体老师按照班级顺序站队，安静有序上台。校长向每一位一年级班主任送上一本《爱的教育》和一束鲜花，提出嘱托和期望，并向一年级的全体老师鞠躬，拜托他们照顾好、教育好每一位孩子。这种与众不同的嘱托方式让家长为之动容。

校长嘱托后是一年级服务中心主任向学生和家长做出承诺。一年级的级部主任韩易晓站在台上，深情地对家长表态，将用自己的爱心、耐心、诚心、细心对待每一位孩子，用真心对待每一个家庭。

听到这里，一年级的学生代表上台向自己的老师鞠躬，表达对老师深深的爱意。孩子们知道了要做一个“六爱三雅”小明星，要爱自己的老师。之后，孩子们面向自己的父母鞠躬，感恩父母在自己成长路上的付出。家长对孩子回礼，给孩子一个大大的拥抱。有的家长深情地望着自己的孩子，嘱咐着心里话，说着说着流下了激动的眼泪。

接着是一年级的家长代表在入学仪式上发言。下面是一年级(6)班李雪昆的发言。

尊敬的学校领导、老师们、家长们，亲爱的同学们：

大家上午好！我是一年级(6)班李雪昆同学的爸爸，非常感谢杨校长和其他各位校长对我的信任，让我能作为家长代表在一年级新生入学典礼上发言，我感到非常的荣幸，非常的激动！

在这秋风送爽的时节里，孩子们带着希望和欣喜，告别了幼儿园，来到了如诗如画的五台山西路小学，开始了自己的学习之旅。这里有拼搏创新的校领导、优秀敬业的老师、团结友爱的同学、宽敞明亮的教室，以及先进的教学设备和宽阔平坦的运动场地。孩子们可以在这里学到科技文化知识，还可以在这里充分展示自己。我相信五台山西路小学的领导和老师们一定可以把孩子们培养成为国之栋梁！

作为孩子的家长，我们深知离开了家庭教育，孩子的教育就成了无本之木、无源之水，孩子的健康成长与习惯养成也离不开我们的督促。我们应该多与老师沟通交流，积极地配合学校和老师开展各项工作，共同教育好孩子，给孩子一个美丽人生。

亲爱的孩子们，我希望你们认真聆听老师的教诲，听父母的话，并努力做到以下几点：

一是养成良好的学习习惯，二是养成良好的生活习惯，三是认真遵守校规校纪。

最后，祝各位领导、各位老师工作顺利，生活幸福！祝孩子们健康快乐，不断进步！祝我们双语小学教育集团桃李芬芳，再创辉煌！

谢谢大家！

入学仪式的最后一项是放飞梦想。孩子们用心写下美好的梦想。有的说长大要成为工程师，有的说要成为宇航员，也有的要成为老师，还有的要成为奥运会冠军，成为船长，成为警察，成为舞蹈家，成为画家……孩子们将自己的梦想卡放进许愿箱。在未来的美好时光里，他们会通过自己的努力，实现自己的梦想。

入学仪式是孩子进入小学的重要仪式，更是家校共育的开始。我想，我们的家长定会与老师一起，一路守护，共育花开。

（二）“六一”大集，快乐时光

“六一”大集是自建校以来孩子、家长都非常重视、非常喜欢的课程。为了让孩子们拥有一个快乐、难忘、有意义的儿童节，学生服务中心与校级家委会的领导共同商议，制订了“六一”大集活动方案。班级家委会成员会跟班主任老师一起，设计符合自己班级特色的活动，也积极组织各方力量，给孩子们提供最优资源。

六一儿童节的前一天下午，家委会成员们便开始忙碌起来。在教室里，有吹气球的，有摆挂件的，有在墙上贴装饰品的。在操场上，家长们有的在扎帐篷，有的在搭花棚，还有的在搭舞台，舞美、灯光、摄像机一应俱全。我们的家长为了给孩子们庆祝节日，真是煞费苦心。

在儿童节当天，各班级的家委会将自己班级的摊位装扮得琳琅满目。孩子们八仙过海，各显神通。最吸引眼球的是我们可爱的家长们，他们穿起了热带风情的服装，跳起了动感十足的桑巴舞，仿佛回到了天真的童年时代。有的家长跟孩子一起展示了亲子瑜伽，一招一式特别专业。突然听到一声“哇！快看，熊大！”孩子们瞬间冲了过去。“这是我爸爸扮演的”，一个孩子骄傲地说着，紧紧地抱着“熊大”。孩子们在父母的陪伴下撒欢地蹦着、跳着，整个校园都回荡着孩子和家长们欢乐的笑声。

年年岁岁花相似，岁岁年年人不同。一样的六一，不一样的节日！孩子们在家长的陪伴下度过每一个难忘的儿童节，留下他们最珍贵的记忆。“六一”大集的成功举办得益于每一届家委会和家长朋友们的鼎力支持，得益于每一位与学校教育理念一致的家长朋友，得益于每一位为了孩子的健康成长奉献所有力量的家长朋友。

（三）结业课程，相伴成长

结业课程是我校的特色课程之一，自 2014 年建校至今已连续开展九年，不仅为孩子展示自我提供了多样化的舞台，也拓宽了家校合作的渠道。我们的宗旨是让每个孩子在舞台上精彩地展示自己，感受发光的自己，增强孩子的自信心。因此，我们多方借力，特别是借助了家委会的力量，创造性地落实了一年两度的结业课程。

课程开始前，家委会代表们和班主任进行结业课程活动方案的灵感碰撞，协商议定活动的主题、形式、场地布置、邀请函制作以及创意环节设计等。家委会代表们分工合作，有的负责节目上报、主持人选定、彩排、现场、服装道具等，有的负责室内环境的设计与装扮，而家委会会长负责活动进度监督和过程反馈，有问题及时解决，不断推进活动趋向完美。下面是五台山西路小学一年级(6)班结业课程的活动方案，整个方案设计精细，分工明确，责任到人，彰显了家委会工作的严谨性。

青岛西海岸新区五台山西路小学一年级（6）班
2023—2024 学年第一学期结业课程活动方案

一、活动主题

一岁一礼，悦见成长。

……

五、活动安排

（一）节目单

序号	节目名单	表演者
1	歌曲《半生雪》	焦赟霖、丛泽鸿、张庆泽
2	街舞《Dancer（舞者）》	韩卓辰

续表

序号	节目名单	表演者
3	舞蹈《小花朵》	吕容瑾、李亦霏
4	古筝演奏《在北京的金山上》	包雨萱
5	舞蹈《科目三》	王星晔、韩卓辰、薛骏腾、焦赟霖
6	小提琴演奏《听我说谢谢你》	吕恩熹
7	舞蹈《小玉米》	周默涵、张莘怡、王羽茜
8	朗诵《我爱我的祖国》	郭泽
9	舞蹈《我是小可爱》	周梓萱、李其轩
10	歌曲《纸飞机》	王悦竹
11	三句半	刘润瑾、颜馨博、张峻宁、胡富嘉
12	舞蹈《时钟在说话》	赵芯蕊、管楚熙
13	诗歌朗诵《百善孝为先》	于涵、侯知易、郭荣
14	跆拳道表演	薛盛世
15	朗诵《彩色的中国》	张楷瑞
16	歌曲《勇气大爆发》	李蕙彤
17	魔术表演	侯铭轩
18	舞蹈《爱的华尔兹》	李梓琦及爸爸
19	朗诵《新年》	郭昌钰
20	舞蹈《小鸡过河》	武文珺、董楒慕、王悦竹、管楚熙、蔡子航、崔皓程、刘润瑾、赵芯蕊
21	朗诵《读中国》	赵泊蘅

（二）颁奖礼仪

大礼仪：刘一诺爸爸。

小礼仪：刘一诺。

刘一诺妈妈负责提醒孩子上下场。

活动流程及相关节点负责人分工如下。

统筹安排：周默涵妈妈。

联系场地：李梓琦爸爸。

摄影摄像：韩卓辰爸爸、蔡子航妈妈。

候场、奖状：李蕙彤妈妈、赵芯蕊妈妈。

会场安全：王羽茜爸爸、郭昌钰爸爸、郭一泽妈妈、王悦竹妈妈、薛婉瑜爸爸、于涵爸爸、薛木森妈妈。

活动结束后，由宋沛泽爸爸和穆晨斐爸爸负责家长的疏散，确保全体学生和家长全部安全离场。

五台山西路小学一年级(6)班

2024 年 1 月 20 日

通过活动方案，我们可以看出班级家委会成员非常用心。他们制作了精美的节目单，制订的活动方案非常详细，每一项工作责任到人，非常细致。特别是对活动现场的安全问题进行了一次次的对接与提醒，为活动顺利开展和孩子们的安全保驾护航。

活动前，他们早早来到会场进行会场布置，调音试音，走台定位，张贴安全疏散通道的指示，并进行最后一遍彩排。

活动当天，家委会和部分家长代表早早来到会场，进行化妆和服装准备，再与主持人进行上台前的最后一次磨合。在家委会的组织下，家长们积极参与节目的演出，使出浑身解数，与孩子们一同唱起来、跳起来，教室里响起了欢乐的呐喊声。男家长组团表演了动感的现代舞，现场响起了疯狂的呐喊声。孩子们看到自己爸爸在舞台上跳着动感的舞蹈，激动地跟着手舞足蹈。

结业课程临近尾声的时候，还有一个令学生翘首以盼、无比自豪的环节，那就是隆重表彰本学期模范家庭和特色家庭，学生与家长同时上台领奖。模范家庭和特色家庭由班级家委会根据家长们在本学期参与班级活动等情况评选而出。获得表彰的家庭进行了表态发言，他们表示将再接再厉，继续为班级、为孩子们贡献自己的力量，让孩子们更好地成长。

活动收尾，各班级家委会借助各种平台对自己班级的活动进行宣传和推介。孩子们开心，家长们骄傲，这正是学校倡议创办结业课程的初心所在。

校级家委会在结业课程以后会对各班级结业课程进行评价考核。各评委会对各班级进行详细的点评，指出优点，让各班级家委会学习；点出不足，让各班级以后组织活动时注意避免此类问题。结业课程评价表如下。

双语小学教育集团结业课程评价表

班级	评分标准(满分100分)	得分	亮点	不足
	1. 家长参与度。(满分10分) 2. 现场装扮符合主题,孩子精神气足,现场气氛浓厚。(满分10分) 3. 结业课程课件准备充分,有创新性的内容。(满分20分) 4. 回顾学生成长,深入心灵。(满分15分) 5. 评价形式新颖、多样。(满分15分) 6. 展示活动丰富多彩,有特色。(满分10分) 7. 针对寒假学生安全及学生、家长发展课程的布置。(满分10分) 8. 整个活动有一定的启发性和教育性。(满分10分)			

(四)毕业典礼,放飞梦想

六年的小学生涯对每一个孩子都是难忘的。每一位家长都希望孩子能有一个充满仪式感的毕业典礼,展示孩子六年的校园生活,陪孩子一起享受小学阶段最后一个隆重的仪式。孩子们希望用自己的方式表达对母校的感恩及留恋之情,因此每年六年级的家委会都会组织一场难忘的毕业典礼。

孩子们编排精彩的节目,表达自己难舍的情谊;家长们也会上台发言,分享孩子六年成长的点点滴滴。

毕业典礼是孩子小学生活的结束,也是重新踏上一段新成长旅程的起点。老师与孩子、家长一起留住孩子们最美好的记忆,开启新的征程。

下面是毕业典礼上家长分享的参与活动的过程。

感恩学校,筑梦起航——2021届毕业典礼

又是一年毕业季,时光是抚摸脸颊的清风,在你用指尖触摸的瞬间,它已匆匆而去。在这个浓情四溢的初夏,六年级学生迎来了他们小学时光中最后的相聚——毕业典礼。

2021年6月30日傍晚,夕阳还未落下,同学们在家长的陪伴下陆续来到这熟悉又亲切的校园,大家纷纷在签到墙上留下自己的名字。

薛敏主任满含深情地和大家一起回顾六年来的成长大事——2015年的入学典礼,2016年的入队仪式,每一年的毕业典礼和“六一”大集,学校第二届运动会,2019年的分流,2020年的空中课堂,2021年的研学课程……毕业的风翻开这六年厚厚的回忆,同

学们和家长们随着回顾不禁感慨万千，潸然泪下。

一张张沉甸甸的毕业证由校领导颁发给每一位毕业生。它承载着学校六年的辛勤培育，承载着学生六年的成长，承载着家长六年的期待。每位同学听到自己的名字时，依次上台郑重接受自己的毕业证书并拍照，让庄重的瞬间成为永恒的留念。

执行校长吕焕龙在第一届毕业生离开母校之前，送上了题为《全力以赴你最酷》的寄语。他说要永远怀着感恩的心、善良的心、奋斗的心，对待身边的一切，并用细微的心感受自己不知不觉中的进步，从而体会到成功悄然而至的幸福和喜悦。难走的都是上坡路，但坚持下去，每一步都算数。他希望同学们毕业后依然牢记“读好书，做好人”的校训，永远争做有爱、有梦、有才的和悦人！

六年的学习生活，孩子们学到的不仅仅是知识，还学会了感恩、做人、乐观、进取……相信孩子们无论在哪里扬帆起航，都能展现出积极乐观、充满自信的风采，都能开创无比美好、无限精彩的未来！

王雅如的妈妈曾是我们学校校级家委会成员，作为我们的校外辅导员，她经常给学校的学生做培训。雅如毕业以后，她妈妈每年仍然会给孩子们做习惯养成教育的培训等。下面是她作为六年级的家长代表在毕业典礼上的发言。

尊敬的各位领导、老师，亲爱的家长朋友，可爱的孩子们：

大家晚上好！

我是六年级(3)班王雅如的妈妈，非常荣幸能够作为家长代表发言。斗转星移，花开花落，六年的小学生活，看似漫长却又是那么短暂！今天，孩子们的小学生活就要画上一个圆满的句号。在我们的孩子即将踏上新的征程之际，我谨代表2015届学生家长，向为了孩子们健康成长奉献心血与智慧的领导和老师们，致以崇高的敬意和最诚挚的谢意！向圆满完成小学六年学业的孩子们，表示最衷心的祝贺！

我怀着激动的心情站在这里。回首这六年，在和悦教育的浸润中，孩子们茁壮成长。六年前的开学典礼上，杨世臣校长双手捧着鲜花，向着每一位班主任，深深地90度鞠躬，并语重心长地说：“孩子们就拜托大家了！”杨校长深情的举止，老师们亲切的笑脸，打消了所有家长的顾虑……时光一晃六年就过去了，孩子们从懵懂无知到敏而好学，从淘气任性到明礼守信，从天真烂漫到善于思考……

亲爱的老师，再看一眼这群让您欢喜让您忧，虐您千百遍，您却待他们像初恋的孩子们，今天向您正式告别了。摸摸这个的头，拍拍那个的肩，我看见了您转身后擦拭眼泪的笑脸。老师，别哭，您可是孩子们遮风挡雨的伞。您为每一个孩子的成长而自豪，为每一个孩子的进步而骄傲！哪一个都是您的心头肉，哪一个都是您永远不变的牵挂。各位家长，看看您身边这个翩翩少年，很多孩子已经长过了家长的身高。家长，别哭，孩子就是这样在我们不经意的时候长大！

我怀着感恩的心情站在这里。老师们在这六年里，用真实的行动，诠释着什么叫孜孜不倦。不管是节假日，还是晚上写作业，孩子们遇到难题后向老师们请教，老师们几乎都能"秒回"孩子们。我们学校的老师，每节课都严格要求，每一次作业都认真批改，很多时候，都凌晨一两点了老师们还在批改作业。这点点滴滴，难以忘怀！和悦教育的老师们，一步一步用行动指引着孩子们前进的方向，启迪着孩子们的智慧！引领着孩子们在广阔的知识殿堂里遨游！带着孩子们在广袤的知识海洋中汲取养分！这才成就了在座的各位卓越的少年！在这里，请允许我再一次怀着感恩的心情，向兢兢业业的老师道一声：您，辛苦了！

六年砺神剑，孩子们，你们即将踏上新征程。相信你们，一定会牢记学校的感恩教育，铭记老师的言传身教，努力学习，充实和完善自己，用勤奋和智慧，书写精彩的人生，无愧于母校，无愧于恩师，让母校和你们的恩师，因你们而感到骄傲！

我怀着祝福的心情站在这里。我代表全体毕业生家长，衷心祝愿在座的同学们，走向下一个征程时，插上腾飞的翅膀，扬起理想的风帆，都能拥有锦绣的前程与美好的人生！衷心祝福所有的校领导、老师和家长们，身体健康，家庭幸福，事业兴旺！衷心祝愿并坚信：我们的学校人才辈出！明天更加灿烂辉煌！

谢谢大家！

王雅如妈妈发自肺腑的发言让我动容，一下子把我的思绪拉回到六年前。曾经一个个稚嫩的充满童真的孩子，不经意间长大了。六年间，我们的孩子在老师和家长共同的陪伴、培育下茁壮成长，成了今天的和悦少年，愿他们的明天更加精彩！

安若宁从小学习民族唱法，曾经获得很多国家级、省级的奖项。她性格沉稳，爱好读书，是一个品学兼优的好学生。下面是她在毕业典礼上作为学生代表的发言。

尊敬的老师、叔叔、阿姨，亲爱的同学们：

大家晚上好！我是六年级(4)班的安若宁，今天我们欢聚在这美丽的校园，举行小学毕业典礼，心里满怀着感激与感动。

以前总是盼着毕业放假，但真正到毕业典礼的今天，我却渴望时间倒流。此时，六年的点点滴滴，一幕幕温暖的回忆在脑海中闪过。升国旗，晨诵，运动会，同学们在操场上尽情地奔跑，考验团队合作的拔河比赛，跑步比赛……值得回忆的太多太多，留恋、不舍涌上心头……小学生涯中所有美好、温暖的回忆，都将铭刻在我们内心深处，那是我们生命中最快乐、最难忘的日子。

还清晰地记得，六年前刚迈进双语小学校门时，我只是个充满稚气、好奇的顽童。如今，当我即将跨出校门，向母校挥手告别时，已是一个朝气蓬勃的少年了！感谢我们的母校，感谢我们的老师，正是因为你们的言传身教、无私奉献，我们才迎来这个充满喜悦的丰收季节。

温暖的班主任刘璐老师，谢谢您的一路相伴，永远记得五年级上台分享暑假见闻时，我因为紧张而磕巴，是您用鼓励的眼神给予我勇气和自信！平日里，您不仅教给我们知识，让我们端正了学习态度，养成了良好的学习习惯，还教会了我们为人处世的许多大道理。可爱的刘丽娜老师，也谢谢您让我对数学茅塞顿开并爱上数学，不论是您对我们严格的学习要求，还是您给我们准备的抽奖鼓励小礼物，都让我们感受到您对我们的殷殷期盼和深沉的关爱。英语熊老师风趣又生动的教学方法，总是让我们的英语课堂轻松又快乐！感谢您，我的老师！感谢我所有的老师们！

在此，我们还要感谢我们的父母，我们从呱呱落地到成长为少年，凝聚了父母多少心血。爸爸妈妈对我们的爱，深沉得就像大海，厚重得如同高山。爸爸妈妈爱我们远远胜过爱自己！在我们的病床前，他们彻夜守护；书桌前，他们拖着本已疲惫的身子，给我们耐心讲解……亲爱的爸爸妈妈，你们对我们的爱，点点滴滴，平凡又伟大，都刻在我们的心里，我们爱你们！爸爸妈妈，你们辛苦了！我们一定会努力学习，努力成长，回报你们深沉的爱意！

时间过得真快！在这六年里，我们每位同学都长大了许多，我们有缘同窗，互相帮助，互相欣赏，收获了最纯真的友谊。六年的岁月，两千多个日日夜夜，听起来似乎是那么的漫长，而当我们今天真正面对离别时，又觉得它是那么的短暂。也祝福我所有的同学，希望我们各自努力，顶峰相见！

“海阔凭鱼跃，天高任鸟飞。”为了更美好的明天，我们怀着一颗感恩的心离开，但无论走到哪里，我们都不会忘记自己曾是双语小学的一名学生。明天，我们将更加努力践行“读好书，做好人”的校训，努力去做最好的自己，创造优异的成绩，为母校增添新的光彩！

最后，请允许我代表六年级全体毕业生向尊敬的校领导和老师们致以最崇高的敬意，祝愿我们的老师身体健康，祝福我们的母校蒸蒸日上！

谢谢大家！

安若宁同学品学兼优，努力上进，在与同学的相处中，她总是积极帮助同学，在老师们的心中还是怀有一颗感恩之心的好少年。她用真情道出了对母校和老师的依依不舍，同时也代表毕业生向母校承诺“读好书，做好人”，用最优异的成绩回报母校。

在小学生涯中，家长们陪伴孩子们走过一段又一段美好又温暖的旅程。在这个过程中，家长们参与了孩子们的幸福成长，也见证了孩子们的进步，更见证了学校与孩子们之间的温情。

2023 年毕业典礼时，我们在校门口增加了快闪、互动板块，孩子们尽情绽放自己的精彩，使得整个毕业典礼更加灵动，令人难忘。

时光流逝或许会冲淡许多记忆，但有些东西却会永远难以忘记。难忘课堂上孩子们认真思索的求知眼神，难忘每一场拔河比赛，难忘操场上阳光伙伴的团结协作，难忘每一次活动孩子们高涨的热情。难忘的事情、难忘的日子实在太多，最后学校、老师、家长都将这些难忘的回忆化作美好的祝福。

二、我是你的榜样

法国作家卢梭说："榜样！榜样！没有榜样，你永远也不能成功地教给儿童任何东西。"父母是对孩子影响最深、最远的人，也是孩子模仿最早、最多的形象。同样，好习惯的养成离不开父母的榜样影响。在日常生活中，我们的和悦家长应时刻注意自己的言行举止，努力为孩子树立好的榜样。

（一）家委会会长我来当

学校组织家委会竞聘的时候，家长们都踊跃报名，积极参与竞聘，由学校领导和家长代表组成评委进行打分。参与竞聘的家长一方面是想为班级和学校做点贡献，另一方面也为了给孩子树立积极参加活动的榜样。他们牺牲了休息时间积极准备，做了精美的课件，背了一遍又一遍。因为家长们知道我们双语小学教育集团会议文化的标准：凡是演讲必须脱稿。有的家长站在台上侃侃而谈，有的家长虽然不太流利，但依然站在台上完成了个人的竞聘演讲。这是一种自我突破，也是为自己的孩子做榜样。

下面是四年级(1)班王梓源家长的竞聘材料。

做最好的家委会会长

各位领导、家长：

大家晚上好！

我是四年级(1)班王梓源的家长，很高兴能够参加新一届级部家委会的竞聘。其实参加竞聘之前我心里很紧张，也退缩过。但是我想，我告诉过孩子，选择了就要勇敢向前，我想我应该自己先做到。于是我鼓起了很大的勇气来参加本次竞聘。

今天主要从以下四个方面来汇报：我是谁，我为什么来参加家委会竞聘，我对家委会的认识，以及我能为学校和班级做些什么。

我是1981年生人，山东潍坊籍，2000—2004年就读于青岛理工大学，2004年至今就职于青岛松下电子部品有限公司。

我认为我有三个方面的优点：一是专业和执着，这点从我在同一公司同一部门工作16年就能看出。二是善于沟通，我所负责的工作获得客户的一致好评。三是行动力强，5年时间，带领中方团队与日本同事一起实现产品占领通信业界份额的60%！

我为什么来呢？首先，我爱我的孩子，我爱这所学校，我愿积极发挥作用，影响身边更多的人，参与到服务队伍中来，为和谐校园建设做出贡献！其次，见贤思齐，向优秀的大家学习，用实际行动为孩子做出表率和榜样，向工作之外的另一个自己挑战！

我能做什么？为老师，分忧解难，创造优质教研空间；为学生，让每一个孩子感受到关心和尊重；为社会，为建设美好社会而努力；为家长，公正对待每位家长和孩子。

教育不仅是学校的事、老师的事，还需要家庭、社会一起来配合，形成教育合力，共同促进孩子的学习和发展！

王梓源的爸爸用自己的实际行动给孩子树立了榜样。每个周末，他都会组织家委会成员到教室进行卫生的彻底打扫，给教室消毒、通风，帮助班主任整改教室的布局，等等。在他的影响下，其他班级也纷纷效仿，整个年级的家委会形成了一股赶帮超的风气。他这种勇于担当的精神和行为也影响了自己的孩子。梓源说："爸爸告诉我，无论遇到什么事情，既然选择了，就一定要勇敢向前。"

（二）不停歇，不放弃

家长是孩子的第一任老师，也是孩子学习的榜样。社会是一面镜子，孩子的言行折射出的是家长的影子。家长怎么做，孩子就怎么学，家长的一言一行都会成为孩子模仿的对象。因此，你希望孩子成为什么样的人，你就要做什么样的人。作为家长要给孩子树立榜样，持之以恒，不停歇，不放弃。下面是六年级(1)班王一帆爸爸在家委会工作总结中的发言。

不停歇，不放弃

转眼间来到双语小学已有六年了。五年级的时候，在孩子的鼓励下，我参加了家委会竞聘，成为班级、级部的家委会会长。从那以后，凡事我都会想在前头、做在前头，因为我担心如果我做得不好，儿子会对我这个父亲失望。

记得刚开始参加工作的时候，我的想法是将工作完成了，不出错就好。来到双语小学六年，这里的领导、老师对孩子、对工作的态度让我发生了改变。作为家委会会长，我经常来学校。每当走进孩子的教室，总是非常干净、整洁，窗户总是一尘不染。我想这是双语小学带给孩子的标准，也是我日后工作和生活中的标准。

记得韩翠英老师说过："我们要做的不是努力，而是全力以赴""既然都说老师是个良心活，那我们就用我们的良心去教"。韩老师的话深入人心，字字句句感动着我。杨校长说"家长要为孩子争面子"，我想这种面子就是一种影响，一种成功的光芒，让孩子看到我的成功，发自内心地崇拜，从而模仿我的样子，这就是榜样的力量。

工作多年，我在 2012 年青岛执法支队技能比武中获得第一名。后来在儿子入学以后，为了给儿子树立榜样，我通过努力，在 2016 年北海执法总队技能比武中获得第一名，2017 获得山东海事局技能比武第一名，并成为山东省局优秀员工。

在以后的工作中，我会持续认识自我、完善自我、超越自我，也会全力以赴、尽职尽责地去完成我的每一项工作，提高自身业务能力，做好人民的安全保障，我想这是双语小学带给我的终身的影响。

王一帆的爸爸是级部家委会的会长，他在家校之间架起了沟通的桥梁，为学校、班级做出了许多贡献。在班级的各项工作中，他也是积极主动地帮助老师、孩子们解决问题。王一帆在他的影响下，学习成绩名列前茅，经常作为学生代表在升旗仪式上做学习经验分享。在孩子毕业的时候，他组织家委会的成员为学校捐献了两个机器人。我想正是他这种不停歇、不放弃的精神，影响了自己的孩子，成为孩子学习的榜样。

（三）用心关爱

对于每一位家长来说，六年的时间，与孩子们、与老师们、与学校有着许多美好的回忆，这些回忆里最多的是感动。双语小学教育集团的家长们用他们的实际行动回馈着班级，回馈着学校，用自己的职业优势帮助更多的孩子幸福、快乐、健康地成长。

王雅如的妈妈是一位心理教师，她在工作之余经常到我们学校对学生开展心理辅导工作。她说，要通过自己的努力让学生的身心更加阳光、健康。下面是她到学校给孩子们进行心理健康培训活动的记录。

关爱学生，用心做起

作为孩子的母亲，我特别重视孩子的心理健康。因此我主动联系学校，要用自己的特长为更多的孩子服务。

我从“24个品格，喜欢独一无二的我”“对自己说出我能行，用优势视角看世界”“总有阳光乐观的心，学会欣赏，懂得赞美”“悦纳可以收获友谊”这四个方面对孩子们进行了指导。

培训结束后，学校和悦电视台台长刘柏松同学对现场的同学进行了采访，同学们表示对自己的表现很满意，并会在以后的学习生活中继续努力，做最好的自己。

没有到现场的同学通过直播系统进行了观看。

通过心理健康培训活动，孩子们对如何认识自我、学会学习、人际交往、情绪调适等问题都有了初步的认知。他们认识到：健康不仅是身体上没有任何疾病，也包括心理方面没有任何问题。同时，他们还了解了一些心理调节方法，知道了怎样进行心理问题的自我调适。

王雅如妈妈的心理讲座唤醒了孩子们对自己心理行为的认知，让孩子们知道人的情绪有很多种，要学会调节自己、悦纳自己，从而控制好自己的情绪，做一个健康、阳光的好少年。

（四）智慧广场我来建

王家鹤妈妈是一位成功的女企业家。在家鹤二年级的时候，她把家鹤从一所私立学校转到了双语小学。她说双语小学有名校长引领、名师教学，相信孩子在这所学校一定会健康快乐地成长。下面是她作为家长志愿者到学校听课时写下的自己对学校、老师的感受。

趁早上去食堂验货的机会，顺便到班里去体验了一下早读和第一节数学课。

早读是英语杨老师带班，三项任务写在黑板上。所有的孩子都在积极有序地完成任务，学习氛围浓厚。杨老师非常严格认真，不放过孩子们一丝一毫的错误，“严师出高徒”在杨老师身上体现得淋漓尽致。

课间我又和班主任韩老师做了短暂的交流。经过几次交流，韩老师给我的感觉是，她对孩子的教育如春风般滋润着孩子们纯真的心田。在她眼里没有“问题”孩子，没有教不好的孩子，所以孩子们都爱她，喜欢和她说知心话、交朋友。班主任是在教室的最后面跟班工作，孩子们的一言一行，所有状态都在班主任眼里。韩老师善于观察每个孩子，她总能抓住每个孩子的特点来谆谆教导。她从不会呵斥孩子，更不会用罚站等措施来体罚孩子，一直用包容的胸怀接纳孩子，真的是让我很感动！

数学刘老师不拘泥于形式，而是关注孩子们的听讲效率和注意力，让孩子们在轻松的氛围中完成课堂任务。坐后排的孩子如果看不清楚或者认为在前排注意力会更好，那就带上课本和自己的小板凳插空坐在第一排。刘老师一边讲，一边让孩子们回答问题，并且不停地提问。她提问某个知识点时，如果有掌握不好的同学回答不出来，就让别的同学回答，再让这个同学复述，从而扎扎实实地掌握这个知识点。在课堂上以错题来巩固知识点，打破了我以前一直认为的机械式学习、沉闷学习的状态。

我发现双语小学的老师们太负责、太投入了！

在上课期间，教室的后门是开着的，学校领导会时不时悄悄地进去看一下孩子学习的状态、老师讲课的情况。今天我就碰上了杨校长亲临视察，而且还有其他老师坐在后排研习取经，这有效地提高了老师对待教学质量的重视度，老师之间也形成了互相学习、互相促进的一种教学氛围。高水平的老师会层出不穷，整个学校的老师和孩子们都是积极向上的。

她说，孩子来到双语小学后发生了很大转变，课堂上积极主动回答问题。她非常感谢帮助孩子成长的所有老师和领导，因此想尽自己的能力帮助学校。她先后为学校投资四五十万，捐赠的有芬芳的桂花树，还有五台山西路小学的智慧广场等。下面是她捐赠智慧广场时的感想。

捐赠智慧广场的初心

“教”在学校，“育”在家庭，家校联合才能培养出健康向上的优秀孩子。

非常感谢杨校长给我捐赠智慧广场的机会，表面上看，在别人眼里我成了有爱心、肯付出的好家长，赚取了好名声。实际上我的孩子收获的却是更有价值的东西。

最关键的是学校的创意帮助了孩子们成长。孩子们自己组建团队，完全用自己的构思设计、建设智慧广场。孩子们通过一次次开会讨论完成了设计图，这一举措开拓了孩子们的思维，更培养了孩子们的自信。智慧广场将会是孩子们少儿时代的骄傲和一生美好的回忆，智慧广场将生根在他们的心里。对学校的这一创意，我深深地折服！

我的孩子是这次活动的领队，怎样从这次活动中让孩子受益更大是我喜欢思考的问题。我认为捐赠智慧广场对于我的孩子来说应该会收获更丰厚。我的捐赠让孩子得到了尊重和鼓励，他就会释放出他的能量，更加快乐和认真地去做这件事情。孩子也曾经问我，为什么要捐赠？我对孩子说："首先只有有能力的人才能去帮助别人；其次莎士比亚说过'慈善是高尚人格的真实标记'，成为有能力的人以后，要想到去帮助别人，更应该帮助有需要的人和帮助过我们的人；最后，这是儿子你的心血，妈妈想参与到里面和你共同完成，这是妈妈的骄傲。"通过这次谈话，我的孩子心里埋下了努力、感恩、善良的种子。所以这次的捐赠对我的孩子来说意义是深远的。

孩子的成长就是家校联合循循善诱、春风化雨般地渗透给孩子世界观、人生观、价值观和健全的人格。对于家长捐助学校，为学校做力所能及的事情，我一直都是积极参与并提倡的，这样家长可以更好地了解学校的教学思想、理念，了解老师们的教学风格，了解孩子在学校的状况。家长和老师们交流顺畅，孩子们就会有归属感，在学校里就会信任老师。家长的付出，也是给孩子们做了热情、大气、乐于付出的表率。

"一分付出，一分收获"，从来没有随随便便的成功，也没有随随便便的优秀，给自己的孩子创建一个积极向上的学习、生活环境，是我们家长的责任。学校更需要我们家长的配合和支持。培养卓越的孩子就从爱学校、爱老师、爱同学开始吧！

家鹤妈妈为学校的付出让家长们感动。有人问她为什么这样做，她说："因为学校、老师对孩子的爱，让我想为学校、老师和孩子们做点事。"

我想，这就是最好的家校共育。

（五）鲜花盛开的秘密

五台山西路小学办学之初，楼顶是水泥地面，没有生机。经过校领导、家委会成员多次研究，决定在这里开设"劳技课程"，其中有一个板块是"种植课程"。孩子们在老师的带领下种植了各种各样的花卉，称这里为"空中花园"。可是由于缺乏种植技术经验，没多久，鲜花便慢慢凋零。家委会成员在家长群咨询解决花卉时令问题的办法。四年级(1)班李佑恩的妈妈回家跟家里人说起此事，佑恩的姥爷决定发挥特长、大显身手，主动要求到学校帮忙。在他的指导和帮助下，楼顶的鲜花从春天开到了深秋。鲜花品种越来越多，花儿也越来越艳。佑恩的姥爷用自己的实际行动给孩子们树立了榜样。

学校和悦电视台的小记者潘保江同学对佑恩的姥爷进行了专门采访，我们看看这位老人的所做所想。

潘保江：爷爷您好！感谢您加入我们的百花课程。我听佑恩说您平时也有很多的业余班，那您为什么还会在百忙中帮助我们的百花课程呢？

佑恩姥爷：谢谢！佑恩刚转到五台山西路小学的时候，我就到咱们学校参观过，印象非常好，也很荣幸孩子能在这样好的环境中就读。后来孩子妈妈参加了班级家委会的竞选，经常回来跟我分享学校的事，我也想为孩子们做点事。听说学校需要找一个懂花卉养植知识的家长，我就自告奋勇报名来试试。退休后还能为孩子们发挥一些余热，这让我的老年生活过得更为充实。

潘保江：爷爷，我听说刚开始的时候咱们的鲜花换了好多的品种，是成活率不高的原因吗？现在都有哪些品种呢？

佑恩姥爷：后期我更换鲜花的品种，主要原因，一方面要根据五楼小花园的环境、阳光照射角度以及温湿度来选择合适的花卉种植，另一方面要尽可能选择开花周期长、易打理的花卉。这样既可以延长观赏期，还可以方便孩子们课余时间到小花园学习花卉的种植知识，增长孩子们的课外知识量。现在主要有石竹花(多种类的)、月季花、金银花、万寿菊、波斯菊、炸酱草、太阳花、小雏菊等。学校管理花草的频率是基本保证一周一次，给花卉浇水、修剪枝叶、定期施肥，对一些易生虫害的花草做到提前预防。遇到夏季气温升高或是冬季温度骤降的特殊情况，也会不定时根据需要去照看花卉。

潘保江：爷爷，您对花园的未来有什么设想？

佑恩姥爷：后期打算在五楼花园种植紫藤，这种植物喜光，在阳光充足的地方种植有利于植株积累养分，而且紫藤比较耐寒，冬天可以忍受 −10 ℃的温度，在室外种植比较合适。还可以种植一些藤本月季，藤本月季花期比较长，一年开三次花，而且喜光耐寒。

现在佑恩已经毕业了，但是她的姥爷每逢周六依然会到学校看看这些花儿是否需要施肥，是否需要除虫。他的心一直挂念着这些美丽的花儿，挂念着学校。

孩子虽毕业，但真情永在。

第六节　美德雅行，陪伴成长——和悦家长言传身教

成功的家庭教育有赖于优良家风的濡染熏陶。习近平总书记在谈到家风时说："家风好，就能家道兴盛、和顺美满；家风差，难免殃及子孙、贻害社会……"良好的家风是未成年人成长的基石，是社会发展的重要基础。

一、和悦家庭我建设

《家庭教育促进法》第十五条指出："未成年人的父母或者其他监护人及其他家庭成员应当注重家庭建设，培育积极健康的家庭文化，树立和传承优良家风，弘扬中华民族家庭美德，共同构建文明、和睦的家庭关系，为未成年人健康成长营造良好的家庭环境。"

和悦家长在家庭生活中遵守的行为规范犹如一种强大的磁场，潜移默化地影响着孩子，促使孩子发自内心地服从和遵守那些人生准则，成长为优秀的、有责任心的人。

（一）示范孝老爱亲

孝敬老人是中华民族的传统美德。和悦家长在家庭生活中以身作则，孝敬长辈，给孩子做最好的示范，给整个家庭树立尊老、爱老、孝老的榜样。

程雅文爸爸是三年级家委会的成员，自从进入家委会，他一直在为班级、级部工作默默地奉献着。在自己的家庭中，他也是一位孝敬老人的典范。孝是感恩，并尽心尽力地赡养父母。由于老人年迈，身体状况不好，原本在事业上升期的雅文爸爸毅然决定离开自己年薪很高的公司，去从事收入不高但时间更加灵活、更加便于照顾老人的新工作。雅文的爸爸说："我会珍惜当下和老人在一起的幸福日子，纵使时光荏苒，我依然能从中体会到孝老爱亲、和谐家庭的幸福。我想这也是我们为之努力付出，并一直在追求更幸福生活的动力。在生活中，我会用实际行动去影响孩子。例如，回到父母家，我会帮助父母拖地、打扫卫生。与父母一起吃饭的时候，父母不动筷子，我坚决不会先动筷子。有好吃的，我会挑给父母吃。吃完饭后，我会帮助父母一同收拾碗筷，用温和的语气陪父母聊天，给他们捶捶背，等等，这些都在潜移默化地影响着雅文。我想孝不是挂在嘴边，而是通过行动做出来的。"

（二）传承优良家风

小袁同学是转学来到五台山西路小学的。来到学校以后，他妈妈便积极加入级部家委会工作。小袁的妈妈说，学校老师对孩子的用心让她感动，学校领导追求卓越的精

神让她由衷地佩服。

孩子是父母的影子,父母是孩子的第一任老师。小袁父母始终坚持以身作则,他们的言行对孩子产生了耳濡目染、潜移默化的影响。他们始终坚守并传承以下优良家风。

一是认真负责的家风。他们认为负责是作为社会一员最珍贵的品质,认真是把事情负责到底的关键。身为高校中的医疗工作者,小袁爸爸始终保持着对医疗事业的热爱,对医疗工作精益求精。在医院看诊时对每位患者都亲切安抚,竭尽所能减轻患者病痛。在课堂上,他为学员提供了很多一线的医疗案例、经验和处置指导。在实习学生的身旁,他除了知无不言地倾囊相授,还无微不至地关心着学员的就业动态。他说,这些孩子是医院的未来,对他们负责,就是对病人负责。

二是胸怀大爱的家国情怀。他们认为家国情怀不仅是指抛头颅洒热血的民族大义,还是指身体力行的社会责任感。在生活中,他们将身边的垃圾随手捡起,放进垃圾桶。使用卫生间的水龙头时,只开适量大小,并且用完随手关上。在父母的身体力行中,孩子感受到了对环境和大自然,进而对人类的大爱。

二、"六爱三雅"天天见

著名教育家孙云晓说过:"好习惯对儿童来说是命运的主宰,是成功的轨道,是终身的财富,是一生的格调。""六爱三雅"是和悦教育的德育特色课程,在"六爱三雅"课程的引领下,在父母的陪伴和示范下,我们的和悦少年在优秀品德和良好习惯上有了很大的进步与提升。和悦家长在陪伴孩子养成好习惯的同时,自己也在工作中有规划,在行动上有落实。

结合"六爱三雅"好习惯养成的内容,我校定期评选"六爱三雅"小明星。先进行班级推选、个人提报,再进行评选,最后学校进行表彰。旨在帮助孩子养成好习惯,培育好品德。家长对我们的德育课程给予了很高的评价。

和悦家长如是说

德育既是学生入学的第一课,也是学生离校前的最后一课,是需要终身修炼的心灵成长与价值养成。双语小学的假期德育课程贯穿六个年级,每年假期的课程内容都很有新意,也很有意义。孩子在双语小学六年,从中受益良多。如今即将毕业,孩子一定会带着从"六爱三雅"教育中汲取的力量,飞向更加灿烂的明天。

——六年级(5)班王舒家长

我们这个假期参与了学校组织的"春节姥姥说"德育课程,让孩子郑重其事地给姥姥拜年、送祝福,再来个亲热的拥抱,仪式感满满,老人很感动。这个活动让孝老爱亲不止停留在口头上,还落实在行动上。

——六年级(5)班管皓家长

印象中双语小学每个假期都会布置德育类的课程：给妈妈洗脚、给爷爷捶背、打扫公共楼道、在社区义卖等，从小家庭到大社会都有涉及，让孩子从一件件小事中学会做人，培养品德。

——六年级(5)班路晨悦家长

（一）培育好品德

和悦家长非常重视孩子的品德修养，他们除了日常的言传身教外，还注重孩子内心品德的养成。五台山西路小学有一个叫刘栩铭的同学，她《一元欠条》的故事被各大媒体争相报道，央视主持人白岩松夸她“诚信欠条暖人心”。

2022年6月8日晚，五年级(7)班的刘栩铭同学独自乘坐真情巴士K23路公交车时，发现公交卡余额不足正要下车，司机崔师傅看天色已晚就叫住她，为她垫付了车费。满心感动的刘栩铭同学下车前写下了一张“欠条”：“很遗憾公交卡没钱了，K23路公交车司机阿姨帮我付的钱，感谢。”下车时交给了崔师傅，并向崔师傅敬了少先队礼表示感谢。令人动容的是，事后刘同学主动联系上崔师傅还款，并拿出自己的零花钱捐赠100元公交卡，便利于像自己一样临时受限的其他乘客。

故事发生以后，我找到了学生服务中心主任赵广红了解情况，她说：“刘栩铭从一年级开始就给我留下了深刻的印象。她每天都穿着干净整洁的衣服，扎着一个高高的马尾，阳光自信，看到老师时总会微笑着鞠躬问好。栩铭平时也会有一些倔脾气，让家长与老师有些‘小头疼’，但她有一颗纯真、细腻、善良的心。”

刘栩铭同学在家里是如何表现的呢？

刘栩铭妈妈说：“不应该只关注孩子的学业，人品也很重要。”所以她坚持从小事出发，以小见大，慢慢地让孩子理解感恩、友善和乐于助人等优秀品质的重要性，从而主动追求并实践这些品质。她经常与孩子进行沟通，即使工作繁忙也会抽出时间与孩子交流，听孩子分享，只有这样才能更好地引导孩子感知和表达。

正因如此，栩铭在回家后第一时间便和妈妈分享了司机阿姨帮助自己的事情，并表达了自己的感激之情。栩铭妈妈随后询问栩铭为什么会想到给阿姨留一张欠条，栩铭说没能付钱有些尴尬，费用本就应该自己付，必须还给阿姨，并催促妈妈联系阿姨还钱。

对于这个要求，栩铭妈妈并没有拒绝，而是花了一整天的时间尝试联系公交公司，最终成功联系上了这位暖心的司机阿姨。

栩铭妈妈提议为感谢司机阿姨的帮助，捐100元给公交公司，用来帮助因特殊情况无法及时付款乘车的人们。而栩铭坚持要用自己的零花钱来做这件事，因为被帮助的是她，所以应该由她将这份爱心传递给更多人。

教育孩子很重要，但不是一味地安排和指挥，应该学会引导孩子自己思考与理解，给孩子自己决定的空间，给予孩子表达情感的机会。

栩铭妈妈是青岛西海岸新区中医医院骨伤一科的骨干护士。在工作中，她尽职尽责，坚守初心，守护人民健康。在生活中，她也将中医人的美好品质融入家庭美德传承中。她注重家庭、家教、家风，教育孩子谨记厚德、笃实与奉献，让孩子在和谐友爱的教育环境中成长，懂得给予与回报。她说:“我一直教育孩子，做人要懂得感恩，要能记得别人的好。”

正是因为有如此优秀的妈妈，才会有品德高尚、诚信善良的好孩子。

（二）养成好习惯

和悦家长运用我校“六爱三雅”评价体系，与孩子一起制订周密的好习惯养成计划，并一同执行。

例如，“爱自己”养成计划包括按时整理物品，打扫自己的卧室，自己的衣物自己洗，等等。同时家长也会制订一份属于自己的习惯计划，如：下班及时回家，减少外出应酬；打扫卫生；坚持读书计划；等等。家长遵守计划按时执行，他们的行动就会对孩子产生潜移默化的影响，为孩子做榜样。当孩子想要偷懒时，他们便会督促、帮助孩子执行，纠正孩子成长过程中的错误。在家长的榜样示范、用心陪伴、严格监督、及时提醒下，孩子会逐渐养成受益一生的好习惯。

学校每月、每学期都会在级部、学校中评选“六爱三雅”小明星，家长填写学校下发的推荐表，孩子积极申报，争做“六爱三雅”小明星。

和悦家长在陪伴孩子的过程中，自身的品德修养也在不断提升，坚持读书，不断反思，做事情更有计划，主动提升业务水平，进而在社会中起到了良好的示范和引领作用。

三、书香家庭共成长

习近平总书记在会见第一届全国文明家庭代表时回忆:“我从小就看我妈妈给我买的小人书《岳飞传》，有十几本，其中一本就是讲‘岳母刺字’，精忠报国在我脑海中留下的印象很深。”家庭教育对树立青少年正确的道德观念，引导他们具备做人的气节和骨气，帮助他们形成美好心灵，促进他们健康成长有着至关重要的作用。

（一）争创书香家庭

我校的家长十分重视亲子阅读，他们为了给孩子创设一个好的读书环境，在家里设置了读书角，并且陪伴孩子一起阅读，书香氛围浓厚。

学校根据“悦读立人”教育理念和“读好书，做好人”的校训，定期给家长们推荐阅读书目。家长和孩子一起自主选择，亲子共读，并根据学校书香家庭评选活动要求，积极争创书香家庭。

（二）讲好书香故事

每年在学校和家委会的组织下，我们会表彰 100 个书香家庭，让家长和孩子同台领奖，共享这份殊荣。通过争创书香家庭活动，各个家庭之间也会相互学习，相互影响。他们更加懂得：亲子共读有助于培养孩子良好的阅读习惯，良好的阅读习惯将使孩子终身受益。因此，家长们都积极参与亲子共读，争创书香家庭，与孩子一起阅读，一起交流，碰撞思想，在情感上和孩子产生共鸣，增进了亲子关系。

下面是书香家庭获得者五年级（6）班梁家源妈妈建设书香家庭的故事。

品书香，共成长

来到双语小学已有五个年头了，能够与孩子一同进入这所老百姓口中最好的学校，我感到非常幸福。双语小学的老师兢兢业业，全心全意为了每一个孩子、每一个家庭默默付出，他们的感人故事每天都在发生。

在这所学校里，杨校长先进的育人理念让家长们信服，老师们的忘我付出让家长们心怀感恩。在这里，家长们和孩子们一同学习、一同进步。五年间，我们养成了一个终身受益的好习惯，那就是每天晚上的亲子阅读。

记得在一年级，班主任第一次开家长会的时候告诉我们，回家建设图书角。班主任还特意强调："家长们要注意啊，不是给孩子建设，是给你和孩子一起建设的图书角，我们要与孩子一同学习，一起阅读。"从此，每晚我都会沉浸在与孩子一同读书、一起分享的欢乐中。

最喜欢四年级的语文老师周婧。她建了一个阅读群，要求孩子和家长每天读书、在群里打卡，每天晚上都要上传读书的视频或者音频。那段时间我最快乐的事就是环抱着孩子一起阅读。班里的孩子们会争先恐后地发送自己阅读的视频，有的家长会与孩子一起接龙朗读，这个群的学习氛围特别浓厚。每每与同事谈起，都为自己在这样一所学校而觉得特别自豪。

当听到双语小学评选书香家庭时，我毫不犹豫地报了名，除了想给儿子一份自豪感，更多的是为了激励我和儿子坚持共读书的决心。做一件事不难，难的是将这件事坚持做下去。后来，我们获得了"双语小学书香家庭"的荣誉称号，跟他一同上台领奖的那刻，我紧紧牵着儿子的手，我感觉到他的手也在紧紧牵着我。我想我们一定会继续一起读书，一同成长。

今年，儿子的作文《盼》发表在杂志上，感谢老师们的悉心指导，更感谢双语小学引领我们建设书香家庭，让我们在书中品到自己的"墨香"。

和悦家长正是用自身的言行影响着孩子，与孩子一同学习，共同成长。

第七节　你就是最美的光——和悦家长辐射和悦

罗曼·罗兰说:“要散布阳光到别人心里,先得自己心里有阳光。”从一出生,孩子就开始接受家庭的教育,父母和长辈的言行举止、行为习惯时刻都在潜移默化地影响着孩子。我们的和悦家长言传身教,以身作则,以自身修养化成孩子成长路上的一道光,时刻为孩子指引着方向,用榜样的力量点亮孩子的成长之路。

和悦家长的爱不仅表现在对孩子的教育、对家庭的经营、对学校的支持上,也表现在对社会的大爱上。他们化身爱的使者,力所能及地帮助一个又一个家庭,萤火汇聚成光,驱走了许多困难家庭的阴霾。他们用自身的能量辐射带动着我们身边的家庭,向着美好,一起出发。

一、最美书香家庭

于炳信是我校教师于良堃的父亲,也是一名教育工作者。在教育实践中,于炳信深受和悦教育思想的熏陶与影响,结合自己所从事的工作,致力于学校文化与特色建设的研究实践,参与整体构建和悦德育体系,先后主持和参与“齐文化与学校文化相融合的研究”“和悦教育的实验与研究”等多项国家和省级教育科学规划重点课题研究。他曾被表彰为全国百位德育专家,出版专著《和悦教育与文化研究》,在《中国教育报》《新德育》《山东教育》等报刊发表文章 50 余篇。

2017 年春夏之交,于良堃即将与同事韩超登记结婚,组建自己的小家庭。但因工作关系,老少两代分居淄博、青岛两地。习近平总书记指出:“不论时代发生多大变化,不论生活格局发生多大变化,我们都要重视家庭建设,注重家庭、注重家教、注重家风。”如何创建未来的和美家庭?学校和悦文化建设催生了父子的思考。经过家庭会议协商,决定创建家庭微信群和创办家庭报纸,作为身居两地交流思想、记录成长和传承家风的重要载体。

2017 年 6 月,他们在两代人共同的婚姻登记日创办了《于氏家报》,大 16 开,正反两面彩印,设有时政要闻、诗书相伴、爱心传递、家书万金、好文荐读、成长在路上等栏目。在创刊词中,父亲于炳信作为第一代主编写道:“创办《于氏家报》,旨在建设家庭文化,弘扬传统美德,修身养性,厚实底蕴。愿《于氏家报》成为大家的精神港湾,让思想碰撞思想,用智慧砥砺智慧,增添生活情趣,丰富诗意生活,共同创建幸福家园。”在创刊号的头版头条,他写的文章是《弘扬优良家风,塑造幸福人生》。

自创办以来,《于氏家报》每月一期,一期不落,至今已有83期。这期间,年轻夫妻的爱情结了果,他们有了儿子,大家庭有了新成员。虽然老少三代分居淄博、青岛,但大家牢记习近平总书记的话:“家庭不只是人们身体的住处,更是人们心灵的归宿。”因此,每月一期的《于氏家报》坚持选择有意义的日子编发。2017年7月,于良堃和妻子韩超的婚庆日,编印了《于氏家报》第2期,主题是“我们是相亲相爱一家人”。2019年1月,小朋友于焕之出生,编印了《于氏家报》第20期,主题是“家风传承”。新晋父亲于良堃在头版写下了《家风永流传》,爷爷以《家风代代传》为题刊登了三首小诗,奶奶写的是《天使来了》。2019年3月,大家以“生日”为主题编印了《于氏家报》第22期。于良堃写的是《祝自己生日快乐》:“今天是自己的生日,也是儿子焕之出生两个月的日子……感谢爸爸妈妈生我养我爱我支持我,感谢爱人体贴包容,不断鼓励。”韩超写的是《养儿方知父母恩》:“儿子出生,我也成了母亲。是婆婆养育了我的爱人,如今又在悉心照料我的儿子。我明白了这就是母爱,母爱教会了我关爱和感恩,愿家庭中充溢幸福与和谐,一代一代延续不绝……”奶奶写的是《怀念•感恩•修身》:“今天是儿子27岁生日,也是孙子焕之出生整两个月的日子。这几天我特别怀念一个人——我的婆婆。自己当上了奶奶,才理解了婆婆对我的好……”从2020年开始,他们又选择二十四节气作为每月编印《于氏家报》的时间点,将《新二十四孝》纳入编写内容。2023年,将我国的传统节日春节、元宵节、清明节、端午节、中秋节等作为主题,在传承家训家风的同时弘扬中华优秀传统文化。

腹有诗书气自华,家有诗书风自清。一份《于氏家报》,信息及时传递,亲情时时凝聚,“诗书修身,礼乐治家,和善诚信,勤俭务实”的家训和“厚爱厚德,厚学厚实”的家风在交流中传承弘扬。他们还将《于氏家报》征稿和发行范围扩大到于氏大家庭,报纸也常在亲朋好友间传阅、交流。

一家五口三位教师,致力于创建和美书香家庭,让和悦文化辐射社区,带动社会,助力文明之风建设。他们的家庭被表彰为山东省“最美家庭”。《淄博晚报》刊登了于炳信的文章《〈于氏家报〉传家风》。他们的家庭故事被收入团结出版社出版的《读书者——我们家的读书故事》和《书香风清——我们家的家风故事》。

二、最美公益家庭

张晓是五年级(5)班宋彦樟的妈妈,热心公益活动,在她的影响下,她的孩子及爱人都投身于公益事业中。2019年,她的家庭被评为“西海岸新区热心公益家庭”。下面是她做的经验分享。

热心公益，助人为乐

我一直认为你有能力的时候一定要尽力帮助那些需要帮助的人们。只要看到朋友圈内的轻松筹等求助信息，我会立马捐款，献出自己的一份爱心与力量，同时还积极与患者取得联系，给予他们精神上的支持，鼓励他们与病魔积极抗争，争取早日康复。

我的老公是O型血，O型血好像经常紧缺，只要收到血站的缺血短信，我的老公会马上去医院献血。他平时不喝酒不抽烟，定期献血。

我还利用周末和假期时间，走进临沂的大山中，找寻困难家庭、留守儿童以及孤儿，带着衣服、学习用品、零食和学费去看望他们，引导我的儿子和他们成为好朋友，将自己的零花钱和压岁钱用来资助他们。

临沂大山里有一户困难家庭——毛毛和他爷爷奶奶的家。在很小的时候，毛毛的爸爸妈妈因为生病双双离世，只剩下毛毛一个人和年迈的爷爷奶奶一起生活。爷爷奶奶没有劳动能力，毛毛只能在当地的希望小学上学。我带着儿子去看望他们，爷爷奶奶为了感谢我们，给我们煮了彩色鸡蛋。我的儿子第一次见这种花花绿绿的鸡蛋，爱不释手，捧在手里好几天不舍得吃。

回来后，我在儿子的班级里分享了这次特殊的经历。看到毛毛和爷爷奶奶的家及生活环境，看到他们吃的饭与毛毛所在的希望小学，孩子们露出了难过、同情的神情，有的孩子甚至流下了泪水。孩子们纷纷表示要拿出自己的压岁钱，帮助像毛毛这样的孩子。我知道，一颗仁爱的种子已在孩子们的心中悄然种下……

我努力向我的家人们传递着爱与做人的准则，用慈母般的宽容，温暖着孩子的心灵。我相信，这是最好的家庭教育，帮助别人也是人生最大的快乐。

三、关爱聋哑儿童

我们生活在同一片阳光下，聆听着大自然赋予我们的美妙声音，但是有一些孩子却听不到。学校家委会成员每学期都会组织孩子们走进聋哑儿童学校，一起将自己的爱心和温暖送给这些特殊的儿童。

2021年4月17日，孩子们在家委会的带领下前往聋哑儿童学校看望、慰问那里的小朋友和老师。

孩子们精心准备了食物、玩具、衣物、卫生工具等物资，还有喜气洋洋的新年公仔，送上爱心的同时，也送上了新年的祝福。孩子们带了太空泥，和那里的小朋友做手工，一同进行节目表演。这场表演，诠释的是关爱，是珍惜，是感恩。家长们表示，他们会继续关注那里的孩子，将这份爱心延续下去，也希望越来越多的人能加入他们的行列中，为那里的孩子带去更多的爱心支援。

通过活动，我们的孩子们与聋哑儿童学校的孩子们成了好朋友。他们一同分享自己喜爱的零食，一同玩游戏，一同分享成长的喜悦。

类似的活动让孩子们知道，要关心社会的弱势群体，增强自己的社会责任感，同时要学会感恩，珍惜现在的幸福生活。

四、关爱贫困儿童

爱自己的孩子是一种本能，爱别人的孩子是一种大爱，我们的和悦家长用自己的实际行动践行着这一点。

张雷是我校二年级(4)班张辰阳的爸爸，是学校家委会的一员。他热衷于公益事业，经常免费为学校拍摄各种宣传片。有一次，他在与被派往贵州支教的孙老师的交流中得知，当地有个红岩小学，条件非常艰苦，大部分是留守儿童，学校条件相当简陋。看了照片以后，他感触很深，想做点什么，本来想捐点衣物或钱，但是有一张孩子们在简陋的图书角读书的照片，令他印象深刻，所以后来决定给孩子们捐献图书，建立图书角。这样的行为不仅温暖了山区的孩子，帮助红岩小学的孩子们充实了精神世界，同时也让自己的孩子感受到助人的意义。于是，他联系二年级(4)班赵全红老师，由她帮忙组织了一次有意义的捐书活动。

和悦家长是一个不断成长的群体，他们在和悦教育理念的影响下，逐渐跟随孩子慢慢地共同成长。和悦家长是榜样，他们积极向上，努力奋进；和悦家长是奉献者，他们不计个人得失，为了孩子的快乐成长献出自己的能量；和悦家长是典范，在家庭里孝老爱亲，在社会上关爱每一个需要帮助的人，在国家需要的时候义不容辞，奋勇担当。和悦家长身上显现着大爱的力量，散发着耀眼的光芒，为和谐美好的新社会建设提供源源不断的强大的和悦力量。

第十章
和悦学生——学校发展的主体

第一节　和悦学生的内涵和特征

一、和悦学生的内涵

学生是家庭和国家的希望，是联结学校与家庭、现实与未来的纽带。学生是教育的主体，是学校和教师存在的理由，是校园中最具生长活力的人。培养和悦学生，是和悦教育的价值追求，也是和悦教育最重要的价值体现。和悦学生是追求快乐、追求幸福、追求卓越的学生，是德智体美劳全面发展的学生，是堪当民族复兴大任的时代新人。

二、和悦学生的特征

我们的育人目标清晰明确：培养厚德乐学、自主合作、具有国际视野的卓越少年。这也是和悦学生最鲜明的特征。

（一）厚德

厚德是指学生表现出的高尚道德情操和良好的行为习惯。

和悦学生的厚德源于我们中华民族崇尚道德的血脉，在优秀的传统文化的熏陶中，他们崇德向善、见贤思齐；在崇高理想信念的指引下，他们传承红色基因，继承光荣传统。在学校教育、家庭教育、社会教育、自我教育中，和悦学生逐渐树立起正确的理想信念和世界观、人生观、价值观，养成高尚的道德情操和良好的思想品质，成长为“有理想、有道德、有文化、有纪律”的德智体美劳全面发展的新一代，为将来接班建设中国特色社会主义事业奠定牢固的思想道德根基。

和悦学生的言行举止都展现出自己是一个有道德的人，以身为中华儿女为荣，不辜负党和国家对自己的殷切期望。

（二）乐学

乐学是和悦学生焕发的积极主动、以学为乐、幸福学习的精神面貌。

“知之者不如好之者，好之者不如乐之者”，学习是快乐而持续的过程。和悦学生拥有积极主动的状态、乐观向上的心态和持久专注的品格，在成长中充分享受求知的快乐、成长的快乐，是健康乐学的少年。在快乐的状态下学习是最有效的。学习是和悦学生自己的事情，他们是学习的主人，乐于学习、因学而悦是学习动力的源泉。当独立思考、主动交流、用心倾听时，当更加认真、更加自信地投入学习时，和悦学生学习任何东西都会变得容易，学习会变得快乐起来。无论是手捧书籍时专注地阅读，还是静思默想后准确地表达，无论是在小组合作中互动分享，还是在相互倾听中不断反思，和悦学生都学有所得，学有所乐。

（三）自主

自主是指学生做自己的主人，表现出自觉学习、主动发展、逐渐独立的幸福成长状态。

和悦学生的自主表现在生活、学习中，他们自我选择、自我调控、自我评价、自我反思，发展自身主体性、积极性、创造性，是以人为本教育理念的一种具体体现。在生活中，他们能够独立照顾自己的起居，自己的事情自己做，遇到生活中的困难也能勇敢乐观地面对；在学习中，他们不断展现出潜在的能力，充满学习的积极性，逐渐端正学习态度，养成良好的习惯。现代社会信息急剧膨胀，文化多元，环境复杂，这就要求人们能主动地摄取最有用的信息，有独立的思维、判断能力。因此，和悦学生独立自主能力的培养是关键，有了独立的勇气和自主的能力，学生就不再是被动接受安排的机器，而是能主动探求、敢于突破、快速成长的生活勇者和学习主人。

（四）合作

合作是和悦学生具备的为达到共同目标相互欣赏、相互配合、相互支持的学习方式、方法与人生态度。

在这个竞争与合作并存的社会，学会交往、学会合作是时代对人才提出的基本要求。和悦学生未来适应环境、立足社会必以合作能力作为核心能力。和悦学生在老师的带领下，在目标的指引下，通过与同桌、小组成员、项目组成员等小伙伴同心合力完成学习任务、小组展示、项目任务等，逐渐学会了与人共事共赢。和悦学生懂得，个人能力是非常重要的，但是一个人的能力是有限的，合作是必要的。合作需要每个人贡献自己的力量，发挥自己独有的优势。和悦学生通过合作使结果最优化，让自己收获更多、更大的成果。

（五）具有国际视野

具有国际视野是指学生拥有国际情怀和国际格局，能够站在全球角度看待问题。

在新世纪背景下成长的和悦学生，将面临越来越激烈的国际竞争，他们要想立于不败之地，必须放眼看世界。他们通过阅读、校园文化、全球视野项目组、模拟联合国等平台推开认识世界的大门。从和悦学生的日记、评论、项目组研究报告、模拟联合国演讲等成果中，我们看到了他们对世界各国的客观认识、对全球发展的深入思考、对国际问题的综合评价。最难能可贵的是，和悦学生时刻不忘将这些认知与中国国情做对比，提出作为合格的社会主义事业接班人应做好的准备和应对的对策。和悦学生适应国家经济社会对外开放的要求，不断开阔国际视野，了解国际规则，关心国际事务、国际竞争、国际会议和国际交流。

（六）追求卓越

追求卓越是和悦学生表现出的精益求精、争创一流的自我要求和处事态度。

和悦学生追求自强不息、敢为人先、誓争一流的人生，追求通过不断努力达到最佳效果、领先水平、最好状态。他们用创新学习、精心做事、完善自我、造福社会的实际行动，自定目标，自提横杆，自我规划，自我管理，自我激励，坚定不移地克服内外困难，顽强拼搏，百折不挠。在“厚德乐学、自主合作、具有国际视野”的育人目标的指引下，他们在德、智、体、美、劳、科技等方面不断取得卓越的成绩，增强追求卓越的自信，实现各具特色的卓越成长。

第二节　和悦学生厚德载物

立德树人是学校工作的根本任务，我们引导学生用高尚的品行要求自己，用宽广的胸怀包容他人，用远大的理想拥抱未来。我们从大处着眼、小处入手，求创新、重成效。学生通过参与校园文化建设、实践“六爱三雅”德育课程、参加丰富多彩的活动等途径，逐步成为厚德之人。

一、在校园文化中浸润

（一）绘制故事画卷，打造悦己校园

学校秉承“让孩子站在学校正中央”的理念，引导学生积极参与校园文化的设计。校园中不同区域的文化内容也不同，学生在设计的时候必定要考虑呈现内容、呈现方式、视觉效果、育人效果等问题，这个过程也是学生自我教育、自我提升的过程。所以我们学校的每一面墙壁、每一株花草都有学生的创意，都是学生施展才智、活泼成长的舞台。

双语小学建校之初，处处需要进行校园文化建设。虽然老师和专业的设计团队可以去设计、实施，但他们毕竟不是学生。学生最喜欢什么样的校园文化只有他们自己知道。我们问计于学生，《格林童话》《伊索寓言》《西游记》等故事的受欢迎程度最高，就由三、四年级有特长的学生在老师和家长的协助下，把故事主要内容、故事画面绘制到长卷上。整个长卷上面的文字讲述的是学生最喜欢的故事，上面的图画展示的是学生最喜欢的色彩。除此之外，学生还在伞面上进行类似的绘制、创作，这是孩子们共同的语言密码。

不管是本校师生，还是前来指导、参观的领导和同仁，大家走到这里都会饶有兴味地驻足观看。

（二）设计智慧广场，站在学校中央

以王家鹤、宋彦樟、魏珂儿等学生为代表的智慧广场设计团队在家长的支持下自主合作，创意完成了五台山西路小学智慧广场的构图、设计，寄托了美好的寓意。用他们的话来说：“‘和和’‘悦悦’乘着宇宙飞船飞向太空，就像我们要追逐远大的理想；彩虹象征着我们七彩的梦；地上穿着宇航服的‘和和’‘悦悦’提醒我们要爱护地球家园……”

这样的校园文化创意来自学生，又服务于学生。智慧广场主要元素有彩虹、国旗、飞船、吉祥物“和和”“悦悦”、哆啦A梦等，成为校园中引人注目的亮丽景观，激荡着学

生为科技强国勤奋学习的激情。走到近处的学生都会不自觉地顺着彩虹和飞船的方向望去，小小的航天梦也跟着编织进大大的中国梦中。

（三）建设班级文化，绽放创新活力

班级文化由班主任、任课老师、学生和家长共同完成，一字一图充盈着和悦文化的生命力，洋溢着无声的育人气息。每一间教室的外墙都展示着一个德育小故事，如《苏武牧羊》《黄香温席》等，学生通过图文的讲述，跨越时空与故事中的人物对话。教室内每面墙壁都发挥着自己的光和热，有的提醒学生“入室即静”，有的鼓励学生“学海无涯”，有的记录班级的集体荣誉……小荷班、嘉禾班、彩虹教室、奥斯卡班等，不同的班级有不同的特色文化、不同的色彩、不同的梦想。小荷班的班级文化见下表。

小荷班的班级文化

班级名称	小荷班
名称由来	由诗句“小荷才露尖尖角”得名
名称释义	炎炎夏日，荷花傲然怒放，芳香四溢。荷花有迎骄阳而不惧、出淤泥而不染的高贵品质，希望小荷班的每一位学生：在学习中，像荷花的茎一样不蔓不枝、独立自主；在合作展示中，像荷叶与荷花一样交相辉映、相得益彰；在生活中，出淤泥而不染、洁身自爱；在交往中，像荷叶一样紧紧相依、友好相处
班级愿景	愿每一朵小荷都吐露芬芳，愿每一朵小荷都幽香致远，愿每一朵小荷都美丽绽放
班训	沐浴书香，快乐分享，健康成长
班风	互助互爱，向善向美
班徽及释义	小荷班 今天“小荷才露尖尖角”，明天“映日荷花别样红”。水墨小荷的形象代表小荷班每一位学生都是朝气蓬勃、充满诗意的；水下戏于莲叶间的小鱼充满童真童趣，右边草绿色的形象既像一池湖水滋养小荷，又像一只飞翔的鸽子，喻示着小荷班的学生是热爱和平的和悦少年
班诗	小荷才露尖尖角，风光不与四时同。接天莲叶无穷碧，映日荷花别样红
班级公约	上课专注学习中，踊跃探究争先锋。课间休息不喧哗，运动健身不放松。荷花簇拥重友情，全面发展重行动。团结互助小荷班，活泼向上好家庭
班级文化建设部分区域展示	1. 小荷尖尖争章表：栏目设置在班级后黑板左侧，分别从学习、纪律、卫生三个方面进行展评，促进学生养成良好的学习、卫生、行为习惯，成为一名优秀的小学生 2. 图书角：书柜里都是学生们自己捐献的图书，好书共享。学生们随时可以尽情地阅读，享受书香的沐浴，吸取文化的精髓 3. 小组评价表：通过组内的互相帮助增强合作意识和合作能力，通过小组之间的评比增强竞争意识和见贤思齐的品质 4. 梦想展示墙：每个孩子都有自己的梦想，激发学生思考如何寻找属于自己的梦想，并努力去实现目标

沉浸在班级文化的熏陶中，学生会树立与班级目标一致的个人目标，会被激发与集体凝聚力一致的内驱力。各班独具特色的文化让学生有强烈的班级归属感和集体荣誉

感，他们在班级文化中既能看到同学的优点，又能遇见最好的自己。

和悦学生在赋予校园文化生命力的同时，也在涵养自己的德行，知行合一的德育更有实效，易于学生内化。

二、在“六爱三雅”中成长

和悦学生是爱自己、爱父母、爱老师、爱同学、爱学校、爱家乡、语言文雅、行为儒雅、情趣高雅的人，概括地说就是“六爱三雅”之人。结合我校“六爱三雅”德育课程的实施，学校组织形式多样的活动，如“‘六爱三雅’故事长卷”故事征集活动，让学生们把发生在自己身边的温暖小故事讲一讲、写一写，这是一种展示、一种分享，也是一种榜样、一种辐射。

（一）“六爱”小明星

1. 爱自己小明星

和悦学生是能够保护自己、珍重自己、悦纳自己的人。平安健康是一切生命活动的基础，是享受美好生活的前提。和悦学生能够因自己的优点而自信，也能够欣然接纳自己的不足并愿意改进。和悦学生知道“身体发肤受之父母”，爱自己才是孝亲懂事的好孩子。学校每学期都会评选出爱自己小明星。下面是2017级1班爱自己小明星朱紫涵的分享。

按时吃早饭

今天早晨来到学校，我拿出书本，正准备读书，忽然感觉自己的头晕晕的，像坐船一般，我立马趴在桌子上休息了一会儿。我想下课后会好的，没想到下课去接水的时候被一个男同学碰倒了，另一个同学立刻把我扶了起来。我很感动，也有点担心：最近是怎么了？为什么总感觉头晕晕的呢？

“咕噜噜”，这时候肚子响了起来，我恍然大悟，大概是饿着了。回想这段日子，我将近一个月没有吃早饭，每次都是匆匆忙忙穿上衣服就去上学，妈妈也为这事儿唠叨过我很多次。

细心的班主任觉察到我的异常，温柔地关心我，还给我找东西吃。班主任说我是因为不吃早饭导致低血糖，才会头晕，还叮嘱我：早饭至关重要，必须按时吃，因为健康的身体是成才的保障，我感到很温暖。

老师告诉我：“身体发肤受之父母，爱自己才是孝亲懂事的好孩子。”以后我再也不会为了贪睡而耽误吃早饭了。爱自己很简单，也很重要，近期，就是要按时吃早饭，让身体棒棒的。

爱自己不是自私自利，而是对自身的爱惜、对家人的负责、对生命的热爱。做到爱自己，才能让父母、老师放心，才能有条件爱他人。

2. 爱父母小明星

和悦学生是孝敬父母、关爱父母的孩子。和悦学生能够听从父母的教导，理解父母的辛苦，减轻父母的压力，让父母因自己感到欣慰、幸福。除了教材中的爱父母方面的教育，我们还通过母亲节、父亲节、三八妇女节等节日课程对学生进行爱父母的教育和熏陶，并通过评选爱父母小明星活动进行展示、宣传。下面是三年级(4)班爱父母小明星杜天宇的分享。

我是三年级(4)班杜天宇，被评为我校爱父母小明星。我觉得自己并没有做什么感动天地的大事，我做的都是些不起眼的小事，然而这才是我们这个年龄能为父母做的实实在在的事情。

一直以来爸爸妈妈的生日、父亲节或母亲节都是我非常重视的日子，在这些日子里我都会亲手制作礼物送给他们，他们就会给我一个大大的拥抱，我感觉这个时候非常幸福。

学校开展空中课堂之后，我每天和妈妈一起学习，一起探讨如何更好地完成作业。我知道爱妈妈就是懂事一些，让妈妈放心一些，所以我经常欣然接受妈妈的建议，即使我们意见不一致，我也会心平气和地跟妈妈说清我的想法。越是这样，我和妈妈的关系越亲密。

爸爸妈妈一边工作一边还要操心我的学习，非常辛苦。我现在学会了做简单的早餐，有时是牛奶、面包、煎蛋，有时是豆浆、油条、煮蛋，有时是米粥、蛋炒饭，不管是什么早饭，我都做得开开心心，他们都吃得香香甜甜。我感觉特别幸福。

我爱我的爸爸妈妈！

有些同学用行动表达对父母的爱，也有些同学用文字向父母告白。这是宋彦樟在父亲节的时候写给爸爸的一首小诗，内容温暖、感人。

我想送你一片海

我想送你一片海，
爸爸，
你用那不会表达的爱，
抚摸着我。
我想送你一片海，
在这里，
倾诉我内心的感慨，

和我对你的爱。
我想送你一片海，
在明天，
留在我心间的永远是你给予的快乐时光。
阳光散落在海面，
温暖不需要来猜，
用心体会，
用爱传递。
我想送你一片海，
一片广阔的海，
一片自信的，阳光的海。

平日里孩子直接向父母表达爱意的机会比较少，特别是高年级的孩子，但是他们把父母平日里的关心、呵护、教导都看在眼里，记在心里。我们抓住评比活动和相关节日的契机，让孩子大声说出对父母的爱和感恩，让孩子和父母之间多一些理解和温暖。

3. 爱老师小明星

和悦学生是热爱老师、尊重老师的学生。老师是知识的传授者，爱老师就是尊重知识。心存感恩的和悦学生把爱老师的感情表达在早上的一句“Good morning！”中，书写在认认真真的作业中，倾注在漂亮可爱的节日卡片上。我们组织的爱老师小明星评选活动让尊师重道的典型事例和榜样学生得到宣传，我们学校的师生关系因此更加亲密和谐。下面是卢嘉禧申报爱老师小明星时填的申报表。

“我是‘六爱三雅’小明星”申报表

<table>
<tr><td>班级</td><td>五年级(2)班</td><td>姓名</td><td>卢嘉禧</td><td>申报类别名称</td><td>爱老师小明星</td></tr>
<tr><td colspan="6">自空中课堂以来，我独自在家按时上课。从不迟到、早退，认认真真听好每一堂课，积极参与课上互动，完成老师布置的小任务，还不定期地获得优秀作业表彰，收到老师的小红花。因为我知道，认真听讲，高质量完成作业，就是对老师的尊重，对自己的负责。
我在学校做好老师的小帮手，帮老师干好我力所能及的事情；我上课认真听讲，下课遵守纪律，按时完成作业，不给老师添乱；在课下担任学习小组长时，我提醒、帮助落后的组员，按老师的要求不让任何一位同学掉队。爱老师就是爱学校、爱同学、爱自己，我用爱老师回报老师对我们的爱！</td></tr>
</table>

爱老师对和悦学生来说不是口号，而是实实在在的行动。爱上一门学科从爱上老师开始，学生在爱老师的氛围中自信、乐学，老师也从学生的爱中感受职业幸福，师生情谊更加浓厚。

4. 爱同学小明星

和悦学生是关爱同学、团结友善的学生。生活在班集体和学校集体中，和悦学生学会了跟不同性格的同学相处，学会了包容、理解同学的不足，更学会了关心、帮助同学。爱同学是和悦学生之间和谐相处的法宝。以下是六年级(3)班爱同学小明星韩睿萌的分享。

那位后桌

俗话说："路遥知马力，日久见人心。"我今天才明白，原来杨紫媛是一个慷慨的人。

刚做她前桌的时候，我是非常讨厌她的，我认为她是一位话痨，总是讲个不停，一点也不文静。所以我一直对她不够友好。

一个月后，我发现了她的优点：幽默、开朗、乐观。我开始欣赏她。在今天，我又发现她很慷慨大方——

我"淘气"的鼻涕又跑出来了，我在书包和桌洞里到处找纸，却发现纸用得一干二净。正当我手足无措的时候，突然发现杨紫媛正在用卫生纸，我立马说："可以借给我两张纸吗？"杨紫媛二话不说，把一包抽纸都拿了出来，说："拿吧，随便拿。"她那大大咧咧的动作和轻轻松松的语气让我的心一下子热乎乎的，也有些难为情，我只说了声"谢谢"。

下午，我的鼻涕又"没有纪律"地流了出来。我只好厚着脸皮再向杨紫媛借一张纸应急。我红着脸说："再借我一张纸吧，谢谢。"杨紫媛立刻抽了一张纸给我："不够再找我。"我鼻子有些酸酸的："谢谢……谢谢。"

杨紫媛不仅帮人不求回报，而且总是能将一件平淡无奇的小事讲得有趣至极，她就是这么一位既开朗又大方的人。如果可以，我希望她能成为我的同桌。

韩睿萌曾因为新换的后座同学而苦恼，但她又善于用发现美的眼睛看待同学，最终悦纳了后座的同学，并越来越喜欢后座的同学。不同性格的和悦学生坐在同一间教室，他们都能控制自己的情绪，理解别人的个性，并用欣赏的眼光去发现每位同学的美，成就同窗深情。

5. 爱学校小明星

和悦学生是遵守校规校纪、喜欢参与学校建设、愿意为学校争光的学生。他们眼中的校园，每时每刻都有美，一花一木都存爱，一人一物都是情。下面是二年级(1)班李盛开关于爱学校的分享。

温馨美好的在校生活

大家好，我是五台山西路小学二年级(1)班的李盛开。

2022年夏天，我从一个装满玩具的幼儿园教室，换到了满是桌椅板凳的小学教室。新教室里有一位新的老师，她带着我和许多新朋友做一个新游戏。在这个新游戏中，老师教我读书写字，小朋友们都很认真地跟着练习。我在老师的指导中，收获了很多新的知识，我不再是那个处处需要老师照顾、事事需要老师帮助的小宝宝了，我是一名小学生了！

我的学校特别漂亮，门口“和和”“悦悦”每天迎接我们上学，目送我们放学，它们还能通过AI技术和我对话呢！每天我都盼着上学！

能成为一名和悦小学生是一件多么幸运的事情啊！在这座学校，我遇见了优秀的老师，有更多展示自我的舞台。在这里，我加入了团结奋进、朝气蓬勃、温暖和谐的班集体，不同的笑脸、不同的个性支撑起了这座班级大厦！每一位成员都像一粒种子，一边在知识的海洋里汲取营养，一边在每天的学习中茁壮成长。在这个相亲相爱的大家庭里，我和同学们在快乐中成长，在成长中进步，在小学六年的学习生涯中携手同伴，共同谱写美好人生。

在学校，敬爱的老师们谆谆教导，循循善诱，帮助我从幼儿园的小朋友转变成了一名合格的小学生，今年六一儿童节我加入了中国少年先锋队，成了一名光荣的少先队员。学校为我和同学们组织各种活动、搭建各种平台，让我知识更多、眼界更广。我以学校为荣，我一定要在这么好的学校里做更好的自己，做和悦的小学生，为校争光！

学校优雅的环境、亲切的老师、可爱的同学、无穷的知识都是和悦学生茁壮成长的养料，我们浸润在和悦的学校中感受人文环境和自然环境的有机统一，陶冶情操，增长知识，协调发展，为校争光。

6. 爱家乡小明星

和悦学生是有家国情怀的学生。“家是最小国，国是千万家”，他们不仅热爱生养自己的家乡，也深爱地大物博、文化深厚的祖国的每一个地方。下面是2015级(6)班爱家乡小明星于子壹的分享。

用智慧消防爱我美丽家乡

小珠山风景区是我们青岛西海岸新区的旅游胜地，这里有珍贵的动物和植物，我们当地人经常在节假日来这里亲近大自然。

2020年4月，小珠山的那场森林大火燃烧了好几天，我作为青岛人心痛不已。山道两旁烧焦的厚厚的植物灰炭，消防残存的白色粉末，混合在一起散发着令人窒息的气味。几十米高的树木只剩较大的枝干还在挺立着，显示着它们生前的雄姿。枯树间几只鸟在暮色中悲鸣着，寻找着它们遗失的家园。夜幕四合，周围更显阴森恐怖。

我为新区环境的破坏心痛，更为牺牲在火场的护林员心痛，他和我们一样深爱着我们的家乡。连日奋战的消防队员陆陆续续撤离了火灾现场，但那位护林员却永远留在了他奋战过的战场，悲壮地融入了小珠山的伟岸与永恒。这场灾难的始作俑者虽然被刑拘了，但由此造成的惨重损失是无法挽回的！

这场森林大火令人痛心，也再次警示我们防火之弦不可松。无论是企业，还是个人都要在生产活动中依"规"而行。我们小学生也想献出自己的一份力量。在老师的帮助下，我们组建了智慧消防社团，认真积极地学习人工智能的相关知识，编程设计了以小珠山大火为原型的智能消防系统。它的第一大功能是智能检测、定位火灾源头，并将信息传送到附近的消防单位，让山火能够很快得到控制。它的第二大功能是无人机灭火，在报警的同时，系统会将火灾警报传达给无人机，进行灭火控火，为救火营造更加充分的时间，降低自然和社会的损失。我们相信，当这一套智能消防系统应用在现实中时，我们会更好地防火灾于未然，守护好生态环境和人们的美好家园。

和悦学生对家乡的热爱落到了关注家乡生态环境上，落到了解家乡风土人情上，落到了自己每天的学习思考上，他们小小的童心承载着让家乡越来越好的远大梦想。我校大部分学生是土生土长的青岛人，他们以自己是青岛人而自豪；也有一部分学生是从外地来青岛的，他们除了以青岛为家乡，还有一份来自远方家乡的情愫，一颗将来建设家乡的赤子之心。

（二）"三雅"好少年

所谓"三雅"，即语言文雅、行为儒雅、情趣高雅。我们在学生的一言一行、一举一动中内化思政教育，引导学生养成良好的行为习惯，形成社会主义核心价值观，帮助每位学生成长为最好的自己。

1. 语言文雅好少年

我们的学生在与人交流时，已经习惯用"请"谢谢" 不客气"等文明用语，这是从低年级时老师就开始引导的结果，到了中高年级，不管是口头的还是书面的语言，他们能够做到表达准确、有理有据、侃侃而谈。下面是2015级3班刘昂然关于语言文雅的分享。

用好辩论会用语

六年级下册语文教材有一个单元的口语交际是"辩论"，这是我期待已久的课，因为这节课不但可以上台参与辩论，感受唇枪舌剑的激烈，还可以光明正大地"怼"人，我承认我心里的"小恶魔"兴奋了。

课前老师让我们查找辩论会的规则，我查过了，所以成竹在胸。但是老师抛出的第二个要求给跃跃欲试的我上了“枷锁”——辩论会也要注意文明用语。在老师的提问下，同学们说出了很多辩论会用语，如“我并不认同对方辩友的观点”“请对方辩友注意”“我方坚持认为”……

第一个辩论的题目是“作业多好不好”，我当然选择“作业多不好”的观点。一开始，我的确不习惯这么文绉绉地和别人说话，但是在辩论的过程中我发现，越是用上这些话，自己的表达越流畅清晰，别人也越能认真地听我说。

每当我来陈述或者辩驳时，老师和同学们都仔细地听着。我就更加注意自己的措辞：“作业多势必会占用我们正常休息的时间”“请对方辩友注意”“我虽然不否认对方辩友的说法，但是你有没有进一步思考这个问题”……

有理不在声高，而在说得是否在理。整场辩论会下来，老师竟表扬我是“最有潜力的辩手”。我心里乐开了花！

中华民族几千年来沉淀下的语言文字是一个博大精深的文化体系，不同的环境、不同的场合，与不同的人说话都要适宜。在小学阶段，学生的语言迅速发展，我们引导学生不仅能文从字顺地表达清楚自己的意思，还要注意仪态、措辞，做到语言文雅。

2. 行为儒雅好少年

一个人的行为反映的是他的品德和性格，和悦学生从低年级开始养成的儒雅行为让他们成为做事有谱、张弛有度的人。积极参与班级管理、主动维持校园整洁、自觉遵守纪律法规、主动做好人好事等，都是行为儒雅的体现。

团结文明、积极向上的班风是班级建设和形成优良校风的“奠基石”，是一个班级在竞争中立于不败之地的根本。为了营造“人人有事做，事事有人管”的班级文化氛围，进一步培养学生成为行为儒雅好少年，2021 年 12 月，双语小学和五台山西路小学先后举行了“人人有事做，事事有人管”展示活动。学生们面对参观的领导和老师，热情大方。他们声音整齐洪亮，各自述说职务，分工明确，既展示了个人的闪光点，也表现了集体的凝聚力。每一个手势、每一个眼神都闪现着素养。星光岛小学一、二年级的孩子们则欢聚一堂，举起诗与歌的金樽银杯，邀月与花前，徜徉于文海，在诗韵美文的朗诵里进行了一次美的旅行。

儒雅的行为是和悦学生的无字标签。课堂上的一首诗、舞台上的一首歌，都彰显出和悦学生行为的儒雅，而丰富多彩的校园生活，则是他们养成行为儒雅习惯的“练兵场”。

3. 情趣高雅好少年

情趣是从小培养的，它能给生活调色调味，让生命更加多姿多彩。我们注重培养学生高雅的情趣，也就是培养学生广泛的兴趣爱好、高尚的思想品格、强烈的社会责任感。

和悦学生在“童心悦读”特色课程的浸润下，都有同一种高雅的情趣——“悦读”。

书是一架梯子，它能引导我们登上知识的殿堂；书是一叶小舟，它能带我们遨游汉字王国。那些非必要不外出的日子，和悦学生通过书籍拥抱自然、体验生活、放松心情、培养兴趣、拓宽视野，在经典中收获人生智慧。

寒假里，各年级学生在老师的建议下，共读共写：

一年级的学生们在书的海洋中尽情遨游，不断获取知识，取得了丰硕的成果。已有三分之一的学生读完我们的共读书《星星上的小弟弟》，假期读书丰富了学生们的假期生活，培养了学生们的读书兴趣，提高了学生们的自身修养，使学生们轻松、快乐、安全地度过了一个有意义的假期。

而六年级的学生们借力老师分享的《鲁滨逊漂流记》《骑鹅旅行记》导读视频，进行假期阅读打卡，每天进行阅读，积少成多。大家对于作品中的鲁滨逊、尼尔斯这两个主人公非常感兴趣，和鲁滨逊一起踏上航海的险途，和尼尔斯一起骑鹅旅行，深深地被故事中主人公的经历所吸引。学生们还在阅读过程中进行了批注，把自己的所思所想及时地记录下来，制作了手抄报，写了读书日记，做到了读与写的结合。

书香浸润心灵，阅读点亮生活。这样高雅的情趣可以让学生们心悦诚服地反思和改变自己，激起他们对世界的兴趣和深思，在寒冷的冬天也能获得精神上的丰收。

星光岛小学的宋一鸣同学是学校的“大明星”，参加过多部电影、电视剧的拍摄，担任过多场少儿综艺节目、晚会的主持。不仅如此，他还爱好广泛，对传统文化更是情有独钟。下面是宋一鸣的介绍。

宋一鸣，青岛西海岸新区星光岛小学六年级(1)班的学生，被评为“青岛西海岸新区新时代好少年”。

宋一鸣不仅学习勤奋、成绩优秀，而且兴趣爱好很多。他多才多艺，利用业余时间学习了小提琴、葫芦丝、二胡、主持、声乐、吉他、影视表演等。近年来，他参加了很多活动，如中华传统文化青少年影视嘉年华活动，参演了 10 多部影视作品，主演了微电影《你好，百果山》《我家的巴巴多斯日记》。他获奖 30 多项，在多次演出和活动中表现突出，受到评委老师们的一致好评。

宋一鸣积极学习、弘扬中华优秀文化。他曾参与北京市政府组织的《心手相传——东城区非物质文化遗产》系列公益活动，跟随鼻烟壶手艺传承人高东昇老师了解了鼻烟壶的制作工艺。

他一直对民俗文化很感兴趣，比如鼻烟壶、年画、剪纸、京剧等。在知道自己有机会跟随京派内画鼻烟壶第四代传人高东昇老师学习鼻烟壶工艺时，他非常高兴并提前一周开始做准备。有一天晚上已经 11 点多了，家人发现他房间里的灯还亮着，走近一看，发现他还坐在桌前看一篇介绍鼻烟壶工艺流程的文章。他看得津津有味，丝毫没有听见家人走近的脚步声。在了解到鼻烟壶的内画要求后，他很担心自己画画不过关，就主动找到美术老师，学习构图和色彩知识。从北京学习回来后，他利用课余时间写了一篇此行的感想，并在同学们中间传阅。只要有同学跑来问他，他就耐心又声情并茂地讲解，这使得很多原本不了解这种民俗工艺的同学也对鼻烟壶文化产生了兴趣。

情趣高雅的宋一鸣同学用日记赞美中华优秀文化，用影视传播中华优秀文化，用实践传承中华优秀文化。

三、我是共产主义接班人

和悦学生一定是传承着红色基因的优秀少先队员。他们是有家国情怀的学生，热爱祖国和人民，继承光荣传统。一方面，学校通过主题班队会、道德与法治课、“童心悦读”特色课程等方式，不断培养学生的爱国之情；另一方面，在党支部的统一领导下，我们紧抓少先队阵地建设，成立少先队大队部，开展少先队实践活动，宣传优秀少先队员先进事迹，培养少先队学生干部自主管理能力。

（一）红色传承空间，厚植红色基因

我们在校园文化建设中专门打造了红色传承空间。这里有介绍革命先烈等红色故事的书籍，学生通过阅读了解那段激情燃烧的岁月，更加珍惜现在来之不易的生活；这里是少先队活动基地，入队仪式、退役老兵讲故事、少先队员宣誓仪式等活动都在这里举行。置身于红色传承空间的学生通过各种形式悦读红色文化，种下红色种子，传承红色基因，奠定他们成为真正社会主义接班人的坚实根基。

（二）革命英烈墙，激励爱国热情

我们学校有一面革命英烈墙，记载着十大英雄的故事。课间，总有学生在英烈画像前驻足，瞻仰他们的容貌，学习他们的事迹，感受他们的精神。革命英烈用留在史册上的伟大壮举激励着学生，学生们“听到”了董存瑞发出的吼叫，“听到”了雷锋讲述助人为乐的故事……这面革命英烈墙激励学生不忘民族历史，不忘奋发图强。

中国共产党在领导中国革命的伟大斗争中积淀形成的红色资源、红色传统和红色精神组成了我国宝贵的红色文化，是和悦学生一定要了解、学习、继承和发展的，和悦学生都是红色文化的传承者。

（三）红色研学实践，锻造坚忍图强品质

和悦学生不仅热衷于参加校园内的爱国教育活动，还积极参加红色研学活动、烈士陵园扫墓、参观科技馆等校外爱国教育活动。

杨家山里是我们青岛西海岸新区的红色教育基地，和悦学生在大队辅导员的带领下来到这里。展厅里一件件见证杨家山里被侵略的历史物件，向参观者讲述着当年的峥嵘岁月，怒斥着侵略者的滔天罪行，这些沉重的历史是每个中国人心中的痛。革命先烈

们是中国近代那段黑暗历史的一道道光，他们变悲愤为力量，驱逐了当时的侵略者，也激励着今天的中国人民发愤图强。

和悦学生在追寻革命先烈足迹的过程中，幼小的心灵一次次被震撼，又一次次被感召而变得更加勇敢坚强。

迎着灿烂的朝阳，望着鲜艳的国旗，寻着红色的足迹，和悦学生从小继承光荣的传统，牢记自己是共产主义接班人，时刻准备为共产主义事业而奋斗！

（四）光荣升旗手，展示接班人形象

我校的升旗仪式活动请学生做主角，主持、护旗、升旗、颁奖、演讲等都由各中队少先队员完成。成为一名光荣的升旗手是每一位和悦学生的心愿，升旗手们唱着激昂的《义勇军进行曲》，亲自把国旗缓缓地升到旗杆顶部，体验升旗仪式的庄重，感受幸福生活的来之不易。和悦学生都以能够当升旗手为至高无上的光荣。

各中队根据“六爱三雅”评价结果推选升旗手，每位做升旗手的学生都深深感受到升旗仪式的庄严，感觉到当升旗手的光荣与神圣。

（五）国旗下演讲，激发民族复兴理想

每周一的升旗仪式，是国旗下演讲者们最为激动的时刻。他们或讲述传统节日的来源和习俗，以宣扬博大精深的中国传统文化，增加大家的民族自信心和自豪感；或讲述文明礼仪和优良习惯，以激发同学们从一点一滴做起，做文明少年；或讲述历史故事，以铭记推动历史发展的伟大事件和伟大人物，饮水思源，珍惜现在的大好时光。下面是五台山西路小学五年级(3)班的范佳悦、李飞宇在升旗仪式上的演讲稿。

践行社会主义核心价值观，与时代同行

范佳悦：敬爱的老师，亲爱的同学们。

李飞宇：大家上午好！

范佳悦：我是五年级(3)班的范佳悦。

李飞宇：我是五年级(3)班的李飞宇。

合：今天我们国旗下演讲的题目是《践行社会主义核心价值观，与时代同行》。

范佳悦：社会主义核心价值观，是实现民族复兴之路的精神动力，是堪当民族复兴重任的时代新人的价值追求。

李飞宇：富强、民主、文明、和谐，是国家层面的价值目标。这一价值理想鼓舞人心，满载我们对于祖国未来的美好期望。

范佳悦：自由、平等、公正、法治，是社会层面的价值取向。党和政府不断重视人民的自由和平等，社会的公正和法治。

李飞宇：爱国、敬业、诚信、友善，是公民个人层面的价值准则。只要每个公民都从自己做起，从身边做起，我们的社会就一定更加和谐幸福，我们的国家就一定更加富强文明。

合：作为一名和悦学子，应该用实实在在的行动，践行社会主义核心价值观，共筑伟大复兴的中国梦、人生梦。

合：在此，我们提议同学做好以下几点。

范佳悦：一、人人都能讲文明有礼貌。见到长辈、老师、同学时，主动问好；从小事做起，孝敬父母。

李飞宇：二、人人都能诚信友善。以礼貌赢得别人的好感，以信誉赢得别人的信赖，以人品赢得别人的尊重，以言行赢得别人的认同。

范佳悦：三、人人都能努力学习。肩负时代使命，艰苦奋斗，发愤图强，追求卓越，为振兴中华努力奋斗！

李飞宇：各位同学，最后祝愿我们，人人践行社会主义核心价值观，人人成为“六爱三雅”好少年，人人都能实现自己的梦想。

合：我们的演讲到此结束。谢谢大家！

对于站在台上的学生来说，在国旗下讲话是一件庄严神圣的事情，他们因为有高尚的道德情操，才获得了分享展示的机会；对于站在台下的学生来说，发言的同学就是身边的道德标兵，就是他们学习的榜样。

第三节 和悦学生乐学善思

和悦学生是乐于学习、善于思考的学生。他们能够在学习中找到快乐，在思考中迅速成长。一方面，老师们精心开设丰富课程，安排各种活动来培养学生乐学善思的习惯：开学课程像集结号催人奋进，优秀学生表彰大会给学生及时增加学习动力，结业课程让学生品尝“一分耕耘一分收获”。另一方面，老师们守住课堂这个主阵地，鼓励学生在课堂上乐于分享、善于合作、勇于展示、敢于质疑，让学生从进步中获得成就感和前进的动力。所以，和悦学生不管是在文化知识方面，还是在才艺特长方面，都具有极强的学习力和思辨力。

一、腹有诗书气自华

和悦学生最明显的气质便是腹有诗书，这种气质源于我们的“童心悦读”特色课程，源于学生在课堂中汲取的知识养分。乐学善思让学生养成了读书的好习惯，获取了提高素养的文化知识。

（一）书香小明星

和悦学生热爱读书，对他们来说，读书就像呼吸一样自然。我们的学校就像是一个开放的图书馆，每个楼层都有不同主题、适合不同年龄段的和悦书屋——低年级的“毛毛虫”书屋、中年级的“蚕宝宝”书屋、高年级的“彩蝶飞”书屋。书香小明星的光荣榜就设置在和悦书屋显眼的位置，激励着每个学生争当书香小明星。学生在“童心悦读”特色课程下，拥有一种浸润式阅读的生活方式，拥有真正幸福的童年。

“童心悦读”特色课程渗透在学校办学的各项工作中。按照课程实施方案的规划，学校定期推荐课外书目，开展读书活动，评选书香小明星，并通过公众号进行宣传。每个爱读书的和悦学生都是书香小明星，他们都践行着“读好书，做好人”的校训，在悦读中求知，在书香中成长。

每天学生都沐浴在晨诵、午读、暮省的书香中。

1. 晨诵——与黎明共舞

每天，师生利用晨诵时间诵读经典诗文，老师请学生到讲台上声情并茂地朗读、领读或者背诵，从而调动他们读书的积极性，还让学生广泛搜集诗文故事和作者趣闻，通过班级故事会的形式分享，培养学生的口头表达能力，并对表现出色的学生当场给予奖励，对不够自信的学生及时予以鼓励和指导。孩子们在晨诵中与黎明共舞，童谣、诗歌、小古文就在清晨琅琅的读书声中流淌进学生的生命。

古诗文有很强的音律美，而且诗中有画、画中有诗，一首诗往往就是一幅山水画，一幅田园风光图。在诵读《忆江南》《关山月》等古诗时，老师会精心选择符合古诗意境的古典音乐，让学生在曼妙的音韵声中自由徜徉、自行感悟。不需要过多地讲解，学生们就能在美妙的旋律声中感受古诗的魅力，自然而然地受到传统文化与家国情怀的熏陶。2017 年，我们的晨诵展演登上 QTV-6《经典诵读》节目，受到吟诵专家的高度好评。

每天早上诵读 15 分钟，学生在美妙的仪式中开启一天的学习。6 年下来，每位学生会进行 18 000 分钟以上的晨诵，诵读 300 首以上的经典诗文。日积月累，形成腹有诗书气自华的气质。

2. 午读——与经典相伴

学生们用午读时光涂画一个彩色童年，闻名中外的名著为孩子们打开一扇扇通往不同时空的大门，带领他们用心体验不同的经历。根据各班午读计划，有时老师选择语文教材“快乐读书吧”推荐的书目和学生一起品读交流，有时学生根据推荐书目自选喜欢的书籍阅读、摘抄。每个班都有图书角，学生把自己已经看完的书放在这里共享，一个学期中，每人用一本书就能换四五十本书来读，阅读成本低，阅读氛围浓，阅读效果好。每次午读，学生都在共读或个性阅读中惬意度过，他们与古人共鸣，向智者学习，同作家交流，与经典相伴。和悦学生就是通过阅读，向书籍借力量，向大家学智慧，让自己的心灵丰富、成长起来。

3. 暮省——反思中成长

暮省有时是一个隆重的仪式，有时是师生间通过随笔、日记等形式进行的真情表达。暮省既是一门课程，又是一种生活方式。暮省并不只是学生的事情，而是老师和学生共同发现问题，解决问题，一起努力把事情做得更好。学生在写作中展现出丰富的内心世界，他们有时表达见贤思齐的学习精神，有时表达严于律己的纪律观念，有时表达过而改之的决心；有时写同学之间的同窗趣事，有时写和老师之间的师生情深，有时写家庭中的互相理解和点滴幸福。孩子们在暮省中反思前进，暮省本上字里行间记录的是他们进步的脚印。下面是 2015 级 3 班冯晨翔的一次暮省内容。

痛定思痛

2021 年 3 月 4 日　星期四　晴

今天下午糟糕透了，简直是最糟糕的下午，没有之一。这也是无比自责、失落的一个下午。

下午的体育课过后，我的心情“漂亮极了”，但看到数学作业上的错误，我的心情立刻“糟糕透了”。上课了，数学老师讲的第一部分就是《同步练习》，我的心情犹如十五个吊桶打水——七上八下，希望老师赶紧讲完。我想，时间怎么过得这么慢啊，简直是度日如年。我盼望着赶快讲完，因为我希望老师不说那个题，但哪能啊！我只好默默地承受老师的训斥，心甘情愿地接受。

如果上面是“开胃小菜”，那后面就是“硬菜”了。在讲完《同步练习》后，我们开始做题。我打算重振雄风，但是现实却给了我重重一击。我做完后一直验算我的答案，但却忘了乘 1/3。可能是疏忽，也可能是下意识忘了，总之鬼使神差地，我竟然一无所知。直到老师批完我的试题后，我才恍然大悟，但为时已晚。那一瞬间，脑子似乎一直在“嗡嗡”叫，我多想找个地缝钻下去。我心悦诚服地接受了批评，虽然我表面毫无反应，但内心十分懊恼，有数不清的失落和自责。终于，我忍不住了，泪水情不自禁地流下。我环顾四周，发现没有人看到，便悄悄地擦掉了泪水。

下课了，他们欢呼雀跃，而我却闷闷不乐。我仔细回忆做题的过程，反思哪里出了问题，是公式理解得不透，还是粗心大意？这不是我该犯的错误。我记在了心里，我告诫自己，同一个错误不可以犯两次！

这位认真细致的学生记录了自己接连出错的真实心理活动和反思。和悦学生因为每天有反省的时间，有自我批评、自我教育的时间，所以能够由内而外地完善自我、快速进步，很少需要老师和家长的批评和惩戒。

我们通过定期的暮省评比活动，为学生提供交流分享的平台，也引导学生愿意自省、习惯反思。这个过程倾注了语文老师大量的日记批改工作和思想教育工作。办公室里经常能听见老师们交流哪个学生日记中表现出什么负面想法，要如何疏导教育。成长的过程就是这样，有自己的主动成长，也要有外在的引导和鼓励，和悦学生深入体验并享受到了成长的幸福。

和悦学生定期在老师和家长的帮助下，将这段时间优秀的暮省日记进行编辑、排版，形成日记集、班级小报等材料，凝固自己成长的记忆。

晨诵、午读、暮省就是和悦学生悦读的方式，在言语中，在纸笔间，向智者学习，与自己对话，让自己提升。

（二）课堂小主人

和悦学生是学习的主体，是和悦课堂的主角。在平等、民主、愉悦、和谐的课堂上，学生相互分享、相互质疑、展示成果，这样学习，他们特别有成就感，自信心也随之增强。在这种氛围中学习，孩子们很积极主动，在课堂上很放得开，对学习也更加有兴趣了。下面是 2017 级 1 班张建睿的分享。

我的课堂我做主

我非常喜欢上课，不管是什么课，老师们都让我们做课堂小主人。为了当好小主人，我课前、课后都会做足功课，课上酣畅淋漓地跟着老师学习。跟大家具体分享一下：

1. 课堂给了我展示的机会。比如在学“识字 7”一课时，我懂得了人和动物要和谐相处，我们要保护动物，爱护环境。我还和爸爸妈妈一起编了几句保护动物、爱护花草的拍手歌呢！老师让我到讲台上展示，赢得了大家热烈的掌声，这样上课，我感觉特别有意思。

2. 小组合作学习学得快，记得牢。现在每节课老师都会让我们进行自学、对学和群学，我感觉这样学生字特别快。我们最感兴趣的是自己创编谜语，这种形式记生字很有意思。下面我给你们出几个谜语，看看你们能不能猜出是什么字来：有手又有脚（捉），大火烧倒山（灵），一条小青狗（猜）。我们还经常做动作来加深对字词的理解，比如“踏”“泄气”“盯”等字词，我们一做动作就都理解了。这样在小组合作学习时，我们每个人都有机会说话，都有机会发表自己的看法，分享自己的创意。这样的学习方式让我感觉心情特别放松，精神非常集中，敢想敢问，敢说敢做。

3. 我最喜欢的环节就是“小老师，我来当”。记得第一次到讲台上当小老师，带领大家读生字时，我特别紧张，也有点害怕，生怕一不小心读错了让大家笑话。我极力使自己镇静下来，当我领读完成后，心里像一块石头落了地。有了第一次当小老师的经历以后，第二天我还想再试一次，就这样一直到今天，我已经能很流畅地当好小老师了。

4. 现在的课堂上，我们再也不用老老实实地一坐一节课了，因为我们有很多课堂形式。课堂上，老师与我们一起摘汉字果、猜字谜、刮大风、开火车等，我们感到课堂生动有趣，特别愿意参与到游戏中去。我和我们小组的同学一起排演课本剧，你一言我一语热烈讨论，不知不觉一节课时间就过去了。

5. 我还喜欢老师的奖励。在课堂上，当我们小组展示完之后，其他组的同学们会给我们小组做出相应的评价，老师还会根据我们的表现给小组或者个人加分呢！每当老师说“给你们小组加上 1 分”时，我的心里都特别兴奋。我想我又为我们小组争得荣誉了。

学生喜欢的和悦课堂以和谐愉悦、润泽心灵、幸福人生为核心价值取向，是面向学生全面和谐发展的课堂，是引领学生快乐成长、从优秀走向卓越、做最好的自己的课堂。如何成为课堂的主角，真正站在课堂的正中央，是学生们一直在追求、探索和交流的：变带着他人给的问题学习为自己积极主动地发现问题、提出问题、分析问题、解决问题；变被动听讲为主动自学，多提前预习，多扩展阅读，多研究自己的学习方法，抓住课堂上每一个自主学习探究的机会，大胆质疑，大胆发问，说出自己对问题的理解和见解；变被动听别人讲解为主动向别人分享，主动展示分享自己的学习所得，在展示分享中深化和完善自己的学习；变单打独斗为合作共赢，重视与同学的合作交流，取长补短，丰富学识，个性发展，全面提高……下面是五台山西路小学数学组教师韩翠花的分享。

他们自己点燃了思维的火花

学习青岛版数学教材五年级上册“智慧广场”一课时，我给学生们拓展了这样一道题：一张靶纸共三圈，投中内圈得10环，投中中圈得8环，投中外圈得6环。小华投中两次，可能得到多少环？（列举出所有可能的答案）

像往常一样，我先让学生们自己试做，结果出现了3环和6环两种答案。于是我让学生们讨论解决，再次交流结果时，仍有两位学生坚持是3环。接着，同意6环答案的学生解释原因。最后，学生们列出了8＋10＝18（环），10＋6＝16（环），8＋6＝14（环），10＋10＝20（环），8＋8＝16（环），6＋6＝12（环）六种答案。我正高兴学生们又自己解决了一个问题时，薛雅筠举起了手，“老师，我还有不同的答案”。我一惊，还有？我大脑快速地思考，却没有新的答案出现。按照惯例，我还是让她讲清自己的答案和思路。“老师，还有10＋0＝10（环），8＋0＝8（环），6＋0＝6（环）”，薛雅筠同学自信地说出了自己不同的答案，还没来得及讲思路，姜欣琪着急地说：“老师，还有！还有！”“好，你说说看”，我不想放过孩子们的一丁点的意见。“还有0＋0＝0（环）。”“为什么要加0呢？”我追问道。“因为可能脱靶。”听到她俩的回答，我稍一思索便郑重地说：“同学们，现在，我要特别表扬薛雅筠和姜欣琪同学，因为她们俩想出了别人想不出的答案。我非常高兴大家这样敢于质疑，敢想，敢说，敢做。其实，老师的话不一定是完全正确的，课本也不是一点问题没有，我期望同学们都能够敢于发表自己的不同见解，即使是错误的，只要自己认为是对的，就要讲出来，这样才能理解更深刻，大脑才会变得更聪明。有信心让自己的大脑变得更聪明吗？”

“有——”学生们的声音洪亮而坚定。薛雅筠和姜欣琪同学更是兴奋得小脸通红，腰板挺得笔直。我知道，孩子们的创新热情、敢于质疑的火花被点燃了。然后，我又带领孩子们仔细阅读了一遍题目，使他们认识到题目说的是“投中两次”，如果我们将题目中的“投中两次”改为“投了两次”，答案会有变化吗？如果将题目中的“投中两次”改为“投中三次”又如何？排除了脱靶情形，所以，前两种答案是正确的。

这样，孩子们的思维放开了，一个个富有个性的想法，被孩子们自己演绎得炉火纯青。经过长时间的坚持，孩子们的创新能力和自信心被一次次一点点地培养起来了。这种状态的出现，源于孩子们探究精神和探究能力的增强。

和悦学生站在课堂正中央，他们在课堂上认真倾听、缜密思考、踊跃举手、积极参与、大胆质疑、客观评价。老师的作用就是因势利导、点拨提升，老师的角色就是欣赏者、引导者、答疑者。

学科素养的佼佼者有着吃苦耐劳的精神、严谨认真的品质、缜密发散的思维，成绩背后一定是不为人知的付出。他们一起讨论遇到的难题，有了满意的答案，他们就欢欣鼓舞；找不到解题思路，他们就一起求助于老师。老师们被勤奋好学的他们深深感动着。他们在不断的挑战中磨砺耐性，碰撞智慧，感受“宝剑锋从磨砺出”的道理，体会先苦后甜的成长。

在近几年的学科素养大赛中，和悦学生屡创佳绩，其中在2020年全区六年级学科素养比赛中，双语小学所有参赛学生均获得一等奖的好成绩，学校荣获集体一等奖。

为激励学生更好地成长，学校通过微信公众平台、升旗仪式等，对学生刻苦学习的可贵精神和优异成绩进行了表彰和宣传。全校师生备受鼓舞，都向他们学习，当年三校区期末教学质量检测都拿下了建校以来的最好成绩。

二、多才多艺放光芒

（一）体育小健将

体育是力量的角逐，体育是意志的较量，体育是健美的展示。和悦学生人人都有拿手的体育技能，人人都能在体育中享受健康和快乐。

让我们欣慰和骄傲的是，和悦学生在各项体育比赛中展现出了不屈不挠的韧劲和不卑不亢的气场：女足的小姑娘们过五关斩六将，一次次从足球场传来捷报；啦啦操队员们像一只只轻盈灵活的燕子，在绿色的草坪上和蓝色的天空下尽情舞蹈；篮球队员们在篮筐下挥洒汗水，赢得市级联赛大满贯；羽毛球队员们挥起球拍、击打空中，多次获得“青岛市特等奖”“青岛市一等奖”等荣誉。

可爱的春天来了，来到了校园里，她带着欢声笑语款款而来，让大地翻腾起花的海浪，绿的波涛，让校园里的孩子们都走出教室，舒展舒展筋骨，抖擞抖擞精神。我校抓住这一年之计，趁着生机勃勃的春天，举办了跳绳比赛。

跳绳是一种方法简单、规则有趣、场地受限小的运动。它是一项有氧运动，长期坚持跳绳能够消耗身体内多余的脂肪，使肌肉变得匀称而富有弹性。同时，跳绳还能提高呼吸系统、心血管系统的机能，从而达到增强体质和提高体能的效果。当然，跳绳还能调动全身的神经肌肉系统，提高身体的协调性和灵活性，长时间坚持跳绳能培养学生挑战自我和不服输的意志品质。

伏尔泰说：“生命在于运动。”比赛促使学生在锻炼中强身健体，在舞动小小的跳绳时，舞去烦恼和压力，舞出激情和健康，也舞出对生活的热爱。

张周凌祺是双语小学六年级(4)班的学生，是一个活泼开朗、热爱运动的男生，外表柔弱，内心坚强。这位校足球队主力边锋，比赛场上自信满满，和队友们共同拼搏，勇创佳绩。下面是他的分享。

从我一年级入校开始，学校推行的“和悦足球，阳光体育”的育人理念已经伴随我走过了5个年头,在这里我的校园生活是幸福的,学习是快乐的。每天我和队友们在足球场上热身、传球、配合、对抗。我们奔跑、呐喊,给校园增添了一道亮丽的风景。我们乐此不疲地展示着足球技艺,享受着运动带来的喜悦和快乐。在学校领导及老师们的大力支持、教练们的悉心指导下,我和队友们刻苦训练,团结协作,先后于2017年、2018年、2019年获得青岛西海岸新区"区长杯"男乙冠军、男甲冠军,青岛市"市长杯"第七名。在2020年青岛西海岸新区"区长杯"比赛中,我又非常幸运地获得区小学男子甲组"金靴奖"的荣誉称号。在学校内,足球为我们搭建起享受快乐、追求梦想的桥梁。在朝气蓬勃的双语小学和悦足球团队中,足球不仅带给我快乐和健康,更教会我要有吃苦耐劳、坚持不懈和团队协作的精神,而我也把这种精神带到了我的学习和生活中。

足球精神激励着我的学习。我积极主动,刻苦钻研,更善于用坚持不懈的方式来攻克难关,也在不断摸索完善新的方法。平时与老师、同学多交流,学习目标明确,劲头足,对知识充满渴望,严格按照老师的标准来要求自己。我从未因为每天的足球训练耽误正常的学习,并且学习成绩一直名列前茅,每学期都被评为"三好学生"。与人交往,我一向诚信待人,真诚直率,一贯先替他人着想,乐于与人交流,言语礼貌得体。

除了踢足球,我还有多种兴趣爱好,读书、书法、绘画、架子鼓等样样喜欢。我利用课余时间阅读了许多优秀的图书并且能用自己的语言诠释出来,提高了写作水平。从书法中我能够学会结构和章法。绘画能修身养性,锻炼我沉稳的性格。我从小学习架子鼓,并且多次在山东省、青岛市的打击乐比赛中取得金奖和银奖的好成绩,2017年参加了山东电视台的六一儿童节晚会的现场录制。

小小的足球教会了我大大的道理,让我坚定地去实现自己的理想。有种努力叫坚持不懈,有种信念叫必定成功!

和悦学生有机会参与各类体育锻炼和体育运动,增强了健身意识,塑造了健全人格,促进了自己的全面发展。

(二)艺术小明星

艺术是学生全面发展的重要组成部分。学生通过音乐、美术、影视等课程的学习和熏陶,培养起高雅的情趣,成为会欣赏艺术、创造美好、调节情绪、享受生活的人。

1."小百灵"

音乐是晨风里的千山万水,是纯净心灵的一束阳光,是通往天堂的幽径,让学生心灵轻盈,跟着翱翔。每节音乐课,和悦学生化身"小百灵",跟随老师或唱或弹,在音乐中寻找更美的自己。学校也定期组织音乐比赛活动,舞台上的学生都自信地亮出歌声与微笑;三个校区的合唱团在各校建校后随之成立,旨在让热爱音乐和有音乐天赋的学生进一步接受更多的音乐熏陶,在比赛等活动中锻炼自己,展示自己,提升自己的音乐素养。下面是小百灵合唱团的简介。

小百灵合唱团简介

小百灵合唱团成立于2015年8月。合唱团以“让学生接受音乐熏陶，发展音乐特长，陶冶艺术情操，弘扬民族文化”为宗旨，通过歌声和乐器，发挥合唱团育人的作用，同时活跃校园艺术氛围，进一步推进学校素质教育的发展。

1. 社团的名称：小百灵合唱团。

2. 社团组织机构：管理委员会、指挥教师1名、艺术指导1名。

3. 社团的任务：

（1）组织团员开展以合唱为主的多种活动，以提高团员的声乐演唱技巧、音乐素养、舞台表演等专业技能，培养团员的团结合作精神，促进学生的全面发展；

（2）积极参加校内外各种形式的演出、比赛等活动，活跃校园文化生活，加强艺术、文化、信息和思想交流，扩大社团的影响，创建并弘扬学校的人文精神；

（3）通过各种形式的学习活动及艺术实践，提高学生的艺术修养和艺术兴趣，推动学校精神文明与校园文化建设。

4. 社团的活动时间、地点：每周四、周五下午于音乐教室排练。

5. 社团的主要活动内容：

（1）演唱的技巧，合唱的声音、音准等方面的训练；

（2）分析并演唱小学生优秀合唱作品，赏析经典合唱作品，了解合唱发展史，学习音乐理论知识；

（3）合唱声部和谐能力的培养，声部间平衡和配合以及音色的调配等技巧训练；

（4）参加交流、演出、比赛等活动。

小百灵合唱团的和悦学生让天籁之声回荡在校园，学生得到了听觉和乐感的培养，发展了综合音乐素质，潜移默化地受到了集体主义教育，学习了演唱技巧，进一步提高了演唱水平。合唱团积极参加各项比赛活动，建团一年就取得了青岛西海岸新区中小学艺术节合唱展演一等奖的好成绩。

除了合唱团，学校每个学期都会从各班随机抽查10位学生，了解他们的音乐素养水平，包括歌曲演唱、口风琴吹奏、乐理知识的掌握等，保证每位学生都能用音乐提高生活的质量。在2018年青岛西海岸新区中小学生班级合唱比赛中，被抽中的四年级(3)班获一等奖，在第二十九届中小学生艺术节班级器乐比赛中获一等奖。学生们展示了自己的风采，享受了音乐的魅力。

热爱音乐的和悦学生，聚是一团火，散是满天星。很多学生在追梦的路上与音乐相遇，与最好的自己相遇，2016级5班刘柏松就是其中一位。

刘柏松获奖档案、演出履历及代表作品

刘柏松获奖档案
1. 2018年凭借《武圣关羽》荣获央音全国青少年艺术展演活动声乐类独唱组别金奖； 2. 2018年凭借《赛汗塔拉》荣获中国少年盛典全国总决赛金奖； 3. 2019年荣获第13届中新国际音乐节中国地区声乐童声组一等奖； 4. 2019年凭借《赛罕塔拉》荣获第二届国际青少年音创未来人才计划声乐专业儿童A组全国第一名 5. 2019年凭借《唱给芙蓉国的歌》荣获快乐阳光第15届中国少年儿童歌曲卡拉OK电视大赛全国总决赛金奖第一名； 6. 2020年凭借原创歌曲《马背少年》荣获快乐阳光第16届中国少年儿童歌曲卡拉OK电视大赛全国总决赛特等奖； 7. 2021年获得首届“金狮杯”国际青少年艺术交流大赛声乐类金奖
刘柏松演出履历
1. 2018年参加由重庆电视台与中央电视台主办的CCTV中国少年盛典； 2. 2019年登上北京中山音乐厅独唱歌曲《赛汗塔拉》； 3. 2019年两首原创歌曲《加油香港》《我的世界》在各大网络音乐平台发布； 4. 2020年原创作品《泰山青松》《马背少年》在人民音乐出版社出版，并在各大网络音乐平台发行； 5. 2021年原创作品《撒拉花儿》在人民音乐出版社出版，并在各大网络音乐平台发行
刘柏松代表作品
《我的世界》《加油香港》《青松泰山》《马背少年》

有人说“音乐是天使在唱歌”，也有人说“学音乐的孩子不会变坏”，其实音乐的好处远远不止这些，它就像一个大大的礼盒，里面有很多让我们惊喜的礼物，也许学生们小的时候无法完全领略，但长大后他们会慢慢发现，这些东西值得用一生的时间去慢慢领略和感受。

2.“神笔马良”

美术作为一门视觉艺术，以其作品的静态性、可视性、物质与精神的统一性熏陶着学生。和悦学生用双眼发现美，用双手描绘美，用作品展现美。

2017年10月21日，双语小学承办青岛首届沙画艺术节，沙画社团的学生把自己与双语小学的故事用沙画的形式边讲边画，内容温馨动人，画面惟妙惟肖，震撼了前来参观的领导和老师，也感动了在场的每一位和悦人。

2019年，我校学生制作的装置艺术品《渔舟唱晚》在凤凰大剧院展出。

校园文化建设中处处有这些心灵手巧的孩子们的作品：教室悬挂的读书小报、主题手抄报被小主人装饰得美观精致；走廊文化中有学生自己拍摄的“童眼看家乡”主题的青岛美景照片；采光井护栏上有上百幅“庆祝中国共产党建党一百年”主题的画报；厕所墙壁上有学生动手制作的海洋、明德等主题的装饰画……看到自己的作品被展览、被欣赏、被认可，学生们向美而生的热情更加高涨，而学校的美术课和美术活动都是培育他们向美而生的肥沃土壤。

3. 影视之星

星光岛小学的影视课程和紧邻东方影都的地理优势，为小影星们提供了舞台。

关于影视之星的培养，在校园中的实践主要包括校园电视节目制作、各级各类影视类技能大赛和比赛、教师微课程制作、校外影视制作等。我们将学生作品通过校园橱窗、电子屏、网站、微信、QQ 等方式一一进行展示，通过以上内容的实践来培养高素质的影视小明星。下面是 2016 级 1 班宋一鸣的难忘经历。

难忘的经历

那是一个夏天，妈妈带着十岁的我来到杭州拍戏。这里格外热，蝉鸣声声，伴随着那清脆的蛙叫，构成了一部夏日交响曲；绿树成荫，伴随着那湛蓝的天空，描绘了一幅夏日画卷；花香扑鼻，伴随着那柑橘的清香，构成了一个夏日仙界。

下午，妈妈先和我来到了剧组的化妆间化妆，然后我们坐上了剧组的车到了拍戏的现场。我们到的时候，导演刚刚带着拍摄人员拍完一个镜头，正在中途休息，导演跟我们说："下一场的下一场就是你们了，家长带着小演员到那边，到那个老师那里去对一下戏。""好的，导演老师。"我说道。

年少的我感到好奇，迫不及待地找到了那个老师对戏，老师还帮我找了一下镜头需要的感觉。到我上了，我既兴奋又激动，但也很快入了戏。我演的是一个道士的徒弟，我戏中的师父知道自己正在被黑衣人追杀，就给我们几个徒弟的后背上留下了印记，好让我们日后相认。因为在身上留下印记十分疼痛，我们要表现出十分痛苦的样子。我在"师父"给我赐印的时候，仰着头喊起来。这场戏演完后，导演夸了我。

因为我们这场戏拍到了很晚，我就跟妈妈吵着要回酒店睡觉。妈妈说今天晚上没有演完，我们就不能走。我虽然很疲惫、很生气，但也只能和妈妈坐在一起，靠在她的肩膀上。这时我看到了一个大哥哥，他是戏中的主演，他和其他群众演员不一样，当那些群众演员都靠着睡觉的时候，他却在那里坐着看剧本，寻找每一场戏的感觉。我恍然大悟：没有随随便便的成功，我也要像大哥哥一样，多挤出时间学习专业，成为一部戏的主角。接着我就拿起了台词，也开始练习起来。

"三人行，必有我师焉"，在平时的生活中，要学习周围优秀的人，择其善者而从之。只要努力克服困难，坚持不懈地追求，就一定会到达人生金字塔的顶端。

艺术无止境，育人更无止境。在学校 58 门选修课中，有小百灵合唱团、小百灵朗诵社、和悦沙画社、和悦书画坊、陶艺工作坊等诸多艺术类课程，我们启迪学生发现艺术、学习艺术、热爱艺术，为他们埋下幸福的艺术人生的种子。

（三）科技小达人

智慧教育是我们学校的特色之一，我们以信息技术课为基础学科，以科技社团为载体，以真实生活问题为研究对象，把智慧教育的理念落实到学生的成长中。不管是科技比赛还是智慧创造，这些科技小达人与时俱进的学习力和创造力都令人惊喜。

在每一次学校参观中，面对来校考察参观者，学生们对自己的创意作品都讲得有声有色，颇有成就感和自豪感。下面听听我们的学生是怎样向大家介绍智慧农业项目的。

各位伯伯、阿姨：

大家好！我是田雨桐，现在我来给大家介绍一下我们的智慧农业作品。这个智慧农业作品，它能够根据土壤的温湿度实现自动浇水，是我们利用物联板、温湿度传感器、土壤传感器和水泵等元器件构建的，我们自己编程测试体验了整个物联过程，接下来我来给大家演示一下：把土壤传感器插入干燥的土壤，水泵就会自动浇水。当土壤达到一定的湿度时，水泵就会自动停止浇水。利用这种智能浇水的方式很好地解决了我们楼顶的智慧农业实践基地作物的灌溉问题。像小麦呀草莓呀花呀什么的，都是因为使用了我们这个作品，所以对水分需求不同的它们都长势非常好。大屏幕上正在直播我们的实践基地，所以各位伯伯、阿姨可以看到，我们的花开得五颜六色，非常好看，我们的草莓现在已经结果子了，大家可以去我们的农业实践基地尝一下我们的草莓。

谢谢大家！

因为学生亲自参与、亲自实践，所以在介绍时如数家珍。智慧的生活方式已经成为他们解决生活问题的思维方式。和悦学生为什么能如此卓越？双语小学教育集团三个校区的创客世界，都是学校为孩子们精心打造的科技乐园。创客世界主要分为五部分：编程区、STEAM 设计区、开源硬件区、3D 打印区、智慧物联区。学生在这里可以对生活中的问题进行建模、编程、设计、构建，用创意产品解决生活中的问题。目前学校已成为教育部、山东省 STEAM 教育项目培训学校，山东省中小学教师信息技术能力应用提升工程学校，山东省人工智能试点学校。

学校一直非常注重培养学生对科技和创新的兴趣，积极组织学生参与区级、市级、省级乃至全国级的各类科技比赛，自从举办“快乐科技秀”青少年科技和创新大赛的通知发布以来，我校积极组织和发动全校师生参与，学生和教师们参与兴致高涨，共提交作品 36 份。

五台山西路小学葛赟赟老师和学生代表刘瑾熙同学到青岛西海岸新区第二实验小学参加了此次比赛的颁奖活动并上台领奖，受到了新区领导的鼓励和表扬。

为落实国务院发布的《新一代人工智能发展规划》，国家社科基金重大项目“人工智能促进未来教育发展研究”总课题在全国遴选了“十区百校”优质实验区／实验校建立研究共同体，进行协同研究，促进全国各实验区人工智能发展。王立新、葛赟赟等老师的课题团队入选“人工智能促进未来教育”社科重大课题组子课题，提交的申请已经正式立项，五台山西路小学也成功获批全国实验校。

2021 年 7 月 17—18 日，在第三届 ICode 国际青少年编程竞赛中国区决赛中，从近 30 万名预选赛选手中晋级的 2 000 名优秀选手同台竞技，激烈角逐，我校选手分别在 Python 初级组、积木高级组两个组别中进行编程挑战。我校 9 名学生全部获奖，摘获 3 金 2 银 4 铜。其中孙浩然同学获得全国第一名。

建校短短三年，五台山西路小学就已经在智慧教育与人工智能方面取得诸多成就，全校有近 150 人次学生和教师获得区级、市级、省级乃至全国级的科技类比赛证书。各种科技、动手竞赛为学生提供了创意的赛场、放飞科技梦想的舞台。学生在一次次比赛中了解科技知识、开阔科技视野、锻炼动手能力，在比赛中实现科技能力与未来理想的双重构建，让每一位学生带着爱与梦想走向诗和远方。

学校以智慧教育为抓手，以人工智能与科技探索为两翼，组建了十大人工智能社团，为热爱科技的孩子们提供多样化舞台，点亮科技小达人们的梦想，实现科技强校、科技立人。

借着科技的东风，我校智慧教育进行了全面的完善，服务于教学、管理、家校沟通等方面。和悦学生的学习和生活处处渗透着科技，人人都是科技小达人。热爱科技、善用科技、创新科技加快了和悦学生前进的步伐。

（四）劳技小能手

和悦学生在劳技课程的学习实践中健康成长。学校楼顶为学生开辟了“种植乐园”和“疯狂动物城”，这里的孔雀、兔子、仓鼠、金鱼等都由学生亲自照顾，这里的草莓、芹菜、油菜、辣椒都由学生亲自播种，这里的小麦、花生、玉米、大豆都由学生亲自收获，这里的菊花、蝴蝶花、月季花都由学生亲自通过智慧农业系统进行浇灌。学生在这个过程中不仅收获着劳动果实，还收获着劳动教育和自身的成长。

1. 种植小专家

春耕之时，高段学生早就从爷爷奶奶那里，从书本中、网络上搜集了大量农作物播种的知识，他们和老师、家长一起种下红薯、大豆、玉米，更是种下希望。下面是 2015 级 1 班臧静姝的种植日记。

2019 年 10 月 24 日　星期四　晴

今天在班主任王老师的带领下，我们来到了教学楼顶楼的天台上。天哪！我们在国庆节种的小麦居然冒出嫩芽，并且长成小麦苗了！我感觉我的心都要飞扬起来了……“起床了！我们今天去学校种小麦喽！”爸爸粗犷的声音把我从甜美的梦境中拉回了现实。我马上从床上弹了起来。“种小麦？我还从来没种过小麦呢，真是太好了！”我心想。

来到学校后，我们随王老师来到了天台，看到上面的景象后，我不禁大吃一惊：面积不大的一层天台，竟然一派生机勃勃。同学们种了草莓、大葱、花生，甚至还有五彩缤纷的各色花卉。不仅如此，这里还饲养了很多种小动物，如兔子、乌龟、鹦鹉等。

我们要开始种小麦了。在请来的爷爷奶奶的讲解下，我们知道了种小麦的方法。我们都迫不及待地要自己亲自动手去实践一下。首先，我们用工具把土翻了起来，然后弄疏松平整。然后我们开始开沟。原来开沟不像我们想象的那么简单，开沟的时候状况百出，不是太深，就是太浅，要么就是不直。最后在爷爷奶奶的指导下，我们才开成了较为合格的大约3厘米深的沟。这时候我想，这土里有一些小石头什么的，会不会压住小麦种子，影响小麦发芽呢？询问了爷爷奶奶后，我们一起动手把土壤里的小石头都拣了出来。下面轮到撒种子了。种子撒多少合适呢？爷爷说种子要不多不少才合适，太少的话，以后长出的小麦就少；如果太多，种子发芽后太密集，小麦也长不好。考虑到种子不是很新，我们就多撒了一些。然后我们按照爷爷说的用土把种子盖上。盖上后我用手拍了几下。奶奶告诉我这样是不对的，因为要保持土壤疏松透气，种子才会顺利发芽。如果土压得太紧，会影响生长的。

在爷爷奶奶的指导下，我们终于亲手播种了我们自己的小麦。爷爷告诉我们，小麦差不多7天就可以发芽了，等国庆假期结束后，我们差不多就可以看到麦苗了。好期待与小麦苗的见面！

“纸上得来终觉浅，觉知此事要躬行”，通过这次实践，我体会到了劳动的乐趣，也体会到农民的辛苦。以后我们一定要多多参加类似的实践活动。

2. 快乐小花农

和悦学生生活在花园一样的校园里，他们给楼顶的专属花园起了个好听的名字——花语田园，他们时常在花语田园里徜徉。在建设花园的过程中，孩子们献计献策，学会了团结协作，培养了创新能力与实践能力。每一株花草都有自己的主人，孩子们化身快乐小花农，在莳花弄草中培养了高雅的情趣和创造美、鉴赏美的能力，在呵护花草成长的过程中增加了对生命内涵的认识，学会了责任与担当。迟林林的菊花观察日记见下表。

观察日记

<table>
<tr><td colspan="2">观察主题：菊花的扦插</td></tr>
<tr><td colspan="2">观察人：迟林林</td></tr>
<tr><td colspan="2">移栽日期：2020年5月13日</td></tr>
<tr><td colspan="2">注意事项：菊花拿回家的第一天浇透水。以后每次发现土干时喷一点水。将菊花放置在见光处，但不能阳光直射</td></tr>
<tr><td>第一周(观察日期：2020年5月13日)</td><td>菊花的茎和叶逐渐饱满，土壤湿润。叶子都展开了，茎吸收了养分</td></tr>
</table>

续表

第二周（观察日期：2020 年 5 月 23 日）	菊花的茎和叶长得非常不错。菊花的茎长出了小嫩芽，让我非常惊讶。叶子也越来越绿。与上周比有了很大的变化
第三周（观察日期：2020 年 5 月 30 日）	菊花的叶子比上周长大不少，茎上发出的小嫩芽也比上周大了。感觉再过几天就要长成小叶子了
第四周（观察日期：2020 年 6 月 6 日）	菊花茎、叶生长得非常好，小嫩叶都长出来了

分类、移栽、培土、浇水，小花农们一边动手，一边体会培育花朵的乐趣。我们的花盆是用废弃轮胎改造而成的，学生在轮胎花盆的创意设计制作中，丰富了想象力，培养了动手能力，学会了合作。

在不同的种植养殖区域都设有科学探究区，这里有利用太阳能的智能检测站，风速、温度、湿度、雨量、空气质量等 13 项数据每 3 分钟更新一次，既可以在手机上随时观察，也可以连接电脑观察分析，科学、数学等学科都可以直接利用这些数据进行教与学。学生边测量，边记录，边学习，边成长。通过学生的日记我们能够感受到，学生对劳技课程的学习产生了浓厚的兴趣，观察和记录很用心，参与的积极性很高。

3. 动物研究员

学生对小动物的兴趣是天生的，对小动物的观察研究是他们自我观察世界幸福成长的一部分。楼顶“疯狂动物城”的小动物给校园带来了勃勃生机，也给学生带来了很多欢乐。观察、记录、探讨兔子、仓鼠、蜗牛、金鱼等的特点和习性，成为学生的热门话题。

（1）我爱小兔子。

小兔子刚在学校安家，有同学就提出了一个引发整个三年级学生参与的话题——给这些小兔子取名字，学生服务中心顺势组织了“我给萌兔取个名”活动，下面是具体内容。

一、活动介绍

亲爱的同学们，不知不觉咱们学校的小兔子们已经满月啦！小兔子们是那样呆萌可爱！为了更好地走进萌兔世界，丰富同学们的课余生活，特举行“我给萌兔取个名”有奖征名活动。让我们一起行动起来，践行双语小学特色，给自己喜欢的萌兔分别取个中文名和英文名吧！相信你一定会为萌兔启用你充满满满关爱的名字而骄傲！对于被征用名字的学生，将会颁发“‘六爱三雅’之爱学校小明星”奖状，并给予萌兔住班半天的奖励。

二、活动时间

11 月 21—27 日。

三、活动要求

请参考萌兔的简介、性别，为自己喜欢的萌兔分别取一个中文名和一个英文名，注意对准序号，认真、工整、准确地书写在纸上。把你对萌兔的爱用美观的笔迹呈现出来，再拍照上传到人人通—活动广场—“我给萌兔取个名”—“参与活动”中来吧！

1号侏儒兔 颜色：灰色 性别：女兔宝贝 性格：讲卫生，有良好的卫生习惯，喜欢安静	2号黑灰兔 颜色：黑灰色 性别：女兔宝贝 性格：乖巧温顺，不爱运动，喜欢安静地洗脸，经常端坐着
3号黑灰兔 颜色：黑灰色 性别：女兔宝贝 性格：长得很像龙猫，性格也是开朗调皮，站起来吃草的样子很可爱	4号白兔 颜色：白色 性别：女兔宝贝 性格：七只萌兔中唯一一个洁白小天使，简直就是人见人宠的“白雪公主”
5号黑兔 颜色：纯黑色 性别：男兔宝贝 性格：机灵调皮，聪明伶俐，胆小，喜欢安静。自从上次被带到班里观赏后，总是喜欢躲到笼子后边	6号黑兔 颜色：深灰色 性别：男兔宝贝 性格：胆小却聪明，虽然喜欢躲猫猫，但是，只要有吃的，就会一步步警惕地走向食物，是吃货小兔一枚啊
7号灰兔 颜色：灰色 性别：男兔宝贝 性格：喜欢探索，啥都想闻一闻、尝一尝。喜欢瞪起大眼睛，对周围的声音很敏感。喜欢站立并竖起耳朵机警地吃东西	

四、萌名揭晓

（1）最佳萌名奖名单

1号：麻球 Lucy　2号：泡芙 Aimee　3号：龙小猫 lisa　4号：公主 Emily

5号：煤小球 Black　6号：团圆 Herry　7号：闪闪 Summer

（2）萌名最佳提名奖名单

1号：苏苏　奶糖　灰绒绒　Cherry　Toffee

2号：小小　安安　灰萌萌　乖乖　Abby

3号：淘淘　丽思　皮皮　可可　优优　Alice

4号：贝奇　山竹　棉花糖　小雪球　奶糖　跳跳　雅雅　Sophia　Belle　Happy　Rebecca　Eva　Kite

5号：灰萌萌　Gray　波利　土豆　伶俐　黑仔　巧克力　Kimi

6号：贝塔　馒头　布丁　暖暖　淘宝　Sunny

7号：天使　好奇　Andy

我们继续通过丰富多彩的活动，增进学生对动物的了解与喜爱，与此同时，爱护小动物、保护小动物的倡议在学生中散播开来。

（2）我当“鸡妈妈”。

众所周知，小鸡从蛋里孵化出来需要21天，但不是每个人都能去亲自验证、观察、记录并分享的。王家鹤同学上三年级时，就真的准备了孵蛋设备，查阅了孵蛋资料，认认真真地搞起了孵蛋研究。这就是他写下的21天孵蛋日记中的一部分：

孵蛋日记

<table>
<tr>
<td>2018年11月16日　星期五　阴
今天是孵蛋的第一天，这些蛋是用了60元买来的，这些不是普通的蛋，而是受精的蛋，一共有10个，有的是深黄色，有的是白色，有的是淡淡的青绿色。妈妈还给我买了一个孵蛋器，是绿色的，有一个透明的盖子。我和舅舅先把孵蛋器加热到37.8 ℃，调整到相对湿度70%，然后把蛋放进去。我透过透明的盖子，可以看到蛋仿佛在里面对我笑。
可孵蛋器只能盛下九个蛋，一个白白的蛋只好被拿了出来，舅舅说：“只好送给咱家的鸡孵了。”
孵蛋器里的蛋每12小时翻转一次，为的是让它们均匀受热；4～8天时就可以看蛋里的血丝。如果孵蛋器显示的相对湿度低于50%就要加50毫升的水，21天才能孵出小鸡来。
做这种我感兴趣的试验最开心了！我很期待21天后小鸡出壳的那一天！

妈妈评语：妈妈也非常期待！
老师评语：这真是一件让人期待的事情，从你日记中的大量数据能看出，你已经很了解孵小鸡的流程和注意事项了。</td>
<td>2018年11月18日　星期日　晴
今天早晨，我从睡梦中惊醒，听到了孵蛋器的报警声，里面的小蛋蛋好像在哭泣一般，我吓得脸色发白，只穿着内裤就跑了出去。看到孵蛋器上的相对湿度是29%，我赶紧拿起喷筒往孵蛋器的两个嘴巴里注水，又拿喷筒的助手——小喷壶往鸡蛋的身上喷了两下水，悬在我心中的大石头这才落了下来。才过了一会儿，孵蛋器又发出“吱吱吱”的报警声，我心想：哎哟妈呀，怎么这么多报警声？我一看相对湿度都78%了，我把盖子打开，使劲往里面吹气，这才使相对湿度回到了61%。我对蛋宝宝说：“我对你们这么用心，你们可要争气呀！”

老师评语：哈哈，辛苦你这位“鸡妈妈”了，老师期待这些小鸡宝宝顺利来到这个世界。</td>
</tr>
<tr>
<td>2018年11月22日　星期四　晴
今天孵蛋器妈妈依旧像以前一样，吹着温暖的风，培育着蛋宝宝们。虽然蛋宝宝们依旧毫无声息，但在照蛋灯的帮助下，我隐约看到中间的“小种子”变成了C的形状，旁边的红色玉带正缠在C的腰间，还有那么几根套在头上，真有趣！今天是孵蛋的第7天，14天之后小鸡的出生我真期待呀！

老师评语：观察得非常仔细，老师通过读你的日记，就像每天也亲眼看到了蛋宝宝的变化！</td>
<td>2018年11月26日　星期一　晴
今天我最喜欢的9号蛋宝宝被舅舅打烂了！我的心如同刀割一般疼，我就哇的一声哭了。大约哭了20分钟，妈妈用一个小计谋把我逗笑了，我心里好受一点后，就写了这一篇日记。

妈妈评语：9号蛋宝宝是家鹤的最爱，家鹤一直在观察着它，疼爱着它，今天9号蛋宝宝却失去了生命，家鹤的心在流血。我和儿子有一样的感受，所以有些错是不能犯的！生命比什么都重要，我们要珍惜生命！

老师评语：老师也很心痛，很遗憾！你一定要保护好其他蛋宝宝。</td>
</tr>
</table>

续表

2018 年 11 月 27 日 星期二 雾 我告诉你们一个好消息，我又发现 1 号蛋宝宝和 3 号蛋宝宝的蛋壳里有小鸡宝宝的踪影在动，它们哥儿俩真是继承了 9 号蛋宝宝的希望。1 号蛋宝宝长得比已经离去的 9 号蛋宝宝大得多，3 号呢，比 9 号蛋宝宝老实得多。我看着它们，简直就是一种享受，这一瞬间我把昨天所有的痛苦都忘得干干净净，我想起妈妈说的“哭不能解决任何问题”，于是，我马上就笑了起来，我又想笑应该可以解决任何问题吧！我暗暗祝福 1 号、3 号蛋宝宝一定不要失去见我的机会！ 妈妈评语：今天是舅妈陪着写的日记，新的希望，新的生命，美好的未来！任何时候都不要失去希望！ 老师评语：哈哈，思考加努力应该可以解决任何问题吧，这样说也有点太绝对！	2018 年 11 月 29 日 星期四 晴 今天是个开心的日子，鸡宝宝们一个个都苏醒了！有的好像趴在蛋黄上啃什么，有的在蛋清里游泳，嘴一张一合，可爱极了。我真想把蛋壳打开看一看，可是我又不忍心：打开蛋壳的勇气是有，可是“不忍心”三个字把我的好奇心压制了回去，只能等小鸡出生的那一天好好研究研究了。 老师评语：我们好奇心的满足不能建立在牺牲蛋宝宝的生命之上，所以你的“不忍心”是善良的表现。

当了 21 天“鸡妈妈”的家鹤同学用心呵护，热切期待，终于迎来了叽叽叫的小鸡宝宝，见证了一个个生命的诞生。他孵鸡的过程并不顺利，中间有舅舅不小心打碎 9 号蛋的插曲，有孵出的小鸡畸形的痛楚，也有小鸡一直没有出壳的失望。但是家鹤都从中分析了原因，总结了经验和教训，这对于乐学善思的他是一种宝贵的经历。

和他一样，很多学生也试着孵小鸡、种水稻等，他们边学习相关知识，边应用于实践，边总结经验。在孩子们眼里，鸡蛋的孵化过程、水稻的培育过程都是一个个神秘的世界，一次次有趣的探索，一个个成长中的故事。

第四节　和悦学生独立自主

学生们都有独立自主的愿望，他们渴望按照自己的意愿开展学习活动和生活，这是他们健全人格的需要，是提升意志品质的需要。和悦学生有独立自主的思想，有主动发展的动力，有自立自强的信心，是学习和生活的主人。

一、校园文化设计师

独立自主的火花点燃创造的热情。五台山西路小学建校伊始，很多校园文化等待着和悦学生去创造，其中最显眼的就是教学楼前的智慧广场了。我们的优秀学子王家鹤、潘保江、周泽坤、宋彦樟、刘柏松、魏珂儿、张笑溪自发组成创意组，自主构思。老师和家长充分尊重他们充满童心的创意，给他们足够的空间展现独立自主的能力，最终这个创意组的和悦学生自主设计出了智慧广场建筑群。在他们的监工下，以彩虹、飞船、梦想为主要元素的智慧广场落成。勤于思考，善于沟通，团结协作，这些是和悦学生能够独立自主完成一项项任务的前提，每次的成就感也促进着和悦学生独立自主能力的快速提升。

二、学习方法小讲师

“我是小讲师，人人可为师。”学习虽然没有捷径，但一定有方法可循。我校为学生搭建了小讲师平台，每周都会选拔各个学科的小讲师，或带来一首诗词的赏析，或用独特的方式解析鸡兔同笼问题，或带来精彩的英文绘本赏析。我们三个校区都在微信公众号开辟了专栏，请学生来当小讲师，让他们把自己总结的学习方法、解题思路与大家分享。学生越自主越自信，越自信越自强，学习的成就感、幸福感随之产生，学习动力也源源不断地涌流奔放。大家扫描二维码听听我们部分小讲师讲得怎么样吧！

语文小讲师——田雨桐

语文小讲师——王雅如

数学小讲师——史松硕

数学小讲师——陈羿可

英语小讲师——王雅如

英语小讲师——董焱菲

我们请学习得法的学生向其他同学介绍自己的学习小妙招。分享的学生梳理自己的思路和方法，这个过程对他们来说也是总结提升的机会；点播倾听的学生带着对小讲师的羡慕和崇拜认真倾听，他们羡慕的是这些同学的光彩，崇拜的是他们优异的学习成绩，也积极争做小讲师。我们充分利用升旗仪式、表彰大会等给学生创设更多分享的舞台。

在升旗仪式上，我们请学习得法的学生上台分享经验。优秀学生与大家分享学习方法的过程，也是一次对知识的深入重温，对自主学习的研究，可以让他们对知识把握得更好，理解得更加深刻，有助于他们在学习上更进一步。与教师居高临下的说教相比，学生更容易接受来自同龄人的经验、来自身边榜样的分享，从而激发所有学生的学习斗志，促进全校学生更加主动地自主学习。下面是五(5)中队潘保江在升旗仪式上的分享。

尊敬的领导、老师，亲爱的同学们：

大家上午好！

我是五(5)中队的潘保江。我的学习小妙招有以下四点。

第一，在课堂上，必须用心认真听，紧跟老师的思路，并要及时做好笔记，遇到重点难点要及时记下来。及时回答老师的问题，遇到不懂、不明白的问题要及时问老师。

第二，要学会预习。预习首先要有方向，要搞明白学什么，不同的学科要运用不同的方法。以语文、英语为例，预习包括“扫雷”“排雷”和“夺宝奇兵”三个步骤。通读课文，将未掌握的词汇找出来这是所谓的“扫雷”；借助工具书将该词的读音标注上，会读，学完本课能默写、理解词义，这就是所谓的“排雷”；最后能够背诵课文中的好词好句，甚至整篇，做到举一反三，这就是所谓的“夺宝奇兵”。

第三，合理安排时间，高质量地完成家庭作业。在做作业之前，我先对当天的知识点进行回顾。以数学为例，要熟练掌握公式、定理、性质等，要明白公式、定理的推导过程，还要活学活用、加强练习，这样才能有所提高。

第四，要建立错题本。将平时作业、测验中易错的题分门别类整理到错题本上，分析错误的原因，找出改正的方法，对症下药。对于错题本，我们要定期翻阅，找出知识掌握的盲区，对于反复出现的问题，不能一错再错，要加强练习，将不会的学会，力求知识掌握无盲区。

最后，我想说感恩学校和老师的辛勤培养，感谢同学们的热情帮助。让我们全身心地投入学习当中去，和己悦人，做最好的自己！

我的分享到此结束，谢谢大家。

在表彰大会上，我们请优秀学生进行经验分享。学生之间互相取长补短，互相帮助，互相激励，从而提高学生各方面的水平，产生“$1+1>2$”的效果。通过分享，实现资源共享，优势互补，合作交流，共同发展。下面是2015级1班刘文雅在表彰大会上的分享。

在语文学习的道路上求索

尊敬的各位领导老师、叔叔阿姨，亲爱的同学们：

大家好！

很兴奋，通过两个月的拼搏与坚持，我赢得了语文核心素养比赛的最终胜利。今天很荣幸站在这里和大家交流我的语文学习心得。

中国文化博大精深，它是“天生我材必有用，千金散尽还复来”的斗志昂扬，也是“几处早莺争暖树，谁家新燕啄春泥”的静谧悠然。经过几千年的沉淀，文字中的淡墨书香已经成了一份宝贵的财富，学好语文，是为了穿越时空感受文化的魅力，更是为了文化的传承。

关于语文学习，我会先做好以下几点：

一、上课认真听讲，记好笔记

不管是平常的检测，还是学科核心素养，其实都离不开课堂上老师讲解的内容。所以在课堂上我会百分之百地集中注意力，注意老师的讲解要点，并做好笔记。

二、阅读积累

“路漫漫其修远兮，吾将上下而求索”，阅读是积累，更是一种探索。

古人道：“腹有诗书气自华”“读万卷书，行万里路”。书籍是人类进步的阶梯，也是人们的精神食粮。每学期的必读书目，我会仔细阅读。四大名著一直放在我的书桌上，世界著名儿童文学开阔了我的视野，优秀散文让我下笔如有神。读书，是一份多么有价值的乐趣。

读的书多了，做阅读题也得心应手。了解文章的内容，可以让我提高做题的效率，也更能把握题目的关键。体会中心思想，可以让我提高做题的正确率。掌握修辞手法，可以让我在做题时更加得心应手。

古诗是五千年文化的精华，也是我的最爱。“长风破浪会有时，直挂云帆济沧海”“穷且益坚，不坠青云之志”，这是诗人的伟大志向；“浮云游子意，落日故人情”“独在异乡为异客，每逢佳节倍思亲”，这是对家乡的思念；“旧书不厌百回读，熟读深思子自知”“近水楼台先得月，向阳花木易为春”，这是人生哲理；“谁言寸草心，报得三春晖”“十月胎恩重，三生报答轻”，这是对父母亲情的珍惜。

积累古诗，也是让自己具有文采的好方法。

学习贵在持之以恒，切忌半途而废。千里之行始于足下，脚踏实地才能取得更好的成绩。当然，我的成绩的取得离不开老师们对我的教导与培养，谢谢你们！

在课堂上当主角，在学习中做主人，只有当学生发自内心渴望学习时，他们才会积极主动地研究，才会认真刻苦地钻研，才会全身心地投入。而在这种状态下，孩子们浑身的细胞是兴奋的，周身的血液是沸腾的，思维是敏捷的，记忆是惊人的，理解是深刻的。和悦学生通过这一系列的自主研究活动，达到学习效果的最优化。

三、假期生活小主人

校园学习不是学生生活的全部，社会生活是学生成长的更大舞台。和悦学生做生活的主人，惜时不光是珍惜学期时间，也包括假期时间。寒暑假、清明节、劳动节、端午节、国庆节、中秋节等假期加起来有100天左右，不管时间长短，和悦学生会自主制订计划，合理规划自己的假期，做假期的小主人。“凡事预则立，不预则废。”制订计划时，学生往往是非常理性的，能够合理安排作息时间，能够思考如何让假期更充实，更有意义。

每个假期，我们都会和孩子们共同开设丰富多彩的假期课程，帮助学生自主规划假期生活，按计划、有规律地完成假期任务，也在很大程度上减少了假期的亲子矛盾，提高了假期生活质量。下面是 2016 级 4 班尹锦嵩的暑假每日作息时间安排。

我的假期我做主

时间	内容	要求	备注
06:00—07:00	早读 （背诵古诗、听英语）	声音洪亮	可听读自己感兴趣的内容
07:00—08:00	洗脸、刷牙、吃早餐	协助打扫家庭卫生	
08:00—09:30	读书	写读书笔记或读后感	要有真实感受
09:30—11:00	做暑假作业	独立完成	签字
11:00—12:30	自由活动、外出玩耍	不包括游戏和电视	可以外出
12:30—13:00	吃午餐		
13:00—14:30	午休、做家务	必须睡着	起床自理
14:30—16:00	完成社会实践	社会实践作业可以和自由活动一起进行	
16:00—17:00	练字	可以完成假期体育作业	
17:00—18:00	写日记	硬笔和软笔都要练习	严格要求
18:00—19:00	吃晚餐	每天坚持写一篇日记	注意书写
19:00—19:30	观看新闻联播		0.5 小时
19:30—20:30	外出散步、锻炼身体		
20:30—21:00	洗澡、睡觉	睡前看 20 分钟书	

和悦学生在假期生活中坚持独立自主，自主制定作息表，善于进行时间管理、学科学习、特长训练、健身、劳动实践等，每一项活动都安排得井井有条。扫二维码查看更多高、中、低年级的和悦学生是如何做好寒假学习计划的吧！

凡事预则立——寒假优秀学习计划分享

年级不同，假期计划的呈现方式也不同。低年级学生大多在家长的协助下用电子表格、粘贴画等方式呈现，中年级同学多以手绘表格和手抄报的形式呈现，高年级很多学生用思维导图的形式呈现。呈现形式的自由多样，更激发了学生的积极性和主动性。

第五节　和悦学生善于合作

一个人可以走得很快，而一群人可以走得更远，合作是取得巨大成功的必备能力，也是通往成功的捷径。我们非常重视培养学生与他人合作的能力，帮助学生从家庭走进校园，从校园走向社会，融入更大的圈子，接触更多的人。和悦学生能够通过合作实现共赢或者达成共同目标，在合作中学会与人相处，在合作中锻炼沟通能力，在合作中培养优秀的品质。

和悦学生不管是在学校与同学合作，还是在家与父母合作，或者是在社会上与他人合作，成果往往出乎我们的意料，给我们带来惊喜和欣慰，有时甚至会带给我们很多反思和成长。

一、课堂上的快乐同行者

学生之间的合作大多是在学习上的合作，课堂是教学的中心，我们的小组合作建立在分工明确、交流有序的基础上。会合作的学生都懂得团队的重要性和规则的必要性。

这是低年级一年级(4)班小组合作学习的具体做法：

(1) 组建学习小组。把班级四十五位学生分成九个学习小组，每组五人，每组整体学习能力和水平相当。各组选出品学兼优的学生担任组长，明确组长的职责，组内设置记录员、汇报员。同时，座位按学习小组编排，便于讨论问题、开展活动。

(2) 制定组规，建立竞争激励机制。每个小组创建自己个性化的组名和组规，在学习小组之间营造互相竞争的氛围。有挑战必有应战，谁也不想当败将，学生之间学习激情高昂。小组成员拧成一股绳，在“齐心协力，力争上游，挑战自我，永不言弃！”口号的鼓舞下，每位小组成员都有一个信念：“我以小组兴为荣，我以小组衰为耻。”

(3) 反馈小组合作效果。对小组的课堂评价的变化经常进行分析和对比，每周对表现突出和进步较大的小组给予表扬和奖励，进步的小组尝到了成功的喜悦，暂时落后的小组中“拖后腿”的学生会感到惭愧，会暗暗地下决心继续努力，这样各组学生之间合作学习的氛围自然形成。

(4) 小组合作形式多样。小组活动不规定形式，课堂上可小组讨论，同一小组内座位在前的两位学生向后一转就可以进行小组讨论，组与组之间也可以讨论，还可以离开座位讨论，背诵可以互相提问，互相检查。

（5）各项班级常规评比都按照此分组进行。

（6）学习小组组长的职责：

① 以身作则，带头完成学习任务；

② 带领小组成员开展学习活动；

③ 每天检查一次本小组成员的作业；

④ 自己的作业每天交给学习委员检查；

⑤ 每天向老师汇报学习情况。

低年级学生合作的习惯有待于进一步养成，合作的方法也不多，需要教师手把手地指导。高年级学生经过几年的合作学习，不但形成了习惯和默契，而且总结出了高效合作的方法，如乐于分享、善于倾听、敢于质疑、综合分析、及时总结等。

这是高年级六年级(1)班小组合作学习的具体做法：

（1）小组搭配——选好小组长，这位小组长一定要有组织能力，而且学科素养比较高。

（2）发言要求——顺时针发言，其他学生补充发言，发言内容不可重复；音量适中，不能影响到其他小组；一个学生发言的时候其他学生要思考并记录精彩的发言，然后完善自己的思考内容。

（3）对待优生的要求——要学会听，可以借鉴别人的发言并记录下来。

（4）对学生编号——为避免像以前那样只有一部分学生掌控课堂，给每位学生进行编号，汇报的时候指定每组几号发言，改进了小组评价的计分方法。

经过有效的小组合作学习，不同层次的学生在合作的同时实现不同的目标，小组中的个体在不同方面发挥优势，每位学生都张扬了个性，在不同形式和内容的小组活动中展示了才华。同时，有效的小组合作也让学生们积极动脑，碰撞思想，合力攻克难题，在达成目标的同时，补齐短板，实现自我超越、自我突破。科学合理的评价是提升小组凝聚力的保障，细致精准的评价更是会让每个人向小组借力，为集体争光，学习氛围自然浓厚。

在竞争的大环境下，小组合作的生命力显得更加旺盛。学习有困难的学生为了让自己能够学得会、跟得上，会积极投入小组合作；学有余力的学生则会尽力帮助他人，为自己和小组加分。

二、赛场上的默契好搭档

在团体比赛中，默契是必不可少的，这样的默契就是在平时的合作中形成的。学生在合作中锻炼的是多方面的能力——沟通的能力、理解的能力、表达的能力、换位思考的能力、担当的能力等，学生还能在合作取得成功后学会分享、学会总结，在合作失败后学会安慰、学会反思。下面是 2016 级 2 班尹焓雪的分享。

收获

风和日丽，微风徐徐，明媚的阳光洒在了宽阔的马路上，洒在了路边美丽的小花上，洒在了波光粼粼的海面上，也洒在了我的心里。

上午，我坐在车上，默念着步骤，准备着 WRO 比赛，忐忑不安的我揉了揉手指，继续背着。三小时后，我们到了 WRO 比赛场地，全市的比赛队伍都在那里。我和队友先搭建场地，接着编程序，然后调试设备。因为我们是最后上场的，所以等待的时间比较长。过了一会儿，到了我们组，我们检查道具后就开始操作了。

一轮、两轮、三轮过后，成绩出来了，我们组虽然有一轮发挥失常，但其他两轮的成绩都非常不错，所以我们顺利进入了总决赛。到我们上场了，我蹲下来把道具和车辆放好，裁判一声令下，我认真地指挥着队友，做完一个又一个项目，淘汰了两支队伍。接下来就是争夺冠军、亚军和季军的时候了。我双手紧握，眉头皱得紧紧的。我盯着车，指挥着，可没想到因为其中一个零件损坏，导致整体速度变慢，最后我们只得了季军。我们队与冠军队、亚军队站在一起，拿着奖杯的时候，我下决心要向冠军进发。

打开不一样的窗，会看到不一样的风景；拥有不一样的视野，就会收获不一样的心境。这次比赛也是如此，我当时只想着怎么去赢，为什么会失误，却没有想到今天去的最大的收获是吸取教训，总结经验。我们常常注重的只是比赛的输赢，而没有总结经验，因而下一次比赛还是会犯同样的错误，然后又为没有总结经验而后悔。

我今天在 WRO 比赛中收获了很多：要和团队合作，齐心协力；不能只为团队做一点贡献或不做贡献；吸取教训，总结经验，坚持就一定会成功。

尹焓雪同学作为队长，发挥自己的智慧，沉着冷静地指挥着队友，又在队友的配合下共同完成比赛。站在季军的领奖台上，有成功也有遗憾。尹焓雪同学客观地总结和反思，为下一次比赛积蓄更多力量。

足球运动靠的不仅是体力，还需要队员间的团结协作。和悦足球是我校的特色课程，我们以足球为媒，给学生提供一定的环境和比赛机会，中场传球进攻、前锋突破射门、后卫防守助攻，以此来培养他们的合作意识和能力。

合唱团的学生，高、中、低声部和谐配合，用动听的和声拿下新区合唱比赛一等奖；结业课程上，高年级学生发挥特长，明确分工，通力合作，用精彩的典礼为自己和同学留下宝贵的记忆。

三、家庭中的幸福亲子档

家庭是学生的第一所学校，父母是孩子的第一任老师，孩子的成长离不开父母的陪伴，更离不开父母的引导。家长在合作中教，孩子在合作中学，既增进了亲子关系，也让孩子深切感受到家长给予的教导和支持。孩子学会合作之后，在未来走向更广阔的天地时，便不会踽踽独行，人生之路便会越走越宽。下面是2018级4班杜天宇的分享。

难忘的回忆

四年级上学期，我们学习了一篇课文《陶罐和铁罐》。课后，我们的语文老师孙老师布置了一个实践作业：以《陶罐和铁罐》为剧本录制一段视频，生动演绎陶罐和铁罐的故事。

“那还不简单，我早就背下来了，光把道具做一下就好了。”我心里默默地想。回家之后，我便开始制作道具。我拿出两张A4纸，打算一张画上陶罐，另一张画上铁罐，然后剪下来，绑上绳子，两个面具就做好了。但事实远没有想象的那么容易：陶罐，圆头圆脑的，不好画，只能用圆规；铁罐，尖头尖脑的，只能用直尺，但这个尺寸又不好把握，害得我画了好几次，费了好多张纸，才算有模有样。

道具准备好后，进入录制阶段。剧本共有三个角色：旁白、陶罐和铁罐。一开始我和爸爸妈妈都想当铁罐，为了让表演达到最好的效果，爸爸出了一个题目：每个人都说一说对陶罐和铁罐的看法，分析一下三个家庭成员各适合哪个角色。经过一番讨论，我们确定了角色分配：妈妈是旁白，爸爸是铁罐，我是陶罐。

“开始！”妈妈一声令下，紧张的录制开始了。

“国王的橱柜里有两个罐子，一个是陶的，一个是铁的，骄傲的铁罐，看不起陶罐，常常奚落它。”

“你敢碰……”爸爸说。

“哈哈哈……”

“杜天宇！你下次不要笑场了，知道了吗？”妈妈说。

“好的，哈哈哈。”我忍不住笑着回答道。

后来，又经过了几次笑场的磨炼，我终于……不，我们终于录制成了第一版的《陶罐和铁罐》，我们都很开心。爸爸妈妈和我围在一起观看我们的作品，妈妈说：“铁罐不见了”这个情节太平淡了，体现得不够淋漓尽致。怎样生动演绎这个情节呢？我灵机一动：如果能加一个土黄色的被子，也许能更生动。找到这个方法后，我们又增加了一个道具，录制了第二版。

录制完成后，我们再次斟酌，发现这一情节的确更生动了，但是，我们又发现了其他的问题，比如情绪、表情不到位，声音太平淡，等等。于是，我们继续录制第三版、第四版……直到我们每个人都满意。最后，妈妈在此基础上加了一些特效，效果更好了。

我把作品发给孙老师后，得到了老师大大的表扬，老师在全班进行了展示。我的班主任把视频发到了家长群，群里的叔叔阿姨纷纷给予好评。在结业课程活动中，我把视频传到了人人通空间，在当时网络拥挤的情况下，获得了四百多的浏览量。我感到非常喜悦，非常自豪，而这不是我一个人的荣誉，如果没有爸爸妈妈的支持，我恐怕很难完美地呈现这个作品。

杜天宇同学在亲子活动中，深刻感受到了合作的重要性，这将促使他在以后的人生旅程中，更加团结周围的力量，取得更多的成就，让生命更加精彩。在家庭生活中，合作无处不在，共同完成一桌美餐，共同做家务，共同商讨问题解决方案都是合作。我校也经常为学生创造亲子合作的机会，比如手工制作、节目表演，使学生在亲子合作中，收获亲情，收获成长。

第六节　和悦学生具有国际视野

和悦学生具有宽广的视野、平等的心态、包容的心胸，拥有国际沟通和交往的实践能力，能够从国际视角看待和理解问题，具有世界公民的眼光，具有国际意识、国际情怀、国际格局，并有志做世界的主人。

学校从建校之初就将“具有国际视野”作为育人目标之一，将教育国际化的理念渗透进校本课程建设，让课程服务于孩子的终身发展。同时，还开展各种跨文化交流活动，为全校师生提供开阔视野、体验世界文化多样性与差异性的机会和平台。

一、国际观察员

为了拓宽学生的国际视野，学校在建设时就用心布置了国际奥秘空间、国际步道等探索空间，极大地激发了学生的好奇心。学生们从一个个“望远镜”中得到来自世界各地的信息，增长阅历和见识，培养着眼全球的思维习惯。

（一）国际奥秘空间

学校三楼有一个国际奥秘空间，直顶天花板的国旗柱、巨型地球仪、外国街景显示屏吸引着学生驻足观看。

巨大的国旗柱展示了世界各国的国旗，在每一面国旗后面都有这个国家的基本情况介绍，帮助孩子了解和熟悉这些国家。

站在巨型地球仪旁边的学生就像站在外太空看地球，课间学生们在这驻足看一看、找一找、指一指，直观地了解各大洲、大洋的位置，各个国家的位置，在讨论交流中他们自己就摸索清楚了经线、纬线的区别，解开了昼夜更替、四季变换的奥秘。

（二）国际步道

国际步道是利用 3D 模型、因特网、智慧屏打通的全球即时性现场体验通道。和悦学生在这里能看到美国、新加坡、埃及、巴西、英国、新西兰六个国家的地标建筑模型、风土人情、地域文化、自然环境等，这六个国家分别位于不同的大洲，每个国家都具有鲜明的国家特色和风土人情。通过网络与现场智能打通，学生在校园里就能看到多个国家的同步场景，通过职业体验和角色扮演感受异国风情，了解不同国家的各方面情况，形成对相关国家的正确认知，进行这个国家与中国发展的相关度思考，描绘十年后相关国家与中国的不同程度交往，以及进行中国发展的相关性预判。

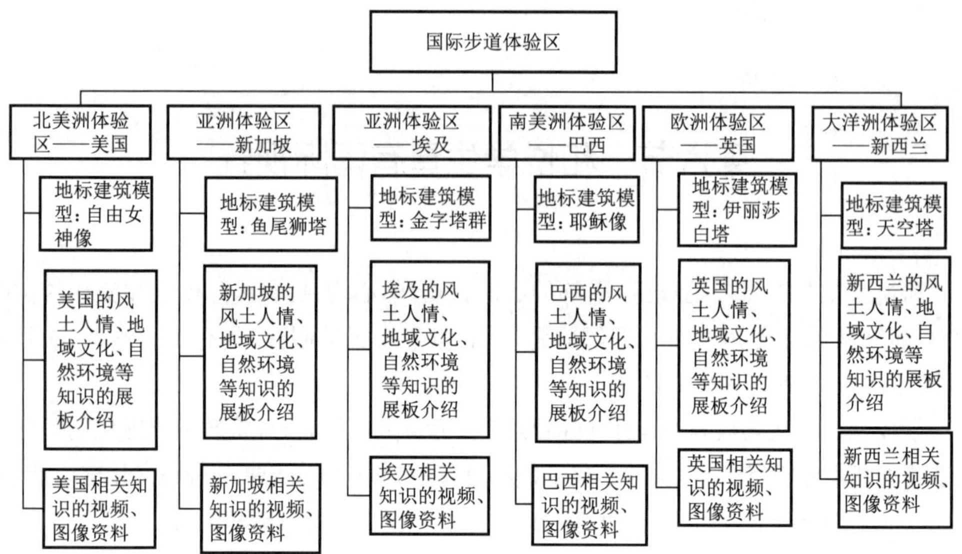

国际步道互联构建遵循“处处智慧”的育人原则，学生通过体验式的学习，更加直观、深入地理解国际化人才所需要具备的各种态度、价值观和技能。学生在交流学习的过程中经常需要认、读、听、写英语，拓宽了视野，增长了见闻，进一步增强了为祖国的繁荣富强而读书的社会责任感。

国际步道搭建全球视频直播系统，让学生直接看到英国、德国、美国等国家的实时街景，让孩子们有一种身临其境的感觉。一位学生惊叹：“现在直播的是美国的加利福尼亚和希腊雅典广场的实景，原来世界的另一端现在是晚上啊！”学生们在《中外异同课题研究与分析信息表》中记录下自己的发现和思考。

学校整合了全球26个国家65个著名地区的实时视频在线场景，让学生们观察发现这些地区在建筑、街道、服饰、风土人情、气候等方面的特点，分析这些国家的经济和政治制度，以及它们的优势和劣势，进而对比与中国的不同之处，思考这些国家与我国将有什么样的联系，在“一带一路”和构建人类命运共同体中，发挥什么样的作用，我们应如何应对。和悦学生把自己的研究成果在班级内交流、研究，分享自己的收获和惊喜。

在全球经济一体化和国家“一带一路”建设的背景下，这些活动帮助学生们初步建立起良好的全球视野和思维，有利于他们未来的成长和发展。

二、小小外交官

我国当代外交官勇敢又睿智的形象给学生们种下了长大了要当外交官的梦想的种子。我们立足英语课堂，通过接触外教、对外交流、收看新闻、模拟联合国等活动，帮助学生增进国际理解，积极培养学生宽广的胸怀、客观平等的态度和和谐交往的能力。

（一）立足英语课堂

1. 深入教材学习

在新课程标准的指导下，学生的英语学习以主题为单元，整体设计有利于学生接触、体验、感知、学习和运用语言的教学活动，引导学生围绕主题意义，用英语进行真实的交流和表达。学生通过获取与梳理、概括与整合等活动，学习语言和文化知识；围绕主题和主要内容进行分析比较、批判评价，开阔文化视野，树立正确的世界观、人生观和价值观。

和悦学生在老师的引领下，深入学习教材内容，并拓展学习相关人文知识，学习其他国家和地区的不同历史、文化和其他国际问题。学生在学习其他国家语言的同时，也培养了在跨文化环境中的交际能力及对其他国家、种族人民的尊重与理解。如在学习三年级外研社英语教材时，学生在课堂中了解世界主要城市的天气特征，了解英语时态的变化及英汉两种语言的异同，了解外国小学生与中国小学生作业的异同，了解外国小朋友玩的游戏，感知中餐与西餐的不同，了解英语国家庆祝儿童节的异同，了解西方的马术等传统运动，从而感知中西方文化的差异。

2. 沉浸外教课堂

和悦学生喜欢零距离感受外国人言行中的文化，所以对外教课特别感兴趣。学生在课堂上跟外教老师学习标准的语音语调和正确的语言结构。中国文化讲究含蓄稳重，而外教个性张扬，注重个人表现，学生在课堂中被外教有趣的肢体语言、乐观向上的状态感染，外教幽默的语言和丰富的面部表情引起学生阵阵笑声，整个课堂气氛活跃，学生的注意力很集中。学生欣赏、喜欢外教，课堂上兴致浓厚，有强烈加入讨论的渴望，上课过程中积极寻找机会和外教交流，通过回答问题来检测自己的英语水平，容易激发学习兴趣和思考积极性。学生在英语学习中，不仅学习语言，还了解外教国家的风土人情、传统历史和时事风尚，获取了丰富的国外背景知识，有助于认识世界的多样性，在体验中外文化的异同中形成跨文化意识，提高人文素养。

（二）阅读英文绘本

在我校“童心悦读”特色课程的浸润下，和悦学生广泛阅读，其中英文绘本阅读让英语学习更加轻松，也增加了学生对外国文化的理解。

英文绘本不仅具有直观性和生活性的特点，而且具备趣味性、知识性、故事性和情感性，常见英文绘本大都与学生的认知能力发展水平相适应。高年级学生会在老师的鼓励和帮助下试着阅读符合年龄特点的英文原著。英语阅读对学生的英语学习起到了很大的作用，让学生在拓宽视野的同时，生活经验更加丰富，情感体验更加多样。

（三）加强对外交流

我校在加强对外交流方面“请进来”和“走出去”并行。“请进来”和“走出去”的对外交流活动拓宽了学生的国际视野，为他们站上小小外交官的更高舞台奠定基础。

1.“请进来”

学生通过与学校“请进来”的外国友人交流学习，拓宽了自己的国际视野，增加了对其他文化的了解和尊重，增强了自己的全球意识，提高了自己的跨文化交流能力。

2015 年 10 月，学生通过学校与芬兰勒耶尔文学校建立友谊关系，与对口国家进行国际交流。2015 年 12 月，学生在美国优质高中来学校参观交流时，表演自创的筷子舞快乐健身操，展现风采。2018 年 1 月，学生和韩国来访小学生进行文化交流，共同体验 3D 科技电影的神奇，让来访学生更好地了解中国文化，并与他们建立了友谊。2019 年 6 月，学生参加由学校主办的青岛国际水大会专家与青少年面对面科普交流活动，在活动中拓宽了国际视野。学生在开放办学、国内外交流与合作中，逐渐具备开放的视野、平等的态度和包容的心胸。

2.“走出去”

相对于熟悉的书本学习、课堂学习来说，旅行、游学就是换一种学习情境。和悦学生在旅途中学习，寻找一种不同于在家、在校学习的新鲜感，从而产生新的学习动力，获得新的学习体验和成长。

学生乘坐国际航班离开我们居住的地方，到五百里、五千里之外的地方，看看那里的山是什么样的，那里的水是什么样的，那里的建筑是什么样的，那里的人是什么样的：

在德国乡村的清晨，可以看到浓密的玫瑰拱廊下，几位白发老人，各自手捧一本书在阅读；在尼泊尔，可以看到居住简陋、穿着朴素的人们，每天早上带着满足的笑容去祈祷；在日本，人人守时，你可以根据列车到达的时间，来校正自己的手表……

这些都是走出国门的学生看到的不同地域、不同信仰、不同文化、不同风俗的人们的生活。所有的亲眼所见、亲耳所闻，来自与对方的动作、眼神的面对面交流，都是我们无法在家里和书本上体会到的。

和悦学生在出国旅行、游学的过程中拓宽了国际视野，丰富了人生阅历，培养了个性以及国际化、多元化的文化理念和思维习惯，独立生存能力、自主理财能力、与不同文化背景的人交往的能力也得到了提高。走出国门的和悦学生能够直接感受国外的社会生活，感受西方的教学风格和学习氛围，提升对外国的学校、教育模式和质量的感性认识和判别力，同时也能观赏和领略各国优美的自然风光，为自己今后更长远的发展奠定一些基础。

三、国际小影迷

各国影视富有巨大的表现力和强烈的艺术感染力，从声、光、电、影不同视角展现了各国的风土人情，具有丰富的人文内涵和卓越的艺术成就，给人强烈的视听感受。各国的优秀影视是20世纪以来世界发展的缩影，是学生喜闻乐见的内容，是实施素质教育的优秀资源。

和悦学生通过观看影视，与影片中的人物同呼吸共命运，共同经受艰难困苦的磨炼，一起享受成功的喜悦，进而识别真善美和假恶丑，树立正确的人生观，提高艺术审美水准，形成鲜明个性的同时，还能欣赏不同国家的文化特质、不同的艺术表现风格，拓展国际视野，提高文化品位。

学校根据学生年龄段确定经典影视目录，供学生学习、表演。每个班级根据剧情需要划分小组，自选片段，全员参与，演绎、创编经典童话剧，并在毕业典礼上展演。星光岛小学借助万达影城的资源优势，组织学生观看世界各国的著名电影，让学生在观影后通过摘抄名句名段、模仿经典片段来复原电影场景，并撰写影评，为学生认识世界打开了一扇门。

观影、模仿、影评活动的开展激发了学生对影视文化的热爱。他们化身小影迷，参与其中，乐在其中，幸福成长。

四、国际评论员

和悦学生能够像国际评论员一样，站在全球的角度看待问题，他们了解并关注全球性热点问题，比如人权问题、种族歧视问趣、环境问题。课间交流时，演讲展示时，与教师探讨时，都能听到他们表达自己的观点和见解。特别是生态环境问题，一直是学生们评论的热点。

国际水大会是一个载体，和悦学生通过和专家交流，了解了水是生命之源，也是人类赖以生存和发展的重要物质基础，他们在真实的体验中发表自己对节约用水的见解，他们的评论更有实践的深度和视野的广度。

2019年6月26日，由青岛市科协主办，青岛西海岸新区科协与青岛市科技馆联合承办，青岛西海岸新区星光岛小学协办的青岛国际水大会上，专家与青少年面对面科普交流活动精彩举行。本次活动以“走近水科学，探索水奥秘”为主题，国际水专家来到星光岛小学与学生共聚一堂，围绕水科技教育项目就学生们提出的关于水的问题进行一一解答，引领学生走进水的世界，探索水的奥秘。

专家们在校领导的陪同下参观校园，他们走进童心悦读馆、星电光电视台、墨香斋等，观摩星光岛小学近一年的办学成果。“帮助每一颗星星闪出最亮的光”的育人理念，充满创意的特色课程，给专家们留下了深刻的印象。

在墨香斋，专家们对博大精深的书法艺术产生了浓厚的兴趣，饶有兴致地和孩子们一起写下自己的书法作品。

在童心悦读馆，专家们走到学生们中间，饶有兴味地与学生们进行了互动，学生们大胆提问与质疑。在头脑风暴与知识建构中，他们不仅拓展了对水知识的认知视域，更增强了科学意识与探索精神，提升了科学素养。随后，专家和师生一起签字，共同倡议“生命之源，发展之基”。

和悦学生通过对国际重大新闻事件的具体解析，丰富了相关知识，了解了相关政策、决议的基本内涵和执行的必要程序，具备了基本的现代国际观念，从而学习做一个勇于做出决定和能够对所决定之事负责任的人，虽是童眼看世界，但也能胸中有丘壑。和悦学生在认识世界的多样性、体验中外文化的异同的同时，形成自己的跨文化意识，增进国际理解，弘扬爱国主义精神，形成社会责任感和创新意识。

第七节　卓越少年，群星璀璨

追求卓越是一种积极的人生态度，是自强不息、敢为人先、誓争一流的人生追求，是通过不断努力达到最佳效果、领先水平，达成最好的自己的生命状态，是创新学习、精心做事、完善自我、造福社会的实际行动，是自定目标、自提横杆、自我规划、自我管理、自我激励，并能坚定克服内外困难和各种阻力的顽强拼搏、百折不挠的优秀品质。

和悦学生作为和悦教育的主体，在老师和家长的共同陪伴和帮助下，朝着“最好的自己”生长。其中涌现出大量卓越的和悦少年，他们如同朵朵艳丽的鲜花，结出累累丰硕的果实。他们如璀璨的繁星，大大小小，各具特色，用自己的卓越之光为家庭和学校带来荣耀和希望。

一、厚德载物展卓越

和悦学生在厚德中追求卓越。刘栩铭同学的《一元欠条》故事之所以两次登上央视，引领社会新风尚，就在于像刘栩铭一样的和悦学生在接受帮助后将爱心传递给了更多人。

“欠条”上虽然只有短短的一句话，却彰显出一名少先队队员的卓越胸怀与感恩之心。刘栩铭同学和公交车司机之间的暖心互动被全网转发，央视、人民日报纷纷点赞。善心所存，岸芷留香，涓涓细流终汇成海，和悦学子追求卓越的精神为新区增添了熠熠光辉。

安装“爱心口罩盒”为忘戴口罩的同学提供方便的薛皓夫、为派出所民警悄悄送去物品的薛桂韬、2022 年获评山东省第四届“齐鲁环保小卫士”的李继鹏等，他们厚德载物的佳话在校园传扬。而善举不分大小，还有更多不为人知的好人好事在和悦学生身上发生。高尚的德行让和悦学生在外界的夸赞和自我的欣赏中，不断获得动力去追求更高境界的修养。

二、乐学善思致卓越

和悦学生在乐学善思中追求卓越。无处不是和悦学生学习、思考的地方，在课堂上他们百家争鸣，在阅读时他们手不释卷，在对外交流现场他们侃侃而谈，在社团培训中他们专心致志。“学而不思则罔，思而不学则殆”，在长期的学思结合中，学生们思维活跃，优势日渐明显，在历年的学科素养考试、期末教学质量检测、特长考级中，和悦学生都用优异的成绩展示了超强的学习力、思辨力。

辛佳庚，双语小学2019级6班学生，校级“红领巾宣讲员”，区级优秀学生，“红领巾”二星章获得者。他敏而好学，多才多艺，钢琴十级，书法十级。2022年，他荣获“传承红色基因，一起奔向未来”青岛市第四届少儿书画大赛书法一等奖、青岛西海岸新区中小学生艺术节小学组书法比赛二等奖、“童星演说家”英文演讲青岛西海岸新区一等奖、第26届全国中小学生绘画书法大赛一等奖等；2023年，他荣获青岛市小学生第一届读写素养展示（书法）最佳展示奖、半岛都市报“春暖花开多彩青岛”少儿书画大赛银奖、青岛西海岸新区“未成年人保护”书法绘画作品征集活动书法二等奖、第12届齐鲁情山东省一等奖、第七届“希望颂”全国青少年书画艺术大展一等奖等。下面是他的书法成长历程，具有一定的典型性。

书法有路勤为径，墨海无涯苦作舟

千里之行，始于足下。

咿呀学语时，他最喜欢坐在姥姥的怀抱中，看着姥姥练书法。小小的他，一会儿玩玩毛笔，一会儿翻翻字帖，一会儿又学着姥姥的样子“挥毫泼墨”……在这样的潜移默化下，他对书法产生了浓厚的兴趣，加之姥姥指导有方，为他练习书法提供了得天独厚的优越条件。在姥姥的指导下，他走上了一条正确的学习书法之路，从楷书入手，认真临习《三门记》《妙严寺记》等古人碑帖，一笔一画，稳扎稳打，为日后的成长打下坚实的基础。

日就月将，学有缉熙于光明。

从不懂到欣赏，从不会到熟练，他已坚持了六年多。练字的过程虽然辛苦，但他乐在其中。在妈妈的朋友圈中，六年时间，他没有缺席过一天的打卡练习。随着不断的努力，他收获了许多市、省和国家级荣誉。

四年级的暑假，他跳级报考书法十级，面对难度的提升，他没有退缩。迎着酷暑，在为期20天的考级集训中，他每天坚持站着上课4小时。考级作品不仅要求每个字的字形结构要好，还要求整体的结构配合。有时看似简单的笔画，却怎么写也写不出来，他常常急得抓耳挠腮，但最后都能静下心来反复看帖子，认真思考，每一个字常常要写十几遍，几十遍。经过努力，他终于在比赛中取得了理想的成绩。

“临”万卷书，行万里路。

努力练写的同时，他还利用周末、假期等时间，在父母的陪伴下，开展属于自己独特的研学活动——体验古法造纸术、探寻红色书法之旅、故宫寻宝、博物馆“汉字起源”展、社区敬老院送“福”等。亲手造一张花草纸，欣赏难得一见的书法真迹，摸一摸厚重的石碑……只有书法能把散落在历史长河里的文物、壁画、礼乐串联起来。只有书法能与诗词共融，为歌赋伴舞。在时空的交错中，他体会到了书法独特的魅力，秦汉的质朴、魏晋的洒脱、唐朝的明艳、宋代的风雅……一笔一画，是历史的载体；一撇一捺，是前人智慧的结晶，更是深厚的民族情结。日益成长的他，也渐渐将这些情愫体现在自己的书法中，书法作品也有了更加昂扬的生命力。

课余时间，他发挥自己书法专长，经常参加送春联、送"福"等志愿活动。给独居老人写"福"字、送春联时，看到爷爷奶奶开心的笑脸和感动的泪水，他懂得了原来书法能给人带去温暖和幸福，也有了更大的信心和力量把书法坚持下去。

藏锋赋予内涵，逆锋教其谦让；提按懂得灵转，回锋理解感恩；气韵丰富人格，格调生其涵养。每一次书写，都是在剥茧；每一次比赛，都是在经历蜕变；每一次成蝶，都是为了遇见更好的自己。漫漫人生旅途里，以笔为马，以墨为剑，卓越少年绽放着自己的光彩。

青岛市少年科学院第七届小院士、研究员、助理研究员评选结果让我们很振奋，也很欣慰。这次活动中全市共有 95 名小院士和研究员入选，五台山西路小学就有 6 名！我们的和悦学生为青岛市人工智能科技学生专家团队注入了新鲜的血液，其中，魏珂儿、潘保江、王舒被评为青岛市少年科学院小院士，魏珂儿还被评为山东省少年科学院小院士；宋彦樟、王家鹤、李东峻被评为青岛市研究员。下面是小院士们的发言。

在学校"读好书，做好人"这一校训的浸润下，我从小就立志做一个对国家有用的人。我喜欢钻研，对编程、科技类动手的事情充满兴趣，对生活现象观察细致，积极思考，主动探索，有较强的动手能力。我也多次在全国省、市、区级比赛中获一等奖，能被评为山东省小院士得益于学校智慧教育特色的发展，为我们提供了各类比赛机会，老师们更是利用周末和午休时间为我们进行辅导。在今后的学习中，我定会加倍努力，长大为科技强国贡献力量。

——魏珂儿

我很荣幸成为青岛市少年科学院第七届小院士。我的兴趣广泛，尤其热爱科技，是一名十足的科技迷。我经常参加省、市、学校里组织的各种比赛，都取得了不错的成绩。在日常的学习生活中，我对周围事物充满着好奇，具有强烈的探究精神。平时也十分注重培养自己的科技兴趣、创意思维和动手能力，相信自己的努力，必定为日后适应快速变革的智能社会和智慧生活打下一个好的基础。

——潘保江

在学校这个成长发展的平台上，乐学善思的卓越少年不胜枚举。在全区学科素养比赛中，和悦学生厚积薄发，用扎实的功底和过硬的心理素质连续几年为校争光。2020 年参加学科素养考试的所有选手获得一等奖，令全校师生为之振奋，随后几年学生在学科素养比赛获一等奖都成了意料之内的事。2014 级的和悦学生赵大明在小学毕业三年后的高中自主招生考试中一举获得全区第一名的佳绩，他敢为人先、勇得第一的卓越成绩为学弟学妹们再次增添了信心和动力。2023年，有近200位科技小讲师在学校微信公众号上讲解科技知识，近三年有500多人次获得科技方面区级一等奖以上奖项……学习的幸福就在日新月异的进步和战胜自我的成就中。“书山有路勤为径”，和悦学生乐学善思，前进的每一步都坚实地踏在攀登书山的路上。

三、独立自主创卓越

和悦学生在独立自主中追求卓越。他们互相展示自己收拾的房间、讲述第一次独自坐公交车的激动经历，证明自己已经长大。长大后得到的不只有自由，还有责任和担当。他们用优良的品行、认真的态度诠释着作为学生的责任，少先队大队部、和悦广播站中都有他们自主管理、自我服务、主动成长的身影。

“不自是者博闻，不自满者受益。”张馨文是双语小学2018级1班的学生，在班里担任数学课代表。她是一位品学兼优的好学生，她用自立自强的精神、乐观感恩的心态赢得了师生们的一致好评，连续多年当选校三好学生、“六爱三雅”小明星，并于2023年获评青岛西海岸新区“孝老爱亲”新时代好少年。下面是她的故事。

孝老爱亲，稚嫩小手也可以撑起一片蓝天

面对苦难，她选择自立自强。

八岁应该是天真烂漫、无忧无虑的年龄，但对小馨文来说，却是一夜之间长大的年龄，就在这年，无情的癌症残酷地夺走了妈妈的生命。看着妈妈“熟睡”的样子，八岁的馨文知道，这一次妈妈不会醒过来了！懂事的她没有哭喊着找妈妈，而是静悄悄地坐在爸爸身边。看着憔悴的爸爸和哭晕的妹妹，一个坚定的想法涌现在馨文脑海里——做一个孝老爱亲的好孩子，为爸爸分忧解难。

迎接挑战，她撑起一片蓝天。

每天放学，馨文不仅不用家长来接，还和班主任老师请假每天早走半个小时，去另一所小学接刚上一年级的妹妹放学，无论刮风下雨，她总是先把妹妹照顾好再想到自己。

新型冠状病毒感染让本就体弱的奶奶持续一周卧床不起，因为怕传染给更多的人，馨文婉拒了好心邻居的帮助，自己做好饭一口一口喂给奶奶吃；她借助床头板给奶奶翻身、擦洗，无微不至。她身上难能可贵的独立自强的精神，感动着周围的每一个人，她的故事让人既心酸又感动。她积极乐观地面对生活，总是微笑着面对老师、同学，她的笑容里充满了温暖和自强。

积极豁达、品学兼优、勤思善问，成绩始终名列前茅，这是同学们对张馨文的印象。但她并没有因此而满足、松懈，反而对自己的要求更加严格。她用行动为更多同学树立了榜样，无论谁有困难，她都会不假思索地伸出援助之手，鼓励他们克服困难，勇往直

前。在大浪淘沙中荡涤出的独立自主的卓越少年，一定会抱着更加阳光、乐观向上的心态继续在湍急的激流中英勇前行，逆流而上！

和悦学生在丰富的课程、多彩的活动中养成了自主学习、自主探究、自主监督、自主管理的好习惯，在校内外生活中，不断追求更加独立自主的成长。2022 年 5 月，共青团山东省委、山东省教育厅、山东省少工委表彰了 2021 年度山东省“红领巾奖章”四星章获奖集体和个人，五台山西路小学宋彦樟同学榜上有名。

在学习和生活上，宋彦樟同学是一个独立自主的小主人。爸爸妈妈工作都很忙，还有小弟弟需要照顾，他就自己的事情自己做，爸妈的事情抢着做，不仅自己不用父母操心，还经常照顾弟弟吃饭、睡觉。在自我要求和自我监督下，他的钢琴水平已经达到十一级，2019 年获得青岛市教育局组织的第四届中小学信息技术创新与实践活动动画创作小学组一等奖，2020 年获得青岛市教育局和青岛市科学技术协会联合颁发的青岛市青少年机器人竞赛机器人创意比赛小学组一等奖，2022 年荣获青岛市少年科学院第七届研究员等许多荣誉。

小学六年养成的好习惯让他成了最好的自己，这次他积极参加“红领巾奖章”争章活动，凭借自己感人的事迹和过硬的能力，获得学校一星章、新区二星章、青岛市三星章、山东省四星章的荣誉，在争章活动中，他锻炼了自我，获得了成长，感动了他人。

四、善于合作达卓越

和悦学生在合作中追求卓越。独行快，众行远。尝到了课堂上小组合作的甜头，和悦学生尝试着分工合作完成一次次毕业典礼、六一活动等校级活动。有了这些经历，他们就不担心在重大比赛中会势单力薄。啦啦操队员、科技社团学生、学科素养比赛选手都把自己当成发动机的小零件，不可或缺又倾尽所能，拿到一个个区级、市级、省级一等奖。我们的学生深知合作的重要性，清楚自己是合作中必不可少的一环，他们在每一次的合作中都凝聚力量，发挥长处，一次次突破自己，追求卓越。

啦啦操社团是双语小学教育集团的优秀社团，社团中的学生不仅个人舞姿充满力量和美感，而且集体的配合十分默契，变换队形整齐迅速，多人组合的动作一气呵成，每次表演都给观众以惊艳的视觉感受。自 2018 年建队以来，双语小学啦啦操队就不断在新区乃至青岛市崭露头角。在青岛西海岸新区“体彩杯”比赛中，啦啦操队员们用富有节奏感的标准动作和活力四射的舞台表现，感染着每一位观众和评委，最终斩获了 2016 版花球示范套路丙组第一名的好成绩。不满足于区级赛事的角逐，啦啦操队奋勇争先奔往更高更远的舞台，在中国（青岛）少儿啦啦操精英赛比赛中，啦啦操队员们像一群轻盈灵活的精灵，伴随着动感的音乐，用丰富的肢体语言在绿色的草坪上和蓝色的天空下尽情绽放，凭借激扬的舞姿取得了公开儿童乙组花球校园啦啦操示范套路（第二套）亚军的傲人成绩。“不积跬步无以至千里，不积小流无以成江海”，啦啦操队多次获得“青岛市特等奖”“青岛市一等奖”等荣誉。每一次精彩的表演都离不开平时的努力与配合，每一滴汗水都是他们努力的见证，每一次成绩的飞跃都展现着和悦学生追求卓越的标准。

杨睿是五台山西路小学女篮的主力队员，是队里的核心人物。在刘德华老师的指导下，她和队友拿下了2023年青岛市中小学生篮球联赛大满贯的好成绩。问到获胜的法宝，她并不居功，她认为大家的合作才是第一位的。她说：

只要是比赛就要分胜负，我们女篮的共同目标就是“赢”！这不是一个人厉害就能做到的，我们必须配合起来，我打控球后卫，余晓宇、张宝菁打得分后卫，薛天瑜、葛晨阳、张梦涵是小前锋，李筱雅、江怡颖打中锋，张倩榕、盛晨曦随时候补。训练时，我们经常会出现各种问题，但我们从来不埋怨对方，相反，我们选择宽容和帮助，在一次次训练中找到技巧和感觉。比赛时，抢篮板、传球、掩护、投篮，五个人就像在用一个大脑一样，合作完成一系列动作，那种畅快是个人的成功无法相比的。

独木不成林，合作精神激励着更多的和悦少年日臻卓越，勇敢地追求团队的梦想，放大个人的价值。

青岛西海岸新区人工智能教育编程竞赛是一项旨在普及人工智能编程教育的一项赛事，2022年是第二次举办此项赛事。此次比赛全区有86所学校共1 244人参赛，五台山西路小学参赛学生取得了优异的成绩，16位学生获得一等奖，7位学生获得二、三等奖，学校也荣获优秀组织单位奖。团体成绩的背后是成员之间的不离不弃、互相扶持，是他们拧成一股绳、劲儿往一处使的毅力和恒心。

双语小学羽毛球队从2018年创建到现在，连续5年获得青岛市前三名，连续5年获得青岛西海岸新区前两名，2019年获青岛市团体亚军。2023年双语小学教育集团两所学校参赛，全部获区前三名，其中双语小学获得团体冠军。

练习时，他们互相鼓励着、提醒着；比赛时，他们默契配合着、笃定互信着。合作让这些团队迸发出$1+1>2$的力量，最终这么多学生取得这么优异的成绩也在我们的意料之中。

五、国际视野求卓越

国际视野是一种会当凌绝顶的格局，是一种海纳百川的胸怀，是一种天下大同的展望。我们的外教课、外国名著阅读、国际新闻热点讨论、国际研学等，都拓宽了学生的国际视野，培养了学生的世界格局。和悦少年正学习客观地在国际形势中看清中国的世界地位。作为世界未来的主人，和悦学生正在积蓄参与国际事务的力量。

2023年11月3日，由生态环境部宣传教育中心、山东省生态环境保护宣传教育中心联合主办，青岛市生态环境监控中心、青岛西海岸新区教育局联合协办，青岛市生态环境局西海岸新区分局、生态环境监控中心、双语小学、中国石油大学（华东）共同承办的“2023年中国青少年生态环境教育示范课进校园”活动在双语小学顺利开展。引入这么高规格活动的是五台山西路小学六年级的王若溪，她在生态环境部宣传教育中心组织的2022“八喜杯”我的自然故事——《冈特生态童书》故事续讲大赛中获得优秀奖。王若溪和两位好朋友自导自演，将编写的环保童话故事《森林园丁——神圣的圣甲虫》呈现在舞台上，呼吁人们保护生物多样性。参加此次活动的主要嘉宾——世界著名的经济学家与企业家，也是“蓝色经济”模式创始人冈特•鲍利先生对王若溪的作品啧啧称赞。活动结束后，冈特•鲍利先生主动上台与王若溪握手交流，并邀请王若溪把这个故事放到他的网站上，让世界上更多的小朋友一起保护环境，尊重并接受各种生物生存的方式。

和悦学生屡获佳绩：在“星星火炬”全国少儿英语风采大赛、“希望之星”英语风采大赛中，积极报名，踊跃参加，复赛率高达95%，数名学生在省赛荣获一等奖、二等奖；英语小剧团多次应邀到区、市参加演出，并参与新区春晚录制；我校的英语模仿秀获青岛西海岸新区一等奖第一名，并代表新区参加市级素养展示。

追求卓越是和悦学生学无止境的精神，没有最好只有更好，他们向一流水平学习，向至善至美看齐。虽然学生的能力有高低的差别，但他们都用自己最大的努力展现能力范围内的极致和卓越。

和悦教育在青岛西海岸新区扎根十年，已有上万名和悦学生从校园毕业，“厚德乐学、自主合作、具有国际视野的卓越少年”是和悦学生的特征，是他们璀璨人生的幸福底色，这些能力和特质将一直陪伴他们开启新的生命旅程。十年树木，百年树人。我们静待莘莘学子向母校频传佳音，为社会多做贡献。

六、看获奖统计，倍感幸福

和悦学生追求卓越，群星璀璨，光彩照人。看学生各类比赛获奖统计让我倍感幸福，特别振奋。每年的统计都有数十页，美不胜收。限于篇幅，我从学科核心素养比赛、个人某项专长发展、团体比赛项目这三个方面，各选一小部分近几年的获奖统计，附在下面，以飨读者。

2022年五台山西路小学邱灵熙同学获全区语文学科素养比赛第一名。近两年参加学科素养比赛的49人次中，获得一等奖的就有45人次，一等奖名单见下表。

2022、2023 年学科素养比赛一等奖名单

2017 级	李梓涵	女	2022 年青岛西海岸新区小学语文学科素养比赛一等奖	双语小学
	阮泳达	男		
	黄章洋	男		
	张映竹	女		
	王玺睿	男		
	李梓涵	女	2022 年青岛西海岸新区小学数学学科素养比赛一等奖	
	阮泳达	男		
	黄章洋	男		
	张映竹	女		
	梁舒扬	男		
	丁彧俊威	男		
	王玺睿	男		
	李梓涵	女	2022 年青岛西海岸新区小学英语学科素养比赛一等奖	
	阮泳达	男		
	黄章洋	男		
	张映竹	女		
	梁舒扬	男		
	丁彧俊威	男		
	王玺睿	男		
	邱灵熙	女	2022 年青岛西海岸新区小学语文学科素养比赛一等奖	五台山西路小学
	李煜毅	男		
	宋元瑞	男	2022 年青岛西海岸新区小学数学学科素养比赛一等奖	
	邱灵熙	女		
	杜天宇	男		
	郭世宇	男		
	宋元瑞	男	2022 年青岛西海岸新区小学英语学科素养比赛一等奖	
	郭世宇	男		

续表

2018 级	曲奕佳	女	2023 年青岛西海岸新区小学语文学科素养比赛一等奖	双语小学
	柳奕辰	男		
	王昊	男	2023 年青岛西海岸新区小学数学学科素养比赛一等奖	
	韩铭予	男		
	柳奕辰	女		
	张添琪	女		
	张懿轩	男		
	李正涵	男		
	白康泽	男		
	曲奕佳	女		
	刘子珩	男	2023 年青岛西海岸新区小学语文学科素养比赛一等奖	五台山西路小学
	闫筱	女		
	葛昊	男	2023 年青岛西海岸新区小学数学学科素养比赛一等奖	
	张梓恒	男		
	刘子珩	男		
	冯浩宇	男		
	朱禹冰	男		
	闫筱	女		

创办适合学生的教育，鼓励和帮助学生个性化成长，特色化发展，各美其美，美美与共，是和悦教育的追求之一。随着时代的发展，信息科技对国家创新发展的意义越发凸显，我们对智慧教育的重视和投入，也为大批学生的相关发展创造了适宜的环境。魏珂儿同学就是这方面特色发展的代表之一，下面是她的部分相关成绩。

魏珂儿获奖纪录及荣誉

2019 年	青岛西海岸新区中小学信息技术创新与实践活动小学组技术发明创新一等奖
	在青岛市第十七届头脑奥林匹克竞赛——超级英雄的袜子比赛中获二等奖
	在青岛市第四届中小学生创客大赛中，荣获“趣味编程”竞赛项目小学组个人一等奖
	青岛市第四届中小学信息技术创新与实践活动技术发明创新二等奖
	科学影像一等奖
	MakeX 机器人挑战赛三等奖
	纸桥承重一等奖
	开拓者 X 太阳能动力赛车直线竞速赛三等奖

续表

2021 年	青岛市青少年车辆模型教育竞赛三等奖
	青岛西海岸新区“快乐科技秀”青少年科技创新大赛二等奖
	山东省青少年航空航天科普活动一等奖
	被评为青岛市少年科学院第六届研究员
	被评为青岛市少年科学院小院士
	第三届国际青少年编程竞赛铜奖
	第八届山东省中小学生机器人大赛无人机编程一等奖
	青岛市第十六届中小学生头脑奥林匹克竞赛“不知所云”竞赛项目小学组二等奖
2022 年	青岛市中小学第十二届科技节“移动的正方形”项目一等奖
	被评为青岛西海岸新区优秀科技小创客
	青岛西海岸新区中小学人工智能教育编程竞赛一等奖
2023 年	被评为山东省少年科学院小院士

团体部分成绩及荣誉见下表。

团体部分成绩及荣誉

2015 级	啦啦操社团	2019 年获青岛市中小学啦啦操比赛特等奖	双语小学
2018 级 2019 级	女篮社团	2023 年获青岛市中小学生阳光体育联赛五人制篮球赛冠军、三人制篮球赛冠军	五台山西路小学
2014 级	羽毛球社团	2019 年获青岛市第三届小学生羽毛球联赛团体亚军	双语小学
2017 级	羽毛球社团	2023 年获区中小学羽毛球比赛团体冠军	双语小学
2018 级	科技社团	青岛市青少年航海模型、建筑模型教育竞赛优秀奖	五台山西路小学
2019 级	编程社团	2023 年获青少年科技实践活动二等奖	五台山西路小学
2017 级	605 实践小组	2022 年获青岛西海岸新区“快乐科技秀”青少年科技创新大赛“青少年科技实践活动”一等奖	双语小学

参考文献

[1] 张东娇．学校文化管理［M］．北京：教育科学出版社，2013：6，17，22-24．

[2] 于炳信．和悦教育与文化研究［M］．北京：中国文史出版社，2015：18，22，31，51，130，185．

[3] 班建武．校长如何抓德育［M］．北京：世界图书出版公司，2019：118，127，131-132，166-175．

[4] 李协良．区域推进义务教育内涵式均衡发展研究［M］．成都：四川大学出版社，2012：168-169．

[5] 吕文菊．乘着歌声的翅膀，实现师生成长梦想：利用《唱英文歌疯狂学英文》辅助英语教学反思［J］．考试周刊，2013（78）：98，90．

[6] 韩艳梅．系统化学校课程设计：有效研制的实践指南［M］．上海：华东师范大学出版社，2021：35．

[7] 杨世臣．童心悦读的研究与实践［M］．北京：中国文联出版社，2008：1-4，27-32，194-211．

[8] 杨世臣．悦读立人［M］．南京：江苏凤凰教育出版社，2015：11-27．

[9] 邓启铜．论语•大学•中庸［M］．南京：南京大学出版社，2015：171．

[10] 吴杰明．新形势下不忘初心继续前进的庄严宣示［N］．光明日报，2016-09-14（13）．

[11] 凤凰新闻网．任正非在哈佛商学院的演讲：蓬生麻中，不扶自直［EB/OL］．（2019-06-17）［2024-01-05］．https：//ishare．ifeng．com/c/s/7nZa1MenCYF．

[12] 搜狐网．陈宝生：三项措施促进教育均等化发展［EB/OL］．（2017-03-03）［2024-01-10］．https：//www．sohu．com/a/127819124_115563．

[13] 叶小文．“和而不同”：涵养人类文明新形态的中国智慧［J］．人民论坛．2022（20）：12-14．

[14] 何小琼．重视班主任队伍建设才能提高德育管理实效［J］．读与写，2016（1）：352-353．

[15] 左雪峰．教师专业化发展内容及途径探析［J］．中国科教创新导刊，2008（14）：87．

[16] 祁平．基于全面质量观的教研转型的理论思考［J］．上海教育科研，2016（11）：34-37．

[17] 王九红．教师写“教学文章”［J］．课程教材教学研究（小教研究），2012（11）：95．

[18] 朱永新．和教师一起书写生命传奇［N］．中国教育报，2015-09-07（6）．

后　记

POSTSCRIPT

向着和悦的春天出发

崭新的龙年刚刚开启，我们在龙腾虎跃、龙马精神的声声祝福中，迎来了万物复苏的春天，迎来了百花争艳的和悦春天。

俗语有言："一年之计在于春。"春天是耕耘的季节，春天是播种的季节，春天更是希望的季节！

在向着和悦春天出发的美好时刻，我的《撬动学校发展的十大和悦密码》即将付梓。我很激动，很幸福，也很期待！

之所以激动，是因为自己干了 37 年教育，做了 27 年校长，从理论的探索中、创新的实践中、深刻的反思中，我越来越明白一个真谛——教育应该是追求快乐，追求幸福，追求真善美的。在这追求的过程中，尽管条条大路通罗马，但又是和而不同的。历经 37 年不懈求索，我寻找到了十大和悦密码，迫不及待地想和同行们分享，以便大家从我奋斗的征途中汲取经验和教训，实现自己的和悦成长！

历经三年多艰苦努力，今天终于得偿所愿了！

之所以幸福，是因为我太懂得教育同行了。大家每天都在寻找教育的密码，为自己的教育理想插上腾飞的翅膀。于是，但凡条件允许，大家就去听这个专家的报告、那个教授的授课，听这个专家的指导、那个名校长的秘诀……然而，专家们的"真经"大都是致力于某一方面的——或是课程的，或是课堂的，或是教师的，或是阅读的……而非全面的。更不尽如人意的是，有些经验听着很好，却无法"拿来"。其实，我们一线同行最热切盼望的是综合的、系统的、"既仰望星空又脚踏实地"的，且可操作、可复制、可推广的一整套"组合拳"，是能够"直接产生生产力"的撬动学校发展的密码，只有这些才能助力大幅度提高教育教学质量！

我的这本书响亮地回答了教育的密码是什么这个问题，因为书中铺展了独特而又有效的路径，展示了撬动学校跨越式发展的十大和悦密码。

之所以期待，是因为这本书中既有教育教学和学校管理等诸多方面的先进理念，又有大量鲜活生动的一线案例诠释，更贴近一线同行的工作实际，更符合他们的工作需求。真心希望这本书能给同行们带来一些借鉴、启发和帮助，甚至起到“指南针”的作用，让亲爱的读者朋友少走弯路，事半功倍地和悦成长！

这是我的初心，更是我最大的希冀！

在本书的写作过程中，得到了老同事周忠、于炳信，现同事林宏、王立新、苗文芝、吕焕龙、庄沛政、赵广红、焦淑慧、刘婷婷、郭良晓、代美芹、薛敏等大量的无私的帮助和支持，在此深表谢意！

教育部中小学校长和幼儿园园长国家级培训项目管理办公室主任、教授、博士生导师于维涛，在百忙之中亲自给本书作序，并对本书给予了充分肯定和欣赏，在此一并表示衷心的感谢！

让我们携手向着和悦的春天出发，一起去探索和悦的密码！感恩读者！

杨世臣

2024 年 2 月 17 日

撬动学校发展的十大和悦密码 上

杨世臣 著

中国石油大学出版社
CHINA UNIVERSITY OF PETROLEUM PRESS
山东·青岛

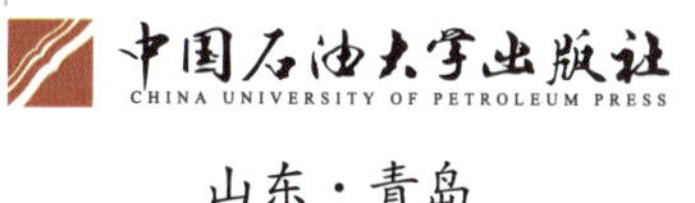

图书在版编目(CIP)数据

撬动学校发展的十大和悦密码 / 杨世臣著 . -- 青岛:中国石油大学出版社,2024. 4

ISBN 978-7-5636-8209-6

Ⅰ. ①撬… Ⅱ. ①杨… Ⅲ. ①小学教育—教学研究 Ⅳ. ①G622. 0

中国国家版本馆 CIP 数据核字(2024)第 065089 号

书　　名:撬动学校发展的十大和悦密码
　　　　 QIAODONG XUEXIAO FAZHAN DE SHI DA HEYUE MIMA

著　　者:杨世臣

责任编辑:李　明　王　康　陈洪玉　张　凤　吴百慧　刘平娟　魏　瑾
　　　　（电话　0532-86983564）

封面设计:齐　冲

出 版 者:中国石油大学出版社
　　　　（地址:山东省青岛市黄岛区长江西路 66 号　邮编:266580）

网　　址:http://cbs.upc.edu.cn

电子邮箱:jichujiaoyu0532@163.com

排 版 者:青岛友一广告传媒有限公司

印 刷 者:青岛新华印刷有限公司

发 行 者:中国石油大学出版社（电话　0532-86983437）

开　　本:787 mm × 1 092 mm　1/16

印　　张:59

字　　数:1 260 千字

版 印 次:2024 年 4 月第 1 版　2024 年 4 月第 1 次印刷

书　　号:ISBN 978-7-5636-8209-6

定　　价:196. 00 元

杨世臣简介

杨世臣，男，1967年4月出生于偏僻的乡村，20岁从淄博师范学校毕业即回母校高阳中学任教，历任初三语文教师、班主任、政治教师、政教处主任，30岁任淄博市临淄区高阳镇高阳中学校长，34岁任淄博市临淄区朱台镇中心学校校长，38岁任淄博市临淄区金茵小学书记、校长，47岁作为高层次人才被引进青岛。2014—2019年，在青岛西海岸新区先后受任创办了双语小学、星光岛小学、五台山西路小学三所公办学校，并组建为教育集团，任校长和集团总校长。现已从事教育工作37年，是区优秀教师、市优秀教师、省特级教师、正高级教师，是区优秀校长、市优秀校长、省十大创新校长、首届齐鲁名校长、全国第十届创新名校长、全国第三届好校长。做教师，做成了快乐的教师；做校长，做成了幸福的校长。不断地从优秀走向卓越，成长为山东省“省定贫困村小学校长和骨干教师培训项目”首席专家、山东省首批齐鲁名校长领航工作室主持人、“教育部-中国移动中小学校长培训项目”专家、教育部“国培计划”中小学名校长领航工程培养基地导师，被聘为山东大学、齐鲁师范学院客座教授。著有《童心悦读的研究与实践》《悦读立人》，在《中小学校长》《中小学管理》《中国教育报》等报刊发表文章56篇。

序 言

PREFACE

西海杨起 世臣称贤

地处山东半岛中部的淄博市,是我国历史悠久的文化名城,是古代齐国的首都,为齐文化的发祥地、世界足球起源地,有"东方古罗马"之称,是姜子牙、齐桓公、管仲、扁鹊、房玄龄、贾思勰、蒲松龄、焦裕禄的故乡,淄博刻瓷、花灯、蹴鞠、五音戏、鹧鸪戏、周村烧饼久负盛名。由于特殊的地理位置,淄博在中国古代几乎经历了通史式的繁荣。伴随着文化的兴盛,厚重的历史文化思想孕育出一批批有胸怀、有思想、有情怀、有智慧的"大先生",山东省特级教师、齐鲁名校长、青岛西海岸新区双语小学校长杨世臣就是其中一朵独特鲜亮、绚丽绽放的花朵。

每一个用心做教育的人,都有自己独特的教育方式。与杨世臣校长结缘,源于他入选齐鲁名校长培养工程。我得知他在淄博市临淄区金茵小学坚持以先进的教育理念为引领,秉承"让每一个孩子拥有幸福人生"的办学宗旨,确立了"构建金茵课程体系,培养专业化的金茵教师队伍,形成金茵文化底蕴,建立金茵教育模式,打造金茵教育集团"的学校发展新框架。他全面启动并实施"教师专业化成长工程""童心悦读特色工程""生态体验式德育工程""有效情智课堂工程""阳光体育大课间工程""新父母教育工程"六大工程,倾力打造"环境一流、设施一流、师资一流、管理一流、特色一流、质量一流"的金茵品牌学校,倡导"六化"并举策略,即情感激励人文化、专家引领示范化、名师带动本土化、个人反思日常化、学习交流多样化、问题研究系列化。在他的领导下,学校的教育教学质量和师生的综合素质得到显著提高,受到各级领导和社会各界的高度评价和普遍赞誉。

事为史,史即事。教育故事是好校长最好的发展印记。故事是一种教育、一种文化,有了故事，教育才会有境界、有温度、有内涵，校园、班级里的故事越多，师生受教育的机会就越多。在本书中，杨世臣校长用“和悦”的故事与温度打破包裹在师生身上的层层的“壳”，阐述办学治校工作的方法和策略，体现全员、全程、全方位、全环境育人的思想与理念，唤醒师生内心对“真、善、美”的追求。

杨世臣校长注重教育科研创新，坚持“大课题引领，小课题推进”的策略。本书对教育教学的研究注重细节描写，依靠细节的洪流成就别样的故事。每一个故事都来自学校生活的点点滴滴，每一条分析都是理论与实践的结合，每一个应对办法都力求言简意赅、实实在在、直达心灵。阅读本书，我最先体会到的是做校长不是一项沉重的负担，而是一场经由师生让自己不断成长的修炼。如果您还在“忙、盲、茫”的水深火热中挣扎，那极有可能是遇到了发展的瓶颈期和高原期，需要“三次成长、二次突破”，像杨世臣校长一样力争做一个复合型、学术型和专家型的校长。

《尚书》曾言：“人心惟危，道心惟微，惟精惟一，允执厥中。”一个人之所以平庸，很大原因就在于没有找到自己真正喜欢做的事情，生活累，其实是心累。37 年来，杨世臣校长扎根教书育人、班级管理、办学治校的第一线，不仅能感受到教育工作“山重水复疑无路”的苦，也能品尝到“柳暗花明又一村”的甜，更能体验到用成长的方式把生命开成花，过一种“富有意义的教育生活”的生命价值。正是基于这样的初心，杨世臣校长“择一事，终一生”，坚持所爱，把校长工作当成自己的志业，努力做师生脚踏实地的铺路人，做师生畅想人生的筑梦人，做师生心理树洞的守护人，做师生美丽心灵的引路人，做师生仰望星空的掌灯人。他坚持读书与思考、理论与实践、研究与创新、问道与服务相统一，立志做一个自带光芒的“大先生”，真正把自己活成一道光，让无数学子借着他的光走出黑暗和迷茫。

“先生”冠之以“大”，突出了为人师者所需要的境界和风范。校长是教育工作的中坚力量，是学校的“关键少数”，工作点多、面广、量大、事繁，面对当前师生层出不穷的新问题，这项光荣的任务却让许多校长倍感压力。杨世臣校长编写此书，就是希望借助“和悦”思想的烛火点燃自己，帮助大家进一步更新教育理念，掌握实用的工作方法和技能，克服职业倦怠，减轻心理负担，感受育人过程的知识性、科学性和趣味性，既精通专业知识，做好“经师”，又涵养德行，成为“人师”，努力做为学、为事、为人的“大先生”。

书中教育叙事的力量源自大地和人民，杨世臣校长用跨越山河浪漫、升华人间温暖的胸怀，折射出齐鲁大地教育人志存高远、不同流俗的大智大慧。这本书赋予了教育人所需要的热情来始终保持对一切熟悉或不熟悉的平凡教书育人工作的追问，用理性和思考去寻找点点滴滴教育生活的不寻常。

爱是一切的开始，“孩子先于满意，爱先于所有”。谁也道不清杨世臣校长钟爱一生的学校流淌着多少故事，但我可以肯定地说，这条生命的河流称得上“最淄博、最青岛、最齐鲁、最中国”的教育文脉之一。随着青岛西海岸岸线的贯通、延伸，杨世臣校长所引领的青岛、齐鲁乃至中国的教育文化河流也会翻开新篇章，为我打开新的工作空间，带来新的挑战。

为者常成，行者常至。是为序！

于维涛
教育部中小学校长和幼儿园园长
国家级培训项目管理办公室主任、
教授、博士生导师
2024 年 3 月 6 日于北京

目录
CONTENTS

第一章
和悦文化——学校发展的灵魂

第一节　和悦文化的体系建构：让每个师生都和悦

真正的学校文化应该是既仰望星空又脚踏大地的文化。学校文化是学校发展的灵魂，是学校核心价值观主导下的全体成员的行为方式和物态形式的总和。

如何建构自己接地气的学校文化呢？

我想，应该建构属于你自己学校的、独特的、充分焕发生命力的学校文化。只依靠专家来设计是不可取的。每一所学校都有自己的校情，需要校长深入地了解本校的学生、教师和家长，了解学校的历史传承、相关社区的文化风貌等因素，设计出“最自己”的学校文化。只有这样，学校文化才能带领学校走向诗和远方，才能润物细无声地引领师生和家长走向优秀，走向卓越。帮助每一个孩子，每一名教师成长为更好的自己。

——2019 年 11 月 21 日，我在云南新时代学校文化建设高峰论坛上的报告

教育即生活，教育是为了人的幸福。朱小蔓教授提出“为人的幸福而教育”的论点。她说：“教育不应只是成人生活的准备，而应该是伴随人终身的生存方式。教育的目的，应该是为了人的和谐发展与终身幸福。”我做教育工作 37 年，做校长 27 年，一直在探索幸福的教育。在长期教育实践中，我深刻认识到：教育是为孩子的幸福人生奠基，教育的过程就是引领师生不断体验快乐幸福的过程。因此，我致力于以和悦教育引领师生成长、学校发展。

“和，相应也”（《说文解字》），“和，谐也”（《广雅》），“和”意为融和，和谐。“悦，乐也”（《尔雅》），本义为高兴、愉快。“和悦”，和而不同、因和而悦，和而达悦，以悦促和，寓

含着和谐、愉悦、幸福等丰富内涵。和悦教育是以和谐愉悦、润泽心灵、幸福人生为核心价值取向的教育，是促进学生德智体美劳全面发展的教育，是引领学生、教师和家长追求幸福、共同成长的教育，是帮助他们从优秀走向卓越、做更好自己的教育。

我们创建的和悦教育体系包括：和悦文化、和悦德育、和悦课程、和悦课堂、和悦阅读、和悦智慧、和悦校长、和悦教师、和悦家长、和悦学生等十个方面。其中，和悦文化是灵魂。

一、和悦文化的内涵

和悦文化是一种组织文化，是和悦教育核心理念主导下的全体师生的行为方式与物态形式的总和。它是学校发展的灵魂，凝聚了全校师生共同的价值观、共同的信念、共同的愿景和共同的努力方向。它是校长引领师生、家长在创建和悦教育的实践中形成的文化，是不断融合、创新，持续焕发生命力的教育文化。

二、和悦文化的特质

和悦文化主要有六个方面的特质。

（一）快乐幸福

和悦文化主张的学校教育是一种追求快乐幸福的教育。学校努力营造愉悦、幸福的教育氛围，让师生在工作学习中快乐幸福地成长。

（二）和而不同

在和悦文化中，“和”的本质要求是和而不同，尊重师生个性特长，求同存异，求得最大公约数；是因人而异，促进个性化成长发展，倡导各美其美，美美与共。对不同的教育个体，我们因人而异，激发教育个体蓬勃的内驱力和生命力，在自发、自主、自觉的成长中，体验成长的愉悦和幸福。对同一教育个体来说，在不同的成长阶段，我们持续引导师生向更高的目标迈进。

（三）民主协商

在和悦文化中，民主协商是学校和谐发展的重要因素，特别是在重大决策前和决策过程中进行充分协商，既畅所欲言、各抒己见，又理性有度、合法依章，找到全体师生及家长意愿和要求的最大公约数，广泛凝聚全员共识，促进师生、家长和悦成长与学校快速发展。

（四）公正公开

学校公正公平地对待每一个人、每一件事。教师的评优选用专项考评公约体现公平公正，教师的职称评聘由七人组成的专班进行专项考核体现公平公正，学生的各级评优表彰由教师、学生、家长联合组成评委进行打分，根据公约进行考核体现公平公正。

（五）追求卓越

追求卓越是和悦文化的追求。学校将“建设高质量、现代化、有特色、全国一流的卓越学校”作为发展目标引领师生追求卓越；学校鼓励每个师生挑战自我、超越自我，做更好的自己，践行追求卓越；学校把“追求卓越”作为校风，引导师生、家长走向明亮那方，不断追求卓越。

（六）和悦共进

在长期的和悦教育实践中，我们学校形成了自己的精神——和悦共进。一是师生和悦、共同成长的和悦共进。学校秉承“让学校成为师生共同成长的乐园”的理念，努力使学校成为师生和悦发展、人人走向幸福的现代化学园、乐园和精神家园，从而让教师和学生一起成长；二是家校携手、合作共赢的和悦共进。学校通过家委会、家长会、家长学校以及家校互动等举措，帮助和引导家长树立正确的家庭教育观，助力家长成长为学校志同道合的教育伙伴。

三、和悦文化的体系

和悦文化体系包括和悦精神文化、和悦物质文化、和悦公约文化、和悦课程文化与和悦行为文化，如下图所示。其中，和悦精神文化是和悦文化的核心和灵魂；和悦物质文化、和悦公约文化、和悦课程文化、和悦行为文化是和悦精神文化的折射、载体和外在表现形式，并反作用于和悦精神文化。这五大文化是相互依存、相互作用的，共同构成学校文化的主体。

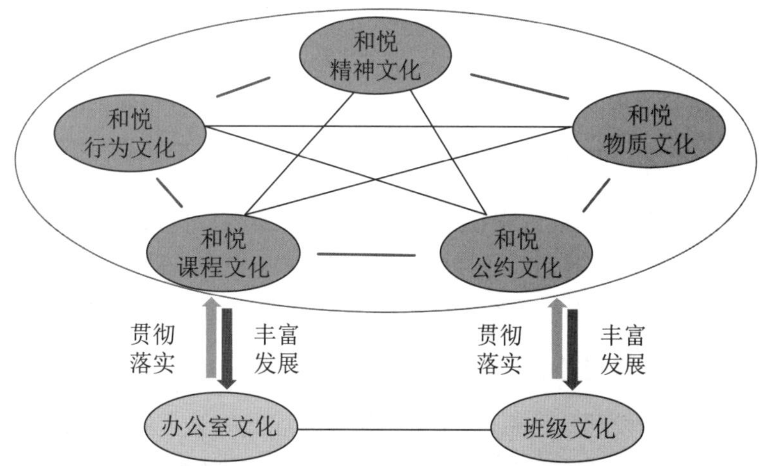

和悦文化体系中的五大文化两两之间是相互依存，相互作用，彼此融合发展的。比如，我们校训中“读好书”这一精神文化，就不仅要有思想上的宣传发动，有物质上适合

师生阅读的图书、教材、环境等的建设，要有“和悦阅读”课程的创建，要有师生“童心悦读”的行为落实，还要有检查、评优、奖励等制度公约的规范、激励。而师生、家长的“读好书”行为，则会生动诠释和丰富“读好书”这一精神文化，丰富相关图书教材和读书角等物质环境的文化内涵，检验并促进有关公约、有关课程的改进和优化。

学校的五大文化建设只有深入落实到所有办公室和班级，才会真正发挥出应有的效力。而五大文化在各个办公室、各个班级的深度实施，又不断丰富和发展了学校的精神文化、物质文化、公约文化、课程文化和行为文化。就这样，和悦教育文化体系中的不同层级多种文化，彼此支撑、相互作用、和而不同，在交汇融合中生生不息、与时俱进，不断引领学校的创新发展。

四、和悦文化建设的意义

教育的核心问题是着眼于人的全面发展。培养人、发展人、成就人，促进社会进步，是我们和悦文化秉持的根本理念。

（一）引领学生和悦成长

在和悦文化建设中，学校通过和悦精神文化引领学生形成核心价值观，通过和悦物质文化为学生创设和悦成长的文化环境，通过和悦公约文化促进学生形成良好的民主和规范意识，通过和悦课程文化推动学生不断完善和提升核心素养，通过和悦行为文化使学生成为彰显和悦风范的卓越少年。

（二）助力教师和悦发展

教师和悦发展是和悦文化建设的重要内容。学校通过“博、专、精”的教师专业发展理念，引领教师发展方向；通过“逼、导、诱”三字经，激活教师发展动力；通过“目标、研究、创新”三法宝，夯实教师发展之路；通过“专业阅读、专业写作、专业发展共同体”三路径，厚实教师发展根基；通过“民主、多元、激励”三要点，评价赋能教师发展。

（三）携手家长和悦共建

和悦文化的家长教育理念：家长是学校志同道合的教育伙伴。学校通过家委会、家长会、家长学校、家校共建等活动，帮助家长成为孩子和悦成长的示范者，幸福发展的引领者，一路走来的陪伴者，携手成长的经营者，从而撬动家长与孩子共成长。

（四）推动学校和悦提升

和悦文化是学校发展的灵魂，对学校高质量发展具有强大的推动力。无论是集团的发展规划、师生的成长目标，还是公约文化的形成、课程体系的建设，都以和悦文化为核心、为纽带而全面展开。

（五）促进社会和悦进步

建设富强、民主、文明、和谐、美丽的社会主义现代化强国，是全国人民的殷切希望。建设和悦文化，可以为构建社会主义和谐社会提供有力的思想保证、强大的精神支撑、坚实的道德基础、良好的文化源泉。建设和悦文化，关系到“培养什么人、怎样培养人、为谁培养人”的根本问题。建设和悦文化，能够促进和谐社会建设，为实现中华民族伟大复兴的中国梦做出积极的贡献。

第二节　和悦精神文化：让每个师生都有自己的明亮那方

和悦精神文化是和悦教师、和悦学生、和悦家长的精神家园。我们创建的和悦价值观、和悦精神、和悦形象是师生家长学习、工作、生活的明亮那方！

——2021 年 4 月 25 日，我在青岛西海岸新区集团化办学现场会上的讲话

一、和悦精神文化的内涵

和悦精神文化是和悦文化的深层表现形式，是双语小学教育集团在长期的教育实践中，受当下社会文化、环境影响而形成的为全体师生员工所创造和遵循的精神成果与文化观念。它是和悦文化的核心和灵魂，包括学校核心价值观、育人目标、办学目标、校训、校风、教风、学风、校歌等要素，是学校本质、个性及精神面貌的集中体现。

二、和悦精神文化的功能

作为和悦文化核心与灵魂的和悦精神文化，在和悦文化建设中起着关键的作用，其功能主要有以下四点。

（一）铸魂功能

和悦精神文化凝魂聚气、强基固本，是和悦文化发展的根本标识。和悦精神文化推崇和倡导一切有利于勇于创新、追求卓越的精神，一切有利于学校发展、学生成才、教师成长的精神，一切有利于民主和谐、公平公正、诚信仁爱的精神，一切有利于昂扬向上、开拓创新、奋发进取的精神，以全方位铸塑和悦文化精气神。这个“精气神”就是和悦文化的“灵魂”。

（二）导向功能

和悦精神文化中最深层次的是核心价值观，价值观是学校所有成员共同遵守与推崇的价值取向和行为模式，对师生的行为具有导向作用，主要表现为价值导向和目标导向。价值导向，即通过和悦精神文化使师生在价值取向上具有一致性并树立起正确的世界观、人生观、价值观；目标导向，即通过制定科学合理的奋斗目标，引导师生努力前行。

（三）凝聚功能

和悦精神文化是具有很强凝聚力的文化。它的凝聚功能表现为：一是学校对团体、

团体对个人都具有很强的吸引力、凝聚力；二是个人对团体、个人对学校有很强的认同力与向心力，让大家像石榴籽一样紧紧地拥抱在一起。

（四）辐射功能

和悦精神文化孕育出的新思想、新观念，在与社会文化交流的过程中，会产生巨大的辐射作用。一是辐射师生，带动家长；二是辐射家庭，带动社会。

三、和悦精神文化的建设

和悦精神文化建设的内容主要包括和悦价值观、和悦精神等方面。

（一）和悦价值观

和悦价值观是指和悦的师生、和悦的家长在教育实践过程中所推崇的教育价值观。

1. 学校核心价值观

学校核心价值观是学校文化的灵魂所在，它主要包括学校的育人目标、办学目标、校训、校风、教风、学风、校歌等。

我们的办学宗旨：帮助每一个孩子拥有幸福人生。

“幸福人生”是和悦教育的追求。我们首先希望学生当下幸福，即和悦教育通过创设生动、活泼、健康、快乐的学校生活，让学生拥有幸福的童年。其次希望学生未来幸福。教学生六年，为学生想六十年，为学生的终生发展奠基，为学生拥有幸福的未来奠基。

我们的育人目标：培养厚德乐学、自主合作、具有国际视野的卓越少年。

“厚德”：深厚的道德、崇高的品德，源于《易经》中的“地势坤，君子以厚德载物”。君子有大德，方可容载万物。为师者当秉厚重之德以化人，为生者当习厚重之德以修身。厚德旨在坚持落实立德树人根本任务，倡导师生要修身立德，传承优良传统、引领时代风尚、积极奉献社会，做一个高尚的人。我们创建的“六爱三雅”德育品牌，就是校本化的厚德。“六爱”是指爱自己、爱父母、爱老师、爱同学、爱学校、爱家乡，“三雅”是语言文雅、行为儒雅、情趣高雅。“乐学”：快乐地学习，幸福地探索。我们引导师生快乐学习、善于思考，求真务实、知行合一。“自主”：自己做主，自己的事情自己做。能够自己做主的人是自爱、自信、自尊、自强、自觉、自立的人。“合作”：具有合作能力，才能走得更远，才会赢得未来。自主合作是良好的学习习惯，也是优秀的行为品质。“具有国际视野”是让孩子成为具有国际情怀、国际视野、国际格局的人。“卓越少年”是追求一流的少年，是勇于担当的少年，是快乐幸福的少年。

我们的办学目标：创办高质量、现代化、有特色、省内一流、全国知名的卓越学校。

高质量是指学生的核心素养高、老师的专业水平高、家长的育人合力高、学校的教育教学质量高。

现代化是指办学思想现代化、办学内容现代化、办学手段现代化。

有特色是有个性、有生命力，需要做到十六个字：人无我有、人有我优、自成体系、供人借鉴。

省内一流、全国知名是我们的办学定位，要把我们的学校办成省内同类学校领先水平，在全国有较高的影响力。

2. 办学理念

办学理念是学校为实现办学目标，在教育、教学、科研、管理等方面持有的思想观念、精神向往、理想追求，是全校教职工对教育方针、教育策略、人才培养等方面的理性思考。它是全体师生在教育实践及教育思维活动中总结、积淀、提升、概括形成的教育信念，具有相对的先进性和稳定性。

经过反复研讨和长期的实践探索，双语小学教育集团相关的办学理念相继确定，并成为各项工作的指导方针。

学生教育理念：教育就是养成习惯。

教师专业发展理念：博（博爱博学，师德高尚）、专（专业专长，素质优良）、精（精通精深，风格鲜明）。

干部能力提升理念：有胆（开拓进取有魄力），有识（远见卓识有才干），有德（言行垂范有口碑），有度（豁达公正有气度）。

团队发展理念：和而不同，和而达悦，以悦促和。

德育工作理念：培养爱自己、爱父母、爱老师、爱同学、爱学校、爱家乡，语言文雅、行为儒雅、情趣高雅的卓越少年。

课堂教学理念：和润心，悦成长。

艺体发展理念：唯旗是夺，永争第一。

行政后勤理念：为师生提供优质服务。

家校共育理念：让家长成为学校志同道合的教育伙伴。

（二）和悦精神

和悦精神是双语小学教育集团教育观念、传统习惯、工作态度、行为方式的高度概括和总结，体现了师生的群体特征和集体风貌，是支撑师生勤奋工作、发奋进取的心理召唤，也是师生自觉成长的精神依托。

在双语小学教育集团，师生崇尚的和悦精神的内容包括自强不息、和悦共进和“一训三风”。

1. 自强不息，和悦共进

自强不息出自《易经》中的“天行健，君子以自强不息”，意味着艰苦奋斗、自力更生的精神；蕴含雄健浩然之气，体现了中华民族屹立于世界之林的精神和气概。自强不息要求师生要勇敢面对困难，坚守信念，绝不放弃；要有创新精神，对工作、学习充满激情，永葆创造活力；要勇于超越自我，以自胜之心激励自我，勇于拼搏，成就自我。双语小学教育集团的教师和学生都要有自立自强、奋发向上、誓争一流的精神，在自强进取的过程中赢得尊重，提升人生价值。要有团结合作、共同进取的团队精神，在合作中优化和悦的教育环境；要有坚持改革、创新发展的精神，在改革创新中推动学校品牌的创建，打造优质学校；要有务实高效、追求卓越的精神，在和悦教育理念的引领和扎实奋进中实现师生共同成长，进而实现幸福人生。

2. "一训三风"

"一训三风"是校训、校风、教风和学风，是和悦精神文化的核心内容，它反映了学校的办学理念、价值观念，反映了学校的历史传统和精神风貌。

校训是学校确定的综合体现学校办学宗旨的训词，是师生员工的座右铭，具有明显的文化个性。

我们的校训：读好书，做好人。

"读好书，做好人"源于 1 800 年前东汉名将关羽对其子关平、关兴的庭训教诲——"读好书，说好话，行好事，做好人"，是关羽留与后人的为人处世宝典。后人敬崇关羽，将庭训刻于石碑上，称为"关帝垂训碑"，或称为"四好碑"。

教育的宗旨是教书育人，立德树人是教育的根本任务。校训既充分体现了教育的本质，也充分显现了教育的价值。既体现了学校"厚德乐学"的育人目标，也彰显了学校"和悦教育"的核心理念。"读好书"要求每个学生读经典的书，读品位高的书，读有益于身心发展的书。"做好人"要求每个学生做一个有益于国家、有益于社会、有益于人民的人。"读好书"是为了"做好人"，"做好人"的前提是"读好书"。

见过这条校训的人，都觉得挺"特别"——直白、通俗又极具教育内涵。"读好书，做好人"六个大字镌刻在造型为一本打开的书的石头上，安放在正对校门不远的地方，离地面 28 厘米，学生一进校门就能看见。

校风是一所学校的工作作风和传统习惯，是学校文化的外在表现。

我们的校风：追求卓越。

卓越意为非常优秀，超出一般。追求卓越是对人的本质的弘扬和价值的升华。一个追求卓越的学生，必定是追求智慧圆满、精神富有、品德高尚的学生；一个追求卓越的教师，必定是充满自信、勤奋忘我、拼搏进取的教师；一个追求卓越的学校，必定是朝气蓬勃、奋发图强、充满生机活力和希望的学校。我们的师生在学习和工作中脚踏实地，从身边的每一件事做起，将平凡的事做到极致，将简单的事做到完美，做更好的自己。

教风是教师在长期教育实践活动中形成的教育教学特点、作风和风格，是教师教育理念、师德风范、文化知识水平、教学技能等素质的综合表现。

我们的教风：爱生乐业。

2022 年 4 月 25 日，习近平总书记在中国人民大学考察时强调，教育是一门“仁而爱人”的事业，有爱才有责任。广大教师要严爱相济、润己泽人，以人格魅力呵护学生心灵，以学术造诣开启学生智慧，把自己的温暖和情感倾注到每一个学生身上，让每一个学生都健康成长，让每一个学生都有人生出彩的机会。

我们把热爱学生当作自己的师德，把乐于工作当作自己的追求。爱生就是对学生细心关爱，对待学生永远有耐心、有期待，对待学生的学业成绩坚守质量底线。乐业就是快乐幸福地工作，就是把工作当作一种享受、一种幸福。

学风是学生集体在学习过程中表现出来的治学态度和方法，是学生学习过程中形成的学习习惯、生活习惯、卫生习惯、行为习惯等方面的集中表现。

我们的学风：乐学善思，自主合作。

教育教学的基本出发点就是要培养学生乐学善思，自主合作的行为习惯。乐学善思是学生个体具有的旺盛的求知欲和孜孜以求的学习精神。自主合作则是在新课程理念下新型的学习方式。我们的学风向学生传达了这样的信息：学习知识并不是最终目的，掌握正确的学习方法，形成积极的学习态度尤为重要；既要善于自主思考和实践，也要善于与人合作，共同探究。乐学善思是人生幸福的根基，自主合作才能成大事、走向远方。

第三节　和悦物质文化：让每一处空间都育人

我们经营的每一所学校，应该让每一面墙壁都说话，让每一株花草都育人，让我们的学生在潜移默化中受到启迪，受到感染，受到鼓舞，受到影响，从而引领我们的师生走向明亮那方。

——2020 年 6 月 30 日，我在四川校长视频培训论坛上的讲话

一、和悦物质文化的内涵

和悦物质文化是和悦文化的外在标志，是在和悦教育实践过程中师生员工创造的以物质形式表达的学校表层文化，包括学校标志、学校建筑、校园景观、文化设施、室内外环境布置等。大到校园整体布局、硬件配套、教育设施，小到学校的一厅一室、一草一木，都是和悦物质文化的具体表象。它们都以不同的方式，以“和谐、温馨、愉悦”的内涵向人们传递了和悦文化的精神。

二、和悦物质文化的功能

和悦物质文化在和悦文化体系中发挥了不可替代的作用。具功能主要体现在以下四个方面。

（一）育人功能

和悦物质文化作为载体文化负有教育的使命，具有强大的育人功能。它以多种造型艺术形式寓意和悦精神，在一定程度上可以陶冶身心、涵养性格。

（二）标识功能

和悦物质文化是一种物质形态的文化，是学校履行基本功能的物质载体。它作为和悦文化的标识，具有标识功能。

（三）审美功能

和悦物质文化自身所包含的审美追求和美学内涵，对学生的审美观念、感受、态度和情操会产生很大的影响，因此具有审美功能。

（四）怡情功能

和悦物质文化作为一种显性文化，陶冶情操、增长知识、引领成长是它的本质属性。师生在优美的环境中学习、成长，因此，和悦物质文化具有怡情功能。

三、和悦物质文化的建设

《教育部关于大力加强中小学校园文化建设的通知》中指出：“要把校园建成育人的特殊场所，充分利用校园的每一个角落，营造德育的良好环境和氛围，使校园内的一草一木、一砖一石都体现教育的引导和熏陶。”我们致力于“让每一面墙壁都说话，每一株花草都育人，每一块石头都有爱”，着重从鲜明的要素文化、创意的主体文化两个方面的建设实现和悦物质文化潜移默化的育人功能。

（一）鲜明的要素文化

1. 识别文化

学校识别文化是以学校标志、标准字体、标准色彩为核心展开的完整、系统的视觉传达体系，是将学校办学理念、文化特质、制度规范等抽象语意转换为具体符号的概念，塑造出独特的学校形象，从而实现良性认同和沟通。

为此，我们专门设计了视觉识别系统，从基础系统、办公系统、广告系统、环境系统、服饰系统、交通系统、印刷系统等方面进行了设计，形成了具有鲜明和悦文化特色的学校标志、标准字、标准色等形象识别系统，并已广泛应用于学校办公、环境、通信、宣传、服饰等方面。

（1）校徽。

校徽是一所学校的图形化标志，好的校徽不仅能给人以美的感受，同时也记载了学校的历史，铭刻了学校的信念与追求。

双语小学的校徽设计及解读：

整体图案呈双圆形，象征和谐圆满、快乐幸福，寓意办学宗旨——帮助每一个孩子拥有幸福人生。

整体主色调为蓝色与黄色。蓝色代表碧海蓝天，象征博大、开放、包容；黄色代表炎黄子孙，象征智慧、创新、远方。寓意育人目标“厚德乐学、自主合作、国际视野”。

核心图案似一个人正在品读打开的书，寓意校训“读好书，做好人”。

核心图案又似海燕在大海上展翅飞翔，寓意校风“追求卓越”。

“青岛西海岸新区双语小学”汉、英校名上下对应似环绕地球，表明学校是一所追求国际视野的双语学校。

（2）形象标识。

我们创意设计了和悦教育的吉祥物——“和和”“悦悦”，它们具有重要的形象标识功能。下表是部分和悦形象标识与释义。

部分和悦形象标识与释义

六大和悦	标识	标识寓意
悦读和悦		读好书，做好人
悦动和悦		健康成长，和谐发展
明德和悦		语言文雅、行为高雅、情趣高雅
智慧和悦		发展思维，个性发展
国际和悦		国际视野，国际情怀
劳技和悦		联系生活，知行合一

2. 建筑文化

学校建筑文化主要包括建筑风格、基本颜色、楼宇道路、办公室、教室、楼道等的文化元素的设计和承载等。为最大程度发挥“和悦”思想的引领作用，我们建设了开放的墙壁文化，特色的楼名、路名文化和多彩的楼梯文化等。

（1）开放的墙壁文化。

教育家苏霍姆林斯基有句教育名言：“校园应像伊甸园一样，引人入胜，要让每一面墙壁都会说话。”

走进双语小学的校门，首先映入眼帘的是和悦楼与悦动馆上方熠熠生辉的大字：“帮助每一个孩子拥有幸福人生”，这是学校的办学宗旨；“让学校成为师生共同成长的乐园”，这是学校的办学方向。正对校门的和悦楼墙壁上呈现的是双语小学教育集团的育人目标：“培养厚德乐学，自主合作，具有国际视野的卓越少年”。学校将和悦教育理念转化为开放的和悦物质文化，呈现在学校最醒目的位置，引人瞩目的不是一句口号，而是给家长和社会的郑重承诺。学校所有师生以及家长将和悦的育人目标和办学理念牢记于心，家校携手形成合力，共同育人。我们将双语小学校门外两侧围墙建成了百米文化墙，风格迥异、形式多样、内涵丰富的展板时常吸引师生、家长和社区居民驻足观看。“党在心中、爱在双语——双语小学教育集团教师节表彰名单”记载了学校高质量发展的坚实脚步和教职工和悦共进的奋斗历程；悦读、悦学、悦艺、悦动等和悦特色课程展现了学校特色校本课程建设的实践探索；“明星教师”“明星学生”“明星家长”见证了教师专业发展、学生和悦成长、家长和悦共育的足迹；“六爱三雅小故事”记录了“六爱三雅”和悦德育的理念与实践，叙说了学生爱自己、爱父母、爱老师、爱同学、爱学校、爱家乡，语言文雅、行为儒雅、情趣高雅的精彩瞬间。

走进五台山西路小学校门，一块学生书写的“和悦石”赫然屹立。和悦石象征学校的办学灵魂是和悦教育，书写者是四年级的学生牛世晨，寓意我们把学生放在学校正中央的办学理念。迎面是“教育是民族振兴、社会进步的基石”的标语，闪耀亮眼、振奋人心，为师生成长发展注入澎湃力量。

（2）特色的楼名、路名。

学校的楼宇、道路名称不仅能起到标识校园的作用，还能对校园建筑布局、区域文化意蕴起升华作用。我们组织全校师生以及家长参与楼名、路名征集活动，让他们都参与到和悦文化建设中来。经反复酝酿协商、征求建议，我们为学校建筑物、道路冠以“和悦”教育特色的名称，将办公楼命名为“和悦楼”，教学楼命名为“童悦楼”“福悦楼”和“童趣楼”，体育馆命名为“悦动馆”，餐厅命名为“悦味厅”，校园主要道路命名为“和悦路”与“六爱三雅路”。楼名、路名典雅别致，都有各自的寓意，丰厚了校园的文化意蕴，彰显了润物无声、催人奋进的文化力量。

（3）多彩的楼梯文化。

学校楼梯文化建设着眼育人，别具匠心。双语小学教育集团星光岛小学的一楼通往二楼的楼梯适合体现悦读之美。我们把适合学生读的童书书目画在楼梯上、墙壁上，拾级而上，寓意书籍是人类进步的阶梯。二楼通往三楼的楼梯适合体现艺术美。我们把楼梯涂为黑白琴键的颜色，意即合着音乐的韵律快乐成长。三楼通往四楼的楼梯适合体现探索美。我们设计了神秘、美丽的太空文化创意，引领学生探究未来。楼层与楼层之间的衔接空间，根据年级不同，布置为海洋文化空间、民间故事空间、红色文化空间等。

3. 景观文化

校园景观是和悦文化的物质载体之一，是对学校核心价值观的诠释和表达。校园景观包括自然景观和人文景观。自然景观是校园中的地形风貌、树木或奇石等；人文景观是后天加工而成的，名人题词、雕塑标语、假山喷泉、校园小景等都是重要的人文景观。自然与人文景观二者往往融为一体。我们在景观文化建设中，注重绿化、美化、硬化合理布局，突出教育性、艺术性、生活化、人情化，让学校成为发展智慧的学园、陶冶情操的花园、和谐温馨的家园，成为师生共同成长的乐园。

（1）魅力的广场文化。

广场文化的设计遵循了“育人为本”的原则，每个校区各有特色。双语小学广场文化以“沐浴书香”与“学会感恩”为主题，校园中央设置校训石，上面镌刻“读好书，做好人”六个红色大字。校训石后面不远处，是“以爱育爱石”，寓意是学会付出爱、回报爱。

五台山西路小学广场文化突出和悦智慧。以和和、悦悦探索太空为主题，主体建筑为七色彩虹桥与和和、悦悦造型的宇航员模型。七色彩虹桥呈现的是和和、悦悦乘着宇宙飞船在太空遨游的情景。彩虹象征学生五彩缤纷的童年，寓意在和悦教育理念引领下的和悦少年多姿多彩的生活，激励学生不断追逐梦想，追求卓越。地面上穿着宇航服的和和、悦悦提醒孩子们要爱护地球，珍惜我们美丽的家园。和悦智慧广场代表智慧生活的未来方向，能够激发学生的科技兴趣，树立科技梦想，使学生在快乐、幸福的学习中探索科技，携手创建智慧未来。

（2）诗意的园区文化。

校园环境规划要体现一定的文化内涵，景点造型要巧妙设计，让师生在其中得到美的享受、情的熏陶、行为习惯的养成。诗意的园区，师生在诗情画意中成长发展。双语小学的园区文化整体建设为五园：悦趣园、悦读园、明德园、国际园、悦动园，分别从不同方面诠释了和悦教育的理念。走进校门，首先映入眼帘的是灵动而幽静的悦趣园。在女贞树的掩映中，泉水叮咚作响，照壁上花影绰绰，充满韵味的庭院小景别出心裁、独具一格，可以培养和悦少年的高雅情趣。悦趣园向东是悦读园，走进悦读园，首先映入眼帘的是一座玲珑别致的假山，上以绿植点缀，游鱼在假山下的石缝间进进出出，悠哉游哉。

再向里走去，全国新教育实验发起人朱永新教授的题词“童心最美”映入眼帘，下方是高尔基的名言——书籍是人类进步的阶梯。这让悦读园充满了书香与童趣，让学生在自然中自如读书，让读书与自然融为一体，让阅读像呼吸一样自然。再向南去是明德园，六根立柱上展示了学校的“六爱三雅小明星”。小明星的评选采取多维度评价，从各个方面发现学生的闪光点，并将他们的事迹图文介绍展示在立柱上，用优秀引领优秀，用卓越带动卓越。天花板上悬挂着以“和和”“悦悦”为主角的品德故事，生动有趣，寓教于乐。明德园南侧是国际园，园中为学生设计了一处开阔国际视野的天地。色彩丰富的巨幅世界地图和五彩斑斓的多国国旗引人注目，八个立柱上用英语介绍了春、夏、秋、冬，花草树木的中英文简介、英语阅读报栏，让学生闲暇间更具“国际范”。悦动园是校园里最热闹的地方，巨幅奥林匹克徽标的装饰彰显了和悦教育“健康、活泼、团结”的体育理念。这里相比其他园区，更多是留白，最大化地利用空地建成运动场，让学生在阳光下恣意奔跑，快乐健身，幸福成长。

（3）多样的绿植文化。

为营造学生和悦成长的家园，我们在校园绿化美化上进行了适宜的规划建设，力求做到花草树木布局错落有致、疏密合理，“四季有绿有花，三季有果有香”，从而实现绿植文化的多样性。致力于让每一位师生在这绿色校园中，或漫步、或欣赏、或阅读、或研讨、或探索、或采摘、或分享，实现人与自然和谐共生，教育与学习活动琴瑟共鸣，和合而美。

双语小学建设初期资金短缺，恰逢校园旁边的扒山社区旧村改造拆迁，为让村中多年的树木发挥最大价值，我作为校长与村里多次沟通，最终将部分村民家的树木移栽到校园之中。于是，校园里有了几十年树龄的杏树、柿树、石榴树、山楂树、水杉树、桂花树、榉树、梧桐树、银杏树、樱花树、玉兰树、法桐树、国槐树、火炬树等数十个品种。随着规划的实施，我们在校园打造了金桂飘香区，其他各处分别种植了红枫、竹、樱花、石楠、银杏、松等。春天，迎春花、樱花、杏花、牡丹花、蔷薇花、玉兰花争相开放；夏天，水莲花、月季花、百日红争奇斗艳；秋天，菊桂飘香，李柿争辉；冬天，寒梅傲雪，忍冬凌霜。整个校园四季有花常青，绚丽多彩。天真烂漫的孩子们，从春天的杏子，夏天的桃子，秋天的柿子、石榴和山楂中体味自然的酸甜五味，童年回忆满是校园的芬芳。漫步在校园，人人都能感受到自然的气息，处处都能享受到收获的幸福，时时都能体会到让每一株花草都育人的教育情怀。

4. 设施文化

学校文化设施主要包括图书场馆、多功能教室、体育馆、办公教学仪器设备等。我们将各种设施文化建设同和悦文化建设相结合，同学校特色发展相结合，通过设施文化建设提升学校整体办学水平。

（1）浓厚的图书场馆文化。

中华民族的阅读文化源远流长，“耕读传家”“诗书继世”代代传承。倡导全民阅读、共建书香社会，已成为传播弘扬中国特色社会主义文化、培育践行社会主义核心价值观、激发全社会创新创造活力的时代召唤。苏霍姆林斯基指出："学校里可能什么都很充裕，但倘若没有为人的全面发展和为其丰富的精神生活所需要的书籍，那就还不算是学校。"充分道出了图书馆在学校文化建设中的重要地位。图书馆作为保存、传承、传播和创造先进文化的重要场所，既拥有得天独厚的资源优势，又肩负文化育人的神圣使命。

双语小学是我在新区创办的第一所学校。创建初期，以文化人，悦读立人，通过书香校园建设，引领师生走上和悦成长与学校高品质发展之路成为重要的立校举措，于是学校致力于打造童心悦读特色文化。我们努力让"悦读"成为师生的一种文化行为，做到把有限的图书资源利用起来。不让书籍成为书架上的摆设，而是让书籍流动在手里，流动在学校、级部图书馆和班级图书角以及走廊书架，从而形成读书励志、信息共享的氛围，让师生与书籍为伴，成为营造并传播书香文化的主体。

① 温馨舒适的学校图书馆。

走进学校图书馆，书香墨香扑面而来；掩上门，身后学生的欢声笑语便渐行渐远，只剩下沉静浓厚的文化气息。图书馆总面积 210 平方米，阅览区能供 110 多名师生同时阅读。图书馆着力营造温馨、舒适的阅览环境，不断完善服务职能，努力提高服务质量。室内装修以雅致、简洁为主，摆放了绿植，以净化空气、美化环境。阅览区的书桌宽大，座椅舒适，阳光透过窗外大树的枝丫洒落在书桌上，斑驳美丽，师生在这里读书，会感到惬意美好。图书室对全校师生全方位开放，发挥教育教学第二课堂作用。现有藏书 31 200余册，涵盖了哲学、社会科学、政治、军事、文化、科学、教育、体育、语言、文学丛书、绘本等种类。为方便阅读，图书借阅的形式多种多样，学生可以在老师的带领下到阅览室上阅读课，师生也可以课余时间自由借阅。因为藏书众多、品类齐全，学校图书馆成为学生最喜欢的地方。在图书馆里，学生可以畅游书海，与好书为友，与美文相伴，用知识涤荡心灵。许多老师养成了在书香中工作，伴书香回家的习惯。

② 丰富开放的阅读空间。

为深化童心悦读特色文化，便于学生随时阅读，双语小学建设了开放式阅读空间。教学楼内，每个楼层最开阔的区域都建成了开放的阅读空间，每个阅读空间就是一个童心阅读馆。馆内围绕墙壁和立柱构建和悦书柜，根据书柜的布局合理摆放悦读桌椅。图书资源丰富，为学生亲近书籍，爱上阅读提供了便利。与图书馆藏书"多、全、成系列"的风格不同，阅读空间的图书多是根据楼层学段特点和学生的兴趣爱好进行布置。低段学生的楼层以绘本、童话和民俗故事类书籍为主，旨在培养阅读兴趣；中高学段的楼层则主要摆放小学生必读书目、少儿文学名著和少年儿童心理健康类书籍，让学生在书中寻找成长的奥秘。每个楼层保证四个班级有一个固定的阅读空间，实行开放式管理，学生可以自行借阅。阅读空间的整体设计遵循一体双翼的原则，即以公共大厅和走廊为主线，延伸至楼道两侧每个班级的读书角，让图书随处可及，让阅读成为习惯。因此，学校每栋楼的楼层衔接的楼梯间还规划建设了“悦读交流展示台”“书香浸润童年”特色文化，定期展示校园共读书目和班级共读书目，展示师生的读书成果。同时，校园主路两侧，三园四区醒目的位置，均建有精巧的和悦书屋，旁边配备阅读椅。这种布局就像中央电视台的《朗读者》栏目建立的朗读亭。阅读空间这种开放式图书管理的模式，真正让优秀的书籍与师生的心灵零距离互动，童心悦读文化在双语校园真正“活”了起来。

③ 班级图书角。

创建班级“图书漂流角”是学校图书馆和开放式阅读空间的补充。我校每个班级都有自己的图书角，倡导学生将自己家中的图书带来放在班级图书角，让全班同学相互交换阅读，实现了图书共读漂流，既丰富了图书资源，又扩大了学生的阅读量。图书角成为学生的第二课堂，让学生的童年浸润在沁人心脾的书香里。

在建设初期，教师就在童心悦读理念的引领下，与学生一起精心布置各自班级的图书角，让学生享受“悦读”的快乐。学生自发从家中带来自己认为值得分享的好书，贴上自己的名字。更多的书来自学校，这些书多是成系列的丛书，内容适合本年级学生阅读，数量达到人均3本以上。班级图书角书目丰富，有中国古典四大名著《三国演义》等，有外国文学巨著《羊脂球》《麦琪的礼物》等，有科普读物《探索宇宙》《中国地理百科》等，还有时文阅读读物《了不起的狐狸爸爸》等，可谓琳琅满目，应有尽有。比如：四年级6班的图书角除了摆着几十册学生的自捐书外，还摆着几套整齐的共读书，有科普书《昆虫记》，有日记类的《爱的教育》，有关于生命教育的《假如给我三天光明》，有童话书《时代广场上的蟋蟀》，还有故事书《古希腊神话》。随手翻开一本《时代广场上的蟋蟀》，书页上布满了圈点和字迹，这是学生批注式阅读的成果。

学校利用一切可以利用的空间，最大限度地引领师生爱上书籍，爱上阅读。书香校园建设实现了学生与经典相伴，增强了家长的读书意识，引领了校园的读写行动。阅读活动的开展使师生、家长都在阅读中遇见了最美的自己。

（2）适宜的功能室文化。

功能室文化建设是和悦物质文化建设细微处的精心设计。我们首先做到以学生为主体，以育人为本，突出师生的精神风貌以及身边榜样的引领作用；其次与学校特色和谐统一；再次是体现不同的功能特点，对专用教室内外进行整体设计、布置。学校将功能室的管理、使用和文化建设权力下放给教师，将功能教室改为以教师姓名命名的工作室，让教师依据自己的个性特点、学科特色和孩子的成长需求，设计并建设出师生喜欢的学习、工作环境，让师生在这里舒心办公、学习创作、和悦成长。

① 数字书法区。

双语小学的书法区将传统书法与智慧教育相结合，在每一层教学楼开辟出专门的书法区域，配备大屏幕、临摹台、电子书写笔等电子设备。学生可以随时调取字库资源生成电子字帖，进行自主练习，这样的区域设置使得提笔练字随时都可以进行。

② 美食 DIY 区。

经过调查，美食小达人课程深受学生和家长喜爱。于是，集团组织教师自主报名美食烹饪指导师，并认领一间教室将其打造成美食 DIY 区。每周三下午，报名学习的学生穿上小围裙、戴上厨师帽，变身可爱的料理达人，制作饼干、面包等食品。食品做好后，与同学、家人和老师分享。

③ 影视创客区。

影视课程是集团星光岛小学的特色课程，分为“春之声、夏之风、秋之韵、冬之影”四个模块，分梯度实施，课程区域分为影视剧本编制区、影视拍摄区、影视展示区、影视创客区和影视表演区。通过编制、排练、拍摄、制作小型微视频节目，探究影视的编剧、拍摄、制作过程，让学生在光影魅力中成长；借助海报设计、配音秀、课本剧等特色活动，促进学生想象、思考、协作等多方面能力的提升。

④ 科技创客区。

集团五台山西路小学的科技实验室配有标准化的实验设备，包括视频展示台、教学用液晶投影机、生物显微演示装置、学生实验桌、学生实验凳等硬件设施，还有适合不同学段的实验仪器。例如配合低龄段科学实验的地球仪、音叉、放大镜、机械摆钟、人体秤、听诊器，以及适合中高学段的生物显微镜、家用制冷器具、教学用测力计、化学瓷蒸发皿、木工锯、木工锯条、试管和培养管等实验器材。小学科学实验室是学生“动手做”的活动场所，也是学生科学活动的小天地。通过实验培养学生的探究和创新能力，让学生体验学习科学的乐趣，激发学生在学习过程中的探索精神与主动性。学生通过观察、思考、动手、创造等，增强了对生命科学、物质科学、地球科学、生物科学的兴趣，提高了探究能力、动手能力和思维创新能力。

（二）创意的主体文化

1. 纵向的特色文化

以学生为中心，以和悦思想为核心，一个楼层一个特色主题，每个楼层以主题为灵魂，创意不同的造型，选择不同的色彩。

以下是我们教育集团五台山西路小学的楼层文化建设。

（1）和•智慧之趣——智慧和悦。

智慧和悦以信息化为载体，和悦文化为根基，为学生打造学习互动的展示空间。

① 智慧消防。

教学楼一楼大厅建设有智慧消防社团基地，基地主体景观是小珠山智慧消防报警系统沙盘。沙盘主体是小珠山地貌立体造型，在整个山体沙盘的基础上，安装物联板、传感器、语言模块、AIFish 编程软件、电脑等设备，组装成一个完备的消防报警系统。结合智能探测、智能报警、智能灭火和智能定位等主题研究，让学生了解森林火灾的危害，体验消防员的生活，学习基本的消防知识和人工智能知识，掌握开源硬件设计方法。创意设计无人机和人工智能相结合的智能灭火方法，培养学生解决问题的能力、创新设计的能力和人工智能构建的能力，使学生养成爱护自然、保护环境的综合素养。

② 智慧海洋博物馆。

智慧海洋博物馆建设有海洋深度学习区、人工虎鲸体验学习区。海洋深度学习区是基于科学探究与实验研究构建的创新操作类学习区域。数十口大小不一的鱼缸中，分别养殖了不同种类的海洋生物，如海螺、海星、螃蟹、小丑鱼等。在鱼缸旁边置有简介，可以帮助学生深入了解海洋生物的习性和特征。人工虎鲸体验学习区是我校引进的重点项目，人工智能虎鲸身躯灵活，可与人智能互动，在水中翩翩游动栩栩如生。在学习了相关知识点后，学生可利用现有工具进行探究活动，如现场观察生物体、现场解剖海洋植物、现场制作海洋生物模型等。

③ 和悦海港基地。

和悦海港基地位于海洋博物馆南侧，以和悦舰为主体。和悦舰是全仿真式舰艇装备，能够满足船长、水手、救援、旗语、礼仪五个小组的学习体验。同时，和悦舰上配置了海难风暴声光系统，通过风暴模拟和海难视频播放，学生进行和悦舰的海难逃生训练。和悦舰内配置 VR 眼镜，学生通过 VR 可以学习丰富的海洋知识，近距离走进海洋，与海洋对话，遨游神奇的海洋世界。和悦舰内配置了电脑，可供学生查阅资料，还有丰富的影片资源可供学生学习。和悦海港基地通过形式多样的学习和实践活动，拓宽了学生的学习渠道，培养了学生热爱海洋的情感，激发了学生探索海洋奥秘的积极性。

（2）和•悦读之美——悦读和悦。

教学楼二楼突出了悦读和悦主题。悦读以培养阅读兴趣、养成阅读习惯为主要任务。开放式的阅读空间，给予更多学生阅读的体验和享受。悦读和悦打造了三大主题空间：和悦书屋、童趣乐园、智慧挑战区。

① 和悦书屋。

学校将二楼东侧拐角处的巨大空间建设为开放书屋，三面墙壁上都设置了色彩艳丽的标语。北侧墙壁上是读书的方法——读书有三到，谓心到，眼到，口到，出自南宋思想家朱熹的《训学斋规》。这既是对学生提出的期待，更是一种传统文化的传承。南侧墙壁上悬挂着高尔基的名言——书籍是人类进步的阶梯。两则标语一北一南，一中一西，一古一今，交相辉映，营造出浓厚的阅读氛围。书屋的立柱上张贴了学生画的绘本插图，充满童趣。书架也是色彩多样，活泼跳跃。阅读区造型多变的读书椅和地板软垫，可以让学生自由舒展地阅读，读累了可以趴在软垫上闭目休息，透过落地窗的阳光柔软而温暖，书屋温馨而舒适。我们一直秉持快乐阅读的理念，充分尊重学生的天真烂漫，让读书没有功利，回归本真。

② 童趣乐园。

位于二楼南侧走廊，墙壁上的展览区每月更换主题，展览负责人由各班学生担任，轮流布展，手抄报、个人写真、练字作业、优秀作文等展品都在展览之列。我们将亚克力板作为展览区边框，中间以软木墙做底，兼顾了安全与美观，红色的主色调醒目大方，不论是什么内容的展览都能给人眼前一亮的美感。

③ 智慧挑战区。

学生最喜欢的区域之一。每到下课，这里就挤满了想要“牛刀小试”的挑战者们。挑战区位于二楼西侧大厅，四周墙壁上全部装饰了壁挂式拼图供学生拼接，锻炼大家的动手能力和合作意识。更高处的墙壁上悬挂了纵横字谜巨幅挂图，非洲动物主题趣味横生，学生常常在这里写写画画，破解谜题。

（3）和•世界之奇——国际和悦。

校园是学生感受国际化的主要场所，开展好国际化教育，首先应在校园环境上让学生感受到现代国际的气息。和悦国际物质文化建设以融合中西文化为基调，整体筹划，使得校园环境不仅涵盖祖国文化、道德思想和民族精神，而且包含世界文明精华和英语国家文化元素，在增进学生民族自豪感的同时拓展学生国际视野，丰富了学生的校园文化生活。同时，我校建立了全球实景直播系统，为师生提供了解世界的平台，培养学生的国际视野。国际和悦打造了两大主题版块：世界奥秘和英语世界。

世界奥秘版块位于三楼，大厅正中为60余个国家的国旗组成的旗帜柱，灵动而精巧。在旗帜柱一侧，屏幕滚动播放世界各国的宣传视频，用直观的方式展示全球各地的风土人情，让学生足不出户就可以感受世界的奇异。文化融合科技助力，通过网络建设联通世界。和悦教育极具前瞻性地将国际化教育融入校园建设中，使学生不离开本土也能置身于国际化的学习氛围和教育环境中。

英语世界版块可以激发学生自觉运用英语的兴趣，同时有利于形成显著的校园特色文化。西侧楼梯每一层阶梯都张贴了英语谚语，东侧楼梯每一层阶梯都推荐了一本英语绘本或一部英语电影。让师生每走一步，目之所及都是英语；让学生一走进校园就能感受到强烈的英语环境；让学生在耳濡目染、潜移默化中感受到英语的“无处不在”。这种立体化校园环境的创设，为学生的英语学习提供了支持性的环境，使学生具有宽广的国际视野、跨文化交往的意识和基本能力，也为提高小学英语教学质量提供了帮助。

（4）和•品德之高——明德和悦。

“大学之道在明明德，在亲民，在止于至善。”集团将“德”确定为和悦德育，将“明德”具体指向帮助学生成为“六爱三雅”之人，以“六爱”育其心智，“三雅”导其言行，于言行举止中培养优秀道德品质，形成社会主义核心价值观，帮助每个学生成长为更好的自己。规划初期，学校对校园内的教学楼、校内道路、活动场所以及绿化区进行了统一规划，使其布局合理、规范，给人以整洁、美观之感。打造了书卷长廊、红色文化空间、思想会客厅等学习互动的主题空间。

① 书卷长廊。

四楼是明德和悦主题的书卷长廊，书卷长廊从样式的设计到内容的分区都是学生集思广益的成果。四米长的巨幅书卷灵动新颖，学生在书卷上设计了德育故事、和悦明星、读好书写好字三个展示区域。其中德育故事为固定内容，苏武牧羊、黄香温席、一诺千金、程门立雪等各类故事，从不同角度润泽学生的心灵。和悦明星是班级每月评比的优胜学生，将他们的照片和个人简介张贴在此处，全体师生可以一睹他们的风采。读好书写好字的专区也由学生负责，以手抄报的形式展示，对师生进行文化熏陶和品德教育。做好“墙文化”凸显了学校育人环境的文化氛围。

② 红色文化空间。

学校大力开展校园红色文化创建活动，分布在校园中的三大红色主题爱国教育阵地增强了师生的民族自信心和自豪感。

三大教育阵地分别以“不忘初心、牢记使命”——党的发展史、“缅怀革命先烈，传承红色基因”——党的文化史和“悦读伟人故事，浸润红色血脉”——党的英雄史为内容。在这里，特色鲜明的红色文化空间格外亮眼。依托四楼西侧大厅，打造了少先队活动中心，国旗红的主题装潢在视觉上与四周的环境形成明显区分，学生置身于此，内心自然多了神圣和肃穆。队徽、队旗、队歌等的排列处处体现着肃然严整，在这里举办的许多红色教育主题活动都收到了理想效果。楼梯走廊、墙面和图书馆陈列室都是红色教育的“阵地”，以图文并茂、雕塑刻字的方式，打造出了红色文化长廊和革命教育基地，带领学生厚植爱党爱国的高尚情怀，让红色文化渗透到每一个角落，让师生的一言一行都折射红色之魂。

③ 思想会客厅。

思想会客厅位于四楼东侧大厅，这里有舒适的座椅、沙发、茶桌、图书和报刊等，可供师生娱乐、学习、谈心，极大地丰富了师生的课外活动，为大家的思想交流和家校交流提供了方便。

校园中还有夸夸我们的好老师、好同学展示墙，激励全体教师严谨创新、致力教坛、向榜样学习、追求卓越，培养高尚的师德，形成浓厚的师风。学生看到自己的学校在专家治校、名师引领中不断向前，看到身边的榜样同学，也会受到鼓舞，自然生发出勤奋求实、悉心学海的情感。

（5）和•劳技之乐——劳技和悦。

劳动教育作为“五育”并举的重要内容，在少年儿童的成长过程中发挥着至关重要的育人功能。

学校在教学楼楼顶建设了智慧农场、智慧养殖区等主题空间。

智慧农场建有种植区、园林区。种植区位于楼顶东侧天台，育有不同种类的花草、农作物。考虑到安全和便于操作的因素，种植区采用小型泡沫大棚的模式，各班划分“责任田”，种植多以大蒜、大葱、菠菜、辣椒这些易于打理的农作物为主，学生在田地中插上有自己班级特色的标识。劳技课和课余时间，学生可以在教师的带领下来到自己的田地中施肥、除草。如果不方便上楼时，可以通过楼下的智慧灌溉系统远程遥控，从而达到智慧教育与劳动教育相结合的目的。园林区位于楼顶西侧天台，虽说是园林区，但考虑到学生的能力和体力，园林中种植的是菊花、喇叭花、月季花等花卉，配合学校举办的主题活动，将劳动与审美教育相结合。

智慧养殖区设置在园林区和种植区之间，通过围栏将养殖区与其他区域区分。养殖区养有兔子、公鸡和孔雀，均设置了智慧监控，方便师生随时关注动物的健康状况。动物的笼子底均设置为两层，便于清理打扫，学生在劳动中体会养殖的乐趣。

学校建设的劳动基地除带有浓郁的劳动味外，其功能还涉及了德、智、体、美等多领域，与学校的智慧和悦建设、社团班队活动、校本课程开发等紧密结合，相得益彰。学生在教师的带领下，种植大蒜、洋葱、菠菜，养护菊花、喇叭花、月季花，饲养兔子、公鸡、孔雀。事实表明，在智慧农场、智慧养殖区实施劳动教育，能实现劳动对象、劳动过程和劳动成果的直观性与可视化，让劳动教育看得见、摸得着、抓得准。

学校的种植区、园林区和智慧养殖区为学生亲近自然、释放天赋提供了平台。三个区域以绿色发展为基础，以绿色保护为内涵，体现人与自然，人与生活的和谐关系。学校在生态绿化设计中加入了诸多育人意义的思考，紧紧围绕“生命、生活、生态”的教育主题，优化校园景观，师生在主动思考和实践中逐渐形成与自然和谐相处的理念。

（6）和•悦动之韵——悦动和悦。

“健康体魄＋健康心理＝美好人生”，这是联合国世界卫生组织赋予健康的深刻含义。我们高度重视体育运动在学生身心健康发展中的重要价值，基于“开放式区域体育活动，促进学生身心和谐发展”的实践研究，在校园内建设开放性的运动区域，提高学生每天体育运动的质量，让学生的运动方式由被动式转变为主动式。

根据学生的运动规律和身心特点，校园活动场地划分为走跑综合区、平衡跳跃区、钻爬投掷区等；根据资源设置特点划分器械区、游戏区等。悦动和悦，以悦动专区为载体，引领学生和悦运动。体能乐园区包括足球专区、短跑专区、投掷专区和耐力专区。球技酷炫区分为篮球专区、足球专区、羽毛球专区和乒乓球专区。器械区主要设计以体育器械为主，一般以金属材质居多。在设计中多选择组合器械，以达到训练学生四肢力量、腰部力量的目的，通过力量型训练，培养学生自我挑战、不畏失败、团结合作的体育精神。悦动达人区包括跳绳专区、仰卧起坐专区和坐位体前屈专区；传统游戏区分为跳房子专区、踢毽子专区和丢沙包专区。较之体能训练类游戏区设计，这两个区域设计，更强调游戏的娱乐功能和学生身体协调性培养，游戏的危险程度相对体能训练游戏区低，更有益于在游戏娱乐中培养学生的社交能力和体育兴趣。

丰富的区域性运动结合季节性区域活动，为学生创设了一个主动合作的群体环境，为学生身心和谐发展拓宽了活动的平台。学生在这里可以快乐地运动成长！

在以上每个楼层一大鲜明特色的基础上，教学楼每一楼层都分布建有智慧、阅读、国际、明德等主题文化，以实现每一楼层的全面育人。比如，二楼在“悦读和悦”鲜明特色的基础上，还有孔明锁等许多传统智慧开发器具汇聚成的“智慧角”，作为智慧和悦活动培养内容，有“六爱三雅”明星事迹展板等和悦德育主题板块，有各教室内卫生管护和楼道护栏处绿植养护等劳技和悦教育实践内容，有眼睛保健操、课间悦动操等悦动和悦课程内容。如此一来，每个楼层根据学生年龄与成长发展实际需要，均设置和建设有不同主题文化，这就确保了各个楼层、各个年级都能就近得到德智体美劳的五育融合培养，以促进全体学生的全面和谐成长与发展。

2. 横向的主题文化

“六爱三雅”德育和童心悦读是学校的主要办学特色。学校在主体文化建设中注重突出特色，使办学特色文化在每一楼层都得以体现。

（1）渐进式的德育文化。

德育文化遵循求真求善、务本务实、抓小抓细、童真童趣、循序渐进的原则建设。按照低年级重常规，中年级明礼仪，高年级铸梦想三个层次分段实施。结合小学生特点，以发生在学生身边的故事为教育素材，明理导行，立德树人。

低年级的楼层中，随处可见的是温馨提示语以及行为守则标牌，考虑到低龄段儿童还不能很好地认字，学校在标语旁绘制了生动的以“和和”“悦悦”为主角的德育漫画，还在中心花园等户外场所配有智慧感应装置。每当有人路过时，便会智能播放“小朋友，不要随意采摘花草树木哟”等语音提示，将常规教育贯彻在方方面面，形成学校“规范”和“软约束”的效果。

对于已经树立起较好常规意识的中学段学生，我们更注重在文明礼仪方面的引导。除了在日常教育中格外重视，教师办公室门口、卫生间、餐厅等公共区域均粘贴有学生自制的文明礼仪小标语，“六爱三雅”宣传标语更是随处可见，时刻提醒学生讲文明、懂礼貌。

对于高学段学生来说，“榜样墙”和“温度故事”等板块设计，就是帮助学生发现身边的榜样，培育向善向美的健全人格和高远高尚的理想。校园中的实体“奖章”，其对榜样学生本身的自豪感和对其他同学的感染力是完全不同的。“榜样墙”设计了三大板块，每月定期更换，根据劳动、才艺和学习三方面展示优秀学生的闪光点。“温度故事”板块也是由学生负责，在展示墙上以照片加介绍的方式分享成长中的美好瞬间。

（2）阶梯性的阅读文化。

落实“将学校建在图书馆上”的和悦教育理念，阅读主题文化空间由低到高设计为毛毛虫交流空间、茧宝宝阅读空间、彩蝶飞阅读空间三个部分。毛毛虫交流空间以低年级儿童为主要阅读群体，茧宝宝阅读空间和彩蝶飞阅读空间是以中高年级的少年儿童为主要阅读群体。三个楼层开放空间演绎了从毛毛虫到蝴蝶的蜕变，体现了双语小学教育集团计划利用六年时间为每个孩子构建起一个立体的阅读阶梯，一个由浪漫到精确，从粉红到淡绿的彩色阶梯。每一个孩子在这样溢满书香的校园中，实现由稚嫩可爱的毛毛虫到翩翩起舞的蝴蝶的蜕变。

第四节　和悦公约文化：让每个师生都成为学校主人

公约文化首先是大家共同约定的文化，是民主的结果，像红灯停、绿灯行一样；其次，公约文化也是我们的“规”和“矩”，“不以规矩，不成方圆”。和悦的“公约文化”已经内化成为师生的一种自觉行为，深入骨髓，融入血液！

——2021年4月25日，我在青岛西海岸新区集团化办学现场会上的讲话

一、和悦公约文化的内涵

和悦公约文化是双语小学教育集团在实践和悦精神文化过程中所形成的组织结构、管理制度及其管理方式的总和。它通过公约明确告知师生员工什么是应该做的和被鼓励的，什么是不应该做的和禁止的。

二、和悦公约文化的功能

（一）民主功能

和悦公约是全体师生员工共同的约定，具有民主功能。它的制定出台是民主的，它的实施过程是民主的，它的结果使用也是民主的。

（二）管理功能

和悦公约文化是一种管理文化，具有管理功能。它的最大价值在于提升管理效能。

（三）激励功能

和悦公约文化基于师生成长发展的需要，具有激励功能。它能够最大限度地激发师生的活力、凝聚力、创新力和战斗力。

（四）规范功能

和悦公约文化为师生提供了“规”和“矩”，具有规范功能。它可以释放强大的制约力量，对师生的言行起到规范约束作用。

三、和悦公约文化的建设

（一）引领发展的管理组织

1. 组织结构

组织结构是指学校组织内部纵向各层次工作群体和横向各个部门的设置及其关系的总和。包括正式组织结构和非正式组织结构。

双语小学教育集团从学校实际出发，建立的和悦管理组织结构为“服务中心＋项目组＋工作室”，设有十二个服务中心、N个项目组和N个工作室。

正式组织结构的设置坚持以服务为宗旨，建立了“管理即服务”的“六＋六”扁平式管理机制。设有六大服务中心和六个年级服务中心，即学生服务中心、教师服务中心、行政服务中心、后勤服务中心、信息服务中心、艺体服务中心和一年级至六年级六个年级服务中心。

非正式组织结构的设置坚持以发展和成长为核心，逐步建立起N个项目组和N个工作室。项目组的组织形式指向集团和校区的发展项目，立足推动教育教学及管理的高质量发展、特色发展、品牌建设，服务师生成长。设有和悦文化建设、“六爱三雅”和悦德育、智慧教育、5G全息课堂等项目组。工作室的组织形式指向和悦教师团队建设，立足引领教师专业化发展，促进教育教学质量提升。除上级主管部门在集团学校设置的名校长、名师、名班主任工作室外，集团还自身设立了多个名师、名班主任等工作室。

2. 服务中心管理

学校各服务中心各负其责，通力协作，共建师生发展的乐园。

（1）横向协调。

① 学生服务中心：聚焦学生，幸福童年。

学生服务中心负责班主任管理、学生管理、德育工作、少先队工作和家长学校。主要职责是为学生创造生动、活泼、有活力的学校生活，建设特色鲜明、文化氛围浓郁的班级，为学校发展与学生和悦成长服务。

② 教师服务中心：专注课堂，教研并举。

教师服务中心分为两大职能中心：教学服务中心和教研服务中心。

教学服务中心负责教学研究与管理，包括教务行政、教师考核、学科教学、教学资源库建设等。教学服务中心下设学科中心，负责各学科建设；设置资源信息中心，负责教师、学生信息资源运用，利用学校网站、微信公众号等信息化渠道传播学校文化。

教研服务中心坚持教科研引领教育教学，构建语文、数学、英语、艺体、综合学科五个教研组团队。学科教研组组长指导本组教师执行教学工作计划，积极开展各种业务学习；加强与外校的交流与互动，及时总结提升。提高教师“说、听、评”的质量，并针对每位教师的特点给予不同的指导和帮助；配合教师服务中心着力夯实常规教学工作，通过多种途径进行检查(包括备课、上课、课后反思、作业、测验、教学评价与分析等),对教师出现的问题及时反馈并督促整改;组织教师积极开展课题研究,配合教师服务中心组织、审定各年级试卷命题、阅卷工作,并在质量检测后认真汇总数据,进行质量分析;同时组织、辅导学生参加学科相关内容的竞赛;配合教师服务中心开展新老教师师徒结对活动,提高新教师的业务能力。

③ 行政服务中心:注重细节,强化执行。

行政服务中心负责人事管理、日常行政、办公室管理等,做好校长的参谋和助手。平衡、协调、检查、督促学校各项工作,为不断提高管理和教育教学水平提供数据和事实支持,宣传体现学校精神的优秀人物和典型事件,促进学校各项工作高质量发展。

④ 后勤服务中心:勤于师前,乐于生后。

后勤服务中心负责后勤管理、资产管理和安全管理,如校园、校舍、物资、财务、卫生、安全等的管理,为学校日常工作正常、高效运转提供基本保障。中心负责学校的物资采购、学校教育教学用品的日常保养与维修,学校绿化与美化,同时负责整合保障工作的协调。合理配置固定资产,保证学校固定资产安全、完整。

⑤ 信息服务中心:信息保障,智慧护航。

根据学校教育信息化发展规划,统筹协调学校信息化建设,认真组织实施相关工程的建设;构建学校信息化支撑平台,为师生提供教学、科研、管理等全方位的信息化服务,创建智慧校园;负责教学软件的建设与管理,开展面向教学、科研的综合服务能力建设,培养科技和创客人才,组织师生参加各级各类科技创新大赛。

⑥ 艺体服务中心:以艺润德,强体益智。

艺体服务中心负责全校艺术、体育方面的工作,切实抓好音、体、美教师的政治思想教育和职业道德教育,根据学校要求制定艺体工作计划并组织实施,组织开展各社团训练和成果展示活动,积极培养艺体特长生参与艺体各类竞赛活动。

⑦ 年级服务中心:统筹兼顾,自主高效。

双语小学教育集团践行民主管理原则,实行"重心下移、基层为主"的扁平化管理模式,打造一至六年级六个中心管理团队。六个年级中心主任负责编制年级组每学期的工作计划并提出明确目标,研究实施年级组目标和学校要求的具体措施,做好团队工作,协助学校做好教师的思想工作,督促教师专业提升,结合本年级组学生的特点处理学生问题,开发相关的课程,开展丰富多彩的学科和创新活动。

（2）纵向管理。

① 严格的层级管理。

扁平式的管理组织结构降低了管理重心,能够让一线的需求信息直接传递到最高层的决策者手中,从而得到最迅速的响应,让教师感觉到办事简捷、方便高效。学校提出以"精细的管理造就教育精品"的目标,努力把学校办成教育精品。管理上,集团实行按岗定职、按岗定制，领导和每位教职工都有自己的职责，都有应对自己工作的一套合理的规章制度；坚持集体教研、分工实施的职能管理原则和层级管理原则，学校设置的每个岗位都与明晰的职、责、权、利挂钩，教职工定位明确，实施教职工岗位目标责任制，班、组、室、处一级对一级负责。目前教育集团的管理日趋科学化和制度化，形成了良好的校风，提高了教育教学质量。

② 坚决的执行力。

执行力是学校竞争力的核心，是把学校的教育理念、办学理念、发展规划转化为学校发展、办学特色、教师进步、学生成长的关键力量。集团上下从校长到教师都具有雷厉风行的工作作风。坚决的执行力首先是校级干部的执行力，集团坚持文化引导，聚集执行的合力，营造执行力文化。校级干部在工作中高站位的引领，给予中层干部、教师明确的方向和具体的要求。其次是中层干部的执行力，班子成员分工明确，各司其职，高效执行。最后是教师的执行力，鼓励合作竞争，在学科组、教研、教学水平上创新考核激励机制，激发执行的活力。扁平结构在降低管理重心的同时，增强了组织成员以及不同职能部门之间的沟通交流与合作，营造了共享发展、合作共赢等组织文化氛围。

3. 项目组管理

为实现集团教育教学及管理各项工作的高质量发展，推动学校发展特色创新、品牌建设，更好地服务于师生成长，集团和校区对重点发展项目实施项目组管理，落实工作项目化、项目责任化、责任制度化、制度评价化。各项目组立足发展项目规划发展目标，制定实施方案，扎实履行职责，创新开展工作，激发了学校活力，谱写了百花齐放的和悦教育新篇章。

项目组包括集团设置、各校区设立和教师自发成立多种形式。集团设置有和悦党建、和悦文化建设、和悦执行校长、和悦课程、“六爱三雅”和悦德育、和悦课堂、教育科研、和悦智慧、5G 全息课堂、干部教师管理、教师专业成长、和悦财务、和悦家长等项目组。各校区设立的有智慧巡课、和悦阅读、心理健康教育等项目组。同时，学校为每位教师创设研究和个性发展的平台，教师可根据教育教学发展的需要自发成立项目组。如郭良晓老师针对低年级学生的学习特点，和团队一起成立项目组，开发了“和声悦语”项目，丰富和提升了学校特色发展。

4. 工作室管理

为加强和悦教师团队建设，充分发挥“三名”（名校长、名师、名班主任）工作室的示范、引领、辐射、带动作用，助力教师专业化发展，集团和校区高度重视工作室建设，使学校的组织建设走向多元，为不同个性的教师提供了自主发展的机会和空间。工作室建设的焦点放在促进教师专业和个性成长的发展上，构建支持教师参与教育教学研究的平台，形成可根据任务和目标组合的教师团队。工作室是推动和悦教师专业成长的重要阵地，是推动和悦教育高质量发展的重要举措。

工作室的建设有多种形式，一是上级主管部门在集团学校设置的“三名”工作室，包括杨世臣山东省首批齐鲁名校长领航工作室，林宏青岛市名师工作室，苗文芝青岛西海岸新区名师工作室，王立新青岛西海岸新区名师工作室以及杜娟、蔡萍青岛西海岸新区名班主任工作室；二是集团校区自身设立的名师、名班主任工作室，目前已成立了14个校级名师工作室，5个校级名班主任工作室；三是针对一些特色课程设置的专门工作室，如美术教师张杉工作室等。这些工作室由特级教师、名校长、名师、学科带头人、教学能手、优秀班主任等担任主持人，以追求卓越的和悦精神与高效优质的工作质量扎实履行职责，为和悦教师成长增添了无限动力。

工作室是校长专业成长的“加速器”，是名师和骨干教师的“孵化器”，是教育教学改革的“推进器”。学校出台考核和奖励机制，有效促进了工作室的高效运作和健康发展，引领工作室成员做读书治学的先行者、先进教育理念的传播者、教育教学改革的探索者。推动工作室积极开展高质量的学术研究，开发优质教育教学资源，推广教育教学成果，带动教师共同进步；充分发挥示范、带头、辐射作用，努力让工作室成为名校长与名师的摇篮、教研的基地、交流的平台和辐射的中心。力求实现名校长领航，引领管理干部成长；名师引航，引领教师团队成长；名班主任导航，带动班级管理团队成长。真正让工作室建设赋能教师成长、学校发展。

附　双语小学教育集团的部分工作坊名称及工作坊成员

工作坊名称	学科	工作坊成员
孙雷名师工作坊	体育	侯立旺、李鹏、陈晓宇、牛秀秀
郭良晓名师工作坊	语文	刘婷婷、魏恒斐、张晓雯、赵立宁、管晓欢
陈绪东名师工作坊	数学	丁丹茹、李媛媛、方安娜、薛阳、林新卓、杜欣阳、刘媛、马晓腾、蔡萍
陈艳名师工作坊	数学	徐菲、李媛媛、马晓腾、王慧、薛阳
张俊慧名师工作坊	语文	马素霞、周婧、韩莉、刘飞飞、李华、董艺、杨珂、薛婧雯
张杉名师工作坊	美术	祖亚秋、刘淑娟、桑圣亚、乔宇靖、李亦雯
田超名师工作坊	体育	贾立龙、窦守信、武彦君、高乐轩、刘德华、徐殿宝、徐立功
李如燕名师工作坊	语文	李晓蓉、张梦、刘馨蕾
张晓名师工作坊	数学	姜文娇、杨楠、王丹丹、薛雨静、张欣
葛赟赟名师工作坊	信息科技	殷悦、李涵雯、张雯雯、姜莉杰、陈磊
杨姗姗名师工作坊	英语	王娜、冯荣荣、赵全红、赵晨旭
杜娟名班主任工作坊	班主任	樊海清、褚珍珍、李林林、王慧、李婕妤、贾玉华、徐淑媛

（二）民主科学的公约建设

管理制度是学校在教育实践过程中制定的规范行为的规章或条例。为实现双语小学教育集团管理的民主化、科学化，增强管理实效，我们以师生为本，共同制定了各种公约，用师生的共同约定推进学校管理的现代化建设。

1.和悦公约的出台

和悦公约是有灵魂的——公约的制定和执行是从学校核心价值观、育人目标和办学目标出发的。

教代会是学校民主管理的主要的基本组织形式。《中华人民共和国教育法》第三十条规定："学校及其他教育机构应当按照国家有关规定，通过以教师为主体的教职工代表大会等组织形式，保障教职工参与民主管理和监督。"为保证教代会对学校重大决策有审议权，对重要规章制度有决定权，我们教育集团高度重视教职工对学校管理的提案，通过民主协商促进学校高质量发展。我们教育集团各种和悦公约的出台，都经过这样的过程：责任部门起草→广泛调查研究→骨干研讨→教代会通过。首先，由责任部门以国家有关政策法规为依据，坚持以人为本的原则起草初稿；其次，广泛征求意见，吸纳来自一线教职工、年级组和处室的合理化建议；再次，经过反复酝酿讨论，从群众中来、到群众中去，多次协商和修订；最后，由教职工代表大会制度修订专题会表决通过。教代会通过的各种公约经过印发或校园网公开后试行。试行过程中合法、合情、合理的坚持下来，不合适的需要修订的出台意见，待下一次教代会通过后执行。

目前，集团经教代会修订的公约如下。

团队管理层面：《双语小学教育集团人事制度改革竞聘上岗公约》《双语小学教育集团服务中心考核公约》《双语小学教育集团年级服务中心考核公约》《双语小学教育集团备课组捆绑考核公约》《双语小学教育集团班级管理工作考核公约》《双语小学教育集团薪酬改革公约》《双语小学教育集团职称评定公约》等。

干部管理层面：《双语小学教育集团服务中心主任、副主任工作考核公约》《双语小学教育集团级部主任工作考核公约》《双语小学教育集团备课组长工作考核公约》等。

教师管理层面：《双语小学教育集团师德考核公约》《双语小学教育集团班主任工作考核公约》《双语小学教育集团全员育人考核公约》《双语小学教育集团教学人员考核公约》《双语小学教育集团艺体教师考核公约》《双语小学教育集团巡课公约》《双语小学教育集团教职工代表大会制度》等。

学生管理层面：《双语小学教育集团学生养成教育达标细则》《学生综合素质评价手册》《双语小学教育集团"六爱三雅小明星"评选公约》《学生表彰制度》等。

在制定一系列管理公约的同时，集团还实行校级领导挂靠级部管理制度、校长谈心日制度、领导干部与教职工对话制度、党员干部谈心制度，同时设置人性化的校长信箱、家委会工作室接待日，坚持推行校务公开制度，让共同约定、人本关怀与透明管理推动和悦文化的形成和民主管理的进程。

2. 和悦公约的修订

和悦公约坚持与时俱进，不定期修订，以适应集团的发展变化，坚持以公约修订撬动集团发展。

（1）修订具有合法性。

集团公约的历次修订都符合法律法规和政策的要求，不与上位法相抵触，例如考勤公约中的关于病假、产假的相关规定严格按照劳动法相关规定执行；职称评定公约的职称评审条件、评选程序等严格按照省、市相关文件执行；修订时按照分组修订→集体讨论→教代会通过→全体教师学习的程序步骤，确保职称修订的公正、透明和合法。

（2）修订针对性强。

2023 年适值集团建校第 10 年，集团面临一部分评上一级教师职称和高级教师职称的教师不愿担任班主任，而很多年轻教师因为工作经验缺乏，不能胜任班主任的现状；还有一部分骨干教师，同时兼任多个职位，但评职称时因承担工作任务分数不累加导致工作积极性低。为解决这些问题，2023 年 8 月，集团组织了级部主任及以上领导、骨干教师代表修订了《双语小学教育集团职称评定公约》，重点体现班主任工作、多劳多得的问题，以此调动教师的工作积极性。

（3）修订时效性强。

2019 年，集团开启智慧教育办学特色，急需通过公约促进智慧教育的落地、落细，为此集团在争取了教职工代表的意见和建议后制定了《智慧教育考核公约》，公约由点到面全面促进了集团智慧教育特色的发展。集团的智慧教育先后受到人民网、央视网等媒体的报道、点赞，学校先后获得教育部网络学习空间应用普及活动优秀学校、全国中小学教师信息技术应用能力提升工程 2.0 典型案例学校、青岛市人工智能示范校等 46 项荣誉称号。2024 年 1 月，为进一步促进各年级、各处室的抱团发展，调动各年级、各处室的工作积极性，同时使公约的考核点更加符合各中心的工作特点，集团修改完善了《双语小学教育集团年级服务中心考核公约》《双语小学教育集团处室考核公约》。修改后的年级服务中心考核公约加大了对学生常规管理和教师德、勤、能、绩的考核，而修改后的处室考核公约规定处室教师的教学成绩比重降低，但区教体局对学校的考核工作的比重加大。

附 1　双语小学教育集团年级服务中心考核公约

……

考核项目及分值：

1. 学生常规管理（20 分）

2. 教师团队考核(德、勤、能、绩)(30 分)
3. 满意度测评(10 分)
4. 宣传工作(10 分)
5. 智慧教育(10 分)
6. 团队建设(10 分)
7. 重大活动(10 分)
8. 安全(扣分项,根据情节轻重,经校委会研究决定扣 1-5 分)
9. 否决项

附 2　双语小学教育集团处室考核公约

……

考核项目及分值:

1. 处室分管常规工作(50 分)
2. 迎检工作(20)
3. 重大活动(10 分)
4. 团队建设(10 分)
5. 创新宣传(10 分)

(三)和悦高效的管理机制

1. 民主议事制度

集团建立了五个层次的民主议事制度,第一层次是支委会,第二层次是校级办公会,第三层次是行政会议,第四层次是教职工代表大会,最高层次是全体教师会。各项工作依照法定程序,逐级召开议事会议,保证工作公平公正。

2021 年 11 月 6 日,双语小学教育集团召开干部培训“专题研讨”会,解决学校发展中的问题。研讨会之前,集团向领导班子和干部在线征集工作中存在的现象和急需解决的问题。收到的问题有:如何提高教学效率;如何调动学习的内驱力;如何实施课后服务工作的效率优先,兼顾公平;如何实现智慧教育与教育教学质量提升的一致性与关联性等问题。集团将问题进行梳理,归为六类,分别是:学校管理、德育管理、教学质量提升、后勤管理、教师专业成长发展、托管安排。六类问题的解决,按照小组攻关研讨,提交集团讨论,共同协商形成举措的程序进行。集团办公室负责把级部主任及以上领导班子成员划分为六个小组,由校领导任组长。组长负责带领本组成员对相关问题进行讨论,研究解决办法,在集思广益的基础上形成本组的定稿。每组选派代表在集团会议上阐述研讨的成果,最终由集团研讨会形成决议。这样的民主议事制度为集团高质量发展起到了总结提升作用,又为学校新时期发展注入了生机和活力,助推学校品牌发展行稳致远。

2. 合理化建议制

双语小学教育集团每个校区都有自己的合理化建议箱。收集学生、老师、家长关于学校发展的合理化建议。根据建议的内容、建议的对象，学校设置了校长信箱、校长助理信箱。校长有校长的学生助理，六大中心有六大中心的学生助理。校长、六大中心主任就学校发展的合理化建议与学生助理沟通、研讨，及时采纳合理的建议，有效促进了学校各项工作的开展。

2019 年 8 月 6 日，集团五台山西路小学投入使用。为建设开放、创新、富有生机与活力的校园文化，学校面向教职工、学生、家长开展校园文化建设意见征集活动。文化建设各方面包括学校名字的书法作品征集，学校智慧广场的建设，教室空间的建设意见及方案。学校教师、学生、家长积极参加本次活动。共收到学生、教师、家长关于校园发展的合理化建议 1 000 多条，学校对相关建议分类整理，由学生、教师、家长组成评审委员会，对各项建议进行了论证、思考，反复研讨，最终确定，学校校名使用学生的书法作品，校园和悦文化广场建设采用 2017 级学生王嘉鹤的设计方案。在“和悦”文化主题的引领下，各班积极进行教室文化建设，设计小主题，小方案，各有特色，各美其美。学校文化建设征集活动真正实现了让思想碰撞思想，用智慧砥砺智慧，实现了学校的民主管理与和悦发展。

3. “三重一大”制

为实现集团重大决策的科学性、公正性和民主性，有效防控廉政风险，集团依据《中国共产党党内监督条例》《中华人民共和国监察法》等，制定了《“三重一大”事项监督管理办法》。管理办法主要针对集团实施的重大决策、重要干部任免、重要项目安排和大额资金的使用四个事项，参与民主会议的有学校领导、教师代表和学生代表。

2023 年是集团智慧教育的深化推进年，为实现智慧教育对学校教育教学的全面、深度赋能，集团及时召开“三重一大”智慧教育专题会议，民主讨论了关于划拨智慧教育专项资金近百万元的事宜。

学校供餐管理是最棘手的难题之一，集团现在拥有两个学校三个校区，有 3 826 名学生在校就餐。为解决集团餐厅出现的就餐人数不固定、采购管理难规范、工作环节程序繁琐、以食育人文化弱等问题，集团通过“三重一大”会议决定成立和悦智慧餐厅领导中心、和悦智慧餐厅研究中心与和悦智慧餐厅数据分析中心，讨论决定了实施餐厅管理的智慧餐厅“七部曲”。“七部曲”极大保障了集团的供餐和学生营养健康工作，集团先后获得全国学生营养与健康示范校、山东省五星级食堂、山东省营养与健康学校、青岛市标准化食堂等多个荣誉称号。2023 年 12 月，我在学校供餐与学生健康国际研讨会上分享集团的餐厅管理经验。集团的供餐智慧化管理形成了品牌式管理效应，得到了各级管理部门的高度关注，各级各类培训会、现场会在我校举办。

附　双语小学教育集团“三重一大”事项集体研究程序

1. 会前申报。每月 25 日至月底，申报下月的“三重一大”事项研究计划，并提供相关材料，填写《“三重一大”事项集体研究计划表》报行政服务中心。行政服务中心根据申报情况及工作实际，与申报单位协商后，统筹安排确定“三重一大”事项研究时间。逾期不报送研究计划的，行政服务中心原则上不参加监督。

2. 会议研究。行政服务中心按照确定的日期按时派员参加，因特殊情况不能参加的，应书面告知申报单位。集体研究事项应当提前告知参会人员，到会人数超过三分之二方可召开，并执行回避规定。会议由党总支（支部）主要负责人主持，按参会人员排名的倒序逐个发表意见，主要负责人末位发言。集体研究事项实行举手表决制，行政服务中心不参会时，由部门自行组织，若分歧较大，应当推迟做出决定。

3. 会后整理。党总支（支部）应当详细记录研究决策事项过程及结果，会后 2 个工作日内填写《“三重一大”事项集体研究情况报告表》，报行政服务中心存档。

4. 情感激励制

关心和加强教师队伍建设就是关心学生的成长，就是托起家庭的希望。我们不断优化广大教师安心从教、热心从教、舒心从教、静心从教的环境，增强大家的幸福感、成就感和获得感，让教师能够为党和国家源源不断地培养德智体美劳全面发展的社会主义建设者和接班人。

情感关怀温暖人。学校提出和落实“尊重人、关怀人、激励人、相信人、发展人”的公约文化情感管理，探索管理新模式，让教师在和悦的环境中工作，从工作中找到快乐幸福。每逢节日，如国际劳动妇女节、教师节，学校都会为教师送上精美的小礼物，组织有益于身心健康的文体活动，让教师感受到学校的关心。每年的教师节，集团都会为教师举办一次颁奖晚会，预约一场电影。颁奖晚会表彰优秀教师，让教师的付出得到认可和尊重。一场电影让教师放松身心，调节状态。教师体会到的是成长的愉悦和收获的喜悦。

树立榜样激励人。每周周前会，我们会请优秀教师、优秀团队做经验分享。通过榜样的力量引领激励广大教师人人成为教书育人、为人师表的楷模。如臧艳秋老师每天午餐都要带着班里的残疾孩子吃午饭；赵晨旭老师关心班级每一个孩子；段丽老师爱岗敬业，教学成绩突出，教学业务精湛；马素霞团队不断追求卓越，多次带领双语小学六年级学生在青岛西海岸新区学业质量监测中取得优异成绩；五台山西路小学六年级教师团队团结拼搏、努力进取，组织学生在青岛西海岸新区学科素养大赛中获得团体一等奖。及时发现，及时鼓励，及时引领，学校通过周前会及时向教师传递优秀教师、优秀团队的做法，宣传他们的事迹，引领集团教师明确奋斗的方向。集团还建立评先树优表彰机制，评选“最美教师”“师德标兵”“优秀班主任”等，在集团层面进行表彰，树立典型模范，激励教师团队不断焕发正能量。

5. 绩效管理制

为体现多劳多得、优劳优酬原则，集团根据上级部门的文件精神，制定了集团的《绩效工资实施方案》。方案坚持人才导向、优绩优酬、多劳多得的原则，如加强对教师教育教学成果的奖励，主要体现对教育教学（公开课、优质课、论文、课题研究、辅导学生等）取得成绩的奖励和激励，根据教师的实际业绩按学期发放；坚持规范管理、严格考核、注重公平的原则，例如，班主任费均发 700 元，另有 300 元按 3:4:3 的比例根据班主任实际工作情况按考核结果发放；坚持提高工作量在奖励性绩效工资中的分配权重的原则，对兼任多个工作岗位的，每个岗位每月均有体现。

（四）“约”而有信的考核评价

1. 公开透明的如“约”考评

和悦公约考核评价是依据目标、重视过程、及时反馈、促进发展的长期与短期相结合的评价，是过程与结果并重的评价，依据和悦公约可以得到每周、每月的短期评价，也可以得到季度、学期、学年的中长期评价。对每一位教师员工、每一个团队都是公平公正、公开透明的，实现了激励内容的创新，确保了激励机制运行的科学性和实效性。

充分体现依法治校、优劳优酬的评价原则，将考核成绩计入各教师员工、各团队的月考核成绩、季度考核成绩以及学期、学年考核成绩，将考核成绩作为职称评定、各项校区市级评优的标准，同时作为个人工作绩效薪酬的评价依据。

和悦公约是全体师生员工共同的约定，对全体师生员工及团队的工作具有很强的导向作用，对教职工的各项工作也具有很强的约束力。有了和悦公约为依托，考核评价由难变易，在公正、公开、透明的环境中将考核融入每一天，用事实说话，用数据支撑，全体教职工对考核结果更加认可。

2. “约”而有信的定期兑现

为落实和悦公约，更好地服务于学校发展和师生成长，集团建立了和悦公约五级兑现制度：周兑现、月兑现、季度兑现、学期兑现、学年兑现。和悦公约贯穿于日常教育教学中，教职工每日出勤、班主任到岗、全员育人值勤、班级日常管理、学生自主管理等工作，都会有全面、客观和公正的考核与评价，每位教职工以及各团队的工作绩效由此产生。

（1）周兑现。

教师服务中心坚持每日智慧巡课，每日巡课反馈，每周做工作简报，对全校教师的课堂教学给予及时、科学、有效的评价与考核，其结果纳入教师本周能绩考核成绩。

学生服务中心对班级卫生、班主任到岗、学生活动等班级管理进行监督和评价，督查情况纳入教师本周能绩考核成绩。

行政服务中心对教师出勤、全员育人实行每日通报制度，每周公示教师请假情况，其结果纳入教师本周出勤考核成绩。

后勤服务中心对餐厅管理、用电安全、室内开关灯等情况采取每日督查与抽查的方式，及时反馈督查结果，其结果纳入教师本周综合考核成绩。

信息服务中心对全体教师的智慧课堂、信息技术手段的使用情况进行专项督查，其结果纳入教师本周能绩考核成绩。

结合五大中心的督查与评价，对全体教师进行当周考核，表现优秀的班级和教师会在每周周前会上做经验分享，树立榜样。

（2）月兑现。

结合四周的考核成绩，本着公平、公正、公开的原则，对全体教师进行月考核，学校公示栏公示当月考核成绩，在月评析大会上对优胜班级、优胜学科组、优胜个人进行表彰，受表彰的团队和个人进行风采展示，树典型、立目标，帮助教师快速成长。

（3）季度兑现。

每季度考核分两个等级，优秀等级的占40%，良好等级的占60%。结合本季度教师的德、勤、能、绩成绩，及时公示季度考核成绩，各部门留好过程资料，供全体教师查阅，确保考核公开透明，有依有据。

（4）学期兑现。

学校建立了学期考核奖励机制，在每学期放假大会和开学初的读书会上进行学期表彰，重点表彰优秀学科组、优秀备课组、优秀学习共同体、教学成绩优秀个人、和悦班主任等，以此激发教师的工作热情，肯定教师的努力与付出。

（5）学年兑现。

集团建立了学年表彰奖励机制，在每年集团教师读书会上进行年度考核表彰，表彰优秀处室、优秀年级服务中心、优秀学科组、优秀备课组、突出贡献奖、教学质量奖、优秀党员、优秀教师、师德标兵和优秀教育工作者等。发挥集团的优势，大力表彰，树标立杆，促进集团和学校发展，为教师和学生的成长添砖加瓦。

第五节　和悦行为文化：让每个师生彰显和悦风范

双语小学教育集团的每一位师生都要有自己的行为文化特质，都要有追求快乐幸福的信念，都要有“读好书，做好人”的品质，都要有“追求卓越”的精气神。每一位师生的一言一行、一笑一颦都必须彰显和悦人的风范。

——2021 年 1 月 27 日，我在五台山西路小学全体教师会上的讲话

一、和悦行为文化的内涵

和悦行为文化是在和悦精神文化引领下，全体师生所形成的行为方式及其承载这些行为方式的活动的总和。包括管理者行为文化、教职工行为文化和学生行为文化。

二、和悦行为文化的功能

和悦行为文化主要有以下三种功能。

（一）角色功能

和悦行为的个体对其承担角色尽职尽责的表现就是角色功能。教师员工、学生、家长各自应该履行所承担的角色，每种角色被赋予不同的责任、权利、行为规范及相应的行为模式。“学校发展的领头雁”是校长的角色定位，“有胆、有识、有德、有度”是中层干部的角色定位，“博、专、精”是教师的角色定位，“厚德乐学、自主合作、具有国际视野的卓越少年”是和悦学生的角色定位。

（二）示范功能

和悦行为的个体通过示范行为影响他人的行为即示范功能。“敢于说向我看齐”是校长的示范功能，“学高为师，身正为范”是教师的示范功能，“读好书，做好人”是学生的示范功能。

（三）促进功能

和悦行为文化对和悦文化具有促进功能。它通过师生的言谈举止和教育活动，为全体师生营造了良好的工作和学习环境，促进了师生生命状态的和悦，促进了师生的共同成长，促进了双语小学教育集团高质量、现代化、有特色的发展。和悦行为文化的正能量辐射到社区，促进了区域精神文明建设，推动了社会和谐发展。

三、和悦行为文化的建设

（一）校长行为文化

校长行为文化是校长独有的精神追求和行为特征，主要是其领导方式、领导风格，包括校长自我领导、领导他人和领导团队的方式和风格。

和悦行为文化建设，校长不仅是设计者、引领者，更是示范者、建设者和推进者。

和悦行为文化建设，关键在校长。校长的眼界有多高，和悦行为文化建设就会走多远；校长的心胸有多广，和悦行为文化建设思路就有多宽；校长的素养有多好，和悦行为文化建设就会有多美；校长的行为有多灵动，和悦行为文化建设就会有多丰富。

1. 激情满怀

2014 年 6 月，我告别早已适应的故乡，只身来到黄岛扒山附近，上任小学校长，但学校还只是个“番号”，眼前是一片紧张施工中的工地。先是两名助手，陆续有教师加入，校长见教师，教师见校长，全都是陌生面孔。在欢迎教师报到的工地西边我们拉起一条鲜红的横幅“西海岸冉冉升起的一颗新星！”第一次见面会上，面对教师的质疑观望，我坚定而真诚的声音，一字一句“砸”在教师的心中，用一腔热情唤醒和激发他们全新创业的激情。

文化建设、教师选聘、团队组建、招生工作等，万事开头难。从开始重新创业的思想动员，到制定并反复修订办学方案，到开展如何招生的专项培训，到反复指导制作招生宣传的展板，斟酌摆放位置……一切都精益求精，绝不放松标准。

在教师的眼中，激情满怀、身先士卒的校长，没有星期天和节假日，只有加班加点、废寝忘食，带领由不同学校分流来的和新参加工作的教师凑起来的“杂牌军”，从打扫建筑垃圾、安放各自桌椅到开辟会场，全都自己动手，艰难起家。凭着干事创业的一腔激情，我们当年就几乎全部完成了教体局给定的三年招生任务。就是在这样艰苦创业中带出的一大批优秀教师，成了学校乃至以后教育集团追求卓越的骨干力量。

2. 向我看齐

敢于说向我看齐，是我对自己以身示范的严格要求，也是我对校干教师的热切期望。“一将无能累死千军”，校长理应先思虑，行走在教师前面。我经常向学校的教师说，论学习，论奉献，向我看齐！

2020 年新区考教师信息技术，我在集团年龄最大，教龄最长，按政策也可以不参加考试。但我不甘落后，主动报名，利用假期，反复学习，成绩出来，许多年轻教师没能考满分，我倒考了满分。

每年的寒暑假我们都开干部读书会、教师读书会。他们当下需要什么培训，需要什么专题的报告，聘请哪些专家比较好，会上需要哪些优秀教师登台分享什么经验，会议安排哪些环节，各个环节依次安排谁主持……都要广泛征求意见，精心谋划，反复研讨，智慧决策。每个报告或经验介绍之后，我还要言简意赅地做出点评，引发大家结合自身工作深入思考。有时还要求教师上交心得体会，我逐一阅读，评判成绩。

我自己也要在会上讲话，一定要全程脱稿，不论是讲10分钟，还是半小时，绝不读稿子。一定要随时与听众保持交流，用自己的真诚与激情感染人、影响人。

2023年集团教师节庆祝会，我发表了20多分钟的讲话，报告集团近年来收获的硕果，感恩教体局和街道办的领导、指导，感恩社区的配合，感恩全体家长的合作支持，感恩教师一路的辛勤拼搏，倾情奉献！就新一年集团“创建伟大学校，塑造幸福人生”的总目标，做了十方面的规划阐释和说明。我越说越激动：

> 36年做教育，26年做校长，经常有人问我教育是什么。教育就是用一棵树摇曳另一棵树，一朵云推动另一朵云，一个生命唤醒另一个生命！帮助我们遇到的每一个生命绽放他独有的美好！
>
> 大家认同吗？
>
> 下面我就背诵一首诗《用生命影响生命》，与各位共勉！
>
> 请把自己活成一道光，因为你不知道，谁会借着你的光，走出了黑暗。
>
> 请保持你心中的善良，因为你不知道，谁会借着你的善良，走出了绝望。
>
> 请保持你心中的信仰，因为你不知道，谁会借着你的信仰，走出了迷茫。
>
> 请你相信自己的力量，因为你不知道，谁会因为相信你，开始相信了自己。
>
> 愿我们每个人都能活成一束光，绽放所有的美好！
>
> ……
>
> 新的学期，新的目标，新的起点，新的期望。让我们领导、教师、家长携起手来，一起走向和悦教育的诗和远方！

现场掌声接连不断。当天，我收到不少领导和家长的微信，或感恩、或鼓励，让我非常感动。

就这样，我用自己的情感和言行，潜移默化地影响学校师生和广大家长。“追求卓越”的校风，在校长持之以恒的以身示范中逐渐形成，受益的不仅是师生和家长，还有许多领导和社区群众。

3. 享受工作

把学校建成师生幸福成长的乐园、家园，让他们爱上学校、享受学校的美好生活，茁壮成长发展。这是我作为校长最朴素的自我要求。

要让师生爱上学校，享受校园生活，做校长的应该首先以享受的心态对待工作，把工作当作享受，享受自己的工作。正如罗曼·罗兰所说：“要撒播阳光到别人心中，自己心中首先要有阳光。”校长只有对学校充满情感，热爱学校，享受学校工作，才能让师生热爱生活、积极奋进、不断创造，充分享受校园生活的幸福快乐。

课程建设是学校给学生的礼物，也是我拿手的工作。为了让学生喜欢上学校，我带领教师从学生的需要出发，创设实施了入学课程、开学课程、童心悦读课程、“六爱三雅”课程、节日课程、食育课程、责任课程、选修课程……在创设实施这些课程的过程中，汇聚了学生、教师乃至家长的无穷智慧，也收获了他们成长发展的无限乐趣和幸福，因为我也在其中乐此不疲。

教学是学校的中心工作。我把主要精力放在课堂教学上。上课、听课、评课，研究课堂教学，不断改进自己的《道德与法治》课堂教学，有所心得就分享给教师。不管多忙，只要一有时间，就深入课堂，研究学生课堂表现和需求，研究教师教学的长处和特色。研究道法课与其他学科的深度融合，研究智慧教育赋能课堂教学……在潜心研究教学，不断提高教学质量中，感受乐趣与价值，收获感动和喜悦。

研究学校文化，研究德育和学生成长，研究教师发展，研究家长和家庭教育，研究集团化办学……以研究和创新的姿态，发现师生每天的成长与进步。

2021 年新春开学后，我按计划到每个校区的家长会上讲话，每次要讲两小时，题目是帮助每一个孩子成为更好的自己。原先不是说“帮助”，是说“让”，“让每一颗星星都闪烁最亮的光”，这句话也很精彩，但后来思考“让”设计感太强，“帮助”更好，就像培育树木花草一样顺其自然，教育学生要适应学生需求，顺应学生成长规律。就是这样认真地对待工作，潜心研究，乐在其中。

在西海岸新区全新创办三所学校，创办为全公办教育集团，创办为全区教学质量名列前茅的教育集团，在成就更多学校中成就更多师生，让师生在成长发展中收获更多幸福体验。耳濡目染中，师生深深感受到校长是如此享受工作。校长视工作如生命，风风火火干事创业，精益求精追求卓越的作风也潜移默化地影响了师生，形成了“追求卓越”的校风。

4. 勇立潮头

（1）要做就做第一，决不做第二。

双语小学位于西海岸新区嘉陵江西路北侧，政府建设设计方案上的名字是“嘉陵江路第二小学”，招生开学后上级文件和各种会议上也是这么称呼。这让我感觉很不舒服。什么“第二小学”，我从来都争第一。当年做偏僻乡村高阳中学校长也夺了全区中考成绩的第一名，做朱台镇中心学校校长也能在全国第一个提出并成功创建农村教育园区，做城区窗口学校金茵小学校长也能创办成当地第一个三校三园的教育集团，“齐鲁名校长”也是“首届”的。来到新区创办的第一所小学被叫作“第二小学”，我每次听到，都感觉很别扭。经过向上级部门争取，这所原定命名为“第二”的学校改了名，师生的志向和命运也就变得不同了。

（2）把 N 个学校当作 1 个学校来办。

“一枝独秀不是春，百花齐放春满园……集团化办学是实现教育优质均衡的有力措施，能迅速扩大优质教育面，办出更多老百姓家门口的好学校，缓解择校压力，达成区域教育优质均衡，让更多孩子尽早享受到优质教育。”作为教育系统的政协委员，早在2015年，我就提交了办教育集团破解教育均衡发展难题的提案。双语小学创办第二年，就出现学位不足问题，为满足家长对优质教育的强烈需求，我们只好着手创办新校区。

2017年，为提高星光岛区域的教学质量，经教体局推荐，把投资上亿元建起的星光岛小学交给我创办。2019年暑期，我又受命创办了五台山西路小学。五年全新创办三所公办学校，形成双语小学教育集团并快速发展，这就是我奋进的节奏。

创建新校实施“共性 + 特色”策略。对星光岛小学来说，就是双语小学的优势 + 星光岛小学的特色，特色即影视课程，帮助每一个孩子都闪出最亮的光；对五台山西路小学来说，就是双语小学的优势 + 智慧教育。

双语小学教育集团是西海岸新区第一个全公办小学教育集团，如何使之高效运营？我创新实施“2-3-12-1-1”工程，努力对全国基础教育集团化办学做出新贡献。

“2”，即育人目标和办学目标；“3”，即和悦党总支、和悦理事会、和悦集团化办学专班，“12”，即集团内12个共享——党建共享、校长共享、文化共享、师资共享、课程共享、德育共享、课堂共享、教科研共享、智慧教育共享、设施设备共享、财务共享、家长资源共享；“1”，即三所学校各有一个突出的特色；最后的“1”，即集团用1个评价公约对所有学校统一评价。

工程有力促进了三所学校的创新发展。双语小学、星光岛小学都在建校不足三年被评为青岛市文明校园，五台山西路小学建校两年就创建为区文明校园。2020年，全区学科素养比赛，双语小学教育集团包揽全区语数英三学科所有一等奖的第一名。2021年，各学科教学质量检测，集团再夺全区所有小学教育集团第一。

2020年9月，《山东教育报》显著位置，以《集团化办学，让更多学生享受优质教育》为题发表我创办教育集团的经验，对全省教育优质均衡发展产生了积极的引领作用。2021年9月，《中国教育报》用一个整版发表了题为《把N个学校当作1个学校来办》的深度报道，在全国引起了强烈反响。

5. 民主包容

民主是承认学校是教师和学生的学校，是家长和社区的学校，校长只是学校的管理者之一。作为学校的管理者，校长必须坚持“以人为本”的民主管理，充分激发师生的主人翁意识，充分发挥他们建设和管理学校的积极性和创造性。

评先选优、福利分配、资金投入等重大事情，严格遵照上级有关规定交由集体讨论决定，“三重一大”等事关学校发展的重大决策也都由集体最后议定。

建设学生服务中心、教师服务中心、年级服务中心、数据服务中心……强化项目组管理，正是“以人为本”民主管理的重要举措。

“以人为本”还需有“以法治校”配合。学校管理行为中的“法”，一个是指国家及有关部门制定的法律、法规；另一个便是学校的规章制度，我们的学校规章制度，都是师生民主制定，民主实施、民主监督、民主落实的，因而称之为“公约”。从班级到年级，从年级到学校，从学校到集团，我们发扬民主出台了许多公约，让师生自己成为学校管理的主体力量。

执行公约不是目的，师生的成长才是根本。无论教师还是学生，每个人的禀赋、性格、爱好、家庭环境等，都是千差万别的，其成长也必然是千差万别的。做校长的必须包容这种差别，承认这种差别，尊重这种差别，因势利导，发挥这种差别在促进师生成长发展中的最大效能，汇成校园尊重人、理解人、关心人、爱护人、发展人、成就人的伟大教育力量。这正是和悦教育的本质要求。和悦教育的核心在“和”，“和”即不同事物间的相应、和谐、融合，在不断融合中创新发展、生生不息。而校园生活的和谐、融合，离不开包容。没有包容，“悦纳自己”“悦纳他人”“悦纳社会”“悦纳自然”的和悦教育就失去了基础支撑。

丰富多彩的校园生态是最需要包容的，一校之长更应是最能包容的人。校长有多大的胸怀气量，学校就会有多少的人才脱颖而出，就会有多少的名师出彩。

包容教师教育教学上的问题和不足，包容教师工作中的疏漏和错误，包容教师不同的思想观念和个人见解。绝不因为有一些缺点，就全盘否定一个教师。

包容学生的幼稚、异想天开、调皮、犯错违规，爱护每一个学生，开发学生需要的课程，开展丰富多彩的活动，唤醒他们向上求真尚美的内在需求，释放他们个性化成长发展的潜能，帮助有问题的学生找到自己的长处，发挥自己的长处，收获同学尊重，收获更多成长。

校长不仅要包容师生，还要敞开襟怀，大度地包容千差万别的家长，助力家长真正成为学校教育“志同道合的伙伴”。

（二）中层干部行为文化

中层干部行为文化主要是指集团中层干部的管理方式及风格，包括自我管理、他人管理、部门管理等，其行为建设主要指向执行力和管理能力的提升。

1. 坚决的执行力

执行力是双语小学教育集团一张靓丽的名片。我要求，作为一名中层干部必须要有坚决的执行力。何为执行力？就是坚决创意地执行校委会的决策，充分发挥学校领导与教职工之间工作联系的桥梁枢纽作用，凝心聚力促发展。

实施每日反馈制。我倡导集团的所有领导干部人人当校长，从级部主任、到处室主任再到校级领导，必须深入实际、针对问题整改、反馈工作时不说好话和套话。为此，我要求各级部、各处室和每天的带班领导必须坚持每日反馈。反馈时针对当天的巡视工作，从亮点工作、待改进方面、改进措施等几个方面进行；反馈后要及时回头看，针对出现的问题及时进行整改；行政服务中心负责督促、记录，并将反馈情况纳入对各级部、各处室的考核，同时各级部、各中心的反馈情况纳入对级部和中心的考核中。

每日反馈制不仅让学校中层干部们拥有了一双善于及时发现问题的眼睛，更重要的是让他们时时刻刻动起来，对自己分管的工作多了一份责任心，能够像校长一样去爱护、管理自己的级部和处室，同时培养了他们的问题解决能力。

2. 持续的创新力

创新不是一蹴而就的，成功的工作创新往往需要持续推进、不懈努力才会有成效的。

和悦智慧校园是利用智慧教育技术对和悦教育的个性化技术实现。集团结合学校发展远景、育人目标和现有软硬件基础，集中研究党和国家智慧社会建设、数字化转型等重大发展战略和政策，集体决定大力度开展智慧校园建设。

智慧校园建设作为集团创新发展重点工程，需要一批学校中层作中坚力量，持续不断地创新工作。集团组建成立了智慧校园工程三大中心——领导中心、研究中心和指导中心。整个工程的实际主持人是研究中心的王立新组长，他是山东省特级教师、齐鲁名师、国家教育行政学院教育信息化 2.0 指导专家、中央电教馆校长信息化培训专家、山东省中小学信息技术应用能力提升工程 2.0 专家组组长。他率领研究团队从目标设定、任务链设计、智慧校园框架、实施路径、推进举措等方面，整体设计了集团的智慧校园创建方案。方案经领导、专家论证修订后开始实施。

研究团队深入调查师生教学需求，分智能环境建设、数字素养提升、数字资源整合、应用融合创新等模块，整体设计和悦智慧校园创建方案，组建多个项目组，采用模块项目化推进策略，以应用融合创新为龙头拉动整个智慧校园创新建设。从和悦德育的智慧评价开始，研究开发“3163”课堂教学数据分析模型、“9331”教师特质数据分析模型，赋能教师精准地教、学生精准地学。随后，智慧课程、智慧安全、智慧巡课、智慧体育、智慧心育、智慧劳动、智慧阅读、智慧后勤、智慧美育、智慧家校、智慧评价，全面开花。各个项目组竞相推陈出新，让集团的和悦智慧校园建设不断创新，有力推进了集团教育教学的轻负担、高质量发展，让师生收获了满满的快乐与幸福。

因为成绩卓著，集团先后在 2023 年元月西海岸新区教育大会、5 月青岛市教育局数字化转型会议、6 月“国家智慧教育示范区”创建暨全市信息化工作会议、8 月全省基础教育重点领域改革推进交流研讨活动、12 月学校供餐与学生健康国际研讨会等重要会议活动上，做了有关智慧校园建设的典型发言。

2024 年元月，我们借助已经率先建有大数据分析中心的优势，成功申报了山东省教育科学规划课题“小学智慧校园建设视域下的大数据分析与应用研究”，以严谨的科研精神，以现有智慧校园为研究载体，以学生、教师、家长3大智慧板块12个智慧模块为主体，对每个模块设计大数据分析算法与模型，实现大数据支持下的精准施教、高效学习，进一步用和悦智慧赋能学生、教师、家长的成长发展，赋能集团的腾飞。

3. 走心的领导力

“作为中层干部必须发自内心地认同、尊重同事，以心换心，用心经营心”，五台山西路小学六年级服务中心主任马国禹如是说。

马国禹肩负引领和激励整个六年级教师团队，促进学生全面发展的重任。在领导团队的过程中，她首先和级部老师共同明确团体的奋斗目标，确立“一群人是一个人”的核心理念；其次是靶向发力，找准问题，凝聚合力，同向发力。

走心的领导力是一种以心换心的艺术。马国禹主任在工作中发自内心地认同同事、尊重同事，以心换心，用心经营心。她注重情感交流和心灵沟通，真诚地关心和理解同事，建立了良好的工作关系和团队氛围。学期初，她带领团队教师深剖自己的优点和缺点，彼此透明地展示在团队中，知彼此方能帮彼此。团队成员坚信：文化学历再高，高不过善良；才华再好，好不过品德。简单做人，你对我好，我对你更好，以我心换你心。工作中老教师对新教师倾心传帮带，让新教师不胆怯，不盲从。每次考完试都是一次自我剖析，教研组内一起帮助分析，让教师在困境中找到不足和方向。在生活中不错过每一个需要有仪式感的日子，每天午后的“心灵鸡汤”互赠让他们彼此充满能量。

作为服务中心主任，马国禹关心每一个同事的工作和生活，理解大家的需求和困难。通过与小伙伴们的真诚交流，关注团队成员的工作状态和精神状态，及时给予鼓励和支持。用心的观察是推助剂，观察到情绪或者状态有异样的同事，她会单独跟老师敞开心扉地聊天，了解问题所在，尽自己最大的力量去帮助每一位老师，让互帮互助成为彼此的成长动力。

经过团队的磨合和共同奋斗，五台山西路小学在2023年全区教育教学质量抽测中成绩名列全区第7，在2023年全区核心素养检测中，8名学生有7名学生获得区一等奖，更有庄沛政、赵全红、张蔓等老师获得区优秀德育工作者、区优秀教师、区三八红旗手等荣誉称号，还有多名教师的区市级课题立项。

（三）教师行为文化

教师行为文化是指教师行为方式的总和，是教师在教育管理和教学实践中形成并发展起来的价值观念、行为模式等文化形态。教师行为方式主要指向围绕其专业发展所构建的行为规范与活动，包括角色意识、价值取向、思维方式、教学行为、研究行为等，与学校的教学目标、管理制度、管理方式、管理活动等密切相连。

1. 我宣誓：师德必须百分之百

师德是底线，必须百分百。为加强师德师风建设，集团制定了《双语小学教育集团师德考核公约》，采取领导干部评议、教师互评、家长评价和学生评价四种方式进行教师师德民主评议。每个学期初，集团各学校都会开展为期一个月的师德建设月活动，组织所有教师学习相关法律法规，通过各种优秀师德案例提高教师的师德水平。在崇高的师德精神引领下，集团组织所有教师进行师德宣誓活动，用精神指引前进，用誓言砥砺前行。宣誓活动不只停留在学期初，还贯穿于整个学年。以下是宣誓誓词：

我是光荣的人民教师。面对国旗，我庄严宣誓：忠于人民的教育事业，履行教师的神圣职责。爱国守法、以德育人；爱岗敬业、关爱学生；刻苦钻研、严谨笃学；勇于创新、奋发进取；淡泊名利、志存高远；教书育人、为人师表；团结协作、终身学习。为新区教育事业的全面发展，为中华民族伟大复兴，为人类文明的不断进步，贡献自己的全部智慧和力量！

每年的誓词内化为教师的精神品质。集团涌现出了一大批师德师风优秀的榜样教师，有甘为人梯、乐于分享的老教师，有潜心研究、不断提升的青年教师，也有爱生如子、奋力拼搏的新教师，他们身上都闪耀着敬业爱生的师德风范。集团的群众满意度连续八年优秀。

2. 我拼搏：不断超越自我

和悦教师师德高尚、博爱博学，不断认识自我、活出自我、超越自我。五台山西路小学的青年教师李晓蓉参加工作不到三年就代表学校参加朗诵比赛。李老师担任复杂繁琐的班主任工作，上班时很难挤出成段的时间准备比赛，于是就利用下班时间学习提升自己。仅比赛的朗诵稿，她就一字一句精心修改了四遍。李老师认为自己朗诵技巧需要提高，就找到学校有经验的老教师去学习模仿，一有空就去学校的无人处练习，直到嗓子变得沙哑。就这样，准备了一个月左右的时间。到了比赛那天，李老师身体却不是最佳状态，因为感冒，她带着浓重的鼻音；不仅如此，因为拔了智齿，李老师不得不忍着疼痛打消炎针登台。她没有被非理想状态打败，在比赛时拼尽全力，最终取得了朗诵比赛一等奖的好成绩。

超越自我，努力到无能为力，这是集团全体教师奉行的奋斗精神，这种精神也会通过无数青年教师不断地传承下去。

3. 我合作：弘扬团队精神

一个人走得快，一群人走得远。集团各个级部、各个教研组始终坚持合作发展理念。五台山西路小学学生服务中心是一个凝聚力很强的团队。中心成立之初，赵广红主任带领部门所有老师将中心命名为“鸿雁小分队”，以“孩子的事、事无巨细，安全为天、德行为地”为行动口号，所有工作分工不分家，有任务大家一起上，一起拼。

建校之初，学校需要设计校园文化，鸿雁团队要在 7 天内完成“六爱三雅”德育的内容，时间紧、任务重，团队教师又少，如何完成这一艰巨的任务？赵广红主任和团队的教师商量后决定分工合作，头脑灵活的李晓蓉老师负责出创意，文字功底扎实的贺非非老师负责给每个版块出标题，班主任薛琳老师负责收集学生作品，体育老师窦守信负责作品上墙工作，而赵广红主任则负责整项工作的督促落实、质量监督和与广告公司对接等工作。就这样，为了以最快的速度高标准完成工作，从假期第一天开始，一直到第六天，鸿雁团队从早晨到深夜一直在学校忙碌，最终如期完成了任务。

这种同拼搏、共奋斗的团队精神深深影响了团队里的每一位教师，短短四年，这个团队里的每一位教师在教学中都得到了飞速的成长。赵广红主任在区级音乐公开课评比中获得了第一名，薛琳、窦守信老师获得了区级优质课比赛的一等奖，并被推荐参加市级优质课的评比；贺非非老师的班会课获得了区级优质课比赛的一等奖，市二等奖，她被选入区级优秀班主任种子选手。由于工作出色，贺非非、窦守信老师被提为年级服务中心主任，在级部主任的岗位上一步一个脚印，勤勤恳恳，走得特别扎实。薛琳老师由于教学成绩出色，被选入六年级团队，担任班主任工作。

（四）教工行为文化

教工行为文化是和悦行为文化的组成部分，从侧面反映了学校的精神面貌。集团的职工们用自己的特色方式诠释了和悦行为文化。

1. 爱生暖心

以爱动其情，以严导其行，以诚换其心，以志树其人，这是集团保安的自我要求。集团的保安守护着师生的安全，在涉及安全的问题上是丝毫不让的。他们在铁面严格的形象下，也有着一颗温暖的心，用自己的行动关爱所有的学生。

案例　爱生暖心的保安

管洪禄师傅是五台山西路小学的保安，平日工作认真，兢兢业业守护校园，守护全校师生。流感来临，细心的他发现有些低年级的学生还不适应戴口罩来上学。管师傅就每天随身携带多个口罩，发现有忘带的学生，就从兜里掏出口罩为其戴上。

管师傅觉得自己只是在做自己分内的事，这是最微不足道的。然而，家长却把这件暖心的小事看在了眼里，专门写了一封感谢信寄到了学校，高度赞扬了管师傅的举动，为此还给学校捐了一箱口罩。家长的举动倒让管师傅很感动，没想到自己工作上的一个细节能够获得大家的认可。

管洪禄师傅通过一件微不足道的小事获得了家长赞扬，这离不开他平日勤恳地工作，更离不开他对每一位学生平等的爱。

2. 合作有爱

“爱己者，仁之端也，可推以爱人也。”集团餐厅每天的餐饮丰富多彩，餐厅职工用爱心凝聚集体，通力合作；用良心工作，服务全校师生，让餐厅成为家长满意、学校放心的优秀餐厅。

案例 合作有爱的餐厅

双语小学教育集团的餐厅一直都是合作有爱的集体，以至于在讲述自己的故事时，餐厅的所有员工都觉得自己的日常工作没有什么可说的，自己仅仅是在做应该做的事。当精神成为了习惯，学校的餐厅也成为了一个家长满意、学校放心的地方。

五台山西路小学的餐厅员工，从踏入学校的一刻起，就坚持食品安全的底线、健康饮食的高线，用爱心工作，让学生和教职工吃好每一餐，吃出幸福感。

餐厅的所有员工都知道自己身上的责任重大，容不得出一点疏漏。他们及时跟进国家颁布的营养政策，知道学生教师平日吃的杂粮少，因此在做米饭、粥等食物时会特地掺入杂粮；在考虑每日的食谱时，不会只做学生爱吃的饭，因为要考虑营养均衡的问题；在炒菜时，都会控制调料的添加，保证饮食健康。学校早餐面食、馅料永远是现场制作，准备多个种类，以满足大家的口味。冬天天冷，餐厅会把所有餐具用热水烫一遍，拿毯子盖着保温，保证师生拿到的餐盘是温热的。给在教室就餐的学生送餐，餐厅人员也考虑得十分周全，专门调查了各级部的英语课，在送餐时避开听力的时间，不打扰学生上课。

“六一”儿童节时，学校食堂想给学生一个惊喜，提前商量好了各种菜品。从米饭的种类到不同的水果点心，列出了一个总表，变成小程序，让所有学生投票，选取自己最爱吃的菜。把得票数最高的变成“六一”儿童节的午餐，给学生节日的礼物，让所有学生过好属于自己的节日。

3. 恪尽职守

学校的干净整洁离不开保洁人员的努力，双语小学教育集团的每一位保洁人员都秉持着敬业精神，把恪尽职守发挥到极致，不慕名利，只为大家。

案例 恪尽职守的保洁

每天早上教职工上班时，学校走廊、卫生间等地方都已是一尘不染了。原来，每天不到 6 点，负责保洁的牟洪春大爷就已经开始当日的清理工作，到校时间比所有教师都早。

牟大爷说，这样工作是自愿的，干一行要爱一行，保洁工作就是要服务大家，不能让教职工在上班的时候看到有不干净的地方，影响心情。认真工作是应该的，这是牟大爷对自己的要求。他喜欢早点到，这样不仅可以做得更好，而且一旦有什么特殊情况，也有充足的时间去解决问题。

保洁牟大爷用自己的行动展现了和悦教工的精神，不慕名利、低调做事、恪尽职守的品格在他身上展现得淋漓尽致。

（五）学生行为文化

学生行为文化是指全体学生在学习、生活、工作中所共同拥有的价值观和文化取向在行为方式上的反映，是学生的行为本身和通过行为所表现出来的社会心理、思维方式、思想观念和风俗习惯等生活形态。

学生行为方式主要指向围绕学生健康成长与发展所构建的行为规范、仪式等。可落实到班级文化、模范学生、特色活动等点上。

1. 我诚信，我和悦

一张“欠条”的故事引人关注。2022 年 9 月 13 日晚，央视新闻主持人白岩松，在新闻周刊上报道了一位小学生的动人事迹。刘栩铭，10 岁，是双语小学教育集团五台山西路小学五年级的学生。当天晚上，栩铭独自上车准备去找妈妈，却在刷卡时发现余额不足，转身就要离开。驾驶员崔阿姨考虑到天色已晚，将她叫住，用自己的卡为其垫付。令驾驶员没有想到的是，栩铭在下车时，向阿姨行了一个少先队礼，并递上了“欠条”，上面写着：“很遗憾公交卡没钱了，K23 路公交车阿姨帮我付的钱。感谢！”事后，栩铭向妈妈讲述了事情的经过，妈妈想尽办法联系这位驾驶员。经公交车公司寻找，栩铭妈妈带着孩子向崔阿姨表达了感谢，并赠送了一张 100 元的公交卡，用于帮助有相似经历的人。

由于刘栩铭同学的带动，诚实守信已经蔚然成风，集团师生真正实现了“我诚信，我和悦”。

2. 我运动，我快乐

自建校之初，我就倡导“无体育不双语”的运动理念，鼓励所有学生运动、快乐、收获、幸福。

五台山西路小学的女篮队伍是一支热爱运动、奋力拼搏、热气腾腾的队伍。每天清晨，当第一缕阳光洒在大地上时，她们已经开始了紧张而有序的训练。她们在教练刘德华老师的指导下，一遍遍地练习传球、接球、投篮等基本动作，力求每一个动作都完美。汗水从额头滑落，滴落在地上，但她们的眼睛里却是对梦想执着追求的坚毅。

队伍里名叫杨睿的队员，让我印象很深刻。每次巡视校园，我总能看到她训练的身影，她的努力和顽强深深地感染了我。在2023年的市长杯篮球赛冠亚军争夺中，由于杨睿同学表现出色，下半场对方开始对她进行盯防。在一次拼抢中，她被对手撞倒在地，膝盖重重地磕在地上，血花在她白皙的皮肤上绽放开来。她痛苦地躺在地上抱着膝盖，久久不能起身，我们都非常揪心。

比赛因伤暂停，教练和队员将杨睿搀扶下场休息。我们的意见是让她好好休息，放弃上场。然而，杨睿并没有选择放弃，她咬紧牙关，强忍着疼痛，用双手支撑地面，艰难地站了起来，经过简单的包扎之后，勇敢地回到比赛。

尽管受伤，但并没有因此减弱她的斗志。她凭借顽强的毅力和出色的技术，巧妙地绕过对手的防守，将篮球一次次准确地投进篮筐。也许是她的勇敢和拼搏激发了队友，球队士气如虹，最终大比分战胜了对手，夺取了冠军。事后，杨睿和队员们捧着奖杯对我说："这点伤不算什么，能在球场上打篮球、挥洒汗水、不断拼搏才是最快乐的事！"

艰难方显勇毅，磨砺始得玉成。五台山西路小学的女篮队伍在2023年先后夺取了青岛市阳光体育联赛五人制篮球赛冠军、青岛市阳光体育联赛三人制篮球赛冠军，实现了青岛西海岸新区小学篮球市级比赛的首次大满贯。

3. 我的地盘，我做主

学生行为文化体现了和悦学生的良好行为，一方面是来自教师和家长的教育和影响带动，另一方面取决于学校是否创设符合学生生活经验的教育场景，是否以多种方式搭建有利于学生主动参与、自主管理的平台。结合学校发展实际，集团推出了"一班一品"建设制度，力求在班级文化建设中培养学生高度的自主意识，做到"人人有事做，事事有人干"。在班级之中，从班长到卫生管理员、开关小助手，每一个孩子都在自己的"岗位"上，各司其职。例如：第一节课刚一结束，501班的学习委员王钟诺就带领同学们喊起"一收、二摆、三看、四捡"的口号。一收即收拾桌面，二摆即摆出下节课的相应课本及学习用具，三看即对齐桌椅，四捡即捡起周围垃圾。学生在一声声口号中，完成了课前准备，卫生委员便立即检查，真正做到了"让孩子成为班级的小主人"，自己管理自己。五年级的袁天悦同学是学校少先队大队委委员，从三年级开始，他就跟随自己的"小师傅"每周到校园执勤。他从一开始的青涩生疏，到现在已经能够驾轻就熟，在大课间、升旗仪式、上学放学时自觉上岗，监督同学们的课间秩序、文明礼仪等。正是这种"人人有事做，事事有人干"的浓厚氛围，培养了一批又一批独立自主的卓越少年。

第六节　办公室和悦文化：让每一位教师都卓越

办公室和悦文化是学校精神文化、物质文化、公约文化、行为文化建设在办公室这一教师团队活动空间的创意实践。我们要加强办公室和悦文化建设，让教师拥有责任感和担当感的同时，获得更多幸福感、价值感，快乐地工作。

——2017 年 9 月 1 日，我在双语小学全体教师会上的讲话

办公室和悦文化建设在促进教师专业发展，让教师获得幸福感、快乐感、价值感、责任感和担当感的过程中，有着独特的意义。

一、办公室和悦精神文化建设

（一）形成共同愿景

办公室和悦精神文化建设基于全体教师的共同愿景，成于全体教师的深度关切和自觉锤炼，因此，共同愿景是办公室和悦精神文化的核心与灵魂。共同愿景作为教师共同持有的意象或景象，是教师价值取向的集中体现和真实存在。因此，共同愿景作为办公室和悦精神文化的重要组成部分，深深影响办公室和悦文化的塑造。

在双语小学教育集团，教师有着共同的信仰与追求：只有完美的团队，没有完美的个人。在不同办公室，不同服务中心，教师为了实现共同的目标，所有团队成员都自觉地认同办公室的共同愿景，并愿意为此奉献自己的力量。学生服务中心重在德育管理与学生培养，行政服务中心重在执行力与效率，后勤服务中心重在后勤保障与服务，年级服务中心在于为师生发展和成长服务。办公室里张贴的一条条标语，无不彰显大家的信念与追求。

（二）共建卓越团队

办公室着重营造积极向上的环境，好的环境可以带给大家好的心情，好的心情可以让人积极快乐地工作，积极地工作可以换来丰硕的成果。每个人都十分关心学校的发展，把自己与学校的发展紧密联系在一起。在学校有需要的时候，大家像团结友爱的兄弟姐妹，集思广益、齐心协力、共创辉煌。

办公室领导和成员之间、成员与成员之间相处融洽、彼此尊重。诚实待人、相互信

任，做到言必信、行必果。通过和谐的人际环境建设，营造出一种良好的、积极向上的工作氛围。

附 共建卓越团队个人感悟

教师服务中心团队文化

郭良晓

做团队从来不是个人英雄主义，
比起自己站在人群中讲课，
我更喜欢静静地聆听伙伴们分享知识。
听着听着，我会不自觉地用力点头，
听着听着，更会不自觉地会心一笑。
一个人的努力只能是加法，
一群人的努力绝对是乘法。
而真正激励一个人前进的，
不是激励语录或者心灵鸡汤，
而是身边志同道合、积极上进，
充满正能量的同频人！

（三）携手和悦共进

开展办公室文化活动能够激发办公室成员的工作热情，让成员同心同德，群策群力，和悦共进。

办公室成员间应有良好的交流。每个人在工作中取得了成绩，大家都真心地祝贺他。当一个人在工作上甚至生活中遇到困难时，有多只温暖热情的手伸出来帮助他，那他在这个集体中就不会感到孤独。

附 携手和悦共进感人故事

我的师父

杜 娟

我的师父张俊慧老师是一位无私奉献、从不计较得失的好老师。

我记得有一次，张老师所任教班级的班主任生病请假了，时值学校迎接督导检查的关键时刻。为了完成学校布置的班级文化建设重任，张老师及时补位，义无反顾地挑起了班主任的“大梁”。她积极策划了班会活动，班级墙报布置工作也组织得井井有条，还在班上开展了小组板报评比活动。每次活动的开展都是以学生的主体性为主，真真切切地锻炼了学生的合作、探究能力。功夫不负有心人，张老师不计得失的付出不仅得到了校领导的肯定，更是得到了督导检查人员的高度赞扬。

当我备战公开课时，张老师毫不保留地传授自己的教学经验，积极组织其他老师帮我听课、评课。那天晚上，即使自己的孩子高烧不退，张老师依然在校陪我修改方案直到深夜。那时候，我觉得自己是如此的幸运，又如此地心疼和感恩我的师父。

很庆幸，我生活在这样一个有爱又团结的双语大家庭中。

独行快，众行远。在工作中，办公室成员坚持一切从实际出发、互相支持，大家心往一处想，劲往一处使，有好的建议都会一起分享。在工作中，大家团结协作，和悦共进，增强了凝聚力和向心力。

二、办公室和悦物质文化建设

和悦的办公室首先应该是一个温馨和谐的家园。教师的工作千头万绪，比较繁重，有压力，但不应该是压抑的。如果在一个雅致而有情趣的环境中工作，人的心情自然愉悦。用一种怡然的精神状态投入工作和学习，效率肯定会提高。环境的和谐整洁会使办公室无比温馨。

（一）环境整洁美

通过对办公室环境的美化，大家积极营造干净整洁、舒适优雅的办公室环境。

1. 每个办公室建张贴框，用以张贴课表、作息表、值班表等。
2. 及时清除无用物品，定位安置物品，物品摆放整齐，使用方便。
3. 作业本统一上架，办公室内不摆放学生桌椅。

（二）墙体文化美

墙体设计醒目、美观，内容要有针对性、实效性，有一定的创造性。办公室的和悦物质文化建设应该融入教师的涵养、学科特点和团队精神。

根据学校每个办公室文化建设的不同需求，教师有的带来了工艺品，有的买来了装饰画，有的装饰了自己的书法作品……所有的办公室都起了室名，室名蕴涵办公室成员的追求和理想："鸿雁工作室""书香墨斋""快乐工作室"……纷纷"出炉"。办公室文化建设的浪潮也掀起了班级文化建设的波澜，每个教室都有了自己的文化小天地。

（三）特色创新美

每个办公室都有自己的特点，根据不同办公室的性质和教师的特长，办公室布置有自己的亮点、自己的特色。例如，行政服务中心更加注重执行力的打造，后勤服务中心则注重服务精神的打造，艺体服务中心注重艺术感的打造。

附　办公室文化建设解说

行政服务中心办公室文化建设解说

李　健

我们办公室是学校行政管理和组织协调的重要部门，因此必须强化文化建设，使部门成为恰如其分的服务中心。

为了完成这一目标，我们选择了一个具体的案例进行探讨。在过去，学校办公室的伙伴们之间沟通有些不畅，导致了一些工作上的差错和效率的降低。为了解决这一问题，我们通过组织大家一起参加讨论会，建设了“没有优秀的个人，只有优秀的团队”文化墙，并一起设计了“赢在执行”的文化标语。通过办公室物质文化的建设与影响，时刻提醒大家个人的力量是有限的，团队的力量是无穷的，即使是某一个人在某些方面取得了成绩，但那也是少数。毕竟一个人的能力是有限的，多一个人多一份力量，只有大家共同努力，才能取得更大的成果。在这样的氛围下，我们开展了许多活动，例如：学校文化及管理技能培训、知识及技术交流、合理安排工作时间等。这些活动不仅拉近了办公室伙伴们之间的距离，同时也提升了行政服务中心教师的工作能力和水平。

（四）绿化装饰美

办公室绿化以教师喜欢的绿色植物为主，一是让教师赏心悦目，陶冶情操。在进行室内绿化装饰时，依据各种植物的姿色形态，选择合适的摆设形式和位置，同时注意与其他配套的花盆、器具和饰物间的搭配，做到和谐相宜。二是将绿植当作课题进行跨学科的研究。

三、办公室和悦公约文化建设

办公室的和悦管理制度，能让所有教师每天工作生活在规范有序而又富有人文和民主气息的环境里。因此，办公室负责人学期初在制定办公室规章时，既充分考虑科学制度下的井然有序，又以尊重人和发展人为依据。

（一）践行办公室文明公约

为使办公室规范有序、民主人文，教师制定了自己的办公室公约。五年级服务中心制订的办公室公约如下。

（1）文明办公：遵守劳动纪律、不迟到、不早退，除上课或处理学校公务外，一律在办公室办公。上班期间，不做与工作无关的事，不讲与工作无关的话，不影响他人办公。

（2）尊重同事：教师之间相互尊重、相互团结、相互学习、相互帮助。言谈举止文明，体现团队精神。

（3）关爱学生：关心爱护每一位学生，尊重学生的各项权利，不在办公室批评学生。

（4）注意安全：贵重物品妥善保管，要注意办公室防盗、防火等工作，下班时关好门窗、切断电源。

（5）爱护电脑：教师办公室电脑管理责任到人，健康上网查阅教育教学资料。禁止利用办公室电脑上网游戏、浏览购物网页等与工作无关的事情。

（6）优化环境：创建良好的办公环境，物品摆放美观、墙面不乱张贴、室内不准吸烟。建立教师办公室评比制度并予以奖励。

（7）讲究卫生：保持办公室的整洁，建立教师办公室卫生值周制度，做到全天候保洁，每周五下午大扫除后做好交接手续。

（8）节约用电：电灯、饮水机等电器用电要节约，避免出现电灯不关、饮水机不关等不良现象。

（9）不同的办公室可根据各自不同的实际情况，进行创意性的改变。

（二）落实办公室项目责任制

为让办公室的工作井然有序、高效运行，我们实行项目责任制。根据每位教师的能力特长、性格特点将办公室工作合理分工，以实现“人人有事干，事事有人管”的目标。

四、争创和悦最美办公室

为扎实推进校园文化建设，提升工作质量和服务水平，树立文明办公之风，发扬和悦教育的创新精神，我们学校每年都开展和悦最美办公室评比活动。借此规范办公室管理，凝聚办公室精神，营造清新高雅、整洁高效的办公室工作环境和团结协作、和谐向上的人际工作氛围，促进工作效率提高，推进和谐校园建设。

（一）学习标准

各办公室、各服务中心为争创和悦最美办公室，首先主动对标学习了集团出台的《和悦最美办公室评比细则》，有的放矢，制定了各自的争创方案，全方位筹备创建，落实细则。

集团评比活动从环境卫生、物品摆放、文化建设、节能绿化四个方面开展，由行政服务中心对具体评价标准进行细化，制定出可量化的评价细则。和悦最美办公室评比细则如下表所示。

和悦最美办公室评比细则

项目	评比标准	得分	备注
环境卫生（30分）	办公室内外（走廊）地面干净整洁，10分。（发现积水、纸屑、果壳、烟头等杂物一项扣2分）		
	办公桌整齐，5分。（发现办公室零乱、整体不美观一项扣2分）		

续表

项目	评比标准	得分	备注
环境卫生（30分）	清洁用具（桶、脸盆架等）放在固定位置，且整齐，5分。（发现清洁用具乱摆乱放，垃圾不及时倒掉酌情扣分）		
	门窗干净、墙面干净无灰无污渍，10分。（发现门窗、墙面不干净酌情扣分）		
物品摆放（30分）	办公桌上不乱摆书籍、作业本、茶杯等，10分。（每发现一项乱摆放扣2分）		
	书柜上干净无杂物，10分。（每发现一次扣2分）		
	录音机等教学器材、教学用具不乱摆乱放且无灰尘污迹，5分。（每发现一次扣1分）		
	电话、电脑完好无灰尘污迹，5分。（每发现一项扣1分）		
文化建设（25分）	办公室有值日制度，安排值日表，10分。（每发现一项没有达到要求扣2分）		
	办公室环境建设整体美观，室内文化设计醒目、美观，内容有针对性、实效性，有一定的创造性，10分。（整体美观基础分5分，其他酌情加分）		
	教师团结协作，互相尊重，互相帮助，5分。（学校布置的工作不能及时完成落实扣1分，同事之间不团结扣1分，集体性工作难开展扣1分）		
节能、绿化（15分）	门窗、电灯、电脑、空调等及时关闭、锁好，空调遥控器由办公室负责人负责保管，需要启用时再用，节约用电，5分。（每发现一项没关好扣1分）		
	办公室及走廊窗台上栽种绿色盆花，净化空气、美化环境，5分。（一盆没有扣2分）		
	正常工作时间不玩游戏，不炒股票，5分。（每发现一次扣5分）		
合计得分			

（二）创意建设

每年学期初，教师都会根据不同办公室的性质和特色，用心装点办公室，努力营造干净整洁、文化氛围浓厚的绿色办公室，创建和悦最美办公室。

教师积极发挥集体的智慧和力量，精心酝酿、动手动脑，创设出了主题鲜明、创新个性、内涵丰富的办公室和悦文化氛围。有的办公室主题新颖，色彩及设计美观大方；有的办公室墙上悬挂了奋斗目标的横幅与励志标语；有的办公室飘满花香、书香、墨香，有浓厚的读书和研究氛围；有的办公室富有人文气息，洋溢和谐团结的旋律；有的办公室注重内容与形式的完美结合，突出文化特色和艺术品位……

每半学期结束时，由行政服务中心牵头，分管校长带领所有中层干部、级部主任、教师代表参观并评比出和悦最美办公室。活动评委根据评比标准本着公平公正的原则，对各办公室环境进行现场评分，并及时对办公室不足的地方提出整改建议。

（三）创建效果

争创和悦最美办公室活动效果显著。通过创建，办公室环境更美了、特色更鲜明了；通过创建，教师的价值观更加一致，心往一处想，劲往一处使；通过创建，教师的战斗力、创造力更强了，敢于将不可能转化为奇迹；通过创建，教师更加规范有序、民主人文了，办公室里多了关心学生的真情故事，多了家校共育的真实记录，多了学生喜爱的教师、家长满意的教师，多了关乎学校发展的“金点子”……通过创建，学校办公室成了凝聚爱与感动的港湾，成为激发奋斗与拼搏的磁场。

第七节　班级和悦文化：让每一个学生都成为更好的自己

班级和悦文化是和悦文化建设的贯彻落实和丰富发展。强化班级和悦文化建设对于加强班级管理，建设良好的班集体，培养学生良好的行为习惯具有重要的意义。我们应该借助班级和悦文化建设，促进优良班风、校风的形成，从而提升教育教学品质，引领学生和悦成长。

——2017 年 9 月 1 日，我在双语小学全体教师会上的讲话

建设良好的班集体，为学生创造良好的成长环境是学校的一项重要任务。作为和悦文化的重要表现形式，班级和悦文化建设对于加强班级管理，发挥班级功能，提升教育教学品质必不可少，它在学校管理、班主任工作、学生培养等方面都起着至关重要的作用。

一、班级和悦文化的内涵

班级和悦文化是班级成员在和悦文化引领下所形成的价值观、思想作风、思维和行为方式的总和。它是由教师和全体学生共同营造出的一种文化形态、一种共同默认的价值取向、一种带有归属感的氛围，是班级整体精神风貌的体现。班级成员的言行倾向、班级风气、班级人际环境等为其主体标识，班级教室内外环境布置等则为其物化反映。

二、班级和悦文化的功能

班级和悦文化作为和悦文化的表现形式，理应具有和悦精神文化、和悦物质文化、和悦公约文化、和悦行为文化的功能，前面几节有较为详尽的阐述，这里不再重述。但班级相较学校有其特殊性，在和悦文化一般功能的基础上，班级和悦文化应强调以下四种功能。

（一）育人功能

班级和悦文化作为一种环境教育力量，对学生的健康成长有着巨大的影响。班级和悦文化建设的终极目标是创设一种氛围，让班级文化生活成为学生精神生活的“乐园”，成为学生健康成长的“加速器”，以陶冶学生情操，构建学生健康人格，全面提高学生素质。

优美的教室有春风化雨、润物无声的作用。美观科学的教室布置，文明健康的文化教育设施无不给学生以巨大的精神力量。学生在如家庭般的环境中受到感染和熏陶，从而激发起热爱班级、热爱学校的热情，进而形成热爱家乡、热爱祖国的品德。这些都有利于学生形成正确的世界观、人生观、价值观。

（二）陶冶功能

班级和悦文化对学生具有潜移默化的影响，因此具有陶冶功能。在班级相关教师和家长参与下，以学生为主体，协商制订并在实践中逐渐形成的班级发展愿景、班训、班风等，凝聚了学生的价值观、人生观、道德观、审美观。它们会影响学生的人际关系和对各种事件的态度倾向等。

学生在班级中既受文化环境的影响，也会受物质环境的影响。整洁的桌椅、合理的布置、美观的摆设、醒目的图书角等，都会向学生透露出一定的信息，让学生生出积极向上、奋发图强的情感。这种情感在班级学生之间互相感染，就会蔚然成风，形成班级良好的文化氛围。

（三）规范功能

班级和悦文化中的公约文化对学生的言行进行规范要求，因此具有规范功能。公约文化通过学校日常教学活动、各种比赛集会活动、社会实践活动等，规范班级学生的发展方向；又通过班会、队会、班级各种竞赛、文体活动、劳动等，使学生逐步形成符合公约要求的思想、观念和行为习惯。

班级和悦文化是班级成员价值取向的反映，它代表了大多数人的观点，因而对班级成员具有调节和约束作用，并且成为他们评价自己及他人言行的标准。随着班级活动的开展和班集体的发展，这种观念及评价标准会更加深入人心，发挥更大、更深远的影响。

（四）审美功能

班级和悦文化可以培养学生感受美、鉴赏美和创造美的能力，因此具有审美功能。班级和悦文化中存在物质文化的美，也存在精神文化的美。物质文化的美是一种和谐的美，为学生读书学习提供了优美的环境和物质支持。而精神文化的美更多的是情感、道德、意志等，如班级学生爱自己、爱同学、爱老师、爱集体、爱科学，积极学习、刻苦钻研、勇于探索等。

另外，教师身上也有许多美：高尚的品格、渊博的学识、严谨的作风、得体的打扮、关爱学生、循循善诱等。这些品质和作风无不透露出美的气息，对学生产生影响，使学生获得美的感受和美的体验。

三、班级和悦文化建设

（一）精神文化召唤

精神文化是班级和悦文化建设的核心与灵魂。优秀的班级精神文化是以学生为主体，教师及学生家长共同参与建设的。教师与学生共同商定形成班级目标、班级口号、班级精神、班训、班风，这样更能切合学生的实际。要让每名学生充分参与、集思广益，最终形成大家共同认可的班级和悦文化。这样的精神文化才具有生命力、号召力，在执行过程中更深入人心。

班主任作为班级的管理者，应尽力营造一个团结和谐的班集体，通过确定班级的核心价值观、班级精神等，努力构建充满尊重、理解、沟通、信任的人文精神，营造团结、和谐、奉献、进取的班级氛围，建立宽松、清新、充满人文关怀的班级精神文化，使学生愉快学习、幸福生活。

充分发挥各科教师的智慧与力量，在平时的教育教学工作中形成合力，营造良好的班级学习成长氛围，助力班级和悦文化形成。

班级精神文化的形成需要经历漫长的沉淀过程，是通过班级全体师生长期坚持形成的一种精神信仰，只有通过长期、大量的实践与坚持，学生才能将其内化为自己的精神动力。

案例 水滴班班级精神文化建设

一、班名

水滴虽小却有击穿岩石锲而不舍的力量，却能汇聚成汪洋大海。它晶莹纯净可涤去世间尘埃，让万物出现一片生机。班级学生如同水滴一样拥有滴水穿石的毅力，超强的团队凝聚力，晶莹纯净的内心和无限生长的活力。因此，班级命名为水滴班。

二、班徽

班徽的设计者是水滴班的学生郭铭宇和他的妈妈。小水滴在郭铭宇的画笔下变身成可爱的卡通小人物。班徽中间的小水滴晶莹透亮，象征班级里的每一位学生阳光开朗、积极向上，绽放自己的光彩。小水滴旁掀起的大浪花寓意班级超强的凝聚力，只要大家紧紧团结在一起就可以拥有更强大的力量。

三、班级精神

活泼灵动，滴滴晶莹；汇成细流，奔向光明。不畏艰难，顽强前行，相互合作，水利万物。

四、班训

冰冻三尺，非一日之寒；水滴石穿，非一日之功。

五、班级口号

水滴水滴　滋润万物　造福人类

六、班歌

《小水滴》

我和你一起做个小水滴呀，叮咚叮咚我们汇成了小溪；你和我一起飞上了蓝天，飘飘洒洒我们滋润大地；飞上天际变白云呀，说好永远不分离；万千世界在一起呀，舞动着轻盈；奔向大地是春雨呀，孕育无限的繁荣；带上我们的心愿，化作一片深情！

七、班旗

班旗是在班徽设计的基础上融合了学校童心悦读特色设计而成。用厚厚的书本承托起小水滴，寓意知识带给学生的无穷力量。

（二）物质文化相伴

苏霍姆林斯基说："只有创造一个教育人的环境，教育才能收到预期的效果。"作为学校立德树人的基本环境单元，教室是一个班集体学习和受教育的基地，其物质环境会对学生会产生教育影响。通过对所在班级教室环境优化美化的高标准要求和布置、建设，创建高雅的教育和学习环境，可以激发师生创新能力，增强班级向心力、凝聚力，增添师生教育教学生活的乐趣，培养文明行为习惯，涵养正确审美观念，激发爱班爱校的热情。

对室内外进行装饰点缀，悬挂国旗，张贴班训、班徽以及各种荣誉、喜报。设立展示台，定期展示学生手绘、小制作、手抄报、优胜学科作业等，建设综合活动版块等。

（三）公约文化护航

班级公约是师生共同约定遵守的班级守则，是和悦公约文化的班级缩影，也是班主任育人理念的文化符号。班级公约的形成过程、呈现方式、恪守践行，都可以彰显独特的班级和悦文化魅力。班级里的班规班纪、课堂常规及各种奖惩都是由学生与教师共同制定、修改和共同执行。从一条条公约渐渐内化为自觉自律，学生在自我规范中收获成长。

1. 班级组织建设

班级管理干部在自我申报的基础上，由班主任主导，学生民主选举产生。班级管理不只是班主任一个人的事情。班级环境氛围与每个学生的成长发展息息相关。班级是大家的，建设与管理也是大家的。

案例　小松树班班干部设置

小松树班班干部设置的原则是班级管理人人有责任，人人有管理；事事有人做，事事有人管。班级按需设岗，让学生自主管理、自主监督。

1. 班长：负责班级全面工作。本学期由薛铭泽担任。

2. 纪律委员：主要负责管理课间纪律。本学期由陈以琳、张艺枫担任。

3. 学习小队长：主要负责各小队成员的作业收发、背诵检查等。本学期由薛铭泽、刘惜诺、刘芳彤、姜秋凝担任。

4. 卫生小队长：负责各小队的卫生保持与清洁。本学期由齐芳瑜、李嘉琪、管青夏、崔瀞文担任。

5. 桌椅排长：负责各小队的桌椅摆放整齐。本学期由刘家硕、杨子昂、宁镜翕、张宇洁担任。

6. 讲桌管理员：主要负责讲桌的整理。本学期由袁宝、贾天瑜担任。

7. 体育委员：负责班级体育活动开展，各种场合的队形整理。本学期由韩博伦担任。

8. 东西路队长：负责协助老师管理放学路队纪律。本学期由韩心蕾、曹子衿担任。

9. 黑板管理员：负责班级黑板清理。本学期由王佳雨、刘怡菡担任。

10. 图书管理员：负责班级图书角的整理及班级图书借阅管理。本学期由蓝婉钰担任。

11. 绿植管理员：负责班级绿植的养护。本学期由李子桐、杨子昂担任。

12. 窗帘、窗户管理员：负责班级窗帘及窗户的开关。本学期由秦弘旭、王菁一担任。

13. 就餐管理员：负责中午带队餐厅就餐。本学期由禚姝含担任。

14. 地面管理员：负责班级地面卫生。本学期由王俊一、管家旭担任。

15. 环保监督员：负责班级卫生角卫生及垃圾倾倒。本学期由刘明泽、刘明宇担任。

16. 工具保管员：负责班级卫生工具的保管及摆放。本学期由徐一骏、于凝壹担任。

17. 用电监督员：负责班级电脑、电灯、风扇等开关。本学期由吴孟德担任。

18. 水杯监督员：负责班级放学提醒同学带好水杯。本学期由王业平、王业凡担任。

以上岗位都是通过班级竞选产生。按需设置的班级岗位，让学生人人有职责、事事有人做、事事有人管。

2. 班级公约建设

班级公约由班主任、学生、任课教师等民主参与制定、修改。师生自律自查，在遵守规范中获得个人自由及发展。

案例　彩虹班的约定

我是彩虹班的一员，我要做到：

一、课间纪律

1. 入班即静，入座即学。

2. 按时进班，不迟到早退。

3. 自觉进行预习、复习或做作业，努力提高自习课和业余时间的利用效率。

4. 课间如厕靠右行走，自觉排队保持一米间隔，不嬉戏打闹，见到老师礼貌问好。

5. 在教室内保持安静，不追逐打闹，不大声喧哗。

6. 不带零食、玩具等与学习无关物品到校。

二、课堂纪律

1. 尊敬老师，不打断老师讲话，想要发言时先举手。

2. 不做与学习无关的事，不和同学喧哗、做小动作、做鬼脸，尊重老师劳动。

3. 认真听讲，坐姿端正，积极动脑，想打瞌睡时要主动起立，被老师提问时声音要洪亮。

4. 更换书本、作业时，速度要快，跟上老师的节奏。

5. 如果感到身体不舒服，要举手向老师汇报。

6. 保持课堂环境卫生，不乱丢纸屑，不随地吐痰，爱护教室内的所有公物，不在课桌上乱写乱画。

三、其他行为纪律

1. 班级中自己负责管理的事情要高标准完成，做好自己分内工作，保质保量地完成，不按时保质保量完成扣除 1 分。

2. 因事因病需要提前与老师请假。不请假、迟到等扣除 1 分。

3. 校园内不做危险游戏，不谩骂同学、不打架或者在语言上霸凌同学，如果被别人欺负，要及时告诉老师。

4. 出操或集会时要做到快、静、齐，要始终保持队列队形，不说话、打闹，做动作要标准，不偷懒。

5. 要按时完成学习任务，不能按时完成，扣除 2 分。补齐作业后上交，课堂作业要按时完成，否则惩罚相同。

6. 故意损坏公物扣除 2 分。

四、奖惩制度

加分：拾到东西上交，帮助同学打扫卫生或做了其他好人好事，经班长认定后，酌情为小组和个人加 3～5 分。

扣分：根据学生的违纪情况，依据班规对学生和所在小组进行扣分。对小组的加分和扣分，由班长执行。班长汇总出各小组的量化分数，组长汇总出各个组员的量化分数。一个月总结一次，前两名优胜者由班主任及家委会商议，进行奖励。

3. 实施积分管理

班级设有积分兑换区。对学生的学习、日常表现等进行奖励。甜甜的糖果，精美的铅笔、笔记本，有趣的沙画卡都成了学生努力奋斗的动力，大家都争取表现优秀以赚取积分兑换奖品。

（四）行为文化熏陶

有益的班级活动才能让学生养成好的行为。这就需要班主任要有目的、有计划地指导和开展形式多样、内容健康的文化活动。活动形式要充分体现学生的主体地位，尊重学生的意愿，力求贴近学生生活和已有经验，让学生在活动中体验、感悟和发展。

1. 班干部在以身示范中卓越

好的班集体需要有以班干部为首的骨干队伍，班干部在班集体建设过程中发挥着重要作用。但应明确，培养学生干部，绝不仅仅是给班主任找几个助手，最主要的目的是培养学生具有为大家服务的精神。通过做班级工作，使学生干部自身素质得到锻炼和提高。

案例 太阳花班班干部选举

在班级建设初期，班干部可以由学生自荐，然后选举产生临时班委。

1. 选举前的引导。

（1）对准备当候选人的同学进行引导。

① 班干部不是高高在上的领导，而是为同学服务的普通人，服务大家也是锻炼自己。

② 班干部不搞终身制，到期重新选举，能者上，庸者下。

（2）对即将投票的同学进行引导。

不要小看你手中的一票，它会决定由什么人来管理我们的班级。你选的人有才干，有能力，我们班才更有机会成为优秀班集体，我们每一位同学才会跟着进步，水涨船高，受益的将是你自己。

2. 差额选举。

为激发学生的竞争意识，必须进行差额选举，保证选举的公平公正，程序更加规范。

3. 对落选者进行鼓励。

（1）给落选同学掌声，感谢他们的热情参与。

（2）落选者有服务同学的意识，即使失败，依然让人尊敬。

（3）不是班干部，依然可以服务同学、服务班级，好品质永远优先，继续提高能力，期待他们在下一届换届选举中胜出。

2. 学生在小组合作中成长

（1）小组的组建。

根据学生各自不同的心理特征、性格特点、兴趣爱好、学习能力、学业成绩、家庭情况等方面组成学习能力相当的学习小组。男女比例分配要适中，学生性格搭配要互补。在分组时，应该注意学生性格的差异，让外向的学生带动内向的学生。优势学科与弱势学科要结合。小组互助式教学，有助于学生间的互帮互助。在同一个小组内，应该让语文、数学、英语、科学等各科都有带头人，这样更便于帮扶、交流。

小组内成员相对固定后，相互促进、共同提高。经过一段时间的观察、评比，出现问题的需要及时进行调整。

（2）小组的建设。

小组合作方式的管理既有助于培养学生的自我管理能力，又有助于培养学生的合作精神、团队意识和集体观念，更有助于培养学生的竞争意识与能力，从而让学生自我教育，塑造自身的良好形象，助力学生在和谐的环境中陶冶情操，在和谐的人际关系中健康成长。

① 小组文化的建设内容。

a. 精神文化，包括组名、组徽、组训、组歌、口号、格言、偶像等。

b. 目标文化，包括个人目标、团队目标、即时目标等。

c. 制度文化，包括组规、小组公约、一日常规细则等。

d. 自主文化，包括由班委会、各小组组长共同制定的班级自主公约等。

e. 学习文化，合作、自主、探究等学习方式。

f. 成长文化，责任、理想、拼搏、感恩等成长要素。

② 小组文化的建设步骤。

a. 科学构建小组。一是民主选出组长。只有民主选出的组长，学生才会服从管理。二是组建管理机构。在班主任指导下组建管理机构（组长、纪律监督员、学科组长等）。让每个组员有组内责任。

b. 创设组标口号。由组长带领组员定组名、组号、组徽、组训、组歌等。在制定时，应围绕学校的主流文化或者理念引领学生起积极向上、富有新意且响亮的名字，有利于凝聚人心，形成小组目标和团队精神。

c. 科学制定组规。由组长带领组员，依据教师指导，制定详细的组规。

d. 开展团队活动。由班主任指导，班级策划，由组长共同组织形式多样的小组活动。如融洽组会、座谈、游戏等，融洽组员之间的关系，增强小组凝聚力，促进组内学生的相互了解和团结协作，形成团结向上、勤于钻研、积极进取的组风。

e. 展示合作成果。建设小组“学习园地”，凝聚小组集体智慧，彰显小组魅力风采，让小组保持积极进取的精神状态。

f. 动态管理小组。公平、公正、公开进行捆绑评价，有章可循地实施考核奖惩，提高小组凝聚力和集体荣誉感，小组组员一起为实现小组目标而努力。

③ 小组的评价。

构建以小组成员合作性活动为主体，小组目标达成为标准，以小组总体成绩（表现）为评价和奖励依据的教育教学策略体系。小组多元捆绑式评价的特点在于“多元”和

“捆绑”，“多元”是指评价的内容是综合性的、多元的，涉及的内容应当包括“学习”和“生活”两大部分，涵盖学生行为习惯、纪律、锻炼、卫生、学习等多个方面。这里的“捆绑”是指评价的方式是团队性的、捆绑式的，是以小组的总体成绩（表现）作为评价和奖励依据的。小组评价坚持以下原则。

a. 及时性。当堂的评比要当堂公布，即“一课一评”；当天的评比一定要当天公布，即“一日一评”。

b. 客观性。加分或扣分的标准需要有统一规定，对个别重大贡献可以事先通过组规约定额外加分，如发表文章、获得大奖、参加大型活动等。

c. 公正性。安排值日组长进行值日，组长和所有的组员要加强督查，确保加分或扣分都按要求进行，确保没有徇私舞弊的情况。

d. 激励性。评比对事不对人，客观公正，这是起到激励作用的前提。评比有兑现，只有班主任重视、评比公平公正，才能引起组员的重视，才能有激励作用。另一方面，要求组长善于利用评比激励个别落后的组员，如对平时不参与的组员可以双倍加分，予以激励。

e. 团体性。对小组的评价一律采用捆绑式评价，培养学生的合作意识与团队精神。

④ 小组的激励。

在小组合作管理模式下，要保持各小组比学赶超、不断进取的竞争意识，合理的奖励是必要的。这种奖励既是对小组合作效果的肯定，同时又是推进小组合作继续深入进行的动力。

a. 奖励原则。

奖励要以激励和鞭策全体学生共同进步为目的。

奖励要以精神鼓励为主，物质奖励为辅。要考虑到学生的身心需要，能否从中获益。

奖励要实事求是。进行奖励前，深入调查被奖惩学生的实际情况，既要尊重有关规章制度，又要依据学生行为的动机和效果，慎重确定奖励方式，不能掺入个人的喜怒好恶。

奖励面前人人平等。奖励不可遗忘“后进生”。

奖励要辅以宣传教育。使学生明白为什么要奖励，应以怎样的心态面对奖励，做到奖不骄；在奖励面前学会反思。

b. 奖励形式。

建立进阶式评价奖励机制，创造性地用于学生发展性评价。比如：星星、月亮、太阳；银卡、金卡、钻卡等。每月评选出的“优胜小组”“勤学小组”和“个人先进”给予表彰奖励。对于优胜小组和个人可积分兑换和悦币或者奖品。

3. 评选和悦学生，树立身边的榜样

班级可以给予优秀学生一定奖励，通过教师推荐、学生投票及积分累积等方式进行评先树优，以点带面带动班级学生进步。

班级内根据学生表现定期推选“六爱三雅小明星”，推送到学校进行评选表彰。男生叫作“明星和和”，女生叫作“明星悦悦”。小明星的照片会张贴在学校明德园的长廊中，增强学生的幸福感和荣誉感，所有学生竞相学习小明星们的优秀品德。

4. 丰富班级活动，让每个学生都闪亮

开展主题班会是班级常见的活动之一，形式可以是讨论、演讲、小品、相声等，内容以培养良好的行为习惯、爱护班级和同学、阶段性班级工作、重大节日纪念活动等为主题。在开展主题班会时可联系本班学生情况，尽可能地挖掘身边的教育资源，充分发挥学生的主动性和积极性，让每一个学生在活动中受到思想教育，行动上得到改进。例如，针对出现乱丢乱扔、在桌凳上乱写乱画等情况，可组织一次“向陋习告别”的主题班会活动。

开展丰富多彩的文体活动。轻松活泼的文体活动有利于愉悦心情、锻炼身体、陶冶情操、发展特长。学校“浪花班”开展的读书活动在班级和悦文化建设中尤为亮眼。班级教室后为学生准备了一排阅读凳，课间学生自然捧起书本坐下来，静静阅读。班级内阅读氛围浓厚，文明阅读蔚然成风。

开展班班唱活动。班级通过唱红歌展示，接受考验，历练成长，增强班级凝聚力，同时丰富班级行为文化。

案例　青岛西海岸新区双语小学二年级4班班级活动介绍

一、班级介绍

二年级4班是一个团结向上、富有活力的班级。班级以“小种子”命名，蕴含着美好祝愿，希望同学们如同一粒粒小种子，蕴藏无限的可能。教室里有醒目的标语，是袁隆平爷爷的名言——“人就像种子，要做一粒好种子”。这句话时刻激励着班里学生。在这个积极向上的班集体，同学们心连心，团结互爱，在知识的世界里遨游，在丰富的活动中增长见识，开阔自己的视野。学生化身小稻农，亲手种植水稻，观察水稻的成长，体验农作的快乐，体会农民耕作的辛苦，懂得“一粥一饭，当思来处不易”的道理。在班主任的引导下，学会学习，学会关爱，学会珍惜。

二、“我是小稻农，争做一粒好种子”活动

1. 走近袁隆平，了解水稻发展史。

通过举行专题班会，一起从《一粒种子改变世界》绘本阅读出发，学习袁隆平的事迹。通过资料学习，学生了解到：袁隆平是中国工程院院士，是中国土生土长的世界级农

业科学家，中国杂交水稻研究的创始人，世界上成功利用水稻杂交优势的第一人，曾成功选育了第一个在生产上大面积应用的强化高产杂交水稻组合——南优2号。他荣获我国第一个国家特等发明奖，被誉为“杂交水稻之父”，为我国粮食生产和农业科学发展做出了杰出贡献。此外，他还先后荣获联合国教科文组织、粮农组织的多次国际奖励。

带着对袁隆平的敬仰之情，学生用文字、图画等形式，记录自己的心得感悟。

2. 化身小稻农，体验种植酸甜苦辣。

学生都很珍惜教师发给的水稻种子。种植前，师生一起查找资料，了解水稻的生长习性、生长环境等。在经历过浸种、育苗的等待，一点点见证水稻的成长，体会农民耕作的不易，懂得粮食可贵，应当珍惜粮食的道理。

四、家校合作共育，助力和悦成长

好家长成就好班级。家庭与学校是孩子成长的两个重要阵地，只有探索有效的家校合作之路，逐步实现家校之间信念一致，志同道合，行动一致，才能为学生的健康成长搭建起精彩的舞台。

随着社会的发展，家长的素质越来越高。他们更加重视子女的教育问题，参与教育的愿望越来越强烈。因此，班主任在管理班级的过程中，要倡导家长委员会积极主动参与班级和悦文化建设，家校凝心聚力，发挥聪明才智，打造班级特色。

1. 凝聚家长力量，组建家委会

为更好地促进班级和悦文化建设，各班成立了家长委员会，选出了会长、副会长以及各项委员，分工明确。以点带面，让更多的家长参与到班级建设当中。

2. 利用家庭教育优势，资源整合，促进文化建设

家长们的工作涉及各行各业，都有其擅长的领域来助力班级建设。家长与学校、教师的积极互动，拉近了学校与家长的距离，也让教师与学生之间有更多课外接触，彼此变得更加亲近，有利于创建积极向上的班级文化氛围。

案例 青岛西海岸新区双语小学五年级2班家委会组织红色研学活动分工

一、活动介绍

寻找“红”的印迹，班级研学活动之“走进杨家山里”。引领学生了解革命前辈的英雄事迹，重温抗战的艰苦岁月，让红色精神能够扎根在学生心里。学生向最可爱的人学习炽热的忠诚、无私的奉献精神及钢铁般的意志，坚定理想信念，刻苦学习，锤炼品格，为实现中国梦、强军梦凝聚强大力量！

二、家委会志愿者分工

1. 对接研学机构：隋东辰妈妈、祝永泽爸爸。

2. 物资保障组：张一诺妈妈、禚悦妈妈。

3. 摄影组：修凯爸爸、张睿豪爸爸。

4. 秩序维护组：张峻滈妈妈、于佳铄妈妈、郑婉诺妈妈。

5. 餐食对接：辛佳庚妈妈。

6. 大巴对接：刁靖航妈妈。

7. 医疗小组：潘思齐爸爸、王业平爸爸。

第二章
和悦德育——学校发展的首位

“国无德不兴，人无德不立。”立人先立德，树人先树品。

《国家中长期教育改革和发展规划纲要（2010—2020年）》要求：坚持德育为先，构建大中小学有效衔接的德育体系，创新德育形式，丰富德育内容，不断提高德育工作的吸引力和感染力，增强德育工作的针对性和实效性。

我们的和悦教育始终坚持“德育为先、立德树人”。在育人目标“培养厚德乐学、自主合作、具有国际视野的卓越少年”中，将“厚德”列在首位，整体创建了“六爱三雅”和悦德育体系，创新德育目标和内容、德育途径和方法、德育管理和评价等，致力于培养堪当民族复兴重任的时代新人。

第一节 “六爱”育心，“三雅”导行
——“六爱三雅”的内涵与特征

大学之道在明明德，在亲民，在止于至善。我们将“德”创建为和悦德育，将“明德”定义为帮助学生成为“六爱三雅”之人。我们以“六爱”育心智，以“三雅”导言行，从而培养学生优秀的道德品质，涵养社会主义核心价值观，帮助学生成长为更好的自己。

一、“六爱三雅”的内涵

“六爱三雅”和悦德育体系，是贯彻和悦教育思想理念，贴近学生生活实际，在实践探索中创建的特色德育体系，旨在落实立德树人根本任务。“六爱”即爱自己、爱父母、

爱老师、爱同学、爱学校、爱家乡；“三雅”即语言文雅、行为儒雅、情趣高雅。“六爱三雅”作为内容完善、载体多样、评价科学的德育体系，引领学生立足当下，培养良好行为习惯，提升道德品质，坚实迈向“德智体美劳全面发展的社会主义建设者和接班人”的目标。“六爱三雅”和悦德育体系示意图如下图所示。

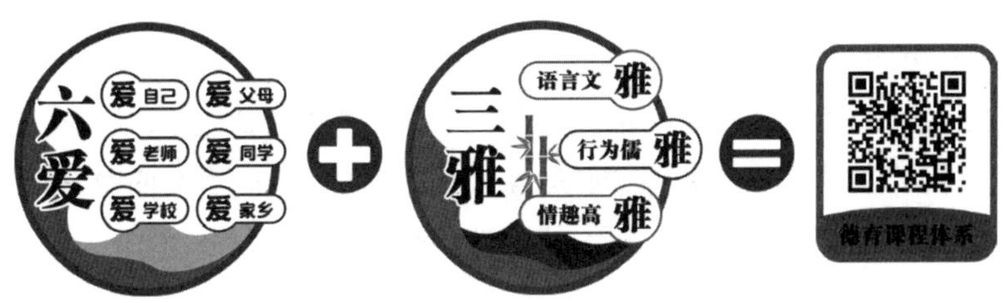

2009 年，为提高德育实效，在中央教育科学研究所（现改名为中国教育科学研究院）“十一五”规划重点课题“整体构建学校、家庭、社会和谐德育体系研究与实验”的指导下，我们秉承“教育就是培养习惯”的教育理念，立足国家制定的《小学生守则》和《小学生日常行为规范》，从大处着眼，从小处入手，从点上突破，整体规划德育体系。为使德育具体化、生活化，便于操作和实践，我们将《小学生守则》和《小学生日常行为规范》中的“热爱祖国，热爱人民，热爱中国共产党”“孝敬父母，尊敬师长”“热爱集体，团结同学，互相帮助，关心他人”“珍爱生命，自尊自爱”等，由近及远、循序渐进地归纳为“六爱”，将“遵守法律法规，增强法律意识，遵守校规校纪，遵守社会公德”“热爱科学，努力学习，勤思好问，乐于探究”“锻炼身体，讲究卫生，生活习惯文明健康”“诚实守信，言行一致”等，概括为“三雅”，从而形成了以“六爱三雅”为主要目标和内容的德育体系。

二、“六爱三雅”的特征

“六爱三雅”以“真”“实”“小”“趣”“序”为特征，立足学生当下生活小世界，培育建设祖国大梦想。

（一）求真求善

千教万教教人求真，千学万学学做真人。“六爱三雅”更多地关注学生的价值取向和人生追求，通过多种教育方式和活动载体引领学生求真、求善、求美，帮助学生形成正确的世界观、人生观和价值观，为学生的终身发展奠定良好的道德基础。

（二）务本务实

小学阶段的重要任务是培养孩子良好的道德情感和行为习惯。“六爱三雅”坚持实事求是的原则，选取学生学习生活中最熟悉的内容作为切入点，根据学情需求确定德育内容，根据学情特点确定德育形式，根据每个学生特点因材施教，确保每一次德育活动都能对学生产生积极的影响。

（三）抓小抓细

老子曰:“天下大事,必作于细。”“六爱三雅”在对学生进行德育时,所有选材均来自学生身边的“小事”,从细微之处入手,从学生热爱的生活入手,从点滴小事入手,持之以恒地提升学生道德素养。

（四）童真童趣

兴趣是最好的老师。“六爱三雅”从学生最感兴趣的活动入手,从学生最熟悉的校园生活入手,从学生最熟悉的老师、同学、家长入手,通过生动活泼的教育形式、丰富多彩的教育活动,给学生带来快乐的体验,满满的收获。

（五）循序渐进

“六爱三雅”根据学生的年龄特点、认知特点和心理特点,针对不同年级,制定相应的“六爱三雅”目标和内容,由近及远,由低到高,循序渐进,逐步提升,从而促进学生在一言一行、一举一动中不断成长。

三、“六爱三雅”的策略

我们创建的“六爱三雅”和悦德育体系,包括“六爱三雅”的目标、“六爱三雅”的内容、“六爱三雅”的途径、“六爱三雅”的方法、“六爱三雅”的管理和“六爱三雅”的评价等。

（一）目标层次化

“六爱三雅”三级德育目标体系,包括总体目标、学段目标和年级目标。依据小学生的年龄特点,力求实现育人目标逐次提升,阶梯发展。

（二）内容具体化

“六爱三雅”从爱自己、爱父母、爱老师、爱同学、爱学校、爱家乡和语言文雅、行为儒雅、情趣高雅等方面,结合不同年龄学生的生活实际,将德育内容具体化、生活化、科学化,让学生在体验中升华美德雅行。

（三）途径多样化

“六爱三雅”充分发挥课堂教学的主渠道作用,将内容细化落实到各学科课程的教学目标之中,融入渗透到教育教学全过程。我们还创意实施了文化环境育人、主题活动育人、社会实践育人、管理服务育人、家庭社会协同育人等,将“六爱三雅”德育落地、落细、落实。

（四）方法艺术化

“六爱三雅”注重方法的艺术化,坚持榜样示范、行为训练、实践锻炼、修养指导、规范制约、情感陶冶、评价激励等一般方法和实践活动、情境陶冶、角色扮演、审美鉴赏、展示交流等特殊方法相结合，艺术化落实“六爱三雅”目标。

（五）管理一体化

“六爱三雅”注重全员、全过程、全方位的一体化管理，注重学校、家庭、社会的一体化实施，注重教师、学生、家长一体化的评价，从而相互配合，步调一致，有计划、有步骤、系统化地对学生进行思想品德和行为习惯教育。

（六）评价多元化

“六爱三雅”借助智慧化评价手段，由班主任、任课教师、学生、家长进行多主体评价、多内容评价、多形式评价，从而有效推动了“六爱三雅”的实施，促进了学生的个性化发展。

第二节 贴近生活，阶梯成长

——“六爱三雅”的目标与内容

一、“六爱三雅”的目标

“六爱三雅”的目标是和悦教育对学生在德育方面所应达到的规格要求，是和悦德育的出发点和落脚点。

和悦教育的育人目标是“培养厚德乐学、自主合作、具有国际视野的卓越少年”，结合《中小学德育工作指南》中的学段目标，我们整体构建了“六爱三雅”目标体系。确立“六爱三雅”的总体目标是实现学校育人目标中的“厚德”，同时，将其细化为低、中、高三级学段目标，从小到大，由近及远，力求做到“总体目标，一以贯之；学段目标，各有侧重；年级目标，具体明确；情意兼顾，知行统一”。切实提高“六爱三雅”实效性，落实立德树人根本任务。

（一）总体目标

贯彻《中小学德育工作指南》，落实立德树人根本任务，实现学校育人目标中的“厚德”。培养学生爱党、爱国、爱人民，增强国家意识和社会责任意识。引导学生准确理解和把握社会主义核心价值观的深刻内涵和实践要求，养成良好政治素质、道德品质、法治意识和行为习惯，形成积极健康的人格和良好心理品质，促进学生核心素养提升和全面发展，为学生一生成长奠定坚实的思想基础。

（二）学段目标

1. 低年级德育目标

教育和引导学生热爱中国共产党、热爱祖国、热爱人民，爱亲敬长、爱集体、爱家乡，初步了解生活中的自然、社会常识和有关祖国的知识，初步形成保护环境，爱惜资源意识。养成规范的读书写字、独立完成作业的学习习惯；养成洗脸、刷牙、饮食等个人卫生习惯；养成积极参加课内外体育活动，认真做好课间操和眼保健操的健体习惯。懂得升旗礼仪、餐桌礼仪。尊重家长、老师、同学，会使用“你好”“谢谢”“再见”等文明用语。形成在家叠被、洗简单衣物的劳动观念。形成自我安全防范意识。努力培养自信向上、诚实勇敢、有责任心等良好品质。

2. 中年级德育目标

教育和引导学生热爱中国共产党、热爱祖国、热爱人民，进一步依托“爱学校”“爱家乡”，让学生了解家乡发展变化和国家历史常识，了解中华优秀传统文化和党的光荣革命历史；理解日常生活中的道德规范和文明礼仪；培养勤学好问、刻苦努力、专心踏实、仔细认真的学习态度；养成按时完成作业、热爱读书、热爱科学、能积极主动获取信息的学习习惯；培养诚实正直、惜时守信、节约粮食的品德；形成有同情心、活泼开朗、不任性、积极进取的心理品质。形成乐于做力所能及的家务劳动和公益劳动的习惯；具备保护环境和安全自护意识。

3. 高年级德育目标

在前两个阶段的基础上，继续深化爱党、爱国、爱人民的思想情感，教育和引导学生理解、认同和拥护国家政治制度；具有遵守社会公德的意识和良好的文明行为习惯，初步形成规则意识和民主法治观念；不怕困难，勇敢坚强有毅力的意志品格和活泼开朗的性格；学会收集、整理、吸收有益信息，能鉴别善恶美丑；能够自我调控，自我管理，自我约束；勇于质疑问难，虚心求教；有团结合作意识，有一定的人际交往能力；积极承担清扫、购买日用品等家务和学校、社区等组织的劳动，珍视劳动成果，养成勤俭节约的习惯；懂得有关生理卫生知识，养成良好生活和行为习惯。

二、“六爱三雅”的内容

“六爱三雅”内容是和悦教育为实现“六爱三雅”目标而确立和安排的特定的较为具体的教育项目和要求。

“六爱三雅”内容的性质和构成由“六爱三雅”的目标决定；“六爱三雅”内容的深度和广度为学生年龄特征和思想品德发展水平所制约；“六爱三雅”内容的针对性从学生成长的需要和现实社会的迫切要求出发。“六爱三雅”内容体系，力求做到“教育内容循序渐进，规范科目形成序列，要素完整、层次清楚，注意衔接、螺旋上升”。

集团根据学生的道德水平，由校长、分管德育副校长、学生服务中心主任、年级服务中心主任代表、教师代表、社区代表、家长代表、学生代表、专家代表参与，经过反复讨论，分层精准确定了“六爱三雅”的内容。根据不同年级学生身心发展水平，形成了分学段特色、有针对性的“六爱三雅”内容。低段年级侧重于常规管理和良好行为习惯的养成教育；中段年级侧重于品质塑造和文明礼仪养成教育；高段年级侧重于培养家国情怀和逐梦精神。

（一）低段重常规，养习惯

低段年级“六爱三雅”的内容在帮助学生正确认识自己的基础上，注重常规养成及良好学习生活习惯的培养，具体内容见下表。

低段年级“六爱三雅”的具体内容

课程	具体内容
爱自己	1. 初步认识自己，有一定的自信心。 2. 能够大方地向老师和同学介绍自己。 3. 知道上放学时间。 4. 记住家庭住址和家长电话。 5. 了解基本的交通标志和过马路安全规则，不玩火、防触电。 6. 学会简单的应急逃生技能
爱父母	1. 出门、回家主动和家长打招呼。 2. 在家里，能够自己整理学习用品。 3. 能帮父母招待客人，倒水、洗水果等
爱老师	1. 记住自己所在班级和老师的姓名。 2. 上课前主动做好课前准备。 3. 上课认真听讲，积极回答问题。 4. 读写姿势端正，书写认真。 5. 认真做好班级值日工作
爱同学	1. 能够准确叫出班级同学的名字。 2. 团结同学，友爱相处。 3. 乐于助人，相互帮助
爱学校	1. 自觉遵守学校各项纪律。 2. 记住校训校风，会唱校歌。 3. 爱护班级、学校内的设施，保护环境卫生，不乱扔垃圾。 4. 爱护学校花草树木，不随手摘花、摘叶，不践踏花木。 5. 愿意为班级和学校做好事
爱家乡	1. 认识国旗、国徽，学唱国歌。升国旗时行注目礼，少先队员敬队礼。 2. 在公共场所树立环保意识，爱护公物，讲究卫生。 3. 知道青岛西海岸新区的著名景点
语言文雅	1. 懂礼貌，尊重家长、老师、同学、邻居等，会使用“你好、请、谢谢、对不起、再见”等文明用语。 2. 要诚实，不说谎
行为儒雅	1. 与师长说话、待人接物要起立，双手接递物品。 2. 进老师办公室要先敲门或喊“报告”，经允许后再进入。 3. 讲究个人卫生，随身携带纸巾。 4. 不私自拿别人的东西，捡到东西要归还失主或交公。 5. 会上厕所，大小便入池，便后洗手。 6. 不乱扔垃圾。 7. 乘车要讲秩序，上车下车要排队
情趣高雅	1. 养成积极参加课内外体育活动，认真做好课间操和眼保健操的健体习惯。 2. 积极参加学校和班级组织的活动，至少学一项特长，丰富业余生活，提高综合素质。 3. 每天读书不少于15分钟

（二）中段明礼仪，塑品质

中段年级“六爱三雅”的内容在“重常规，养习惯”的基础上，更加注重学生文明礼仪养成和品质塑造，具体内容见下表。

中段年级“六爱三雅”的具体内容

课程	具体内容
爱自己	1. 对自己有一个基本正确的认识，认可自己。 2. 能够预估 10 分钟、40 分钟、60 分钟的时长，做事不磨蹭。 3. 能独立自主收拾好自己房间。 4. 读写姿势端正，书写认真，按时完成作业。 5. 遇事能思考，三思而后行；做到有成绩不骄傲，有错误勇于改正
爱父母	1. 记住父母的生日。 2. 能坚持每天帮家长至少做一件家务事。 3. 有心里话愿意向父母说。 4. 知道父母工作的辛苦，树立“节约光荣，浪费可耻”的正确观念
爱老师	1. 自觉遵守课堂纪律。 2. 上课积极回答问题，声音洪亮，不懂就问。 3. 在班级认真值日，积极参加各项活动
爱同学	1. 学会尊重他人，认真倾听他人发言。 2. 团结同学，与同学分享快乐。 3. 乐于助人，同学有困难，主动伸出援助之手。 4. 积极主动地参与合作
爱学校	1. 遵守学校各项纪律。 2. 知道学校、班级、少先队都是集体，自己在集体的关怀下成长。要关心集体，做集体的主人。 3. 爱护公共财物，不在课桌椅上乱涂刻，并爱护好校内一切公共设施、运动器材及卫生工具。 4. 做一个文明学生，维护学校的名誉和形象
爱家乡	1. 了解家乡的物产、名胜古迹、著名人物等内容。 2. 积极参加学校布置的纪念日或节日的实践活动。 3. 初步懂得建设祖国、保卫祖国需要科学文化知识，必须从小努力学习，打好基础。 4. 知道中国共产党领导人民进行革命斗争，建立了新中国，懂得幸福生活是中国共产党领导人民取得的
语言文雅	1. 能准确、礼貌地表达自己的想法。 2. 不在公共场所高声喧闹，进入教学楼要安静。 3. 诚实，不隐瞒自己和别人的错误，虚心接受别人的意见
行为儒雅	1. 讲究个人卫生，按时独立洗澡、洗脸、刷牙、剪指甲。 2. 不乱扔垃圾，见到垃圾主动捡拾。 3. 乘车要讲秩序，上车下车要排队。在公共汽车上，能主动礼让同学，能主动给老、弱、病、残、孕让座

续表

课程	具体内容
情趣高雅	1. 不沉溺电子产品，每天看电子产品不超过一小时。 2. 利用电脑做有益的事，不沉溺于网络游戏。 3. 积极参加大课间操，掌握一项体育运动。 4. 积极参加学校和班级组织的活动，至少掌握一项特长，丰富业余生活，提高综合素质。 5. 养成读书的好习惯。 6. 主动做一些力所能及的社区公益劳动

（三）高段铸梦想，育情怀

在低段年级“重常规，养习惯”和中段年级“明礼仪，塑品质”的基础上，高段年级“六爱三雅”的内容更加注重培养学生的逐梦精神和家国情怀，具体内容见下表。

高段年级“六爱三雅”的具体内容

课程	具体内容
爱自己	1. 懂得学习、做事要讲效率，学会合理安排学习、活动、生活和休息时间。 2. 做事勇敢、自信，积极向上；善于表达，乐于与师长、同学、朋友交际。 3. 认可并接受自己，善于排解自己的烦恼，有知心朋友
爱父母	1. 在父母的生日或者家庭纪念日送上自己亲手制作的礼物。 2. 能坚持每天帮家长至少做一件家务事，会炒一个拿手菜。 3. 有心里话愿意向父母说，可以清晰坚定地表达自己的想法。 4. 会关心照顾父母，体会父母的辛苦，能合理理财，不乱花钱
爱老师	1. 上课认真听讲，积极思考，认真做好课堂笔记。 2. 高标准完成值日任务，并且主动参与班级劳动活动。 3. 能参加班级管理，当好老师的小助手，自主管理班级。 4. 感恩老师，感谢老师对自己的教育
爱同学	1. 学会尊重他人，善于发现和学习同学的长处。 2. 团结同学，友爱相处。 3. 乐于为班级和同学做好事。同学有困难，主动伸出援助之手。 4. 积极主动地参与合作，对待同学友善地表达自己的意见，多鼓励、少抱怨
爱学校	1. 懂得集体利益高于一切，个人要服从集体。 2. 有集体荣誉感，不做有损学校和班级的事。 3. 积极参加学校或班级组织的各种活动，为集体争光。 4. 感恩学校，感谢学校为同学们付出的一切。懂得自己代表着学校形象，自觉维护学校的名誉和形象，做一个文明的小学生

续表

课程	具体内容
爱家乡	1. 了解家乡的物产、名胜古迹、著名人物等，并能准确讲述出来。 2. 知道宪法和法律中与小学生有关的内容并自觉遵守。 3. 了解国家的近期大事。 4. 学习老一辈无产阶级革命家和优秀共产党员的英勇奋斗、艰苦创业、全心全意为人民等高尚品质，树立长大为建设家乡、振兴中华做贡献的理想。 5. 了解中华民族历史故事，认识祖国版图，知道我国是个多民族的国家，各族人民要互相尊重，平等相待，完成祖国统一大业是各族人民的共同心愿
语言文雅	1. 懂礼貌，尊重家长、老师、同学、邻居等，会使用“你好、请、谢谢、对不起、再见”等文明用语。 2. 不在公共场所高声喧闹，进入教学楼要安静。 3. 讲诚信，不轻易承诺，承诺的事要想办法做到。 4. 学会表扬赏识别人
行为儒雅	1. 讲究个人卫生和公共卫生，公共场合要遵守公德，不乱扔垃圾。 2. 乘车要讲秩序，上车下车要排队。在公共汽车上，能主动礼让小同学，能主动给老、弱、病、残、孕让座。 3. 学会理性地解决自己和别人的矛盾。学会换位思考，宽容别人，不影响别人的生活
情趣高雅	1. 积极参加阳光大课间活动，掌握一项体育运动。 2. 具有辨别好坏美丑、是非对错的能力，不看黄色书刊和录像，不玩电子游戏机，做到文明上网。科学合理使用电子产品，提高学习效率。 3. 热爱读书，以书为友，坚持写读书笔记和读后感。 4. 学科学，信科学，用科学。 5. 积极参加学校和班级组织的活动，在活动中至少可以展示一项特长

第三节　系统建设，不断丰富

——“六爱三雅”的教材与创编

教材是落实立德树人根本任务的关键要素，是育人的重要依托，是教育教学的基本依据和重要载体，是贯彻党的教育方针、实现教育目标的重要抓手。习近平总书记指出：“用心打造培根铸魂、启智增慧的精品教材。”可见教材建设的重大意义。

“六爱三雅”校本教材是提升我们和悦德育的基础支撑，是我们进行和悦德育的载体，是增强教师、学生、家长德育凝聚力向心力，是提高班级、学校和家庭“六爱三雅”教育实效的重要依托。

我们编辑出版了三个系列校本教材：《六爱三雅》《和和与悦悦的礼仪》《学生综合素质评价手册》，同时又大力倡导各校区结合校园与社会现实生活实际，编辑并不断丰富校本图片、音频、视频的“六爱三雅”电子教材。

一、《六爱三雅》——以“爱”润心，以“雅”导行

（一）编写背景

集团重视学生的养成教育，通过学科渗透潜移默化、班队活动养成训练、主题活动体验锻造等形式，结合爱自己、爱父母、爱老师、爱同学、爱学校、爱家乡“六爱”及语言文雅、行为文雅、情趣高雅“三雅”内容，针对学生可塑性强的特征，编写了《六爱三雅》德育校本教材。

（二）内容简介

教材通过“和和”“悦悦”卡通人物引领，设计了“和悦小常识”“和悦小调查”“和悦畅想台”“和悦小思考”“和悦小讨论”等环节，用学生自己亲身经历的真实故事和活动照片，贯穿整本教材，以小榜样的力量正面感染和带动每一位学生，努力做最好的自己。书中故事就发生在身边，且浅显易懂，能让学生在身临其境中受到教育。

以一年级上册为例，我们一共设置了五个单元，分别是“我是一名小学生”“我会‘zuo’了”“我会说了”“我知道了”“我又长大了”。单元内容的安排紧扣一年级新生实际，层层递进，帮助学生更好更快地适应小学生活，养成良好的行为习惯。

二、《和和与悦悦的礼仪》——养成礼仪好习惯

（一）编写背景

为更好地提升“六爱三雅”的育人效果，我们立足学生实际，立足学校、家庭和社会实际，坚持“欲做事，先做人”的教育原则，确立“三雅”的礼仪教育内容，精心设计开发了礼仪教育校本课程，并编写了校本教材《和和与悦悦的礼仪》。

（二）内容简介

《和和与悦悦的礼仪》讲述了和和与悦悦这对兄妹自入学至毕业，在学校、家庭、社会不同场合发生的一个个文明礼仪故事，分为学校篇、家庭篇和社会篇，内容涵盖课堂、校园、集会、交往、用餐、做客待客、亲情等礼仪，以及仪容、出行、公共场所、外事礼仪等。所有故事均由学生绘制插图。通过两个不同的礼仪形象，为学生明理导行。该教材从孩子的视角编写，每册汇集了近50个故事，结合不同年龄段学生的特点，循循善诱，深受学生喜爱。

附　《和和与悦悦的礼仪》内容节选

一、课堂礼仪

去上学喽！

早晨，阳光明媚，和和与悦悦背着书包高高兴兴去上学。他俩边走边唱，这时，一阵蛐蛐的叫声从草丛传来，和和被吸引了过去。好奇的和和喊着悦悦一起逗蛐蛐，两人玩得非常高兴。悦悦猛然想到上课时间快到了，就催促和和：“快点走吧，要不然就迟到了。”和和玩得正在兴头上，很不耐烦地说：“这不还没到点吗？着什么急啊？我还要再玩会儿，要走你自己走吧”。不管悦悦怎么劝说，和和就是不听。没办法，悦悦只好自己上学去了。时间一分一秒地过去了，和和玩得把上学的事情都抛到了脑后。

清脆的铃声响起，同学们都静静地坐好准备上课了。忽然，教室的门“砰”的一声被撞开了，同学们都朝门口看去，原来是和和气喘吁吁、满头大汗地跑了进来。他看见同学们都在看他，羞愧地低着头走到了座位上……

听故事，学礼仪

悦悦的话：不迟到，是一个小学生必须遵守的纪律。和和上课迟到了，莽撞地冲进教室，这不仅破坏了整个教室的安静，而且影响了同学们的学习，是很不礼貌的。请同学们不要像和和那样，如果因特殊原因迟到了，应在教室门口喊“报告”，得到老师允许后才能进入教室。

和和的话：听了妹妹的话，我明白了。我这样做是不对的，今后我一定守纪律、懂礼貌，上课不迟到，养成良好的习惯。

自我反省：同学，你迟到过吗？因为什么原因迟到？迟到时，你是怎么做的？后来你是怎样改正的？

三、《学生综合素质评价手册》——落实知行合一

（一）编写背景

新课标要求建立促进学生全面发展的评价机制，实现评价育人功能。对学生进行评价，不是为了给学生定性，而是通过评价让学生认识自我，建立自信，培养自查自省习惯，促进学生在原有水平上进一步成长发展；通过评价让教师和家长更准确地把握学生身心发展的动态，随时调整教育策略，进一步提高德育水平、德育品质。为此，我们精心设计以学生自我评价和他人评价相结合的《学生综合素质评价手册》。

（二）内容简介

《学生综合素质评价手册》（以下简称《手册》）包括德育评价和学业评价，按照“六爱三雅”课程体系，分年级装订成册。第一部分呈现了《双语小学学生誓词》和《双语小学学生文明行为歌》，旨在引导学生时刻践行“六爱三雅”，争做卓越的和悦学子。《手册》内容包括“六爱三雅”美德（学校、家庭、社会）储蓄卡、综合实践活动记录、“六爱三雅”评价表、我努力我成长、学科能力评价、学期学生综合素质报告等，其内容涵盖了德育评价和课程学业评价。学生每天自查自评，每周生生互评，每月家长评价，并由教师进行各项数据汇总，学期末根据每月评价结果进行综合评价。实行累计点赞数兑换和悦币的方式进行评价。

附 双语小学学生文明行为歌

课前礼仪

早进教室不吵闹，课外作业按时交。
师未到，要坐好，组织读书班风好。
值日生，要勤劳，自觉主动把担挑。
课本学具摆整齐，课前准备习惯好。

课堂礼仪

师候课，生静坐，尊师爱己有礼貌。
语数外，音美科，身体坐正听课好。
读写姿势要正确，保护视力最重要。
与师长，递接物，起立双手不要忘。
师询问，应问答，大方起身带微笑。

课间礼仪

课间十分不打闹，轻走上厕静悄悄，
室外远眺五分钟，眼好神足效率高。
路遇老师靠右行，打个队礼问师好，
手拿东西很不便，点头问好便是了。
有客来，笑相迎，敬礼问好莫忘了，
若是上课与集合，不必敬礼与问好。
微机音乐体育课，教室门口队站好，
快静齐，列队走，体现双语好风貌。

四、建设电子教材——见到自己，认识世界

双语小学以现场拍摄的本校学生日常行为的图片、视频资料及社会热点为素材，编辑“六爱三雅”电子校本教材，并适时更新，便于各班通过形象直观的电子教材对学生进行教育，效果明显。

例如，在中国共产党建党 100 周年之际，我校红领巾宣讲团的成员录制了 43 期《红领巾讲党史》，用生动的表演、通俗易懂的语言，让更多的同学走近党、了解党、感恩党、追随党。2023 年，我校张馨文同学被评为“青岛西海岸新区孝老爱亲新时代好少年”。在当周的主题班会中，全校同学同步观看了张馨文的影音事迹材料，并发起了向其学习的号召。一时间，张馨文成了自立自强、不向厄运低头的代名词。

第四节　多管齐下，立德树人

——“六爱三雅”的途径与方法

“六爱三雅”的途径是指对学生实施“六爱三雅”德育的渠道。按照“德育途径，对应内容；一项内容，多条途径；有主有辅，协调配合；分工合作，形成合力”的理念，整合文化建设、课堂教学、班级建设、校内外活动与实践、家庭与社会教育等途径，形成了纵向衔接、横向沟通、内外渗透、功能互补的全方位、立体化的“六爱三雅”德育途径网络。

我们非常注重“六爱三雅”方法的艺术性和创新性。以多种德育途径为依托，将榜样示范、行为训练、实践锻炼、修养指导、规范制约、情感陶冶、评价激励等方法融合在学校特色育人实践和体验感悟活动当中，用学生喜闻乐见的方式方法，走进他们的内心，进而真正去唤醒他们。

一、校园文化浸润“六爱三雅”

《中小学德育工作指南》指出：“要依据学校办学理念，结合文明校园创建活动，因地制宜开展校园文化建设，使校园秩序良好、环境优美，校园文化积极向上、格调高雅，提高校园文明水平，让校园处处成为育人场所。”

校园文化是学校育人的重要组成部分，育人环境的创设是学校办学理念的集中反映。我们从儿童的视角出发，动员教师、学生、家长全员参与，打造“让每一面墙壁都说话，每一株花草都育人”的和悦育人环境，让走进校园的每一个人，都不由自主地浸润在具有“六爱三雅”特色的校园文化之中。

（一）让学生在最醒目的位置闪光

五台山西路小学（双语小学西校区）投入使用之初，我们面向全体学生、教师和家长征集校名题写作品。短短三天时间收集了167幅作品，其中包括5幅书法大家的作品。经过四轮激烈的研讨，最后由学生投票决定“校名由我们孩子写最合适”的评选方式。通过教师、学生、家长、书法专家组成的评委会层层评选，2015级3班潘思宇同学的作品脱颖而出。

双语小学建设了明德园，这里是学生上学都要经过的连廊。连廊的8根柱子是学生最喜欢驻足观看的地方。每根柱子的周围贴满了小明星们的照片和简介，这是学校的“六爱三雅小明星”展示栏。每月一评，每月一更新，“谁会是这一期的小明星呢？”这是学生最想知道的秘密。

（二）让班级充满和悦成长的气息

班级文化建设不但能有效地调动学生学习和实践的兴趣，更重要的是能启迪学生思想，陶冶学生情操，弘扬学生美德，培养学生的主人翁精神，塑造积极向上的班级精神，促进学生健康成长。

每学年伊始，学校都会组织各班级进行文化建设，并进行评比和表彰。班级文化建设由师生和学生家长共同完成。我们的目标：让教室的每面墙壁、每个角落都能说话，催人进步，让整个教室充满和悦成长的气息。

经过建设，各个独具特色的班级文化百花齐放。例如小君子班：以小君子为主题命名班级，是让学生从小养成良好的行为习惯，像君子一样优雅；浪花班（如下表所示）：以浪花为主题命名班级，既体现了青岛的地域特色，又希望学生拥有不断绽放独特美丽的勇气；新竹班：竹子精神是喻物诗和文人画作中最常见的题材，它表现了自强不息、顶天立地的精神，希望学生具有竹子一样坚忍不拔的毅力和高风亮节的品格……

浪花班班级文化

班级名称	浪花班
名称由来	1. 体现青岛海洋特色。 2. 寓意：不断坚强地冲击悬崖和岸边，快乐地绽放自己的美丽，就像一朵朵晶莹的浪花，汇聚成海，昭示着集体的力量
班级愿景	愿每一朵浪花都勇敢前行，愿每一朵浪花都美丽绽放，愿每一朵浪花都逐日致远
班训	快乐、坚持、凝聚、绽放
班风	温暖、自主、精细、悦读
班徽	朵朵浪花代表每一位学生，愿学生都能像浪花一样，在学习成长时能融入集体的大海，团结协作，共同进步；在遇到困难时能学习浪花精神，坚守目标绝不放弃；在登上舞台时能乘风破浪，自信表达，秀出自我。总是朝气蓬勃，充满勇气与力量，向着明亮的太阳那方前进

续表

班级公约	上学不迟到，见人要问好；读书声音高，字要写得妙；听课效果棒，作业按时交；课间不打闹，两操质量高；路队走得齐，口号响如潮；活动多参加，学习争赶超；读书要勤劳，做人要厚道
班级文化建设部分区域展示	 1. 浪花大家庭。 将班级所有学生按照生日月份进行分组，每个月份的第一个周五统一为当月过生日的学生举行庆祝活动，增强班级凝聚力，努力打造温馨和谐的班级。 2. “浪花飞扬”荣誉墙。 教室后墙设置“浪花飞扬”荣誉墙，分为“冠军宝座”和“荣誉榜”两部分。每个周五结合学生本周成绩进行排名更新，激励同学们奋勇争先，进而在班级内形成你追我赶的积极氛围

通过浪花班的班级文化介绍，我们不难发现，整个班级都充满了“六爱三雅”的气息。进行班级文化建设，除了能给学生提供舒适的学习环境外，更重要的是给他们提供施展才能、合作创作美好的舞台，进而培养学生的主人翁意识，锻炼他们的动手、动脑、自主创新的能力。

二、和悦课堂落实“六爱三雅”

落实“六爱三雅”德育，要“充分发挥课堂教学的主渠道作用，将中小学德育内容细化落实到各学科课程的教学目标之中，融入渗透到教育教学全过程。”我们充分挖掘各学科课程的德育资源，创设引导学生主动参与的氛围，激发学生的学习积极性。

（一）上好思政课，守“政”出新

2019 年 3 月 18 日，习近平总书记主持召开学校思政课教师座谈会，为我们指明了方向：“思政课教师，要给学生心灵埋下真善美的种子，引导学生扣好人生第一粒扣子。”他强调：“青少年阶段是人生的‘拔节孕穗期’，最需要精心引导和栽培。我们办中国特色社会主义教育，就是要理直气壮开好思政课，用新时代中国特色社会主义思想铸魂育人，引导学生增强中国特色社会主义道路自信、理论自信、制度自信、文化自信，厚植爱国主义情怀，把爱国情、强国志、报国行自觉融入坚持和发展中国特色社会主义事业、建设社会主义现代化强国、实现中华民族伟大复兴的奋斗之中。”

根据习近平总书记的重要讲话精神和《山东省中小学德育课程一体化实施指导纲要》，双语小学教育集团以道德与法治课为主阵地，成立教研组，努力上好小学思政课。由我任组长，德育副校长、所有道德与法治任课教师为教研组成员，扎实搞好学科教研，落实“立德树人”根本任务。教师精心打磨每一节思政课，积极参加各种赛课。我一直任教三年级道德与法治课，并多次出示公开课，于 2020 年以青岛市第一名的答辩成绩晋级正高级教师。此外，薛敏老师执教的道德与法治课《我为同学喝彩》荣获山东省优质课，焦淑慧、张旭、刘云等 19 位老师荣获市、区道德与法治学科优质课一等奖。

（二）借助学科，渗透德育

为落实习近平总书记“其他各门课都要守好一段渠、种好责任田，使各类课程与思想政治理论课同向同行，形成协同效应”的指示精神，我们大力开展学科渗透德育，包括两方面的内容：一方面在教学内容中寓教于知，完成情感、态度和价值观的德育渗透；另一方面是任课教师要关注学生学科的学习习惯和心智的提高。依据《山东省中小学生德育课程一体化实施指导纲要》，我们专题教研，深入推进各学科与“六爱三雅”德育的有机结合。

《义务教育语文课程标准(2011 年版）》中指出：“在语文学习过程中，培养爱国主义、集体主义、社会主义思想道德和健康的审美情趣，发展个性，培养创新精神和合作精神，逐步形成积极的人生态度和正确的世界观、价值观。”这恰恰是“六爱三雅”中“爱学校、爱家乡”情感的升华，所以在语文教学中，我们非常关注让学生在阅读与鉴赏、表达与交流、梳理与探究等学习活动中熏陶渐染、潜移默化，进而在道德层面得到升华。

《中小学数学学科德育实施指导纲要》中，明晰了数学学科德育范畴主要包括思维严谨、理性精神、数学审美、爱国主义四个方面，而数学学科实施德育主要通过习题演算、讨论交流、合作探究、社会实践等活动进行，侧重于学习习惯、实践反思、数学审美与道德品质的统一。学习不再是单纯的吸收知识，有了“六爱三雅”德育内容的渗透，课堂育人成为常态。如六年级下册百分数单元，结合课本素材，核算各班近视人数的百分比，进行保护视力的主题教育；结合体重合格率的调查计算，开展“远离肥胖、强身健体”的体育活动，以此深入了解如何“爱自己”的内涵。结合“打折”“利率”等知识的学习，开展“我家消费知多少”调查实践活动，让学生在参与中体会父母的辛苦，以此激励学生认真学习，以优异的成绩、良好的品质践行“爱父母”。

除了语文和数学学科，体育课在帮助学生强身健体的同时，能够培养学生顽强的毅力，拼搏的信心与勇气，从小养成自觉学习、刻苦努力、不怕失败、持之以恒的学习精神；音乐课在教会学生有感情地表演歌曲的同时，能够使学生逐步形成健康的音乐审美观念、必要的音乐审美能力和高尚的道德情操；美术课在训练学生基本绘画技巧的同时，能够培养学生健康的审美情趣、乐观的生活态度和良好的品德意志……

学科德育渗透使学生在学习科学文化知识的同时，受到“爱祖国、爱人民、爱党、爱社会主义、孝敬父母、尊敬师长、团结同学、文明守纪”等多方面的思想品德教育，育人成效显著。学生基本树立起是非观念、法律意识和集体观念，逐步养成良好的行为习惯，成为厚德乐学的卓越少年。

（三）依托班会课，修德正身

班会课是德育的重要途径之一，在学校教育中发挥着不可替代的作用。班会课内容丰富、形式多样。其中，主题班会因主题突出、针对性强、教育意义明确而极受师生欢迎。为了班主任能够有效开展每周一次的班会，学生服务中心会以学期为单位制定每月四周的班会主题，然后组织班主任对主题进行研讨，确定适合本班级的班会内容。通过开展一系列主题鲜明、育德性强的主题班会，引导学生修德正身，如下是学校第一学期班队活动主题安排表。

青岛西海岸新区双语小学
2022—2023 学年第一学期班队活动主题安排表

周次	时间	总纲	主题	备注
2	9.5—9.9	行为习惯规范学习与尊师重道月	爱自己，新学期从规范习惯养成开始	
3	9.12—9.16		爱老师，尊师从重道开始	
4	9.19—9.23		加强国防教育，厚植爱国情怀	九一八事变
5	9.26—9.30		向国旗敬礼	国庆节
6	10.3—10.7	爱国主义教育月	爱国读书　重阳敬老	10.4 重阳节
7	10.8—10.14		喜迎二十大　争做好队员	10.13 建队日
8	10.17—10.21		爱同学，用志愿服务温暖你我	
9	10.24—10.28		爱学校，我给小树添件衣	
10	10.31—11.4	诚信与安全教育月	小手拉大手　勤俭节约齐践行	10.31 世界节俭日
11	11.7—11.11		消防安全　从我做起	11.9 全国消防日
12	11.14—11.18		阳光心理，快乐生活	
13	11.21—11.25		预防校园欺凌，共建和谐校园	
14	11.28—12.2		行为儒雅，从诚信开始	
15	12.5—12.9	法制与感恩教育月	法治在我心　文明我先行	12.4 法制宣传日
16	12.12—12.16		勿忘国耻　振兴中华	12.13 国家公祭日
17	12.19—12.23		感恩，感受身边的爱	
18	12.26—12.30		情满双语，温暖你我	回首一年来学生、家庭和学校的故事
19	1.2—1.6	激励教育	积极备战　诚信考试	

附　张玉倩老师班会课简要记录的节选

寸草心——感恩行

小主持人引出本节课的课题后，先请大家欣赏《母亲》这首歌。听完这首歌你都想到了什么？你能分享一下你和父母间感人的故事吗？

这首歌曲歌词感人，更有母爱的点点滴滴，使学生不由自主地想到无微不至照顾自己、爱护自己的母亲。接下来播放一段公益广告《给妈妈洗脚》，看完视频引出让学生交流讨论该如何回报自己父母的环节。学生分享完后，再用幻灯片出示几种力所能及的表达爱的方法。

欣赏学生准备的诗歌朗诵《感谢你，父母》，让学生自己搜集和表演来表达对父母的爱。小主人通过主持词引出感恩老师，让学生表达对老师的爱，全班一起诵读学生改编后的晨诵诗歌——金子美玲的《全都喜欢上》，来表达他们对老师的喜爱之情。

教师抛出问题："亲爱的同学们，除了感恩父母、老师，我们还要感恩什么？"学生畅所欲言，将爱迁移到同学、学校、大自然……

最后学生集体表演《感恩的心》，让学生在表演中感受着、思考着、回忆着来自父母、老师、社会、大自然的爱。

本次主题班会基于小学生的认知特点进行整体设计，不仅让学生拥有一颗感恩的心，更让学生懂得如何从身边的点滴小事做起去回报生活。学生常怀一颗感恩之心，并能通过实际行动去回报父母、老师、大自然……教师润物无声，于潜移默化中引导学生爱父母、爱老师、爱同学、爱学校、爱家乡。

三、仪式课程丰盈"六爱三雅"

仪式是最美好的礼物。我们结合学生身心发展特点和德育工作重点，精心打造具有学校特色的"六爱三雅"和悦德育仪式课程，主要包括入学课程、升旗课程、结业课程、毕业课程等。

（一）别具一格的入学课程

入学是学生人生中的大事，也是成长过程中的一个重要里程碑。为了给一年级新生营造充满温馨的和悦氛围，表达对新生入学的热烈欢迎，使学生初步了解自己的学校，激发新生爱老师、爱同学、爱学校的情感，帮他们开辟在学校大家庭里愉快学习、生活、成长的新航程，学校创设了入学课程。入学课程由学生服务中心牵头，各服务中心配合，全校师生参与。

1. 跨进书门

结合"六爱三雅"与童心悦读特色，每年的入学课程都会在校门口搭建一个充满美好寓意的和悦门。和悦门中间设置一扇小门，由家长牵手孩子共同跨过，象征从此进入一个书香新世界。在这个新世界里，学生热爱学校的情感由此开启。

通往教室的道路用红毯装饰，红毯两边摆放介绍“六爱三雅”内容的宣传牌，让学生从入校第一刻开始就浸润在其中。

2. 快乐见面

一年级新生进入自己的教室，在破冰游戏中认识自己的老师，同时学生也向老师介绍自己。师生共同参与活动，相互认识，学生在快乐的氛围中融入班级。由此，学生爱同学、爱老师的幼苗在潜移默化中萌发。

3. 明礼筑梦

操场上，在“拜师礼”环节，校长向家长隆重介绍一年级的每一位老师，并深深鞠躬，将学生托付给他们。除此之外，我们还设置了“感恩礼”“开笔礼”等环节。通过这样一个个环节，培养学生尊敬老师、感恩父母的意识。

附　青岛西海岸新区双语小学“尊师重道，明礼立志”一年级新生入学仪式活动方案

一、活动时间：2023 年 8 月 26 日

二、活动地点：风雨操场，一年级各班教室

三、活动参与人员：一年级全体师生和家长、学校相关负责教师

四、活动过程

（一）第一阶段

新生由一名家长陪同走过和悦门及“六爱三雅”红毯进入教室，熟悉教室环境。

（进校音乐：上学歌）

（二）第二阶段

1. 家长签到。

2. 准备家长信息登记卡。

3. 班主任开学第一课。

（1）致欢迎词。

（2）介绍双语小学教育集团。

（3）介绍学校师资队伍。

（4）介绍“六爱三雅”特色德育课程。

（5）填写梦想卡。

（三）第三阶段（风雨操场）

第一项：正衣冠

1. 首先请各位家长为学生整理衣冠，冠必正，纽必结，袜与履，俱紧切。然后请学生

自己整理衣冠。

2. 一年级新生及家长代表上台发言。

第二项：拜师礼

1. 一年级全体教师按照班级顺序站成两队，安静有序上台。

2. 请二年级学生代表为一年级老师献上拜师礼物，请一年级新生向启蒙老师行鞠躬礼，请老师们鞠躬还礼。

3. 校长提出嘱托和期望。

4. 一年级服务中心主任向学生、家长承诺。

第三项：感恩礼

1. 感恩父母，感谢他们成长路上的点点付出，全体立正，面向家长三鞠躬。

2. 家长们回礼，给孩子们一个大大的拥抱，并献上新学期寄语。

第四项：开笔礼

校长助理苗文芝老师指导新生书写“人”字。

第五项：放飞梦想

协助教师一一走到新生面前，新生把梦想许愿卡投入许愿箱。

（二）人人参与的升旗课程

尊敬国旗是小学阶段重要的爱国主义教育内容。升旗仪式则是学校进行“六爱三雅”教育的重要途径。我们将升旗仪式开发成了一门课程，让每周一的升旗不仅成为学生、教师的共同话题，还要成为学生接受教育、展示风采、历练成长的舞台。

1. 规划主题

在学期初，由学生服务中心牵头，围绕“六爱三雅”具体内容，结合时政、节日、纪念日等，按周次确定系统的、具体的主题。例如“爱自己，新学期从规范习惯养成开始”主题、“爱老师，尊师从重道开始”主题、“喜迎二十大，争做好队员”主题等。

2. 选定升旗手

各班根据学生“六爱三雅”日常表现，结合学生量化积分，推荐 1 名升旗手、2 名护旗手，报学生服务中心批准。

3. 升国旗，唱国歌

伴随五星红旗徐徐升起，全校师生同唱国歌，少先队员敬队礼，其他师生行注目礼，进一步培养学生热爱祖国的思想情感。

4. 展示班级特色

每个班都有自己的“六爱三雅”特色，借助升旗仪式这个平台，展示各班个性，相互学习，全校共享，进一步培养学生的集体自豪感。

5. 表彰先进

在全校师生集会的庄严时刻，根据“六爱三雅”班级积分，我们对荣获“和悦班集体”的班级以及在各项活动中获奖的师生进行表彰。

（三）学有所获的结业课程

学校在每个学期结束的时候举行结业课程汇报活动，旨在让学生拥有更多的展示舞台，对自己本学期的成长进行总结，并在过程中学会欣赏自己和同学，进而做到爱自己和爱同学。

1. 学期回顾

所有的家长和学生盛装出席，欢聚一堂，一起回顾本学期班级和学生取得了哪些成绩，存在哪些不足。肯定成绩，继续发扬；指出问题，立即改正。

2. 表彰学生

我们多把尺子衡量学生。班主任教师结合“六爱三雅”评价结果，评选“爱自己小明星”“爱父母小明星”“爱老师小明星”“爱同学小明星”“爱学校小明星”“爱家乡小明星”“语言文雅小明星”……逐一分析每一个学生这个学期的进步并对其进行表彰。

3. 表彰家长

班级多层次、多形式地表彰各类优秀家长，如护学岗优秀家长、班级文化建设优秀家长等。被表彰家长的学生幸福感油然而生，他们爱家长的自豪感得以加强。

4. 才艺展示

学生自己或自由组合，将本学期的收获通过丰富多彩的节目展现出来，增强自我认同感，同时也表达了对老师、父母的感激之情。爱自己、爱同学、爱老师、爱父母的情感渗透其中。

附　青岛西海岸新区双语小学 2022—2023 学年度第二学期结业课程方案

一、指导思想

坚守和悦教育办学思想，秉承“帮助每一个孩子拥有幸福人生”的办学宗旨和“培养厚德乐学、自主合作、具有国际视野的卓越少年”的育人目标，将结业课程打造成学校的课程名片之一，通过回顾学期学习历程、学校活动、班级活动，表彰每个学生的闪光点、表彰家校合作中的优秀家长等版块，让每一名学生找到自信，为学生一学期的学习生活画上圆满的句号。

二、活动主题

情满双语　快乐成长

三、活动时间:2023 年 6 月

四、活动地点:各班教室

五、参加人员

全体学生、部分家长、全体教师

六、内容安排

(一)本学期班级生活回顾。(10 分钟)

(二)学生学期表彰并颁发奖状。(15 分钟)

(三)节目展演。(30 分钟)

(四)优秀家长表彰并诵读颁奖词。(15 分钟)

(五)班主任寄语。(5 分钟)

(六)假期工作,尤其是强调安全工作。(10 分钟)

(七)其他创意性内容。

七、结业课程评价

结业课程评价表

班级	评分标准(满分 100 分)	得分	亮点
	1. 学生、家长出勤率。(20 分) 2. 会场装饰精美,育人氛围浓厚(10 分) 3. 爱同学,观看同学表演时保持安静,并给予鼓励。(10 分) 4. 有集体节目展示,关注学生合作能力,培养爱班级、爱学校情感。(20 分) 5. 化妆、服装到位。(10 分) 6. 各个环节完整、流畅。(20 分) 7. 结合班级实际情况设有其他创意性环节。(10 分)		

备注:评委一负责年级整体结业课程的把控,评委二负责将评分表收齐后核算好成绩,评委三负责抓拍活动中的精彩照片和视频。

八、其他工作及人员分工

(一)各班级结业课程配班教师及时到位,和班主任一起组织、参与结业课程。

(二)参加结业课程车辆疏导。(负责人:闫凤景、保安)

(三)各班提前调试音响、拷课件等相关材料。

(四)每个年级结业课程结束以后,班主任组织家长、学生一起把椅子摆好,清洁卫生后再离开。

(五)每个班组织家长进行拍照和录像。(负责人:各班主任)

(六)信息宣传。(负责人:学生服务中心张晓雯)

(七)材料整理收集。(负责人:学生服务中心田宜冉)

以下是2022级5班班主任杜娟老师在结业课程上写给学生和家长的一封信，细腻的文字令在场的所有人无不为之动容。

回忆孩子们入学时的可爱模样，历历在目，他们是那样的天真，无忧无虑，牵着爸爸妈妈的手，来到了这个既陌生又向往的地方。未来的他们会变成什么样子，一切都是未知。同学们还记得入学时在操场上投进箱子里的许愿卡片吗？二年级了，你离你的梦想是不是又近了一步呢？

我们举行了各种各类的活动，运动会、消防演练、路队训练演练、晨诵……老师悄悄地发现这些可爱的小种子正在努力地破土而出，能看到你们更加自信，更加大胆地表演，俨然已褪去了当初的羞涩与胆怯。每到这时，老师心中就有莫名的温暖与自豪感。

孩子们，你们知道吗？老师一直为大家取得的进步而骄傲。课堂上，每当老师看到你们坚毅的眼神以及大胆举手的神气模样，老师会无比地感动。感动于大家所做出的努力，感动于大家的担当与责任感，感动于大家在这么小的年纪就要付出如此之多，实在很不容易。

亲爱的家长朋友们，感谢大家一年来的支持、帮助与包容，尤其感谢我们的家委会。没有大家的帮助，我们的活动不会如此的精彩；没有大家的帮助，我们没有那么漂亮温馨的教室；没有大家的帮助，孩子们不能顺心顺意地度过人生小学的每一个阶段。我想，我和孩子们唯一能回报大家的是努力学会爱身边的每一个人，心存感恩，用心做每一件应该做的事情。说实在话，这一学期，我无数次想拿起手机向家长们控诉孩子们在校让我无法容忍的行为，可是最后我还是放下了手机，我理解家长们的忙碌，我能解决的麻烦就尽量不打扰大家。

忙忙碌碌当中，一个学期马上就要结束了，有太多的话说也说不完。祝愿我们的孩子在新的学期，不骄不躁，快乐成长！祝愿我们的家长工作顺心、家庭和美！也祝愿我们班级更加精彩！

（四）铭记一生的毕业课程

六年前，学生是天真烂漫、不谙世事的幼童；而今，他们即将离开母校，已是朝气蓬勃的和悦少年。六年的光阴，仿佛弹指一挥间。学生们就要毕业了，就要离开美丽的校园，离开朝夕相处的同学，离开谆谆教导的老师。作为学生，能够给母校留下什么？作为老师，能够让学生带走什么？毕业课程，带领老师与学生一起走好小学的最后一程。

（1）回顾教育成果，给学生留下一段铭记一生的美好回忆。老师把即将毕业的学生在双语小学每年的瞬间用照片、视频等形式展示出来，让学生对老师、学校产生心底的感恩。

（2）通过活动，对学生进行一次“心怀感激，学会感恩”的教育。激励学生勇于承担责任，善待社会，扬帆远航。

附　青岛西海岸新区双语小学2022-2023学年毕业课程方案

一、活动主题:感恩双语 筑梦起航

二、活动时间:2023年6月30日

三、活动地点:悦动馆

四、参与人员:六年级373名学生、家长、全体教师

五、活动流程

会前播放视频:1～6年级各班活动剪影。(爱同学、爱老师)

1. 快闪《我和我的祖国》。(爱家乡)
2. 播放小学六年来大事。(爱学校)
3. 感恩:学生代表讲话。(爱老师、爱学校、爱父母)
4. 教师寄语。(爱自己、语言文雅、行为儒雅、情趣高雅)
5. 家长寄语。(理想教育)
6. 颁发毕业证书、校长寄语。(爱学校)
7. “再见了,双语”节目展示。(爱学校)
8. 献花。(感恩教育)

六、活动具体事宜安排

1. 典礼活动的策划:六年级全体教师、家委会。
2. 各班主任提供正确的学生名单:殷永淼负责。
3. 排练、彩排:各项目负责人,各班主任协助。
4. 礼仪培训:学生服务中心。
5. 会场内外布置:家委会及部分家长。
6. 照相:行政服务中心。
7. 录像:信息服务中心。
8. 音响控制,音乐等:信息服务中心。
9. 安排坐区,维持纪律:艺体服务中心。
10. 制作美篇:各班主任,各家委会成员。

青岛西海岸新区双语小学

2023年6月27日

在校长寄语环节，我送给所有学生四点希望：

第一点，一定要有一个健康的身体。身体第一，没有了健康其他什么都是零。

第二点，心态阳光。快快乐乐，心身愉悦，走向和悦。

第三点，永远地学习。我们正处在一个突飞猛进、日新月异的社会，这个社会唯一不变的东西就是变，除了我们的学习，除了我们的思考，除了我们的探索，除了我们的奋进，没有别的，因此我衷心地希望我们的孩子把学习当成终身大事。

最后一点，永远地修心养德。大德大成，小德小成，无德无成。我非常希望我们的孩子永远记住我们的“六爱三雅”和我们的校训——读好书，做好人。养成良好的习惯，习惯决定性格，性格决定命运。

总而言之，不管是任何形式的仪式课程，都是鲜活的、灵动的，都是由一个个美妙的旋律，撼动心灵的仪式汇聚而成的，融进了学生美好的生活。仪式课程不仅符合学生的身心发展特点，有利于丰富学校的文化建设，增强学校的德育工作实效性，也是对学校素质教育的有力推动。我坚信，广大教师会在仪式课程的实施中更深刻地理解教育的价值，学生也会在仪式课程的浸润中更快乐地体验成长的滋味。精心打造德育仪式课程，使学生生命中的每一个重要日子都刻骨铭心，这才是开设仪式课程的终极目标。

四、实践体验锻造“六爱三雅”

《中小学德育工作指南》强调：“要精心设计、组织开展主题明确、内容丰富、形式多样、吸引力强的教育活动，以鲜明正确的价值导向引导学生，以积极向上的力量激励学生，促进学生形成良好的思想品德和行为习惯。”我们通过开展一系列有针对性的特色育人活动，使学生在实践中体验生活，感悟道德，内化为良好行为，努力让“六爱三雅”成为学生的美德修养和行为文化，为学生的幸福人生奠基。

（一）爱自己，从悦己开始

爱自己，就是悦纳自我。相信自己、肯定自己、敢于展示自我，悦纳自我。一个爱自己的人，才会用爱去拥抱世界。因此，教学生学会爱自己，比任何一课都重要。

为了教会学生悦纳自己，让学生更加美好、自信和勇敢，学校通过开展系列活动为学生搭建起悦纳自己、展示自己的舞台。通过普及法制安全教育，提升学生的安全意识，开启悦纳自己的第一步；通过组织每年的“六一教育大集”活动，为学生提供充分展示自我的舞台；通过开展“六爱三雅小明星”评选活动，引领学生悦纳自己，展示自我；通过开设心理健康课程、阳光体育大课间课程、“锻造身心”夏令营等远足课程，培养学生阳光心态，提高学生身心素质……

附　活动风采

“六一教育大集”展风采

每年的“六一教育大集”，学校都会提前征集学生的需求，汇总整理清单式的“大集摊位”，有的学生会成为那个最会做生意的“卖家”；有的学生尽情展示自己的音乐天赋，架子鼓、小提琴、古筝等齐上阵，堪称一场小型音乐会；有的学生兴奋地介绍自己的全自动机器人；有的竟然开起了自己的个人画展……学生尽情参与其中，大胆交流自己的想法，积极乐观地展示自己。走出课堂，学生拥有很多我们教师发现不了的本领，他们开始勇敢自信地展示自我，开始发现别人的闪光点，悦纳自己的同时也渐渐地学会欣赏他人。

（二）爱父母，从感恩开始

一个懂得感恩，能够孝顺父母的学生才会“老吾老以及人之老”。我们倡导学生孝敬父母从日常小事做起：比如牢记父母生日，每天回家给父母一个大大的拥抱等。同时，通过开展主题班会、庆祝“母亲节”系列活动、“小鬼当家”等实践体验活动，倡导学生用实际行动感恩父母。

附　一年级母亲节系列活动纪实

特别的爱给特别的你

浓情五月天，最美母亲节，双语小学一年级服务中心精心筹划了“六爱三雅——爱父母”之母亲节主题系列活动。

各班级召开“六爱三雅——爱父母”母亲节主题班会课，回顾妈妈让自己最感动的一件事，一笔一画给妈妈写一张限量版的奖状，表达自己对妈妈的爱。

音乐课上，甜美的歌声唱出孩子们对妈妈的感谢，一张张笑脸上洋溢着对妈妈满满的爱。把我的爱唱给您听！妈妈，我爱您！

美术课上，孩子们用自己稚嫩的小手，为妈妈做了一份礼物，想给妈妈一个惊喜，道一声：“妈妈，谢谢您！您辛苦了！”

语文课上，老师给孩子们带来了《逃家小兔》《永远永远爱你》两个故事。通过故事，让孩子们感受妈妈对自己的爱。爱意顺笔尖流淌到纸上，一幅幅精彩的读写绘，写出了孩子们对妈妈的祝福，绘出了满满爱意。

悠悠慈母心，浓浓谢母意。一年级的学生用自己的方式为母亲庆祝节日，一张张笑脸、一句句简单的“我爱你”等祝福语，传达了孩子们对母亲的爱心与谢意。

除了让学生学会对父母表达爱意外，我们每个节日及寒暑假的课程都会根据不同的学段设置部分劳动实践活动。低段学生自己整理衣橱、整理书桌、自己的衣服自己洗。中高段学生可以帮父母购物、做家务、学会炒一道菜等。在一系列的劳动体验中，体会父母的辛苦，进一步激发孩子们对父母的热爱和尊敬。

（三）爱老师，从尊师开始

爱老师，从尊师开始。我们开展了“感念师恩”主题系列活动：画一画我最喜欢的老师，写一写我最喜欢的老师，讲一讲我和老师的故事。让学生通过主题系列活动尊敬师长，师恩永难忘。不同的形式，诉说相同的话语：亲爱的老师，我爱您！

附　2020级2班于小渔同学在“情满双语，温暖你我”教师节故事力大赛中的精彩演讲

尊敬的各位老师、亲爱的同学们：

大家好！我是2020级2班的于小渔。

今天，我演讲的题目是《无声的课堂》。

什么样的声音是最美的？什么人拥有最美的声音？我想这一定是老师的声音。

老师的声音像潺潺的流水，沁人心脾；像春风化雨，滋润我们的心田。可是……因为长年累月讲课，过度劳累，老师的声音也不再清脆、不再洪亮，开始变得低沉、沙哑，甚至失声。

记得2021年12月8日那天，郭良晓老师像往常一样来到教室，可是她好像又和往常不一样。她打开投影仪，默默地将备课本放到上面，屏幕上出现了对我们说的话：对不起孩子们，老师失声了，不能说话了……

渐渐地，渐渐地，教室安静了下来。所有孩子的眼睛盯着屏幕上的字，眼神中有吃惊，有关心，也有难以置信，有的同学哭了出来。

我们纷纷伸出食指，等待和老师一起书写课题。此时，我们的心和老师的心紧紧地靠在一起，这节课我们比平时学得更认真，更努力。

其实，除了郭老师，又有哪个老师的嗓子是好的呢？我们的英语老师蒋老师也经常咳着给我们讲课，生病了也不舍得请假。还有我们的班主任褚老师，她对我们说了最多的话，也给了我们最多的爱，她的嗓子时常是哑的。

如果说，这世界上还有人会像父母一样爱我们，我想那一定是老师！

亲爱的老师们，请照顾好身体，这是我们所有学生共同的心愿！

我的演讲结束了，谢谢大家！

学生淳朴的演讲道不尽对老师的爱。从迈入双语小学的第一天，在隆重的入学仪式上，深深地一鞠躬给学生埋下了“尊师”的种子。此外，各项主题教育活动的举办，都进一步强化了学生尊师爱师的情感。

（四）爱同学，从身边开始

爱同学旨在引导学生从关爱自己周围的同学开始，从身边的小事入手，互相欣赏、互相帮助、互相支持、互相合作。学校通过开展主题班会、和悦课堂互助学习、抗震救灾义捐、爱心帮助弱小群体、手拉手结对帮扶等活动，引导学生学会团结互助、关心他人、共同成长。校园里的一次举手之劳，一个温暖微笑，一个轻轻拥抱……看似不起眼的小事，都会传递出浓浓的友爱之情。

附　爱同学优秀示例

为患白血病同学杨香晨义卖

双语小学2014级1班杨香晨同学，不幸查出患有急性淋巴性白血病，本该无忧无虑的花季年华，却饱受病魔折磨，她的家庭也因此背负了沉重的经济负担。为帮助香晨筹集高昂的治疗费用，给她战胜病魔的勇气和信心，在级部家委会的协助下，学校开展了“情系香晨，传递温暖”大型爱心义卖活动。

5月11日，同学们放弃周末的休闲时光，准时到达集合地点。清早天气微凉，大家却热情高涨，站队、强调安全、分发报纸……一切准备工作在有条不紊地进行。“叔叔阿姨，买份报纸献份爱心吧……”同学们手捧报纸，带着真诚友好的笑容，与过往的行人交流，争取多一份爱心。他们三个一组，两个一伙，不仅一起出点子想办法，相互交流义卖心得，还展开了义卖“PK”。5月12日，恰逢母亲节，空气中到处弥漫着爱的味道。有心的学生家长制作了暖心标签——你们为孩子献爱心，我们送上最真挚的祝福。分发鲜花、包装、贴标签……大家齐心协力，忙得不亦乐乎，这注定是一个令人难忘的母亲节。同学们克服羞涩，敢于交流，勇于表达，爱让他们变得勇敢。积少成多，积沙成塔，积小爱为大爱。或许同学们的爱心只是爱的江河中那小小的一滴，但大家无私的关爱，定会给予香晨战胜疾病的勇气和信心，帮助她和她的家庭战胜眼前的困难。“香晨，祝你早日康复，我们等你回来，加油！”深情的呼唤，声声入心，浓浓的友情，令人动容。两天的爱心义卖，共筹集善款12 313.97元。

大家衷心地希望小香晨能坚定信念，直面病痛，早日康复，重新回到她热爱的校园。

活动中，每个参与义卖的学生，对“爱同学”有了更深的理解，不仅加深了同学之间的感情，还学会力所能及地帮助他人。友爱同学，主动帮助有困难的人，学生用自己的实际行动践行《小学生日常行为规范》。学生彼此用心营造一种充满真情与关爱的氛围，当一个同学遇到困难时，大家都能伸出援助之手，给幼小的心灵以温暖的慰藉，给平凡的日子以真切的感动。

（五）爱学校，从担当开始

爱学校，从担当开始。每一个学校的学生，都应该爱自己的学校，那是一个学生应尽的责任。我国台湾著名教育家高震东曾说：“只要你迈出校门一步，你就代表着学校荣誉！”

学校开发“一班一品”德育实践课程，通过“人人有事做，事事有人管”的理念，激发每位学生小主人的责任意识。学生认真做值日，保持教室、校园整洁……他们以自己的实际行动践行对学校的“爱”。组织“我是优秀和悦学子”活动，每位学生都是学校的名片，走到哪里都代表双语的形象，他们都是学校的形象大使。组织“我为双语添光彩”活动，引导学生努力学习科学文化知识，以优异的成绩回报学校。开展各类社团大赛，积极参加各级各类比赛，引导学生在提升自身技能的同时，为学校增光添彩……

附　洗手间文化建设示例

小小值日生，大大建设者

历时三周，学校洗手间文化建设正式完成：一年级“奇妙的海底世界”，二年级“神奇的动物王国”，三年级“我的植物朋友”，四年级“我眼中的缤纷世界”，五年级“神秘的太空”，六年级“节约用水，从这里开始”。在此次文化建设中，从定主题到选材制作装饰品，再到最后的作品上墙，学生担任了主力军的角色，给我们带来了一次又一次的震撼。主题鲜明，作品精致，无不体现了学生的用心、合作与担当。文化作品上墙后，各级部、各班级在自愿“认领”的基础上进行了明确的责任分工。以 2020 级 4 班为例展示洗手间值日分工，见下表。

洗手间值日分工表

2020 级 4 班第二周“奇妙的海底世界”洗手间值日分工表		
责任区域	管理员姓名	岗位职责
洗手台区	郭铭宇、郑婉诺	洗手台卫生、绿植浇灌
如厕区	张睿豪、潘艺鑫	学生如厕秩序、单词古诗更新
展示墙区	潘美西、于佳铄	作品巩固粘贴、更新

除此之外，学校的井盖、绿植等也被学生纷纷“认领”。在他们的细致呵护下，一切都呈现出欣欣向荣的景象。爱学校，在一次次的认领中悄然发生。作为学校的教育对象，

学生本身也兼具无限潜能。他们灵动创新、团结协作、勇于担当，他们是学校荣誉的维护者，更是学校发展的建设者。他们相互勉励，团结协作，用自己的责任担当、实际行动来感恩学校，热爱集体。

（六）爱家乡，从乡土开始

家乡有独具特色的传统习俗，有乡土气息浓厚的风土人情，更有祖国发展的缩影。爱家乡是爱国的起点，爱家乡就是爱我们伟大的祖国。学校通过开设乡土文化课程、节日课程等，使学生了解家乡文化习俗；通过开展家乡习俗探秘、护海行动等社会实践活动，增强学生护卫家乡的自豪感，进而培养他们的家国情怀。

附　感受海洋文化，体验家乡风情——爱家乡之护海行动（节选）

学生此次护海之行的目的地为唐岛湾公园，这里为国家AAA级景区，有着“海上西湖”之誉。青岛贝壳博物馆、“琴岛之眼”摩天轮等景点均位于公园内。这个天然的海湾，是休闲、度假、观光的胜地。唐岛湾公园是新区人民最爱去的城市公园，这里有一代又一代新区人民的美好回忆。

在欣赏海景的同时，通过带队老师的指导及小组互动交流，学生详细了解海洋动物们的生活习性并认真做好记录。从开心激烈的讨论中可以看出，他们非常兴奋并享受这次活动带来的知识盛宴。

护海现场，学生一手拿着垃圾袋，一手持垃圾夹，仔细地捡拾大坝上散落的垃圾并分类。通过分类捡拾海洋垃圾，于亲身实践中增强环保意识，真正从行动上保护海洋，护卫家乡。

此次护海行动，学生以社会大课堂的方式，了解海洋知识，开阔眼界，增长见识。在获得知识的同时，更感受到了家乡独特的海洋文化，树立了环保意识，增强了护卫家乡的自豪感，萌生了家国情怀。

一个人，只有足够热爱自己的家乡，才会延伸到爱国的大情怀。学校开展的爱家乡系列课程，使学生实现从知到爱的情感升华，引导学生爱家乡从自己力所能及的小事做起，将对家乡的真诚之爱化作报国的不竭动力。

（七）语言文雅，培养文明少年

我们采用多种方式开展了语言文雅系列教育活动。一是主题班队会讲一讲，引领语言文雅。主题班队会紧紧围绕“语言文雅”，充分利用礼仪教育校本教材，每周讲一个故事，对学生文明礼仪做正向引领；二是情景剧演一演，展现语言文雅。通过学生自己编排和表演，把校本教材上的故事变得更加鲜活生动；三是体验活动做一做，内化语言文雅。例如，学校开设了以“在经济的天空下”为主题和悦银行和诚信超市，为学生创设了不同的职业角色体验活动，把校园模拟成社会，学生在这里根据自己的兴趣和特长，扮演相应的社会角色为他人服务，如银行大堂经理、柜员、理货员、售货员等，让学生在交际体验中将“语言文雅”进一步内化为品质；四是专题活动促一促，深化语言文雅。我们每月都会开展“六爱三雅小明星”评选活动，其中就有“语言文雅小明星”。活动的目的不在于结果，而在于每个活动过程都是对参与人教育引领的过程。自此，“谢谢！”“请”“不客气”“Good morning！”“Thank you！”自然而然地从每一个和悦少年的口中说出。

校门口两侧150米长的墙壁是学校对外宣传的窗口。学校精心打造了“六爱三雅”故事长卷。长卷上呈现的是学生、教师和家长共同评选出来的“六爱三雅小明星”。其中一部分是“语言文雅小明星”，一张张灿烂的笑脸，一个个鲜活的故事，让榜样感染学生。

附　长卷中的“语言文雅”小故事

我觉得语言文雅对于我们小学生来说就是温和有礼貌。双语小学一直推崇做“六爱三雅”好少年，其中一条就是语言文雅。孔子曾说：“不学礼，无以立。”要做事，就要先学会做人，雅言雅行，文明礼貌是树立健康人格的基础。

作为“语言文雅小明星”，在学校里，我尊重老师，听从老师的教导，不顶撞老师，见到老师主动鞠躬问好。对老师和长辈经常使用文明用语：“请”“谢谢”“对不起”“您辛苦了”……

在同学中，我团结同学，从不辱骂别人。因为我懂得，辱骂别人不但是不文明行为，而且会对别人的身心造成伤害。俗话说：“待人真诚是美德，语言文雅是修养。”让我们一起做有修养的语言文雅的和悦少年吧！（2016级3班曲奕佳）

（八）行为儒雅，引领时代新风

播下一个行为，收获一个习惯；播下一个习惯，收获一个品格。塑造儒雅行为，让每个学生成为一名讲文明懂礼貌的好少年，引领时代的新风。

庄严的国旗下，倡导学生要做一名讲文明懂礼貌的新时代少年；每周的主题队会中，学生一起讨论怎样才能成为一名行为儒雅的好少年；教室的走廊里，大队委的检查员时刻监督提醒，约束学生的不良行为……习惯成自然，让好的行为渗透于生活的点滴，扎根于学生的内心，儒雅行为也就能自然展现了。

附　行为儒雅优秀示例

家乡小主人，环保小卫士

李继鹏是青岛西海岸新区双语小学 2019 级 8 班的学生，在班级担任班长一职。他品学兼优，积极参加各项社会实践活动，连续多年当选校三好学生、区优秀学生干部，并于 2022 年获评山东省第四届“齐鲁环保小卫士”。

他的家乡——青岛，是一个美丽的海滨城市，红瓦绿树、碧水蓝天，每年都会有许许多多的游客来这里旅游。因此，爸爸妈妈从小就教育他说：“我们是这里的一员，美好的环境需要靠我们大家的守护。”所以，一颗保护环境、爱护环境的种子就在他心里慢慢地生根发芽。

当他踏入双语小学的校门，红色的教学楼与绿色的大树交相辉映，整洁的校园环境、漂亮的教室装扮，让他深深地爱上了这里。从那一刻，他就下定决心要把保护环境、爱护环境的想法带到校园里面来，并且能影响到同学们，让大家一起来守护美丽的校园。

在学校，他积极参与卫生打扫、班级美化等活动，就餐时，不使用一次性餐具；在教室里与同学们一起参与垃圾不落地的活动，还与同学们一起养起了“我的专属绿植”，并制作了绿植手抄报和绿植标签卡；在校园里，看到垃圾他会随手捡起来扔进垃圾桶。在刚刚结束的青岛市环保科技创新大赛中，他的论文荣获了一等奖。

在日常生活中，他一直保持爱护环境保护环境的初心。在自主学习垃圾分类相关知识的同时，积极参与社区垃圾分类志愿服务活动：走进社区、走入居民家中，向社区居民宣传垃圾分类的好处，并给居民讲解如何在家中做好垃圾分类等知识。通过持续学习与实践，希望大家能从小养成垃圾分类的良好习惯，把垃圾分类变成一种常态，为垃圾减量、资源再利用贡献自己的力量。

此外，外出就餐不使用一次性餐具，去超市购物不使用塑料袋，出行的时候优先选择公共交通工具……“不积跬步无以至千里。”他觉得环保也是这样子，只有从一点一滴的小事做起，才会把我们的家园建设得更加美好。

“少年智则国智，少年强则国强。”而他想说，环境保护应该从自我做起：“我是今日之少年，我心怀保护环境的初心，用一言一行保护环境，带动身边的人参与环境保护的行动中来。”

今后，他会更加努力参加更多的环保活动，也希望能够带动更多的人参与进来。我们相信，美丽的青岛，因为我们的行动会更加美丽，美丽的中国，会因为我们所有人的参与更加美丽！

（九）情趣高雅，践行核心价值观

我们创新学生发展校本课程，丰富学生兴趣爱好，提升学生整体素养，践行核心价值观。

一是开发必修课程，培养情趣高雅。包括童心悦读、“六爱三雅”礼仪教育、阳光体育和科技信息课程。二是开发选修课程，培养情趣高雅。在尊重学生的个性特点，充分调研学生兴趣爱好的基础上，利用每周四下午两节课的时间开设了身心健康、数理思维、科技创新、文化修养、艺术品位五个门类的选修课程，包括国学、口才、童剧、文学、合唱、舞蹈、钢琴、绘画、书法、陶艺、田径、足球、乒乓球、科技等58门选修课。选修课教师队伍由本校教师、家长志愿者和校外专业教师组成。选修课程的评价以学分制加到学生综合素质评价。三是提供展示舞台，培养情趣高雅。积极组织学生参与各级各类比赛展示活动，例如我校的啦啦操团队、羽毛球团队、科技小院士团队等，为学生搭建更多展示自己的舞台。

附　情趣高雅优秀示例

书法有路勤为径，墨海无涯乐作舟

辛佳庚，双语小学2019级6班学生，校级“红领巾宣讲员”，区级优秀学生，区级“红领巾”奖章个人二星章获得者。

他敏而好学，多才多艺，钢琴十级、书法十级。2022年荣获青岛市第四届“传承红色基因　一起奔向未来”少儿书画大展书法一等奖、青岛西海岸新区中小学生艺术节小学组书法比赛二等奖、“童星演说家”英文演讲西海岸新区一等奖、第26届全国中小学生绘画书法大赛一等奖等。2023年荣获青岛市小学生第一届读写素养展示（书法）最佳展示奖、半岛都市报“春暖花开　多彩青岛”少儿书画大赛银奖、西海岸新区“未成年人保护”书法绘画作品征集活动书法二等奖、第12届齐鲁情山东省学生美育成果展演活动一等奖、第七届“希望颂”全国青少年书画艺术大展一等奖等。

咿呀学语时，他最喜欢在姥姥的怀抱中，看着姥姥写书法。小小的他，一会儿玩玩毛笔，一会儿翻翻字帖，一会儿又学着姥姥的样子“挥毫泼墨”……在这样潜移默化下，他对书法产生了浓厚的兴趣，加之姥姥指导有方，为他练习书法提供了得天独厚的优越

条件。在姥姥的指导下，他走上了一条正确的学习书法之路，从楷书入手，认真临习《三门记》《妙严寺记》等古人碑帖，一笔一画，稳扎稳打，为日后的成长打下坚实的基础。

从不懂到欣赏，从不会到熟练，他已坚持了六年多。练字的过程虽然辛苦，但他乐在其中。在妈妈的朋友圈中，六年时间，他没有缺席过一天的打卡练习。随着不断地努力，他收获了许多市、省和国家级荣誉。

四年级的暑假，他跳级报考书法十级，面对难度的提升，他没有退缩。迎着酷暑，为期 20 天的考级集训中，他每天坚持站着上课 4 个小时，考级作品不仅要求每个字的字形结构，还要有整体的结构配合。有时看似简单的笔画，却怎么写也写不出来，他常常急得抓耳挠腮，但他都能静下心来反复看帖子，认真思考，每一个字常常要写十几遍，几十遍。经过努力，他终于在比赛中取得了理想的成绩。

努力练写的同时，他还利用周末、假期等时间，在父母的陪伴下，开展属于自己独特的研学活动——体验古法造纸术、探寻红色书法之旅、故宫寻宝、博物馆“汉字起源”展、社区敬老院送“福”等。亲手造一张花草纸，欣赏难得一见的书法真迹，摸一摸厚重的石碑……只有书法能把散落在历史长河里的文物、壁画、礼乐串联起来，只有书法能与诗词共融，与歌赋伴舞。在时空的交错中，他体会到了书法独特的魅力，秦汉的质朴、魏晋的洒脱、唐朝的明艳、宋代的风雅……一笔一画，是历史的载体；一撇一捺，是前人智慧的结晶，更是深厚的民族情结。日益成长的他，也渐渐将这些情愫体现在自己的书法中，书法作品也有了更加昂扬的生命力。

课余时间，他发挥自己的书法专长，经常参加送春联、送福等志愿活动。给独居老人写福字送春联时，看到爷爷奶奶开心的笑脸和感动的泪水，他懂得原来书法能给人带去温暖和幸福，也有了更大的信心和力量把书法坚持下去。

藏锋赋予内涵，逆锋教其谦让；提按懂得灵转，回锋理解感恩；气韵丰富人格，格调生其涵养。每一次书写，都是在剥茧，每一次比赛，都是在经历蜕变，每一次成蝶，都是在遇见更好的自己。漫漫人生旅途里，以笔为马，以墨为剑，愿我们的和悦好少年在希望的田野上继续绽放属于自己的精彩！

第五节　凝心聚力，共育成长

——“六爱三雅”的队伍与提能

“六爱三雅”德育管理在整个和悦德育体系中具有重要地位，承担组织、实施和督导考核的功能。我们创新了“六爱三雅”的全员管理，构建了以校长为首、分管德育副校长负责，由德育主任、班主任、任课教师、家长、学生、专家共同参与的全员管理。

一、全员德育的组织机构及职责

学校“六爱三雅”是多方位、多因素、复杂多变的系统工程，这就需要设置德育工作的组织机构并明确职责分工。

（一）领导小组及职责

1. 领导小组

组　长：教育集团总校长杨世臣。

副组长：各校区执行校长邵学忠、吕焕龙。

小组核心成员：各校区分管德育副校长、德育专家、学生服务中心主任、教师服务中心主任、少先队大队辅导员、年级服务中心主任、道德与法治学科主任。

2. 工作职责

（1）坚持全面贯彻党的教育方针，落实德育为先，致力“六爱三雅”特色德育课程深度发展。

（2）系统梳理，统一谋划，认真制定集团德育工作规划及年度工作计划，并做好工作总结。

（3）组织学习有关学校德育工作的法律法规及文件并贯彻实施，组织开展德育科研课题研究。

（4）组织职能部门、年级、班级实施德育工作计划，并对实施情况进行检查、反馈和总结。

（5）积极争取家庭、社会（区）及有关部门的支持配合，开展爱国主义、社会实践等多方面思想教育活动，建立校外德育辅导员队伍，每学期举行 2 次家庭教育指导课，构建“学校、家庭、社会”三位一体的德育工作网络。

（6）总结经验，树立典型。利用班主任节进行工作经验交流会及专题研讨会，不断提高德育工作质量。组织推荐评选各级先进德育工作者、和悦班集体、最美班主任。

（7）每学期召开 3 次德育领导小组工作会议，2 次德育工作会议，及时研究德育工作的新情况、新问题，肯定成绩，指明方向，不断明确德育工作要求，协调工作，形成合力，创造良好的育人环境。

（8）对教师在教书育人、管理育人、服务育人等方面的表现进行检查和考评，并建立档案。

（二）工作机构和职能

我们成立了“六爱三雅”项目组，由分管德育副校长任组长，由学生服务中心主任、少先队大队辅导员、教师服务中心分管副主任、道德与法治学科主任、校家委会主任组成。整体统筹、协调、推进德育工作有效开展。

学生服务中心：分管学校德育管理工作，具体负责学生管理、班主任管理、家校沟通工作。

少先队大队委：分管少先队建设工作，具体负责活动育人。

教师服务中心：分管教师学科教学工作，具体负责学科育人。

道德与法治教研组：负责做好道德与法治课教研活动，上好小学思政课。

家委会：负责组织各项家校活动，助力家校合力育人。

二、明确责任，聚力育人

学校德育工作的有效开展离不开队伍建设。对于校长而言，能否打造一支高素质的德育队伍，将成为学校德育能否有效落实的关键和前提。《中小学德育工作指南》要求：建立实现全员育人的具体制度，明确学校各个岗位教职员工的育人责任，规范教职工言行，提高全员育人的自觉性；班主任要全面了解学生，加强班集体管理，强化集体教育，建设良好班风，通过多种形式加强与学生家长的沟通联系；各学科教师要主动配合班主任，共同做好班级德育工作。教育家陶行知有言：“生活即教育。”可是，生活的范畴如此广大，如何明确生活中的各方教育力量的责任，聚力育人，成为我们谈论的主题。

（一）班主任、学科教师实施“六爱三雅”的职责

在学校、家庭、社会合力育人的背景下，学校方面育人的主力就是班主任和学科教师。因此，厘清班主任和学科教师在“六爱三雅”德育上的职责变得尤为重要。

1. 班主任实施“六爱三雅”的职责

遵循教育方针和“德、智、体、美、劳”全面发展的原则，面向全体学生，全面关心学生的思想品德、学习、劳动、生活和健康，培养学生成为有理想、有道德、有文化、守纪律的社会主义公民。整合利用各种德育资源对学生进行适时适当的“六爱三雅”德育，培养学生具有大众公认和我校“六爱三雅”特色的良好道德品质。

指导学生课余生活，组织班级体育卫生、文娱活动、科普推广、“六爱三雅”德育实践

等活动，促进学生身心健康。结合“六爱三雅”德育中的九项德育内容和德育要求，组织学生参加各种劳动实践，指导学生课外和校外劳动活动。

经常与任课教师联系，了解和研究学生的思想学习情况，教育学生明确学习目标，端正学习态度，改进学习方法，学好各门功课，提高学习成绩。组织领导班委会工作，有计划地培养和选拔德才兼备的干部，整合“六爱三雅”德育内容，指导学生进行各种少先队活动。负责学生的操行评定，写好学生评语，向学校推荐品学兼优的“六爱三雅”小标兵。

2. 学科教师实施“六爱三雅”的职责

学科教师一岗双责，在教学中关注学生身心健康，注重培养学生正确的德育品鉴能力，着力塑造学生正确的价值观，配合班主任更好地实施有效的特色德育。

他们研究教材，制定融合“六爱三雅”德育内容的教学计划；他们精心备课，整合各种教学资源和教学用具，在教学活动中因时制宜地进行“六爱三雅”德育。

他们精讲示范，在教授学科基础知识的前提下，融合“六爱三雅”德育内容，用生动的教学示范正确的德育行为，并通过相应教学的拓展活动，落实“六爱三雅”德育内核；他们定期反馈，发挥反馈的评价作用，借评价指明“六爱三雅”德育方向，让评价规范“六爱三雅”德育行为。

（二）学生家长实施“六爱三雅”的责任

学校教育是主体，是对学生进行素质教育的重要场所；家庭教育是基础，是对学校教育的必要铺垫。父母是孩子的第一任老师，因此，在家庭这一学生教育的大后方，家长也同样肩负育人的重要责任。具体来说，主要有以下责任。

（1）营造平等和睦的家庭氛围，让孩子找到归属感和安全感。

（2）积极进行情感沟通，引导孩子学会倾诉、消解自己的不良情绪，让孩子保持稳定的情绪和健康的心理。

（3）培养良好的生活习惯，掌握基本的生活技能，陶冶孩子热爱生活的情操。

（4）与老师勤于沟通，明确不同学段孩子的学习和德育养成目标，协力育人。

（5）配合学校和老师，调动各种资源，进行“六爱三雅”德育的社会实践活动。

（三）学生实施“六爱三雅”的责任

学生在“六爱三雅”教育实践中起着重要的主体作用。他们不仅是受教育者，更是参与者和推动者。为了确保“六爱三雅”教育实践的深入实施，学生需要明确自身的主体责任，积极参与并发挥示范带头作用。

1. 少先队大队委日常管理监督

学校少先队组织最高领导为少先队大队委，下设组织部、学习部、宣传部、文艺部、礼仪部、生活部、卫生部和纪律部。根据大队委组织机构，设大队长 1 名，副大队长 2 名，组织部部长 1 名，学习部部长 1 名，宣传部部长 1 名，文艺部部长 1 名，礼仪部部长 1 名，生活部部长 1 名，卫生部部长 1 名，纪律部部长 1 名。各个部门既相互配合又各有侧重，共同指导各中队相关工作。

每年 9 月下旬，是学校少先队大队委换届选举的时间。提前 2 周，大队辅导员会公布本次换届岗位的设置及名额分配，然后通过队员自主申报、中队辅导员推荐、竞选答辩、民主投票的方式产生新一届的大队委，并在 10 月 13 日建队节活动上集体亮相。通过这一环节，给予新一届大队委成员满满的自豪感，同时激发他们自主管理的责任感。

大队委对各部门职责进行了详细的划分，并共同商定了公约。从礼仪、纪律、卫生、出勤等方面进行了约定。例如，关于餐厅礼仪，我们约定如下。

（1）积极打造“无语餐厅”，候餐和就餐时保持安静。

（2）排队时注意前后间隔，不打闹。

（3）适量取餐，吃完再续，积极参与“光盘行动”。

（4）取餐记得说“谢谢”，回收餐盘要轻放。

日常组织管理公约的建立，促进了学生的自主管理能力，学生无形中在完成自己制定的目标，工作起来也特别起劲。

2. 班干部各司其职

班干部的职责主要包括以下几点。

（1）团结带领全班同学认真贯彻执行学校布置的各项工作，积极协助老师开展学习、科技、文体、公益等活动。

（2）维护校规校纪，倡导良好的班风学风，沟通同学、老师和学校的联系，促进同学们德、智、体、美、劳全面发展。

（3）在班主任指导下全面负责班级工作，把握班级各方面情况，大胆处理班级事务。

（4）督促同学自觉遵守《中小学生守则》《小学生日常行为规范》和学校各项规章制度，贯彻学校布置的各项工作。

（5）及时传达学校及班主任对班级活动的要求，并组织同学将要求落到实处。

（6）副班长需主动配合班长做好班级各项工作，协助班长掌握班级动态，班长不在时，代理班长职责。

（7）纪检委员负责课间、午餐、午休、上学、放学以及参加各类活动时的纪律管理，并及时向值日班干部反馈情况。

此外，不同职位的班干部还有各自具体的工作职责。在担任班干部期间，需要认真履行职责，为班级和同学们服务，并不断提升自己的组织协调能力和领导能力。

3. 人人都是班委会成员

为充分发挥学生自主管理的主观能动性，营造“人人有事做，事事有人管”的良好班级氛围，我校开展了“一班一品”特色德育品牌创建活动。通过亲自参与制定班训、班规，积极竞聘管理岗位，加强学生的自我约束力，增强集体荣誉感，逐渐形成良好的班风，进而使全校展现出健康向上、秩序井然、和谐愉悦的喜人景象。

明确职责和任务：为每个成员分配明确的职责和任务，让他们明白自己的角色和责任，更好地为班级服务。

培训和指导：为成员提供培训和指导，提高他们的组织能力、协调能力和沟通能力等素质，让他们更好地履行职责。

鼓励参与和贡献：鼓励班级成员积极参与班级活动，为班级发展出谋划策，增强他们的主人翁意识和责任感。

监督和评估：对各成员的工作进行监督和评估，及时发现问题和不足，促进他们不断改进和提高。

表彰和奖励：对表现优秀的成员进行表彰和奖励，树立榜样，激励其他成员向他们学习。

三、培训培养，不断提能

提升德育工作理念，要引领全体教师人人都做德育工作者，教书育人，管理育人，服务育人，共同架构起“全员、全程、全生”的大德育工作体系，共同担负起培养高素质人才和建设文明和谐校园的重任。

（一）提升班主任育人能力

班主任是班级各项工作的掌舵人，同时也是德育工作的舵手，是带领学生成人成才的“灵魂”导师，在塑造学生积极向上的思想品德中起到至关重要的作用。班主任作为学校开展德育工作的骨干群体，其育德能力的提升至关重要。因此，学校在立德树人根本任务的指引下，着力打造一批新时代铸魂育人的班主任队伍。

1. 培训学习比赛

（1）校内主题式培训。

每周四中午是学校班主任（中队辅导员）培训会时间。每学期伊始，学生服务中心统筹规划每周的培训主题，引导班主任分主题对学生进行品德教育。例如开学初的“班级文化建设”及“学生日常行为规范”主题培训，由有经验的班主任分享优秀的做法。在一次次的班主任经验分享中，班主任们不仅加强了对“六爱三雅”德育的认知水平，更重要的是启迪了德育智慧。

附　优秀班主任赵立宁老师在新学期第一次班主任会上的发言

全力以赴，迎接挑战

一、培养班级小主人

在接手新班级时，我们首先要培养学生的管理能力，也就是从班级中寻找你的得力助手，而他们的管理范围也要进行细分。为了充分调动学生的班级意识，我的班级始终秉承“人人有事做，事事有人管”的原则，每个学生都有自己在班级中的职责和任务。

二、制定班级规章制度

俗话说：无规矩不成方圆。我们的班级公约是学生自己制定的，学生从心理上能够接受，班级管理也更容易。推动班级公约有效实施的是我们双语小学自己设计的和悦币。在学校，它和我们生活中的货币有着等同的价值，学生可以在诚信超市或者商品交流会兑换自己需要的物品。

三、班级常规管理划分

路队方面，我们有每月的“最美路队”评比活动，这也是双语小学一道靓丽的风景线。卫生、桌椅摆放、课间纪律、作业和课堂表现等其他方面，采用小组捆绑的方式每周评选“优秀小组”，并以和悦币作为奖励。除此以外，我们还有学期初常规养成月，学期中规范强化月和学期末习惯大比拼等“主题月”常规 PK 活动。

四、重在沟通，用心经营

亲其师才能信其道。作为班主任应走进学生的内心，拉近与学生之间的距离。我们班设有“心里话信箱”，师生可以进行心里话的传递，做到及时沟通。教育中的奖励一直被一线教师作为激发学生向上精神的一种必杀技，因此我也会根据他们的进步情况给予一定的物质奖励。

（2）校外参观式学习。

除了校内主题式培训，学校还多次组织班主任走进名校，研修学习。2021 年 11 月，学校组织班主任走进胶州市北京路小学进行为期三天的学习。以“立德树人”思想为基础、“双核”素养落地为切入点，通过实地考察，借鉴北京路小学班级常规管理经验，提升班主任工作水平；通过专家报告、分组研讨等形式，提升班主任工作智慧。

班级管理既是一门科学，也是一门艺术。班级管理工作中德育思想的渗透更是班主任管理智慧的体现。所有的班主任老师在各种培训中用思想碰撞思想，用智慧砥砺智慧，在摸索中坚定前行，在相互扶持中走向远方。

（3）育人基本功比赛。

班队活动课是学校德育的一条重要途径，是班主任开展德育活动的重要阵地。育人基本功比赛能够提高班主任的育人能力，促使班主任在对学生教育的全过程中创造真正属于学生的活动，从而使班主任形成以学生为主体，以能力培养为核心，以素质整体发展为价值取向的德育理念，提升班主任的德育水平。

双语小学教育集团每年11月份定期开展班主任育人基本功比赛。比赛分为育人故事、带班方略、主题班会三部分，优胜的老师可获得次年西海岸新区班主任基本功比赛的推荐资格。

此项比赛为班主任工作能力提升搭建了平台，达到了以赛促学、以赛促建的目的。同时，学校以此为契机培养思想政治素质高、带班育人能力强、专业技术精的优秀班主任队伍，充分发挥班主任在实施立德树人根本任务中的骨干作用，提升德育工作质量。

2. 名班主任工作室引领

为更有效地提升班主任的育德素养，学校以名班主任为引领，成立了名班主任工作室，通过线上线下多种形式定期开展班主任交流会，共同学习班主任德育相关理论书籍，共同探讨典型德育案例，共同分享行之有效的带班经验，以老带新，相互启发，共同进步。

每学年伊始，学校都进行名班主任工作室的调整和纳新工作，名班主任工作室成员都会以“青蓝工程”师徒结对的形式对新班主任进行指导和引领。

附　青岛西海岸新区双语小学班主任“青蓝工程”师徒结对活动方案

一、活动目标

1. 促进新任班主任的专业成长，提高新任班主任的班级管理能力。

2. 发挥资深班主任的榜样作用，实现经验共享，提高全体班主任的班级管理水平。

3. 增进新老班主任之间的交流与合作，形成良好的团队精神。

二、活动时间

2023年8月25日

三、活动内容

1. 确定师徒关系：根据班主任的工作经验和能力，选派资深班主任作为导师，每位导师带领一名新任班主任。

2. 制订培训计划：导师与徒弟共同制定个性化的培训计划，包括班级管理技巧、学生心理辅导、家长沟通等方面。

3. 日常指导：导师对徒弟的日常工作进行指导，包括班级管理、学生问题处理、家长沟通等。

4. 专题讲座：定期组织专题讲座，邀请专家或优秀班主任分享经验，提高全体班主任的理论水平和实操能力。

5. 互动交流：鼓励新老班主任之间进行互动交流，分享班级管理的经验和技巧，共同提高。

四、活动安排

1. 师徒结对仪式：焦淑慧。

2. 分组开展活动：按照导师和徒弟的组合分组，每组进行日常指导和互动交流。

3. 领导致辞：杨世臣。

五、活动效果评估

1. 定期检查：定期对师徒结对活动进行检查，了解活动的进展情况，确保活动的顺利进行。

2. 考核评价：考核评价师徒结对活动的成果，包括徒弟的班级管理能力、导师的指导效果等。

3. 学生反馈：向学生了解班级管理的情况，了解班主任的工作表现和效果。

4. 总结提升：对师徒结对活动进行总结和提升，发现存在的问题和不足之处，提出改进措施和方案。

青岛西海岸新区双语小学

2023 年 8 月 20 日

附　薪火相传，不负韶华——记双语小学班主任“青蓝工程”师徒结对活动

青年班主任是学校德育工作的未来和希望，一直以来，双语小学十分重视青年班主任的培养。为进一步提高青年班主任素质和班级管理能力，更好地推动年轻班主任迅速成长，学校举行了“青蓝工程”师徒结对活动。

一、专家引领助提升，殷切希望促成长

分管德育工作的薛鹏副校长在会议开始时对老班主任提出四点希望：

一要带德，要引领徒弟爱岗敬业，无私奉献；

二要带才，对徒弟进行业务指导，提高业务水平，使我们的徒弟德才兼备；

三要带教，指导徒弟的学生心理健康疏导、班级活动设计与组织、班级建设与管理；

四要带研，指导徒弟做好教研与科研。

这不仅仅是一种仪式，更是一份责任。这是老班主任肩负的使命，也是新老班主任的传承。

二、青蓝相接星火传，专业发展结伴行

师徒结对是班主任队伍建设、引领班主任专业发展的重要途径。采用师徒结对的方式成立二人互助小组，由经验丰富的师傅对徒弟传授班级管理实战经验，促使新班主任尽快成长。

三、勇挑重担传经验，虚心学习促成长

韩翠英老师代表全体导师向大家承诺：作为导师，做到言传身教，率先垂范。在师

德上，在业务技能上都要做出表率。毫无保留地跟徒弟交流自己的工作经验。在年轻班主任遇到困难时给予真诚的关心与帮助。认真履行师徒结对协议中导师的所有职责，让新班主任老师“采更多的花、酿更甜的蜜”！

丁丹茹老师代表全体新班主任承诺：在导师的指导和带领下，会更严格要求自己，更主动地去学习。倡导新班主任们做好四个角色：

第一，把自己看作学生，平日里一定要勤学多问；

第二，把自己看作老师，认真学习班级管理知识；

第三，把自己看作主人，要有主人翁意识；

第四，把自己看作自己，找到符合自身特色的班主任风格。

四、殷殷嘱托助前进，不忘初心奋力行

杨校长对结对师徒提出要求：

要求师父：知无不言，言无不尽，抱团发展，共建共享；

要求徒弟：尊重师父，虚心求教，积极探索，大胆展示。

杨校长祝福在场的每一对师徒都能成为亲人，携手共赴教育的春夏秋冬，为自己的初心和梦想全力以赴！

遇上好老师，是人生的幸事，教师亦需要良师的指引。若能遇上良师，等于生命中多了一位亲人。名班主任引领下的“青蓝工程”在双语小学教育集团已经结出累累硕果！

3. 班主任“六爱三雅”小妙招分享

班主任工作是学校德育工作的重要组成部分，在落实德育方面，班主任们都有自己的小妙招。这些小妙招无不体现着班主任的德育智慧，引导每一位学生成长为“六爱三雅”好少年。每年班主任节一个固定的环节就是“传经送宝大讲坛”，在这里，教师人人亮出自己的小妙招，畅所欲言，取长补短。

2023 年的班主任节，刘琦琦老师的分享让大家眼前一亮。她说：“班主任＝学科老师＋保姆（照顾学生的饮食生活等）＋代课老师（其他老师有事时）＋‘警察’（侦破学生案件）＋‘法官’（帮学生评理）＋‘赤脚医生’（学生轻伤处理）＋教练（运动会前）＋艺术指导（文艺演出前）＋‘户籍警察’（学生信息统计）＋文员（各种表格、PPT 制作）。”

面对学生，刘老师提出巧妙的自我营销。

（1）让学生知道你是个温柔且有力量的老师。

教育需要软硬兼施，“软”是让学生感受到老师的真诚与关爱，“硬”则是让学生感受到老师的原则和坚定。比起严师出高徒，我更喜欢温柔且有力量。

（2）让学生觉得你是个很“厉害”的老师。

我们都知道，在管理班级的时候一起管理不如找典型针对性管理，点名是最直接有用的办法。

（3）让家长觉得你是个很负责的老师。

充分利用每次的家长会、家访以及每周不定期的小团体的线上见面会、每天放学的时间甚至是家长群里的每一次互动，给家长留下印象：这是一位负责任的好老师。

（4）让家长觉得你是个很用心的老师。

每当遇到特殊天气提醒家长注意交通安全，有多少次特殊天气就有多少次温馨提醒。每次复习时会根据学习进度将相关复习资料单独分享给家长，让家长觉得我们跟他一样关心学生。

面对家校共育，刘老师提出实施科学的管理策略。

（1）了解、研究学生及家长。

管理班级的前提是了解，了解学情及形成原因并划分类型，便于学生的成长和班级管理。跟家长沟通的前提也是了解，了解家庭环境及组成，同时也是了解学生性格产生的原因。（发现特殊孩子）

以了解作为前提：针对学生特点个别教育，问题逐个击破，达到整体提高的目的。

（2）善用反馈的力量。

① 细化表格内容，每天针对每一个学生，每一次作业，每一次任务完成……反馈给学生也反馈给家长。

② 学生每天的在校情况通过人人通平台，以文章的方式进行详细反馈，同时通知家长，这一点效果突出，家长们对于孩子的在校表现都很重视，每篇文章的阅读量都在100以上。

（3）建立奖惩体系。

坚定不移地去执行，激发学生的内驱力，让学生自己“卷”起来。

评价体系：个人进步—小组奖励—班集体荣誉。

每天把必须完成的任务借助五育评价平台，转换成积分的形式，定期汇总兑换奖品。

（4）班集体凝聚力的培养。

①“班长工作分权制”“人人有事做、事事有人管”的原则，让每个学生都发挥他的优势。

② 每个节日给学生足够的仪式感：母亲节给妈妈写一封信，父亲节录个视频，儿童节组织家长买个大蛋糕给学生惊喜等，让学生在这个班集体中体会到满满的爱。

③ 通过活动正向引导，建立班级凝聚力和自信心，拉近学生、家长、教师之间的距离：运动会、小马拉松比赛、研学……

赵晨旭老师是任职三年内的优秀教师，面对班主任繁重的工作，她有着自己独到的见解。赵老师主张发挥小班干部的巨大作用，让学生自己管理自己。她总结出的选拔班干部的标准主要包括以下几个方面。

（1）纪律：纪律是选拔的第一标准，首先能够管住自己、遵守规则的学生，才能更好地维持班级纪律，不至于带歪风气或引起其他同学的不满。

（2）品德表现：班干部应该具备良好的品德和道德素质，能够起到带头作用，遵守学校规章制度，关心他人，并能够积极参与班级活动，心胸宽广，不计得失。

（3）综合能力：班干部应该具备一定的组织和协调能力，能够有效地组织班级内的活动，并能够与老师和其他同学良好合作。

（4）沟通与表达能力：班干部应该具备良好的沟通和表达能力，能够与老师、同学和家长有效地沟通，并能够代表班级表达观点和需求。

其次，在赵老师的班级里培养班干部采取以下措施。

（1）规范选拔程序：制定公正、公开的班干部选拔程序，确保每个学生都有机会参与，并根据标准评选出合适的班干部。

（2）培养领导能力：通过观察老师管理方式，组织相关培训活动，提高学生的组织和领导才能，帮助他们学会组织班级活动和协调同学之间的关系。

（3）提升沟通能力：开展各种形式的演讲和辩论活动，培养学生的沟通和表达能力，帮助他们更好地代表班级和表达观点。

（4）实践锻炼：给予班干部一定的实践机会，让他们参与班级管理和活动组织，通过实践中的经验积累来提高能力。

（5）指导和反馈：班干部在承担职责的过程中，老师应该给予他们必要的指导和反馈，帮助他们改进工作，提高能力。

通过以上措施，可以有效地选拔和培养班干部，提高他们的领导能力、沟通能力和组织能力，使他们能够有效地管理班级，促进班级的良好发展。

4. 最美班主任评选

为增进家长和社会对班主任老师的了解，提升班主任育德能力，激励先进树立榜样，学校微信公众号开辟了“和悦最美班主任”栏目，每两周推送一次。最美班主任评选由班级量化积分考核、班级成绩、民主推选三部分量化考核评出。其中班级量化积分考核与班级成绩各占30%，民主推选由级部推荐、学生和家长投票组成，占40%。推选出德艺双馨，最受学生和家长喜爱的最美班主任。

栏目自开辟之日起，每一期的转发量都在1 500人次以上，最多的一次高达5 000人次，受到了广泛的关注和好评。截至2024年3月，已推出51期和悦最美班主任宣传材料。

（二）提高学科教师育德能力

2022年4月25日，习近平总书记在中国人民大学考察时强调：“思政课的本质是讲道理，要注重方式方法，把道理讲深、讲透、讲活，老师要用心教，学生要用心悟，达到沟通心灵、启智润心、激扬斗志。”

1. 课程思政全员培训

首先，利用全体教师会，我们对教师进行《山东省中小学德育课程一体化实施指导纲要》及“六爱三雅”校本教材的专题培训，提升教师的育德素养。其次，在各学科教研过程中，注重深挖各学科中的德育元素，做到全学科育人。

2. “六爱三雅”学科融合探究

学科融合德育不仅能有效提升学生的学科学习效果，还能够培养学生的道德品质，使其成为有德性的人。因此，学校每学期都会开展“六爱三雅”学科融合优秀课例评选。通过开展优秀课例评选，极大地提高了老师的德育水平，主要体现在以下几个方面。

（1）建立道德标准和团队精神：在跨学科的项目中，学科融合德育能够设立道德参考标准，帮助学生学会如何在团队合作中尊重、信任和宽容彼此。这种方法有助于培养学生的团队合作能力和道德素养。

（2）提升学科教学效果：学科融合德育在课程设计和教学过程中有意识地渗透道德教育元素，使学生在学习知识的同时也能受到道德的教育和熏陶。

（3）激发情感参与和思考：学科融合德育激发了学生的情感参与和思考，从而培养他们良好的道德判断力和责任感。

我们通过一系列活动督促教师从和悦德育的参与者走向和悦德育的研究员、建设者。例如，在2023年双语小学教育集团“‘六爱三雅’优秀教育案例评选”活动中，以“紧扣‘六爱三雅’德育课程，从小处入手，体现学生在‘六爱三雅’教育下的蜕变”为评选标准，累计收到50余万字案例，共评出一等奖50名，二等奖70名，三等奖100名，优秀奖若干名。在和悦文化的熏陶下，教师不仅提升了专业化水平，还改变了生活方式和生存状态。同时，通过大量的个案研究，学校不断从中归纳总结新时代德育规律，补充和完善“六爱三雅”德育课程体系。

附　教师“六爱三雅”优秀教育示例

调皮孩子的蜕变史

王　慧

这是我来到双语小学的第7年，因为缘分遇见了一批又一批的孩子。但是有一个孩子将成为我职业生涯中记忆最深刻的孩子。

第一面“印象深刻”。

他是我从一年级一直带到四年级的孩子。还记得一年级刚开学的第一天，他就已经深入我的脑海。举办入学仪式时，他由妈妈牵着手站在队伍的最前面，所以我对他就多了一些关注。当时太阳有点晒，好多孩子都有点坚持不住了，而他在前面显得尤其不安分，要不随意走动几下，要不大声地问妈妈什么时候结束。当时我的第一反应就是，我们班的第一个调皮孩子诞生了。为了防止引起大家的注意，我赶紧走上前去，让妈妈把孩子领到了队伍的后面。

接下来的日子里，调皮孩子的故事继续上演：拽女孩子的头发，戳人家的脑袋，在桌子下面爬来爬去，上课的时候随意走动，把别人的桌牌弄坏，踩凳子爬桌子……家长们对他的投诉也扑面而来。

荣获"节约用水小卫士"称号。

最让我不可思议的是，他除了上课在教室，其他时间基本上就在厕所里，他不让其他同学冲厕所，他要最后统一冲，从而遭到了其他同学的围攻，而我也被保洁阿姨强迫推进男生厕所参观了一把。与家长沟通，家长说，他是觉得那样太浪费水了。想法当然是好的，我们不能说让他不管，但他也不能阻止别人冲厕所的行为，两难事件。跟同事吐槽，同事智慧地回答："多好呀！节约用水，让他做'节约用水小卫士'吧！我跟我们班孩子都说一说。"就这样，为了配合他节约用水的行为，我跟其他几个班的班主任都一一嘱托了一番。多么纯洁的孩子，作为老师应该保护他这种善良的天性。

"流血事件"后的一系列改变。

一年级开学的第一个周，这个孩子就从桌子上摔了下来，额头正中央起了一个鸡蛋大小的包，满嘴是血。在我和同学们上前询问的时候，他情绪崩溃地喊道："你们走开，我讨厌你们。"直到他妈妈来了，情绪才算平复。我的心有那么一刹那是冰凉的，但随后又特别心疼他。通过跟他父母沟通，这个孩子幼儿园换了 4 所，他的调皮是出了名的。由于他的调皮，孩子们都不愿意跟他玩，躲着他。他感觉到自己被孤立了。而从他受伤的那一刻开始，我的内心被触动了，我决定给他更多爱的关注，走进他的内心。晨诵拍手唱古诗时，没有人跟他搭档，我走过去跟他一起拍，他都不好意思抬头看我；他把垃圾扔到其他小组，问清楚原因，原来是想让其他的小组扣分，给他们小组加分，我对他的这种行为给予了批评教育，但也欣赏他，有了集体荣誉感；克服困难，我给他安排了同桌，他回去高兴地跟妈妈说，我有同桌了。他跟我的关系越来越近，下课了，我在其他班还没下课，他会跑过去对我说："下课了，老师你怎么还在上课。"外出学习一上午，回来之后他第一个跑过来，问我："老师你去哪里了，我一上午都没有见到你。"因为他的学习能力强，在我的带动下，同学们对他的关注点改变了，而家长对他的投诉也少了，好多家长跟我反映，别看他调皮，人家每次考试都能收到表扬信。他的歌唱得特别好听，好多同学还有我们办公室的老师都成了他的粉丝。

相比于其他同学，现在的他还是比较调皮，但是 3 年多的相处中，我看到了他的成长。虽然调皮，但是他心地善良，也在慢慢懂得如何爱护自己；爱老师，尊敬老师，愿意成为老师的得力小助手；爱同学，能尽自己所能帮助同学；吃一堑长一智……改变是一个过程，经过一次次的蜕变，他将会是一名合格的“六爱三雅”好少年。

（三）提升学生践行“六爱三雅”能力

苏霍姆林斯基指出：“真正的教育是自我教育。”学生本身既包含着丰富的德育资源，又有着很好的自我德育能力。为了促使学生真正走向自主管理，我们充分发掘学生自我德育的内在活力，推动学生自主管理，帮助学生从自律前提下的自信走向自主，从自主走向自立，从自立走向自强，最终从自强走向自如。

1. 大队委示范引领

少先队大队委在“六爱三雅”学生自主管理中起到重要的示范作用。通过自身的行为示范、道德表率、活动组织等作用，提高学生践行“六爱三雅”的能力。

（1）行为示范。

少先队大队委作为学生自主管理的重要力量，首先要在行为上起到示范作用。大队委成员需要严格要求自己，遵守学校的各项规章制度，做到守时、守纪、守信。在日常学习生活中，要保持良好的行为习惯，做到语言文雅、行为儒雅。通过自身的行为示范，为其他同学树立榜样，引导大家共同营造积极向上的学习氛围。

（2）道德表率。

少先队大队委要成为道德的表率，具备高尚的道德品质和良好的道德修养。在思想上，要树立正确的价值观，保持积极向上的心态；在言行上，要诚实守信、尊重他人、关心集体；在情感上，要具备同情心、责任感和奉献精神。通过自身的道德修养，影响和带动周围的同学共同提高道德水平，形成良好的道德风尚。

（3）活动组织。

少先队大队委要发挥活动组织的示范作用。在策划和组织各类少先队活动时，要注重活动的思想性、教育性、趣味性和实践性。通过创新活动形式和内容，激发同学们的参与热情和创造力。在活动过程中，要注重团队协作和组织协调能力的培养，展示出良好的组织才能和领导能力。通过组织活动，培养同学们的集体荣誉感和团队协作精神。

（4）沟通桥梁。

少先队大队委要发挥沟通桥梁的作用，积极与老师、同学进行沟通交流。要及时了解同学们的思想动态和学习生活情况，反馈大家的意见和建议。在沟通中，要注重倾听和表达能力的培养，做到尊重他人、理解他人、关心他人。同时，要积极向老师请教，寻求指导和帮助，共同促进学校德育工作的开展。

2. 班干部以身作则

班干部要以身作则，首先要有良好的品德和行为习惯，包括诚实守信、尊重他人、勤奋刻苦、积极向上等。班干部要树立正确的价值观和人生观，做到言行一致，以自己的行为影响和带动其他同学。

其次，班干部要严格要求自己，遵守学校的规章制度和班级的管理规定，做到不迟到、不早退、不打架、不破坏公物等。同时，班干部还要积极参与班级活动，为班级争取更多的荣誉和利益。

此外，班干部还要注重与同学之间的沟通和协作，了解同学们的需求和意见，积极为同学们排忧解难，营造良好的班级氛围。在处理班级事务时，班干部要遵循公平、公正、公开的原则，做到不偏袒、不歧视、不徇私舞弊。

总之，班干部要以身作则，做到品德优良、行为规范、管理严格、服务同学，为班级的发展和进步做出贡献。

3. 学生践行“六爱三雅”能力逐步提高

大队委和班队委在参与学校学生管理的工作中，时刻以“六爱三雅”要求自己，使自己成为其他学生的表率，同时也能以“六爱三雅”为标准来督促同伴，共同成长。在他们的带领下，全体学生践行“六爱三雅”能力逐步提高。涌现出了越来越多的“六爱三雅”好少年。

附　“六爱三雅”好少年示例

下雨天，同学没有拿伞，我会帮同学打伞，手拉手走进学校；课间同学不小心摔倒了，我会轻轻地扶起，看看同学受伤了没有；放学了，我帮助班级打扫卫生，让同学们第二天能在干净明亮的教室学习……

我觉得同学之间本来就应该互相关爱，有时是一个笑容，有时是一个动作，有时是一句话……只要人人都献出一点爱，世界将变成美好的人间。人字的结构就是互相支撑，多给别人一份关爱，就是多给自己一份快乐！

——爱同学小明星　丁欣然

学校是我们的家，爱护环境靠大家。学校的一草一木、一砖一瓦为我们的校园增添了色彩，我们要格外珍惜和爱护。有一次下课了，我在美丽的校园里看到一个同学随手把一块卫生纸扔在了地上，于是我走过去告诉他，学校是我们的家，我们要爱护，不能乱丢垃圾，爱护环境从你我做起。他听到后羞愧地低下了头，我们一起把垃圾扔到了垃圾桶内。我很开心，因为我们的行为让我们的校园变得更美丽了！

——爱学校小明星　朱远航

（四）提升家长“六爱三雅”教育能力

2016年12月12日，习近平总书记在会见第一届全国文明家庭代表时指出：“作为父母和家长，应该把美好的道德观念从小就传递给孩子，引导他们有做人的气节和骨气，帮助他们形成美好心灵，促使他们健康成长，长大后成为对国家和人民有用的人。”他强调：“要在家庭中培育和践行社会主义核心价值观，引导家庭成员特别是下一代热爱党、热爱祖国、热爱人民、热爱中华民族。”

真正的教育，不单单是学校的事情，更是家庭、学校和社会共同的责任。特别是家庭教育，发于童蒙、启于稚幼，是从孩子无意识时便潜移默化，深入其骨髓的，是真正性格养成、品性端立的根基，更需要认真对待、高度重视。家长是学生的第一任教师，家庭承担着未成年人道德示范和启蒙的重任。因此，家庭的重要性甚至超过学校。当学校进行美德教育、价值观教育时，若家长做出负面的作用，在不知不觉中就会成为破坏美德、抵触价值观的“表率”，就会出现“5+2=0”的结局。

作为学校，应该把家长希望子女成才的迫切愿望引到正确的方向上来。通过指导家长如何正确教育下一代，使其成为学校志同道合的教育伙伴，让家庭教育和学校教育有机结合在一起，充分发挥家庭教育的重要作用。

1. 用好家长学校，加强共育指导

为全面贯彻落实《国务院关于进一步加强和改进未成年人思想道德建设的若干意见》和《中华人民共和国义务教育法》，努力构建学校、家庭、社会“三教”结合，和谐育人的德育工作体系，使家长及时了解当代教育的动态，经常交流和进一步掌握教育子女的方法，培养学生“六爱三雅”的品德行为习惯，我们创办了管理制度健全、师资团队卓越的校级、年级、班级三级家长学校，并于2020年被评为“青岛市示范家长学校”。

家长学校由三级家委会参与组织，通过开展家庭教育指导课等课程、组织亲子活动等多种形式，密切家长和学校之间、家长和老师之间以及家长之间的关系，提升家长的家庭教育能力，和而达悦。

附 全校家长培训会上的一次发言

帮助每个孩子成为最好的自己

帮助每一个孩子成为最好的自己是家长的使命！

白岩松说，教育责任51%是家长的责任，谁也替代不了家长和孩子间的亲密交流，谁也替代不了家长走向孩子心灵的深处，任何一个教师绝对替代不了父母。因此，从现在起，大家应该全身心投入孩子身上，支持孩子、鼓励孩子。如何做呢？先得改变自己。孩子长大成才是父母最重要的成绩单，教育的本质是大人的问题，而我们家长的使命就是帮助孩子成为最好的自己。

给家长的十条建议。

1. 帮助孩子形成正确的价值观。
2. 帮助孩子树立自己的目标。

3. 帮助孩子尊重老师，信任学校。

4. 帮助孩子养成规矩意识。

5. 帮助孩子养成运动的习惯。

6. 家长要以身作则，给孩子做榜样。

7. 和孩子一起养成好习惯。

8. 争当家长志愿者。

9. 精神上富养一点，物质上“饿”一点。

10. 帮助孩子享受学习，走向“人剑合一”的和悦境界。

2. 增强沟通合作，家校合力育人

家长学校是学校与家长进行沟通交流的主渠道，但仅仅局限于一种方式，远远达不到德育工作的要求。因此，学校通过开展“家校恳谈会”“家长开放日”“故事妈妈进课堂”等活动，邀请家长走进校园，参与到学校的德育工作中来。同时，教师也走出去，通过家访活动，将“六爱三雅”德育送到千家万户。

（1）家校恳谈会。

我校每学期都会组织家委会成员举行家校恳谈会，班主任和家委会成员围坐一起，就班级的积极健康发展展开头脑风暴。通过这种面对面交流形式，教师和家长们对班级出现的一些问题共同商量解决策略，明确班级的发展目标，制定班级的活动计划。通过家校恳谈，教师更加了解了家长和学生，在管理班级时也更加有针对性。同时，家委会成员也起到了上传下达的作用，明确班级的管理要求，积极示范，引导所有家长与教师心往一处想，劲往一处使，班级的凝聚力得以加强。

附　青岛西海岸新区五台山西路小学家委会恳谈会活动方案

一、活动时间

样板班级　9月23日晚6:30

其他班级　9月24日晚6:30

二、活动内容

1. 交流本阶段班级各项情况。

2. 通过沟通，了解家长对班级、学校的需求和建议，找出解决的办法，能解决的要切实解决家长存在的困难，解决不了的给家长做好解释沟通工作。

3. 记好“恳谈会议记录表”，于周日以级部为单位上交给孙阳阳老师。

4. 分工合作，在家长会上做好问题解答工作。

三、包班领导

包班领导表

班　级	班主任	包班领导
202	王　伟	刘婷婷
203	张　鉴	马国禹
206	李晓林	贺非非
209	杨　楠	李如燕
301	李晓蓉	赵广红
308	韩召侠	代美芹
401	刘　璇	张　晓
406	王丹丹	薛　敏
502	李　琦	苗文芝

四、注意事项

1. 拍照：各班主任。

2. 样板班级举行恳谈会、家长会，同一级部的所有班主任必须到场观摩学习。学生服务中心对班主任出席情况进行考核。

3. 各级部主任针对本级部恳谈会、家长会出具具体的活动方案，将方案于9月22日下午5:30前上传双语服务器——家校合作9月23日家长会文件夹里。

4. 包班领导全程参与家委会恳谈会，辅助班主任做好家委会成员的问题导向工作。

（2）故事妈妈进课堂。

小小故事，大放异彩，故事里有灿烂星空，故事里有大江大河。我校每年都会举行“故事妈妈进课堂”活动，家长们走进校园，为学生带来一个个生动的故事，搭建起了家校共阅读的桥梁，在学生幼小的心灵中播撒喜欢阅读的种子。让阅读伴随每一个学生的成长，让每一个家庭从“阅读”走向“悦读”，让书的馨香溢满家园和校园。

附　青岛西海岸新区双语小学“故事妈妈进课堂”活动方案

一、指导思想

加强家校联系，深化我校和悦教育办学理念，凸显童心悦读办学特色，建设丰富多彩的读书节活动，真正使“读好书，做好人”校训深入每个学生、教师和家长心间，使读书成为一种习惯。

二、活动对象、负责人

一、二年级所有班级，各班具体负责人为本班语文老师

三、活动时间

2023年10月11日—2023年10月31日

四、活动形式

一二年级每个班级邀请一位“故事妈妈”（也可以是爸爸），结合他们自己的专长、亲身经历、成功实践或身边的例子，选取学生喜爱的故事或书籍，以班级为单位走进课堂，开展“故事妈妈进课堂”活动。

五、活动安排

1. 10月11日—10月14日各班推荐2～4名“故事妈妈”，通知“故事妈妈”做好进课堂前准备，初步填写“故事妈妈进课堂推荐表”，并于10月15日上午10:00前将“故事妈妈进课堂推荐表”上交至二年级服务中心张俊慧处。

2. 10月15日—10月29日，各班根据实际情况在自己的班级内安排故事妈妈进课堂，读书节筹备小组巡视评比。各班做好拍照工作。

3. 10月31日上午10:00前，各班将故事妈妈的讲稿、PPT结上交至二年级服务中心张俊慧处。

4. 其他未尽事宜，以读书节筹备小组的临时通知为准。

青西新区双语小学读书节筹备小组

2023年10月1日

（3）家校共读书活动。

我们平日与家长沟通的目的是什么？是为了让家长知道孩子在校的表现，还是为了一起探讨教育孩子的对策？大多数家长在孩子的教育问题上是很焦虑的，当我们把孩子不好的表现告诉家长，大多数家长的反应是训斥、打骂甚至是羞辱，对于有限认知的家长，好像也没什么好方法去引导孩子。因此，我们转变思维模式，带领家长一起阅读、一起学习，提升家长的认知层次和管理情绪的能力。通过家校共读书活动，家长能够觉察自己的情绪、语言模式和行为模式，并且有意识地去改变；能够更好地管理情绪，遇到问题能冷静下来，不再频繁对孩子使用“战斗性”语言；家长学习到了一些实实在在的育子方法，并且付诸教育实践；家长展现了榜样的力量，孩子们也投入读书中来，亲子关系更加融洽，家庭氛围更加民主和睦。

附 家校共读书活动流程

1. 建立家校读书共进群，家长自愿加入。

2. 每周发布读书计划，每天进行读书，分享读书心得。每本书完成阅读后，结合实践写读后感。

3. 分组管理，组长一周反馈一次读书进度以及反思情况。

附　一位家长的读书体会

《陪伴成长——青岛市中小学生家长手册》读后感

卢森宝家长

小时候的我，委屈愤怒地低着头，对母亲的要求不能反抗，不能顶嘴，只能照做，如果不听从就会遭到批评或打骂。我的父亲也很严厉，经常告诉我，把自己的物品放回原处、东西摆放有序。父母在我的成长过程中，设置好了框架。我的每一步都落在那个框架里。在我成年独立生活后，我一次次企图冲破框架，殊不知，我发现自己在教育孩子时，某些方面延续了父母的教育方式。每当孩子不听话，要求多次都不执行时，我会从压抑怒火到愤怒批评指责，甚至有时过渡到忍不住拍打他，做不好的事情我忍不住代劳。因为这样的方式，孩子出现了问题，敏感胆小自卑。

当我意识到我的问题时，企图从别人那里找来教育孩子的经验，可是收效甚微。看了《陪伴成长——青岛市中小学生家长手册》后，知道了培养亲子关系的重要性，同时感觉到，我只看到了孩子和别人孩子之间的差距，而我没有看到自己和别人父母的差距。我试图改变对孩子的态度，学着听取他的意见。当孩子和我发生冲突时，我现在会退一步，等他情绪平静了再去跟他沟通。

这几天，他因为生病不能上学，我晚上下班把打印的卷子给他，他表情有点不高兴，我没有开口询问，他接过卷子就到书桌前，我想他是不是还有点发烧，就说："要不先玩会再写吧！"结果他理都没理我，8点我想着看他是不是完成了。字迹不说鬼画符，也好不到哪儿去，我说："这写的什么字？"谁知他情绪一下子爆发了："好好写，你看看我的手不打着针吗？一弯手就特别疼，你打印了好几份，你还规定我九点半必须睡觉，我这几天都没听，我压根不会，我本来也不想写！"我的怒火也"蹭"地被点燃了，你不想做，完不成计划还来迁怒于我。但我的理智告诉我，孩子情绪已经失控，如果我这样说肯定是火上浇油。我心平气和地顺着他说："让我看看，真的挺多的，不过你已经写了一半了，进度还不错，需要我做点啥吗？"孩子继续说："我九点肯定写不完，我也不知道你能帮我做什么。"我一边翻着字典一边说："我觉得我可以帮你查你不会的字，你一边念一边写，顺便告诉我你哪个字不会写，我可以帮你查。"然后他很快就平静下来，就这样十五分钟后就写完了，我赶紧肯定了他的成就："你真的九点前完成了，而且后面比前面写得也工整了。"他的情绪已经恢复："妈妈，这次你没有生气，反而陪着我写作业，我真高兴有你这样的妈妈。"我暗自庆幸，孩子情绪失控时，即使我被激怒也忍耐住了脾气，我接纳了他的负面情绪，在他不想做时，没有指责也没有妥协不让他做，而是帮他解决困境，陪着孩子一起完成。孩子在其中感受到了温暖，慢慢恢复理智。

以前我总觉得是父母在教育孩子，这一段时间我感受到孩子在一点点地教会我一些以前自己成长中的缺憾，弥补我身上的不足，让我成为一个合格的母亲。这是我第一次，也是目前为止，我最为坦诚的一次写作。坦诚地写作需要勇气，很感谢老师让我有了这个勇气，也让我在其中得到了疗愈。

四、健全规章，督导提能

（一）完善规章制度

为促进学校德育工作稳健发展及学生主动、全面、和谐发展，我们结合学校实际情况，创意制定了学校、年级、班级德育制度，做到所有管理活动有法可依，有据可循。结合学校发展的实际情况，我们分别在2017年、2021年及2023年，召集了校级干部、级部主任代表、班主任代表及校级家委会成员代表对各项规章制度进行了完善。其中《青岛西海岸新区双语小学教育集团班级考核办法》《青岛西海岸新区双语小学教育集团班主任考核公约》等，都为学校德育工作的优质发展提供了坚实的保障。

（二）强化过程督导考核

除了创意制定完善规章制度，学校更注重加强德育规章制度执行情况的监督检查。集团组织领导、教师、学生定期检查德育规章制度执行的情况，及时公布结果并列入评价学校、教师、学生的重要组成部分。

1. 班级"六爱三雅"日常督导

班级是学校最小的管理单位，是落实素质教育的主阵地。为进一步完善德育工作评价体系，促进素质教育的进程，规范学生行为，促进学生的健康成长，营造良好的班风、校风，开创学校德育工作新局面，提升我校的育人水平，结合我校实际，制定了以下考核细则。

附　考核细则

一、班级常规管理（共100分）

班级常规管理共分为九大项，除七、八、九项分别由教师服务中心、艺体服务中心、后勤服务中心提供外，其他由学生服务中心考核，学生服务中心负责汇总各服务中心提供的周考核成绩，权重计入。

附评比项目：

（一）纪律（10分）

1. 课间在教学楼内大声喧哗、追逐打闹等违纪行为，发现违规一人次扣1分。
2. 在大型集会及活动中，出现大声喧哗及纪律乱的现象，一次扣2分。
3. 出现打架行为的，因违纪造成恶劣影响的，按照大型违纪处理一次扣3分。
4. 上学、放学及课间时间上下楼梯时，迈两格，不靠右走，每人次扣1分。

5. 课间学生到危险处和学校非活动区域进行玩耍，如喷泉周围、悦趣园、各绿化带、悦动馆、篮球场、电梯、学校体育器材处、学校正门等，发现每人次扣1分。

（二）卫生（10分）

1. 教室地面卫生打扫不彻底的，每发现一次扣1分。

2. 教室内能保持桌面、讲桌整洁，卫生工具等物品摆放有序，不合要求的，每发现一次扣1分。

3. 桌椅摆放整齐，如发现乱放现象每次扣1分。

4. 卫生区必须保持干净整洁，每发现垃圾一次扣1分。

5. 不乱扔果皮纸屑，每发现乱扔垃圾一次，扣1分。

6. 在学校内吃零食，凡发现者，每人次扣1分。

7. 在课间操期间卫生检查中，教室里留人或有意不参加课间操活动的，每人次扣一分。

8. 在重要活动的卫生清扫中，出现上述问题双倍扣分。

（三）路队（15分）

1. 在学校集合、做操、放学站队要做到快、静、齐，右行礼让有秩序地进入指定地点，如果队伍组织无序，每人次扣1分，扣完10分为止。

2. 上学进校自觉排队、不插队、不在路队中说话、打闹，违者每人次扣1分。

3. 衣着整洁得体，每天佩戴红领巾，上下学佩戴小黄帽，周一升旗仪式和大型活动要穿校服，每缺一样扣1分。

4. 放学路队未到指定位置就解散，每次扣2分。

5. 早到、迟到者一人次扣1分。

6. 放学后20分钟内（马上）离开学校，发现无故逗留者每人次扣1分。

（四）午休（10分）

1. 12:20后，无故在校园、楼道内、阅读空间等地方逗留者，每人次扣1分。（五、六年级顺延8分钟）

2. 在教室内不能保持安静有序，有说话、打闹现象，一人次扣1分。

（五）文明礼仪（20分）

1. 学生见到老师和外宾能主动鞠躬问好，未能按要求问好者扣1分。

2. 说脏话、欺辱、嘲笑同学等不文明行为每人次扣1分。

（六）升旗仪式（10分）

1. 升降国旗、唱国歌时面向红旗，肃立、脱帽、行注目礼，少先队员行队礼，姿势标准，凡违反者一人次扣1分。

2. 在升旗仪式中不说话，不打闹，凡违规者一人次扣1分。

3. 参加升旗仪式迟到者，一人次扣1分。班级整体迟到扣5分。

（七）晨诵、午读、午写，由教师服务中心负责考核，提供计入。（5分）

（八）阳光体育大课间及眼保健操，由艺体中心负责考核，提供计入。（10分）

（九）公物管理、图书管理、午餐秩序由后勤服务中心负责考核，提供计入。（10分）

二、附加分（10分）

1. 学生维护学校形象，助人为乐，为学校争光，可酌情加分，其中主动捡校园垃圾的每人次加0.1分，拾金不昧每人次加0.1分，重要物品或重大金额由学生服务中心酌情加0.5～2分，并作为校级优秀少先队员的评选重要依据。

2. 班级自主创新性活动，根据活动效果、活动影响、活动材料（计划、PPT、照片、总结等）上报等情况，由学生服务中心在当周班级考核中加1～2分。

3. 参加区级以上比赛学生获奖情况由各年级服务中心负责统计并提报相关证明，每周一报，当周加分，个人比赛的国家级加2分（一等奖2分、二等奖1.8分、三等奖1.5分），省级加1.5分（一等奖1.5分、二等奖1.2分、三等奖1分），市级加1分（一等奖1分、二等奖0.8分、三等奖0.5分），区级加0.5分（一等奖0.5分、二等奖0.4分、三等奖0.3分）；团队比赛中国家级每班每人加0.4分，加满2分为止，省级每班每人加0.3分，加满1.5分为止，市级每班每人加0.2分，加满1分为止，区级每班每人加0.1分，加满0.5分为止。

4. 其他视情况而定，酌情加分。

三、考核办法

1. 班级的周考核成绩由学生服务中心、教师服务中心、后勤服务中心、信息服务中心、艺体服务中心负责考核，各中心将本周成绩在周五上午放学前汇总至学生服务中心，学生服务中心将算出班级的周总考核成绩。

2. 每周一升旗仪式公布周考核成绩，并在“六爱三雅”评分栏中体现。

3. 如有上级表彰优秀班集体，根据班级考核择优上报。

2. 班主任落实班级“六爱三雅”督导

作为班主任，首要任务是负责班级的德育工作。班主任是学生德育教育的直接实施者，负责将学校的德育目标、理念和要求传达给学生，确保学生接受正确的思想道德教育。在日常的教育教学中，班主任应时刻关注学生的思想动态，引导学生树立正确的世界观、人生观和价值观。

在对班主任落实班级“六爱三雅”进行日常督导时，我校主要依托《青岛西海岸新区双语小学教育集团班主任考核公约》，由学生服务中心牵头，各中心各司其职，围绕德育计划制定、德育活动组织、德育课程实施、日常德育引导、家校合作沟通、班级文化建设、德育资源整合等方面开展。日常考核结果占比70%纳入该班主任的最终考核结果。

3. 全员育人实施“六爱三雅”督导

为贯彻落实《中共中央国务院关于进一步加强和改进未成年人思想道德建设的若干意见》，启动“全员育人工程”，实施“导师制”。全校教师与班主任形成和谐的教育共同体，形成“全员育人、全程育人、全方位育人”新局面，使学生养成良好的学习、文明礼仪、卫生、体育锻炼等习惯，我们制定了《青岛西海岸新区双语小学教育集团全员育人考核办法》。

附　《青岛西海岸新区双语小学教育集团全员育人考核办法》主题内容

工作职责及考核办法

一、班主任的工作职责及考核办法（见《青岛西海岸新区双语小学教育集团班主任工作考核公约》）

二、随班教师的工作职责及考核办法

（一）随班教师工作职责

1. 根据任课等相关情况，每个班安排一名“随班教师”与班主任共同管理班级。

2. 随班教师与班主任一起组织学生参加升旗仪式，协助班主任老师维持好升旗仪式秩序。

3. 随班教师与班主任一起组织学生参加大课间活动，并协助班主任负责学生安全，指导学生活动。

4. 一年级随班教师与班主任一起组织本班学生放学，班主任带领学生向西路口，随班教师带学生到东路口，确保放学秩序和学生安全。二至五年级由班主任跟班放学，确保学生路口安全。

5. 随班教师要与班主任一起组织学生参加校内外集会，确保学生安全有序，文明礼貌。

（二）楼梯口安全疏导员老师职责

1. 安全疏导员下第二节课后马上到相应楼梯口，协助下楼班级学生下楼梯的安全，避免出现拥挤。

2. 最后一个班学生走完后再随队伍下楼，参与相应班级的管理。

3. 楼梯口安全疏导员，在学生放学、暮省等大型集体、安全疏散演练等活动，要及时到岗，确保学生安全。

（三）考核及奖惩办法

1. 实行活动点名制度，由学生服务中心负责。

2. 实行评价制度，各种活动按到岗（1.5%）和参与度（0.5%）评价，由年级主任和本班学生问卷评价。

3. 随班教师有病有事不能按时跟班，要及时到学生服务中心请假。公事请假不扣分，但空岗者，按照《请假制度》每次按旷工一节处理，每月向行政服务中心汇报一次。班主任空岗者记入班主任考核。

三、午餐午休教师值班的工作职责及考核办法

（一）工作职责

1. 两名值班教师轮流就餐组织好学生。

2. 在整队和带队过程中，值班教师要严格组织，杜绝喧哗、打闹、乱队、落队现象。

3. 学生进入餐厅后，值班教师要监督学生有序入座就餐，对说话、打闹、抢餐的学生行为及时制止，并进行批评教育。

4. 先就餐的值班教师就餐完毕后马上到餐厅外维持就餐完毕的学生秩序，确保学生活动安全。就餐完毕到整队午休前的这段时间内，学生的安全问题由先就餐的值班教师负责。

5. 值班教师引导学生有序午休。学生进入班级后，值班教师要对说话、打闹的学生及时制止，并提出批评教育，做好值班记录。

6. 严格实行点名制度，及时与无假条且未到学生的班主任联系，了解情况。严禁学生私自外出在校园逗留，更不允许学生私自出校门。

7. 在值班过程中，若学生发生意外伤害事件，值班教师要冷静应对，及时上报学校分管领导或负责人。

8. 值班教师及时填好值班记录，并亲自签名。

（二）考核及奖惩办法

1. 值班教师如遇外出或有病有事请提前向学生服务中心请假。值班教师有缺岗、迟到、早退现象按学校考勤规定作相应处理。空岗者，按照《请假制度》每次按旷工一节处理，每月向办公室汇报一次。空岗期间如出现学生安全问题，值班教师全部负责。

2. 值班教师工作考核通过对学生调查问卷进行。全员育人补贴根据考核成绩分等次发放。在值班过程中，发生学生意外伤害的，根据情节轻重酌情扣考评分 0. 1-0. 3 分及扣发补贴，并由学校作出其他处理。

四、校门口教师值班的工作职责及考核办法。

（一）工作职责

1. 值班教师要按时（在学生到校提前 5 分钟）到岗，撤离时间为学生放学完毕时。

2. 值班教师分工与要求。

中层干部值班人员：值班时指导保安拦好路障，负责清退路口附近的摊点，学生上学放学期间，车辆禁止出入（学校批准的接送学生车辆按划分的区域停车）。保证校外甬路畅通，确保学生安全。

教师值班人员：上学时间组织学生排队，在确保学生安全的情况下护送学生通过路口；放学时间协助班主任组织学生有秩序地通过路口放学，保证学生安全。

3. 在值班过程中，若发生学生意外伤害事件，值班教师要冷静应对，及时上报学校分管领导。

4. 有换班的老师，请根据情况自己调整。

5. 为保证学生安全，学生上学期间，附近生活区的车辆只许出不许进，外来车辆不准进；中层干部组织好学生上学纪律，让学生一律站成一队靠着方砖路有序上学，不要跑。

6. 放学期间，车辆出入暂停。中层干部与家长说明在安全区以外接学生；对队列不整齐的班级进行教育，并反馈到学生服务中心。

（二）考核及奖惩办法

1. 值班教师迟到、早退按学校考勤规定作相应处理。无故空岗者，按照《请假制度》每次按旷工一节处理，每月向办公室汇报一次。空岗期间如出现路口学生安全问题，值班教师全部负责。

2. 值班教师工作考核由学校值班领导检查记录。全员育人值班津贴根据考核成绩分等次发放。在值班过程中，发生学生意外伤害的，根据情节轻重酌情扣考评分0.1～0.3分及扣发津贴，并由学校作出其他处理。

五、任课教师导师育人

依据“教师人人都是德育工作者”的理念，由任课教师担任学生的导师对学生进行思想引导、学业辅导、心理疏导、生活指导。

1. 按照学校和年级组统一安排，按照学生学科特点、性格特点、家庭情况等，任课教师与学生双向选择结对，建立学生帮扶档案，共同制定切合学生实际的成长计划和工作方案。任课教师以帮扶学困生为主，每人带至少三名学生；班主任可帮扶部分思想、心理等问题学生。

2. 各任课教师在课堂上要时刻注意学生文明礼仪习惯的培养，备课中要渗透学生“六爱三雅”德育内容，协助班级管理。

3. 考核方法：查看任课教师所辅导学生的学情分析、学生辅导过程材料、学期前后及单元过关等成绩。听课时对学生习惯评价；学科渗透德育案例；学生调查问卷。音、体、美学科类导师查看兴趣小组辅导记录。

六、暮省

1. 暮省按年级组、艺体组平均安排，机会均等。

2. 暮省主讲或策划者，根据参与度和活动质量按0.3,0.2,0.1三等记分。

表彰与考核加分

一、考核加分

1. 随班教师管理、值班教师管理、导师育人依据考核成绩，按比例纳入教职工学期工作质量综合考评，其分值分别占工作质量综合考评的2%、0.5%、0.5%、1%。

2. 一学期兼任几项的，累计计分。

二、表彰

每年在9月10日教师节举行表彰大会，依据考核成绩推选各类优秀教师，统一进行表彰。同时，该项成绩也是学校推荐区级各类优秀教师的依据之一。

4. 家庭“六爱三雅”故事征集、分享与经验推送

为更好地指导家长助力学生将“六爱三雅”内化于心、外化于行，我们除了利用家庭教育指导课，还依托定期开展“六爱三雅”家教故事征集、推广优秀家长经验做法等丰富多彩的形式，将此项工作做实。

附 “六爱三雅”推广优秀家长做法示例

用心启迪智慧，用爱陪伴成长

五台山西路小学2020级3班　盖韶华家长

当今社会，尊重知识，家庭渴望子女成才。家教话题成为百姓茶余饭后的谈资，与之相关的电视节目、专家论坛、父母课堂层出不穷。而我想说的是不管是怎样的教育理论，适合自己的就是最好的。“六爱三雅”教育是一种以爱为核心，以雅为追求的教育理念。

1. 努力营造好学上进的家庭氛围

古人云：“近朱者赤，近墨者黑。”家庭有上进的氛围，对孩子教育可以起到潜移默化的良好效果，可达到“润物细无声”的境界。我和孩子爸爸白天忙工作，但是晚上我们都会抽出时间看书，然后我们会讨论书上有趣的内容。刚开始，孩子还是会沉浸在自己玩具的世界里，慢慢在我和孩子爸爸的坚持下，似乎开始感兴趣了。他开始坐在我们的旁边翻开绘本，看书中的图画。随着时间的推移，我发现儿子对阅读已经越来越感兴趣。每天晚上，儿子会自觉地跑到书架旁边找好要看的书，一坐甚至一个小时，看得津津有味。从书中，孩子能学到很多我们无法授予的知识。

2. 让孩子参与劳动，增强责任感

学校一直倡导孩子参与劳动。我们作为家长积极行动，和老师一起形成教育合力。经过一段时间的坚持，孩子学会了炒鸡蛋，下方便面，还学会了包饺子。学会的背后都是从一片狼藉开始的。晚上，我在厨房下饺子，韶华过来说：“妈妈我帮你吧。”等我洗完碗，一转身发现“饺子都在朝着我笑”。我生气地说：“你快出去吧，还不够在这添乱的。”然后他站在我旁边一动不动，委屈地流下了眼泪。我知道我说得太重了，孩子也是一片好意。接着我拿起客厅的垫子，说：“那你刷一下这个垫子吧。”他立马拿起刷子，开始认真

地刷起来，刷得特别的仔细。刷完以后又把地面拖干净。干完以后孩子感慨："真累啊。"但还是接着问我："妈妈还有需要我帮忙的吗？"当时我觉得孩子真的长大了。其实我们过于关注让他们"不添乱"而忽略了一件件小事背后的责任感，往往会打击他们的积极性。我们要鼓励他们有责任心，愿意承担的好品质。

3. 积极引导，展现自我

儿子做事慢，画画慢。刚开始上幼儿园的时候很少能看到他的作品，一般都是因为画不完，不知道我有多着急，有多上火。为此我试了不少法子，甚至对他大发脾气，结果很糟糕：他一边哭，一边画，画得更慢了。而我深感内疚，让我更着急。我和老公静下心来调整心态，重新审视儿子的慢，这才发现他画的画很有想法，于是征得孩子同意后我们果断给他报了美术班。现在已经坚持了四年。

我很庆幸自己能及时调整心态，从不同的角度去看问题，看着儿子画出的一幅幅美丽的图画，我的心暖暖的。我不再一味地催促他，批评他，而是花更多时间去寻找解决问题的方法，试着让儿子自己去找原因，并且自己提出改进办法。让孩子更了解自己，对自己的行为负责。

4. 读万卷书，行万里路

周末或者假期在孩子完成作业的同时，我们每周会尽量拿出一天的时间带孩子到各个景点去看看走走，让孩子在大自然中感受到家乡的美，让孩子积极参与到社会的公益活动中。爸爸会给孩子讲解青岛的历史，孩子会听得津津有味。

爱自己，爱他人，爱家乡是一种美好的品质。他可以让我们变得更加自信，坚强。爱是相互的，只有付出爱才能收获爱。

第六节　多元智评，激励育人

——“六爱三雅”的评价与激励

“六爱三雅”德育评价是和悦德育的重要环节。近年来，我校紧跟智能化步伐，实现了“互联网＋”的评价。通过“六爱三雅”五育评价体系从多维度对评价主体进行多元智能化评价。“六爱三雅”评价体系包括学校对班主任德育工作和对任课教师教书育人的评价，班主任和任课教师及家长等对学生品德的评价两部分。我们致力于构建科学、规范的“六爱三雅”评价体系，努力做到二级评价，体系健全；指标体系，科学简明；评价原则，智能实效。“六爱三雅”评价结果成为评价班级、教师、学生的重要依据，对于督导检查学校和悦德育实施水平和质量，发挥着不可替代的监督保障作用。

一、评价的目标

《中小学德育工作指南》规定：“学校要认真开展学生的品德评价，纳入综合素质评价体系，建立学生综合素质档案，做好学生成长记录，反映学生成长实际状况。”评价学生，德育先行。通过对学生品德的评价，帮助学生发现自身存在的问题，进一步提高其德育素质水平，从而更好地培养“六爱三雅”好少年。

“六爱三雅”德育评价的总体目标就是将学生培养为爱家乡、爱学校、爱父母、爱老师、爱同学、爱自己、语言文雅、行为儒雅、情趣高雅的新时代好少年。

二、评价的内容

新课标要求“建立促进学生全面发展的评价机制”，实现评价育人功能。评价育人也是素质教育的要求之一。对学生进行评价，不是为了给学生定性，而是通过评价让学生认识自我，建立自信，促进学生在原有水平上进一步发展；通过评价让老师和家长更准确地把握学生身心发展的动态，随时调整教育策略；评价也是落实“知、情、意、行”统一发展的有效手段。为此，我们精心设计了学生自评与互评、教师评、家长评相结合的《学生“六爱三雅”综合素质评价手册》。

（一）德育评价学分制

“六爱三雅”德育评价实行学分制。通过教师、家长、同学、社区等多主体多元化评价，加强学生养成教育和自主管理。以“美德储蓄卡”记录学生平时的德行成长足迹，然后折算成学分。德育评价以评价手册为主线，通过过程评价，关注细节，形成习惯；抓好

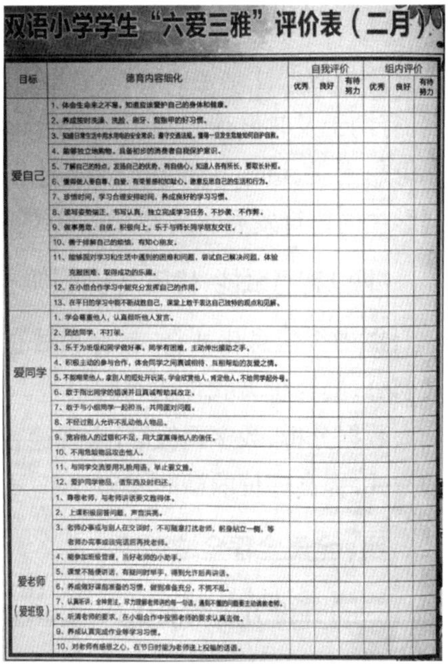

月总结反馈，通过内省，形成自律；做好学期评价，认识自我，再接再厉。

德育评价分为三个级别：班级评优，包括班级小主人、背诗大王、读书小博士、运动小健将、艺术小金星、学习进步奖等；校级评优，包括全面发展生、优秀班干部、礼仪标兵、礼仪形象大使、学习优胜者、十佳毕业生等；校级以上评优，包括十佳好学生、十佳少年、优秀少先队员、新时代好少年等。各项评优由班级初选，然后学校公开评选向上报名。

双语小学学生“六爱三雅”评价表（二月）

目标	德育内容细化	自我评价			组内评价		
		优秀	良好	有待努力	优秀	良好	有待努力
爱自己	1、体会生命来之不易，知道应该爱护自己的身体和健康。						
	2、养成按时洗澡、洗脸、刷牙、剪指甲的好习惯。						
	3、知道日常生活中用水用电的安全常识；遵守交通法规，懂得一旦发生危险如何自护自救。						
	4、能够独立地购物，具备初步的消费者自我保护意识。						
	5、了解自己的特点，发扬自己的优势，有自信心，知道人各有所长，要取长补短。						
	6、懂得做人要自尊、自爱，有荣誉感和知耻心，愿意反思自己的生活和行为。						
	7、珍惜时间，学习合理安排时间，养成良好的学习习惯。						
	8、读写姿势端正，书写认真，独立完成学习任务，不抄袭、不作弊。						
	9、做事勇敢，自信，积极向上，乐于与师长同学朋友交往。						
	10、善于排解自己的烦恼，有知心朋友。						
	11、能够面对学习和生活中遇到的困难和问题，尝试自己解决问题，体验克服困难、取得成功的乐趣。						
	12、在小组合作学习中能充分发挥自己的作用。						
	13、在平日的学习中能不断战胜自己，课堂上敢于表达自己独特的观点和见解。						
爱同学	1、学会尊重他人，认真倾听他人发言。						
	2、团结同学，不打架。						
	3、乐于为班级和同学做好事，同学有困难，主动伸出援助之手。						
	4、积极主动的参与合作，体会同学之间真诚相待、互相帮助的友爱之情。						
	5、不能嘲笑他人，拿别人的短处开玩笑，学会欣赏他人，肯定他人，不给同学起外号。						
	6、敢于指出同学的错误并且真诚帮助其改正。						
	7、敢于与小组同学一起担当，共同面对问题。						
	8、不经过别人允许不乱动他人物品。						
	9、宽容他人的过错和不足，用大度赢得他人的信任。						
	10、不用危险物品攻击他人。						
	11、与同学交流要用礼貌用语，举止要文雅。						
	12、爱护同学物品，借东西及时归还。						
爱老师（爱班级）	1、尊敬老师，与老师讲话要文雅得体。						
	2、上课积极回答问题，声音洪亮。						
	3、老师办事或与别人在交谈时，不可随意打扰老师，躬身站立一侧，等老师办完事或谈完话后再找老师。						
	4、能参加班级管理，当好老师的小助手。						
	5、课堂不随便讲话，有疑问时举手，得到允许后再讲话。						
	6、养成做好课前准备的习惯，做到准备充分，不慌不乱。						
	7、认真听讲，全神贯注，努力理解老师讲的每一句话，遇到不懂的问题要主动请教老师。						
	8、听清老师的要求，在小组合作中按照老师的要求认真去做。						
	9、养成认真完成作业等学习习惯。						
	10、对老师有感恩之心，在节日时能为老师送上祝福的话语。						

（二）课程学业评价等级制

课程学业评价致力于体现《基础教育课程改革纲要》的教育思想，改变课程评价过分强调甄别和选拔的功能，发挥评价促进学生发展的功能。对学生学习的评价，既关注学生知识、技能与方法的理解和掌握，也关注他们情感、态度与价值观的形成和发展；既关注学生学习的成果，更关注他们学习过程中的变化和发展。因此，我校结合国家课程、地方课程和选修课程评价要求，将“六爱三雅”德育评价贯穿于课程学业三级评价体系之中。

三、评价的原则

“六爱三雅”德育的评价原则旨在指导学校在评价学生品德和行为时，在客观公正的基础上，注重学生的动态发展和个体差异，重视发展和激励，倡导过程与结果相结合，关注学生的全面发展。

（一）融合发展的评价原则

我们认真研究和确定评价原则，坚持定性评价与定量评价、终结性评价与形成性评价以及外部评价与自我评价相结合的原则，将“六爱三雅”评价原则进行融合、创新。这一原则强调评价应全面、客观地反映学生的德育发展状况，不能仅凭单一的标准或视角来评价。要综合考虑学生的思想、情感、价值观、行为习惯等多个方面，确保评价结果的真实、准确、完整。

（二）发展性和激励性相结合的原则

评价不仅要关注学生的现有水平，也要关注其潜在的发展空间。通过评价，发现学生的优点和不足，为其提供有针对性的指导和建议，激励学生不断进步。在评价过程中，应以肯定和鼓励为主，帮助学生树立信心，激发其积极性和主动性。

（三）过程性与结果性相结合的原则

评价应关注学生的德育过程和结果。过程性评价侧重于学生的德育活动和行为表现，有助于及时发现和纠正学生的问题。结果性评价则关注学生德育目标的达成情况，如思想素质、道德品质等方面的提升。通过有机结合过程与结果评价，可以更全面地了解学生的德育发展状况，为进一步的教育提供依据。

（四）智慧赋能、优质高效原则

在当今信息化社会，教育领域正经历着前所未有的变革。德育作为教育的重要组成部分，其评价方式也需与时俱进。因此我校抓住机遇、智慧赋能，利用信息技术手段，如大数据分析、数字画像等，实现德育评价数据的实时采集、整理和分析。通过数据驱动的方式，提高评价的精准度和效率，进而实现德育评价优质高效发展。

四、全员全程全域智评

（一）评价方式智能化

随着信息技术的高速发展，学校的评价方式也紧跟智能化的步伐，实现了“互联网+”的评价。让学生在学习知识的同时，享受信息技术带来的全新的教育模式。通过“六爱三雅”五育评价体系可以实现校内校外教师评、生互评、生自评、家长评多维度的综合评价。

通过学校画像的形式，可以看到学校整体发展情况。学校可以看到本校开展的各类活动以及学生的具体参与情况。根据学生参与情况，调整本校的活动规划和优化学校的指标体系。我们可以查看到本校的评价数据，比如评价人次、评价方式、奖章荣誉榜等等，正下方会展示各年级优秀学生的发展均衡性情况，从而针对薄弱项，制定针对性的提升计划。

1. 学生智评

学生评价分为生自评和生互评两个环节。每周设置学生自评的环节，共设优秀、良好、合格三个档次，让学生根据自己平时的表现和学习情况进行自我评价，计入总奖章数。同时，根据不同年级德育目标制定不同的习惯养成评价标准，由学生相互监督实施完成同学间的互评。

2. 教师智评

依托“六爱三雅”五育评价体系，各科老师登录后均能实现对学生个人及小组的评价。其中，班主任着力于对班级学生日常行为规范进行评价。各任课教师根据学科特点，课堂上设置小组 PK 等形式，激发学生的学习热情；课后通过评价及时跟踪反馈学生的作业情况，对学生实时进行鼓励，促进学生的进一步发展。

3. 家长智评

家长参与评价主要是对学生在家的学习、生活习惯等进行有效监督和指导，对学校中的教师评价、学生互评进行补充，对于学生的养成教育进行巩固提升的过程。

智能化的评价方式使评价更加全面、客观和有效。评价分值都是可以累计的，在后台形成大数据分析，以每周量化、每月量化、每学期量化的形式推送给家长，家长可以及时了解孩子在学校的日常学习和生活表现。为了激励学生，数据量化将作为评选优秀和和悦悦、明星和和悦悦、榜样和和悦悦的依据。

（二）评价过程精细化

1. 事事评

学生的成长不是静止的，每天都会有新的变化和成长，新时代发展也将对学生提出新的要求。校内的学习等好习惯、家庭的孝老爱亲等美德、校外的文明行为社会公德等都是德行评价的事项，都是学生道德品质及文明行为习惯评价的一部分。

2. 时时评

“六爱三雅”网络平台评价系统，连通了教师、家长、学生三方评价端口。学生可以利用学伴机网络语音进行随时评价，教师、家长利用网络手机端进行语音化即时评价，提高了德育工作的时效性。

3. 处处评

苏霍姆林斯基指出：“要在每个孩子身上发现他最强的一面，找出他作为个人发展根源的‘机灵点’，做到使孩子在他年龄可以达到的卓越成绩。”“六爱三雅”德育评价体系通过课内评、课外评，校内评、家庭评、社会评，实现了对学生的全方位评价，因此得出的数据也更加客观、真实，更有利于帮助他找到自己的“机灵点”。

五、评价结果的运用

强大便捷的统计分析功能，可以对学生个人及班级组织的成长提供指导，为学生各项评优提供依据，也可以对所有教师的育人能力进行非常客观的数据分析。接下来，将继续以五育评价平台为例，将其对学生的评价结果运用进行说明。

首先，按照不同维度和需求筛选查看数据，教师可以总体分析班级和学校的情况。家长也可以直观了解孩子的星星、奖章数量和德育素养。

其次，系统会根据日期、被评价人、评价类别针对个人/班级进行汇总分析，通过线性图按照个人、班级平均水平、年级平均水平进行展示被评价人的点赞和再努力数量，这样能更真实地反映出学生在学校、家庭、社会不同的表现情况。

再次，评分分析帮助家长、教师对学生的成长情况提供参考依据，家长针对自己孩子，教师根据所属班级查看结果。

最后，评价结果为班主任评优、教师评优、家长评优提供客观的数据依据，为家校德育合作提供载体。

（一）学生评优

1. 分级评优

（1）班级评优：优秀、明星、榜样。

班主任根据后台大数据的周量化得分，从课堂学习表现、课间养成教育、家庭生活实践、社会公民美德这几个维度，评选出班级优秀和和悦悦、明星和和悦悦、榜样和和悦悦。

（2）级部评优：优秀、明星、榜样。

每月根据各班级推荐的在课堂学习表现、课间习惯养成、家庭生活实践、社会公民美德等方面表现优异的学生，评选出级部优秀和和悦悦、明星和和悦悦、榜样和和悦悦。

（3）校级评优：优秀、明星、榜样。

每学期，学生服务中心根据各班一学期学生评优结果，结合学生在课堂学习表现、课间习惯养成、家庭生活实践、社会公民美德这些方面的审核结果，评选出校级优秀和和悦悦、明星和和悦悦、榜样和和悦悦。

各级优秀和和悦悦、明星和和悦悦、榜样和和悦悦的评选，对学生课堂学习表现的提升，课间习惯养成，家庭生活实践的推进，社会公民美德的内化有极大的激励作用，进而培养“六爱三雅”好少年。

2. 跟进奖励——连线和悦币，激发成长力

为培养学生的现代经济意识，学习、适应经济社会现实，通过一定物质奖励激励学生投身“六爱三雅”养成，积极向上向善。我们设置了无人售货超市，取名为“诚信超市”。这个超市不同于外面的超市，是由学生独立自主经营的，超市里摆放了各种学生所需要的学习用品。

总经理由 5、6 年级学生担任，全面负责超市的经营管理工作，负责做好每学期的经营计划和活动策划，组织好超市所有职工有序工作。副总经理由 4、5 年级学生担任，负责超市商品的进货管理，协助总经理做好职工管理工作，及时了解市场动态，提出进货建议。营业员由 2～4 年级学生担任，主要负责超市货物摆放及柜面整理，要熟识各类产品，以及自己管理区商品的基本知识，要有强烈的责任心，防止商品损坏或丢失，同时，及时汇报缺货情况。会计由 4、5 年级学生担任，主要负责统计超市进出货记录，核对超市营收比，及时提出建议。

学生想要得到里面的物品，只能用评价积分兑换，此举大大激发了学生参与的热情，为促进学生向“六爱三雅”好少年标准积极靠拢增强了成长外驱力。除此之外，级部内的跳蚤市场、商品交流会等，也均以积分兑换的和悦币为载体，由此一个简单的校内经济实践场景就可以全覆盖。

3. 评优激励数据及阶段性评语进入集团数据库

五育评价平台以学期为单位为每个学生生成五育成长报告，学生、家长、教师可以更清晰地看到学生在德智体美劳各方面的发展情况，包括学生获得的学分、参加的校内外活动、被评价的数据等。

除此之外，每名学生都有自己的伴随式成长手册，教师、学生和家长可以随时查看本学年学生的成长数据，包括学生获得的荣誉、成长评价、成长足迹、学业成就以及健康护照。所有学生的各项数据均会保留在集团的数据库，每名学生可以对比自己和年级的平均学分，从而了解自己哪些方面仍有不足，继续努力。

（二）班主任评优

班主任的专业发展及适宜的考核，对于班主任个体及班主任群体的健康发展，具有极为重要的价值与意义。班主任评优能够创造一种竞争奉献的氛围，可强化班主任的角色意识和对工作职责的认识，激励班主任爱岗敬业。育德能力是班主任考核的一个重要方面。我们将其与学生的阶段性“六爱三雅”德育评价成绩紧密相连。班级所有学生的阶段性“六爱三雅”德育评价成绩与本章上一节所说过程性督导考核成绩均按照10%的比率计入班主任评优成绩，作为校级及以上优秀班主任评选的重要依据。

（三）教师评优

赫尔巴特所说：“没有无教育的教学。”任何一名教师都不应推脱自己的德育责任。我校班级德育以班主任为引领，任课老师积极配合，形成班级“德育联盟”。班主任老师创设德育环境，非班主任教师有明确的德育责任，德育队伍中的每一位老师，都将他们的德育影响力作用于与学生共在的每一个场景。班级学生的阶段性“六爱三雅”德育评价结果也按照10%的比率计入班级教师评优成绩（任教多个班级的教师取各班级学生阶段性“六爱三雅”德育评价结果平均数），进一步激励巩固“德育联盟”。

（四）家长评优

苏霍姆林斯基说：“只有学校教育而没有家庭教育，或只有家庭教育而没有学校教育，都不能完成培养人这个极为细致、复杂的任务。”我校积极推进家校德育新机制，以五育德育平台为载体，联通家校德育。五育平台提供的学生的阶段性“六爱三雅”德育评价结果，按照50%的比率计入家长评优的重要依据。通过家长评优，可以促进学校、教师和孩子之间的互动与合作，提高教育质量，促进孩子全面发展。

这样的评优，将促进班主任、任课教师和家长切实重视“六爱三雅”德育工作，改进和优化自己的育德能力，形成不断促进全体学生德、智、体、美、劳全面发展的良好德育生态环境。

第七节　厚德雅行，走向和悦

——“六爱三雅”的成效与品牌

把学生培养成“厚德乐学、自主合作、具有国际视野的卓越少年”，这是我们的育人目标，也是我们和悦教育的归宿。

“六爱三雅”作为落实学校“厚德”育人目标的德育课程，发挥着无可替代的重要作用，是促进学生身心健康发展、塑造孩子幸福人生的有力途径。九年来，我们在实践探索中取得了累累硕果。

一、学生成长：“六爱三雅”的好少年

2014 年，当载满学生的校车缓缓驶入双语小学这座崭新的学校时，老师和家长心中有着共同的疑问：“六年后，这里将诞生一批怎样的少年？”时间给了我们很好的答案。

附　“六爱三雅”好少年示例

孝老爱亲，稚嫩小手也可以撑起一片蓝天

张馨文是青岛西海岸新区双语小学 2018 级 1 班的学生，在班里担任数学课代表一职。她是一个品学兼优的好学生，自立自强、乐观感恩，用辛勤的汗水和不懈的努力赢得了师生们的一致好评。连续多年当选校三好学生、“六爱三雅”小明星，并于 2023 年获评青岛西海岸新区“孝老爱亲”新时代好少年。

八岁的馨文，应该是天真烂漫、无忧无虑的年龄，但对她来说，却是一夜之间长大的年龄，就在这年无情的癌症残酷地夺走了她挚爱的妈妈的生命。对于一个上有老下有小的普通工人家庭而言，这无异于一个晴天霹雳。看着妈妈熟睡的样子，八岁的馨文知道，这一次，妈妈不会醒过来了！懂事的她没有哭喊着找妈妈，而是静悄悄地坐在爸爸身边，看着憔悴的爸爸，看着哭晕的妹妹，一个坚定的想法涌现在脑海里，那就是做一个孝老爱亲的好孩子，为爸爸分忧解难。

每天放学不仅不需要奶奶来接她，还和班主任老师请假每天早走半个小时，去香江路第三小学接刚上一年级的妹妹放学，无论刮风下雨，她总是先把妹妹照顾好再想到自己。突如其来的流感让本就体弱的奶奶持续一个周起不来床，因为怕传染给更多的人，馨文拒绝了好心邻居的帮助，自己做好饭一口一口喂给奶奶吃，借助着床头板的力量给奶奶翻身，擦洗……她身上难能可贵的“孝老爱亲”品质，感动了我们周围的每一个人，

她的事迹让人心酸并且感动。她积极乐观地微笑面对生活，面对老师同学，她的笑容里充满了感恩和温暖。

在学校里，没有人知道她背后的故事。积极豁达、品学兼优、勤思善问，成绩始终名列前茅，这是同学们对她的印象。但她并没有因此而满足、而松懈，反而对自己更加严格的要求。她特别懂得感恩，无论谁有困难，她都会不假思索地伸出援助之手。她天性至真至纯，追求尽善尽美，以自己的一言一行，真实、集中地展现了新时代小学生应该具有的美德，受到老师、同学以及所有认识他的人的喜爱。

在大浪淘沙中荡涤出的孝老爱亲好少年，一定会抱着更加阳光乐观向上的心态继续在湍急的激流中英勇前行，逆流而上！正可谓：大江东去浪淘尽，千古风流人物，当看我当代美德少年！

双语学生拾金不昧　和悦育子传承美德

“没想到我的钱包还能失而复得，真心感谢双语小学培养出的拾金不昧小雷锋。”5月5日下午，青岛西海岸新区市民崔洪艳将一封“雷锋精神永存，拾金不昧育人”的感谢信送到了双语小学。

崔洪艳说：“5月4日下午，我在昆仑山庄将钱包不幸丢失，钱包内有1 000多元现金以及银行卡、身份证、名片等重要物品，回家后我才发现钱包丢失。正当我心急如焚、四处寻找时，两名小学生主动联系我说捡到了我的钱包，我赶到后两位同学认真地与我核对钱包里的物件，把钱包完好无损地还给了我。当我想拿出现金感谢两位同学时，却被一口拒绝，在我一再追问下，才知道他们是双语小学409中队的王恩月和306中队的李航同学。”

事后，当老师和同学们问起这件事时，王恩月同学腼腆地笑了：“在学校里老师一直教育我们要爱同学，我觉得走出校园，我们也应该爱周围的每个人，并积极帮助有需要的人。”

在这样物欲横流的时代里，小学生能有如此拾金不昧的精神，实在难能可贵。为感谢学校和家长培养出如此品德优良的学生，崔洪艳特意将感谢信送到双语小学，并祝愿孩子们积极践行双语小学的育人目标，成为兼具“六爱三雅”精神的卓越少年。

感恩、善良、奋斗……是和悦少年最美的模样！

二、教师发展：和悦德育的研究员

新课改要求，教师要从教书匠变成学校课程的研究者。“六爱三雅”德育课程从探索到实践、推广，离不开全体和悦教师的努力。随着课程的深入推进，和悦德育的参与者也逐渐走向和悦德育的研究员、建设者。

在探索和实践的过程中，学校涌现出了许多德育素养过硬、匠心前行的先进个人。

本人被评为中国教育学会中小学德育研究分会第八届理事会常务理事，并先后受邀到莱州、内蒙古等地作报告。薛鹏、庄沛政等老师荣获“青岛市中小学德育先进个人”称号，孙雷、李健等老师荣获“青岛西海岸新区优秀德育工作者”称号，陈艳等老师荣获“青岛西海岸新区十佳少先队辅导员”称号，韩翠英、张旭、孟晓、贺非非、蔺倩茹等老师荣获市区“优秀班主任”称号。

三、家长提高：成为志同道合的教育伙伴

自建校起，我们就将家长视为“志同道合的教育伙伴”。无论是挨家挨户地实地家访，还是每天的线上沟通；无论是放学时的简短交流，还是家长会的恳切交谈。我们的每一位老师，都为家校共育坚持不懈地努力。

你若盛开，蝴蝶自来。当看到孩子们在“六爱三雅”德育课程的浸润下，逐渐成长为一个个厚德乐学、自主合作，具有国际视野的卓越少年时，家长感受到了和悦教育的魅力，更愿意成为学校教育工作的同行者。

积极参与学校民主管理，充分发挥对学校教育教学工作的参谋、监督作用；发挥自己的资源优势，为学生提供更好的成长环境；投身班级文化建设，为学生创建有生命的文化氛围；自发组织社会研学活动，带领学生探索更大的“课堂”……他们是学校教育的合作者和推进者，促进学校各项教育工作不断完善和创新发展。

四、品牌叫响：青岛市优秀校本课程

双语小学教育集团坚持德育首位，依托教育科研，整体构建“六爱三雅”和悦德育课程体系。立足学生实际，以学生身边发生的故事为教育题材，让“六爱”和“三雅”走进每一个学生的心灵深处。该课程得到社会的高度认可，在《德育报》头版头条进行了报道。2020 年，“六爱三雅”和悦德育课程被评为“青岛市优秀校本课程”。

五、社会赞赏：金杯银杯不如老百姓的口碑

金杯银杯，不如老百姓的口碑。全体师生齐心协力，凭借勇往直前的拼搏精神和“追求卓越”的校风，使学校一跃成为青岛西海岸新区最知名的学校之一，先后获得全国创新名校、青岛市精神文明校园、青岛市五星级阳光校园、青岛市示范家长学校等荣誉。学校招生年年爆满，学生精神面貌言行举止令人欣喜。校车师傅高兴地说：“每次接送双语的孩子，他们都热情礼貌地和我问好打招呼，真是不一样啊！”

我们创建的“六爱三雅”和悦德育体系在创新实践中不断完善，显著提高了德育工作实效，为落实“立德树人”开辟了特色路径，促进了学校的高质量、跨越式发展。2021 年 9 月 4 日，《中国教育报》如是写道：“双语小学教育集团期望的‘办学生喜欢、家长满意和领导放心的教育’已经梦想成真！”

第三章
和悦课程——学校发展的载体

第一节　和悦课程概述

教育部印发的《关于全面深化课程改革　落实立德树人根本任务的意见》指出："课程是教育思想、教育目标和教育内容的主要载体，集中体现国家意志和社会主义核心价值观，是学校教育教学活动的基本依据，直接影响人才培养质量。"足见课程在学校建设发展中举足轻重的地位和作用。

一所学校要发展，最重要的载体是课程。和悦课程，是国家课程和地方课程落地、转化，被我们和悦教育的校本课程吸纳、融合，而形成的一种课程样态。

国家、地方、学校三级课程管理体制，赋予了学校自主开发特色课程，校本化实施国家课程的权利，为我们和悦教育的特色创新发展提供了新天地。

一、和悦课程的内涵

和悦课程，是实施和悦教育，落实立德树人根本任务，培养德智体美劳全面发展的社会主义建设者和接班人的课程，是落实国家课程、地方课程的校本课程体系，是促进学生、教师、家长做最好的自己的课程。

一般来说，课程是学生学习的学科总和及其进度与安排，是对教育目标、教学内容、教学活动方式的规划和设计，是为实现教育目标而规定的学科及其目的、内容、范围与进程的总和，包括学校教师所教授的各门学科和有目的、有计划的教育活动。和悦课程，在具有这些一般属性的同时，具有鲜明的"和悦"特性，且学习者不仅包括学生，还包括教师和家长这两大主体，以达成教育全员、全程的"和悦"。

二、和悦课程的体系

提升学生核心素养，促进学生全面发展，是和悦课程的核心要义。学生不是孤立的存在，当我们说“学生”时，就意味着有“教师”存在；当我们说“孩子”时，也必然会想到“家长”。学生的成长和发展，与教师、家长的成长和发展是紧密相连、密切相关的。要培养和悦的学生，就不能不培养和悦的教师与和悦的家长。因此，从培养主体上划分，和悦课程必然包括三个部分：学生发展课程、教师发展课程、家长发展课程。

学生发展课程、教师发展课程、家长发展课程，这三种课程既是各自独立的存在，各有内容，各具特色，同时又互为依存，三位一体。三者之中，学生发展课程是核心和归宿，教师发展课程是实施学生发展课程的关键，家长发展课程是学生发展课程高品质实施的重要基础。

和悦课程体系如下图所示。

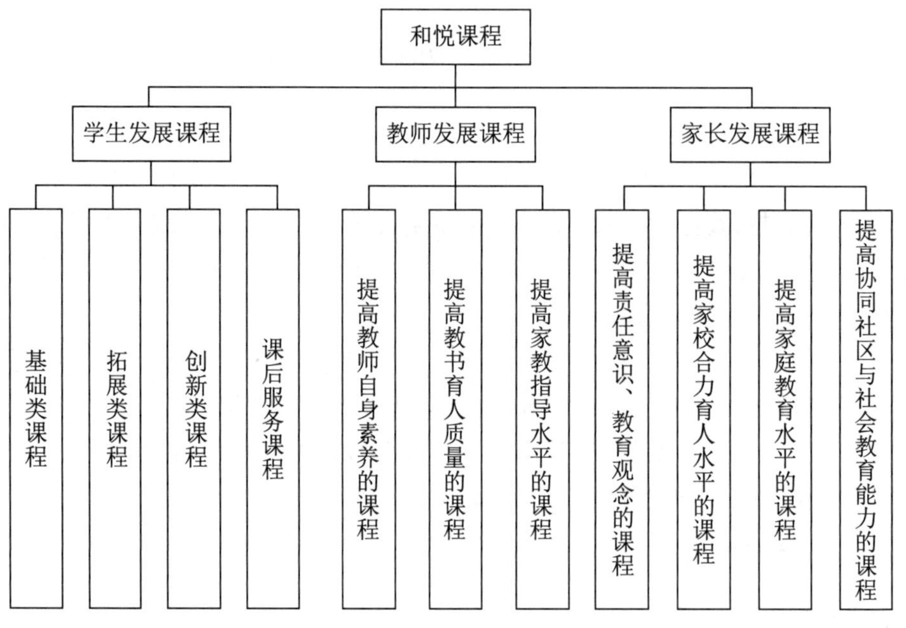

（一）学生发展课程

根据和悦教育“培养厚德乐学、自主合作、具有国际视野的卓越少年”的育人目标，和悦学生发展课程按照设立、开发和管理主体，分为国家课程、地方课程和校本课程；按照实施场所，分为校内课程、家庭课程和社会课程等。为便于说明，我们按照教育任务，将学生发展课程的主体划分为基础类课程、拓展类课程、创新类课程三大类；同时，落实中共中央办公厅、国务院办公厅“提升学校课后服务水平，满足学生多样化需求”的要求，开设课后服务课程。

基础类课程是培养学生德行、博学、健康、审美等核心素养，国家统一组织开发、设置的课程。和悦教育的基础类课程，通过对国家课程的校本化整合、融合、优化和创新性实施，着力夯实学生的基础知识，培养学生的学习能力、学习习惯和学习品质等，促进学生全面发展，使其成长为有理想、有本领、有担当的时代新人。基础类课程是学生发展课程的主体，是贯通整个和悦课程体系的核心主干，是学生基本素质发展的重要基石。拓展类课程是国家和地方规定的每个学生必须修习的课程，旨在促进每个学生的个性化发展。创新类课程是和悦课程体系中最能凸显学校特色的课程，是学生特色发展最有力的支撑。课后服务课程是学校公共教育服务的重要组成部分，是对基础类、拓展类和创新类课程的综合性深入实施，是服务于学生全面发展、健康成长，在学校、家庭和社会中开设的日常学业之外的课程，是为帮助学生更好地完成学科作业、学科拓展、兴趣特长培养、综合社会实践等而开设的课程。

和悦学生发展课程具有整合性和选择性两大特点。所谓整合性，是指通过对教学内容进行综合分析，结合学校和学生的实际情况，对课程内容进行独具特色的编排，形成更加贴合实际的教学单元或学习项目，实现学科内部和学科之间的知识交融，促进学生全面发展，更好地落实培养学生核心素养的目标。所谓选择性，则是指在课程建设过程中，既注重学生的共性特征，又兼顾学生的个性需要，学生可以根据自己的兴趣爱好和个性特点，以及对未来生活的规划，自主选择，在不断的激励中自我成长，完善自我，超越自我。

（二）教师发展课程

教师是学校教育的第一资源和中坚力量，是学生成长的领航者，在实施学生发展课程、促进学生成长的过程中起着至关重要的作用。正所谓，一流的学校不是看一流的校舍，而是看一流的教师。

教师的素养越高，其对于学生的引导就会越到位，越有效。作为学校，要想全面提升学生的核心素养，那就必然要优先提升教师的专业水平。为此，我们创建了和悦教师发展课程。

和悦教师发展课程分为三类：一是提高教师自身素养的课程，二是提高教书育人质量的课程，三是提高家教指导水平的课程。

（三）家长发展课程

家长作为孩子的第一任教师和终身教师，在家庭生活中实施的道德品质、身体素质、生活技能、文化修养、行为习惯等方面的培育、引导，对孩子的成长发展具有深刻而长远的影响。家长的一言一行、一举一动留给孩子的印记，将渗透孩子的心灵，甚至影响孩子的一生。教育好孩子，家长是学校志同道合的合作伙伴。家长对家庭教育的重视程度，家长的教育理念、自身素养和施教能力，直接关乎家庭教育，甚至学校教育的实际效果。根据《中华人民共和国家庭教育促进法》，作为学校，我们有责任帮助家长提高思想认识，提升家教能力和水平。为此，我们创建了和悦家长发展课程。

和悦家长发展课程包括四类：一是提高责任意识、教育观念的课程，二是提高家校合力育人水平的课程，三是提高家庭教育水平的课程，四是提高协同社区与社会教育能力的课程。

和悦家长发展课程为家长提供了多种学习、交流的渠道，家长既可以接受来自教育专家的专业引领，又可以倾听孩子老师的良好建议，还可以实现彼此之间的互相学习、互相借鉴、互相促进，通过不断提升自我素养，最后成为学校志同道合的合作伙伴。

三、和悦课程的建设原则与建设策略

和悦课程的开发、建设，要体现以学生发展为本的思想，根据学校的育人目标及当地资源、家长资源、学校条件、学生需求等要素，制订学校和悦课程实施方案，统领课程的开发、建设、实施与评价。

和悦课程的开发、建设，需要师生和家长广泛参与，合作探究。若没有一定的规则要求，他们难免各行其是，甚至出现相互抵触的现象。要达成高标准、高效益，就要遵循一定的规则，下面介绍几条主要的建设原则与建设策略。

（一）建设原则

1. 目标性原则

课程的开发和建设必有其价值追求，可将其归结为课程目标。课程目标的确定应以教育目标为导向。在设计、开发、建设和实施校本课程时，课程的特殊目标一定要与国家规定的一般目标结合起来，紧扣“培养担当民族复兴大任的时代新人，培养德智体美劳全面发展的社会主义建设者和接班人”这一根本目标，这是所有校本课程从设计到开发、建设，再到实施、评价都要遵循的根本导向，也是最高原则。

和悦课程的开发、建设，要始终坚持落实立德树人根本任务，始终立足学校提出的育人目标，即培养厚德乐学、自主合作、具有国际视野的卓越少年，从学生、教师、家长的实际需要出发，为每一个人成长为最好的自己奠基。

2. 和悦性原则

“和悦”是和悦教育思想的灵魂。和而达悦，以悦促和，彰显着两者之间的密切关系。“和悦”无处不在。在建设课程的过程中，必须保证同一课程内部及不同课程之间彼此和谐，互相融合，互为补充；在实施课程的过程中，课程为学生、教师、家长贴心服务，贴身护佑，真正为每一个人的成长保驾护航，以实现学生、教师、家长愉悦地成长为最好的自己的目标。

3. 校本性原则

和悦课程建设的校本性，是指学校和教师在对国家课程和地方课程进行选择性、适应性加工时，会根据学校的具体情况、学生的需求，以及当地的资源和条件，对其进行重新设计和创造。它强调的是课程内容和实施的个性化与多样化，以满足学校和学生的特殊需求。

它包括以下四点：

一是选择和改编。学校可能会选择部分国家课程或地方课程的内容，并根据需要进行适当的修改和调整。

二是整合和补充。学校可能会将不同的教育资源和信息整合到课程中，同时添加必要的补充材料，以丰富课程内容。

三是拓展和提升。学校可能会对现有的课程进行拓展和深化，提供更加深入地学习和研究的机会。

四是个性化加工。教师会综合考虑学生的个体差异和学习进度，对课程内容进行个性化加工和调整，尽可能地保证每个学生都能得到最适合的教育。

4. 系统性原则

系统性原则主要有四个要求：

一是要始终把立德树人作为课程体系建设的出发点和落脚点，从整体育人的高度，围绕学校的育人目标和办学目标，形成一个科学合理的学校课程体系。

二是从课程的高度，用课程开发的标准，将现实教育工作中那些充满创意的碎片化、点状式教育活动课程化，纳入校本课程，不断丰富和发展校本课程体系。

三是综合考量所有学科，关联所有年级，乃至考虑到未来初中课程的相关问题，力求学科之间相互融合、相互渗透，年级之间内容关联、主题相通，助力学生的综合能力螺旋式上升，教师和家长的育人能力不断提升。

四是把适合学生学习生活、成长交往等各方面的教育内容，按照课程的要素、课程的规则、课程形成的步骤程序等变为课程，纳入课程体系，将所有的教育教学活动提升到课程的高度来进行。

5. 整合性原则

和悦课程的整合，首先是智慧教育与各类课程的整合建设，让智慧教育发挥其先进性作用，让课程与时俱进；其次是学生发展课程、教师发展课程、家长发展课程之间的整合，力求构建主体多元、内容多样、目标多维的课程体系，适应学生、教师、家长的各方面成长需求；再次是努力做到学校各个部门、各位教师的教育力量的优化整合，提升每个人的主人翁意识；最后是努力做到校内、校外课程资源的整合，实现课程的校社一体、互为促进。

6. 多元化原则

课程的开发、建设服务于学生、教师和家长的成长发展，而每个人都是个性化的，因而课程的开发、建设就要追求差异性、个性化特色，强调个体的需求、兴趣、特长和选择。因此，和悦课程的开发、建设呈现多元化特色。

一是课程开发、建设内容的多元化。根据学生、教师、家长的特点，围绕既定的教育目标开发、建设课程，以适应多方面、多层次的需要。例如学生发展课程，针对学生的成长需要，注重全面发展，而非单一成长，课程设计绝不囿于知识掌握，而是更注重动手能力、实践能力、分析能力等各种能力的培养。

二是课程开发、建设主体的多元化。学生、教师、家长、专家和校外有关机构等都应该参与到课程的开发、建设之中。

三是课程评价参与者的多元化。进行课程评价时，学生、教师、家长乃至社区多方参与，力求全面互动。

7. 发展性原则

学生、教师、家长、学校都是在发展着的，服务于师生成长发展的课程的开发和建设也必须是不断创新、适度超前的，以适应促进学生、教师和家长发展的需要。

一方面，无论是学生发展课程、教师发展课程，还是家长发展课程，尤其是校本课程的开发和建设，都是为了促进人的发展，促进学生、教师和家长更好地发展。

另一方面，课程的开发和建设是一个连续的动态过程，具有一定的生成性，即使是在实施十分成熟的课程的过程中，也会不断地即时生成新的内容。

（二）建设策略

和悦课程的建设策略主要是规划设计与探索创生相结合。

由于学生、教师和家长都是在动态发展着的，因此，学校的课程开发与建设就必须两条腿走路：一是学校基于育人目标的规划设计，结合本校和当地实情，把国家要求、社会需求、学校追求相融合，高位创建课程；二是在学生、教师、家长个性化学习、成长、发展的过程中，融入科技进步、社会发展要素，充分发挥其创新潜能，不断开拓和创生课程，开发和建设路径，学校持续跟进，搭建新平台，创生新课程。

坚持两条腿走路，才会有和悦课程开发与建设的行稳致远、与时俱进。

四、和悦课程的资源开发与利用

（一）资源建设的意义

广义的课程资源一般是指有利于实现课程目标的各种因素，包括学校、家庭和社会上的一切资源。丰富而优质的课程资源，是课程落地、落细、落实的有效支撑。积极开发课程资源，使校内外潜在的课程资源转化为现实的教育教学要素，可以不断丰富课程内涵，扩展课程外延，使课程融入日常的教育教学活动，融入日常的生活，走向真正的开放。

本章所讲的课程资源是指支撑课程建设、实施的一些优质资源。和悦课程的优质资源开发与利用，是落实和悦教育、提高教育质量的基础条件。开发并利用好丰富的优质资源，是培养和悦学生、和悦教师与和悦家长的必要条件。

（二）资源的开发与利用

1. 坚持目标导向，精选和悦课程优质资源

坚持正确的政治导向是和悦课程坚守的底线，为此，我们在课程建设过程中，把贯彻落实社会主义核心价值观、促进学生身心健康发展作为首要原则。我们从核心素养形成和发展的内在规律出发，紧密结合《义务教育课程方案和课程标准（2022年版）》，立足学生实际，注重选择有利于学生发展的优质资源，构建开放多元的课程资源体系，充分发挥其促进学生身心发展的价值，使得和悦课程一直走在正确的道路上。例如，小初衔接，可以借用青岛西海岸新区奋进路初中的校舍和教师资源；校外研学，可以与附近的滨海学院博物馆加强合作，供教师和学生免费参观学习。

2. 坚定文化自信，丰富和悦课程特色资源

我们坚守中华民族的文化自信，并注重将这些文化因子糅合在课程中，让传统文化时刻浸润师生和家长的心灵，融进所有人的血脉之中。

我们秉承着和合、开放、生态的青岛文化，扎根于齐鲁文化、海洋文化，兼顾异域文化、移民文化，让和悦课程做到既仰望星空，又脚踏大地。

基于对学校文化的理解，我们积极开发童心悦读课程、六爱三雅课程等校本课程；引入海洋文化资源，开设特色文化课程，增强学生的学习热情与文化自信；保持开放和包容的心态，敢于尝试，敢于创新，使学校的特色文化资源不断丰富和发展，建设出既有深厚文化底蕴又充满活力的学校课程体系。

3. 坚持多元合作，提升和悦课程品质资源

在课程开发和建设的过程中，我们充分争取山东省基础教育课程研究中心、青岛市教育科学研究院、青岛西海岸新区教育和体育科学研究院的专家，以及附近的中国石油大学（华东）、山东科技大学、青岛滨海学院等大学的教授的指导，让课程的开发和建设一开始就运行在高端。

我们注重人才的引进，目前，双语小学已经拥有5名山东省特级教师、3名正高级教师、3名齐鲁名师。利用名师资源，成立名师工作室、名班主任工作室，充分发挥名师的辐射带动作用，帮助全体教师快速成长，并不断增强其课程资源意识。

学校定期邀请管理、课程、德育等多领域的专家、学者到校举行培训和讲座，向教师传递前沿的教学理念、管理方法和德育实施策略，以提升教师的专业素养，提高学校的教育教学水平，促进学生全面发展。

鼓励学生参与多元合作项目，锻炼他们的实践能力，培养他们的团队合作和沟通能力。在合作过程中，学生及时分享各自的经验和成果，互相学习、共同进步，进一步推动学校课程品质的提升。

充分调动家长参与课程建设的积极性，书法、舞蹈、足球等家长参与的课程相继建设成功，使得和悦课程变得更加丰富多彩、生机勃勃。家长身上体现出来的兴趣爱好，都是接地气的、从实际出发的，非常适合学生的“口味”。这是来源于“民”又用之于“民”的有效课程资源。

4. 坚持共建共享，发挥和悦课程育人功能

上级教育主管部门在学校发展过程中对硬件设施不断投入，尤其是“人人通”“畅言晓学”等智慧教育平台的建设使用，赋能于和悦课程，起到了极大的推动作用。近两年，学校对“和悦智慧校园”建设加大投入，课程体系越来越完备，课程内容越来越深化。

家长陪伴孩子一起参与，共同体验，快乐成长。很多家长主动承办课程建设需要的物资，例如学校的“和悦智慧广场”，就是完全由学生设计，家长筹资建设而成的。

通过与各方的合作和资源的整合，学校为学生提供了更加丰富、有意义的课程内容和良好的学习体验，一方面助力学生的全面发展，另一方面也有助于提高学校的整体教育质量和社会影响力。

五、和悦课程的保障

双语小学教育集团各校一起努力创造课程建设和实施的各种条件，保障和悦课程的开发和顺利实施。

（一）组织保障

1. 创设集团课程中心

为了保障和悦课程建设的最佳效果，双语小学教育集团成立了课程中心。

正高级教师、特级教师苗文芝担任课程中心主任，集团总校长杨世臣担任课程中心副主任，集团党总支书记邵学忠担任课程评价部主任。

正高级教师、特级教师、齐鲁名师林宏负责学生发展课程，其中郭良晓负责基础类课程，陈绪东负责拓展类课程，王立新负责创新类课程，庄沛政负责课后服务课程；副校长张晓负责教师发展课程，其中刘婷婷负责提高教师自身素养的课程，吕焕龙负责提高教书育人质量的课程，马郭蕾负责提高家教指导水平的课程；学生服务中心主任赵广红负责家长发展课程，其中代美芹负责提高责任意识、教育观念的课程，焦淑慧负责提高家校合力育人水平的课程，葛赟赟负责提高家庭教育水平的课程，薛敏负责提高协同社区与社会教育能力的课程。

2. 实行项目责任制

（1）项目分解和申请。

学校根据学生发展课程、教师发展课程、家长发展课程的结构体系分出若干个一级项目。首先，特级教师、齐鲁名师等获得市级以上荣誉的教师每人申请一个一级项目；其次，鼓励其他有课程研究经验的教师主动申请一个项目。一级项目的负责人对申请到的项目进行规划，将其分解成几个小项目。未能申请到一级项目的教师可以申请一级项目下的小项目。

（2）精选项目参与人员。

项目参与人员的组成采取双向选择的方式。项目负责人发布招募令，所有教师结合自己的研究优势和特点，至少报名参与一个项目的研究。项目负责人根据项目需要，精选本项目的参与人员。最后，研究项目及其参与人员向全校公布。

（3）加强项目研究过程管理。

项目研究过程中，学校坚持向过程要质量，分阶段召开专题会。项目负责人汇报项目研究进展、取得的成果和遇到的问题；项目参与人员进行经验分享，互相学习经验，明确下一步的方向，带着对未来的希冀，投入到更加深入的研究中去。

（二）制度保障

1. 公约建设

凡事，无规矩不成方圆。为了保证和悦课程真正撬动集团的跨越式发展，我们建设了一系列公约——《和悦课程项目建设考评公约》《双语小学教育集团教学人员考评公约》《双语小学教育集团学科组考评公约》……这些公约规定了大家需要的统一步调，给了所有教师对未来成长的期待，为个人成长、课程建设、学校发展、集团飞跃提供了有效的内部动力。

2. 调研会商

和悦课程的开发、实施必须充分发挥教师学习共同体、学生学习共同体、家长学习共同体的合力作用，以及学科核心研究团队的作用，着力开展现场调研、主题会商、个别指导、集中培训工作。

（三）物质保障

1. 经费保障

集团各校在每学年初的经费预算中，单独拿出一部分资金作为课程项目的研发经费。这些经费，一方面，用于购买课程建设方面的专业书籍，供项目组教师研究学习使用；另一方面，也用于研究成果的发布、宣传和奖励。

2. 场地保障

场地保障分为两个方面。

第一，从研究的角度来看，由于集团发展太快，学生迅速增加，学校物理空间显得极为紧张，甚至部分教师没有了办公室，不得不进入教室办公。即便如此，集团各校还是分别专门设计了一个地方作为项目部活动基地。有的巧妙借用了学生的“阅读空间”，也有的与录播教室“合二为一”。这个看似简单的基地，为基础类、拓展类、创新类项目部的准时活动提供了场地保障。

第二，从课程实施的角度来看，随着学生的大量涌入，学校建设之初的功能室基本被教室挤占一空。这就使得某些需要“特殊地点”才能实施的课程变得“难以立足”。此种情况下，我们充分挖掘家长、高校、社区的场地潜力，有效解决了这一困难。例如，我们的结业课程，很多班级都是在高校、社区的礼堂进行的。

3. 器材保障

有些课程落地需要一定的器材设施，否则只能是纸上谈兵。集团各校在实施课程的过程中，最大限度地挖掘现有器材的功用，同时毫不吝惜资金投入，加强课程设施建设。例如五台山西路小学投资 100 万建成智慧操场，一下子让我们集团的智慧体育课程走到了全省乃至全国的前列。

第二节　学生发展课程

学生是教育中最具发展潜能和生机活力的主体。学生发展课程是整个学校课程体系中的主体与核心部分，也是本章的重点内容。

一、学生发展课程体系

和悦学生发展课程主要分为基础类课程、拓展类课程、创新类课程三个部分，外加课后服务课程。前三者之间的关系就如同一个金字塔（见下图）。

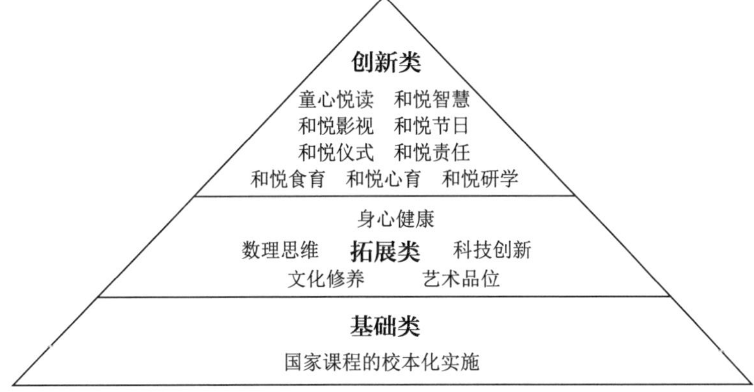

基础类课程，强调促进学生基本素质的形成和发展，落实国家对公民素质的最基本要求，由国家规定出台的学科课程和地方课程组成，是全体学生必修的课程。基础类课程是拓展类课程和创新类课程建设、实施的基础。校本学生发展课程的体系建设，要以基础类的国家课程为核心。

拓展类课程，重在完善学生的认知结构，提高学生自我规划和自主选择的能力，培育学生的主体意识，是着眼于激发和培养学生的兴趣爱好，开发学生的潜能，促进学生个性发展的课程，是具有一定开放性的课程。拓展类课程可分为自主拓展课程和限定拓展课程两部分：自主拓展课程主要由基础类课程延伸出来的学科课程内容和满足学生个性发展需要的其他学习活动组成，是学生自主选择修习的课程；限定拓展课程主要由综合实践学习领域的班团队活动、自我服务与公益劳动、社区服务与社会实践等各类活动，以及国家规定的各类专题教育组成，是全体学生限定选择修习的课程。拓展类课程借助教师资源、家长资源、社会办学力量进行设计，对于开阔学生视野，提升学生学习积极性，发展学生个性，增长学生才能，起到了重要的作用。

创新类课程，是培养学生自主与创新精神、研究与实践能力、合作与发展意识的课程，是全体学生限定选择修习的课程。它主要包括两类：一类是为学生提供自由发挥想象力的环境，搭建自主创新、相互合作、解决实际问题的平台，培养学生发现问题、探究问题、解决问题的心智和能力，培养学生“异想天开”的创造性的课程；另一类则是利用学校所在地区的文化优势，发挥教师、家长的自身优势，潜心打造适合学生发展、传承优秀文化、展现精神风貌、增强可持续发展动力的学校特色品牌课程。

课后服务课程，是帮助学生深入落实上述基础类、拓展类和创新类课程，减轻课业负担，提高学习效益，培养兴趣爱好，全面提高学校、家庭和社区的社会实践教育质量，促进全体学生和悦发展的课程。

以上只是学生发展课程的大致架构，实施时要密切结合实际，形成最优组合，支撑学生成长发展。实施各类课程很多时候是“你中有我，我中有你”的情形，各类课程是紧密相连、立体交互、彼此促进、相得益彰的。比如，创新类课程中的童心悦读课程，就与基础类课程中的各学科自主阅读学习和拓展类课程中的读书节课程等紧密相连。我们要无边界地开发与统整课程，从学生的真实需求和兴趣出发，丰富各类课程并优化融合，针对现实创设学习情境，着眼于未来，着眼于学生作为未来主人的成长。

二、学生发展课程实施的目标与原则

（一）目标

总体目标是落实党的教育方针，在坚定理想信念、厚植爱国主义情怀、加强品德修养、增长知识见识、培养奋斗精神、增强综合素质上下功夫，培养德智体美劳全面发展的社会主义建设者和接班人。

落实到我们集团，就是要促进每一个学生个性化全面可持续发展，培养厚德乐学、自主合作、具有国际视野的卓越少年。

1. 基础类课程目标

（1）培养学生有理想。能够热爱祖国，热爱人民，热爱中国共产党；明确人生发展方向，追求美好生活；将个人追求融入国家富强、民族复兴、人民幸福的伟大梦想之中。

（2）培养学生有本领。能够初步掌握适应现代化社会所需要的知识与技能；具有学会学习的能力、探究能力和创新精神；掌握基本的生活技能，掌握基本的健康知识和适合自身的运动技能；具有抗挫折能力与自我保护能力；具有健康的审美情趣和初步的艺术鉴赏与表现能力；具有基本的合作能力、团队精神。

（3）培养学生有担当。能够坚毅勇敢，保持奋斗进取的精神状态；具有社会主义民主观念与法治意识；具有集体主义精神，积极为社会作力所能及的贡献；树立公共卫生意识与生态文明观念；具有维护民族团结，捍卫国家主权、尊严和利益的意识；初步具有国际视野和人类命运共同体意识。

2. 拓展类课程目标

（1）培养学生自主选择学习的意识和能力，促进学生个性成长。

（2）培养学生的科学精神、人文素养、创新精神和实践能力。

（3）增强教师的课程意识，提高教师开发与实施课程的能力，促进教师专业化成长。

（4）以学生为中心，加强学校与家庭、社会间的沟通和联系。

3. 创新类课程目标

（1）培养学生动手实践、探索创新的意识和能力。

（2）培养学生爱己及人的人生情感，培养学生读书反思、善于学习和健康向上的良好生活习惯，培养学生高雅的审美情趣。

（3）创设更多让学生展示自我、施展才能、合作共赢、奉献爱心的氛围和机会，促进学生特色发展。

（4）促进教师、学生、家长、专家等多方之间的反复深度沟通，促使教师在参与课程研发、建设和创意实施的过程中快速成长，促使家长不断提高家教水平。

（5）形成具有个性的学生发展课程文化，打造学校品牌，提升学校办学品位。

4. 课后服务课程目标

（1）加强对学生的个体化辅导，帮助学生完成当日基础类、拓展类和创新类课程作业，减轻学生的课业负担。

（2）开展拓展训练活动，社团及兴趣小组活动，小创造、小发明活动，娱乐游戏活动，视频观看活动等，培养学生自主阅读，积极主动参加体育、艺术、科普活动的良好习惯，对个别学习有困难的学生给予免费辅导帮助。

（3）利用学校与校外活动场所、社区、机关企事业单位和社会团体等联合组织开展的相关社会实践活动，培养学生的社会生活能力。

（二）原则

1. 全员性原则

和悦学生发展课程是面向全体学生的课程，每一个学生都应在其覆盖之下，完美地接受其熏陶和浸润。尤其是基础类课程、拓展类课程和创新类课程，应恪守因材施教原则，为学生创造自由选择的时空，让学生各取所需，按需而学，学有所成。

2. 选择性原则

和悦学生发展课程体现了新课标的精神与要义，以满足学生差异性需求、尊重学科规律为主旨，建构分层与分类、专项与综合相结合的课程体系。其目的是为学生提供更多的选择机会，提供个性化的选择方案，创设更宽广的学习空间，努力为每个学生量身定做一张课表。

3. 融合性原则

这个原则主要体现在三个方面。

一是学科间融合。学生成长需要提升的是综合能力。我们认真研究，借助综合性课程，通过一个项目或主题将各学科相融，实现“以一当十”的效果。例如菊花课程，就让语文、数学、科学、美术、音乐、信息技术、体育等学科完美地成为“一家人”。

二是现代教育手段与传统学科教育的融合，也就是课程实施与智慧化手段的充分融合，力求实现智慧化教育。

三是五育融合。德智体美劳缺一不可，其间相互交叉，和悦课程力求使其彼此相融。例如，学校食堂开展的食育课程，就把德育教育、美食知识与制作、安全意识教育、心理健康教育、文明礼貌教育等融合在一起。

4. 成长性原则

学生的幸福成长是终极目标，和悦课程建设始终围绕这个目标进行。每一个课程，其背后理念都是这一目标的具体体现。例如研学课程，就是为了学生走进社会，走进自然，树立远大理想和志向，努力成长为厚德乐学、自主合作、具有国际视野的卓越少年。

三、基础类课程的实施

和悦教育中的基础类课程，是国家教育行政部门规定的必修课程，体现了国家意志，具有统一规定性和普适性的特点。我们必须严格按照国家的有关规定开全课程，开足课时。

基础类课程的实施路径是国家课程校本化，校本课程特色化，特色课程精品化。所以对于基础类课程的实施，我们要根据学生实际，自主化使用教材，淡化学科分类壁垒，以学生素养提升为核心，适度统整学科与教材，减轻学生负担，提高教育教学质量。

（一）突出课堂中心

1. 五步教学法

双语小学教育集团发展迅速，学生激增，教师数量也随之骤增。年轻教师数量众多，他们缺乏教学经验，一开始经常手足无措。为此，学校认真研究，从课程建设入手，打造教学模式，为年轻教师的成长铺路，为教育教学的顺利实施奠基。

打造教学模式，是为了让年轻教师能够先“入格”，然后“定格”，最后“出格”。这样，既能保证教师成长的速度，又能确保课堂始终在一个相对高效的状态运行。为此，我们精心研究，探索出了五步教学法：作业前置——自主探究，预习展示；确立目标——以学定教，明确目标；合作交流——小组合作，展示交流；反馈提升——总结提升，拓展延伸；达标测评——多元测评，展示成果。

这个教学模式，实践了“学生中心”理念，各个环节都是以学生的参与和活动为主，充分调动了学生的学习积极性；教师则站在引领帮助的角度，放弃了曾经“自说自话”的独角戏，“该出手时才出手”，“该出手时必出手”。它实现了教师教得轻松，学生学得愉快的境界。

2. 五步智学法

近年，智慧教育的春风拂面而来。我们顺势而为，在打造“和悦智慧校园”的过程中认真研究，将五步教学法升级迭代，充分利用现代化教学手段，形成了更为先进的五步智学法：学情智诊断——任务诊断，目标导学；课堂智活动——小组合作，展示交流；教师智引领——教师点拨，总结提升；达标智检测——达标测评，巩固内化；资源智推送——拓展延伸，开放学习。

这个升级版的教学模式，让教学手段更加科学，教学形式更加丰富，教学过程更加灵动，教学效果更加美好。五步智学法实现了五步教学法与智慧教育的完美融合，真正走向了深度课堂、高效课堂。

3. 智慧巡课

传统巡课费时费力，效率低下；反馈不及时，方式落后，效果不佳。为突破这一瓶颈，我们借助现代化信息技术平台，开发了智慧巡课系统，提高了巡课效率，提升了教育教学质量。

（1）研发系统求精准。

我们研发的智慧巡课系统是依托大数据、人工智能等技术，聚焦课堂教学质量的督导与评估，具备督导管理、教学数据分析与统计功能的一种新的课堂观察记录工具，实现了巡课与分析的精准性。

（2）每日巡课全覆盖。

为了抓好常规管理，向过程要质量，教师服务中心组织智慧巡课项目组每日巡课，并将每日巡课情况进行反馈。

（3）每周简报重反馈。

智慧巡课项目组每周进行工作汇报，主要从巡课节次和巡课年级两个维度进行数据分析。

（4）每月数据促整改。

根据每月的智慧巡课数据，从巡课节次、巡课年级和巡课班级等方面进行分析，抓取教学问题，进而提出改进建议。

（5）问题追踪回头看。

以班级为单位制作巡课问题整改验收记录表，从巡课日期、巡课人、巡课问题、问题责任人、整改情况、整改验收人六个方面促进巡课问题的整改，形成闭环，做好记录，整理资料，使其有迹可循。“回头看”主要聚焦于问题的最终解决，而不是形式主义。

（二）强化整合融合

1. 学科内大概念单元教学

（1）转变视角，规划内容。

我们立足学科整体，组织学科教研，分析和挖掘具体内容背后的大概念，并从大概念出发梳理相关内容，然后根据学科课程标准和学生实际，梳理大概念的发展阶段，通过分析确定好教学单元和教学内容。在这个过程中，我们加强了对课程标准的研读学习，牢记课程标准规定的教学标准和法则。

（2）明确目标，拟定思路。

围绕让学生形成结构化的学科知识，并将之转化为解决具体问题的思路与方法这一宗旨，结合单元教学内容，准确定位单元学习目标。以此为出发点，改变以前按照知识点在知识体系中的顺序展开教学，在学生学习了所有知识点后再解决综合性问题的传统教学思路，建构以驱动重要知识产生的大问题的解决过程为线索的新的教学思维结构模式。

（3）聚焦课堂，逆向设计。

着眼于课堂主阵地上学生成长发展的实际，实践大概念单元教学理念，一个重要做法就是"以终为始"，即从目标出发，实行逆向教学设计。这一做法改变了教师的思维方式，使教师的教学设计和教学过程从零散走向了系统，从肤浅走向了深刻。

一方面，大概念单元教学解决了国家课程实施过程中存在的一些问题，改变了师生的思维方式，使碎片化教学的问题得以解决。教师由教材传授者转变为课程创生者，加快了专业化成长的步伐。另一方面，大概念单元教学中真实的情境任务，使学生变被动接受为主动探究，提高了主动性；使学生的学习过程变间接接受为直接体验，富有针对性；使学生变"听课"为"做课"，变"要我学"为"我要学"，培养了学生抓住本质，破解核心问题，顺势解决系列问题的学习能力，有效提高了学科教与学的效益。

大概念单元教学的实质，是不囿于过往以教材为本，按教材内容由一个个低级概念步步推进，最终形成高级概念、形成知识体系的教学思路，探索以国家课程标准为本，以比教材中一个个分散的小概念层级更高的大概念为抓手，整合教材有关知识点，利用教材学习的教学思路。在这种教学思路下，学生一开始对大概念并不清楚，求知的欲望会促使他们各尽所能，自我探究，充分利用教材和相关资料自主学习、互助学习，最大限度地激发他们作为学习的主人的潜能，使他们收获更多自我发现、自觉建立知识联系的乐趣，进一步提高自主学习能力，从而提高教学效益。

为确保高质量教学，我们严格把控大概念单元教学的设计和实施：由教师提出创意实施设想，申明依据和理由，经学科教研组研讨通过，教师服务中心批准，方可具体实施。

近年来，大概念单元教学的推进实施，有力地促进了学校教育教学质量的提升。

设计案例 1　“一起做游戏”课程设计

一年级下学期语文教材中的口语交际课程“一起做游戏”中，为了让一年级的学生能够理解“关注人物和印象深刻的词，有助于了解别人讲话的主要内容”这个大概念（即学习目标），要求学生必须集中精力、认真思考。如何让一年级的学生集中精力、认真思考呢？教师在课程实施中创设了下面的大情境：

我们班最近要举办一次有趣的游戏推广会，如果谁能够把平时玩得最有趣的游戏介绍出来，并邀请小伙伴和你一起玩，谁就能成为“最佳推荐者”。想不想成为“最佳推荐者”？想不想让你推荐的游戏最受欢迎？想要参加，必须通过三个关卡拿到“游戏推广通关证”才行哟！

接下来，该课程通过学生十分感兴趣的三个关卡组成的任务群，一步一步引导学生进行探究，思考核心问题，在不断的口语交际中寻找自己理解的大概念，得出自己的结论，从而形成对口语交际课程的理解。

在整个任务群的完成过程中，学生不但要形成大概念，而且要达成技能目标：准确区分图画的顺序，找到印象深刻的词，了解故事的主要内容；能按照图画的顺序，讲出故事的主要内容。这样，在教师创设的符合学生年龄特点的大情境中，学生的学习热情之火得以点燃，学习积极性得以激发，探究意识得以调动，语文素养和学习质量在不知不觉中都得以提升。

设计案例 2　“我为班级做 logo”课程设计

四年级下学期与数学空间观念有关的课程“我为班级做 logo”中，学生要形成两个大概念：① 统一的规则是图形变换的基础；② 对称、平移和旋转是图形变换的重要呈现形式。为了学生能够形成这样的理解，教师创设了下面的真实情境任务：

漂亮的 logo 对于企业的形象宣传至关重要，班级作为全班同学的“代言人”，如果也能够拥有一个属于自己的 logo，岂不是很有面子？现在，我们要为自己的班级设计一个独具创意的 logo，大家投票选出最能代表班级形象的 logo，将其制作成我们班的班徽。

为了完成这个任务，又设计了由五个小任务组成的任务群：

任务一：认识 logo。要求：① 介绍自己最喜欢的一个 logo，说出其创作理念；② 能准确地说出 logo 运用到的对称、平移和旋转。

任务二：运用轴对称设计 logo。要求：① 能简要介绍自己的创作思路；② logo 为轴对称图形。

任务三：运用平移设计 logo。要求：① 能简要介绍自己的创作思路；② 画图方法正确，logo 的设计要用到平移方式。

任务四：运用旋转设计 logo。要求：① 能简要介绍自己的创作思路；② 画图方法正确，logo 的设计要用到旋转方式。

任务五：运用三种变换方式设计 logo。要求：① 将自己的 logo 的设计方法、设计理念讲给大家听；② 画图方法正确，用到平移、对称、旋转三种图形变换方式。

2. 跨学科主题整合

在分学科教学过程中，每个教师的教学任务相对清晰，但我们不难发现，分学科教学使得教师和教师之间缺乏交流，这种“井水不犯河水”忽略了许多知识之间的交叉，造成学科之间知识教学的壁垒，并导致学生习惯于学科单一思考，思路不够开阔。和悦基础类课程的主题整合，就是要打破学科之间、教师之间的壁垒，将多学科融合在一起，打通学科知识之间的联系，让各学科之间不断交融，使教学更加有趣，培养学生综合运用各学科知识解决实际问题的能力和习惯，从而更好地实现国家课程目标，高效益、高质量落实全面育人。

（1）选定整合主题。

学生面对着许多学科，需要学习的知识可谓丰富多彩。这些知识的载体在生活中处处可见，一旦发现它们，就不仅找到了整合的主题，还会在实施过程中让学生真正体会到知识与生活之间的密切联系，不再觉得所学知识毫无价值。如何选定主题呢？我们以季节为例进行分析。一年四季，每个季节都有自己独特的魅力，春兰、夏荷、秋菊、冬梅，在属于自己的时间内独领风骚。秋天，我们就可以选定菊花为主题，借助这一主题，将各学科巧妙地联系在一起。事实上，每个季节的代表性事物不仅有上述几种，还有许多许多。例如，冬天，帽子会成为许多人生活中的必需品，此时，我们以帽子为主题进行各学科知识的整合，也是一个很好的选择。

（2）确定参与人员。

主题选定之后，我们首先要结合主题进行分析：有哪些学科可以纳入这个主题？然后根据这些学科，一方面确定有哪些教师可以参与其中，另一方面确定不同级部的学生分别适合参加这个主题的哪些内容的学习，并预设未来以什么样的形式呈现学习成果。

（3）研判整合方案。

这种主题性课程的实施是一个相对复杂的过程，持续的时间比较长，经历的阶段比较多。因此，需要制订一个明确清晰的方案。

第一，明确目标。我们主要考虑的应该是课程目标的落地、学生的发展，尤其是多学科核心素养的综合提升。

第二，确定任务分工。根据目标，确定谁来做，何时完成，最终结果以什么样的形式呈现，必须清晰明了。

第三，实施策略。制定执行措施，按照计划一一落实到位，注意及时检查反馈，确保最终获得良好的教学效果。

第四，预设成果。凡是课程，最后都要有可以呈现出来的结果，或是文字表达，或是精彩表演，或是图画音乐。我们最看重的是学生在活动中表现出来的精神风貌和素养提升。

（4）加强过程监管。

整合过程中，我们一方面要及时检查，及时反馈；另一方面要及时评价，对优点进行发扬，对缺点进行改正。

主题整合突破了原来学科教学“各自为战”的局面，实现了动态组合式课程主题模块教学。教师逐渐认识到各学科之间的联系，增强了课程整合的意识，形成了课程整合的观念，提高了课程整合创新的能力与水平。学生在课程实践中提高了参与度、投入度，获得了丰富多元的学习体验，实现了个性化和多元化发展，综合运用多学科知识解决现实问题的能力显著增强。

设计与实施案例　双语小学菊花课程

一、课程背景

山东省委办公厅、省政府办公厅印发的《关于推进基础教育综合改革的意见》指出：积极推进课程改革，全面落实国家课程标准和课程方案，开齐开足开好课程。支持学校开发校本课程和特色课程，与国家课程和地方课程有序衔接。

青岛市教育局办公厅印发的《关于深化中小学课程改革的意见》指出：支持学校根据实际，积极推进国家课程和地方课程校本化。支持有条件的学校在落实各学科国家课程标准的前提下，学习借鉴各版本教材优点，对当前使用的教材内容进行改编与整合。鼓励学校积极探索学科内、跨学科内容的整合。

菊花，“花中四君子”之一，中国歌颂菊花的文学艺术作品异彩纷呈。从屈原的“朝饮木兰之坠露兮，夕餐秋菊之落英”，到陶渊明的“采菊东篱下，悠然见南山”，再到陈毅的“秋菊能傲霜，风霜重重恶”，菊花的品格与精神历来被人们赞扬，对于培养学生的高尚人格有着极其重要的价值。

基于这样的理论指导及文化背景，我校开展以弘扬传统文化为核心，以提升创造力为目标的跨学科整合菊花课程。

二、课程目标

基于“生活即课程，人人都是课程的开发者”的理念，各学科教师共同配合，组建菊花课程研发项目组，分析、整合语文、数学、英语、科学、信息技术、音乐、美术等各学科课程标准的相关要求，确立菊花课程的目标。

1. 通过观察记录，了解菊花的生长特点，培养观察事物、持续了解某种事物的能力。

2. 运用测量及数的运算、统计等方式，解决菊花生长过程中的相关数学问题，培养研究事物的数学思维品质。

3. 初步认识线条、形状、色彩与肌理等造型元素，通过观察与绘画记录菊花在生长过程中的变化，培养审美表达意识和美术素养。

4. 运用图画和日记相结合的方式写《菊花研究》日记，培养用文字记录和表达情意的学科素养。

5. 能够创编菊花诗，演唱与菊花有关的歌曲，接受传统文化的熏陶，涵养优秀品格，培养创造能力。

6. 能够用英语表达菊花的颜色、生长过程，会用简单的英文句子介绍菊花，培养双语学习、表达能力。

7. 培养对美的欣赏能力，学习菊花傲霜独立的坚强品质。

8. 利用网络收集相关资料，学会整理和利用各种资源，培养现代数字素养。

9. 参与相关综合实践，培养将课堂所学用于实践的能力，以及针对实践中碰到的问题综合学习、创造的能力。

……

三、出台方案

各学科主任组成项目组，进行跨学科协商，出台菊花课程方案，报请教师服务中心审批；教师服务中心精心研究，给出修改建议；项目组反复修改方案，直至其成熟可行。

四、研究细化

菊花课程涉及的学科教师和各班班主任应根据方案进行充分的教学研究，同时吸纳各班家委会成员参与方案的修改和细化，充分发挥每个人应有的作用。

五、创意实施

认真执行经过修改的详细方案，促进学生多素养提升。

（一）第一阶段：课内多学科、多维度探究

1. 语文学科：诵读与菊花有关的经典诗文，讲述相关经典故事；举办菊花征文比赛活动，记叙制作菊花模型时的有趣经历，抒发种植菊花时的感受；以“菊花的历史文化”为主题办一期手抄报。

2. 数学学科：运用三角形的稳定性和对称图形等数学知识，进行“我是菊花设计师”活动。

3. 英语学科：诵读有关菊花的英语诗歌，感受不一样的菊花文化。

4. 科学学科：引导学生分小组合作探究，从不同的方向调查、研究，完成一份菊花科学研究报告。

5. 信息技术学科：利用 3D One 软件在课堂上设计菊花模型，体验制作菊花模型的乐趣，感受菊花的独特结构。

6. 美术学科：指导学生搭配色彩，制作菊花模型的基本骨架。

7. 传统文化：了解菊花的历史，了解菊花文化。

……

（二）第二阶段：家校合作，课外实践

1. 家长和学生一起制作菊花模型或者彩绘菊花。

2. 以班级为单位，家委会精心组织家长与学生走进大自然，一起种植菊花，一起观察菊花，一起谈论菊花。

（三）第三阶段：回归学科，落实核心素养

在经过一系列实践活动之后，回归课堂，教师引领学生从本学科出发，研究菊花课程和本学科之间的联系，落实相关学科核心素养的培养任务。

（四）第四阶段：展示点评，激励育人

1. 各班展出有关菊花的优秀作品，班干部带领同学互相欣赏，互相学习。每班选定一名小讲解员（或多名小讲解员）进行讲解，向前来参观或检查评比的同学、家长、教师介绍本班菊花课程的开展情况，以及开展菊花课程的过程中发生的好故事等。教师服务中心会同学校家委会，对各班的创意展示和讲解实施评价，评选出“最佳创意班级”和“个人博学奖”，并在随后的学校升旗仪式上联合颁奖。

2. 班主任引导学生开展相关点评激励，落实班集体育人。

3. 班主任引导学生在班会课上交流参与菊花课程的收获和心得。

4. 各班评出“最佳创意奖”“博学奖”“手绘大师奖”，并颁奖。

六、总结经验，分类入档

教师服务中心组织各学科主任、家委会主任对课程实施情况进行经验总结，将重要材料归类入档。

这个菊花课程案例，是双语小学一系列项目化跨学科主题整合课程中的一个例子。项目化跨学科主题整合课程，是面向生活和社会实践，融合多学科课堂学习，打通学科课堂学习与实践性学习，打通课内与课外、学校与家庭，多学科融合育人的课程。根据菊花课程与学生发展课程中的基础类、拓展类、创新类课程的关系图（见下页图）可知，菊花课程不仅打通了基础类课程中的多个学科，还打通了基础类课程、拓展类课程、创新类课程之间的边界。比如，靠近菊花课程中心的是语文学科，往外辐射到拓展类课程中的文化修养类课程，再往外辐射就到了创新类课程中的童心悦读、和声悦语等课程。这样就容易形成凝聚家校社教育力量，实施全方位育人的融合型课程效应，以着力培养学生的学科实践能力和跨学科整合融合、解决现实问题的能力，高效提升学生的综合实践能力和创新素养。

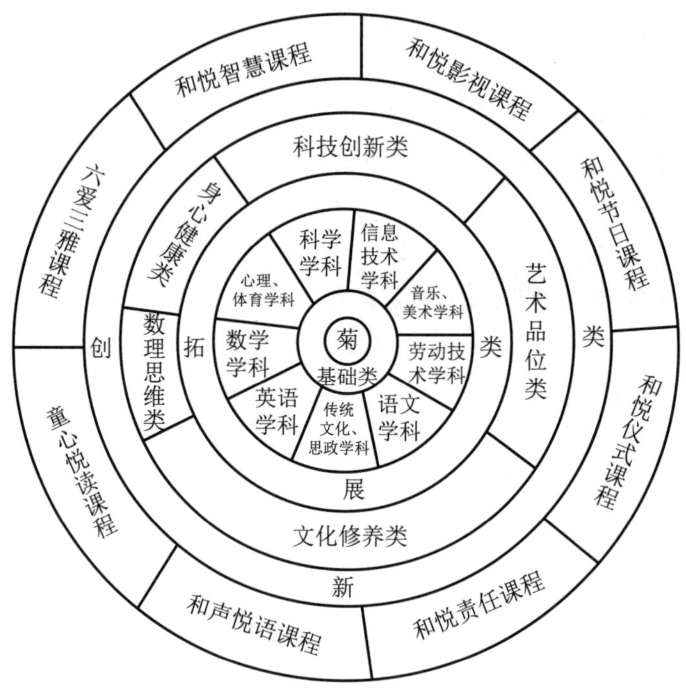

事实上，根据四季的不同，双语小学开展了一系列实践体验课程，例如，春季有“初春的路程”“蔬菜种植记”等课程，夏季有裙子课程，秋季有菊花课程，冬季有帽子课程。其中，“初春的路程”有正月十五猜灯谜活动。此外，还有“我和春天有个约会”等课程。

这些课程都深受学生的喜爱，因为他们从中收获了很多成长与幸福。

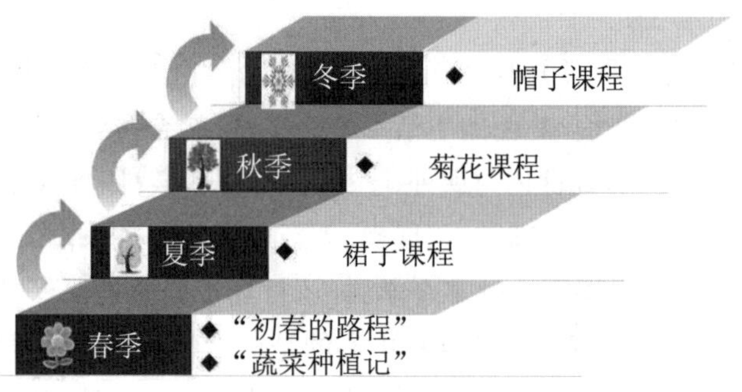

（三）优化课堂时长

在大多数人的记忆中，小学阶段每节课都是 40 分钟。随着新课改的深入推进，我们在教育教学实践中发现这种“一刀切”的做法是有弊端的。从学生所处年级来看，年龄不同，注意力集中的时间也有所不同，高年级学生的注意力能够较好地坚持一节课，低年级学生的注意力却很难保持较长时间。从教学内容上看，有些知识，学生不需要很长时间就能掌握；而有些内容，学生在40分钟内无法达到理解和掌握的理想状态，如果中间有所间断，可能下一次学习时就有许多遗忘，必须再复习，甚至重新学习才能衔接起来。于是，我们采取更灵活的策略，打造了大课、中课、小课、微课等多种课堂教学形式。

1.大课——探究充分，惠众实效

大课包含两个意思：一是时间长，通常超过常态的40分钟。大课主要是立足某一专题，着眼学习实效，延长、优化学习时间，如作文指导、作家作品研究、主题探讨学习、书法、美术、综合实践、劳动等课程。二是范围大。大课的参与学生不再局限于一个班级内，往往跨越班级界限。它主要是立足同一学习任务，让学生走班上课，如合唱教学、舞蹈编排、法治教育报告、心理健康教育等课程。

一方面，大课必须有很清晰的流程和环节，要求教师在学期初的课程规划中提前甄选出适合上大课的内容，精心设计好大课的流程和环节。另一方面，学校必须为大课提供充足的时长保障。教师在充足的时间内进行教学设计，通过各种形式和学生一起畅游知识的海洋。

我们把大课引入小学课堂，使不同班级有着同一学习任务，或者拥有共同兴趣爱好的学生聚到一起，思想碰撞思想，智慧砥砺智慧，收获更多美好。学生在大课中，既有自主学习的充分思考，又有合作讨论的充裕时间，最后形成探究后的结论。更为重要的是，学生能够将这些探究成果在大课的最后环节进行充分展示。在这一过程中，学生的自信心得以增强，综合素养得以提升。

大课受到了高年级学生的喜爱。他们在学习中过足了讨论之瘾、展示之瘾，很是满足、愉悦。实行大课之后，学生的学习劲头更足，潜能得到充分发掘。

2.中课——创新常规，推动智学

中课，就是我们传统意义上的40分钟课堂。

我们对于中课有独创的课堂模式——五步智学法。五步智学法即学情智诊断、课堂智活动、教师智引领、达标智检测、资源智推送。

教师将授课内容与五步智学法相结合，呈现完整的课堂环节。通过五步智学法，学生不仅能将课内的基础知识牢固掌握，对于课外拓展内容也能积极主动地学习、探索、研究，其自主学习能力得以不断提升。更为重要的是，实现了教、学、评的一致性，很好地提高了课堂效益。

3.小课——尊重规律，扎实高效

小课，一般时长短于40分钟；有的时候是20分钟，只有中课的一半时长；有的时候甚至只有十几分钟。

学期初，各年级制订课程实施方案，教师会根据不同年龄段的学生的特点，结合教学实际内容，提前规划好什么时候把哪些内容上成小课。小课特别注重一课一得，即每节课抓住一个训练点，采用先学后教、以学定教、小组合作等策略开展教学。只要学生达成事先确立的目标，这节小课就算完成任务。

小学一年级的学生活泼好动坐不住，对此可以相对较多地设计小课。例如关于低年级常规训练的一些内容，以及一些小专题的学习，都采用小课的方式来进行。这种小课，孩子们很是喜欢，也得到了家长的肯定。

4. 微课——即时灵活，短小精悍

微，即微小。微课，一是时间更短，最长不超过10分钟，一般设为5～8分钟，甚至两三分钟；二是内容更简，针对学习难点，选取典型，答疑解惑，有时可以只讲一个生字的相关内容。

我们的教师善于利用微课这一新型教学形式，借助信息技术手段智能推送，让课内与课外、校内与校外在学习上建立起联系，使得课堂变得无限丰富、无限广大。

根据微课的使用场景，我们将微课划分为课前微课、课中微课、课后微课。

课前微课，主要吸引学生，激发其兴趣，引发其思考，使其自主先学。

课中微课，根据学生的课前自学情况，针对学生遇到的困难点拨引导，或者提供典型案例，帮助学生更好地理解并掌握重点、难点。

课后微课，推送练习任务，帮助学生巩固练习，拓展延伸。

根据微课录制形式，我们将微课分为实录型微课、专题型微课、随机型微课。

实录型微课，是指通过畅言平台随机录制的课堂实录，截取其中最具价值的片段（通常是最难理解的，或者有争议的部分），制作成微课。学生可以根据微课对本节课的重点、难点反复观看学习，以达到心领神会的目的。

专题型微课，是指精心设计小专题，要求主题突出，指向明确，相对完整。它以教学视频片段为主线统整教学设计（包括教案或学案）、课堂教学中使用的多媒体素材和课件、教师课后的教学反思、学生的反馈意见及学科专家的文字点评等相关教学资源，构成一个主题鲜明、类型多样、结构紧凑的“主题单元资源包”，营造一个真实的“微教学资源环境”。

随机型微课，是一种生成性微课。很多情况下，个别学生会找老师讲解某个知识点或某个题目。老师发现该知识点或题目具有典型性，就会边讲解边录制，再以微课的形式推送给全体学生，帮助其他学生进行学习、理解、巩固，从而达到一次讲解多次使用，帮助一人多人受益的效果。

微课给学生提供了自主学习的环境，更好地满足了学生对不同学科知识点的个性化学习。按需选择学习，既可查缺补漏，又能巩固强化知识。

小课设计案例　《孙悟空打妖怪》教学设计

设计教师:赵　静

【学习目标】

1. 学习用普通话正确、流利地朗读儿歌。

2. 通过阅读学习,激发主动阅读的热情,培养良好的阅读习惯。

【教学过程】

一、谈话导入

师:同学们,你们喜欢看动画片吗?我们先来听一段对话,你们能听出来这是什么动画片里的声音吗?

教师放录音,学生回答。

师:好,今天我们一起来读一首儿歌《孙悟空打妖怪》。

二、多种方式朗读,引导学生正确、流利地朗读儿歌

1. 学生自读。

教师示范正确的阅读姿势。

学生按要求读儿歌,教师巡视指导。

2. 展示朗读。

(1) 教师指名一个学生读,并向全体学生提出倾听要求。

(2) 教师请学生评价。

3. 范读儿歌。

教师范读,学生认真倾听。

4. 小对子互读。

学生两人一组,读给对方听,并试着拍手读,读出节奏感。

5. 接龙表演读。

男生、女生、教师接龙读儿歌。

教师引导学生加动作,增强阅读的趣味性。

三、课堂趣味小检测

1. 我会选:在儿歌《孙悟空打妖怪》中,老妖婆骗了谁?

A. 孙悟空和沙和尚　　B. 唐僧和猪八戒

2. 我会填:在儿歌《孙悟空打妖怪》中,________用________(武器)消灭了妖魔鬼怪。

A. 猪八戒　耙子　　B. 孙悟空　金箍棒

3. 我会说:读了儿歌《孙悟空打妖怪》,你最喜欢其中的哪个人物?为什么?

4. 喜欢孙悟空的小朋友,请你把孙悟空的名字换成自己的名字来读儿歌。

微课设计案例 《角的初步认识》教学设计

设计教师：张 蔓

【学习目标】

1. 通过创造角、画角、比角等活动，充分感知角的形状。

2. 利用已有知识、经验抽象出角，建立角的空间观念。

【教学过程】

活动一：创造角

学生通过小棒摆一摆、纸片折一折、用线拉一拉等活动来创造角。

教师通过畅言智慧课堂随机录制学生创造角的视频并进行播放，让全班学生互相点评创造出的角，指一指、描一描创造出的角在哪里。

教师重点点评出现的问题，例如学生用小棒摆放出三角形却认为它是角，可以引导学生思考：这是一个角吗？如何改正？利用录像演示将多余小棒拿走，变成有一个顶点、两条边的角，这一操作可以帮助学生突破难点，建立角的表象。

活动二：画角

学生通过画一画，巩固对角的认识。

教师录制学生规范画角的过程并进行播放，通过这种方式对还未掌握画角、画角不规范的学生进行指导。利用畅言投屏功能随时共享学生作品，利用多媒体演示画角的过程，使学生的注意力高度集中。

活动三：比较角的大小

师：你可以和同桌比一比角的大小吗？怎么比？

学生将角描到纸上，利用重叠的方式比一比，或利用将活动角的顶点和一条边对齐的方式比一比。

教师采用随机微课的方式，将学生比较的过程利用畅言投屏功能投到大屏上，引导学生了解彼此的想法。

（四）注重实践，知行合一

《义务教育课程方案和课程标准（2022年版）》强调素养导向、学科育人，提出了实践育人是落实核心素养的重要途径之一，强调“做中学”“用中学”“创中学”，推进以学科实践为标志的育人方式变革。学科实践是理论与实践相统一、知行结合的学习方式，强调“像学科专家一样思考和实践”。

鉴于以上理论，结合学校实际，我们在课程实施过程中，特别关注学科实践活动，尽力做到知行合一，让知识在运用中焕发出生命的活力。

1. 创设楼顶劳动实践基地

《义务教育课程方案（2022 年版）》将劳动课程独立出来，体现出当下整个社会对于劳动的重视。着力创设劳动氛围，创造劳动机会，培养学生的劳动意识，提升学生的劳动技能，是学校不可推卸的责任。

为此，我们充分利用学校楼顶的开阔空间，设置了劳动实践基地；设计了庄稼种植区、蔬菜种植区、花草种植区、动物养殖区等，让学生以项目组的形式进行实践探索，在具体的劳动项目中进行需求调研，探究怎样开展劳动效率更高、效果更好。在劳动实践中，我们充分利用和悦智慧的成果，专设气象观测站，让气象观测结果为种植和养殖服务；引导学生将科学学科、信息技术学科中的知识充分运用起来，智慧灌溉、智慧饲喂等都是学生研究的成果。

2. 创设“创客空间”

创新是一个民族进步的灵魂，是国家兴旺发达的不竭动力，也是一个现代人应该具备的素质。

在五台山西路小学一楼大厅的开阔地带，学校为学生搭建了“创客空间”，用项目化方式组建了 STEM、智慧消防、智慧家居、智能虎鲸、创意编程等九大社团，给学生提供了个性化学习空间。学生利用科技知识和信息化编程知识，并综合各学科知识，不断学习、探索、创造。

2020 年冬天，学校不远处的小珠山发生火灾，给学生心灵以巨大冲击。为了解决山火救援困难这一生活中的问题，学生结合人工智能课程，利用物联板、火焰传感器、烟雾传感器、蜂鸣器、LED 灯、声音模块等元器件编程设计了一个和悦智慧消防系统。发生火灾后，它可以实现智能探测、智能报警、智能灭火。

3. 创设智慧海港及体验课程

青岛是一个沿海城市，拥有丰富的海洋资源，这是学生运用所学知识进行实践探索的得天独厚的条件。

我们在学校一楼大厅的开阔地带打造了“和悦海港”，建造了“和悦舰”。在这里，整齐摆放的众多鱼缸模拟出了不同深度的海洋场景，学生研究之后，“足不出校”就了解了海洋生态环境，懂得了自己肩负着保护海洋的重大责任。“和悦舰”上，各种旗语、海上救生、舰艇礼仪的学习探究，让学生观察世界的视野更加开阔。

4. 开展路边社会调查实践

学校与社会不可分离，学科知识在社会的角角落落无不有所体现。我们鼓励学生走进社区，走进商场，走上街头，把学到的知识和生活紧密相连。

语文学科设计了走在路上观察广告标语错别字，倾听不文明话语的实践活动；数学学科安排学生陪父母逛商场，帮助父母设计消费，算好账目，规划生活；劳动学科安排学生回家后帮助父母做力所能及的家务劳动，让学生体验父母的辛苦，用行动感恩父母；英语学科规划了路遇外国友人并大胆与其对话的活动，引导学生了解世界，打开认识世界的一扇窗……

5. 巧借学校特色课程进行实践

拓展类课程、创新类课程中对学科实践的拓展实施，助力了学科课程的落地、落细、落实。比如道德与法治课程，我们借力创新类课程中的六爱三雅课程向家庭、向社会拓展，让学科实践得到了创意实施。

学科社会实践案例　语文学科：街头不规范用字调查研究报告

设计教师：白　雪

【学习目标】

1. 通过综合性学习，增进对汉字的了解，感受汉字之美，激发对汉字的热爱之情。

2. 通过活动，能够很好地进行合作学习，提高自主学习能力，以及将所学用于社会生活实践的能力。

【教学过程】

活动一：复习回顾，导入新课

师：上节课我们结合《关于“李”姓的历史和现状的研究报告》，对研究报告有了一定的了解，请回忆一下研究报告由几部分组成。（课件提示：问题的提出、研究方法、调查研究情况、资料整理、研究结论）

师：生活中，街头不规范用字现象非常普遍，商店招牌、街头广告、社区标语等常出现不规范用字。这些街头不规范用字影响了市容，对文化传播产生了不利影响，急需治理。这就需要写一篇调查研究报告，以引起人们的重视。

师：今天让我们一起来完成一份关于街头不规范用字的调查研究报告。

活动二：组内分享，交流思想

师：课前老师让同学们搜集生活中不规范用字的情况，现在请大家将自己搜集所得在小组中分享交流，完善自己的笔记。

学生交流：我们小组一共调查了 70 家商店的招牌，有 9 家出现了不规范用字的情况。例如，一家餐厅将“凌晨”错写成了“零晨”，一则招工广告将“家庭”写成了“家廷”，一家洗车店把“洗车打蜡”写成了“洗车打腊”，一家服务公司把“安装下水管道”写成了“按装下水管道”，一家快餐店把“大排档”写成了“大排挡”。通过查找资料和网络搜索，我们发现一些街头广告中，错别字的样式也是五花八门。例如，将“打折”的“折”写成“拆”，“啤酒”的“酒”写成“洒”，“寻人启事”的“事”写成“示”，“停车收费”

写成“仃车收费”。

活动三：全班汇报，完善资料

每个小组派代表上台汇报自己小组整理的资料，其他小组边听边完善自己的笔记内容，填写资料整理单。

资料整理单
1.
2.
3.
4.
5.

活动四：分析原因，得出结论

1. 交流街头错别字出现的原因。

预设：(1) 同音字混淆，如“再”和“在”、“以”和“已”、“报”和“抱”、“坐”和“座”、“象”和“像”、“凌”和“零”、“腊”和“蜡”、“具”和“俱”等。

(2) 形近字混淆，如“喝”和“渴”、“按”和“安”、“挡”和“档”等。

(3) 写字人文化水平比较低，使用汉字很随意，如“停车”和“仃车”。

(4) 字义分析错误，如“和”和“合”，“像”、“象”和“相”等。

2. 针对上述现象，给出改善建议。

预设：(1) 成立“消灭不规范用字”志愿者活动小组，定期走上街头，讲解街头错别字的危害。

(2) 倡议商家制作标准、规范的广告牌。

(3) 建议文化稽查部门加强监管力度，出台整治措施。

活动五：小组合作，撰写报告

关于街头不规范用字的调查研究报告	
问题的提出	
研究方法	
资料整理	
研究结论	

活动六：填写量表，互相评价

1. 填写评价量表。

语文综合性学习评价表						
被评价人：				他评人：		
评价标准	自评等级			他评等级		
	优秀	进步大	需努力	优秀	进步大	需努力
团结协作精神						
发现、解决问题能力						
搜集、处理信息能力						
语文知识综合运用能力						
成果展示与交流能力						

2. 评选活动之星。

【拓展实践】

学生自愿报名参加项目组，进一步完善现有报告，署名学校、班级和执笔人，选派代表联系家委会帮忙，并由学生代表将报告提交给当地城管、文化稽查部门等。

四、拓展类课程及实施

叶澜教授指出：学校应致力于每一个学生的发展，为学生的终身学习和发展奠定坚实的基础。这将成为21世纪学校转型变革的内涵之一，也将成为现代型学校的基本特质。

为切合学生的不同需要，帮助每个学生成长为最好的自己，我们重拳打造拓展类课程。目前，国家“双减”政策和课后服务的实施，也为学校拓展类课程的开发和实施提供了充足的空间和时间。通过拓展类课程的学习，学生可以拓展和加深对基础类课程的学习，彰显个性，发展特长，全面成长。

（一）拓展类课程的分类

和悦拓展类课程分为五类：身心健康类、数理思维类、科技创新类、文化修养类、艺术品位类。这五类课程的设计，充分调研了学生的兴趣爱好，采纳了家长的建议，综合了学校的师资，调动了家长的力量。这五类课程可具体细化为58门选修课（见下页图）。

1. 身心健康类课程

身心健康类课程包括身体健康、心理健康、安全教育三个小类。身体健康类课程细分为和悦足球、羽毛球、田径、排球、轮滑、跆拳道、击剑、乒乓球、射箭等；心理健康类课程细分为人际交往、心理沙龙、性与健康等；安全教育类课程细分为防溺水教育、防疫教育、交通安全等。

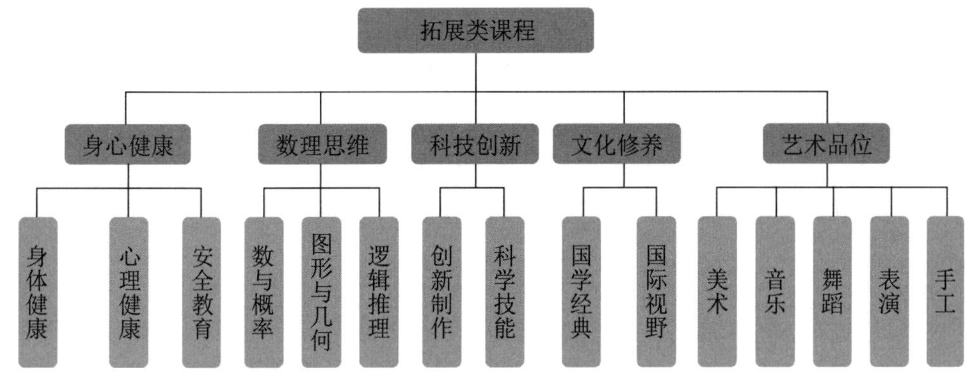

分管中心：教师服务中心。

责任单位：艺体服务中心。

项目责任人：各项目组负责人、艺体服务中心主任。

2. 数理思维类课程

数理思维类课程包括数与概率、图形与几何、逻辑推理三个小类。数与概率类课程细分为数独游戏、速算、可能性大转盘、一起"趣"统计等；图形与几何类课程细分为现代智力七巧板、魔尺、魔方等；逻辑推理类课程主要为象棋、围棋等。

分管中心：教科研服务中心。

责任单位：数学教研组。

项目责任人：各项目组负责人、数学教研组组长。

3. 科技创新类课程

科技创新类课程包括创新制作、科学技能两个小类。创新制作类课程细分为3D打印、科学幻想画、机器人等；科学技能类课程主要为计算机编程等。

分管中心：教科研服务中心。

责任单位：科学教研组、智慧教育教研组。

项目责任人：各项目组负责人、科学备课组组长、智慧教育备课组组长。

4. 文化修养类课程

文化修养类课程包括国学经典、国际视野两个小类。国学经典类课程细分为国学小达人、《论语》小故事、古诗文吟诵、小古文阅读、快乐作文、古诗欣赏等；国际视野类课程细分为趣味情景英语、日语、英语写作、快乐ABC等。

分管中心：教科研服务中心。

责任单位：语文教研组、英语教研组。

项目责任人：各项目组负责人、语文备课组组长、英语备课组组长。

5. 艺术品位类课程

艺术品位类课程包括美术、音乐、舞蹈、表演、手工五个小类。美术类课程细分为创意粘贴画、线描、创意国画、软笔书法、硬笔书法、动漫设计等；音乐类课程细分为合唱团、陶笛、葫芦丝、古筝等；舞蹈类课程主要为中国舞蹈；表演类课程细分为童话剧、播音主持、课本剧、绘本欣赏与表演等；手工类课程细分为橡皮泥玩具制作、剪纸、陶艺、折纸等。

分管中心：教科研服务中心。

责任单位：艺体服务中心。

项目责任人：各项目组负责人、艺体服务中心主任、音乐备课组组长、美术备课组组长。

（二）拓展类课程的实施

1. 精选师资

（1）选择专业水平高、责任心强的校内教师开设“1+1”课程。

（2）选择有专业特长的优秀家长参与学校拓展类课程的开发和实施。

（3）与当地优质的教育培训机构合作开设课程。

（4）通过多种渠道聘请社会各界精英为选修课教师，实现学校和社会教育一体化。

（5）与附近高校合作，共享资源，联合开发课程。

2. 选课走班

（1）选课。

选课包括两层含义：一是选择适合自己的课程，二是选择适合自己的学习时段。多样化的课程，使学生能够按照自己的个性发展需求选课，而学生的不同需求主要源自自己的爱好与特长。例如，周四下午对低年级的学生开放第一、二节课，对中高年级的学生开放第二、三节课，让学生对拓展类课程的选择更从容。

（2）走班。

不同的学生有不同的需求，通过选课，就形成了专属自己的课表。每个学生按照自己的课表到相应的教室上课，就形成了走班上课。同一年级不同班级的学生，甚至不同年级的学生，因选择同一门课程而走进相同的教室，因选择同一门课程而相遇，因走进同一间教室而相聚，获得了新的同学。

附　2019年9月至2020年1月选课走班安排

（一）校队拓展类课程

序号	名称	辅导教师	年级	人数	上课地点
1	小海星舞蹈团	王林林、李艳	3～5	37	悦动馆
2	和悦足球（女甲）	侯立旺、李俊	5、6	11	运动场
3	和悦足球（女乙）	李鹏、陈晓宇	3、4	11	运动场
4	和悦足球（男甲）	谷峰	5、6	15	运动场
5	和悦足球（男乙）	张宪力	3、4	15	运动场
6	小百灵合唱队	王清、孙浩	3～6	48	阶梯教室
7	和悦排球队	武彦君	3、4	12	排球场
8	线描	曹玲玉、耿丽	2～5	31	张杉工作室
9	书法社团	孙辉、张丽	3～5	32	张丽工作室
10	科学幻想画	张杉、祖亚秋	5、6	26	张杉工作室
11	插画社团	李亦雯、乔宇靖	3～6	40	思想之室
12	健美操	何晴晴、李艳	2～5	25	运动场
13	啦啦操	于玲、牛秀秀	2～5	25	运动场
14	网球	李健	2、3	20	网球场
15	田径	吕胜利、吕环海	4～6	20	运动场

（二）社团拓展类课程

序号	名称	辅导教师	年级	人数	上课地点
1	乒乓球	徐雅丽、赵青龙	1、2	60	悦动馆
2	轮滑	姜智越	3、4	56	明德园
3	古筝	王澜锡	2～4	60	古筝教室
4	机器人	许英磊	4、5	10	阅读空间4
5	美食小达人	岳振东	4、5	40	小达人教室
6	跆拳道	杨洪进	1～4	35	悦动馆
7	陶艺	姜鹏	4、5	40	陶艺教室
8	高斯数学	张彬	4	60	科学实验室
9	思泉大语文	曲秀娟	3	60	微机室1
10	中国舞蹈	崔华阳	2～4	30	舞蹈教室
11	全脑开发	冯国魁	2～4	60	微机室2

续表

序号	名称	辅导教师	年级	人数	上课地点
12	国学经典	冯国魁	1	60	102 教室
13	数学思维	李静	5	60	503 教室
14	语文绘本	吕静	5	60	106 教室
15	戏剧	王晓青	5、6	14	301 教室
16	演讲	王晓青	4～6	25	401 教室
17	泡泡英语	张旭东	1、2	60	501 教室
18	自然拼读	张旭东	1、2	60	302 教室
19	乐队	王丽	2～4	40	402 教室

（三）级部拓展类课程（以一年级为例）

序号	教室	名称	选修教师
1	101	绘本故事	贺非非、姜文华
2	102	口算、速算	刘婷婷
3	103	趣味地理	王慧
4	104	诗香进课堂	孙冬梅
5	105	中华德育故事	杜娟
6	106	历史小故事	张蔓
7	107	简笔画	贾玉华、王赵玥
8	108	英文歌曲演唱	樊海青、冯荣荣
9	109	小小书法家	姜文娇、王梅
10	110	折纸	蔡萍、薛欣萌
11	111	儿歌表演唱	齐方旭、张梦

3. 设计与实施

各个项目组精心设计课程方案，上报给教师服务中心进行审核；教师服务中心召集相关人员——学校领导、项目组组长、教师代表、家长代表、优秀学生代表——召开专题会议进行讨论，给出修改建议；项目组根据修改建议讨论细节问题，修改完善，然后按照学校统一安排，将各类课程落地实施。在此过程中，教师服务中心组织相关人员对课程教学活动进行督促反馈，特别强调过程材料的收集，为最后对课程进行总结做好准备。

课程设计案例 1　阳光心理课程设计

<table>
<tr><td>课程名称</td><td colspan="5">阳光心理课程</td></tr>
<tr><td>适用年级</td><td>3、4 年级</td><td>总课时</td><td>每学期 6 节</td><td>课程类型</td><td>心理健康类</td></tr>
<tr><td>课程简介</td><td colspan="5">该课程通过曼陀罗绘画、团体游戏、角色扮演等丰富多彩的活动，开展团体心理辅导，促进学生心理健康发展</td></tr>
<tr><td>背景分析</td><td colspan="5">小学生正处在身心发展的重要时期。随着生理、心理的发育和发展，社会阅历的扩展及思维方式的变化，特别是面对越来越激烈的社会竞争，他们在学习、生活、自我意识、情绪调适、人际交往等方面，会遇到各种各样的心理困扰。因此，要通过多种方式进行心理健康教育和辅导，帮助学生提高心理素质，健全人格，增强承受挫折、适应环境的能力</td></tr>
<tr><td>课程目标</td><td colspan="5">1. 学会全面、客观地看待自己，了解自己的优点和缺点。
2. 培养集体荣誉感，能和同学友好相处。
3. 认识情绪，会合理表达情绪，初步学会管理情绪。
4. 懂得赞美的重要性，学会赞美别人。
5. 懂得老师的辛苦，能做到尊重老师</td></tr>
<tr><td>学习主题</td><td colspan="5">彩绘曼陀罗、我和老师、我的喜怒哀乐、我为班级增光、学会赞美、我是什么样的人</td></tr>
<tr><td>实施要求</td><td colspan="5">1. 突出辅导性。创设安全、温暖的氛围，体现心理辅导技术的运用，如平等、尊重、真诚、接纳、共情等。
2. 促进生成性。创设体验情境，让学生在充分体验的过程中进行积极的自我探索，在充分互动和分享的过程中获得成长。
3. 禁止伤害性。高度关注氛围的创设，保证每个学生都不会受到伤害</td></tr>
<tr><td>教学评价</td><td colspan="5">评价目标：课程主题符合学生身心发展特点，学生积极参与课堂的各项活动，学生积极表达自我。
评价内容：课堂氛围、学生参与度、学生心理健康状态。
评价方式：心理测量法、问题情境测验等</td></tr>
<tr><td>具体实施</td><td colspan="5">1. 规划课程。每学年 8 月初，规划阳光心理课程的内容。
2. 组织实施。开学第一周周六、周日两天早 8:00—晚 8:00，学生和家长在“课程超市”中选择阳光心理课程。
3. 选课走班。学生选好课程之后，学校通过后台数据公布学生选课的情况，发布具体的实施方案，确定上课的教师、地点、时间、学生。
4. 加强评价。教师服务中心组织领导、教师、家长、学生对课程的实施进行跟踪、指导、评价，保障课程的顺利实施和有序开展。
5. 总结表彰。学期末全校表彰大会对课程学习中表现优秀的教师和学生进行表彰，树立标杆，鼓励先进</td></tr>
</table>

课程实施案例 1　羽毛球：正手发后场高远球

课程内容	学习正手发后场高远球(课时教学实施)				
上课班级	基础班				
上课地点	双语小学	执教老师	韩坤	班级人数	40 人
学情分析	1. 上课的学生为低年级学生，学习羽毛球的兴趣较浓，对学习羽毛球知识充满渴望。 2. 上课的学生为低年级学生，要想提高其上课兴趣，需要有针对性地分层次制定可以完成的多个小目标，提高学生的成就感。 3. 羽毛球为技术性较高的项目，需要多次重复挥拍固定动作，所以老师要不断地对学生进行提升训练和循环指导				
学习目标	1. 了解和掌握正手发后场高远球的技术和方法。 2. 通过有氧运动，发展体能，提高身体协调性和灵敏素质。 3. 能在集体练习中充分展现自我，体验获得成功的喜悦感，树立自信，培养创造与合作的意识				

课型	新授课	学习方法	趣味体验法、小组合作法
导学内容	教师活动	学生活动	动态生成
一、主体唤醒 课堂常规	1. 课前布置场地、器材。 2. 指示体育委员整队，并接受汇报。 3. 师生交流，宣布本课的内容、目标。 4. 全体同学宣誓，增强团队荣誉感	学习队形： ×××××××× ×××××××× 体育委员 体育教师	1. 培养小干部的组织能力。 2. 注重学生个性的培养和表现。 3. 引导学生集中注意力，培养良好的姿态
二、主体激活 1. 游戏：贪食蛇游戏。 规则： ① 每个同学与相邻同学保持相同的间距。 ② 站成四队，每队选择一个同学从中穿过，穿完后下一个同学马上出发。分别记录每队的成绩。 罚则：比赛的最后一名集体做 10 个蹲起。 2. 热身操。 ① 静态拉伸。 ② 专项动态步伐	一、游戏讲解队形 ××××××× ××××××× ××××××× ××××××× 二、游戏教法与步骤 1. 教师讲解示范。 2. 教师组织游戏。 3. 教师充当裁判。 三、热身操讲解队形 ××××××× ××××××× ××××××× ××××××× 四、热身操教法与步骤 1. 教师讲解示范。 2. 用口令指挥学生练习	一、游戏队形(同游戏讲解队形) 二、游戏学练法与步骤 1. 认真听老师讲解。 2. 遵守规则进行游戏。 3. 服从裁判判罚。 三、热身操练习队形(同热身操讲解队形) 四、热身操学练法与步骤 1. 认真听老师讲解。 2. 听教师口令做动作。 五、热身操重难点 重点：拉伸极其重要，是提高运动能力和防止受伤的关键，注意每个动作拉伸到位。 难点：拉伸的顺序要正确，步伐要到位	1. 培养学生的集体精神和竞争意识。 2. 达到活动身体、调节身心的目的

续表

三、主要内容 学习正手发后场高远球。 要点： ① 基本站位和架拍动作正确。 ② 转身和击球同时配合。 ③ 击球瞬间动作的挥拍完整。 重点：发球的基本姿势正确。 难点：发力自然协调	一、组织队形 ××××××××× Δ ××××××××× 二、教法与步骤 1. 教师讲解示范动作要领。 2. 让学生自己徒手练习。 3. 集体纠正学生错误。 4. 巡回个别指导。 5. 让学生两人一组，统一口令进行有球练习。 6. 再次集体纠正学生错误，巡回个别指导	一、练习队形 × × × × × × × × × × × × 二、学练法与步骤 1. 认真听、看、想。 2. 主动参与，积极练习，与教师示范的动作相比较，自我改进	1. 先学后练，使学生主动练习，积极思考，展示自我，体验成功的乐趣。 2. 让学生进行自我小结，认真评价。 3. 让学生学会合作，共同探究。 4. 让学生展示自我，体验成功，培养探索精神和合作意识
四、辅助部分 学生每人做30个双摇跳绳，共2组。 重点：注意脚踝的发力，跳一下手摇两次。 难点：手脚并用的协调发力	一、组织队形 ××××××××× Δ ××××××××× 二、教法与步骤 1. 教师讲解示范动作要领。 2. 让学生统一练习。 3. 集体纠正学生错误。 4. 巡回个别指导	一、练习队形 ××××××××× Δ ××××××××× 二、学练法与步骤 1. 认真听、看、想。 2. 主动参与，积极练习，与教师示范的动作相比较，自我学习，自我改进	1. 学生主动学习新技能，提高了学习兴趣。 2. 跳绳由单摇跳绳转变成双摇跳绳，增加了挑战性
五、主体放松、小结	1. 带领学生共同放松。 2. 师生进行小结与评价。 3. 收还器材，宣布下课	1. 力求动作优美，心情愉快。 2. 师生共同进行小结。 3. 协助教师归还器材	1. 培养学生自我保健能力。 2. 让学生进行快乐体验，愉悦身心
教学反思	羽毛球是非常受小学生欢迎的运动项目，但大多数学生的动作和发力都不正确，所以在整个课堂设计上，以学生为中心，注重学生的运动参与和对羽毛球兴趣的培养，以学生参与为主线实施教学。在学习目标及要求的设置上，从学生的兴趣爱好到技能的掌握，从身体活动到独立思考问题，有层次地完成了本节课的各项教学任务，体现了以学生为主体这一原则，课堂效果良好		

课程设计案例 2 排列与组合课程设计

课程名称	排列与组合课程				
适用年级	3～6 年级	总课时	每学期 18 节	课程类型	数理思维类
课程简介	排列与组合课程是数学教育中的重要部分，主要涉及排列和组合的基本概念和原理。排列是指从 n 个不同元素中取出 m（$m\leqslant n$）个元素，按照一定的顺序排成一列；组合则是指从 n 个不同元素中取出 m（$m\leqslant n$）个元素的所有取法，不考虑顺序。 通过排列与组合课程的学习，学生可以掌握如何计算排列和组合的数量，了解其基本性质和特点，并能够解决一些实际问题				
课程目标	1. 了解排列与组合的基本概念，掌握基本的排列与组合的计算方法，包括排列数、组合数的计算等。 2. 能够通过观察、实验和归纳，探索排列与组合的规律，培养初步的数学探究能力。 3. 通过观察、猜测、验证等活动，形成初步的数学推理能力。 4. 运用排列与组合的知识解决一些实际问题，培养解决基础问题的能力，培养初步的数学应用意识				
学习主题	分类加法数线段 / 角、分步乘法排座位、摸球实验、可能性、分类涂色、抽屉原理、相邻问题捆绑法、不相邻问题插空法、优先安排法、总体淘汰法				
课程实施要求	1. 注重对抽象的基础概念的讲解，确保学生真正理解这些概念，可以通过实例帮助学生理解。 2. 将理论和实践相结合，通过解决实际问题让学生了解排列与组合的实际应用。 3. 采用多种教学方法，例如讲授、讨论、小组合作等，启发学生自己动脑动手，培养其独立思考和动手的习惯，使其体验成功的喜悦。 4. 将激励贯穿课程实施的全过程，鼓励合作和必要的竞争，促进学生学习能力的提高。 5. 对学生的学习过程和结果进行评估，并给予反馈；帮助学生了解自己的学习状况，使其进一步提高学习效率				
课程实施安排	1. 规划课程。每学年 8 月初，规划数理思维课程的内容，删除上学期学生不喜欢的内容，增加学生喜欢的内容，让课程内容常用常新。 2. 组织实施。准备好课程简介、课程目标、授课教师、授课地点、授课时间、学生人数等资料，发送给教师服务中心；选课期间在学校网站的和悦课程栏目推出以上资料，开学第一周周六、周日两天早 8:00—晚 8:00，学生和家长根据公开的资料在“课程超市”中选择数理思维课程。 3. 选课走班。学生选好课程之后，教师服务中心导出后台数据，公布学生选课的情况，发布具体的实施方案，确定上课的教师、地点、时间、学生，让学生和教师明确具体安排。 4. 教学内容与安排。 第一阶段：基础知识教学（8 课时）。 教学内容：排列、组合的基本概念，排列的计算方法，组合的计算方法，排列、组合的综合计算。 第二阶段：应用教学（10 课时）。 教学内容：利用排列、组合解决实际问题的案例分析；设计简单的排列、组合问题，让学生尝试解决；让学生自己发现生活中的排列、组合问题，并尝试解决。				

续表

课程实施安排	5. 教学方法与手段。 运用生动形象的实例和游戏，帮助学生理解概念；通过互动问答、小组讨论等方式，引导学生思考和表达；利用图形、图表等直观教具，辅助教学；设计有趣的练习题，让学生在实践中掌握知识；邀请家长参与教学，增加教学的趣味性和互动性。 6. 过程评价。教师服务中心组织领导、教师、家长、学生对课程的实施进行跟踪、指导、评价，保障课程的顺利实施和有序开展。 7. 总结评价。每学期结束，教师服务中心组织拓展类课程展示汇报，由校长、书记带队，教师代表、家长代表、学生代表、社区领导代表组成评价团队，对课程进行评价。 8. 教学资源与工具：教材、练习册等文本资源；数字教育资源，如 PPT、数字教材等；教具、模型等实物资源；教学软件、在线学习平台等信息技术资源

课程实施案例 2　排列与组合：3 位数字的排列

一、学习目标

1. 通过观察、猜测、操作等活动，找出简单事物的排列数与组合数。

2. 经历探索简单事物排列与组合规律的过程，掌握有序地、全面地思考问题的方法。

3. 在操作探究活动中获得成功的体验，增强学习数学的兴趣和信心。

二、教学重点、难点

重点：自主探究两数排列与两物组合的方式方法。

难点：理解并掌握有序排列的思想方法。

三、教具、学具准备

多媒体课件、数字卡片、答题卡、跳跳球等。

四、教学过程

（一）创设情境，激发兴趣

师（谈话导入）：同学们，大家都听过小红帽的故事吧？可爱的小红帽被大灰狼抓走了，关在阴森的城堡里，她的三个好朋友红袋鼠、火帽子和跳跳蛙决定去救她，大家愿意一起去吗？

播放课件：小红帽和三个好朋友的图片。

（二）合作交流，探究新知

1. 初解密码，感知排列的知识。

师：三个好朋友来到大灰狼的城堡，可是城堡大门被一把密码锁锁住了，需要解开密码才能进入城堡。锁的密码是用数字 1 和 2 组成的两位数，请同学们帮忙解开密码。

播放课件：城堡的图片。

学生思考，教师引导学生得出两位数有哪些数位，适时板书。

根据学生汇报，教师操作课件验证密码是多少，引出课题并板书。

2. 再解密码，探究排列的方法。

师：三个好朋友进入城堡，发现小红帽被关在暗房里，想打开暗房的门还要解开更难的密码，密码是由1、2、3这三个数字中的两个数组成的两位数。密码到底是多少呢？

播放课件：暗房密码门的图片。

请学生拿出自己的数字卡片，在小组内摆一摆、说一说，并记录下结果。教师重点指导学生要边摆边说，培养学生操作、口述、思考的能力。

学生交流学习成果。

学生1：密码可能是12、23、31、21。

学生2：密码可能是12、21、23、13、31、32。

学生3：密码可能是12、13、21、23、32、31。

……

通过全班交流，教师引导学生发现既不重复也不遗漏地数，应该有6个两位数。教师追问："怎样才能做到既不重复也不遗漏地摆出这6个数呢？"这时学生各抒己见，展示出自己的好办法。根据学生的交流汇报，教师适时板书。

（1）确定数位的方法：先确定十位，可以得出12、13、21、23、31、32；也可以先确定个位，得出21、31、12、32、13、23。

（2）交换位置的方法：12、21、13、31、23、32。

教师对学生的方法加以肯定并表扬："你们的方法真好！"

教师引导：只要按照一定的顺序（从小到大或从大到小）去摆，就能做到不重复、不遗漏。

最后给出新的密码提示：密码是六个数中最大的两位数。学生快速找出密码，感受成功的喜悦。

3. 握手游戏，感知组合的知识。

课件出示：三个好朋友解开密码后可高兴了，互相握手庆贺。

引出问题：两个人互相握一次手，三个人一共可以握几次手？先让学生猜猜看，再让学生亲自握手试一试。

小组活动结束后，请一个小组上台展示握手情况。在帮助学生巩固有序思考问题的同时，教师操作课件，引导学生用图示法来表示握手。

4. 对比发现，区分排列与组合。

师：同样是3，为什么3个数字可以摆6个两位数，而3个人却只能握3次手？

教师引导学生对比感知：两个数字交换位置会变成两个不同的两位数，而握手时两个人即使交换位置还是这两个人，是同一次握手。

教师及时做出小结：摆数字卡片的情况是与顺序有关的，而握手的情况是与顺序没有关系的。

（三）联系生活，巩固提升

师：通过大家的帮忙，小红帽被救出来了，她的好朋友还为她准备了两件新衣服和两条新裤子。小红帽很高兴，可就是不知道有多少种穿法，请同学们帮帮忙吧！

1. 搭配服装的练习。

首先启发学生根据生活经验和所学知识进行自主组合，来搭配服装；接着利用课件直观演示，跟学生分享学习成果。

教师小结：小红帽穿上好朋友为她准备的新衣服，跟他们一起开开心心地回家了。

2. 怎样付钱的练习。

师：在同学们的帮助下，小红帽被救出来了。老师准备了一些价值5角钱的跳跳球来奖励同学们，请同学们根据不同面值的人民币，采用多种付钱方式换取跳跳球。

根据学生的汇报情况，教师及时地给予奖励。

3. 课堂作业：用0、4、6这三个数字中的两个数可以组成几个两位数？（视教学情况而定，如课上无法完成，可改为课外作业）

（四）总结延伸，畅谈感受

师：通过这节课的学习，你有什么收获？

通过学生的回答，教师总结："今天我们学习了排列与组合的知识，知道了按一定的顺序来进行排列与组合，可以更好地做到既不重复也不遗漏。其实生活中还有许多需要用排列与组合来解决的问题，比如电话号码、汽车牌照的编排等。只要我们用心观察，就会发现我们所学的数学知识在生活中的用处是很大的。"

（五台山西路小学　王丹丹）

五、创新类课程及实施

围绕立德树人根本任务，我们坚持以培养厚德乐学、自主合作、具有国际视野的卓越少年为育人目标，以"读好书，做好人"为校训，在"以生为本"理念的指导下，立足学生全面而有个性地成长和学校品牌发展，构建创新类校本课程。

（一）创新类课程体系

创新类课程主要是完善学生认知结构、开发学生潜能、培育学生自主与创新精神、提升学生核心素养、培养学生良好习惯和体现学校办学特色的开放性课程。

我们的创新类课程分为三大类：一是集团品牌创新类课程，二是学校特色创新类课程，三是个人自主创新类课程。

集团品牌创新类课程，是我们在促进学生特色成长、促进学校特色发展的过程中逐步开发建设，已经形成品牌的课程，主要有童心悦读课程、六爱三雅课程、和悦智慧课程、和悦影视课程。其中，童心悦读课程和六爱三雅课程是我们直接落实校训"读好书，做好人"的课程，童心悦读课程帮助学生好好阅读经典好书，六爱三雅课程帮助学生做

“六爱三雅”之人；和悦智慧课程帮助学生面向科技创新发展的未来，智慧化学习与生活，并尝试用现代信息技术创造新生活；和悦影视课程帮助学生接受革命传统和审美教育，培养艺术化创新的兴趣和能力。

学校特色创新类课程，是我们结合学生生活，将碎片化教育活动课程化，在日常全方位、全过程开发建构起来的课程，重在培养学生的综合素养，主要包括节日课程、仪式课程、责任课程等。

个人自主创新类课程，是充分发挥教师、学生、家长的主观能动性，借助特色活动，使其某一领域的才华和能力得以展示而形成的一系列课程。这些课程具有明显的个人印记，既可以促进课程建设者对这一领域的深入研究，又可以吸引更多具有特长的师生和家长加入这个课程的建设行列中来，形成“万紫千红”的课程建设和开发局面。

我们的品牌课程建设成效显著，学生相关素质显著提升，学校的品牌影响力也大大加强。童心悦读课程获山东省教科研成果一等奖、山东省教学成果一等奖，六爱三雅课程被《德育报》头版头条深度报道，和悦智慧课程让学生学习生活的智慧化水平普遍提升。在第三届 ICode 国际青少年编程竞赛中，双语小学 9 名同学获得 3 金 2 银 4 铜的好成绩，其中孙浩然同学获全国第一名。双语小学获教育部“2020 年度全国网络学习空间应用普及活动优秀学校”荣誉称号。

（二）分类建构与实施

创新类课程是学生卓越成长、学校特色发展的载体，属于综合性课程。发挥这类课程的育人功能，要特别注意其综合性、实践性、创新性，并注重培养和发挥学生主体的自主创新精神。

创新类课程的建构原则是人本性、整体性、发展性、全员性，以促进每一个学生全面而有个性地发展为本。既要重视对自然科学知识的学习，又要重视对现实社会生活知识、技能的掌握。要让学生参与到课程内容的创造、编辑、实践、反思中，发到学生手上的校本教材只是半成品，需要师生，尤其是学生在教育教学实践中不断完善。要面向全体学生，让他们都参与到课程中，帮助学生各得其所、各展其长地成长和发展。

创新类课程的实施要加强管理。由行政中心统筹，成立项目研究小组，实行项目负责制。责任细分到学生服务中心、教师服务中心、信息服务中心、后勤服务中心等各个中心，各个中心根据需要确立各项目组的责任人、核心成员及参与的学科和团队。各项目负责人主要负责组织人员、落实计划、开展工作、完成项目和出台评价标准。

学校协调上级主管部门、社区，争取各方支持，为创新类课程的开发和实施提供了丰富优质的资源，同时充分调动学生、教师和家长的相关资源，大力支撑创新类课程的实施。

1. 集团品牌创新类课程

（1）童心悦读课程。

我们认为，应该力求让儿童拥有一种回归朴素的生活方式，拥有真正幸福的童年。想要实现这一目标，其中一条重要渠道就是实施童心悦读课程。

童心悦读课程是为落实校训“读好书，做好人”中的“读好书”而开发的一门校本课程，通过诵、读、说、写、绘、演等多种形式，引导学生积累与运用经典诗文，丰盈思想灵魂，培养多种素质，达成“悦读立人”的目标。

教师、学生、家长和有关专家学者等汇聚力量，研究悦读理论，形成童心悦读理念，编辑、编订适合各年龄段学生悦读的必读和选读诗文目录，编订校本教材。深度结合语文学科教学，开展每日晨诵、午读、暮省，每周阅读课，每年读书节，评选读书小明星，评选书香班级，评选书香家庭等活动，促进童心悦读课程的有效实施，提升学生的人文素养，帮助学生培养读书反思的习惯，打好人生底色，为学生终身发展奠基。

童心悦读课程不仅涉及学生，还要求教师、家长和学生共读，在师生共读、亲子共读中创造共同的语言密码，走进学生的心灵，陪伴、引领学生成长。

实施要求和评价建议：

① 强化“悦读立人”意识。明确悦读是过程，立人才是目标。

② 创造良好氛围。开放学校图书室、校园悦读空间、图书漂流柜，让校园里优质图书随处可见；利用好班级图书角，方便班级内借阅；班与班之间还可以开展图书漂流活动，让学生接触到更多好书，形成读书共鸣。

③ 与各学科教学紧密结合。除了语文学科，其他学科也要树立悦读意识，让悦读贯穿整个教学，充满学生的整个学习和成长过程。

④ 安排好悦读时间，保证悦读量。悦读计划要细致，保证悦读成为一种常态，每天都悦读；结合学生的年级特点，推荐足够的图书，确保悦读量。

⑤ 加强过程指导与反馈。教师要适时地对学生的悦读进行指导，让学生掌握基本的悦读方法，学会摘记、写读书心得，具备独立悦读的能力；指导学生将共同悦读与自主悦读相结合。

⑥ 开展悦读活动。充分利用各种活动，给学生更多展示机会，鼓励学生大胆创新读书的方式方法。

⑦ 加强展示与评价。设置悦读星级达人晋级活动，促使学生积极悦读。在竞争中，学生悦读的兴致得以激发。学期末学校要进行悦读素养专项大赛，将竞赛结果归入期末学生素质评定中。与教师读书、家长读书相结合，强化师生共读、亲子共读，表彰书香班级、书香办公室、书香家庭等，促进童心悦读课程深入实施。

分管中心：教师服务中心。

责任单位：语文学科组。

项目责任人：全体语文教师。

（2）六爱三雅课程。

落实立德树人根本任务，紧扣国家规定的基础教育德育目标，我们将校训中的“做好人”要求具体明确为“六爱三雅”：爱自己、爱父母、爱老师、爱同学、爱学校、爱家乡，语言文雅、行为儒雅、情趣高雅。“六爱”从自爱起步，由小到大；“三雅”从好好说话开始，由低到高。用“六爱三雅”引导学生在一言一行、一举一动中践行和内化德育要求，“真”“实”“小”“趣”“序”地提高育人实效。

学校构建了六爱三雅课程目标体系，逐层细化国家育人目标，培养学生身体健康、心态阳光、懂得感恩、习惯优良等综合素质。以学段为单位，立足学生学情，贴近学生生活，开发《六爱三雅》《和和与悦悦的礼仪》等系列校本教材，搭建校园环境、课堂教学、家庭教育、社会实践、评价激励等六大平台。从学生视角出发，动员教师、家长、学生全员参与，打造良好的育人环境，让走进校园的每一个人都不由自主地浸润在“六爱三雅”的良好育人氛围中。

通过六爱三雅课程，学校实现了德育目标层次化，引领阶梯育人；德育内容具体化，强化生活育人；德育途径多样化，加强全面育人；德育方法艺术化，注重科学育人；德育管理一体化，加强全员育人；德育评价多元化，完善激励育人。

实施要求和评价建议：

① 强化人人是德育工作者、一切为育人的意识。

② 加强班主任和班团队工作，充分调动大家的积极性，利用好中坚力量。

③ 立足课堂，多学科渗透。与基础类各学科教学紧密结合，强化“五育融合”。

④ 定期开展特色活动，以活动为载体将“六爱三雅”落地落实。

⑤ 加强全面育人。结合日常生活突出实践性，全员、全程、全方位加强课程的过程评价与反馈，提高评价的育人效益。

⑥ 以正面引导、鼓励表扬为主，创造更多时机，激发学生主体的自我教育、自我约束、自我反省、自我成长。

⑦ 充分利用校园环境和现代媒体，展示和宣传学生“六爱三雅”事迹，营造良好育人氛围。

⑧ 评价多元。借助智能化评价方式，由教师、学生、家长等多方参与，实现评价主体多元化，评价时间灵活化。

分管中心：学生服务中心。

责任单位：各年级服务中心。

项目责任人：各班班主任。

（3）和悦智慧课程。

大数据、云计算、人工智能等新一代信息技术正在迅速而有力地改变人们的生活，成为推动社会发展变化的巨大力量。我们搭乘青岛西海岸新区大力发展智慧教育的快车，以大数据和智能技术为触点，重构学校教育生态，开发了和悦智慧课程，以激发学生对数字科技的兴趣，培养其创新精神和实践能力。

和悦智慧课程主要包括智慧劳动课程（数字气象站课程、智慧种植课程、智慧养殖课程），特色体验课程（海洋博物馆体验课程、和悦海港体验课程、智慧虎鲸体验课程、国际视野课程），和悦智慧科学院社团课程（STEM 创意社团课程、山林火灾智能预警社团课程、智慧广场社团课程、创意编程社团课程、国防巡航社团课程）。

实施要求和评价建议：

① 强化教育信息化是重要的教育生产力的意识。

② 加强顶层设计，统筹推进应用。

③ 加大智力和经费投入，做好保障工作。优化智慧教育物质基础建设，引进智慧教育校外技术支持，组建由相关高端人才组成的和悦科学院专家委员会，为师生提供将一流工程技术、大数据、自动化等现代信息技术与教育教学相融合的设计与指导。

④ 加强教师利用现代信息技术优化教育教学的培训学习。

⑤ 促进智慧教育与各类课程的深度融合，激发学生对智慧学习的兴趣。

⑥ 借助现代信息技术，拓展学生的学习时空，提高学生学习的针对性；加强相关社团活动，帮助有兴趣的学生实现特色成长，促进学生全面发展。

⑦ 发挥智慧评价的激励导向功能，激励学生手脑并用，创新探索。

分管中心：信息服务中心。

责任单位：信息科技学科组。

项目责任人：级部信息技术教师。

（4）和悦影视课程。

21 世纪，影视已经成为人们日常生活的有机组成部分。一部好的影视作品往往蕴含着丰富的人文教育素材，具有精彩的艺术语言和独特的表现功能，特别是在道德教育、审美教育方面容易引起学生的强烈共鸣。

我们遵循小学生的年龄特点和认知规律，确定适合小学生发展的和悦影视课程建设目标和课程实施目标，编制《影视课程实施方案（试行）》，制定和悦影视课程实施纲要，设计开发影视赏析、影视探究、影视研学三大课程内容，并在实践中不断完善，形成“四季＋”课程实施模式，即春之声、夏之风、秋之韵、冬之影。

经过实践与探索，学生在和悦影视课程的探究过程中，对观影体会、影视配音、影视人物赏析等方面有了初步感知，并通过一系列影视特色活动增强了审美体验，挖掘出智力潜能，激发了创作欲望，提升了思考想象、协作共享、文化理解、创新思维等诸多能力和审美情趣。

实施要求和评价建议：

① 把影视教育作为德育、美育、语文教育等的重要内容，以学科教学标准严格实施，每学期每个学生至少免费观看两部优秀影片。

② 精选影视作品，开发自己的影视课程教材。

③ 进行影视必修课、选修课、“自助餐”的研究，研究三类课的内容、比例和组织管理方法。

④ 加强教师观影前后的备课，引导学生谈观影收获与体会，谈故事、配音、画面、台词、道具之美，提高学生感受美，描述美，以及理解、想象、思考、协作、创新的能力和水平。

⑤ 加强与影视基地的沟通与互动，借助其场地和影视资源，丰富课程内容，提高教育实效。

⑥ 促进影视教育与其他课程的深度融合，开展相关社团活动，帮助有兴趣、有天分的学生实现超常发展和个性成长，帮助学生根据个人实际，在对影视的观、评、拍、演中收获成长。

⑦ 加强对教师，尤其是班主任的影视理论、影视鉴赏、微影视创作等专业知识的培训，提高教师的艺术素养和审美能力。

分管中心：学生服务中心。

责任单位：道德与法治学科组、艺术学科组。

项目责任人：各班班主任。

案例　“春之声”和悦影视课程系列活动方案

一、课程活动目标

1. 通过研究影片，增长见识，学会赏析影片。

2. 通过赏析主人公的言行，树立正确的人生观、价值观。

3. 通过观影，感受科技、艺术的魅力，激发创新欲望。

4. 通过影视研学，探寻影视的幕后故事，了解影视的制作过程。

5. 通过筹备影视节，参与和悦影视课程建设，提升综合素养。

二、课程活动时间及具体内容

“春之声”和悦影视课程系列活动在3、4、5月份举行。（若无特殊情况，固定为下表中的时间）

“春之声”和悦影视课程系列活动安排	
活动时间	活动内容
3月4日—3月8日	基于学生的喜好和认知水平，通过讨论确定一部影片，作为班级影视课程研究内容。确定影片后，各班根据《学校和悦影视课程实施方案》制订《班级和悦影视课程活动方案》
3月11日—3月15日	各班根据学校安排，到星光影视院集体观影，观影后完成观影记录
3月18日—3月22日	班主任指导学生为经典片段配音。每班至少评出5个优秀配音片段，在期末结业课程中进行集体表彰
3月25日—3月29日	学校组织学生到东方影都影视产业园进行影视研学
4月1日—4月5日	利用午读时间，由语文教师指导学生摘抄影视经典台词。每班至少评出5幅优秀作品，在期末结业课程中进行集体表彰
4月8日—4月19日	征集“和悦影视节”会标。要求生动新颖，体现影视节的特点，符合小学生的年龄特点
4月22日—4月26日	设计影视节吉祥物。要求形象生动，造型活泼，色彩协调，体现影视节的特色
4月29日—5月3日	演唱影视歌曲。个人赛：各班推选一两名选手参加比赛。团体赛：以班级为单位参赛，强调人人参与
5月6日—5月10日	设计影视节宣传海报。用A4纸绘画，画面、颜色要饱满。除了绘画，可以用剪贴、版画等方式创作
5月13日—5月17日	设计影视节广告词。要求新颖独到，与众不同；简洁明了，好读易记；言简意赅，特点鲜明
5月20日—5月24日	设计影视道具。根据班级所观影片，设计道具
5月27日—5月31日	影视节布展

三、奖项设置

个人奖：星光奖最佳配音、星光奖最佳台词、星光奖最佳海报、星光奖最佳会标设计、星光奖吉祥物最佳设计、星光奖最佳道具、星光奖最佳演员。

团体奖：星光班3个、星悦班3个。

2. 学校特色创新类课程

（1）和悦节日课程。

习近平总书记说，优秀传统文化是一个国家、一个民族传承和发展的根本。中国传统节日饱含淳朴感情和美好心愿，我们将中国传统节日元素融入教育，开发和悦节日课程，引领学生在感受民族习俗、风情的同时，弘扬中华传统美德，培养良好品质、习惯。

和悦节日课程主要包括：春节课程、元宵节课程、清明节课程、劳动节课程、端午节课程、中秋节课程、国庆节课程、重阳节课程等。除民族传统节日课程外，我们还有体育节、音乐节、读书节等校园节日课程。

学校根据节日所蕴含的文化内涵，选择适合学生年龄特点的教育活动形式，设计、开展丰富多彩的节日特色活动。对于低年级学生，以形象思维活动为主，如绘画、手工制作等；对于中高年级学生，以专题讲座、创造性活动为主。这类课程让学生在活动中接受节日情感教育，表达美好心愿，培养良好品质。

实施要求和评价建议：

① 挖掘每个节日的文化内涵，制订实践性、可操作性强的活动方案。

② 要突出、强化这类课程的综合实践性特点，一个节日课程可包含多个分课程。

③ 与家庭、社会的教育生活紧密结合，携手家庭、社会，全方位营造浓郁的节日传统文化教育氛围，共同实施节日课程。

④ 做好节日文化与不同学科教学的融合。比如端午节，可以让学生在事先问询家长的前提下，说一说端午节的由来、传说和习俗，诵一诵有关端午节的诗词，画一画自己心中的端午节，展示自己制作的香袋，品尝自己包的粽子等。将体育、美术、信息技术、语文等学科有机整合，使学生深入理解节日的文化内涵与道德意义，激发学生的民族文化自信心和自豪感，培养学生的家国情怀和社会责任感。

⑤ 在动情、动脑、动手、合作、展示中，培养学生的感悟、表达、创造等综合实践能力。

⑥ 评价重在表彰优秀，发挥教育、引导、激励作用，评价主体多样化，以学生自评、互评为主，鼓励自我认同、相互欣赏。

⑦ 引入家长辅导、教育、评价力量，倡导各班级的特色创新。

分管中心：学生服务中心。

责任单位：各学科组。

项目责任人：各班班主任。

案例 春节课程方案：在春节假日中“照见”自己

一、指导思想

寒假是学生总结过去、规划未来的一个重要时期，也是学生养成个性化自主学习习惯的关键时期。想让学生在假期里学习成长有航向、有目标，让规划引领学习，就需要教师加强学生寒假课程的设计和指导。课程任务要以“菜单”的形式呈现给学生，让学生在必修中坚守，在选修中选择，在主题任务群中“照见”自己！

二、课程内容

（一）童心悦读

1. 新年诗会：新年举办一次迎新家庭诵诗会，家长和孩子共同吟诵传统经典诗词，弘扬传统文化。

2. 除夕演讲：除夕，家人团聚。大家围坐在一起，由学生进行主题演讲，总结过去，展望未来。

3. 寒假悦记：学生以日记的方式记录寒假精彩生活，培养“吾日三省吾身”的好习惯。

4. 亲子悦读：寒假期间，通过亲子悦读，让书籍充盈孩子的精神世界，增进亲人之间的感情。

5. 悦写春联：开展“悦新年，写春联”活动，学生拿起毛笔，引经据典，弘扬中华传统书法艺术和春联文化，过一个不一样的春节。

（二）和悦艺体

1. 新年歌会：春节期间，和家人举行新年音乐会，展示自己的艺术才能，唱一支歌，演奏一首乐曲。

2. 悦动新年：春节期间，和家人朋友一起运动起来，跑步、踢毽子、跳绳、打羽毛球等，在运动中快乐健身。

3. 和悦绘画：以“我眼中的春节”为题完成一幅色彩鲜艳、线条流畅的绘画作品。

4. 悦劳实践：根据低、中、高年级学生的特点，从劳动最快乐、新年大采购、今天我掌勺等方面开展劳动实践活动。

（三）学科知识

以四年级为例。

课程类别	年货	内容
学科类	1号年货：语文	1. 寒假生活指导。 2. 预习第一单元。 3. 背诵第一单元中要求背诵的文段。 4. 阅读《十万个为什么》《穿越地平线》，分别写一篇读后感
	2号年货：数学	1. 寒假生活指导。 2. 预习第一单元
	3号年货：英语	预习第一单元，背诵课文，读写单词
创新类	1号年货	以日记的形式描写“中国年味”，可以写团圆饭的制作、拜年中的新鲜事、传统的中国习俗等
	2号年货	学习垃圾分类的知识，做一张手抄报
艺体类	1号年货	每天练习1分钟跳绳，自己做好记录

三、课程实施

各年级服务中心根据方案执行。

四、课程评价

1. 学科类：开学后第一周，各任课教师对任务逐项进行检查评比，对班级前60%的学生进行表彰，设置一等奖、二等奖、三等奖。

2. 创新类：开学后第一周，各班班主任对任务进行检查评比，对班级前60%的学生进行表彰，设置一等奖、二等奖、三等奖。一等奖、二等奖的作品要装订成册，上交教师服务中心，留为学生发展课程资料。

（2）和悦仪式课程。

朱永新教授曾经提出：学校文化一旦走向成熟完善，就会拥有美妙优雅的仪式、节日和庆典。它们是学校文化传统的活标本，也是学生生命中最值得关注的重要时刻。让学生生命中每一个重要的日子都刻骨铭心，让学生生活中普通的事件变得不普通，是我们开展仪式教育，研发仪式课程的初衷。

结合学生身心发展的特点及德育工作的重点，学校建构了一系列具有和悦特色的仪式课程，例如入学课程、入队课程、升旗课程、结业课程、毕业课程等。学校通过仪式课程，努力为学生的每一个成长节点留下美好回忆，这不仅深刻影响了学生，也让参与仪式的家长受到震撼，从而成为学校教育的坚定支持者和孩子成长的助力者。

实施要求和评价建议：

① 要突出这类课程的综合实践性特点，强化学生主体参与仪式的角色意识。

② 加强与六爱三雅课程校本教材《和和与悦悦的礼仪》的结合，加强与语文、数学、音乐、体育、美术等学科教学的实践融合。

③ 强化这类课程的典型示范引领作用，每次活动的方案要充分考虑学生的年龄特点、学习成长的真实需要，要周密设计，报学校分管领导把关。所有涉及的处室、中心和教师，都要高度重视，做好充分准备。对主持人、乐队、登台展示的学生要优中选优，提前彩排，予以指导训练；对其他学生，各班要事先做好前期教育；仪式项目组要做好仪式中各班学生的到场人数、服装、精神风貌、纪律、互动等情况的评价与记录。

④ 要把学生放到舞台的正中央，尽可能多地为学生提供展示的时机和位置，突出展示学生的成长进步，促进全体学生的成长进步。

⑤ 各年级、各班级、各处室、各中心要通力配合，并与家长携手合作，给学生的展示、成长提供更好的环境氛围。

⑥ 评价要重视学生参加活动的感受、收获，要征求学生和家长的意见、建议，发挥评价的激励导向作用。利用每学期的“学生综合素质评定”平台，对优秀班级和个人颁发证书，予以充分的肯定，并计入学生成长档案。

分管中心：学生服务中心。

责任单位：各年级服务中心。

项目责任人：各班班主任。

案例　青岛西海岸新区双语小学2017级毕业典礼方案

一、活动主题

感恩母校情,胸怀未来梦。

二、活动时间

2023年7月1日(周六)15:00—17:30。

三、活动地点

充分利用非毕业年级的教室,对应如下:101—601、102—602、201—603、202—604、208—605、401—606、402—607、408—608。

四、参与人员

校领导、六年级全体学生、六年级全体教师、学生家长。

五、活动流程

(一)入校环节(15:00—15:30)

1. 学校门口设拱门和"感恩母校情,胸怀未来梦"签名墙,学生签名。

负责人:闫凤景、焦淑慧。

2. 大厅节目:小提琴演奏《把未来点亮》。

负责人:王林林、高静、李效伟。

(二)教室环节(负责人:各班班主任)

第一篇章:回首(6分钟)

1. 主持人宣布开始。

2. 播放PPT,展示学生在校六年的难忘片段,回忆小学生活。

第二篇章:真情(8分钟)

1. 学生代表讲话。

2. 学生代表赠送个人作品(书法、绘画之类的作品)并上台解释寓意,感恩母校;班主任上台接收礼物。

第三篇章:欢聚(60分钟)

节目(30分钟)与游戏(30分钟)穿插进行。

第四篇章:见证(5分钟)

颁发毕业证书,六年级全体学生分四组上台,领取毕业证书。

颁发证书的老师:语文老师、数学老师。

主持人同时宣读毕业生名单,屏幕上出示学生照片。

第五篇章:影像(15分钟)

拍摄大合照,自由拍照。

学生互相填写同学纪念册。

第六篇章：启航（6分钟）

全体合唱《明天会更好》。

六、活动相关事宜安排

1. 会场内外布置：由后勤服务中心、六年级服务中心负责。

2. 照相、录像：由行政服务中心、学生家长负责。

3. 信息宣传：由杨珂、各班班主任负责。

4. 各班邀请家长参加，家长自愿参加。

5. 学校领导（着工装）在校门口迎接。

6. 配班教师：601杜秀娟、602丁雪菲、603杨珂、604张倩倩/祖亚秋、605杨菲菲、606孙雅倩、607徐菲、608陈艳。

7. 活动结束后，各班把卫生收拾好，将桌椅摆放好。

8. 所有学生穿自己喜欢的衣服。

9. 去指定教室搬椅子，活动结束后将椅子放回原班级。

10. 签名墙：由何晴晴、吕胜利负责。

11. 火车票发放：由何晴晴、吕胜利、李文美负责。

12. 大厅布置：由李效伟负责。

13. 电子屏播放：由行政服务中心、六年级服务中心负责。

（3）和悦责任课程。

著名教育家马卡连柯指出：培养责任心，是解决许多问题的教育手段。培养担当民族复兴大任的时代新人，离不开责任教育。培养学生的主人翁意识，培养他们做自己的主人，做自己成长发展的主人，离不开责任教育。责任教育不能光靠说教，因为“光说不练假把式”。要让学生参加实践，从身边小事做起，在做中学，在做中培养责任意识，在做中提高承担责任的心理素质和抗压能力。因此，我们开发、实施和悦责任课程。

和悦责任课程从学生身边力所能及的小事选材，以学生为主体建构和实施，学校、班级提供场地、岗位等支撑，确保“人人有爱心，人人有责任，人人有事做”。

要让每个孩子都有责任。例如：对各门功课的学习，对班级日常事务和学校有关活动的责任分担；校园卫生维持、学校绿植养护、学校和悦诚信超市的日常经营管理；学校各个悦读空间、图书角等的日常规整、维护、清洁；学校地面众多井盖的日常检查与美化；和悦喷泉、校训石、以爱育爱石及各种景观树木花卉的养护和故事讲解；和悦智慧广场设计、建设的故事讲解，小珠山智能灭火系统设计、建设的原理和故事讲解；民族英烈事迹展示区、学校“六爱三雅小明星”廊柱等的维护和事迹、故事讲解；等等。班级内、校园中，凡是学生能做的、愿意做的，都放手给学生自愿“承包”，让学生行使“主人权利”，并指导学生将其创建为课程。

实施要求和评价建议：

① 要向学生和家长讲清个人历练成长的意义，要和志愿者活动紧密结合。

② 采取学生自主选择、自愿承担、个人申报的形式，重要岗位要竞争上岗，遵从批准建档、试用期、公示期等流程，模拟社会生活，保证公正、公开、高标准。低年级学生可以和家长一同参与，但志愿服务实践过程必须以学生为主；中高年级学生自主参与。全校学生从一年级开始，每人至少有一个班内或者校级志愿责任岗位；随着年级升高，能力增强，在自觉自愿的前提下可以申报承担两个及以上校级乃至社会志愿责任岗位。

③ 提倡学生自主选择或自创一个岗位，比如开学时在某处为入校的同学演奏乐器等。除单独承担一个岗位之外，还提倡与同学合作，共同承担一个岗位，并将其建设成课程，考核时会按规定对此适当加分。

④ 对承担的志愿责任岗位，承担者自己创建为课程，有命名权，需要自己制定课程要求、评价标准，上报备案，并定期记录学习实践情况，学期末自主评价计分。

⑤ 注重与各学科教育相结合。比如写观察、建设、维护日记，写护岗感悟、心得，讲自己的志愿故事等。

⑥ 加强与承担家务、社会志愿服务的结合，在实践中培养爱父母、爱家乡的真情实感。

⑦ 课程评价以学生自我评价为主，以同学互评、教师评价与家长评价为辅。过程评价与学期评价相结合，学期成绩纳入学业成绩考核。

分管中心：学生服务中心。

责任单位：后勤服务中心。

项目责任人：各班班主任。

（4）和声悦语课程。

和声悦语课程是根据《义务教育课程方案和课程标准（2022年版）》中的要求，结合学生年龄特点，通过美妙的声音传递语文的美好，引导学生体会故事内涵、感受文学魅力、弘扬传统文化、感悟人生幸福的一门课程。

和声悦语课程设立了诵经典和讲故事两条主线。诵经典是从幼小衔接的儿歌、童谣到小学生必背古诗，再提升到小初衔接的名家名篇，引领学生学会在经典中品味生活、浸润心灵。讲故事是以成语故事、英雄故事和科技故事为主要内容，弘扬中华优秀传统文化、革命文化和社会主义先进文化。

本课程以7位老师为核心，每人一个主题，带领学生、家长共同参与完成。诵经典包括宁宁老师讲儿歌、小郭老师讲古诗、晓雯老师讲名篇、恒斐老师讲经典，讲故事包括晓艳老师讲成语、晓欢老师讲英雄、婷婷老师讲科学。

实施要求和评价建议：

① 和声悦语课程主讲团队实行教师和主题一对一负责制。在课程设计与制作上

要充分落实和悦理念，由教师带领学生、家长共同参与每日一声的制作。从确定主题到精选图片、背景音乐，再到录制生动的朗诵音频、视频，学生全过程参与，切身感受课程魅力。

② 学习资源制作完成后，要注意通过学校智慧学习平台向学生推送，帮助学生规划学习目标，使阅读更具有趣味性，从而实现“阅读”到“悦读”的转变。

③ 学生通过智慧学习平台，以线上、线下相结合的方式，利用碎片化时间自主学习、积累。线上学习是通过公众号、学习平台等开展的，既可以摆脱时间和空间的限制，使学习的时间、地点不仅限于课堂，让学生随时随地都可以打开和声悦语，“拥抱声音”，与经典相伴，又可以让知识的界限随着网络进一步得到拓展，满足学生探索知识的需求。线下学习要充分利用两个时间段：一是每天早晨 15 分钟，老师打开智能白板，播放学习音频，学生与老师一起吟诵经典诗词，开启美好的一天；二是每天下午 15 分钟，美妙的故事伴随着优美的声音响起，师生与经典相伴，陶冶情操。

④ 鼓励学生注意思考并把思考记录下来，以这种方法把书中的知识转变为自己的总结，再将自己的思考、学习成果通过文字、音频、视频上传至智慧学习平台进行展示。通过智慧学习平台，学生可以看到其他同学的作品，互相学习，取长补短，共同进步。

⑤ 和声悦语团队根据每个课程主题，结合学生的兴趣爱好，参考课程阶段性成果，设计相应的活动，让学生在活动中展示自我、张扬个性，丰富学生学习形式，提高学生学习兴趣，提升学生综合素养。

⑥ 教师利用智慧学习平台查看、分析学生的反思总结大数据，了解每一个学生的阅读反思情况，精准定位学生的知识盲区，最后为学生提供个性化的反馈和指导，让每个学生都能学有所获。

分管中心：教师服务中心。

责任单位：和声悦语课程项目组。

项目责任人：和声悦语课程项目组成员。

案例 “和声悦语，共撷诗华”诗词大赛活动方案

一、活动主旨

诗意中国，源远流长，与时光做伴，听世纪回响。走进诗词，我们重温那份触动；传唱诗词，我们重拾那份信念。青岛西海岸新区双语小学教育集团举行“和声悦语，共撷诗华”诗词大赛，请大家与诗词同行，纵览古今篇章，横看诗家千言，孕育民族文化根脉，绵延九州气韵风华！

二、参与人员

三、四、五年级全体学生。

三、比赛时间

1. 准备阶段:4 月 28 日—5 月 14 日。

2. 班级比赛:5 月 15 日—5 月 19 日。

3. 年级比赛:5 月 22 日或 5 月 23 日。

4. 集团比赛:5 月 30 日。

四、活动内容

本次活动内容包括三、四、五年级的古诗卡和小初衔接中的诗词内容。

五、活动过程

(一) 准备阶段

1. 时间:4 月 28 日—5 月 14 日。

2. 形式:朗读亭(线上、线下)。

3. 负责人:各班语文老师。

4. 选手:班级全体学生。

5. 具体流程:

(1) 4 月 28 日,准备《致家长一封信》、宣传海报、诗词题库及使用说明。

(2) 4 月 28 日,集团学校备课组组长下发比赛通知,由各班语文老师转至班级群,并号召学生参与。

6. 表彰奖励和结果运用:5 月 4 日,将各班学生的背诵数据反馈给各学校各班语文老师,再次鼓励学生背诵;5 月 14 日,根据后台统计数据,对各班背诵数量最多的前五名同学进行表彰。

(二) 班级诗词大赛

1. 时间:5 月 15 日—5 月 19 日。

2. 地点:各班级教室。

3. 负责人:各班语文老师。

4. 选手:每班 5 名选手。

5. 观众:全班同学。

6. 语文老师现场抽取诗句检查背诵,要求背诵流利。

7. 表彰奖励和结果运用:每班选取表现最好的 2 名同学,颁发班级“诗词小达人”奖状,并让其参加级部比赛。

(三) 年级诗词大赛

1. 时间:5 月 22 日或 5 月 23 日上午第三、四节课。

2. 地点:各学校阶梯教室。

3. 负责人:和声悦语课程项目组。

4. 选手:每班 2 名选手。

5. 过程：诗词大闯关。

6. 表彰奖励和结果运用：每级部评选2人，颁发“诗词小明星”奖状，并让其参加集团比赛——诗词大赛决赛，同时获得决赛门票。

（四）集团诗词大赛决赛

1. 时间：5月30日。

2. 地点：悦动馆。

3. 选手：各学校各年级2名同学参赛；各学校建群，对参加决赛的学生提前培训。

4. 观众：全体“诗词小明星”，凭票入场。

5. 表彰奖励和结果运用。

团体优胜获得“登科后”奖杯。（春风得意马蹄疾，一日看尽长安花）

个人优胜获得用毛笔现场书写的书签。

思维优胜(2人)：“浪淘沙”书签。（千淘万漉虽辛苦，吹尽狂沙始到金）

理解优胜(2人)：“灵犀”书签。（身无彩凤双飞翼，心有灵犀一点通）

积累优胜(2人)：“纳海”书签。（泰山不让土壤，故能成其大；河海不择细流，故能就其深）

表达优胜(2人)：“惊风雨”书签。（笔落惊风雨，诗成泣鬼神）

6. 提交材料：集团比赛照片、颁奖照片、现场视频、比赛题库、现场学生和家长观后感、参赛选手的感悟。

分管中心：教师服务中心。

责任单位：各年级服务中心。

项目责任人：和声悦语课程项目组成员。

(5) 小珠山智慧消防课程。

2020年4月23日的小珠山火灾，让我们近距离感受到山火的可怕。小珠山火灾给地区经济带来了一定的损失，给自然环境带来了一定程度的破坏，影响了当地的自然生态。为了解决山林火灾报警、救火的难题，在教师的指导下，学生成立了智慧消防社团，利用人工智能课程进行智能探测、智能报警、智能灭火和智能定位等主题研究，把无人机课程、机器人课程和人工智能课程有效融合，开始了小珠山智慧消防课程设计。

小珠山智慧消防课程旨在引领学生通过现场调查，了解森林火灾的危害，体验消防员的生活，创意设计无人机和人工智能相结合的智能灭火方法，学习基本的消防知识和人工智能知识，掌握开源硬件设计方法。

小珠山智慧消防课程主要通过观察、调查、工程设计、研讨碰撞、创作制造、编程学习等方式进行探索与创建活动，培养学生的观察能力、动手能力、审美能力、环保意识、消防意识、发明创造能力、编程设计能力、人际交往能力和协作共建能力等。

实施要求和评价建议：

① 内容方面，要全面、系统，包括消防基础知识、人工智能技术原理及应用、应急处理知识等。

② 实施方式方面，要灵活多样，结合案例分析、实践操作、互动讨论等，加强学生的实际操作能力和解决问题的能力。

③ 评价方面，要建立科学合理的评价体系，包括学生评价、教师评价、校内外专家评价等，评价结果要及时反馈给学生和教师，以便不断改进和提高课程质量。同时，也要注重课程评价的客观性和准确性，避免因盲目追求学生满意度而忽略教学质量。

分管中心：教师服务中心。

责任单位：信息服务中心。

项目责任人：信息科技教师。

（6）和悦食育课程。

《义务教育课程方案和课程标准（2022 年版）》明确要求各学科均要围绕发展学生核心素养设置“跨学科主题”学习活动，增强课程的综合性和实践性。我们力求将美食文化与语文、数学、英语、美术、科学、道德与法治等学科深度融合，打破学科间的隔阂，以美食的名义，赴一场舌尖上的文化之约。因此，我们开发、实施跨学科视域下的和悦食育课程。

各个学科围绕“舌尖上的美食，生活里的课程”主题，设计丰富多彩的跨学科活动，引导学生在制作美食、享用美食、推荐美食的同时，学会在实践中灵活运用各学科知识，体验学习之趣、生活之用。

实施要求和评价建议：

① 和悦食育课程要与学科内容巧妙结合。以地方美食为教学内容，通过多种生动活泼的教学形式，让学生了解美食故事，探寻特色美食工艺，品味美食文化，从而更加深刻地感受中华饮食文化的魅力，懂得“一粥一饭，当思来处不易”。

② 走进厨吧，制作美食。可通过不同的活动形式，让学生亲自实践，掌握糕点、面食等美食制作的一些简单方法，在活动中综合运用所学知识和技能，获得多方面的直接体验和实践操作能力，养成热爱生活和积极向上的生活态度。

③ 举办校园美食节，让学生进行美食家、推销员等身份的岗位体验。通过触摸生活、探究学习和亲身实践，培养学生的动手操作能力，引导学生学会选择、使用恰当的工具和简单的技术，形成初步的劳动意识和基本技能，培养学生的独立生活能力，提高其生活质量，提升其审美情趣。

④ 走进美食制造工厂，了解相关美食的制作过程，研究美食营养和文化。让学生积极参与到制作、推销等活动中去，在做、展、问、查等活动中发现和解决问题，学会与他人合作、交流和分享劳动成果，获得积极的情感体验。

⑤ 通过美术绘画、手工制作等方式，引导学生将自己对美食的热爱慢慢地渗透进课堂。教师可以带着学生认识各种食物的造型特征，手绘各式各样的食物，讲解摆盘的方法、色彩的基本知识，让学生掌握简易的摆盘技巧和色彩搭配技巧。在美食中融入美术的元素，给学生带来视觉和味蕾的双重愉悦。

⑥ 课程评价主要是学习过程的形成性评价，学习成果只是评价的一个小方面。评价的重点在于学生参与学习的过程，如活动过程中他们在情感态度、参与程度、探究欲望、创新能力、合作能力等方面的发展。

星级考核为总结性评价，以“小小美食家”命名，根据学生的学习态度、学习能力和合作精神等方面进行考核，共分为五个档次：一星级新手、二星级好手、三星级巧手、四星级能手、五星级高手。

青岛西海岸新区双语小学“小小美食家”评选细则见下表。

“小小美食家”评选细则	
星级称号	评价标准与评价方法
一星级新手	凡是爱好食育课程，能坚持参加食育课程，并乐于动手实践，均可成为一星级新手
二星级好手	一星级新手能在本学期的学习中，在美食指导师的指导下，通过小组合作按步骤完成美食的制作，并能和组员一起分享成果，即可成为二星级好手
三星级巧手	二星级好手能学会一两样美食的制作方法，当家长不在家时，能自己解决基本的午饭，经家长证明，可成为三星级巧手
四星级能手	三星级巧手能够根据校本食育教材中提供的糕点或家常菜的制作步骤，在家长的协助下掌握糕点、家常菜等美食蒸煮和烧烤的一些简单方法，并能和同学们一起分享美食，经全体同学评定审核通过，可以成为四星级能手
五星级高手	四星级能手能够自己独立完成糕点、面食或家常菜的烹饪，并能和同学们一起分享美食，经全体同学评定审核通过，可以成为五星级高手

分管中心：学生服务中心。

责任单位：后勤服务中心。

项目责任人：各班班主任。

（7）和悦心育课程。

《中小学心理健康教育指导纲要》指出：中小学生正处在身心发展的重要时期，随着生理、心理的发育和发展，社会阅历的扩展及思维方式的变化，他们在学习、生活、人际交往、升学就业和自我意识等方面会遇到各种各样的心理困惑或问题。

和悦心育课程以智慧心育大数据分析平台为技术支撑，在遵循学生的心理和认知发展规律的基础上，将学生心育过程智慧化。对学生定期开展心理健康普测，及时关注学生心理发展动向。结合“减压星球”，引导学生进行自我探索，分析学生当前普遍存在的心理困扰，贴合学生需求，为学生提供心理方面的帮助，开展精准化、定制化的主题心育课程，全面提高学生的心理素质，开发其心理潜质。在培养学生积极乐观、健康向上的心理品质的同时，促进学生身心和谐可持续发展，为其健康成长和幸福生活奠定基础。

和悦心育课程注重学生心育过程系统化，通过“心育学科”“心育辅导”“心育家校”，全方位、全过程为学生提供心理健康服务，以解决学生的实际心理困扰或难题；注重学生心理发展性的培育，促进学生的良好发展。

实施要求和评价建议：

① 做好心育测评和学生心理分析。借助智慧心育大数据分析平台，结合不同年龄阶段学生的心理发展水平，合理选用标准化的心理健康量表进行心理测验。结合学生测评结果，对学生心理健康水平及预警维度进行分析，帮助学生精准分析预警问题，从而为进一步开展心理干预奠定基础。

② 采取心理课堂和团体心理辅导相结合的方式，扎扎实实开展心育课程。以班级为单位开展的心理课堂可以帮助学生更好地提升对心理健康的认识，学会积极调适自己，同时辅以小型团体心理辅导，针对学生存在的重点心理问题进行突破，帮助学生精准化提高心理健康水平。

③ 注意个性化心理辅导，精准进行心理干预。针对智慧心育大数据分析平台所分析出的二级预警以上的高危预警学生开展一对一心理咨询辅导，结合学生的具体心理问题进行更具针对性的调适，从而帮助高危预警学生及时解决心理问题。同时，为更好地辅助线下心理咨询，和悦心育课程为学生提供 24 小时全天候心理伙伴，随时随地为学生提供及时疏导服务。

④ 发挥家长作用，实现家校共育。通过家庭心理辅导及家长沙龙等活动，帮助家长树立科学的育儿观念，为学生营造良好的家庭成长氛围。

⑤ 制定科学评价标准。心育评价运用标准化的心理健康量表，在学期初及学期末分别开展心理健康测量，记录学生心理健康水平的发展变化过程，并计入学生心理健康档案，从而对心育课程实施效果进行评价。

分管中心：教师服务中心。

责任单位：心理健康教研组。

项目责任人：心理健康学科主任、各班班主任。

（8）和悦研学课程。

2016 年 12 月，教育部等 11 部门印发了《关于推进中小学生研学旅行的意见》，明确指出研学是学校教育和校外教育衔接的创新形式，是教育教学的重要内容，是综合实践育人的有效途径。

和现有的学科教学不同，研学不再局限于对学生进行纯粹的书本知识的传授，而是让学生参加实践活动，在实践中学会学习和获得各种能力。

我们开发、实施的和悦研学课程，类型丰富多样，表现形式千变万化。它可以是山川湖海的实地考察，也可以是历史古迹的探索追寻；它可以是社会文明规则的体验，也可以是探究科学的实验操作。每一种研学课程都能让孩子在实践中收获成长，在体验中感受知识的力量。当然，实施研学课程并非易事，它需要精心策划、周密组织、科学评价，只有这样，研学课程才能真正发挥其应有的价值。

实施要求和评价建议：

① 筛选拥有资质认证的研学场所。如旅游景区、公共文化场所等的认证，应符合相关法律法规和行业标准要求。

② 坚持安全第一原则。建立安全保障机制，明确安全保障责任，落实安全保障措施，确保研学者的生命财产安全和研学过程安全有序。

③ 设计合理、严谨的研学方案。要有清晰的课程目标；要因地制宜，呈现地域特色，引导学生走出校园；课程内容应涵盖基础理论知识、实际操作技能、团队协作能力培养等多个方面，以满足不同层次的学生需求。

④ 采用探究式学习、项目式学习等多样化方式。鼓励学生主动参与、动手实践，注重培养学生的自主学习和合作学习习惯，提高其终身学习的能力。

⑤ 注重资源的共享共建与整合。充分利用校内外的教育资源，如实验室、图书馆、企业实践基地等。

⑥ 采用多元评价方式，包括过程性评价和终结性评价。过程性评价关注学生的学习过程，对其知识掌握、能力提升和情感态度变化进行实时反馈；终结性评价通过课程结束后的总结性评价，检验课程目标的达成情况。同时，要注重评价主体的多元化，鼓励学生进行自我评价和同伴互评，还要加入随队教官、老师、家长的评价。

分管中心：教师服务中心。

责任单位：学生服务中心。

项目责任人：各班班主任。

（9）小初衔接课程。

《国家中长期教育改革和发展规划纲要（2010—2020年）》提出“树立系统培养观念，推进小学、中学、大学有机衔接”。2022年4月，教育部召开关于义务教育课程方案和课程标准修订情况的新闻发布会，教材局局长田慧生表示，新修订的义务教育课程遵循学生身心发展规律，强化一体化设置，促进学段间的衔接，提升课程的科学性、系统性。会议提出“依据学生从小学到初中在认知、情感、社会性等方面的发展变化，把握课程深度、广度的变化，体现学习目标的连续性和进阶性”。小学到初中的学校教育是完整的基础教育系统，因此搞好小初衔接教育将有助于提高基础教育的质量。

我们充分利用改革契机，将课程体系建设作为小初衔接的核心，根据学生身心发展特点，在课程体系建设和国家课程校本化方面进行创新和实践。我们的小初衔接课程，主要遵循学生身心发展规律，关注学生关键期的成长，对中学段与小学段的课程、师资、教学模式进行整体规划，以课程建设为核心，提高学生的学习适应性，全面提升学生的核心素养。

实施要求和评价建议：

① 整合小学和初中的部分课程内容。打破小学和初中的界限，把小学六年级和初中七年级的课程内容进行有效衔接。比如，根据语文学科的特点，打通六年级与七年级同题材的古诗词赏析、名著阅读等内容的学习。

② 开展学生行为习惯和心理衔接的研究。小初衔接不仅是知识的衔接，更是心理建设的衔接、行为习惯的衔接。通过专题讲座，以及小学生与初中生之间的沟通、交流、互动，帮助小学生较好地理解初中学习生活，实现顺利过渡。

③ 提升小初衔接课程的师资水平。做好小初衔接课程，要求小学阶段的教师在全面了解学科知识体系的基础上找出小学与初中知识的衔接点，找准生长点，加强对初中课程标准和教材内容的渗透，提高专业素质。

④ 加强小学和初中教师之间的沟通。小学应与对应学区的初中学校做好对接，邀请初一的教师以座谈会等形式与小学六年级的教师交流，精准提出初中对于小学的需求。小学教师进入初中听课、参观，了解初中的学习模式和教学内容，在自己的教学中加以渗透。

⑤ 小初衔接课程实施过程评价与学期评价相结合的方式，通过开展小初衔接学科素养大赛，评价学生必备的知识、方法与能力，比赛成绩可以纳入学业成绩考核。

分管中心：教师服务中心。

责任单位：六年级服务中心。

项目责任人：六年级各班班主任。

3. 个人自主创新类课程

（1）小种子成长课程。

著名教育家陈鹤琴先生认为，大自然、大社会都是活教材。

小种子成长课程是双语小学二年级语文教师杜娟牵头开发的自主创新类课程。学生通过亲身实践、实际操作，寻找种子、认识种子、观察种子、播撒种子，感受植物的生长规律，探索大自然的奥秘；通过观察、猜想、探索、实践、体验等一系列探究活动，让深度学习自然发生。

这一课程把视角转向生活，让儿童的现实生活与学校课程内容对接，儿童的经验在课程实施过程中得到立体的生长。

实施要求和评价建议：

① 依托假期课程，将小种子成长课程与假期课程充分融合。假期前，教师和学生一起查找资料，了解种子的生长习性、生长环境；假期中，学生精心呵护，经历浸种、育苗等过程，一点点见证种子的成长并坚持每日记录。

② 注意将各学科打通融合。与科学学科教学紧密结合，通过寻找和观察身边植物的种子，了解它们外部的主要特征，如形状、颜色、大小等，知道种子发芽成长的必要条件；与数学学科教学紧密结合，通过实际数一数，完成统计幼苗叶片数量的任务，感受幼苗长度的变化；与语文学科教学紧密结合，用文字记录种子的生长历程，记录自己和种子的故事，感悟生命，体会成长；与道德与法治学科教学紧密结合，通过种植活动，了解每个生命是独一无二的个体，体验生命是一个不断成长、接受挑战的过程，进而接受相关的生命教育。

③ 注意学生探究活动设计。探究是本课程的核心，教师要事先设计好探究的相关活动。从播种开始，让学生观察、记录植物生长的每一次变化，亲历发芽、长叶、牵藤、开花、结果的全过程，体验探究乐趣。

④ 开展亲子活动。组织各种亲子活动，如写亲子观察报告、亲子共创“小种子成长记”绘本等，促进亲子互动，实现家校共育。

⑤ 加强展示与评价。组织观察日记、书画小报、摄影作品等的展示评选活动，以激励学生积极开展活动。

分管中心：教师服务中心。

责任单位：二年级服务中心。

项目责任人：二年级各班班主任。

（2）和悦健身操课程。

毛泽东曾说：“体者，为知识之载而为道德之寓者也。”有研究表明，运动能使人体产生一种内啡肽，让人感到快乐。健身操不仅能使学生的身体形态、节奏感、协调性得到提升，还能减轻学生压力，让学生以更好的状态投入学习，达到事半功倍的效果。

双语小学健身操课程是由牛秀秀和何晴晴两位老师开发的。这一课程通过体能训练和健身操动作的学习，让学生身体好、心情好，抗压力和意志力得到增强，表现力和自信心得以提升。不仅如此，经过刻苦训练，双语小学健身操队伍的所有学生在赛场上实现了完美绽放，连续四年荣获青岛市中小学生艺术节健身操比赛小学组特等奖。

实施要求和评价建议：

① 充分利用课后服务的时间。将健身操课程安排在课后服务的时间，让学生劳逸结合，既能锻炼身体，又能减轻学习压力。

② 充分利用流行舞蹈发展学生能力。技能是可以迁移的，每天都跳同一套健身操难免会让学生觉得枯燥乏味。老师们利用当下流行的舞蹈来提高学生的学习兴趣，让他们在享受快乐的同时，提高耐力、节奏感、协调性、自信心和舞台表现力等。

③ 技能学习与体能训练相结合。健身操对学生的耐力和肌肉控制能力有很高的要求，所以，好的体能是跳好健身操的基础。在健身操课程的设计中体能训练必不可少，或穿插在课程中，或设计为专项训练，学生要多练习，通过量的积累实现质的飞跃。

④ 注意及时反馈与评价。每一项运动的坚持都绝非易事，小学生的热情和坚持是学习健身操特别宝贵的品质，所以教师要好好保护它。学生提交家庭作业（小视频）时，教师要多加鼓励，指导要有针对性，每次改正一两点足矣，否则不仅贪多嚼不烂，还会打击学生的积极性。

⑤ 赋予学生带领运动的使命。伏尔泰说“生命在于运动”。通过健身操训练，让学生变身成“运动小达人”，带领家人和周围的小伙伴一起运动，变“独乐乐”为“众乐乐”。

⑥ 加强展示与评价。给学生搭建展示的舞台，让他们在班级展示，在级部展示，在学校重大集会上展示，在家长会上展示，抓住一切机会让学生去历练，提高学生的心理素质，帮助他们积累舞台经验。

分管中心：艺体服务中心。

责任单位：体育备课组。

项目责任人：体育教师。

（3）凤宝山研学课程。

读书，是向内旅行，去往精神世界；旅行，是向外读书，探索天地自然。《关于促进旅游业改革发展的若干意见》（国发〔2014〕31 号）要求全面实施素质教育，将研学旅行、夏令营、冬令营等作为青少年爱国主义和革命传统教育、国情教育的重要载体，纳入中小学生日常德育、美育、体育教育范畴，增进学生对自然和社会的认识，培养其社会责任感和实践能力。

凤宝山研学课程是由一年级薛铭泽的妈妈何苗、隋东辰的妈妈柳春梅、修凯的妈妈张伟芳三人牵头开发的。这一课程遵循教育为本、安全第一的原则，以乡土乡情研学为主。

该课程鼓励学生观察、体验、探索，锻炼生存技能，感悟生命真谛；让学生在触摸自然、感知社会的同时，放飞心灵、激活思维、磨炼意志、陶冶性情、传承文化、孕育精神、升华人格。

实施要求和评价建议：

① 认真做好研学计划。在研学旅行的计划阶段，课程牵头人、级部主任和组织方密切合作，共同讨论并确定研学相关事宜，包括目标主题、行程安排、安全保障等。

② 精心做好安全培训。课程牵头人与组织方提前对学生进行安全培训，包括紧急疏散训练、自救互救技能培训等，以应对可能的突发情况。组织方还应购买安全保险，确保学生在研学过程中的意外伤害和财产损失得到有效保障。

③ 精细化组织活动过程。组织方要提供专业的活动指导，确保学生能够准确理解活动内容；合理安排交通工具，确保驾驶员具备相关资质和驾驶经验；选择有经验的供应商，提供健康安全的食品，避免食物过期或不洁；教师和工作人员对学生进行有效管

理，保证学生遵守纪律和规章制度。

④ 细致、全面评估。在研学课程结束后，级部组织人员对整个研学活动进行评估，总结经验并改进工作。评估内容包括学生反馈、教师评价、学校评价、家长评价等。

分管中心：教师服务中心。

责任单位：一年级服务中心。

项目责任人：课程牵头人、一年级级部主任、一年级各班班主任。

附　青岛西海岸新区双语小学一年级凤宝山研学基地活动流程表

时间（2023 年 5 月 24 日）	课程			
	滑草（滑草场地）	九宫格（双人传球）（连栋棚）	萝卜咸菜制作（大锅灶餐厅）	多肉栽植（东场地树林）
7:00	大巴车抵达学校			
7:30—8:10	学生集合，教官整队，在操场上举行开营仪式（整队、训操、领导讲话、学生宣誓）			
8:30—9:30	乘车抵达凤宝山研学基地（北停车场）			
10:10—10:50	101 班和 102 班	103 班和 104 班	105 班和 106 班	107 班和 108 班
11:00—11:40	107 班和 108 班	101 班和 102 班	103 班和 104 班	105 班和 106 班
12:00—13:00	午餐（餐前教育：粒粒皆辛苦，光盘行动）			
13:30—14:10	105 班和 106 班	107 班和 108 班	101 班和 102 班	103 班和 104 班
14:20—15:00	103 班和 104 班	105 班和 106 班	107 班和 108 班	101 班和 102 班
15:00—15:30	活动总结，举行结营仪式，返程			

注：基地应配备对讲机、耳麦、音响、矿泉水、热水、急救箱、创可贴等。教官应自备哨子、猎人迷彩套装、特战靴、水杯等。开营、结营时由教官整队。

（4）和悦春游课程。

作为青岛市的经济发展重地，青岛西海岸新区拥有得天独厚的自然资源和人文景观。通过春游课程，学生可以更加深入地了解本地区的历史文化、自然环境和经济发展状况，培养热爱家乡的情感和社会责任感。

鉴于此，405 班周墨的妈妈邓亚萍牵头开发了和悦春游课程。这一课程着力于实现以下目标：

① 了解家乡文化。青岛西海岸新区拥有丰富的历史文化底蕴。通过参观历史遗迹、博物馆等文化场所，学生可以深入了解本地区的历史文化，增强文化自信心和自豪感。

② 感受自然之美。青岛西海岸新区拥有美丽的海滩、山水景观和动植物资源。通过春游，学生可以亲近大自然，感受自然之美，培养环保意识。

③ 拓宽学生视野。通过参观当地的工厂、企业和高科技园区，学生可以了解现代工业和科技的发展状况，激发求知欲和创新精神。

④ 培养协作能力。学生通过分组活动，协作完成任务，可以培养沟通协调能力、团队合作意识和集体荣誉感。

实施要求和评价建议：

① 确保安全。在春游过程中，始终把安全放在首位。要制订详细的安全预案，包括交通工具的安全检查、活动场地的安全措施、急救药品和设备的准备等。同时，带队教师和家长应时刻关注学生的安全状况，及时处理突发情况。

② 引导学生观察和思考。在春游过程中，教师应引导学生观察自然现象和人文景观，锻炼他们的思考能力。

③ 加强师生互动。春游课程是师生互动的好机会，教师应积极参与学生的活动，与学生交流心得体会，增进师生感情。同时，教师应鼓励学生互相帮助、共同进步。

④ 与当地社区合作。课程开发者主动与当地社区协商合作，充分利用社区资源为学生提供更丰富的学习和体验机会。

⑤ 注重课程的连续性和系统性。春游课程应该是一个连续的、系统的课程体系，而不是单一的一次性活动。应根据学生的年龄和认知水平，制定不同层次的春游课程目标和内容，逐步提高学生的观察能力、思考能力和实践能力。

⑥ 注重总结和评价。春游课程结束后，注意组织学生进行反馈和总结。学生可以分享自己的所见所闻、所感所悟，提出对春游课程的意见和建议。教师应对学生的表现进行评价，肯定他们的优点和进步，指出不足之处并给出改进建议。

分管中心：学生服务中心。

责任单位：四年级服务中心。

项目责任人：四年级服务中心主任、四年级各班班主任。

六、课后服务课程及实施

（一）背景分析

开展学生课后服务，是帮助家长解决接送学生困难的重要举措，是进一步增强教育服务能力、使人民群众具有更多获得感和幸福感的民生工程。党中央、国务院高度重视中小学课后服务工作。根据教育部和省市区教育主管部门有关文件精神，我们结合学校实际，切实做好学生课后服务工作。

（二）课后服务组织体系

我们集团把做好课后服务工作与全面推进素质教育、实现“五育并举”、落实立德树人根本任务结合起来，把做好课后服务工作作为“五项管理”和“双减”工作的重要举措，把“减负”和“提质”结合起来，健全组织体系和管理机制，着力打造多元普惠、共建共享的校内课后服务体系。

1. 成立领导工作小组

组长：杨世臣（校长）。

副组长：邵学忠（书记）、吕焕龙（副校长）、孙雷（副校长）、滕召春（副校长）、薛鹏（副校长）、林宏（校长助理）、苗文芝（校长助理）。

成员：中层干部及各年级服务中心主任。

2. 组建课后服务教师团队

（1）充分利用校内教师团队。

一是利用文化课教师，针对学生的学业困难进行指导；二是发掘文化课教师某些方面的特长，利用好音体美教师的专业优势，开展相关社团活动，培养学生的兴趣和特长。

（2）引进校外机构的教师团队。

引进校外机构的优质教师资源，给学生以某些方面的专业指导和帮助。

（3）挖掘家长志愿者团队。

从各行各业中选出优秀家长，让他们参与学校的社团训练，将他们在行业中的专业知识带进校园，带给学生。比如有丰富劳动经验的家长可以指导学生种植，有厨师经历的家长可以指导学生烹饪。

（三）课后服务组织实施

1. 内容安排

创新“基础课后服务＋兴趣活动＋特长培养”的“1+X+T”课后服务新形式。

“1”指基础课后服务，主要是指导学生自主完成作业，对学习有困难的学生进行补习辅导与答疑，为文化课方面学有余力的学生拓展更多学习空间。

“X”指兴趣活动，主要是结合《青岛市促进中小学生全面发展“十个一”项目行动计划》的要求开展。设有艺术类（包括书法、舞蹈、合唱、民乐等）、体育类（包括足球、篮球、羽毛球、啦啦操、田径等）、科技类（包括编程、建模、3D 打印、物联等）、拓展训练、劳动实践等项目，满足学生的兴趣需求。

“T”指特色社团活动，主要是在学生兴趣活动的基础上，结合学生成长需求和学校发展实际，着重打造和悦阅读、和悦足球、和悦羽毛球、和悦合唱、和悦口才等特色社团项目，满足学生的特长发展需求，彰显学校的办学特色。

2. 时间安排

实施课后服务“5+2”模式，即每周 5 天（星期一至星期五学习日）都要开展课后服务，每天不少于 2 小时。课后服务时间从下午第二节课后开始，结束时间原则上不早于

5:30。对家庭接送仍有困难的学生，提供延时课后服务。

根据集团各校的生源结构和学生家庭实际情况，将大部分学生的课后服务时间安排为3:30—5:30。

基础课后服务（课后服务一）时间：3:30—4:20。

兴趣课后服务（课后服务二）时间：4:30—5:30。

特长课后服务（课后服务二）时间：4:30—5:30。

3. 课程安排

（1）六年级。

课后服务一：指导学生学习，为学生答疑解惑，解决共性问题和个性问题。

课后服务二：开展学科素养社团训练。

（2）四、五年级。

课后服务一：指导学生学习，为学生答疑解惑，解决共性问题和个性问题。

课后服务二：学生自主选择，可以选择自主学习，也可以选择社团活动，还可以选择校队比赛项目。

（3）一、二、三年级。

课后服务一：指导学生学习，为学生答疑解惑，解决共性问题和个性问题。

课后服务二：学生可以自主完成作业，也可以自主参加音乐、体育、美术教师的社团，还可以选择家长开发的拓展课。

4. 具体实施

（1）指导作业。

教师对自己所教班级进行作业指导，特别要关注学习有困难的学生。督促学生建立错题本，对错题及时讲解，使困难问题在校内得到解决。

（2）辅导答疑。

教师通过授课、检查作业或智慧教育平台数据等，发现学生普遍存在的问题，一方面进行集中答疑解惑，另一方面根据全班学生的学习情况分成若干小组，组织学生进行合作学习，在互助中掌握知识，同时培养学生的责任感和团队意识。

（3）学科拓展。

加强学科融合，拓展学科的宽度与长度，把学科知识与学生核心素养培养深度融合，增加学生的学科实践学习，让学生在实践体验中感受、探索知识。

（4）培养特长。

根据家长申请、学生报名等情况，组织优秀教师、优秀家长、热心公益的社会人士给学生提供具体指导，发展学生特长，增长学生才能。

（5）社团训练。

根据学生特长及上级教育主管部门的主抓方向，设立学校社团训练团队，坚持劳动育人、活动育人、体育育人方向，进行艺术、科技、劳动、运动等诸多方面的训练，形成“全面发展、特色发展”的局面。

七、学生发展课程的资源开发与利用

（一）资源开发要符合政策要求

《基础教育课程改革纲要（试行）》明确指出：“积极开发并合理利用校内外各种课程资源。学校应充分发挥图书馆、实验室、专用教室及各类教学设施和实践基地的作用；广泛利用校外的图书馆、博物馆、展览馆、科技馆、工厂、农村、部队和科研院所等各种社会资源以及丰富的自然资源；积极利用并开发信息化课程资源。”

2021 年秋，教育相关部门推出了“双减”与课后延时服务的政策，2022 年春，又进一步推行了对小升初“民转公”的政策调整。从政策调整的走向，可以看出国家正在朝着综合素质人才培养的方向，持续推动教育的改革与优化。

学生发展课程资源的开发，既要适应新的学生发展需求，又要关注国家和地方有关政策法规的新要求，符合新的政策法规的要求。

（二）资源开发要凸显地域文化

1. 凸显中华优秀传统文化

中华优秀传统文化是中华民族的智慧结晶和宝贵精神财富。一直以来，学校充分运用优秀的中华传统文化资源，让传统文化走进校园；通过组织丰富多彩的文化传承活动，着力提高学生的人文素养。

2. 凸显青岛特色地域文化

青岛作为海滨城市，对海洋的研究具有得天独厚的优势。学校以海洋特色课程为载体，不仅可以激发学生探索蓝色海洋的兴趣，还能增强学生热爱海洋、保护海洋生物的意识，让学生担起应有的责任。

3. 凸显东方影都影视文化

学校通过东方影都影视文化资源，让学生了解影视，特别是中国影视的发展历史，懂得如何欣赏影视、读懂影视。影视课程可以让学生窥破自我、洞察生命、理解社会、拥抱人生，让影视成为学生心灵和视野的启蒙者和拓荒人。

（三）资源开发要调动多元主体

1. 发挥集团名师资源作用

集团发挥名师在教师专业发展中的辐射引领作用，通过“资源共享，师徒相长和谐共进”“携手帮扶，引领构建高质课堂”“课题引领，研究实践提升教学”等方式，引领教师的专业发展，助力提升集团青年骨干教师的教学水平和专业化发展。

2. 开发集团教师资源

集团有一批有志于从事校本课程研究的教师，他们有较高的积极性和潜在素质。据此，集团开设了声乐、器乐、美术、舞蹈、书法等艺术类课程，朗诵、演讲、写作等文学类课程，以及篮球、乒乓球、足球等体育类课程。另外，集团还通过培训迅速提升青年教师的专业素质，服务于学生发展课程的开发。

3. 引入专家高端资源

与山东省教育科学研究院合作，协调运用其相关课程专家的研究成果，聘请部分专家通过线上、线下等方式，对学校教师进行课程开发和实施的指导；和悦科学院与高端人才的智力引进，为课程走向高端注入活水；与科大讯飞智慧教育、青岛大学附属医院西海岸院区、东方影都影视基地、当地著名旅游景点的合作等，也为学生发展课程的开发引进了重要的人才资源，扩大了学生的课程范围。

4. 借力驻区高校资源

与青岛西海岸新区驻区高校签署共建协议，挖掘高校师资优势、理论优势、课题优势、特色优势，创新青年教师培养模式，厚植教师教育教学研究根基；依托高校体育美育项目试点计划，打造学生体育美育特色课程，提升学生核心素养，根据学生的兴趣爱好，开设声乐、舞蹈、篮球、足球、绘画等体育美育课程，成立体育美育兴趣小组或学生艺术团，丰富校园文化生活，推动集团体育美育多样化、特色化发展。

5. 挖掘网络教育资源

网络教育资源是教师教学和学生学习的资料库。例如，国家中小学智慧教育平台含有丰富的学生发展课程资源、课后服务课程资源等；国家教育资源公共服务平台有“智慧中小学”“找资源”“看教研”等模块，“找资源”内有资源包、教学设计、教学课件、课堂实录、素材、微课、习题、工具、课标解读、数字教材、教材教法分析、实验等。

教师在备课时可以充分借鉴网上优秀的教案、课件、视频、音频、图片、实录等，并对这些资源进行有效整合，从而形成适合学生学习的有效资源。另外，中国大学MOOC网、畅言智慧课堂等优质的线上学习资源，都可以成为学生自主学习的平台资源。

6. 巧用优秀家长资源

在学生发展课程资源的开发过程中，家长作为一个特殊的群体，蕴藏着丰富的课程资源。

（1）借助家长的思维方式。创新类课程的设计需要求新求异，家长们不同的知识水平、思维方式恰好可以弥补在校教师在思维方式上的局限性。例如，学校每学期各个班级的结业课程的实施，多数是交给家委会成员，各班家委会成员全程参与课程设计和实施，每个班级都与众不同，精彩无限。

（2）借力家长的丰富资源。家长群体中，优秀的各类人才分布于社会的各个行业。我们将家庭、社区、工作单位等的丰富资源，作为节日课程、研学课程的重要内容。由此，我们的学生发展课程变得更加丰富多彩，创意无限。

（四）资源开发要实现共建共享

1. 建设学校资源库

青岛西海岸新区双语小学教育集团充分发挥集团优势，建立了适合学校教育教学实际需要的教学资源库。

学校教学资源库的主要内容包括教学设计和课件、阶段性检测题库、教学案例、德育活动设计与案例、教师研讨随笔等。学校教学资源库以教研组为单位建设，文档命名清楚明确，容易查找。

2. 建设校际资源共同体

（1）建立校际合作机制。学校之间建立稳定的合作关系，制定合作协议，明确各方的权利和义务，确保资源的共建共享得到有效保障。

（2）共同开发课程资源。学校之间组织教师共同开发和研究课程资源，共享教学资料，提高课程的质量和水平。同时，可以互相借鉴和交流教学经验和教学方法，促进彼此发展。

（3）建立资源共享平台。学校建立资源共享平台，将课程资源上传至平台，方便其他学校下载和使用。此外，平台还可以提供在线交流和互动功能，促进教师和学生之间的交流与合作。

（4）鼓励教师交流互动。学校之间可以组织教师交流会、研讨会等活动，让教师互相交流教学心得和经验，促进教师专业成长。同时，鼓励教师跨校授课，提高教师的综合素质和教学水平。

（5）开展校际竞赛和活动。组织各类校际竞赛和活动，增进学生之间的交流。此外，通过竞赛和活动，互相学习和借鉴经验，促进学校的发展。

（6）建立评价和激励机制。对校际合作共建共享的成果进行评价和表彰，激励更多的学校参与其中。同时，可以通过评价机制及时发现问题和不足，不断改进和完善共建共享的机制。

3. 发挥机构优势

（1）确定共建共享的目标和原则。首先，要明确学生发展课程的资源建设与校外机构共建共享的目标，如提高教育质量、促进学生全面发展、加强校外教育等。其次，要确定共建共享的原则，如平等、互利、合作等。

（2）筛选合适的校外机构。根据课程需求和学生发展需要，选择具有相应资源和经验的校外机构进行合作。这些机构可以是博物馆、图书馆、科技馆、企业、大学、特色培训机构等。

（3）制订共建共享方案。与校外机构共同制订详细的共建共享方案，包括资源建设的内容、方式、时间表等。方案应充分考虑校外机构的特点和优势，以及学校的需求和实际情况。

（4）开发与整合资源。根据共建共享方案，开发或整合优质的课程资源，如教材、教案、课件、师资等。这一过程，要注重资源的适用性和实效性，以满足学生的实际需求。

（5）实施与评价。实施共建共享方案，并对实施效果进行评价。评价应从多个方面进行，包括学生满意度、教学质量、资源利用效率等。根据评价结果，及时调整和完善共建共享方案，以提高教育效果。

4. 整合社区特色资源

（1）增强意识。学校和社区应增强课程资源共建共享的意识，明确资源共享的重要性和意义，树立动态发展的资源观念。

（2）建立合作机制。学校和社区应建立长期、稳定的合作关系，通过签订协议、制定规则等方式，确保资源共建共享顺利进行。

（3）开发特色资源。学校和社区可以结合自身特点和优势，开发具有特色的课程资源，如文化资源、人力资源等，丰富课程资源的种类和内容。

（4）开展交流活动。学校和社区可以定期开展交流活动，如文化节、科技节、体育比赛等，加强学生和社区居民之间的互动，促进课程资源的共享。

（5）建立评价机制。学校和社区应建立评价机制，对课程资源的共建共享效果进行评估，及时发现问题并采取措施进行改进。

第三节　教师发展课程

教师发展课程，在和悦教育课程体系中处于基础支撑地位，具有特别重要的意义和作用。教师是学校培养和悦学生，引领和悦家长的中坚力量。教师既是学生成长发展的教导者、引路人，又是家长实施家庭教育的指导者，更是其自身成长发展的主体。所以说，在和悦教育的三大课程体系中，教师发展课程具有通过促进教师发展，进而提升其他两大课程育人效果的关键作用。没有高品质的教师发展课程，教师的高素质、高水平就缺乏相应支撑；没有高素质、高水平的教师，学生发展课程、家长发展课程的高标准落实就难以实现，学生和家长的成长发展就会大打折扣。所以，教师发展课程是学生发展课程、家长发展课程的基础支撑和关键保障。

一、教师发展课程的基本理念

（一）师德为先

师德，是教师素质的灵魂。教师发展课程，要把教师思想政治和师德师风建设放在首要位置，围绕落实立德树人根本任务，全面加强教师思想政治建设，提高教师的政治意识、政治能力，严格落实师德师风第一标准，引导教师深入学习，争做“四有”好老师，当好“四个引路人”，实现全方位、全过程师德养成，促进教师以德施教、以德立身。

（二）育人为本

教师发展课程的直接服务对象是教师，所以，应紧紧围绕教师成长发展的实际需要，来规划、设置、安排和实施教师发展课程。教师发展课程要着眼于教师的发展，体现社会进步、学生成长对教师发展的新要求，聚焦培养教育人才，满足不同层级、不同基础的教师修习需要，帮助全体教师成长。

教师的成长发展，最终落脚点是促进学生发展。因此，教师发展课程应强调学生视角，围绕教师成长及学生的全面发展来规划设计，通过不断提升教师在师德修养、学科教学、班级管理、专业发展等方面的理论水平和实践能力，促进学生获得知识与技能，形成创新精神和实践能力，提高核心素养，从而实现每个学生的和悦成长。

（三）实践取向

教师是在职修习发展课程的，是反思性实践者。教师要结合课程学习，在研究自身经验和改进教育教学行为的过程中实现成长发展。加强教师发展课程与培养学生、指导家长的实践的结合，加强知行合一、学思结合，倡导“做中学”“用中学”“创中学”，帮助教师主动发现和解决实际问题，不断推进教育教学创新，持续提升创新实践能力，形成个人教学风格和独特实践智慧。

（四）面向未来

教育是面向未来培育人的事业。教师要培养未来社会的主人，自身首先就要有对美好未来的强烈追求。依据教育发展和教师终身发展需要，教师发展课程应加强正确价值观引导，重视教师必备品格和关键能力培养，切实涵养教师的爱国情怀、社会责任、创新精神和实践能力，助力教师赢得美好未来。

（五）与时俱进

学为人师，行为世范。社会正在加速迈向数字社会，新思想、新技术正在全面融入教育教学和社会生活。新时代的学生是富有个性的现代人，教师发展课程只有与时俱进，充分反映党和国家对教育、对新时代教师的新要求，帮助教师不断学习、开拓创新，才能适应社会对立德树人的新要求，才能适应时代新人成长发展的新需求，才能更好地助力教师成长为优秀的教育人。

二、教师发展课程的目标

（一）提高教师自身综合素质

筑牢理想信念根基，以习近平总书记关于教育的重要论述作为常态化学习的首要课程，全面加强思想政治建设和全方位、全过程师德养成教育。

发挥集团名师名校长的人才优势，充分发挥他们的辐射带动作用，发挥教育家型校长、教育家型教师、名师名校长领航工程主持人等的作用，打造教师阶梯成长发展特色，助力更多教师不断从优秀走向卓越。

（二）提升教师教育教学水平

聚焦国家课程改革的理念、要求和教育教学方法变革，结合集团教育发展和教师实际，以现代信息技术赋能课堂教学提质增效为重点，强化理论学习与教育教学研究实践的结合，显著提升教师的教育教学能力与水平，创办更加优质的教育。

（三）提升教师家教指导能力

落实《中华人民共和国家庭教育促进法》，提高教师对家长进行家庭教育指导的能力，提高家校合作水平，提高学校、家庭、社区协调沟通、配合互补、合力育人的质量。

集团现有的和悦教师发展课程，是以往教师成长发展研究的阶段性成果，也是今后教师发展课程建设的一个基础。因为教育是不断发展着的，教师是不断成长着的，所以教师发展课程的建设也必须适应这些变化、发展，与时俱进，不断总结经验，紧扣教师实际需求，适时调整、充实、修订与优化。

三、教师发展课程的分类

根据教师自身成长、培养学生和指导家长三大主要职责的不同，和悦教师发展课程相应地分为三大类：提高教师自身素养的课程、提高教书育人质量的课程和提高家教指导水平的课程。

提高自身素养，是教师安身立命之本；教书育人，是教师服务社会之主业；指导家教，是教师与家长合力育人之责。与之相应地，提高自身素养的课程，是教师发展课程的核心，直接影响教书育人质量与家教指导水平；而提高教书育人质量和家教指导水平的课程，既直接影响教师服务学生和家长的能力、成效，又直接检验教师对自身素养提升课程的学习实效，会反过来促进教师进一步提高自身素养。

提高教师自身素养的课程，重在坚定理想信念、陶冶道德情操、培养仁爱之心、提高理论修养、提高施教水平，落实学校“为党育人，为国育才”的光荣使命，同时注重教师个人特长特色培养，促进教师个性化发展，助其终身学习成长。

提高教书育人质量的课程，强调贴近教育教学实际，引导教师通过对学生的深入了解与研究，通过对国家义务教育新课程标准、新教材等的深入学习研究，通过对学生发展课程的学习研究，切实提高德育工作、学科教学、班级管理等方面的能力水平。

提高家教指导水平的课程，重在促使教师树立“家长是学校教育最重要的合作伙伴”的意识，学习必要的家庭教育知识，加强与家长的沟通与联系，了解家长的教育需求，提升指导家长实施家庭教育的能力，提升服务水平，充分发挥家庭教育对学生健康成长的支撑与促进作用。

以上只是和悦教师发展课程的大致体系架构，上述助力教师成长的三类课程在现实中不是彼此孤立的，而是紧密结合、优化组合、系统实施的。比如，提高教师自身素养的课程中“教育科研能力提升课程”的实施，就与提高教书育人质量的课程中“提高基础类课程教学质量的教师课程”的具体任务“义务教育新课程标准的学习研究、学科融合教学的学习实践研究”等密切相连，以更好地支撑教师成长发展。

本节的前面一节“学生发展课程”与后面一节“家长发展课程”中都有与教师相关的内容，所以本节将简述提高教书育人质量的课程和提高家教指导水平的课程，而用更多篇幅讲述提高教师自身素养的课程。

四、教师发展课程的系统建构

成就自己、培养学生和指导家长是必不可少、紧密相连的，它们直接或间接地支撑教师的成长发展，是一个有机整体。这一整体，以直接服务教师自身成长的课程为核心来建构。建构的灵魂，是习近平总书记提出的“四有”好老师的要求。以坚定理想信念课程、陶冶道德情操课程、培育仁爱之心课程，确保教师“德”为核心的正确发展方向；以提高教师自身素养课程中的教研科研能力提升课程、课程开发能力提升课程、数字素养提升课程、跨学科教育能力提升课程、人文与教育理论素养提升课程等，加之提高教书育人质量的课程、提高家教指导水平的课程，帮助教师成为“有扎实知识”的好教师。这就是和悦教师发展“四有”课程建构的框架。

教师既是教师发展课程的学习者，也是教师发展课程的建设主体。教师发展课程的开发与设置源于教师发展需要，教师发展课程的建设、实施、评价、修订也要依靠广大教师。后文中各种教师发展课程名称下面的“责任组织单位”，就是课程建设、实施等的责任组织。这些组织的组成人员，一般是集团教师中具有相关研究能力和特长的名校长、特级教师、齐鲁名师和其他优秀教师代表。

后文中每一种教师发展课程的名称下面都列了数条“课程内容要点”，每一条都可以作为一个研修主题。

给教师选择修习课程、修习层级的自主权，就要研发便于教师自我诊断的能力水平诊断级差表。对每一种课程制定能力水平指标体系，划分为不同水平的层级（一般按由低到高划分为 1、2、3、4 四个层级），明确各个层级思想行为的典型表现，形成能力水平诊断级差表。该表可供教师测评自己在该课程指标中所处的层级，自我确定年度修习层级，自主制订相应研修计划，参与相应课程层级的培训、修习。该表也是项目组评价教师课程研修达标情况的标准。

考核评价是促进教师不断成长的重要举措。和悦教师发展课程体系总分设为 1 000 学分，五年为一个完整修习周期，每学年度修完 200 学分为满分。与学校教学同步，每学期项目组对参与修习的教师考核评价一次，90 学分及以上为优秀，70～89 学分为良好，60～69 学分为合格。项目组对参与修习的教师的考核成绩，经学校教师服务中心审核、公示后，按比例计入教师学期和年度考核。

在校本教师发展课程之外，上级教育主管部门、专业学术机构或组织，以及各级名校长、名教师工作室，也会组织有关教师进行学习研修；教师个人也可能参与某些提升学历、专业资格等的学习。所有这些学习研修中，与校本教师发展课程有重复冲突的，由教师个人提出申请，经相关项目组审核，报请学校教师发展课程项目部把关，可以酌情冲抵相应校本教师发展课程的学分。

教师发展课程的建构是不断推陈出新的系统工程。因篇幅所限，本节只列出三大类教师发展课程的框架，主要明确所要修习的课程名称、责任组织单位、内容要点和阅读书目等资料；而由各项目组负责，根据教师发展需求不断优化的，包括学习目标、学习内容、发展水平自我诊断量表、学习方法、评价方案与考核要求等诸多要点的一个个课程项目建设，则以“（四）教师发展课程设计范例”中所举范例为模板。

之所以突出指定和推荐课程阅读书目，是因为教师发展课程是以教师在职自主学习研究为主实施的。读书一直是教师丰富教育思想，激发教育智慧的最佳路径。苏霍姆林斯基强调：“读书，读书，再读书——教师的教育素养的这个方面正是取决于此。”（《给教师的一百条建议》）朱永新强调："阅读，是教师专业化的根本路径。"（《中国教育报》2019 年 4 月 22 日第 9 版）当前和可预见的未来，读书依旧是最适合每位教师自主进行学习研究、不断提高自身素养的主要方式。

（一）提高教师自身素养的课程

1. 新教师入职课程(30 学分)

课程实施、评价、修订的责任组织单位：教师服务中心、学生服务中心。

【课程内容要点】

（1）结合教育理论的学习，准确理解教育的本质和学生的认知发展规律、学习特点。

（2）解读最新教育政策文件，学习有关教育的法律法规和教师职业道德，明确自己的职责和义务。

（3）学习教学技巧和教育技能，提高课堂管理能力；接受相关学科知识和专业能力的培训，以更好地教授学科内容。

（4）学习设计教学计划和教学策略，包括课程结构、学习目标、教学方法和评估方式等。

（5）采用师徒结对、教学观摩等方式，充分发挥传帮带作用，让新教师有机会在实际教学中学习和提高。

（6）掌握教学评价与测试方法，包括学生综合评价体系与评价方法、课堂测试与作业设计、学生学习成绩分析与反馈。

（7）参与学校教育资源与平台应用的培训，例如整合利用信息化资源、教学平台及网络教育资源。

（8）教师职业发展与个人素养提升，包括职业生涯规划与成长路径、个人阶段性工作经验总结、心理健康及人际沟通培训。

（9）学习班级管理策略和方法，学习与家长沟通的技巧，能够顺利管理班集体。

【阅读书目】

（1）《给教师的建议》，[苏] 苏霍姆林斯基著，长江文艺出版社，2014 年。

（2）《班主任工作漫谈》，魏书生著，漓江出版社，2005 年。

【推荐选读】

（1）《不跪着教书》，吴非著，中国人民大学出版社，2015 年。

（2）《做一个老练的新班主任》，熊华生主编，中国人民大学出版社，2015 年。

【网络学习资料】

国家教育资源公共服务平台，电子课本网，人民教育出版社官方网站，学科网，山东省一师一优课、一课一名师网站，教研网，备课网，菁优网，办公资源网，考试酷，第二教育网等。

2. 坚定理想信念课程（40 学分）

课程实施、评价、修订的责任组织单位：集团党总支、学校党支部。

【课程内容要点】

（1）结合党史知识学习，准确理解党的十九大、二十大精神，深入领会习近平新时代中国特色社会主义思想。

（2）理解习近平总书记对教师提出的“四有”好老师、“四个引路人”、“四个相统一”的要求，争做“四有”好老师。

（3）学习社会主义核心价值观的主要内容，在工作生活中践行其要求。

（4）传承中华优秀传统文化，树立良好家风。

（5）立足全球化视野，领悟“构建人类命运共同体”的中国方案的内涵。

（6）领悟教育的真正内涵是唤醒每一个学生原本具有的美好与潜能，理解和悦教育办学宗旨“帮助每一个孩子拥有幸福人生”的含义，导之以政，努力成就每个学生的幸福人生。

（7）正确认识教师的角色，理解国家对教师职业道德的要求，明确教师应具备的核心素养、教师专业发展的路径，阅读教育家传记，观看教育类影视，分享感悟与思考，形成理想教师形象。

（8）结合疫情防控和典型案例，解读生命、生命教育和心理健康教育，探讨保护和促进学生身心健康成长的路径与方法。

（9）体验、总结并分享如何做一名学生喜爱、家长尊敬、师德高尚的教师，不断改进和创新自己的教育教学。

【阅读书目】

（1）《习近平新时代中国特色社会主义思想学习问答》，中共中央宣传部编，学习出版社、人民出版社，2021 年。

（2）《论中国共产党历史》，习近平著，中央文献出版社，2021 年。

【推荐选读】

（1）《学习贯彻党的二十大精神述评》，新华通讯社编，新华出版社，2023 年。

（2）《毛泽东邓小平江泽民胡锦涛关于中国共产党历史论述摘编》，中共中央党史和文献研究院编，中央文献出版社，2021 年。

【网络学习资料】

“党校公开课”第二季、电影党课（共产党员网）、中国共产党基本知识资料库（人民网）、《百年求索》系列微纪录片、百集文献纪录片《山河岁月》、百集微纪录片《红色档案——走进中央档案馆》、中央党校（国家行政学院）网络课程中共党史专题讲座、百集微纪录片《百炼成钢：中国共产党的 100 年》、习近平同志《论中国共产党历史》有声书（共产党员网）、习近平新时代中国特色社会主义思想学习纲要（中国文明网）。

3. 陶冶道德情操课程（40 学分）

课程实施、评价、修订的责任组织单位：集团党总支、学校党支部。

【课程内容要点】

（1）学习优秀教师为人师表的经验，挖掘身边的真实案例，讲好师德故事，引发情感与心灵共鸣，促进反思、内省与进步。

（2）学习并分享优秀教师的教育实践案例，提炼教育理念，实现以德育德。

（3）以健康的心理面对变革和工作，学会向学生学习、向强者学习、向磨难学习，积极寻找幸福的支点。

（4）记录自己职业生涯中的成长故事并进行分享，相互激励，共同成长。

（5）写反思日志，回顾自己的教育初心，对照榜样教师，明确努力方向。

（6）认识到教育需要教师集体合力，主动强化班级教师团队建设，积极参与年级组、学校和集团的有关项目组工作，主动参与学校建设。

（7）严于律己，自觉践行“学高为师，行为世范”。

【阅读书目】

（1）《习近平总书记教育重要论述讲义》，本书编写组编，高等教育出版社，2020 年。

（2）《德高为师：中小学教师职业道德修养》，唐凯麟、刘铁芳主编，东北师范大学出版社，2013 年。

【推荐选读】

（1）《教师职业道德》，杨芷英主编，高等教育出版社，2007 年。

（2）《我所理解的师德》，［苏］苏霍姆林斯基著，长江文艺出版社，2021 年。

（3）《陶行知师德理论及其当代价值》，吕德雄著，人民出版社，2010 年。

【网络学习资料】

（1）《习近平总书记关于师德师风的重要论述摘编》，来源：中华人民共和国教育部网站（简称教育部网站）。

（2）《中共中央组织部、人力资源社会保障部关于印发〈事业单位工作人员考核规定〉的通知》，来源：中华人民共和国人力资源和社会保障部网站（简称人社部网站）。

（3）《人力资源社会保障部相关负责人就〈事业单位工作人员考核规定〉答记者问》，来源：人社部网站。

（4）《教育部等七部门印发〈关于加强和改进新时代师德师风建设的意见〉的通知》，来源：教育部网站。

（5）《教育部关于印发〈新时代高校教师职业行为十项准则〉〈新时代中小学教师职业行为十项准则〉〈新时代幼儿园教师职业行为十项准则〉的通知》，来源：教育部网站。

（6）《新时代高校、中小学、幼儿园教师职业行为十项准则施行——牢固树立良好师德师风》，来源：教育部网站。

（7）《林崇德等：以培养“四有”好老师为目标，涵养高尚师德修养》，来源：人民教育公众号。

（8）《教师职业道德》，来源：中国大学 MOOC 网站。

【影视片推荐】

纪录片《大先生》，电影《讲台深处》《热血教师》，以及《于漪：培根铸魂》（《面对面》节目第 20221016 期）。

4. 培育仁爱之心课程（40 学分）

课程实施、评价、修订的责任组织单位：集团党总支、学校党支部。

【课程内容要点】

（1）尊重学生的认知规律，尊重学生的个性发展，重视学生的心理健康教育，指导学生学会理解并尊重老师和他人。

（2）掌握儿童的道德和人格建构规律、学习规律、身心健康发展一般规律。

（3）建构和谐的理解型师生关系，关爱弱势学生，促进全体学生身心健康发展。

（4）重视生命教育，掌握教育教学中渗透和实施生命教育的策略。

（5）结合关爱学生的案例，反思对待优生、有特殊需要学生等群体的教育策略。

（6）结合非智力因素的干预，促进学生的学业发展和成长进步。

（7）以身作则，教会学生关心、帮助、爱护他人，并让学生明白这样做就是关爱和尊重自己。

（8）研究学生行为问题的成因与特点，掌握学生行为矫正方法和心理辅导技术。

（9）保护和尊重学生的受教育、安全、人格尊严、隐私、休息与闲暇等各项基本权利，对学生一视同仁。

（10）为有特殊需要的学生提供支持和帮助，包容和谅解学生的缺点和不足，正确理解和处理学生的不当行为，关注和处理学生成长的特殊需求，处事公正。

（11）对关怀学生方面积累的成功案例、感人故事、反思日志等进行交流分享。

【阅读书目】

（1）《践行师德》，刘慧、刘惊铎编著，北京师范大学出版社，2021 年。

（2）《爱心与教育》，李镇西著，漓江出版社，2021 年。

【推荐选读】

（1）《做中国立德树人好教师》，成尚荣著，华东师范大学出版社，2021 年。

（2）《做一个学生喜欢的老师：我的为师之道》，于永正著，教育科学出版社，2014 年。

【网络学习资料】

（1）《好老师要有仁爱之心——四论学习贯彻习近平总书记教师节重要讲话精神》，来源：教育部网站。

（2）《论教师的仁爱之心》，来源：教育研究官网。

（3）《师德的“魂根基源”》，来源：光明网。

【影视片推荐】

纪录片《先生》，电影《生命因你而动听》《放牛班的春天》《卡特教练》《小孩不笨》《小孩不笨 2》。

5. 法治意识与依法执教课程（20 学分）

课程实施、评价、修订的责任组织单位：集团法律风险防范项目组、成员学校后勤服务中心。

【课程内容要点】

（1）了解学校的法律地位，教师、学生的法定权利与义务，教育权益救济制度，学校管理中的有关法律问题等。

（2）通过案例解析，认识教育中常见的法律问题，领会法治精神，树立法治思维，善用法治方式。

（3）明确教师的行为规范，提高依法实施教育和管理的能力。

（4）对社会中涉及教育的热点问题，从法律角度进行分析，强化法治意识、法治思维。

【阅读书目】

《最新教师法治教育读本》，石连海著，中国法制出版社，2016 年。

【推荐选读】

（1）《学校安全管理：律师的建议清单》，雷思明著，中国人民大学出版社，2022 年。

（2）《中华人民共和国教育法律法规全书：含全部规章及法律解释（2022 年版）》，中国法制出版社编，中国法制出版社，2022 年。

【网络学习资料】

《教师法律风险防范》，来源：中国大学 MOOC 网站。

6. 和悦教育三大基础理论课程（20 学分）

课程实施、评价、修订的责任组织单位：集团和悦教育核心理论项目组、成员学校行政服务中心。

【课程内容要点】

（1）基础理论之一：中华传统文化“和乃生”理论。

（2）基础理论之二：马克思主义“人的全面发展”理论。

（3）基础理论之三：习近平总书记阐发的“奋斗幸福观”。

（4）个人教育教学中的“和乃生”案例分享。

（5）“人的全面发展”与党的教育方针的关系解读。

（6）学生特长特色发展与“人的全面发展”的关系及案例分享。

（7）教师职业幸福的本质追问与个人职业幸福来源的梳理与分享。

【阅读书目】

（1）《面向个体的教育》，李希贵著，教育科学出版社，2014 年。

（2）《悦读立人：校园阅读文化体系构建策略》，杨世臣著，江苏教育出版社，2015 年。

【推荐选读】

（1）《创造适合学生的教育》，冯恩洪著，天津教育出版社，2011 年。

（2）《幸福之路》，［英］伯特兰•罗素著，天津人民出版社，2021 年。

（3）《幸福的方法 2：幸福的最小距离》，［美］泰勒•本－沙哈尔著，中信出版社，2022 年。

【网络学习资料】

（1）《和而不同（详解版）——习近平谈治国理政中的传统文化智慧》，来源：共产党员网。

（2）《“和而不同”的多重境界》，来源：人民论坛网。

（3）《中国思想中的“和而不同”智慧——“差异性”“多样性”的创造力》，来源：云南网，转自《北京日报》。

（4）《“和而不同”——中国文化贡献给人类的大智慧》，来源：宣讲家网。

（5）《十八大以来习近平总书记关于人的全面发展思想及其生动实践》，来源：光明网。

（6）《新时代“人的全面发展”的哲学逻辑》，来源：新华网，转自《光明日报》。

（7）《推动人的全面发展是教育的时代使命》，来源：光明网。

（8）《为中国人民谋幸福是中国共产党人始终不渝的初心》，来源：人民周刊公众号。

（9）《奋斗成就幸福，奋斗开拓时代——中国共产党人的奋斗幸福观》，来源：人民论坛网。

（10）《习近平主席的“奋斗幸福观”》，来源：中国青年网，转自《学习时报》。

7. 专业发展规划课程（15 学分）

课程实施、评价、修订的责任组织单位：集团教科研项目组、成员学校教师服务中心。

【课程内容要点】

（1）了解教师是需要终身学习的职业，以及新时代教师的使命与担当。

（2）了解教师专业发展的意义、因素、内在规律、阶段性特征、策略与途径。

（3）了解教师专业发展规划的意义及其与自己自主发展、成长为卓越教师的关系。

（4）根据自己的追求和特点制订适切的专业发展规划，并自觉实施。

（5）根据自身专业发展目标达成度和自身情况变化，适时调整和改进自己的专业发展规划。

（6）根据名师成长的一般规律分析自己走向名师的现实路径；对自身专业发展情况

进行科学的评价，促进自身专业发展。

（7）反思个人专业发展的历程，总结经验并交流分享。

【阅读书目】

（1）《素养时代的教师专业成长》，汪瑞林著，华东师范大学出版社，2022 年。

（2）《做一名有专业情怀的教师》，胡军哲著，湖南师范大学出版社，2017 年。

【推荐选读】

（1）《先生》，本书编写组编，中信出版社，2012 年。

（2）《从课堂到课程：教师专业成长 12 讲》，张祖庆著，中国人民大学出版社，2022 年。

（3）《我这样做老师》，魏书生著，长江文艺出版社，2016 年。

8. 课堂教学水平提高课程（40 学分）

课程实施、评价、修订的责任组织单位：集团课堂教学项目组、成员学校教师服务中心。

【课程内容要点】

（1）课堂教学及其与学生核心素养提升的关系研究。

（2）课堂教学与教师专业成长的关系研究。

（3）学生课堂学习与合作学习的观察研究。

（4）和悦课堂五步教学法的实践、反思与研究。

（5）和悦课堂五步智学法的实践、反思与研究。

（6）和悦空中课堂五步教学法的实践、反思与研究。

（7）和悦课堂备课、说课、听课、评课、磨课等的经验总结与分享。

（8）和悦课堂的评价与研究。

（9）和悦课堂实践的经验总结与分享。

【阅读书目】

（1）《走进深度课堂》，谢幼如等著，北京师范大学出版社，2022 年。

（2）《如何提高课堂创意与参与度：每个教师都可以使用的 178 个教学工具》，［英］麦克•格尔森著，中国青年出版社，2022 年。

【推荐选读】

（1）《优秀教师课堂管理智慧》，［加］马尔扬•格拉瓦茨著，湖南人民出版社，2022 年。

（2）《学科作业体系设计指引》，教育部基础教育司义务教育高质量基础性作业体系建设项目组编著，教育科学出版社，2022 年。

（3）《正念教学法：如何在课堂上提高学生专注力和情绪管理能力》，［美］托马斯•阿姆斯特朗著，中国青年出版社，2022 年。

（4）《静悄悄的革命：课堂改变，学校就会改变》，［日］佐藤学著，教育科学出版社，

2014年。

(5)《提升学生小组合作学习的56个策略》,[英]罗博•普莱文著,中国青年出版社,2018年。

(6)《崧舟细讲文本:小学语文教材文本解读与教学设计》,王崧舟著,长江文艺出版社,2021年。

(7)《如何在线教学:教师在智能教育新形态下的生存与发展》,[美]道格•莱莫夫著,中国青年出版社,2022年。

(8)《从作业设计开始的30个创意教学法:运用互动反馈循环实现深度学习》,[英]罗斯•莫里森•麦吉尔著,中国青年出版社,2022年。

【网络学习资料】

(1)《课堂问答的智慧与艺术》,来源:中国大学MOOC网站。

(2)《课堂管理的方法与艺术》,来源:中国大学MOOC网站。

(3)《教师课堂教学技能的自我提升》,来源:中国大学MOOC网站。

(4)《课堂互动方法与技术》,来源:中国大学MOOC网站。

(5)《玩转以学生为中心的教学》,来源:中国大学MOOC网站。

9. 教研科研能力提升课程(40学分)

课程实施、评价、修订的责任组织单位:集团教科研项目组、成员学校教师服务中心。

【课程内容要点】

(1)和悦教育日常教学研究的主要内容与一般性要求。

(2)和悦课堂常见模式类型与评价标准的学习研究。

(3)通过备课、说课、听课与评课等,进行课堂各环节提质增效研究。

(4)利用智课系统,分析、研究并改进自己的课堂教学。

(5)通过学习有关文献,掌握做课题的基本流程和方法。

(6)研究课题的确定、论证与实施;根据实际情况,选择一项课题进行研究,在做中学,掌握做课题的路径与方法。

(7)课题论证、研究报告、结题报告和学术论文的格式与规范实施。

(8)常见教育类报刊相关版块的文稿撰写与投稿。

(9)教科研经验总结与交流分享。

【阅读书目】

(1)《教师如何做研究》,郑金洲著,华东师范大学出版社,2012年。

(2)《今天怎样做教科研:写给中小学教师(第三版)》,冯卫东著,中国人民大学出版社,2019年。

【推荐选读】

（1）《研究设计与写作指导：定性、定量与混合研究的路径》，［美］克雷斯尔著，重庆大学出版社，2007 年。

（2）《教育研究方法（第三版）》，刘良华著，华东师范大学出版社，2021 年。

（3）《怎么做课题研究：给教师的 40 个教育科研建议》，费岭峰著，华东师范大学出版社，2021 年。

（4）《走向实证：给教师的教科研建议》，黄建初编著，华东师范大学出版社，2022 年。

（5）《成为研究型教师的 8 个锦囊》，魏戈主编，华东师范大学出版社，2022 年。

（6）《与一线老师谈科研》，苏忱著，上海教育出版社，2018 年。

【网络学习资料】

《教师如何做研究》，来源：中国大学 MOOC 网站。

10. 课程开发能力提升课程（30 学分）

课程实施、评价、修订的责任组织单位：集团教科研项目组、成员学校教师服务中心。

【课程内容要点】

（1）国家三级课程管理。

（2）地方课程与校本课程的区别。

（3）校本课程的地位和作用。

（4）课程资源的获取与再加工。

（5）校本课程的开发流程和基本要求。

（6）STEM 课程与开发整合。

（7）微课程开发与教育教学运用。

（8）课程开发经验总结、交流与分享。

【阅读书目】

（1）《校本课程开发：理论与实践》，崔允漷著，教育科学出版社，2000 年。

（2）《创意创新创造课程设计与实施》，王亚苹著，北京邮电大学出版社，2016 年。

【推荐选读】

（1）《校本课程开发》，吴刚平著，四川教育出版社，2002 年。

（2）《系统化学校课程设计：有效研制的实践指南》，韩艳梅著，华东师范大学出版社，2021 年。

（3）《课程的超越：学校课程系统设计》，王凯著，华东师范大学出版社，2022 年。

【网络学习资料】

（1）《校本课程开发》，来源：中国大学 MOOC 网站。

（2）《微课设计与制作》，来源：中国大学 MOOC 网站。

11. 班级管理能力提升课程（30 学分）

课程实施、评价、修订的责任组织单位：集团学生服务项目组、成员学校学生服务中心。

【课程内容要点】

（1）学生思想教育的目标、内容、方法、途径及问题研究。

（2）班级环境建设、班风建设、日常管理的内容、方法及问题研究。

（3）班级班会活动、少先队活动、文体活动、社会实践活动的设计、组织实施及问题研究。

（4）学习理论、学习方法指导及问题研究。

（5）学生生命教育、理想教育、生涯指导、生活指导的内容、方法与问题研究。

（6）学生道德发展理论、品德发展的评价方法及问题研究。

（7）学生学业发展、身心健康、艺术素养、劳动素养、社会实践的评价理论、方法及问题研究。

（8）班主任对班级精神文化、物质文化、公约文化、行为文化的建设实践、经验总结及交流分享。

（9）班主任对班级学习小组建设与学生合作学习的研究、实践。

（10）“一班一品”班级特色建设展示与经验分享。

（11）班主任对班级管理的观摩学习与交流研讨。

（12）班级建设优秀案例的撰写与评选。

（13）班主任对“六爱三雅”德育经验的总结与交流分享，班级“六爱三雅”优秀案例的撰写与平台推送。

【阅读书目】

（1）《班级管理课：班主任专业技能提升教程》，陈宇著，华东师范大学出版社，2021 年。

（2）《班级管理（第二版）》，李伟胜著，华东师范大学出版社，2021 年。

【推荐选读】

（1）《创意班主任：30 招让班级管理妙趣横生》，吴小霞著，中国人民大学出版社，2021 年。

（2）《班会课，就是要解决问题》（小学卷），丁如许主编，长江文艺出版社，2022 年。

（3）《班主任基本功修炼：情境模拟 58 例解析》，卓月琴著，华东师范大学出版社，2022 年。

（4）《做最好的班主任》，李镇西著，译林出版社，2013 年。

【网络学习资料】

（1）《班主任实践智慧》，来源：中国大学 MOOC 网站。

（2）《学生自治的现代班级建设》，来源：中国大学 MOOC 网站。

12. 数字素养提升课程（30 学分）

该部分内容详见本节“（四）教师发展课程设计范例”部分。

13. 跨学科教育能力提升课程（30 学分）

课程实施、评价、修订的责任组织单位：集团教科研项目组、成员学校教师服务中心。

【课程内容要点】

（1）跨学科教育的现实意义、基础知识和基本理论。

（2）跨学科合作进行教学设计、实施和评价的探索实践。

（3）课程思政与跨学科教育。

（4）跨学科教育案例解析。

（5）STEM 教育与跨学科解决问题的能力培养。

（6）跨学科阅读与写作的实施。

（7）跨学科教育的实践策略。

（8）跨学科教育的课程评价。

（9）“五育融合”实践的经验总结与交流分享。

【阅读书目】

（1）《跨学科的项目化学习：“4+1”课程实践手册》，张悦颖、夏雪梅著，教育科学出版社，2018 年。

（2）《基于核心素养的跨学科学习》，李文辉主编，西南大学出版社，2022 年。

【推荐选读】

（1）《跨界学习：学校课程变革的新取向》，娄华英等著，华东师范大学出版社，2018 年。

（2）《跨学科课程的 20 个创意设计》，段立群主编，华东师范大学出版社，2019 年。

14. 人文与教育理论素养提升课程（20 学分）

课程实施、评价、修订的责任组织单位：集团教科研项目组、成员学校教师服务中心。

【课程内容要点】

（1）中华优秀传统文化精粹。

《大学》《中庸》《论语》《孟子》《道德经》《传习录》等核心内容的学习解读。

（2）古代中外教育名篇。

选读《礼记·学记》、韩愈《师说》和《荀子·劝学》等中国古代教育名篇。

选读《理想国》《爱弥儿》等西方教育名篇。

（3）现代中外著名教育理论。

① 陶行知的教育思想：陶行知的生活教育理论、创造教育思想、校长观和教师观。

② 苏霍姆林斯基的教育思想：全面和谐发展的教育思想、学生实践能力与创新精神

的培养、让每个学生都抬起头来走路、研究是教师专业成长的幸福之路。

③ 杜威的教育思想：杜威的教育观、教学观、道德教育论。

④ 加德纳多元智能理论：多元智能理论概要、多元智能理论在教育实践中的应用。

⑤ 建构主义理论：建构主义理论的基本观点，建构主义理论所倡导的教学模式、教学方法与教学设计。

（4）当代中国重要教育理论。

① 叶澜与新基础教育：叶澜的教育生命观、叶澜与新基础教育实验。

② 朱永新与新教育：朱永新的教育理想、新教育实验、阅读观。

③ 魏书生的教育理论：魏书生的管理思想、教学方法、教育艺术。

【阅读书目】

（1）《陶行知名篇精选：教师版》，方明编，教育科学出版社，2006 年。

（2）《生活即教育》，陶行知著，长江文艺出版社，2021 年。

（3）《怎样培养真正的人》，[苏] 苏霍姆林斯基著，教育科学出版社，1992 年。

（4）《给教师的一百条建议》，[苏] 苏霍姆林斯基著，天津人民出版社，1981 年。

（5）《杜威教育文集•第 1 卷》，吕达、刘立德、邹海燕主编，人民教育出版社，2008 年。

（6）《多元智能》，[美] 加德纳著，新华出版社，1999 年。

（7）《多元智能教学法：挖掘每一个学生的最大潜能》，[英] 迈克 • 福里萨姆著，中国青年出版社，2020 年。

（8）《认知心理学高级教程》，钟毅平、叶茂林主编，安徽人民出版社，2010 年。

（9）《教育研究方法论初探》，叶澜著，上海教育出版社，2014 年。

（10）《新教育之梦：我的教育理想》，朱永新著，人民教育出版社，2004 年。

（11）《给教师的信：阅读与人生》，朱永新著，华东师范大学出版社，2020 年。

（12）《教学工作漫谈》，魏书生著，漓江出版社，2005 年。

（13）《好父母好家教》，魏书生著，漓江出版社，2021 年。

【推荐选读】

（1）《陶行知全集》（十二卷本），方明主编，四川教育出版社，2005—2009 年。

（2）《学生的精神世界》，[苏] 苏霍姆林斯基著，教育科学出版社，1981 年。

（3）《关于爱的思考》，[苏] 苏霍姆林斯基著，广西师范大学出版社，2005 年。

（4）《公民的诞生》，[苏] 苏霍姆林斯基著，教育科学出版社，2002 年。

（5）《杜威〈儿童与课程〉研究》，蒋雅俊著，福建人民出版社，2017 年。

（6）《民主与教育》，[美] 约翰•杜威著，译林出版社，2012 年。

（7）《杜威：教育即生活》，康桥主编，上海辞书出版社，2014 年。

（8）《多元智能：理论、方法与实践》，吴志宏等著，上海教育出版社，2003 年。

（9）《多元智能案例研究：学生、教师与学校》，张敏、刘竑波编著，上海教育出版社，

2004 年。

（10）《课堂中的多元智能：开展以学生为中心的教学》，［美］阿姆斯特朗著，中国轻工业出版社，2003 年。

（11）《建构主义教育研究》，高文、徐斌艳、吴刚主编，教育科学出版社，2008 年。

（12）《中国特色教育技术理论的建构与发展》，何克抗著，北京师范大学出版社，2012 年。

（13）《“新基础教育”研究手册》，张向众、叶澜著，福建教育出版社，2015 年。

（14）《“新基础教育”论：关于当代中国学校变革的探究与认识》，叶澜著，教育科学出版社，2006 年。

（15）《成己成人：叶澜教师观解读》，王枬著，人民教育出版社，2022 年。

（16）《致教师》，朱永新著，长江文艺出版社，2016 年。

（17）《新教育》，朱永新著，漓江出版社，2014 年。

（18）《母爱的学问：名家忆母亲》，朱永新主编，团结出版社，2022 年。

（19）《如何做最好的校长》，魏书生主编，南京大学出版社，2010 年。

（20）《守护传统常识》，魏书生、华一欣著，中华书局，2013 年。

（21）《教育改革与素质教育》，魏书生著，沈阳出版社，2000 年。

15. 小学生心理指导课程（10 学分）

课程实施、评价、修订的责任组织单位：集团心理健康项目组、成员学校教师服务中心。

【课程内容要点】

（1）小学生心理发展理论与心理指导的内容，特别是学生的心理发展特点、学生常见心理问题的类型及应对措施、心理辅导技术等。

（2）小学生心理问题调研。

（3）小学生心理指导的方法与问题研究。

（4）学校和悦心育课程的研究、实践与建设。

（5）小学生心理指导案例分享。

【阅读书目】

（1）《培育坚强的心灵：中小学生心理健康的教育支持》，项贤明主编，山西教育出版社，2021 年。

（2）《中小学健康教育：理论与实施策略》，胡玉华主编，华东师范大学出版社，2022 年。

（3）《自卑与超越》，［奥］阿尔弗雷德·阿德勒著，中国友谊出版公司，2017 年。

【推荐选读】

（1）《中小学生心理健康教育》，陈建新、鲁婷主编，华中科技大学出版社，2020 年。

（2）《正面管教》，［美］简·尼尔森著，北京联合出版公司，2016 年。

（3）《学生心理辅导咨询案例集》，徐光兴主编，吉林出版集团有限责任公司，2012 年。

【选修课程】

心理健康咨询师课程。

16. 交流沟通与情绪调节课程（20 学分）

课程实施、评价、修订的责任组织单位：集团心理健康项目组、成员学校教师服务中心。

【课程内容要点】

（1）遵循与学生、同事、家长、社会人员交往的教师礼仪和行为规范。

（2）尊重、理解、关爱、欣赏每一个学生，针对每个学生的特点，捕捉时机进行沟通交流，引导学生成长与发展，赢得学生的爱戴。

（3）建立合作互助、相互学习的同事关系，积极配合同事做好学生教育、家长指导工作，携手促进学生成长与发展。

（4）根据家长特点、实际问题、现场情境和共情需求，选择恰当的沟通途径和沟通方式，真心实意为学生和家长着想，化解各种家校矛盾，帮助家长优化家庭教育，赢得家长的尊重。

（5）与社区建立良好的合作关系，创造性地利用社区教育资源开展教育教学活动，组织学生深入社区开展参与式、体验式、探究式学习，促进学生健康成长。

（6）在与人交流、交往的过程中控制情绪，学会正确表达思想感情的方法与技巧。

（7）学会在学习、工作、生活中，尤其是在与他人有矛盾冲突的情况下，调节、舒缓和减轻个人焦虑情绪的常用方法与技巧。

（8）总结并分享自己在交流沟通、情绪调节等方面的经验。

【阅读书目】

（1）《人与人的相遇：人际传播论》，王怡红著，人民出版社，2003 年。

（2）《为心灵解压：一本写给教师的心理自助书》，傅宏主编，江苏教育出版社，2011 年。

（3）《蛤蟆先生去看心理医生》，［英］罗伯特·戴博德著，天津人民出版社，2020 年。

【推荐选读】

（1）《人际沟通论》，［美］唐·库什曼、杜·卡恩著，知识出版社，1989 年。

（2）《人际传播学》，薛可、余明阳主编，同济大学出版社，2007 年。

（3）《写给教师的心理学》，［英］斯科特·巴克勒、保罗·卡斯尔著，华东师范大学出版社，2016 年。

【网络学习资料】

（1）《教师情绪管理》，来源：中国大学 MOOC 网站。

（2）《教师语言与沟通艺术》，来源：中国大学 MOOC 网站。

17. 运动、营养与健康课程（10 学分）

课程实施、评价、修订的责任组织单位：集团工会、成员学校艺体服务中心。

【课程内容要点】

（1）健康是提升其余所有素养的前提和基础。

（2）做自身健康的第一责任人。

（3）太极拳、八段锦、乒乓球、网球、跑步……学习并掌握一两项终身受益的体育运动技能。

（4）坚持课间与学生一起跑操，做眼保健操，争取参加学校和社区组织的健身运动。

（5）均衡营养，健康饮食，劳逸结合。

（6）相关经验的交流分享。

【阅读书目】

《运动营养师培训教程》，杨则宜主编，人民体育出版社，2008 年。

【推荐选读】

《运动·营养与健康》，熊正英主编，陕西人民教育出版社，2006 年。

18. 教育教学管理课程（15 学分）

课程实施、评价、修订的责任组织单位：集团党总支干部培养项目组、成员学校教师服务中心。

【课程内容要点】

（1）学校在社会中的效能，学校的一般组织结构，和悦教育下学校的扁平化组织结构。

（2）管理对提升办学质量的意义与作用，自己在学校组织中的角色定位与责任担当。

（3）和悦精神文化、物质文化、公约文化、行为文化的学习、实践与优化研究。

（4）提升学校中层执行力、领导力的行动研究，培养教师的研究。

（5）个体成就需求、团队愿景、目标设定与共同体合作文化建设，个体的动机与激励策略，个体沟通的方法与技巧。

（6）学校、家庭、社区合作育人研究。

（7）全面质量管理、项目管理、绩效管理、数字化管理的行动研究与经验分享。

【阅读书目】

（1）《学校文化管理》，孙鹤娟著，教育科学出版社，2004 年。

（2）《学校如何运转》，李希贵著，教育科学出版社，2019 年。

【推荐选读】

（1）《如何培育卓越教师：给学校管理者的行动清单》，［美］内拉·A. 康纳斯著，中国青年出版社，2022 年。

（2）《教育家观察：“双减”时代的教育改革》，郅庭瑾主编，华东师范大学出版社，2022年。

（3）《做一个书生校长》，程红兵著，华东师范大学出版社，2006年。

19. 个人特点、特长、特色发展课程（20学分）

课程实施、评价、修订的责任组织单位：集团教师特色发展项目组、成员学校教师服务中心。

【课程内容要点】

（1）教师个人教育教学特点、特色、风格形成的意义与路径。

（2）个人业余兴趣爱好及其在教育教学中的作用发挥。

（3）个人特长发挥、特色成长的经验总结与分享。

【阅读书目】

《光影启迪教育：给教师的29堂电影课》，徐明著，华东师范大学出版社，2022年。

【推荐选读】

（1）《教室里的电影院》，夏昆著，中国轻工业出版社，2013年。

（2）《第56号教室的奇迹：让孩子变成爱学习的天使》，［美］雷夫·艾斯奎斯著，光明日报出版社，2014年。

（二）提高教书育人质量的课程

1. 提高基础类课程教学质量的教师课程（150学分）

课程实施、评价、修订的责任组织单位：集团教育教学项目组、成员学校教师服务中心。

【课程内容要点】

（1）义务教育新课程标准的学习与研究。

（2）任教学科义务教育段教材、教法的学习与研究。

（3）全学科义务教育段教材、教法的学习与研究。

（4）学科融合教学的学习、实践与研究。

（5）学生特点的了解与研究。

（6）学生的组织、管理、教育的实践与研究。

（7）课程思政与“五育融合”的实践与研究。

【阅读书目】

（1）《义务教育课程方案（2022年版）》，教育部制定，北京师范大学出版社，2022年。

（2）《义务教育语文课程标准（2022年版）》《义务教育数学课程标准（2022年版）》等，教育部制定，北京师范大学出版社，2022年。

【推荐选读】

（1）“义务教育课程标准（2022年版）课例式解读丛书”，中国教育科学研究院基础教育课程教材研究中心组织编写，教育科学出版社，2022年。

（2）《大概念教学：素养导向的单元整体设计》，刘徽著，教育科学出版社，2022年。

（3）《未来教师的大概念教学设计》，章巍等著，机械工业出版社，2022年。

（4）《〈义务教育数学课程标准（2022年版）〉案例式解读（小学）》，马云鹏、吴正宪等编著，华东师范大学出版社，2022年。

（5）《核心素养研究》，钟启泉、崔允漷主编，华东师范大学出版社，2018年。

（6）《核心素养与教学改革》，钟启泉、崔允漷主编，华东师范大学出版社，2018年。

（7）《当代课程与教学问题十四讲》，吴刚平著，华东师范大学出版社，2023年。

2. 提高拓展类课程教学质量的教师课程（100学分）

课程实施、评价、修订的责任组织单位：集团拓展类课程项目组、成员学校教师服务中心。

【课程内容要点】

（1）身心健康类课程的学习与研究。

（2）数理思维类课程的学习与研究。

（3）科技创新类课程的学习与研究。

（4）文化修养类课程的学习与研究。

（5）艺术品位类课程的学习与研究。

【阅读书目】

《心理辅导课：团体活动180例》，钟志农著，中国人民大学出版社，2022年。

【推荐选读】

（1）《趣味数学》，杨明、彭康清主编，西南交通大学出版社，2016年。

（2）《美学的散步》，宗白华著，人民文学出版社，2022年。

3. 提高创新类课程教学质量的教师课程（100学分）

课程实施、评价、修订的责任组织单位：集团创新类课程项目组、成员学校教师服务中心。

【课程内容要点】

（1）六爱三雅课程的学习、实践与研究。

（2）童心悦读课程的学习、实践与研究。

（3）和悦智慧课程的学习、应用与研究。

（4）和悦影视课程的综合育人实践与研究。

（5）和悦节日课程的实践与研究。

（6）和悦仪式课程的实践与研究。

（7）和悦责任课程的实践与研究。

【阅读书目】

（1）《小学综合实践活动课程的设计、实施与评价》，黑岚主编，清华大学出版社，2020年。

（2）《如何设计阅读单：让孩子成为阅读高手》，蒋军晶、刘双双著，中国人民大学出版社，2019年。

【推荐选读】

（1）《给教师的68条写作建议》，吴松超著，华东师范大学出版社，2021年。

（2）《阅读课的姿态：体式教学的说法和课例》，黄厚江著，华东师范大学出版社，2022年。

（三）提高家教指导水平的课程

1. 家庭教育促进法学习研讨课程（10学分）

课程实施、评价、修订的责任组织单位：集团家庭教育项目组、成员学校教师服务中心、成员学校学生服务中心。

【课程内容要点】

（1）家庭教育指导是教师的权利与责任。

（2）家庭教育指导的专业伦理规范。

（3）家校共育的途径与技巧、困惑与对策研究。

【阅读书目】

（1）《新家庭教育论纲：新教育在家庭教育上的探索与思考》，朱永新著，湖南教育出版社，2020年。

（2）《家庭教育指南》，李希贵著，新星出版社，2022年。

【推荐选读】

（1）《陪孩子终身成长》，樊登著，中国友谊出版公司，2020年。

（2）《母亲的路，孩子的天》，王开敏、姜鹏著，中国青年出版社，2006年。

（3）《人生设计在童年：哈佛爸爸有话说》，[美]高燕定著，广西师范大学出版社，2005年。

（4）《影响孩子一生的36种好习惯》，唐伟红、崔华芳编著，北京工业大学出版社，2009年。

（5）《不是孩子的错：为中国少年成长辩护》，叶小平、萧芸著，国家行政学院出版社，2006年。

2. 与家长打交道及家访常识课程（20学分）

课程实施、评价、修订的责任组织单位：集团家庭教育项目组、成员学校学生服务中心。

【课程内容要点】

（1）家庭与学校在育人中各自的特点、表现、作用，协同育人的途径和方式。

（2）家校沟通的主要途径与方法，家校沟通的问题与策略研究。

（3）家校沟通案例的分析与研究。

（4）家校常见矛盾的表现形式、原因分析与应对策略。

（5）班级突发事件案例分析，危机事件的家校沟通应对处理。

（6）涉及法律问题的家校矛盾举例，以例释法。

【阅读书目】

《家访秘籍》，张丽芳主编，上海教育出版社，2021年。

【推荐选读】

（1）《班主任与家长沟通的艺术》，郑学志著，中国轻工业出版社，2020年。

（2）《我的二本学生2：去家访》，黄灯著，人民文学出版社，2024年。

3. 组织家长参与学校和班级活动的课程（20学分）

课程实施、评价、修订的责任组织单位：集团家庭教育项目组、成员学校学生服务中心、各班班主任。

【课程内容要点】

（1）家长会的作用、类型，召开家长会的过程与方法。

（2）家委会的职责与作用，班级家委会管理案例分析。

（3）班级文化建设与社会实践活动中家委会的作用发挥研究。

【阅读文章】

（1）《建设现代学校制度 推进家校协同教育》，王群会，《北京教育（普教版）》，2014年第12期68页。

（2）《关于小学班级管理的家校合作策略的分析与研究》，刘建焕，《新课程研究》，2017年第1期113、114页。

【推荐选读】

（1）《让班级家长委员会真正发挥合作功能》，李海荣，《中国教育学刊》，2016年第S2期85页。

（2）《了解学生 更新观念 家校合作》，刘秀平，《小学科学（教师版）》，2016年第12期169页。

4. 指导家长实施家庭教育的课程（30 学分）

课程实施、评价、修订的责任组织单位：集团家庭教育项目组、成员学校学生服务中心、各班班主任。

【课程内容要点】

（1）我国传统家庭教育（包括优秀家风家训）的内容、方法与借鉴。

（2）如何建立良好的亲子关系？

（3）如何培养孩子的良好生活习惯？

【阅读书目】

（1）《家庭教育》，陈鹤琴著，商务印书馆，2019 年。

（2）《人生由我》，［加］梅耶·马斯克著，中信出版集团，2020 年。

【推荐选读】

（1）《谁拿走了孩子的幸福》，李跃儿著，广西科学技术出版社，2008 年。

（2）《好妈妈胜过好老师》，尹建莉著，作家出版社，2009 年。

（3）《蒙台梭利家庭方案》，尹亚楠、吴永和著，浙江教育出版社，2018 年。

5. 指导家长在家中实施“六爱三雅”、开展和悦德育的课程（30 学分）

课程实施、评价、修订的责任组织单位：集团家庭教育项目组、成员学校学生服务中心。

【课程内容要点】

（1）“六爱三雅”的内涵。

（2）家庭实施“六爱三雅”的主要内容与亲子情感沟通。

（3）家庭实施“六爱三雅”的途径和方法。

（4）家庭实施“六爱三雅”的行动指南。

（5）家庭实施“六爱三雅”的评价与激励。

（6）家长如何结合社区、社会生活，创造更多让孩子践行“六爱三雅”的机会与场景？

（7）成功案例分享与点评。

【阅读书目】

《做最好的家长：李镇西老师教养女儿手记》，李镇西著，漓江出版社，2015 年。

【推荐选读】

《我想遇见你的人生：给女儿爱的书写》，杨照著，广西师范大学出版社，2012 年。

6. 指导家长开展亲子共读、建设书香家庭的课程（30 学分）

课程实施、评价、修订的责任组织单位：集团家庭教育项目组、成员学校教师服务中心。

【课程内容要点】

（1）和悦教育童心悦读课程的核心理念、内容及其对孩子成长的意义。

（2）与孩子共同制订读书计划，培养按时读书、交流心得的习惯。

（3）亲子共读，与孩子交流、共情，编织共同成长的密码；亲子共写，与孩子相互激励，享受精神成长的幸福。

（4）创造条件，适时购买孩子当前最适宜悦读的图书；定期购买图书，订阅报刊，渐进式建设家庭悦读书橱或家庭图书馆。

（5）积极参与学校、社区、社会的读书、征文活动，参加书香家庭、书香社区建设。

（6）记录孩子悦读与精神成长的历程，保留亲子共读、共写的一手资料。

（7）书香家庭建设案例分享与点评。

【阅读书目】

《给孩子的七堂艺术课：诗画融通的美育之道》，王新著，广西师范大学出版社，2022 年。

【推荐选读】

（1）《童年爱上一本书：教师、父母如何伴读》，周益民著，中国轻工业出版社，2015 年。

（2）《让孩子爱上阅读》，闵小玲著，江苏凤凰科学技术出版社，2020 年。

7. 指导家长落实孩子家务劳动和社区志愿活动的课程（30 学分）

课程实施、评价、修订的责任组织单位：集团家庭教育项目组、成员学校学生服务中心。

【课程内容要点】

（1）了解学生在家劳动情况，指导家长落实学生家务劳动。

（2）加强与社区的联系，与家长一起帮助学生参与社区、社会的志愿活动。

（3）学生社会实践评价的方法与问题研究。

（4）与社区沟通、合作的方法与问题研究。

【阅读书目】

《给孩子的毅力培养手册：帮助孩子培养成长型思维和提高抗压能力》，[美] 艾丽莎·尼博森著，湖南教育出版社，2022 年。

【推荐选读】

（1）《如何让孩子性格好、身体好、学习好》，刘良华著，华东师范大学出版社，2021 年。

（2）《父母的 5 堂必修课：家庭教育的心理学智慧》，张雯著，华东师范大学出版社，2021 年。

【选修课程】

现代家庭教育指导师课程。

附　提高教师指导家庭教育水平的推荐阅读书目

1.《给一年级家长的建议》，郭文红著，长江文艺出版社，2022 年。

2.《这样和孩子相处：给孩子足够好的原生家庭》，刘颋颋著，人民邮电出版社，2021 年。

3.《优秀父母悄悄在做的那些事儿》，任勇著，华东师范大学出版社，2022 年。

4.《放手，才能强大：犹太父母如何教育青春期孩子》，[美]温迪•莫戈尔著，中央编译出版社，2022 年。

5.《透视孩子的心理世界：给教师和家长的心理学建议》，杨敏毅、孙晓青、吴权著，中国人民大学出版社，2018 年。

6.《让孩子成为超级学习者》，[美]彼得•霍林斯著，北京联合出版公司，2022 年。

7.《智慧教养 36 计：育儿困惑答疑手册》，郑建萍、李碧著，江西教育出版社，2022 年。

8.《从出生到独立：写给父母的养育心理学》，孟馥、姚玉红、刘亮等著，人民邮电出版社，2021 年。

9.《直面成长的烦恼：中小幼心理辅导 101 例》，杨娜主编，宁波出版社，2022 年。

10.《你就是孩子最好的原生家庭》，周丽瑗著，中国纺织出版社有限公司，2022 年。

11.《父母改变　孩子改变》，张文质著，北京师范大学出版社，2009 年。

12.《人之初：现代蒙学四十六课》，王尚文、郭初阳、颜炼军编著，东方出版社，2016 年。

13.《读懂孩子：心理学家实用教子宝典（6～12 岁）》，边玉芳著，北京师范大学出版社，2014 年。

（四）教师发展课程设计范例

为规范教师发展课程建设，各项校本教师发展课程可参考下面的范例进行设计。

附　数字素养提升课程

【课程概述】

本课程旨在增强教师运用数字技术解决现实问题、提高教育教学质量的意识，引导教师习得利用数字技术支持教学、支持研究、支持创新设计的模式和方法，提升教师的数字化素养和数字化教学、研究、创新的能力与水平。课程主要内容包括：教育数字化转型基本理论、和悦智慧教育赋能师生成长发展、数字教学媒体的选择和开发、数字化教学资源的获取和利用、现代教育技术在教学中的应用等。具体内容会根据教师的现实应用需求和智慧教育的发展进行动态调整。

【学习目标】

1. 学习教育部印发的《关于实施全国中小学教师信息技术应用能力提升工程 2.0 的意见》，明确信息技术应用能力作为教师核心素养的意义。

2. 学习教育部发布的《教师数字素养》教育行业标准，认识到数字素养是新时代教师的核心素养之一，教师需要适应并能利用数字技术教书育人。

3. 掌握学校数字化媒体资源的选择和利用方法。

4. 掌握数字化教学资源的设计与制作方法。

5. 掌握常见数字化媒体在教育教学中的作用和应用方法。

6. 掌握交互式数字媒体在课堂教学中的应用方法，并能熟练实施五步智学法、空中课堂、同步课堂。

7. 熟练应用智课系统，深度分析自己和学生的课堂表现，开展教学研究，主动改进课堂教学中的不足。

8. 掌握在线课程建设、实施的流程与方法。

9. 掌握利用文本、图像、音视频、动画等资源设计与制作新的资源的技术。

10. 基于需要解决的问题，进行逆向思维，创新解决问题的思维和方法。

11. 在学习和应用中不断提高教育教学能力与水平，主动应对未来社会与未来教育的挑战。

【课程实施、评价、修订的责任组织单位】

集团和悦智慧项目组、成员学校教师服务中心。

【课程内容要点】

1. 了解数字教育的内涵、特征与要求，知道数字技术正在推动教育创新发展，为教学理论、教学模式、教学方法等方面带来创新。

2. 根据个人发展需要开展数字技术学习、教学分析、反思改进，探索数字技术支持下的教学模式创新、教学活动改进、学习方式变革。

3. 探索数字技术资源的功能与作用，指导学生恰当地选择和使用数字技术资源支持学习，培养学生的计算思维和数字社会责任感。

4. 了解常见的数字技术与数字化设备、软件、平台的使用方法，多渠道搜集数据信息，设计融合数字技术资源的教学活动，进行创新性教学，解决常见问题。实时收集学生反馈，改进教学行为，优化教学环节，调控教学进程，并针对学生学习差异，开展针对性指导。

5. 合理选择并运用数字工具采集多模态学业评价数据，借助数字工具可视化呈现学业数据分析结果并给出合理解释，运用数字评价工具对学生的学习情况进行分析、评价。

6. 利用数字技术突破时空限制，创设线上、线下相融合的学习环境；利用数字技术资源有序组织教学活动，创新德育模式，开展数字技术支持的心理健康教育活动；利用数字技术资源实现学校与家庭协同育人。

7. 参与或主持网络研修共同体，共同学习、分享经验、寻求帮助、解决问题，利用数字技术资源支持教学研究活动。

8. 遵守互联网法律法规，自觉规范各项上网行为；尊重知识产权，注重学生身心健康；注重个人信息和隐私数据的管理与保护，能够辨别、防范、处理网络风险。

【发展水平自我诊断】

数字素养提升		
水平	你最像下面哪一种？	自我评价（√）
四	对学习现代信息技术有浓厚兴趣，主动关注大数据、云计算、人工智能等现代信息技术的发展动态，经常研究与教育教学相关的信息技术；熟练掌握各种搜集信息、处理信息、分析信息的技术手段，利用信息技术整合各种优质学习资源，实现信息技术与学科教学深度融合，优化课堂教学，提高教育教学效率；利用信息技术手段研究学生的学习，改进教学方式，促进学生学习方式的转变	
三	充分认识到学习和掌握现代信息技术对改进教育教学的重要意义，积极参加各类信息技术培训，主动学习和掌握相关信息技术；经过多年的学习和实践，能熟练运用常用的信息技术设备，很好地掌握建设学习资源库的技术，能较好地完成信息技术与学科教学的深度融合，提高学科教学效率；充分利用“互联网＋教育”，尝试搭建个性化学习平台，为学生提供较丰富的学习机会和学习体验	
二	逐渐认识到信息技术手段对教育教学工作的重要作用，在实践中深刻感受到掌握和应用信息技术所带来的乐趣，体验到信息技术是改进教育教学的重要手段；积极参加有关信息技术的培训学习，掌握了一些利用信息技术收集、分析和处理学科教学资源的方法，能利用信息技术获取教学资源；努力掌握利用信息技术分析学情的方法，帮助学生形成个性化学习方案	
一	在工作中按学校要求尽量使用信息技术开展教育教学工作，但因为还没有很好地掌握有关信息技术的知识，所以效果欠佳；了解信息检索和加工的基本方法，但是很少主动运用，技术掌握得不够熟练；在他人帮助下能制作简单的教学课件，但基本是照搬、复制或模仿他人，很少对资源进行加工利用；不能很好地利用信息技术分析学情，也难以创设基于学生、满足学生个性化需求的教育教学情境	

【数字素养提升修习课程】

专题	内容要点	适用水平
教育信息化与教育教学	教育信息化的内涵；信息技术与教育信息化；与教育信息化相关的计算机、网络、通信等领域的前沿知识	一、二、三、四
《中小学教师信息技术应用能力标准（试行）》解读	教育信息化的发展态势；教师的信息技术应用；《中小学教师信息技术应用能力标准（试行）》解读；教师信息技术素养的形成	一、二、三、四
《教师数字素养》解读	教师数字素养框架；数字化意识；数字技术知识与技能；数字化应用；数字社会责任；利用数字技术资源促进专业发展，包括数字化学习与研修，以及数字化教学研究与创新	一、二、三、四

续表

专题	内容要点	适用水平
信息技术与学科教学深度融合	信息技术与学科教学融合的重要意义;信息技术与学科教学融合的基本原则;信息技术与学科教学融合的方法与技术;信息技术与学科教学深度融合的案例	一、二、三
中小学数字教育资源建设与应用	数字教育资源的含义;数字教育资源建设的重要意义;加工、制作和管理数字教育资源的工具与方法;获取数字教育资源的方法和途径;应用和开发数字教育资源的策略	二、三、四
基于现代信息技术的学习诊断与教学改进	利用信息技术搜集和整理学生学习的过程性信息;基于过程性信息的学生学习诊断;基于学习诊断的教学改进	二、三、四
人工智能与教育变革	人工智能的内涵;人工智能的本质特征和发展趋势;人工智能与学校管理;人工智能与课堂教学改进;人工智能与学生学习改进	一、二、三、四
分享交流:基于现代信息技术改变学生学习方式的教学设计	基于现代信息技术完成教学设计;研讨教学设计内容;专家点评,提出建议	一、二
案例分析:信息技术与学科教学深度融合的典型案例	结合学科特点,针对教学内容,恰当选择信息技术优化学科教学的案例分析	二、三
任务驱动:课程资源的获取与再加工	利用所掌握的信息技术整合教学资源,制作教学微课	一、二

注:以上两表引自教育部印发的《中小学教师培训课程指导标准(专业发展)》,略有改动。

【教学方法与学习建议】

1. 自主学习,独立完成,并自主做诊断性测试,评估学习成绩。如有技术问题,参加学习共同体进行讨论。

2. 以实践为导向,基于教师自己确定的研修层级,采用项目指导教师讲授与教师实践相结合的方法,以同层级教师学习共同体的形式,组织教师围绕一定的实际问题进行研究性学习,完成校本培训作业和相关学习任务。

3. 进行丰富而深入的指导教师点评和教师间互评,在团队合作、相互质疑启发和反复练习中,提高数字素养和运用数字技术的能力。

4. 在日常工作中,适时恰当地选择、应用数字技术,提高教育教学质量。

【评价方案与考核要求】

(此略)

【阅读书目】

1.《教育中的人工智能:前景与启示》,[美]韦恩•霍姆斯、玛雅•比利亚克、查尔斯•菲德尔著,华东师范大学出版社,2021年。

2.《中小学教师信息技术应用能力提升手册》，周辉著，湖北教育出版社，2021年。

【推荐选读】

1.《STEM教育这样做》，王素、李正福主编，教育科学出版社，2019年。

2.《网课十讲》，方柏林著，华东师范大学出版社，2020年。

【网络学习资料】

《面向核心素养的信息化教学设计》，来源：中国大学MOOC网站。

五、教师发展课程的实施

（一）实施原则

1. 需求靶向

教师发展课程的选择与实施，须瞄准教师成长发展的需求，注重教师成长发展的持续性、系统性与前后衔接。教师要注重自我评价，判断自己的发展水平现状，选择适合自己的课程层级，自主参加学习培训。学校，特别是有关项目组，要通过观察、访谈和问卷调查等多种方式，发现教师发展中存在的实际问题，准确判断教师对学习课程的需求。以教师自选为主，以学校评价推荐为辅，确定有针对性的学习课程。

2. 自学为主

教师发展课程的实施，以五年为一个周期。教师根据自身发展水平现状，制订职业发展五年规划、专业发展三年规划和年度发展课程学习计划，自主修习教师发展课程，定期自主实施学习情况评价，及时调整自学进度。学校和项目组侧重组织和举办讲座、专题研讨，安排外出学习，提供师徒结对、合作学习、个别辅导、资源支撑、定期测评，给予教师足够的自主学习时间、空间与切实帮助。

3. 注重实效

强化理论联系实际，根据教师学习的基本要素，结合教师实际工作需要，针对教师教育教学存在的困惑与问题，使培训学习与教师的工作实践紧密结合，增强教师学习的实效性。对教师学习效果的评价，既要关注教师的知识掌握、能力提升、积极践行，又要与其所教学生的核心素养提升情况，与其所指导家长的家庭教育质量提升情况相联系，切实促进全体教师的学习与发展。

4. 知行合一

我们强调教师要做到知中有行，行中有知，将知和行和谐统一。其意思是不能孤立地学习教育教学理论知识，也不能漫无目的地进行教育教学实践。具体来说，就是在教育教学实践过程中，将所学的知识和理论付诸实践，通过实践不断反思和调整，不断提升自我，让所学的知识在实践中得到应用，真正发挥其应有价值，并结合实践中获得的经验或产生的困惑，形成教师对理论知识的获取需求，再次推动教师对教育教学理论知识的学习。

（二）实施方式与方法

1. 引导教师自主选择课程

充分体现教师学习的自主性，不断增强教师依据自身特点和发展需要，自主选择适宜性课程的能力，提高教师将所学课程内容转化为教育教学实践、日常行为习惯的能力；促使教师形成终身学习、发展的意识，帮助教师在学习、反思和实践中形成新认知、新行为、新习惯，达成思想理念、能力素养的新品位。

2. 分类分层开展培训学习

针对不同发展阶段、不同发展水平教师的个体差异，提供多样化的实施方案，提供专家讲座、周前会、读书会、学科研讨、跨学科研讨、学习共同体活动等多样化的培训学习方式。帮助教师带着自己的问题与思考，参与各类不同层次的培训学习。实现初职教师、熟练教师、骨干教师、市区名师、教育家型教师等不同层级的教师都参与相应的培训学习，不断成长发展。

3. 创新培训设计与学习方式

关注不同教师的发展需求和学习能力差异，增强实施培训学习的适切性、有效性和针对性。倡导各学校、各中心、各教师课程项目组，注重结合集团教育教学改革创新新动向、新举措、新经验，参考调研大数据，适度优化、整合相关课程及要点，不断切近教师学习成长新需求，不断优化培训设计。鼓励、倡导教师和项目组自主开发一些辅助实施规定课程的微课程，帮助更多教师破解学习课程中的困难和问题。倡导全体教师自主学习、合作学习、体验性学习、研究性学习和创新性学习，积极参加校本研修、学科组研修、主题研修、网络自学工作坊、名校长名教师工作室、学习共同体等。要创新运用专家讲授，案例研究，经典阅读，以及发掘成长典型、讲好成长故事等多种方法，将学、研、训相结合，促进教师学习、实践、分享，促进师德师能与教育教学成效的联动提升，不断提高课程培训学习的效果。

（三）实施案例

教师发展课程多种多样，这里摘选几个案例供大家参考。

案例 1 数字素养提升课程日常培训案例

一、培训时间

2021 年 5 月 8 日。

二、培训主题

技术融合课堂，赋能质量腾飞。

三、培训地点

五台山西路小学阶梯教室。

四、参培人员

双语小学教育集团全体教师。

五、主持人

王立新。

六、培训过程

（一）主持人介绍信息技术能力提升培训专家

李宝敏，博士生导师，华东师范大学教师发展学院教授。近年来致力于教师学习发展与学生核心素养发展研究，主持多项省部级课题，作为核心成员参与教育部《中小学综合实践活动课程指导纲要》的研制。发表论文50余篇，是上海市第四期普教系统名校长名师培养工程专家组成员、上海市信息化标杆校评审专家。主持多项国培项目及高端教师培训项目研发，均取得良好成效。

（二）本校教师进行技术融合课堂教学五步智学法案例分享

1. 语文学科教师刘凯华分享《智慧教育融入语文课堂》。

2. 数学学科教师王丹丹分享《技术融合数学课堂与五步智学法》。

3. 英语学科教师朱悦分享《新技术融合下的英语趣味课堂》。

（三）专家点评（李宝敏教授现场发言节选）

三位教师分别从和悦五步智学法的结构、技术融合课堂教学五步智学法的具体应用、技术融合课堂教学五步智学法的应用案例分析、课堂教学反思总结四个方面进行分析汇报。其中，各学科教师详细汇报了课堂上畅言智慧课堂、畅言晓学、几何画板、UMU、秒懂百科等技术融合的实现目标、具体实现方式，以及借助新媒体技术手段，结合学科特色，创建以学生为中心，以智能化、网络化、数字化信息技术为支撑的融合创新课堂的顶层设计。

从分享的内容可以看出，三位教师从为什么应用到怎么应用，再到应用实现的目标都有思考。可以说，信息技术不仅改变了课堂模式，更是深度融合在课堂之中。从教师教学工作以及教师专业发展来看，各位教师展现了“先学后教、以学定教、个性化教学”的理念，切实开展了以学生为中心的课堂教学。最后，非常期待后面的课题观摩交流。

（四）分组讨论提升

1. 由学科教研组组长牵头，以三位发言教师分享的案例为研究对象，分学科组织教师进行讨论，结合李教授的现场点评，交流研讨技术深度融合下的各学科课堂中五步智学法的技术应用，对其进行剖析，相互交流启发、碰撞智慧，通过修订、优化形成新的融合教育设想。

2. 按学科组进行汇报，再次接受专家的点评、指导，明确深入研究、进一步优化的方向与策略。

（五）集团总校长杨世臣发言

杨校长向李教授表示感谢，同时向全体教师提出明确要求：根据学科特点，融合信息技术手段，快速实现与五步智学法的深度融合，提高信息化专业能力，提高课堂教学质量。

（六）主持人结尾

主持人对全体教师提出具体要求：撰写学习心得；今后注重融合信息技术，创新五步智学法。

附件：案例分享（根据分享课件整理而成）

技术融合数学课堂与五步智学法解析

王丹丹

环节一：任务前置，目标导学。主要技术支持为UMU、畅言晓学，明确学习目标，自主学习，获取知识。

环节二：小组合作，展示交流。主要技术支持为畅言智慧课堂、几何画板、鸿合教学交互平台，它们应用在数学模块的各个方面，例如：数与代数、统计与概率模块应用畅言智慧课堂，图形与几何模块应用几何画板，综合与实践模块应用鸿合教学交互平台。

环节三：教师点拨，总结提升。主要技术支持为畅言智慧课堂、几何画板。运用畅言智慧课堂的拍照对比、聚焦、动画功能对重难点知识进行讲解，运用几何画板的动态演示功能进行直观解析。

环节四：创新达标，巩固内化。主要技术支持为畅言智慧课堂、畅言晓学。运用随机选人，PK板，以及畅言晓学中的速算智批、同步练习形成数据，分析学生对知识点的掌握情况。

环节五：拓展延伸，开放学习。主要技术支持为秒懂百科、畅言智慧课堂、人人通。

以“三角形的三边关系”课堂为例讲解技术融合过程及微能力点应用。

该课堂主要应用了UMU、几何画板、畅言智慧课堂、鸿合教学交互平台、秒懂百科等技术支持，应用了信息技术提升2.0工程中教师学习到的五个微能力点，即B3探究型学习活动设计、B5学习小组组织与管理、C2创造真实学习情境、B9自评与互评活动的组织、B7家校交流与合作。

案例2 教科研能力提升课程之小课题研究培训

一、培训时间

2022年8月25日。

二、培训主题

以小课题为抓手,提升教科研能力。

三、培训地点

双语小学悦动馆。

四、参培人员

双语小学教育集团全体教师。

五、主持人

苗文芝。

六、培训过程

(一)专家介绍

林宏,齐鲁名师、山东省特级教师、山东省十大教育创新人物、山东省教书育人楷模、山东省十大科研名师、青岛市拔尖人才。有《平凡教师的幸福之路》《走向真趣:小学数学教学新形态》《播下思维的种子:小学数学真趣教学再研究》三部专著;在省级以上刊物发表文章12篇;获山东省基础教育教学成果奖1项、山东省教育科研成果奖2项、青岛市教学成果奖2项;主持参与国家、省、市级课题14项;被聘为山东省"互联网+教师专业发展"工作坊主持人、齐鲁师范学院特聘教授、青岛市名师工作室主持人。

(二)专题报告

林宏老师做专题报告:《踏上成长快车道——小课题研究的道与术》(见附件1)。

(三)互动提问

1. 争先恐后我提问。此环节为主动提问环节,教师应抓住与专家面对面交流的机会,针对自身学科实际与科研疑惑向专家提问,解决疑惑,提升自我。

2. 幸运抽奖我参与。借助抽奖小程序,对全体教师发起随机选人活动,激励全体教师积极、正向地与专家互动。给自己一个机会,成就最好的自己。

3. 专家发问共成长。专家现场提出两三个关于小课题研究的问题,将互动推向高峰。

(四)分组讨论

1. 集团各校以学科组为单位进行分组讨论。学科主任组织全科教师进行现场分组讨论,就专家报告的内容进行再研究、再内化、再提升。

2. 集团各校分备课组讨论。各备课组组长组织本组教师进行精准研讨,确定新学期小课题的研究主题和方向,以及具体实施措施。

3. 名师工作坊深度研讨。名师工作坊主持人组织本工作坊成员进行深度研讨,确定本学期的科研主题和方向。

4. 小组代表上台展示研讨成果、个人培训感受。

(五)点拨提升

专家对于各组展示的研讨成果,尤其是对未来小课题研究的规划,进行点拨提升。

(六)点评与致谢

集团总校长杨世臣对于这次培训进行深度点评,对授课专家、组织这次研讨的教师服务中心一并表示感谢,最后提出对小课题研究的要求和希望。

附件1:专家发言稿(节选)

踏上成长快车道——小课题研究的道与术

林 宏

一、引领

苏霍姆林斯基说:“如果你想让教师的劳动能够给教师带来乐趣,使天天上课不至于变成一种单调乏味的义务,那你就应当引导每一位教师走上(到)从事研究这条幸福的道路上来。”

教师坚持做教育教学研究,教师的劳动就会成为一种乐趣,天天上课就不会成为一种单调乏味的义务,教师就会感到幸福!

小课题研究是教师基于实际情况,以解决教育教学工作中的具体问题为任务,对自身的工作进行自我观察、内省、反思、探究与行为跟进的一种研究方式。相对于传统的以课题组为形式的大课题而言,小课题具有以下特征:

(一)聚焦个体

小课题研究是针对教师个体的,由教师个体独自承担申报、研究、结题等工作。小课题研究关注的是教师个人的教育教学反思与行为跟进、教师自身的问题解决与经验提升。在小课题研究中,教师个体是研究的主角,是研究的真正实践者。

(二)着眼微观

小课题研究的内容是教师在日常教育教学过程中碰到的某一问题、某种现象、某个想法。同时,小课题研究的过程是灵活的,研究成果也是形式多样的。可以说,小课题研究是教师专业成长的思维“孵化器”。

(三)周期较短

大课题研究往往有一张明确地规定立项、开题、研究、结题、推广等时间的表格,一般需要几年时间;而小课题研究是教师在教育教学中遇到的急需解决的问题,慢则几个月、一年,快则十几天便可完成。

(四)倾向一线教师

小课题申报不受教师职务、职称、教龄等限制,是面向全体教师的。只要教师在教育教学中遇到问题,愿意将其作为研究对象,便可随时向学校申请立项,进行研究。小课题研究消除了课题研究的“专利权”及神秘面纱,彻底实现了研究的“平民化”,使得“人人可做”“时时可做”“处处可做”成为现实。

认识决定行动,学校年轻教师要积极响应号召,着手进行小课题研究。

二、实施

（一）建立问题库

学校组织培训、座谈，引领老师开展“每日一问”活动，针对教育教学细节，从教育教学实际出发，找出日常教育教学中的困惑并记录下来，通过研讨将其提升为问题，收入问题库。

（二）有针对性地选择课题

根据问题库中的问题，共同研讨，找出适合自己教育教学实际的问题，将其提升为课题，再结合学校提供的备选课题进行集体论证，最后选择适合自己的课题。

（三）组织老师交流学习

根据选题，组织老师共同学习有关文献，学习做研究的常用方法，比如观察法、问卷调查法、访谈法、个案研究法等，使老师学会查阅文献，对文献进行综述、评价，并确立适合自己课题的研究方法。

（四）课题申报

根据自己的选择进行课题申报，填写小课题手册的相关内容。教科室根据学科对小课题手册进行编号，统一建档管理。

（五）课题开题

分管教科研的领导组织小课题开题，分学科选择老师做课题开题报告，专家进行点评，使老师们明确研究方向，明晰研究思路。还可以邀请专家做有关教科研知识的报告，使老师由迷茫到顿悟，直至开悟。

（六）过程督导

在实施过程中，课题组组长负责对所有小课题研究者追踪指导，发现问题及时答疑；名师适当提供帮扶，同伴互助，积累经验，资源共享，从而确保老师们的课题研究工作有效进行。

（七）成果汇报

定期召开会议，汇报课题阶段性成果，以随笔、论文、学生小报、作业、光盘等形式呈现。

（八）课题结题与评价

学期末在全校范围内进行小课题的成果汇报，评选出优秀小课题，将其和学期末的量化考核挂钩。

（九）成果推广

研究过程中随时记录、整理、展示老师们的研究成果，并在教研组内甚至全校推广，将一个人的成果变为集体成果。

最后，与老师们共勉：态度决定一切，读书成为习惯，学习改变命运，特色就是卓越，研究成为名师。

附件2:教师听后感分享(根据现场发言录音整理而成)

做一名研究型的教师

姜文娇

林宏校长的专题报告《踏上成长快车道——小课题研究的道与术》,使我知道了课题就是一个问题、愿景、主题,课题研究是科学研究最常见、最基本的方式。

小课题的特点是聚焦个体、着眼微观、周期较短、倾向一线教师。课题研究是学校发展的需要,是教师成长的需要。课题研究的一般流程是建立问题库、有针对性地选择课题、组织老师交流学习、课题申报、课题开题、过程督导、成果汇报、课题结题与评价、成果推广。

听了林校长的报告,我感触很深。

首先,在日新月异的今天要有角色转变的意识,即由"教书匠"转变为"研究型教师"的意识。有了这种意识和需要,才能发挥主观能动性,把丰富的教育教学经验和感性认识有意识地上升到理论的高度。从撰写教学反思、教育叙事、教育教学论文开始,逐步提升个人的研究素质。

其次,要有勇于实践、敢为人先的精神。选择做研究型教师就是选择了比做一般教师更辛苦的事,不仅要完成一般教师所要完成的全部工作,还要进行更多的思考和实践。

最后,要练就一双"火眼金睛"。要成为研究型教师,就要有敏锐的洞察力,能及时发现教育教学工作中存在的问题,并将这些问题转化为课题,让教育教学过程变为推进教科研的过程。

我要不断思考、不断反思、不断进步,立足课堂,致力于课题研究,让自己的课堂越来越精彩。酸甜苦辣都是营养,成功失败都是收获。

把简单的事做好,持之以恒地进行课题研究,做一名研究型教师,将是我今后不懈的追求。

案例3 个人特点、特长、特色发展课程成果展示

2021年暑期教师读书会"勇立潮头开大船,乘风破浪谱新篇"上教师的精彩展示:

一、音乐教师深情演唱《中国力量》

会议伊始,伴随着五台山西路小学赵广红、付群、李俊豪、孙浩、王亚奇五位音乐教师的闪亮登场,本届教师读书会拉开了序幕。

这个环节为音乐教师搭建了一个展示才艺的舞台。铿锵的节奏,动听的歌声,一上来就把这次读书会推向了高潮。大家热血沸腾,情绪高昂,很多教师跟着歌唱起来。演唱结束,全场更是爆发出雷鸣般的掌声。

在和悦集团教师发展课程中，有一项课程是个人特点、特长、特色发展课程。读书会的这个环节既是教师个人特点、特长、特色发展的一个呈现，也是激励更多教师重视并追求个人特长、特色的一个方法。大家意识到，唯有特长出众、特色鲜明，才会赢得更多展露才华、卓越发展的机会。

二、各科教师合作创意诵读《满江红》

读书会中间，语文、数学、音乐、英语等好几个学科的教师联袂登台，为全集团的领导和教师慷慨激昂地创意诵读了岳飞的词《满江红》。吟唱、朗诵结合，领诵、合诵结合，创意满满，回音袅袅，激荡着老师们的心房。岳飞的爱国精神，在老师们的演绎中得以充分展现，激发起大家为国家教育事业、为学校快速发展不懈努力的干劲，促使大家为新学期蓄满电，再出发。

由山东省特级教师苗文芝组织老师们排练的《满江红》创意诵读，曾经以青岛西海岸新区第一名的成绩被推送到青岛市，又由青岛市推送到省里参赛，并获得了山东省经典诵读比赛一等奖的好成绩。

这个环节是双语小学教育集团教师发展课程"个人特点、特长、特色发展课程"的一次完美阐释。双语小学教育集团鼓励大家发挥自己的优势，于是，相同的兴趣爱好将不同学科的教师聚集在一起，他们开发出属于自己的特色课程——经典诵读课程。

这次借读书会再现老师们的精彩瞬间，对于促进全体教师追求卓越，特色发展，努力提高自身的综合素养，起到了很好的作用。

案例4　培育仁爱之心观影课程——观看电影《一生只为一事来》

第36个教师节悄然而至，为培养教师爱岗敬业、无私奉献、积极进取的精神，打造追求卓越的和悦文化，构建幸福校园，增强教师的光荣感、责任感和使命感，双语小学教育集团开展了"心怀感恩季，情暖教师节"观影活动。

活动时间：2020年9月10日。

活动地点：东方影都。

参与人员：双语小学教育集团全体教师。

主要流程：

一、花香情浓

集团领导班子全体成员提前来到观影地点，迎接每一位教师。教师一进入影院门口，领导就送上鲜花、掌声和祝福。一束束鲜花，一声声祝福，是集团领导对辛勤育人的教师们的真诚谢意，使每一位教师深深地感受到了双语小学教育集团这个大家庭的温暖。

二、校长致辞

在这个秋风送爽、桃李芬芳的日子里，在这个盛满崇敬与祝福的节日里，杨世臣校长为每一位教师送上最真诚的祝福和最美好的祝愿。“道之所存，师之所存也。”杨校长用这句话激励老师们做心怀大爱、潜心育人、受人尊敬的和悦教师。

三、隆重表彰

（一）表彰特级教师、齐鲁名师

邵学忠书记为杨世臣、苗文芝、林宏、石春霞和王立新老师送上鲜花和节日的祝福。

（二）表彰市级名师、市级教学能手

吕焕龙、庄沛政两位副校长为孙雷、李如燕、张俊慧、郭良晓、李文美、张杉老师献上美丽的鲜花，并颁发奖状。

（三）表彰有突出贡献的教师

滕召春、薛鹏两位副校长为工作中表现优秀的林宏、陈绪东、陈艳、郭良晓老师送上鲜花和祝福，并颁发奖状，激励老师们学习他们追求卓越，让优秀成为习惯，把平凡的事做得不平凡的工作品质。

四、朗诵表心声（教师节献词）

苗文芝、郭良晓师徒二人用一句句真情的话语诉说着讲台上辛勤耕耘的身影、课堂上孜孜不倦的叮咛、教室里神采飞扬的激情……千言万语，道不尽和悦教师的点点滴滴。

五、观影谈感想（观看电影《一生只为一事来》）

人，不是有了希望才去坚持，而是坚持了才有希望。在这个特殊的日子里，老师们一起观看了电影《一生只为一事来》。该电影让老师们铭记在教育这片热土上，要用自己赤诚的心、坚定的信念和无私的行动，去追求教育的最高境界，要相信坚守才有希望，相信相信的力量。

附件：电影观后感

《一生只为一事来》观后感

薛　璐

作为一名新教师，有幸和大家在教师节来临之际一起观看了电影《一生只为一事来》。

这是一部令人深思的电影，通过讲述一位小学教师的故事，向我们展示了坚持、奉献和希望的力量。这部电影情节引人入胜，故事感人至深。

首先，这部电影让我领悟到教师之爱是大爱。

支月英老师用自己的行动诠释了教育的真谛——甘愿为学生付出一切。她不计个人得失，不较工资待遇，只为了给学生们带来更好的教育。这让我深深地反思了自己作为一名小学教师的角色和责任。每个学生都是独特的个体，有着不同的潜能和特长。作为教师，我不能只考虑利益问题，更应该关注每个学生的发展需求，给予他们个性化的关怀和指导，鼓励他们勇于提问、表达自己的想法，为他们创造一个积极、开放的学习环境，培养他们的综合素养和品格。

其次，这部电影让我懂得了坚持的力量。

支月英是一位扎根于山区教育38年的教师。38年中，无论是面对学生的困难，还是面对教育环境的挑战，她从未放弃。如果不是怀着一颗善良博爱的心，拥有顽强的意志，是绝对做不到的。支月英用现实行动完成了“一生只为一事来”的伟大创举。

再次，这部电影让我明白了办法总比困难多。

电影中展示了支月英老师在教育过程中所面临的挑战和困境，例如，学校面临经费紧张、教学资源匮乏的问题。支月英老师面对困境，不断寻找解决问题的方法：与学生家长进行沟通，争取支持和帮助；自己创造教学材料，充分利用有限的资源。作为一名小学教师，我也常常面对各种挑战，例如学生差异化、家庭背景的影响等。只要我真心关心学生，用心去教育，就能找到适合的方法克服困难，发掘出学生的潜力。

最后，电影让我重新思考教育的意义和价值。

教育不仅仅是为了追求高分数，更重要的是培养学生的人格和价值观。正如电影中支月英老师所说的：“教育的真正目的是帮助学生找到自己的目标和激情，成为有价值的人。”这让我意识到，作为一名小学教师，我肩负着重要的使命，要以身作则，用爱心和耐心去影响学生，帮助他们发现自己的兴趣和潜能，成为有品德、有思考能力的人。

我愿意——一生只为一事来。

六、教师发展课程的资源开发与利用

（一）资源开发要符合政策要求

中共中央、国务院《关于全面深化新时代教师队伍建设改革的意见》明确指出：“落实立德树人根本任务，遵循教育规律和教师成长发展规律，加强师德师风建设，培养高素质教师队伍……”“根据基础教育改革发展需要，以实践为导向优化教师教育课程体系……开展中小学教师全员培训，促进教师终身学习和专业发展。转变培训方式，推动信息技术与教师培训的有机融合，实行线上线下相结合的混合式研修。改进培训内容，紧密结合教育教学一线实际，组织高质量培训，使教师静心钻研教学，切实提升教学水平。推行培训自主选学，实行培训学分管理，建立培训学分银行，搭建教师培训与学历教育衔接的‘立交桥’。”

教育部等八部门印发的《新时代基础教育强师计划》指出：“着力推动教师教育振兴发展，努力造就新时代高素质专业化创新型中小学教师队伍，为加快实现基础教育现代化提供强有力的师资保障……”“落实立德树人根本任务，坚持培育和践行社会主义核心价值观，坚持把教师队伍建设作为基础工作来抓，加快构建教师思想政治建设、师德师风建设、业务能力建设相互促进的教师队伍建设新格局。”

以上文件精神都是教师发展课程资源建设所应遵循的准则。

山东省实施齐鲁名师、名校长、名班主任“三名建设品牌工程”，形成了系统的省、市、县三级“三名工程”培养体系。山东省教育厅以“服务教师、培养名师、塑造‘四有’好老师”为目标，以“三名工程”为抓手，推动全省教育高质量发展。我们双语小学教育集团可借力相关政策措施，助推教师发展课程资源建设。

（二）资源开发要凸显地域文化

1. 凸显血脉交融的齐鲁文化

从历史来看，胶州湾地区地处历史悠久的齐鲁文化圈，物华天宝，人杰地灵，有着独特的风尚习俗与灿烂文化。先秦时期，齐桓公、齐景公均曾来此；秦汉时期，秦始皇、汉武帝数次登临此处；秦汉以后，法显、李白、苏东坡、邱处机、顾炎武、蒲松龄等历代文化巨匠，都曾留迹于此。琅琊台、墨故城、三里河、齐长城、天柱山魏碑、崂山道观等物质文化遗存，见证了青岛历史的悠久，构成了青岛延绵不绝的历史文脉与文化传统。这些丰厚的历史文化遗产，对青岛现代城市精神的形成和发展产生了深远的影响。

现在，尽管科技日新月异，社会生活千变万化，但是人们依然会驻足观看齐长城、琅琊台等许多遗址，追寻历史的脉络。

齐鲁文化交互融合之下的青岛文化中，不乏对教师的学习、成长、发展非常有利的丰富资源。

2. 凸显活力四射的新区文化

2014 年 6 月 4 日，国务院批准设立青岛西海岸新区，它覆盖黄岛区全域，是第九个国家级新区。青岛西海岸新区高标准打造“影视之都”“音乐之岛”“啤酒之城”“会展之滨”四张国际名片，是改革开放前沿、文化交融交汇之地，历史底蕴深厚，文化资源丰富。山、海、岛、礁、滩、湾……得天独厚的自然禀赋，让西海岸新区拥有其他城市无法企及的超高“颜值”，雄厚的经济基础则赋予了它强健的体魄。青岛西海岸新区以海洋经济发展为主题，承担着国家赋予的“打造海洋强国战略支点”重任，其海洋生产总值在地区生产总值、青岛市海洋生产总值中的比重均突破 40%。

青岛西海岸新区焕发新活力，带来一片焕然一新的教育高地，为教师发展课程的资源开发与建设提供了丰富的资源和广阔的舞台。

3. 凸显高端前沿的高校文化

青岛西海岸新区现有驻区高校及项目 21 所。其中建成 17 所，包括中国石油大学(华东)、山东科技大学、青岛理工大学、青岛电影学院、青岛职业技术学院、青岛科技大学中德校区、青岛港湾职业技术学院、黄海学院、青岛滨海学院、中国科学院大学海洋学院、中国海洋大学西海岸校区、哈尔滨工程大学青岛创新发展基地、中国远洋海运人才发展院、山东工艺美术学院产教融合青岛基地、清华大学青岛艺术与科学创新研究院、北京大学(青岛)计算社会科学研究院、北京语言大学青岛世界汉学中心;正在推进的高校项目有4个:中央美术学院青岛校区、复旦大学青岛研究院、对外经贸大学青岛国际校区、山东艺术学院电影艺术产学研基地。

集团驻地高校林立,众多院校有着高端前沿的教科研文化。集团与高校共建,创新教师培养模式,厚植教师教育教学科研根基。

(三)资源开发要调动多元主体

1. 集团内名校长名师资源带动

一方面,集团充分发挥杨世臣山东省名校长领航工作室、林宏青岛市名师工作室、苗文芝西海岸新区名师工作室的作用;另一方面,通过“青蓝工程”、师徒结对等举措,助力青年教师的专业发展。

2. 集团外专家名师资源助力

集团借助校内名校长名师的资源优势,注重与校外名校长名师的交流合作,建立教师发展共同体;借助校外专家名师资源开发校内教师发展课程,让集团教师与专家名师面对面,提升发展格局,助力专业成长。

3. 上级主管部门专家资源推动

集团与国家教育行政学院培训部、山东省中小学师训干训中心、山东省教育科学研究院等上级主管部门建立密切联系,借力相关专家资源,邀请国家教育行政学院培训部于维涛主任、山东省中小学师训干训中心毕诗文主任、山东省教育科学研究院张斌博士等专家进行有力指导,推动集团教师发展课程高端前行。

4. 集团数据库中优秀教师资源催发

在长期的教育教学实践中,集团内汇集了丰富的优质教育教学案例、优秀班主任工作案例、优秀教师成长发展案例等,这些身边的优秀教师资源成为教师发展课程构建的活水。

5. 网络优秀教育资源辐射

上级教育主管部门为推动教育高质量发展,建设了国家中小学课程中心网站、山东省教师教育网、青岛西海岸新区畅言服务平台等,这些智慧教育公共服务平台上的资源极大地丰富了教师发展课程。

(四)资源开发要实现共建共享

1. 建设校际资源共同体

(1)建立合作关系:首先,寻找具有共同教育理念的合作伙伴。建立合作关系后,可以共同制订资源建设方案，明确各自的责任和权益。

（2）共享资源：通过共享资源来提高资源利用效率。例如，可以将自己的课程资源、教学视频、教材等提供给其他学校使用，同时从其他学校获取所需资源。

（3）联合开发课程：学校之间联合开发新课程，通过合作的方式实现资源的优化配置和整合。在开发过程中，共同确定课程目标、选定教材、组织教师团队等，共同完成课程建设。

（4）培训与交流：学校之间定期组织培训与交流活动，让教师们互相学习和分享教学经验，促进了解和合作，提高教师们的教学水平。

（5）建立评价机制：为了确保共建共享的质量和效果，可以建立评价机制。对共享的资源、合作开发的课程、培训与交流活动等进行定期评价，及时发现问题并改进。

2. 整合社区资源

（1）确定共建内容：首先，需要确定教师发展课程资源建设的内容，以及社区需要共建共享的资源。共建内容包括课程教材、教学视频、教案、习题等教学资源，以及一些实践性的教学资源，如实验设备、实践基地等。

（2）建立共享平台：通过建立在线教育平台，将各类教学资源整合在一起，方便教师和社区成员随时随地进行学习交流。

（3）合作开发课程：教师和社区成员可以共同开发新课程，既能够满足社区教育的需求，又能够帮助教师发展自己的专业能力。

（4）交流与分享：通过组织线上线下活动，让教师和社区成员能够进行更多的交流与分享，共同成长。

（5）持续改进与优化：根据实际情况，不断改进与优化资源共建共享的机制和内容，确保其能够持续发挥效用。

第四节　家长发展课程

家长发展课程，是指导家长提高自身素养、提高家庭教育水平的课程，是学校引领家长一路前行、合力育人的课程，是引领家长与学校成为志同道合的合作伙伴的课程。

中共中央、国务院《关于深化教育教学改革　全面提高义务教育质量的意见》要求"重视家庭教育""家长要树立科学育儿观念，切实履行家庭教育职责"。《中华人民共和国家庭教育促进法》要求学校"组织开展家庭教育指导服务和实践活动，促进家庭与学校共同教育"。

一、家长发展课程的基本理念

（一）终身成长

家庭是人生的第一所学校，家长是孩子的终身老师，家庭教育是立德树人的第一环节。家长要担负起家庭教育的主体责任，积极开展家庭教育，落实家庭立德树人任务。服务社会、建设家庭、教育子女，需要家长不断成长，终身成长。家庭教育是家长和孩子共同成长的过程，没有家长的成长就难有孩子应有的成长。家长是孩子最直接的榜样，家长素质是影响家庭教育的重要因素。家长应当努力做到举止文明、情趣健康、敬业进取、言行一致、好学善思，自觉践行社会主义核心价值观，以健康的思想、良好的品行教育、影响孩子，在陪伴孩子全面发展的同时实现自身的不断成长。

（二）合力育人

苏霍姆林斯基说过："教育的效果取决于学校和家庭教育影响的一致性。如果没有这种一致性，那么学校的教育和教学过程就会像纸做的房子一样倒塌下来。"家庭教育和学校教育相辅相成，都是对孩子形成影响的重要因素。家庭教育要想取得成功，需要与学校的教育、教师的引导形成合力。在实施家庭教育的过程中，家长要与学校、教师紧密配合，并注意从自身习惯改善做起，注重培养孩子的良好习惯，逐步培育孩子明礼诚信、勤奋自立、友善助人、孝老爱亲等优秀品德，培养孩子与他人、与社会、与自然和谐相处的意识和能力。

（三）科学施教

尊重儿童成长规律是家庭教育的前提。儿童期是人生的重要阶段，有其发展规律。家长要学习家庭教育知识，了解孩子某年龄段身心发展的特点，了解自己家孩子的特点，在实施家庭教育时不能违背儿童成长规律，要采取科学的教养方式，无限相信孩子成长发展的潜能，促进孩子健康活泼地成长发展。

（四）服务家长

家长发展课程的设置和实施，要适应家长作为成年人和身兼多种社会角色的特点，为家长提供科学、规范、专业的家庭教育指导服务，帮助家长树立正确的育子观念，掌握科学的家庭教育知识和方法，引导家长遵循儿童身心发展规律，根据自家孩子的特点，科学有效地实施家庭教育，进一步提升家庭教育质量，促进家长和子女共同成长。

二、家长发展课程的目标

贯彻落实习近平总书记关于家庭教育的重要指示，按照新时代党和政府对家庭教育工作的要求，确定双语小学教育集团家长发展课程的目标如下：

（1）引导家长改变教育观念，明确自己肩负的教育责任。

（2）提高家长科学实施家庭教育的能力。

（3）提升家长与学校合作教育子女的水平。

（4）提升家长协同社会教育促进子女成长发展的能力。

（5）指导家长提高自身素质，促进孩子德智体美劳全面发展。

三、家长发展课程的系统建构

家长发展课程的建构，同样是不断推陈出新的系统工程。与上一节教师发展课程的系统建构一样，因篇幅所限，本节只列出四大类家长发展课程的框架，主要明确课程名称、责任组织单位、内容要点、重点阅读资料。而由各项目组负责，根据广大家长的发展需求具体建设并不断优化的，包括学习目标、学习内容、交流研讨与经验分享、优秀经验评选标准等诸多要点的一个个课程项目，则以本节“（五）家长发展课程建设案例”为模板。

（一）提高责任意识、教育观念的课程

课程实施、评价、修订的责任组织单位：集团党总支，成员学校党支部、学校家委会、学生服务中心。

【课程内容要点】

（1）习近平总书记有关家庭和家庭教育的讲话的学习课程。

（2）国家有关家庭教育的法律法规的选读课程。

【重点阅读资料】

（1）《中华人民共和国义务教育法》。

（2）《中华人民共和国教育法》。

（3）《中华人民共和国未成年人保护法》。

（4）《中华人民共和国反家庭暴力法》。

（5）《中华人民共和国家庭教育促进法》。

（6）《中小学教育惩戒规则（试行）》。

（7）《家长家庭教育基本行为规范》。

（二）提高家校合力育人水平的课程

1. 学校和悦精神文化课程

课程实施、评价、修订的责任组织单位：集团成员学校学生服务中心、学校家委会、班级家委会。

【课程内容要点】

（1）学校育人目标。

（2）学校办学目标。

（3）校训。

（4）校风。

（5）学风。

（6）学校建设“金点子”。

2. 班级文化建设课程

课程实施、评价、修订的责任组织单位：集团成员学校年级服务中心、年级家委会、班级家委会。

【课程内容要点】（主要是学习研讨孩子所在班级的）

（1）班徽。

（2）班训。

（3）班风。

（4）班级精神。

（5）班级口号。

（6）班级建设“金点子”。

3. 和悦家委会公约、家委会竞聘与家委会活动课程

课程实施、评价、修订的责任组织单位：集团成员学校学生服务中心、学校家委会。

【课程内容要点】

（1）家委会公约的学习与修订。

（2）了解家委会九个小组的分工与职责，自主参与相关竞聘。

（3）积极参与家委会工作和学生教育志愿服务。

4. 孩子在校特色学习参与课程

课程实施、评价、修订的责任组织单位：集团成员学校学生服务中心、年级家委会。

【课程内容要点】

（1）入学仪式课程。

（2）“六一教育大集”课程。

（3）结业课程。

（4）研学旅行课程。

（5）毕业课程。

（6）孩子所在班级的好故事分享。

（7）参与心得与意见、建议，“金点子”分享。

5. 孩子在家落实学校教育参与课程

课程实施、评价、修订的责任组织单位：集团成员学校学生服务中心、年级家委会。

【课程内容要点】

（1）主动协同学校教育，引导孩子完成在家学习、健身等学业任务。

（2）亲子共读，落实学校童心悦读课程。

（3）引导孩子爱自己、爱父母，落实学校六爱三雅课程。

（4）观影视，谈心得，落实学校和悦影视课程。

（5）完成学生课程中需在家落实的课程，如家务劳动课程。

（6）参与心得与意见、建议，“金点子”分享。

（三）提高家庭教育水平的课程

1. 参与入学教育、亲子融入校园的课程

课程实施、评价、修订的责任组织单位：集团成员学校学生服务中心、一年级服务中心、一年级班主任、一年级家长。

【课程内容要点】

（1）入学前，与孩子畅想小学生活，参观学习小学生校园生活。

（2）陪伴孩子参与入学仪式和开学升旗仪式，接受入学教育，帮助孩子迈好入学第一步。

（3）入学初，注重观察孩子的情绪状态和学习表现，鼓励孩子寻找玩伴；当孩子遇到困难时，耐心倾听，主动与教师联系沟通，协同帮助孩子度过入学适应期。

（4）分享实践经验与心得。

2. 和谐亲子关系、优化聆听沟通的课程

课程实施、评价、修订的责任组织单位：集团成员学校学生服务中心、学校家委会。

【课程内容要点】

（1）积极谈论孩子感兴趣的话题，尽量参与孩子的活动，珍惜共处时光。

（2）尊重孩子，听取孩子的心声，蹲下来同孩子对话，引导孩子充分表达自己的想法

和情感，平等交谈。

（3）对于孩子的事情，多跟孩子协商，给孩子越来越多的自主控制自己生活的权利。

（4）出现冲突时，自觉控制情绪，接纳孩子的慢节奏，讲究交谈技巧，分享自己的感受，用心沟通，赢得孩子的理解与感动，促进关系和谐。

（5）分享实践经验与心得。

3. 指导生活自理、培养劳动习惯的课程

课程实施、评价、修订的责任组织单位：集团成员学校学生服务中心、劳动课程项目组、年级家委会。

【课程内容要点】

（1）以激励为主，指导孩子自主完成整理床铺、洗袜子、扫地、洗碗、整理书包、收拾房间等力所能及的“爱自己”事务。

（2）每年帮助孩子学会一两项劳动技能，让孩子在做家务的过程中形成对家庭的责任意识，增强“爱父母”情感。

（3）激发孩子的劳动欲望，从身边小事、从自己做起，提高孩子的生活自理能力，让孩子感受劳动改善生活的喜悦，养成劳动习惯，学会尊重他人的劳动成果；鼓励孩子力所能及地帮助他人，弘扬爱心。

（4）引导孩子适度参与家庭财务预算管理，合理支配零用钱，形成正确的消费意识。

（5）根据孩子的年龄特征、性别差异、身体状况等，带领孩子适度参与社会公益劳动实践和志愿服务，培养“爱家乡”情感；适时、适度放手，促使孩子更好地独立自主成长。

（6）分享实践经验与心得。

4. 培养生活习惯、强化体育锻炼的课程

课程实施、评价、修订的责任组织单位：集团成员学校学生服务中心、体育与健康课程项目组、年级家委会。

【课程内容要点】

（1）科学安排孩子饮食，引导孩子养成健康的饮食习惯。

（2）培养孩子良好的卫生和作息习惯，保证孩子睡眠充足，注意口腔和用眼卫生，定期进行体检，培养孩子在生活中“爱自己”的习惯。

（3）以身作则，牢固树立健康第一的理念，采取亲子游戏、亲子运动等方式，引导、督促孩子坚持体育锻炼，帮助孩子选择学习两三项受益终身的体育运动技能，并熟练掌握其中一项。

（4）鼓励孩子参与适合的体育运动技能比赛，尽可能与孩子一起参加学校运动会等运动比赛，让孩子在体育锻炼中享受乐趣、增强体质、健全人格、锤炼意志。

（5）分享实践经验与心得。

5. 注重道德养成、培养规则意识的课程

课程实施、评价、修订的责任组织单位：集团成员学校学生服务中心、道德与法治课程项目组、年级家委会。

【课程内容要点】

（1）从日常生活点滴入手，以身示范，引导孩子尊老爱幼，文明礼貌，尊重他人和他人的文化，感恩他人的关照、教导与帮助。

（2）帮助孩子初步了解公民的基本权利和义务，养成守法的意识和行为习惯；引导孩子自觉遵守学校的规章制度、公共秩序和社会公德。

（3）使孩子初步认知常见的违法犯罪行为及其危害、要承担的法律责任，建立对校园欺凌行为的认知和防范意识。

（4）与孩子共同制定电子产品使用规则，引导孩子合理使用电子产品。

（5）分享实践经验与心得。

6. 培养学习习惯、树立孩子自信的课程

课程实施、评价、修订的责任组织单位：集团成员学校学生服务中心、教师服务中心、年级家委会。

【课程内容要点】

（1）在家中营造良好学习氛围，与孩子一起制订生活学习规划，合理分配学习、休息、娱乐的时间。

（2）理性对待孩子的学习成绩，注重培养孩子的学习兴趣，保护其好奇心，鼓励孩子自主探究学习。

（3）设置合理预期，提出合理具体的学习要求，及时表扬孩子的进步表现，帮助孩子努力做最好的自己。

（4）孩子学习遇到困难时，要给予理解和鼓励，启发孩子自主思考和探索，必要时一起寻找解决方法，培养孩子自主解决问题的能力和学习自信。

（5）以身作则，终身学习，不断学习新知。落实和悦教育中的童心悦读课程，陪伴、鼓励孩子坚持课外阅读，努力与孩子一起写亲子日记；重视科学教育，适当地进行人工智能启蒙，营造温馨愉悦的家庭学习氛围。

（6）分享实践经验与心得。

7. 实施生命教育、强化自我保护的课程

课程实施、评价、修订的责任组织单位：集团成员学校学生服务中心、各班班主任、年级家委会。

【课程内容要点】

（1）引导孩子认识、探究生命现象，结合社会生活，使孩子形成“生命无比珍贵”的

意识，引导孩子珍爱生命。

（2）带领孩子参加有关社会实践活动，适时开展生命教育，培养其积极乐观的生命观念，使孩子学会珍爱自己和他人的生命。

（3）加强家庭燃气、电器使用和饮食等方面的安全教育，教给孩子防范意外事故的知识和方法，使孩子初步掌握火灾、溺水、拐骗、性侵、自然灾害等发生时的自救技能，了解毒品危害的知识。

（4）引导孩子认识到每个人都是不同的，都有优点，也有不足，从而消除盲目攀比，进行自我比较，感受自己每天的成长进步，焕发向上、向善、向美的力量，体验自身成长的生命活力。

（5）引导孩子正确、科学地利用网络，培养信息安全意识，远离不良网络信息和网络危害。

（6）引导孩子认识到生命都是存活于一定环境中的，培养孩子与他人和谐相处、与其他生命共存的思想感情，培养孩子关爱弱势群体、保护自然生态的意识。

（7）分享实践经验与心得。

8. 关注心理健康、培养健全人格的课程

课程实施、评价、修订的责任组织单位：集团成员学校学生服务中心、心理健康教育项目组、年级家委会。

【课程内容要点】

（1）保护孩子的自尊心，多陪伴、多倾听、多鼓励。

（2）帮助孩子学会表达自己的情绪和需求，提高其环境适应能力和抗压能力，使孩子勇于面对困难和挫折，与家人、同学、老师友好相处，形成积极、自信、乐群的心理品质。

（3）正确对待孩子的拖延行为，与孩子共同制订生活学习计划，保障孩子“社交玩耍”和单独玩耍的时间，引导孩子树立正确的时间观念，学会自我管理时间。

（4）关注孩子青春前期身体和心理的变化，掌握一定的性生理卫生知识，及时了解孩子的困扰，鼓励孩子与异性进行正常的交往，引导孩子形成健康的性别文化，学会自我保护。

（5）分享实践经验与心得。

9. 教会孩子感恩知足、关爱他人的课程

课程实施、评价、修订的责任组织单位：集团成员学校学生服务中心、年级家委会。

【课程内容要点】

（1）让孩子观看家长工作的情景，或让孩子参与家长的劳动，亲身感受父母工作的艰辛，或在家中开展“角色互换”活动，让孩子做一天爸爸或妈妈，体验父母的不易。

（2）对家庭成员和熟识的邻居、朋友多说“谢谢”“辛苦您啦”等表示感谢的话语，言传身教，引导孩子对为自己有所服务的保洁人员、快递人员等表达真诚的感谢。当孩子受到别人帮助时，及时引导、鼓励孩子说“谢谢”，让孩子在感谢他人的行为中激发感恩意识。

（3）在特殊日子，比如家人的生日，举行相关仪式，引导孩子用言语表达自己的感谢，鼓励孩子通过行动，比如画画、拥抱、分享等，创意表达感恩之情。

（4）适时示弱，给孩子创造回报父母恩情的机会，让孩子在付出爱的过程中体会感恩的幸福。

（5）及时肯定、鼓励孩子的感恩言行，引导孩子在行动中表达关爱，培育爱心。

（6）分享实践经验与心得。

10. 培养国家观念、践行爱党爱国的课程

课程实施、评价、修订的责任组织单位：集团成员学校党支部、学生服务中心、年级家委会。

【课程内容要点】

（1）开展家国情怀教育，适时向孩子讲述仁人志士、中华民族传统美德故事，引导孩子关心国家发展重大成就。

（2）通过参观实践、亲子阅读、影视赏析等方式，引导孩子逐步了解社会常识和有关祖国的知识，懂得保护环境、珍惜资源。

（3）指导孩子说好中国话，写好中国字，讲好中国故事，初步了解中华优秀传统文化的内涵。

（4）教育和引导孩子在践行“六爱三雅”的过程中根植爱党爱国情感。

（5）分享实践经验与心得。

11. 引导孩子尊重自然、崇尚生活的课程

课程实施、评价、修订的责任组织单位：集团成员学校学生服务中心、年级家委会、班级家委会。

【课程内容要点】

（1）带领孩子亲近自然，通过活动体验、社会实践等方式，激发孩子对自然，尤其是对当地海洋的兴趣和探究愿望。

（2）引导孩子树立尊重自然、顺应自然、保护自然的意识，培养亲近海洋、热爱海洋、爱护花草树木的情感，养成勤俭节约、绿色环保的生活习惯。

（3）结合日常生活，引导孩子感受美、欣赏美；与学校合作，帮助孩子自主选择学习一两项艺术课程，熟练掌握一项受益终身的艺术才能。

（4）鼓励孩子通过歌唱、舞蹈、绘画、书法、诗词、演讲等方式表达美，鼓励孩子养成

写日记(周记)的习惯。

(5) 分享实践经验与心得。

12. 引导孩子体验社会、参与文明实践的课程

课程实施、评价、修订的责任组织单位:集团成员学校学生服务中心、年级家委会、班级家委会。

【课程内容要点】

(1) 认识社会实践对孩子教育的重要作用。

(2) 利用节假日、休息日,主动带领或支持孩子开展户外活动或参观游览研学活动。

(3) 带领或支持孩子参加多种形式的社会文明实践、社会劳动、志愿服务、职业体验等实践活动,帮助孩子更好地认识社会、开阔眼界、增长见识、提高素质。

(4) 在孩子参加社会实践活动的过程中,以身示范并适时提醒孩子做到学校六爱三雅课程中要求的"语言文雅,行为儒雅,情趣高雅"。

(5) 分享实践经验与心得。

13. 建设文明家庭、营造优良家风的课程

课程实施、评价、修订的责任组织单位:集团成员学校学生服务中心、年级家委会。

【课程内容要点】

(1) 注重家庭建设,营造平等和谐、相互尊重、孝老爱亲、责任共担、彼此关爱、包容多样的家庭氛围。

(2) 注重家庭教育,言传身教,不断学习,使家庭学习氛围浓厚;在践行六爱三雅、童心悦读等和悦课程的过程中,教育、引导孩子注重思想品德、行为习惯和良好个性的养成。

(3) 注重家风建设,弘扬忠厚传家久、诗书继世长、百善孝为先等中华优秀传统美德;注重为人处世、勤俭节约、和亲睦邻,用体现传统美德的家规家训引导、感染、规范家庭成员,树立良好家风。

(4) 交流分享家规、家训、家风建设的经验。

(四)提高协同社区与社会教育能力的课程

课程实施、评价、修订的责任组织单位:集团成员学校学生服务中心、学校家委会、年级家委会。

【课程内容要点】

(1) 遵守地区及社区文明公约,注重社会公德,关爱他人,助人为乐。

(2) 崇德尚礼,爱护公共环境,遵守公共秩序,为孩子创设优良的成长环境。

(3) 积极参与社区、社会开展的文化体育教育活动,主动参与社区、社会组织的培养青少年的公益活动。

（4）积极主动地带领或支持孩子参与社区、社会公益性文化教育活动，观察了解活动对孩子成长发展的影响，引导孩子从中获得成长进步的社会力量。

（5）经验总结与交流分享。

【阅读书目推荐】（可参考本章第235页“（三）提高家教指导水平的课程”中的阅读书目和推荐选读）

（1）《高效能家庭的7个习惯》，[美]史蒂芬•柯维著，南海出版公司，2010年。

（2）《园丁与木匠》，[美]艾莉森•高普尼克著，浙江人民出版社，2019年。

（3）《正面管教：优点多赏识，犯错少指责》，潘鸿生编著，中华工商联合出版社，2018年。

（五）家长发展课程建设案例

家长发展课程建设可参考下面的案例。

案例1 和谐亲子关系课程

一、课程概述

本课程意在引导家长认识亲子关系是家庭中最重要的关系之一，对孩子的成长和发展有着至关重要的影响。亲子关系是人生中形成的第一种人际关系，建立和谐的亲子关系是每个家长的责任和义务。本课程可以帮助家长学会如何与孩子有效地沟通交流，了解他们的想法和感受，进而建立和谐的亲子关系，为孩子不断成长助力。

二、学习目标

1. 通过学习课程内容，理解亲子关系的重要性，转变观念，用爱温暖孩子的心灵。

2. 学习从孩子的角度来看待问题，理解他们的需求和心理，积极谈论孩子感兴趣的话题，尽量参与孩子的活动，珍惜共处时光。

3. 在日常生活中充分支持、鼓励孩子，建立起亲子间的信任和尊重，听取孩子的心声，蹲下来同孩子对话，引导孩子充分表达自己的想法和情感，平等交谈。

4. 探讨有效的沟通渠道，在家庭中建立有效的亲子沟通，给孩子越来越多的自主控制自己生活的权利。

5. 引导孩子培养良好的习惯，树立正确的价值观。

三、课程主题与内容要点

课程主题	内容要点
了解我国亲子关系的现状及特点	了解我国亲子关系的现状及其主要弊端，开阔视野，意识到建立和谐亲子关系的重要性，以及建立亲子关系的主要途径——沟通
阅读关于亲子关系的书籍	阅读《养育女孩》《养育男孩》《亲子沟通方法》等图书，缓解焦虑，学习先进的理念和可操作的具体方法

续表

课程主题	内容要点
学会沟通技巧专题培训	通过家访和访谈了解家长的沟通能力和技巧以及家长的疑惑，根据家访和访谈内容联系专家进行校本培训
建立和谐亲子关系专题培训	通过调查了解家长的亲子观，根据存在的问题和家长急需解决的问题联系专家进行校本培训
借助情境，了解孩子的想法，学习沟通的具体方法	观看情景剧，了解矛盾发生时孩子内心的独白，学会读懂孩子的内心世界，听取孩子的心声，蹲下来同孩子对话
以沟通为桥，构建和谐融洽的亲子关系	开展亲子沙龙，在活动和游戏中促进亲子沟通，构建和谐融洽的亲子关系

四、学习方法与建议

1. 转变观念，平等相处。很多父母在孩子早期的成长过程中一直处于帮助、管理、指导等支配性的地位，再加上受传统文化的影响，凡事以自己的意志为转移，过分要求孩子，过分保护孩子，从而使得亲子之间容易产生心理上的疏离、不信任或畏惧，甚至矛盾冲突等。因此，无论是在日常生活方面，还是在孩子的学业方面，家长都应当转变传统的观念，把孩子看成是一个独立的个体，尊重孩子的人格，以平等的态度和身份与孩子相处。

2. 加强沟通，增进理解。将理论与实践相结合，深入阅读《养育女孩》《养育男孩》《亲子沟通方法》等关于亲子沟通和建立和谐亲子关系的图书，积极主动地建立良好的亲子关系，加强亲子之间的沟通与交流，促进亲子之间的理解和信任。

3. 提高家长的心理健康水平。研究发现，孩子情感上的忽视多半是由父母的情绪不稳定或心理不健全造成的。在家庭中亲子间的情绪往往是最难自控的，当孩子顶撞父母，或使父母失望、束手无策时，父母往往难以控制自己的情绪，对孩子或冷漠或粗暴，极大地伤害了孩子。父母调控消极情绪的方法，一是要更新陈旧的亲子观、儿童观和教育观，二是要学习妥善管理自己情绪的一系列方法。

五、评价方案与考核要求

1. 针对理论学习情况进行家庭访问，了解家长在理论学习和实践中的问题，并将其汇总形成报告，帮助家长解决问题。

2. 对学生进行访谈和问卷调查，了解培训前后亲子关系的变化情况，进而评价、总结本次课程的成效。

3. 家长结合相关图书的学习与实践情况进行自我评价。

六、阅读书目

1.《非暴力亲子沟通》，顾亚亮、史欣鹃著，中国人民大学出版社，2019 年。

2.《亲子沟通的方法》，赵焱著，科学技术文献出版社，2022 年。

3.《亲密关系：亲子关系篇》，[加]克里斯多福•孟著，湖南文艺出版社，2020年。

4.《正面管教》，[美]简•尼尔森著，京华出版社，2019年。

5.《养育女孩》，[澳]史蒂夫•比达尔夫著，中信出版社，2019年。

6.《养育男孩》，[澳]史蒂夫•比达尔夫著，中信出版社，2019年。

案例2 关注心理健康、建设和悦家庭课程

一、课程概述

本课程意在帮助家长明晰心理健康教育在家庭教育中的重要地位，了解目前家庭心理健康教育存在的问题及原因，提升家长在心理健康教育方面的能力，帮助家长正确处理和解决学生心理健康方面的困惑和问题，家校携手共育身心健康发展的卓越少年。

二、学习目标

1. 了解当今世界主要国家和地区的家庭教育及心理健康教育的先进理念。
2. 了解我国家庭教育及心理健康教育的发展历程及现状。
3. 了解关于家庭教育及心理健康教育的指导性法律法规、政策文件。
4. 提升实施心理健康教育的能力。
5. 提升正确处理和解决学生心理健康问题的能力。
6. 构建和谐融洽的亲子关系和家校共育环境。

三、课程主题与内容要点

课程主题	内容要点
了解当今世界主要国家和地区的家庭教育及心理健康教育的先进理念	学习美国、芬兰、德国、加拿大、日本、韩国、新加坡等国家的家庭教育及心理健康教育的先进理念和先进做法，开阔视野，构建完善的知识体系
了解我国家庭教育及心理健康教育的发展历程及现状	结合传统文化，了解我国家庭教育及心理健康教育的发展历程；对比传统教育和近代教育，了解我国家庭教育及心理健康教育的现状
学习关于家庭教育及心理健康教育的指导性法律法规、政策文件	阅读《中华人民共和国未成年人保护法》《全国家庭教育指导大纲》《儿童权利公约》《中国儿童发展纲要(2010—2020年)》《家长教育行为规范》《中小学心理健康教育指导纲要(2012年修订)》等法律法规、政策文件
有效提升心理健康教育能力专题培训	通过问卷调查了解家长目前对心理健康教育的认知情况，进行大数据分析，根据分析报告联系心理健康专家进行校本培训
提升正确处理和解决学生心理健康问题的能力专题培训	通过问卷调查了解家长目前对心理健康教育的困惑和解决突发问题的能力，进行大数据分析，根据分析报告联系心理健康专家进行校本培训
构建和谐融洽的亲子关系和家校共育环境	开展家长沙龙、亲子沙龙、家长与教师共话共情等特色系列活动，构建和谐融洽的亲子关系和家校共育环境

四、学习方法与建议

1. 理论与实践相结合。基于当今世界主要国家和地区的家庭教育及心理健康教育的先进理念，结合自身家庭教育中的问题与现状，加强家校沟通与协调，借助学校的教育经验，不断提升家庭心理健康教育的实践能力。

2. 充分阅读《中华人民共和国未成年人保护法》《全国家庭教育指导大纲》《儿童权利公约》《中国儿童发展纲要(2010—2020年)》《家长教育行为规范》《中小学心理健康教育指导纲要(2012年修订)》等法律法规、政策文件，进行丰富而深入的法律法规学习，规范教育行为。

3. 组建家长间、家校间理论实践交流小组，共同分享家庭教育经验和心得，互相学习，共建家庭教育知识实践网络。

五、评价方案与考核要求

1. 针对理论学习情况进行家庭访问，了解家长的理论学习情况和实践中的问题，并将其汇总形成报告。

2. 针对实际家庭访问中了解到的问题进行分析，设计调查问卷。

3. 家长结合相关法律法规、政策文件的学习与实践情况进行自我评价，形成评价报告。

4. 学校与家长学习小组的组长针对组内学习交流情况进行分析指导，并对组内家庭的学生进行调查分析，形成多方评价。

六、阅读书目与网上学习资料

1.《中华人民共和国未成年人保护法》《全国家庭教育指导大纲》《儿童权利公约》《中国儿童发展纲要(2010—2020年)》《家长教育行为规范》《中小学心理健康教育指导纲要(2012年修订)》等法律法规、政策文件。

2. 约翰•洛克、让-雅克•卢梭、亚伯拉罕•哈洛德•马斯洛、西格蒙德•弗洛伊德、爱利克•埃里克森、约翰•华生、伯尔赫斯•弗雷德里克•斯金纳等心理学家、教育家的教育理念和思想主张。

3.《心理辅导活动课操作实务》，钟志农著，宁波出版社，2007年。

4.《积极心理学团体活动课操作指南》，阳志平等编著，机械工业出版社，2010年。

5.《焦点解决短期心理治疗的应用》，许维素著，世界图书出版公司，2009年。

四、家长发展课程的实施

(一)实施原则

1. 目标性原则

实施家长发展课程，要锚定提高家长的素质和家教水平，紧扣家长实际需求，提高家长立德树人的能力。实施家长发展课程，要秉持学生视角，坚持学生立场，以有益于学生成长发展、促进学生成长发展的实效作为检验和改进实施方法的标准。

2. 主体性原则

家长是家长发展课程的学习主体、实践主体和创新主体。实施家长发展课程，要充分尊重家长的学习意愿，针对他们肩负养老育小和社会劳动建设的责任，只能挤时间碎片化学习的特点，在组织形式、方式方法等方面，广泛调查研究家长的实际需求，征求家长的意见、建议，求真务实，追求高效。

3. 实用性原则

家长发展课程内容的确定，要认真考虑家长能否用得上、见实效。每次集中开课，都要在调查研究的基础上，力求针对家教中的热点、重点、难点、关键点，采用家长喜闻乐见的形式，融合专家报告、校长引领、教师指导、学生心声、家长经验分享、表彰奖励等，提升家长的教育理念，解决家长的困惑，给予家长充分的启发与激励，教给家长具体实用的方法，让家长学有所得，充满信心和力量。

4. 系统性原则

实施家长发展课程，要与孩子所在的年级、所在的跨学科学习共同体紧密联系，按照孩子所在年级学生的成长学习特点、容易出现的问题和现有问题，分学期组织实施相应的家长发展课程，逐年系统性地认真实施，前后相互衔接，保证家长所学课程的系统性。

5. 理论联系实际原则

家长的文化素养和家教水平差距很大，所以宣讲教育思想、教育理念，讲授育子知识、方法时要深入浅出，通俗易懂，注重理论联系实际。要尽可能结合本校、本地区典型事例引申说明，并尽可能引导家长分享自己的相关经验和故事，相互借鉴，相互启发，共同发展。

（二）实施方法

针对家长实际和学习特点，以家长为中心，以改进学习效果、提升学习品质为追求，采用混合学习为主的实施方式，线上与线下相融合，学中做与做中学相融合，自主学与合作学相融合，集合学习与分散学习相融合，倡导家长自主建立家教学习共同体，尽可能满足每一位家长的学习需求。

（1）注重家长的已有经验，以其作为课程实施出发点，构建家长成长的支持系统，促使家长在学习实践中不断完善育儿经验。

（2）注重家长的参与积极性，提高课程品质，创新课程实施形式，切中家长家庭教育中的真实问题与需求，鼓励、引导家长深度参与。

（3）通过召开家长会、举办校园开放日等活动，让家长参与、体验。以学生所在年级为单位，组织实施家长集中培训式学习。

（4）集团利用智慧教育平台，学校利用公众号，家委会、教师利用微信群等网络途径，向家长适时推送家教成功案例、优良家风家训、优秀家长事迹等优质学习资源，供家长选择学习；班主任和家委会组织家长间进行互动交流，开展家长读书会、读书小组建设、家长学校沙龙等活动，用身边的家庭教育故事影响家长。

（三）实施保障

（1）把做好家庭教育指导服务作为重要职责，纳入学校工作计划。

（2）建立健全学校家庭教育指导委员会、家长学校和家长委员会，落实家长会、学校开放日、家长接待日、家访等沟通指导机制。

（3）建立网上家长学校，积极开发、提供家庭教育指导资源，并指导家长提升网络素养，以便家长随时随地灵活学习，便利家长网上交流分享。

（4）每学期至少组织两次集中家庭教育指导活动，积极宣传先进教育理念、重大教育政策和家庭教育知识，介绍学校教育教学情况，回应家长普遍关心的问题；同时针对不同家庭的个性化需要提供具体指导，加强家校合力育人，促进教师提高指导家庭教育的能力、水平，提高家长满意度，促使家长不断提高家庭教育质量。

（5）学校和年级中心每月分别举办一两次家庭教育沙龙。

（四）实施案例

家长发展课程多种多样，这里摘选几个案例供大家参考。

案例 1　“牵手两代，和悦路上”家庭教育指导课

一、校级班主任培训

学生服务中心根据班主任培训计划，对班主任进行“五步教学法”培训。根据青岛市教育局下发的教材《牵手两代，幸福路上》，以年级服务中心为单位，每个级部统一确定课题，先行对年级所有班主任实施培训，让班主任熟悉本次家庭教育指导课的主要内容与五大环节，便于有的放矢地准备课程。

二、级部教研备课

班主任经过培训，分级部在级部主任带领下进行课题的集体教研活动，共商共谋，碰撞智慧，精心设计教案，给家长呈现一堂精彩、受益的课程。

以下是班主任韩超在集体教研后的案例分享。

课题：让孩子学会感恩。

课时：1 课时。

学习目标：

1. 学会与孩子沟通的技巧，学会运用委婉、民主、宽容的语言和态度对待孩子。

2. 了解不懂得感恩的孩子有什么表现，学会引导孩子了解感恩的知识。

3. 通过实际案例分析，反思在亲子沟通过程中的不足，学会用正确的方法引导孩子拥有感恩之心。

教学重点：通过实际案例分析，让家长反思在亲子沟通过程中的不足，学会用正确的方法引导孩子拥有感恩之心。

教学难点：引导家长深入思考如何让孩子拥有感恩之心。

教学过程：

（一）视频导入

1. 播放视频《一碗牛肉面》。

2. 引导家长讨论：通过视频，你看到了什么？联想到了什么？有什么样的感悟？

3. 引出感恩主题。

感恩是一种生活态度，是一种美德。感恩应该是社会上每个人都应该有的基本道德准则，是做人的起码修养，也是人之常情。拥有一颗感恩的心，才能去感谢他人。父母给予我生命，值得我去感谢；朋友给予我关怀，值得我去感谢；世界上的万物，都值得我去感谢。心中怀有感恩，生命会变得更美好！

（二）问题研讨

1. 呈现案例（以文字形式展示）。

曾经有一位富有的老华侨，归国后想资助一些贫困地区的孩子，于是在有关部门的帮助下，找到了一些有受捐需求的孩子的联系方式与地址，然后给每人寄去一本书和一些笔，且随书标注了自己的电话号码、联系地址以及邮箱等信息。

老华侨的家人和朋友十分不理解老人的做法：为什么送一本书还要留下联系方式？在不解与质疑声中，老人像是焦急地等待着什么——或是守在电话旁，或是每天几次去看门口的信报箱，或是上网打开自己的邮箱。

直到一天，终于有一个收到书的孩子（也是唯一与老人联系的孩子）给老人寄来祝贺节日的卡片。老人高兴极了，当天就给这个孩子汇出了第一笔可观的助学资金，同时毅然放弃了对那些没有反馈消息的孩子的资助。这时家人和朋友才明白，老人是在用他特有的方式诠释“不懂得感恩的人不值得资助”的道理。

2. 原因探讨：孩子不懂感恩的原因是什么？

（1）家长的宠爱与过度付出。

随着家庭经济条件的好转，很多家长对孩子的照顾可以说是无微不至，大包大揽孩子的一切事情，导致孩子以自我为中心，自私自利，不能体会家长的辛苦。

（2）孩子参与劳动太少。

很多孩子都十几岁了，却从来没有参与过家务劳动，更不用说社会实践了。他们没有经历过风雨，更体会不到“温室”里的幸福。

(3) 身边的榜样太少。

父母本身就互相指责、抱怨的家庭,通常培养不出懂得感恩的孩子。

(4) 社会负面事件的影响。

社会上有一些助人为乐却被反咬一口的事件,导致父母的观点影响了孩子,让孩子认为善良会令自身陷入困境。

(三) 策略分享:作为父母,应该如何培养孩子的感恩之心?

1. 培养孩子的责任心。

孩子是家庭的一员,在享受到家庭关爱的同时,也要承担相应的责任,比如打扫卫生、照顾老人等。

2. 接受孩子的“给予”。

当孩子要帮助家里做事的时候,应放手让孩子去做,即使孩子做得还不够好,父母也要鼓励他(她)。

3. 教孩子学会分享。

分享能更好地令孩子换角度去考虑对方的感受,从而提升感恩力。

4. 让孩子感受到别人对自己的爱。

父母要智慧地引导孩子感受身边的爱,发现身边的温暖瞬间,比如,老师的某个做法是为了学生的发展,干净的街道是环卫工人的用心,等等。

5. 引导孩子学会表达感恩。

引导孩子学会表达自己的感恩,比如,在特殊节日通过贺卡或者写信的方式表达对父母的爱。

(四) 作业拓展

1. 建立一个感恩本,每天和孩子一起记录自己得到的关爱与帮助。

2. 跟孩子一起看《寻找最美孝心少年》《感动中国》等节目或《教会孩子感恩》等图书。

(五) 微课巩固

观看微课视频。

心怀感恩,皆是美好。感恩生命中的相遇,珍惜身边的相知,始终怀着一颗感恩的心,让世界一天一天更加美丽起来,让人与人之间一天一天更加温馨起来。

三、榜样班主任展示

班主任经过研课、磨课,对课程的环节、流程已经掌握。但是有的年轻班主任还是会担心只有自己一个人讲,家长全程只是听。为了让班主任能够更好地把控整堂家庭教育指导课,我们安排优秀班主任样板展示,让他们从教态、口头语言、语调、肢体语言、课堂流程衔接、整体课堂把控等方面进行示范。

四、实施五步教学法

一切准备就绪后，课程如期举行。从绿色出行到按时签到入会，再到聚精听会、认真记录、积极研讨，处处体现了家长的高素质，以及对提升自己家庭教育水平的迫切需求。每个班主任严格按照五步教学法——视频导入、问题研讨、策略分享、作业拓展、微课巩固——进行讲解，引导大家讨论。家长们都积极参与学习，享受成长的过程。

五、加强课程评价

在开展家庭教育指导课的过程中，学校级部领导、级部主任对各个班的学习情况进行查看，并根据各个班培训学习的实际情况进行评分总结，评价内容包括教室环境布置、班主任课堂表现、家长出勤率、家长参会学习积极性、材料提交等。

案例 2　五台山西路小学暑假前家长安全教育培训会

为实现学校教育与家庭教育的有效结合，落实好家校社协同育人，保障学生度过一个安全、健康的暑假，特在 2023 年 7 月 2 日（星期日）上午 9:15 召开暑假前家长安全教育培训会。

一、活动时间

9:15—10:00。

二、活动地点

各班教室。

三、活动过程

1. 学习暑期安全责任书的内容。

（1）各班班主任带领家长一起学习暑期安全责任书的内容。

（2）家长认真自学，分小组进行讨论，在笔记本上记录重点内容，以备和孩子进行交流。

（3）家长在暑期安全责任书上签名，班主任收回回执。

2. 交流暑期安全注意事项。

（1）家长交流孩子在家的不安全行为。

（2）班主任根据学生服务中心下发的安全提醒，结合班级出现的问题进行强调，和家长一起讨论解决问题的方案。

3. 暑期课程解读。

（1）班主任和任课教师对教师服务中心下发的暑期课程认真解读。

（2）家长对不明白的地方进行提问，班主任和教师答疑。

（3）家长圈画重点，明确以生为本，教育好孩子是家长的责任。

4. 暑期“听声见人见信”活动布置。

（1）班主任每日早晨 9 点在班级群发送安全温馨提醒。

（2）家委会小组负责人每日下午 4 点在各自小组群进行反馈：今日小组成员一切平安。

（3）每周六下午班主任在班级群进行安全反馈：本周班级学生一切平安。

（4）以上3个截图，由班主任以周为单位汇总到一个word文档并交给小分队，小分队成员汇总各个级部的情况并发到小分队群，小分队群的李海燕老师负责全校反馈。

四、活动要求

1. 全体班主任于6月30日提交暑期家长安全教育培训会的方案和PPT，并将其放在服务器。

2. 每个年级提交一份暑期家长安全教育培训会的纸质材料（方案+PPT+活动照片），小分队负责汇总上交。

附件1：五台山西路小学暑期安全责任书

尊敬的家长朋友们：

大家好！

为了保证学生在假期中的人身安全，让学生度过一个欢乐、安全的暑假，进一步明确假期中学生的安全责任，特签订此安全责任书。

一、防溺水安全

牢记防溺水安全“六不”要求：不私自下水游泳；不擅自与他人结伴游泳；不在无家长或教师带领的情况下游泳；不到无安全设施、无救援人员的水域游泳；不到不熟悉的水域游泳；不熟悉水性的学生不擅自下水施救。

二、交通安全

1. 遵守交通规则，不在公路上跑闹、玩耍。

2. 遵守公共秩序，排队等车，车未停稳时不得靠近车辆，上下车时不得拥挤。

三、用电安全

1. 要在家长的指导下使用家用电器。

2. 不乱动电线、灯头、插座。

3. 不在标有“高压危险”的地方玩耍。

四、防火安全

1. 不准玩火，不得携带火种。发现火灾及时拨打119，不得逞能上前扑火。

2. 不准独自使用煤气、液化气、天然气灶具，不做其他危险的事情。

五、饮食安全

1. 严禁吸烟、喝酒。

2. 养成良好的个人卫生习惯，不买、不吃过期食品和垃圾食品。

六、严防精神污染

1. 不到网吧和游戏厅等娱乐场所玩耍。

2. 不听、不信、不传、不参与迷信活动。

七、防诈骗安全

牢记“三不一要”：不轻信谣言、不透露家庭信息、不给别人转账，遇到危险要及时报警。

八、其他安全

1. 不攀爬大树和各种建筑物，特别是小区楼顶。

2. 不能高空抛物。

3. 在公共娱乐场所、商场，不追逐打闹。

4. 不在工地、轨道、高压线等危险区域玩耍。

以上安全条约，请学生认真遵守，家长严格监督执行。如在暑假期间出现学生安全问题，由学生家长和学生本人承担一切责任。

五台山西路小学

2023 年 6 月 30 日

回　执

学校已将《五台山西路小学暑期安全责任书》交给我，我认真阅读了责任书的内容，了解了暑期安全的相关要求，一定承担起监护责任，确保孩子的安全。

班级：________ 学生姓名：________ 家长签字：________

五台山西路小学

2023 年 6 月 30 日

附件 2：学生王泓壹的妈妈刘萌的感悟（根据现场发言录像整理而成）

我听了老师的安全教育指导，感触颇深。

古话说：“吃饭防噎，走路防跌。”意在提醒我们日常生活中处处都要小心谨慎，以防意外的发生。生活中的危险无处不在，我们只有不断提高安全防范意识，才能更好地防患于未然。

通过视频，我看到因安全意识薄弱而受到伤害的孩子们，真的很痛心。据说安全事故已经成为 14 岁以下少年儿童的第一死因。通过安全教育，提高中小学生的自我保护意识和能力，80%的意外伤害将可以避免。

每次看到老师们精心准备安全教育课程的内容，我不由得概叹，学校和老师们真是用心良苦。作为家长的我们，除了关心孩子们的衣食住行外，更加需要关注的是孩子们的安全。老师辛勤地给孩子们传授知识，安全教育更多的还是需要家长来护航。因此，只有家长先学习安全知识，注意防范，孩子们才能有样学样地提高安全意识。

生命弥足珍贵，安全重于泰山。安全维系着社会稳定，牵动着家庭幸福，关系着孩子们的健康成长。只有不断加强安全教育，才能将安全意识这颗种子深深地种进孩子们的心里。这需要学校、老师、家长的共同努力。

愿每个孩子都安全，每个家庭都幸福！

案例3　预防溺水，警钟长鸣——防溺水安全教育

一、活动背景

夏季来临，天气逐渐炎热，为增强同学们的防溺水安全意识，提高水中自救与紧急救护能力，减少因溺水引发的伤害事故，5月22日下午，我校家委会成员唐皓轩妈妈邀请了专业救生员艾伦老师为一年级师生开展“珍爱生命，预防溺水”公益知识讲座。

二、活动时间

2023年5月22日。

三、活动地点

五台山西路小学阶梯教室。

四、参与人员

一年级全体学生，每班5名家长代表。

五、活动方式

各班推荐10名学生代表到阶梯教室参与现场学习活动，其余学生通过直播的方式在教室内认真学习。

六、活动过程

（一）主持人介绍授课教师

艾伦，全国运动技能测试考官（全国救生员资格认证）、游泳二级裁判员、社会指导员（滨州市游泳协会认证）、七彩游泳公益救援协会主席、七彩游泳教学研学总监。

（二）艾伦老师开展讲座

讲座中，艾伦老师通过引导学生观看图片、剖析典型案例等形式，让学生明白了生命的珍贵，了解了防溺水的知识要点、溺水自救方法。

1. 游泳注意事项：

（1）选择正规、安全的游泳场所。

（2）必须在成人的陪同下游泳。

（3）做好准备活动。

（4）不要贸然跳水和潜泳。

2. 遇到溺水情况如何施救？

（1）第一时间大声呼救。

（2）在保证自我安全的前提下，向水中抛容易漂浮的物体。

3. 遇到危险怎么办？

（1）保持镇静，趋利避害。

（2）学会自救，保护自己。

（3）想方设法，不断求救。

4. 记住四个电话：

（1）“119”火警电话。

（2）“110”公安报警电话。

（3）“120”急救电话。

（4）“122”交通事故报警电话。

（三）现场互动

活动现场，学生踊跃提问，积极参与互动，整个讲座气氛热烈。

1. 现场问答。学生提问关于游泳、溺水等的一些知识，艾伦老师现场作答。

2. 模型演示。艾伦老师借助人体模型现场演示了溺水后正确施救的方法，并指导学生体验溺水急救的过程。

（四）级部主任总结

感谢家委会，感谢艾伦老师，感谢所有支持工作的家长！这次活动很有价值，溺水问题将更加被教师、学生、家长重视。相信暑假中大家定能用好所学知识，保护好自己，度过一个安全、愉快的假期。

附件1：学生李盛开的收获（根据现场发言整理而成）

在这次学习中，我收获了很多。要选择正规、安全的游泳场所，必须在大人的陪同下游泳，要做好准备活动，不要随便跳水和游泳。

如果同伴发生了溺水情况，我应该第一时间大声呼救，不能自己下水施救。打电话报警时要说清地点，还有一些相关情况。

以后，我不会随便下水游泳，我要保护好自己，让爸爸妈妈放心，让老师放心。

附件2：李盛开妈妈的感悟（根据现场发言整理而成）

感谢家委会在暑假开始之前为孩子们安排了这样一场讲座，感谢专业的艾伦老师通过声情并茂的讲授让孩子们学习了防溺水的常识，增强了防溺水的意识。

通过刚才孩子们的表现，我们能看出他们非常受益，这次讲座给他们留下了深刻的印象。作为海边城市的家长，我们特别注意对孩子进行防溺水的教育，但因为自己不专业，只会不停地唠叨。相对于家长枯燥的唠叨，孩子们更喜欢听这样的讲座——案例清晰，讲解具体，氛围浓厚。家委会的家长很了解现状和大家的需求，适时地组织这样的专题讲座，可以说解决了我们家长的一个大难题。

总之，这次防溺水安全教育讲座，让孩子们认识到了溺水给自己和家人带来的伤害，进一步增强了安全意识，提升了自我保护能力，懂得了远离危险，珍惜生命。再次感谢家委会和艾伦老师，感谢学校！

五、家长发展课程的资源开发与利用

（一）资源开发要符合政策要求

1.《中华人民共和国家庭教育促进法》

2022 年 1 月 1 日，一部面向全国家长的法律正式实施，这就是我国第一部关于家庭教育的法律——《中华人民共和国家庭教育促进法》。其第二条规定："本法所称家庭教育，是指父母或者其他监护人为促进未成年人全面健康成长，对其实施的道德品质、身体素质、生活技能、文化修养、行为习惯等方面的培育、引导和影响。"也就是说，家庭教育包括德智体美劳各个方面的教育。其第十七条规定："未成年人的父母或者其他监护人实施家庭教育，应当关注未成年人的生理、心理、智力发展状况，尊重其参与相关家庭事务和发表意见的权利，合理运用以下方式方法……"父母或者其他监护人应当树立家庭是第一个课堂、家长是第一任老师的责任意识，承担对未成年人实施家庭教育的主体责任，用正确的思想、方法和行为教育未成年人养成良好的思想、品行和习惯。共同生活的具有完全民事行为能力的其他家庭成员应当协助和配合未成年人的父母或者其他监护人实施家庭教育。

2. 其他法律法规

《中华人民共和国未成年人保护法》《中华人民共和国义务教育法》等法律法规都是家长发展课程资源建设所应遵循的准则。

（二）资源开发要凸显地域文化

1. 社会氛围

国家层面越来越重视家庭教育，家庭教育不仅是一个个小家庭的"家事"，也是我们整个国家的"国事"，社会大环境为家长发展课程提供了浓厚的氛围。青岛西海岸新区是 2014 年国务院批复设立的第九个国家级新区，经济发展迅猛，人民生活富足，人们对于教育的认识越来越深刻，其中就包含家庭教育。

2. 学校理念

集团各校一直把家长当成教育路上志同道合的合作伙伴，在学生一年级入学时，就将家校共育的理念传达给了家长。随着家长和学校互相了解得越来越深入，家长也更加认可家庭是孩子的第一所学校，家长是孩子的第一任老师，只有家长好好学习，孩子才能天天向上。

3. 校本课程

集团各校在校园文化、校本课程等文化建设方面都给家庭教育、家长发展留有一席之地，借此展示家长发展课程的做法、经验和成绩。

（三）资源开发要调动多元主体

1. 专家模范

集团各校邀请家庭教育专家、劳动模范、道德模范等到家长学校开展家教指导培训活动，通过线上、线下等方式，为家长提供培训，帮助家长分析家庭教育中存在的问题，提供家庭教育的有效做法，帮助家长解决教育孩子过程中的困难。专家们水平高，经验多，是家长发展课程中含金量最高的组成部分。

2. 校内教师

集团各校每学期举行学校层面、级部层面、班级层面、小组层面的家长培训会，学校领导、班主任、任课老师都把自己的经验和建议分享给家长，为家长直接提供有针对性的帮助。

3. 优秀家长

集团各校邀请优秀的家长走进学校，把自己教育孩子的优秀经验分享给更多家长。每次家长会，不管是级部集中举行，还是班级分散举行，我们都设置家长代表发言的议程，目的就是让家长告诉家长，因为家长之间信任更多，想法更多。特别是三级家委会，在促进家校合作、提高家长意识觉悟方面起到了重要的枢纽作用。

4. 课程资源库

以统筹用好各类社会资源作为强化实践育人的重要途径，主动加强同社会有关单位的联系沟通，建立相对稳定的专家、书籍等资源目录清单，联合开发社会优质课程资源。

5. 教育平台

用好集团和悦智慧教育平台，及时归类整理本校教师、家长的优质讲座材料和亲子共成长优秀案例等，建设过程性系列优质资源。

（四）资源开发要实现共建共享

1. 建设家校资源共同体

（1）建立合作意识：学校和家长都需要认识到家长发展课程资源共享的重要性，树立合作共赢的意识，积极参与资源共建共享。

（2）制订共享计划：学校可以联合制订家长发展课程的资源建设校际共享计划，明确共享的目标、内容、方式、时间表等，确保共享工作的有序进行。

（3）开发优质资源：学校可以根据家长的实际需求和自身优势，开发优质的家长发展课程资源，包括教材、教案、培训课程等，形成共享资源库。

（4）加强家长之间的交流与合作：通过校际家长交流与合作，促进家长之间的经验分享、共同成长和跨校合作。可以定期组织家长交流活动、家庭教育研讨、家长代表会议等。

（5）持续改进与创新：在共享过程中，不断探索和创新，完善校际资源共享的模式和机制。可以根据实际效果及时调整共享计划，提高家长的教育质量。

2. 整合社区优质资源

（1）建立合作机制：首先，需要建立家长、学校和社区之间的合作机制，明确各方在家长发展课程资源建设中的角色和责任。

（2）共同制订课程计划：家长、学校和社区可以共同制订家长发展课程的建设计划，确保课程内容符合家长的需求和社区的发展目标。

（3）共享资源：家长、学校和社区可以共享各自拥有的资源，如教育设施、教育经验、教育专家等。共享可以提高资源的利用效率，为家长提供更丰富的学习和发展机会。

（4）组织活动：定期组织各类家长教育活动，如讲座、工作坊、研讨会等，邀请专家和经验丰富的家长分享知识和经验。

（5）建立信息交流平台：建立家长、学校和社区之间的信息交流平台，方便信息的发布和获取，促进三方之间的沟通和合作。

（6）建立激励机制：为参与家长发展课程资源建设的家长、社区提供一定的激励，如荣誉证书、物质奖励等，以激发其参与的积极性和创造性。

第五节　和悦课程的管理与评价

课程的管理与评价，是指对课程从规划到实施到结果的全过程的组织、协调、监控。评价内容包括课程目标、课程内容、课程资源、课程实施等。课程评价是指挥棒，有什么样的评价就会促进课程向着什么样的方向发展和完善。

和悦课程设计开发并实施后，如何衡量预定课程目标的实现程度，如何了解其价值与效果，都需要借力课程评价来回答。和悦课程的评价，是提高和悦课程品质，提升育人质量，促进学生、教师、家长成长发展的重要抓手。

课程是为发展人而开设的。评价课程要看实施效果。看效果，就要看课程学习者的成长和发展情况。和悦课程的学习主体，主要包括学生、教师、家长三个群体。所以，对和悦课程的评价离不开对学生、教师、家长的评价，并且，作为课程学习者，他们对课程及其实施的效力也最有发言权。可见，学生、教师和家长不仅是课程开发建设的主体、课程实施的主体，也应是课程评价的主体。只有发挥学生、教师和家长的评价力量，才能不断促进课程的优化升级。

因此，无论是学生发展课程，还是教师发展课程、家长发展课程，其评价都应该包括三部分的内容：课程本身、课程实施、课程学习者的成长发展。三者从课程开设、教材建设、资源建设等课程本身的品质建设，到课程的创意实施，再到课程的实施效果评价，全程缺一不可。

和悦课程的评价，既关注过程，关注所评价对象的发展方向及未来，又注重充分发挥学生、教师和家长多方评价力量，不断促进课程本身的优化建设，切实促进学生、教师和家长的成长发展。

一、评价的目标

评价的目标在于激励，在于促进学生、教师、家长健康成长，全面和悦发展。

（一）提升学生核心素养，培养新时代“三有”和悦好少年

学生发展课程评价以新课程标准为依据，落实“五项管理”和“双减”政策要求，采用多元化评价方式，进一步激发学生学习的内驱力，帮助学生树立远大理想，努力提升自身能力，练就过硬本领，全面提升核心素养，不断锻炼自己，成长为有理想、有担当、有本领的“三有”和悦好少年。

（二）提升教师教育教学水平，打造新时代“四有”和悦教师

教师发展课程评价以“人”为出发点，关注教师的发展需要，引导每一位教师正面积极地认识自我，不断实现身心和谐发展，努力成长为有理想信念、有道德情操、有扎实学识、有仁爱之心的“四有”和悦教师。

（三）提升家长家教能力，切实履行家庭教育主体责任

家长发展课程评价可以促进全体家长主动学习家庭教育知识，树立正确的家庭教育理念，掌握科学的家庭教育方法，遵循儿童身心发展规律，更好地履行家庭教育责任，提升教育实效，真正成为学校志同道合的教育伙伴。

（四）优化和悦课程体系，促进学生、教师、家长个性发展

评价是优化课程的有效举措。我们运用评价结果去发掘课程各环节中存在的问题，并以问题为导向，引发大家对课程各环节的思考，从而不断调整、优化和悦课程，不断优化课程实施的各个环节，不断提高和悦课程实施的效益，促进全体师生和家长的个性化成长发展，使他们都成长为最好的自己。

二、评价的原则

（一）激励性

评价的根本目的在于促进发展。要关注学生、教师、家长和课程发展的需要，突出评价的激励与调控功能，激发其内在发展动力，促进其不断发展，实现自身价值。和悦课程评价以人的发展为目的，力求充分体现促进、激励、发展等功能，对课程开发建设者、课程施教者、课程学习者都坚持正面激励的原则，注重发现增值性成果，以促进课程开发建设者、课程施教者和课程学习者的进一步发展。

（二）全面性

和悦课程评价关注人的全面发展，注重评价内容的全面性、评价主体的全面性、评价过程的全面性和评价方式的全面性。课程的各个环节都可以成为评价内容，教师、学生、学校领导、课程专家以及家长都可以成为评价主体，评价过程中关注人的全面发展，评价方式包括多种形式，这样既可以真实反映课程的实施情况和课程施教者、课程学习者的发展状况，又可以为他们提供继续进步的动力。

（三）差异性

和悦课程评价以承认和尊重个体间的差异为前提，根据实际情况制定合理的评价标准和方法，确保评价的客观性和公正性。在评价过程中关注个体差异，针对不同个体的特点和发展需求进行差异化的评价，以更好地了解个体的实际情况和发展需求，为他们提供更准确的反馈和建议，促进课程施教者、课程学习者的个性化发展。

（四）自主性

和悦课程评价尊重个体的主体地位，充分发挥其主观能动性，使其自觉积极地参与评价活动。在评价过程中，注重课程施教者、课程学习者的参与和互动，充分展示他们的观点和成果，同时引导他们客观、公正地评价自己和他人，提高评价的准确性和有效性，以更好地促进他们的自我发展。

（五）定量与定性结合

和悦课程评价将定量评价与定性评价相结合，充分发挥两者的优势。根据评价的内容和目标，选择适当的定量评价和定性评价方法，合理分配两者的权重和比例。评价过程中加强数据采集、处理和分析的规范性，加强定性评价的队伍建设，以更好地促进课程的实施，促进课程施教者、课程学习者的自我发展，提高课程质量和教育效果。

三、评价的实施

（一）制订课程评价方案

课程评价在课程开发建设与实施的整个过程中起着指挥与调节的作用。必须以现代课程评价思想为指导，制订和完善课程评价方案，形成科学有效的课程评价体系。

课程评价方案一般包括课程评价的指导思想、评价原则、评价内容、评价标准、评价方法等。

案例 双语小学教育集团 2019—2022 学年度教师实施拓展类课程评价方案

一、指导思想

建立完善、公正的教师评价体系，激励教师参与拓展类课程建设，引领教师不断反思自己的教育教学行为，优化自己的教学策略，不断提高拓展类课程的育人质量。

二、评价原则

（一）过程性原则

评价不仅关注结果，更关注教师在活动过程中表现出来的对活动的理解、对活动本质的把握、指导学生的技巧与水平。不把活动结果的好坏作为唯一或最主要的评价内容。评价的着眼点在于教师对学生活动的参与、规划和指导，在于教师为学生创设民主开放的氛围和教师对学生的热情与理解，在于教师对各种可利用资源的开发。

（二）多元化原则

必须注意评价主体、评价标准、评价方法的多元化。就评价主体而言，包括学校、学生、家长、社会以及教师。他们采用互动式评价，通过自评、他评、互评等方法，使评价成为教师、学校、学生、家长等共同参与、对话的交互活动。

（三）自我反思原则

教师既是课程的设计者，又是课程的实施者，对课程实施中的情况有着深刻的了解。通过他们的自我反思，既可以增强教师的主人翁意识，又可以为课程的进一步修正提供重要的依据。

三、评价内容与标准

1. 计划总结（满分 0.7 分）。评价标准：教学计划和总结项目齐全，分析透彻，实效性强。根据教学计划和总结的完成时间及质量划分等级，按 0.7、0.56 或 0.35 计分。

2. 备课（满分 0.7 分）。评价标准：备课内容呈现阶梯形，教学重点、难点突出，教学设计合理，课后反思重建深刻创新。根据备课质量和数量划分等级，按 0.7、0.56 或 0.35 计分。

3. 教学过程（满分 0.7 分）。评价标准：教师创新教学，确保教学过程的实效性，积极举行公开教学，主动参与课程研讨活动。根据过程抽检和综合等级评价，按 0.7、0.56 或 0.35 计分。

4. 教学质量（满分 2.1 分）。评价标准：教学成果高质量、高层次、高品位。学校采用现场展示的形式，根据过程抽检和成果集中展示综合评价，按 2.1、1.4、0.7 或 0 计分。

5. 辅导教师所担任的选修课程的成果或者作品获奖，可按照教学人员考评公约中的发展性工作计分（满分 2.8 分）和奖励。

（1）学生参加区级及以上比赛，获得团体一等奖、二等奖、三等奖，分别加 2.8 分、1.4 分、0.7 分；学生个人获得一等奖、二等奖、三等奖，分别加 0.7 分、0.56 分、0.35 分。

（2）学生将文章发表在省、市、区级刊物或报纸上，分别加 0.7 分、0.56 分、0.35 分。

6. 拓展类课程实行学生自愿报名和学校调剂相结合的办法，来确定社团人数，在一定时限内允许社团人数在 10% 内变动，超过时限后，每流失一人次扣 0.35 分。

7. 负责拓展类课程管理的人员，按照所管理拓展类课程任课教师的平均分计入考评成绩。本学年度管理人员为孙雷、滕兆春、苗文芝、陈绪东。

四、评价方法

1. 学校评价。学校评价应体现出对教师发展的促进作用。学校通过成立评价小组，对教师进行科学民主的评价。

（1）评价学期初制订的教学计划是否切合教学实际。评价小组对教师制订的本学期的教学计划进行审定，看它是否符合课程标准和学校、学生的实际情况，能否在本学期顺利实施并取得相应的教学成绩。

（2）评价教学常规。评价备课、上课、听课、设计特色作业等情况。

（3）评价积累的资料。在教师评价的资料袋中应装有大量的教师开发与实施拓展类课程留下的资料，如工作计划、主题活动的方案、主题活动过程的记录、主题活动的反思、论文、学生的作品、师生获奖记录等，这些都是被评教师在教学过程中积累的教学痕迹，是我们获得第一手资料的信息源。

（4）评价学期末的工作总结，看教师是否圆满完成了预定的教学任务。评价小组与被评教师对照学期初制订的工作计划，被评教师汇报一学期的工作。

2. 教师自我评价。引导教师进行有效的自我评价是实施教师评价的重要途径。教师经过自我诊断、自我调整、自我评价，最终得到自我完善和自我提高，这一良性循环的过程就是教师自我发展的过程。自评可采取以下方法：

（1）采用学校设计的评价项目和方法。教师可以根据学校的要求对自己指导的拓展类课程进行自我评价，并将其作为综合评价的一部分，促进自我反思。

（2）教师可以撰写拓展类课程案例、教学反思、教学论文，对自己整个活动过程进行反思。反思自己作为指导教师，在整个活动过程中有哪些地方还做得不够好，哪些地方是成功之处，在以后的活动中继续保持并发扬成功之处。

3. 学生评价。学生是拓展类课程的主人、实践者，他们的评价是最直接的。学校可以通过座谈会、问卷调查等形式向学生了解教师的工作态度、工作过程和工作成绩，从而对教师进行评价。

4. 第三者评价。拓展类课程具有高度的开放性，其主题活动涉及面广。因此，可采取访谈、问卷调查等形式向教学活动所涉及的人群采集对教师的评价信息。采集对象可以是学校的其他教师、学生家长及教学活动的参与者。

（二）对学生发展课程的评价

1. 对基础类课程的评价

（1）对基础类课程本身的评价。

教师是课程的实施者，学生是课程的学习者，两者都是课程创新发展的主人。他们对课程的评价最直接，最有说服力。学校通过座谈会、问卷调查等形式向教师、学生了解他们对课程的意见、建议、满意度等。

（2）对学生学习、成长的评价。

学校依据国家规定，对基础类课程进行过程性评价和终结性评价。

过程性评价贯穿学习全过程，以新课程标准规定的学习内容和学业质量要求为基准，通过日常观察、互动交流，采用学生自评、学生互评、小组评价、教师评价、鼓励家长等社会人员参与评价的方式，重点考查学生的学习态度、参与程度以及核心素养的发展水平。在此过程中要告知学生评价标准，引导学生内化评价标准，学会自我评价。最终让学生反思学习过程，改进学习方法，进一步提高学习效益。

终结性评价通常在课程结束时进行，旨在全面评估学生对课程内容的掌握程度和应用能力。通过期末考试、课程结业考试，检验学生对课程整体内容的理解和应用能力；或通过作品集、项目报告，展示他们的学习成果和创造力；或通过标准化测试评估学生的水平，以便与全国或国际标准进行比较；或引导教师、学生通过自评，对自己的教学和学习情况进行反思和评价。终结性评价结束后，教师应向学生提供详细反馈，总结课程的收获和不足，并给出改进的建议。

结合过程性评价和终结性评价，抓实学科的课堂评价、作业评价、阶段性评价；重视增值评价，关注学生个体的成长进步；拓宽学科融合评价，把学生参与社会实践、志愿服务和跨学科主题活动的表现纳入评价；注重校内外评价的结合，关注学生在家庭生活和社会生活中的相关素养发展情况。要充分发挥智慧教育技术对学生学习、成长评价的支持作用。建设学生学习成长个人数据中心，搭建学生、教师、家长和社会有关人员评价学生的窗口，服务集团所有学生在校期间乃至毕业升学后的学习成长评价，赋能教师、家长对每个学生因材施教的连续教育引导，赋能每个学生持续不断地全面学习成长。

（3）对教师实施课程的评价。

学校会充分考虑教师的综合素质，关注教师个体的差异，通过教师的自评及同事、管理者、学生、家长共同参与的多元评价方式，多渠道收集体现教师施教水平的实证和数据，如所教学生的测试成绩和成长记录袋、学生与家长对教师的满意度、学业负担等方面的调查问卷。通过数据分析与评价，准确了解教师落实课程标准的能力，采取相应的改进措施。

2. 对拓展类课程的评价

（1）对拓展类课程本身的评价。

拓展类课程是满足学生多元发展和持续学习的重要课程。学校通过学生问卷和部分学生座谈会的方式，了解相关课程是否开阔了学生视野、激发了学生兴趣、发展了学生特长、促进了个性发展等。对于评价分数很低的课程，取消下学期的开设。

（2）对学生学习、成长的评价。

教师在学生的学习过程中随时根据观察到的情况进行记录，如出勤、学习态度、纪律、卫生、参与各项活动的积极性等，并给予适当的鼓励性、指导性和纠正性评价。

学校用评价为学生的成长赋能，让学生了解自己、激励自己、提升自己，积极参与各种实践操作、各项评比，并为表现优秀的学生提供展现风采的舞台，让学生进行成果展示。

（3）对教师实施课程的评价。

学校对教师的教学常规、积累的资料、教学计划是否在本学期顺利实施并取得相应的教学成绩进行评价。教师根据学校的要求撰写课程案例、教学反思、教学论文，对自己指导的拓展类课程进行自我评价、自我反思。通过访谈、问卷调查等形式向其他教师、学生及家长了解任课教师的工作态度、工作过程和工作成绩，从而对任课教师进行评价。对于评价分数很低的教师，取消下学期开设课程的资格。

案例 趣味编程评价案例

课程名称：趣味编程。

课程介绍：趣味编程课程旨在通过有趣的编程项目和活动，激发学生对信息科技的兴趣，培养他们的逻辑思维能力、问题解决能力和团队合作精神。课程内容以图形化编程工具为基础，逐步引导学生掌握编程的基本概念和方法。

评价目的：对趣味编程课程进行评价，以了解课程实施的效果，收集学生、教师和家长的反馈，为课程的进一步优化提供依据。

评价内容与方法：

1. 学生反馈。通过问卷调查和个别访谈的方式，收集学生对课程的满意度、学习体验、遇到的困难以及对未来的期望等方面的反馈。

2. 教师观察。任课教师对学生在课堂上的表现进行观察，记录他们在编程过程中的参与度、创造力、合作能力和解决问题的能力。

3. 作品展示。组织学生展示他们在课程中完成的编程作品，邀请其他教师、家长和校外专家进行评价，从作品的创意、实用性、技术难度等方面给予反馈。

4. 家长意见收集。通过家长会或问卷调查的方式，收集家长对课程的看法和建议，了解家长对孩子学习编程的态度和期望。

评价结果：

1. 学生反馈积极。大多数学生对趣味编程课程表示喜爱，认为课程内容有趣且富有挑战性。他们享受编程带来的成就感，并希望在未来能够继续深入学习编程。

2. 教师观察细致。任课教师发现学生在编程过程中展现出了较高的创造力和解决问题的能力。他们能够独立思考，积极寻求解决方案，并与同伴进行有效的合作。

3. 作品展示亮点多。学生的编程作品在展示环节获得了广泛好评。作品不仅富有创意，还体现了学生对编程技能的掌握和应用能力。

4. 家长支持度高。家长普遍对课程表示支持，认为编程对孩子的未来发展具有重要意义。他们希望学校能够继续提供优质的编程教育资源，帮助孩子打下坚实的编程基础。

建议与改进：

1. 丰富课程内容。根据学生的兴趣和需求，进一步丰富课程内容，引入更多有趣的编程项目和挑战。

2. 加强师资培训。为教师提供持续的编程教育和培训机会，确保他们具备教授高质量编程课程的能力。

3. 完善评价体系。进一步完善课程评价体系，将学生的作品展示、课堂表现、团队合作等多个方面纳入评价范围，以便更全面地反映学生的学习成果和进步情况。

4. 拓展课程资源。与校外编程教育机构或企业合作，引入更多优质的编程教育资源和项目，为学生提供更广阔的学习平台和实践机会。

3. 对创新类课程的评价

(1) 对创新类课程本身的评价。

学校通过教师、学生、家长共同参与的多元评价方式，以座谈会、问卷调查等形式了解课程是否能够丰富学生认知结构、开发学生潜能、培育学生自主与创新精神，以及教师、学生对课程的意见、建议、满意度等内容。

(2) 对学生学习、成长的评价。

教师通过适时观察并随时记录的方式，对学生的学习态度、参与度、学习兴趣、学业进步与素养提升等方面给予全面的、正面的、积极的评价。

学校从家长、教师的角度出发，通过问卷调查、面谈的形式，了解学生学习力、创造力等方面的发展情况，及时记录与评价。

(3) 对教师实施课程的评价。

学校对教师实施课程的执行度、积累的材料等进行评价，还通过访谈、问卷调查等形式向学生及家长了解教师的课程实施情况，对教师进行评价。学校用评价撬动教师开发与实施课程的能力、水平，不断优化课程建设，实现实施者和课程建设的双赢。

4. 对课后服务课程的评价

(1) 对课后服务课程本身的评价。

学校结合本校实际，充分整合社会资源，本着“基础＋特色”的原则，制定提升学生综合素养的课后服务课程。学校通过问卷调查、座谈交流、投票等形式，了解学生参与课后服务课程的积极性、学习能力、特长发展、心理健康水平等内容，对课程的开设情况及时进行调整，保障课后服务课程更好地开展。

(2) 对学生学习、成长的评价。

教师对学生参与课后服务课程的积极性、学习能力、特长发展、心理健康水平等方面做出评价。采取自评和互评相结合的方式，培养学生的公平公正意识。

学校根据评价结果进行奖励，对学生的课后服务结果进行鼓励，并引导学生更加积极地参与体育、艺术、劳动等课后服务课程，满足学生自身的不同需求，促进学生快乐学习、健康成长。

(3) 对教师实施课程的评价。

学校要本着发展原则，通过评选“最喜欢的课后服务教师”“最受欢迎的课后服务课程”等，给予教师肯定与鼓励。同时，学校根据家长、学生的评价，对教师的服务意识、服务水平加以指导，提升教师课后服务的专业化水平。

（三）对教师发展课程的评价

1. 对教师发展课程本身的评价

学校注重了解教师对教育教学的要求和自身成长的需求，通过问卷调查、座谈等多种形式，调查教师对课程的适应性、满意度，课程开发建设的种类，课程方案的科学性，以及课程目标的达成度，以便对课程及时进行调整、改进、完善。要确保教师发展课程对教师成长发展起到应有的引导、激励作用。

2. 对教师学习、成长的评价

对教师的教育理念、基本技能、学科素养、专业发展、教学行为、工作业绩等方面进行评价。在实施评价的过程中，要加强对教师整体教育教学素养提升和教育教学效果的关注程度，尤其要加强对教师职业幸福感、心理健康调适、内驱力发展等方面的关注程度。

从学生和家长的角度出发，通过问卷调查等形式，了解教师的教学态度、对学生的关心程度，以及学生学习效果等，从而侧面掌握教师在课程实施过程中得到的成长、取得的进步，进而了解教师发展课程的优点和不足。

评价既对显性的成绩进行考核，例如各级各类的教学比赛获奖、指导的学生参赛获奖等，又对隐性的进步给予鼓励，例如教师的理想信念、职业发展规划等。

3. 对相关项目组、责任部门实施课程的评价

学校对相关项目组、责任部门建设、实施课程的情况进行评价时，要重点考核他们是否有明确的规划方案，规划方案是否具有很强的可操作性、可执行性，以及在课程实施过程中所有的过程性材料是否有记录，是否保存完整等。另外，还要根据实际随时进行调整，以确保课程实施的质量。

（四）对家长发展课程的评价

1. 对家长发展课程本身的评价

学校通过问卷调查、座谈等形式，了解家长对家长发展课程的满意度，调查课程的内容种类、规划设计，看其是否合理、细致、有针对性、成体系，能否及时解决家长的困惑、满足家长的需求，并据此对课程进行调整、完善。

2. 对家长学习、成长的评价

在课程实施过程中，学生服务中心、各班班主任对家长参与学校活动的积极性，包括参与意识、参与度、参与效果等进行评价。学校通过家委会问卷调查、家长座谈等形式，了解家长从中受到的影响，发掘家长育子的先进经验，测评家庭教育能力的提升。

学校从学生、教师的角度出发，通过问卷调查、面谈的形式，了解家长在家庭教育方面的改善，以及家长在与教师沟通方面、家校合作方面的进步。

3. 对相关项目组、责任部门实施课程的评价

学校对相关项目组、责任部门实施课程的情况进行考核，评价家长发展课程的规划是否细致，评价每个学期的家长发展课程方案中的责任单位、时间安排、目标设计、执行步骤等是否清晰齐全，评价在课程实施过程中家长的到位情况和材料的归档整理情况。

（五）课程评价的保障

1. 确保评价的科学性

校长、执行校长对课程的规划、建设和评价直接负责，课程评价充分考虑学校的办学理念和培养目标，全面考量学校课程体系和课程结构，以构建科学合理的评价体系，确保相关工作的方向正确，推动相关工作扎实有效地持续进行。

2. 与时俱进优化课程评价体系

课程是动态变化的，课程评价也必是随之动态变化的，这就要求学校不断完善课程评价工作，促进课程评价的实施。

3. 不断整合资源

整合课程资源，提高现有资源效益，加大投入，增加优质资源，并实现教育资源利用效益最大化。这些资源中包括课程评价资源。

4. 多角度多主体进行评价

发挥学生、教师、家长日常评价主体的积极性和创造性；尝试引进上级学术机构、社会第三方专业机构等的评价或指导；接受家长、社会对学校课程评价的监督。

四、评价结果的使用

（一）优化和悦课程

1. 择优晋级，扩大实施范围

学校根据和悦课程的评价结果，对优秀课程进行经验交流，进而扩大课程的实施范围，可由一个班级扩展到级部，再到全校，再到集团所有学校，甚至对外宣传介绍，供其他学校学习与借鉴。

2. 部分更新，提高课程质量

在课程实施过程中适时反馈评价结果，引导教师进行自我反思，不断提高自主开发与实施课程的能力。同时，学校可以根据评价结果了解教师的课程研究状况，帮助教师更新相应的课程内容，从而提高课程质量。

3. 优化结构，全面课程育人

和悦课程的评价结果有利于学校清楚地了解学生核心素养的发展需求和教师、家

长的实际需求，依此对相关课程进行科学调整，优化和悦课程的整体结构。学校借评价之力，使课程育人功能建立在科学性、操作性强的评价制度上，引导执行课程的教师认真践行育人职责。

（二）表彰奖励和宣传

1. 精神奖励

（1）表彰开发建设优秀课程的项目组。

在每学期的集团读书会上，设置表彰环节，对开发建设优秀课程的项目组进行表彰并颁发荣誉证书。

（2）表彰优秀的学生、教师、家长。

每学期召开一次表彰大会，对一学期以来通过考评产生的优秀学生、教师、家长进行表彰，由校长亲自颁发获奖证书。

（3）表彰课程的优秀学习者。

在课程的实施过程中和学期末，充分利用每周升旗仪式和结业课程，对优秀学习者进行表彰、鼓励并颁发奖状。

2. 物质奖励

从时间上，借某一特定的时机或某项活动任务结束时，对参与课程的优秀学生、教师、家长及时奖励，充分发挥奖励的时效性。从奖品上，依据不同的群体设置不同的奖品，如奖励教师购书卡，方便教师购买提升自身文化素养、专业知识等方面的书籍；奖励学生一本书、一支钢笔或一个科技模型，指引学生在自己所擅长的方面有更高一层的提升。从形式上，可充分利用升旗仪式、周例会、家长会、结业课程等对优秀者进行奖励，精神奖励与物质奖励并用。

3. 树立榜样

学校随时将考评结果进行公示，号召大家学习先进。有时是优秀课程实施经验座谈与交流，让大家相互学习，取长补短；有时是纸质文件公示张贴；有时是微信公众号的信息推送，借助教师、家长的转发，让先进事迹、优秀课程案例得以广泛传颂。

（三）推荐先进的重要依据

1. 教师相关成绩纳入绩效考核

绩效管理中有一项是对教师在课程的开发和建设中的成绩给予积极的肯定和奖励。为此，集团各校设立了专项奖励——课程建设奖，每学期评定一次，鼓励教师参与课程建设，对课程开发也起到了积极的推动作用。

2. 教师评优树先、晋升职称的重要依据

评价结果是教师评优树先和晋升职称的重要依据。每当此时，我们都会将评价结

果亮出来。根据推荐标准，有时是使用最近几年的考评结果，有时可能要参考教师在本校工作的更多考评结果。

3. 推荐参加相关比赛的重要参考

不论是学生层面，还是教师层面，上级组织的各级各类比赛的名额都是有限的，有时候不过一两人，这就形成了激烈的竞争。我们推荐参加比赛的标准，一般定为两方面——平时评价结果和学校初选比赛成绩。两方面的结合，促使大家注意平时的积累，注意在课程的建设和实施过程中不断努力。

和悦课程的建设和实施，为学校的飞速发展提供了不竭的动力，真正起到了其作为和悦教育载体的作用。今后，我们还将继续改进和完善和悦课程，使之更加丰富完备，更加贴合实际，更加有助于学生、教师、家长的和悦成长。

附 双语小学教育集团课程管理办法

一、课程设置与计划

1. 根据国家教育标准、地方教育政策以及学校的教育目标，开设课程，并结合学校特色和资源优势，开发校本课程，以满足教师、学生、家长的多样化需求。

2. 制订年度课程实施方案，明确课程设置、课时分配、课程目标和实施要求，确保课程设置的科学性、系统性和连贯性。

二、课程实施与管理

1. 按照课程标准和课程计划实施，注重学习者发展的全面性和个性化。

2. 加强对课程的管理，定期进行课程巡查和听课活动，提高课程质量和教师的教学水平。

3. 建立课程评价体系，注重过程性评价和终结性评价相结合，全面评估学习者的学习成果，并为学习者提供及时的反馈和指导。

三、课程资源与开发

1. 积极开发和利用课程资源，确保课程资源的丰富性、多样性和适用性。

2. 加强对课程资源的管理和维护，建立课程资源库，实现资源的共享和有效利用，并定期更新和补充课程资源。

四、课程研究与改进

1. 建立课程研究小组，定期开展课程研究活动，发现存在的问题和不足，提出改进的意见和建议。

2. 鼓励教师参与课程研究和改革，支持他们开展教学实验和创新实践，并为教师提供必要的培训和支持。

3. 定期召开课程研讨会和经验交流会，分享课程实施的成功经验和做法，推动课程的持续改进和发展。

五、课程管理责任与制度

1. 明确各级管理人员和教师在课程管理中的职责和权限，建立课程管理责任制，并加强对课程管理人员的培训和考核。

2. 制定课程管理制度和流程，规范课程的设置、实施、评价和改进等环节，确保课程管理的科学性、规范性和有效性。

3. 建立课程管理监督机制，定期对课程实施情况进行监督和评估，并接受家长和社会的监督与评价。

六、具体要求

为确保学校课程管理办法的有效实施，提出以下具体要求：

1. 严格执行课程计划。必须按照学校制订的课程计划进行教学，不得随意更改教学内容和课时安排。如有特殊情况需调整，要提前向集团课程管理部门申请并获得批准。

2. 注重课程实施质量。注重提高教学质量，关注学习者的学习状态和需求，及时调整教学方法和策略。同时，学校应定期对课程实施质量进行评估和考核，确保教学质量符合课程要求。

3. 加强课程资源建设。学校应加大对课程资源的投入，不断更新和完善课程资源库。同时，鼓励教师积极开发和利用课程资源，提高课程资源的利用率和利用效果。

4. 强化课程研究与改进。教师应积极参与课程研究和改进工作，不断探索和创新教学方法和手段。同时，学校应定期组织课程研讨会和经验交流会，为教师提供展示和交流的平台。

5. 落实课程管理责任。各级管理人员和教师应认真履行课程管理职责，确保课程管理工作的有序进行。同时，学校应定期对课程管理工作进行检查和评估，及时发现问题并进行整改。

6. 加强与家长和社会的沟通、合作。学校应积极与家长、社会进行沟通和合作，了解他们对课程建设的意见和建议，争取他们的支持和配合。同时，学校应定期向家长和社会公布课程实施情况和成果，接受他们的监督与评价。

青岛西海岸新区双语小学教育集团
2018 年 7 月 21 日

第四章
和悦课堂——学校发展的中心

第一节 和悦课堂的内涵与特征

一、和悦课堂的内涵

和悦课堂以和谐愉悦、润泽心灵、幸福人生为核心价值取向，是尊重个体差异，追求和而不同，民主、合作，以学生为中心的课堂，是务实、高效，激活学生生命潜能，帮助学生自主绽放个性生命精彩、实现全面和谐发展、成就幸福人生的课堂。和悦课堂是和悦教育引领师生从优秀走向卓越，做最好的自己的中心地带，是提升学生核心素养，落实立德树人根本任务，培养有理想、有本领、有担当的时代新人的主阵地。

二、和悦课堂的特征

（一）氛围愉悦，关系融洽

如果说学生是幼苗，那么和谐愉悦的教学氛围、民主融洽的师生关系就是其最适宜的土壤和生长环境。和悦课堂倡导在民主、和谐、安全的课堂氛围中，在身心愉悦、人格健康、精神自由、生命自主的状态下学习，提倡教师善教、学生乐学，为学生创造良好的学习环境。和悦课堂破除“教为中心”的传统观念，鼓励学生先学，汇报“独学”成果。而后以学定教，通过“对学”“群学”，引导学生深入探究、展示交流，让学生站在课堂的中央，做“小先生”“小讲师”，分享学习收获，表达情感体验。同学间相互启发，相互激励，教师适时地恰当点拨，不断将学习、思考引向深入。学生的学习是愉悦的，他们的求知欲、表现欲被充分激发，学习热情高涨，核心素养得到提升。

（二）学为中心，自主合作

和悦课堂充分尊重学生的主体地位，把课堂真正地还给学生。教师在课堂的每个环节都给学生搭建平台，促使学生学习。教师给学生出示问题，驱动学生自主思考、实践探索、合作交流。学生科学地组建学习小组并且合理分工，在小组内合作学习，“兵教兵、兵练兵、兵强兵”，互帮互学。和悦课堂用最少的投入获得最大的效益，教师针对出现的问题，采取灵活多样、切实可行的方式方法，启发学生自主破解，收获成功。学生“动”了起来，自主探究、合作交流；课堂“活”了起来，成为学生主动学习、充分展示、和悦成长的舞台。和悦课堂切实提升了学生的学习力，教为主导，学为主体，是优质高效的课堂。

（三）质疑思辨，启智增慧

学起于思，思源于疑。和悦课堂直面学生学习成长中的真实问题，设疑启学、以疑促思、思以得知，重在启发学生思维，优化学生的思维方式。教师在教学中巧妙设疑、置疑、创设问题情境，指导学生学会观察、分析、概括、演绎等思维方法，并适时地启发、点拨，帮助学生在反思、比较中领悟新知与规律，在尝试中解决问题、启智增慧，在不断的求知破疑中始终保持一种乐学向上、大胆质疑、勇于探究的学习状态。在相互启发、质疑和不断发现中，不同层次的学生的思维活动发生变动和跃迁，拓宽了思维的广度和深度，学生的思维能力得以提高，学生的情感得以升华。

（四）唤醒生命，助力成长

德国教育家斯普朗格说：“教育的最终目的不是传授已有的东西，而是把人的创造力量诱导出来，将生命感、价值感唤醒。”和悦课堂唤醒了学生对知识和自身成长的渴望，唤醒了学生对真善美的追求，唤醒了学生对自己生命的感悟，唤醒了学生的自省、灵性和潜能。和悦课堂着力弘扬探究和创新精神，让学生过有意义的学习生活，在观察、操作、交流、合作与思考中发现问题、提出问题、主动求知、自主学习、自主发展，实现各自独特的生命生长，帮助每个学生做最好的自己。

第二节　和悦课堂的教学原则

和悦课堂的教学原则是根据教育目的，遵循教学规律而制定的指导教学工作的基本要求。和悦课堂的教学原则反映了教师对教学活动的本质特点和内在规律性的认识，是保障教学工作有效进行的指导性原理和行为准则。和悦课堂的教学原则对提高教学质量和教学效率发挥着重要的保障性作用。和悦课堂的教学原则主要有教育性原则、全体性原则、和悦性原则、自主性原则、合作性原则、探究性原则、开放性原则、融合性原则。

一、教育性原则

教育性原则是指牢记立德树人的根本任务，在课堂教学中注重教学的思想性、科学性，注重培养学生的德行，将科学知识教学与思想品德教育和良好行为习惯的养成统一起来，寓我们的“六爱三雅”特色德育于所有学科的课堂教学之中。

二、全体性原则

和悦课堂面向全体学生，使每个学生都获得学习上的成功，都在原有的基础上有所进步、有所发展。和悦课堂特别关注待优生的学习状态，也给中等生、优等生提供发展的机会，在教师的启发、引导和关心下，所有的学生都能获得不同程度的进步，在德、智、体、美、劳等方面都能得到发展。

三、和悦性原则

和悦性原则旨在把和悦教育思想贯穿于课堂教学的全过程，优化育人环境，陶冶学生的情感和心灵。和悦课堂着力创设快乐有趣的教育活动，营造和悦教学的优美环境、教学氛围，采用丰富多彩的教学形式，激发学生的学习热情，唤起学生的求知欲。学生在快乐和谐的氛围中自由活泼地成长，焕发出生命的活力，尽享成长的幸福。

四、自主性原则

自主性是相对于“教师灌输式教学，学生被动性学习”而言的。和悦课堂打破了常规，以“学生是学习的主体”为前提，以“学生的学”为中心，创设和谐愉悦的课堂氛围。和谐的师生关系、生生关系，激发了学生的学习兴趣，增强了学生的求知欲望，充分发挥了学生的自主性，帮助学生积极主动地参与学习的全过程，充分发挥学习的主动权和选择权。

五、合作性原则

“独学而无友，则孤陋而寡闻。”和悦课堂以学生的发展为本，培养学生的创新精神、合作意识和开放视野，注重学生全面素质的提高。和悦课堂促使学生主动交流、乐于合作，在合作中互相学习、健康成长，师生之间平等交流、深度合作、互相激励、教学相长。

六、探究性原则

和悦课堂立足于学生的学。在教学过程中，学生以自己的经验和知识为基础进行积极的探究，以亲身的体验与实践将知识纳入自己的认知结构中，继而尝试用学过的知识解决新问题。探究性学习能够帮助学生从被动学习转变为主动学习，从接受性学习转变为探索性学习，发展学生的创新思维能力，培养学生分析问题和解决问题的能力。

七、开放性原则

和悦课堂倡导大课堂观，课前自学、课中探索、课后延伸、实践检验，形成学习的完整闭环；鼓励学生在学校、家庭、社会的广阔背景中开展活动，时时处处皆学习，在开放的环境里主动学习、学会学习、学会创造。

八、融合性原则

随着数智化时代的到来，学校积极推进智慧化手段进课堂，教师突破教学常规，重建师生教学关系。和悦课堂由五步教学到五步智学，再到空中课堂、5G 全息课堂，不断突破，实现了技术与课堂教学的深度融合，全面实施因材施教，为“一对一”个性化学习指导提供了新的技术支持，进一步促进了学生核心素养的提升。

第三节　和悦课堂的教学模式

和悦课堂以“和”作为课堂教学的主导思想，引导教师学会倾听、学会接纳、学会理解、学会包容、学会欣赏；以“悦”作为课堂教学的达成目标，激发学生融入课堂、自主学习、合作探究、体验乐趣、收获幸福。

一、和悦课堂五步教学

为了让学生站在课堂的正中央，真正地成为学习的主人，学校探索创建了和悦课堂教学模式，即“和润心，悦成长”五步教学法。其框架如下图：

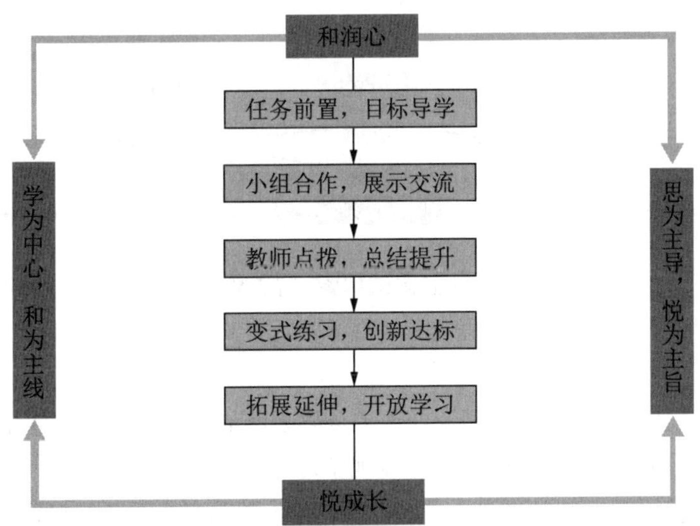

和悦课堂以学为中心，以和为主线，以思为主导，以悦为主旨，让学习在课堂上深度发生。基本操作过程包括五个步骤：

（1）任务前置，目标导学。设置前置学习任务单，即悦学单，通过目标呈现、问题设置，引导学生自主学习。

（2）小组合作，展示交流。课堂上，先组内交流课前研究成果，互相学习，再全班汇报展示，补充、质疑。

（3）教师点拨，总结提升。教师针对重点、难点、疑惑点、易错点进行点拨和指导，引导学生完善新知。

（4）变式练习，创新达标。通过变式练习进一步促进新知内化，促使学生创新达标。

（5）拓展延伸，开放学习。可以是新知识的延伸或者其他知识的补充、拓展，也可以是理论到实践的应用，还可以是下一轮学习的引子，目的都是将课堂教学进行有效的延伸。

这五步学习流程虽然是闭合的，但是学习资源是开放的。五步教学法是围绕教学流程的“五学”展开的，也就是自学、群学、引学、促学和拓学，如下图。

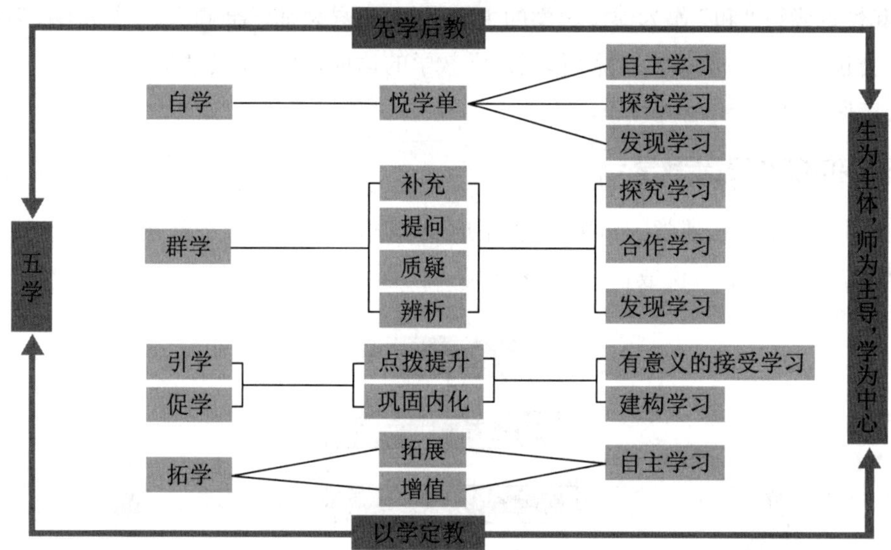

第一是独立自学。学生课前自主尝试探索，解答悦学单上设计的问题，带着学习成果和问题开启课堂学习。这个过程充分体现了学习方式的转变，由被动学习转变为自主学习、探究学习和发现学习。

第二是合作群学。这个过程既有小组内同学之间的相互补充、互相提问，也有质疑、辨析，充分体现了探究学习、合作学习和发现学习。

第三是点拨引学。教师在深入了解学生自学、群学中暴露出的问题后予以适当的讲解和点拨，引导学生进入更深层次的学习。这一环节是有意义的接受学习和学生的自主建构学习。

第四是达标促学。这一环节可以促进学生巩固内化所学内容，也是一种有意义的接受学习和自主建构学习。

第五是延伸拓学。这是课堂学习的拓展，能实现学生学习的增值，是相对开放的更大程度上的自主学习。

这五步体现了先学后教，以学定教，学为中心，学生为主体，教师为主导，既有有意义的接受学习，也有自主、合作与探究学习，实现了学生对所学知识的自我建构、赋能增值。学生的学习能力逐渐增强，由学会到会学，在收获知识、提高能力的过程中体验学习的乐趣，变得更加乐学。

(一)任务前置,目标导学

课前,教师设计悦学单,通过设置有研究价值的问题,驱动学生自主学习、独立思考。学生在问题的引导和任务的驱动下,有目的、有步骤、有章法地自主学习,获得初步的学习体验。教师通过关注悦学单前置任务的完成情况,准确地把握学生对教学内容的理解程度以及学生的实际学习情况,从而修改自己的课前预设,调整教学思路,合理分配教学时间,以此优化自己的课堂教学,使得教学更加合理有效。可见,悦学单是沟通学生旧知与新知,帮助学生做好"跳一跳摘果实"准备,帮助教师深入了解学情,决定课堂教学策略的关键,因此悦学单是上好一堂课的关键。根据课型的不同,悦学单分为四类:新授课探究式悦学单、练习课提升式悦学单、复习课梳理式悦学单、讲评课分析式悦学单。

1. 新授课探究式悦学单

从有利于学生学习的角度出发,教师精心设计悦学单,明确预习要求,教给学生合适的预习方法。新授课悦学单设计的问题是探究式的,学生在完成悦学单的过程中自主阅读、独立思考、尝试操作、主动联想,获得初步的探究乐趣和快乐体验。

悦学单案例　部编版道德与法治一年级下册《大家一起来合作》第一课时悦学单

一、课前任务

请你和家人一起合作打扫一次卫生,或者做一次饭,说说你们合作完成后的感受吧!

我和家人合作完成了(　　　　),我负责(　　),(　　)负责(　　),(　　)负责(　　)。我们合作完成后感觉(　　　　)。

二、课中任务

请同学们思考有哪些事情是需要合作的,并说一说如何合作,合作的好处有哪些,填在下表中。

需要合作的事情	如何合作	合作的好处

三、课后链接

读下面的儿歌。

小朋友，来合作。
有分工，巧配合。
遇问题，不埋怨，
团结合作才快乐！

本节课学习评价：☆ ☆ ☆ ☆ ☆（自评　互评　家长评　教师评）

（五台山西路小学　薛　敏）

2. 练习课提升式悦学单

练习课是新授课的必要补充，练习的过程不仅能够帮助学生巩固新知，加深理解，还能培养学生运用新知解决问题的能力，使学生知行合一，提升学生理论联系实际的能力。练习课悦学单的设计注重分层，增加课堂练习的宽度和厚度，让学生的课前自学更具有挑战性。

悦学单案例　青岛版数学六年级下册“求实际距离”练习课悦学单

一、试一试

在比例尺为 1∶50 000 000 的地图上，北京与广州的图上距离是 4 厘米，实际距离是多少千米？

二、练一练

1. 在比例尺是 6∶1 的图纸上，量得一种精密零件的长是 3 厘米。这个零件的实际长是多少毫米？

2. 在一幅比例尺是 1∶40 000 000 的地图上，甲、乙两地的距离是 5 厘米。一架飞机以每小时 800 千米的速度从甲地飞往乙地，需要飞多少小时？

三、拓一拓

1. 某建筑工地挖一个长方形的地基，把它画在比例尺是 1∶5 000 的平面图上，长是 6 厘米，宽是 4 厘米，这个地基的实际面积是多少平方米？

2. 在比例尺是 1∶20 000 000 的地图上量得甲、乙两地间的铁路长 6 厘米。两列火车分别从甲、乙两地同时相对开出，已知从甲地开出的火车每小时行驶 125 千米，从乙地开出的火车每小时行驶 115 千米，几小时后两列火车能相遇？

（双语小学　丁丹茹）

3. 复习课梳理式悦学单

整理复习是学生对已学过的知识和技能进行回顾、归纳、整合的过程。复习课的悦学单，不仅要复习知识、提高技能，更重要的是帮助学生将知识进行梳理，使知识条理化、系统化，形成一个纵横交错的知识网络，从而在学生的脑海中搭建起牢固的知识体系。

悦学单案例　青岛版数学六年级下册《圆柱与圆锥》整理复习悦学单

一、知识链接

1. 回忆圆柱体和圆锥体的特征。

2. 圆柱的侧面积＝(　　　　　)　圆柱的表面积＝(　　　　　)

圆柱的体积＝(　　　　　)　圆锥的体积＝(　　　　　)

3. 同底等高的圆柱体和圆锥体在体积上有何关系？

二、自主学习(只列式不计算，先自己做，后交流)

1. 求下列圆柱的表面积和体积。

(1) 底面直径为 6 厘米，高为 5 厘米。

(2) 底面周长为 6.28 分米，高为 2 分米。

2. 一个体积为 60 立方厘米的圆柱，削成一个最大的圆锥，这个圆锥的体积是多少立方厘米？

三、合作探究(先自己试做，再组内交流，然后展示)

1. 在括号内写出每道题实际是求圆柱的什么。

有一个圆柱形铁皮盒，底面半径为 2 分米，高为 5 分米。

(1) 沿着这个铁皮盒的侧面贴一圈商标纸，需要多少平方分米的纸？(　　)

(2) 某工厂做这样的铁皮盒 100 个，需要多少铁皮？(　　)

(3) 如果用这个铁皮盒盛食品，最多能盛多少升？(　　)

2. 先算一算，再填一填。

一个圆锥的体积是 90 立方厘米，与它等底等高的圆柱的体积是(　　)立方厘米。

四、拓展延伸(先交流，后展示)

1. 把圆柱削成一个最大的圆锥，削去了多少？

2. (1) 把一根 3 米长的圆柱形木料锯成三段后，表面积增加了 12 平方分米，这根木料的体积是多少立方分米？

(2) 有一块底面直径是 8 厘米，高是 4 厘米的圆柱形木头，沿着上、下底面圆心的连线切开后，它的表面积增加了多少平方厘米？

(3) 一个圆柱与一个圆锥，体积和底面积都相等，圆柱的高是 9 分米，圆锥的高是(　　)分米。

(4) 一个圆锥与一个圆柱，高相等，体积也相等，圆锥的底面积是 90 平方厘米，圆柱的底面积是(　　)平方厘米。

（5）一个圆柱与一个圆锥等底等高，要使它们的体积相等，则圆锥的高要（　　），或者把圆柱的高（　　）；也可以把圆锥的底面积（　　），或者把圆柱的底面积（　　）。

（双语小学　孙蒙蒙）

4. 讲评课分析式悦学单

讲评课是一种重要且常见的课型，尤其是到了单元小结、期中期末复习阶段就成了主要的课型。其主要作用有：通过讲评，帮助学生分析前一阶段的学习情况，继而查漏补缺、纠正错误、巩固旧知，并且在此基础上寻找产生错误的原因，从中汲取教训，完善知识体系，进一步提高解决问题的能力。同时，通过讲评课，教师可以发现自己教学方面的问题及不足，通过自我反思、自我总结改进教学，最终达到提高教学质量的目的。

悦学单案例　非连续性文本复习悦学单

京都念慈菴蜜炼川贝枇杷膏

【药品名称】通用名称：京都念慈菴蜜炼川贝枇杷膏。

【成分】川贝母、枇杷叶、南沙参、茯苓、化橘红、桔梗、法半夏、五味子、瓜蒌子、款冬花、远志、苦杏仁、生姜、甘草、杏仁水、薄荷脑，辅料为蜂蜜、麦芽糖、糖浆。

【性状】本品为棕褐色稠厚的半流体；具杏仁香气，味甜，辛凉。

【功能主治】润肺化痰、止咳平喘、护喉利咽、生津补气、调心降火。本品适用于伤风咳嗽、痰稠、痰多气喘、咽喉干痒及声音嘶哑。

【规格】每瓶装300毫升。

【用法用量】口服。成人每日3次，每次一汤匙（15毫升），小儿减半。

【不良反应】尚不明确。

【禁忌】糖尿病患者忌用。

【注意事项】

1. 忌烟、酒及辛辣、生冷、油腻食物。
2. 患有肝病、肾病等慢性病严重者应在医生指导下服用。
3. 服用一周病情无改善，或服药期间症状加重者，应停止服用，去医院就诊。
4. 对本品过敏者禁用，过敏体质者慎用。
5. 本品性状发生改变时禁止使用。
6. 儿童必须在成人监护下使用。
7. 请将本品放在儿童不能接触的地方。
8. 如正在使用其他药品，使用本品前请咨询医师或药师。
9. 孕妇、哺乳期妇女、儿童、老人等应在医师指导下使用。

【药物相互作用】如与其他药物同时使用，可能会发生药物相互作用，详情请咨询医师或药师。

【贮藏】密封,置阴凉处(不超过 20 ℃)。

【包装】玻璃瓶装,每瓶装 300 毫升。

【有效期】36 个月。

一、判断题:

1. 本品的成分是川贝母、枇杷叶、南沙参、茯苓等,本品为棕褐色稠厚的流体,具杏仁香气,味甜,辛凉。(　　)

2. 小明患有糖尿病,他感冒咳嗽,便吃了京都念慈菴蜜炼川贝枇杷膏。(　　)

3. 小华咳嗽了,于是他服用京都念慈菴蜜炼川贝枇杷膏。几天之后,咳嗽加剧,于是他加大了药剂量。(　　)

4. 本品必须放在冰箱里保存。(　　)

二、选择题:

依据说明书,下列说法正确的是(　　)。

A. 小红是过敏体质,感冒咳嗽,可以吃京都念慈菴蜜炼川贝枇杷膏

B. 本品适用于伤风咳嗽、无痰干咳、咽喉干痒及声音嘶哑

C. 患有肝病、肾病等慢性病严重者,如果咳嗽,可以放心服用本品

D. 孕妇、哺乳期妇女、儿童、老人等应在医师指导下使用

三、我能梳理非连续性文本阅读题的做题技巧:

1. ________________

2. ________________

四、我能用前面总结的做题技巧完成下面的题目。

请根据下面的门诊就诊流程图解答后面各题。

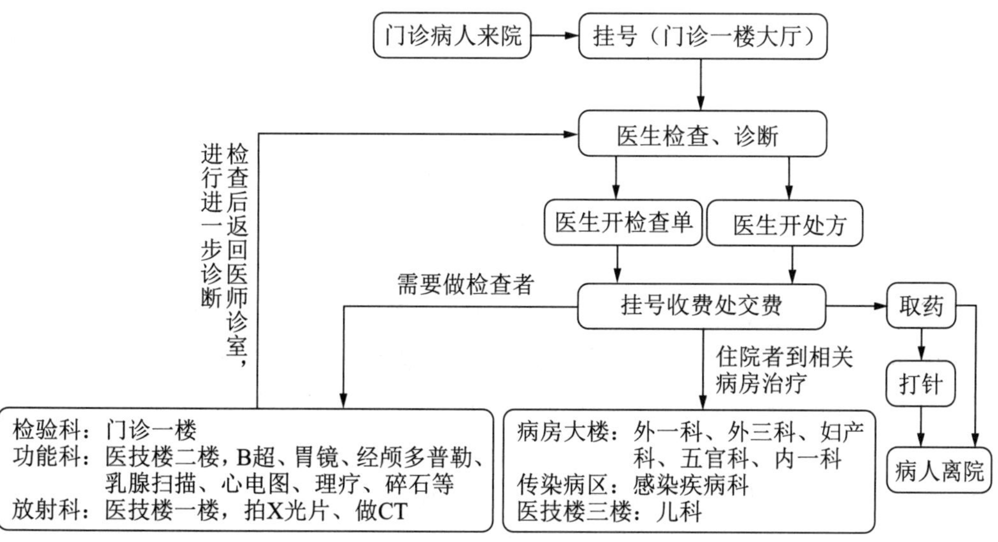

1. 张小铁扭伤了脚，来到医院治疗。他要挂号需要到________。

2. 医生检查后，建议张小铁拍X光片。医生开了检查单后，张小铁下一步需要做什么？（　　）

A. 去拍X光片　　B. 去挂号收费处交检查费　　C. 取药

3. 张小铁该去哪儿拍X光片？（　　）

A. 门诊一楼　　B. 病房大楼　　C. 医技楼一楼

4. 张小铁拍完X光片后，需要去哪儿？（　　）

A. 回家　　B. 取药　　C. 返回医师诊室诊断

（双语小学　郭良晓）

（二）小组合作，展示交流

课堂上，教师科学地组建学习小组，采取捆绑评价的方式，引导学生有序地开展小组合作，探究讨论、分析解答、发现规律，激励各小组展示、汇报成果，帮助学生在合作中学会沟通，培养守则、自控、倾听、表达等优良学习品质。

学生合作后要上台展示，组内展示（小展示），班级展示（大展示），暴露问题，引发深度思考。展示具有创生性，展示哪些内容，展示到什么程度，是书面展示（抄写）还是口头展示（语言），抑或是行为展示（表演），在课前都应该有适当的预设。教师引导学生重点展示自己的独特思考和发现的一些规律性东西，包括学习方法总结、新发现、新感悟等，并且给予恰当的评价。评价是无形的激励，能促进学生课堂展示水平的提高，直接影响学生课堂展示的积极性和教师课堂教学的效果。

学生在展示中分享收获、质疑解疑、补充纠错，在互动碰撞中实现对知识的认知、发现、顿悟，实现自我超越。

教学片段案例　部编版语文五年级下册《军神》教学片段

第三环节：小组合作，感悟“军神”意志。

师：这个故事发生在1916年反对袁世凯称帝的护国战争中。刘伯承在率领护国军攻占四川丰都城时，身先士卒，带头冲锋，不幸被子弹打伤了右眼，负了重伤。由于流血过多，他昏迷过去。后来在一家外国教会医院接受秘密治疗。

师：同学们，刘伯承爷爷不仅作战英勇，在身负重伤的时候，还为保持清醒的军人头脑而放弃使用麻醉剂，称得上是军神。那么，刘伯承爷爷“军神”的形象是如何展现在我们眼前的呢？让我们走进文本对沃克医生的细节描写，从他的心理变化来侧面感悟刘伯承爷爷钢铁般的意志。现在是小组合作时间。请大家从对沃克医生的细节描写中，体会他的内心变化，并选择课文中的关键词语填写下列表格，初步体会这些词语的作用。10分钟时间完成下列表格。现在开始计时。（播放轻音乐）

沃克医生	手术前	手术中	手术后
说话的语气			
动作			
神态(重点)			
心理变化			

在小组合作过程中,教师巡视指导,点拨鼓励每个学生都参与到小组合作中。

师:小组展示时间到。请每个小组的发言人依次汇报你们小组的探究成果。

师:文章对沃克医生的神态描写最细致,同学们也找得最准确。总结同学们的答案后整理如下表。

沃克医生	手术前	手术中	手术后
说话的语气	冷淡	担心	敬佩
动作	熟练而淡定	颤抖,汗珠滚滚	大声嚷道,注视着,友好地伸手
神态(重点)	冷冷地,目光柔和	眉毛扬了起来,生气,愣住了	由衷,吓了一跳,惊呆了,慈祥的神情,肃然起敬
心理变化	冷冷地—关心—生气—担心—称赞—肃然起敬		

师:在三个小组汇报,以及其他同学纠正和补充后,我们理出了沃克医生的心理变化。

1. 刘伯承刚进诊所时,沃克医生很冷淡。
2. 查看伤情后,沃克医生认为患者是军人,态度变得柔和。
3. 当得知患者拒绝使用麻醉剂时,沃克医生很生气。
4. 在手术过程中,沃克医生紧张而担心。
5. 手术后,沃克医生得知刘伯承将军忍受住了72刀而肃然起敬,并称他为“军神”。

师小结:作者通过描写沃克医生的语言、动作和神态,来表现沃克医生对这位中国军人(刘伯承)的态度变化,侧面烘托出刘伯承将军钢铁般的坚强意志。

【设计意图】和悦课堂倡导自主学习、交流展示。先在组内进行“小展示”,相互交流,互相补充、订正、完善,而后小组成员(或代表)主动到台上向全班同学进行“大展示”,与台下同学形成互动,碰撞智慧,丰富认知,在一次次对关键词语的理解中,认识沃克医生的一系列变化,感受刘伯承将军的惊人毅力。

(双语小学　刘　云)

(三)教师点拨,总结提升

教师根据学生的学习情况,引导学生进行归纳和总结,发现本质,得出规律,完成知识建构。在这个过程中，学生的表达越来越完整，越来越准确，对知识的理解越来越深刻，实现了深度学习。

教学片段案例 青岛版数学五年级下册“长方体和正方体的体积计算”教学片段

学生经历了操作探究，用12个小正方体摆出了四种长方体图形（见左下图），梳理数据，填写表格（见右下表）。

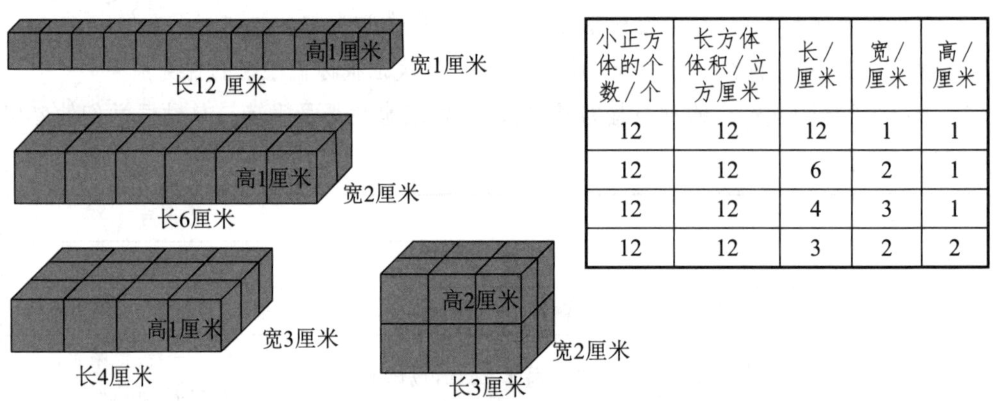

小正方体的个数/个	长方体体积/立方厘米	长/厘米	宽/厘米	高/厘米
12	12	12	1	1
12	12	6	2	1
12	12	4	3	1
12	12	3	2	2

师：把刚才的数据整理一下。仔细观察，看长方体的长、宽、高和体积有什么关系。

生：长方体的体积的数量等于长边的数量乘宽边的数量再乘高边的数量。

师：对，长方体的体积正好是长、宽、高的乘积。写成公式就是长方体的体积＝长×宽×高。字母表达式是$V=abh$。

师：（课件展示）大家看这个特殊的长方体，现在宽和高是一样的。仔细观察，看发生了什么。

生1：长方体的长变短了，变得与宽和高一样长了。

生2：变成了正方体。

师：那正方体的体积又该怎样求呢？

生：因为长方体的体积＝长×宽×高，现在长、宽、高的数值都相同了，都变成了棱长，所以正方体的体积等于棱长乘棱长乘棱长。写成公式就是正方体的体积＝棱长×棱长×棱长。字母表达式是$V=a^3$。

【设计意图】教师及时地点拨、追问、引导，促使学生思考并进行知识迁移。先由具体到抽象，用相同个数的体积单位摆成长、宽、高不同的长方体，由此发现长方体体积与其长、宽、高的单位数的关系，进而归纳抽象出长方体的体积计算公式。再由一般到特殊，引导学生认识正方体实际上是长方体的一种特殊形式，也就是长、宽、高的数值相同的一种长方体，并顺势启发学生推导出正方体的体积计算公式。

（双语小学　林　宏）

（四）变式练习，创新达标

课堂上，教师根据学习目标以多种形式反馈学生的学习情况，如板书呈现、创作展示、互相出题、互相解答等书面形式，非书面形式有读一读、背一背、演一演、做一做……通过不同途径，以多种方式对学生进行达标测评，展现学习成果。师生在教与学的过程中共同进步，共同感受课堂的精彩。

教学片段案例　青岛版数学四年级上册相遇问题教学片段

第一关：夯实基础（背向而行）

如下图，甲、乙两辆汽车同时从停车场向相反的方向开出。4 小时后，两车相距多少千米？

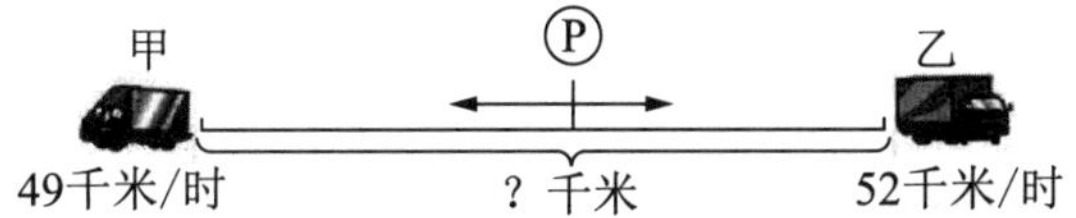

第二关：拓展提升（同向而行）

小龙和小虎同时从学校出发去科技馆，小龙骑自行车每分钟行驶 140 米，小虎步行每分钟走 50 米。30 分钟后，小龙和小虎相距多少米？（两人均未到达科技馆）

第三关：类比辨析

甲、乙两个修路队同时在道路的两端修一条长 108 米的隧道，甲队每天修 15 米，乙队每天修 12 米。完成任务时，甲队比乙队多修多少米？

【设计意图】相遇问题会延伸出多种情况，如背向而行问题、相向而行不相遇问题、相遇后继续行走问题等。这种将类似问题放在一起解决的教学，一方面，有利于帮助学生打破思维定式，拓展相遇问题的外延，拓宽解决问题的思路，积累解决问题的经验，提高解决问题的能力；另一方面，“只有结束的课堂，没有结束的探索”，给学生适时地创造课外探索的空间和机会，有利于培养学生的探索精神与实践能力。

（双语小学　方安娜）

（五）拓展延伸，开放学习

根据课上所学知识，设计能开拓学生思路或开阔学生视野的内容，引导学生结合生活深度学习。学生的学习不止于课上，不止于教室，不止于校内。树立开放的生活学习观念，学生可以实现时时处处皆学习，并且学以致用。

教学片段案例　青岛版数学四年级上册植树问题教学片段

师：咱们已经研究了直线上的植树问题，大家继续来看课件上的这些图形（如下图），圆形、三角形、正方形。

师：我们接着研究封闭图形上的植树问题，思考这些图中植树棵数与间隔数之间有什么关系。（动态演示，把封闭图形转化为直线）请课下继续探究。

【设计意图】安排这样一个环节，很好地打开了学生的思维，也拓宽了学生的视野，并渗透了数学建模思想，体现了开放的学习观。把探究学习的主动权交给学生，教师将收获更多的幸福。

（双语小学　林　宏）

和悦课堂是和悦教育的中心。在和悦课堂上，教师引导、设疑、激励，学生阅读、思考、交流、辩论、展示，建构知识体系，师生共同探究、发现、求知，绽放生命的活力，在提升核心素养的同时师生关系更加和谐，而且唤醒了学生对知识和自身成长的渴望，教育之花便悄然无声地绽放。

和悦课堂教学，是一个互动的教学过程，首先激发学生的参与意识，然后让学生获得学习的能力，并让学生掌握知识。在这个过程中，教师关注学生的主体性，善于发现、合理决策、适时点拨，注重指导学生的学习过程和方法的建构，培养学生发现问题并尝试着解决问题的能力，使学生获得积极的情感体验，从而激发其好奇心、求知欲。

以下和悦课堂五步教学经典案例，蕴含着和悦课堂教学的理念，饱含着师生对高质量教学的探索，学生在课堂上和谐、愉悦、幸福、高效地学习。

语文教学案例　《我的“长生果”》

【教学内容】

《义务教育教科书·语文》（部编版）五年级上册第八单元第 27 课。

【学习目标】

1. 通过自主学习，认识“阕”“囫囵”等新字词，并能运用已学的方法理解文中的生字词。

2. 用较快的速度默读课文，灵活运用梳理信息的方法，把握课文内容要点，并能明白读书和作文之间的关系，感悟读书对作者的成长起到的积极作用。

3. 以文带文，自学金波的《背课文》（节选），选用合适的方法梳理文章的信息，实现学法的迁移，提高阅读能力。

【教学过程】

一、任务前置，目标导学

《我的"长生果"》悦学单

一、正确、流利地朗读课文。

二、字词大闯关。

1. 读准以下生字词的注音。

比喻　恰似　一阕　羞差　一大沓　囫囵吞枣

直奔　报偿　驳杂　沉甸甸　馈赠　酵母　呕心沥血

2. 通过查字典、联系上下文等方法理解以下生词。

如饥似渴：

囫囵吞枣：

呕心沥血：

三、回顾《忆读书》的借助叙述顺序梳理信息的方法。

四、默读课文，思考：作者写了童年时期阅读和写作的哪些事情？作者的感受是怎样的呢？

【设计意图】利用课前悦学单，帮助学生扫除阅读障碍，夯实基础。同时，回顾《忆读书》的梳理信息的方法，重在指导学生联系旧知，把握课文内容要点，直奔本课学习重点。

二、合作探究，展示交流

师：孩子们，作者写了童年时期阅读和写作的哪些事情？作者的感受是怎样的呢？下面请以小组为单位，交流悦学单的研究成果，小组内及时做好补充。

四人小组交流自己搜集的相关信息，小组内互相补充。

师：哪个小组来汇报你们的研究成果？

小组 1：

最早看香烟人小画片

后来看连环画

小组 2：

渐渐地读文艺书籍

后来读古今中外的大部头小说

小组 3：

写"秋天来了"悟得道理

写"一件不愉快的往事"悟得道理

师：孩子们，抓住描写时间的关键词句，按照叙述的顺序，就可以厘清作者写了童年时期阅读和写作的哪些事情，从而把握文章的要点。这是一种非常好的梳理信息的方法。

【设计意图】这样的设计抓住了知识的重难点，组织学生有序地进行小组合作，探究讨论、畅谈收获、分析解答、发现规律、上台展示、分享收获、质疑解疑、补充纠错、夯实沉淀，在互动碰撞中实现对知识的认知、发现、顿悟。

三、教师点拨，总结提升

师：同学们，作者从写作中悟出了哪些道理呢？

小组 1：作文，首先构思要别出心裁，落笔也要有点儿与众不同的“鲜味”才好。

小组 2：作文，要写真情实感；作文练习，开始离不开借鉴和模仿，但是真正打动人心的东西，应该是自己呕心沥血的创造。

师：是的，孩子们，作者这么爱读书，介绍了自己读书的经历，又写了两次作文的事例，那么读书和作文之间有什么关系呢？其他小组有要补充的吗？

小组 3：因为作者爱读书，所以写作才能别出心裁。

师：是的，你的回答独树一帜。孩子们，正是因为读书扩展了作者的想象，所以写作时她才能够别出心裁，与众不同；正是因为她养成了记笔记的习惯，所以她的脑海里装满了可借鉴和模仿的好词好句，写作文的时候才能文思泉涌，左右逢源。

师：同学们，学到这里你们以为结束了读书的旅程了吗？不是这样的，其实作者写这篇文章时后面还有一部分，请同学们默读下面这段材料。

> 我终于开始学着“创造”了——那是在上初中二年级时，我写了一篇八百字的小小说《夫妻间的小风波》，投寄到刚创办的县报，终于在一星期后得以刊登。看着文字变成了铅字，看到作文被标成了“小说”，我说不出地高兴，这也许应该算是我当学生时期写得最成功的一篇“作文”。
>
> 我深深明白：假如不是读过几百部真正的小说，我绝不可能写出那八百个字。
>
> 至今，我仍在努力作文，只惭愧年事已长却无多少长进，少年时所感所悟的，现在虽不曾忘怀，却还常常力不从心。
>
> 至今，我仍盼天天能“扎进头”去醉心读书，只可惜光阴紧迫，事务冗繁，而社会——人生，这部深奥绵长而无页码的大书，我何时才能读得尽啊！

师：“问渠那得清如许？为有源头活水来。”阅读让作者不断创新作品，孩子们，希望我们的生命里也有自己的“长生果”。

【设计意图】对五年级的学生来讲，梳理信息没有多大的难度，难的是理解文中所蕴含的读书与作文的相辅相成的关系，这是理解文本的重点。通过适时地补充作者的这篇文章的后面一部分，加深学生对阅读与写作的理解。

四、变式练习，创新达标

师：今天，老师给大家带来了一篇文章，运用今天我们学习的梳理信息的方法以文带文，学以致用。

> 阅读金波的《背课文》（节选），选用合适的方法梳理信息，找出读书带给作者怎样的感受。

（1）选择合适的方法梳理读书的内容。

（2）展示交流。

生 1:时间轴(如下图)。

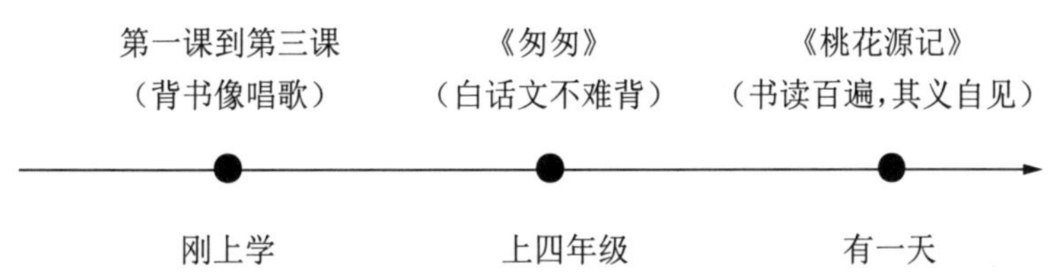

生 2:时间表(见下表)。

时间	背书内容	感悟
刚上学	第一课到第三课	背书像唱歌
上四年级	《匆匆》	白话文不难背
有一天	《桃花源记》	书读百遍,其义自见

师:你们简直太厉害了,抓住了描写时间的词语,按照叙述的顺序,把文章脉络分析得很清楚,值得我学习。这两名同学不仅清楚地梳理了信息,还结合相关的语句,谈了自己的感受,看来你们已经学会了读书的方法,真的是学有所获。

【设计意图】学生是学习的主体,课堂上应该给予学生时间和空间,引导学生与文本进行充分的对话,让他们进行自主学习。相比上个环节,这个环节侧重于学习的自主性,以文带文,学以致用,拓宽了学生阅读的广度,实现了学法的迁移运用。

五、拓展延伸,开放学习

师:孩子们,学到这里,我们发现这个单元都是在讲读书。从古人谈读书,到当代人忆读书,我们发现书籍和人类真的是息息相关。我们阅读文学书籍时,常常会被其中的一些人物吸引或感动,课下请同学们按照本节课我们梳理信息的方法,有条理地整理自己最喜欢的人物形象的相关信息,下节课我们来交流。

【设计意图】根据课上所学知识,设计能开拓学生思路和拓宽学生知识面的内容,让他们继续学习,使学生养成时时处处皆学习的学习习惯。结合学生的阅读经验,打开交际话题,引导学生关注单元整体,连接口语交际,进一步激发学生阅读后的表达欲望,提高学生清楚地表达观点与倾听时抓重点的能力。

(双语小学　薛欣萌)

【教学评析】

本案例紧扣单元教学目标来设计教学过程。本单元的语文要素是“根据要求梳理信息,把握内容要点”,整堂课就是围绕这个核心来展开的。最具有特色的是,利用表格、时间轴等工具梳理文章信息,引导学生领悟阅读与写作的关系。整个教学过程层次清晰,教学目标明确,可见执教者对教材的编写意图领会深刻。其次是语文要素与人文主题有机整合。本单元围绕“读书”这一主题选编，薛老师将“梳理信息”与“激发学生潜心阅读、勇于表达的热情”有机地整合在一起，在梳理信息的过程中处处渗透着读书方法的引导，做到了工具性与人文性的统一。

（评析人：双语小学　郭良晓）

数学教学案例　《对称》

【教学内容】

《义务教育教科书·数学》（青岛版）三年级下册第二单元。

【学习目标】

1. 结合实例感受轴对称现象，通过观察、操作，初步认识轴对称图形。

2. 能够说出对称现象以及轴对称图形在生活中的应用，了解轴对称图形的特点并能准确地判断出轴对称图形。

3. 在操作、观察、判断中学习图形知识，发展空间观念，欣赏和感受对称美，并培养团队合作意识。

【教学过程】

一、任务前置，目标导学

《对称》悦学单

一、我来收集。

1. 找找周边你认为美丽的图画或者建筑，并用图片的形式展示出来。

2. 在这些图片中，你能找到像　　这样的对称图形吗？展示给大家看看。

二、我来研究。

想一想，看一看，你知道什么是对称现象吗？什么样的图形是轴对称图形呢？关于对称你还知道哪些知识？把你的研究成果记录下来。（记录下来的成果，你自己一定要弄懂。）

【设计意图】学生借助悦学单进行自主学习，便于教师精准地把握学情，调整教学目标。

二、合作探究，交流碰撞

师：去年寒假，老师参加了咱们西海岸新区举办的民俗节活动，特意拍了一些照片与大家分享。剪纸、风筝、脸谱都是我国民间艺术的代表，请认真观察，它们和你们找的图片有什么共同的特点？

生1：这些图片左右一样。

生2：这些图片上下一样。

生3：这些图片应该都是对称的。

师：你们说的是老师拍的照片上的这个、这个、这个（用手圈画），这几个图形是对称的。老师把照片上这几个图形之外的部分裁剪掉，就得到了这样的图形。它们藏在你们书桌的1号学具袋里，拿出这三个图形，折一折，比一比，看它们有什么共同特点。你们认为什么是对称现象？什么样的图形是轴对称图形？关于对称你们还知道哪些知识？下面请以小组为单位，交流悦学单的研究成果，小组内及时做好补充。

四人小组交流自己搜集的相关信息，小组内互相补充。

师：哪个小组来汇报你们的研究成果？

（第一个小组）

生1：经过小组交流，我知道这些图形或者上下两边一样，或者左右两边一样，像这种现象在数学上称为对称现象。

生2：我们还知道，像这样对折后（边说边演示），折痕的两边完全重合。

生3：我来补充一下，对折就是要把这个图形平均分成两份。像这样，对折后能够完全重合的图形是轴对称图形。

生4：请问其他同学有什么疑问吗？

其他小组学生：是不是只有这种有图案的图形才是轴对称图形？

生3：不是的。任何一个图形，只要对折后两边能够完全重合，就是轴对称图形。比如一张白色的圆形纸片，对折后能完全重合，就是轴对称图形。

师：这个小组还有别的补充吗？

小组成员：没有了。

师：这个小组很棒，非常全面地为我们介绍了什么是轴对称图形。其他小组有补充吗？

（第二个小组）

生1：我们小组还有补充。他们还有一个问题没有回答，就是关于对称还知道哪些知识。我们搜集到的信息是，轴对称图形有对称轴，对折时折痕就是它的对称轴。

师：其他同学可以质疑。

生2：那对称轴有几条呢？

生1：应该根据图形来定。

师：老师来补充说明。折痕所在的直线是轴对称图形的对称轴，对称轴的知识在以后我们会继续学习。还有补充吗？

生3：很多建筑看起来很美，因为它们是对称的。

师：这就是生活中的对称美。看来我们同学研究得很透彻，都用心地搜集了相关知识。请同桌之间互相说说什么是轴对称图形吧！

【设计意图】教师大胆放手，借助课前的问题，让学生通过折一折、比一比等多种活动感知轴对称图形的特征——对折后能够完全重合，注重知识的形成过程，增强学生的探究意识。小组成员将搜集的知识互相补充，能够培养学生的互助、合作品质，促进学生有效学习。

三、教师点拨，总结提升

师：怎样判断一个图形是不是轴对称图形呢？

生：看对折后能不能完全重合。

师：刚才的小金鱼，头向上的时候，是轴对称图形，现在小金鱼游啊游，游到了这里。图形的位置发生了变化，它还是轴对称图形吗？

生：是的。

师：小金鱼拐弯了，方向变了，它还是轴对称图形吗？

生：是的。

师：说说你的理由。

生：因为不管小金鱼去了哪里，方向是什么样的，只要它本身的图形没变，就仍然是轴对称图形。

师：这名同学理解得多么透彻啊！老师想送给你一朵花（展示花），请问，这朵花是轴对称图形吗？

生：不是。

师：谁来说说自己的观点？

生 1：它不是轴对称图形，因为它的花瓣没有重合。

生 2：我来补充。虽然茎对折后完全重合了，但是花瓣没有完全重合，所以不是轴对称图形。谁有质疑吗？

生 3：可是有一部分重合了啊！

生 2：我们说的对称，必须完全重合。完全重合就是一点也不能差。

生 3：哦，谢谢，我明白了。

生 2：所以我现在可以肯定地说，这朵花不是轴对称图形。

师：真像个小老师，说得头头是道啊！你理解了“完全重合”的意义了。

【设计意图】有效的课堂教学是在教师引导下的师生互动、生生互动。根据建构主义理论，学生学习数学的过程是一个对数学知识自主建构的过程。此环节教师没有重复地强调轴对称图形的概念，而是通过问题设置鼓励学生质疑，然后进行适当的点拨，使学生顺利地掌握本节课的重点，给学生明确了方向，让数学课堂更加有效。

四、变式练习，创新达标

1. 师：快来看，此时此刻老师上课的造型是对称的吗？

生：不是。

师：谁来说一说，哪些动作造型是对称的？（展示课本练习的动作造型）

学生判断。

师：活动一下筋骨，全体起立。同学们两人合作，搭建一组轴对称图形。

学生活动。

2. 师：再来看看生活中的这些事物，哪些是对称的？在方框里画“√”。

学生做题。

师：四人小组交流结果。

师：哪张图片有争议？请汇报。

学生解决问题。

3. 师：在我们认识的几何图形里，也有轴对称图形呢！拿出2号学具袋里面的图形，折一折，想一想，填一填。

每个图形一一纠正，对于有争议的进行演示。同时，提醒学生及时改正，养成动手操作来验证的好习惯。

师：生活中有很多的对称美。

学生欣赏图片。

师：带着这种美好的感觉，继续寻找对称美吧！

【设计意图】此环节通过一系列的操作、观察、判断活动，如做一做，折一折，加深了学生对轴对称图形的理解。整个练习题的设计，经历了“实际做动作—实物图片—几何图形”的过程，练习的深度从学生生活中常见的事物到抽象的几何图形一点点加大，在学生的头脑中形成初步的几何概念。最后通过欣赏、感受对称美，培养学生的审美观。

五、拓展提升，开放学习

师：你想试着创作一个轴对称图形吗？小手动起来，剪一个自己喜欢的轴对称图形吧！

【设计意图】根据教材的知识结构安排，在本学段适当地进行教学的有效拓展，既是学生思维发展、创新意识培养的需要，也是充实课堂、完善教学活动的一种途径。此环节根据学生现有的学习水平，进一步激发学生的学习兴趣，厚植学生的文化底蕴，通过开放式的操作活动，挖掘学生的思维潜力，从而进一步提升学生的数学素养。

（双语小学　陈　艳）

【教学评析】

新课标指出：“要遵循学生学习数学的心理规律，强调从学生已有的生活经验出发，让学生亲身经历知识的发生发展过程。”本节课结合和悦课堂五步教学法，在充分理解教材设计意图的基础上，结合学生原有的生活经验以及认知规律，借助悦学单提前抛出问题，通过交流、质疑、汇报和一系列的操作、观察、判断活动，让学生认识对称现象并初步认识轴对称图形，了解其特征，发展空间观念，感受对称美，达成教学目标。

（1）悦学单引学习路线。

悦学单是学习的载体，是学生自主学习和老师精讲点拨的依据。本节课的悦学单，通过让学生观察生活中的建筑，发现身边的美丽图案，引出本节课的学习内容。以问题为导向，引导学生学习本节课的内容，学生的自主学习能力得到了提升，阅读能力也得到了有效提高。教师批阅学生完成的悦学单后，了解到大部分学生能找到对称轴，但是对于对称现象、轴对称图形的叙述不是很完整、规范，这有效地提醒了教师在上课的时候应该注重哪些方面，比如“完全重合”“对折”等词语的理解。教师在教学的过程中进行及时的点拨，及时地调整教学策略，巧妙地突破重难点，让学生获得了最佳的活动体验。

（2）“群组学”助学习愉悦。

课堂上，教师十分注重学生的“群组学”。在展示过程中，主角是学生，学生提出问题、讨论问题、阐述观点和见解，教师只进行适时的点拨、引导、追问、鼓励，澄清一些原则性的错误。比如一个学生提到对称轴的时候，叙述不正确，虽然这是以后学习的内容，但教师及时地进行了纠正。通过小金鱼的位置、方向的变化和“这朵花是轴对称图形吗？”的问题设置，学生在质疑中辨析，在教师的点拨、追问中相互借鉴，提升了对知识的理解水平和感悟水平，从而获得了愉悦的体验。

（3）“多元练”促素养提升。

本节课的变式练习环节，学生经历了“实际做动作—实物图片—几何图形”的过程，从动到静，练习的深度从学生生活中常见的事物到抽象的几何图形一点点加大，在学生的头脑中形成的初步几何概念是有层次的，学生能自主、快乐地参与其中。另外，本节课多次给学生提供展示个性的机会，使学生在获取数学知识的同时，感受美的熏陶，培养积极、健康的审美情趣。

（评析人：双语小学　林　宏）

英语教学案例　Unit 2 My favourite season

【教学内容】

《义务教育教科书·英语》（部编版三年级起点）五年级下册 Unit 2 的 Read and write。

【学习目标】

本单元的知识和能力目标：能用英文表达四个季节以及每个季节可以做的事情，按照正确的意群及语音语调朗读相应的对话及短文，并能将所学内容应用于实际生活。

本节课的学习目标如下：

1. 正确地听说读写单词 spring，summer，autumn（fall），winter，because 等；能够听懂、读懂并内化 Read and write 的内容，并能够介绍自己最喜欢的季节和喜欢的原因。

2. 能够在教师的引导下再次谈论最喜欢的季节，掌握良好的阅读策略，提高自主学习能力，并能积极大胆地尝试写作。

3. 培养热爱生活的积极态度和情感价值观。

【教学过程】

一、任务前置，目标导学

Happy Learning List
I can read: spring, summer, autumn (fall), winter, warm, cool, hot, cold. Which season do you like best? I like...best. Why do you like (summer)? Because I can (swim in the lake).
I find: I like spring because ____________. Summer is ____. The leaves ____ and ____ and ____ in fall. There is lots of ____ in winter. It is ____. We can ____ in the snow.

【设计意图】和悦课堂五步教学法倡导任务前置、以学定教。任务前置意在让学生先学，以学定教。利用悦学单，教师可以充分把握学情，在此基础上确定重难点，发现问题，以学定教。在悦学单的引领下，学生可以获得初步的学习体验。

二、合作探究，展示交流

Step 1 Warm-up

1. Enjoy a beautiful VCR of season.

2. Review.

We have learned four seasons. They are...（学生看课件，依次说出四个季节的名称。）Yes. We also call "autumn" "fall".（教师出示单词卡进行操练，操练完板书。）

3. Let's chant.

【设计意图】本环节通过课前热身，以欣赏四季美景、对四季的思考和表达以及吟诵为驱动，既拉近了师生距离，又活跃了课堂气氛。学生在吟诵中初步感知了 fall 的含义，激发了自然和美、悦纳自然的美好情感，并为新课的学习做好语言铺垫。

Step 2 Pre-reading

Ask and answer:

T: Which season do you like best?

S: I like ____ best.

T: Why?

S: Because I can ____.

【设计意图】教是为了不教。学生在学习的过程中，通过体验学习的快乐和成就感，既复习了旧知，又在展示和交流中为本课的学习搭建了语言运用的支架。

三、精准讲解，重点突破

Step 3 While-reading

1. General reading.

（1）Listen and answer.

让学生带着问题“Which season does Robin like best?”听音频，通过寻找答案导出课题：Robin likes them all.

（2）Read and tick.

Let the students read the passage quickly and tick.

【设计意图】思源于疑。在阅读中以问题为导向，引导学生有针对性地略读课文，初步感知文本，获取关键信息，做到去伪存真，从而达到整体感知的目的。

2. Detail reading.

通过设置四个问题，引导学生细读。

Why does Robin like spring?

What's the weather like in summer?

What can Robin do in fall?

Why does Robin like winter?

（1）Get the students to read Paragraph 1 and answer the question：Why does Robin like spring?

T：Yes. The spring is very beautiful.（用课件出示 beautiful spring，并板书 beautiful。）

（2）Read Paragraph 2 and answer the question：What's the weather like in summer?

T：Yes. The summer is hot.（用课件出示 hot summer，并板书 hot。）

（3）Read Paragraph 3 and answer.

T：What can Robin do in fall?

S：He can paint a picture.

T：Does Robin like fall? How do you know?

引导学生读出句子：What lovely colors！（出示词卡 lovely）I love fall.

用课件呈现动态的落叶图，帮助学生理解句子：The leaves fall and fall and fall.

T：Yes. The fall is lovely.（用课件出示 lovely fall，并板书 lovely。）

（4）Read Paragraph 4 and answer.

T：Why does Robin like winter?

S：Because he can play in the snow.

T：Yes. And there is lots of snow.（在课件上标出 lots of，让学生根据图片猜测其含义，并出示单词卡进行操练。）

T：What color is the snow?

S：White.

T：Yes. The snow is white. The winter is white.（用课件出示white winter，并板书。）

【设计意图】在课中探索环节，学生通过自主阅读课文，根据关键词口头回答教师的问题，对文本信息进行筛选分析，充分了解文本细节。教师在教学的重点处、疑难处或关键处加以点拨，引导学生展开讨论，进行深化、拓展与提升，从而帮助学生清楚地掌握所学内容，达到质疑、提升的目的。

四、评价促学，创新达标

Step 4 Post-reading

1. Listen and repeat.

（1）播放录音，学生逐句跟读（提醒学生注意语音语调）。

（2）学生再次跟读（提醒学生注意重音）。

（3）学生齐读课文。

【设计意图】通过跟读模仿，培养学生的语感，形成正确的语音语调，促进学生更流畅地表达。

2. Read in groups and try to act.

3. Let's retell.

【设计意图】及时的课堂评价能帮助学生将已经掌握的知识串联成知识链。本环节通过角色扮演和课文思维导图复述的方式展示学生的学习成果，并进行检测、反馈，同时有意识地引导学生走出文本，培养学生的语言运用能力。

五、拓展提升，开放学习

Step 5 Practice and consolidation

1. Read and choose.

Hello, I'm Zhang Peng. I like summer best. The weather is hot. The trees are very green in summer. I often go swimming with my friends. I often eat ice cream. I often eat watermelons, too. They are my favourite fruit. I have a long summer vacation, too. What a happy summer!

(　　)(1) Zhang Peng likes ________ best.

A. spring　　B. summer　　C. fall

(　　)(2) Zhang Peng often ________ in summer.

A. goes swimming

B. eats ice cream and watermelons

C. both A and B

(　　)(3) Zhang Peng has a ________ summer.

A. happy　　B. lovely　　C. hot

【设计意图】本环节教师为学生补充相关的阅读材料，学生自主阅读并练习，这样既拓展了学生的思维，又提高了学生的阅读技能和自主学习能力。

2. Write a poem.

My favourite season
I like spring best.
Spring is warm.
Spring is sunny.
There are green trees.
I can fly kites.
Spring, spring.
I love you!

（1）教师进行示范。

（2）学生仿写。

（3）学生展示。

【设计意图】教师根据教学目标，让学生仿写有关季节的小诗，学生在教师的引导下再次谈论最喜欢的季节，并且积极大胆地尝试写作，这样可以提高学生的语言综合运用能力，达到学以致用的目的。

Step 6 Summary

T：What colorful seasons! Let's enjoy every season.

【设计意图】育德以和，求知以悦。适时地进行小结，并进行德育渗透，使学生的情感得以升华。

Step 7 Homework

1. Complete the sentence below the text.

2. Listen and read the text.

3. Read the poem and write poems about other seasons.

（双语小学　杨姗姗）

【教学评析】

本课是五年级下册的一节阅读课，重在复习本单元的重点内容：表示季节的单词、关于天气的单词，以及表述不同季节活动的短语动词。最后写出对季节的喜好，以及喜欢某个季节的理由。

执教教师把对文本的阅读理解作为本课的中心任务，通过任务前置了解学情，通过合作、探究、问答复习旧知，在展示和交流中为本课的学习搭建了语言运用的支架。学生通过自主阅读课文，在略读、细读的基础上，对文本信息进行筛选分析，充分了解文本细节，既培养了小组合作意识，也提高了阅读技巧和能力。教师在教学的重点处、疑难处或关键处进行点拨，引导学生展开讨论，进行深化、拓展与提升，实现了重点突破。同时，教师及时地进行课堂评价，帮助学生将已经掌握的知识串联成知识链。在拓展提升、开放学习环节，教师根据教学目标设置了阅读练习和仿写任务，既提升了学生的阅读能力，又提高了学生综合运用语言的能力。不难看出，五步教学课堂中的学生，能够积极主动地参与学习，敢于展示自己，实实在在地成了学习的主人。

（评析人：双语小学　王成慧）

二、和悦课堂五步智学

智慧教育即教育信息化，是在教育领域全面深入地运用现代信息技术来促进教育改革与发展的过程。其特点是数字化、网络化、智能化和多媒体化，基本特征是开放、共享、交互、协作，以教育信息化促进教育现代化，用信息技术改变传统教学模式。

随着数智化时代的到来，学校积极推进智慧化手段进课堂，教师突破教学常规，重建师生教学关系，和悦课堂五步教学模式有了新的突破，达到了信息化与课堂教学深度融合，即“五步智学模式”，如下图。和悦教育的课堂教学进入了数字化时代，呈现出一系列的新景象。

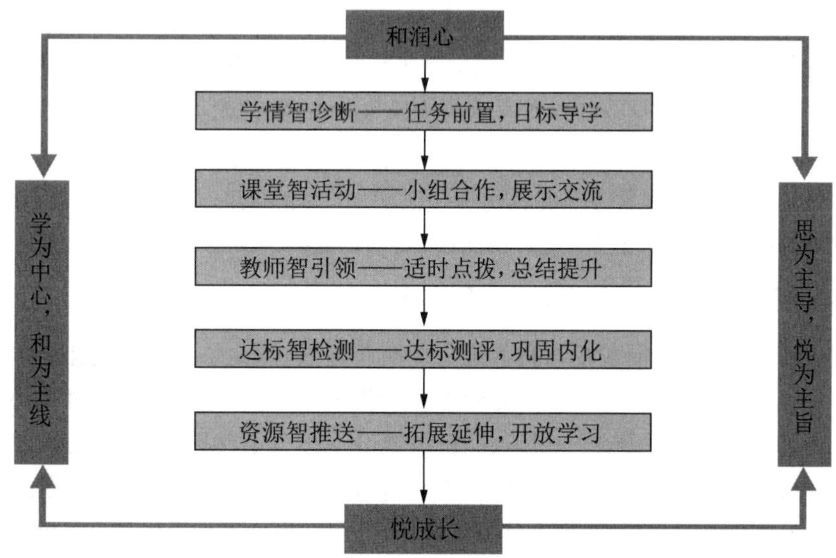

（一）学情智诊断——任务前置，目标导学

课前，教师精心设计悦学单，通过智慧教学平台推送给学生。学生在课前完成，按照预习提示，有目标地进行预习作答，并完成提交。久而久之学生便能养成良好的预习习惯，还能提高自主学习和独立思考能力。教师通过后台数据可以查看每个学生的详细

作答情况，包括用时、提交时间、出错点等。同时，可以查看整个班级的分析报告，及时调整教学目标和教学内容，以及课堂重难点、讲评方式、课堂节奏等，从而提高课堂效率。

（二）课堂智活动——小组合作，展示交流

课上，小组合作学习，展示交流。教师利用智慧教学平台适时地发起课堂互动，利用提前分好的小组，针对教学的重点、难点和疑点，启动小组合作学习。教师通过智慧教学平台的抢答功能引领学生展开激烈的讨论，利用小组作答、小组抢答、小组讨论、小组展示等方式，发布学习内容和讨论话题，并且通过学生讲、拍照讲解、一键投屏等功能进行成果展示。学生在讨论与展示的过程中产生双向交流，既有思维的碰撞，又培养了合作意识，在合作中深入探讨，在竞争中不断提升。教师通过教师机可以即时查看每个小组的讨论详情、发言数对比、小组报告，也能查看每一个学生在小组学习中所发挥的作用，对于表现优异的小组和个人，通过 PK 板进行加星评价，从而激发学生的主动意识和集体荣誉感。

（三）教师智引领——适时点拨，总结提升

和悦课堂以学生为中心，引导学生独立思考、合作学习、大胆创新、勇于总结，但是一节好课，教师的点拨提升总是点睛之笔。在这个环节中，教师通过课前的数据反馈精准地判断出重难点，针对合作交流中暴露出来的问题，根据学情、课堂需要，采用聚焦放大、随机选人、屏幕推送、全班作答、拍照讲解等智慧手段，做到重难点突出。既关注到学生的个体差异，又在不知不觉中，在学生的快乐参与中，在注意力的高度集中下，解决重点、突破难点，激发学生的学习兴趣和内驱力，将课堂实效增值到最大。这时需要教师进行适时的指导，以确保教学方向的正确性。在学生产生疑问时及时地给予恰当的点拨，给学生以启发，引领学生自己主动解决问题，而不是直接地帮助学生解决问题。

（四）达标智检测——达标测评，巩固内化

堂堂清、日日清、周周清能在很大程度上减负增效，因此每节课都设计一个达标检测环节，了解学生的知识掌握情况，及时调整教学方向，长此以往，形成良性循环。在这一环节，教师可通过屏幕推送—全班作答、屏幕分享—分组作答等方式，组织学生当堂完成达标检测并提交。然后通过后台数据查看每个学生的作答情况、每道题的得分情况，并马上抓住重点学生、重点题型等进行分析。同时，做到重点学生与全体学生的统筹兼顾，重点题型与易错题型的兼容并进，出现问题立即解决。

利用智慧教学平台向学生推送练习题，进行当堂检测，能够实现师生互动和知识应用，对学生的知识掌握情况进行精准诊断，找出不足，寻求更好的解决方法。同时，便于教师有针对性地进行重难点的补充讲解，根据学情进行分层教学，真正实现堂堂清，提高教学质量。

（五）资源智推送——拓展延伸，开放学习

利用智慧教学平台筛选符合学生年龄阶段的拓展资料，给学生推送相关阅读链接，布置课后拓展作业，能够实现知识的迁移和拓展。这个过程不仅可以巩固知识，还能培养学生的创新思维，让学习生活更加丰富多彩。

下面给出几个和悦课堂五步智学的经典教学案例。

语文教学案例　《夜间飞行的秘密》

【教学内容】

《义务教育教科书·语文》（部编版）四年级上册第二单元第6课。

【学习目标】

1. 认识"蝙""蝠"等11个生字，读准多音字"系"，会写"蚊""即"等14个字。
2. 学会从不同角度提问。
3. 能给问题分类，筛选出对理解课文有帮助的问题。
4. 能借助问题理解课文。

【教学过程】

一、学情智诊断——任务前置，目标导学

（一）学情诊断练习

课前精心设计悦学单，通过智慧教学平台推送给学生。学生自主预习，根据悦学单进行知识梳理和作答，最后完成提交。

【设计意图】课前教师审阅悦学单，了解每个学生的具体作答情况，结合整个班级的分析报告，及时调整课堂重难点、讲评方式、课堂节奏，全面提高课堂效率。

（二）学情诊断数据分析

师：同学们，我们一起看看悦学单的完成情况。通过反馈的数据（如下图），能看出本次课前悦学单有42人优秀、1人良好、1人待合格。请没有取得优秀的同学加把劲，希望接下来有新的突破。

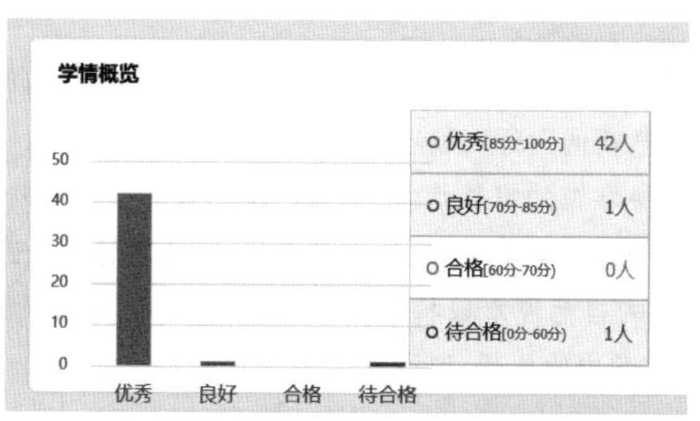

（三）分层解决问题

从结果(如下图)来看,个别学生在字音上还有问题。对于学生字词的掌握不再讲解,错得多的第三题,借助小组的力量自行解决。采用倒计时,提醒孩子们在有效的时间内集中解决问题。

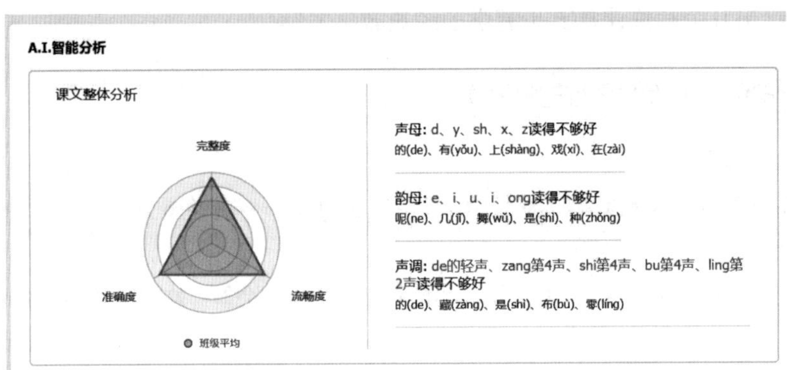

1. 创设情境,明确目标。

师:同学们,学校正在筹建科学馆,现面向全校征集科学小知识。我们如何将科学知识清晰、准确地介绍给其他同学呢?

师:老师给你们提供了几条锦囊妙计,我们一起来看一下。

任务一:思考生活中的现象,提出科学问题。 任务二:阅读相关文章,通过提问加深理解,系统地了解科学知识。 任务三:制作相应的科学模型,清晰地展示。 任务四:写科学解说词,进行解说。

2. 提出问题,导入新课。

师:同学们,生活中,你们对身边的哪些自然现象或科学技术好奇过?

生 1:飞机是如何飞行的?

生 2:卫星是如何发射信号的?

……

师:学贵有疑。提出问题,不仅是科学进步的前提,也是我们阅读课文的好帮手。今天,就让我们一起探索夜间飞行的秘密,带着问题理解课文吧!

【设计意图】通过科学馆的宣传海报,创设补充科学馆资源这一大任务。将大任务分解成提出科学问题、阅读科学文章、制作科学模型、写科学解说词四个子任务。以此为契机,让学生对生活中的自然现象或科学技术提出问题,引入本课的语文要素,点明提问在科学进步和阅读文章中的作用,引导学生明确本课的学习目标。

二、课堂智活动——小组合作，展示交流

任务一：根据预习单，解决生字词

1. 小组讨论。交流预习单，并结合教师推送到学伴机上的资源，总结容易出错的字词，找到方法帮助记忆。

2. 全班交流。各组派出代表充当字词小讲师，用学伴机投影小组学习单并进行讲解，带领全班学习字词。

生1：“即使”的“即”这个字容易和“既然”的“既”混淆。我通过字理识字，发现“即”的古字形像人靠近石器准备就餐，所以这个字有准备、开始的意思。“既”的古字形表示跪坐在石器旁边的人把脸转过去，给人已经吃完饭的感觉，表示已经完成。

生2：“系”是一个多音字。当它解释为打结时，念jì，比如系鞋带、系安全带；当它表示有连属关系时，读xì，比如联系、关系。

【设计意图】上课前学生已有预习单，预习了生字词，并上传到学伴机，教师对学生的基础知识掌握情况已经有了一定了解。根据四年级学生的学习特点，学生采用小组合作的方式进行学习，对于不确定的知识点可以查阅学伴机中的相关资料。字词小讲师的方式，则可以更好地激发学生的学习兴趣。在此过程中，教师相机指导，保证学生对重难点知识的掌握。

任务二：交流问题，学习提问策略

1. 小组交流，归纳小组问题清单（如下图）。

2. 小组汇报成果。

小组成员上台展示结果，并说明归类过程。

生1：我发现“蝙蝠是怎么飞行的？”“蝙蝠夜里飞行的奥秘是什么？”这些问题虽然表述不一样，但都是一个意思，可以进行合并。

生2：我发现，可以从课文内容、课文写法、生活实际三个方面进行提问（如下页图）。

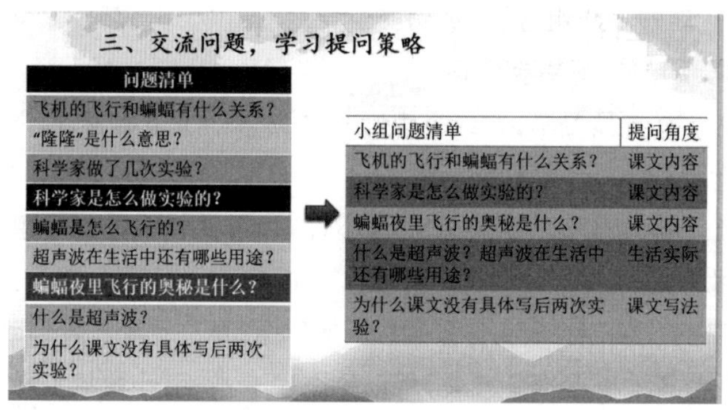

3. 汇总班级问题清单。

师：接下来，让我们用前面的这种方式，将各小组的问题进行再次合并、归类，形成班级问题清单(如下图)。

探究活动

多角度提问

班级问题清单

内容	写法	启示
1. 蝙蝠夜间飞行与飞机夜间安全飞行有什么关联？ 2. 科学家是怎样揭开蝙蝠飞行的秘密的？ 3. 蝙蝠在夜里是怎样探路的呢？ 4. 蝙蝠和雷达有什么关系呢？ ……	1. 为什么课文没有具体写后两次实验？ 2. 第5自然段为什么要把蝙蝠比作没头苍蝇？	1. 超声波在生活中还有什么用途呢？ 2. 生活中，还有哪些发明是受到了动物的启发？ 3. 除了飞机，还有哪些地方使用了雷达？

【设计意图】通过小组合作，探讨解决问题的方法，学生能够对所有问题进行汇总和分类。小组成员上台展示，既将课堂真正地还给了学生，又增强了学生的提问意识。只有提出有价值的问题，才能更好地阅读课文，从而提高阅读能力。

三、教师智引领——适时点拨，总结提升

1. 汇总清单，发现难点。

师：在问题清单中，你发现了什么？

生：我发现，同学们针对写法的提问是最少的。

2. 教师点拨，发现写法的提问角度(如下页图)。

师：看来，这是我们学习的难点。我们如何根据写法提问呢？请同学们关注表格，这些关于写法的提问都是从哪些角度出发的？

生 1：第一个问题是从课文的谋篇布局出发进行提问的。

生 2：我关注到了第二个问题，这是从修辞手法角度进行提问的。

师：接下来，请再次阅读课文。想一想，从写法的角度，你还能提出哪些问题？

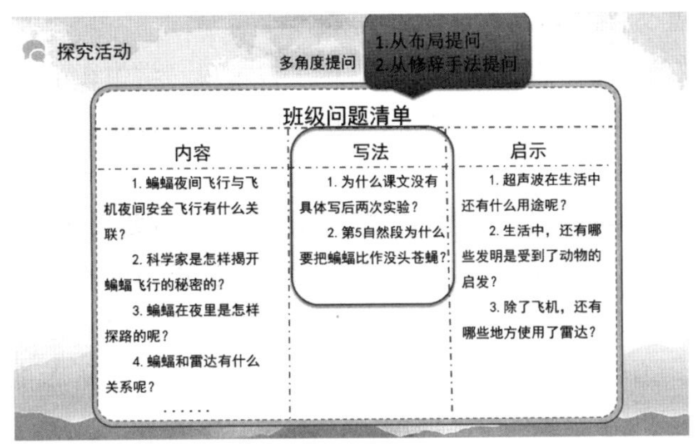

四、达标智检测——达标测评，巩固内化

利用智慧教学平台自带的同步练习，推送本节课的检测题给学生，进行达标检测。

师：同学们，这节课，我们学习了提问的策略，知道了要从不同角度提出问题，还要对问题进行筛选，选出有价值的问题。带着问题读课文，可以帮助我们加深对课文的理解，提高写作水平。我们要养成敢于提问、善于提问的好习惯，相信聪明的你们，一定学会了这些方法。

【设计意图】学生根据本课导语要求，运用课堂上所学的多角度提问方法，小组合作列出问题清单，筛选出有价值的问题，并自主解决各个问题，真正习得方法。

五、资源智推送——拓展延伸，开放学习

1. 课内阅读，学法迁移。

师：这节课，我们探索了奇妙的动物。学伴机中老师为大家推送了《植物的根和茎》，让我们一起揭秘植物的奥秘。也请同学们选择自己感兴趣的科学问题，查阅相关文章，并运用本节课的方法进行阅读，加深对文章的理解，为后续做科学模型和写解说词做好准备。

2. 课外阅读，拓展提升。

师：同学们，带着这些方法，我们拓展阅读《会“飞”的蛇》（向学伴机推送拓展材料包）。请默读文章，提出自己的问题，再试着把问题分类，选出你认为值得思考的问题，并尝试解答吧！

（双语小学　魏恒斐）

【教学评析】

《义务教育语文课程标准（2022年版）》提出：“充分发挥现代信息技术的支持作用，拓展语文学习空间，提高语文学习能力。”《夜间飞行的秘密》这节课就是在“畅言晓学”学习系统的支持下，遵循“先学后教，以学定教”的原则，充分发挥五步智学法的优势，实现“学为中心，思为主导”，助力学生和悦成长。

课前，授课教师利用平板电脑向学生推送了悦学单。学生在学伴机上完成作答，授课教师在课前查看整个班级的预习情况，根据完成情况调整课堂重难点，真正做到以生为本。

课中，授课教师根据学科任务群，提出了本节课的任务要求：解决字词障碍，学会有效提问的方法。在解决字词障碍时，授课教师向学伴机推送合适的资源，学生在讨论过程中遇到的困难可以通过查阅资料自主解决，这样既调动了学生的学习积极性，又保证了知识的正确性。接着，学生利用手中的学伴机连接教室的大屏幕，展现小组合作成果和思维过程，充分体现了学生的主体地位。

在汇总班级问题清单时，各小组利用学伴机将小组问题清单发送到群内，小组成员汇总全班问题，形成班级问题清单，大大提高了课堂效率。

在拓展延伸阶段，授课教师向学伴机推送阅读资源，通过类文阅读帮助学生迁移运用，学生则通过学伴机上传答案。授课教师及时地了解了学生的知识掌握情况，更好地落实了知识的迁移应用。

课后，授课教师利用智慧教学平台中的课堂同步作业资源择优布置作业。学生线上提交，后台自动批阅，教师重点查看后台数据分析，了解学生对知识的掌握情况。对于出错率高、掌握不扎实的学生可以进行二次作业布置，及时巩固，让作业真正起到巩固内化的作用。

另外，PK 板加星评价贯穿课堂始终，个人评价和小组评价相结合，适时地激发了学生的主动意识和集体荣誉感，让整个课堂充分彰显了生命的活力。

（评析人：双语小学　张俊慧）

数学教学案例　分数除以整数

【教学内容】

《义务教育教科书·数学》（青岛版）六年级上册第三单元信息窗 1。

【学习目标】

1. 借助已有的经验理解分数除法的意义并掌握分数除法的计算方法，能正确计算分数除以整数。

2. 利用富有启发性的问题情境和探索性的学习活动，养成主动参与、独立思考、合作交流的习惯。

3. 在探索计算方法的过程中，进一步体会数学知识之间的内在联系，增强比较、分析和归纳等数学思维能力，感受转化思想的美妙和魅力。

【教学重点】

理解并掌握分数除以整数的计算方法。

【教学难点】

渗透转化的数学思想,培养学生的归纳概括能力。

【教学过程】

一、学情智诊断——任务前置,目标导学

(一)学情诊断练习

课前精心设计悦学单,并通过智慧教学平台推送给学生。学生先自主预习,然后根据悦学单进行梳理和作答,并完成提交。

(二)学情诊断数据分析

师:同学们,我们一起看看悦学单的完成情况。通过反馈的数据(如下图),能看出本次课前悦学单有39人优秀、3人良好、2人合格。看来前面的知识大家学得不错,希望接下来有新的突破。

(三)分层解决问题

第1题的正确率是92%,说明乘法的基本计算这个知识点学生掌握得扎实;第2题的正确率是92%,可以小组内解决;第3题的正确率是73%,需要教师重点讲解。

【设计意图】课前教师审阅悦学单,了解每个学生的详细作答情况,结合整个班级的分析报告,及时调整课堂重难点、讲评方式、课堂节奏,全面提高课堂效率。

二、课堂智活动——小组合作,展示交流

(一)创设情境,自主迁移

师:学校手工社团的展示活动开始了。仔细观察,你发现了哪些数学信息?请口头提出问题并解答。

在屏幕上出示织围巾、做蝴蝶结和给小猴做背心等图片,如下页图。

教师根据学生的回答在黑板一侧依次板书算式：

$40\div2$　　$0.4\div2$　　$\frac{4}{5}\div2$

学生列出算式后，教师在屏幕上重点出示两只小猴的图片。

师：为什么用除法？

生：分数除以整数的意义和整数除法、小数除法的意义相同，都是把一个数平均分成几份，求其中的一份是多少。

师：这节课我们就一起学习分数除以整数的计算方法。

板书课题：分数除以整数。

【设计意图】通过创设学校手工社团开展活动的情境串引出问题，从而拉近分数除法与生活的联系。同时，在数据的选择上从整数除法、小数除法过渡到分数除法，以旧引新，为学生理解意义、研究方法做好铺垫。在互动方式上，充分利用智慧教学平台中的抢答功能，全面调动学生的学习积极性。

（二）自主探索，尝试计算

1. 学生独立思考，并在课上悦学单中尝试画图解决$\frac{4}{5}\div2$。

师：怎么算？通过写一写、画一画让大家明白你这样算的道理。

2. 教师巡视指导，发现典型思路时，利用智慧教学平台的拍照讲解功能及时分享。

3. 小组内交流算法。

4. 集体汇报交流，教师适时地进行点拨提升。

方法一：$\frac{4}{5}\div2=0.8\div2=0.4$。

方法二：$\frac{4}{5}\div2=\frac{4\div2}{5}=\frac{2}{5}$（追问：为什么是$4\div2$？我们平均分的是4个$\frac{1}{5}$）。

方法三：$\frac{4}{5}\div2=\frac{4}{5}\times\frac{1}{2}=\frac{2}{5}$。

【设计意图】要求学生用画图的方法解决问题，一方面帮助学生进一步体会分数除法的意义，另一方面让学生体会分数除法的计算方法，为总结分数除法的计算法则做必要准备。利用智慧教学平台的拍照讲解功能，同时呈现学生的不同解法，在对比中提升了讲解的效果，体现了算法的多样化，使学生感受了转化思想的应用。

三、教师智引领——适时点拨，总结提升

1. 还是用$\frac{4}{5}$米布料，给3只小一点的小猴做背心，做1件背心需要布料多少米呢？

在屏幕上出示下面的图片。

做1件背心需要布料多少米？

2. 学生自主列式，尝试解决。

师：理解的同学可以直接计算，不太理解的同学可以画一画，写一写。

3. 教师巡视指导。

4. 小组内交流算法。

5. 在屏幕上显示典型问题，集体反思算法，交流提升。

师：如果坚持用方法二，继续算下去会怎样呢？

拓展出分数的基本性质：

$\frac{4}{5}\div 3=\frac{4\div 3}{5}=\frac{4\div 3\times 3}{5\times 3}=\frac{4}{5\times 3}=\frac{4}{15}$。

6. 小结算法，优化方法。

师：方法一和方法二都有局限性，方法三是运用转化的思想把分数除法转化成分数乘法来计算，具有一般性，是常用的一种计算方法。

7. 出示分数除法的第三个问题（如下图），学生口头解决，教师板书。

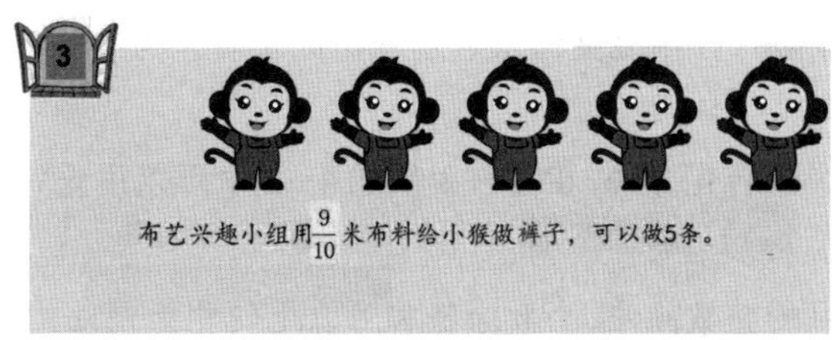

做1条裤子需要布料多少米？

8. 观察思考，提炼方法。

板书三个算式，总结分数除以整数的计算方法。

【设计意图】给学生创设探究的空间，充分放手，让学生在自主尝试的过程中产生认知冲突，再自主选择方法解决问题，深入体会算法的意义。教师仅在学生的疑惑处或计算的关键处给予提示或强调，充分体现学生的主体地位。这里充分利用了智慧教学平台的小组讨论和小组展示等功能，线上发布讨论话题，学生在合作中深入探讨，在竞争中不断提升。另外，对于表现优异的小组和个人，通过PK板进行加星评价，从而激发学生的主动意识和集体荣誉感。

四、达标智检测——达标测评，巩固内化

1. 基础练习。（巩固计算方法）

$\frac{5}{9} \div 4=$　　　　$\frac{7}{12} \div 8=$　　　　$\frac{21}{25} \div 14=$

2. 变式练习。

第一关：火眼金睛辨对错。（如右图）

第一关

火眼金睛辨对错。

(1) $\frac{8}{15} \div 5=\frac{8}{15 \div 5}=\frac{8}{3}$　（　）

(2) 把$\frac{9}{20}$米长的铁丝截成相等的3段，每段占全长的$\frac{3}{20}$。　（　）

(3) $\frac{3}{9} \div 3=\frac{3 \div 3}{9 \div 3}=\frac{1}{3}$　（　）

(4) 如果a是不等于0的自然数，那么$\frac{1}{5} \div a=\frac{1}{5} \div \frac{1}{a}$。　（　）

（1）教师利用草稿箱推送第一关练习的答题卡，学生在学伴机上独立完成。

（2）用大屏幕呈现正确率，集体订正，说明道理。

【设计意图】充分发挥智慧教学平台的互动功能，提交后即时呈现正确率，进行有针对性的讲解，提高练习的实效性。

第二关：你能根据下图写一个算式吗？（如右图）

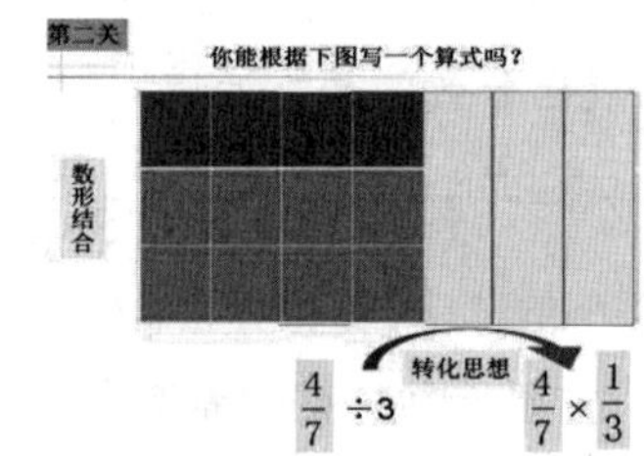

（1）学生口头说出算式。

（2）讨论为什么可以写出两个算式。

（3）总结方法，提炼数学思想。

【设计意图】结合学生的回答，动态地呈现右上图，借助格子图反思学习过程，渗透数形结合思想和转化思想，让学生更深入地理解把除法转化为乘法的道理。

3. 拓展应用。

师：今天学习的这种转化方法，在40÷2和0.4÷2中可以用吗？为什么？

……

师：看来以前学习的整数除法、小数除法都可以用转化为乘法的方法进行计算。

【设计意图】联系整数除法、小数除法的计算，拓展思路，沟通知识间的内在联系。

五、资源智推送——拓展延伸，开放学习

（一）课内资源推送

1. 用屏幕动态地呈现右图。

整数除法：$4\div2$	$4\div3=1\cdots\cdots1$	$4\times\frac{1}{3}$
小数除法：$0.4\div2$	$0.4\div3=0.133\cdots$	$0.4\times\frac{1}{3}$
分数除法：$\frac{4}{5}\div2$	$\frac{4}{5}\div3$	$\frac{4}{5}\times\frac{1}{3}$

师：我们以前学习的整数除法和小数除法，都可以用今天的方法来进行计算。看完这些，你想说点什么？

生：过去用循环小数表示计算结果很麻烦。

……

师：第一列这种除数正好能整除的算式，直接除很方便，但是对于中间一列这种除数不能整除的算式，用今天的方法更简洁、更精确。所以大家再遇到除法题的时候，应该灵活选用计算方法。

分数除以整数 →（转化、倒数）→ 分数乘法

把分数平均分成几份，求其中的一份是多少 → 就是求分数的几分之一是多少

（b是不为0的整数）

$$a\div b=a\times\frac{1}{b}$$

分数 ?

2. 知识梳理，形成结构图。

再次结合乘法和除法的意义，梳理方法，形成结构图。

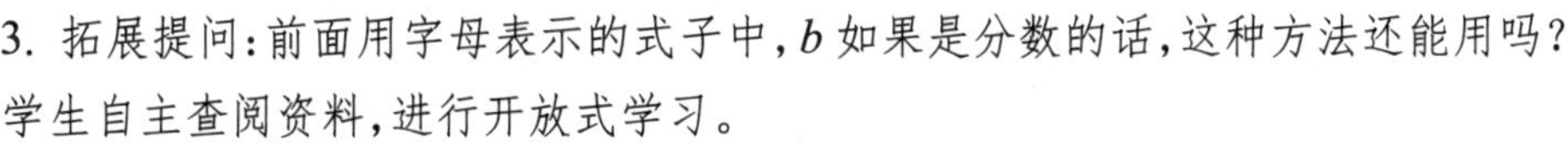

3. 拓展提问：前面用字母表示的式子中，b 如果是分数的话，这种方法还能用吗？学生自主查阅资料，进行开放式学习。

（二）课外资源推送（如下图）

【设计意图】本环节是本课的结束部分，通过师生总结，引发学生的深层次思考，加深学生对所学内容的理解，从而帮助学生将新知识纳入自己的认知结构，形成系统的知识网络。最后的追问，再次引发学生深度思考，使学生带着问题走出课堂。

【板书设计】

分数除以整数

方法一：$\frac{4}{5}\div2=0.8\div2=0.4$

方法二：$\frac{4}{5}\div2=\frac{4\div2}{5}=\frac{2}{5}$

方法三：$\frac{4}{5}\div2=\frac{4}{5}\times\frac{1}{2}=\frac{2}{5}$

$\frac{4}{5}\div3=\frac{4}{5}\times\frac{1}{3}=\frac{4}{15}$

$$\frac{9}{10} \div 5=\frac{9}{10} \times \frac{1}{5}=\frac{9}{50}$$

（双语小学　李文美）

【教学评析】

《义务教育数学课程标准(2022年版)》提出:“合理利用现代信息技术,提供丰富的学习资源,设计生动的教学活动,促进数学教学方式方法的变革。”“分数除以整数”这节课,在“畅言晓学”学习系统的支持下,遵循“先学后教,以学定教”的原则,充分发挥五步智学法的优势,实现“学为中心,思为主导”,助力学生和悦成长。

课前,授课教师利用平板电脑向学生推送了悦学单,并且要求学生课前提交。授课教师在课前查看整个班级的预习现状,根据完成情况调整课堂重难点、讲评方式、课堂节奏等,让课堂更务实、高效。

课中,授课教师借助学习系统中的多种互动功能,营造了问题探究的氛围,引导学生积极主动地参与探究、展示、交流,使学生成为学习活动的主人。学生在观察、比较、讨论、研究等一系列活动中参与学习的全过程,从而达到掌握新知识和发展能力的目的。在计算方法的探究过程中,授课教师多次运用拍照讲解功能,醒目地同屏呈现多种解法,便于学生进行对比学习。对于选择题的讲解,授课教师改变了过去逐题订正的策略,通过屏幕推送功能发起全班作答,学生完成后提交。授课教师通过后台数据即时查看每个学生的作答情况、每道题的得分情况,并马上抓住重点学生、重点题目等进行分析。做到了重点学生与全体学生的统筹兼顾,重点题目与易错题目的兼容并进,出现问题立马解决,真正实现了堂堂清,提高了课堂质量。

另外,PK板加星评价贯穿课堂始终,个人评价和小组评价相结合,适时地激发了学生的主动意识和集体荣誉感,让整个课堂充分彰显了生命的活力。

（评析人:双语小学　林　宏）

英语教学案例　Unit 1 My school

【教学内容】

《义务教育教科书·英语》(部编版三年级起点)四年级下册 Unit 1 的 Let’s talk 和 Let’s learn。

【学习目标】

1. 能够正确地听说读写重点单词和短语:first floor, second floor, teachers’ office, library.

2. 能够理解并灵活运用重点句型:Where’s the...? It’s on the...

3. 能够了解以 teachers’ office 为代表的复数名词所有格,并与之前学习的 teacher’s desk 进行对比。

【教学过程】

一、学情智诊断——任务前置，目标导学

（一）学情诊断练习

课前利用智慧教学平台布置跟读预习任务（如下图）。

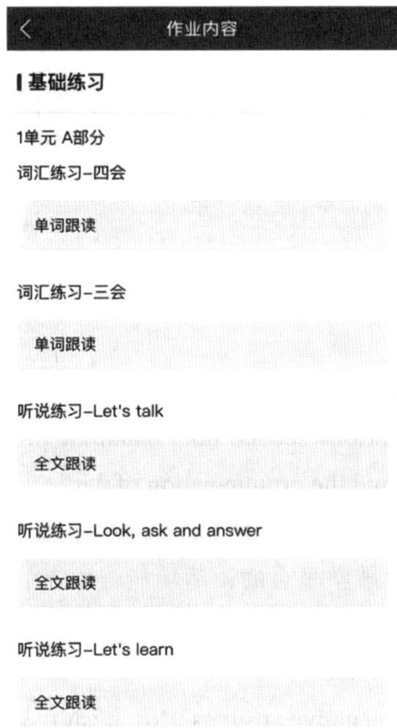

（二）学情诊断数据分析

通过大数据反馈，了解学生对知识的掌握情况：有三个单词和短语（second, teachers' office, library）发音不准，有15个学生容易卡顿，准确度和流畅度都有待提高。所以这节课着重学习“四会”单词和短语中的second, teachers' office, library，以及它们在句型替换中的灵活运用。

【设计意图】教师利用智慧教学平台布置跟读预习任务，通过大数据反馈，了解学生对知识的掌握情况，这有利于学生对本节课的知识进行初步的感知，也有利于教师适时地调整教学重点，提高课堂效率。

二、课堂智活动——小组合作，展示交流

Watch the video and answer.（借助智慧教学平台插入Let's talk动画。）

Q1：Where's he going?

Q2：Where is the teachers' office?

Q3：Is this the teachers' office?

Q4：Where is the teachers' office?

Each group discusses separately and gives their answers and reasons after watching the video.

此环节使用小组作答功能，既激发了学生的参与积极性，也加深了其思考力度，提高了课堂效率，更增强了团队的凝聚力。在此基础上，利用智慧教学平台的PK板功能进行小组加分。

【设计意图】通过组内讨论，学生可以交流观点，丰富认知，提高自我学习能力，同时营造愉悦、高效的课堂学习氛围。

三、教师智引领——精准讲解，重点突破

Q1：Where's he going?

By asking to learn the phrase "teachers' office", and emphasize the difference between teacher's and teachers'.

Q2：Where is the teachers' office?

By asking to learn the phrase "second floor", and the pronunciation of "e" "o". Then learn the phrase "first floor", and the pronunciation of "ir".

Here guides to find the difference between "first" "second" and "one" "two".

（讲授新词时，借助智慧教学平台的画笔功能进行音节划分学习；借助电子课本进行听音跟读；利用白板功能插入四线三格，进行单词的规范书写。）

Q3：Is this the teachers' office?

Review the positive and negative answers：No, it isn't. / Yes, it is.

Q4：Where is the teachers' office?

By asking to learn the phrase and word "next to" "library". Asks students to pay attention to the pronunciation.

【设计意图】通过教师对细节的讲解及学生对单词和句子的跟读与书写，解决本节课的重难点。

四、达标智检测——评价促学，创新达标

1. Words test.（利用智慧教学平台的单词评测功能进行单词发音的巩固练习，如下页图。）

2. Listen and imitate the dialogue.

Pay attention to pronunciation and intonation.

3. Dubbing.（利用智慧教学平台中动画的配音功能进行对话的巩固练习。）

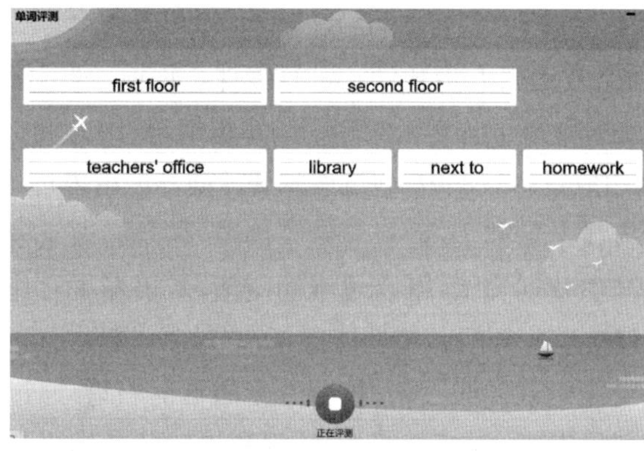

4. Finish the sentences.（如下图）

（教师对典型学生的答题进行拍照讲解，利用聚焦画笔功能讲解重难点。）

Let's try

My school

This is my school. It's big and nice.

I can see a ________, a ________,

and a ____________.

Look! This is a ________.

I can ____________in it.

I love my school.

【设计意图】教师通过设计形式多样、有趣实用的练习，吸引学生的注意力，提高学生的学习兴趣，帮助学生在一系列练习中进行知识的巩固内化。

五、资源智推送——拓展延伸，开放学习

1. Try to talk about your school.（借助智慧教学平台推送“七彩任务”。）

2. Enjoy the cultural knowledge.（将资源分享到学伴机，如下图，便于学生课后学习相关知识。）

（五台山西路小学 夏正凤）

【教学评析】

本课时执教教师充分运用五步智学法进行授课。课前，利用智慧教学平台布置跟读预习任务，通过大数据反馈了解学生对知识的掌握情况，由此调整教学目标和教学内容，便于有效、精准地达成目标。课中，通过课堂智活动开展组内讨论，学生交流观点、丰富认知，不但提高了自我学习能力，而且营造了愉悦、高效的课堂学习氛围。在讨论与展示的过程中，学生产生双向交流，既有思维的碰撞，又培养了合作意识。在讲授新词时，执教教师借助智慧教学平台的画笔功能进行音节划分指导；借助电子课本引导学生听音跟读；利用白板功能插入四线三格，规范学生的单词书写：通过智引领实现了精准讲解、重点突破。在评价促学、创新达标环节，则利用智慧教学平台的单词评测功能进行单词发音训练，利用配音功能进行对话练习，对典型学生的答题进行了拍照讲解。形式多样、有趣实用的练习，不但吸引了学生的注意力，而且帮助学生在一系列练习中达成了知识的巩固和内化。“七彩任务”的智推送，将课堂所学延伸到实际生活中，使学生更好地达成语言学习的目的，帮助学生提高灵活运用知识的能力，实现知识的迁移和拓展。

从授课效果看，学生学习热情高涨，学习效果良好，既达成了教学目标，也实现了课堂的最优化。

（评析人：双语小学　杨姗姗）

三、5G 全息课堂

5G 全息课堂是一种利用 5G 网络和全息技术实现远程教学的课堂。5G 网络的推广普及，全息技术的不断应用，给我们的教育教学创造了许多新的可能性。借助这些先进技术，我们经过探索研究，成功实现了 5G 全息课堂教学。

（一）动员名师示范引领

我们集团拥有特级教师 5 名、齐鲁名师 3 名、正高级教师 3 名、市级以上教学能手多人。为了实现 5G 全息课堂的最佳效果，学校召开专题会议，讲明 5G 全息课堂的价值和意义。同时，阐明这一实践是为了给优秀教师提供更为宽广的平台，让名师放开手脚，展示自己的才华。这一举措很好地调动了名师的积极性，他们纷纷主动请缨成为 5G 全息课堂的排头兵。

（二）借力教研提升素养

5G 全息课堂惠及的学生数量多于传统课堂，需要更加精心地备课。学校成立以名师为组长的备课小组，大家集中教研，每节课都精心准备，努力和学生创造更加精彩的课堂教学活动。同时，借此帮助年轻教师提升研究能力和教育教学素养。

（三）激活学生内驱力

5G 全息课堂打破了传统课堂囿于一间教室之内的限制，名师在一个班级上课，其他班级的学生可以同时接受名师的引领。学生可以在传统课堂上课，也可以到 5G 全息课堂上课，拥有选择适合自己的学习方式的自由。鉴于名师的影响力，在 5G 全息课堂上，学生兴趣大增，上课积极性迅速提高。更加可喜的是，学生将这种积极性延展到了传统课堂上。

（四）借力技术赋能课堂

全息技术和 5G 技术结合，传输的视频和图像及时、清晰，使不同班级的学生享受到同样的学习环境。在 5G 全息课堂上，学生在虚实深度融合的环境中学习，达到了高体验和强交互的效果，一些在传统课堂上难以呈现的知识点通过三维技术得以呈现，提升了学生的学习积极性，丰富了学生的学习体验，有利于培养学生的高阶思维和创造力。

（五）全力实现教育公平

5G 全息教学能够提供真实、生动的学习体验，通过呈现立体的影像，让学生仿佛置身于真实的场景之中，极大地提高了学习的互动性和趣味性，进而提高了学习效率。我们的 5G 全息课堂，采用优秀教师轮流执教，班级学生轮流受教的方式，较好地实现了优质教育资源的共享，向教育公平迈出了很好的一步。

下面给出一个和悦教育 5G 全息课堂的经典教学案例。

科学教学案例　《影长与季节》

课题	《影长与季节》			授课教师	刘宏
课型	新授	备课时间	2023. 10. 23	授课时间	2023. 10. 24
学习目标	1. 了解一天中物体影子长度的变化规律。 2. 掌握正午时，物体影子随季节变化呈有规律的变化。 3. 知道圭表是中国古代测量正午时刻的日影长度的天文仪器。				
重点难点	1. 掌握正午时，物体影子随季节变化呈有规律的变化。 2. 知道圭表是中国古代测量正午时刻的日影长度的天文仪器。				
教学准备	悦学单、课件资源、课堂学习单、手电筒、中性笔、5G 全息设备。				

续表

<table>
<tr><th>五步智学流程</th><th>教学过程</th></tr>
<tr><td>NO. 1
学情
智诊断</td><td>(一) 学情诊断练习(展示畅言作业数据)
根据下面的地球公转示意图解答各题。
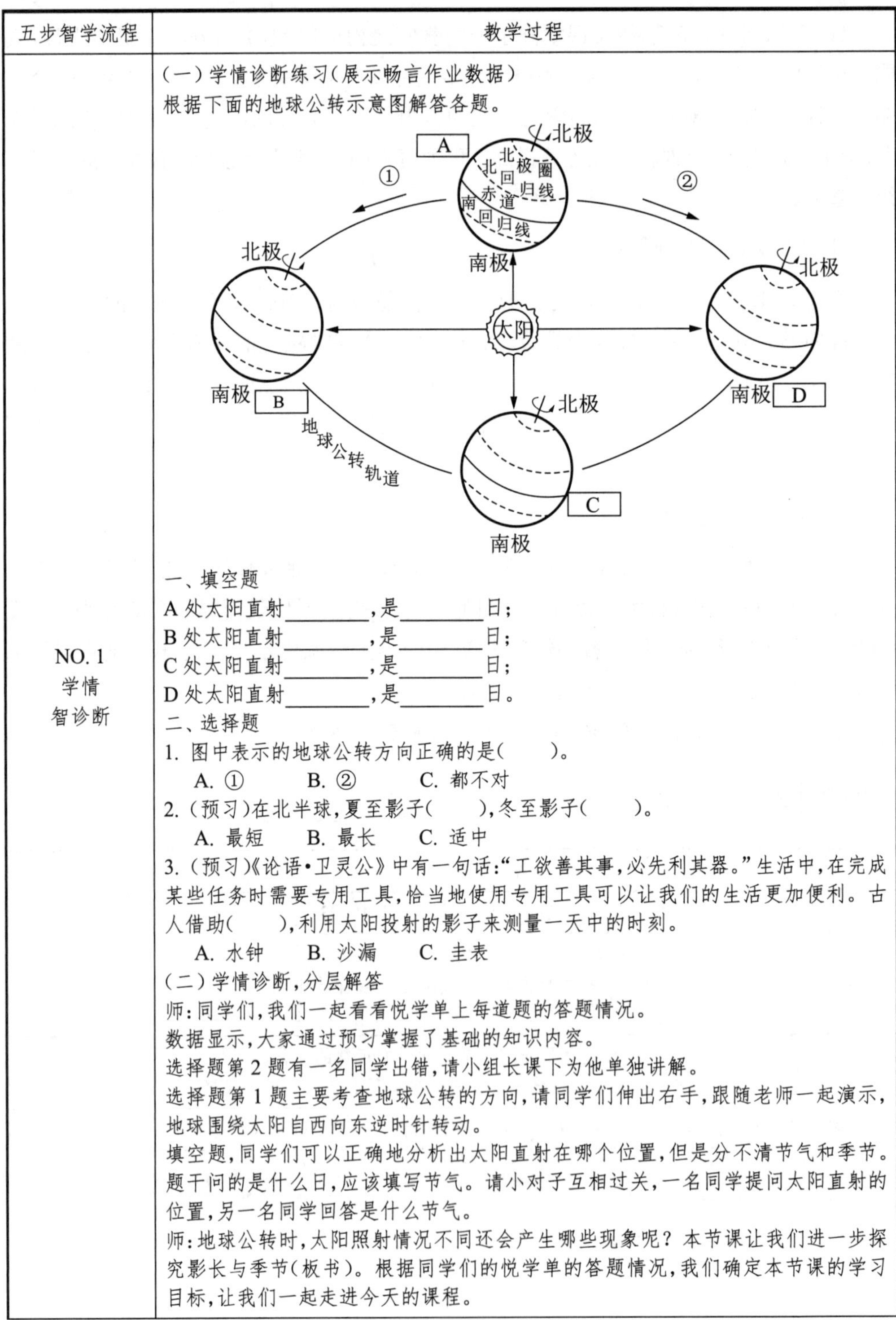

一、填空题
A 处太阳直射________，是________日；
B 处太阳直射________，是________日；
C 处太阳直射________，是________日；
D 处太阳直射________，是________日。
二、选择题
1. 图中表示的地球公转方向正确的是(　　)。
A. ①　　B. ②　　C. 都不对
2. (预习)在北半球，夏至影子(　　)，冬至影子(　　)。
A. 最短　　B. 最长　　C. 适中
3. (预习)《论语•卫灵公》中有一句话：“工欲善其事，必先利其器。”生活中，在完成某些任务时需要专用工具，恰当地使用专用工具可以让我们的生活更加便利。古人借助(　　)，利用太阳投射的影子来测量一天中的时刻。
A. 水钟　　B. 沙漏　　C. 圭表
(二) 学情诊断，分层解答
师：同学们，我们一起看看悦学单上每道题的答题情况。
数据显示，大家通过预习掌握了基础的知识内容。
选择题第 2 题有一名同学出错，请小组长课下为他单独讲解。
选择题第 1 题主要考查地球公转的方向，请同学们伸出右手，跟随老师一起演示，地球围绕太阳自西向东逆时针转动。
填空题，同学们可以正确地分析出太阳直射在哪个位置，但是分不清节气和季节。题干问的是什么日，应该填写节气。请小对子互相过关，一名同学提问太阳直射的位置，另一名同学回答是什么节气。
师：地球公转时，太阳照射情况不同还会产生哪些现象呢？本节课让我们进一步探究影长与季节(板书)。根据同学们的悦学单的答题情况，我们确定本节课的学习目标，让我们一起走进今天的课程。</td></tr>
</table>

续表

<table>
<tr>
<td>NO. 4
达标
智检测</td>
<td>一、选择题(真题)
1. 从早晨到傍晚,房子影子长短的变化是(　　)。
A. 长→短→长　　B. 长→长→短　　C. 短→短→长
2. 古人用圭表观察的是(　　)的变化规律。
A. 正午时分物体影长　　B. 一天中物体影长　　C. 一天中物体影子角度
3. 在我们家乡,一年中白天最长的一天是(　　)。
A. 立夏　　B. 夏至　　C. 冬至
4. (选做题)从某年6月1日到6月21日(夏至日),正午校园里旗杆影长的变化规律是(　　)。
A. 逐渐变短　　B. 逐渐变长　　C. 先变长后变短
二、实验探究题
观察下面北京地区日出、日落时间和正午太阳仰角的变化表,回答问题。
<table>
<tr><th>节气</th><th>日出时间</th><th>日落时间</th><th>正午太阳仰角</th></tr>
<tr><td>春分</td><td>6:00</td><td>18:00</td><td>50°</td></tr>
<tr><td>夏至</td><td>4:30</td><td>19:30</td><td>70°26′</td></tr>
<tr><td>秋分</td><td>6:00</td><td>18:00</td><td>50°</td></tr>
<tr><td>冬至</td><td>7:30</td><td>16:30</td><td>26°34′</td></tr>
</table>
1. 读表可知,________时昼夜平分。
2. 正午影长的变化规律:
(1)________时影长最短,________时影长最长。
(2)夏至→秋分→冬至:影长逐渐________。
冬至→春分→夏至:影长逐渐________。
3. 昼夜长短的变化规律:
(1)________时白天时间最短,________时白天时间最长。
(2)冬至→春分→夏至:白天逐渐________。
夏至→秋分→冬至:白天逐渐________。
三、简答题
一年四季每天的正午时分,旗杆的影长一样长吗?</td>
</tr>
<tr>
<td>NO. 5
资源
智推送</td>
<td>1. 推送本节课的思维导图资源,引导学生梳理、记忆本节课的知识点。
2. 推送《太阳高度的变化规律》视频资源,引导学生思考我们的家乡一年中太阳高度的变化规律。
3. 推送《土圭之法》视频资源,引导学生进一步了解土圭之法以及春分、夏至、秋分、冬至四个节气的来源。</td>
</tr>
</table>

四、线上课堂五步教学模式

线上教学是线下教学的有力补充,学生对线上学习的适应情况直接影响他们的学习效果,为此探索线上课堂教学模式有着非常重要的意义。我们积极探索线上课堂教学模式,通过网络视频、课件共享、屏幕分享和录制回放等功能与学生隔空相约。教师利用互联网大数据进行精准分析,运用丰富的互动工具,促进师生课前、课中、课后三个阶段教与学活动的有效发生。线上提交、线上批改、线上反馈、线上指导，实现了师生间的灵活互动和交流沟通，帮助学生获得了高质量的学习体验。

针对线上课堂教学时间短、学生远离教师的实际，我们探索构建了线上课堂五步教学模式，以此来确保线上教学质量。

（一）线上课堂五步教学模式的内涵

结合课堂教学的课前、课中、课后三个阶段，开展五步教学。分别是任务前置，自主先学；展示交流，深度互学；教师点拨，促学达标；变式练习，助力趣学；拓展延伸，保障悦学。

（二）线上课堂五步教学模式的实施

1. 任务前置，自主先学

任务前置，自主先学，实现了先学后教，以学定教。通过推送悦学单，将教学内容和问题前置，给予学生足够的思考空间，对学生的预习进行有效指导。同时，培养学生自主学习、个性学习的独立性，使学生的学习潜能得到充分发挥。学生完成悦学单后，教师及时地了解学情，整理学生的问题、疑难点，并且进行二次备课，将课堂教学重心前移，使短暂的线上课堂教学更加有目的性和针对性。

2. 展示交流，深度互学

与线下课堂相比，线上课堂时间短，长时间互动受限。为了更好地达成课堂目标，在明确互动的要求后，引导学生借助文字、拍照、语音、连麦等多种方式实现同步在线互动，互相补充、纠错、质疑、解疑、挑战。通过提问、互动面板的交流，改变学生被动听课的状况，督促学生时刻跟着老师的节奏动脑思考，促使学生深度互学。同时，为了让学生更专注于课堂，教师提问题不要太多，要注重问题引领，引导学生在关键问题处交流，表达出思考的过程，从而实现深度学习。

3. 教师点拨，促学达标

教师对学生的互动情况进行适时点拨，根据学生的生成性回答，引导学生对问题的思考更深入、更精辟。即使是隔空讲解，也要引导学生完整表达，深刻理解知识，以达成深度学习的目标。

4. 变式练习，助力趣学

教师根据展示交流中暴露的问题，精心设计内容丰富、富有创意的练习，不仅激发了学生的学习积极性，更让学生感觉到线上课堂学习的生动有趣。比如数学学科可以布置多种形式的练习，引导学生在“说”中学数学、在“做”中学数学、在“画”中学数学、在“玩”中学数学等，绽放空中课堂的精彩。

5. 拓展延伸，保障悦学

线上课堂教学更便于学生对知识进行拓展延伸。它为学生提供了直播、录播、回看等功能，不仅满足了学生的不同进度和需求，提高了学生的学习自觉性，还借助平台资源进行内容推送，使学生的学习内容更加丰富，进一步提高了学生的自主学习能力，增强了学生的学习兴趣。

线上课堂五步教学模式打造了教学新样态，实现了真正的时时皆学、处处皆学。下面给出一个线上课堂五步教学的经典案例。

语文教学案例　《观潮》

师：这个单元，我们将跟着课本去旅行。跟着课本怎么做呢？请同学们举手抢答。

师：是的，正如单元导读所说（圈画单元导读语），有两位作家观赏了钱塘江大潮后，写下了《观潮》一文，让人向往。说到好地方，我们学校的“小百灵广播站”正在开展“推荐一个好地方”活动，让我们把钱塘江大潮推荐给全校的同学吧！下面，让我们一起来学习课文《观潮》。

一、预习大闯关

1. 出示闯关题。

师：课前，同学们已经进行了预习，现在进行预习大闯关，看看小勇士们能否顺利过关，1 分钟倒计时。（发布答题卡，并使用计时器倒计时 1 分钟。）

2. 结合后台答题卡的答题情况，请一名学生打开话筒讲解自己的做题思路。

师：请两名同学将第二题拍照分享到班级钉钉群，使用屏幕共享全班观看。

预设：大家发现这两名同学写得都很正确，但是“滚”字不够美观，怎样才能写好呢？现在，请同学们跟着视频一起书写，认真观察。（教师播放写字视频）

师：请同学们对照书写标准（见下表），在本子上再写两遍，看看自己能得几颗星。

书写标准	等级
左右结构要正确	★
左窄右宽要紧凑	★★
最后一笔捺舒展	★★

3. 交流写作顺序。

师：作者按照什么顺序来写的？请同学们将第三题的答案发到评论区。老师想采访一下，找一名同学说说自己判断时间顺序的理由。（请一名学生打开话筒回答问题，用老师给的粉笔边说边圈画。）

总结学习方法：以后我们就可以抓住关键信息来判断一篇文章的写作顺序了。

二、品读文字，展开想象

师：既然我们要推荐钱塘江大潮，那么大家说说推荐的时候要说些什么吧！请同学们把自己的思考发到评论区。

师：接着请同学们浏览全文，说一说钱塘江大潮给你们留下了什么深刻印象。请一名同学开麦交流。

师：其实文中第一句话就概括了钱塘江大潮的特点，钱塘江大潮被称为天下奇观。（教师适时地用画笔圈画“奇”字。）

活动一：完成任务单中的任务。

师：这节课我们走近钱塘江大潮，细细品读文字，展开想象，完成任务单中的任务二，倒计时 4 分钟。

1. 读：请同学们默读课文，细细品读文字。

2. 画：找到大潮奇在哪里，用波浪线画出来。

3. 想：边读边想象画面，你听到了什么？看到了什么？

4. 写：圈画出关键词句，写下自己的思考。

活动二：抓住关键词句感受大潮的壮观。

师：现在，我们开始交流读书的思考。

预设 1：对人的描写，抓住“人山人海”“人声鼎沸”“昂首东望”“人群沸腾”。通过对人多、人的期盼的描写，我体会到钱塘江大潮很有魅力，吸引了游客。（及时递粉笔给学生，让其边交流边圈画。）

预设 2：我关注到了三、四自然段中描写潮水变化的句子。（学生用老师递的粉笔画出相关句子。）

师：还有哪个同学也找出了这几句话？你的脑海中浮现出怎样的画面呢？

预设：我仿佛看到了潮水不断向岸边涌来的样子。它就像“千万匹白色战马齐头并进，浩浩荡荡地飞奔而来”，此处运用了比喻的修辞手法，让我再一次感受到了大潮的壮观场面。

师：谁还想再读一下这句话？（随时点评）

预设：读的时候我耳中仿佛听到了潮水的声音。潮水的声音越来越大，离我越来越近，一开始如闷雷滚动，过了一会儿，响声越来越大，最后如同山崩地裂。课前我搜集了一下浪潮来时的声音，想分享给同学们听。

师：你可真会读书，老师耳边仿佛也响起了潮水的声音。那你知道最后描写潮水的句子运用了怎样的修辞手法吗？（评论区回答）谁能带着自己的感受读一下这句话？请一名同学有感情地朗读。

总结：为了体现钱塘江大潮是天下奇观，作者从视觉和听觉的角度，采用了具体的数字，运用比喻、夸张的修辞手法，把钱塘江大潮的样子和声音描写得生动、具体，让人身临其境。

活动三：身临其境，感受场面，有感情地朗读。

师：想亲眼看一下这壮观的场面吗？瞧，潮来了！（播放大潮来了的视频）看到这样壮观的场面你会说些什么呢？请一名同学开麦回答自己的感受。

师：请同学们边读边展开丰富的想象，仿佛一起来到钱塘江，感受这大潮的宏伟气势。老师读第一句，找一名同学开麦跟老师合作读，请积极抢答。其他同学跟着入情入境地朗读。

三、学以致用，精彩展示。

活动一：写海潮。

师：作为海边长大的孩子，我们对海潮并不陌生。你能用上修辞手法或者加上自己的感受，写一写你看到的海潮吗？

学生写完之后发到班级钉钉群，展示自己的练笔。教师选择学生的练笔添加到白板上，展示给全班看，然后找学生评价。

总结：只要我们做生活的有心人，认真去观察，恰当地使用修辞手法，融入自己的感受，就会发现不一样的美，表达不一样的美。

活动二：我是小小插画师。

1. 完成任务单中的第三题（见下表）：选择最喜欢的一句话，简单地画出自己由这段文字想到的画面。

句子	画面
过了一会儿，响声越来越大，只见东边水天相接的地方出现了一条白线，人群又沸腾起来。	
那条白线很快地向我们移来，逐渐拉长，变粗，横贯江面。再近些，只见白浪翻滚，形成一堵两丈多高的水墙。	
浪潮越来越近，犹如千万匹白色战马齐头并进，浩浩荡荡地飞奔而来；那声音如同山崩地裂，好像大地都被震得颤动起来。	

2. 找一名学生在白板上画出根据文字想到的画面，其他学生在任务单上画完后拍照上传到班级钉钉群。

师：这名同学在白板上画的是哪一个场景？（评论区回复）屏幕共享，欣赏其他同学的插画。

四、集思广益，尝试推荐

师：通过刚才的交流，相信大家此时对钱塘江大潮有了深刻的印象，能够完成推荐钱塘江大潮的任务。

师：请大家对照下面的开场语和钱塘江大潮推荐演讲标准（见下页表）自己练习（时

间为 2 分钟）。

亲爱的同学们，大家好，今天我给大家推介的好地方是……

钱塘江大潮自古以来被称为天下奇观。在这里，潮来前/潮来时/潮头过去……

推荐演讲标准	星级
借鉴课文的语言，内容完整，表述清楚，可以加上自己的想象	★★
语言有画面感，生动地描述大潮的特点	★★★
口头表达流畅，动作大方得体	★★

指名学生开麦展示，并进行评价。

师：唐朝诗人王维曾有诗云，“江流天地外，山色有无中”。江水流长，赞美了江河山川的雄奇壮丽。我们伟大的祖国，山河壮丽，幅员辽阔。（播放《美丽中国》视频）

师：古人说，读万卷书，行万里路。希望同学们有机会到祖国各地去看看，把更多的好地方推荐给大家。

五、布置作业，总结延伸

1. 推荐诵读赏析。

师：同学们，说到观潮的历史，至今已经有 2 000 多年了，许多名人或留下诗词，或留下画作。请同学们课后诵读名家诗词，欣赏名家画作，追寻从古至今人们记录观潮的历史足迹。

2. 完善推荐钱塘江大潮的演讲稿。

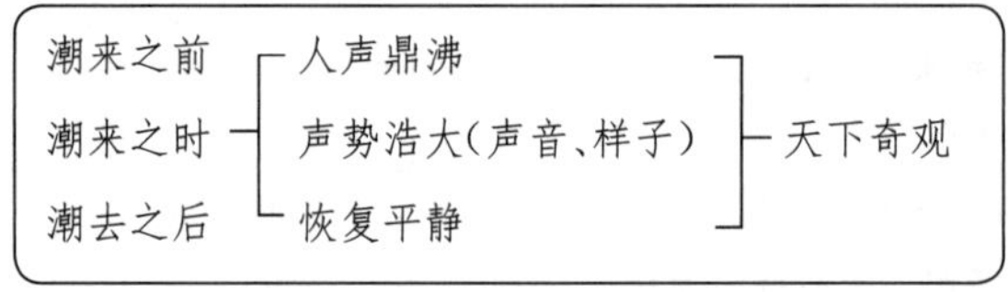

（双语小学　马素霞）

【教学评析】

这节课马老师利用钉钉在线课堂和孩子们共同品读了部编版语文四年级下册的第 1 课《观潮》，有以下几点值得大家学习和借鉴：

（1）创设各种互动形式，充分发挥线上课堂的优势，实现线上教学师生之间的交流，突破空间的限制。

这节课充分发挥线上课堂的优点，面向全体学生，尽可能地发挥线上课堂的各项功能，让学生站在课堂的中央，通过读、思、议、导、练等多种方式高效地完成本节课的教学目标，让每个学生乐于探究。教学过程中，师生在线上面对面，互动过程轻松流畅，教师进行了沉浸式教学。教师流畅地导入课件、图片等资料，使用播放微视频、文本批注、发布答题卡、任务倒计时、屏幕共享等多种信息化功能，令学生学习热情高涨，思维活跃。

学生积极探究、大胆发言，通过答题板、抢答、“递粉笔”圈画、多种方式合作朗读、评论区分享、演讲展示等互动方式，让课堂充满了活力。整堂课每个学生都能参与进来，主动学习和发展，实现了师生互动、生生互动，全面提升了学生的语文素养。

（2）创设各种情境，拉近学生与文本的距离，实现生生交流、师生共鸣。

本节课播放了浪潮来时的声音、《美丽中国》等音视频，让每个学生在线一起感受语言文字的魅力，使学生身临其境，陶冶学生的情操，实现了师生情感共鸣和自主探究性学习，体现了个性化阅读，很好地突破了教学的重点和难点。

（3）实现了读写结合，提高了学生的写作能力，师生相长。

课中有两次仿写，教师引导学生上传到评论区，学生之间互相欣赏、评价，教师适时地选取典型仿写进行点拨，有效地提升了学生的写作能力。

本节课有以下两点不足：

（1）给予学生思考的时间不够充裕，要让学生充分地思考后再去互动交流。

（2）对于学生的课堂习惯关注不够。线上课堂也要注重学生的课堂习惯养成，关注细节。教师要随时使用巡视功能及时提醒、指导。

（评析人：双语小学　郭良晓）

五、开辟更多教学时空，绽放更多生命精彩

（一）“和悦小讲师”——梦想成长的舞台

和悦教育是顺应个体内在发展需求的教育，以“和”修身，因“和”达“悦”。“和悦小讲师”是和悦课堂的有效补充，它承载着和悦教育的文化，润泽学生心灵，提升学生素养。

我国著名教育家陶行知先生于1932年提出并实施了“小先生制”。他提出：儿童可以一边当学生，一边当先生，以教人者教己，即知即传，即学即教，这既是一种教学方式，又是一种学习方式。

我们的“和悦小讲师”就是让学生当老师，把学科学习成果或经验录制成微视频，通过发布到学校公众号的形式分享给其他学生。“和悦小讲师”项目的实施按照选拔＋自愿的原则。愿意承担任务的学生录制微视频并发给班级教师，教师进行选拔。每期由一到六年级各推荐一个微视频，由专人负责编辑并发布到学校公众号上。学生通过学校公众号观看学习，实现了随时随地的泛在学习，最大限度地增大了普惠面，同时也加大了宣传的力度，激励学生积极参与，提高了学生的学习热情。

数学小讲师讲解的内容以思维数学为主，一共分为五个模块，分别是画数学、做数学、说数学、写数学和用数学。在数学教师的指导下，每期给孩子一周左右的时间准备，把自我介绍和讲解的内容录制成微视频。这期间任课教师会精心指导，直至审核合格才上传到公众号。教师的默默付出换来了学生数学素养的提升。

“和悦小讲师”给孩子们提供了一个展示自我、交流共享的机会，它与学校的课堂教学相辅相成、互为补充，促进学生共同发展的同时也促成了学生的个性化发展，助力学生成长。

自“和悦小讲师”项目发布以来，已经有不少于二十万的学生从中受益。二年级五班的王语菲同学是这样评价“和悦小讲师”的：“非常荣幸，能作为本期‘和悦小讲师’，与老师和同学们在学校公众平台进行交流与分享。我利用生活中的情境和实物对乘法的意义进行直观化的讲解。成为一名‘小讲师’，我无比地光荣和自豪，我要好好学习，争取以后像我们学校的老师一样成为培育祖国花朵的园丁。”

每个学生都积极踊跃地参与其中，争当“和悦小讲师”。这一活动的开展大大提高了学生的学习热情，实现了悦学。“和悦小讲师”成为学生梦想成长的舞台。

（二）“和声悦语”助力全时空成长

为了全时空地保证学生身心健康有发展，学科知识有收获，自学能力有提升，自我管理意识有增强，我们自主开设了线上语文课——“和声悦语”。“和声悦语”以智慧学习平台为载体，以强化学生的阅读情感体验，引导学生主动思考问题，激发学生的阅读兴趣，引领学生热爱语文、感悟人生的幸福为目标。

“和声悦语”包含“每日一声”“每天一听”“每生一思”“每师一评”四部曲。

1. 每日一声

“和声悦语”课程包含两大部分、七个主题，课程主讲团队由学校的七位语文骨干教师组成，具体课程安排为周一晓艳老师讲成语、周二小郭老师讲古诗、周三晓欢老师讲英雄、周四恒斐老师讲经典、周五婷婷老师讲科学、周六宁宁老师讲儿歌、周日晓雯老师讲名篇。在课程设计与制作上充分落实和悦理念，由教师带领学生、家长共同参与“每日一声”的制作。

从确定主题到精选图片、背景音乐，再到录制生动的朗诵音频、视频，学生通过全过程参与，切身感受语文的魅力。在“每日一声”学习资源制作完成后，学校通过智慧学习平台向学生推送，帮助学生规划学习，使阅读更具有趣味性，从而实现了阅读到悦读的转变。

以小郭老师讲古诗为例。低年级学生缺少文本阅读的兴趣，缺乏主动参与阅读活动的意识。在“互联网＋”的推动下，郭老师引导学生、家长在互联网上搜集图片、背景音乐等资源，组织学生开展古诗问答小游戏，录制古诗赏析音频和问答游戏视频并将其上传到智慧学习平台。学生通过智慧学习平台接收到多样的音视频资源，进入古诗情境，进而真正地理解古诗的内容。

2. 每天一听

“互联网＋”是悦读发展的强大助推力，学生通过智慧学习平台，以线上线下相结合的方式，利用碎片化时间自主学习、积累。其中，线上学习通过公众号、学习平台等开展，既可以摆脱时间和空间的限制，使学习的时间、地点不再局限于课堂，学生在上学路上、回家途中、睡前洗漱时都可以打开“和声悦语”，拥抱声音，与经典相伴；也可以让知识的界限随着网络进一步得到拓展，满足学生探索知识的需求。

线下学习可以充分利用两个时间段：一是每天早晨15分钟，教师打开智能白板，播放学习音频，学生与教师一起吟诵经典诗词，开启美好的一天；二是每天下午15分钟，美妙的故事伴随着优美的声音而起，师生与经典相伴，陶冶情操。“每天一听”的学习环境让学生身临其境，滋养心灵，提升素养。

3. 每生一思

不输出，白读书。阅读，最终要把读到的知识用起来。这个“用”并不是简单的使用，而是把学到的道理和知识用在生活中，解决现实生活中遇到的问题。因此，“和声悦语”的第三步要求每个学生在阅读后进行反思。首先，设身处地思考，如果是自己在那种情况下，会做什么样的事情，然后看作者是如何应对的，从而改进自己的方法。其次，把思考记录下来，作为一种输出，用这种方法把书中的知识转变为自己的总结。最后，将自己的思考、学习成果以文字、音频、视频的形式上传至智慧学习平台进行展示。通过智慧学习平台，学生可以看到其他同学的作品，互相学习、取长补短、共促提升。

4. 每师一评

教师利用智慧学习平台查看、分析学生的反思总结大数据，了解每一个学生的阅读反思情况，精准定位学生的知识盲区，然后向学生提供个性化反馈，让每个学生都能学有所获。

“和声悦语”的开设，助力了学生全时空成长。

（三）家校社空中课堂

新冠肺炎疫情暴发之前，我们已经开始着手进行一些空中课堂的尝试。

那时候的空中课堂，参与人数还不多，只有部分班级的教师和部分学生、家长参与。教学形式还较为单一，主要是借助微课，外加线上简单互动；教学内容还比较零碎，主要是针对学生的难点问题进行答疑；参与资源还比较少，主要是校内教师，社会资源基本没有介入。

学生居家学习的需要，给我们的线下课堂带来了前所未有的挑战，却给空中课堂带来了一个发展的契机。

1. 挖掘授课平台

当决定进行空中课堂以后，学校立即组织教师寻找最好的空中课堂授课平台。一段时间里，许多平台，甚至一些从未听说过的平台都成了热门话题。经过研究尝试，最终腾讯会议和钉钉成为最佳选项。

2. 精心组织备课

空中课堂，相较于线下教学，难度大了许多。学生不在面前，纪律和学习状态难以控制；作业上交需要家长助力，用手机拍照；作业批改需要教师等到晚上，家长下班回家帮助孩子上传之后……为了保证教学效果，我们组织教师更加精心地备课，并且提出更加严格的要求：教授内容精练化，确保较短时间内解决更多问题；教学环节活动化，激发学生的参与积极性；课后任务精准化，从题海中跳出来；批改作业及时化，迅速发现问题、解决问题。

3. 家长参与课堂

隔空不隔爱。学生居家学习期间，学校分主题多次召开家长培训线上会议，教师、家长、学生共同参与。在活动过程中，教师温情地叮嘱每一个学生，从“我”做起，健康成长；家长分享有效疏导学生情绪、专注投入学习的经验；学生表达决心——讲究卫生，保证健康，努力学习。

第四节　和悦课堂的教研

教研是提升课堂教学质量，提高教师专业能力，助推学校发展的一大法宝。《义务教育课程方案和课程标准（2022 年版）》在“课程实施”部分，第一次增加了“教学研究与教师培训”的内容，更加凸显了教研的重要性。为了加强和悦课堂教研，我们首先明确教研工作定位，帮助教师准确把握课程改革方向，钻研课程标准，解读教材，改进教学。我们努力提高教研活动的针对性，深入课堂、教师和学生之中，积极利用多种技术和手段，丰富教研活动的形式，提高和悦课堂教研的质量。

一、和悦课堂教研的内涵

教研，是指以教育为对象或者以教育为目标的研究。广义的教研是指教师对包括教学活动在内的所有教育实践的研究，狭义的教研是指教师对教学工作的研究。本节中的教研是指针对课堂教学的教研。

和悦课堂教研，以推动教师成长，提高课堂的育人质量为目的，通过“独自研”“集体议”“模拟讲”“课后评”四个环节，以备课、听课、说课、评课作为校本教研的突破点，形成了“真教”“真研”“真合作”的和悦教研，真正落实了减负提质。

二、和悦课堂教研的特征

（一）系统性

和悦课堂教研具有系统性。教研内容主要是指教学的研究内容，可以研究教材理解、教学思想、教法选择、学法指导、教学措施、教学步骤等；教研方法主要有听课、评课、说课、专题研讨、微格教学、案例分析、精品课堂打造以及赛课评比等；教研程序一般经历准备、实施、总结三个阶段，分为备课（个备、集备、二次个备）、讲课、说课、评课四个环节。这样就形成了一个比较科学、完整的教研系统。

（二）普适性

教师参与教研具有普适性。无论青年教师、中年教师还是老年教师，无论教学水平如何，都需要参加教研活动。教研是保障教学质量的一个法宝，它可以帮助新教师尽快地适应教学工作，促使合格教师继续提高教学水平，促进优秀教师充分发挥骨干作用，还可以促进名师发挥更好的专业引领作用。各个学科的教师都要编入教研组，参加相应学科的教研。一般语文、数学、英语等学科的任课教师较多，可以一个学科组建一个教研组，也可以一个学科的一个年级组建一个教研组。音乐、体育、美术等学科的任课教师一般较少，可以几个学科组建一个综合性的教研组。

（三）常态性

和悦课堂教研要经常开展。一般语文、数学、英语等学科的每个年级教研组要每周至少开展一次，大学科教研组可以一个月开展一次，音乐、体育、美术等学科的教研组每周都开展，这样就保障了教研的常态性、连贯性。

（四）实效性

和悦课堂教研活动是以实现教学目标为基本依托的研究活动，聚力解决教学中的困惑与问题。教师在教学中遇到的疑难问题，依靠个人力量可能无法解决，在和悦课堂教研中，大家群策群力，就有可能很好地加以解决。在和悦课堂教研中，教师既是实践者，又是研究者，大家互相学习，一起探究，共同成长。和悦课堂教研直接服务于课堂教学实践，对提高教师素养和课堂教学质量具有实效性。

三、和悦课堂教研的类型

和悦课堂教研按照内容来分，可以分为主题式教研和评优观摩式教研；按照参加人员的范围来分，可以分为学科组的大教研和同年级教研组的小教研。

（一）主题式教研

主题式教研是围绕一个主题或者一个类型的课进行研讨，既有研究性也有学习性。它重在解决新课堂教学中的真实问题、疑难问题，是以解决问题为指向的。

（二）评优观摩式教研

评优观摩式教研是指学校以教学为载体，为激励教师提升专业能力而实施的具有评选性质的教学研究活动。这种教研可以激发参与教师的课堂教学潜能和提高课堂教学水平的内在动力，起到示范、引领、探究、激励的作用，比如优质课、公开课评选，教学基本功大赛，等等。

双语小学的魏恒斐、丁丹茹、曹正等老师参加了评优观摩式教研，通过说课、模拟试讲脱颖而出，获得青岛西海岸新区基本功大赛一等奖。

（三）教研组小教研

针对不同的任务合理选取不同的教研形式，共性的问题可以采取教研组的小教研或学科组的大教研。如在线上课堂教学模式的研究中，我们采用小教研和大教研相结合的形式实施研究。第一环节，收集问题，聚焦任务：线上课堂时间短、任务重，如何更高效地教学？第二环节，确定主题，研讨反思：课前如何引领学生自主预习？课上教师如何与学生互动？如何点拨？课后如何布置作业？第三环节，形成共识，总结策略：在自己思考的基础上共商共议，形成策略。第四环节，反哺实践，解决问题：运用研究中总结的策略提高课堂效率。

（四）学科组大教研

根据研究主题，依据小教研的研究成果开展系列化的主题大教研。如在线上课堂教学模式的研究中，我们开展了三个主题大教研：

大教研一：线上课堂教学课前如何引导学生自主预习？

大教研二：课上教师怎样引领学生互动，怎样点拨，从而提高课堂效率？

大教研三：如何布置课后作业？

下面以数学学科组的大教研一为例，说明如何开展、实施大教研。

基于前期各个教研组的教研内容拟定大教研主题——“任务前置，提升自主学习力”线上主题教研。围绕前置悦学单的设计，选择教研成果丰硕的教研组进行分享，再一次深入研讨。具体流程为：首先，二年级教研组组长汇报《抓好预习，精准教学》；接着，四年级教研组组长汇报《功在课前，提质增效》；最后，学科主任总结。

二年级教研组的小教研结论：一是理念到位，也就是任务前置，带着问题预习，带着思考进课堂。二是前置悦学单“三要素”。一“读”，研读教材，找关键信息，提出高质量问题；二“思”，思考问题怎样呈现才能引导学生主动学习；三“集”，便于收集学生的作品，充分了解学情，以利于调控课堂。三是前置悦学单中问题的呈现形式与方式。可以用找一找、说一说、画一画等形式，让学生获得充分的体验。学生可以通过发语音或录制小视频的方式提交，体会自己是数学小讲师的乐趣。

四年级教研组的小教研结论：课前让学生带着问题预习，为线上课堂做好充分的准备。如《三角形的认识》的前置任务可以像下面这样呈现。

《三角形的认识》悦学单

1. 为什么学习三角形？它有什么特征？
2. 什么是三角形？
3. 什么是三角形的高？
4. 怎样画三角形的高？

（前三个题的答案可以写在作业纸上，拍照上传到小组群，第四个题的答案录成微视频。）

课前通过推送预习内容，将教学内容和问题前置，学生上传学习成果，老师能很好地了解学情，进行二次备课，从而使课堂教学更有目的性和针对性。

学科主任的总结与建议：前置任务设计的“三重”是重质量、重形式、重参与，前置任务实施的“三适”是适时、适量、适度。教师在设计前置学习任务时，要遵循“针对重点、降低起点、创境激趣、深入浅出”的原则，根据教学内容和学生的实际水平，布置有层次性、结构合理、题量适中的前置任务。

四、和悦课堂教研的实施

在实施和悦课堂教研的过程中，我们重点关注教研内容、教研形式和组织方式。

（一）教研内容：源于实际，开展精准教研

在教研内容的选择上，我们一直认为，一定要研究来自教学一线的问题，可以是学生的难点，也可以是教师的困惑点和课改的痛点，这样老师们研讨时才会有共同的主题。因而，每次教研我们都会收集问题，并在活动中有针对性地讨论，推动教研活动的开展。比如，《义务教育课程方案和课程标准（2022 年版）》颁布后，语文教研组针对任务群的设置来研讨，数学教研组聚焦大单元整体教学来研讨。通过一系列活动，老师们的思想观念和思维方式得以转变，从而实现了结构化教学，同时实现了学生深度学习。

（二）教研形式：多种多样，促进专业提升

我们采取多种形式，引领教师在教研中学会学习、学会教学、学会研究。

1. 轮流发言，学会“学”

教研时轮流发言，是逼着教师往前走。教师会有一定的压力，同时压力也是动力，大家不甘落后，在汲取别人发言精华的同时提升自己。教研活动做到了互动、互助、互补、互励，教师互相学习，共同成长。

2. 共同磨课，学会“教”

磨课是教师学会“教”的制胜法宝，是教师专业成长的重要抓手。主要采用以下几种方式磨课。

（1）同课异构。首先，根据活动的主题，选择同一个活动内容，由不同的教师按照不同的思路自行设计好方案。然后，每位教师分别上课，其他教师集中观摩。最后，组织教师共同讨论各自的优势和存在的不足，相互取长补短。

（2）一课多上。同一个教师连续多次上同一节课，内容重复，但教学行为不断改进。一人主备执教，教研组的其他教师充当智囊团进行指导，反复试讲。这样的方式对提高年轻教师的教学技能和水平，帮助他们解决教学中的问题，效果显著。

（3）同课同构。教研组的师徒同备一节课，在改进课的过程中提高年轻教师的执教能力和专业素养，激励教师不断提升课堂教学的能力。

3. 互听互评，学会“研”

听课、评课是提高教师教学研究水平的有效措施，我们要引导教师在听课中对照标准进行思考，在交流时有理有据地评课，在评课活动中提高自身的专业水平。

（三）组织方式：科学规范，团队共同成长

我们的教研活动提倡“人人参与”，通过设置任务，驱动所有老师参与其中，三轮备

课，实践展示，个人反思，集体评议，聚集大家的智慧，资源共享，共同成长。

1. 备课

（1）“独自研”——个人备课。

为了达成教学目标，教师首先要独自研读教材、课标等教师用书，明确教学的核心与流程，确定重点、难点与核心问题以及作业设计。此时教师可以借助外来资源，比如微课、名师课例等进行吸纳、改进、创新，优化所教授的内容。

（2）“集体议”——集体备课。

在个人备课的基础上，同学科的教师进行集体研讨。首先，个人述说自己“独自研”的成果；然后，所有成员针对这些内容进行交流、调整，吸纳同伴之长，形成组内共识，使之升级完善，从而变成组内共同采用的“共性教案”。这样所有参与的教师不仅知道了教材内容“是什么”，还深刻地理解了“为什么”。

（3）“个性研”——二次个备。

在“共性教案”的基础上，根据本班学生的实际情况和自己对教学内容的深刻理解，再次有针对性地设计教与学的活动，实现个性化教学。

2. 上课

在集体备课的基础上加上自己的二次思考，接下来就是上课。在课堂上实践前期的预设，既有教师有意义的讲授，也有与学生的互动，还有学生自主的探索，最终达成课堂教学目标。同学科教师聚焦主题，根据教研安排随堂听课学习。

3. 反思

课后执教教师根据上课情况进行复盘，说出自己对当堂课的认识，既有成功经验，也有改进反思，极大地提升了教师对课堂教学的反思能力。

4. 研讨

在进行主题教研时，执教教师先进行说课，其他听课教师再进行点评，指明亮点和不足。这样的研讨可以促进全体教师提升教学水平，提高课堂教学效益。

数学教研案例　聚焦数据分析，提升核心素养——《平均数》教研

一、王雨时说课

本节课是在学生已经学习、认识简单统计表和条形统计图的基础上进行教学的，为今后进一步学习统计数据的分析和整理打下基础。从整个小学阶段的数学学习来看，平均数是一个持续的学习内容，今后还要学习稍复杂的平均数以及其他常见的统计量。因此，本节课的目的不仅仅是让学生学会求简单的平均数，更要引导学生从数据处理与分析的角度把握求平均数的方法，体会平均数的意义，用平均数进行比较，描述、分析一组

数据的状况和特征，感受平均数的应用价值。

基于教材、学情、课标，确立以下学习目标：

1. 结合生活实例，理解平均数的意义，探索求平均数的基本方法，初步学会根据具体情况运用平均数分析、解决实际问题，根据统计结果做出简单的判断和预测。

2. 在具体情境中培养整理数据、分析数据的意识和能力，体会统计的作用和价值。

3. 进一步体会数学与生活的密切联系，体验运用数学知识解决问题的乐趣，培养善于观察、勤于思考、勇于探索的良好学习习惯。

结合过往的教学经验和班级学生的学情，我确定本节课的重难点为理解平均数的意义，掌握求平均数的方法。

为促进学习目标的达成，我主要采用小组合作探究的方法，让学生在自主探究和团队合作中提高分析问题和解决问题的能力，以及收集、处理和运用信息的能力。下面，我重点介绍一下我的教学过程：

（一）创设情境，激趣引入

通过问题前置，给学生留出足够的思考空间，使其经历平均数的产生过程。“计算总分—不合理—怎么办—用平均每场的得分比较”的思路步步深入，体现了平均数产生的过程。

（二）合作学习，探究新知

活动一：探究7号运动员平均每场的得分。

蓝队7号、8号运动员在小组赛中的得分情况统计表

运动员	第1场	第2场	第3场	第4场	第5场
7号	9	—	11	13	—
8号	7	13	—	12	8

到底该派谁上场呢？

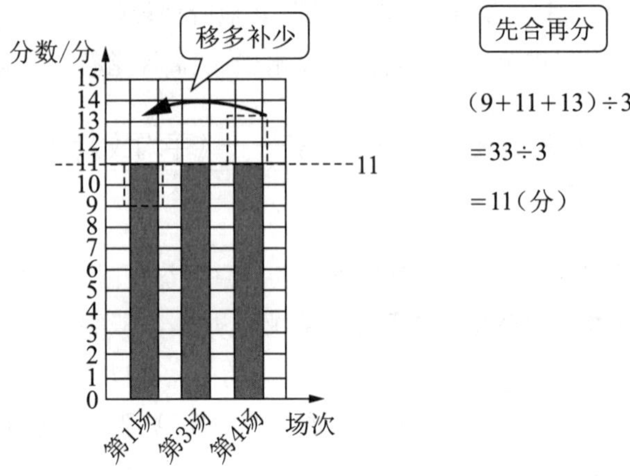

引导学生借助直观统计图，通过画一画、移一移、说一说等多种方式，在操作过程中感受移多补少法以及先合再分法，初步理解平均数的意义。

活动二：优化算法，引出平均数的概念。

1. 移多补少：数据较少时使用比较方便。

还有其他办法吗？

2. 先合再分：总数量 ÷ 总份数 = 平均数。

求平均数的一般方法。

11 是 9、11、13 这 3 个数的平均数。

总结求平均数的方法，借此引出平均数的概念，揭示本课课题。

活动三：求 8 号运动员平均每场的得分。

8号运动员得分情况统计图

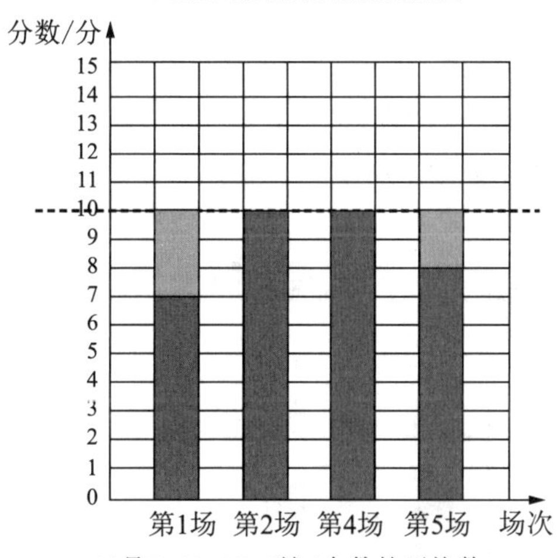

10是7、13、12、8这4个数的平均数。

让学生选择喜欢的方法求解。求 8 号运动员平均每场的得分是对前面探究 7 号运动员平均每场的得分的延伸和应用。

活动四：分析数据，感受特性。

7号运动员得分情况统计图

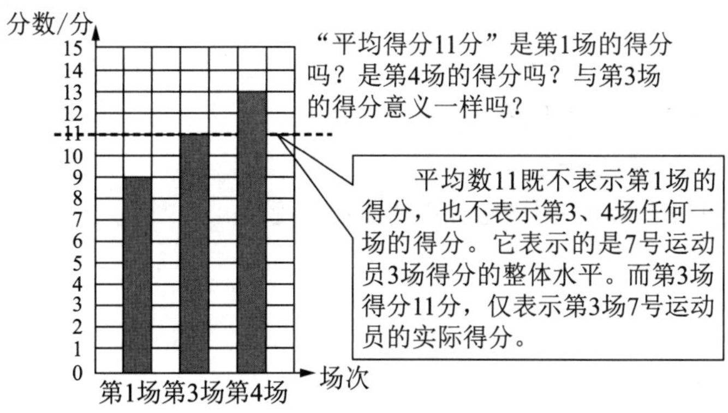

通过提出问题，引导学生明确平均数不是一场的得分，而是反映整体水平。

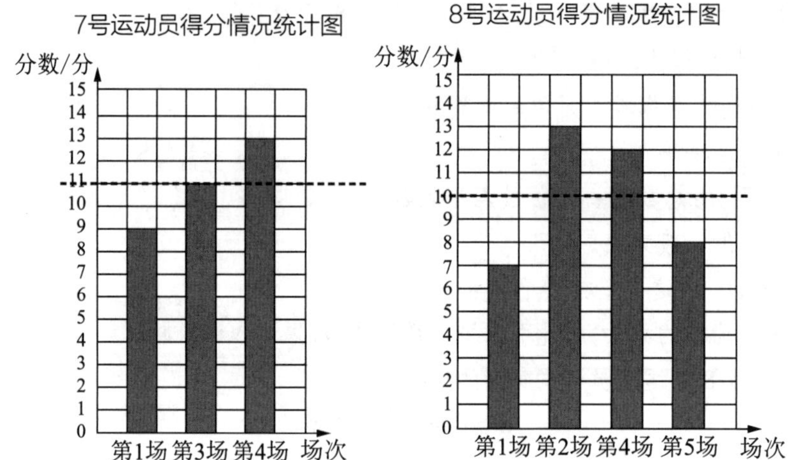

平均数能较好地反映一组数据的整体水平。

最小数<平均数<最大数

引导学生通过分析“11分”“10分”与其他几场得分的关系，感受平均数的范围：介于最大数和最小数之间。

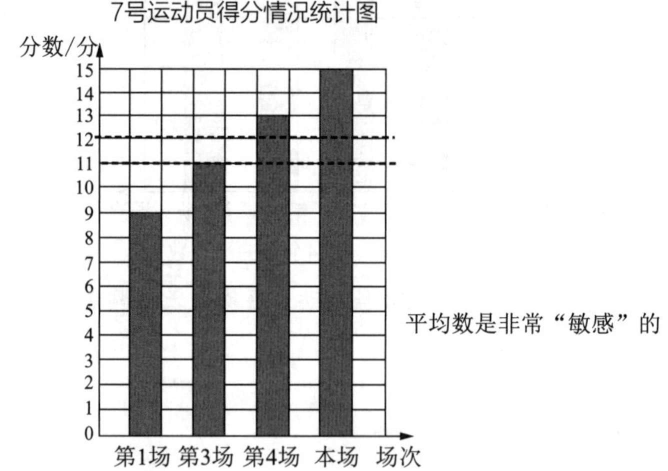

通过增加一场得分，用条形统计图呈现两种情况下平均得分的虚线位置，让学生直观地感受每一个数据的变化都会引起平均数的改变，深入体会平均数的敏感性。

（三）应用方法，解决问题

练习一：利用平均数的特性，估计平均数的范围。

篮球队队员一分钟投篮个数统计图

数量/个

队员	张平	李东	王强	刘明	林海
数量/个	20	35	31	24	25

估一估：这组数据的平均数会在什么范围内呢？

练习二：强化对平均数表示的是整体水平的理解。

将单调乏味的数学知识变得鲜活生动，激发学生学习数学的兴趣。

练习三：加深学生对平均数意义的理解。

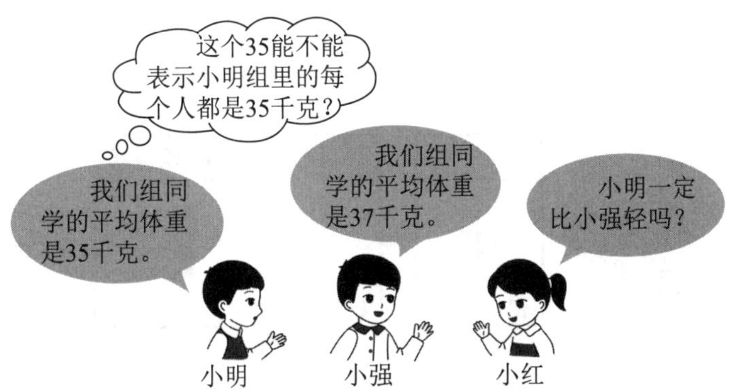

练习四：强化求平均数的方法。

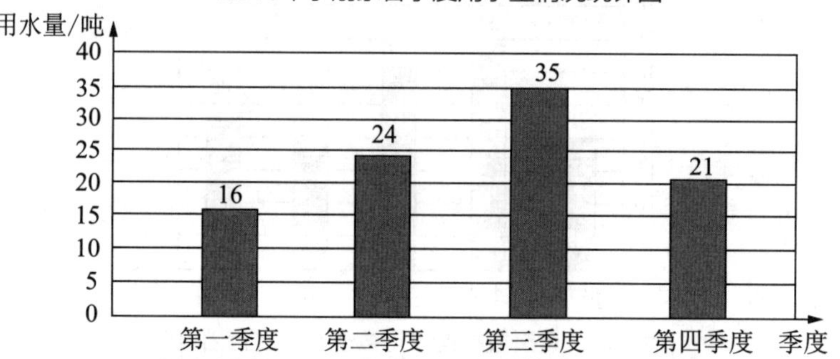

小刚家平均每月用水多少吨呢？（B）

A.（16+24+35+21）÷4　　　　平均每个季度的用水量

B.（16+24+35+21）÷12　　　平均每个月的用水量

C.（16+24+35+21）÷365　　 平均每天的用水量

练习五：深化对平均数意义的理解，发展数据分析观念。

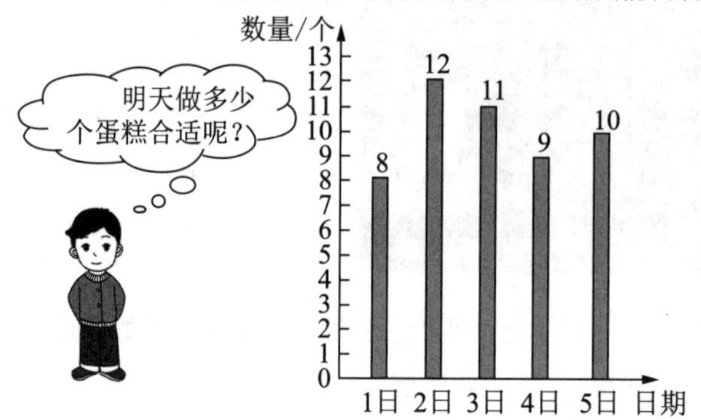

通过估算、计算，深化对平均数意义的理解，发展学生的数据分析观念。

（四）回顾整理，总结收获

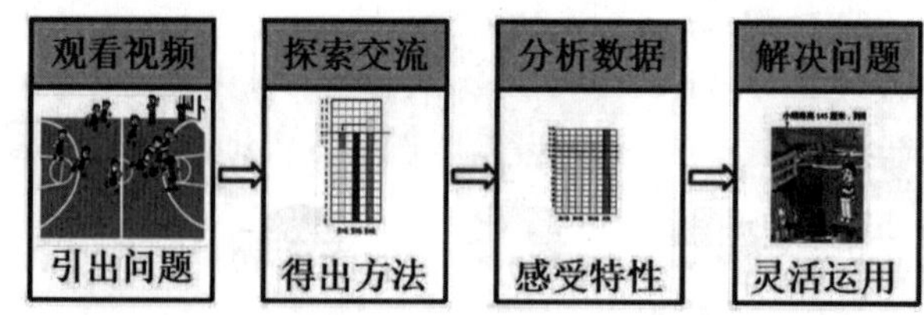

二、教研组评课

（一）亮点

1. 本节课的思路非常清晰，从学生熟悉的生活情境“选足球运动员”入手，学生比较感兴趣。通过提问“如何知道哪个队员的水平高一些”引发学生思维的冲突，引起学生思考的兴趣，激发学生解决问题的欲望，从而引出平均数的概念。

课上，学生在老师的引导下观察统计图，先思考再动手画一画、移一移、算一算，充分感悟移多补少是探究平均数的基本方法，先合再分是求平均数的根本方法。

通过探究以上两种方法，初步总结什么是平均数，理解平均数的意义（表示一组数据的整体水平），并在此基础上初步讨论平均数的取值范围。

在课堂练习过程中，题目始终围绕着本课的内容“平均数”展开，形式多样，内容比较丰富，具有探索性和开放性，利用投篮个数、平均水深、平均体重、平均用水量等帮助学生进一步理解平均数的意义。

2. 在教学过程中渗透了数学思想和方法。

练习题第一题给出了篮球队队员一分钟投篮个数统计图，让学生估一估这组数据的平均数会在什么范围内，渗透了估算的思想，既培养了学生的估算能力，又加深了学生对平均数和平均数范围的理解，对教学重点进一步升华。

另外，课上通过画一画、移一移，让学生体验用移多补少的思想方法求平均数。这种方法在解决生活中的很多问题时经常会用到。

（二）不足和建议

1. 充分保障学生自主探索的时间与空间。

新课标指出：“动手实践、自主探索与合作交流是学生学习数学的重要方式。”这节课在引导学生探究求平均数的方法的过程中，直接出示7号运动员的得分情况统计图，引导学生进行观察。这里可以通过让学生自己摆3行小圆片再移一移，去体验移多补少的方法，然后过渡到统计图。这样学生有一个循序渐进的思考过程，有利于发挥学生的主体性。

2. 教师设计了一个很有价值的数学问题：“7号运动员又参加了一场比赛，得分是15分。如果不计算，4场比赛的平均分比原来的平均分11分多还是少？”由于整节课涉及的内容比较多，所以在引导学生理解“平均数随数据的变化而变化”时，没有给学生充分的时间思考和回答，而是直接说了说方法，失去了帮助学生进一步理解平均数意义的好机会。

科学教研案例　智慧赋能，提质增效——《影长与季节》教研

一、刘宏说课

首先，在学情智诊断环节，我布置了课前悦学单任务，一共4道题，前两道题是前面所学的知识，后两道题是本节课的知识，任务前置。通过后台数据，了解学生的掌握情况，确定本节课的教学策略和方式。

其次，在课堂智活动环节，我结合本节课的内容，设计了三个活动。

活动一：探究一天中影子的长短变化。课前，我让学生观察同一地点、同一物体在上午、中午、下午的影子长短，为本节课的学习做铺垫。学生通过观察发现了一天中影长的变化规律，我顺势进行了追问，“为什么一天中影子有长短变化”，引出直射与斜射的区别其实是太阳照射角度不同。此时我通过手电筒直射中性笔的模拟实验，让学生通过直观观察理解直射、斜射时太阳照射角度的大小不同带来影子的长短变化，为后面的学习做铺垫。

活动二：探究影子随季节的长短变化。不仅让学生知道一天中同一地点、同一物体不同时间影长有变化，还让学生掌握一年中同一地点、同一物体影长的变化规律。在这里为了让学生看到冬至到春分再到秋分的影长变化，我稍微进行了二次开发，加上了第二年的数据，便于学生发现规律。这个知识点是重点也是难点，所以我用了较多的时间引导学生理解为什么北半球冬至时影子最长，这也是对地球公转时太阳直射位置这一知识点的回顾。

活动三：利用圭表识季节。学生通过预习能够了解圭表的组成，但是圭表历史悠久，距离学生的生活较远，所以需要进一步解析如何利用圭表识别季节和节气。在这里我通过动画演示，结合前面所学的知识点，引导学生在圭表上找到冬至、夏至、春分、秋分，这样“两次表影最长（冬—春—夏—秋—冬）是一个回归年”就容易理解了。将春分、夏至、秋分、冬至之间的四大段各自平分成六份就得到了二十四节气。

达标智检测环节，我设计了三种类型的题目，通过设置分层题目，让优等生吃得饱，让待优生学有所得。

资源智推送环节，我向学生推送本节课的思维导图以及两个视频资源，让学生课下依据思维导图回顾本节课的重点内容，思考我们家乡太阳高度的变化规律以及土圭的由来和春分、秋分、夏至、冬至四个节气的来源，拓展知识面。

二、教研组评课

闫凤景：

1. 各环节稳扎稳打，注重学生反馈，及时调整教学策略。

2. 激励评价到位，有效地调动了学生的主动性和积极性，使学生乐于参与课堂教学，学习效率高。

3. 创意使用教材，挖掘课堂资源，有效拓展学生思维。

4. 合理运用信息技术，促进课堂效果达成。

王亮：

本节课教学设计合理，教材分析透彻，学生学情把握到位。通过这节课的学习，我收获特别多，主要有以下两个方面。

1. 注重细节。

从题目设置，到课标学习、教材分析，再到学生学情分析，刘老师对学生学习情况的把握非常到位。比如在学情反馈环节，对每一个知识点，刘老师都有针对性地对学生进行辅导，知识讲解到位。

2. 注重学生思维的养成和核心素养的培养。

从现象到问题，从数据分析到小组讨论再到总结应用，刘老师都特别注重学生的主体地位，引导学生思维，发挥学生的主体作用，让学生以小组为单位合作讨论、总结结论。授课教师注重的是学生科学素养的养成。刘老师应用五步智学法，从目标到活动，各个环节都特别注重学生素养的培养。

王林林：

1. 刘老师通过创意性的模拟实验、动画演示等完成了三个探究活动，达成了教学目标。

2. 从教学手段来说，刘老师利用小组评价、推送悦学单、提前预习、选做分层、推送资源等方式，关注待优生，满足不同学生的需求，实现了因材施教。

五、和悦课堂教研的智慧化

随着数智技术的发展，我们借助智慧平台开展线上教研，提供同步化、定制化、精准化的高质量研究内容，促进课堂教研工作的数据化、智能化、精准化、个性化发展。利用智慧平台，针对教师执教的研究课提出个人见解，大家共商共议，最终达成共识，提升课的质量。

平台内容：首先是教研信息、教研过程（每位教师观看课堂复盘视频，精准指出要研讨的问题，提出中肯建议），然后是大数据分析（学生表现度、参与度分析，师生九大行为数据分析，师生行为转化率分析，等等）、问题梳理、解决策略与方法，最后是研讨总结与改进建议。这样的教研是针对教师执教的课，基于数据分析的教研，实现了精准化和个性化，极大地提升了课堂教学的质量。

附　语文学科智慧教研活动记录

一、教研信息

1. 教研形式：在线教研

2. 教研时间：2023 年 9 月 27 日

3. 教研类型：☑主题式教研　　□问题式教研

4. 教研主题／问题：《卖火柴的小女孩》第二课时

5. 教研课例：张瑞瑞老师　小学语文三年级上册第三单元第 8 课《卖火柴的小女孩》

6. 主持人：薛婧雯

7. 参与人：张瑞瑞　郭良晓　邓　攀　邱　慧　薛婧雯　李婕妤

二、教研过程

（一）邱慧老师研讨分析（问题要具体、精准，分析要到位，大数据分析要与课堂问题对应）

1. 1分24秒

（1）问题：导入环节，学生朗读课文的声音较长，课堂效率有待提高。

（2）分析：教师指导朗读。

（3）大数据分析：声音较长。

（4）策略：教师指导学生朗读，教会学生快速朗读的方法。

2. 3分24秒

（1）问题：学生自由走动。

（2）分析：上课统一管理，提高课堂效率。

（3）大数据分析：上课随意走动，容易让学生注意力分散。

（4）策略：教师加强学生管理，抓好课堂常规，引导学生遵守规则。

3. 3分46秒

（1）问题：学生上课坐姿端正。

（2）分析：课堂常规较好。

（3）大数据分析：大部分学生抬头。

（4）策略：提高学生注意力，清晰明了地出示课件。

4. 22分40秒

（1）问题：老师、学生一问一答，效率有待提高。

（2）分析：尝试让学生多样化地参与课堂教学。

（3）大数据分析：老师、学生一问一答，形式可以活泼多样。

（4）策略：让学生参与小组讨论，充分发挥学生的积极主动性和团队协作能力。

5. 30分58秒

（1）问题：教师出示表格，学生回答。

（2）分析：教师提问，学生回答。

（3）大数据分析：一对一的形式可以换成小组合作，让每一个学生都参与课堂教学。

（4）策略：课前分好小组。

（二）邓攀老师研讨分析（问题要具体、精准，分析要到位，大数据分析要与课堂问题对应）

1. 0分42秒

（1）问题：学生齐读课文。

（2）分析：部分学生没有跟读。

（3）大数据分析：个别学生没有跟上节奏。

(4) 策略:可以进行分组朗读。

2. 7 分 24 秒

(1) 问题:部分学生未参与。

(2) 分析:个别学生积极性不高。

(3) 大数据分析:个别学生没有跟上节奏。

(4) 策略:可以调动学生的积极性。

3. 16 分 18 秒

(1) 问题:个别学生回答问题不够积极。

(2) 分析:学生的积极性不够高。

(3) 大数据分析:对学生的带动性不强。

(4) 策略:调动学生的积极性,使其参与课堂教学,一起讨论。

4. 28 分 9 秒

(1) 问题:个别学生没有理解课文内容。

(2) 分析:部分学生不能完全理解重难点。

(3) 大数据分析:学生的专注力有待提高。

(4) 策略:课文内容可以讲解得再细一点。

5. 36 分 42 秒

(1) 问题:学生在课堂上时静时动。

(2) 分析:学生书写时坐姿不太规范。

(3) 大数据分析:书写坐姿不够端正。

(4) 策略:多提醒,找表现好的学生示范。

(三) 李婕妤老师研讨分析(问题要具体、精准,分析要到位,大数据分析要与课堂问题对应)

1. 7 分 1 秒

(1) 问题:个别学生有小动作。

(2) 分析:课堂前期学生注意力不集中,应该是没做好课前准备。

(3) 大数据分析:学生注意力不集中,应该是没做好课前准备。

(4) 策略:老师可以用提问的形式提醒学生。

2. 12 分 53 秒

(1) 问题:学生回答问题时,老师走近学生俯身倾听。

(2) 分析:老师走下讲台,走近学生,可以拉近与学生的距离,使学生更信任老师,这对上课质量的提升有很大帮助。

(3) 大数据分析:老师走近学生,拉近了与学生的距离。

(4) 策略:老师随时关注每个学生。

3. 20分35秒

（1）问题：老师在引导学生分享小女孩形象的时候，随时提醒学生记好笔记。

（2）分析：有助于学生慢慢养成随时记笔记的好习惯。

（3）大数据分析：帮助学生慢慢养成随时记笔记的好习惯。

（4）策略：培养学生随学随记、随思随记的好习惯。

4. 33分49秒

（1）问题：老师提前准备预习单，学生自主查找并填写小女孩五次划燃火柴的过程及愿望。

（2）分析：有利于激发学生自主学习的积极性。

（3）大数据分析：引导学生自主学习。

（4）策略：借鉴、学习预习单的使用。

5. 39分15秒

（1）问题：课堂最后，老师引导学生分析小女孩有这些美好愿望的原因，并思考如果自己是小女孩，会说什么。

（2）分析：有助于引导学生珍惜现在的美好生活。

（3）大数据分析：引导学生珍惜当下的好环境，好好学习。

（4）策略：学习课堂最后引发学生谈感想的做法。

……

三、大数据分析与复盘再现

（一）学生表现度、参与度分析

1. 大数据分析

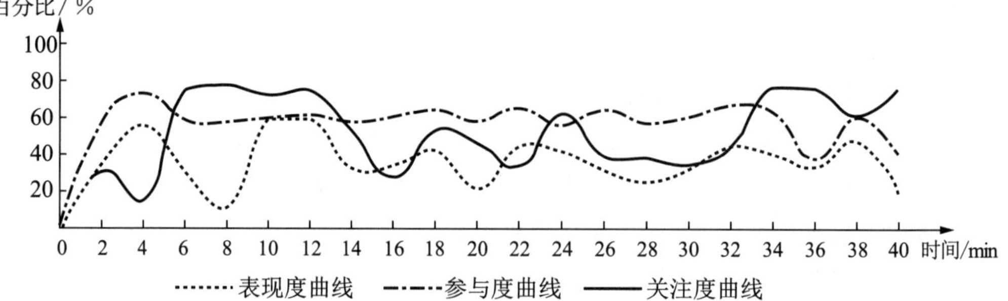

2. 问题分析

（1）学生整体参与度不高，起伏不大。

（2）学生表现起伏较大，忽好忽坏。

（二）九大行为数据分析

观察维度	行为	时间 /min	教学行为分布
学生行为	读写	5.75	
	举手	5.82	
	听讲	20.93	
	生生互动	0.07	
	应答	7.37	
教师行为	板书	7.47	
	讲授	20.27	
	师生互动	8.73	
	巡视	3.47	

（三）S-T 师生活动转化率分析

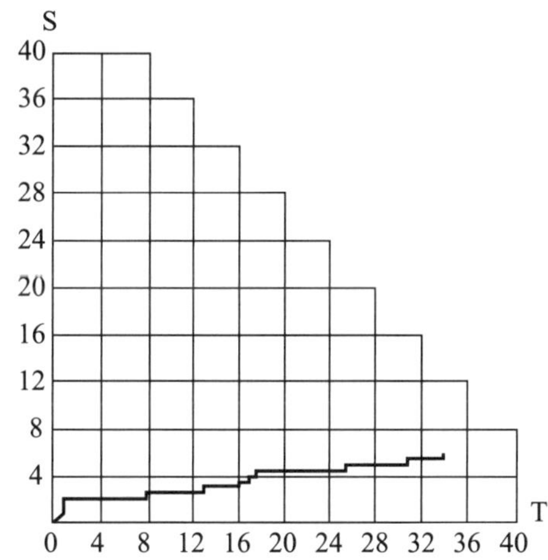

（四）RT-CH 师生行为转化率分析

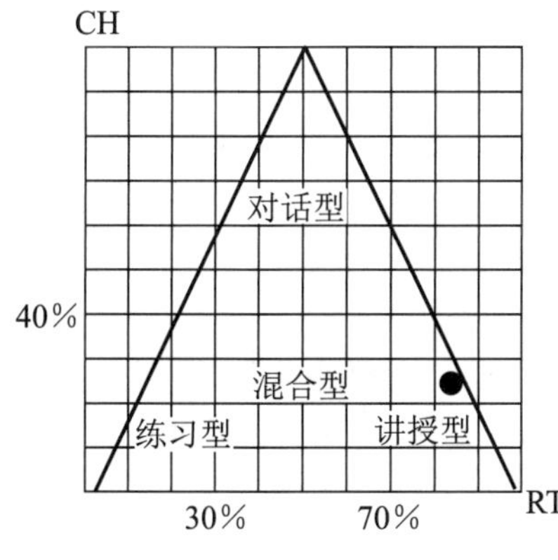

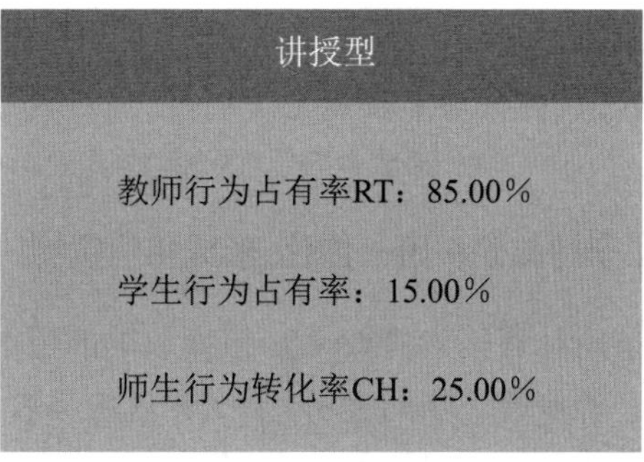

教学模式	练习型	讲授型	对话型	混合型
标准模式	RT≤30%	RT≥70%	CH≥40%	30%<RT<70%，CH<40%

四、问题梳理(3～5个问题，要简单地叙述一下)

(1)学生的课堂参与度不高。每次老师抛出一个问题后，积极举手回答的学生数量有限或者总是几个固定的孩子。

(2)课堂活动比较单一，以师生问答为主。本节课没有采取同桌合作、小组讨论等形式，导致课堂氛围较沉闷，学生参与度不高。

(3)学生的常规习惯有待改正，存在书写坐姿不端正、走神、搞小动作等情况。

五、解决策略与方法(3～5个问题)

问题	解决策略与方法
学生的课堂参与度不高	通过丰富的活动、课堂检测等提高学生的课堂参与度
课堂活动比较单一，以师生问答为主	采用同桌合作、小组合作、分角色朗读等形式调动学生的学习积极性
学生的常规习惯有待改正	教师应加强课堂管理，重视习惯养成

六、研讨总结与改进建议

1. 研讨总结

整体而言，本节课以教师讲授为主。在教师行为中，讲授的时长为20.27分钟(整节课时长为40分钟)，占课堂时长的比例为50.68%，在一半以上，导致课堂环节单调，缺乏小组合作、生生互动、课堂检测等环节。

2. 改进建议

在课堂环节的设置上，教师应该尽量站在学生的角度去设计。除了教师讲授、用问题引领学生思考、师生互动以外，应该考虑采用多种课堂活动充分调动学生的积极性，比如采用同桌合作、小组合作、分角色朗读等形式调动学生的学习积极性，采用课堂检测等形式考查学生对本节课重点问题的掌握情况，通过丰富的课堂活动让学生真正参与其中，学有所获。

另外，教师应该加强课堂管理，注重培养学生坐姿端正、上课认真听讲等良好的学习习惯，关注学生的课堂表现，及时调整课堂教学，提高课堂效率。

六、坚持教研科研一体化，形成特色机制

苏霍姆林斯基说：“如果你想让教师的劳动能够给教师带来乐趣，使天天上课不至于变成一种单调乏味的义务，那么你就应当引导每一位教师走上从事研究的这条幸福的道路上来……”

学校秉持“问题即课题，教学即研究，成长即成果”的科研理念，规划宏观大课题，引领发展，再分解为中课题，提升教师科研水平，最终细化为教师小课题，形成人人做研究、工作课题化的局面。采取“大课题引领—中课题提升—小课题普及”的路径，立足“三化”，促进科研转型。

在教学中做基于教学和班级管理的课题研究，解决实际课堂教学中的问题，从而实现教学问题化、课题微型化、成果实践化，带动教师和悦成长。同时，我们着力探索教研科研一体化模式（如下图）。基于教学，在教学中发现问题，用科研的手段和方法研究问题，在解决教育教学实际问题、提升教研水平的同时促进教师专业水平的提升。这样以有效教研为基础、以科研为指导，把教学、教研、科研融为一体，以课题促教研，以教研促提高，实现课堂教学质量的提升和师生的共同成长。

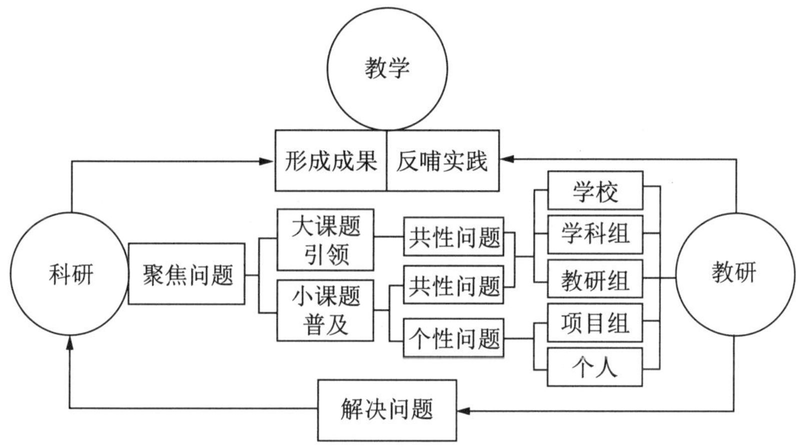

比如，聚焦提升教学质量这样的共性问题，学校层面用大课题引领，以学校、学科组或教研组为单位实施研究。学校以和悦课堂五步教学法为研究主题立项大课题，再把大课题有效地分解为中课题，由学科主任、备课组组长或骨干教师负责。责任人再把本学科或本年级的课题进一步细化，分解为小课题，学科教师进行小课题研究。这样的研究不是夸夸其谈，而是有理有据，能实现真正的研究，从而使和悦课堂教学研究顺利开展。下表是针对和悦课堂做的小课题研究：

学科	年级	课题名称	责任人
语文	一	一年级课堂展示环节规范性的研究	杜　娟
语文	一	零起点教学学习目标设计的研究	韩　莉　韩　超
语文	二	前置任务提升学生思考能力的研究	孟　晓
语文	二	课中创意练习设计的研究	尹　杰　董　艺
语文	三	优化课堂练习的研究	孙冬梅
语文	三	小组有效合作的研究	李　娜　赵立宁

续表

学科	年级	课题名称	责任人
语文	四	指向活学语文变式训练的研究	周 婧
语文	四	课内外阅读有效结合的研究	孟 晓 张爱欣
语文	五	指向学生内在学习动力提升的小组合作的研究	张俊慧
语文	五	预习导学提高课堂效率的研究	薛欣萌
语文	六	智慧教育背景下小组评价实效性的研究	杨 珂
语文	六	利用学伴机进行达标练习题设计的研究	宋远方
数学	一	低段教学中小对子合作提升课堂效率的研究	褚珍珍
数学	一	一年级学生主动思考力培养的研究	丁丹茹
数学	二	小学数学当堂达标检测练习题设计的研究	蔡 萍
数学	二	运用小组合作探究模式提高课堂效率的研究	李媛媛
数学	三	在拓展延伸环节进行数学文化开放学习的研究	张瑞瑞
数学	三	小组有效分工合作的研究	马晓腾
数学	四	小组合作学习提高课堂效率的研究	于金凤
数学	四	前置任务类型选择的研究	王 慧
数学	五	任务前置下提高学生自主学习主动性的研究	孙冯冯
数学	五	指向数学思维能力提升的变式练习设计研究	方安娜
数学	六	利用畅言平台提高课堂互动的实效性研究	李文美
数学	六	数学复习课练习设计的研究	孙雅倩
英语	一	利用达标检测培养学生语感的研究	孙晓霞
英语	二	任务前置提高英语课堂实效性的研究	樊海清
科学	三	优化小组合作培养学生操作能力的研究	闫凤景 于 辰
科学	六	指向学生素养提升的拓展资料选择研究	李效伟

针对个性问题，学校为每位教师创设研究的空间，搭建个人成长的平台，教师根据课堂教学中的问题，自主选题参与小课题研究或者自发成立项目组。

每个教师都确立“人人都是学习者”和“人人都是研究者”的理念，确定个人研究课题并将课题研究落实在每一堂课、每一次教学活动中，用科研指导课堂教学，在课堂实践中积淀研究资料，逐步向科研型教师发展，在研究中成长，并在研究过程中享受到做研究的乐趣。

教研与科研双线并行，一体化实施，呈现了“在研究中工作，在工作中研究”的局面。教师的科研素养大幅度提升，课堂教学更加贴近学生实际，促进了每一个学生的和悦发展。

第五节　和悦课堂的评价

泰勒的评价理论认为:“评价过程实质上是一个确定课程与教学计划实际上达到教育目标的程度的过程。”克龙巴赫强调:“评价能完成的最大贡献是确定教程需要改进的方面。”为此,学校在课堂评价方面做出了一系列的探讨,制定了评价标准,并在实践中不断调整优化,有力地促进了课堂教学的提质增效。

一、评价的目的

课堂评价是提高教学质量,促进学生学习的一种手段,是对教师的教与学生的学的评价,对教师的教学过程与学生的学习过程进行观察,对学生的学习效果进行测量、分析、判断,从而促进教师的教和学生的学。

集团为了激励教师高效地开展和悦课堂教学活动,激发教师专业成长的内驱力,提升教师的专业技能,同时将学习的主动权和自主权还给学生,采用多元化课堂评价机制改进教师教学,促进学生学习,结合课堂教学搜集到的信息,有针对性地进行实质性改进,促进教育教学质量的提升。

二、评价的责任组织

(一)集团评价责任组织

双语小学教育集团成立课堂项目组,具体负责组织和实施对各学校课堂教学的评价,集团课堂教学的调查与研究,课堂教学经验的总结提升,集团优质课、公开课、示范课的推荐与打造,等等。责任组织如下:

组　长:杨世臣

副组长:邵学忠　吕焕龙

组　员:林　宏　苗文芝　郭良晓　张　晓

(二)学校评价责任组织

(1)校级课堂评价,由行政服务中心负责组织与监督,按有关公约确定实施评价的业务干部、评价教师,负责统计、公示评价结果,教师服务中心具体实施。责任组织如下:

双语小学:

组　长:邵学忠

副组长:林　宏　郭良晓

组　员：张俊慧　马素霞　陈　艳　陈绪东　张　旭　马晓腾　杨菲菲　闫凤景　李晓枚

五台山西路小学：

组　长：吕焕龙

副组长：苗文芝　张　晓

组　员：刘婷婷　葛赟赟　丁　宇　姜文娇　王丹丹　朱　悦　刘琦琦　王　亮　田　超

（2）学科组课堂评价，由各学校的学科主任成立责任组织，按照学校的评价标准实施本学科的课堂评价。责任组织如下：

组　长：各学科主任

组　员：各学科备课组组长

三、评价的标准制定与实施

（一）双语小学教育集团评价各学校教学量表

学校：　　　　　　　　　　　　　　　　　　　　　　　　年　　月　　日

项目	分值	主要内容	特色创新	改进建议	备注
探索课堂教学模式	20				
教学方法提炼总结	20				
公开课、示范课等的数量	20				
常规检查和智慧巡课	20				
教学工作例会	20				

说明：

（1）评价课堂的确定：

名师、骨干教师、青年教师的课堂各一节，由学校推荐；另外两节，一节抽签确定，一节随机推门确定。

（2）成绩计算：

① 以五节课的平均成绩作为各学校的学期课堂教学随堂评价成绩。

② 区里统一组织的学科素养比赛成绩，作为课堂教学的阶段性成果，按60%的比例纳入学校的和悦课堂评价成绩。

（二）双语小学教育集团和悦课堂五步教学评价标准

时间：　　　　执教教师：　　　　执教课题：　　　　听课教师：

阶段	一级目标	二级目标	得分	合计
课前（20）	任务前置，目标导学（20）	1. 确定合适的学习目标，符合课程标准，符合学生需求，符合教学实际。（2）		
		2. 导学要求具体，用学生能够读懂的语言来阐述。（2）		
		3. 设计的问题有思维含量，并能促进学生积极地投入学习。（2）		
		4. 学生借助悦学单独立预习，能批注、尝试练习、朗读书写、搜集整理等。基础知识基本学会，难点问题能标注。（10）		
		5. 能促使学生有自己独立的思考与发现。（4）		
课中（70）	小组合作，展示交流（30）	1. 小组合作：机制健全、分工合理、组织有序。（3）		
		2. 参与状态：积极、主动、投入，参与度高。（10）		
		3. 交流展示：内容具体、精准，形式多样，学生敢于互动，互相补充、纠错、质疑、解疑、挑战。（10）		
		4. 多媒体运用：能恰当突破重点、化解难点，充分发挥多媒体、实物展台等的作用。（2）		
		5. 学习效果：学生会学、乐学，收获多。（5）		
	教师点拨，总结提升（20）	1. 教师语言精练、准确，有深度，有层次，有方法引领。（10）		
		2. 重难点能突破，总结提升到位。（5）		
		3. 精神面貌好，有激情。（5）		
	变式练习，创新达标（20）	1. 教学评一致，针对学习目标进行达标检测，形式可以是口头、书面、实践操作等。（10）		
		2. 能及时地纠正错误，做到堂堂清。（10）		
课后（10）	拓展延伸，开放学习（10）	1. 能设计开拓学生思路或开阔学生视野的内容。（3）		
		2. 为下一节课的学习设计好的新问题。（2）		
		3. 学以致用。（5）		
优秀：90～100分；良好：80～89分；合格：60～79分；不合格：60分以下。 总得分：				

注：括号内的数字表示各项的分值。

（三）双语小学教育集团和悦课堂五步智学评价标准

时间：　　　执教教师：　　　执教课题：　　　听课教师：

阶段	环节	观察维度	技术维度	点评记录与得分
课前（25）	学情智诊断（25）	1. 目标符合课标和学生实际。（3） 2. 推送悦学单，符合学生语言。（3） 3. 问题引领，指导预习。（3） 4. 独立预习，方法多样，读懂基础知识，标出难点。（3） 5. 独立思考与发现。（3）	1. 上传悦学单，自主学习。（3） 2. 利用全班作答或分组作答进行学情检测和数据分析，然后进行分层指导与个性指导。（5） 3. 用智慧平台完成朗读、书写、速算、小组共建、问题解决。（2）	
课中（60）	课堂智活动（20）	1. 小组分工合理，组织有序。（2） 2. 学生积极、主动、投入，参与度高。（3） 3. 展示内容，形式多样、互动高效，补充纠错、质疑解疑。（5） 4. 智慧技术贯穿全过程，丰富、有效。（2） 5. 学生锻炼多，思维、表达、创新状态好。（3）	1. 用思维风暴、连连看、翻翻卡引领思维碰撞。（1） 2. 用 PK 板、随机选人激发积极性，提高参与度。（1） 3. 用学生讲、拍照讲解、分类、讨论、画廊等功能进行展示交流。（2） 4. 用全班作答、分组作答数据获得学习效果数据。（1）	
	教师智引领（20）	1. 语言精练、准确，有深度，有层次，有方法引领。（8） 2. 重难点突破得好，全体理解。（4） 3. 有激情、能唤醒、会感染。（4）	1. 利用 AI 微课、动画、VR 虚拟实验进行重难点讲解。（2） 2. 用随写板、拍照讲解、随堂测验进行精准分析与难点解析。（2）	
	达标智检测（20）	1. 对学习进行达标检测，形式可以是口头、书面、实践操作等。（5） 2. 利用数据分析及时纠正错误，做到堂堂清。（6） 3. 一对一推送拓展资源，进行纠错与反馈练习。（5）	1. 利用随堂测验进行掌握度分析和精准分层指导。（2） 2. 根据检测数据进行精准分析，解决全班共性问题和个性问题，实现全面达标。（2）	
课后（15）	资源智推送（15）	1. 将知识与生活关联。（3） 2. 为下一节设计好的新问题。（2） 3. 引领学生思考生活场景，将知识植入场景，学以致用。（3）	1. 科学地利用资源中心的区本资源、校本资源、学科网资源精选拓展学习资源，并分层推送给学生。（4） 2. 利用智慧平台的小组学习进行拓展学习、合作学习和问题解决。（3）	

注：括号内的数字表示各项的分值。

说明：本评价量表是5-2910课堂观察量表，是指5步智学+29个观察点+10个点评角度。另外，还要对课堂进行总评，从基本信息（教师、章节、年级）、本节优点、重难点突破、学生学习状态与效果、活动设计科学性、目标达成度、技术应用有效性、新课改理念落实、德育与核心素养培养、本节问题与建议等方面进行分析。

（四）双语小学教育集团线上课堂评价标准

时间：　　　　执教教师：　　　　执教课题：　　　　听课教师：

阶段	一级目标	二级目标	得分	合计	备注
课前（20）	课前准备（5）	1. 根据线上授课方式提前候课。（2）			
		2. 明确本节课的学习要求、所需学习用品等。（2）			
		3. 关闭与教学无关的软件、网页和通信工具，确保平台稳定，排除其他干扰因素。（1）			
	任务前置，自主先学（15）	1. 确定合适的学习目标，符合课程标准，符合学生需求，符合教学实际。（1）			
		2. 导学要求具体，用学生能够读懂的语言来阐述。（1）			
		3. 设计的问题有思维含量，并能促进学生积极地投入学习。（1）			
		4. 学生借助悦学单独立预习，能批注、尝试练习、朗读书写、搜集整理等。基础知识基本学会，难点问题能标注。（10）			
		5. 能促使学生有自己独立的思考与发现。（2）			
课中（70）	展示交流，深度互学（30）	1. 问题引领：引导学生在关键问题处交流。（3）			
		2. 参与状态：积极、主动、投入，参与度高。（10）			
		3. 交流展示：借助文字、拍照、语音、连麦等实现学生互动，互相补充、纠错、质疑、解疑、挑战。（10）			
		4. 学习效果：学生会学、乐学，收获多。（7）			
	教师点拨，促学达标（20）	1. 教师语言精练、准确，有深度，有层次，有方法引领。（10）			
		2. 重难点能突破，总结提升到位。（5）			
		3. 精神面貌好，有激情，教学语言规范。（5）			
	变式练习，助力趣学（20）	1. 体现教学评一致性，针对学习目标进行达标检测，形式可以是口头、书面、实践操作等。（10）			
		2. 能及时地纠正错误，做到堂堂清。（10）			

续表

阶段	一级目标	二级目标	得分	合计	备注
课后（10）	拓展延伸，保障悦学（10）	1. 能设计开拓学生思路或开阔学生视野的内容，让学生继续学习。（3）			
		2. 为下一节课的学习设计好的新问题。（2）			
		3. 学以致用。（5）			
优秀：90～100分；良好：80～89分；合格：60～79分；不合格：60分以下。 总得分：					

注：括号内的数字表示各项的分值。

校本评价（五步教学、五步智学、线上课堂）说明：

（1）学校对所有任课教师听评课，每学期2次以上，随机推门听。

（2）学校各年级服务中心、学科教研组，每学期各对每一名任课教师随机听课2次以上。

（3）评价打分，以学校的课堂评价标准为准。

（4）学校对教师的听课评价成绩，作为课堂教学随堂评价成绩。

（5）学校组织的学科核心素养期中检测、期末检测的成绩，作为课堂教学的阶段性成果，按30%的比例纳入教师的和悦课堂评价成绩。

四、评价结果的使用

（一）集团项目组对学校评价结果的使用

公示评价结果，计入集团对各学校的年度综合考核评估体系。以该体系的排名作为集团内干部提拔使用、评先树优名额分配、职称评聘名额分配、专项经费或奖补经费拨付的重要依据。

（二）校本评价结果的使用

（1）任课教师的课堂教学成绩，作为优秀课例、优秀教研组、优秀备课组的考评依据之一。

（2）学校将所有任课教师的上课、听课、评课成绩，作为对教师校级示范课、公开课、研讨课评选的主要依据；平均成绩计入学校对上课教师、教师所在年级服务中心和教研组的教学评价成绩。

（3）学校推荐参加上级组织的名师示范课、骨干教师展示课、青年教师过关课等活动时，课堂教学成绩作为重要依据。

（4）在每年的职称评定中，评审委员会严格按照评价标准对申请晋级的教师进行课堂评价，连同平常的校级听课评价成绩，一并纳入职称评审的课堂教学分数中。

（5）适时地开展期初考核、期中考核、教师满意度调研等过程性评价，将评价结果纳入对课堂教学的评价，及时、客观、准确地反馈评价结果，让教师持续、动态、全面地接收教学信息反馈，及时调整教学方向，努力提高教学水平。教师通过过程评价了解学生的学习情况，诊断学生学习中存在的问题，提出解决办法，帮助学生弥补不足、全面发展、提高能力，不断达成新的教学相长。积极利用现代互联网技术构建评价数据库，以各类评价数据采集工作为抓手，充分发挥其对教学质量的信息反馈与调控功能，让教师对学生的个性化学业辅导与人格培养更加精准、高效。

第六节　和悦课堂的成效

和悦课堂，师悦生乐，和合相生，和而生悦。和悦课堂精彩纷呈，师生和悦成长，助推了学校高质量发展，成效卓著。

一、和悦课堂带来了学生的成长

和悦课堂充分尊重学生，真正实现学生发自内心地学习。学生把课堂视为自我展示的舞台，动有所得，学有所获，提高了学习兴趣，提升了学习品质，真正成了学习的主人。

学校先后有718人次的学生在全国、省级、市级科技类比赛中获奖。在三年一届的青岛市少年科学院小院士评选活动中，双语小学有6名学生成功入选，3名学生被评为青岛市小院士，14名学生被评为研究员；学生学科素养大赛成绩斐然。

二、和悦课堂带来了教师的成长

和悦课堂给教师提供了成长的舞台，教师的个性和能力得到了充分发展，各级各类赛课均获优异成绩。仅2023年教师获奖五十余项，在各级比赛中熠熠发光。比如，刘媛在全国第九届小学数学文化优质课展示中获得说课一等奖，吕胜利在山东省第一届中小学体育教师基本功比赛中获一等奖第一名，王立新在山东省信息科技教师教学素养交流现场会执教公开课，陈绪东在青岛市名师交流课活动中展示公开课，郭良晓在青岛市名师开放课活动中展示公开课，张俊慧、陈艳被评为青岛市教学能手，王雨时、丁丹茹、魏恒斐、曹正等在青岛西海岸新区青年教师基本功比赛中获一等奖。

三、和悦课堂带来了质量的提升

双语小学教育集团在青岛西海岸新区教学质量综合考评中一路攀升，名列前茅，每一个孩子都能在“轻负高效”的学习中绽放自信的光芒。比如，在2022年、2023年青岛西海岸新区数学学科素养大赛中，集团的所有参赛选手都取得了一等奖的好成绩，各科团体成绩独占鳌头。

四、和悦课堂带来了家长的欣赏

“金杯银杯不如老百姓的口碑”，以上成绩的取得，得到了家长的信赖和高度认可，家长满意度达到100%。一面面家长送来的锦旗、一封封扣人心弦的感谢信，让和悦课堂熠熠生辉，这里充满着深深情谊和实实在在的肯定。家长的欣赏，也进一步加强了家校联系，增强了学校、家庭的教育合力。

五、和悦课堂辐射带动了新区的课堂走向

和悦课堂的构建与实施，提高了课堂教学效益，提升了教师的教育教学能力和教学水平，最终助推了学校高质量发展。

学校先后获得“全国网络学习空间应用普及活动优秀学校”“全国中小学教师信息技术应用能力提升工程2.0优秀案例学校”“山东省中小学教师信息技术应用能力提升工程2.0项目学校”“青岛市人工智能示范校”等三十多项荣誉称号。学校的全智能校园、智慧操场、大数据分析初显成效，近年来迎接了全国九十八场参观活动，有3 000多人来学校考察、交流，被山东卫视、山东教育电视台、青岛电视台、科大讯飞融媒体等媒体多次报道，获得一致好评与称赞。双语小学教育集团在青岛西海岸新区成了一张靓丽的名片，辐射带动了整个新区的课堂走向，为打造区域教育品牌贡献了一份力量。

第五章
和悦阅读——学校发展的底色

第一节 和悦阅读，悦读立人

每一个真心做教育的人都会苦苦追问这样一个问题：教育到底要给人的一生带来什么？教育最有效的方式之一是自我教育。最广泛、深入、朴素、灵活、便利、个性化的自我教育方式，是阅读。让师生在阅读中认识更广阔的世界，获取更丰富的知识，丰富精神生活，激活自身思维能量，形成破解现实难题的力量，提升道德和修养，成就师生和家长的幸福人生，是我们多年的不懈追求。

为了落实"厚德乐学、自主合作、具有国际视野的卓越少年"培养目标，我们将"读好书，做好人"确定为校训，大力倡导和推进全员阅读，打造阅读教育场，用童心悦读开辟读好书的新路径，产生了良好的教育教学效果。我们的"童心悦读"获全国新教育十大卓越课程第一名，"悦读立人"获山东省教学成果一等奖。

一、和悦阅读的内涵

和悦阅读，是指和悦教育有目的、有计划地开展的一系列阅读行动，其核心和特色是我们在实践探索中创建的童心悦读。童心悦读的内涵，就是和悦阅读的内涵。

童心：儿童那样天真纯朴的心，是好奇、活泼、充满希望与憧憬的心，是每个人都有过的天真无邪的、美好的心。

童心是儿童成长的天赋资源，是儿童生长的根，是儿童成长发展的重要前提和内在力量。

对于已是成年人的教师和家长来说，童心尤为珍贵。拥有童心，便拥有了幸福生活的源泉。童心能有效地挣脱功利主义的禁锢，让人重拾孩子般的幸福。童心能有力地排除习惯势力的蒙蔽，让司空见惯的事情变得新鲜有趣，让日常平凡的教育生活变得充满魅力，让学生的点滴成长都令人激动和欣喜。

悦读：我们的童心悦读强调悦读而不是阅读，意在强调以下 3 点。

（1）愉快地阅读，在阅读中丰富智力背景，将热爱读书根植于心灵深处。

（2）投入地阅读，在阅读中收获知识和精神财富，并在生活中学以致用，收获成长的愉悦和惬意。

（3）在愉快的阅读体验中，反思自我，改造生活，培养高尚情操和健全人格。

童心悦读：怀揣童心，阅读经典，才会有真正的悦读；让阅读迈向悦读，才会重拾童心，丰富幸福人生。

这就是我们的童心悦读，它有如下内涵：

第一，儿童的阅读应该是愉悦的，应该是丰富多彩的。每个儿童都应该阅读与其年龄段相适应的经典书籍，以促进其精神生命的成长。

第二，教师应该阅读儿童的书，这样教师才能拥有一颗活泼的童心，拿到走近童年心灵的邮票，永葆自身生命的活力。

第三，家长应该阅读儿童的书，这样才能和儿童形成共同的语言密码，共享在阅读中成长的快乐。

二、童心悦读的核心理念

在打造童心悦读特色课程的过程中，教师、学生和家长达成了共识，确立了童心悦读的核心理念：

（1）让读书像呼吸一样自然。

（2）一个人的阅读史就是他的精神发展史。

（3）带着童心上路，让阅读变得轻松愉悦。

（4）让不同年龄的儿童读到他此时此刻最适宜阅读的书。

（5）学生、老师、家长共读一本书，就是创造并拥有共同的语言和密码。

（6）阅读经典童书，享受幸福人生。

（7）让师生过一种幸福、完整的教育生活。

童心悦读唤醒了师生、家长的童心，童心又赋予师生悦读更多的生机与精彩，让师生爱上阅读，并唤醒了家长的童心和读书热情，使和悦教育的“悦读共同体”悄然形成，使书香在教室、校园、家庭和社区弥漫开来。

2009 年 5 月 9 日，全国人大常委会委员（现任全国政协副主席）、民进中央常务副主席、中国教育学会副会长朱永新教授到学校视察、指导书香校园工作，被聘为名誉校长，并欣然题词“童心最美”。

以下是朱永新教授于 2008 年 7 月为我的《童心悦读的研究与实践》所写序言的节选：

有这样一群开展童心悦读的人
——《童心悦读的研究与实践》序

朱永新

……

阅读是快乐的，热爱阅读的孩子是最美的天使。

……

这里的孩子和老师把阅读叫作“悦读”，我想这不仅仅是一种口号，而是他们实实在在的一种行动。

……

那是个微雨的早晨，两扇红色的“书门”，正好架在了学校拉开的铁门中间。“书门”是用吹塑板做成的，后面用铁架支撑着。两扇“书门”上分别是改写过的狄金森的《没有一艘船能像一本书》和金子美玲的《向着明亮那方》。

孩子们从“书门”中穿过，老师们早就打着伞站在校园里。前面是一张张桌子，桌子上摆着一本本精美的书——一个不一样的日子，就这样开始了。孩子们走到自己的老师跟前，分别拿到了一本崭新的书。一年级的《新编儿歌 365》，二年级的《尼尔斯骑鹅旅行记》，三年级的《雷梦拉八岁》，四年级的《海蒂》，五年级的《草房子》——都是一本本适合他们这个年龄阅读的书，都是老师们精心挑选的。

那天，学校也为家长们精心选择了一本书：一、二、三年级的家长拿到的是《朗读手册》，四、五年级的家长拿到的是李镇西老师的《做最好的家长》。

看到这样的场景，我很感动。一所如此重视阅读的学校，怎么可能不让孩子向往？而接下来的活动，更让我看到了他们的独具匠心。8 点钟，仪式正式开始。家长站在两边，孩子们站在中间。学校教学楼上，是醒目的横幅：阅读节，让我们静静打开一本书。一开始，全校学生一起背诵《没有一艘船能像一本书》。接下来，一至五年级的教师代表，用简短的话介绍了为什么在阅读节这天要送给孩子们这样一本书。然后，校长亲自把《孩子们，你们好！》《孩子们，你们生活得怎么样？》《孩子们，你们准备好了吗？》《给教师的一百条建议》这四本书，交到了老师们手中。最后，全校师生共同朗诵《向着明亮那方》，结束了那天早晨的仪式。

……

杨校长高高的个子，质朴的面容，平常话语不多，可是在推动儿童阅读方面，他在全国的校长里大概也会排在前面……我在《理想的校长》中曾经说过，最高明的校长是为老师们搭建一个个舞台，让老师们成为闪亮的明星的人，杨校长就是这样的人。

……杨校长和老师们在努力实践着新教育理念，让儿童拥有一种回归朴素的生活方式。从晨诵教材的编写，午读时间的保证，读书课的精心设计，一直到暮省仪式的创新，无不是在为儿童编织着美妙的童年。

……

三、悦读立人

（一）悦读立人的内涵

1. 悦读的内涵

（1）让儿童沉醉在书中，学会自我教育，这是悦读的内涵之一。

苏霍姆林斯基曾经说过："我努力做到使每一个少年都有一本心爱的书，使他反复阅读，反复思考这本书。这样做并不是为了让他把读过的东西记住并且用来回答教师的问题，而是为了使他为自己的命运而感到激动。我坚定地相信，少年的自我教育是从读一本好书开始的。"

（2）愉快地阅读，丰富智力背景，这是悦读的内涵之二。

阅读是为了丰富学生的智力生活，给学生提供一个开阔的智力背景。苏霍姆林斯基说："如果我们想减轻学生的负担，那么就应当让他所阅读的东西比要记住的多数倍……如果学生除了教科书以外什么都不读，那么他就连教科书都读不好。如果学生其他书读得较多，那么他不仅能学好正课，而且会剩下时间去满足其他方面的兴趣。"他还说："学生的学习越困难，他在脑力活动中遇到的困难就越多，他就越需要多阅读，就像感光力弱的胶卷需要更长的感光时间一样，成绩差的学生的智力也需要更明亮和更长时间的科学知识之光来照耀。不是补习，不是识字一样的'督促'，而是阅读、阅读，再阅读。"广泛大量的课外阅读，可使学生获得知识底子、智力基础。特级教师钱梦龙在谈到自己少年时代的经历时就曾说过，是大量的课外阅读使一度被老师认为是低能儿的他奇迹般地改变了命运，进入了优等生的行列。

（3）在愉快的阅读体验中培养高尚情操和健全人格，这是悦读的内涵之三。

我们都知道，"浇花要浇根，教人要教心，从小培养儿童注意周遭的人、事、物，并有所感觉、感触、感动或感恩，这是教育的真正本质"。阅读对于儿童来说，是他生活的一部分，因为阅读使他对事物的看法更精确，使他对生活事件更敏锐，使他对人与自然产生感情。阅读不但是学生求知、开智的便捷手段，而且是提高学生素养、培养人格精神的有效途径，它在一个人成长与精神品格形成过程中的作用是巨大的、潜移默化的。

2. 悦读立人的内涵

悦读立人是让孩子快乐阅读，使读书像呼吸一样自然；阅读经典，拒绝庸俗；让不同年龄的儿童读到他此时此刻最需要的书籍；学生、教师、家长通过共读、共写，共同生活，共同成长；让孩子拥有真正幸福的童年，成为厚德乐学、自主合作、具有国际视野的卓越少年。

（二）悦读立人的教育体系

为实现悦读立人教育的目标，落实悦读立人教育的内容，依据学校制定的立人教育总体发展策略，我们在实践探索中不断丰富和完善悦读立人的途径和方法，逐步健全管理机制，整体构建了悦读立人的教育体系。

1. 文化建设系统化

文化是学校发展的灵魂。立人教育的目标决定立人教育的内容、形式和方法，制约着立人教育工作的基本过程。我们充分考虑各年龄段学生思想品德形成和发展的规律、心理特点以及时代与社会发展的需要，按照科学具体、循序渐进、有效衔接、螺旋式上升的原则，分年级、分内容确定具体目标，重点抓习惯、促养成，建设高境界的精神文化、高品位的物质文化、高标准的管理文化、高层次的课程文化、高质量的行为文化，走文化兴校之路，用学校的文化建设引领学校的内涵发展，提升学校的办学品位。

2. 教材建设本土化、具体化

教材包括学生教材、教师教材、家长教材。学校根据各年级立人教育的目标和重点，科学、合理地确定各年级的立人教育内容。在道德品质方面，重点进行爱家乡、爱学校、爱父母、爱老师、爱同学、爱自己的教育，培养学生的完美人格和高尚情操；在行为素质方面，重点抓习惯养成，进行语言文雅、行为儒雅、情趣高雅的教育，培养学生良好的学习和生活习惯。

3. 课程建设特色化

学校重视悦读立人课程体系的建设，在全面落实和完善整合国家课程和地方课程的前提下，积极开发、建设丰富多彩又具有特色的立人教育校本课程。学校重视和完善悦读立人实践活动类课程的建设，把立人教育实践活动纳入课程管理，围绕立人教育的目标，构建具有学校特色的校内外立人教育实践活动体系，为每个学生提供丰富多彩、可供选择的社会实践活动。

4. 课堂建设科学化

学校加强各学科的立人教育渗透，深入挖掘学科的立人教育点，制定学科课堂教学立人教育评价标准，注重情感、态度和价值观的引导，实现立人教育和智育目标的有机统一。

5. 评价体系多元化

学校科学地设计和建立了立人教育评价标准和可操作的评估办法，充分发挥立人教育评价对学生成长的引导作用。学校坚持评价体系多元化，既坚持教师评价、家长评价、学生互评，又尊重学生的自我评价。

6. 管理体系制度化

学校不断探索评价教师立人教育工作的新办法，按照管理育人、教书育人、服务育人的“一岗双责”考核制度，在年度考核时既考查教师的管理、教学和服务工作，又考查教师的育人工作。每年表彰一次立人教育先进处室、年级组和先进个人，每学期表彰一次优秀班主任、任课教师和优秀教育工作者。

第二节　唤醒学生，让读书融进学生的生命

一、晨诵——与黎明共舞

每天早晨15分钟，或齐诵或表演诵，伴着朝阳，琅琅书声自校园中传出，师生在美妙的仪式中共同开启一天的学习生活。六年中，学生大约进行了18 000分钟的晨诵，诵读了300篇以上的经典诗文。晨诵内容分为儿歌诵读、古诗文诵读和现代诗文诵读三部分，学生的生命因诵读而充盈。

（一）晨诵内容——播撒诗意种子

1. 儿歌诵读

儿歌是以儿童为主要接受对象的具有民歌风味的简短诗歌。它是儿童文学最传统、最基本的体裁形式，对儿童的作用就像游戏一样，使儿童在愉悦的氛围中受到文学的熏陶。诵读儿歌，可以培养儿童的语感，激发儿童的想象力，开启儿童的心灵之窗。为此，学校把儿歌纳入晨诵课程。

一年级四班的于老师就曾经和孩子们一起赏读儿歌《下雨啦》："小雨点，落下来，荷叶伞，张开来，小青蛙，跳出来，小金鱼，游过来，快快活活躲到伞下来。"先是让孩子们初读儿歌，初步感受儿歌的内容；然后让孩子们边听范读边想象画面；接着让孩子们感受儿歌的韵律、节奏，读好"落下来""张开来""跳出来"等词语，加强对孩子们的朗读指导。在悠扬的音乐声中，孩子们边表演边诵读儿歌全文。孩子们在渐入佳境的诵读中感悟到了儿歌的意境，对儿歌的那份热爱在绘声绘色的表演诵中体现得淋漓尽致：或用小手做出下雨的动作，诵出"小雨点，落下来"；或模仿荷叶的样子，小脑袋钻到下面，诵出"荷叶伞，张开来"；或像只可爱的青蛙，呱呱地叫着跳出来，诵出"小青蛙，跳出来"；或把小手当成鱼尾巴，诵出"小金鱼，游过来"……孩子们快活地做着一个个动作，儿歌的诵读也因此变得轻松愉悦了！

2. 古诗文诵读

古诗文是中国古典文学的精髓，是中华传统文化的重要载体。为了弘扬中华优秀传统文化，我们开设了古诗文诵读课程，读唐诗、吟宋词、诵古文，帮助学生通过经典古诗文认识自然世界，厚植人文积淀，培养他们对中华优秀传统文化的热爱。

常老师指导孩子们诵读李白的《山中问答》："问余何意栖碧山，笑而不答心自闲。桃花流水窅然去，别有天地非人间。"孩子们齐读一遍之后，常老师笑着问："杨泽同啊，

问余何意著文章？”杨泽同笑盈盈地看着老师，不答。于是孩子们一起朗诵：“笑而不答心自闲。桃花流水窅然去，别有天地非人间。”常老师接着问另一个孩子：“刘心雨啊，问余何意读诗书？”那个叫刘心雨的孩子也笑盈盈地，不答。于是孩子们一起朗诵：“笑而不答心自闲。桃花流水窅然去，别有天地非人间。”

呵，真是有趣啊！几遍下来，一切都在问答之中了。李白的这首诗歌里的旷达，就这样根植在孩子们心里了。

3. 现代诗文诵读

在现代诗文诵读课程中，学校安排了陶冶情操和发展想象力的儿童诗诵读，感受文学之光、培养审美能力的散文诵读，彰显学校特色的双语诵读。通过诵读，学生深入地感受经典的魅力，提升文化素养、审美情趣及语言文字运用能力。

附　《向着明亮那方》晨诵(片段)

一、开启晨诵(全体学生起立)

师：早安，同学们。

生：早安，尹老师。

师：诗歌在黎明开启。

生：希望在清晨放飞。

师：我们一路追寻。

生：我们一路收获。

师：在这最美的一天，让我们用最美的语言，用最动听的声音——

生：与黎明共舞，迎接新的一天！

师：同学们，让我们调整好呼吸，用最动听的声音一起来复习我们学过的《我和小鸟和铃铛》吧！

师生配乐共同朗诵儿童诗。

二、配乐学习诗朗诵《向着明亮那方》

师：今天，我们再来看看金子美玲的这首《向着明亮那方》给我们带来了什么。

教师范读。

……

师：同学们，你们知道吗？这首诗被谱上了曲子，非常好听，课后大家可以找来听一听。同学们，明亮那方是希望，是美好的理想，老师相信你们永远都会向着明亮那方前进，你们的明天会更美好！让我们一起在音乐声中齐诵这首诗吧！

（二）晨诵实施——诵读经典诗文

1. 学校整体规划

（1）编写晨诵教材。

为保证晨诵课程的有效实施，学校遵循学生的认知规律，坚持当代文化与传统文化相结合，课内与课外相结合，创新性与实践性相结合，知识性与趣味性相结合的原则，编写了晨诵教材。每个年级一个主题：一年级“小种子在萌发”，二年级“小苗在成长”，三年级“做一片美的叶子”，四年级“花瓣飘香”，五年级“生命的四季”，六年级“参天大树”。我们力求循序渐进，螺旋式上升。

（2）制定评价标准。

学校遵循“三重一主”的评价原则对晨诵课程实施评价，即重过程、重激励、重发展，倡导学生自主参与。以过程促发展，搭建起多元的展示平台，调动学生展示交流的积极性，把评价分散到诵读的过程中，引领学生在诵读中积累知识、陶冶情操、厚植底蕴。

2.级部系统推进

同级部的语文教师在学校整体规划的基础上，通过集体备课，对本年级的晨诵内容做好规划，契合实际，不断推进。

（1）规划好主题。

每月一个主题，如：走过四季、深厚友情、山水田园、大漠边塞等。

（2）确定好内容。

根据每月的主题定好晨诵内容。

（3）商量好策略。

根据晨诵的内容，商量好指导策略。

（4）准备好资源。

搜集与晨诵相关的音乐、视频、图片等。

（5）选定好方式。

根据晨诵的内容，定好晨诵的形式，如表演唱、吟诵、朗读、快板等。

3. 班级人人过关

各班级在同年级集体备课的基础上，落实好本班的晨诵课程。

（1）晨诵时，教师与学生或读或诵或演或唱或编或创，通过多种形式学习诗歌、感受诗歌、理解诗歌，每周诵诗，人人过关。

（2）班级每学期组织一次晨诵课程展示活动，人人参与，展示诵读成果。

（3）班级成立诵读社团，引导学生积极参与学校的各种诵读活动，展示学生“腹有诗书气自华”的独特风采。

晨诵，有诗的情绪，有乐的灵动，有诵的生命。师生与黎明共舞，感动于花开花落，沉浸于琅琅书声。像沈从文说的那样，于清晨寂静之时听着鸟鸣，灵感的花朵自由绽放。

二、午读——与经典相伴

每天中午 20 分钟，师生在共读或个性化阅读中惬意度过。他们与古人对话，与智者对话，同作家交流，与经典相伴。午读的核心内容，是给每个阶段的儿童挑选适合他们年龄特点的图书，选择合适的阅读方式，借助经典的力量，让儿童的心灵丰富起来，为儿童一生的幸福奠基。

（一）午读内容——走进经典王国

午读书目以部编版教材的推荐阅读书目为核心，根据学生的年龄特点和成长需要，为他们选择经典书籍，包括绘本、童话、寓言、科普、名人传记、历史故事等。不同年级的阅读内容呈阶梯式递进，学生在童年的特定时期都能读到他们最适宜读的书。

（二）午读实施——浸润书香童年

每天中午 20 分钟，教师和学生一起阅读，既给学生树立了榜样，也对学生进行了适当指导，同时营造了良好的阅读氛围，使学生安心阅读、学会阅读、爱上阅读，在书香中快乐成长。

1. 共读

共读是班级阅读的主要方式。低年级的班级共读主要以读、写、绘为主。学生通过读、写、绘，提高了阅读能力、创造力、想象力和语言表达能力。到了中年级，读、写、绘开始从学生的阅读中淡出，转而以文字为主，加大对整本书的主题探讨。在高年级，共读方式以交流为主，加大自由阅读数量，拓宽学生的阅读视野，将阅读与儿童文学创作相结合。

附 周一至周三共读推荐书目

一年级:《我爱一年级》《吃书的狐狸》《一年级大个子二年级小个子》《我的第一本安全护照》《儿童哲学智慧书》《时间的故事》《狐狸爸爸鸭儿子》《长大做个好爷爷》《神奇种子店》《读读童谣和儿歌》《小巴掌童话》《逃家小兔》《小刺猬理发》《金波四季童话》《我有友情要出租》《驴小弟变石头》。

二年级:《青蛙和蟾蜍》《中国记忆·传统节日》《快乐青蛙阔嘴儿》《爱书的孩子》《电话里的童话》《尼尔斯骑鹅旅行记》《原野日记》《鱼儿会不会微笑》《神笔马良》《七色花》《一起长大的玩具》《愿望的实现》《鄂温克的驼鹿》《不可思议的旅程》《红鞋子》《花婆婆》。

三年级:《安徒生童话》《稻草人》《格林童话全集》《夏洛的网》《绿野仙踪》《宝葫芦的秘密》《中国古代寓言》《伊索寓言》《窗边的小豆豆》《去年的树》《汉字王国》《皮皮鲁和鲁西西》。

四年级:《中国古代神话》《昆虫记》《林汉达讲中国历史故事》《森林报》《世界经典神话与传说故事》《总有一天会长大》《草原上的小木屋》《希腊神话故事》《丰子恺儿童文学全集》《十万个为什么》《灰尘的旅行》《看看我们的地球》《宝船》《柳林风声》。

五年级:《中国民间故事》《一千零一夜》《海底两万里》《列那狐的故事》《桂花雨》《斑羚飞渡》《冯骥才散文精选》《西游记》《三国演义》《呼兰河传》《水浒传》《红楼梦》《俗世奇人》《城南旧事》。

六年级:《童年》《故宫院长说故宫》《爱的教育》《小英雄雨来》《老人与海》《国家宝藏》《鲁滨逊漂流记》《骑鹅旅行记》《汤姆·索亚历险记》《爱丽丝漫游奇境记》《朱自清散文集》《格列佛游记》。

2. 个性化阅读

无论是班级共读还是亲子共读，最终的目的都是给学生的个性化阅读打下坚实的基础。在共读中，学生学会了阅读的方法，提高了阅读能力，为个性化阅读打好了基础。为了更好地阅读、反思，学校设计了精美实用的午读记录本。每读一本书，学生都会把书中优美的句子以及读后的感受整理到午读记录本中。通过学生的午读记录，教师能够掌握他们阅读的内容和效果，从而指导学生的个性化阅读。

附 周四至周五个性化阅读推荐书目

一年级:《小莲的花草四季》《我爱一年级》《吃书的狐狸》《一年级大个子二年级小个子》《我的第一本安全护照》《儿童哲学智慧书》《时间的故事》《蛤蟆爷爷的秘诀》《彼得兔的故事》《跑跑镇》《大脚丫跳芭蕾》《月光下的肚肚狼》《菲菲生气了》《石头汤》。

二年级:《红鞋子》、《青蛙和蟾蜍》、《中国记忆 • 传统节日》、《快乐青蛙阔嘴儿》、《爱书的孩子》、《电话里的童话》、《我和小姐姐克拉拉》、《原野日记》、《神奇校车》(图画书版)、《晴朗的一天》、《外婆住在香水村》、《安的种子》、《獾的礼物》、《一粒种子的旅行》、《文字的奥秘》、《我的爸爸叫焦尼》。

三年级:《了不起的狐狸爸爸》《字的童话》《亲爱的世界,你好呀》《说岳故事》《吹小号的天鹅》《查理和巧克力工厂》《小狐狸阿权》《小水的除夕》《苹果树上的外婆》《故宫里的大怪兽》《大林和小林》《影响孩子一生的世界大科学家》《讲给孩子的中国大自然》《我与世界面对面》《我是数学迷绘本故事》。

四年级:《漫画成语》、《吹牛大王历险记》、《狼王梦》、《一百条裙子》、《我的课外观察日记》、《生命的故事》、《图说中国节》、《动物素描》、《讲给孩子的中国地理》、《时代广场的蟋蟀》、《博物馆里的中国》、《彼得 • 潘》、《汉声数学图画书》、《哇!科学好简单》、《这就是二十四节气》(春、夏)、《爸爸的 16 封信》、《蓝色的海豚岛》。

五年级:《写给孩子的中国寓言故事》《孙子兵法•三十六计》《第三军团》《安妮日记》《居里夫人的故事》《科学家工作大揭秘》《秘密花园》《春秋故事》《新月集》《地心游记》《战马》《画说汉字》《金银岛》《男生贾里》《女生贾梅》《我的第一本地理启蒙书》《一片叶子落下来》。

六年级:《悲惨世界》《狼图腾》《狼獾河》《诺贝尔奖获得者与儿童的对话》《毛泽东传》《我与地坛》《上下五千年》《非凡十二岁》《爱德华的奇妙之旅》《居里夫人自传》《少年读史记》《林清玄散文精选》《张晓风散文精选》《生命的故事》。

下面是一篇学生的读书感悟:

不怕困难,勇攀高峰——读《登山人》有感

双语小学 603 班　王梓航

最近我读了一本好书——《登山人》。主要内容是:有三个人一起去登山。第一个人刚走了几步,就感到山势险峻,不好攀登,便退了下来;第二个人登到半山腰时气喘吁吁,大汗淋漓,他望了望那陡峻的山势,便半途而返;第三个人勇敢地攀登,知难而进,越挫越勇,几次跌倒,几次爬起,从没想过退缩,终于登上了峰顶。

读完这本书,我陷入了沉思。三个人的登山过程是不同的,结果也是不同的,三者对比,告诉我做任何事情只有坚持不懈,不怕困难,才能收获成功的果实和喜悦。遇到困难就找借口不战而退,是不会有美好的结果的。在前进的道路上,只有意志坚定、勇于战胜困难、坚持不懈的人才能取得胜利。

在我们的生活中,战胜困难、取得成功的人也有许多。海伦•凯勒虽双目失明,却不怕困难、意志坚定,克服种种常人无法想象的困难,最终取得了成功。张海迪虽高位截瘫,却依然坚强不屈,在轮椅上奋斗,不知比常人要多付出多少倍的努力,那是何等困难

啊！然而，她没有向命运低头，也没有向困难认输，而是自强自立、勇往直前，终于获得了成功。这些人不都是通过坚持不懈地奋斗才一步步登上了胜利的高山吗？

再想想我们的学习，只有不断努力，坚持不懈，克服种种难题，才能取得好成绩。如果遇到难题就想着放弃，那是不可能成功的。

读了这本书，我懂得了要想攀登成功的高峰，就必须坚持不懈，战胜一个又一个困难，这样才能取得胜利！

三、暮省——与心灵对话

每天下午放学前十几分钟，学生与心灵对话，反省自己一天的生活，培养“吾日三省吾身”的好习惯，并在反思中发现不足、吸取教训、总结经验、不断进步。

（一）暮省内容——连接当下生活

暮省，有时是一个隆重的仪式，有时是随笔、日记等形式的真情表达。暮省主要包括个人暮省、班级暮省、学校暮省和家庭暮省。不管何种形式的暮省，都与学生当下的生活相联系，都是为了学生更好地成长。

（二）暮省实施——对话心灵世界

1. 个人暮省

儿童的内心世界是丰富多彩的，但快节奏的学习生活，让学生忙碌得无暇休息。通过暮省，与自己来一次心灵对话，沉淀一下，用文字记录自己每天的心得，在反思中不断进步。下面是一篇学生的暮省感悟：

妈妈，我爱您

亲爱的妈妈：

您好！

今天是您38岁的生日，作为女儿，有太多话想跟您说，不知如何开口，就写在日记里，作为礼物送给您。

“妈妈”是这个世界上最美好的称呼，从我出生的那一刻起，您就对我倾注了无私的爱。失意时的几句开导、骄傲时的一句提醒、疲劳时的一杯热牛奶……都饱含着您对我的爱。妈妈，我有许多话想对您说。

记得有一次，老师说周五要进行大队部的换届选举，想要参加的同学回去好好准备，并且把具体内容发在了微信群里。回家后您问我：“你想不想参加换届选举呢？”我当时担心报名后选不上，丢面子，便说：“我不想参加，因为报名的人太多了，我没有把握。”您对我说：“妈妈相信你努力尝试一定可以的，即使失败了，也是一次很好的锻炼机会，重在参与嘛。”接着您又说：“不过，妈妈尊重你的意见，参不参加都可以。你做任何决定，妈妈都支持你。”我听了您的话很感动，您的鼓励让我重拾了信心，于是我积极地准备起来。可是当我写完竞选稿，背诵时却出现了问题。我不是这一句说错了就是那一句没背过，特别不熟练，我再一次气馁了。但是您一直在旁边鼓励我、帮助我，并把我不熟练的部分换成了更简洁的句子，方便我记忆。一遍又一遍，终于在您的陪伴和鼓励下，我阳光、自信地进入赛场，收获了成功与喜悦。

正是您的一句句“你可以”“加油”等鼓励的话语，让我在气馁时重拾勇气。您如一盏指明灯，照亮了我迷茫的道路；您是黑暗中的光明，让我在想要放弃时重拾自信。不管我开心或不开心，您总是陪伴着我。谢谢您，妈妈！您辛苦了，我永远爱您！

祝您身体健康，天天快乐！

您的女儿：樊泽渔

2020 年 11 月 28 日

2. 班级暮省

班级暮省在各班教室内进行，分为三个步骤：首先让学生静下来，反思一天的学校生活；接下来根据当天班级生活的实际，教师或小组代表轮流有针对性地讲一则经典故事，启迪学生改进自我；最后学生将自己的收获用文字记录下来。教师批阅时，用文字进行评价和引导。通过班级暮省，教师走进了儿童的内心世界，引领儿童走向自主与成熟。

如在母亲节到来时，赵晓老师给孩子们讲述了《第 100 个客人》的故事：

路边有个小吃店，牛肉面特别有名。一天晚上，客人都已经散去，老板正要喘口气的时候，有人走了进来，那是一个中年女子和两个孩子。三个人坐了下来，问：“牛肉面多少钱一碗？”母亲拿出钱袋，数了数钱，买了一碗牛肉面。热气腾腾的牛肉面上来了，两个孩子不住地咽口水。母亲又要了一个空碗，把牛肉面分成两份，推到孩子们面前。

孩子们望着妈妈，轻声地说：“妈妈，您真的吃过晚饭了吗？”“当然了，快吃吧！”一晃眼的工夫，孩子们就把一碗饭吃了个精光。可是他们没有发现，妈妈悄悄地把一块馒头放进嘴里，慢慢地嚼着。

老板看到了这一幕，把柜台下面的一块牌子拿了出来，擦干净挂好。妈妈过来结账，老板指着牌子对她说：“太太，恭喜您！您今天运气真好，是我们的第 100 个客人，所以免费。”母亲谢过老板之后，领着孩子走了，两个孩子不时地回头看那块牌子。

过了很久，老板渐渐地忘了这件事。

一天，下着雨，直到晚上客人也不是很多。两个孩子蹲在小吃店对面的地上好像在数什么东西，使得无意望向窗外的老板吓了一跳。

老板走出去，看到孩子们一脸的沮丧，便问：“你们怎么了？”

“今天是妈妈的生日，我们以为有优惠。”孩子声音很小，“所以想当第 100 个客人，请妈妈吃牛肉面，可是现在发现没有牌子了！”

老板连忙说："今天是最后一天优惠呢，快去找你妈妈来！"

"我去，你留下来数人数。"大一点的孩子转身跑了，老板这才看见孩子手中拿着一张纸和一支笔，上面写着的数字已经是90了。老板把孩子领进饭店，让他给妈妈占个座位，又急忙把优惠的牌子拿出来。老板在心里帮孩子数着客人，到99了，孩子的脸一直朝着门口的方向。老板走出饭店，看见有人要进来吃饭，就抱歉地对他说已经打烊了。终于，大一点的孩子领着妈妈来了。两个男孩一脸的骄傲，指着牌子说："妈妈，今天我们请客。我们等到了第100个呢！"

牛肉面上来了，妈妈对孩子们说："一起吃吧！""不，妈妈，我们一点都不饿，这一次换我们请客了。"小男孩有些得意地说。而孩子们就像妈妈之前一样，偷偷地把一块馒头塞到嘴里，慢慢地嚼着。老板又一次看见了这一幕，不禁流泪了！

故事讲完了，孩子们纷纷走上讲台，谈自己听后的感受和母亲节的打算。在母亲节那天，孩子们都用行动表达了自己对妈妈的爱：为妈妈捶捶背、洗一次脚，帮助妈妈整理家务，做一些力所能及的事情……母爱的伟大在于深沉、无形，只能在时光的流转中，一点点地慢慢体悟与感受。在今后的生活中，我们的孩子必将会更细心地去感受母爱，回报母爱。

3. 学校暮省

学校暮省在操场或悦动馆进行，每月一次，由各班级轮流承办。全校师生聚在一起，回顾自己一个月以来的学校生活，聆听充满哲理的故事，反思自我表现，找到成长的方向，相互行礼致谢，满怀憧憬地结束一个月的学习。

比如，让孩子们闭上眼睛，静下心来，问自己："见到老师我主动问好了吗？上课时有没有积极地回答老师提出的问题？这一个月中我做得最好的一件事是什么？"内心的反思和心灵的启迪之后，是讲故事环节，所讲的故事具有针对性和启发性，其主题和暮省主题相一致。故事是美妙的，其作用是巨大的，比说教更能打动孩子们的心灵。故事讲完后教师提出希望，然后师生互致感谢。这一隆重、庄严的场面，是整个暮省仪式的高潮，每每看到这样的场景，都会让人内心泛起涟漪。

双语小学501班的孩子们曾给大家带来一次别开生面的暮省仪式：

主持甲：礼仪是文明的使者，是金色的种子。

主持乙：做一个文明的好少年，是我们共同的心愿。

主持甲：今天，就让我们一起搭乘文明航班，遨游文明的世界！

主持甲（机长）：各位乘客，大家好！欢迎乘坐文明航班！今天我们将带大家开启一场文明之旅，祝大家旅途愉快！

主持乙：为了今天的旅途，我们班做了精心的准备，相信大家今天一定可以大饱眼福。

主持乙：我们中华民族素有礼仪之邦的美称，礼仪是中华文明重要的组成部分，让我们一起随航班来到古代的中国，请听《新三字经》。

为人子　方少时　尊长辈　习礼仪　能温席　小黄香

爱父母　意深长　能让梨　小孔融　手足谊　记心中

孝与悌　须继承　长与幼　骨肉亲　亲养儿　多苦辛

报春晖　寸草心　亲有教　儿恭听　做错事　继改正

家务事　乐承担　洗碗筷　扫门庭　家爱我　我爱家

推此心　爱中华

主持甲：黄香温席、孔融让梨、程门立雪，一个又一个的故事如一颗颗璀璨的星星闪闪发光。身为二十一世纪的接班人，我们怎么能落后呢？让我们一起从校园礼仪开始吧！请大家欣赏三句半——《校园礼仪》。

我们四人台上站，要把礼仪常规谈，大家别嫌咱啰唆，看、看、看！

穿戴干净又整齐，拉链纽扣要系好，领巾标志天天戴，讲仪表！

校园内外不乱跑，自觉排队往右靠，危险游戏不要做，别忘掉！

自尊自爱重仪表，诚实守信讲礼貌，遵规守纪勤学习，要记牢！

天天来把卫生搞，贵在保持习惯好，遇到废纸不放过，重环保！

预备铃响进教室，课本文具摆放好，不吵不闹坐端正，妙、妙、妙！

升旗仪式要肃立，高唱国歌要整齐，校训呼号要响亮，要有力！

同学之间要友爱，互帮互助树新风，不打架来不骂人，讲文明！

校园礼仪搞得好，好人好事真不少，礼仪少年在哪里，瞧、瞧、瞧！

……

4. 家庭暮省

家庭暮省在亲子间进行，时间自选，时长自定。学生在家长的引导下，回忆近段时间的学习内容、读过的书、去过的地方、见过的事物、遇到的人、有感触的事等，家长根据学生学段的不同和个体的差异，选择适合的方式进行记录。学校特别倡导亲子共读写等方式，实现共读、共写、共同成长。

孩子在学校接受心灵的洗礼后，回到家把故事讲给家长听的时候，也让家长的心变得柔软起来。

一年级学生彭欣悦的妈妈写道：

今天下午放学后，孩子说要给我们讲故事，我们说好吧。她讲得不是很清楚，就拿出了一份印着故事的纸。我一下子感动了，老师这么忙，竟把故事打印出来分发给每一个学生。于是我就给孩子读了一遍，向她提出了三个问题。她说胖哥相信了伊莱的话，也相信自己，灰点点就掉下来了。我趁机表扬她说：“彭欣悦真聪明，什么事都能自己认真、独立地完成。”今天晚上，孩子就自己拿出作业条，对我说要多写几遍，一直到写好才行。从前都是我们催着她写作业，而今晚是她主动地认真写作业，写完了还教我做了一会儿体操。临睡前她主动去刷了牙，这在以前是没有的。老师对孩子奉献了如此深的爱，我作为母亲真的自愧不如。但是，值得欣慰的是，我给孩子选择了一所这么好的学校。以后我会努力的！

是啊，我们对孩子付出了如此深的爱，怎能不让家长们感动？

四、阅读课——与书香同行

双语小学所有学科的教师在自己的课堂上都适时地向学生推荐或指导学生阅读与本学科相关的书籍，其目的一方面是拓宽学生的学科视野，另一方面是通过指导学生阅读学科书籍，引导学生养成自主拓展课外阅读的习惯。

为了保证班级共读的效果，学校安排了专门的阅读课，一般以导读课、推进课和主题探讨课的形式展开。导读课旨在激发学生阅读整本书的兴趣；推进课是在学生读书的过程中，教师开展人物分析、分章节探讨、读书调查等活动，持续推进学生的深层次阅读；主题探讨课是按主题进行阅读并回顾、总结、提升，深入探讨阅读内容并与学生当下的生命体验相结合。导读课、推进课、主题探讨课遵循了阶梯式的原则，引导学生由表及里、由浅入深，渐渐地走进书中，实现与文本、人物及自我的深层对话，培养学生的阅读、思考、表达能力，让经典融入学生的生命成长。

（一）导读课，循循善诱激兴趣

导读课作为阅读课的基础，显得尤为重要。共读时，教师是导读者，导读方法可以灵活多样。因此上导读课前教师要仔细研读整本书，从众多的头绪中找到最适宜的导读切入点和导读方法。

导读课要做到：

（1）让学生带着阅读期待走进故事。激发学生对阅读内容的浓厚兴趣，是所有语文教师最应该聚焦的点。善用阅读期待，让学生怀着悬念走向故事，在阅读过程中始终心存期待，欲罢不能，是让学生爱上阅读的绝佳途径。导读时可以从整个故事中抽取精彩的高潮部分作为引子，激发学生的阅读兴趣；也可以从整个故事的开头入手，讲述其中的一小部分，设置悬念并搁置起来，欲知后情，自主阅读。总之导读课的内容选择比较灵活，处理得好才能令人向往，余味无穷。

（2）让学生带着生活经验走进故事。在集体研讨的基础上，每个语文教师一年下来都要上十几节导读课，每节导读课都是伴随着教师为孩子们精心选择的共读书籍展开的。教师根据书籍的不同特点，确定导读课的上法。有的书籍背景比较深奥，可以分章节进行导读；有的书籍内容比较容易理解，可在课前以激发学生的阅读兴趣为目的进行导读。尽量联系学生的生活经验，是引发兴趣的基本思路。

导读课为学生的阅读开启了一扇窗，窗外的无限风光等待着他们用自己的眼睛去发现，去捕捉。

附　《一百条裙子》导读课

一、谈话导入，图片激趣

古人说："问渠那得清如许？为有源头活水来。"读书不仅使人明智，更是一种幸福。相信你在书中一定也得到过许多乐趣。你最喜欢哪本书？这本书最吸引你的是哪个部分？

（用课件播放裙子画作的视频）

今天，在正式上课之前，老师想先和同学们一起欣赏一些美丽的画作，让我们一起来看一看吧！这些画作全部都是关于（生齐答：裙子），是的，全都是关于裙子的。

（板书：裙子）

我来采访一下女孩子们，你们有多少条裙子？（生答）

有一个小女孩呀，她拥有一百条裙子。（板书：一百条）

二、阅读封面，了解背景

当我们拿到一本书的时候，我们首先会看到这本书的封面。从封面你可以了解到哪些信息？观察插图，你有哪些疑问？

三、品读语段，初识人物

翻开书，我们可以看到这本书中有三个主要人物，她们是玛蒂埃、佩琪和旺达。看来这本书和女孩子有关，那她们三个谁会拥有一百条裙子呢？我们一起来读读书中对这三个人物的描写，同时猜一猜她们当中谁可能拥有一百条裙子。（板书：猜测）

聚焦第一个人物：玛蒂埃。

佩琪会问她，她身上的那条裙子是从哪儿来的。玛蒂埃则只能坦白，那是佩琪的一件旧裙子。为了不让十三班的同学们认出来，玛蒂埃的妈妈想办法缝补上一些新花边来做掩饰。（在黑板上贴玛蒂埃的插图）

聚焦第二个人物：佩琪。

佩琪是学校里最受人喜欢的女孩子——她美丽大方，有许多好看的衣服，还留着一头褐色的卷发。玛蒂埃是她最要好的朋友。（贴佩琪的插图）

聚焦第三个人物：旺达。

旺达没有什么朋友，无论是上学还是回家，她都独来独往。她经常穿一件褪了色的、晾得走了形的蓝裙子。尽管裙子很干净，但一看就知道从来没有好好地熨烫过。（贴旺达的插图）

现在你觉得谁会拥有一百条裙子呢？

让我们到书中的故事情节里去寻找答案吧！（板书：验证）

（二）推进课，层层突破探究竟

推进课是根据故事情节的发展，设计相应的问题，帮助学生细读、读通、读透整个故事。可以在学生自读了一本书之后，教师与他们利用三天到一周的时间，再把这本书共读一遍。这一遍共读时，教师要引导学生把故事的某些地方进行细致的朗读或者复述，并与自己的实际生活经验相联系。

低年级、中年级的推进课，可以大声地朗读故事，也可以结合游戏，采用多种形式复述故事。高年级是分章节阅读。无论哪种方式，都是为了把阅读引向深入，并借此提升学生听、说、读、思的素养。各个章节设计的问题，有的是为了促进学生对故事情节的关注与熟悉，有的则是为了促进学生对故事中隐含的主题进行深层思考。在共读的推进过程中，教师要始终关注学生的阅读进程。推进课可能是一次、两次，也可能是很多次。有时候是关于某一个人物的交流，有时候是关于某一个情节的交流，完全根据学生阅读的实际情况来调整，教师要把握好阅读的时间与节奏。在这期间，故事主题会以多种形式被反复提及，但推进课的讨论与最后的讨论是不同的，这时候并不要求对话题做详细的回答，可以只在书上写写画画，做点记号，甚至只记下页码，为后面的讨论做准备。另外，还有很多的好办法，如制作书签、绘制读书小报、设计读书卡等。

附　《一百条裙子》推进课（片段）

一、导入课题

通过读书，你对文中的主人公了解多少呢？下面就让我来考考你！请你根据老师提供的关键词，猜猜她们都是谁。

1. 波兰人　名字长且奇怪　没有什么朋友　褪了色的蓝裙子　绘画比赛一等奖（旺达）

2. 也是个穷孩子　置身其中却无能为力　害怕被别人捉弄（玛蒂埃）

3. 最受欢迎的女孩　恶作剧的挑头人　爱拿旺达开玩笑（佩琪）

4. 十三班的教师　戴一副眼镜　旺达很喜欢她（梅森老师）

二、我是小判官

看来，对于故事人物，大家已经熟记于心了。但是对于故事，还需要大家做出正确的判断。请你读句子，告诉大家对与错。

1. 旺达·佩特罗斯基没有朋友，大家都不喜欢她。（√）

2. 旺达、佩琪、玛蒂埃她们每天都穿着漂亮的裙子去上学。（×）

3. 当佩琪一遍又一遍地问旺达的“一百条裙子”的时候，玛蒂埃会觉得很尴尬，因为她也没有新裙子，她也是个穷孩子。（√）

4. 当佩琪和玛蒂埃知道旺达转学了，她们决定一起去旺达家找她。（√）

5. 旺达真的有一百条裙子和六十双鞋子。（×）

6. 旺达最终原谅了佩琪和玛蒂埃。（√）

对于刚刚的旺达是否原谅了佩琪和玛蒂埃这个问题，有的同学通过一封信，认为旺达原谅了玛蒂埃，那让我们齐读一下这封信，好吗？（齐读）

同学们，旺达的一百条裙子究竟是怎样的一百条裙子呢？我们一同去欣赏吧！

引用原文：就在走进教室的那一瞬间，眼前的情景不禁让她俩惊呆了，她们倒吸一口气——教室里到处挂满了图画，在每个窗台上，在黑板上方的空白墙壁上，甚至把墙上的评比表都覆盖住了。每幅画都有着令人炫目的颜色和极度华美的设计，而且全部都画在大幅的包装纸上。足有一百幅那么多，全都整齐地、一排排地贴在墙上。

（个别读，指导朗读：先抓住关键词，再通过重读或语音语调的变化进行强调说明，当然，也要善于想象画面。）

三、设置悬念，推进阅读

同学们，是谁画出了如此精美的图画？《一百条裙子》已经读完了，旺达在你们心目中的形象有变化吗？她的变化是什么？

孩子们，所有主人公的变化都是因为一百条裙子。你们认为，“一百条裙子”除了指获一等奖的那些作品以外，有没有什么别的含义？请带着这个问题继续深入阅读。

（三）主题探讨课，津津乐道共成长

主题探讨课是整本书阅读中必不可少的一环。学生经过了近一个月的自由阅读，这时候他们的阅读是否已完成，答案是不确定的。这时，教师要引导学生对阅读进行一次总结性的梳理，探究人物的心灵世界，把握文本的思想内涵，把阅读引向深处。

主题探讨课要注意以下四点：

（1）对整本书的阅读进行回顾、总结、升华。

（2）根据学生的年龄特点及阅读理解能力，灵活地选择汇报交流的形式。

（3）让学生看得到自己的成果（表演获得掌声、照片发到班级群中、随笔贴在墙上、获得一张悦读之星奖状等）。

（4）主题突出，不是重复地讲故事，而是联系生活实际，不断向前推进。

附　《一百条裙子》主题探讨课（片段）

一、问题篇——善意还是恶意

同学们，我们在阅读中感受快乐，更要在阅读中反思、成长。在《一百条裙子》这本书中，旺达通过绘画的方式实现了拥有一百条裙子的梦想，让我们刮目相看。文中的佩琪和玛蒂埃，你认为她们的所作所为是善意的还是恶意的呢？结合自己的交流单，请同

学们各抒己见。当然，也可以根据他人的观点进行辩论。

1. 学生辩论交流。

同学们，善意和恶意本来就没有明确的界限。在很多情况下，人们的恶意并不是本意，只要人人都有一颗向善的心，生活就会很美好！

2. 总结人物特点。

旺达：拥有美好的愿望、善良美丽的心灵、丰富的创造力和想象力。

佩琪：大方、大度、勇敢、知错就改。

玛蒂埃：能反思与忏悔，能鼓足勇气做出艰难的决定。

同学们，旺达，一个以这样的方式和水准画出了自己愿望的人，她的愿望一定能实现。拥有一百条裙子，就意味着拥有美丽的心灵、善良的品质，拥有想象力和创造力，拥有描绘明天的能力。谁在坚持梦想，谁就能梦想成真；谁能不懈地追寻理想，谁就能不断地实现理想。每一个生命都是平等的，都是应该被尊重的。关于友情，你从书中收获了什么？

二、反思篇——成长加油站

同学们，《一百条裙子》是一本小说，主人公旺达一直没有和我们正面接触。在作者淡淡的叙述中，在对玛蒂埃细腻的心理描述中，旺达的形象逐渐丰满起来。我们追随着玛蒂埃“关切”的目光，玛蒂埃的心路历程，见到了一个真实的旺达……你从旺达身上学到了什么？

五、书香社团——让精彩闪光

（一）美文悦赏社团

该社团重在让学生欣赏美文、品读美文，引导学生自主地去感悟语言美，指导学生在掌握赏析方法的同时，不断提高阅读能力、理解能力和鉴赏能力，从而引导学生好读书、读好书、读整本书，在书的海洋中快乐地遨游。

附　青岛西海岸新区双语小学美文悦赏社团实施方案

一、指导思想

让学生在读书实践活动中陶冶情操、获取真知、树立理想，让书籍丰富他们的知识，开阔他们的视野，活跃他们的思维，使他们真正体验“我读书，我快乐”！

二、活动目标

1. 激发孩子的阅读兴趣，让孩子喜欢读书，和书成为好朋友，让书成为学生的终身伴侣。

2. 引导学生诵读经典美文，积累优秀诗文，有了较丰富的生活积累之后，形成良好的语感。

3. 使学生能初步理解、鉴赏文学作品，受到高尚情操与趣味的熏陶，丰富精神世界，提高语文综合素养。

4. 让学生在积累知识的同时，提高写作能力。

三、活动形式

本社团将进行丰富多彩的阅读活动，利用每天的规定时间，到规定的阅览室阅读课外书。以文学作品欣赏和点评为主要内容，要求社团成员写读书笔记和心得体会，并定时地开展交流活动，评选优秀笔记，组织各种赛事，鼓励学生积极参加。

四、活动安排

九月

第一周：招募社团成员，建立社团花名册

第二周：阅读赏析经典推荐

第三周：交流心得、朗诵诗歌

第四周：尝试创作笔会

十月（山水散文专题）

第一周：寻找秋天，亲近自然

第二周：学生作品交流、评析

第三周：山水小散文欣赏，经典推荐

第四周：再次创作，交流心得

十一月（与名人面对面）

第一周：名人故事

第二周：与作家面对面——观看视频资料：讲座

第三周：小记者行动

第四周：交流心得

十二月（童话专题）

第一周：名著导读、赏析，推荐书目

第二周：读书交流会——我最喜欢的一本童话故事书

第三周：创作实践

第四周：展示交流活动

其间定期的工作有：要求学生每两个星期看一本课外读物，写读书笔记；组织各类竞赛，激发学生的兴趣；对于优秀作品，积极向报刊社投稿，并且及时地在学校网站上发表。

青岛西海岸新区双语小学

2022 年 9 月

（二）和悦诵读社团

该社团根据不同年级的实际情况，精挑细选诵读内容。本着循序渐进的原则，教师引导学生熟读成诵，并适当地拓展经典古诗文内容，指导学生提升诵读水平的同时，激发他们学习经典古诗文的兴趣。

附　青岛西海岸新区双语小学“经典古诗文吟诵”课程实施方案

一、指导思想

古诗文是中华民族文化的精华，是中华民族人文精神的结晶。解读、传承经典诗文，可以在孩子的心灵田园里播下一粒粒传统文化的种子，让我们的孩子拥有中国灵魂、民族品格。

二、活动目标

通过开展经典古诗文吟诵活动，培养学生良好的阅读习惯和阅读兴趣，使其开阔视野、增长知识、发展智力、活跃思维、陶冶情操，传承并弘扬中华优秀文化、中华美德，促进学校文化发展，提高办学品位。

三、活动形式

每周四下午开设经典古诗文吟诵选修课，师生集体共读经典、共赏美文、共写佳句，进行经典吟诵、单独背、接龙背、默背等学习活动，为经典诵读拓展更宽的道路。

四、常规要求

每次选修课课前10分钟，开展“课前一吟”活动，做到读而常吟之。学生全员参与。

五、课程安排表

节次	诗词名称	上课时间
1	《江南》	9月27日
2	《渡汉江》	10月11日
3	《宿建德江》	10月18日
4	《鸟鸣涧》	10月25日
5	《独坐敬亭山》	11月1日
6	《诗经·桃夭》第一节	11月8日
7	《诗经·桃夭》第二节	11月15日
8	《诗经·木瓜》第一节	11月22日
9	《诗经·木瓜》第二节	11月29日
10	《声律启蒙·一东》第一节	12月6日
11	《声律启蒙·一东》第二节	12月13日
12	《声律启蒙·五歌》第一节	12月20日

续表

节次	诗词名称	上课时间
13	《声律启蒙·五歌》第二节	12月27日
14	考核准备	次年1月3日
15	考核	次年1月10日

青岛西海岸新区双语小学

2018年9月

（三）悦演童话社团

童话是深受少年儿童喜爱的一种文学形式，是启迪少年儿童智慧的摇篮曲。为了引导学生热爱童话，在快乐的情绪中读童话、写童话，发展他们的想象力和创造力，培养他们的创新精神，给他们一个诗意的童年，一片翱翔的天空，双语小学举办了以“走进童话，书香伴行，快乐读书”为主题的悦演童话社团活动。

悦演童话社团每学期都会结合阅读书目，编排、表演一场童话剧，将阅读所获搬上舞台，变成鲜活的经典。活动内容如下：

（1）改编剧本。

故事是充满幻想色彩的浪漫主义作品，学生在阅读的过程中，会产生自己独特的见解或新的想法。在此基础上，学生对改编剧本非常感兴趣。教师则鼓励学生大胆地想象、创新，启发他们将生活中的一些动作、行为、语言编入剧本，形成他们独创的作品。

（2）竞选角色。

剧本编好后，就开始竞选角色。每次，教师都会组织专门的选拔。从学生准备竞选演说、投票、唱票、计票，再到小评委们的评价、鼓励……强烈的仪式感带给孩子们的体验真切、丰富而深刻。

（3）创意排练。

排练是整个童话剧的重点。从角色分配、练习对白、设计动作、拿捏表情，到练习走位，每一个环节都需要团队成员发挥自己的聪明才智，有创意地去完成，使整个社团形成一个和谐的统一体。

（4）绽放精彩。

表演是综合性的表现形式之一。在表演中，教师是学生表演的引导者，是与学生共同分享的合作者，而学生是真正的主人。他们在表演中娱乐了自我，点燃了想象力，实现了自身成长，绽放了自己的精彩。

附 青岛西海岸新区双语小学悦演童话社团实施方案

一、指导思想

以“走进童话，书香伴行，快乐读书”为主题，按照“全员参与，内容充实，形式多样”的要求，开展以童话为主要内容的相关活动，凸显学生的主体意识，充分启迪学生的智慧，激发学生的阅读兴趣，培养学生的想象力和创造力。

二、活动目标

1. 培养孩子善于用感情、动作来表现故事内容的能力。

2. 通过表演一些课本剧、小品剧，提高孩子的口头表达能力及表演能力。

3. 让孩子在表演过程中感悟文本的内涵。

4. 培养孩子的自信心。

三、人员组成

社长、社员、指导老师。

四、活动流程

1. 以语文教材、耳熟能详的故事为基础，改编、创作合适的剧本，从中外童话、寓言、故事中选择音乐性较强的原材料进行加工、改编。

2. 采用公平竞争的方式，让每个学生都有机会当主角，当然也要扮演不同的配角或者群众演员。

3. 利用一切有效时间让孩子研读剧本、背熟台词、互相对戏，彩排时进行讨论、完善，最后正式表演。

4. 充分利用多媒体设备进行教学，如制作PPT，播放与剧本相配的音乐。

5. 学生进行学期结束汇报演出。

青岛西海岸新区双语小学

2022年4月

第三节　唤醒教师，让读书成为教师的生活方式

一、读书行政化——让教师爱上读书

专业阅读，是教师专业成长的最佳途径。从教育经典中感受大师境界，从教育专著中汲取教育思想，从教育故事中品读教育真谛，从教育叙事中感悟教育哲理。进行专业阅读，不仅可以拓展教师专业知识的深度和广度，还能够丰富教师的人文素养，帮助教师提升职业素养，生成教育智慧。为更好地帮助教师在专业成长的道路上行稳致远，学校采取行政推动的方式，引领教师把读书变成习惯。

（一）聚力引领成长的干部读书会

作为学校的中流砥柱，干部成长才能引领教师成长。干部不读书，建设书香校园就会成为一句空话。一位不断学习、追求进步的干部，是充满人格魅力的，他在自己领导的团队里势必如鱼得水。为此，学校定期举办干部读书会，引领中层领导在交流中反思，在碰撞中成长。下面我们来欣赏陈艳主任在干部读书会上的发言：

教无止境，学无止境

——《从优秀教师到卓越教师》读书体会

双语小学　陈　艳

假期，与儿子一起看《开门大吉》这个节目，他喜欢猜歌曲时开门的动作，虽然他根本不知道嘉宾要猜的是什么歌曲。一次，要猜的歌曲是刘德华演唱的《你是我的温柔》，儿子说："你是我的妈妈，但你不是我的温柔。"我想小家伙肯定不理解温柔是什么意思。我说温柔就是说话轻轻地，本来还想深入地解释一下，结果他补了一句："妈妈，你就不是我的温柔，你好几次大声吆喝我，吓到我了！"刚开始听到孩子说这话感觉很好笑，还为自己辩解："我吆喝你还不是为了你好。如果你表现很好，我能吆喝你吗？"

可是，当我渐渐地走进《从优秀教师到卓越教师》这本书时，我重新思考儿子说的那句"吓到我了"。为什么在孩子面前控制不了情绪，失去原本的耐心？为什么生活中出现了这么多不耐烦？很明显，自己不经意间将工作状态延伸到家里。结合此书中的每一天的小妙招，我要开始改变，也必须改变。

《从优秀教师到卓越教师》这本书的魅力，我个人认为是不可抵挡的。每天以一个案例的形式提供一个简单易行的教学策略，每一小节都非常具体地写出"请你静心思考""你可以这样做"两个环节。平实的语言分析了我们教学过程中遇到的种种问题，有

些是多年来不断重复，而自己从未有效解决的。此书的细微点拨让我茅塞顿开，它在微笑、常规、目标、心态、问卷等很多方面做了引导，使我受益匪浅。

一、教无止境，学无止境

平时的教学中总会遇到这样的现象：任凭自己在台上撕心裂肺地讲，讲了很多遍，有的学生一节课下来仍旧说不出学习的内容、重点是什么，更别提拓展运用了。读了第十五天的《轻松备课的清单》、第十六天的《巧用专业术语》、第十七天的《让课堂与众不同的小技巧》之后，我才发现问题所在。要想课堂高效，不管你的资历有多深，都要有一个详细而周全的课堂计划，课堂脉络要简洁、清晰。数学本来就是一门严谨的学科，需要老师教会孩子们准确的专业术语，明确一节课的目标是什么，要学会什么知识或者技能，学会怎么解决问题，以及如何去实践和拓展。这正与我校的五步教学法不谋而合，相信每节课把握好尺度，定有很大的收获。

教师在这充满变数、充满活力的教学环境中，必须时刻打起精神，从理想与现实的夹缝中不断寻求一条教育新路，以优雅的谈吐、渊博的学识、成熟的思想去感染学生，以强烈的责任感和正义感去影响学生。第十四天的《“传送信封”的绝招》，我个人称之为“信封效益”；第三十三天的《让学生自己向家长承认错误》以及反复提到的调查问卷，是我目前收获的最大法宝。新学期我将实践学习到的知识，同时也期待我与孩子们的变化。

“问渠那得清如许？为有源头活水来。”只有不断学习，做学习型的教师，不断更新教育理念，不断充实自己、超越自己，才能促进自身专业发展，促使学生不断进步。因为教无止境，学无止境。

二、拥有阳光心态，超越自我

书中第十一天的《给学生两个承诺》和第二十二天的《不要让学生知道你在生气》，反复强调老师必须用冷静、专业的方式处理伤脑筋的事情，不要放任自己的情绪和脾气，要学会克制，否则，学生还是不领情，照样违反纪律，照样欺负你。反思自己平时的教学，确实如此，有时任凭我喊破了嗓子，学生还是不会做我要求的事情，也永远满足不了我的期望，甚至还会不断地激怒我，试探我的底线。轻松愉悦的学习环境更能达到事半功倍的效果。

很喜欢一句话：“无论你走到哪里，无论天气多么坏，记得带上你自己的阳光。”人生有好多无奈，当自己改变不了环境时，可以学着悄悄地改变自己；当自己改变不了现实时，可以试试改变态度；当自己改变不了过去时，可以用改变现在来证明自己。我们不能预知明天，但可以把握今天。新的学期，我要带上自己的阳光，适时地把自己“归零”，调整好心态，学会阳光思维，学会换位思考。只有我们有了健康、积极的心态，我们培养的学生才会幸福、快乐。家庭教育也是如此，让我们成为孩子们的温柔。

正如书上所说，我们不应该仅仅翻完或者读完这本书，而是应该将这本书作为改善和提高教学效率的一个切实可行的工具。请将“让每一位学生都有权接受最具爱心、最具责任感的教育”视为我们教师奋斗的目标和梦想，也愿我们梦想成真。

（二）碰撞思想的教师读书会

教师有深厚的文化底蕴，才能对学生产生更积极的影响。而这种底蕴的形成离不开阅读，离不开专家引领和自身努力。每个学期之初，学校都会组织教师读书会。大家欢聚一堂，聆听专家智慧，交流假期读书心得，结合自己的工作，为新学期做好规划。以下是薛敏老师在教师读书会上的发言，我们一起来看看。

生活即语文，生活即教育

双语小学　薛　敏

大家好！

我是薛敏，今天要以《生活即语文，生活即教育》为题，和大家分享提高日记写作水平的一些做法。这里面有我的教学亲历，也有我看到的同事们的做法。

“生活即教育”是陶行知先生教育思想的精髓所在，就是给生活以教育，用生活来教育，为学生向前向上的需要而教育。

读了陶行知的《生活即教育》后，我也把语文教育融入学生的生活，通过写日记引导学生用文字、文学知识和技能来记录生活中值得留藏的人、事、情。

下面我从“生活见闻，有感而发”“交流互助，习得方法”“反馈评价，激发自尊”“以爱育爱，亲师信道”四个方面来分享我在教学中是如何践行“生活即教育”的。

一、生活见闻，有感而发

第一，引导学生从生活中取材，“哪些人、事引发了你的感触、思考，就将其写下来”。经常会出现很多学生写同一个人、同一件事的情况，比如他们崇拜的民族英雄、酣畅淋漓的体育课、让他们自豪的升旗仪式等，老师可以通过这些日记全面地了解学生的心思、班级的动态。

第二，引导学生写日记时与所学相结合，比如使用好词佳句，巧妙地进行文章架构。我想重点和大家分享的是，一定要引导学生把日记与习作要求相结合。从学生的成长需要来说，这就是他们这个阶段应该具备的写作能力。比如：写足球赛时用上点面结合的方法，从正面和侧面表现比赛的激烈、队员和观众的紧张；写端午节习俗时用详略结合的方法重点介绍一种习俗，让读者印象深刻；等等。在日记中把这些写作技巧用上，加之老师的批改、建议，学生的写作水平提高得很快。

这样去写日记，能让学生善于发现、善于思考、善于积累、善于表达，也能读写结合，学以致用。

二、交流互助，习得方法

第一，跟同学交流，包括小对子交流、小组交流、全班交流。

这样做的目的是：

小对子交流：保证每个学生的日记都有人读、有人评，优者有人学，差者有人帮。

小组交流：扩大交流范围，推荐小组优秀作品，为全班交流做准备。

全班交流：和老师一起分析优秀日记，为优秀日记锦上添花。

除此之外，我还让好朋友之间自愿互换日记。我们班有个所谓的“男团”，由七八个男生组成，成绩基本在班级前15名，其中两人代表学校参加过全区的学科素养大赛，三人得过班级第一。他们每天一起上学放学，一起比着学习，一起打球游戏，也一起挨过训、受过罚。我没有打压他们，青春期的学生你越打压，他们反抗得越厉害。他们经常在日记中写同样的事情，但水平不一，在好友交流时他们就取长补短。其他学生也是如此，有的人日记能写到800～1 000字。

第二，与老师交流。一方面能从老师这里获得写作方法的点拨，比如结尾没有扣题、主题升华不到位等问题，我都会和学生进行交流。另一方面，学生能及时地得到老师的心理疏导。有个女生，家长给她很大的学习压力，一度出现请假在家调整、离家出走等严重的情况。我就多次与女孩交流，休息时间请她到我家做客，时不时给她送个小礼物，跟她书信往来。女孩又变得乐观开朗起来，以优异的成绩升入了理想的初中。

时间长了，孩子们会单独给我写几句话倾诉，我也能及时地对他们进行书面的、当面的心理健康教育。语文老师不管干不干班主任，都能通过日记了解孩子们的家庭情况、日常见闻、情绪变化，起到传道、授业、解惑的作用。

第三，与家长交流，这也是后边要说到的反馈。我在写得好的学生的日记后面写上“分享一下”，他们回家后就很自觉也很自豪地上传图片了。我缀上一句话：同样的体育课、同样的妇女节、同样的公开课，看看这些同学是如何写好的吧！这就带动了家长参与见证孩子在写日记方面的成长。

三、反馈评价，激发自尊

语文老师要每天拿出一两个小时给四十多个学生全批全改作业。

通常情况下，我会给出这些方面的反馈：等级、好词佳句、简短的评语、是否分享、日期。

评语要反馈给学生明确的信息，比如“开头太长”“错别字较多”“书写还要更加认真”“如果加上你当时的心情会更好”……如果学生没有问题，书写明显进步了，我也会在评语中真实、真诚地反馈给他。

批完日记后，除了反馈给学生，还要及时地反馈给家长，以表扬为主。有资格发到班级群里就说明被老师和同学认可了，会极大地激发学生写日记的兴趣。

四、以爱育爱，亲师信道

相比于硬性的要求，走进学生内心才是更能激发学生动力的办法。

老师们做了很多领导要求之外的工作，这源于大家对学生的爱、对教育的爱。据我所知，五台山西路小学每个班级都做了成长日记集，收录学生的优秀日记，记录他们成长的脚印。这样做成本比较高，刘璐老师定期在班级征稿，打印出班级小报、发稿费，这也是社会上报社的运作方式。学生既在生活中写日记，又让日记回归生活。

对于书写不认真的学生，我就把网上阅卷的照片给他们看，让他们从卷面、内容等方面评价、打分。

我们都有上着课外面下起倾盆大雨或鹅毛大雪的经历，面对这样的情景，学生的注意力马上就转移了。2023 年那场雪正下着时，学生就兴奋不已，课间也蠢蠢欲动，根本没心思学习。拽不动他们学习，就放他们去玩雪吧。当然玩完之后要分享感受，撰写日记。这个时候他们不但不愁，反而争着抢着分享感受，洋洋洒洒地写下日记。

对于六年级的学生，小粘贴、奖状的吸引力已经有限了，我询问学生想要什么奖励。商量后，去我家做客就成了顶级奖励，期中、期末各一次。第一次奖励的时候前后花了我六百多元，后来我就聪明了，让他们各自在家学做一道菜，自带食材，我提供炊具和调料，吃完帮我收拾干净，这样一来成本就很低，很容易操作了。重要的是，他们前期准备的过程都记在日记中了。我从日记中看见了他们学做美食的过程，在餐桌上品尝了他们学厨艺的成果。

最后，我想给大家一些其他建议：

1. 和学生一起写日记。学生的向师性会驱使他们向老师学习。上学期韩翠英老师就是这样做的，还有李如燕主任等很多老师都这样做过。我曾经也坚持过一个学期，这需要顽强的毅力。

2. 允许学生适当地装点他们的日记本。学生越喜爱自己的日记本，就会越用心去写，而且书写时也会更认真。

3. 用 AI 智批辅助批改。让学生拍照上传到畅言系统，虽然少了一点老师的温度，但效率会很高，也会给学生的作文提出切实可行的指导建议，帮助学生提高写作水平。

我知道，我做的这些大家都在做，甚至做得比我好。我们集团最大的好处就是老师多、智慧多，可以互通有无，一起进步。我们把日记还给生活，把语文还给生活，把教育还给生活，把学生还给生活。

谢谢大家！

（三）共享共研的读书沙龙

读书沙龙活动的主要形式有：学校领导从书籍选择、读书方法等方面对教师进行读书指导；优秀教师通过分享读书收获，激发教师的读书热情，让教师从课堂教学、专业成长、道德规范等方面得到启发和提升。在一次读书沙龙活动上，大家就共读图书《魅力课堂》交流自己的感受。

心中常怀目标，教学方能有效
——《魅力课堂》读书沙龙

主持人：众所周知，我们要想提高课堂教学效率，学生的积极性是不可忽视的。正如《魅力课堂》一书中所说，"学生乐学、有高涨的学习热情和动力是高效教学的基础和重要特征"，"积极的动力要有方向，高涨的情绪要有依托，学生只有在明确了学习目标之后，才有可能主动朝着目标'奔跑'，这是形成主动学习状态的条件之一。学习目标，如果只是'藏'在教师的心里，学生就只能跟着教师被动地亦步亦趋"。如此看来，学习目标的重要性不容置疑。接下来，我们就结合阅读收获和教学感受谈谈对学习目标的理解。

苗文芝：教学中，我们要盯紧目标，充分利用课堂生成。《魅力课堂》第119页这样写道，"教师不能根据教学计划闭着眼睛拉着学生走，哪怕学生掉队了、疲劳了、厌倦了也不管。教师的引导作用，恰恰体现在一边盯着教学目标，一边观察、照顾着学生，取道风景最美的路径，避开陷阱，还要根据学生的状态及时调整教学目标，掌控教学的过程，使教与学的过程高效又有趣"。

李如燕：在这里作者再次提到了关于目标的问题，告诫我们，每一位老师在上课的过程中要时刻紧盯着教学目标。只有心中的目标清晰，才能据此调整教学的策略。说到课堂的调整，其实就是让我们抓住并充分利用好课堂生成。

韩翠英：既定的目标当然是没有问题的，那是我们根据课程标准，基于学情，在对所有的资料进行了充分研究的基础上确定的。但是事物总是千变万化的，谁也保不准课堂上不会出现一些新的状况。这些状况可能来自学生的独特思维，也可能来自现实生活的新变化，还有可能是在课堂辩论之下所碰撞出的新的思想火花，诸如此类，不一而足。

马郭蕾：此情此景，如果还一味地按照原来的教学设计，忽视学生的课堂生成，就只能与学生的理解背道而驰，让学生失去兴趣，对学习感到索然无味。

主持人：目标就如希望，曹操曾经用前方的"梅子"这个希望拯救了他的军队。我们作为教师，把目标树立起来，展示给学生，就给了学生希望。然后根据课上学生的学习、识记，适时做些调整，引领着学生一步一步达成目标。

在读书沙龙活动中，李如燕老师分享了共读图书《平凡的世界》的感悟：

平凡的世界里，要永远怀揣梦想
——《平凡的世界》读书感悟

双语小学　李如燕

轻轻合上《平凡的世界》这本书，静静闭上眼睛，眼前呈现若干个欢腾在黄土高原上的青年：负重前行的少安、逐梦而行的少平、渴望爱情的润叶、热情开朗的晓霞、心地善良的润生、知书达理的秀莲、勤奋上进的兰香……他们被生活折磨却又被梦想激励，在亲情、爱情、友情中演绎着动人的故事。

在这些青年中，我最欣赏少平和晓霞。晓霞，一个干部子女，没有一点架子，很接地气，她内心纯真，敢于追求内心的美好向往，看好少平这个不屈服于命运安排的小伙子。少平，内心有一股向上的力量，酷爱读书、纯真善良、心怀梦想、脚踏实地。这样一对郎才女貌的青年，最后虽然没有得到完满的结局，可是他们对未来的无限憧憬与美好期待，同样让人欣慰。

梦想是什么呢？应该是在自己的内心始终有一个坚定的美好想法，并为之不断努力，什么时候都不抱怨、不放弃。少安因为心怀富裕梦，所以经历各种波折却坚定不移地进行改革，带领全村人过上美好生活；少平因为心怀工人梦，所以高中毕业后宁可吃尽千辛万苦在城里做揽工，也不愿意回到双水村种地，他读的书多，内心有一个更加广阔的世界；润叶因为心怀爱情梦，所以不愿意接受青梅竹马的少安哥和别的女人过生活，也不愿意相信自己结了婚的事实。这些真诚善良的青年，这些热情似火的青年，让人喜欢也让人爱怜，让人敬慕也让人心疼。

读了这本书，我深深地觉得，作为一名教师，也要有自己的梦想。

一是成为名师的梦想。不想当将军的士兵不是好士兵。同样，不想当名师的老师不是好老师。名师应该有什么特质呢？应该有高尚的师德、丰富的学识，充满教育智慧，有足够的教学方法，有勤奋学习和潜心研究的毅力。每一位教师都应该有自己追随的名师，为自己确定一个目标，明确努力的方向；每一位教师也都应该把这些目标转化为内在的行动力。我崇拜的名师是魏书生，他在班主任工作方面的主张是：守着教育本分，不追时髦，不跟喧嚣，领着学生扎扎实实地过日子。他在教学方面独创的五步教学法以培养学生的自学能力为中心，重视科学与民主。

二是守护学生的梦想。老师就像一点星光，用微弱的光芒竭尽全力地守护学生的梦想。一声声“老师好”让多少疲劳烟消云散，渴望知识的眼神激励着我们不断向前。在学生心中播种善良、纯净的种子是每一位教师的职责，细心地呵护每一个心灵，耐心地指导学生做好每一份作业，用心地引领学生的每一点成长。一个个稚嫩的脸庞，一双双闪亮的眼睛，让我们始终记得：老师的梦想就是守护学生的梦想。

是的，生活不能等待别人来安排，要自己去争取和奋斗。不论结果是喜还是悲，可以慰藉的是，你总不枉在这世界上活了一场。有了这样的认识，你就会珍爱生活，而不会玩世不恭，同时也会给自身注入一种强大的内在力量。

二、读写一体化——让教师走上专业发展之路

（一）专业阅读——悦读立身

现代教育提倡教师以阅读来滋养心灵、滋养生命。学校为老师们绘制专业阅读地图，引导教师通过专业阅读，将教育理论融入教育态度，用教育态度濡染教育行为，用教育行为折射出教育追求，实现教师专业成长和教育品质的全面提升。

1. 童书类阅读：走向童年的邮票

特级教师于永正说过："永远不要忘记自己也曾经是个孩子。"这提醒我们教师，只有蹲下来，站在儿童的视角，走进儿童的内心，才能真正地做好教育。而阅读童书，正是让教师永葆一颗童心，获得走向童年的邮票，与儿童有共同的话题，更好地理解儿童、走进儿童、教育儿童的最佳路径。

2. 学科类阅读：和悦课堂的根基

对教师而言，学科类阅读是走进课堂的入场券，是进行学科类教学的前提。苏霍姆林斯基说："只有每天不断地补充自己的学科知识，才能在讲课的时候看到学生的脑力劳动，那样占据教师注意中心的将不是关于教材内容的思考，而是对于所教学生的思维情况的关心。"因此，对于教师读书，我们认为首先是学科类阅读，包括读权威教育报刊，获取最新、最前沿的学科教育教学信息；其次是经典名著阅读，通过阅读经典名著丰富个人底蕴，引领学生更好地成长。教师不仅要读所教学科的图书，还要读其他学科的图书，以便在学科融合中把和悦课堂引向深入。

3. 教育类阅读：教育智慧的源泉

苏霍姆林斯基说："一个教师，在自己整个的教育生涯中，要不断地研究教育学、心理学，拓宽自己的专业知识，这样才能成为教育工作中真正的能手。"一些经典的图书，比如《给教师的建议》《童年爱上一本书》《魅力课堂》《教育，向美而生》《提升学生小组合作学习的56个策略》《静悄悄的革命》等，都成为双语小学教师的共读书。我们倡导批注式阅读，并将学习所获运用到教育教学实践中去。

4. 综合类阅读：打好人生的底色

"问渠那得清如许？为有源头活水来。"教师唯有不断地广泛阅读，开阔视野，博采众多最新成果，才会源源不断地生成教育智慧。

教师如果仅仅出于职业的需要，只读与自己教学有关的书籍，就如同只关注脚底下的这块地方一样，专业化发展不会走得太远，所以教师要进行广泛阅读。随着时代的发

展，教师的专业结构和外部界限都发生了很大的变化，没有足够的整体视野，很难把自己的专业知识和技能融会贯通。为此我们提倡教师博览群书，学校每学期都会向教师推送丰富的阅读书目，支持教师阅读。

（二）专业写作——悦写立言

著名学者肖川在《我们为什么要写作》一书中说："造就教师的书卷气的有效途径，除了读书，大概就是写作了。写作最能体现一个人的综合素质。"从这段话中，我们不难看出专业写作对教师专业成长的重要意义。学校一直鼓励教师边读书边写作，通过多种形式、多种主题的写作，充分表达自己的观点。

1. 读书感悟写作

每个寒暑假，我们都会为干部和教师发放共读图书。大家通过阅读图书、撰写读书体会，丰富假期生活，增加个人底蕴。开学后，学校会进行评选和颁奖，这极大地激发了教师写读书感悟的兴趣。下面是李如燕老师的一篇读书感悟：

读《正面管教》有感

双语小学　李如燕

最近在读《正面管教》这本书，感觉百读不厌，每次读都有不同的收获。有几个正面管教工具，印象尤其深刻，跟大家分享一下。

一、"赢得孩子"与"赢了孩子"

这两个词只一字之差，却在教育孩子方面有着天壤之别。

赢得孩子，是指成年人用平和、坚定的心态正面教育孩子，让孩子从心底里接受、理解大人的管教，乐于接受大人的建议。赢了孩子，是指成年人用强硬、控制、惩罚的手段教育孩子，让孩子表现出所谓的"屈服"。

"赢得孩子"与"赢了孩子"的最大区别就是成年人教育孩子的方式不同，这当然也会产生不同的效果。正面管教的孩子，感觉自己是被爱、被尊重的，往往更加自信、自律，乐于承担责任；被高压管制的孩子，往往表现为胆小怕事、明显叛逆、逃避责任。

教育是一场漫长的修行，不只孩子要学习，家长和老师也要不断学习、不断改变、不断成长。

二、试试拥抱

相见时拥抱是问候，道别时拥抱是牵挂，伤心时拥抱是安慰，成功时拥抱是祝贺，迷惘时拥抱是鼓励，误会时拥抱是宽容……

拥抱的确是一剂良药，今天读书时，我感受到了拥抱的神奇力量。

一位爸爸，因经常爱发脾气的儿子感到困扰，直到他参加了一个学习班。他在儿子再次发脾气时向孩子大喊："我需要一个拥抱！"尽管孩子被爸爸突如其来的表现吓了一跳，但还是僵硬地拥抱了爸爸。父子俩融化在彼此的拥抱里。

一个小小的举动，让这个哭闹不止的孩子自然而然地停止了自己的不当行为，真心地为这个父亲的教育智慧点赞，也为他能征服一个让人头疼的孩子而感到高兴。一个行为不当的孩子是一个丧失了信心的孩子，这样的孩子更需要鼓励，给他一个拥抱，给孩子一点改变自我的信心。

三、和善与坚定并行

再读《正面管教》，对有些观点佩服得五体投地。如果不能保证处理问题时尊重别人，那就做到以尊重自己为前提处理事情。尊重自己的最基本的体现就是不让自己生气。

我们往往总是拿别人的错误来惩罚自己，所以会生闷气，会吹胡子瞪眼，会火冒三丈甚至暴跳如雷。这样的方式，无助于解决问题，反而会让问题变得更糟糕。

正确的处理方式是让自己和对方先冷静下来，比如与孩子之间，大人可以先到另一个房间，走开一会儿。再回来解决问题时，态度变了，语气变了，结果也就变了。这就是书里讲到的和善。和善的重要之处就在于对别人的尊重，以及对自己的尊重。

再就是坚定。坚定不是惩罚、说教等其他控制形式，而是坚持原则。这个原则应该是大家共同商议决定的，对大家都有好处，并需要双方都承担相应的责任。一旦有了约定，就应该以尊重的态度，坚定地执行约定。

和善而坚定，以尊重的方式处理问题，应该会给成年人很多教育启示。

2. 教学案例写作

教学案例是指对教学设计的实施过程进行点评与思考，它包括实录与反思两个部分。它既可以是对教学设计的反思，也可以是对教学过程的反思；既可以是对一堂课的某一教学环节或教学方法的反思，也可以是对某一教学素材运用的反思。林宏老师在执教“长方体和正方体的认识”时这样写道：

我准备公开课“长方体和正方体的认识”期间，有幸聆听了张梅玲教授的报告《谈教师的备课与上课》，其中感触最深的是张教授讲的“课堂教学设计”中的“课中探索”。

听报告前，探究长方体和正方体的特征这一环节，我是这样设计的：发给每个小组要拼插的学具，即 12 根小棒（相同长度的红色、蓝色、绿色小棒各 4 根或 12 根同长度、同颜色的小棒）和 8 个接头，让学生通过操作，拼插出一个长方体框架或一个正方体框架。目的是让学生在拼插的过程中，探究长方体和正方体的特征。听过报告后，我觉得这样的设计，形式上是让学生自主探索，其实质还是按老师的意图操练。这样学生会很顺利地得出老师想要的结果，但不能真正地体验自主学习的乐趣和过程。因此，我对这个环节做了以下改动：给学生提供充足的材料，即足够的小棒和接头。让学生以小组为单位，先商量需要多少根什么样的小棒和几个接头能拼插出长方体和正方体，然后选代表去领学具，再进行实际拼插。另外，还准备了一些土豆和橡皮泥，让学生自由选择切或捏，构造出长方体或正方体，或者让学生自己设计并用卡纸做出长方体或正方体。这样把权利还给学生，让学生选择自己喜欢的方式、喜欢的材料做出长方体或正方体，在“做数学”的过程中体验长方体和正方体的特征，给学生留出了充足的探究空间，培养了学生强烈的探究欲望。

由此可见，教师在设计“课中探索”环节时，一定要想学生所想，激发学生的探究欲望，为学生提供自由驰骋的探索空间，发挥学生的主动性，这样的探究才更有价值。

教学案例写作促进了教师的深度反思，对教师改进教学、提高教学水平具有重要意义。

3. 教育叙事写作

教育叙事，就是教师记录教育教学中的小案例、小镜头，以及自己对教育教学工作的思考。写教育叙事首先要写真事、抒真情，直言自己的认识和见解。虽不一定完整、深刻，却因为来自生活，发自肺腑，所以自有它的生命力。

写叙事的过程也是教师自我教育的过程，让教师享受到了教育的幸福，找寻到了工作的快乐，丰富了教师的教育生活。正如德国教育家第斯多惠所说：“只有当你不断致力于自我教育的时候，你才能教育别人。”

坚持写教育叙事，激发了教师的职业热情。每个学期，学校都会把老师们的教育叙事结集成册。我们选取尹杰老师的一篇教育叙事与大家分享：

昊男是个既有思想又贪玩好动的孩子。一天，昊男的妈妈向我反映：因为她嫌孩子吃饭做事磨蹭，写作业不专心，遭到了孩子的强烈反抗，希望我能够和孩子谈谈。我没有立即找昊男，而是综合了一下他近期的表现，写了一张纸条，悄悄递给他。

“亲爱的昊男：春天来了，我们又开始了美好的一学期。老师忍不住要称赞你这一星期来的表现！你像一棵正在努力萌芽的小苗，绽放生命的力量！课堂上，你总是认真地思考，积极地发言，把你的想法与老师、同学分享。特别值得一提的是，当老师问到某个知识，全班同学都保持沉默时，你那不慌不忙的声音却在教室里响起。比如，当我讲到青铜器时，你说出了‘鼎’；当我讲到大陆漂移学说时，你说‘我知道’。你知道老师当时的心情吗？我既惊讶又感动！让我来猜一猜你是怎么知道这些知识的。‘腹有诗书气自华’，你一定是从书中得到这些知识的，对吗？真高兴你和书成了这么好的朋友！在这个美丽的春天里，你一定还会继续与书为伴，对吗？不过，老师最近发现了你的一点点小变化，那就是做事情的时候效率有一点点降低，看老师的眼神也没有以前那么亮了。如果你能改掉这两个小问题，那你就又朝着优秀走近了一步，我期待你带给我更多的惊喜！让我们一起努力！”

孩子读懂了我对他的肯定，课堂上眼睛更亮了。昊男妈妈也改变了教育方式。她发信息给我，反思自己："要放下执念，用心付出，顺其自然，因势利导，帮助孩子不断地改变、完善自己。"

4. 教学反思写作

教学反思是教师在教育教学活动结束之后，对活动过程的一个总结与回顾。著名教育家叶澜教授说过："一个教师写一辈子教案不一定成为名师，如果一个教师写三年教学反思，可能成为名师。"在写教学反思的过程中，教师可以总结教学过程中的优点和不足，总结出教育教学的规律。

《四季之美》是语文五年级上册的一篇优美的文章，白雪老师在执教了这一课后，写下了这样的反思：

作者细腻的笔触，描写景物的独特韵味，所运用的动态描写，是这节课的重点。我的整堂课，从领学到小组合作学习，再到阅读拓展和小练笔都是围绕这个重点来展开的，取得了不错的效果。当然也有很多遗憾：

在指导学生有感情地朗读课文的环节做得还不是非常到位。当学生美美地读着自己喜欢的部分的时候，应该适时地指导学生的朗读，让学生体会作者的感受。

让学生互相评价一下朗读中有哪些需要调整、改进的地方时，如果能够在学生和老师充分交流的基础上，老师范读并引导学生朗读、感悟作者眼里的四季之美，让学生通过有感情地读来获得内在的感悟、体验的话，课堂教学将会更加"丰实"。

激励、评价不够及时，导致不能更好地激发学生的探索欲望。当时，我应该引导学生边有感情地朗读课文，边想象课文描绘的画面，调动学生的多种感官，体会四季之美，感悟作者对大自然的热爱。

5. 师生共同写作

师生共同写作，就是立足于师生共同的教育、学习生活，通过文字进行对话交流，架起师生情感的桥梁，在文字的反思中提升自己精神生命的质量。师生共同写作主要包括师生共写日记、师生共写命题作文和师生书信交流。

春天到来时，李如燕老师让学生利用周末到大自然里寻找春天，并将自己的所见、所闻、所感记录下来。以下是她和学生针对"春天"这一话题写的作文。

春天花已开

双语小学　李如燕

今天开车上班的时候，发现路边的很多植物已经露出了春色。

黄色的应该是迎春花吧，它们总是迎接春天的第一个使者，开得密密麻麻，毫不顾忌这倒春寒的厉害。

路两旁还有为数不多的柳树。柳枝已经变得很软，像姑娘发丝一般的枝条，随着清晨的风一起一荡。鹅黄的颜色已经变得越来越鲜艳，在这个温度有时还是三四摄氏度的城市里，还是很夺目的。可是越到近处，感觉颜色越淡，让我一下子想起了“草色遥看近却无”这句诗，大概写的就是这种意境。还记得我上小学时，看到这种景象也写了一首小诗，具体内容实在记不清了。直到读了韩愈的这首《早春呈水部张十八员外》，其中一句就和这一句很像，我暗自窃喜，自己竟有韩愈一般的才情。

走到滨海学院时，看到除了有迎春花盛开在墙头，还有一种粉色的不知名的花朵，也已经被春天叫醒，骄傲地开着。去年亲手在校园里栽种的那棵我称为“双胞胎”的樱花树怎么样了呢？一年没去看它，它是不是活下来了？有没有含苞待放或者已经开花呢？

校园里的杏花前几天还是含苞待放的状态，今天乍一看，有些已经盛开了。想想人们还穿着羽绒服，感觉花儿比人更能忍受寒冷，更想早早地迎接春天的到来。

一年之计在于春。刚起头，有的是希望，有的是梦想。

春天来了

双语小学506班　杨小露

冬爷爷悄悄地走了，春姑娘踏着轻盈的步子向我们奔了过来。

三月的桃花，多么美丽。三月的桃花水，舞动着绮丽的朝霞向前流啊！草弟弟醒了，花妹妹也睁开了蒙眬的睡眼，打了一个哈欠……大自然在向我们展示它们最美好的一面。

小兔子弹琴，小猴子打鼓，小青蛙唱歌，小鱼跳舞……布谷鸟、麻雀、喜鹊则是在树枝上蹦跳。大家一起为世界演奏了一首《春天在哪里》。那声音多么动听，充满了生机，让人感到放松和惬意！春天，花园里的花儿争奇斗艳。嫩黄的迎春花是那样鲜艳；粉红的桃花好似小姑娘那娇嫩、红润的嘴唇；淡雅的梨花就像美丽的白雪公主；雪白的杏花则像一只只蝴蝶；玫瑰花像一个个穿着粉红色衣裙的少女；翠绿的柳树则像一个披着长发的小姑娘，轻柔的柳条随风飘扬，光滑的树皮让人陶醉。

呼吸着春的气息，感受着万物的勃勃生机，大家脸上洋溢着幸福的微笑。春是温暖的、纯洁的、欢快的，春是充满生机的，春天使人们的笑容更加灿烂！

我爱这美丽多彩的春天！

第四节　唤醒家长，让读书成为家庭的生活习惯

书香不仅应该充溢在校园，还应该充溢在家庭，充溢在孩子生活的每一处空间。吉姆•崔利斯在《朗读手册》中说："你或许拥有无限的财富，一箱箱的珠宝与一柜柜的黄金，但你永远不会比我富有——我有一个给我读书的妈妈。"由此可见，家长阅读对孩子成长的重要性。

朱永新教授说："早期阅读塑造一个人的精神世界，儿童的早期阅读无比重要。但当前阅读在家庭中没有得到充分重视。"

作为政协委员，我身体力行地倡导全民阅读，调研撰写的《关于设立西海岸新区读书节的提案》被评为优秀提案。我建议将每年的9月24日设立为"西海岸新区全民阅读节"。设立专项资金支持学校、社区、党政机关、企业设立"阅读吧""阅读角"等物质设施，建设读书云平台。研究评选机制，评选书香学校、书香社区、书香机关、书香企业，每年表彰一次。同时，研制适合公务员、企业家、企业员工、社区居民、学生的阅读书目，倡导全民阅读，使全区充满活力、向上向善。

一、唤醒读书意识

（一）校长唤醒家长

校长重视阅读，读书就会成为学校的一种风尚。每次的家长读书会，我都倡导让家长的读书成为一种生活方式：大家要做学校志同道合的教育伙伴；要培养孩子的阅读习惯，家长首先要真正地爱上阅读。我还向家长推荐书籍，与他们进行读书交流。下面是我在2016年8月29日家长会上的发言：

家长要给孩子做榜样。你想要孩子成长，就该和孩子一起书写自己平凡生命的传奇。和孩子一起学习，和孩子一起阅读，和孩子一起交朋友，和孩子一起分享爱，和孩子一起创造快乐。今天我推荐大家读一本书——《窗边的小豆豆》，这本书写得非常精彩。书中写了爸爸妈妈怎么教育孩子，怎么按照教育规律和孩子身心发展的规律来引领孩子成长。作者黑柳彻子，就是这本书的主角——小豆豆，她是一个非常活泼的孩子，也是一个曾被学校开除的孩子。她的家长是怎样呵护她的？是谁唤醒了她，让她最终成了作家？请大家读一读书里面的故事吧！

（二）教师唤醒家长

如果说校长给予家长的是思想的引领，那么老师与家长之间便是一种心灵上的沟

通。教师通过多种方式唤醒家长的阅读意识，培养他们的阅读习惯。通过组织家长读书会、向家长推荐家庭阅读的文章、给家长写信等方式，一步步引导家长与孩子共读。一年级开学第一周，老师在给家长的信里写道：

亲爱的家长朋友，今天我们来完成一年级的第一次作业——读、写、绘。每个孩子手里都有一张印好的纸，让孩子们在纸上画画，您把孩子讲的故事记录下来就可以了。不要求孩子画得质量有多高，我们关注的是孩子用图画表达思想感情的能力。

开学第二周，老师启发家长反思：

今天我们在课堂上又讲了一遍小魔怪的故事，孩子们乐得哈哈大笑。《小魔怪要上学》告诉孩子们的道理是读书可以找到快乐，那么告诉家长的是什么呢？父母能给予孩子的，仅仅是陪孩子游戏，给孩子讲故事，为孩子准备可口的饭菜吗？我们做家长的，需要反思什么呢？

……

就这样，在老师的一封封书信交流中，家长和孩子携手走上了悦读之路。

（三）家长唤醒家长

在提倡亲子阅读方面，家长之间的互相影响也起到了促进作用。当家长的阅读所得实践在孩子身上且有了明显效果时，其他家长就会效仿。所以学校家长会上不可或缺的一个环节就是家长之间的读书交流分享。下面是402班李炳赫的妈妈在学校家长会上的读书分享：

我和儿子的阅读之路，始于他两岁多，小学之后实现了由共读到互相推荐和部分共同赏析的转变。

在与儿子共同阅读的过程中，《夏洛的网》这本书具有重要意义。《夏洛的网》是儿子读的第一本厚书，他有点犯难。我鼓励他说："不管厚还是薄，都是一页一页地看，差别就是多花点时间而已。你试试看啊！"看他坐在沙发上读得津津有味，喊他吃饭也不换地方，我内心欢喜。后来孩子看完书跟我说："妈妈，我其实很难过，夏洛它死了。"于是我找到夏洛临终前对威尔伯说的那些话，读道："生命到底是什么啊？我们出生，我们活上一阵子，我们死去。一只蜘蛛，一生只忙着捕捉和吃苍蝇是毫无意义的，通过帮助你，也许可以提升一点我生命的价值。谁都知道活着该做一点有意义的事情。"儿子听完后若有所悟。后来，他奶奶去世那天，他竟然这样跟我说："妈妈，我们应该好好照顾爷爷、爸爸和姑姑，就像威尔伯照顾夏洛的亲人一样！这样奶奶在天堂就会很安心。"

那一刻，我想，是读书让孩子得到了成长。感恩一直提倡童心悦读特色课程的双语小学，感恩一直鼓励亲子共读的任课老师，让我们与阅读一路相伴相随，共同成长。

（四）学生唤醒家长

孩子与家长的影响是相互的，在阅读方面的影响也不例外。孩子丰富的阅读、流畅的表达，会成为家长的镜子，唤醒家长的阅读意识，激发家长的阅读兴趣，从而形成浓厚的家庭阅读氛围。下面是501班学生宋昕鸾在家长读书会上的心声：

书，是知识的海洋，是知识的宝库，更是我不可缺少的好朋友。

最近，我爱上了读《三国演义》。足智多谋的诸葛亮、勇武过人的赵云、义气深重的关羽、爽直粗豪的张飞、仁义爱民的刘备、奸诈阴险的曹操……都给我留下了深刻的印象。

我不仅喜欢读三国，还喜欢与爸爸妈妈分享三国里的智谋故事。爸爸也是“三国迷”，每次跟他聊起三国就会感觉很尽兴、很过瘾；妈妈对历史不大感兴趣，所以明显地感觉到妈妈跟不上我们的节奏。

有一次，我问妈妈：“妈妈，你知道为什么草船借箭不用火箭吗？”妈妈一脸蒙地问我：“火箭？什么火箭？”我接着又问妈妈：“那你知道火烧赤壁为什么要用火箭吗？”妈妈彻底晕乎了……于是，我和爸爸把火烧赤壁和草船借箭的故事讲给了妈妈听，妈妈听得津津有味，说了一句：“三国这么有趣吗？”哈哈，太不容易了。

晚上睡觉之前，我惊讶地发现妈妈在读三国，我竟然把妈妈给影响了！每天只读言情小说的妈妈竟然在读三国！

我忽然想起了妈妈经常和我说的那句话：“鸟欲高飞先展翅，人欲上进先读书。”呵呵，我忽然发现这句话同样适用于妈妈！

历史知识被昕鸾表达得如此有趣，爱读历史类书籍的昕鸾竟然带动了妈妈。优秀如昕鸾，她的父母都在用心地和孩子共读，其他爸爸妈妈在宋昕鸾家庭的带动之下，也拿起了书本，和孩子一起阅读。

（五）专家唤醒家长

专家的引领，对于唤醒家长的读书意识至关重要，所以我们把专家唤醒家长阅读当作重要工作来抓。

为了引导家长加入读书行动，学校特意邀请青岛市家庭教育宣讲团的周美玲老师给家长做培训。她启发家长们：“分数赢得的是一时，读书赢得的是一世。语文的源头，就在大量的、高品位的阅读上；而阅读，是精神成长和情感发育的必需，绝不仅仅是为了语文。”家长对阅读有了足够的重视之后，家庭阅读就变得水到渠成了。

二、丰富读写生活

（一）教师便条，引领亲子共读

经典的文字最能震撼人的心灵。经典名著是我国传统文化中的瑰宝，但是对亲子共读来说，要读懂读透，不下一番功夫是做不到的。教师要做的，就是把经典名著中的主题提炼出来，以便条的形式发给学生。学生带回家和家长边读边议，积累精彩的语言，从而丰富思想，启迪心灵。

例如，张俊慧老师在课堂上引领学生精读了《三国演义》，让学生熟知读经典要关注作者、关注章节、关注故事情节、品析人物。然后写下便条：请你运用所学的读书方法，和爸爸妈妈一起读其他名著，比如《红楼梦》《西游记》，在读书的过程中注意关注作者所处的年代，注意联系年代去理解故事情节，品析人物的形象。

老师的用心和慧心感染了家长，他们行动起来了。下面是秦子晴的妈妈写下的亲子读书体会：

读书是一场曼妙的旅行，在这场独特的旅行当中有了父母的陪伴，孩子不会孤单。书是甜的，爱是浓的，我们一起读书是满足的。

前段时间，我们收到了张老师的便条。于是我和悠悠共读了《红楼梦》的原著。刚拿到老师的便条时，悠悠很兴奋。但是才草草翻了几页书，孩子就索然无味了。于是，我半鼓励半“威胁”。开始她是很抗拒的，后来我们穿插着听一些音频讲解资料，孩子慢慢有了兴趣。我们边听边看边探讨，她总是考我，我知道得多她就唉声叹气，我不知道她就兴高采烈。后来，我看了孩子在学校写的有关《红楼梦》的读后感，很欣慰，也很感动，我知道我们一假期的努力没有白费。这个暑假，我们还约定共读《水浒传》的原著。

子晴的妈妈在亲子共读方面的引领和指导无疑是智慧的，子晴也读出了自己的感悟与心得。看，她对人物的解读，带着几分稚气，又不乏真知灼见。

前段时间，我与妈妈一起读了四大名著之一的《红楼梦》。读了《红楼梦》，我明白了每一个人都有好与坏，不能简单地定义一个人。

初读《红楼梦》，我对女声女气的贾宝玉和哭哭啼啼的林黛玉没有一点好感，反而喜欢处事圆滑的薛宝钗和精明能干的凤姐儿。然而，很快我发现我掉入了误区。曹公描写的每一个人都是真正的人，每个人都有优点和缺点。

我想起了人们常把小人画成“白脸”，难道一个缺点就能淹没全部的优点吗？这一点每一个人都该反省。再回到这本书，人们的性格并不取决于先天，人们应该克制自己的坏脾气。

《红楼梦》中用了多方对比。比如贾政有两个儿子，宝玉“神采飘逸”，而贾环“形容猥琐”。贾政有两个女儿，贾元春在皇宫而探春在家里，元春正出，探春庶出。不光人物，还有事件。秦可卿的葬礼隆重，用了好几个回目，而贾敬的葬礼简单。这不光体现了详略得当，也写出了贾家由盛转衰的兴亡历程。

最令人惋惜的是黛玉和宝钗的结局。读到“玉带林中挂，金簪雪里埋”，我的眼泪不禁掉了下来。

《红楼梦》中宝玉和众人结社赋诗，恣意畅快；黛玉葬花，凄美缠绵；湘云烂醉芍药丛，娇憨烂漫……《红楼梦》里，既有儿女情长、风花雪月，也有盛衰变化、人情冷暖。

这就是童心悦读带给家长和孩子的感受，亲子共读已经成为许多家庭中非常重要的一件事。透过孩子，我们足见它的效果。家长参与和不参与，参与的程度如何，在孩子身上产生的影响是不同的。

（二）家庭图书馆，打造精神家园

建立家庭图书馆，为孩子提供浓厚的阅读氛围。在日积月累的阅读中，见识经典中的人和事，拿起一本书，就浮现书中的世界，久而久之，图书橱、图书室就成了一家人的精神家园。学校倡议大家，在家中占一方地，腾一张桌，购置一些书籍，张贴一张读书表，设立家庭图书馆，并且由父母和孩子共同为家庭图书馆起名，如睿智阁、德馨屋、馨香室、书虫居等。

双语小学402班的张玟博介绍：

我的图书馆叫作文史阁。受爸爸的影响我从小酷爱历史，我和爸爸一起阅读《千字文》《中华上下五千年》《班固讲历史故事》《三国演义》等图书，一起探讨三国人物，讨论《千字文》中的历史故事。阅读使我增长知识，我喜欢阅读。

家庭图书馆可以涵盖历史、文化、艺术、科技等领域，应让孩子参与管理规划，如图书的增设、摆放等。

双语小学503班的逄博介绍他的家庭读书习惯：

我们一家都是新华书店的常客，常常一起去那里买书。有一次我们买了喜欢的书，一到家就如饥似渴地读起来。不知不觉中，时间已经过去接近4小时，我们竟然没吃午饭。原来知识是可以当饭吃的啊！背诵比赛是我们读书过程中常做的一个游戏：找到一个新的故事，我和妈妈每人先读一遍，然后用自己的语言讲述。接着再读一遍故事，读完之后开始背诵故事。我们相互监督，必须背完。若背不出来，我做2张口算，妈妈负责做一顿可口的饭菜。

（三）亲子共写，享受温暖时光

亲子共写日记，可以是家长和孩子的书信形式的心里话，也可以是生活的事例，还可以是家长写给老师的话……总之，表达形式和内容不限，只求微雨涓流般的细言温语，目的是交流思想，分享智慧，浸润孩子的心田。下面是我给女儿写的一封信：

最亲爱的女儿：

此时老爸的心里万分激动，因为平生第一次收到自己女儿的信，信的内容是那么幽默，那么感情真挚，你的“殷殷嘱托”几乎使我情不自已，掉下泪来！你的语气是那么中肯，我分明看到你就站在我们的面前，笑嘻嘻地在“教训”我们。我真切地感受到自己的女儿的确长大了，懂事了！内心倍感幸福，倍感温暖！拥有一个像你这样的女儿，是我最骄傲的事。

尤其是你的字，使老爸“大开眼界”，我感觉到了你的进步和生生不息的奋斗！你的考试总结写得入情入理，分析透彻！我能想象到你正行走在进步的道路上。

在此心情驱使下，老爸决定放弃手中所有的工作，在办公室的对面——你学习过的地方，给你写回信，可见老爸对你的爱有多深！

心爱的女儿，一个人最重要的就是自信心。一个人只有自尊、自立，才能自强。一个人的发展总是从量变到质变，你的聪明才智比老爸强，但老爸比你意志坚强，奋斗精神更强。你非常清楚，老爸每天都五点多起床，每年都从大年初二开始工作，周六周日大部分时间在学校学习和工作，寒暑假基本在学校里过。正是由于我的日积月累，我的工作成绩才“鹤立鸡群”：继八月份老爸获得“齐鲁名校长”称号后，近日又获得全国“百名名校长”称号，12 月 26 日要到北京人民大会堂领奖。说实话，但凡是评比，老爸工作过的单位基本是第一。因为苍天不负有心人，种瓜得瓜，种豆得豆——我对自己有足够的信心。

你的智力没有任何问题，关键是你的奋斗精神还不够，尤其是你还没做到真正的持之以恒！这是老爸必须告诉你的。至于物理的进步是合情合理的，你不会忘记我们在临淄时你全力攻物理这一科的情形吧？到现在你的胡老师还经常打电话关心你呢！这一科的进步恰恰说明“一分耕耘一分收获”的道理！

在你总结的最后，你说出了自己的痛点：“找不到骄傲和自信，自尊心受到了严重刺激。”对此我非常理解。“有所作为才有地位”，你所有的自尊背后都是艰苦的、超乎常人的付出和努力！“古之立大事者，不惟有超世之才，亦必有坚忍不拔之志。”“人凭志气，虎凭威！”

老爸老妈每天都在挂念着你，每天都在关注着你，每天都在祝福着你，盼望着我们的女儿健康、快乐、幸福地成长！但愿你每天调节好心情，锻炼好身体，朝着自己的预定目标勇往直前！

最后，希望你如有什么难以解决的事情，或者打电话告诉我们，或者写信告诉我们。如果我们能为此尽一点微薄之力，老爸老妈会感到无限欣慰！

相信阳光总在风雨后。愿你在大风大浪中锻炼成长，展翅翱翔！

爱你的老爸老妈

这样发自肺腑的心声，对孩子的影响无疑是巨大的——因为孩子能够深切地感受到来自父母的亲情与关怀，亲子关系将更加融洽。

很多家长苦恼于孩子渐渐长大，有了自我意识和独立意识，有了更多的同伴交流，关闭了对家长的心门。共读共写就为亲子交流打开了一条新的通道。408 班子滢的妈妈拿起笔，与孩子进行书信沟通，字里行间流淌着对孩子的理解和爱。

子滢宝贝，从小你就是一个活泼、聪明又可爱的女孩，你值得拥有所有的爱！本以为我们会一直这样幸福、快乐地生活下去，但人生就是这样，总是天不遂人意，家庭的重大变故，让你我失去了最重要的亲人。

妈妈心疼你小小的年纪就背负太重的情感包袱，但同时，也看到你很勇敢、很坚强地面对这一切，妈妈很欣慰。

人的一生会经历很多事，有些会让我们欣喜，有些会让我们懊恼、悲伤，但一切经历都是值得的！上天给你关上一扇门的同时也会给你打开一扇窗。

虽然你还小，但你的人生经历已超过同龄小伙伴太多。人生前行的路很长，虽然会有不少出其不意的障碍，但更多的是美好！所以，妈妈希望你多多欣赏一路的美景，泪水和难过就让妈妈跟你一起分担！你永远是妈妈心里的骄傲和自豪！妈妈永远是你最坚强的后盾！

爱笑的女孩，运气总不会差！做一个笑对人生的美丽、勇敢女孩！

爱你的妈妈

母女连心，子滢读懂了妈妈的心声，她和妈妈互相理解，互相支持，共同面对生活的磨砺。子滢也把知心话化为文字跟妈妈倾诉：

亲爱的妈妈：

您是这个世界上最爱我的人！您陪我哭，陪我笑！在我心里您不仅是妈妈，更是最贴心的朋友！

从小您教会我认字，和我一起读书。您说多读书会让我变得聪慧，更会得到很多快乐。在您的影响下我喜欢上了读书，只要有时间我就变身成一只专注的小书虫！您和爸爸工资都不高，却从不吝啬对我的投资。我喜欢画画、钢琴、舞蹈，你们便省吃俭用，培养我的各种特长、爱好，谢谢你们！我爱你们，我会一直努力和坚持！

我知道，爸爸不在了，您心里很难过，但您面对我的时候总是笑着的。谢谢您，妈妈，我会以您为榜样，学会坚强地面对生活中遇到的各种挫折和困难！

亲爱的妈妈，有时候我不懂事，耍脾气，惹您生气，每次事后我都很后悔。您要原谅我啊，原谅我还是个孩子。今后我会更加努力，成为您贴心的小棉袄！

相信我，妈妈，我们一定会越来越好，克服眼前的困难。我俩一起携手共进，迈向越来越美好的明天！

爱您的宝贝：子滢

如此温暖而美好的文字，让我们相信子滢以后一定能够做一个笑对人生的勇敢女孩！因为这样的共读共写，老师、学生、家长拥有了共同的语言和密码。彼此的心灵是敞开的，他们的成长是共同的，这是一个真正的共同体。

（四）书香家庭，读书改变生活

学校每年评选、表彰书香家庭，让家长有意识地为孩子创设一个良好的读书环境；让孩子们爱上阅读，引导每个孩子成为聪明、睿智、儒雅、博学的书香少年；让每个家庭都能享受亲情暖暖的阅读时光。

请看下面两个书香家庭：

103 班吕静远家庭

推荐理由：吕静远同学是一个从小酷爱读书的小姑娘，从三岁时的《大图大字》系列丛书开始进入了书籍的海洋，慢慢养成了喜欢书、爱读书的好习惯。四年来，通过爸爸妈妈的指读和自己的独立阅读，吕静远同学已经认识了大部分的常用字，现在也能够和爸爸妈妈一样在书上画出自己喜欢的句子，有的时候能够在笔记本上抄录一些自己喜欢的段落。遇到自己喜欢的绘本，还能够做成 PPT。2015 年春天，吕静远同学利用 Excel 表格记录自己的读书目录。每天晚上吕静远同学都能够和爸爸一起读至少半小时的书，读到好的故事还会和爸爸妈妈一起交流分享。

503 班王子涵家庭

推荐理由：每天清晨，迎着第一缕阳光，子涵和妈妈便开始了亲子共读，这是他们每日最美好的时光！子涵很喜欢这种方式，积极性也很高，甚至还能纠正妈妈在阅读中出现的错误。同样，妈妈也很享受这个过程，它不仅增进了母子间的亲密关系，还带给了子涵欢喜、希望、热情和信心。将亲子共读坚持下去，是子涵和妈妈最温暖、最美好的约定！高尔基说过："书是人类进步的阶梯！"妈妈希望通过这种方式，让子涵爱上阅读，让书籍陪伴他成长，并成为他一生的良师益友！儿童像一面镜子，可以照出人类光明的未来，让我们大手牵小手，共同营造书香家庭的氛围！

看得出，书香家庭的评选带来了可喜的变化，读书正在改变着学生的家庭生活。

207 班李沐仁萱的妈妈流着泪为我们讲述：

我的孩子特别调皮，从幼儿园开始就让我很头疼。有一次接孩子，孩子班级的小朋友指着我的孩子和她的妈妈说："妈妈，李沐仁萱就是我们班最不听话的小朋友。"这一度让我感到深深地绝望。孩子升入小学以后，无休止的折磨开始了——磨蹭，丢东西……一度让我抑郁。

有一次，我们班的班主任杜老师要举办一场家庭教育讲座，我就赶快预约好了名额，去学习，因为我想改变难堪的现状。结果在讲座开始前的十分钟，我的孩子因为把水壶丢了而被我骂了一顿。电话刚挂，杜老师便把我叫了过去，语重心长地说："李沐仁萱妈妈，吼就管用了吗？你的孩子，她很优秀，她的逻辑思维能力、语言表达能力很强！"当时我就哭了，我不知道原来我认为那么糟糕的孩子，在老师眼里那么优秀！作为母亲，别人说自己好说自己坏都心无波澜，可当提到自己孩子的好时，真的就绷不住了……我怀着一颗激动的心听完了杜老师的整场讲座，杜老师讲得通俗易懂、好执行。听完讲座，杜老师单独找到我，说："李沐仁萱妈妈，给你留个作业——接下来看你如何做一个优秀孩子的榜样母亲。"我顿时泪如雨下，太感谢杜老师了，太感谢双语小学了，拯救了不懂教育的父母和十分困惑的孩子！

童心悦读把阅读从学校延伸到了家庭，为家校的合作沟通架起了桥梁。每个家庭也在不遗余力地实践着：有的是爸爸为孩子读书准备的那盏台灯，有的是妈妈精心挑选的阅读书籍，有的是家里开辟的图书角，有的是温馨灯光下父母的以身示范。他们的行动宛若点点星火，一经点燃便呈现燎原之势，各种书香家庭如雨后春笋，书香飘溢的社会悄然形成。

第五节　智慧悦读——让阅读与时代同步

智慧悦读，让阅读充满时代活力。在悦读理念的指引下，“互联网＋”作为资源补充平台、互动载体进入阅读活动，展现出新的价值。在信息技术的支撑下，文字、图像、声音等素材有效融合，悦读材料更加丰富，有效地满足了学生的多样化阅读需求，更好地解决了学生在阅读过程中产生的困惑，营造出智慧、愉悦、灵活的阅读氛围，从而让悦读真正发生。

一、和声悦语，让学习发声

一群会讲故事的老师、学生创新开设了线上课程——“和声悦语”。“和声悦语”线上资源以智慧学习平台为支撑，有效地强化了学生的阅读情感体验，激发了学生的阅读兴趣，达成了悦读立人的实效，广受学生和家长喜爱。该课程主要围绕“诵经典”和“讲故事”两条主线展开。“诵经典”包括幼小衔接的儿歌、童谣，小学生必背的古诗。“讲故事”包括成语故事、英雄故事和科技故事。该课程主要包括“每日一声”“每天一听”“每生一思”“每师一评”四部曲。

（一）每日一声

“和声悦语”课程包含两大部分、七个主题（如下图）。课程主讲团队由学校的7位语文骨干教师组成，实行“教师—主题”一对一负责制，具体课程安排为：周一晓艳老师讲成语、周二小郭老师讲古诗、周三晓欢老师讲英雄、周四恒斐老师讲经典、周五婷婷老师讲科学、周六宁宁老师讲儿歌、周日晓雯老师讲名篇。在课程设计与制作上充分落实和悦理念，由教师带领学生、家长共同参与“每日一声”的制作。从确定主题到精选图片、背景音乐，再到录制生动的朗诵音频、视频，学生通过全过程参与，切身感受语文的魅力。在“每日一声”学习资源制作完成后，学校通过智慧学习平台向学生推送，帮助学生规划学习，使学生的阅读更具有趣味性，实现了阅读到悦读的转变。

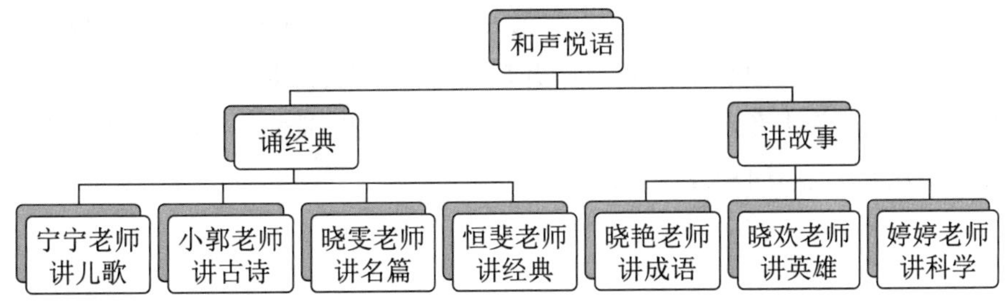

以晓雯老师讲名篇为例。学生在老师的引导下，利用多媒体搜集古诗背后的故事，设计古诗问答小游戏，录制古诗赏析音频、视频，并将其上传到智慧学习平台。学生通过智慧学习平台接收到多样化资源，在浓厚的兴趣中积极地进行自主阅读、吟诵积累。

附 晓雯老师讲名篇——《商山早行》

【主播】张晓雯　谭　乐　张澜馨

【原文】

商山早行

唐　温庭筠

晨起动征铎，客行悲故乡。
鸡声茅店月，人迹板桥霜。
槲叶落山路，枳花明驿墙。
因思杜陵梦，凫雁满回塘。

【译文】

黎明起床，车马的铃铎已经震动；踏上遥遥征途，游子悲思故乡。鸡声嘹亮，茅草店沐浴着晓月的余晖；板桥弥漫清霜，先行的客人足迹一行行。枯败的槲叶，落满了荒山的野路；淡白的枳花，鲜艳地开放在驿站的泥墙边。回想昨夜梦见杜陵的美好情景，一群群鸭雁，正在岸边的湖塘里嬉戏。

【赏析】

这首诗描写了旅途中寒冷凄清的早行景色，表达了游子在外的孤寂之情和浓浓的思乡之意，字里行间流露出人在旅途的失意和无奈。

（二）每天一听

随着“和声悦语”每日推出线上资源，学生通过智慧学习平台，以线上线下相结合的方式，利用碎片化时间自主学习、积累。其中，线上学习通过公众号、学习平台等开展，既可以让学生摆脱时间和空间的限制，使学习的时间、地点不再局限于课堂，在上学路上、回家途中、做家务时都可以打开“和声悦语”，拥抱声音，与经典相伴；也可以让阅读的范围随着网络的发展进一步得到拓展，满足学生求知的需求。

线下学习充分利用两个时间段：一是每天早晨 15 分钟，教师打开智能白板，播放学习音频，学生与老师一起吟诵经典诗词，开启美好的一天；二是每天下午 15 分钟，美妙的故事伴随着优美的声音走进心灵，师生与经典相伴，陶冶情操。“每天一听”的学习环境让学生身临其境，滋养心灵，提升素养。

附　婷婷老师讲科学——《皮肤国的大麻烦》

【主播】刘婷婷　高欣彦

【好书推荐】

在《皮肤国的大麻烦》这个故事里，我们的皮肤上竟然有这么多个国家：手指国、肩膀国、鼻子国、脚丫国……如果不做好防晒就去户外，这些国家就会被晒伤，有的公民甚至会离家出走，这时我们的皮肤就会变得红红的，还会火辣辣地疼！这个故事独具匠心、趣味十足，告诉孩子要保护好自己的皮肤，提高防晒意识，不被晒伤。

这本书想象奇特、故事有趣、色彩丰富、知识通俗，给孩子们带来的是一堂别开生面的科普课。相信这本书一定能让孩子们在快乐中学到知识，在童话里养成良好的生活习惯。

【科学小讲堂】

为什么皮肤会被晒伤呢？

紫外线中的UVB长波能够穿透至皮肤的表皮层，令表皮细胞失去水分，使胶原蛋白流失、免疫力降低，导致皮肤出现脱皮、老化现象。

UVB光波照射至皮肤，通常会转化成热能被皮肤吸收，这样会使皮肤的温度升高、细胞压力增大，呈现发红现象，日积月累甚至出现红肿。

亚洲人的皮肤内本来就含有黑色素细胞，但正常状况下，黑色素细胞只存在于基底层。紫外线中的UVA长波能够穿透至皮肤的基底层，令黑色素细胞活跃起来。新的黑色素细胞极易生成，原有的黑色素细胞便会向表面推移，这样整个肤色就会变黑。

（三）每生一思

好的阅读，要把读到的知识用起来。这个“用”并不是简单地使用，而是把学到的道理和知识用在生活中，解决现实生活中遇到的问题。因此，“和声悦语”线上资源引导学生在阅读后反思：一方面设身处地地思考；另一方面把思考记录下来，作为一种输出，将自己的思考、学习成果以文字、音频、视频的形式上传至智慧学习平台进行展示。在智慧学习平台上，学生可以看到其他同学的作品，互相学习、取长补短、共同成长。

附　晓艳老师讲成语——水滴石穿

【主播】徐晓艳

【讲成语】

宋朝时，张乖崖在崇阳当县令。当时，常有军卒侮辱将帅、小吏侵犯长官的事。张乖崖认为这是一种反常的事，下决心要整治这种现象。

一天，他在衙门周围巡行。突然，他看见一个小吏从府库中慌慌张张地走出来。张乖崖喝住小吏，发现他头巾下藏着一文钱。那个小吏支吾了半天，才承认是从府库中偷来的。张乖崖把那个小吏带回大堂，下令拷打。小吏不服气："一文钱算得了什么！你也只能打我，不能杀我！"张乖崖大怒，判道："一日一钱，千日千钱，绳锯木断，水滴石穿。"为了惩罚这种行为，张乖崖当堂斩了这个小吏。

成语水滴石穿原比喻小错不改，将会变成大错。现比喻只要坚持不懈，总能办成事情。

【用成语】

不管做什么事情，我们都要有水滴石穿的毅力。

【画成语】

（四）每师一评

教师利用智慧学习平台查看、分析学生的反思总结大数据，了解每一个学生的阅读反思情况，精准定位学生的知识盲区，然后向学生提供个性化反馈，让每个学生都能学有所获。

附 宁宁老师讲儿歌——《荷花》

【主播】赵立宁　王娅冰　徐瑾轩

【读儿歌】

荷　花

荷花妹妹，醒来笑微微，

露水洗洗脸，红霞擦擦嘴。

对着小池塘，照照真是美。

【讲儿歌】

夏至时节，走近荷塘，准会闻到一阵清香。荷花已经开了不少了，荷叶挨挨挤挤地，像一个个碧绿的大圆盘。荷花从这些大圆盘之间冒出来，好像在玩捉迷藏。在这洁白的荷花群里，有一朵粉红色的荷花小妹妹。它揉揉眼睛，从睡梦中醒来，眯着弯弯的小眼睛笑微微的。它用清澈的露水洗着胖嘟嘟的小脸儿，它用天上的红霞擦擦可爱的小嘴巴，它眨眨明亮的眼睛，对着小池塘照起镜子来。左看看，右看看，心里美滋滋地想："哇，我真是既美丽又可爱呀！"荷花妹妹不知道的是，她绽放的笑脸给人们带来了一整天的好心情……

二、AI 朗读亭，人人都是朗读者

为了使阅读成为学生学习生活的重要内容，学校引进全球中文阅读平台，配置了两大智慧朗读亭。本平台借助与小学语文教材配套的海量资源，以及由中央电视台主持人配音的听说评诊断系统，为学生提供精准阅读发音分析与训练方案，可以对学生提交的朗读作品的完整度、精准度、流畅度等进行精准的智能打分。该平台构建了学生、班级、年级、学校多层级阅读体系和分层进阶式激励评价机制，每周评选班级阅读小明星，每两周评选年级阅读小明星，每月评选学校阅读小明星，实现了人人都是朗读者。

（一）活动促读

在 2023—2024 学年第一学期的智慧阅读活动中，全校有 1 944 名学生参与每日阅读，累计生成优秀作品 7 409 个，形成文本资源 273 556 个、绘本资源 108 个、视频素材 929 个。有 22. 55％的学生朗读水平为优秀，38. 27％的学生朗读水平为良好，较 2022 年测评分别提升了 3. 4％和 4. 3％。在针对性教学后，学生的错误率普遍下降，声母 l 的错误率下降最为明显，为 62. 36％。71％的学生使用智慧朗读平台后，平均每天的朗读时长增加了 25 分钟，每月的朗读频次增加了 8 次。智慧悦读真正激发了学生的阅读兴趣，提升了学生的阅读素养与文学修养。

学校使用 AI 朗读亭举办"和声悦语，趣说故事"讲故事大赛和"和声悦语，共撷诗华"诗词大会。学生通过 AI 朗读亭及小程序报名参加活动，通过线上和线下两种方式进行练习和比赛录制。AI 朗读亭自带实时跟踪、语音评测、提供示范音、背景音乐切换等功能，能自动生成结果报告，同时支持作品发布、投票，也可公开分享或发布至朋友圈，供他人浏览、点赞。学校通过后台数据，从班级、级部、校区层层选拔，最终的优胜者参加线下的决赛。

（二）常态化朗读

"双减"政策的出台，为朗读活动的有效开展提供了广阔空间和有利契机。阅读素养是学生全面发展的重要基础素养，阅读是学生终身成长的重要路径。"双减"政策为学生开展深层次阅读、朗读活动提供了时间保障，解决了"没时间读"的突出问题。通过课后服务认真组织和开展中小学生阅读活动，不仅是深入贯彻落实"双减"政策的有力举措，还是深入领会和践行习近平总书记"爱读书""读好书""善读书""会用书"等读书观的重要方面。但学校组织好阅读活动并非易事，阅读书目是否科学、阅读资源供给是否充足、阅读活动指导是否专业、阅读素养评价是否准确成了学校面临的难题和痛点。

学校在小程序上开展“朗读之夜”活动，学生在每周二、周四通过小程序参与活动，根据不同年级学生的推荐书目，从中选择喜欢的作品，进行10～15分钟朗读活动，活动方案见下表。这一活动帮助学生拓宽了视野，养成了良好的朗读习惯。老师可在管理端及时地调整书目资源，统计学生的朗读书目、朗读时长、朗读次数，生成学生的个性画像。

活动主旨	1. 帮助学校系统地开展课后朗读、朗读常态化活动。 2. 提升学生的朗读兴趣，提高学生的朗读水平，培养良好的朗读习惯。 3. 为每个学生建立个性化朗读推荐，对学生的朗读过程进行监测，掌握学生的朗读效果。 4. 帮助传播校园文化与沉淀优秀作品
参与人员	双语小学一至五年级全体学生
活动时间	每周二、周四19:30至19:50，共20分钟
作品内容	根据不同年级，语文组长推荐适合的书目
活动评价	AI朗读亭自带实时跟踪、语音评测、提供示范音、背景音乐切换等功能，能自动生成结果报告，进行智能分析和弱项推荐，同时支持作品发布、投票，公开分享或转发至朋友圈，他人可进行浏览、点赞
活动过程	1. 全体学生在小程序上选择本年级的推荐图书进行朗读，在家长的指引下规范地使用小程序，提交1或2个自己比较满意的作品，养成良好的朗读习惯。 2. 各个班级负责活动的老师按月统计学生的作品数量，根据投票数、语音评分选出优秀学生。 3. 负责活动的老师可在管理端定期下载优秀作品，放在学校公众号上宣传

AI朗读亭能够统筹规划学生的课内课外阅读体系，合理设计书目和安排活动时间，将朗读活动作为课后延时服务的一个基本活动。根据不同年级学生的特点，从学科、教学主题、学生心理成长等多维度为学生设计推荐书单，帮助学校系统地开展课后朗读、朗读常态化活动。同时，AI朗读亭支持定期对学生的朗读能力、朗读偏好进行测评及评估，为每个学生建立个性化阅读推荐，对学生的朗读过程进行监测，掌握学生的朗读效果，建立学生的朗读档案，依托积分体系、朗读分享等活动，帮助学生养成好的朗读习惯。加强智慧阅读系统与智慧校园的一体化建设，实现与智慧图书馆、在线学习资源等系统的互联互通，能够帮助学生更快地获取全媒体阅读资源并实现个性化阅读。

三、智慧悦读平台，让每个学生和悦成长

（一）便利全员参与

智慧悦读平台将示范朗读、跟读，视频、动画、声音等多种类型的资源相融合，学生

在获取知识的过程中可以充分地调动自身的多种感官进行体验，从而更好地内化与吸收知识。图文阅读、音频阅读、视频阅读、多媒体互动改变了传统阅读中的单线形态，使阅读感悟得以多样化呈现。学生、家长、教师可以随时利用学校网络学习空间将阅读感悟和成果进行分享。平台的活动广场，使得交流汇报方式多样化，实现了人人参与、人人共享。

（二）助力形成习惯

线上学习空间基本涵盖了中小学阶段教育部推荐的必读古诗词和文言文，能够满足中小学生课内课外阅读的需求，集每日一读、悦读文库、推荐书单和知识答题于一体，帮助学生拓宽知识面、积累词汇量、提高文学素养。教师通过智慧悦读平台将阅读书目推送给学生，并从特色导读、知人论世、阅读计划、阅读方法等方面对学生进行线上指导。在每一章节阅读完成后，通过阅读关卡和阅读收获分享等活动实现对学生阅读效果的有效检测，助力学生形成良好的阅读习惯。

智慧悦读推动了学生大阅读观的形成，助力学生养成良好的阅读习惯，为大家带来了全新的阅读体验，同时也带来了新的挑战。

第六节　阅读评价——激励生命成长

童心悦读的评价指导思想是“让每一个人爱上阅读，在悦读中成长，拥有幸福人生”。我们采取引导、提高、完善的阅读评价，突出评价的导向、激励、促进功能，实现评价主体的多元化。

一、童心悦读的评价原则

（一）导向性原则

我们的评价在于引导学生、教师、家长朝着正确的人生方向发展，使其爱读书、会读书、多读书、读好书，随着阶梯式阅读逐渐从肤浅走向深入，实现精神成长。

（二）激励性原则

激励性原则在于突出评价的激励与调控作用，通过发现和激励先进，激发学生、教师、家长的内在发展动力，促进其不断发展，实现童心悦读的育人效能。

（三）全面性原则

童心悦读在评价上面向全体学生、教师、家长，促进他们的全面发展。促进全面发展不等同于“全优发展”，而是强调给予全面发展的机会，最终实现每一位师生、家长在阅读中都得到发展。

（四）差异性原则

童心悦读实行分层评价，不做横向的对比，只做自己纵向的“今天”与“昨天”的比较，鼓励自我发展，让评价成为每个人进步的阶梯。

（五）自主教育原则

童心悦读评价的最终目的是促进主体意识的觉醒和主体性的发展，通过评价，让每个人养成自我约束、自我鼓励、自我反思、自我进步的良好习惯。

（六）定量评价与定性评价相结合原则

童心悦读的内容具有开放性、广泛性，因此在评价过程中绝不强行对每一个人统一要求，也不统一步调、统一内容，即用多把尺子衡量和激励大家的阅读。

童心悦读的评价力求从关注个体的读，延伸到办公室、班级、家庭等团队或集体的读，从方方面面为促进师生的成长营造良好的阅读氛围。

二、多维评价激励成长

根据童心悦读的课程内容，我们的评价体系分为晨诵评价、午读评价、暮省评价、阅读课评价、教师读写评价、书香评优六大板块，涵盖了对学生、教师、家长三个群体的评价。

（一）晨诵评价——诵读入神入心

为了更好地让晨诵落到实处，学校通过学生评价、教师评价、学校评价三维评价来促进晨诵的实施，鼓励学生学优争先。

1. 学生评价

为落实学校的育人目标，充分培养学生的自主合作能力，晨诵通过学生自评、互评、集体评三个层次实现学生自主评价，评价的标准主要是能否正确、流利地背诵。学生每天到校之后进行“入门测”，同伴之间互相检查，谁过关谁进教室。学校定期开展“古诗对对碰”活动，在学校操场上举行，全校学生参加。学生带好古诗文晋级表（如下面五年级古诗文晋级表），同年级不同班级的学生一对一相互检查，做好过关记录。积分累计作为评价“和悦诵读小达人”的依据。此环节，学生评价学生，效率非常高，学生严肃认真，提高了背诵的积极性。

级别	一级			二级				三级		
篇目	《论语》十二章	《诫子书》	《木兰诗》	《陋室铭》	《三峡》	《桃花源记》	《虽有嘉肴》	《大道之行也》	《岳阳楼记》	课外古诗
得分										

2. 教师评价

教师对学生的晨诵情况，采取“和悦诵读小达人”评选和“和悦诵读小明星”评选相结合的二级评选机制。每月对照评价标准（见下表）进行评价，10 分可换 1 颗星，2 颗星授予“和悦诵读小达人”称号，4 颗星授予“和悦诵读小明星”称号。

综合指标	分项指标及具体要求	得分
教师评价标准（10 分）	老师说出题目，学生说出朝代和作者。（2 分）	
	学生能够正确、流利地背出诗文。（2 分）	
	学生能够声情并茂地背出诗文。（4 分）	
	学生能够根据语境灵活地运用诗文。（2 分）	

3. 学校评价

学校定期举办相关主题的经典诵读比赛，评价小组依据双语小学教育集团童心悦读晨诵评价标准（见下页表）评出“和悦诵读班级”，相应班级的语文老师则被评为优秀指导教师，并且在升旗仪式上进行全校表彰。

综合指标	分项指标及具体要求	得分
诵读内容正确(20分)	用普通话背诵,不添字、不漏字,字音准确。(10分)	
	正确地说出作者及朝代。(5分)	
	能完整背诵。(5分)	
诵读准确、流畅(15分)	停顿超过15秒视本首诗背诵结束,选手继续背诵下一首。(5分)	
	口齿清晰,流利顺畅。(5分)	
	断词断句准确,不重复。(5分)	
诵读有节奏、有感情(10分)	背诵有节奏感,感情充沛。(10分)	
精神面貌(50分)	仪态端庄,自然大方。(5分)	
	精神饱满,气质高雅。(5分)	
	声音响亮自然、入情入境、顿挫合理、节奏鲜明、富有美感。(10分)	
	服饰与诗词意境吻合,表演流畅、大方,动作得体,与音乐不脱节。(10分)	
	感情充沛、投入,感染力强;能充分展示诗词中的形象和意境;态势语等能恰当地表现作者的感情,情感与风格一致。(20分)	
秩序(2分)	上场、下场有秩序,队列整齐。(2分)	
特别奖励(3分)	能演绎出对诵读内容的独特感悟。(3分)	

(二)午读评价——培育书香少年

1. 学生评价

学生午读自评每周进行一次,得分累计作为评价“悦读小书虫”的重要依据。评价标准见下表。

综合指标	分项指标及具体要求	得分
学生午读自评(40分)	能坚持每天阅读课外书,感受阅读的乐趣。(10分)	
	积极参加班级及以上级别的读书、讲故事等活动。(10分)	
	认真做好午读记录本的记写。(10分)	
	每周给家长讲一个故事或一本绘本。(10分)	

2. 教师评价

教师对学生的午读情况,采取“星级＋晋级卡”的评价方式。每周五对照评价标准(见下页表)进行评价。综合学生评价和教师评价的结果,90分以上得5颗小星,80分以上至90分得3颗小星。每月汇总一次,5颗小星换取1颗大星。5颗大星就可以获得“悦读小书虫”的头衔，并得到“悦读小书虫”书签一枚；10 颗大星就成为“悦读小书迷”；15 颗大星就是“悦读小博士”。

综合指标	分项指标及具体要求	得分
教师评价标准（60 分）	完整讲述图书的主要内容，交流时语言通顺流畅，能够正确地表达自己的观点。（20 分）	
	午读记录本整洁，书写认真，未出现错字和别字，内容翔实。（20 分）	
	读书简报图文并茂，图画美观，书写认真。（20 分）	

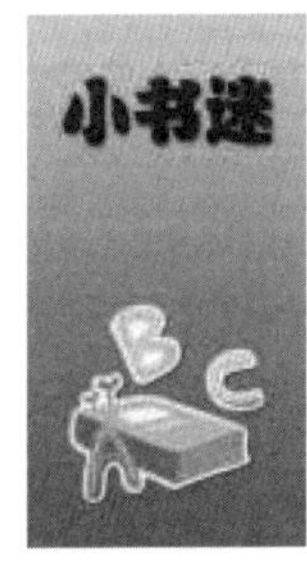

3. 学校评价

学校每学期举办校级午读展示，根据评价标准（见下表）进行打分，成绩计入教师和班级的量化考核。

综合指标	分项指标及具体要求	得分
学校午读评价（100 分）	完成本学期学校推荐的必读图书的阅读。（20 分）	
	读书展示时语言通顺流畅、有感染力，能够正确地表达自己的观点和图书的深层次内容。（20 分）	
	午读记录本整洁，书写认真，未出现错字和别字，内容翔实。（20 分）	
	读书简报图文并茂，图画美观，书写认真。（20 分）	
	根据读书征文入选校级及以上级别优秀作品的数量酌情加分，最高为 20 分。（20 分）	

（三）暮省评价——激励生命成长

1. 学生评价

暮省写完之后，学生通过自评—互评—小组评的方式对暮省的质量进行评价。不同学段，评价的标准和要求有所不同，主要通过星级评价的方式进行，但最终目的是一致的，都是引导学生学会反思，激励学生成长。

一、二年级的孩子在自评时，老师引导他们将自己写的话大声地读出来，检查有没有错别字、添字、漏字等问题。三至六年级的学生，除了做到修改错别字、圈画好词佳句、文从字顺、书面整洁等常规要求外，还要重点关注暮省是不是写出了自己的真心话，内容是不是深刻。童心悦读学生个人暮省评价标准见下表。

综合指标	分项指标及具体要求	评价
学生暮省评价	坚持写日记，每月日记篇数达到20篇。（4颗星）	
	书写认真、规范、整洁，语句通顺，基本无错别字，篇幅适中，标点正确。（2颗星）	
	准确地通过文字表达自己的内心世界，内容真实，感情真挚。（2颗星）	
	能够主动与同学分享、交流自己的日记，针对同学的交流发表自己的看法。（2颗星）	

2. 教师评价

教师对学生的作品进行批阅，并进行星级评选。10颗星为“悦写小能手”，20颗星为“悦写小达人”，30颗星为“悦写小明星”。不仅如此，教师还搭建平台，邀请“小能手”“小达人”“小明星”将自己的优秀作品在班级内进行分享。同时，将优秀暮省本在班级展示栏里展出，并留存优秀作品的电子版资料，在学期结束后汇编成册，为学生留下满满的回忆。

3. 学校评价

学校每学期组织暮省优秀班级的展评，根据评价标准（见下表）进行打分，成绩计入教师和班级的量化考核，鼓励师生不断进步。

综合指标	分项指标及具体要求	得分
班级暮省展示（20分）	学期内，进行一次班级暮省校级展示。（10分）	
	学校定期抽查各班的班级暮省开展情况，纳入班级量化考核。（10分）	
教师暮省指导（40分）	教师对学生的暮省作品进行全批全改。（10分）	
	教师定期评选出本班级的“悦写小能手”“悦写小达人”“悦写小明星”。（15分）	
	教师在学期结束后，将班级的优秀暮省作品汇编成册。（15分）	

续表

综合指标	分项指标及具体要求	得分
学生暮省作品（40 分）	班级内人人坚持写日记，每人每月日记篇数达到 20 篇。（20 分）	
	学生书写认真、规范、整洁，语句通顺，基本无错别字，篇幅适中，标点正确。（10 分）	
	学生准确地通过文字表达自己的内心世界，内容真实，感情真挚。（10 分）	

（四）阅读课评价——步步登高再提升

学校每学期组织共读书导读课、推进课、主题探讨课的展评，根据评价标准（见下表）进行打分，成绩计入教师和班级的量化考核。

综合指标	分项指标及具体要求	得分
教师阅读指导（40 分）	导读课有趣、生动，学生感兴趣。（10 分）	
	能根据书目开展两次以上的推进课，和学生探讨文本内容。（15 分）	
	每本书至少开设一次主题探讨课，引导孩子结合书本，对自己的学习和生活进行思考。（15 分）	

（五）教师读写评价——让教师生活充溢书香

悦读悦写不可分家。为了激励教师真正地走上专业发展之路，青岛西海岸新区双语小学制定了教师悦读悦写考评公约。

附　青岛西海岸新区双语小学教师悦读悦写考评公约

1. 制订个人读书计划：学期开始时，每位教师根据自己的发展需求写出自己的个人读书计划，内容具体、符合自己发展实际的得 2 分。

2. 学校每学期都根据教师的需求，配备相应的必读书。教师在规定的时间内认真阅读，并根据学校要求，或批注阅读，或参加读书论坛，或写读书笔记。每读一本，阅读效果好的（批注认真，有自己独到的见解）得满分 3 分，在教师读书会上交流一次加 1 分。

3. 坚持写随笔，每周一篇高质量的读书或教学方面的写作。每完成 1 篇，满分 1 分，累计加分。

4. 鼓励教师积极撰写文章，每发表一篇文章，国家级加 5 分，省级加 3 分，市级加 2 分，区级加 1 分。

5. 积极参加学校及上级有关部门组织的读书交流活动，如双语论坛、周前会、教师读书会等。积极发言且发言质量高的，校级一次 1 分，区级一次 2 分，区级以上一次 5 分。

6. 鼓励教师进行个性化阅读。学期结束时，由教师服务中心根据每位教师提供的阅读书目和阅读效果给予相应的加分。满分 2 分。

7. 建立教师个人成长档案：项目齐全，内容充实，并能及时地补充新的内容。满分2分。

8. 加分项。在师生共读共写的过程中，学生有文章发表，给指导教师加分：市级加0.5分，省级加1分，国家级加2分。在读书节活动中，有班集体或学生个人展示节目，给指导教师加分；教师个人有节目展示也加分。学校读书节节目展示，按集体2分、个人1分计算。

教师悦读悦写考评公约的实施，进一步激发了教师的悦读积极性。我们的评价不仅仅是为了评出悦读悦写标兵，培养出更多名师，更是为了给每位教师的专业阅读、专业写作、专业发展创设良好生态，促使每位教师更全面地了解自己的优势和不足，改变阅读观念，潜心读书学习，积极思考写作和成长，实现教师队伍在整体上的大发展。

青年教师杜娟在“我读书•我成长”的读书交流中说：

作为一名新老师，刚开始读书时，我仅仅是为了完成学校布置的任务，而教师读写评价促使我不断读书。我已经由阅读变为悦读，读书已成为我生命的需求，融入我的日常生活。悦读提高了我的写作水平与反思感悟能力，论坛锻炼了我的口才，张扬了我的个性。童心悦读使我的书卷气厚重起来，生活优雅起来。我相信在双语小学的这片沃土上，我一定能够因悦读悦写而飞翔！

（六）书香评优——引领悦读风尚

教育是唤醒，每个生命都是一粒神奇的种子，蕴藏着不为人知的神秘。而阅读，则能够唤醒这蕴藏着的美好与神奇。在营造书香校园的活动过程中，我们不断唤醒教师，让读书成为教师的生活方式；不断唤醒学生，让读书融进学生的精神生命；不断唤醒家长，让家长成为我们志同道合的合作伙伴。因为这样的唤醒，学校焕发出了无穷的生命活力。

1. 书香个人评优

（1）书香少年。

为了培养学生的良好阅读习惯，拓宽学生的阅读视野，青岛西海岸新区双语小学举办了书香少年颁奖活动，并对书香少年进行宣传展示，以此激发学生的阅读兴趣，形成阅读氛围。

附　青岛西海岸新区双语小学书香少年评价标准

1. 能坚持每天阅读课外书，感受阅读的乐趣，每周1颗星。

2. 学生参与班级共读（低年级以绘本为主，中高年级是整本书阅读），每读1本书得1颗星。

3. 学生自读一本书或报刊，得 1 颗星。家长签字，教师对内容抽查。

4. 积极地参与班级、学校及上级有关部门组织的读书、讲故事、暮省等活动，得 1～5 颗星。

5. 低年级根据老师对学生读写绘作品的评价，中高年级根据主题探讨课上的表现，得 1～5 颗星。

6. 每周一诗（古诗、童谣、童诗），根据学生晨诵中的表现，做到有感情、完整无误朗诵的，每首诗得 1 颗星。

7. 鼓励学生冒尖，在诵诗、写诗等项目中特别优秀的，如超过“每周一诗”指标，根据情况给予奖励。

8. 给家长讲故事，家长根据孩子的表现打分并签字。每讲一个故事得 1 颗星。

（2）书香教师。

学生的发展需要教师以身示范的引领。伴随着童心悦读的深入开展，读书已经成为每一位教师的生活习惯乃至生活方式。为了进一步激发广大教师的阅读积极性，激励每一位教师做读书人，促进教师专业成长与发展，青岛西海岸新区双语小学确定了书香教师的评价标准。

附　青岛西海岸新区双语小学书香教师评价标准

1. 制订个人读书计划：学期开始时，每位教师根据自己的发展需求写出自己的个人读书计划，内容具体，符合自己的发展实际。满分 2 分。

2. 撰写读书心得：教师在规定的时间内认真阅读学校指定的必读图书，并根据学校要求，或批注阅读，或参加读书论坛，或写读书笔记。每读一本，阅读效果好的（批注认真，有自己独到的见解）得满分 3 分，在读书会上交流一次加 1 分。

3. 分享读书经验：建立教师个人博客，坚持写随笔，每周一篇高质量的读书或教学方面的千字文。每完成 1 篇，满分 1 分，累计加分。

4. 发表文章：鼓励教师积极撰写文章，每发表一篇文章，国家级加 5 分，省级加 3 分，市级加 2 分，区级加 1 分，校级加 0.5 分。

5. 参加读书交流活动：积极参加学校及上级有关部门组织的读书交流活动。积极发言且发言质量高的，校级一次 1 分，区级一次 2 分，区级以上一次 5 分。如果是个人读书报告会，校级一次 2 分，区级一次 3 分，市级一次 5 分，省级及以上一次 8 分。

6. 进行教师个性化阅读：学期结束时，由教师服务中心根据每位教师提供的阅读书目和阅读效果给予相应的加分。满分 5 分。

7. 师生共读共写：在师生共读共写的过程中，学生有文章发表，给指导教师加分，市级加 0.5 分，省级加 1 分，国家级加 2 分。在读书节活动中，有班集体或学生个人展示节目，给指导教师加分；教师个人有节目展示也加分。学校读书节节目展示，按集体2分、个人1分计算。

2. 书香集体评优

（1）书香班级。

为了更深入地开展读书活动，在班级中形成良好的读书氛围，青岛西海岸新区双语小学开展了书香班级评比活动。

附　青岛西海岸新区双语小学书香班级评价标准

1. 建立班级图书角，图书角有合理的图书目录及图书借阅登记簿。（10分）

2. 利用好晨诵、午读，积极组织读书活动，营造良好的读书氛围。（10分）

3. 学生有文章发表（10分）。国家级每篇5分，省级每篇3分，市级每篇2分，区级每篇1分，校级每篇0.5分。

4. 开展读书实践活动（10分）。班级要积极参加学校组织的读书实践活动，按参加人数和效果加分：参加人数不得少于班级人数的70%，一等奖加2分，二等奖加1分，满分7分；班级自主组织的读书实践活动，效果良好的每次加1分，满分3分。

5. 加分项（10分）。如果班级组织的读书特色活动在国家、省、市、区、学校进行展示，成绩优秀的依次加10分、7分、5分、3分、1分。

（2）书香办公室。

让办公室溢满书香。教师的阅读成长离不开办公室这个阵地。为了能让老师们一走出课堂就融进书香，青岛西海岸新区双语小学制定了书香办公室评价标准，以此营造浓浓的书香氛围，引导教师热爱读书，让办公室润泽起来。

附　青岛西海岸新区双语小学书香办公室评价标准

1. 制订读书计划。

根据办公室的实际及所教年级的特点制订出切实可行的读书计划。计划具体且具有很强的可操作性的得5分，计划不具体、可操作性不强的得3分。

2. 完成学校规定的共读图书。

学校每学期会根据教师的读书情况购置、下发共读图书，老师们必须在规定的时间内阅读完毕，对重要内容进行摘抄，形成读书笔记，并在办公室内进行交流。能够在规定的时间内阅读完共读图书，并写出高质量的读书笔记在办公室内进行交流，而且组织效果较好，得5分。

3. 建立办公室图书架。

每间办公室必须配备图书架，购置高质量的图书。达到规定得5分。

4. 写教育随笔。

每一位教师必须每周完成 1 000 字以上的读书感悟，并及时上传到资源库。能按要求完成并有自己的独到见解，得 5 分。

5. 发表文章。

每位教师每学期必须在市级以上报刊发表一篇文章。凡在市、省、国家级报刊上发表文章的，分别按每人次 1 分、2 分、5 分计入办公室考核，本项可累计加分。

6. 参加“童心悦读院”。

为了推动师生阅读，学校成立了“童心悦读院”，鼓励老师积极参与，级部办公室内老师的参与率将纳入书香办公室的评选。办公室内老师参加“童心悦读院”的人数在60%以上，得 5 分。

7. 进行个性化阅读。

除了完成共读图书的阅读，办公室内所有老师每学期必须进行 2 或 3 本自选图书的阅读。每位老师能根据自身实际和所教学科特点进行个性化阅读的，每读 1 本书加 1 分，学期结束时把办公室所有老师的个性化阅读得分相加除以总人数即为办公室个性化阅读得分。

（3）书香家庭。

每年的读书节上，我们严格按照评选标准评选 100 个书香家庭，让缕缕书香浸润社区。书香家庭的评选不但能促进孩子和家长提高阅读水平，而且能够辐射社区乃至全社会，从而促进书香社会的形成。

附 青岛西海岸新区双语小学书香家庭评比细则

1. 家庭成员均热爱读书活动，有良好的阅读习惯。家长定期购买一定数量的图书，长期订阅报纸杂志。（10 分）

2. 家长和孩子拟订共同的读书计划，计划翔实具体。按计划读书的家庭依据具体情况，按 10 分、8 分、6 分计分。（10 分）

3. 家长积极参与学校倡导的亲子共读展评活动。在共读体会征文或共读手抄报比赛中被评为一、二、三等奖，分别计 10 分、8 分、7 分。（10 分）

4. 家长积极参与学校组织的各种读书活动，如写亲子日记、建立班级图书角等，每次都参与得 10 分。（10 分）

5. 家长积极阅读童书，主动研究童书、宣传童书，能引领其他家长或周围的人加入阅读群体的得 10 分。（10 分）

6. 加分项：参加故事妈妈进课堂活动，每次加 5 分；在读书节闭幕式上以家庭为单位出节目，每次加 5 分；在家庭教育案例评选中被选中，得 3 分。

第七节　群星璀璨——在读书节遇见最美的自己

一本好书就如一盏明灯，指引人们从黑暗的小路走向光明的大道；一本好书就像一艘船，带领人们从狭隘的地方驶向无限的海洋。双语小学教育集团每年9月28日以孔子诞辰日为开端举办“最是书香能致远”读书节。学校先后开展我读我展示、我手写我心、我秀我作品、作家进校园、教师读书演讲比赛、亲子诵读比赛、故事妈妈进课堂、故事力大赛、和声悦语诗词大会等系列活动，让读书节辐射到学校、家庭、社会的每个角落。

一、书香致远——在仪式中开启美妙之旅

2022年，双语小学教育集团“最是书香能致远”读书节活动方案如下：

在阅读中遇见最美的自己

读书使人睿智，读书使人进步。为了深入实施素质教育，创建良好的校园文化，营造浓郁的读书氛围，彰显童心悦读的魅力，学校举办读书节活动。

一、指导思想

激发教师、学生、家长的读书兴趣与热情，让每一位教师能够腹有诗书气自华，让每一个学生都喜爱读书、学会读书，让每一位家长和孩子共同成长，让全校师生、家长在读书活动中沐浴文化的恩泽，接受思想的洗礼，享受阅读的快乐。

二、活动目标

1. 营造氛围：营造良好的读书氛围，激发学生的读书兴趣，让每一个学生都想读书、爱读书、会读书。

2. 培养习惯：引导师生、家长养成好读书、读好书的习惯，从书中学到更多的做人道理，践行“读好书，做好人”的校训。

3. 提升品位：通过开展全校性的读书活动，构建以童心悦读为特色的书香校园文化，提升学校品位。

三、活动时间

9月28日至10月30日。

四、活动主题

在阅读中遇见最美的自己。

五、组织领导小组

组　长：杨世臣

副组长：副校长　语文学科主任　家委会主任

组　员：全体语文教师

六、活动对象

全体师生及学生家长。

七、活动过程

第一阶段：启动仪式。

1. 准备工作(9月22日)。

做好环境布置：在校园的LED屏上展示“让读书成为习惯，使书香溢满校园”和“让书香伴我们成长”等标语。校门口的红色拱门上挂“双语小学读书节开幕”条幅。

2. 开幕式(9月28日)。

(1) 学校领导致开幕词。

(2) 学生代表宣读倡议书。

(3) 教师代表发言。

(4) 学生代表发言。

(5) 晨诵节目展示。

(6) 读书节快乐签名。

第二阶段：开展活动。

1. 我读我展示。

2. 我手写我心。

3. 我秀我作品。

4. 作家进校园。

5. 教师读书演讲比赛。

6. 亲子诵读比赛。

7. 故事妈妈进课堂。

8. 故事力大赛。

9. 和声悦语诗词大会。

第三阶段：表彰奖励。

1. 个体表彰。

(1) 书香少年。

(2) 书香教师。

2. 集体表彰。

(1) 书香班级。

（2）书香办公室。

（3）书香家庭。

青岛西海岸新区双语小学教育集团

2022 年 9 月

二、喜看秋实——在读书节绽放最美的风采

（一）我读我展示

读书节期间，学校根据低、中、高三个学段的特点，分别举行绘本故事我来讲、讲故事大赛、课本剧展演等活动，让学生在比赛中展示自我风采，提升阅读和表达的能力，实现精神成长。

附　青岛西海岸新区双语小学教育集团“和声悦语　趣说故事”讲故事大赛活动方案

一、活动主旨

故事伴随着我们走过了天真的童年、美丽的花季、青涩的雨季。故事宛如一首歌，打着欢乐的节拍，被轻风吹进心里，沁人心脾；故事犹如一幅画卷，明丽的色彩伴着奇特的幻想，游荡在脑间，久久不能忘却。为了全面提升双语小学教育集团学生的学习水平，提高学生的阅读能力和表达能力，举行“和声悦语　趣说故事”讲故事大赛活动。

二、参与人员

一至五年级学生。

三、比赛时间

1. 准备时间：9 月 28 日至 10 月 7 日。

2. 班级比赛：10 月 8 日、10 月 9 日。

3. 级部比赛：10 月 10 日。

4. 校级比赛：10 月 11 日。

5. 集团比赛：10 月 12 日。

四、比赛过程

（一）班级故事大赛

1. 地点：各班教室。

2. 时间：10 月 8 日、10 月 9 日。

3. 负责人：各班语文教师。

4. 评选方法：全班同学进行投票。

5. 表彰奖励和结果运用：班内分别评选出一等奖 2 名（参加级部评比）、二等奖 5 名、三等奖 8 名、优秀奖若干，并进行表彰奖励。

（二）级部故事大赛

1. 地点：各级部自主安排教室。

2. 时间：10 月 10 日。

3. 负责人：各级部语文备课组组长。

4. 评选方法：每班两名同学现场打分。

5. 表彰奖励和结果运用：评选出一等奖 2 名（参加校级评比）、二等奖 5 名、三等奖 8 名、优秀展示奖若干，并进行级部内部表彰。

（三）校级故事大赛

1. 地点：各学校阶梯教室。

2. 时间：10 月 11 日。

3. 负责人：各学校语文学科主任。

4. 评选方法：每个级部家长代表 1 人、教师代表 1 人、学生代表 1 人现场打分。

5. 表彰奖励和结果运用：评选出一等奖 2 名（参加集团评比）、二等奖 3 名（参加集团评比）、三等奖 5 名，并进行学校级别的表彰。

（四）集团故事大赛

1. 地点：五台山西路小学阶梯教室。

2. 时间：10 月 12 日。

3. 负责人：和声悦语团队。

4. 评选方法：每个学校家长代表 2 人、教师代表 2 人、学生代表 2 人现场打分。

5. 表彰奖励和结果运用：评选出一等奖 2 名、二等奖 3 名、三等奖 5 名，并进行集团级别的表彰。

青岛西海岸新区双语小学教育集团

2022 年 9 月

附　青岛西海岸新区双语小学教育集团故事大王比赛活动纪实

2021 年 9 月 2 日下午，双语小学教育集团五台山西路小学的阶梯教室里热闹纷呈，在童心悦读特色课堂上，“小星星们”演绎了一场别开生面的故事大王比赛。比赛分为两部分，当天的班级赛中选出班级故事大王，每班再选派代表角逐校级故事大王。

让我们共同走进“小星星们”多姿多彩的故事世界吧！

一年级的“小星星们”在绘本、童话和寓言故事里仔细挑选，用丰富的肢体动作和表情，演绎自己喜欢的作品。调皮的逃家小兔、优雅的芭比公主、虚心好学的孔子、刷房子的小工匠……他们都模仿得惟妙惟肖。

二年级的故事大王比赛，取材于“快乐读书吧”中的课外必读图书，但又不局限于此，目的在于让孩子们爱上阅读。这次活动得到了同学们的积极响应，各位参赛小选手表现得落落大方、声情并茂，故事内容丰富有趣。即便是同一个故事，选手们也能讲得各具特色。有的讲得绘声绘色、话语铿锵，有的则饱含真情、动人心弦，还有的抑扬顿挫、娓娓道来。孩子们的精彩讲述将大家带入了一个又一个美妙的世界，连老师都对他们的想象力、表现力和演讲才能发出由衷的赞叹。给孩子们一个展现的舞台，孩子们带给我们的是无限的精彩！

三年级的故事大王比赛，取材于本学期必读图书《中国古代寓言》。绘声绘色的语言，配上充满情境感的背景音乐，小选手们生动地演绎了一个个滑稽可笑却蕴含深刻道理的故事。书香浸润童年，阅读点亮智慧。此次活动，通过这扇绮丽的阅读之窗，让孩子们更加喜爱寓言，知道世间的美与丑，学习如何处世、如何做人、怎样辨别好坏、怎样变得聪明。

四年级的小书虫们以书为伴，与故事同行。故事大王比赛得到了同学们的积极响应，他们纷纷上传音频，讲述的故事丰富多彩：神话故事把我们带到了一个浮想联翩的世界；绘本故事像一条小溪，清新自然，让爱与责任流淌在心间；历史故事把我们带回那个风起云涌的年代；名人故事讲述了主人公丰富的人生经历……故事为小书虫们的童年增添了美妙的味道，他们声情并茂的讲述也为故事增添了动人的色彩。

五年级的故事大王比赛是结合《西游记》整本书阅读开展的。孩子们纷纷选取了自己最喜欢的片段，如《三打白骨精》《真假美猴王》《大闹天宫》等。有的学生表演讲，有的学生配乐讲。一本书就是一个独立、完整的世界，对孩子们而言，可以借此完成一次整体性的建构，如同经历了一次不同的人生。把这种阅读感受通过讲故事的形式表达出来，就会有自己的二次创作，对孩子们来说，意义是深刻的，影响是深远的。

（二）我手写我心

读书节期间，学校组织丰富多彩的创编活动，让学生将自己的读书心得通过多种形式表达出来。低年级鼓励学生结合绘本阅读，进行绘本创作大赛；中高年级鼓励学生结合整本书共读，撰写读书心得或续编故事。读与写的结合，促进了经典向素养的转化。

附　青岛西海岸新区双语小学我手写我心活动实施方案

一、指导思想

展示学生的读书成果，激发学生的读书兴趣，在读写实践活动中促进学生的知识更新，活跃学生的思维，促进学生的精神成长。

二、活动目的

通过活动的开展，使学生养成良好的读书习惯，使阅读成为家庭常态，使学生学会用笔尖展示自己的阅读成果，学会读写一体。

三、活动要求

1. 一至三年级以亲子阅读为主，学生每人完成一份读写绘手抄报。

2. 四至六年级学生每人完成“三个一”：有一本摘抄笔记（摘抄优美词句、精彩片段等），写一篇读书心得或读后感，制作一份手抄报。

四、评选方法

1. 各班积极评选“读写小明星”，激发学生的读书热情。

2. 学校结合各班开展的读书活动情况，进行“读写优秀班级”评选。

3. 学校对获奖学生及班级进行隆重表彰。

4. 获奖作品装订成册，建档保存。

青岛西海岸新区双语小学

2021 年 10 月

播撒一颗写作的种子，收获一生诗意的幸福。学生在写作中表达心声，用诗意的语言描绘想象中的世界。我手写我心，佳木美竹，书海词山，皆可入心，皆可入文。

（三）我秀我作品

读书节期间，学校通过举办自制书签、剪贴画等活动，给学生提供读书展示的平台，让学生秀出自己的作品，抒发自己的感悟，绽放自己的精彩，感受读书的乐趣。

附　青岛西海岸新区双语小学我秀我作品活动方案

一、指导思想

提升学生对作品的直观感受能力，提高学生的语文素养，丰富我校的校园文化。

二、活动目的

为学生提供一个展示作品、展示自我的机会，使其在动手实践中品味经典。

三、活动时间

10 月 13 日。

四、活动要求

1. 各班组织并鼓励全体学生以动手创作的方式展示自己的阅读作品。

2. 各班推选出的优秀作品参加级部优秀作品展评，由作者解说自己的作品。

五、评选方法

1. 各班积极评选“我型我秀小明星”。

2. 学校结合各班开展的读书活动情况，进行“我秀我作品优秀班级”评选。

3. 学校对获奖学生及班级进行隆重表彰。

4. 获奖作品建档保存。

六、评分标准

1. 主题突出，内容有趣，符合儿童的年龄特点。（3 分）

2. 形式多样，引人注目。（3 分）

3. 解说精彩。（4 分）

青岛西海岸新区双语小学

2020 年 10 月

双语小学教育集团通过展示学生的作品，进一步促使学生加强阅读，提高学生的阅读兴趣和设计能力。学生在展示作品的过程中获得了自豪感，进一步爱上阅读，提升审美情趣。

（四）作家进校园

为了让学生走进文学，走近作家，感受文字的魅力，学校在读书节期间邀请知名儿童作家进校园。邀请的作家兼顾低、中、高三个学段的特点，用适合的作品促进学生阅读、写作能力的提升，用榜样的力量促进学生的成长。

附　青岛西海岸新区双语小学作家进校园活动方案

一、指导思想

通过开展作家进校园系列活动，让更多的孩子爱上阅读，让整个校园弥漫着浓浓的书香气。

二、活动目的

1. 以作家进校园活动为平台，更新知识、发展智力、开阔视野，为学生的终身发展奠基。

2. 通过活动，大力推进书香校园、书香班级、书香家庭建设，彰显我校童心悦读的办学特色。

三、活动主题

作家引领，快乐阅读。

四、活动时间

每年 10 月。

五、活动地点

双语小学悦动馆。

六、参加人员及形式

各级部学生轮流参加。

七、活动过程

1. 介绍本次活动和本次作家。

2. 敬献红领巾。

3. 作家进行讲座。

4. 学生排队在图书上签名。

5. 会后合影留念。

青岛西海岸新区双语小学

2022 年 10 月

作家进校园活动如一缕春风，吹进了双语小学的校园；如暖阳一般驱散了冬日的寒冷，为学生带来了知识的滋养。

（五）教师读书演讲比赛

为引导广大教师静心读书、深入思考、畅谈心得、交流思想，学校每学期举办教师读书演讲比赛。学校为老师们分发共读书目，引导每位老师在书香中陶冶情操、思考所得，将自己的读书心得通过演讲的形式进行展示。教师读书演讲比赛，可以激发教师对阅读的热爱，提升教师的教育素养，同时为教师的个人成长和发展提供契机，进一步推动学校教学水平的提高，为学生提供更好的教育服务。

附　青岛西海岸新区双语小学教育集团“悦读点亮未来”教师读书演讲比赛活动方案

一、指导思想

读书演讲比赛旨在鼓励教师积极阅读、深入学习，提高教师的教育素养和教育质量，同时培养教师的悦读和分享精神，为教师提供一个展示阅读成果和交流学习的平台。

二、比赛目标

1. 倡导教师积极读书，提升教师的知识水平，更新教师的教育思想。

2. 提高教师的演讲技巧和表达能力，培养其优秀的口头表达能力。

3. 促进教师交流和互相学习，共同提升教育教学水平。

三、比赛内容

1. 主题：悦读点亮未来。

2. 内容：参赛者根据学校的共读书目进行读后感分享。

3. 形式：参赛者可自由选择演讲、朗读、对话、展示等方式进行表达。

四、比赛流程

1. 报名：教师自愿报名参加，提交参赛申请和演讲稿（或 PPT）。

2. 初赛：由级部评委进行评审，选出优胜选手进入决赛。

3. 决赛：优胜选手现场再次进行演讲或表演，由集团评委进行评审，评选出获奖者。

4. 颁奖典礼：为获奖选手颁发证书和奖品，并举办颁奖典礼，同时为所有参赛教师颁发参与证书。

五、比赛评分标准

评价项目	评价要点	得分
演讲内容（40分）	结合教师的专业发展实际，亮点突出，主题鲜明。（15分）	
	材料真实，内容丰富，逻辑性强，条理清晰，脉络清楚。（10分）	
	演讲稿构思好，构造严谨。（10分）	
	表达流畅。（5分）	
语言表达（30分）	语言标准，吐字清晰，声音洪亮。（10分）	
	演讲表达准确、流畅、自然。（10分）	
	语言技巧处理得当，语速适当，节奏符合思想情感的起伏变化，能熟练表达所演讲的内容。（10分）	
形象风度（20分）	演讲者衣着得体、自然大方、精神饱满，能较好地运用姿态、动作、手势、表情来表现演讲内容。（20分）	
综合评价（10分）	演讲精彩生动，具有强大的鼓舞性、鼓励性、说服力、感召力。（10分）	
总分		

青岛西海岸新区双语小学教育集团

2022年9月

读书丰底蕴，清气溢师心。漫步书林、携手阅读，用心教书、引领孩子，这就是双语小学教育集团教师最美的姿态！

（六）亲子诵读比赛

为进一步让孩子体会阅读的价值，创造良好的亲子沟通渠道，青岛西海岸新区双语小学开展了亲子诵读比赛，让缕缕书香浸润每一个家庭。

附　青岛西海岸新区双语小学亲子诵读比赛方案

一、指导思想

为营造家庭读书氛围，推动亲子阅读实施，我校开展“让书香溢满校园，用智慧促进成长”亲子诵读比赛。

二、活动目的

促进亲子和谐，潜移默化地带动和影响孩子们的阅读兴趣。

三、活动内容

（一）家庭亲子读书引导

1. 制订家庭读书计划。每个家庭根据自身实际，制订读书计划。结合家庭、家长及儿童特点和实际需求，自行确定阅读内容和具体书目。家长与子女共同制订读书计划，并互相督促实施。

2. 保证读书时长。每天阅读不少于20分钟。

（二）亲子诵读推进方式

开展诵读比赛。使读书学习与实践相结合，有效地激发家长与孩子的读书热情，努力推进家庭教育建设，并带动书香社区与书香社会建设。

四、评分标准

1. 满分为10分。

2. 紧扣主题，内容积极，健康向上。（2分）

3. 普通话标准，条理清楚，语句流畅，亲子之间配合默契。（2分）

4. 精神饱满，服装得体，仪表大方。（2分）

5. 感情真挚，表演形式有创意，临场发挥好，整体效果佳。（2分）

6. 参赛选手必须脱稿，表演时间不超过5分钟。（2分）

青岛西海岸新区双语小学

2023年10月

亲子诵读比赛促进了亲子和谐，潜移默化地带动和影响了孩子们的阅读兴趣。希望有更多的家庭参与到亲子诵读比赛中来，让孩子们通过比赛真正地爱上阅读，让阅读成为孩子们相伴一生的好习惯。

（七）故事妈妈进课堂

为了鼓励家长走进课堂，感受亲子阅读的快乐，读书节期间，学校邀请家长来到学生中间，讲述学生喜爱的故事，并结合自身经历分享成长感悟。

附　青岛西海岸新区双语小学故事妈妈进课堂活动方案

一、指导思想

以读书节活动为契机，借助读书活动，鼓励家长积极主动地走进课堂，充分发掘家长的教育资源，搭建家长与学校之间的互动桥梁，为家庭亲子和谐关系奠定基础。

二、活动形式

一、二年级每个班级邀请一位故事妈妈（也可以是爸爸），结合自己的专长、亲身经历、成功实践或身边的例子，选取学生喜爱的故事或图书，走进课堂，开展故事妈妈进课堂活动。

三、活动安排

1. 人员安排：家长自行申报，汇总后由教师统一筛选。

2. 时间安排：第一期10月、第二期11月、第三期次年3月、第四期次年4月。

四、评分标准

一级指标	二级指标	指标说明
选题设计(10分)	选题典型(10分)	故事的选材深受孩子喜欢,富有趣味;选择有意义的故事,帮助孩子成长,给孩子带来积极影响
故事内容(35分)	科学正确(15分)	故事内容严谨,没有知识性错误
	逻辑清晰(15分)	故事的组织与编排符合学生的认知规律,故事主线清晰、重点突出、逻辑性强、明了易懂
	语言规范(5分)	普通话标准,声音洪亮,有节奏感,富有感染力
讲解效果(40分)	形式新颖(10分)	构思新颖,富有创意,不拘泥于传统的模式,参与性强、互动性强
	趣味性强(10分)	故事生动,精彩有趣,启发引导性强,有利于提升学生学习的积极性和主动性
	目标达成(20分)	促使孩子提升素养、学习文化知识、养成良好习惯
总体评价(15分)	总体评审(15分)	准备材料完整、有效,讲解到位,课堂效果好

青岛西海岸新区双语小学

2022年9月

附 青岛西海岸新区双语小学故事妈妈进课堂活动纪实

妈妈的故事陪伴我们进入梦乡,老师的故事伴随我们成长。

在故事的海洋里,我们收获乐趣;

在故事的海洋里,我们放飞梦想……

为了充分挖掘家长的教育资源,开阔学生的认知视野,双语小学开展了故事妈妈进课堂活动,特殊的“教师”群体为孩子们奉上了精彩纷呈的故事,携手搭建起家校互动的桥梁。

故事妈妈童心绽放、声情并茂,用生动形象的童言稚语,把故事内容表达得淋漓尽致。孩子们全神贯注、其乐融融,被故事情节吸引,享受倾听的温馨与快乐……

高毓的家长给学生带来了《大卫上学去》。大卫是个调皮捣蛋的孩子,上课迟到,不专心听讲,总是看窗外,吃饭不排队,课堂上大呼小叫。但是大卫把乱涂乱画的桌子擦得干干净净,得到了老师的表扬,这说明大卫是个知错就改的好孩子。

没有规矩,不成方圆。孩子们在不断地犯错误中成长,渐渐地适应学生生活。大卫的身上有我们孩子时代的身影,孩子们在不断的错误中适应学校生活,逐渐明白:不能光顾自己,也要考虑他人的感受;以发展的眼光看待自己和他人,发现闪光点,不断地取长补短、进步成长。

故事妈妈进课堂活动使我们的家校共育关系更加紧密，促进了家校之间的相互配合。通过一个故事妈妈带动另一个故事妈妈，不仅让孩子们享受到倾听其他妈妈讲故事的温馨与快乐，也激发了家长们培养孩子良好阅读习惯的热情，真正实现了“家校合力，共育孩子”，让故事伴随孩子快乐成长。

（八）故事力大赛

学校通过故事力大赛的方式，请家长、学生、老师讲述读书的故事、成长的历程，以此带动更多的家庭用读书熏陶自我。家长、学生、老师在这些故事里，与悦读初相遇，再相识，深相知……

302 班张梓豪的妈妈说：

张梓豪在双语小学老师的教导下，一步一步走来，从大字不识几个到今天可以自主地读书，从只会数数到今天自信地给我讲数学知识，从单纯的 ABC 歌到“good afternoon, mammy”，再到清楚地表达“Hello, everyone, nice to meet you. my name is Zhang Zihao. I’m nine years old, I’m a boy, I’m from Qingdao, China”。我看到了孩子的成长，也慢慢地看着他从刚开始的茫然懵懂到现在的自信满满，我欣慰于孩子长大的同时，也更坚定了当初的选择——双语小学的和悦教育。

308 班家委会共同为学校创编了三句半：

我们来自三年级，八班就是我们家，团结友爱好集体，爱她。
班级分工真是细，人人都有事情做，事事都有人来管，团结。
和和悦悦好少年，人人都是小当家，齐心协力为集体，给力。
时光退回七年前，双语小学初落成，万里长征起步难，奋斗。
领头雁是杨校长，学校发展装心间，教学管理有一套，能干。
和悦教育入人心，“六爱三雅”育少年，读好书也做好人，育人。
育人育才树新风，教育教学创新篇，素质教育德先行，我看成。
学校创立这些年，我们拿了不少奖，让我给你数一数，开始。
全国创新名校长，全国创新名校园，创新理念入人心，创新。
青岛科普示范校，健康促进示范校，“食安山东”示范校，示范。
特色课程一等奖，教学成果一等奖，最具影响力好学校，骄傲。
足球网球特色校，人文交流特色校，五星级阳光好校园，光荣。
双语老师真敬业，无私奉献谱华章，文武双全展雄才，为人师表。
粉笔虽小描画卷，班级常规重落实，日常教学抓得好，周详。
校园生活大舞台，德智体美全发展，和悦理念入人心，特色。
再夸咱们备课组，集思广益备课好，凝聚集体大智慧，高效。

团结合作促成长，同心协力永向前，百尺竿头更进步，加油。
双语家长也靠谱，家校共育好少年，携手共建好校园，双向奔赴。
我们节目将演完，大家多多提意见，若是我们说得好，鼓掌。
今天比赛很隆重，最最辛苦是园丁，在此真心祝福您，鞠躬。
学校连创新高度，教书育人谱新篇，双语明天更美好，更美好。

故事力大赛也在老师、学生之中开展，师生在故事中共同感悟美、创造美。

附　故事力大赛师生作品示例

女英雄刘胡兰

五台山西路小学 503 班　李佳颖

亲爱的同学们，我们是幸福的一代。可是，你们想过我们的幸福生活是怎么来的吗？是那些英雄用自己的生命换来的。历史不会忘记他们，我们更不能把他们忘记。我们家乡的英雄刘胡兰就是其中的一位，今天我要给大家讲讲她的故事。

1932 年，在山西文水县的一个贫苦农民的家里，一位女英雄出生了，她就是刘胡兰。

10 岁那年，小小年纪的她不仅担任儿童团团长，还担任村妇救会秘书。她经常和小伙伴们一起为八路军站岗、放哨、送情报，发动群众送公粮、做军鞋。大家都亲切地喊她“胡兰子”，夸她是一个聪明又意志坚定的小战士。

14 岁那年，刘胡兰光荣地成为一名中国共产党候补党员。

1947 年 1 月，刘胡兰因被叛徒出卖而被捕。大胡子连长扯着破锣嗓子大声地问她：“有人说你是共产党员，你是吗？”

刘胡兰把头一扬：“知道了还问什么？”

大胡子威逼利诱道：“小姑娘，你告诉我，谁还是共产党员，剩下的共产党员都躲到哪儿去了。说了，就分给你一块地！”

“呸！”刘胡兰朝大胡子吐了口唾沫，“你就是给我个金人我也不知道！”

大胡子一听，恼羞成怒：“你小小年纪，这么嘴硬。你、你就不怕死吗？”

“怕死就不当共产党员！”

敌人为了使她屈服，当着她的面，把同时被捕的六位共产党员用铡刀杀害了。

大胡子指着血淋淋的铡刀威胁道：“怎么样？小姑娘，快坦白吧！不然的话，和他们一样！”

刘胡兰挺起胸膛坚定地说：“我，死也不投降！”说完，她毫无惧色地走向铡刀，壮烈牺牲。那一年她才刚刚 15 岁。

1947 年 8 月，刘胡兰被追认为中国共产党正式党员，毛泽东亲笔为她题词“生的伟大，死的光荣”。她以短暂的青春年华谱写出永生的诗篇。

少年强则国强，作为新时代的少先队员，我们既是实现第一个百年奋斗目标的经历者，又是实现第二个百年奋斗目标的生力军。我们使命光荣，责任神圣。相信在榜样的感染下，我们每一个人都可以成为自己的英雄。

我和双语的故事

双语小学　孙　霞

眨眼一学期过去了，我高兴地发现，我竟然坚持了下来，而且在工作中找到了快乐。更叫我欣慰的是，孩子们真的发生了很大变化。我在孩子们心中开始有了不可替代的位置。

新学期之初，我花费了大量时间给班上每个孩子写了一段新学期寄语。这些寄语经过精心设计，表扬了每个孩子上学期表现出来的优点，也寄托着这学期我对他们的殷切希望。我的真诚，得到了孩子们热烈的回应。看着孩子们稚嫩的笔触和天真的话语，我的心里满满的全是感动。之前尝试用不同方式鼓励、督促孩子们的画面，伴随着感动涌现出来。孩子们的爱使我有了十足的动力，不断地丰富自己的课堂。梅花山的手工制作、“蘑菇该奖给谁”的话剧、清明节的读写绘、蛋壳课程等，点点滴滴都记录着我和孩子们一起成长的故事。

时间飞逝，两年的教育生活转眼就过去了。虽然在这个过程中经历过磕磕碰碰，但我已从刚开始的懵懂、稚嫩的教育新手，变成一名慢慢开始知道怎样和孩子们交流，怎样丰富自己的课堂，怎样和家长沟通，怎样平衡班主任工作和教学上专业素质提高的教学初学者。即使日后在教学之路上还会充满新的挑战，但我相信机遇与挑战并存，我会慢慢把握好教育航道上的船桨，乘风破浪。

在这段征程上，只愿自己能够成为孩子们成长道路上的一朵向阳花，用自己汲取到的养分，不断滋养他们，静待他们长大成熟，幸福花开。

（九）和声悦语诗词大会

子曰：“不学诗，无以言。”诗言志，词传情。中华文化源远流长、博大精深，古诗词作为中国优秀传统文化的一部分，有着自身的历史意义和现实价值。为丰富学生的文学积累，发展学生的思维能力，提高学生的审美情趣，双语小学教育集团开展了“和声悦语　共撷诗华”诗词大赛。

附　青岛西海岸新区双语小学教育集团“和声悦语　共撷诗华”诗词大赛活动方案

一、活动主旨

诗意中国，源远流长，与时光做伴，听世纪回响。走进诗词，我们重温那份触动；传唱诗词，我们重拾那份信念。让诗词在我们心中播下一粒种子，生根发芽。双语小学教育集团举行“和声悦语　共撷诗华”诗词大赛。让我们与诗词同行，纵览古今篇章，横看诗家千言，孕育民族文化根脉，绵延九州气韵风华！

二、参与人员

三、四、五年级全体学生。

三、比赛时间

1. 准备阶段：9月。

2. 班级比赛：10月15日至10月19日。

3. 年级比赛：10月23日。

4. 集团比赛：10月26日10:20。

四、比赛内容

三、四、五年级古诗卡，小初衔接拓展材料。

五、比赛过程

（一）准备阶段

1. 时间：9月。

2. 形式：朗读亭（线上、线下）。

3. 负责人：各班语文老师。

4. 选手：班级全体学生。

（二）班级诗词大赛

1. 时间：10月15日至10月19日。

2. 地点：各班级教室。

3. 负责人：各班语文老师。

4. 选手：全班同学。

5. 观众：全班同学。

6. 语文老师现场抽取诗句，检查背诵及理解，要求背诵流利、理解准确。

（三）年级诗词大赛

1. 时间：10月23日。

2. 地点：各学校阶梯教室。

3. 负责人：和声悦语团队。

4. 选手：每个班级有2名选手参赛。

5. 过程：诗词大闯关。

（四）集团诗词大赛

1. 时间：10月26日10:20。

2. 地点：悦动馆。

3. 负责人：具体项目负责人见附件。

4. 选手：每个学校的每个年级有 4 名同学参赛，双语小学和五台山西路小学共组成 4 支赛队。各学校建群，对参加决赛的学生进行提前培训。

5. 观众：全体“诗词小明星”。年级赛后发放门票，凭门票入场。

6. 领导讲话：郭良晓。

青岛西海岸新区双语小学教育集团

2023 年 9 月 1 日

一诗一词一世界，一联一阙总关情。胸藏文墨虚若谷，腹有诗书气自华。诗韵耳畔回响，情怀心头荡漾。诗词大会，让师生的诗词热情化为源源不竭的动力，插上诗词的翅膀，在诗词的天空中自由翱翔。

三、星星之火——在表彰奖励中孕育和悦书香

为建设书香校园，营造书香家庭，辐射带动整个社区，掀起读书热潮，双语小学开展了书香个人、书香集体表彰活动。活动一经发布，便引起社会的强烈反响。中国教育报、大众日报、山东卫视、青岛电视台等多家媒体争相报道。

（一）书香个人表彰

1. 书香少年表彰

为激发学生的阅读兴趣，在全校形成浓郁的阅读氛围，双语小学举办了书香少年颁奖活动，对书香少年进行宣传、表彰。

书香少年颁奖词：

双语书香少年，好读书、乐读书、善读书，读书已经成为生活习惯。读书，让他们悄然发生着变化：乐观、积极、勤勉、向上、感恩……让我们用热烈的掌声向书香少年表示祝贺！

书香少年获奖感言选录：

尊敬的老师们、亲爱的同学们：

大家好！

我是 509 班的苏宸，今天站在领奖台上，我的心情非常激动！

一个人只有多读书、读好书，他的气质才会高雅，他的内涵才会丰富，他的路才会越走越远。在双语小学的五年学习生活让我爱上了读书，每天做完家庭作业后，我都要看半小时以上的课外书。我看的书不仅有科技类、地理类的书，还有文学类、历史类的书。

通过读书，我了解了中华民族五千多年的璀璨历史；通过读书，我了解了大千万物、地球未解之谜；通过读书，我认识了李白、杜甫、鲁迅、老舍、歌德、高尔基等名人雅士，学

习了他们的励志精神和处世哲学；通过读书，我更懂得了感恩，让自己心灵得到了净化和升华。杜甫说过："读书破万卷，下笔如有神。"高尔基说过："书是人类进步的阶梯。"笛卡儿说过："读一本好书，就是和许多高尚的人在说话。"今天，我——苏宸说："生命因读书而精彩！"同学们，让我们都努力成为书香少年吧！

2. 书香教师表彰

为激励每一位教师做读书人，促进教师专业成长与发展，双语小学对书香教师进行了表彰。

书香教师颁奖词：

教书人首先是读书人。在双语小学，有这样一群老师：学高为师，他们用书籍丰富自己的学识；与书为友，他们用书籍点亮学生智慧的明灯。喜欢读书的教师能够带出喜欢读书的孩子。教师读书，不仅源于教书育人的需要，更源于教书人对于事业人生的幸福追求！让我们用热烈的掌声向他们表示衷心的祝贺！

书香教师获奖感言选录：

尊敬的各位领导、老师：

大家好！

我是五年级服务中心的尹杰。很荣幸能够成为本届读书节的书香教师。古人云："读书破万卷，下笔如有神。"的确，读书可以拓宽我们的眼界，使我们获得丰富的知识；读书能引导我们明理，使我们学会如何做一个有修养的人；读书能提高我们的阅读能力，使我们养成良好的学习习惯。

作为教育工作者，肩负着教书育人的重任，离不开书的滋养，就像花朵离不开阳光的呵护，草儿离不开雨露的滋润。热爱读书的教师，才能有效地教书；热爱读书的教师，才能更好地育人。正所谓"腹有诗书气自华，最是书香能致远"。

读书能使人收获知识和智慧。在双语小学这个开放式的图书馆中，我们阅读了大量的书籍。书中有知识，《我们如何思维》，这是伟大的教育先哲杜威在漫长的教育历程中，探寻和打捞出来的闪光的珍珠；书中有情感，《给教师的一百条建议》，这是著名教育实践家苏霍姆林斯基，用充满温度的文字凝结的活生生的生命力量；书中有精神，《平凡的世界》，这是著名作家路遥笔下勇敢而坚韧的人们，在不断的追求中，将理想上升为行动而生长成的生命之华；书中有智慧，《中国哲学简史》，这是中国哲学之父冯友兰用生命的证悟与理性的考问，融汇而成的灵魂之光……

站在巨人的肩上，我们可以看得更远；以书做垫脚石，我们可以攀得更高。"读不在三更五鼓，功只怕一曝十寒。"让我们以审视的目光阅读书籍，与书为友，以书为鉴，让一缕书香伴你我同行！

（二）书香集体表彰

1. 书香班级表彰

为更深入地开展读书活动，在班级中形成良好的读书氛围，双语小学开展了书香班级评比活动，并对优秀班级进行了表彰。

书香班级颁奖词：

他们的班级是乐园，书香满园；他们班的学生朝气蓬勃，以书为伴；他们班的老师让书香洋溢着生命的魅力。这就是他们——沐浴着书香，品味着书香的班集体！

书香班级获奖感言选录：

尊敬的各位领导、老师：

大家好！

很荣幸，我们班获得了"书香班级"的称号。书香浸润童年，阅读丰富人生。本学期，我们班以学校读书节为契机，开展了"缤纷童话，快乐童心"读书节活动。我们以童话为主题开启了一次阅读之旅。活动中，我们与童话作家面对面，班级图书角因为颗颗爱心的汇聚变得那般丰富多彩；教室外的墙刊成了读书交流的平台，流动着书的馨香；楼道里的小小书吧时时有小小书虫的身影……如今我们的班级，缕缕书香让人向往。

让我们承载民族的希望，养成阅读的习惯，用我们的小手拉起父母的大手，用我们家庭的阅读力量推动全民阅读的大潮！让阅读像呼吸一样自然。

2. 书香办公室表彰

教师的阅读成长离不开办公室这个阵地。为了让办公室溢满书香，让老师们一走出课堂就融进书香，双语小学制定了书香办公室评价标准，并对书香办公室进行了表彰。

书香办公室颁奖词：

有这样一群人，他们在一起平静地读书，读出人生的波澜；认真地读书，读出生命的真谛。他们在读书中成长，在反思中磨砺。小小办公室窗明几净，一尘不染，一如他们严谨认真的工作态度。书香氤氲，墨香缕缕，造就更高的专业素养。

书香办公室获奖感言选录：

尊敬的各位领导、老师：

大家好！

很荣幸，我们办公室获得了"书香办公室"的称号。这一称号的取得，背后是所有老师的默默坚守，是数年如一日的读书积累。

“喜欢读书的校长肯定能够带出喜欢读书的教师，喜欢读书的教师能够带出喜欢读书的孩子，喜欢读书的孩子能够带出一个喜欢读书的家庭。”书卷多情，书香致远。读书的作用，前人之述备矣，不消多言。学生读书，毋庸置疑，已是教育的共识；而教师读书，更应成为教育的常态。静言思之，教书人首先是读书人。教师读书，不仅源于安身立命的功利需要，更源于对事业人生的幸福追求，以及对优雅诗意的教育人生的自我觉解。

在今后的工作中，我们办公室将以本次表彰为激励，营造书香氛围，造就诗意人生。

3. 书香家庭表彰

每年的读书节，我们严格按照评选标准，评选100个书香家庭，以此激发家长和孩子一起阅读的兴趣与积极性，让缕缕书香浸润社区。

书香家庭颁奖词：

他们用书香培养了志趣高雅的孩子，他们的家庭充满着快乐。他们与经典同行，以书为伴；他们与幸福同行，以书为友。这就是他们的家庭——充满书香、充满快乐、充满幸福、充满爱的书香家庭！

书香家庭获奖感言选录：

尊敬的各位领导、老师、家长朋友：

你们好！

我是双语小学603班李梓涵的妈妈，是我们双语小学书香家庭的成员，今天非常荣幸能作为学校书香家庭的代表登上这个讲台。

下面我想从迷茫、成长、经验三方面，讲述学校书香家庭创建前后我的心路历程。

1. 迷茫

望子成龙是天下父母共有的希望，但并不一定都能够如愿以偿。我知道，一个人的成功，天赋很重要，后天的教育更为重要。在孩子成长的过程中，父母是孩子的第一任老师，父母的教育对孩子来说，是直接的、持久的，其影响力是无可替代的。在座的各位家长，我和你们一样，自从孩子踏进学校的大门，就希望她能有一个良好的学习习惯，能扎实地掌握各门学科的知识，做个懂事、上进的孩子。但往往事与愿违，孩子发展的步伐时常与我们父母的祈望不一致。面对孩子的症结，作为家长的我应该怎样去做？当时我真是急在心头，却一筹莫展。

2. 成长

双语小学书香家庭的创评和亲子阅读活动的开展，如及时雨般给我们家长指明了正确的教育方向，提供了良好的教育平台。学校掀起了书香家庭创建热潮，当时的场景历历在目。孩子拿着一张评审表回家，上面有加入书香家庭的条件，以及家庭在创评方面具备的优点。通过严格的审核，我的家庭终于被评为书香家庭。在书香家庭的颁奖仪式上，我聆听了关于创建书香家庭对孩子成长的好处。我明白了书籍是孩子教育的温床，不需要过多的苦口婆心，许多道理与习惯会慢慢地在孩子的心中生根。我们孩子原本不定性，做什么事都很浮躁，不能静下心来，但因为想要被评为书香家庭，就很努力地配合。当有了书香家庭的荣誉后，孩子更是感到了一种自豪，也产生了新的动力。其实，在这样从评比驱动到自我促进的转型中，阅读培养了她的耐心，让她渐渐远离浮躁，潜心阅读。比如，通过阅读《小红帽》，孩子明白了要善良、勇敢，要学会运用智慧解决难题，获取胜利；阅读《木偶奇遇记》后，孩子明白了诚实、守信是全人类共同追求的美德；《爱的教育》这本书，让孩子懂得了一个人应该从小有关爱他人之心。学校开展的亲子阅读更是很好地引导了我们孩子。平时我和她爸爸不仅经常引导她多阅读，还经常带孩子到书店购买自己喜欢的书，然后我们一起阅读，讨论书中的故事和人物。低年级时，我们会帮孩子挑选一些图文并茂、带注音的书，如童话类、寓言类书籍。这些通俗易懂、引人入胜的彩绘书，让孩子的鉴赏、理解、阅读等能力在无形中得到培养……刚开始孩子不能静下心来翻阅，我们就先找一些孩子感兴趣的故事念给她听，这样就激起了孩子的好奇心。去书店购书的时候，我们会给她自由选择阅读材料的空间，慢慢引导孩子喜欢阅读。学校老师更是倾注了很多的心血，根据不同年龄段的特征，推荐各类适合孩子阅读的优秀儿童文学作品，循序渐进。比如现在，学校老师就推荐孩子阅读青少年版的世界名著。这些符合孩子求知欲和年龄特征的图书更能激起孩子的兴趣，让孩子找到纯真的心境和丰富的想象力。就这样，在丰富的阅读中，孩子的心能静下来了，阅读与学习相互促进，使孩子的求知欲更强了，上课更认真了，学习也更有兴趣了，成绩自然也就提高了。而且进行大量的阅读后，孩子的写作思维逐渐变得敏锐，写作词汇也丰富起来。现在，每当下班回家看到孩子捧着书向我们谈她的心得时，我由衷地感到欣慰！

古人说："读万卷书，行万里路。"确实，阅读对孩子来说太重要了。孩子成长了，我们的书香家庭也茁壮成长了。我由衷地感谢双语小学，是书香家庭创评活动，给我们孩子营造了这么好的学习氛围。感谢孩子的每一位老师，是你们的全心付出和谆谆教导给了我们孩子进步的空间。

3. 经验

回顾一路走来的书香家庭建设历程，我想用自己的实践经验告诉所有的家长，培养孩子读书的兴趣，家庭文化氛围非常关键。家长要以身作则，不要当指挥者，而要当参与者，要坚持陪孩子一起读书，交流心得，用自己无声的行动去影响孩子，为孩子营造一个良好的家庭环境。家庭是孩子的第一所学校，第一所学校里的老师就是我们家长。在孩子的心中，父母就是他们生活中的楷模，因此家长的一举一动孩子都会模仿。孩子在家时，我们抽空陪她一起看书，一方面可以让孩子有一个好的读书氛围，另一方面可以给自己充电，让自己在阅读中舒展自我、提升自我，寻找到生命的趣味与品位。在此向大家透露一个秘密：以前，孩子爱我胜过爱她爸爸，但自从孩子爱上阅读以来，对各类知识的好奇心重了，向我们提出的各类问题也就多了。她爸爸相对丰富的知识奠定了他在孩子心目中的重要地位，特别是讨论一些历史故事、体育内容或者传奇人物时，孩子的眼中浸透着对她爸爸无限的崇敬！现在他们父女俩谈起来是那么融洽、快乐，我看在眼里，却酸在心里，不停地告诫自己：赶紧看书充电，要不然妈妈在孩子心中的地位就要被削弱了。

各位领导、老师、家长，高尔基说过，爱孩子是母鸡也会的事，但怎样教育好孩子是一门艺术，而不是一种技术。书香家庭活动要发挥长效的功能，并不是一朝一夕的事，而是一个日积月累的渐进过程，需要我们各位家长和孩子共同努力。在书香学校的引领下，我们会积极配合，让我们的孩子多读书、读好书，因为我坚信：孩子一旦养成良好的阅读习惯，将会终身受益。

最是书香能致远，书是五彩生活的万花筒，是大千世界的缩影。双语小学教育集团的童心悦读课程，让读书融进孩子们的生命，让读书成为教师的生活方式，让读书成为家庭的生活习惯，让缕缕书香浸润社会的每个角落。